ROSTOCK LEXIKON

ALLES ÜBER DIE HANSE- UND UNIVERSITÄTSSTADT

Redaktion:

Dr. Reno Stutz (Leitung)

Bodo Keipke (Archiv der Hansestadt Rostock)

Angrit Lorenzen-Schmidt
(Geschichtswerkstatt Rostock e.V.)

Prof. Dr. Ernst Münch (Universität Rostock)

HINSTORFF

Liebe Leserinnen und Leser,

vor Ihnen liegt das neue Standardwerk für jede Rostockerin, jeden Rostocker und für alle, die es noch werden wollen. Es ist das erste Lexikon in acht Jahrhunderten Stadtgeschichte, das sich allein unserer Hanse- und Universitätsstadt widmet. Und es geht mit seinen 865 Stichwörtern – von Abel bis Zwinger – sogar über die in seinem Ersterscheinungsjahr geltende Jubiläumszahl 800 hinaus!

„Das Schlimmste, was einem Autor passieren kann, ist:
Recht zu behalten.
Dafür hasst man ihn lebenslänglich."

meinte unser Rostocker Ehrenbürger Walter Kempowski (1929–2007) in einem Gespräch mit dem „Stern" im August 2004. Doch den 53 Autorinnen und Autoren dieses Lexikons ging es nicht um Thesen oder Prognosen, sondern um vielfach geprüfte, objektive Fakten. Es gibt wohl kaum vergleichbare Vorhaben, bei denen sich derart viele Rostock-Expertinnen und -Experten einem einzigen gemeinsamen Projekt verschrieben haben. Das Buch wird – und da muss man kein Prophet sein – ein Rostocker Klassiker werden, der in jedem gut sortierten Buchhandel, in jeder öffentlichen und ganz sicher auch in vielen Privatbibliotheken zu finden sein wird.

Doch Bücher sollen gelesen werden und nicht nur Dekoration sein. Und so wird das „Rostock-Lexikon" in den kommenden Jahren und Jahrzehnten und vielleicht sogar Jahrhunderten zu dem meist zitierten Nachschlagewerk für unsere stadtgeschichtliche, Heimat- und Regionalliteratur werden.

Mein Dank gilt dem Historiker Dr. Reno Stutz, bei dem alle redaktionellen Fäden zusammenliefen, und der Redaktion, die sich von der Größe der Aufgabe nicht abschrecken ließ. Gleichfalls danke ich dem Hinstorff Verlag mit seiner Leiterin Eva Maria Buchholz und dem Lektor Henry Gidom, zudem allen Autorinnen und Autoren sowie den Bildgebern für dieses wunderbare Werk und diesen wohl einmaligen Liebesbeweis für ihre – für unsere Stadt! Es ist ein ganz besonderes Geschenk an unsere Stadt

zu ihrem 800. Geburtstag 2018 und dem 600. Jubiläum der Universität Rostock 2019.

Möge es Ihnen, liebe Leserinnen und Leser, gehen wie dem Lyriker Eugen Roth (1895–1976):

„Ein Mensch, nichts wissend von „Mormone"/
Schaut deshalb nach im Lexikone/
Und hätt es dort auch rasch gefunden –/
Jedoch er weiß, nach drei, vier Stunden/
Von den Mormonen keine Silbe –/
Dafür fast alles von der Milbe."

Viel Spaß beim Lesen, Finden und Entdecken wünscht Ihnen

Oberbürgermeister der Hanse- und Universitätsstadt Rostock

Rostock, im Februar 2018

VORWORT

Am 24. Juni 2018 feiert Rostock Geburtstag – 800 Jahre alt wird die Hanse- und Universitätsstadt dann sein. Natürlich ist sie älter, aber der erste schriftliche bzw. urkundliche Nachweis stammt von jenem Frühsommertag.

Auch wenn das runde Jubiläum der altehrwürdigen Warnowstadt noch Jahre entfernt schien, trafen sich am 7. Oktober 2009 sieben Rostockerinnen und Rostocker im Hinstorff Verlag, um über die Erarbeitung eines stadtgeschichtlichen Lexikons zu sprechen. Zunächst wurde eine Redaktion gebildet. Unzählige Fragen galt es zu klären: der Umfang des Buches, die Anzahl, Länge und Struktur der Stichwörter, die Form der Bebilderung, die Auswahl der Autoren usw. Dabei kam es darauf an, nicht nur umfassend und faktenreich, sondern auch allgemeinverständlich die Geschichte einer Stadt über acht Jahrhunderte ausgewogen darzustellen.

Angesichts der bevorstehenden Aufgaben war der Zeitpunkt 2009 nur auf den ersten Blick früh gewählt. Denn niemand der Anwesenden ahnte, dass die neun folgenden Jahre wie im Fluge vergehen würden. Insgesamt traf sich die Redaktion 94-mal, um Fragen zu besprechen und den Autor/innen unzählige Anmerkungen und Änderungsvorschläge zu unterbreiten.

Die zum Teil nur kurzen oder ausführlicheren Beiträge von A wie Abel bis Z wie Zwinger befassen sich mit der Geschichte der Stadt und ihren wichtigen Persönlichkeiten. Die Bandbreite der Themen von den Anfängen bis zur Gegenwart Rostocks umfasst u.a. die Religions-, Kunst-, Bau-, Wirtschaft-, Verkehrs-, Bildungs-, Medizin- und Sportgeschichte. Das Lexikon enthält darüber hinaus zahlreiche Stichwörter über geologische und topografische Besonderheiten. Außerdem werden in diesem Nachschlagewerk alle Dörfer und Orte vorgestellt, die einst der Hansestadt angehörten oder im Verlauf der Jahrhunderte in ihren Besitz kamen. Einen besonderen Stellenwert nimmt in diesem Zusammenhang Warnemünde ein.

Nicht zuletzt enthält diese Enzyklopädie Kurzbiografien von Frauen und Männern, die das Leben in der Stadt oder ihr Renommee in der Welt wesentlich prägten. Dabei wurden nur Personen berücksichtigt, die zum Redaktionsschluss bereits verstorben waren.

Alle beteiligten 53 Lexikonautorinnen und -autoren gelten seit Jahren als ausgewiesene Kenner der Rostocker Stadtgeschichte und haben sich durch ihre berufliche und publizistische Tätigkeit einen Namen gemacht. Die Artikel spiegeln den derzeitigen Forschungsstand wider. Allerdings wurde bei der Erarbeitung der Stichwörter auch sichtbar, dass es zukünftig noch manchen weißen Fleck zu tilgen gilt.

Eine besondere Herausforderung stellten komplexe Themen wie Architektur, Fischerei, Schifffahrt, Schule, Sport usw. dar. Diese, die Entwicklung der Stadt Rostock über Jahrhunderte wesentlich prägenden Bereiche, mussten auf einem begrenzten Raum ausgewogen bearbeitet werden. Ange-

Blick auf den Rostocker Stadthafen (2007)

sichts der Wissensfülle, über die die Autorinnen und Autoren verfügen, eine nicht ganz leichte Aufgabe.

Zu Dank ist das Redaktionsteam den Museen und Archiven der Stadt Rostock sowie zahlreichen Privatpersonen verpflichtet. Stellvertretend seien an dieser Stelle das Heimatmuseum Warnemünde (Christoph Wegner), das Kulturhistorische Museum Rostock (Annelen Karge), das Schiffbau- und Schifffahrtsmuseum Rostock (Dr. Kathrin Möller), das Archiv der Hansestadt Rostock (Bodo Keipke) und das Universitätsarchiv Rostock (Dr. Angela Hartwig, Dr. Antje Strahl) genannt.

Der Dank der Redaktion gilt aber auch Angrit Lorenzen-Schmidt. Sie durchforstete intensiv alle Texte nach stilistischen, grammatikalischen und orthografischen Fehlern.

Besonderer Dank ergeht an den Leiter der Redaktion Dr. Reno Stutz. Er leitete diese über den gesamten Zeitraum von neun Jahren, hielt den Kontakt zu den 52 Autorinnen und Autoren und übernahm mit den Redaktionsmitgliedern Bodo Keipke und Prof. Dr. Ernst Münch unermüdlich zusätzliche Recherchearbeiten. In enger Zusammenarbeit mit Annelen Karge, Bodo Keipke und Dr. Antje Strahl stellte Dr. Reno Stutz das Bildmaterial zusammen. Die letztendlich verwendeten mehr als 700 Abbildungen aus einem Pool von mehreren Zehntausend Fotos herauszufiltern und mit Bildunterschriften zu versehen, stellte einen gewaltigen Kraftakt dar.

Gedankt sei zudem den Mitarbeitern des Hinstorff Verlages, insbesondere der Layouterin Beatrix Dedek. Diese stand vor der großen Herausforderung, die Fotos und Abbildungen einzufügen.

Nach neun Jahren ist nunmehr mit der Unterstützung der Hansestadt Rostock ein stadtgeschichtliches Lexikon entstanden, in dem der Leser viel über den 800-jährigen Jubilar, die Hanse- und Universitätsstadt Rostock, erfährt.

BENUTZUNGSHINWEISE

Das Lexikon ist streng alphabetisch geordnet. Die Umlaute ä, ö und ü werden wie ae, oe und ue behandelt. Die Schreibung richtet sich nach den Regeln der neuen Rechtschreibung. Die Pfeile verweisen auf andere Stichwörter, unter denen weitere Informationen zum Sachverhalt zu finden sind. Innerhalb eines Artikels wird bei weiterer Nennung des Stichwortes nur der erste Buchstabe geschrieben.

Abkürzungen – Wörter und Literaturangaben – sind im Anhang aufgeführt. Sie entsprechen weitgehend den vom Duden empfohlenen (z. B.: z. T. = zum Teil) bzw. den allgemein üblichen Schreibweisen (z. B.: DDR). Abgekürzte Wörter werden weder gebeugt noch der Plural gebildet (z. B.: der Jahrhunderte = der Jh.).

Die unter den Stichworten stehenden Literaturangaben stellen weiterführende Lektürevorschläge dar.

Alle Artikel enden mit dem Kürzel der Autorinnen bzw. Autoren, dessen Auflösung sich im entsprechenden Verzeichnis am Ende des Lexikons befindet.

Stichwörter, die das Kürzel RL aufweisen, wurden unter der Leitung der Redaktion zusammengestellt.

A

ABEL. König von Dänemark (1218–29.6.1252 Oldenswort), bestieg nach Bruderkrieg mit König Erik IV. und dessen Ermordung 1250 den dän. Thron, fiel in einer Schlacht gegen die Friesen; A. gewährte den Rostockern am 25.4.1251 beim Handel in seinem Reich Schutz u. gestattete ihnen bei Streit auf dem Markt in Skanör auf Schonen (heute Schweden) den Gebrauch des Lübischen Rechts; Urkunde ist das älteste Schriftstück im Besitz der Stadt Rostock, aufbewahrt im Stadt- → Archiv; Pergament 24 × 11 cm, Siegel fehlt. BK

Ältestes Schriftstück der Stadt Rostock (1251)

ABWASSER. Im Mittelalter u. in der Frühen Neuzeit wurden die Abfälle aus privaten Haushalten u. Gewerbebetrieben auf die Straße geworfen od. über Fließgewässer entsorgt. A. blieben dort, wo sie entstanden, od. wurden letztendl. in die Unterwarnow abgeleitet. Insbesondere bei Regenfällen liefen gesundheits- u. trinkwassergefährdende Stoffe (Fäkalien, Spül- u. Waschwasser) den Rinnstein entlang u. versickerten größtenteils. Bis ins 19. Jh. hinein wurden Fäkalien auf dem eigenen Grundstück vergraben. Nicht selten landete der Inhalt der Aborte auch auf der Straße.

Seit den 1860er-Jahren wurden offene Kanäle (Siele) gebaut, um die A. aus den Häusern u. der Straße in die Warnow zu leiten. Spülaborte durften nicht angeschlossen werden. Das Verbot wurde aber immer wieder missachtet. Aufgrund des geringen Gefälles kam es regelmäßig zu Rückstauungen der A. in den Kellerräumen. Um 1900 betrug die Länge der 17 Siele 45,7 km. Die Röhren bestanden aus Zement od. Ton. Nur größere Kanäle wurden gemauert. Die Reinigung erfolgte mit Bürsten.

1910–12 entstand in Warnemünde eine Schmutzwasserkanalisationsanlage. Rostock erhielt erst 1913 eine zentrale Entwässerungs- u. Kläranlage westl. der Neptunwerft. Die Errichtung einer A.-behandlungsanlage für 150000 Einwohner in Bramow im Jahre 1957 wurde durch die Stadtentwicklung rasch überholt. Der Anstieg der Bevölkerung auf 253990 Menschen (1988) sowie die Errichtung von großen Neubaugebieten (Lichtenhagen, Schmarl usw.) machten den Bau von A.-pumpwerken notwendig. Die Dierkower, Gehlsdorfer u. Toitenwinkler A. wurden über den Warnowdüker nach Bramow geleitet. Die Warnemünder Schmutzwässer flossen über eine Druckleitung nach Lütten Klein u. von hier aus weiter nach Bramow, wo sich die zentrale Aufbereitungsanlage befand. In den 1970er-Jahren wurden um Rostock herum A.-schutzzonen eingerichtet, um die Warnow als Trinkwasserreservoir nicht zu gefährden. Etwa 60 Dörfer mussten seither ihre A. nach Rostock leiten.

1994–96 baute der Warnow-Wasser- u. A.-Verband (WWAV) in Bramow ein neues zentrales Klärwerk. Damit konnte der Eintritt von organ. Stoffe sowie von Stickstoff- u. Phosphatverbindungen in die Unterwarnow u. in die Ostsee spürbar verringert werden. Das Kanalisations- u. Regenwasserleitungsnetz belief sich 2011 auf 2048 km.

Lit.: *R. Lübker: Alles fließt. Aber wohin? Aus der Geschichte der Abwasserbeseitigung im Raum Rostock, Rostock 2016.* RS

ACHILLES, AUGUST. Lithograf (16.3.1798 Rostock–9.2.1861 Altona); Lehre als Tischler u. Instrumentenbauer; 1821 Militärdienst in Güstrow; ab 1824 eigene Steindruckerei in Rostock, eine der ersten in Meckl.; 1830 Hofzeichner in Schwerin; 1846–54 Wanderschaft; schuf zahlreiche meisterhafte Bildnisse von Persönlichkeiten, Landschaften u. Städten in Meckl.; 1854 Übersiedelung nach Altona, wo er verarmt u. vergessen starb.

Lit.: *A. v. Langermann: August Achilles. Ein Künstler der alten Zeit, in: Jahrbücher des Vereins für mecklenburgische Geschichte und Altertumskunde, Jg. 91, Schwerin 1927, S. 139–152.* RL

ACHTERREIHE (niederdt.: Achterreeg). Frühere Bezeichnung der Alexandrinenstr. in Warnemünde; Name seit dem 16. Jh. schriftl. nachweisbar; Häuser in Warnemünde verliefen parallel zum sog. Strom (→ Alter Strom) vom Dünenfuß an in zwei Reihen, der sog. → Vorderreihe (Vörreeg) u. der A. ; seit Mitte des 17. Jh. als II. u. III. Quartier bezeichnet, 1886 in Alexandrinenstr. umbenannt; 1963–91 Theodor-Körner-Str.; ab 1991 wieder Alexandrinenstraße.

Lit.: *W. Eschenburg, H.D. Schulz: Straßen in Warnemünde, Rostock 2012.* KM

Warnemündes Achterreihe (2010)

AEPINUS (FAMILIE). Aus der Familie gingen im 17./18. Jh. mehrere Gelehrte hervor, die die Entwicklung der Uni Rostock maßgebl. mitbestimmten. **(1) Franz Albert A.** Theologe, Schriftsteller, Philosoph (15.11.1673 Wanzka–14.2.1750 Rostock), Vater v. (2) u. (3); ab 1692 Studium in Rostock u. Jena, 1696 Magister Artium, 1710 theolog. Promotion in Rostock; 1712–21 Prof. der Logik an der Philosoph. Fakultät; 1721–50 herzogl. Prof. der Theolog. Fakultät; neunmal Rektor, elfmal Dekan der Theolog. Fakultät; 1723 Übernahme höherer Kirchenämter wie Konsistorialrat od. Generalsuperintendent. **(2) Angelius Johann Daniel A.** Theologe, Logiker (10.5.1718 Rostock–28.2.1784 Rostock), Sohn v. (1); 1730 Immatrikulation an der Uni Rostock, Studium der Theologie u. Rechtswissenschaften in Rostock u. Jena, 1739 Magister Artium Uni Rostock; 1746–60 herzogl. Prof. der Eloquenz; 1760–63 Prof. der Logik u. Metaphysik an der Uni Bützow; ab 1763 Hofrat, 1775 Geheimer Kammerrat; hatte zahlreiche Nebenämter an der Uni inne; erwarb sich als Bibliothekar große Verdienste; konzipierte die Statuten der Uni Bützow (1760–89); gab 1754 die gedruckte Urkundensammlung zu den Gerechtsamen der Uni u. die „Gelehrten Nachrichten“ 1752–63 heraus; galt als bester Kenner der Münzkunde Meckl. **(3) Franz Ulrich Theodor A.** Mathematiker, Physiker (13.12.1724 Rostock–10.8.1802 Dorpat, heute Tartu/Estland), Sohn von (1); 1740 Mathematik- u. Medizinstudium in Rostock, 1744 in Jena; 1747 Magister u. Privatdozent für Philosophie, Mathematik u. Physik in Rostock; 1748 Promotion in Rostock; 1755 Prof. der Astronomie u. Direktor der Sternwarte; Mitglied der Akademie der Wissenschaften Berlin; Forschungen zur Elektrizitätslehre (Entdeckung der Pyroelektrizität von Kristallen, 1756); 1757 Prof. der Physik an der Akademie St. Petersburg; Lehrer der Zarin Katharina II. u. des Thronfolgers Pawel Petrowitsch (später Zar Paul I.); große Verdienste beim Aufbau des russ. Schulsystems; Mitglied der Akademien in Stockholm u. London; 1798 Ruhestand in Dorpat.

Lit.: *A. Hartwig, T. Schmidt: Die Rektoren der Uni Rostock. 1419–2000, Rostock 2000, S. 118; N. Klüßendorf: Aepinus, Angelus Johann Daniel, in: Biographisches Lexikon für Mecklenburg, Bd. 2, Rostock 1999,*

S. 14–17; B. Wandt: Franz Ulrich Theodor Aepinus. Ein Rostocker Naturforscher als Mitglied der St. Petersburger Akademie der Wissenschaften, in: Mecklenburger im Ausland, Bremen 2001, S. 55–61. AH

AIDA CRUISES. Marke des brit.-US-amerikan. Kreuzfahrtunternehmens Carnival Corporation & plc für den dt.-sprachigen Markt. Nach Verkauf der → Deutschen Seereederei (DSR) an die Investorengruppe Rahe und Schües aus Hamburg u. der Verschmelzung mit der „F. Laeisz Schiffahrtsgesellschaft" beschloss das neue Management 1993 das → Kreuzfahrt-Geschäft zu erweitern. Das Konzept eines Cluburlaubs wurde auf Schiffsreisen übertragen. Am 7.6.1996 taufte die Gattin des Bundespräsidenten Christiane Herzog in Rostock das erste Schiff der AIDA-Flotte auf den Namen AIDA (heute AIDAcara). Der Grafiker Feliks Büttner entwarf im selben Jahr das Markenzeichen, den „Kussmund", der seither als Rumpflackierung alle AIDA-Schiffe kennzeichnet. Nach verschiedenen Eigentumsübertragungen befindet sich A. seit 2010 bei der ital. Konzerntochter Costa Crociere. Deren dt. Niederlassung ist die AIDA Cruises – German Branch of Costa Crociere S.p.A. Die Geschäftsräume von A. befinden sich seit dem 7.10.2014 im „AIDA Home" im Rostocker Stadthafen. A. betrieb u. vermarktete 2016 elf Kreuzfahrtschiffe, beschäftigte 8000 Mitarbeiter aus 40 Ländern, von denen rund 7000 Personen an Bord der Schiffe u. 1000 an Land tätig waren.

Markenzeichen der AIDA-Schiffe – der rote „Kussmund"

Lit.: *R. Schröder, M. Thamm: AIDA – Die Erfolgsstory, Bielefeld 2007.* KM

AKTION ROSE. Staatl. Maßnahme zur Enteignung privat geführter Gaststätten u. Beherbergungsbetriebe im Bezirk Rostock. Die rechtl. Grundlage für die zwischen dem 10.2. u. dem 10.3.1953 durchgeführte A. bot das Gesetz zum Schutz des Volkseigentums u. anderen gesellschaftl. Eigentums (VESchG) vom Sep. 1952. Seinerzeit durchsuchten 400 Volkspolizisten, unterstützt von Kräften des Ministeriums für Staatssicherheit, in sechs Einsatzgruppen insgesamt 711 Gaststätten, Hotels, Heime u. Pensionen v.a. in Badeorten entlang der Ostseeküste. Konnte man einem Besitzer Kontakte nach Westdeutschland (vermutete Agententätigkeit), eine DDR-krit. Gesinnung, eine Mitgliedschaft in der NSDAP od. ihren Gliederungen, geschäftl. Vorteile im Zusammenhang mit der NS-Kriegswirtschaft (vermuteter Nazi- u. Kriegsverbrecher) od. nicht gemeldete Lebensmittelvorräte in den Betrieben nachweisen, erfolgte die Bestrafung der Betreiber, die Einziehung von Geldwerten u. Vermögensgegenständen u. schließlich meist auch die Enteignung des jeweiligen Betriebes. Die A. erbrachte auf diese Weise für den Staat etwa zwei Mio. M in Sachwerten u. 30 Mio. M an Immobilien, ca. 100 Autos, 440 Hotels u. Pensionen, 181 Wohnhäuser, Gaststätten u. Wirtschaftsbetriebe. 447 Besitzer von Gaststätten u. Beherbergungsbetrieben wurden in Untersuchungshaft genommen, 408 von ihnen zu Gefängnis- u. Zuchthausstrafen zwischen einigen Monaten u. mehreren Jahren verurteilt. 219 Personen entzogen sich den Willkürmaßnahmen der DDR-Behörden durch eine Flucht nach Westdeutschland.

Für den Einsatzabschnitt Bad Doberan, zu dem das Stadtgebiet Rostock gehörte, waren 60 Polizisten abgestellt, die für die Dauer des Einsatzes in Kühlungsborn untergebracht waren. In Rostock wurden schließlich zwölf Objekte enteignet, darunter das Bahnhofshotel u. die renommierte Gaststätte Wintergarten. Im Stadtteil Warnemünde sind mindestens 14 Betriebe Opfer der Aktion geworden, so zwei Einrichtungen der Familie Bechlin, das bei Einheimischen wie Gästen des Ostseebades beliebte Café Herbst, die Gaststätte Zum Alten Strom, das Logierhaus Sarkander sowie die Hotels Jungmann u. Hübner. Auch in den Ortslagen Markgrafenheide, Diedrichshagen u. Krummendorf fanden einzelne Enteignungen statt. Die durch die Flucht ihrer Besitzer im Frühjahr 1953 herrenlos gewordenen Gaststätten u. Beherbergungsbetriebe wurden 1953–55 ebenfalls verstaatlicht. Nach Abschluss der A. war die Mehrheit der v. a. strukturbestimmenden Betriebe in sog. Volkseigentum übergegangen. Die Hotels, Heime u. Pensionen wurden i. d. R. dem Feriendienst der DDR-Einheitsgewerkschaft FDGB (→ Tourismus) unterstellt. Wg. der übergroßen Nachfrage nach Ostsee-Urlaubsplätzen organisierte dieser fortan auf der Basis zentraler Planungen die Belegung der Häuser. Die gastronom. Einrichtungen gingen in die Hände der staatl. Handelsorganisation (HO) od. des DDR-weit tätigen genossenschaftl. Unternehmens Konsum. Nach der Wiedervereinigung der beiden dt. Staaten 1990 konnten die ehem. Eigentümer der enteigneten Objekte bzw. ihre Erben Restitutionsansprüche geltend machen, die in einem rechtsstaatl. Verfahren geprüft u. schließlich abgegolten wurden. CN

AKZISE → STEUERWESEN

ALEXANDRAHAUS. Erholungsheim für Kinder u. Mütter in Warnemünde. 1909 in der Parkstr. eröffnet, benannt nach der Großherzogin Alexandra v. Meckl.-Schwerin; ein Verein organisierte im Sommer Kuren für schwache u. kranke Kinder aus armen Verhältnissen; 1914–18 Nutzung durch das → Deutsche Rote Kreuz als Lazarett für verwundete Soldaten; 1924–32 Absicherung des Kurbetriebes durch den Ev. Landesjugenddienst, da die finanziellen Verhältnisse des Vereins eine Selbstbewirtschaftung nicht mehr zuließen; Grundstück u. Haus fielen 1933 an die Stadt zurück; ab 1935 Nutzung als Jugendherberge. BK

Während des Ersten Weltkrieges diente das Alexandrahaus als Lazarett.

Alexandra von Mecklenburg-Schwerin (um 1900)

ALEXANDRA-PFLEGEHAUS. Erholungsheim für Kinder u. Mütter in Rostock. 1899 in der Alexandrinenstr. (heute Blücherstr.) eröffnet; 1900 Gründung einer Stiftung; 1909 Benennung nach Großherzogin Alexandra v. Meckl.-Schwerin; 1911 publikumswirksamer Margeritentag für die Sammlung von Spenden organisiert; 1914 Umzug in die Graf-Schack-Str.; nach dem II. Weltkrieg nicht wieder eröffnet. BK

ALEXANDRINENSTIFT. Ev. Altersheim. 1860 für verwitwete u. alleinstehende Frauen in der Ferdinandstr. gegründet; gegen Zahlung eines Kostgeldes erhielten diese bis zum Lebensende Wohnung, Versorgung u. ärztl. Betreuung; benannt nach der Großherzogin Alexandrine v. Meckl.-Schwerin; 1890/1914 Erweiterungen des Stiftshauses; Leitung des Stiftes durch einen Damenvorstand, Aufsicht über die ca. 50 Bewohnerinnen hatte eine Oberin; 1899 Eröffnung einer Damenabteilung unter der Bezeichnung Anastasiahaus, gefördert durch die gleichnamige Großherzogin v. Meckl.-Schwerin; aufgrund anhaltender finanzieller Schwierigkeiten 1931 Übernahme durch die ev. Landeskirche; Stiftsgebäude 1942 zerstört, Insassen wurden nach Kambs bei Schwaan verlegt. BK

ALLGEMEINE ORTSKRANKENKASSE (AOK) ROSTOCK UND WARNEMÜNDE. 1891 Errichtung der AOK für die Stadt u. Stadtfeldmark Rostock auf der Grundlage des Gesetzes betreffend die Krankenversicherung der Arbeiter von 1883. Sie vereinte Pflichtversicherte verschiedener Berufe u. beruhte auf dem Prinzip der Selbstverwaltung mit den gewählten Organen Generalversammlung u. Vorstand, in denen die Versicherten zwei Drittel u. die Arbeitgeber ein Drittel der Gewählten stellten. Im gleichen Verhältnis wurde der Beitragssatz erhoben. Die Mitglieder erhielten die statutarisch festgelegte Kranken- u. Wöchnerinnenunterstützung u. das Sterbegeld. Ihre Zahl stieg von 3200 bis auf 34600 im Jahr 1939, u.a. durch die 1935 erfolgte Fusion mit der 1898 errichteten AOK Warnemünde. Die AOK Rostock initiierte die Gründung des Meckl. Landesvereins zur Errichtung von Lungenheilstätten u. den Bau des → Greifenbades. Besondere Verdienste bei der Gesundung u. Gesunderhaltung der Mitglieder erwarb der langjährige Vorsitzende des Vorstandes, Martin → Erdbeer (SPD). 1903 begann der erste Lehrling seine Ausbildung bei der Kasse, 1913 nahm erstmals eine Frau ihre Tätigkeit in der Kassenverwaltung auf. Beide Kassen wurden 1914 entsprechend der Reichsversicherungsordnung ausgestaltet. Ab 1921 galt für versicherungsfreie Familienangehörige die Familienversicherung. Im selben Jahr verlegte die Rostocker Kasse ihren Sitz von An der Hege 8 in die Feldstr. 2a. Vertrauensarzt der AOK war in den 1920er-Jahren Dr. Hans Lindenberg (1887–1944). 1933/34 wurde die Selbstverwaltung beseitigt. An ihre Stelle trat mit dem NSDAP-Funktionär u. Apotheker Gerhard Dombrowski ein eingesetzter Leiter, dem ein berufener Beirat beigegeben wurde. Einem Drittel der Belegschaft wurde aus polit. Gründen gekündigt. 1938–44 war für die Versicherten der Ernst Heinkel Flugzeugwerke eine Sektion zuständig. Im Mai 1945 endete die Tätigkeit der AOK Rostock. Nach Bestrebungen zur Wiedererrichtung der gesetzl. Krankenkassen nach dem Kriegsende erfolgte zum 1.9.1945 ihre Zusammen-

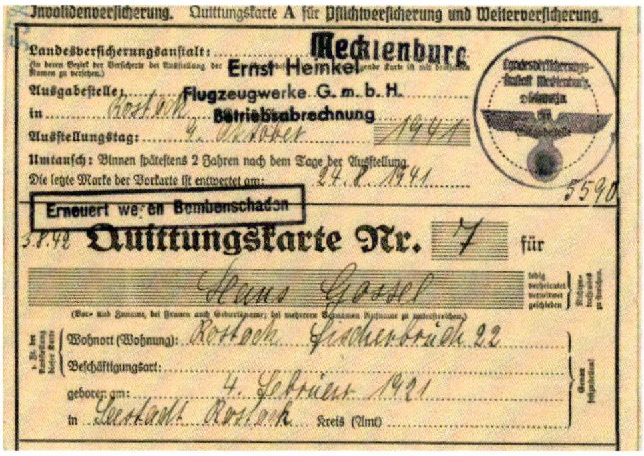
Invalidenversicherung. Quittungskarte A für Pflichtversicherung und Weiterversicherung.

Landesversicherungsanstalt: Mecklenburg

Ausgabestelle: Ernst Heinkel Flugzeugwerke G. m. b. H.

in Rostock Betriebsabrechnung

Ausstellungstag: 9. Oktober 1941

Umtausch: Binnen spätestens 2 Jahren nach dem Tage der Ausstellung.

Die letzte Marke der Vorkarte ist entwertet am: 24. 8. 1941

5590

Erneuert wegen Bombenschaden

3.8.42 Quittungskarte Nr. 7 für

Hans Gossel

(Vor- und Zuname, bei Frauen auch Geburtsname; bei mehreren Vornamen Rufname zu unterstreichen.)

ledig verheiratet verwitwet geschieden

Wohnort (Wohnung): Rostock Fischerbruch 22

Beschäftigungsart:

geboren am: 4. Februar 1921

in Seestadt Rostock Kreis (Amt)

Invalidenversicherungskarte der AOK, Sektion Ernst Heinkel Flugzeugwerke (1941)

legung zur Krankenkasse der Stadt u. des Kreises Rostock mit Sitz in Rostock. Ihre Eigenständigkeit war mit der Eingliederung in die Sozialversicherungsanstalt Meckl. am 1.10.1946 beendet.

Als eine Körperschaft des öffentl. Rechts übernahm sie alle Aufgaben der Kranken-, Unfall-, Invaliden- u. Altersversicherung. Ihren Sitz hatte sie in Schwerin. 1951 endete die schrittweise Übernahme der gesamten polit., organisator. u. finanziellen Leitung der Sozialversicherung in der DDR durch den FDGB. 1956 wurden bestimmte Versichertengruppen (Bauern, Handwerker, Freiberufler, selbstständige Unternehmer) aus der Sozialversicherung der Arbeiter u. Angestellten ausgegliedert u. bei der Dt. Versicherungsanstalt versichert (ab Ende der 1960er-Jahre Staatl. Versicherung der DDR). 1990/91 erfolgte die Einordnung in das gegliederte System der Sozialversicherung der BRD, die Entflechtung in die Versicherungszweige Renten-, Kranken- u. Unfallversicherung.

Zum 1.1.1991 wurde als Rechtsnachfolgerin der Bezirksgeschäftsstelle Rostock der Sozialversicherung der DDR für die Krankenversicherung die AOK Rostock errichtet. Sie umfasste das Territorium des ehem. Bezirkes Rostock u. hatte ihren Sitz in der Feldstr. 2a u. der Erich-Schlesinger-Str. 38–41. Als gewählte Selbstverwaltungsorgane agierten die Vertreterversammlung u. der Vorstand, die jeweils paritätisch durch Arbeitgeber- u. Versichertenvertreter besetzt waren. Die Kasse betreute in zwölf Geschäftsstellen ihre Rostocker Mitglieder, die die Hälfte des Beitragssatzes von 12,8% zahlten. Die Ausgaben betrugen im ersten Jahr für Krankenhäuser, Arzneimittel, ärztl. u. zahnärztl. Behandlung, Krankengeld u.a. sowie für die Verwaltung 802 Mio. DM. Am 1.10.1994 fusionierten die AOK Neubrandenburg, Rostock u. Schwerin sowie der Landesverband Meckl.-Vorpommern zur „AOK Meckl.-Vorpommern. Die Gesundheitskasse" mit Sitz in Schwerin.

Lit.: *H. Sieber: Die AOK in Rostock, in: Rostocker Zorenappels, Stadt-Schreiber-Geschichte(n), Bd. 1–3, 5, Rostock 2007–09, 2011, S. 21–24, S. 26–32, S. 41–48; Ders.: Vor 111 Jahren: Warnemündes eigene Krankenkasse wird geboren, in: Tidingsbringer – Ein Warnemünder Bäderjournal, Jg. 14, Rostock 2009/10, S. 26–28.* HS

ALT BARTELSDORF. Ursprüngl. Bauerndorf; Ersterwähnung 1280 als Besitz des Bützower Kollegiatstifts; spätestens ab 1340 im Besitz Rostocker Ratsfamilien (u.a. Gotland, Kröpelin); seit dem 16./17. Jh. Umwandlung in ein Gutsdorf mit Dienstleistungen aus Riekdahl u. Kessin; im 19. Jh. Entstehung der Gutsdörfer Neu Bartelsdorf u. Klein Bartelsdorf nördl. von A.; eingepfarrt nach Bentwisch; 1919 nach Rostock eingemeindet; ab 1933 u. seit 1984 Bau von Stadtrandsiedlungen (Dierkow-Ost u. Dierkow-Neu); seit 1945 amtl. Bezeichnung als A.; 1952 Gründung der LPG Fritz Reuter (nach 1960 Konzentration auf Gartenbau); 1993 Umwandlung in den Gartenfachmarkt Grönfingers. EM

ALTAR (lat., Opfertisch). Im Christentum Haupteinrichtungsgegenstand einer Kirche, der als Platz für die Liturgie des Gottesdienstes wie auch für die Begegnung bzw. Zwiesprache der Gläubigen mit Gott zentrale Bedeutung hat. Neben dem Haupt- A., der i.d.R. im nach Osten gerichteten Teil des Kirchenbaus, dem Chor od. auch unter der Apsis errichtet wird, sind v.a. kath. Gotteshäuser mit z.T. zahlreichen Neben-A. ausgestattet, die in den Seitenschiffen od. diesen angebauten Kapellen aufgestellt wurden. Ihre Tischform nimmt Bezug auf das letzte Abendmahl Christi an der „mensa domini" (lat., Tisch des Herrn). A. dienten gelegentlich auch als Aufbewahrungsort von Reliquien u. mussten vom zuständigen Bischof geweiht werden. Die A.-aufsätze (lat., Retabel), häufig bestehend aus einer Haupttafel mit z.T. mehrfach ausklappbaren Flügeln in Form von Reliefs u. Gemälden, besitzen meist einen hohen künstler. bzw. kulturhistor. Wert.

Die meisten der zahlreichen mittelalterl. A. der Rostocker Kirchen - St. Marien war einst mit einem Haupt- u. 39 Neben-A. ausgestattet - u. Klöster wurden in den Jahren der Reformation entfernt u. oft zerstört. Erhalten geblieben sind in St. Marien ein Flügel des Marien-A. (um 1430), der um 1480 entstandene A. von St. Nikolai, der während des Vier-Tage-Bombardements im Apr. 1942 aus der brennenden Kirche gerettet werden konnte, sowie der um 1530 fertiggestellte Rochus-A. Dieser mit lebensgroßen Figuren versehene A. wurde von den Rostocker Barbieren u. Wundärzten gestiftet, die Rochus von Montpellier (1295-1327), den Schutzheiligen gegen die Pest, verehrten. Er zählt heute zu den herausragenden Zeugnissen mittelalterl. Schnitzkunst in Norddeutschland. Ein besonderes Kleinod mittelalterl. Sakralkunst stellt der Dreikönigs-A. (sog. Johannis-A.) aus der ehem. St.-Johannis-Klosterkirche dar. Der in wesentl. Teilen in einer Rostocker Werkstatt um 1440 gefertigte A. wird heute im Kulturhistor. Museum gezeigt. Von unschätzbarem Wert sind auch der um 1500 entstandene Nonnen-A. des Klosters zum Heiligen Kreuz (in der heutigen Universitätskirche) sowie Flügelretabeln der Kirchen Warnemündes (Danziger Meister, 1475) u. Toitenwinkels (Rostocker Werkstatt, um 1480). Der Mode der Zeit folgend erhielten die Rostocker Kirchen in nachreformator. Zeit v.a. neue A.-aufsätze, die meist im Barock entstanden. Typisch ist das großformatige zentrale A.-bild in einem wuchtigen, mit Schnitzereien üppig gestalteten Rahmen. Die Bombenangriffe des II. Weltkrieges überstand jedoch nur der Barock-A. von St. Marien. Heute sind die meisten Gotteshäuser in Rostock mit A. ausgestattet, deren Äußeres auf die einst eher schmucklose Urform zurückgeführt worden ist.

Lit.: *F. Schlie: Die Kunst- und Geschichts-Denkmäler des Grossherzogtums Mecklenburg-Schwerin, Bd. 1, Schwerin 1896; D. Ellmers: Die Schiffe auf dem Dreikönigsaltar der Johanniskirche in Rostock, in: Beiträge zur mecklenburgischen Seefahrtsgeschichte,*

Hochaltar der Kirche zum Heiligen Kreuz (um 1930)

Köln, Wien 1981, S. 9-16; J. Mach: Der Rochusaltar der Rostocker Marienkirche - eine medizin-historische Kostbarkeit, in: Beiträge zur Geschichte der Stadt Rostock. N. F., H. 10 (1990), S. 29-33; M. Berger: Darstellungen der Ordensväter St. Benedikt und St. Bernhard auf dem Retabel des Hochaltars der Zisterzienserinnenklosterkirche „Zum Heiligen Kreuz" in Rostock, in: Mecklenburgische Jahrbücher, Jg. 130, Schwerin 2015, S. 45-51. KJLS

ALTE MÜNZE. Doppelgiebelhaus Am Ziegenmarkt 3. Ende des 15. Jh. u. 1620-28 Umbau u. Ausstattung durch Bauschmuck, Münzerrelief u. Sandsteinportal mit Rostocker Greif, 1960 durch Kopie ersetzt. Möglicherweise schon vor 1374 Standort der städt. Münze, Münztätigkeit bis 1815 (→ Münzwesen), zuletzt in den Hofgebäuden. Bis 1711 Wohnhaus des Münzmeisters, danach Prediger- u. Prof.-wohnung. 1815 erwarb ein Seifensieder Haus u. Grundstück, mehrere Kaufleute folgten ihm. Die Konditorei Alphons Herbst befand sich seit 1928 in dem Gebäude, ein Café bis 1990. 2013 wurde die Restaurierung abgeschlossen. Heute dient die A. als Geschäftshaus einer Bank.

Lit.: *M. Kunzel, E. Münch: Wo wurden Rostocks Münzen geprägt? Einige Anmerkungen zur Münzgeschichte und Stadttopographie, in: Beiträge zur Geschichte der Stadt Rostock, Bd. 28, Rostock 2006, S. 163-172.* MK

ALTER FRIEDHOF → FRIEDHOFSWESEN

ALTER MARKT. Der A. markiert das Zentrum des vermutlich ältesten Siedlungskerns der Stadt, der sog. Altstadt, zu der auch ein Rathaus, an der Ostseite des Platzes gelegen, u. eine Pfarrkirche (St.-Petri-Kirche) gehörten. Erste hölzerne Gebäude an der Westseite sind schon für das frühe 13. Jh. belegt. Mit dem Zusammenwachsen von Alt-, Mittel- u. Neustadt (1252–65) wurden Rathaus u. Markt (Neuer Markt) der Mittelstadt zum neuen städt. Zentrum. Der A. verlor seine Bedeutung u. diente bis in das 20. Jh. dem Handel mit landwirtschaftl. Erzeugnissen (Lebensmittel, Vieh).
Lit.: *E. Münch, R. Mulsow: Das alte Rostock und seine Straßen, 2. Aufl., Rostock 2010; R. Mulsow: Gründung und Entwicklung der mittelalterlichen Stadt Rostock, in: Lübecker Kolloquium zur Stadtarchäologie im Hanseraum X, Lübeck 2016, S.359–371.* KJLS

Straßenbahn auf dem Alten Markt (1963/64)

ALTER STROM. Letzter Abschnitt der Unterwarnow vor der Mündung des Flusses in die Ostsee in Warnemünde; bis 1903 Hafenstandort. Die frühe Bebauung Warnemündes erfolgte parallel zum A. an den beiden Straßen des Ortes: Vorderreihe u. Achterreihe. Aufgrund seiner geostrateg. Lage war die Mündung des A. häufig umkämpft, sodass im frühen 14., im 17. u. im frühen 19. Jh. militär. Befestigungen gebaut wurden. Seit 1834 war der A. Ziel einer Dampferlinie aus Rostock; 1886–1903 verkehrten

Blick auf den Alten Strom in Warnemünde (2010)

die Personen- u. Güterfähren nach Dänemark durch den Strom, nachdem sie ihren Liegeplatz im Hafenbassin verlassen hatten. 1872 wurde am Ostufer eine Seenotrettungsstation der Dt. Gesellschaft zur Rettung Schiffbrüchiger gebaut, die – auf der Westseite – bis heute besteht. 1903 trennte man den A. durch eine Aufschüttung von der Warnow ab (→ Seekanal), nur ein kleiner Durchfluss blieb übrig (seitdem Alter Strom). Außerdem wurde eine Drehbrücke über den Strom gebaut, um die Verbindung zum neuen Warnemünder Bahnhof herzustellen. Nach dem II. Weltkrieg erfolgte ein Ausbau der Fischerei am A.; durch die Veränderungen nach dem Jahr 1990 ging die Bedeutung des Fischfangs aber zurück, womit der A. einen Teil seines maritimen Antlitzes verlor. Die Ansicht des A. – geprägt durch Fischerhäuser mit Veranden – aber ist geblieben.
Lit.: *E. Dragendorff: Die Befestigungen Warnemündes, in: Beiträge zur Geschichte der Stadt Rostock, Bd. 3, H. 3, Rostock 1902, S. 69–94; R. Mulsow: Archäologische Streiflichter aus der Geschichte Warnemündes, in: Warnemünde im Jahr 2000, Warnemünde 2004, S. 44–51; S. Prignitz: Warnemünde. Eine maritime Geschichte, Rostock 2010.* SP

ALTSTÄDTISCHE KNABEN- UND MÄDCHENSCHULE → SCHULE AM ALTEN MARKT

ANTENNE MV → RUNDFUNK

ANTIFASCHISMUS. Ursprüngl. eine in Italien aufkommende polit. Bewegung gegen den dort seit

1920 herrschenden Faschismus; später in Europa u. schließlich darüber hinaus gegen rechte u. totalitäre Parteien bzw. Regierungen gerichtet; in Dtl. wie in Rostock in der 2. Hälfte der 1920er-Jahre als Begriff für jene Kräfte verwendet, die sich gegen den zunehmenden Einfluss der Nationalsozialist. Dt. Arbeiterpartei (NSDAP) unter ihrem Führer Adolf Hitler wandten. Der A. erfasste alle Bevölkerungsschichten, war aber zunächst v. a. in der Arbeiterklasse verbreitet. Gewerkschaftler, Sozialdemokraten u. Kommunisten stellten sich dem wachsenden Einfluss der Nationalsozialisten entgegen. Wg. der z. T. erbittert u. mit Gewalt geführten Auseinandersetzungen mit der NSDAP u. ihren „Sturmabteilungen" (SA) gründeten 1924 die SPD das Reichsbanner Schwarz-Rot-Gold (Reichsbanner) u. die KPD den Roten Frontkämpferbund (RFB). Den Gau Meckl. des Reichsbanners leitete der spätere Rostocker Oberbürgermeister Albert → Schulz. Der RFB Rostock hatte im Gründungsjahr bereits 300 Mitglieder u. stand unter der Führung von Otto Niekammer u. Josef Schares. Diese paramilitär. Verbände trugen den A. in breite Teile der Bevölkerung, organisierten Massenaktionen, Protestdemonstrationen, Agitationsmaßnahmen für Volksbegehren u. die seinerzeit leidenschaftlich wie unerbittlich geführten zahlreichen Wahlkämpfe. Gegen den trotzdem weiter zunehmenden Einfluss der Hitlerpartei schuf das Reichsbanner 1931 zusammen mit der SPD, dem Allgemeinen Dt. Gewerkschaftsbund (ADGB), dem Allgemeinen freien Angestelltenbund (AfA-Bund) u. dem Arbeiter-Turn- u. Sportbund (ATSB) das antifaschist. Bündnis Eiserne Front, das in Rostock Massenproteste mit mehreren Tausend Teilnehmern auf dem Alten Markt, auf dem heutigen Universitätsplatz u. in der angrenzenden Breiten Str. sowie auf der Reiferbahn organisierte. Im Jahre 1932 rief die KPD die unter gleicher Zielstellung agierende Antifaschist. Aktion ins Leben, die in Rostock allerdings nur wenig Einfluss erzielen konnte. Beiden Bewegungen gelang es aus polit.-ideolog. Gründen nicht, ihre Kräfte zu bündeln. Am 31.1.1933, einen Tag nach der Ernennung Adolf Hitlers zum Reichskanzler, versammelten sich etwa 1000 Personen auf der Reiferbahn, um gegen die Machtübernahme der NSDAP zu protestieren. Zahlreiche Menschen ließen ihr antifaschist. Engagement jedoch nun ruhen, einige gingen ins Exil, andere arbeiteten illegal weiter. In Rostock versuchten Antifaschisten trotz des Verbots die vorhandenen Strukturen der Organisationen bzw. Parteien aufrechtzuerhalten, öffentlichkeitswirksame Aktionen durchzuführen, wie das Hissen von Fahnen od. das Anbringen von großflächigen Anti-Hitler-Losungen, od. Flugblätter antifaschist. Inhalts herzustellen u. zu verbreiten. Der Verfolgungsdruck war hoch. Drohungen, Restriktionen u. willkürl. Untersuchungshaft sollten bekannte Antifaschisten, so die Sozialdemokraten Albert Schulz u. Willi Jesse, zermürben. 1933–35 fanden in Meckl. 45 Hochverratsprozesse sowie 57 Sondergerichtsverhandlungen gegen insgesamt 352 Antifaschisten statt. Unter den Verurteilten waren 95 Rostocker, wie die Kommunisten Wilhelm Eildermann u. Hans → Mahncke. Nach der Verbüßung ihrer Haft verblieben einige von ihnen über Jahre in sog. Schutzhaft, so der kommunist. RFB-Funktionär Willi Schröder, der 1944 im KZ Sachsenhausen starb. In Gefängnissen, Zuchthäusern u. Konzentrationslagern kam es gelegentlich ebenfalls zu Aktionen des Widerstands, an denen u. a. Rostocker wie Rudolf Mokry führend beteiligt waren. Organisierter antifaschist. Widerstand war ab der Jahreswende 1935/36 in Rostock nicht mehr zu verzeichnen. Fortan registrierten die NS-Strafverfolgungsbehörden in Rostock hauptsächlich Einzelaktionen, Un-

Einweihung des Denkmals für die Opfer des Faschismus durch Alfred Starosson und Josef Schares (1946)

mutsäußerungen, Verweigerungen, Solidaritätsbekundungen u. kleine Hilfsmaßnahmen für polit. u. rassisch Verfolgte sowie für Zwangsarbeiter u. Kriegsgefangene. In den Ernst Heinkel Flugzeugwerken u. auf der Neptunwerft wurden bspw. antifaschist. Losungen angebracht u. einfache Sabotagehandlungen an Maschinen od. Rüstungsgütern vorgenommen. Aufsehen erregten in der Rostocker Öffentlichkeit v.a. die Schauprozesse 1935 u. 1940 gegen den aufrechten kath. Geistlichen Wilhelm → Leffers, der Studenten gegenüber seine antifaschist. Haltung kundgetan hatte u. denunziert worden war, der sog. Rostocker Schülermützenaufstand vom Nov. 1941, der sich gegen die Allmacht der NS-Jugendorganisation Hitler-Jugend gewandt hatte, od. die mutigen Aktionen des im Jan. 1942 in Gestapo-Haft verstorbenen Rechtsanwaltes Dr. Ludwig Jenss, der in Gerichtsprozessen angeklagte Antifaschisten u. Opponenten gegen das NS-Regime offensiv u. meist erfolgreich verteidigt hatte. Verbindungen zu den bedeutenden nationalen Widerstandsaktionen gegen das NS-Regime lassen sich lediglich für den Rostocker Sozialdemokraten Willi Jesse nachweisen, der Kontakte zu den Männern des 20. Juli 1944 unterhielt. Nach dem Attentat auf Hitler u. dem missglückten Staatstreich entzog sich Jesse der drohenden Verhaftung durch die Flucht nach Schweden. Die durch den Putschversuch ausgelösten Vergeltungsmaßnahmen des NS-Regimes forderten auch unter Rostocker Antifaschisten mittel- wie unmittelbar eine Reihe von Opfern. So verstarb der sozialdemokrat. Gewerkschaftsfunktionär Albert Schmidt im Aug. 1944 in der U-Haft. Der linke Anarchist Otto v. Zschock starb im Apr. 1945 in einem KZ.

Nach dem Ende des II. Weltkrieges erfolgte in Deutschland auf der Basis alliierter Kontrollratsbeschlüsse die sog. → Entnazifizierung. NSDAP-Mitglieder u. -Funktionäre sowie zahlreiche Persönlichkeiten, die 1933–45 in Politik, Verwaltung, Wirtschaft, Rechtspflege, Bildung u. Kultur Verantwortung getragen hatten, mussten sich Tribunalen stellen. Verantwortl. Funktionäre, die Verbrechen begangen hatten, wurden angeklagt u. meist von ordentl. Gerichten als Nazi- u. Kriegsverbrecher verurteilt u. bestraft. Die Sequestrierung von Betrieben u. Vermögen – in Rostock etwa das Eisenwerk Draht Bremer KG u. die F. Lange Maschinenfabrik KG – sowie die Entfernung aus dem öffentl. Dienst bzw. ein Verbot der Berufsausübung zählten ebenfalls zu den Strafmaßnahmen dieser antifaschist. Aktion. Dienststellen „Opfer des Faschismus" (OdF), die den Kommunalverwaltungen angeschlossen waren, betreuten in der Sowjet. Besatzungszone u. in der DDR Opfer des NS-Regimes bzw. ihre Hinterbliebenen in sozialen Belangen. Als Interessenverband der Antifaschisten, der auch gegen den wiederaufkeimenden Faschismus in Westdeutschland kämpfte, betrachtete sich die 1947 gegründete Vereinigung der Verfolgten des Naziregimes (VVN). In der DDR, so auch in Rostock, wurde sie 1953 aufgelöst, weil der A. dort Staatsdoktrin geworden war. An ihre Stelle trat das Komitee der antifaschist. Widerstandskämpfer in der DDR, dessen Rostocker Mitglieder, i.d.R. Teilnehmer am antifaschist. Widerstand der Jahre 1933 bis 1945 bzw. Opfer des NS-Regimes, in einem Kreiskomitee zusammengeschlossen waren. Der Traditionsverband wurde 1990 aufgelöst. Seitdem wirkt auch in Rostock wieder die VVN, die während der Zeit der dt. Teilung in der Bundesrepublik fortbestanden hatte u. seit 1971 die Bezeichnung Vereinigung der Verfolgten des Naziregimes – Bund der Antifaschistinnen u. Antifaschisten (VVN-BdA) trägt. Daneben gibt es eine Reihe weiterer antifaschist. Gruppen u. Initiativen, unter denen die 1998 als Aktionsbündnis entstandene Bürgerinitiative Bunt statt Braun breitesten Einfluss gewonnen hat. Dennoch ist A. auch in Rostock seit jeher ein gesamtgesellschaftl. Anliegen, das von breiten Schichten der Bevölkerung getragen u. von der Kommunalpolitik begleitet wird. Besondere Bedeutung im öffentl. Bewusstsein erlangten die jährl. vom Stadtparlament am 27.1. abgehaltenen öffentl. Gedenkveranstaltung für die Opfer des Nationalsozialismus, die Bestattung der sterbl. Überreste sowjet. Soldaten, die bei der Besetzung Rostocks am 1.5.1945 ihr Leben verloren hatten (1.5.2012), die Einweihung der Gedenkstätte für den im Jahre 2004 im Stadtteil Dierkow von einer faschist. Terrorgruppe ermordeten türk. Händler Mehmet Turgut (25.2.2014) od. die Auf-

rechterhaltung des mahnenden Gedenkens an die ausländerfeindl. Ausschreitungen im Aug. 1992 in Lichtenhagen (→ Lichtenhagen (Pogrom)).
Lit.: *K. H. Jahnke: Der antifaschistische Widerstandskampf unter Führung der KPD in Mecklenburg 1933 bis 1945, Rostock 1985; Ders.: Zu den Ergebnissen des antifaschistischen Widerstandskampfes von 1933 bis 1945 in Rostock, in: Beiträge zur Geschichte der Stadt Rostock. N. F., H. 5 (1985), S. 11–17; Rat der Stadt Rostock (Hg.): Dem Vergessen entrissen. Rostocker Antifaschisten und Opfer des Nazi-Terrors, Rostock 1986.* MB

APOLLO-SAAL → HAUS SONNE

APOTHEKE (griech., Aufbewahrungsort). Heute ein privat geführtes, staatl. Aufsicht unterliegendes Geschäft, in dem die Beratung über die Anwendung u. die Ausgabe von rezeptpflichtigen od. frei verkäufl. Medikamenten u. in geringem Maße auch deren Herstellung erfolgt. Oriental. Drogen- u. Gewürzhändler sowie heilkundige Mönche des 8./9. Jh. werden gemeinhin als Vorläufer der späteren A. betrachtet. A. im heutigen Sinne gehen auf die 1231–43 erlassene „Constitutiones regni siciliae" Friedrichs II. zurück, in denen u.a. der noch heute gültige Grundsatz der strikten Trennung von Arzt- u. A.-beruf festgeschrieben wurde. In den Rostocker Stadtbüchern wird erstmals für das Jahr 1260 ein „apotekarius" erwähnt. Spätestens ab dem frühen 15. Jh. kann man von einer Regulierung des städt. A.-wesens durch den Rat sprechen, diesbezügl. Regeln sind in den Statuten der Medizin. Fakultät (1422) überliefert. Im Mittelalter u. in der Frühen Neuzeit wurden jedoch in den A. nicht nur Medikamente, sondern auch Gewürze, Delikatessen, Weine, Öle usw. verkauft, so auch in Rostock. 1542 erwarb der Rat die A. am damaligen Mittelmarkt (→ Neuer Markt), die danach den Namen Rats-A. trug. Ab 1635 wurde diese verpachtet, 1789 wieder verkauft. 1659 kam es zur Einführung einer städt. Arzneitaxe, über die der Rat an den Einkünften der A. mitzuverdienen gedachte. 1682 nahm sich Herzog Gustav Adolf v. Meckl.-Güstrow des weit verbreiteten sog. Quacksalber- u. Zaubereiwesens an u. erließ eine Medizinalordnung, in der auch das A.-wesen geregelt u. sog. Pfuscherei unter Strafe gestellt wurde. Diese Ordnung erneuerte man 1751 u. 1830. In Rostock existierte bis Ende des 17. Jh. lediglich die Rats-A. 1698 bekam die Hirsch-A. als zweite Einrichtung eine Konzession, eine dritte u. vierte A. folgten erst 1807 bzw. 1850. 1853 wurde vom Rat eine A.-konzession für Warnemünde vergeben. Bis 1937 kam es zu sechs weiteren A.-neueröffnungen, so z.B. die Greif-A. (1893) u. die Adler-A. (1933). Nach 1945 wurden alle bestehenden A. sukzessive in staatl. Besitz überführt sowie neue A. eröffnet, wie z.B. 1968 die Detharding-A. in Warnemünde. Im Zuge der polit. Veränderungen der 1990er-Jahre wurden die bestehenden A. wieder in private Trägerschaft rücküberführt. Zudem sind zahlreiche Neueröffnungen zu verzeichnen, ein Trend, der teilweise noch anhält, sodass es inzwischen 49 A. in der Hansestadt gibt. 2012 waren in Rostock insgesamt 134 Apotheker tätig.

Alte Apothekergefäße und -bücher

Lit.: *H. Schümann: Von Apothecarii, Physici und Clystierweibern. Apotheker und Apotheken der Stadt Rostock in acht Jahrhunderten, Rostock 2003.* MR

ARADO FLUGZEUGWERKE. 1917 als Werft Warnemünde der Flugzeugbau Friedrichshafen GmbH am Breitling errichtet; seit 1918/19 Bau von Fischkuttern, Booten u. Möbeln; 1920 Übernahme durch den Stinnes-Konzern; ab 1925 Flugzeugbau unter dem Namen Arado, seit 1933 A.; umfangreiche Erweiterung, Bau von Militärflugzeugen; Zweigstellen in Anklam, Rathenow, Babelsberg u.a.; 1935

Die Arado-Werft Warnemünde auf dem Westufer des Breitlings (ca. 1928)

Verlegung der Konstruktion u. Verwaltung nach Brandenburg; 1936 Verstaatlichung u. Enteignung des Besitzers Heinrich Lübbe wg. Verweigerung der NSDAP-Mitgliedschaft; ca. 4000 Beschäftigte im Konzern, ab 1939 massiver Einsatz von Zwangsarbeitern u. Kriegsgefangenen; umfangreicher Lizenzbau bis 1945 (Focke-Wulf 190, Messerschmitt 109); mehrfach Ziel von Bombenangriffen im II. Weltkrieg; 1945 Demontage zu Reparationszwecken.

Lit.: *V. Koos: Arado Flugzeugwerke 1925–1945, Königswinter 2007.* VK

ARBEITER- UND BAUERNFAKULTÄT (ABF). Eigenständige Fakultät an der Uni Rostock 1949–63. Hervorgegangen aus der 1946 gegründeten Vorstudienanstalt; zum Studium wurden v.a. Kinder von Arbeitern u. Bauern delegiert, die hier nach drei Studienjahren das Abi ablegten, um danach ein Fachstudium aufnehmen zu können; mit der A. sollte das bürgerl. Bildungsprivileg durchbrochen u. die sozialist. Umwandlung der Uni unterstützt werden; in Rostock erwarben an der Vorstudienanstalt u. der A. über 2000 Absolventen die Hochschulreife; Lehrgebäude der A. in der Lindenstr. (Paul-Sack-Haus, ursprüngl. Schule Bei den Sieben Linden, → Jenaplanschule), 1950–52 Neubau des Wohnheims Ecke St.-Georg-Str./Am Reifergraben. BK

ARBEITERBEWEGUNG. Zum Zwecke der Verbesserung von Arbeits- u. Lebensbedingungen in Parteien u. Gewerkschaften sowie in Genossenschaften u. Vereinen zusammengeschlossene Lohnarbeiter in der Industrie. Die Anfänge der Rostocker A. werden auf einen im Nov. 1848 gegründeten Arbeiterverein zurückgeführt, der jedoch bereits 1851 wieder verboten wurde. Der Einfluss des Allgemeinen Dt. Arbeiter-Vereins (ADAV) unter Ferdinand Lassalle lässt sich in Rostock erstmals 1867 nachweisen; 1869 entstanden in schneller Folge ein Arbeiterverein nach dem Lassalle'schen Musterstatut, ein Gewerkverein für Maurer u. Steinhauer sowie einer für Schriftsetzer u. ein → Arbeiterbildungsverein. 1872 wurde eine Ortsgruppe des ADAV gegründet, der sich vorwiegend Handwerksgesellen anschlossen. Unter Leitung des Zigarrenarbeiters Heinrich Buchhage trafen sich ihre Mitglieder in einem Lokal in der Lindenstraße. Dieser Vorläufer der späteren sozialdemokrat. Partei wurde 1874 von der Ortspolizeibehörde aufgelöst. Die Arbeiter organisierten sich in der Folge hauptsächlich in gewerkschaftl. Fachvereinigungen. 1876 gründeten Buchhage u. Georg Demmler die Zeitung Meckl. Arbeiterfreund mit Redaktionssitz in der Baustr. 9. Im Jahre 1870 trat das Gesetz gegen die gemeingefährl. Bestrebungen der Sozialdemokratie (Sozialistengesetz) in Kraft, das bis zu seiner Aufhebung 1890 jegl. legale polit. Betätigung der A. u. ihrer Parteien, Vereinigungen u. Verbände unmöglich machte. Rostock wurde während dieser Zeit zu einem wichtigen illegalen Umschlagplatz des in Zürich gedruckten Presseorgans der verbotenen Sozialdemokratie. Den Vertrieb des Sozialdemokrat in ganz Meckl. organisierte der Rostocker Parteifunktionär Martin → Erdbeer.

Am 1.5.1890 konnten sich im Saal des → Tivoli-Theaters etwa 1000 Arbeiter treffen, um erstmals auch in Rostock den 1. Mai als Internationalen Kampftag der A. zu begehen. Restriktionen für die Tätigkeit der A. im Land wie in Rostock selbst blieben jedoch wg. der rückschrittl. meckl. Vereins- u. Versammlungsgesetzgebung noch bis 1908 bestehen. Dennoch entstand noch 1890 ein Arbeiterfrauenverein u. 1907 wurde die sozialdemokrat. Jugendorganisation Freie Jugend gegründet. Arbeiter schlossen sich vermehrt in zahlreichen Fachgewerkschaften zusammen, die Dachverbänden u. nationalen Gewerkschaftsverbänden beitraten. 1892 erschien die erste Ausgabe der Meckl. Volkszeitung, die zunächst am Hopfenmarkt, später in der Doberaner Str. 6 gedruckt wurde. Bis zu ihrem Verbot 1933 entwickelte sie sich zu einer der auflagenstärksten Tageszeitungen in Meckl. 1898 errang der in Berlin lebende Sozialdemokrat Joseph → Herzfeld für seine Partei erstmals das Reichstagsmandat im Wahlkreis Doberan-Rostock. In den ersten Dekaden des 20. Jh. wurden Vereine im Bereich Sport, Kultur u. Bildung gegründet u. Zusammenschlüsse wie Konsumvereine u. Wohnungsbaugenossenschaften gebildet. Das Vereinshaus → „Philharmonie" (heute Gebäude des Volkstheaters) konnte angekauft werden, ein Arbeiterstadion wurde errichtet sowie ein Verlagshaus mit Druckerei gebaut. In einem längeren Prozess entwickelte sich Rostock zum Zentrum der meckl. A. In der Stadt hatten schließlich neben zahlreichen Orts- u. Bezirks- auch Landessekretariate der SPD, der Gewerkschaften sowie der ihr angeschlossenen od. nahestehenden Vereine u. Verbände ihren Sitz. Rostocks Politik, das Bildungswesen, das kulturelle u. das Sportleben, das Freizeitverhalten, die Wohnkultur sowie das öffentl. Gesundheits- u. Sozialwesen wurden zunehmend umfassender von der A. mitgeprägt.

Während des I. Weltkrieges kam es innerhalb der SPD zu einem polit. u. ideolog. Differenzierungsprozess, in dessen Folge sich im Juli 1917 in Rostock eine Gruppe linker Sozialdemokraten unter Herzfelds Führung von der Mutterpartei trennte u. zur Unabhängigen Sozialdemokrat. Partei (USPD) übertrat. Beide Arbeiterparteien bestimmten die Ereignisse der → Novemberrevolution 1918 entscheidend mit u. trugen zur Beendigung des Krieges, zum Sturz des Großherzogs in Schwerin sowie zur Abdankung des dt. Kaisers bei. Sie dominierten den örtl. wie den Landes-Arbeiter- u. Soldatenrat u. trugen die Prozesse der Demokratisierung der Rostocker Stadtverwaltung maßgeblich mit. Bei der ersten demokrat. Wahl zu einer Rostocker Stadtverordnetenversammlung am 29.12.1918 errangen sie die Hälfte der Mandate (SPD 31 Sitze, USPD 2 Sitze). Der sozialdemokrat. Partei- u. Gewerkschaftsfunktionär Wilhelm Kröger wurde Rostocks erster Stadtrat aus den Reihen der Arbeiterschaft. Zahlreiche Vertreter der Rostocker A. bestimmten in der Weimarer Republik die polit. Geschicke der Stadt als Abgeordnete der Bürgerschaft od. als Stadträte. Auch im Landtag u. in der Landesregierung besaß die Rostocker Arbeiterschaft über eineinhalb Jahrzehnte bedeutenden Einfluss. Zu den bekannteren Sozialdemokraten gehörten damals u.a. Franz Starosson, Julius Asch, Albert → Schulz, Paul Schroeder, Willi Jesse u. Margarete Ketelhohn.

1. Frauenriege des Arbeiter-Turn-Vereins (um 1900)

Im Januar 1919 spaltete sich von der USPD in Rostock ein radikaler Flügel ab u. schloss sich der gerade in Berlin gegründeten Kommunist. Partei Deutschlands (KPD) an. Gemeinsam trat die A. noch einmal während des → Kapp-Lüttwitz-Putsches 1920 für die Rettung der jungen dt. Demokratie auf, die in Rostock mit Waffengewalt gesichert werden musste. Die KPD schuf auf der Vereinsebene nun ähnl. Strukturen wie die SPD, versuchte in Gewerkschaften einen ebensolchen Einfluss wie diese zu gewinnen u. errang bei der Kommunalwahl vom Nov. 1921 erstmals Sitze (5) im Rostocker Stadtparlament (SPD 22 Sitze). Zu ihren Funktionären zählten August Stemme, Otto Ross, Hans → Mahncke, Willi Schröder u. Joseph Schares. Beide Parteien konkurrierten fortan um die Führung der Arbeiter. Im Ringen um die polit. u. ideolog. Vorherrschaft innerhalb der A. wurden die Parteivertreter teilweise zu erbitterten Gegnern. Auch in Rostock kam es während der Zeit der Weimarer Republik zu Streit zwischen den Arbeiterparteien

Kommunistische Jugend Rostock (1928)

u. zu z. T. schweren Auseinandersetzungen, die teilweise sogar durch paramilitär. Gruppen des Rotfrontkämpferbundes der KPD u. des Reichsbanners Schwarz-Rot-Gold der SPD ausgetragen wurden.

Ein antifaschist. Aktionsbündnis kam national wie lokal nicht zustande. Wohl auch deshalb war ein Anwachsen des Einflusses der NSDAP, auch in der Arbeiterschaft Rostocks, nicht zu stoppen. Nach der Machtübernahme der Nationalsozialisten u. der Errichtung des Hitler-Regimes wurden die beiden Arbeiterparteien verboten, ihre Mandate in der Stadtverordnetenversammlung wurden der NSDAP zugeschlagen bzw. gelöscht, ihre Gewerkschaften, Einrichtungen, Verbände u. Vereine wurden verboten od. vom nationalsozialist. Pendant übernommen bzw. mit ihm zwangsvereinigt. Die organisator. Strukturen der traditionsreichen demokrat. Rostocker A. gab es fortan nicht mehr. NS-Organisationen u. ihre Vorstellungen von Politik, Ideologie u. öffentl. Leben bestimmten nun die A. u. Arbeiterkultur Rostocks. Eine Reihe ehem. Mitglieder von Gewerkschaften sowie von SPD u. KPD ging in die Illegalität u. schlossen sich dem antifaschist. Widerstand (→ Antifaschismus) an. Infolgedessen wurden sie – genauso wie einst exponierte Vertreter der A. – verfolgt, verhaftet u. oft zu langjährigen Haftstrafen verurteilt. Viele von ihnen blieben nach deren Verbüßung in sog. Schutzhaft u. wurden in KZs überstellt; andere mussten ins Exil gehen.

Nach dem Ende des II. Weltkrieges u. dem Sturz des Hitler-Regimes stellte sich die A. in den Dienst des Wiederaufbaus Deutschlands. Stadtoberhäupter (Otto Kuphal, Albert Schulz) u. Stadträte (Walter Petschow, Martin Müller, Paul Schwanke) kamen häufig aus den Arbeiterparteien u. bestimmten nun die Rostocker Kommunalpolitik entscheidend. Auch in Wohnbezirken Rostocks, in Betrieben, in Wissenschafts-, Kultur- u. Bildungseinrichtungen wirkten Vertreter der A. intensiv für einen Neuanfang.

In den Reihen der KPD u. der SPD wurde, die Lehren aus dem NS-Regime u. dem II. Weltkrieg ziehend, besonders in der unmittelbaren Nachkriegszeit über Möglichkeiten der Schaffung einer einheitl. polit. Führung der A. diskutiert. In beiden Lagern gab es Befürworter dieser Idee. Die KPD sah in der mögl. Bündelung der polit. Kräfte der A. eine Chance, die Macht in den Kommunen u. Ländern Deutschlands zu übernehmen. Unter Nutzung des Repressionsapparates der sowjet. Besatzungsmacht u. mit Unterstützung der sowjet. Militäradministration drängte sie v.a. unentschlossene Sozialdemokraten, aber auch einige Kommunisten zum Zusammenschluss von KPD u. SPD zur Sozialist. Einheitspartei Deutschlands (SED). Diese Entwicklung fand in den drei westl. Besatzungszonen Deutschlands nicht statt. In der Stadt Rostock, die in der sowjet. Besatzungszone lag, stimmten auf getrennten Kreiskonferenzen am 23. u. 24.3.1946 die Mitglieder der beiden Arbeiterparteien der Vereinigung zu. Hegemonialer Einfluss ehem. Mitglieder der KPD führte zu einer schnellen Ausrichtung der neuen Partei an kommunist. Zielen u. einer Zurückdrängung sozialdemokrat. Traditionen. Zahlreiche aufrechte Sozialdemokraten wie auch einige Kommunisten, die diese Entwicklung nicht mittragen wollten, wurden diffamiert, aus ihren Funktionen u. schließlich aus der SED gedrängt. Die 1949 gegründete DDR sah sich als Staat der Arbeiter. Nach Auffassung der staatstragenden SED war damit das Ziel des Kampfes der dt. A. erreicht. Der Aufgaben der dt. wie auch der Rostocker A. hätte sich der neue Staat angenommen, der teilweise Organisationen, Verbände, Vereine übernommen od. neue nach ihrem Vorbild geschaffen hatte.

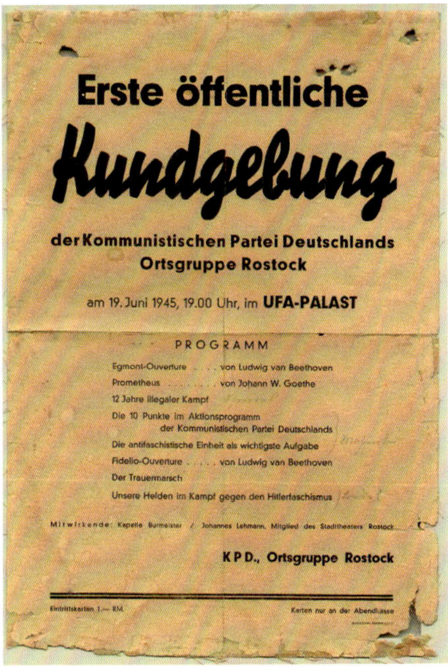

Die erste öffentliche Kundgebung der KPD nach dem II. Weltkrieg

Im Nov. 1989 gründete sich in Rostock wieder eine Sozialdemokrat. Partei, die sich 1990 mit der SPD der BRD zu einer Partei zusammenschloss. Ihre Verbände u. Vereine versuchten in der Stadt Fuß zu fassen, so die Arbeiterwohlfahrt (AWO) od. die Friedrich-Ebert-Stiftung. Auch andere Arbeiterparteien wie die Marxist.-Leninist. Partei Deutschlands (MLPD) od. die Sozialist. Alternative – SAV e. V. entstanden. Die SED wandelte sich in die Partei des Demokrat. Sozialismus (PDS) um u. schloss sich mit anderen Parteien u. Gruppierungen schließlich zur Partei Die Linke zusammen. In einer Reihe von Verbänden, Vereinen u. Stiftungen besitzt sie maßgebl. Einfluss. Diese Parteien der Gegenwart fühlen sich den Traditionen der dt. wie der Rostocker A. gemeinsam mit den Gewerkschaften verbunden u. versuchen sie unter den Vorzeichen des 21. Jh. fortzuführen.

Lit.: *R. Nespital: Beiträge zur Geschichte der mecklenburgischen Arbeiterbewegung vor dem ersten Weltkrieg, Rostock 1954; M. Polzin: Rostock. Das Zentrum der mecklenburgischen Arbeiterbewegung in der Periode von 1871 bis 1918, Rostock 1959; A. Schulz: Erinnerungen eines Sozialdemokraten, Oldenburg 2000; J. Köllner, F. Mrotzek, W. Müller: Die Geschichte der SPD in Mecklenburg und Vorpommern, Bonn 2002.* MB

ARBEITERBILDUNGSVEREIN. Zusammenschluss von Arbeitern u. Handwerkern zur Förderung der allgemeinen u. polit. Bildung. Vorläufer in Rostock am 28.11.1848 unter dem Namen Arbeiterverein ins Leben gerufen, somit knapp 20 Jahre nach Gründung der ersten dt. A. im Ausland, aber zeitgleich mit der Entwicklung in anderen Regionen Deutschlands. Aus nationalgeschichtl. Sicht gelten A. als Keimzellen der organisierten → Arbeiterbewegung. Erste Vorstände in Rostock waren der Uhrmachergehilfe Wilhelm Bowien sowie der Uni-Prof. Carl → Türk. Im Jahre 1850 hatte der A., dessen Versammlungslokal die Allwardt'schen Bierhallen in der heutigen Fischerstr. waren, etwa 150 Mitglieder. Am 27.1.1851 wurden im Großherzogtum Meckl.-Schwerin Arbeiter-, Handwerks- u. Reformvereine verboten. Der unter diesem Namen auftretende A. in Rostock hielt am 23.11.1869 auf Initiative zweier örtl. Gewerkschaften seine Gründungsversammlung in der Gewerbeschule, Steinstr. 2, ab. Seine Zielstellungen u. seine Arbeit wurden allerdings bald maßgeblich vom liberalen Rostocker Bürgertum um den Unternehmer Friedrich → Witte bestimmt. Der A. organisierte hauptsächlich „geeignete, belehrende Vorträge" u. „Unterricht in gewerbl. Hilfswissenschaften". Er unterhielt eine Bibliothek, die 1876 bereits über 1127 Zeitschriftenbände u. Buchtitel verfügte. Versuche der Politisierung des A. im Interesse der sich entfaltenden Arbeiterbewegung führten zu teils erbitterten Auseinandersetzungen mit den Liberalen, denen die vorwiegend aus Arbeitern u. Handwerksgesellen bestehende Mitgliedschaft (1875 ca. 250 Personen) schließlich das Feld überließ. Ab Ende 1878 trug der A. deshalb auch den Namen Bildungsverein zu Rostock u. unterbreitete Angebote für alle Schichten u. Klassen der Bevölkerung. In den Jahren des I. Weltkrieges stellte der Verein seine Arbeit ein.

Lit.: *K. Baudis: Elementare Arbeiterbewegung und städtische Arbeitervereine in Mecklenburg während und nach der Revolution von 1848/1849, Diss. (MS), Rostock 1973.* MB

ARBEITSAMT. In der Umgangssprache wird die heutige Agentur für Arbeit häufig noch als A. bezeichnet. Die wichtigsten Aufgaben der Behörde waren u. sind die Arbeitsvermittlung u. die Zahlung von Lohnersatzleistungen, zudem die Förderung der berufl. Aus- u. Fortbildung. Vorgänger des A. waren die in der Zeit der Industrialisierung seit der Mitte des 19. Jh. entstandenen privaten u. öffentl. Arbeitsnachweisungsanstalten. Die Massenarbeitslosigkeit nach dem I. Weltkrieg verlangte neue Strukturen u. Einrichtungen. Im Herbst 1919 entstand auf der Grundlage von Demobilmachungsverordnungen ein Fürsorgeausschuss für die Erwerbslosen. 1922 richtete Rostock in der Langen Str. 49 ein städt. A. ein, in dem der öffentl. Arbeitsnachweis u. die Erwerbslosenfürsorge organisatorisch zusammengefasst wurden. Für die sog. ausgesteuerten Erwerbslosen war das Wohlfahrtsamt zuständig. Mit Einführung der Arbeitslosenversicherung 1927 wurde das A. in die neu geschaffene Reichsanstalt für Arbeitsvermittlung u. Arbeitslosenversicherung eingegliedert. Während der Zeit des Nationalsozialismus sorgte das A. in Zusammenarbeit mit dem Landes-A. vor allem für die Beschaffung von Arbeitskräften in der expandierenden Luftrüstungsindustrie u. auf der Neptunwerft. Ein neues Verwaltungsgebäude wurde 1937 in der Hundertmännerstr. 2 fertiggestellt. Nach dem Ende des II. Weltkrieges stellten zunächst der Arbeitsplatzmangel u. die berufl. Eingliederung der Flüchtlinge, später die Zuweisung von Arbeitskräften in die Werften das Amt vor große Herausforderungen. 1951 wurden in der gesamten DDR die A. als staatl. Behörden aufgelöst u. die Aufgaben auf die Stadt- u. Landkreise übertragen. In das Gebäude in der Hundertmännerstr. zog die sowjet. Kommandantur ein. Im planwirtschaftl. System der DDR legte die Arbeitsverwaltung den Schwerpunkt ihrer Tätigkeit auf die Arbeitskräftelenkung, z.B. während der Aktion „Industriearbeiter aufs Land“ (1954–57). Seit 1962 gab es bei der Stadtverwaltung in Rostock wieder ein Amt für Arbeit. Im Zuge der dt.-dt. Wiedervereinigung entstand 1990 nach dem Aufgaben- u. Organisationsmuster der BRD das A. Rostock in der Kopernikusstr. 1a neu. Im A.-bezirk wurden weitere Geschäftsstellen in Bad Doberan, Bützow, Güstrow u. Teterow aufgebaut. Zum 1.1.2004 wurde mit der grundlegenden Reform des Arbeitsmarktes aus dem A. die Agentur für Arbeit u. es entstand in Arbeitsgemeinschaft mit der Stadt Rostock das Hanse-Jobcenter. HH

Arbeitsamt Ecke Lange Straße/Fischerstraße (1917)

ARBEITSBESCHAFFUNGSMAßNAHME (ABM). Hoher Arbeitslosigkeit begegneten Staat u. Kommunen mit geförderten, zusätzl., im öffentl. Interesse liegenden Arbeitsangeboten außerhalb der Privatwirtschaft, heute als A. bekannt. Solche Maßnahmen haben in Rostock eine mindestens bis zum Beginn des 19. Jh. zu verfolgende Geschichte. Arbeitslose Seeleute wurden bspw. 1847/48 bei Bauarbeiten u. 1864–66 bei der Umgestaltung des Barnstorfer Waldes eingesetzt. Solche Arbeitsangebote hießen bis in die 1930er-Jahre Notstandsarbeiten. Es handelte sich dabei fast ausschließlich um Erd- u. Straßenbauarbeiten. Einen Höhepunkt erreichten sie in den Jahren der Weimarer Republik, die von hoher → Arbeitslosigkeit geprägt waren. Im Rahmen von A. wurden u.a. Erdarbeiten für die Anlegung des Neuen Friedhofs u. der daneben liegenden Sportanlagen getätigt, das Gelände des neuen Bahnhofs Bramow eingeebnet, der Kastanienplatz u. andere Anlagen im Barnstorfer Wald errichtet sowie das Stadterweiterungsgebiet westl. der Bahnlinie nach Warnemünde erschlossen (einschließlich Klinikgelände, Straßenbahntrasse u. Hundertmännerbrücke). Finanziert wurden die Notstandsarbeiten aus Reichsmitteln u. durch die

Stadt, die dazu Darlehen aufnehmen musste. Zu einer Neuauflage von A. kam es nach dem histor. beispiellosen Arbeitsplatzabbau 1991/92. Viele dieser Maßnahmen waren im sozialen Bereich angesiedelt u. anders als die Notstandsarbeiten nicht nur für Arbeiter konzipiert. In A. befanden sich in Rostock 1993 im Jahresdurchschnitt 4486 Beschäftigte (Arbeitslose: 19977). In dieser Zeit waren rund 60% der Vermittlungen des → Arbeitsamtes Rostock solche in A. In den folgenden Jahren ist nicht nur die Zahl der A. reduziert, sondern auch die Dauer der einzelnen Maßnahmen verkürzt worden. Bis 2002 sank die Zahl der in A. Beschäftigten auf 1306 (Arbeitslose: 21803). Als Folge arbeitsmarktpolit. Reformen wurden die Mittel für A. seit 2004 zugunsten von Arbeitsgelegenheiten mit Mehraufwandsentschädigung („1-Euro-Jobs") umgestellt. Seit 2012 werden A. nicht mehr gefördert. Lit.: *K. Thomsen: Arbeitsbeschaffungsaktionen in den Jahren der Weimarer Republik. Das Beispiel Rostock, in: Zeitgeschichte regional. Mitteilungen aus Mecklenburg-Vorpommern, 2. Jg., H. 1, 1998, S. 29–32.* HH

ARBEITSLOSIGKEIT. Von A. bzw. Erwerbslosigkeit – so der ältere Begriff – wird seit der Industrialisierung in Bezug auf lohnabhängige Beschäftigte gesprochen. Mangel an Arbeit hatte es auch schon in der vorindustriellen Zeit gegeben. Das Ausmaß der A. blieb in den Jahren vor dem I. Weltkrieg mit Ausnahmen (etwa 1869/70, 1892–95, 1908/09) niedrig. In den ersten Nachkriegsmonaten stieg die Erwerbslosigkeit u.a. wg. der Demobilisierung stark an (März 1919: 1841 Arbeitslose). Nach kurzzeitigem Rückgang wuchsen seit 1924 die Arbeitslosenzahlen rasch u. stark. Dazu trug die fakt. Stilllegung der Neptunwerft bei. Notstandsarbeiten (→ Arbeitsbeschaffungsmaßnahme) konnten die A. nicht abfangen (Feb. 1926: 2900 Arbeitslose). Wiederholt kam es zu heftigen Erwerbslosenprotesten. Im Herbst 1927 trat das Arbeitslosenversicherungsgesetz in Kraft. Einen erneuten Höhepunkt erreichte die A. in den schweren Jahren nach der Weltwirtschaftskrise (Jan. 1932: 8309 Arbeitslose). Nach 1933 verzeichnete Rostock im Zuge der Aufrüstung u. Kriegsvorbereitung einen wirtschaftl. Aufschwung. Spätestens ab Mitte 1937 tendierte die Zahl der Arbeitslosen gegen Null. Nach dem Ende des II. Weltkrieges verursachten der Wegfall der Rüstungsindustrie u. der Bevölkerungszuwachs A. Der Aus- u. Aufbau der Werften seit 1948 hatte einen hohen Bedarf an Arbeitskräften zur Folge, sodass die A. nach u. nach verschwand (Dez. 1950: 375 männl. u. 1060 weibl. Arbeitslose). In der DDR existierte A. offiziell nicht. Seit 1968 garantierte die Verfassung das Recht auf Arbeit. Nach der dt. Wiedervereinigung schlug der beispiellose Arbeitsplatzabbau in den Jahren 1991/92 wg. arbeitsmarktpolit. Maßnahmen nicht gleich in A. um (zunächst häufig Kurzarbeit). Zum Jahresende 1997 erreichte die Arbeitslosenquote in der Stadt Rostock mit 20,2 % einen vorläufigen Höchststand (26101 Arbeitslose). Trotz der wirtschaftl. Konsolidierung bleibt die Arbeitslosenquote stark schwankend, hat aber insgesamt eine rückläufige Tendenz. Im Juni 2015 lag die Quote mit 9,6% erstmalig seit 1990 unter der Zehn-Prozent-Marke. HH

ARCHÄOLOGIE. Das Sammeln u. Bewahren archäolog. Funde hat in Rostock eine mehr als 130-jährige Tradition, die mit der Gründung des Vereins für Rostocks Altertümer (→ Geschichtsverein) 1883 einsetzte. Maßgebl. ist dieser Umstand mit dem Wirken des Heimatforschers u. Archivars Ludwig → Krause verbunden, der die archäolog. Sammlung des Vereins aufgebaut u. darüber hinaus auch eine akrib. Feldforschung betrieben hat. Nach seinem Tod 1924 wurde die Arbeit von dem Studienrat Julius Becker weitergeführt. In diese Zeit (1927) fiel auch der erstmals wissenschaftl. Ansprüchen genügende Aufbau einer vorgeschichtl. Lehr- u. Studiensammlung im Städt. Museum durch den Archäologen Hans Gummel. In den 1930er-Jahren gelangten erstmals auch Bodenfunde aus dem Rostocker Stadtkern in nennenswerter Zahl in die Museumssammlung.

1949 begannen die Wiederaufbauarbeiten im durch die Bombardierungen des II. Weltkriegs schwer zerstörten Stadtkern u. führten durch unkontrollierte Abbrüche u. Aushubarbeiten zu großen Verlusten an archäolog. Substanz. Als Beispiel soll die Überbauung des ehem. Dominikaner-→ Klosters St. Johannis angeführt werden. Erst seit 1952 wurden diese Arbeiten durch einen Nichtar-

Ausgrabung eines mittelalterlichen Holzschachtes (um 1952/53)

chäologen unter Anleitung des Städt. Museums, jedoch ohne Anspruch auf Wissenschaftlichkeit begleitet. Bemühungen von Museumsseite führten ab 1954 zur Festanstellung der Archäologin Ingeborg Nilius, zu deren Arbeitsgebiet neben der Pflege der archäolog. Sammlung auch die Boden-Denkmalpflege im Stadtkreis gehörte. Eine polit. gewollte Neuausrichtung des Museums beendete schon 1960 diesen Zustand. In den zwei Jahrzehnten danach wurde die Museumssammlung extern durch den Prähistoriker Harry Wüstemann von der Uni Rostock betreut. Das Desiderat fehlender bodendenkmalpfleger. Möglichkeiten in der mittelalterl. Altstadt wurde durch gleichfalls fehlende Bauaktivitäten kompensiert. Ab Anfang der 1980er-Jahre wurden dann allerdings Musterprogramme für innerstädt. Bauen, hauptsächlich in den neustädt. Quartieren nördl. der Langen Str., umgesetzt, die zu großflächigen Bodeneingriffen führten. Mangelndes Interesse von Seiten der archäolog. Forschung in der DDR an jüngeren Befunden über die slaw. Siedlungsperiode hinaus führte zu einer schwierigen Situation. Deshalb ist das persönl. Interesse der zwei Bodendenkmalpfleger Heiko Schäfer u. Roland Lange als Glücksfall für die Rostocker Stadt-A. zu betrachten u. als deren eigentl. Geburtsstunde das Jahr 1983 anzusetzen. Allein u. im Rahmen einer Fachgruppe konnten sie in der Altstadt unter schwierigen Bedingungen mehrere hundert Befunde dokumentieren u. unzählige Fundstücke sichern. Diese Ergebnisse erhöhten spürbar die Akzeptanz der innerstädt. Bodendenkmalpflege in Öffentlichkeit u. Lokalpolitik, sodass ein seit 1986 existierender Ratsbeschluss zur Schaffung einer stadtarchäolog. Abt. am Kulturhistor. Museum in Herbst 1988 umgesetzt werden konnte. Ein Archäologe ist seit diesem Zeitpunkt, seit 1999 im Bereich der Denkmalpflege, in Rostock tätig.

Im Zuge der Veränderungen nach dem Herbst 1989 kam das Baugeschehen u. damit die bodendenkmalpfleger. Tätigkeit im Stadtkern bis zum Frühjahr 1990 fast vollständig zum Erliegen. Von dem dann folgenden Bauboom wurde Rostock als größte u. wirtschaftl. bedeutendste Stadt Meckl.-Vorpommerns allerdings besonders früh u. heftig getroffen. In der auch rechtlich schwierigen Situation – ein Denkmalschutzgesetz ist im Land erst Ende Dez. 1993 in Kraft getreten – mussten diverse kleinere u. größere Bauvorhaben durch die Landes- u. Stadt-A. betreut werden. Einzelne Baugruben erreichten Größenordnungen von 6000 m². Insgesamt fanden bisher ca. 175 archäolog. Maßnahmen, von kleineren Notbergungen bis zu großen Flächengrabungen, statt. Das dabei geborgene Fundmaterial ist per Gesetz Landeseigentum u. wird im Archäolog. Landesmuseum verwahrt. Als Bodendenkmal geschützt sind gegenwärtig der gesamte mittelalterl. Stadtkern, die Wallanlagen, der Mühlendamm u. die Brüche östl. der Stadtmauer. Für die Stadtentwicklung wichtige archäolog. Untersuchungen fanden auch außerhalb des mittelalterl. Stadtkerns, auf dem slaw. Siedlungsplatz in Dierkow u. dem Burgwall in der Petribleiche, statt.

Die Stadt-A. als Teilaspekt der in den letzten Jahrzehnten etablierten Mittelalter- u. Neuzeit-A. beschäftigt sich mit der Geschichte der Stadt Rostock einschließlich der für deren Entstehung wichtigen frühgeschichtl. Vorgängersiedlungen. Von besonderer Bedeutung ist dabei ihr Beitrag zur Erforschung der frühen Phasen der Stadtentstehung u.

Archäologische Grabung in der Grubenstraße 19–23 (1996)

Stadtentwicklung mit nur unzureichender histor. Quellenlage bzw. vieler durch Schriftzeugnisse nur mangelhaft überlieferter Aspekte der Alltags- sowie Sozial- od. Wirtschaftsgeschichte. Dazu zählen Aussagen zu Handel u. Handwerk, zur Infrastruktur, zu den Befestigungen, zu Klöstern u. Kirchen, zur Uni Rostock, zum Hausbau usw. Durch die Dendrochronologie als wichtige Datierungsmethode ist es z.B. möglich, anhand der Altersbestimmung von Hölzern jahrgenaue Daten für die Errichtung von Bauwerken zu erhalten. In Rostock konnten bisher mehr als 2500 Hölzer erfolgreich beprobt werden.

Erkenntnisse gewinnt die A. aus zwei wesentl. Quellen. Mit dem archäolog. Befund, bspw. einem Gebäuderest, Grab, Ofen oder einer Ablagerung, werden der Zusammenhang zwischen verschiedenen Fundgegenständen sowie deren stratigraf. Lage in den Bodenschichten erfasst. Die daraus geborgenen Gegenstände, die Funde, als zweite Kategorie werden museal verwahrt u. führen zu einem bedeutsamen Zuwachs der materiellen Hinterlassenschaften. Eine wesentl. Methode der A. ist die Ausgrabung, die allerdings zwangsläufig zur Zerstörung der Befunde führt, sodass deren sachgerechte Dokumentation von größter Wichtigkeit ist. Durch die Stadt-A. werden auch im Boden befindl. Zeugnisse jüngerer Epochen dokumentiert, wenn diese gemäß der Definition des Denkmalschutzgesetzes besondere Kriterien erfüllen.

Lit.: *H. Jöns, F. Lüth, H. Schäfer (Hg.): Archäologie unter dem Straßenpflaster. 15 Jahre Stadtarchäologie in Mecklenburg-Vorpommern, Schwerin 2005; R. Mulsow: Stadtarchäologie in Rostock. Ein Überblick, in: Archäologie des Mittelalters und Bauforschung im Hanseraum. Eine Festschrift für Günter P. Fehring, Rostock 1993, S. 47–52; H. Schäfer, R. Lange: Mittelalterliche Befunde und Funde aus dem Stadtkern von Rostock, in: Bodendenkmalpflege in Mecklenburg. Jahrbuch 1987, Bd. 35, Schwerin 1988, S. 195–235.* RM

ARCHITEKTUR UND STÄDTEBAU. Das Rostocker Stadtbild bildete sich in seinen Grundzügen im 13. Jh. heraus u. wurde bis ins 16. Jh. durch die Backsteingotik geprägt. Der ersten städt. Siedlung mit der Kirche St. Petri auf einem Höhenrücken längsseits der Warnow bestätigte Fürst Borwin I. 1218 den Gebrauch des Lübischen Stadtrechts. Im Ergebnis des Zustroms von Siedlern infolge des Bevölkerungswachstums zwischen 1150 u. 1300 entstand weiter westl. eine zweite Stadt, die künftige Mittelstadt. Sie wurde als planmäßige Anlage im Gitterschema mit großem, rechteckigem Marktplatz, der mit Ausmaßen von 80×90 m einer der größten im Ostseeraum war, errichtet. Das dortige → Rathaus, ein ursprünglich giebelständiger Gruppenbau, gilt in seinem Kern als der älteste erhaltene Profanbau (2. Hälfte des 13. Jh.) u. erfuhr im Laufe der Jh. Umbauten u. Erweiterungen, insbesondere Anfang des 18. Jh. einen mehrgeschossigen barocken Putzvorbau mit Rundbogenarkaden (Zacharias Voigt, Joseph Petrini). Der Anschluss der Neustadt mit dem Hopfenmarkt u. mittig gelegenem Rathaus, das nach 1419 durch die Uni Rostock als Auditorium Magnum genutzt wurde, erfolgte 1252. Die typ. Dreiecksform des Platzes ergab sich durch das Zusammentreffen alter Wegeverbindungen. Die Pfarrkirche St. Jakobi stand nach Nordwesten seitl. verrückt. Die Kröpeliner- u. die Lange Str. bildeten die Hauptverkehrsadern u. die abgehenden Str. nach Norden schufen Verbindungen zum Hafen. Der Neue Markt der Mittelstadt mit Rathaus u. der St.-Marien-Kirche, die nach dem Zusammenschluss der Teilstädte zugleich Ratskirche wurde, nahm als zentraler Platz innerhalb der Gesamtstadt eine stadtbildprägende Position ein. Seine künftige städtebaul. Geschlossenheit wurde durch die nur in den Eckwinkeln auslaufenden Straßen u. die zurückhaltenden, flachen, i. d. R. dreiachsigen Hausfassaden bewirkt. 1262–65 erfolgte die formelle Vereinigung aller drei Städte einschließlich der Kirche St. Nikolai u. der sie umgebenden Häusergruppe sowie der Klosterniederlassungen zur „universitas civitatum Rozstock" u. wurde von einem Mauergürtel umschlossen. Zugleich wurden eine alte Fischersiedlung u. die Lastadie einbezogen.

Für die bis in das 15. Jh. hineinreichende Herausbildung einer typisch hansischen Stadtarchitektur waren primär die Bedürfnisse der Fernhändler maßgebend, die die städt. Strukturen für eine reibungslose Wirtschaftstätigkeit brauchten. Diesem Zweck dienten der Markt u. der Hafen ebenso wie eine rationelle Straßenführung. Ihrem Repräsentationsanspruch genügten monumentale Kirchen- u. Rathäuser sowie Gebäude mit prachtvollen Fassaden.

Gotik. Der städtebaul. Form- u. Wachstumsprozess vollzog sich in der 2. Hälfte des 13. Jh. durch Übergang von dörflich geprägter Holz- zur städt. Ziegelbauweise. Im Zentrum standen dabei die Sakralbauten. Einfache funktionale Holzbauten konnten in den zurückliegenden Jahrzehnten vereinzelt nachgewiesen werden. Die Stadtbrände von 1252 u. 1264 beschleunigten die Wende vom Holz- zum Steinbau. Die Gebäude erhielten eine deutlich größere Grundfläche u. Höhe u. damit vielfache Nutzfläche. Die Baukörper wurden nach dem Baufluchtgebot des Lübischen Rechts giebelständig in die Straßen- u. Platzbegrenzung eingereiht (ab 1240) u. erhielten ab 1276 Brandmauern. Ab jetzt konnten geschlossene Straßen- u. Platzfronten entstehen. Das hatte Auswirkungen auf die gesamte städtebaul. u. architekton. Entwicklung folgender Jh.

Die Gesamtstadt hatte Ende des 13. Jh. ihren mittelalterl. Grundriss ausgeformt, der bis zum Stadtbrand von 1677 weitestgehend unverändert bleiben sollte. Auf diesem Fundament konnte sich eine Baukunst entfalten, deren Material der in Norddtl. bevorzugte u. aus heimischen Rohstoffvorkommen gewonnene Ziegel war u. zur Ausbildung der norddt. Backsteingotik im Ostseeraum beitrug.

Während der Stadtgrundriss über die Jh. weitestgehend bestehen blieb, war die Bebauung in den folgenden Jahren u. Jh. ständigen Veränderungen durch Um- u. Neubau unterworfen. Wandlungsprozesse betrafen gleichfalls die repräsentativen Sakral- u. Profanbauten. Die St.-Petri-Kirche wurde im 2. Viertel des 14. Jh. als schlanke got. Basilika errichtet u. erhielt ihren Turmhelm (127 m) um 1500. Die noch spätroman. begonnene Kirche St. Nikolai wurde 1312 zur dreischiffigen Hallenkirche umgebaut u. im 1. Viertel des 15. Jh. durch ein mächtiges Turmwerk u. Chorhaus ergänzt. Der erste Umbau (Ende 14. Jh.) der Marienkirche erstrebte noch dem Beispiel der Lübecker Marienkirche folgend eine Kathedrale. Nach Einsturz des Gewölbes 1398 wurde die Kirche jedoch als zentralisierender Bau vollendet (1452). Der Bau von St. Jakobi erfolgte als querschifflose Backsteinbasilika. Der Einfluss der engl. Kathedralgotik ist u. a. in Wandaufriss sowie in der Jochfolge erkenn-

Blick auf die Kirche St. Petri vom Mühlendamm (2010)

bar. Die Kirchen der → Klöster entstanden ebenfalls in früher Phase: die Kirche des Franziskaner- → Klosters St. Katharina, 1252 erwähnt, heute Hochschule für Musik u. Theater, erbaut als dreischiffige Hallenkirche; die Klosterkirche des Zisterzienserinnen- → Klosters zum Heiligen Kreuz wurde in der 1. Hälfte des 14. Jh. im Charakter einer Bettelordenskirche als dreischiffige Stufenhalle errichtet. Das Kloster der Dominikaner (→ Kloster St. Johannis) von 1256 lag wie die anderen Klöster ebenfalls am Stadtrand (im Süden der Mittelstadt) u. besaß wie das → Hospital zum Heiligen Geist (1250) eine Hallenkirche. Beide Anlagen wurden in der 1. Hälfte des 19. Jh. abgebrochen. Während Sakralbauten der Backsteingotik von Beginn an bis heute noch wesentlich städtebaul. u. architekton. Akzente bilden, war der bei Weitem größte Teil der mittelalterl. Profanbauten, besonders aus der hansischen Blütezeit der Stadt, durch die zerstörerische Kraft des → Stadtbrandes von 1677 u. der → Bombenangriffe im II. Weltkrieg 1942 vernichtet worden. Die berühmte „Warhaftige Abcontrafactur" des Stadtchronisten Vicke → Schorler vermittelt noch das Bild einer hochverdichteten, rational geordneten Stadtstruktur. Die giebelständigen Häuser reihten sich Wand an Wand nebeneinander. Im Vergleich zu anderen Städten gewann am Rostocker Bürgerhaus die Fläche ein deutliches Primat gegenüber der plast. Form. Das häufig zweigeschossige Giebelhaus (Wohnspeicherhaus) wies oft über dem Erdgeschoss mit Diele ein Geschossteil für Wohnzwecke auf, über dem die Speichergeschosse mit Luken unter einem großen Satteldach zusammengefasst wurden. Ein Beispiel ist das spätgot. Haus Wokrenterstr. 40 (Hausbaumhaus, 1490). Auf der Fassade solcher Häuser lagen Fenster u. Türöffnung innerhalb von Blendflächen. Für die weitere Gliederung sorgten oft Lukenöffnungen ebenso wie Staffeln od. geschlossene Schildformen. Giebelabschlüsse bildeten häufig einfache Zinnen u. ein vertieftes Putzband. Ausgeformte Pfeilergiebel mit Fialenbekrönung blieben eine Ausnahme. Erst in der Spätzeit wurden die Schmuckformen reicher u. auch plast. durchgebildet, z.T. mit Renaissanceformen besetzt wie im sog. Kerkhofhaus (um 1550). Von

Schaugiebel des Kerkhofhauses (2010)

den vielen mittelalterl. Buden u. Wohnkellern sind kaum Reste erhalten, eine seltene Ausnahme ist z.B. die Bude am Haus Bei der Marienkirche 25/26.

Typische **Renaissance**bauten od. -formen sind in Rostock selten anzutreffen, z.B. das Steintor, das anstelle eines mittelalterl. Vorgängerbaus 1574–77 nach Entwurf von Anton Warholdt entstand, od. der Giebel Neuer Markt 16 (Umbau um 1600) mit Sandsteinornamenten u. bekrönender Löwenfigur wie auch der um 1620 umgestaltete Giebel mit Renaissanceschmuckformen (Kopien) Am Ziegenmarkt 3 (Alte Münze). Zu den ältesten, auch als Lagerhaus genutzten Gebäuden aus dieser Epoche zählt der Hornsche Hof (Entstehung als Handelshof 1612, später Adelssitz, ab 1765 Umbau zum Speicher). Nach dem Stadtbrand von 1677 stagnierte die städtebaul. Entwicklung fast 100 Jahre u. auch die baul. Verluste von etwa 600 Häusern u. Buden waren beträchtlich.

Barock und Klassizismus. Im späten 17. u. im 18. Jh. wurden Neubauten häufig als barocke Traufen- od. breite Giebelhäuser, z.B. Haus Kröpeliner Str. 16 mit Fassade im frühklassizist. Stil, über mehrere histor. Grundrisse hinweg errichtet (z.T. im sog. Zopfstil, 1760–90). Barock geschweifte Giebelabschlüsse über verputzten Fassaden bestimmten nun das Straßenbild. Zu Beginn des 19. Jh. wurden Fassaden u. Giebel zunehmend klassizist. umgeformt od. neu errichtet – bspw. das Mönchentor (1805/06 neues Tor auf dem Fundament des alten; nach Plänen von Gustav Schadeloock mit Pilaster, abgestufter Attika u. Empire-Vase). Hausfassaden langgestreckter Traufenhäuser wurden entsprechend klar u. streng gegliedert, z.B. das Archiv u. die Bibliothek der Ritter- u. Landschaft, Vogelsang 14 (um 1800), od. das ehem. Hauptzollamt in der Koßfelderstr. 20, ein siebenachsiges verputztes Traufenhaus (1830).

Auf der Südseite des Hopfenmarktes spielte barocke u. klassizist. Architektur bereits Anfang des 18. Jh. mit dem Aufbau eines herzogl. Komplexes mit Palais (1714) u. Saalbau (1750), dem sog. Barocksaal im Stil des frühen Rokoko, ergänzt um eine Wache mit monumental vorgestellter dorischer Säulenhalle (Carl Theodor Severin, 1823) sowie das Gebäude des Oberappellationsgerichts (Gustav Adolf Demmler, 1841/42), eine bestimmende Rolle im Ensemble. Sowohl bei Neu- als auch bei Umbauten bediente man sich beim Exterieur wie beim Interieur klassizist. Gestaltungsmittel. So entstanden Prachträume mit künstler. Ausgestaltung, z.B. am Neuen Markt 5 mit einer Pariser Tapete („Amor u. Psyche" von Joseph Blondel, 1815, heute im Kulturhistor. Museum) od. der erhaltene Empiresaal mit Pilastergliederung, stuckierten Festons u. Ornamenten in der ersten Etage des Hauses Nr. 5 am Neuen Markt (Ratsapotheke).

Historizismus. Im innerstädt. Bereich entstanden ab Mitte des 19. Jh. repräsentative Großbauten in historisierenden Stilen wie z.B. die ehem. Societät (Carl F. G. Storrer, um 1858) u. späteres Kunst- u. Altertumsmuseum (Umbau durch Gustav Dehn 1903), die Große Stadtschule (Theodor Heinrich Klitzing, 1864–67, heute Haus der Musik) in den Formen der Neorenaissance sowie das in Backstein aufgeführte neogot. Ständehaus nach Plänen von Gotthilf Ludwig Möckel (1889–93). 1894/95 erhielt Rostock ein ansehnl. neobarockes Theatergebäude (Heinrich Seeling), das im II. Weltkrieg zerstört wurde. Das neue → Universitätshauptgebäude entstand anstelle des Weißen Kollegs (bis 1866) 1867–70 nach Plänen von Hermann Willebrand im Stil der ital. Renaissance (sog. Terrakottarenaissance), nachdem das ehem. Auditorium Magnum bereits 1819 abgerissen u. der Platz mit dem neu errichteten Blücher-Denkmal umgestaltet worden war (1819).

Stadterweiterung. Infolge der Industrialisierung u. der rasanten Bevölkerungszunahme wuchs die Stadt besonders ab Mitte des 19. Jh. über die Grenzen der einstigen Stadtbefestigung weit hinaus. So entstanden die ersten Vorstädte. In der architekton. Formensprache brach der gestalter. Zusammenhang mit dem histor. Stadtkern völlig auseinander. Es beherrschten die völlig unspezifisch, wahllos historisierenden Fassaden das Bild dieser Vorstädte. Obwohl die → Steintor-Vorstadt sich südl. bis zum Hauptbahnhof (ehem. Lloyd-Bahnhof) erstreckte, blieb die Magistrale (heute Rosa-Luxemburg-Str.) bis auf die Straßenbahnverbindung fast ohne städt. Infrastruktur. Bis ins 20. Jh. hinein dominierten hier historisierende Architekturvorstellungen im Einzelnen, z.B. von Trutzburgen od. Märchenschlössern. Eine städtebaul. Planung dieses Stadtteils setzte um 1880 (Reinhard Baumeister) ein u. führte zur Strukturierung durch kleinere Plätze. Zu den wenigen städt. Bauten zählte u.a. die neogot. St.-Georg-Schule u. der → Wasserturm (Gustav Dehn, 1903). Dekorationsvorstellungen des **Jugendstils** führten in Rostock nur punktuell zu einigen dekorativen Fassaden (z.B. Schillerstr. 18, Doberaner Str. 6). Die Bebauung besonders im Westteil der → Kröpeliner-Tor-Vorstadt (KTV) tendierte zu deutl. funktionaleren Lösungen in der Anordnung der Mietshäuser. Die Straßen waren dennoch durch Bepflanzung begrünt. Der Stadtteil hatte zudem im Bereich des Doberaner Platzes eine Reihe großzügig angelegter Institutsgebäude u. Kliniken der Uni, z.B. die Hals-, Nasen-, Ohrenklinik (Hermann Schlosser, 1899), einen neogot. Schul- u. einen Kirchenbau sowie einen Kasernenkomplex erhalten. Außerdem entstanden zahlreiche gewerbl. Funktionsgebäude in den Innenhöfen u. Industriebauten wie die der Brauerei in der Doberaner Str. (→ Mahn & Ohlerich) od. der Werft am Warnowufer (→ Neptunwerft. Noch vor dem I. Weltkrieg begann der Bau der Chirurg. Klinik (Franz Wachenhusen u. Kurt Schifferdecker, 1914/18). Die mit der baul. Erweiterung der Stadt verbundene Modernisierung

Universitätshauptgebäude (um 1970)

hatte sich auch in der histor. Innenstadt punktuell od. abschnittsweise fortgesetzt. Eine bestimmende Rolle kam hierbei den zahlreichen Geschäftshäusern als einer neuen Bauaufgabe u. repräsentativen Stadtvillen von Paul → Korff u. seinem Partner Alfred Krause zu. Die Gebäude wiesen eine eigenständige mit neobarocken u./od. Elementen des Jugendstils verbundene Formensprache auf, die der Heimatbewegung nahestand. Damit verband sich hohe Funktionalität mit moderner, allerdings verdeckter Konstruktion (Skelettbauweise), z.B. das ehem. Bankgebäude Kröpeliner Str. 84, das maßvoll in die Flucht eingereiht wurde.

Warnemünde wurde ab Mitte des 19. Jh. zum modernen Seebad ausgebaut. Zahlreiche Hotelbauten entstanden in Strandnähe (z.B. Hotel Hübner) u. ein Teepavillon (Walter → Butzek, 1926) im expressiven Stil. Die Veranden vor den kleinen Fischerhäusern wurden von Pensionsgästen genutzt u. westl. des histor. Ortskerns wuchs der Ort durch Wohnungsneubau.

Nach dem I. Weltkrieg gab es mit der Rostocker Generalbebauungsplanung (um 1928) erste Bestrebungen zu einer planmäßigen Stadtentwicklung. Bis auf wenige Wohnblöcke, die am Weißen Kreuz u. am Petridamm entstanden, hatte dies vor allem Auswirkungen auf die Siedlungsentwicklung durch → Gartenstädte mit kleinen preisgünstigen Einfamilien- u. Reihenhäusern, die von Stadtbaudirektor Gustav Wilhelm → Berringer vorangetrieben wurde (z.B. Damerow, Reutershagen, Brinckmansdorf, Kriegerheimstätten). Nach dem I. Weltkrieg war die Wohnungsnot erheblich. Neue Architekturauffassungen setzten sich vereinzelt durch, z.B. experimentierten die Architekten Berringer u. Butzek an den Bauten des Greifenbades (1925) od. der Gewerbeschule (1926) in der Parkstr. mit expressionist. Stilelementen der Architektur u. Bildenden Kunst (1924/26, Bildhauerin Margarete → Scheel). Auffassungen des **Bauhauses** u. der **Neuen Sachlichkeit** wurden jedoch bestimmender, z.B. in den neuen Straßenzügen der Parkstr. (Butzek, Walter Baresel) am Ulmenmarkt, in der Kosegartensiedlung (Butzek, 1928) od. am Kurhaus in Warnemünde (Berringer, 1914–28). Einen Höhepunkt bildete der Doppelschulneubau des Lyzeums (Berringer, 1930) am heutigen Goetheplatz (→Innerstädt. Gymnasium). Polit. Gründe u. Undichtheiten des Flachdaches führten 1937/38 zum Aufsetzen eines „heimatlichen" Walmdachs, das erst durch die Sanierung des Gebäudes (u.a. Ursula Jastram, Maik Buttler, 2006–08) wieder beseitigt wurde.

Bestrebungen der sog. **Heimatschutzarchitektur** wurden im → Hansa- u. Komponistenviertel umgesetzt. Erwähnenswerte Einzelbauten waren daneben z.B. die Zahn- u. Kinderklinik (Hans Mester, 1938; Mester u. Hans Fischer, 1939). Für die Arbeiter u. Angestellten der Ernst Heinkel Flugzeugwerke entstand eine eigene kleine Wohnsiedlung mit einfachen funktionalen Einfamilienhäusern in → Reutershagen. 1935 erreichte Rostock vor allem durch Eingemeindungen über 100 000 Einwohner u. wurde Großstadt.

Der II. Weltkrieg brachte 1942 verheerende Zerstörungen der städt. Bebauung besonders im Zentrum. Der **Wiederaufbau** und Ausbau der Innenstadt in den 1950er-Jahren mit einer großstädt. Magistrale, der Langen Str., war mit zusätzl. Verlusten an histor. Bausubstanz verbunden, z.B. durch Abtragen der Nordseite des Neuen Marktes sowie der Reste der histor. Langen Str. u. die Verbreiterung der Steinstr. In den 1950er-Jahren hatte der Wohnungsneubau bereits Vorrang: Die Lange Str. (1953–60) entstand nach dem Berliner Vorbild der Stalinallee (Joachim Näther, Albrecht Jaeger) zunächst in neoklassizist. Fassung u. verdankt ihre folgende gotisierende Fassadengestaltung in Backstein dem Einfluss Hermann Henselmanns. Ansonsten waren die unmaßstäbl. Dimensionen (z.B. 60 m Breite) von der polit. Führung vorgegeben. Ebenso war damit eine überdeutl. Abgrenzung zur histor. Altstadt u. die Missachtung histor. städtebaul. Strukturen verbunden.

Zeitlich parallel entstand das Wohngebiet → Reutershagen I (1953–57) im Westteil der Stadt, ebenfalls sowjet. Vorbildern verpflichtet, mit blockartiger Bebauung u. neoklassizist. Formen sowie zusätzl. dekorativem Sgraffiti-Schmuck zur Fassadengliederung. Im Rahmen des Nationalen Aufbauwerks (Organisation zur unentgeltl. Arbeit für gesellschaftl. Zwecke, ab 1952) wurde das Ostseestadion (1954) auf dem Gelände der alten Rennbahn errichtet – dort, wo in der NS-Zeit ein großes Auf-

Lange Straße (vor 1960)

marschgelände mit Kongresshalle u. Sportstätten sowie dem „Denkmal der Bewegung" (Arno Breker, 1936) errichtet werden sollte u. entsprechende Erdwälle bereits aufgeschüttet worden waren. Wichtige Einzelvorhaben waren weiterhin z.B. die Neptunschwimmhalle, ein repräsentativer Backsteinbau (Max u. Karl Krüger, 1955), die Poliklinik in der Paulstr. (1955) u. nicht zuletzt das neue Postgebäude am Neuen Markt (u.a. Heinz Pätzold, 1953–56). 1969 erhielt Rostock den ersten Museumsneubau der DDR für die Ausrichtung der Biennale der Ostseeländer in Form einer modernen Kunsthalle (u.a. Hans Fleischhauer, Martin Halwas) als streng funktional ausgerichtete Architektur.

Industrieller Wohnungsbau. 1957 lebten in Rostock bereits 150 000 Einwohner. Jedem von ihnen stand im Durchschnitt nur 7,6 m² Wohnfläche zur Verfügung (DDR-Durchschnitt 11), sodass die Wohnungsnot blieb. Seit 1958 verfolgte u.a. Hartmut Colden das Konzept der sog. Bandstadt. Mit Reutershagen II setzten ab 1959 Bestrebungen zur industriellen Produktion in Plattenbauweise ein. 1961–65 entstand die → Südstadt (Entwürfe Konrad Brauns, Rudolf Lasch, Kurt Tauscher) für über 21 000 Einwohner in weiträumig offener Zeilenbebauung mit einigen Punkthäusern u. Grünräumen sowie dem Klinikum (Tauscher, 1965), der Sport- u. Kongresshalle (u.a. Rudolf Lasch, Werner Langwasser, Ulrich Hammer, Arndt Zintler, 1978) u. der ehem. Gaststätte Kosmos in Schalenbetonbauweise (u.a. Wolfgang Reinhard, Ulrich Müther, 1970). Es wurden standardisierte Bautypen für Schulgebäude, Kindereinrichtungen u. Kaufhallen eingeführt. Bereits ab 1952 wurde der Komplex der Schiffstechnik der Uni als Stahlbetonfachwerk z.T. mit Ziegelausfachung errichtet (u.a. Ernst Gahler, Walter Baresel).

Mit dem Generalbebauungs- u. Verkehrsplan von 1967 sowie dem späteren Plan für die bildkünstlerisch architekturbezogene Gestaltung in den Wohngebieten hatte Rostock zwar langfristig eine solide Grundlage für seine städtebaul. Entwicklung; diese wurde aber letztlich polit. entschieden. Die unmaßstäbl. Bauten am Vögenteichplatz (1970) zeugen bspw. noch von diesen Vorstellungen wie auch der Abriss der Christuskirche (1971).

Im Nordwesten der Stadt entstanden ab Mitte der 1960er-Jahre neue Wohngebiete in industrieller Technologie der Plattenbauweise. Damit wurde eine nahezu geschlossene städtebaul. Verbindung zwischen der Innenstadt u. Warnemünde angestrebt. Die Zahl der Wohnungen wurde zunehmend durch Erhöhung der Geschosse u. den Bau von langgestreckten Wohnscheiben weiter verdichtet.

In → Lütten Klein (u.a. Rudolf Lasch, Wolfgang Urbanski, Erich Kaufmann, 1965–74) war eine geradlinige Zeilenbebauung vorherrschend, mit nur gering ausgestatteten Zentren u. wenigen aufgereihten Punkthochhäusern (u.a. Kurt Tauscher, 1971/72). 1971–74 folgte die Bebauung in → Evershagen (u.a. Peter Baumbach, Lasch, Urbanski) mit leicht geschwungener Straßenführung, mit Haupt- u. zwei Nebenzentren sowie Wohnscheiben (Terrassenhäuser) u. Punkthochhäusern. Eckbebauungen mit Hofbildungen, Versätze in der Anordnung sowie dekorative Elemente an den Giebeln wurden für die städtebaul. Gestaltung prägend. In → Lichtenhagen (u.a. Urbanski, Christoph Weinhold, 1974–76) wurden Eckbebauungen wieder aufgegriffen u. Durchgänge als Verbindungselemente eingebunden. Als Bindeglied zwischen Haupt- u. Nebenzentrum fungiert eine als Grünbereich ausgestaltete Hauptachse, die reich mit Werken Bildender Kunst ausgestaltet wurde. 1976–79 wurde mit dem Bau von → Schmarl (u.a. Lasch, Michael Bräuer, Baumbach) begonnen. Die Bebauung gliedert sich in drei große Formen mit an den Ecken abgerundeten Baukörpern u. einfacher Höhenstaffelung. Optisch auffällig ist der betonte Einsatz archigraf. Flächengliederung (Entwicklung Jürgen Deutler). Mit dem Wohngebiet → Groß Klein (u.a. Lasch, Bräuer, Kaufmann, 1979–83) wurden geschwungene Raumbildungen durch techn. Winkelsektionen erzeugt u. in den nordöstl. Wohngebieten → Dierkow u. → Toitenwinkel (ab 1983) fortgeführt. Angestrebte weitere Differenzierungen der Bauformen durch Höhenabstufungen u. Nutzung topograf. Gegebenheiten konnten hier aufgrund unzureichenden wirtschaftl. Potenzials nur ansatzweise verwirklicht werden. Prägend für Warnemünde wurde die Montagehalle der Werft (u.a. Butzek, 1952) mit der typ. Kabelkrananlage sowie das Hotel Neptun (u.a. Fritz Jaenicke, Sten Samuelson, Klaus Schaarschmidt, 1971). Im Rostocker Stadtzentrum wurde z.B. die Lange Str. mit den deutlich funktionalen Großbauten wie dem „Haus der Schiffahrt" bzw. „Haus der Gewerkschaften" (1962) u. dem Hotel Warnow (1967, nach Abriss Neubau Hotel Radisson, Rainer Janzen, 2003) abgeschlossen.

Ab 1974 wurde das Hafenviertel nördl. der Langen Str. „flächensaniert". Das bedeutete, dass die histor. Bausubstanz großflächig abgetragen wurde. Die sog. Nördl. Altstadt wurde seit Ende 1983 mit Plattenbauten errichtet, die überwiegend giebelständig eingegliedert wurden u. sich an histor. Vorbilder anlehnten (u.a. Kaufmann). Die Bauten auf der heutigen Ostseite der Wokrenterstr. sind bis auf wenige Originale, z.B. das sog. Hausbaumhaus in der Wokrenterstr. 40 (Baumbach, 1983), zum Teil rekonstruierte bzw. kopierte Architekturformen. Mit hohem Aufwand wurde die Schnickmannstr. als Fußgängerzone künstlich mit Wasserlauf u. Bodenrelief gestaltet (u.a. Bildhauer Wolfgang Friedrich).

Die im II. Weltkrieg vernichtete Nordseite des Universitätsplatzes, die einst aus mehreren giebelständigen Häusern bestand, wurde mit einem die histor. Architektur des Platzes respektierenden Neubau, dem Fünfgiebelhaus, bebaut.

Bauen nach 1990. Mit dem Zusammenbruch der DDR 1989/90 endete der staatlich gelenkte, industrielle Neubau. Anstelle der Abwandlung von Typenbauten vergangener Jahrzehnte wird beim

Nördliche Altstadt (2010)

einzelnen Neu- u. Umbau zunehmend nach regionalen u. örtl. Anknüpfungspunkten gesucht. Zugleich zeigt sich ein deutl. Bestreben nach Modernität u. Internationalität, besonders an den repräsentativen Bauaufgaben.

Die Einwohnerzahl war in den folgenden Jahren drastisch zurückgegangen (1988: 253 900; 2000: 200 506). In den Randbereichen entstanden seit Ende der 1990er-Jahre nunmehr kleinere Siedlungen (z. B. Brinckmanshöhe, Kassebohm) mit z. T. Fertigteil-Ein- u. Mehrfamilienhäusern, ohne festen städtebaul. Rahmen. Umfangreich waren die Sanierungen von Wohnhäusern in allen Stadtgebieten. Städtebaul. bestimmender waren einzelne Großprojekte wie der Doberaner Hof, das Gebäude der Ostseesparkasse Rostock (Hans-Peter Heynsen-Meisterlin, 2000) od. die gläsernen, von einem Riesensegel überspannten, transparenten Zwillingshäuser der Deutschen Med (Helmut Jahn, 2005), ein Gebäude, das als Kontrast zum Historischen gesetzt u. aus vorfabrizierten Elementen montiert wurde. Während in der Innenstadt Baulücken vielfach mit Geschäfts- u. Hotelbauten sowie Einkaufspassagen geschlossen wurden (z. B. Doberaner Hof, 1993; Rostocker Hof, 1995, Schweger & Partner), konnten interessante Lösungen der denkmalgerechten Sanierung mit teilweise Neu- u. Umgestaltung, z. B. Hochschule für Musik u. Theater (Wolfgang Braun, Inge Voigt, 2001), erreicht werden. Alt u. Neu wurden hier architekton. deutl. voneinander abgesetzt u. nicht vermengt. Behutsam saniert wurde über Jahrzehnte auch das zum Kulturhistor. Museum ausgebaute Kloster zum Heiligen Kreuz (ursprüngl. 13. Jh.; u. a. Ulrich Hammer, 1977; Bräuer, etwa 2000–13) sowie der Doppelschulbau am Goetheplatz (Ursula Jastram, Maik Buttler, Barbara Hass + Rainer Briese, Renate Funck, 2008). Weiträumig u. großflächig angelegt wird derzeit der Campus Südstadt mit neuer Universitätsbibliothek, einer neuen Mensa u. verschiedenen, z. T. hofbildenden Institutsgebäuden.

Lit.: *R. Sedlmaier: Rostock, Berlin 1943; Architekturführer DDR, Bezirk Rostock, Berlin 1978; N. & R. Zaske: Kunst in Hansestädten, Köln, Wien 1986; Institut für Denkmalpflege (Hg.): Die Bau- und Kunstdenkmale in der DDR. Mecklenburgische Küstenregion, Berlin 1990; O. Bartels: Architekturführer Mecklenburg-Vorpommern, Berlin 2011.* AL

ARCHIV. Im Zuge der Tätigkeit verwaltender Institutionen (A.-träger) entstandene Einrichtung zur dauerhaften Verwahrung der Teile der schriftl. Überlieferung, die für die Rechtewahrung bzw. für das Handeln des A.-trägers u. / od. von Privatpersonen als unabdingbar gelten.

Als Instrumente der Herrschaftsausübung waren A. in früherer Zeit nicht zugänglich, ihre Öffnung für die Allgemeinheit begann erst im 19. Jh. Ihre Aufgaben, ihre Nutzung u. der Schutz der Bestände u. Informationen (Datenschutz) sind in A.-gesetzen bzw. -satzungen festgeschrieben u. geregelt. Heute versuchen A. über die ursprüngl. Tätigkeit der systemat. Übernahme von Schriftgut des A.-trägers u. dessen Erschließung hinaus, Schriftgut privater u. gewerbl. Herkunft, Druckschriften, Zeitungen, Bücher, Bilder, Fotos, Karten, Pläne, Plakate, Filme, Tondokumente u. zunehmend auch maschinenlesbare Informationsträger (elektron. Dateien) aus dem A.-sprengel zu sammeln. Die auf der Basis eines Dokumentationsprofils zusammengetragenen, ausgewählten u. erschlossenen Quellen sollen zukünftigen Nutzern der A. ein möglichst umfassendes wie ident. Bild der Gegenwart vermitteln.

(1) **Stadtarchiv.** Das A. der Hansestadt Rostock ist eine kommunale Einrichtung. Es sichert die schriftl. Überlieferung der Stadtverwaltung, des Stadtparlaments sowie der städt. Einrichtungen u. Unternehmen. Seine Ursprünge, zunächst als Urkundendepot im Kirchspiel St. Petri, lassen sich bis 1252 zurückverfolgen. Seitdem gab es sporad. Bemühungen um die Sicherung u. Erschließung des stetig wachsenden Bestandes. Kontinuität über das Arbeitsleben eines Archivars hinaus konnte jedoch nicht entstehen. Eine systemat. A.-arbeit begann erst am 1.10.1884 mit der Einstellung von Dr. Karl → Koppmann als Stadtarchivar. Das Datum gilt als Gründungstag der Einrichtung. Koppmann u. sein Nachfolger im Amt, Dr. Ernst → Dragendorff, entwickelten das Haus von einem Rats- zu einem modernen Stadt-A., das sich neben der Erschließung des nunmehr oft bereits jahrhundertealten A.-gutes auch der Schaffung einer A.-bibliothek u. von archiv. Sammlungen widmete. Sie organisierten kontinuierl. Stadtgeschichtsforschung, beteiligten sich intensiv an ihr u. trugen entscheidend zu einer Bereicherung des stadtgeschichtl. Wissens bei. Koppmann plante gemeinsam mit Stadtbaudirektor Gustav Dehn auch einen A.-zweckbau. Das 1907 eingeweihte denkmalgeschützte Jugendstilhaus hinter der erhalten gebliebenen Fassade des spätmittelalterl. → Kerkhof-Hauses in der Straße Hinter dem Rathaus ist das erste u. somit älteste A.-gebäude auf dem Gebiet des heutigen Bundeslandes Meckl.-Vorpommern. 1936–53 wurde das A. administrativ dem städt. Museum angeschlossen. Bei Bombenangriffen im Apr. 1942 vernichteten bzw. beschädigten Brandbomben Teile der im vierten Magazin des Hauses lagernden Bestände des Ober- u. des Niedergerichts. Daraufhin wurden 1942–44 die Kernbestände des A. u. die wertvollen Archivalien ausgelagert. Nach dem Krieg kehrte das Kulturgut – anders als in anderen A. – unbeschadet in die Magazine zurück. Deshalb zählt die schriftl. Überlieferung Rostocks aus der hansischen Zeit heute zu den dichtesten u. am besten erhaltenen in Dtl. In den 1960er-Jahren begann ein langwieriger Prozess der Modernisierung der materiellen u. personellen Ressourcen des A. 1969 schloss man die Altregistratur (Zwischen- od. auch Verwaltungs-A.) der Stadtverwaltung dem A. an. Eine Fotowerkstatt, die fortan auch die Stadtbilddokumentation übernahm, entstand 1975. Nach der dt. Wiedervereinigung konnte das Augenmerk archival. Arbeitens verstärkt auf die Konservierung u. Restaurierung des Kulturgutes gelegt werden. 1997 wurde die elektron. Verzeichnung eingeführt. Seit 1996 ist das Stadt-A. ein Amt der Hansestadt Rostock u. das größte u. bedeutendste Kommunal-A. in Meckl.-Vorpommern. Das Haus verwaltet ca. 5500 Regalmeter A.- u. Registraturgut. Das histor. A.-gut (ca. 3200 Regalmeter), darunter etwa 3100 Urkunden u. mehr als 4800 Testamente, ist in mehr als 170 Bestände u. Teilbestände gegliedert. In der 20 Sachgebiete umfassenden Sammlungs-Abt. lagern ca. 23000 Fotos, etwa 4700 histor. Ansichtskarten, mehr als 2500 Landkarten u. Stadtpläne, ca. 3400 Plakate, mehr als 9300 Theaterzettel, etwa 2600 Bauzeichnungen sowie Abzeichen, Medaillen, Plaketten, Siegel, verschiedene Chroniken u.v.m. Zur A.-bibliothek zählen etwa 23000 Bände sowie eine umfangreiche, in Teilen auf das Jahr 1737 zurückgehende Sammlung Rostocker Tages- u. Betriebszeitungen sowie zeitungsähnl. Periodika.

Das 1907 errichtete Magazin des Stadtarchivs in der Großen Wasserstraße (2015)

(2) Universitätsarchiv. Das Hochschul-A. ist eine Einrichtung der Uni Rostock. Es sichert die schriftl. Überlieferung der Alma Mater, ihrer Fakultäten, Institute u. Einrichtungen. Erste Hinweise auf die Existenz eines A. geben Nachrichten in den ältesten Uni-Statuten. Dort wird eine Truhe mit fünf Schlüsseln erwähnt, in der neben Sachen u. Kleinodien auch das Matrikelbuch u. Verzeichnisse lagerten. An der Ordnung der alten Registraturen des Rektors u. der Dekane wurde erstmals 1567–77 sachkundig gearbeitet u. von da an immer wieder, ohne jedoch eine sich über Jahrzehnte od. gar Jh. erstreckende Kontinuität zu erlangen. Derartige Bemühungen wurden erst wieder in den ersten Dekaden des 20. Jh. unternommen, indem man die Verantwortung für das existierende A.-gut dem Lehrstuhl für Mittelalterl. u. Neuere Geschichte zuordnete. Doch die Ordinarien erzielten nicht die gewünschten Resultate. Das seit der 2. Hälfte des 19. Jh. im Nordflügel des → Universitätshauptgebäudes untergebrachte A. (wo es sich noch heute befindet) wurde 1943/44 ausgelagert, um es vor der Vernichtung durch Kriegseinwirkungen zu schützen. Ende Dez. 1947 berief der Rektor eine A.-kommission. Wenig später wurde mit der aus dem Rostocker Stadt-A. kommenden Dr. Elisabeth Schnitzler erstmals eine hauptamtl. Uni-Archivarin angestellt. Sie führte ab 1948 die evakuierten Akten zurück, sammelte in zahlreichen Uni-Gebäuden verstreute Bestände u. begann mit ihrer systemat. Erschließung. Diesen ersten Schritten der Entwicklung des Hauses hin zu einem modernen Universitäts-A. folgten ihre Nachfolger mit wechselndem Erfolg. Die vollständige Erschließung sowie eine wirkungsvolle konservator. u. restaurator. Betreuung der Archivalien konnten erst nach der dt. Wiedervereinigung erfolgen. Zudem musste das Universitäts-A. 1992 die A. der im Zuge der Neustrukturierung der dt. Hochschullandschaft geschlossenen Ingenieurhochschule für Seefahrt (IHS) Warnemünde/Wustrow, der Pädagog. Hochschule Güstrow u. des Instituts für Lehrerbildung Rostock übernehmen u. erschließen. 2006 wurden die elektron. Findhilfsmittel des Hauses im Internet zugänglich gemacht. Das Universitäts-A. verwaltet ca. 3000 Regalmeter A.- u. Registraturgut. Das histor. A.-gut (ca. 1900 Regalmeter), darunter etwa 100 Urkunden, ist in etwa

Blick in das Magazin des Universitätsarchivs (um 2000)

130 Bestände u. Teilbestände gegliedert. Die reichen histor. Fotobestände, die Insignien der Uni sowie Gemälde u. z. T. sehr umfassende Grafik- u. Kunstsammlungen verwaltet die Kustodie, die organisatorisch u. personell mit dem Universitäts-A. verbunden ist.

(3) Kirchenarchive. Die Kirchgemeinden u. Glaubensgemeinschaften der Stadt führen i. d. R. eigene A.; lediglich die ev. Gemeinden nutzten auch Angebote des Landeskirchl. A. Schwerin, gaben u. geben ihre schriftl. Überlieferungen dorthin ab.

(4) Wirtschaftsarchive. Vor allem in der DDR-Zeit (1949–90) gab es in Rostock eine Reihe von A., deren Aufgabe es war, die schriftl. Überlieferung von Betrieben zu sichern u. zu erschließen. Ihre Bestände wurden nach 1990 im Zuge von Firmenverkäufen od. deren Liquidierung herrenlos. Das seinerzeit zuständige Landes-A. Greifswald übernahm deshalb vor allem die Akten der strukturbestimmenden Großbetriebe der Stadt. Teile des A. der Deutschen Seereederei sind heute in der Hand eines Vereins. In seiner ursprüngl. Form existiert lediglich das A. der ehem. Warnowwerft (Nordic Yards) Warnemünde.

Das **(5) Wossidlo-Archiv** (→ Wossidlo, Richard) des Instituts für Volkskunde der Uni Rostock, das **(6) Uwe-Johnson-Archiv** (→ Johnson, Uwe) der gleichnamigen Forschungsstelle der Uni Rostock u. das vereinsgeführte **(7) Kempowski-Archiv Rostock. Ein bürgerliches Haus e. V.** (→ Kempowski, Walter) sind nach wissenschaftl. Definition durch den Namensgeber nachgelassene Sammlungen, nicht A. im klass. Sinne. Gleichwohl fühlen sie sich der Aufgabe von A. verpflichtet, Historisches zu bewahren, es öffentlich nutzbar zu machen u. entsprechend Wissen zu vermitteln. Sie leisten auf ihrem meist sehr speziellen Gebiet Unverzichtbares. Unterlagen des histor. Kreises Rostock bzw. Bad Doberan verwahrt das heutige **(8) Kreisarchiv Rostock** mit Sitz in Bad Doberan u. Güstrow. Die Akten der Bezirksbehörde des Staatssicherheitsdienstes (→ Ministerium für Staatssicherheit) der DDR verwaltet die **(9) Außenstelle Rostock der BStU** in Waldeck-Dummerstorf.

Lit.: *K. Schröder: Die Bestände des Archivs der Hansestadt Rostock. Eine kommentierte Übersicht, Rostock 2010; A. Hartwig: Das Gedächtnis der Universität. Das Universitätsarchiv Rostock von 1870 bis 1990, Rostock 2010; Dies., B. Kleinschmidt: Bestandsübersicht des Universitätsarchivs Rostock, Rostock 2010.* RL

ARMEN- UND ARBEITSHAUS. Anstalt der geschlossenen Armenfürsorge (→ Armenwesen), die v. a. der Arbeitserziehung diente. Das Zucht- u. Werkhaus erhielt 1855 nach Reorganisation die Bezeichnung Arbeitshaus u. wurde mit dem → Katharinenstift unter eine gemeinsame Verwaltung gestellt. Seit 1885 bemühten sich Rat u. Bürgerschaft um einen Neubau für das Arbeitshaus, der 1890 in der Ulmenstr. 44 vollendet wurde. Die Kriminalisierung der sog. Asozialität bot die Handhabe zur Einweisung von sog. Müßiggängern, Arbeitsscheuen, Trinkern, Landstreichern, Bettlern u. Obdachlosen. Das Haus für ca. 110 Personen befand sich zum Zeitpunkt der Eröffnung außerhalb der Stadt u. besaß Acker- u. Gartenflächen. Die Insassen mussten sich hauptsächlich in der Land- u. Hauswirtschaft, aber auch mit Schuhmacher-, Holz- u. Rohrarbeiten beschäftigen. 1920 erfolgte die Umwandlung des Gebäudes in ein Säuglings- u. Kinderheim, als Ersatz entstand in Dierkow 1922 ein Fürsorgehaus für ca. 30 Personen. Das Gebäude des ehem. A. in der Ulmenstr. gehörte seit 1946 zur → Universitätsklinik für Orthopädie u. ist seit 2007 Sitz des Eigenbetriebes Kommunale Objektbewirtschaftung u. -entwicklung der Hansestadt Rostock (KOE).

Lit.: *A. Weber: Armut und Armenpflege in Rostock um 1900, in: Rostocker Blitzlichter 1900/2000, Rostock 1999, S. 28–32.* BK

ARMENWESEN. Der Umgang mit Armut, Krankheit u. Alter war im Mittelalter vom christl. Liebesgebot geprägt, wie die vielfachen Almosen u. Stiftungen belegen. Auch die Institutionalisierung der Armen- u. Krankenpflege lag in der Hand der Kirche. In der 2. Hälfte des 13. Jh. entstanden das → Hospital zum Heiligen Geist, das → Hospital St. Georg, in der Mitte des 15. Jh. das → Hospital St. Gertruden u. das → Hospital St. Lazarus. Die Hospitäler entwickelten sich bis zum Ausgang des Mittelalters tendenziell zu Altenheimen, die nur noch eingeschränkt karitative Funktionen wahrnahmen. Nach der Reformation von 1531 setzte ein

Sammelbüchse (1723)

tiefgreifender Wandel in der Fürsorge ein. Armut wurde Sache der öffentl. Verwaltung, die eine verschärfte Reglementierung vornahm, die Unterstützung auf die Einheimischen beschränkte u. das Betteln verbot. Hilfe war nur bei unverschuldeter Armut zu erwarten. 1534 richtete die Stadt im früheren → Kloster St. Katharina ein Armenhaus ein, das 1624 in ein Waisenhaus (→ Katharinenstift) umgewandelt wurde. Die freiwillige Mildtätigkeit schuf weiterhin die materielle u. finanzielle Basis für die Hilfsleistungen. Ihr war auch die Stiftung eines privaten Armenhauses durch Bürgermeister Hans Bröcker (→ Bröckerstift) 1583 zu verdanken. Neben den geschlossenen Anstalten gewann die offene Fürsorge zunehmend an Bedeutung; die Armenordnung wurde seit Beginn des 18. Jh. administrativ ausgebaut. Ihr oblag die Zahlung eines regelmäßigen Betrages an die anerkannten Armen, sie stellte aber auch Gelder für alleinstehende Kranke, Waisenkinder od. durchwandernde Handwerksgesellen bereit. Den wachsenden Ausgaben standen nur begrenzte Einnahmen gegenüber, die durch Kapitalzinsen, Spenden, Schenkungen u. Kollekten in den Kirchen u. Armenbüchsen zusammenkamen. Eine gewisse finanzielle Entlastung erreichte man durch die Lockerung des Bettelverbots. An festgesetzten Tagen war einheim. Armen das gemeinschaftl. Umgehen in der sog. Langen Reihe gestattet worden. Beeinflusst vom Gedankengut der Aufklärung begann ab 1780 eine Diskussion über eine Reform der Armenfürsorge, die nach dem Muster von Hamburg auf der erzieherischen Kraft der Arbeit aufbauen sollte. In Rostock gab es in dieser Hinsicht seit 1728 bereits das Zucht- u. Werkhaus, in dem der Arbeitszwang für sozial auffällige Arme ansatzweise praktiziert wurde. Mit der von Senator Johann Christian → Schröder 1803 vorgelegten Armenordnung vollzog man schließlich den Wechsel. Als Behörde entstand das Armeninstitut, das sich aus dem Armenkollegium u. fünf ehrenamtlich geführten Ausschüssen für Finanzen, Krankenversorgung, Armenkinder, Armenunterstützung sowie Warenverwaltung zusammensetzte. Das Waisenhaus wurde in eine Armenschule umfunktioniert, ein Krankenhaus eingerichtet. Das Arbeitsgebot für die dazu befähigten Armen war Bestandteil der offenen Fürsorge. Hauptsächlich wurden Frauen mit Spinnen u. Weben beschäftigt. Die produzierten Waren fanden aber nicht den erhofften Absatz, die Lager waren schließlich völlig überfüllt. Weitere Unzulänglichkeiten belasteten das Budget der Armenordnung erheblich, sodass sich 1823 eine Revision notwendig machte. Die unrentable Arbeitsbeschaffung wurde weitgehend aufgegeben, die Finanzen wurden mit der Einführung verbindl. Armenbeiträge stabilisiert. Im Zuge der Revision säkularisierte man auch die Kirche von St. Katharinen u. schuf hier 1825 die gleichnamige Stiftung zur Unterbringung von psychisch Kranken.

Die Entwicklung Rostocks war in der 2. Hälfte des 19. Jh. durch Industrialisierung u. Urbanisierung gekennzeichnet. In diesem Prozess gewann die Stadt an Größe u. Einwohnern, aber auch der Anteil der Armutsbevölkerung stieg stetig an. Die Probleme verschärften sich seit Einführung der Freizügigkeit im Jahr 1869. Ungehindert drängten die Menschen in die Stadt, der als Wohnsitzgemeinde die Pflicht zur Unterstützung zufiel. Die private Wohltätigkeit, traditionell durch die Kirche, die Berufsstände u. die Familien getragen, musste daraufhin neu organisiert werden. Es entstanden gleich mehrere Vereine, die sich mit den Auswirkungen der Armut auseinandersetzten. Die ev. Landeskirche schuf im Rahmen der Inneren Mission (→ Diakonie) eine Reihe von neuen Anstalten. Auch die öffentl. Armenfürsorge war an die Industriegesellschaft anzupassen. Am 1.7.1881 übernahm Rostock das in Dtl. verbreitete Elberfelder System der individualisierten Armenpflege. Die Stadt wurde in Armenbezirke eingeteilt, ehrenamtl. Armenpfleger übernahmen die Betreuung der Klienten. Diese waren fortan einem restriktiven u. kontrollierenden Verfahren unterworfen. Die Ausgestaltung der Sozialsysteme führte in den folgenden Jahren zu einer zunehmenden Bürokratisierung u. Professionalisierung des A. Die Stadt schuf ein neues → Armen- u. Arbeitshaus (1890), richtete ein Siechenhaus (1903) u. ein Säuglings- u. Kinderheim (1920) ein. Nach 1919 wurde das repressive Unterstützungssystem der Kaiserzeit einer Reform unterzogen. Anstelle des früher angewandten Wohnortprinzips trat der aktuelle Aufenthalt als ausreichende Voraussetzung für die Unterstützung. Die Reichsverordnung über die Fürsorgepflicht fixierte 1924 die neuen Normen. Die städt. Armenbehörde wurde zum Wohlfahrtsamt umgebaut, in dem man die einzelnen Zweige des kommunalen Fürsorgewesens vereinigte. Im Zuge der administrativen Ausdifferenzierung entstanden zusätzlich Behörden, u.a. für die Jugend- u. für die Erwerbslosenfürsorge. Eingeleitet war damit die Entwicklung zum modernen Sozialstaat mit seinem umfassenden Netz von Sicherungsmaßnahmen, die bis heute das soziale u. materielle Wohlergehen der Bürger sichern.

Lit.: *D.L.E. Karsten: Unsere Armenversorgung wie sie war und ist, Rostock 1835; M. Wiggers: Die Entwicklung der Armenpflege in Rostock und die Notwendigkeit ihres weiteren Ausbaues, Rostock 1912; M. Manke: „daß den Armen geholfen, und die Betteley eingestellt werde". Inhalt, Aufgaben und Probleme der Armengesetzgebung in Rostock (1803–22), in: P. Johanek (Hg.): Städtisches Gesundheits- und Fürsorgewesen vor 1800, Köln u.a. 2000, S. 243–274; J. Straßenburg: „Es kann sonst nimmer ein richtiges und gleiches Verhältnis der Armen zu ihrer Behörde hervorgebracht werden." Armut und Armenfürsorge vom Mittelalter bis zur Neuzeit, in: Beiträge zur Geschichte der Stadt Rostock, Bd. 26, 2004, S. 7–34.* BK

ASTRONOMISCHE UHR. Mechan. Zeitmesser, der außer der Uhrzeit auch astronom. u. ggf. kalendar. Sachverhalte anzeigt. Die oft monumentalen u. teilweise reich verzierten Apparate wurden im Mittelalter vornehmlich in bzw. an Kirchen u. seit der Renaissance zunehmend auch in bzw. an anderen Gebäuden wie Rathäusern, Stadttoren od. Türmen angebracht. Erste Nachrichten über eine vom Rat finanzierte Uhr beziehen sich in Rostock auf 1379 u. 1380. Die A. im Chorumgang der → Kirche St. Marien entstand wohl 1470–73, im Wesentlichen finanziert aus den Erlösen eines 1472 vom Schweriner Bischof Werner Wolmers aufgelegten Ablasshandels. Ihren Erbauer vermutet man in dem bekannten Uhrmachermeister Hans Düringer aus Thorn. Die Anzeigen auf der oberen Zeit- u. der unteren Kalenderscheibe sowie der barocke Figurenumlauf u. ein Glockenspiel werden von insgesamt sechs Werken in drei Ebenen angetrieben. Letztere Ausstattungen wurden der ursprünglich spätgot. Uhrenanlage bei Umbau- u. Erweiterungsarbeiten 1641–43 hinzugefügt. Trotz weiterer Umbauten 1710 ist die A. heute die älteste, auf der Basis von Originalteilen funktionierende Uhr im Ostseeraum. Die Kalenderscheibe als das jüngste Bauteil der Uhr wird – gerechnet vom 1.1.2018 an – 133 Jahre Bestand haben.

Lit.: *M. Schukowski: Die Astronomische Uhr in St. Marien zu Rostock, Königstein im Taunus 2010; Ders.:*

Astronomische Uhr (Ausschnitt, 2010)

Wunderuhren. Astronomische Uhren in Kirchen der Hansezeit, Schwerin 2006. RL

ASYL. Wird von Menschen angestrebt, die aus ihrer Heimat wg. Krieg u. Gewalt vertrieben od. dort wg. ihrer Rasse, Religion, sexuellen Orientierung, polit. Überzeugung verfolgt werden. Das moderne A.-recht basiert auf dem kirchl. A.-recht des Mittelalters, das in Kirchen, Klöstern, Hospitälern sowie auf Pfarr- u. Friedhöfen Immunität vor Verfolgung u. Fehde bot u. die Aufnahme von Sühneverhandlungen ermöglichen sollte. Rostocks erster schriftlich verbürgter A.-suchender hieß Peter Bene. Weil er der Brandstiftung im Fischerbruch bezichtigt worden war, suchte er 1467 Schutz im A.-bezirk von St. Marien. Auch Rostocks Rat bot erklärten Gegnern der Hanse gelegentlich hinter den Stadtmauern A., sofern dies als politisch opportun angesehen wurde. Die sog. Hegung für Kaperschiffe (→ Seeräuber) ist als eine spezielle Frühform dieses A. anzusehen. Im Sommer 1528 gewährte die Stadt Jons Hansson A., der als sog. Dalkönig gegen die junge schwed. Monarchie unter Gustav I. Vasa opponierte. Da der Hanse jedoch an einem guten Verhältnis zum schwed. Königtum gelegen war, wurde Hansson, „weil er sich selbst erhöht u. mutwillig zum Aufrührer im Reich Schweden gemacht hat", von einem Rostocker Gericht im Sep. 1528 verurteilt u. enthauptet. In der Neuzeit können einzelne Glaubensflüchtlinge als Asylanten angesehen werden, die nach der habsburg. Rekatholisierung in der Mitte des 17. Jh. nach Meckl. u. Rostock kamen, sowie wenige Konfessionsflüchtlinge aus Frankreich (Hugenotten, 18. Jh.) u. einige russ. Flüchtlinge (1906). Im Jahre 1941 gewährte die Stadt mehreren Hundert Memeldeutschen A., die im Zuge der Umsetzung des Hitler-Stalin-Paktes die Republik Litauen verlassen mussten. Nach dem Militärputsch des Generals Augusto Pinochet in Chile (1973) nahm die DDR mehr als 2000 polit. Flüchtlinge auf. Etwa 30 von ihnen, meist Künstler u. ihre Familien sowie einige Wissenschaftler, kamen im Apr. 1974 nach Rostock u. wurden auf der Basis eines staatl. A.-programms intensiv betreut. Das „Teatro lautaro", eine Schauspielgruppe chilen. Asylanten, fand damals eine Heimstatt am Rostocker Volkstheater. Nach der Wiedervereinigung der beiden dt. Staaten erlangte die A.-problematik mit den massiven ausländerfeindl. Krawallen Ende Aug. 1992 in → Lichtenhagen (Pogrom) eine neue Dimension. Nach den Ausschreitungen in Rostock u. anderen Städten kam es zu einer grundlegenden Neuregelung des dt. A.-rechts: Mit einer Grundgesetzänderung im Mai 1993 wurde der Anspruch auf A. erheblich beschnitten. Die Zahl der hier ankommenden Menschen sank. A.-bewerber sind i. d. R. bis zur endgültigen Entscheidung über ihren Status in Heimen untergebracht, zudem besteht für die ersten drei Monate nach Antragstellung ein Beschäftigungsverbot. Das Ökohaus e. V. ist in Rostock Betreiber der kommunalen A.-bewerberunterkunft u. bietet den Bewohnern vielfältige Betreuung. In der letzten Dekade des 20. Jh. fanden in Rostock vornehmlich russ. Juden A. Die Zahl der A.-bewerber, die in Rostock Anspruch auf spezielle Sozialleistungen haben, stieg von 195 im Jahre 1995 auf 566 (2014). Im Zuge der durch den Syr. Bürgerkrieg sowie die instabile Lage in Afghanistan u. dem Irak im Jahre 2015 ausgelösten europ. Flüchtlingsströme kamen Tausende asylsuchende Menschen auf ihrem Weg in skandinav. Zielländer nach Rostock, wo sie vorübergehend intensiv von Bürgerinitiativen, Hilfsvereinigungen u. kommunalen Stellen betreut wurden. Zeitgleich wuchsen die staatlich zugewiesenen A.-bewerber-Kontingente für Rostock erheblich. 2015 hat die Hansestadt Rostock mehr als 1300 A.-bewerber aufgenommen; die meisten von ihnen kamen aus Syrien, der Ukraine, der Russ. Föderation, Afghanistan u. Mauretanien.

Lit.: *K. Bade: Ausländer – Aussiedler – Asyl. Eine Bestandsaufnahme, München 1994, S. 175–206; J. Schmidt: Politische Brandstiftung. Warum 1992 in Rostock das Ausländerwohnheim in Flammen aufging, Berlin 2002.* HH

AUFMARSCHGELÄNDE. Auf der alten → Rennbahn sollte Rostock nach der Machtübernahme der Nationalsozialisten ein neues Aufmarsch-, Sport-, Spiel- u. Ausstellungsgelände mit einer Kongresshalle (Architekt Erich v. Putlitz) für mehr als 20 000 Menschen erhalten. Das Vorhaben wurde in der Ausstellung „Modelle neuer Rostocker Bauten" 1936 im Rahmen der Kulturwoche im Museum vorgestellt. Die Tribüne der neuen Rennbahn wurde im Juni 1936 eingeweiht. Sie galt den Nationalsozialisten als ein „Triumph moderner Bautechnik". Die Errichtung eines „Denkmals der Bewegung" mit Pylon u. aufrechter Figur nach dem Entwurf von Arno Breker wurde Ende 1939 eingestellt. Das A. diente 1939 als Austragungsort des III. Gautages Meckl. der NSDAP. Auf dem A. entstand nach dem II. Weltkrieg das → Ostsee-Stadion.

Lit.: *A. Lorenzen: „Ich habe gebaut nach meinem Sinn..." – Entwicklung und Funktionen architekturbezogener Kunst in Mecklenburg 1900–1945, in: Bildende Kunst in Mecklenburg 1900–1945. Zwischen Regionalität und Internationalität, Rostock 2010, S. 137–178.* AL

AUGUSTENSCHULE. 1853 Eröffnung der ersten öffentl. Mädchenschule (Mietshaus Wokrenterstr.) mit einer Klasse von 40 Kindern u. Lehrerin Fräulein L. Falk (erste berufl. vorgebildete Lehrerin Rostocks); Namensgeberin der A.: meckl.-schwerinsche Großherzogin Auguste; 1857 Umzug zum Bussebart (westl. Ende der Langen Str.); 1868: 372 Mädchen, sechs Klassen; Unterricht in Religion, Sprachkunde, Weltkunde, Rechnen, Singen u. Handarbeit; 1880: 557 Mädchen, neun Klassen; 1915 Fertigstellung des Neubaus, Zerstörung im II. Weltkrieg; nach 1945 Wiederaufbau u. Weiterführung als Schule; ab 1962 10. Polytechn. Oberschule, die 1972 in einen Neubau in der Friedrichstr. umzog; nach Auszug Einzug einer Sonderschule in das Gebäude am Bussebart; ab 1994 Sitz der Hochschule für Musik u. Theater; 2001 Abriss. RS

Augustenschule am Bussebart (1956)

AUSFLUGSDAMPFER. Mit dem Einsatz des Raddampfers ROSTOCK PAKET begann 1834 die Tradition des Bäderverkehrs von Rostock nach Warnemünde u. von hier weiter zu den benachbarten Seebädern. Zwecks Abfertigung der Passagiere entstanden Seebrücken. Bei geeigneter Wetterlage fuhren die Bäderschiffe auch von Rostock nach Dänemark. Vor dem Ausbau der Bahnlinie nach Warnemünde wa-

Ausflugsboot VAGEL GRIP (um 1935)

ren die Warnowdampfer (→ Fähre) nicht nur beliebte Ausflugsschiffe, sondern auch ein wichtiger Teil des innerstädt. Verkehrs. Allein im Sommer 1889 beförderten elf Schiffe im Halbstundentakt Passagiere von Rostock nach Warnemünde u. zurück. Zu den bekanntesten Rostocker Fahrgastschiffen zählte seit 1910 der Dampfer KRONPRINZ WILHELM (später KRONPRINZ bzw. UNDINE), der lange Zeit bei der Reederei Paul Hahn beheimatet war.

In den 1930er-Jahren verloren die A. ihre Bedeutung an die Eisenbahn, die einen leistungsfähigen Vorortverkehr im Interesse der Flugzeugwerke Arado u. Heinkel einrichtete. Nach dem II. Weltkrieg gab es kurzzeitig einen fahrplanmäßigen Personenverkehr warnowabwärts, da die Gleise der Eisenbahn demontiert waren. Eine ähnl. Bedeutung hatte zu dieser Zeit die Oberwarnow-Personenschifffahrt für das Rostocker Hinterland.

In den Jahren der DDR befuhren die UNDINE u. die Fahrgastschiffe der Weißen Flotte die Linie

Rostock-Warnemünde. Außerdem wurden Hafenrundfahrten, Ausflüge zum Schnatermann sowie Seefahrten nach Gedser, Fehmarn usw. angeboten. Nach dem Mauerbau in Berlin 1961 mussten letztere eingestellt werden. Großen Zuspruch erfuhren weiterhin Seefahrten in das Warnemünder Revier, nach Wismar, Hiddensee u. Sassnitz. Besonders beliebt waren Fahrten mit den Tragflächenbooten des sowjet. Typs Kometa.

Seit Dez. 1990 fahren A. von Warnemünde wieder auf die offene See hinaus. Kurzzeitig kamen „Butterfahrten" in Mode. Seebrücken in benachbarten Bädern laden zu Ausflügen ein. Die MS BALTICA fährt in der Saison regelmäßig Kühlungsborn u. Graal-Müritz an. Reeder, wie das Familienunternehmen Dieter & Olaf Schütt (Gehlsdorf), Rainer Möller, Wolfgang Heckmann u. Reinhard Kammel (Warnemünde) bestimmen seit den 1990er-Jahren mit ihren A. den Linien-, Rundfahrten- u. Ausflugsverkehr.

Lit.: *H. Lange: Rostocker Fahrgastschiffahrt von 1834 bis 2003, Rostock 2003.* RK

AUSFLUGSLOKAL. Meist einzeln stehende Gaststätten mit Terrasse od. Biergarten in einem Vorstadtgebiet mit hohem tourist. od. Freizeitwert. Ihre Lage u. ihre meist auf die finanziellen Möglichkeiten von Gästen vorwiegend aus proletar. Kreisen zugeschnittenen gastronom. Angebote, die teilweise sogar ein Zubereiten mitgebrachter Speisen u. Getränke ermöglichten, machten A. zu beliebten Zielen von Familien u. Vereinen. Bereits vereinzelt im ausgehenden 18. Jh. entstanden, erlebten die A. vor allem im 19. Jh./Anfang des 20. Jh. ihre Hochzeit, wenngleich sie teilweise bis heute ihre Lukrativität erhalten konnten. Besondere Bedeutung erlangten die → Trotzenburg u. die Bismarckhöhe in den Barnstorfer Anlagen, das Waldrestaurant in Damerow, das Bauernhaus in Biestow, das Bellevue in der Steintor-Vorstadt, das Fährhaus, der Lindenhof u. Onkel Toms Hütte in Gehlsdorf, die Dierkower Höhe in Dierkow, der Einsiedler u. das Schweizerhaus im → Schweizer Wald, der → Schnatermann in der Rostocker Heide, das Waldhaus in Markgrafenheide sowie die → Hohe Düne u. die → Wilhelmshöhe in Warnemünde.

Lit.: *H.-W. Bohl, G. Weber: Impressionen von Rostocker Ausflugsgaststätten, in: Rostocker Zorenappels, Jg. 3 (2009) Sonderband, S. 23–44, 174–189; D. Eints:*

Ausflugslokal Schweizerhaus im Schweizer Wald (um 1910)

Warnemünder Lokale. Geschichte der Warnemünder Gaststätten und Hotels 1570 bis 1990, Rostock-Warnemünde 2009. RL

AUSTEN, RUDOLF. Maler (17.4.1931 Hainspach/Tschechoslowakei – 19.8.2003 Rostock); 1945 Übersiedelung nach Edderitz bei Köthen; 1946 – 49 Lehre als Dekorationsmaler, 1950 – 53 Studium an der Fachschule für angewandte Kunst Wismar,

Rudolf Austen: „Alter Hafen" (Öl/Leinwand, 1984)

1953 – 58 Studium an der Hochschule für bildende u. angewandte Kunst Berlin-Weißensee, anschließend freischaffend in Rostock. 1960 – 80 Dozent an der Fachschule für angewandte Kunst Heiligendamm, danach wieder freischaffend in Rostock. 1974 Kunstpreis des Bezirkes Rostock, 1977 Kunstpreis der DDR, 1986 Kulturpreis der Stadt Rostock; Werke in der Galerie Neue Meister in Dresden, im Kulturhistor. Museum u. in der Kunsthalle Rostock.
Lit.: *Austen, Rudolf, in: Kunsthalle Rostock (Hg.): Ein Rückblick. 25 Jahre Kunsthalle Rostock, Rostock 1994, S. 51 – 54.* HL

AUTOBAHN. **(1) Berlin – Rostock (A 19).** Erste Planungen 1937 ab Wittstock als Reichs-A. bis südl. von Rostock u. erste Arbeiten Wittstock – Berlin als Teil der Hamburg – Berliner Reichs-A. 44; 1957/58 mit dem Bau des Überseehafens Wiederaufnahme der Planungen; 1970 Baubeginn mit kapazitätsbedingten Pausen; 1978 Eröffnung der Trasse Berlin-Rostock (Überseehafen).

(2) Ostseeautobahn (A 20). Erste konkrete Planungen in den 1960er-Jahren; 1992 Baubeginn als Projekt 10 der Verkehrsprojekte Deutsche Einheit; Fertigstellung 2005.
Lit.: *W. Karge: Autobahnplanung und -bau im Norden der DDR, in: W. Karge, R. Stutz, D. Greßmann: Vom Knüppeldamm zur Autobahn. Wege von Schwerin nach Wismar, Schwerin 2009, S. 130 – 147.* WK

AUTOMOBIL. Erste A. waren in Rostock zwei sog. Dampfkaleschen der Wöhlerschen Actien Maschinenbauanstalt Berlin, die ab Aug. 1881 zwischen der Hansestadt Rostock u. Doberan verkehrten. Der in Gehlsdorf lebende Paul → Moennich (1896/97, Fabrikat de Dion-Bouton, Puteaux/Frankreich), der Rostocker Konsul Hermann Weber (1898, Fabrikat Allgemeine Automobil-Gesellschaft [AAG], Berlin) u. der Warnemünder Ingenieur Carl Engert (1901, Fabrikat AAG, Berlin) zählen auf dem heutigen Stadtgebiet zu den ersten Besitzern u. Fahrern von A. Ab

Werbung der Firma Friedrich Rubien im Rostocker Adressbuch (1938)

Dichter Verkehr in der Breiten Straße (1930er-Jahre)

1907 verkaufte Friedrich Rubien Fabrikate von Opel u. Mercedes, die Firma Stiller & Weber bot solche von N.A.G./G.D.A., Brennabor u. Hansa Lloyd an. Wenig später eröffnete als dritter Autohändler in der Stadt auch die Firma Benz eine Verkaufseinrichtung. Am 11.9.1901 erließ der Rat eine erste Straßenverkehrsordnung, die lediglich die Höchstgeschwindigkeit für A. innerorts (nicht schneller „als in der Gangart eines mäßig schnell trabenden Pferdes") u. das Strafmaß für deren Überschreitung (generell 60 M, ersatzweise 14 Tage Haft) bestimmte. Sie wurde mit Wirkung vom 24.9.1902 durch eine großherzogl. Landesverordnung betreffend den Verkehr mit Kraftfahrzeugen abgelöst. 1927 entstanden die ersten öffentl. Parkplätze Rostocks in der Johannisstr., vor dem Turmmassiv von St. Marien u. entlang des Nordschiffs der St.-Jakobi-Kirche. Die ersten drei Tankstellen nach heutigen Vorstellungen nahmen in Rostock 1930/31 ihren Betrieb auf. Mit der A.-promenadenfahrt des Mitteleurop. Motorwagenvereins fand die erste Motorsportveranstaltung in Rostock im Sep. 1901 statt. RL

B

BABST, DIEDERICH GEORG. Rechtsgelehrter, Dichter (24.7.1741 Schwerin–21.4.1800 Rostock); nach Besuch der Schweriner Domschule u. des Gymnasiums in Lübeck Hauslehrer; Jurastudium in Rostock 1765; ab 1781 Prokurator am städt. Nieder-Gericht; erster niederdt. Dichter der neueren Zeit: Gelegenheitsgedichte, auch Werke mit Inhalten zur Kulturgeschichte Rostocks; dreiteilige Gedichtsammlung „Allerhant schnaaksche Saken tum Tietverdriew“ (1788–90); laut Goethe „Natur- u. Nationaldichter“; viele Texte anonym, wie z.B. „Die Studenten-Schlittenfahrt zu Rostock“ (1792). Lit.: *H. Brun, J. Borchert, D. Hamer u.a.: Wo de Ostseewellen trecken an den Strand..., Rostock 1989,* S. 8–12. BM

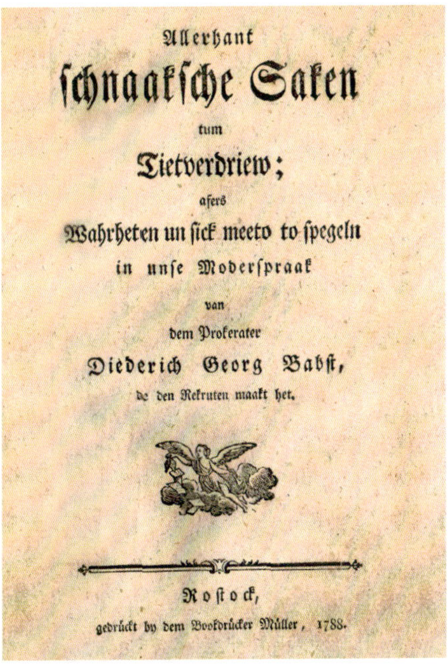
Allerhant
schnaaksche Saken
tum
Tietverdriew;
afers
Wahrheten un sick meeto to spegeln
in unse Modersprake
van
dem Prokerater
Diederich Georg Babst,
de den Rekruten maakt het.

Rostock,
gedrückt by dem Bookdrücker Müller, 1788.

„Unschätzbar“ – so bezeichnete Johann Wolfgang von Goethe die Gedichte des Lyrikers.

BACH (niederdt.: Bäk, Bek). Das Gebiet der Stadt Rostock sowie die umliegenden Feuchtniederungen u. Wiesen werden durch Nebenarme der Warnow u. zahlreiche B. durchzogen. Über Jh. versorgten B. einen Teil der Bewohner mit Frisch- u. Brauchwasser, dienten der Entsorgung von Abwässern u. als Transportwege. Durch Verschüttung u. Überbauung ging die Zahl der B. stetig zurück. In der → Kröpeliner-Tor-Vorstadt weisen nur noch Straßennamen, wie die Klosterbachstr. (seit 1912) u. An der Hasenbäk (seit 1921), darauf hin. Der Klostermühlen-B. trieb am Barnstorfer Weg die Jungfernmühle u. an der Doberaner Str. die Mühle des → Klosters zum Heiligen Kreuz (seit 1270) an. Weitere B. befinden sich u.a. in der Südstadt (Kringelgraben, Borngraben, Hell-B.), in Schmarl (Schmarler B.), in Marienehe (Jägerbäk), in Groß Klein (Laak: niederdt., langsam fließendes Gewässer), in Alt Bartelsdorf (Carbäk), in der Rostocker Heide (Heubeck, Rade-B., Sandfurts-B.), Hinrichsdorf (Liepengraben) u. im Gebiet des Überseehafens (Peezer B., Flederbek). Der Peezer B. bildete die Grenze zwischen dem Moltkeschen Gut Toitenwinkel u. dem Gebiet der Stadt Rostock. Zeitweise wurde er mit Booten befahren. RS

BACKSTEIN. Bezeichnung für den histor. Baustoff des Mauerziegels, der bereits im Altertum (z.B. in Mesopotamien), Mitte des 12. Jh. in Dtl. u. ab dem 13. Jh. auch in Rostock eingesetzt wurde. Die städt. B.-bauweise im Nordosten orientierte sich anfangs an Vorbildern der Hausteinromanik u. -gotik. Trotz notwendiger formaler Beschränkung u. Vereinfachung entstand eine eigenständige u. gleichwertige B.-baukunst. Die allgemeine Entwicklung der B.-technik zur Herstellung eines künstl. Bausteins aus Lehm u. Ton war Folge des Mangels an geeigneten Natursteinvorkommen (z.B. von Kalk- od. Sandstein) u. ist durch drei Phasen gekennzeichnet:

1. Phase (1150–1200): Die Steinform wurde einzeln (wie beim flachen Kuchen) aus einer grüngelbl. Lehm- u. Tonmasse geschnitten (Grünling) u. getrocknet (Rohling). Beim anschließenden Brennen (900–1100 °C) wurden die Rohstoffkomponenten miteinander „verbacken" u. es entstand der feste Ziegel in häufig typ. roter od. gelbl. Farbigkeit. Dieser wurde anfangs auch in Verbindung mit Felssteinmauerwerk od. auch Kalkstein verbaut (z.B. St.-Marien- od. St.-Nikolai-Kirche).

In der **2. Phase (1200–1350)** wurde die Herstellung rationalisiert, indem die Rohmasse in rechteckigen Formkästen (z.B. im sog. Klosterformat, i.d.R. 32 × 16 × 8 cm) gestrichen wurde, um einheitl. große B. zu erhalten. Durch den Einsatz von zusätzl. Profilschablonen od. Modeln bildete man verschiedenartige Formsteine (z.B. für Bauteile wie Rippen, Laibungen, Ornamente od. Oberflächenreliefs). Höhere Haltbarkeit u. Wasserfestigkeit des B. bewirkte die Durchsinterung des Materials mit leicht schmelzbaren Bestandteilen im „scharfen Feuer" von 1100–1400 °C. Es entstanden so Klinker (Hartbrandsteine), z.B. in hellgelber, roter bis violett-schwarzer Farbigkeit. Weitere gestalter. Bereicherung erzeugten farbige Glasuren (emailleartiger Überzug) auf B.-oberflächen. Ziegelbrenner setzten bisweilen auf einigen B. mit einem Stempel kleine Ziegelzeichen (eine Art Initiale) an versteckten Stellen zum Nachweis ihres Werks.

Kloster zum Heiligen Kreuz. Im Hintergrund links das Kröpeliner Tor (2010)

In der **3. Phase (ab 1350)** erweiterten Tonbildhauer die Palette der Schmuckformen (Baukeramik). Mauerflächen wurden häufig reich mit glasierten Backsteinen dekoriert (z.B. Farbwechsel von Ziegelschichten an der Marienkirche). Aufwendiger gestaltete Bauteile (Terrakotten) schmücken noch heute prunkvolle Fassaden (z.B. Haus Kröpeliner Str. 82 od. Kerkhofhaus, das Renaissanceeinfluss aus der Mitte des 16. Jh. erkennen lässt). Einfache Profanbauten, z.B. die Stadtmauer, blieben bis auf Fassaden- u. Turmtore od. Speicherhäuser i.d.R. schmucklos.

Die Stadtbrände von 1252 u. 1264 sowie die Bauvorschrift des Lübischen Rechts zur Verwendung des Baustoffs B. forcierten die Wende vom Holz- zum Steinbau. Die bestimmende Verwendung des B. bewirkte ein gestalterisch homogenes Erscheinungsbild der Stadt, das durch den verheerenden → Stadtbrand von 1677 u. im II. Weltkrieg zerstört wurde.

Nicht wenige got. Bauten (→ Architektur und Städtebau), wie z.B. das Rathaus der Neustadt, die Kirche des → Hospitals zum Heiligen Geist od. die Hafenmauer, wurden evtl. aus einem Modernisierungswillen heraus bereits Anfang des 19. Jh. abgebrochen. Im 17./18. Jh. verschwanden die got. Giebelhäuser hinter hellem Putz u. die gestuften Giebel wurden z.T. nach barocker Art geschweift.

Erst durch den Einfluss der Romantik wurde zu Beginn des 19. Jh. die B.-architektur des Mittelalters neu entdeckt (z.B. durch Karl Friedrich Schinkel). Nach der Reichsgründung von 1871 wurde die Errichtung öffentl. Bauten in B.-technik z.T. staatl. vorgeschrieben (u.a. 1881: Post- u. Telegrafenamt, 1893: St.-Georg-Schule). Ab 1872 kam der Normstein, i.d.R. im sog. Reichsformat (25 × 12 × 6,5 cm), zur Anwendung.

In Konkurrenz zum → Steintor errichtete Gotthilf Ludwig Möckel (1837–1915) das → Ständehaus (1889–93) mit überreichem neogot. Bauschmuck.

Das Ständehaus – ein Backsteingebäude in neogotischem Stil (2010)

Ebenfalls dem gotisierenden Historismus verpflichtet errichtete Gustav → Dehn den → Wasserturm 1903.

Besonders nach 1918 begann eine allgemein zunehmende Ablehnung des Historismus durch Vertreter der sog. Heimatschutzbewegung, die sachl., aber auch „bodenständige u. heimatl." Architektur forderte. Seit 1928 gewann auch die sog. Hamburger Architektur (z.B. Klinkerbau mit Bauplastik von Richard Kuöhl, ehem. Brandkasse, Steinstr. 2) an Einfluss. Durch die Moderne angeregt (Neue Sachlichkeit), entwickelte Gustav Wilhelm → Berringer neue gestalter. Kombinationen von hellen Putz- u. B.-materialien (z.B. 1928: Kurhaus Warnemünde, 1930: Lyzeum am Goetheplatz). Als Klinkerbauwerk errichtete 1927 Walter Butzek das Kriegerehrenmal in Warnemünde (1937 als „entartet" abgerissen). Mitte der 1930er-Jahre wurde von einer Gruppe fortschrittl. Architekten das Komponistenviertel in durchgehender „typisch norddt." B.-bautechnik mit vielfältigem Einsatz von Vormauerwerk u. Bauplastik errichtet.

Der Neubau der → Langen Str. (1953–59) als monumentale Magistrale brachte nicht nur eine handwerkl. Wertschätzung gegenüber dem B. zum Ausdruck, sondern es wurden auch Schmuckformen der hansischen B.-gotik (Giebelformen, Rosetten u. Türmchen) traditionsverbunden genutzt, um eine identitätsstiftende Wirkung zu erzeugen. Spätere Bauten (z.B. das „Haus der Schiffahrt") verzichteten auf historisierende Adaptionen. Erstmals mit bildhafter Ziegelreliefgestaltung („Möwenflug" von Reinhard Dietrich) wurde ein Wohnhochhaus (1966, Apotheke in der Langen Str.) ausgeführt.

Im Nordwesten der Stadt kam der B. vielgestaltig u. städtebaul. abgestimmt zur Wirkung (besonders seit den 1970er-Jahren). In Evershagen wurden z.B. bildhafte Klinker-Reliefs auf Wandplatten handwerkl. vorgefertigt u. zur Gestaltung eingesetzt (Peter Baumbach u. Reinhard Dietrich, 1973–76). In Schmarl dominierten ornamentale Flächen an Wohn- u. Schulbauten (Jürgen Deutler, Inge Jastram, ab 1976). Ähnl. Absichten wurden in der Innenstadt besonders an Einzelbauten in Form von Klinkergiebeln u. Bauplastik erkennbar (1980: Eckhaus Breite Str., Terrakotten von Baumbach/Dietrich u. Erich Kaufmann; 1986: → Fünfgiebelhaus). Das Streben nach einer städtebaul.-gestalter. Einheit wurde durch die Verwendung des B. noch im nördl. der Langen Str. gelegenen Wohngebiet Nördl. Altstadt in den 1980er-Jahren erkennbar. Dabei schien dieser über Jahrzehnte geeignet, eine Art baul. Gemeinschaftsgefühl auszuprägen. Ab 1990 kann ein deutl. Verfall der bisherigen Konsistenz festgestellt werden. Nur noch vereinzelt ist ein Bemühen um Regionalbezug durch Verwendung des B. erkennbar (i.d.R. als Verblendung für Beton u. Stahl, z.B. an den neuen Institutsgebäuden der Uni Rostock in der Südstadt, etwa ab 2000).

Lit.: *G. Kiesow: Kulturgeschichte sehen lernen, Bd. I/II, Bonn 2001; M. Lissok: Von Maßwerk und Bogenfries. Baugebundene Schmuckformen in der mittelalterlichen Backsteinarchitektur Norddeutschlands, in: Wege zur Backsteingotik. Die Sprache der Steine, Bd. 3, Bonn 2002, S. 42–91.* AL

BACMEISTER, LUCAS (der Ältere). Theologe (18.10.1530 Lüneburg–9.7.1608 Rostock); 1548 Theologiestudium in Wittenberg; 1553–56 Prinzenerzieher am Hof des Königs Christian III. v. Dänemark; 1557 Magister der Theologie in Wittenberg

u. 1564 Promotion in Rostock; 1562 Prof. der Theologie u. mehrfach Rektor der Uni Rostock; Pastor u. Stadtsuperintendent an der St.-Marien-Kirche; Begründer einer drei Generationen umfassenden Dynastie von Theologen an der Uni Rostock mit engen familiären Beziehungen zur städt. Führungsschicht.

Lit.: *T. Kaufmann: Bacmeister, Lucas, in: Biographisches Lexikon für Mecklenburg, Bd. 1, Rostock 1995,* S. 22–26. AH

BADEWESEN. Warmbäder dienten der hygien. Grundversorgung. Die älteste Nachricht über das B. stammt aus einem Pfandvertrag des Jahres 1332. Demnach badeten einige Rostocker in Warnemünde in einer „stupa“, einer Art Badestube. Seit Ende des 18. Jh. propagierten Hermann Friedrich → Becker, Adolf Christian Siemssen u. Franz Christian Lorenz → Karsten unermüdlich das Baden in Warnemünde. 1811 bauten die Warnemünder für die napoleon. Besatzungstruppen am Alten Strom eine Warmbadeanstalt. Die einfache Bretterbude enthielt drei Wannen. Seebäder entstanden vielfach in der Nähe großer Seestädte. So entwickelte sich Warnemünde seit 1805 immer mehr zum Badeplatz der Rostocker. 1812 war der Besucherstrom schon beträchtlich. Das Publikum (1822: ca. 100, 1825: ca. 500 Logiergäste) kam vor allem aus Mecklenburg. Badehäuser, Badewagen od. anderweitige Bequemlichkeiten gab es in Warnemünde zunächst nicht, da der Rat auf das nahegelegene Doberan/Heiligendamm Rücksicht nehmen musste. Im Gegensatz zur dortigen Pracht bot Warnemünde nur einfache Unterkünfte. Wer länger vor Ort bleiben wollte, musste wg. fehlender Ausstattung selbst bei geringen Ansprüchen einen Großteil seines Hausrats mitbringen. So benötigte der Rostocker Senator u. Bürgermeister Johann Schrepp noch 1836 zwei Boote, um die Möbel nach Warnemünde zu schaffen.

Der zunehmende Strom an Gästen machte es Anfang der 1830er-Jahre erforderlich, ein Badehaus zu errichten. 1834 wurde die Schütz'sche Badeanstalt fertiggestellt. Das zweistöckige Haus besaß in der ersten Etage sechs warme Bäder, darunter ein Schwefelbad. Im selben Jahr erhielt die Promenade am Strom eine zweite Reihe Lindenbäume. Die erste war bereits 1820 gepflanzt worden.

Sommerliche Strandszene in Warnemünde (um 1930)

1835 ließ die Stadt Rostock ihre Rücksichtnahme auf das mondäne Doberan fallen u. baute eine Badeanstalt für Herren u. Damen mit je 20 Zellen. Erstere befand sich direkt gegenüber dem Strandhotel, heute Hotel Hübner, u. lag etwa 250 m vom Damenbad entfernt. Die einzelnen Badeverschläge standen direkt am Strand. Von den Zellen führte ein langer Steg ins Wasser, an dessen Ende sich ein Sprungbrett befand. Die Zahl der sich alljährl. einfindenden Gäste war auf über 1500 gestiegen.

Wer eine einigermaßen bequeme Wohnung haben wollte, musste daher rechtzeitig mieten. Während sich die Gäste in der guten Stube, der sog. Vörstuw, einrichteten, zogen die Einheimischen in die Achterstuw. Die begehrtesten Unterkünfte befanden sich am Strom, dem IV. Quartier. Der hohen Mieterträge wg., die dieser Bereich abwarf, hieß die Gegend nur „Goldberg". Billiger wurde es in der hinteren Reihe, wo die Mietpreise nur etwa die Hälfte betrugen. Die für die Häuser am Alten Strom so typ. Veranden tauchten in den 1850er-Jahren auf. I. d. R. wurden diese aber zum Herbst hin wieder abgerissen. Über massive Vorbauten verfügten 1857 erst drei Häuser.

Schon bald besuchten berühmte Gäste das prosperierende Bad, unter ihnen Wilhelm v. Humboldt, Theodor Fontane u. der bekannte meckl. Schriftsteller John → Brinckman, welcher sich 1850–70 alljährl. Am Strom 35 einquartierte. Mit der Fertigstellung der Eisenbahnstrecke Berlin-Rostock-Warnemünde 1886 erfuhr der Badeverkehr einen deutl. Schub. 1894 waren es bereits 10665 Besucher.

Bis zur Jh.-wende entstanden ganze Straßenzüge neu. 1886 wurde das Kur-Hotel Berringer fertiggestellt, 1890/94 kamen die Restaurants Wilhelmshöhe u. Hohe Düne hinzu. Die oftmals grundlosen Wege zu den Ausflugsorten → Stolteraa u. → Rostocker Heide wurden ausgebaut u. die 1350 m lange Seepromenade 1895 mit einer elektr. Beleuchtung versehen. Drei Jahre später entstand der 39 m hohe → Leuchtturm.

Im 19., vor allem aber im 20. Jh. stand das Warnemünder B. mehrmals vor dem Aus. Kriege, wie der Dt.-Dän. (1864), der Dt.-Frz. (1870/71), vor allem aber der I. Weltkrieg, führten zu gravierenden Einschnitten. So waren Ende 1914 knapp 15000 Gäste gemeldet. Mit dem Beginn des Krieges war die Saison beendet. Warnemünde wurde militär. Sperrgebiet. Ab 1915 erholten sich die Besucherzahlen, ohne den Vorkriegsstand (1913: 21500) wieder zu erreichen (1915: 9400, 1917: 14700).

1928 wurde das Warnemünder → Kurhaus im Stile des Bauhauses samt Kurhausgarten übergeben. Es stand am Anfang einer von den Bedürfnissen des Massen- → Tourismus geprägten Zweckbauweise. Über Jahrzehnte war die Anlage mit ihrem 750 Personen fassenden Restaurant u. der Seeterrasse ein beliebter tourist. Anlaufpunkt (1998–2013 beherbergte das Gebäude eine Spielbank). Bereits ein Jahr vor der Fertigstellung des Kurhauses konnte am Fuße des Leuchtturms der Teepavillon (→ Teepott) übergeben werden (1945 abgebrannt, 1968 neu aufgebaut).

Kurhaus in Warnemünde (um 1930)

1938 besuchten ca. 29400 Touristen Warnemünde. Während des II. Weltkrieges war eine ähnl. Entwicklung wie 1914–18 zu verzeichnen. Pensionen u. Hotels dienten bis 1945 in einem zunehmenden Maße der Unterbringung von Militär, ausgebombten Rostockern u. vor allem von Flüchtlingen. Mit dem Aufbau der Warnowwerft seit 1946 wurden hier Arbeiter untergebracht sowie Kindergärten u. Krippen eingerichtet. Aus dem einstigen Touristenort war ein reiner Badeort geworden. Erst seit 1958 begann der Urlauberbetrieb des Freien Dt. Gewerkschaftsbundes (FDGB) wieder in Warnemünde. 1970/71 errichteten schwed. Firmen das 19-stöckige Hotel Neptun, das die Silhouette Warnemündes seither bestimmt.

2002 verfügte Warnemünde über ca. 3500 Betten u. verzeichnete rund 675000 Übernachtungen. 2012 checkten 328661 Besucher ein u. blieben 1001908 Tage.

Lit.: *F. Barnewitz: Geschichte des Hafenortes Warnemünde, hg. u. bearb. v. Georg Moll, Rostock 1992; F. Weymann: Das Buch Warnemünde. Ein zwangloser Reiseführer, Leipzig 1993; R. Stutz, T. Grundner: Bäderarchitektur, Rostock 2015.* RS

BÄDERBAHN. Die Hansestadt Rostock u. deren Kaufleute gründeten mit Beteiligung der Berliner Verkehrsbetriebe u.a. 1924 eine Aktiengesellschaft (Meckl. Bäderbahn AG) zur Errichtung einer normalspurigen Kleinbahnstrecke, die aus Kostengründen in → Rövershagen ihren Ausgang nahm. Eröffnet am 1.7.1925 mit wachsendem Verkehr nach den Seebädern Graal u. Müritz am Rande der → Rostocker Heide (mit Umsteigen in Rövershagen); Direktverkehr ab Rostock 1936 für Fremdenverkehr u. Erholung suchende Rostocker Bürger. Militär. Interessen verhinderten Stilllegung u. Rückbau; Streckenerneuerung 2004.

Seit 2004 verkehrt die Bahn zwischen Rostock und Graal-Müritz im Stundentakt.

Lit.: *L. Schultz: Mecklenburgische Bäderbahn Rövershagen-Graal-Müritz, Berlin 2007.* LS

Wolfgang Baier (um 1960)

BAHNHOF → FRIEDRICH-FRANZ-BAHNHOF → HAUPTBAHNHOF

BAIER, WOLFGANG. Gymnasiallehrer, Fotografiehistoriker (5.10.1889 Stralsund - 17.8.1968 Rostock); Studium der Naturwissenschaften in Jena, München, Berlin, Greifswald u. Rostock; 1918-58 Gymnasiallehrer für Mathematik, Physik u. Chemie in Rostock; seit der Jugend theoret. u. prakt. Beschäftigung mit der Fotografie: Landschafts- u. Stadtbildaufnahmen; Publikationen u. Ausstellungen; Mitbegründer u. erster Vorsitzender der „Photograph. Gesellschaft Rostocks", während der NS-Diktatur von Vereinsleitung u. Ausstellungen ausgeschlossen; ab 1958 Erarbeitung des Standardwerkes „Quellendarstellungen zur Geschichte der Fotografie" (1964).

Lit.: *B. Brinkmann, J. Lehmann (Hg.): Wolfgang Baier, Rostock und Warnemünde. Ich gehe durch meine Stadt, Rostock 2007.* AK

BALECKE, JAKOB HINRICH. Jurist (5.8.1731 Parchim - 17.9.1778 Rostock); nach Besuch der Fürsten- u. Domschule Schwerin ab 1749 Studium der

Rechte in Rostock u. Göttingen; 1752 Promotion u. Prof. an der Uni Rostock; 1764 zum Ratsherrn u. Bürgermeister gewählt, zwei Jahre darauf auch Ratssyndikus. B. versuchte eine erste Zusammenfassung des aus dem Lübischen Recht abgeleiteten Rostocker → Stadtrechts (1757). Die Schrift erlangte Bedeutung in den Verhandlungen vor dem Reichskammergericht im Zuge der Auseinandersetzungen der Stadt mit dem um absolutist. Macht bemühten meckl. Landesherrn. Seit 1907 erinnert eine Straße an den Bürgermeister.
Lit.: H. Ohl: Bürgermeister in Deutschland, Schöneiche bei Berlin 2000, S. 118f. RL

BALLHAUS. 1623 auf dem Grundstück des heutigen → Ständehauses errichtetes Ballspielhaus; gespielt wurde das in Uni-Städten beliebte „jeu de paume", ein Vorläufer des heutigen Tennis. Der Ballmeister wohnte im benachbarten Haus an der Steinstr. Aufgrund seiner Größe wurde das B. auch für die Vorstellungen fahrender Schauspieltruppen genutzt. Das in leichter Bauweise ausgeführte Gebäude stürzte mehrfach ein u. verschwand um 1778 gänzlich; auf dem Gelände entstand 1786 der erste Theaterbau Rostocks (1880 abgebrannt); das Ballmeisterhaus in der Steinstr. existierte bis 1888. BK

BALZER, THURO (eigentlich Arthur Franz Balzer). Maler, Grafiker (9.5.1882 Weißhof/Westpreußen – 8.11.1967 Hannover); Lehre in verschiedenen Werkstätten; ab 1902 Studium an der Akademie für Kunst u. Kunstgewerbe Breslau, Abschluss als Zeichen- u. Turnlehrer; ab 1908 Zeichenlehrer an der Großen Stadtschule in Rostock, gleichzeitig als Maler u. Grafiker tätig; ab 1916 auch in Wustrow ansässig; 1919–22 Mitbegründer u. Geschäftsführer der → Vereinigung Rostocker Künstler; 1942 Zerstörung des Rostocker Ateliers, Verlust zahlreicher Arbeiten; ab 1946 wieder als Lehrer tätig. 1963 Übersiedelung nach Ahlen bei Hannover. Werke u.a. im Kulturhist. Museum Rostock.
Lit.: C. Madaus: Thuro Balzer – Maler u. Grafiker, Schwerin 1996. HL

BANKWESEN. Geldleihe u. -wechsel sowie Renten-, Diskont- od. Hypothekengeschäfte waren im

Rostocker Gewerbebank (1878)

Mittelalter u. in der Frühen Neuzeit auch in Rostock Privatgeschäfte, zu denen sich v.a. Kaufleute, aber auch wohlhabende Handwerksmeister neben ihrer eigentl. Tätigkeit bereitfanden. In Rostock ging verschiedentlich auch der Rat derartigen Geschäften nach. Das für den Schiffsneubau u. die Bereederung von Schiffen v.a. im 19. Jh. praktizierte Partenwesen darf als eine Vorform moderner Kreditgeschäfte angesehen werden.

Der im Zuge der Einführung kapitalist. Produktionsmethoden in der Landwirtschaft u. v.a. der Industrialisierung in Handwerks- u. Handelsunternehmungen stetig wachsenden Kapitalnachfrage für Investitionen war das überkommene System nicht mehr gewachsen. In Rostock gründeten Großkaufleute deshalb 1849 – wie seinerzeit üblich – nach dem Vereinsrecht die Rostocker Bank, die nach langwierigen Genehmigungsverfahren Anfang 1850 den Geschäftsbetrieb aufnehmen konnte. Als Gründungsdatum jedoch gilt der 4.3.1850, jener Tag, an dem die erste Generalversammlung der Aktionäre der auf Diskont-, Depositen- u. Lombardgeschäfte ausgerichteten Notenbank abgehalten worden war. 1871 öffnete die Rostocker Vereinsbank, eine Aktiengesellschaft (AG), ihre Pforten. Die Rostocker Gewerbebank wurde 1873 laut Satzung „zum Betriebe eines Bankgeschäfts behufs gegenseitiger Beschaffung der in Gewerbe u. Wirtschaft nötigen Geldmittel auf gemeinschaftl. Kredit“ gegründet. Sie war aus einer vier Jahre älteren Genossenschaft hervorgegangen u. sicherte vor allem die Investitionen der zahlreichen Händler u. kleinen Handwerksbetriebe in der Stadt u. ihrem Umland ab. Dieser Aufgabe hatte sich auch der 1860 gebildete Vorschuss- u. Sparverein verschrieben, der 1907 zur Vorschuss- u. Sparbank umgewandelt wurde. Zuvor war 1825 als reines Sparinstitut, das sich vor allem der Rücklagen- u. Vermögensbildung breiter Volksschichten widmete, die Rostocker → Sparkasse ins Leben gerufen worden, die auf der Basis des durch Einlagen stetig wachsenden Kapitalstocks schließlich auch Kreditgeschäfte anbieten konnte.

Eine krisengeschüttelte Wirtschaft u. die Inflation nach dem Ende des I. Weltkrieges schwächten die Rostocker Bankinstitute teils erheblich. Im nationalen Bankensektor allerdings wurden gleichzeitig die Konzentrationsprozesse forciert. So dominierte die Meckl. Hypotheken- u. Wechselbank aus Schwerin (später von der Dt. Bank AG übernommen) bald die Rostocker Bank u. übernahm sie schließlich im Apr. 1933 vollständig. Mitte der 1920er-Jahre siedelte sich mit der Commerz- u. Privatbank AG erstmals eine international tätige Großbank mit eigener Filiale in Rostock an. Dem harten Wettbewerb auf dem Kapitalmarkt u. dem wachsenden Erfolgsdruck versuchten nun die kleineren lokalen Vereins- u. Gewerbebanken v.a. durch Anschluss an leistungsstärkere, regional u. national operierende Institute zu begegnen.

Nach dem II. Weltkrieg wurde das B. Rostocks wie das in der gesamten DDR verstaatlicht u. somit zentralisiert. Die lokalen Bankgeschäfte übertrugen die Behörden nahezu vollständig den Sparkassen u. den Handels- u. Gewerbebanken, in Rostock der Stadt- u. Kreissparkasse u. der aus der Rostocker Vorschuss- u. Sparbank hervorgegangenen Bank für Handel u. Gewerbe. Letztere firmiert heute als Rostocker Volks- u. Raiffeisenbank e.G. u. darf als ältestes noch bestehendes Rostocker Kreditinstitut gelten. Die Ostseesparkasse (OSPA) hingegen ist zwar nicht die älteste Einrichtung ihrer Art in Meckl.-Vorpommern, aber heute die größte u. bedeutendste Sparkasse des Bundeslandes.

Lit.: *K. Schröder (Hg.): Die Bestände des Archivs der Hansestadt Rostock. Eine kommentierte Übersicht, Rostock 2010, S. 179–181, 261f., 386f.; J.-P. Schulze: 1825–2000. 175 Jahre Sparkasse in der Region, Rostock 2000.* RL

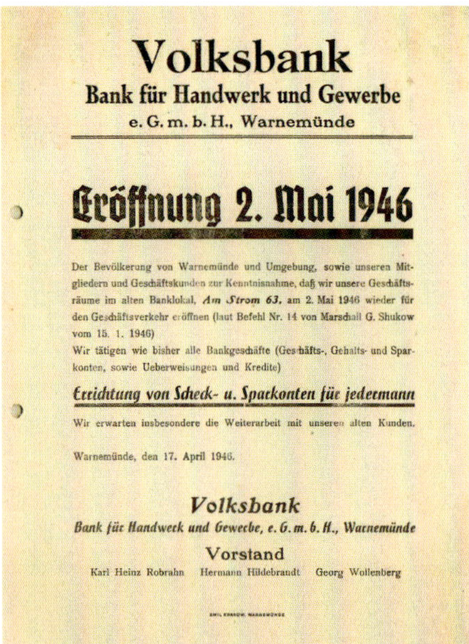

Werbeplakat anlässlich der Wiedereröffnung der Volksbank in Warnemünde

BARNEWITZ, FRIEDRICH FRANZ. Archivar, Volkskundler (28.3.1889 Neudeck/Oberschlesien – 7.2. 1948 Berlin); 1906–10 Jurastudium in Berlin u. Lausanne, Promotion 1911, wandte sich anschließend der Volkskunde zu; seit 1914 Forschungen zu Warnemünde; Mitwirkung in der Warnemünder Museumskommission u. im Museumsverein (→ Heimatmuseum); während des I. Weltkrieges Soldat; promovierte 1916 zum Dr. phil. mit „Beiträge zur Geschichte des Hafenortes Warnemünde“ in Gießen; 1919 als Buch erschienen; lebte in Berlin; 1998 Namensgeber für eine Straße in Warnemünde. KM

BARNSTORF. Westl. von Rostock gelegenes Dorf; Ersterwähnung als Barnisdorp (1254/56) u. einer Mühle (1286); zum Kirchspiel Biestow gehörig; Stadtgut, später Besitz des → Hospitals zum Heiligen Geist; Anlegung eines Pachtgutes mit 1153 Schafen (1578/79); Bauern trugen im 18./19. Jh. Biestower Tracht; Feldmark seit der Steinzeit besiedelt

(Feuersteinabschläge, Hünengräber, Urnen); Steinkreuz für den 1400 ermordeten Krämer Gosschalck van Collen (Str. nach Biestow); Zerstörung von Hügelgräbern im 19. Jh. (u.a. „de Höll" 1885); Schule; Planungsbeginn zwecks Errichtung einer Gartenstadt auf B.-Feldmark (1914); Eingemeindung nach Rostock (1919); 1936 Umwandlung des Gutshofes in eine Einrichtung des Heeresverpflegungsamtes. RS

BARNSTORFER WALD. Westl. von Rostock gelegenes, ca. 125 ha großes Naherholungsgebiet; bis zum 20. Jh. im Besitz des → Hospitals zum Heiligen Geist; im 18. Jh. mit Eichen bewachsen; 1811 durch frz. Truppen (→ Franzosenzeit) stark dezimiert; 1813 Stationierung von ca. 7000 Schweden u. 2000 Engländern; 1864–66 unter Stadtgärtner Joachim Ch. N. → Wilcken als Arbeitsbeschaffungsmaßnahme für Seeleute mit Kiefern, den sog. Barnstorfer Tannen, aufgeforstet. 1880: Orkan entwurzelte 700 Bäume. Exerzier- u. Schießplatz des → Füsilier-Regiments Nr. 90 u. der Schützengesellschaft; ab 1883 Umwandlung in eine parkähnl. Anlage mit Eichen-, Buchen- u. Buschbewuchs durch den Förster Robert Schramm; 1889 Anlage des Hirschgartens, seither Erweiterungsgebiet des → Zoos; Errichtung von Sportplätzen (Tennis u. Hockey, 1892/1913); Bau einer Bismarcksäule (1901); Schaufliegen auf der 1900 angelegten Rennbahn (1911); Verlängerung der Straßenbahn zum Neuen Friedhof (1913); Standort mehrerer Lokale (→ Trotzenburg, Waldrestaurant, Kaffeestübchen, → Sportpalast, Kaiserpavillon); Dahlienschau (1931) mit tägl. bis zu 25000 Besuchern; Errichtung des sog. → Thingplatzes (1935); während des II. Weltkrieges Bau von Flakstellungen (1942) u. Panzersperren (1945); Errichtung der → Johanniskirche (1948–50); in den 1950er-Jahren Einweihung mehrerer Sportstätten: → Ostseestadion (1954), → Neptunschwimmhalle u. Eisstadion (1955) sowie Errichtung eines Verkehrsgartens zur Schulung von Kindern (1957); Bau des Richtfunkturms (1969); Einweihung der Jägerhütte (1973); Abriss der Freilichtbühne am Platz der Jugend (1995). RS

BAROCK → ARCHITEKTUR UND STÄDTEBAU

BAROCKSAAL → PALAIS

BARTELS, RUDOLF. Maler (10.11.1872 Schwaan–16.2.1943 Rostock); ab 1887 Lehre als Dekorationsmaler in Schwaan u. Rostock; 1892–97 Wanderjahre; 1897–1900 Handwerkerschule in Berlin; 1901–07 Studium an der Kunstschule Weimar bei Theodor Hagen; frühe Erfolge, beteiligt an Ausstellungen in Dresden, Hamburg, Stuttgart, München, Luzern, Zürich; 1908–14 Maler in Schwaan, Mitglied der Schwaaner Künstlerkolonie; 1914–17 Soldat; lebte ab 1917 in Rostock; 1926 Ausstellung in Güstrow, 1931 letztmalig an einer Ausstellung der → Vereinigung Rostocker Künstler beteiligt, zog sich anschließend wg. eines Nervenleidens fast völlig zurück; 1933 Ausstellung im Museum Rostock. 1933 inhaftiert; 1937 wurde ein Werk in der Aktion „Entartete Kunst" aus dem Museum Rostock entfernt. Starb vereinsamt u. verarmt. Werke im Staatl. Museum Schwerin, im Kunstmuseum Schwaan u. im Kulturhistor. Museum Rostock.
Lit: *L. Jürss: Rudolf Bartels Schwaan 1872–1943, in: Himmelslicht und weite Erde. Meisterwerke auf dem Weg zur Freilichtmalerei in den Künstlerkolonien Ahrenshoop und Schwaan (Katalog), Rostock 2012, S. 50–65.* HL

BARTHEL, KURT (KUBA). Schriftsteller, Redakteur, Dramaturg (8.6.1914 Garnstorf/Sachsen–12.11.1967 Frankfurt a.M., beigesetzt in Rostock); Lehre als Dekorationsmaler 1928–32; 1933–46 Emigration (Tschechoslowakei u. England), nach Rückkehr verschiedene Tätigkeiten u. Funktionen: 1946–48 Redakteur im Dietz-Verlag, 1950–58 Abgeordneter der Volkskammer, 1952–54 Sekretär des Schriftstellerverbandes, 1953 Mitglied der Akademie der Künste, seit 1954 Mitglied des ZK der SED. Umzug nach Rostock 1956, Chefdramaturg am Volks- → Theater; Verfasser von Festprogrammen zur Ostseewoche. Werkauswahl: „Gedicht vom Menschen" (Poem, 1948); Filmszenarien zu mehreren DEFA-Filmen: „Hexen" (1954), „Schlösser u. Katen" (1957); Autor des Schauspiels „terra incognita" (1963); Begründer (mit Hanns Anselm → Perten) der Rügenfestspiele mit der dramat. Ballade „Klaus Störtebeker" (1959). 1960 Ehrendoktorwürde der Uni Rostock.

Kurt Barthel

Lit.: A. Krause: Barthel, Kurt (KUBA), in: Neuer Friedhof Rostock. Bemerkenswerte Grabstätten, T. 2, Rostock 2014, S. 55, 58. BM

BATT, KURT. Literaturwissenschaftler, Lektor, Publizist (11.7.1932 Hamburg – 20.2.1975 Rostock); aufgewachsen in Teterow; Germanistikstudium in Leipzig; 1958 Promotion zur niederdt. Literatur des 19. Jh.; Lehrer; ab 1961 Cheflektor beim → Hinstorff Verlag, u.a. Betreuung von Franz → Fühmann; Hg. diverser Werke von Fritz → Reuter, John → Brinckman u. Klaus Groth; zahlreiche Artikel in Literaturzeitschriften; Verfasser der Biografie „Fritz Reuter – Leben u. Werk" (1967).
Lit.: U. Bichel: Erinnern an Kurt Batt: aus Anlaß seines 60. Geburtstages, in: Frauen im Leben und Wirken Fritz Reuters, Neubrandenburg 1995, S. 89 – 94. FO

BAUHAUS → ARCHITEKTUR UND STÄDTEBAU

BAUMGARTEN, KARL. Volkskundler (Hausforscher) (5.2.1910 Wismar – 16.10.1989 Rostock); Studium am Pädagog. Institut in Rostock; 1930 – 45 Dorfschullehrer; wegen NSDAP-Mitgliedschaft erst ab 1950 wieder im Schuldienst (Kröpelin u. Rostock); aufgrund seiner seit 1939 betriebenen Bauernhausforschungen 1957 Mitarbeiter, 1959 – 75 Leiter der Wossidlo-Forschungsstelle der Dt. Akademie der Wissenschaften in Rostock; Promotion 1961. Entwickelte sich zu einem der bedeutendsten dt. Bauernhausforscher; Mitbegründer der Freilichtmuseen in Klockenhagen, Schönberg, Alt Schwerin u. Schwerin-Mueß.
Lit.: S. Neumann: Baumgarten, Karl, in: Biographisches Lexikon für Mecklenburg, Bd. 3, Rostock 2001, S. 13 – 17. EM

BAUMGARTEN, MICHAEL. Theologe (25.3.1812 Haseldorf/Schleswig – 21.7.1889 Rostock); Studium in Kiel u. Berlin unter pietist. Einfluss; ab 1843 Streiter für eine Volkskirche u. die Trennung vom Staat; 1850 Flucht aus Schleswig nach Rostock; Prof. für Theologie an der Uni Rostock; Anschluss an liberale Demokraten; 1858 Ausschluss aus der Uni wg. Häresie u. staatsfeindl. Hetze; Gefängnishaft wegen „Pressvergehens"; 1871 – 77 liberaler Reichstagsabgeordneter, beteiligt am Reichszivilstandsgesetz (1875).

Michael Baumgarten (um 1880)

Lit.: W. Karge: Baumgarten, Michael, in: Biographisches Lexikon für Mecklenburg, Bd. 5, Lübeck 2009, S. 37 – 41. WK

Hermann Friedrich Becker

BECKER, HERMANN FRIEDRICH. Forstmann (21.4. 1766 Rostock – 5.10.1852 Rostock); entstammte einer Rostocker Gelehrtenfamilie; Besuch der Großen Stadtschule; ab 1782 Studium der Physik, Mathematik, Ökonomie, Baukunst u.a. an den Unis Rostock, Göttingen u. Heidelberg; seit 1791 Forstinspektor der → Rostocker Heide; Einführung u. Begründer der geregelten Forstwirtschaft in Meckl.; komplette kartograf. Verzeichnung der Rostocker Heide (1793); Begründer des Schneisensystems; Mitbegründer der Versammlung dt. Land- u. Forstwirte, der Meckl. Landwirtschaftl. Gesellschaft u. des Meckl. Patriot. Vereins; erster namentl. nachweisbarer Warnemünder Badegast; Autor zahlreicher naturkundl., ökonom. u. philosoph. Schriften; Erfinder von forst- u. landwirtschaftl. Geräten; Lehrtätigkeit an der Uni Rostock; Ehrendoktor der Unis Rostock u. Kopenhagen; Gedenkstein in der Rostocker Heide; Namensgeber für eine Straße in Nienhagen.
Lit.: *W. Steinmüller: Becker, Hermann Friedrich, in: Biographisches Lexikon für Mecklenburg, Bd. 8, Schwerin 2016, S. 38–41.* WS

BEDÜRFNISANSTALT. Erste Erwähnungen einer B. an der Lagerbrücke stammen von 1808. 1881 existierten acht öffentl. Klosetts, gewöhnl. transportable Bauten ohne Wasserspülung. Die meisten waren Pissoires für Männer. Geschlechtertrennung gab es wohl zuerst bei der Anstalt an der Kröpeliner-Tor-Brücke. Verunreinigungen u. Geruchsbelästigung waren ständige Probleme. Deshalb widersprachen Anwohner dem Bau neuer Toiletten, z.B. bei der 1909 fertiggestellten u. 1982 abgerissenen B. auf dem Doberaner Platz. Ab etwa 1900 hatten neue Toiletten gewöhnl. Wasserspülung. Häufig wurden Massivbauten an Standorten errichtet, an denen sich ältere Anlagen befanden, u.a. 1904 beim Rathaus, 1910 am Wall, 1937 am Saarplatz. Die 1939 gebaute WC-Anlage unter dem Universitätsplatz wurde 1979 mit dem Bau des „Brunnens der Lebensfreude“ geschlossen u. durch eine neue neben dem Kaufhaus Korrekt (Kröpeliner Str. 56) ersetzt. 1947 hatte Rostock 18 B., nur fünf waren in Betrieb. Später kam es neben Instandhaltung u. Neubau (z.B. in den Barnstorfer Anlagen) auch zu Notlösungen mit Toilettenwagen (z.B. Wilhelmshöhe) u. Schließungen. 2012 gab es in Rostock einschließlich Warnemünde ca. 40 öffentl. Toiletten.
Lit.: *H. Haack: Rostocks Bedürfnisanstalten: Einiges zur Baugeschichte, in: Rostocker Zorenappels, Jg. 6, Rostock 2012, S. 18–21; Dies.: Rostocks Bedürfnisanstalten um 1900: Belastungen und Skandale, in: Rostocker Zorenappels, Jg. 7, Rostock 2013, S. 125–128.* HH

BEGINEN. Religiöser Zusammenschluss unverheirateter Frauen u. Witwen außerhalb des kath. Klerus. B. legten kein Gelübde ab. Sie lebten nicht in Klöstern, sondern in B.-höfen od. B.-häusern. Streng am Evangelium ausgerichtet, widmeten sich die Beginen (Frauen) u. Begarden (Männer) der Krankenpflege, der kindl. Früherziehung u. der Betreuung alter Menschen. Die B. hatten ihren Ursprung um 1200 in den Städten des heutigen Belgiens. In Rostock sind die B. seit 1279 nachweisbar. Sie lebten zunächst im Küterbruch, dann 1293–1318 an der Südseite der Mittelstadt am Rammelsberg, der nach ihnen den Namen B.-berg trägt. B. wohnten aber auch in der Nähe des St.-Katharinen-Klosters der Franziskaner. Anfang des 14. Jh. gerieten die B. verstärkt in den Verdacht der Ketzerei u. der Prostitution. Daher wurden sie seit 1311

von der Kirche bekämpft. In Rostock verkauften sie ihr Konventsgebäude. 1372 veräußerte der Rat der Stadt drei Buden der B. am Rammelsberg. Die B. sind in Rostock noch bis ins 16. Jh. nachweisbar.
Lit.: *F. Wigger: Urkundliche Mittheilungen über die Beghinen- und Begharden-Häuser zu Rostock, in: Jahrbücher des Vereins für meklenburgische Geschichte und Alterthumskunde, Jg. 47, Schwerin 1882, S. 1–26.* KJLS

BELOW (AUCH: BELAU), JOHANN. Arzt (1601 Rostock – 17.12.1668 Rostock); ab 1618 Studium der Medizin in Wittenberg, Leipzig, Jena, Erfurt, Helmstedt u. Rostock; 1628 Promotion in Rostock, hier prakt. Arzt; 1632 Prof. der Medizin in Dorpat (heute Tartu/Estland). Enttäuscht über die dortigen schlechten Bedingungen verließ er 1642 die Uni; 1643 Leibarzt des Zaren Michael I. in Moskau, später auch des Nachfolgers Zar Alexej I.; im Dez. 1651 nach Rostock beurlaubt, wo im Apr. 1652 seine Frau starb; kam den Aufforderungen zur Rückkehr nach Moskau nicht nach. BK

Charles Bencard in der Rostocker Heide (um 1930)

BENCARD, CHARLES. Forstmann (27.3.1877 Rothenmoor/Malchin – 13.4.1956 Rövershagen); entstammte einer Rostocker Senatorenfamilie; 1918–51 Forstinspektor der Rostocker Heide; Befürworter der Öffnung der Rostocker Heide für die aufkommende Naturfreunde- u. Wanderbewegung in den 1920er-Jahren; im Gegensatz zu allen Heideförstern kein Mitglied der NSDAP; Mai 1945: Schutz der Familie B. durch poln. Zwangsarbeiter vor Repressalien der Roten Armee; 1939–49 große Verdienste bei der Milderung von Kriegs- u. Reparationsschäden sowie umfangreiche Wiederaufforstung; Fortführung der 1839 von Hermann Friedrich → Becker begonnenen „Chronik von den Waldungen der Stadt Rostock" (1914–52). Gedenkstein östl. des Heiligensees; Namensgeber für eine Straße in Nienhagen.
Lit.: *J. Harmuth, J. Lorenz: Charles Bencard, in: Forstliche Biographien aus Mecklenburg-Vorpommern, Schwerin 1999, S. 43–47.* WS

BERGEN- UND WIEKFAHRER. Bezeichnung der hansischen Kaufleute mit Fahrtrichtung Norwegen. In Bergen mit dem Hansekontor der Dt. Brücke sowie in der Wiek, dem Oslofjord mit Tönsberg u. Oslo, war in der 2. Hälfte des 15. Jh. Rostock neben Lübeck die führende Hansestadt. Die Anfänge des Rostocker Handels mit Norwegen liegen im 13. Jh. mit der Ausfuhr von Bier, Mehl u. Hopfen und dem Import von Stockfisch. Norwegenfahrer, insbesondere die Wiekfahrer, zählten zu den einflussreichsten Rostocker Fahrtgemeinschaften. Ihr Gemeinschaftshaus (Wiekergelag) befand sich seit 1436 in der Koßfelderstr. (später Haus der Brauerkompanie) – auch Papageiengelag, nach der vornehmsten Rostocker Schützengesellschaft (→ Schützenwesen), genannt; später Bezeichnung als Junkergelag; seit Ende des 15. Jh. zweites Gelagshaus am Wendländer Schilde. Im Verlaufe des 16. Jh. Verlagerung des Handelsschwerpunkts vom Oslofjord in Richtung Bergen. 1566 angesichts wachsender Probleme Zusammenschluss der Rostocker Bergenfahrer mit den → Schonenfahrern u. Schiffern zur → Schiffergesellschaft.
Lit.: *M. Burkhardt: Der hansische Bergenhandel im Spätmittelalter, Köln, Weimar, Wien 2009.* RL

BERLUC. Rockband; spielt geradlinige Rockmusik mit vorrangig eigenen dt. Texten; 1974 gegründet, leitet sich der Bandname aus den Anfangsbuchstaben der Herkunftsstädte der Gründungsmitglieder (Berlin u. Luckenwalde) ab; „Hallo Erde, hier ist Alpha" war 1978 der erste große Hit, 1979 erschien mit „Reise zu den Sternen" das Debütalbum; nächster Erfolg 1983 mit dem Lied „No Bomb", das Platz eins der DDR-Jahreshitparade belegte; das erfolgreiche Album erschien 1985 unter dem Titel „Rocker von der Küste". 1989 löste sich die Gruppe zunächst auf u. startete 1993 ein Comeback. Kopf der Band ist seit ihrer Gründung der Schlagzeuger Dietmar Ränker, der nach wie vor in Rostock lebt.
Lit.: *C. Hentschel, P. Matzke: Als ich fortging. Das große DDR-Rock-Buch, Berlin 2007.* TW

BERNITT, HANS (Pseudonyme: Ludwig Rathsack u. Erich Puls). Lehrer, Schriftsteller (26.4.1899 Schwaan–13.3.1954 Rostock); Besuch des Lehrerseminars Neukloster, danach im meckl. Schuldienst; ab 1918 Mitglied der SPD, 1927–33 Stadtverordneter in Rostock, 1933 Entlassung aus polit. Gründen; meckl. Bezirksleiter des Touristenvereins Naturfreunde; 1945 Schulrat des Kreises Rostock-Land; 1947 Mitarbeiter im Ministerium für Volksbildung des Landes Mecklenburg. Zahlreiche Erzählungen u. einige Romane, populär vor allem durch seine vielgelesenen histor. Sachbücher „Vom alten und vom neuen Mecklenburg" (1954) u. „Zur Geschichte der Stadt Rostock" (1956).
Lit.: *K. Schröder: Hans Bernitt, in: Die Bestände des Archivs der Hansestadt Rostock. Eine kommentierte Übersicht, Rostock 2010, S. 300.* RL

BERRINGER, GUSTAV WILHELM. Architekt, Stadtbaudirektor (17.2.1880 Rostock–17.8.1953 Berlin); Maurerlehre; Hochbaustudium in München, Dresden u. Berlin; 1905 Diplom-Examen in Berlin; 1910 Berufung zum Königl.-Preuß. Regierungsbaumeister, bis 1912 Architekt in Berlin; 1913 Stadtbaumeister in Rostock, 1923 Berufung zum Stadtbaudirektor; große Verdienste im modernen Wohnungsbau u. Ausbau der Vorstädte (Park-, Detharding-, Maßmannstr.); Entwurfsverfasser wichtiger öffentl. Bauten, z.B. Kurhaus Warnemünde, Gewerbeschule, Oberlyzeum u. Lyzeum am Goetheplatz; in seiner städtebaul. u. gestalter. Qualität ein Höhepunkt der Architektur der Neuen Sachlichkeit (→ Architektur und Städtebau) in Rostock.
Lit.: *B. Lichtnau: Gustav Wilhelm Berringer (1880–1953): Ein Rostocker Stadtbaudirektor und Architekt zwischen Späthistorismus und Moderne, in: Beiträge zur Geschichte der Stadt Rostock, Bd. 31, Rostock 2011, S. 111–190.* UJ

Gustav Wilhelm Berringer (um 1930)

BEVÖLKERUNG. Rostocks Ur-B. bestand im frühen 12. Jh. aus Slawen (v.a. aus den zum Stammesverband der Wilzen gehörenden Kessinern) sowie einigen Einwohnern aus Skandinavien u. aus dt. Territorien links der Elbe. In der Gründungsphase der dt. Stadt (um 1200) kamen zahlreiche dt. Zuwanderer v.a. aus Westfalen, Sachsen u. der Mark Brandenburg nach Rostock, die die Einwohnerschaft bald dominierten. Sie assimilierten eine beträchtl. Zahl slaw. Ureinwohner. Auch Skandinavier, meist Dänen, u. Juden lassen sich unter den Bürgern nachweisen. Die B.-entwicklung jedoch lässt sich vor der ersten Volkszählung in Meckl.-Schwerin 1819 nur vage nachvollziehen. Für das 14.–16. Jh. beruhen Rekonstruktionen der Einwohnerzahl auf Berechnungen nach Schoß- u. Steuerregistern. Danach dürften am Ende des 16. Jh. 10 000 – 14 000 Personen in Rostock gelebt haben. Rostock gehörte damit zu den volkreichsten Städten des Dt. Reiches. Seuchen, wie etwa die Pestepidemie von 1463, führten zwar zu erhöhter Letalität, hatten aber keine nachhaltige Wirkung auf die B.-entwicklung. Für das 17./18. Jh. harren noch viele Quellen ihrer Auswertung. Im 17. Jh. wird es wie allgemein im Dt. Reich einen B.-rückgang gegeben haben, hervorgerufen durch überregionale Katastrophen wie den Dreißigjährigen Krieg, aber auch durch lokale wie den Stadtbrand von 1677. Zu den demograf. Kennzeichen vorindustrieller Zeit gehören eine im Vergleich zu heute unsichere individuelle Lebenszeit sowie viele Zweit- u. Drittehen. Letzteres betraf in Rostock im 17./18. Jh. vermutlich 20 – 25 % aller Ehen. Ungewollt kinderlos waren 10 – 15 % der Paare. In den letzten Jahrzehnten des 18. Jh., zu Beginn der sog. B.-explosion, ist von einem B.-aufschwung auszugehen. Im Jahre 1819 hatte Rostock 15 449 Einwohner, Warnemünde 913. Die Einwohnerzahl der Stadt wuchs nun stetig. Der Gewinn resultierte zunächst ganz überwiegend aus einem Geburtenüberschuss u. hing in der 2. Hälfte des 19. Jh. auch mit der allmählich einsetzenden Industrialisierung zusammen. Es kam zu nennenswerter Zuwanderung, auch begünstigt durch die Aufhebung von Freizügigkeitsbeschränkungen. Die Volkszählung vom 1.12.1875 erfasste 35 927 (diese u. die folgenden Angaben einschließlich Warnemünde), die vom 1.12.1905 bereits 65 002 Personen. Vermehrt nahmen kath. u. jüd. B.-kreise ihren Wohnsitz in der Stadt. So lebten 1871 in Rostock 118 Juden u. 1933 297 (0,34 % der Gesamt-B.). 1944 gab es noch 19 jüd. Bürger. Verändertes generatives Verhalten bremste allerdings in den folgenden Jahrzehnten das Tempo des B.-anstiegs. Am 16.6.1925 (Volkszählung) wohnten in Rostock 77 669 Menschen. Aufgrund des rasanten Ausbaus der Luftrüstungsindustrie ab 1933 u. der dadurch bedingten starken Zuwanderung vor allem aus dem südwestdt. Raum sowie der Eingemeindungen (v.a. 1934) stieg die B.-zahl bis März 1935 auf über 100 000, wodurch Rostock zur ersten Großstadt Meckl. u. zur 56. des damaligen Dt. Reiches wurde. Nach den Bombenangriffen 1942

Flüchtlinge während einer Varieté-Vorstellung im Lager Dierkow (1946)

schlug der Trend für kurze Zeit um. Viele der 135 018 Einwohner (Frühjahr 1942) verließen die Stadt. Der Rückgang hielt in den ersten Nachkriegsmonaten an; am 1.12.1945 betrug die Einwohnerzahl 92 068. Aber bald setzte ein in den Ausmaßen zuvor unbekanntes u. von anderen Großstädten in Ostdtl. nicht erreichtes B.-wachstum ein, das zunächst den Flüchtlingsströmen der unmittelbaren Nachkriegszeit zuzuschreiben war. Bereits 1947 lebten wieder ca. 123 000 Menschen in Rostock. Rund 25 % der am 31.12.1948 gezählten Einwohner waren Flüchtlinge u. Vertriebene. Zudem zogen der Auf- u. Ausbau der Werften u. anderer Großbetriebe eine beträchtliche Zahl von Zuwanderern an, sowohl aus Meckl. u. Vorpommern als auch aus anderen Ländern der sowjet. Besatzungszone bzw. Bezirken der DDR. Zu den Wanderungsgewinnen kam ein hohes natürliches B.-wachstum. 1961 zählte man 161 754 Einwohner, 1971 waren es 201 304. Die höchste je in Rostock ermittelte Einwohnerzahl wurde im Jahr 1988 festgestellt. Damals lebten 253 990 Menschen in der Stadt. Das Durchschnittsalter lag seinerzeit bei 34,6 Jahren. Rostock war somit eine junge Stadt. Nach 1990 ging die Geburtenzahl drastisch zurück. Die Abwanderung (Fernwanderung, u.a. wegen

Arbeitslosigkeit, u. Nahwanderung ins Umland) wurde durch Zuwanderung nicht mehr auch nur annähernd ausgeglichen. Rostocks Einwohnerzahl sank dramatisch u. fiel 2000–06 sogar unter die 200 000er-Marke. Das Durchschnittsalter stieg bis 2014 auf 45 Jahre. 10,4 % der B. gehörte 2014 einer ev. u. 3,3 % der röm.-kath. Kirche an. Der Ausländeranteil betrug im selben Jahr 4,06 % (8287 Personen aus 96 Nationen, darunter 828 Russen, 688 Vietnamesen, 525 Polen, 429 Afghanen, 298 Syrer, 259 Türken, 256 Chinesen). Laut Einwohnermelderegister lebten am 30.6.2015 in der nunmehr wieder einzigen Großstadt Meckl.-Vorpommerns 204 551 Menschen, davon 99 987 Männer u. 104 564 Frauen.

Lit.: *S. Jaster: Die Nichtdeutschen in Rostock im 13. und 14. Jahrhundert, Rostock 2001; M. Manke: Rostock zwischen Revolution und Biedermeier – Alltag und Sozialstruktur, Rostock 2000, S. 305–366; Ders.: „... dass alle Welt geschätzt würde." Die Einwohner der Stadt Rostock nach der Volkszählung von 1819, Rostock 2005; P. Voigt: Bevölkerungsbilanz von Rostock im 20. Jahrhundert, in: N. Werz, R. Nuthmann (Hg.): Abwanderung und Migration in Mecklenburg und Vorpommern, Wiesbaden 2004, S. 119–121.* HH

BEZIRK. In der DDR 1952 per Gesetz anstelle der Länder geschaffene größte territoriale Verwaltungseinheit (14 B. u. Berlin). Entlang der gesamten Ostseeküste der DDR erstreckte sich der nach seinem Verwaltungssitz benannte B. Rostock mit mehr als 916 000 Einwohnern (1988). Sein 7075 km² umfassendes Gebiet war in zehn Landkreise u. vier kreisfreie Städte gegliedert. Die B. der DDR wurden auf der Grundlage des Ländereinführungsgesetzes vom 22. 6. 1990 aufgelöst.

In Rostock schufen die sowjet. Besatzungsbehörden 1945 zur effektiveren Verwaltung 26 Stadt-B., deren Zahl bis 1952 auf sieben reduziert wurde. Auf Beschluss des ZK der SED erfolgte im Sommer 1952 eine erneute Gliederung des Stadtgebietes in vier selbstständige kommunale Verwaltungseinheiten (Mitte, Süd, West u. Warnemünde). Als Legislative des Stadt-B. fungierte die Stadtbezirksversammlung, als Exekutive waren es der Stadtbezirksvorsitzende u. sechs Stadtbezirksräte. Den rechtl. Rahmen für ihre Arbeit gab eine Ordnung des Ministerrates der DDR vom 8.1.1953 vor. Im Sommer 1956 beschloss die → Stadtverordnetenversammlung die Auflösung der Stadt-B. in Rostock, die nach Zustimmung staatl. Stellen im Juni 1957 abgeschlossen war.

Lit.: *K. Jeserich, H. Pohl, G.-C. v. Unruh: Deutsche Verwaltungsgeschichte, Stuttgart 1987, S. 1243–1247; M. Müller: Stadtbezirke, in: Die Bestände des Archivs der Hansestadt Rostock. Eine kommentierte Übersicht, Rostock 2010, S. 334f.* RL

BIBLIOTHEK. Kloster-B. u. Rats-B. hat es bereits vor dem 15. Jh. gegeben. Letztere enthielten vor allem Bücher verwaltungs- u. handelsrechtl. sowie jurist. Inhalts. Privat-B. befanden sich in den Händen von Ratsherren u. Professoren. Mit der B. der Brüder vom Gemeinsamen Leben lässt sich in den Quellen die erste B. für das ausgehende 15. Jh. in Rostock fassen. Von den Beständen dieser B. ist jedoch nichts überliefert. Das gilt auch für die Fakultäts-B. der 1419 gegründeten Uni Rostock.

Die Geschichte der **(1) Universitäts-B.** begann 1569. Nathan → Chytraeus, Dekan der Philosoph. Fakultät de Rostocker Alma Mater, schenkte der Universitäts-B. eine 1556 in Basel gedruckte Platon-Ausgabe u. begründete damit den Buchbestand. Durch Ankäufe u. Schenkungen umfasste die Sammlung am Ende des 16. Jh. ca. 100 Bde. Mit Joachim Moersius konnte 1615 der erste Universitätsbibliothekar eingestellt werden. 1650 wurden zwei Prof. mit der Aufsicht über die B. betraut u. ein Ausleihbuch angelegt. Die B. war 1660 pro Woche an zwei Nachmittagen für zwei Stunden geöffnet. Der erste alphabet. Bandkatalog, er umfasste rund 2000 Bde., entstand 1709 unter Joachim Heinrich Sibrand. 1760 gründete Herzog Friedrich im benachbarten Bützow die Uni Fridericiana. 1772 eröffnete der Orientalist Prof. Oluf Gerhard → Tychsen hier eine Akadem. B. Nach der Wiedervereinigung 1789 konnte die Universitäts-B. am Rostocker Standort mit der Übernahme der Renaissance-B. des Herzogs Johann Albrecht I. v. Meckl. erheblich erweitert werden. Außerdem gelang es, 1815 die 10 000 Bde. umfassende Tychsen-B. u. 1842 die 18 000 Bde. zählende B. des Rostocker Juristen Ferdinand Kämmerer anzukaufen.

1840–1963 wurden alle vorhandenen u. neu erworbenen Bücher in einem alphabet. Zettelkatalog verzeichnet. 1870 bezog die Universitäts-B. den rechten Flügel des neu errichteten Universitätshauptgebäudes am Hopfenmarkt. Dem unermüdl. Wirken Bruno Claußens ist es zu verdanken, dass 1939 der moderne Bücherspeicher entstand. Ohne nennenswerte Kriegsverluste öffnete die Universitäts-B. 1945 als erste wissenschaftl. B. in Dtl. wieder ihre Pforten. 1949 wurden im → Palais-Gebäude der sog. gesellschaftswissenschaftl. Lesesaal u. 1960 im Rostocker Hof der naturwissenschaftl. Lesesaal sowie der Katalograum eingerichtet.

Nach dem Zusammenbruch der DDR 1989/90 gelangten die 1991 aufgelöste B. der Ingenieurhochschule für Seefahrt (IHS) Warnemünde/Wustrow (90000 Bde., 450 laufende Zeitschriften) u. 1993 die B. der Pädagog. Hochschule Güstrow an die Rostocker Universitäts-B. Die elektron. Verzeichnung begann 1994. Im gleichen Jahr öffnete die Zweigstelle im ehem. → Fraterhaus St. Michael, in das die B. des Fachbereichs Geschichte u. 1999 die → Sondersammlung der Universitäts-B. einzogen. Der Containerkomplex Schwaansche Str. mit einem Freihandmagazin von ca. 100000 Büchern existiert seit 1992. Zwei Jahre später wurde die Fach-B. Geisteswissenschaften in einem ehem. Gebäude des Ministeriums für Staatssicherheit in der August-Bebel-Str. eingeweiht. 2004 öffnete in der Südstadt ein Neubau für die Agrar-, Natur-, Ingenieur-, Umweltwissenschaften sowie Informatik u. Mathematik. 2006 wurden die Bestände der

Bücherspeicher der Universitätsbibliothek Rostock (2008)

17 medizin. Fach-B. u. 2010 die der Wirtschaftswissenschaften in die Bereichs-B. Südstadt integriert.

Heute dient die Universitäts-B. der Versorgung von Forschung u. Studium mit Literatur aller Uni-Einrichtungen. Bestandsverwaltungssysteme, wie OPAC u. GBV, ermöglichen einen nationalen u. internationalen Zugriff auf die derzeit 2,2 Mio. Bücher u. Zeitschriften umfassenden Bestände. Die Universitäts-B. besteht aus drei Bereichs-B. u. sechs Fach-B. Sie besitzt umfangreiche Sondersammlungen u. Altbestände. Zu den Schätzen gehören wertvolle Stiche, Karten u. Nachlässe. Der Universitäts-B. angeschlossen sind das Universitätsarchiv, die Kustodie sowie das Patent- u. Normenzentrum.

Mit der B. der Meckl. Ritter- u. Landschaft befand sich eine weitere bedeutende Büchersammlung in der Stadt. Ihre Anfänge reichen bis 1740 zurück. In jenem Jahr vererbte Adolph von Bassewitz seine B. dem → Engeren Ausschuss der Landstände u. begründete damit die B. der meckl. Landstände. Zunächst war die B. in einem Bürgerhaus untergebracht. Nach mehreren Umzügen (St.-Johannis-Kirche, St.-Nikolai-Kirche) kam sie 1854 im Haus des Rostocker Kaufmanns Anton Howitz am Vogelsang unter. Durch Schenkungen u. Ankäufe wurde der Bestand vermehrt. Seit 1852 sicherte ein jährl. Etat die systemat. Erweiterung der B. Um 1860 besaß sie bereits einen Umfang von knapp 30000 Bänden. Vor dem Hintergrund der Besitzstandswahrung der meckl. Ritter- u. Landschaft wurden vor allem Publikationen zur Landesgeschichte sowie jurist. Werke gesammelt. 1918 wurden die meckl. Landstände durch die meckl.-schwerinsche Regierung aufgelöst u. die B. 1924 der Universitäts-B. Rostock übergeben. Der Bestand belief sich nach damaligen Schätzungen auf etwa 60000 Bücher u. 40000 Dissertationen.

Die **(2) Stadt-B.** wurde 1894 als Volks-B. gegründet. Sie ging aus einer Privat-B. hervor. 1906 übernahm die Rostocker Gemeinnützige Gesellschaft die B. u. gründete in der Wismarschen Str. eine öffentl. Bücher- u. Lesehalle. 1919 fusionierte diese mit der Bücherei des Volksbildungsvereins u. der Bücherei der Gewerkschaft zur Städt. Volks-Bücherei. Mit ihren 13000 Bänden gehörte sie in

Aneinandergereiht würden die Bücher eine kilometerlange Reihe ergeben (2008).

den 1920er-Jahren zu den größten des Landes. 1932 zog die Stadt-B. in die Breite Straße. Das Gebäude wurde 1942 durch Bombenangriffe zerstört. Ein Großteil der Buchbestände blieb erhalten. Am 1.10.1945 erfolgte die Wiedereröffnung der Volksbücherei in der Richard-Wagner-Str. mit einem Bestand von ca. 7700 Werken. Auf Anordnung der SMAD mussten ca. 4400 Bücher faschist. u. militarist. Inhalts aussortiert werden. 1946 wurde die kostenlose Entleihung eingeführt. Sie hält bis heute an. Infolge der Bezirksbildung in der DDR 1952 trug die Volksbücherei seit 1954 den Namen Stadt- u. Bezirks-B. Rostock. Da das Gebäude in der Richard-Wagner-Str. baufällig geworden war, musste die Stadt-B. 1957 ausziehen. Die Bestände wurden auf die Zweigstellen verteilt. Erst 1961 konnte das im 15. Jh. im spätgot. Stil errichtete (am 3.5.1945 durch Brandstiftung zerstörte) u. wieder aufgebaute Giebelhaus in der Kröpeliner Str. 82 bezogen werden. 1966 erhielt die Stadt-B. den Namen Willi → Bredel. In ihrer Funktion als Zentral-B. unterhielt sie bis 1989 bis zu 27 Zweig-B. 1989–92 erfolgte eine komplette Sanierung des Gebäudes. Gegenwärtig verfügt die Stadt-B. über einen Bestand von ca. 155 000 Medien. Neben der Zentrale in der Kröpeliner Str. bestehen aufgrund von Mittelkürzungen nur noch fünf Zweigstellen.

Neben diesen beiden großen B. existierten seit dem 18. Jh. private, kommerziell geführte Lesegesellschaften. Zu ihnen gehörten die des Predigers der St. Jakobigemeinde Georg D. → Detharding (seit 1785) u. die des Predigers der Kirche St. Marien Johann Markus Konstantin Tarnow (seit 1787). Außerdem gab es privat geführte Leih-B., wie die des Juristen Johann Philipp Koeve (seit 1787) u. des Universitätslektors der engl. Sprache Joachim Hinrich Ludewig (seit 1790). Per Anzeige bot er seine 1776 Bde. (1791) umfassende B. an. 1795 annoncierte die Stillersche Buchhandlung das Bücherverzeichnis ihres Lese-Instituts.

Darüber hinaus existierten zahlreiche Vereins-B., wie die der → Societät (seit 1794), der Philomat. Gesellschaft (seit 1834), des → Gewerbevereins (seit 1840) od. des Gartenbau-Vereins (seit 1854). Letzterer verfügte bereits 1856 über eine Spezial-B. von 1254 Titeln. Heinrich Stüdemann versorgte das Publikum um 1850 vor allem mit Belletristik. Über eine kleine B. verfügte aber auch der Arbeiterverein (1848–51) des Rostocker Prof. Carl → Türk.

Eine bemerkenswerte B. besaß die 1580 gegründete → Große Stadtschule. In den Jahren der DDR verfügten Großbetriebe wie die → Warnowwerft u. die → Neptunwerft über umfangreiche B. Nach dem Zusammenbruch der DDR 1989/90 wurden sie aufgelöst. Noch heute besitzen das → Kulturhistor. Museum, das → Archiv der Hansestadt Rostock sowie das Bundesamt für Seeschifffahrt u. Hydrographie wertvolle B.

Lit.: *G. Heitz: Mecklenburg-Vorpommern, in: Handbuch der historischen Buchbestände in Deutschland, Hildesheim, Zürich, New York 1996, S. 23–270; P. Hoffmann (Hg.): Nie war Raum genug. Ein illustrierter Streifzug durch die Entwicklungs- und Baugeschichte der Universitätsbibliothek Rostock, Rostock 2006; R. Zepf, S. Siebert (Hg.): Opera bibliothecarii. Ausgewählte Beiträge zur Geschichte von Universität und Universitätsbibliothek Rostock von Karl-Heinz Jügelt, Rostock 2014.* RS

BIESTOW. Im Jahre 1282 erstmals erwähntes Kirchdorf südl. Rostocks, heute als Ortsteil mit ca. 2800 Einwohnern (2016) zum Ortsamtsbereich 7 der Hansestadt Rostock gehörend. Die namensgebende Familie B. verkaufte das Dorf 1355 an Rostocker Ratsherren u. diese 1495 an die Kollegiatsherren von St. Jakobi. Nach der Reformation wurde B. vom herzogl. Konsistorium verwaltet, dann vom Domanialamt Schwaan u. schließlich ab 1857 vom Domanialamt Toitenwinkel. Die Bauern trugen im 18./19. Jh. die Biestower Tracht. Das Dorf wurde am 1.7.1950 nach Rostock eingemeindet. Ab 1995/96 entstanden auf seinem Territorium zwei Wohnsiedlungen, von denen eine auch städtebaulich den Anschluss an die Südstadt herstellte. RL

Erntedankfest in Biestow (1933)

BIESTOW (KIRCHE). Urkundl. Ersterwähnung 1282, vermutlich mit der Ankunft der ersten Siedler entstanden; frühgot., überwiegend aus Feldsteinen errichtetes Gebäude; 1456 Patronat im Besitz der Rostocker Familie Buk; 1495 Verkauf der B. an die Rostocker St.-Jakobi-Kirche; seit 1571 landesherrl. Besitz; 1785 u. 1859–63 Renovierung unter Beseitigung des mittelalterl. Inventars; Erhalt einer Triumphkreuzgruppe (2. Hälfte des 15. Jh.) u. eines Kruzifixes (um 1420); Bildnisse zweier im 17./18. Jh. hier tätiger Pfarrer im Kirchenschiff; 1912 Abbruch des hölzernen Glockenturms u. Bau eines 48 m hohen Backsteinturms; heute zum ev.-luth. Kirchenkreis Rostock gehörig.

Lit.: *F. Schlie: Die Kunst- und Geschichtsdenkmäler des Grossherzogtums Mecklenburg-Schwerin, Bd. 1, Schwerin 1896.* KJLS

BILDENDE KUNST. Im → Wendischen Quartier der → Hanse gehörte Rostock zu den prosperierenden Städten, deren Bürger sich selbstbewusst bedeutende Sakralbauten u. aufwändig gestaltete Bürgerhäuser errichteten. Demzufolge waren es vor allem die wohlhabenden Kaufleute, die als Auftraggeber für B. neben der Kirche auftraten.

B. diente als plast. od. maler. Gestaltungselement an Bauwerken (Bauplastik, Wandmalerei), aber auch in Form von Ausstattungselementen dem liturg. Gebrauch u. war selbstverständlich Teil der Einheit von Architektur u. Kunst. Ein Beispiel für sparsam eingesetzte plast. Schmuckelemente ist der Relieffries an der das Doppelturmmassiv verbindenden Westwand der Marienkirche (→ Kirche St. Marien). Unter einem Terrakotta-Bogenfries stehen 14 Figuren, oberhalb des Bogenfrieses in den Zwickeln sind Köpfe zu sehen. Wandmalereien aus dem Mittelalter sind in Rostock dagegen nur wenige erhalten, so in der Nikolaikirche (→ Kirche St. Nikolai) ein Wandbild mit der Legende vom Spielmann, dem der Gekreuzigte seinen goldenen Schuh zuwirft, od. ein mittelalterl. Weltgerichts-Fresko aus der Mitte des 14. Jh. in einer der Nischen unter der Laube des Rostocker → Rathauses.

Mittelalterl. Kunstwerke sind in Form von Ausstattungsstücken in den Pfarr- bzw. Klosterkirchen überliefert. Zwei der ältesten Kruzifixe in Meckl. befinden sich in Rostock: zum einen in der Nikolaikirche eine überlebensgroße Holzfigur des gekreuzigten Christus, die um die Mitte des 13. Jh. in der Tradition des Volto Santo v. Lucca geschaffen wurde, sowie ein Kruzifix vom Triumphkreuz der ehem. → Johanniskirche im → Kulturhistor. Museum Rostock. In der Marienkirche, der ehem. Rats- u. Hauptpfarrkirche, ist das älteste Werk die 1290 inschriftl. bezeichnete → Bronzefünte. Der 2,95 m hohe bronzene Taufkessel ist nach dem Vorbild des Taufbeckens im Hildesheimer Dom entstanden.

Der Hochaltar der Kirche St. Nikolai (um 1460) steht heute in der Kirche St. Marien (2010).

Neben Importen behaupteten sich im Spätmittelalter auch in Rostock eigenständige → Altar-Werkstätten. Sie entstanden im 15. Jh. u. haben mit ihrer Produktion sowohl hier als auch in anderen Hansestädten (Wismar, Krämeraltar in St. Marien, u. Stralsund, Riemer-Altar in St. Nikolai) Spuren hinterlassen. Von der Blütezeit dieser Werkstätten zeugen das Dreikönigsretabel der ehem. Johanniskirche (heute im Kulturhistor. Museum Rostock), das Heiligkreuzretabel der gleichnamigen Kirche, das Hochretabel der Nikolaikirche u. das Fragment einer Predella aus der Marienkirche. Der Dreikönigsaltar, um die Mitte des 15. Jh. entstanden, ist als eine Art Prototyp anzusehen u. markiert den Beginn prosperierender Altarherstellung in Rostock. Bemerkenswert ist das Bestreben der Künstler, Abbilder ihrer Lebensumwelt zu schaffen. Sowohl in porträtähnl. Zügen der Figuren als auch in Landschaftsbildern, wie der im Dreikönigsaltar erstmals abgebildeten schemat. Stadtansicht Rostocks, spiegelt sich eine neue Gestaltungshaltung wider. Westfäl., rhein. u. niedersächs. Einflüsse sind zu verzeichnen. In allen Altaraufsätzen, die der Rostocker Werkstatt zuzuordnen sind, prägt sich eine Werkgruppe aus, die Szenen- u. Figurenretabel sowie mittig eingesetzte Kreuzigung mit flankierenden Standfiguren verbindet. Eine solche Werkgruppe ist einzigartig im gesamten Ostseeraum. Der spätmittelalterl. Rochus-Altar in der Marienkirche, ein ebenfalls bedeutendes Werk der Schnitzkunst, verbindet Elemente der Spätgotik mit Formen der Frührenaissance. Entstanden ist er wahrscheinlich in den 1520er-Jahren. Seine teilweise überlängten ungefassten Figuren u. die Knitterfalten der Gewänder zeugen von einem Spätstil, der den zeitgleichen meckl. Plastiken fern ist, u. weisen ihn damit als Import aus. Etwas früher ist die überlebensgroße Holzskulptur des heiligen Christophorus in der Warnemünder Kirche anzusetzen.

Die → Astronomische Uhr in der Marienkirche ersetzte im Jahre 1472 (vollendet laut Inschrift wohl von Hans Düringer aus Thorn) eine ältere. Sie stellt ein gleichermaßen mechan. u. durch seine Ausschmückung mit bildhaften Elementen künstler. Wunderwerk mit weitgehend erhaltener u. noch funktionstüchtiger Technik dar. Das Uhrwerk wurde 1643 durch den Rostocker Uhrmacher Laurentius Burchard erneuert; das Gehäuse, in Spätrenaissanceform reich verziert, stellten der Tischler Michael Grothe u. der Schnitzer Andreas Brandenburg her. Auch der Apostelumgang stammt aus dieser Zeit.

Einzigartig ist eine Bildrolle des Rostocker Krämers Vicke → Schorler, eine 18,68 m lange u. 60 cm breite mit Wasserfarben kolorierte Federzeichnung, die in Form einer Abwicklung Straßenzüge u. Häuser dokumentiert. Die aus fast 100 Papierbogen zusammengesetzte Rolle wurde 1578–86 geschaffen (heute im Stadtarchiv Rostock). Liebevoll festgehaltene Details aus dem Alltagsleben der Menschen u. Einzelheiten der Gebäude sind charakteristisch für die naive Darstellungsweise. Zu erkennen ist auf dieser Darstellung, dass zahlreiche Rostocker Bauten ornamentalen u. figürl. Bildschmuck besaßen.

Heute befinden sich im Kerkhof-Haus das Stadtarchiv und das Standesamt (2010).

Das Wohnhaus der Familie → Kerkhof in der Großen Wasserstr. besitzt einen mit figürl. Renaissance-Terrakotten reich geschmückten Giebel. Eine Kreuzigungsszene, Kriegerköpfe u. eine Bürgersfrau vor dem Spiegel (Original im Kulturhistor. Museum) sind als farbig glasierte Reliefs ausgeführt. Die Gestaltungselemente weisen auf die Werkstatt des Statius v. Düren in Lübeck hin.

Ein bedeutendes Werk der Holzschnitzkunst der Hochrenaissance hat sich mit der Kanzel aus dem Jahr 1574 in der Marienkirche erhalten. Ob der aus Antwerpen stammende Rudolf Stockmann ihr Urheber ist, wird nach neuesten Forschungen bezweifelt. Der Schalldeckel ist eine spätere Zutat, 1723 gefertigt vom Tischler Friedrich Möller u. Bildhauer Dittrich Hartig (beide aus Rostock).

Die zwei kleinen u. zwei großen Zepter der Uni Rostock, erstere aus der Gründungsphase, die größeren im 1. Viertel des 16. Jh. entstanden, sind Meisterwerke der Handwerkskunst. Die kleinen silbernen Zepter weisen über gebuckeltem got. Laubwerk vergoldete Musikerdarstellungen auf. Auf den Blattkronen der großen Zepter sind Maria u. Gottvater dargestellt. Der Schöpfer dieser Kleinodien wird als Rostocker Meister vermutet.

Eine besondere Kostbarkeit in den Sammlungen der Uni, die mit ihrem Gründungsdatum 1419 eine der ältesten in Europa ist, ist der aus der Amsterdamer Werkstatt des Buchbinders Cors Dircksz stammende → Rostocker Atlas (1644 entstanden). Seine Maße von 1,6 m Höhe u. 2,04 m Breite im aufgeschlagenen Zustand machen ihn zum drittgrößten Buch der Welt. Er umfasst 31 Wandkarten, holländ. Kupferstiche u. eine handgezeichnete Karte Meckl. von Johann Lauremberg, einem Gelehrten aus Rostock. Die Karten sind verziert mit Details wie Schiffen, Figuren, Tieren, Landschaften u. Pflanzen sowie Schrift u. Ornamenten.

Der Niedergang der Hanse, die Folgen des → Dreißigjährigen Krieges u. des großen → Stadtbrandes von 1677 wirkten sich nachhaltig auf das Leben in Rostock aus.

Am Anfang des 18. Jh. gab es Bestrebungen der meckl. Herzöge, Rostock zur Residenzstadt zu machen. Ab 1714 wurde deshalb das → Palais-Gebäude am → Universitätsplatz errichtet. Im Erdgeschoss wurde eine wertvolle Stuckdecke aus der Mitte des 17. Jh. eingebaut, deren aus der röm. Antike herrührender Inhalt auf Bürgermut im Kampf gegen fürstl. Feinde hinweist u. damit ein Thema behandelt, das den Absichten der Gebäudeeigner widersprach. Die Stuckarbeiten sind teilweise vollplast. ausgebildet, sodass sie sich von der Decke zu lösen scheinen. Der Künstler ist unbekannt.

Eine weitere bemerkenswerte Stuckdecke aus der 2. Hälfte des 17. Jh., die den Sündenfall von Adam u. Eva darstellt, wurde beim Umbau des Societätsgebäudes in der heutigen August-Bebel-Str. 1 zum Museum (→ Societät) in einem Raum in der ersten Etage eingebaut. Auch hiervon ist der Künstler nicht überliefert. In diesem Raum wurde auch eine dem Empire zuzuordnende Grisaille-Tapete installiert, die in zwölf Bildern die Geschichte von Amor u. Psyche erzählt. Entstanden ist die Papiertapete 1815 in der Manufaktur von Joseph Dufour (1744–1829) in Paris nach Entwürfen der Maler Merry-Joseph Blondel (1781–1853) u. Louis Lafitte (1770–1828). Die um 1800 beliebte Geschichte hat ihre literar. Vorlage in den „Metamorphosen" od. „Der goldene Esel von Apuleius" (2. Jh.) u. in der auf der antiken Version fußenden Umgestaltung des Stoffes durch Jean de La Fontaine.

Seit 1805 war der Maler August Albrecht Christian Tischbein (1768 Hamburg–1848 Rostock) in Rostock ansässig, der in Form von Architekturzeichnungen u. Stadtansichten bedeutende Zeitdokumente schuf.

Das im Aug. 1819 eingeweihte, überlebensgroße Standbild Gebhard Leberecht v. Blüchers (→ Blücher-Denkmal) zeigt den in Rostock geborenen Feldherrn der Befreiungskriege gegen Napoleon. Die Bronzestatue wurde von dem Berliner Bildhauer Johann Gottfried Schadow, der Kopf von Christian Daniel Rauch geschaffen; Johann Wolfgang v. Goethe verfasste den Spruch auf dem Sockel. Bei der Umgestaltung des Platzes 1938 erhielt das Denkmal seinen jetzigen Aufstellungsort.

1840 gründete sich der → Kunstverein zu Rostock, der bestrebt war, das Verständnis für vorrangig zeitgenöss. Kunst zu wecken u. darüber hinaus eine Kunstsammlung für Rostock zu erwerben, die in einem Museum der Öffentlichkeit zugänglich gemacht werden sollte. Die aus dieser Quelle stammende Sammlung wurde Grundstock der städt. Kunstsammlung. Sie enthält neben niederländ. Malerei u. Grafik des 16.–19. Jh. Werke dt. Malerschulen u. Kollektionen aus den Künstlerkolonien Ahrenshoop u. Schwaan sowie zahlreiche Rostocker Stadtansichten.

Rudolf → Bartels, einer der bedeutendsten meckl. Maler in der 1. Hälfte des 20. Jh., wirkte ab 1917 bis zu seinem Tode in Rostock. Das Kulturhistor. Museum bewahrt einen umfangreichen Bestand seiner Arbeiten, ebenso von einem weiteren bedeutenden Maler, Egon → Tschirch, der zu den Gründungsmitgliedern der Rostocker Künstlervereinigung zählt. Dörte Helm, eine Bauhausschülerin, Kate → Diehn-Bitt u. Hans Emil → Oberländer sind mit ihren Arbeiten der Moderne der 1920er-Jahre zugehörig. Einige Kunstwerke im öffentl. Raum von Margarete → Scheel (z.B. am Gebäude u. im Hof der ehem. → Gewerbeschule) wei-

Rudolf Bartels (Selbstporträt, um 1920)

Emil Oberländer: „Zerstörtes Rostock" (1942)

Egon Tschirch: „Waldesinneres" (1919)

sen auf gelungene Verbindungen von Architektur u. Kunst in den 1920er-Jahren hin.

Der bedeutende expressionist. Bildhauer Ernst Barlach fand seit 1910 in Rostock Beachtung. Die erste Ausstellung im Rostocker Museum nach dem Kriege wurde im Okt./Nov. 1945 diesem 1938 in Rostock verstorbenen, von den Nationalsozialisten verfemten Künstler gewidmet. Plast. u. graf. Werke Barlachs gehören zur Sammlung des Kulturhistor. Museums.

Im selben Museum befindet sich seit 1947 mit dem Böhmer-Nachlass ein herausragendes Konvolut von Werken der klass. dt. Moderne. 613 Kunstwerke aus der Aktion „Entartete Kunst" der Nationalsozialisten bilden den einzigen in Dtl. existierenden Bestand. In Rostock wird dieses einmalige Zeugnis dt. Geschichte bewahrt u. ausgestellt.

Bereits in den 1950er- u. 1960er-Jahren siedelten sich zahlreiche junge Bildhauer u. Maler in Rostock an. Zu ihnen gehörten u. a.: Rudolf → Austen, Joachim → Jastram, Waldemar Krämer, Karlheinz Kuhn, Lothar → Mannewitz u. Armin → Münch. Ein wichtiges Betätigungsfeld wurde ab den 1970er-Jahren Kunst im öffentl. Raum. Architekten, Städteplaner, Künstler u. Kunstwissenschaftler entwickelten Gestaltungspläne, die die Grundlage für Aufträge bildeten. Für einzelne Stadtteile erarbeitete Gestaltungskonzeptionen dienten einer ganzheitl. bildner. Aussage. Zahlreiche Brunnenanlagen, Freiplastiken, Wandgestaltungen u. -bilder ließen Rostock zu einer in der DDR vielbeachteten Stadt mit reichen Gestaltungen in u. an öffentl. Gebäuden, Plätzen u. Straßen werden. Auch nach 1989 wurde diese Tradition fortgesetzt. Erwähnt seien hier der Möwenbrunnen auf dem Neuen Markt von Waldemar Otto, die Figurengruppe „Reisende" von Jo Jastram od. die freiplast. Gestaltungen von Wolfgang Friedrich vor der St.-Petri-Kirche.

Rostock wurde seit 1965 zu einem Zentrum zeitgenöss. Kunst des Nordens mit der Biennale der Ostseeländer, Norwegens u. Islands entwickelt (1965–96). Eigens dafür wurde 1968 mit der

Victor Heinrich Seifert: „Die Trinkende" (2010)

→ Kunsthalle der einzige Museumsneubau der DDR errichtet.

Lit.: *G. Dehio: Handbuch der deutschen Kunstdenkmäler Mecklenburg-Vorpommern, bearb. v. H.-C. Feldmann, München, Berlin 2000; F. Schlie: Kunst- und Geschichts-Denkmäler des Grossherzogtums Mecklenburg-Schwerin, Bd. 1, Schwerin 1896; K. Wagner: Rostocker Retabelkunst im 15. Jh., Kiel 2011; G. Baier, K. Beyer: Deutsche Kunstdenkmäler. Ein Bildhandbuch Mecklenburg-Vorpommern, Darmstadt 1992;*

Landesamt für Denkmalpflege Mecklenburg-Vorpommern (Hg.): Die Bau- und Kunstdenkmale in der DDR. Mecklenburgische Küstenregion. Mit den Städten Rostock und Wismar, Berlin 1995; H. Lorenzen, V. Probst (Hg.): Bildende Kunst in Mecklenburg 1900 bis 1945. Zwischen Regionalität und Internationalität, Rostock 2010. HL

BIOTECHNOLOGIE. Erste Nutzer biotechnolog. Verfahren waren Brauereien, Bäckereien u. Molkereien; in den vergangenen Jahren etablierten sich in Rostock zahlreiche biotechnol.-medizin. ausgerichtete Firmen u. Institute wie die BIOSERV Diagnostic GmbH, die → DOT GmbH, das Institut für regenerative Medizin u. Stammzelltherapie e.V., das Steinbeis-Transferzentrum Proteom-Analyse od. das Institut für Biomedizinische Technik. Zentraler Ansprechpartner für Life Science, B. u. Biowissenschaften ist BioCon Valley. Bereits in den 1980er-Jahren wurden an der Uni Rostock unter dem Mediziner Horst Klinkmann maßgebl. Beiträge auf dem Gebiet des künstl. Organersatzes geleistet. GB

BLEICHE. An einem Wasserlauf gelegene Wiesen vor der Stadt, auf denen neues Leinen der Weber u. die Wäsche aus den Haushalten unter dem Einfluss von Feuchtigkeit u. Sonne gebleicht wurden; die Nieder-B. befand sich vor dem Steintor an der Oberwarnow, die Ober-B. am Reifergraben, die Petri-B. vor dem Petritor an der Unterwarnow. Die Bleicher pachteten die Wiesen u. erhoben für ihre Tätigkeit eine Gebühr; in der Stadt war das Aufhängen von Stoffen auf Straßen, Plätzen u. Kirchhöfen verboten; seit Mitte des 19. Jh. Überbauung der B.; die Sage vom Bleichermädchen berichtet vom Verhältnis eines reichen Kaufmanns zu einem armen Mädchen, das er bei der B. ertränkte, eine Glocke der St.-Marien-Kirche läutete bei ihrer Beerdigung von allein u. wird seither Bleichermädchen genannt. BK

Petribleiche vor dem Petritor (um 1900)

BLOCH, MARIE. Kindergärtnerin (27.11.1871 Berlin-28.4.1944 Theresienstadt); Leiterin von Privat- u. Volkskindergärten; 1908 Umzug nach Rostock zum Bruder, Hermann → Reincke-Bloch; 1910 Eröffnung eines Kindergartens u. einer Ausbildungsstätte für Kindergärtnerinnen nach Fröbelscher Lehre in der Paulstr. 5; Repressionen wg. ihrer jüd. Herkunft seit 1933, Berufsverbot 1938; Deportation nach Theresienstadt 1942; Tod durch Verhungern; Namensgeberin für Kindergarten am Beginenberg (1980); seit 2004 Stolperstein in der Paulstraße.
Lit.: *B. Jürgens: Tante Mieze – Ein Leben für Kinder. Das Schicksal der jüdischen Kindergartenleiterin Marie Bloch (1871–1944) in Rostock, Rostock 2002.* RS

BLÜCHER, GEBHARD LEBERECHT VON. Generalfeldmarschall, Befehlshaber der preuß. Armee (16.12.1742 Rostock–12.9.1819 Krieblowitz/Schlesien); Besuch der Großen Stadtschule; ging danach als 14-Jähriger auf die Insel Rügen u. ließ sich dort 1758 von schwed. Husaren anwerben; wechselte 1760 aus der preuß. Gefangenschaft in die Armee König Friedrichs II., von diesem 1773 in Ungnade entlassen; kehrte 1787 als Major unter Friedrich Wilhelm II. zurück; Teilnahme an der Schlacht von Auerstedt (1806); Entwicklung vom Berufssoldaten zum dt. Patrioten; enge Verbindung zu den preuß. Reformern (August Neithardt v. Gneisenau, Karl August v. Hardenberg, Heinrich Friedrich Karl vom u. zum Stein); stand mit Beginn der Befreiungskriege (1813) an der Spitze der Schles. Armee, wg. seiner siegreichen Heerführung 1813 zum Generalfeldmarschall befördert u. 1814 vom preuß. König in den Fürstenstand (Fürst v. Wahlstatt) erhoben; erhielt nach Rückkehr Napoleons 1815 den Oberbefehl über die preuß. Truppen u. errang mit dem engl. Heer unter General Arthur

Wellesley Wellington bei Waterloo den Sieg über Napoleon; besetzte danach Paris, was seinen Nimbus als Held der Befreiungskriege festigte; Verleihung des ersten Rostocker Ehrenbürgerrechts am 18.8.1816; Einweihung des → Blücher-Denkmals am 26.8.1819; 1863 erhielt die Altbettelmönchstr., in der B. Geburtshaus stand, den Namen B.-str. (bis 1947); seit 1963 gibt es in der Steintor-Vorstadt die B.-str., 1993 Enthüllung einer Gedenktafel am Haus Nr. 88. Lit.: *W. Karge: Gebhard Leberecht von Blücher und seine Zeit, Rostock 1992; T. Crepon: Gebhard Leberecht von Blücher – sein Leben, seine Kämpfe, Rostock 1999.* AKr

Das 1942 zerstörte Geburtshaus Blüchers in der Altbettelmönchstraße, heute Rungestraße (um 1860)

BLÜCHER-DENKMAL. Entworfen vom preuß. Bildhauer Johann Gottfried Schadow u. mit einer Inschrift versehen von Johann Wolfgang v. Goethe; verdankt seine Existenz einer 1814 lancierten Pressemeldung, die den Rostocker Rat in Zugzwang brachte. Unter der Ägide der meckl. Stände mit finanzieller Unterstützung der meckl. Großherzöge sowie der Stadt Rostock konnte das B. am 26.8.1819 mit einem Festakt eingeweiht werden. Sein Standort ist der Hopfenmarkt (heute Universitätsplatz). Lit.: *M. H. Schmidt: Das Blücher-Denkmal in Rostock von Johann Gottfried Schadow, in: Gebhard Leberecht von Blücher und seine Zeit – zum 250. Geburtstag, Rostock 1992, S. 19–42.* AKr

Mehrmals wurde der Standort des berühmten Rostockers geändert (2009).

BLÜCHERSCHULE. Die erste Realschule der Stadt entstand wg. Überfüllung der → Großen Stadtschule, wodurch es 1867 zur Ausgliederung von sechs Lehrern u. 153 Schülern u. zur Bildung einer lateinlosen Bürgerschule kam. Das Schulgebäude befand sich zunächst in einem Gebäude des ehem. St.-Johannis-Klosters (heute Johannisstr.). 1881 erfolgte die Umwandlung der Bürgerschule in eine Höhere Bürgerschule. Das Schulgeld betrug zunächst 50 M, später 100 M pro Schuljahr. Um 1900 wuchs die Schülerzahl auf rund 800, davon etwa 250 Vorschulkinder. Letztere waren in einem Privathaus in der Krämerstr. untergebracht. 1899–1901 erfolgte unter Leitung des Rostocker Baudirektors Gustav → Dehn die Errichtung eines neuen Schulgebäudes auf dem Exerzierplatz beim Lindenhof (heute Lindenstr.). Der moderne Schulbau war u.a. mit einer Zentralheizung ausgestattet. Um Ostern 1906 besuchten 909 Schüler die Schule. Sie war damit die größte weiterführende Schule in Rostock u. Meckl.

Der Ausbau der Realschule (seit 1901) zur Oberrealschule begann 1913, endete aber erst 1925. Unter den Nationalsozialisten wurde die Oberrealschule 1937 zur Oberschule für Jungen umgewandelt u. erhielt am 9.11.1937 den Namen B. Im Apr. 1942 fiel sie einem Bombenangriff zum Opfer. Der

Unterricht wurde zunächst in Behelfsräumen fortgesetzt, dann aber in die Oberschule am Goetheplatz (→ Innerstädt. Gymnasium) verlegt. Im Okt. 1945 wurde die B. mit den anderen höheren Knabenschulen im Gebäude der Großen Stadtschule zusammengelegt. Mit der Einführung der zehnklassigen Polytechn. Oberschule endete die Ära der B.
Lit.: *Die Brücke. Nachrichtenblatt der Vereinigung ehemaliger Schüler der Oberrealschule zu Rostock, 1937–44; H. H. Kolz: 125 Jahre Oberrealschule Rostock. Blücherschule, Donauwörth 1992.* RS

BODENREFORM. Die B. von 1945 stand in der Sowjet. Besatzungszone am Anfang der Neuordnung der Eigentumsverhältnisse in der Landwirtschaft nach dem II. Weltkrieg. Unter der Losung „Junkerland in Bauernhand" wurden Großgrundbesitz über 100 ha u. der Boden von Kriegsverbrechern u. Kriegsschuldigen enteignet u. an Landarbeiter, landarme Bauern, Flüchtlinge, Arbeiter u. Handwerker verteilt. Die Stadt Rostock besaß 18 landwirtschaftl. Güter in einer Gesamtgröße von etwa 3900 ha, die man entsprechend der Landesverordnung über die B. vom 5.9.1945 entschädigungslos enteignete u. aufteilte. Die Güter wurden im Wesentlichen bis zum Frühjahr 1946 mit Neubauernstellen von durchschnittlich fünf ha aufgesiedelt. Dazu kamen kommunale Liegenschaften, wie Reservate, Restflächen u. Waldstücke. Etwa 4300 ha Land der Stadt Rostock gingen in den B.-fonds ein. Bemühungen der Stadt 1947/48 um den Rückerwerb von Flächen zur Stadterweiterung u. zur Anlage von → Kleingärten blieben bei der Landesregierung ohne Erfolg. Mit Befehl Nr. 209 der Sowjet. Militäradministration in Dtl. begann 1947 ein B.-bauprogramm zur Schaffung von Wohn- u. Wirtschaftsgebäuden auf den Neubauernstellen. Zur Gewinnung von Baumaterial wurden u.a. 1948 am → Kröpeliner Tor die Vor- u. Seitenanbauten aus der Mitte des 19. Jh. abgerissen. Die Kleinteiligkeit der Neubauernstellen erschwerte eine rationelle Bearbeitung u. spielte den Befürwortern der Kollektivierung in die Hände. BK

BOLDT (FAMILIE). (1) **Carl B.** Druckereibesitzer u. Zeitungsverleger (16.9.1811 Belitz bei Teterow–27.11.1878 Rostock); gründete 1850 einen Druckereibetrieb (→ Buchdruck) u. gab seit 1856 das Rostocker Adressbuch heraus. **(2) Emil B.** (1845 Rostock–31.1.1918 Rostock) u. **(3) Gustav B.** (14.4.1853 Rostock–31.10.1939 Alt-Steinhorst bei Marlow, beigesetzt in Rostock) schufen 1881 mit dem Rostocker Anzeiger (→ Presse) die auflagenstärkste Zeitung Meckl.; 1902 Übernahme der Druckerei Adlers Erben. **(4) Carl B.** (31.8.1884 Rostock–25.10.1968 Berlin-Dahlem) erweiterte das Geschäft 1924 durch den Kauf des Safari-Verlages Berlin. 1936 musste er auf Druck der Reichspressekammer die Verlagsleitung des Rostocker Anzeigers aufgeben. 1938 Eröffnung des → Kinos Capitol; 1948 Enteignung u. Flucht in die Bundesrepublik.
Lit.: *B. Keipke: Die Hofbuchdruckerei Carl Boldt und der Rostocker Anzeiger. Ein Kapitel mecklenburgischer Pressegeschichte, in: 777 Jahre Rostock. Neue Beiträge zur Stadtgeschichte, Rostock 1995, S. 133–154.* BK

BOMBENANGRIFF (frz.: Bombardement, altgriech.: bombos – dumpfes Tönen, Sausen). Die Stadt Rostock musste in ihrer Geschichte ausschließlich während des II. → Weltkrieges insgesamt 21 B. aus der Luft über sich ergehen lassen, davon 16 schwere auf dicht bewohntes Gebiet od. auf Industrieanlagen in seiner unmittelbaren Nähe u. fünf leichte (drei 1940, zwei 1945) auf freies Feld, die lediglich Flurschäden anrichteten. Von den schweren B. wur-

Zerstörungen in der Breiten Straße (1942)

Neuer Markt (1944)

den insgesamt neun durch die brit. Royal Air Force u. nachfolgend sieben durch die U.S. Air Force ausgeführt, die dabei insgesamt 2941,9 t Bomben auf die Stadt abwarfen. Die Strategie der B. unterschied sich dabei grundlegend. Während die Briten (bis 21./22.4.1943) ihre hauptsächlich im Tiefflug ausgeführten Flächenangriffe vor allem bei Nacht gegen die Zivilbevölkerung richteten, versuchten die US-Amerikaner (ab 29.7.1943) mit Punktangriffen am Tage aus großer Höhe in erster Linie die Rüstungsindustrie u. Einrichtungen zur Kriegführung

Bombensplitter vom ersten Tag des Viertagebombardements

zu treffen. Der erste schwere B. auf das Stadtgebiet erfolgte am 3.7.1940 (vier Tote, umfassende Zerstörungen in Warnemünde), der letzte am 25.8.1944 (drei Tote, Zerstörungen auf dem Gelände der Ernst Heinkel Flugzeugwerke in Marienehe). Die in jeder Hinsicht verheerendsten B. flog die britische Luftwaffe in vier aufeinanderfolgenden Nächten Ende Apr. 1942 (→ Viertagebombardement), wobei v.a. große Teile der histor. Altstadt niederbrannten. Insgesamt fanden bei diesen Angriffen nachweislich 617 Menschen den Tod, unter ihnen mehr als 100 Zwangsarbeiter (→ Zwangsarbeit) u. → Kriegsgefangene. Etwa 50 000 Rostocker verloren durch die B. ihr Obdach, 24,46 % der 1939 existierenden Wohnungen Rostocks wurden zerstört, dazu 42,16 % der Wirtschaftsgebäude (durch Industrie, produzierendes Gewerbe u. Handel genutzte Gebäude u. Anlagen) sowie 20 % der öffentl. Gebäude für Verwaltung, Justiz, Bildung, Kultur u. a. m.

Lit.: *H.-W. Bohl, B. Keipke, K. Schröder (Hg.): Bomben auf Rostock. Krieg und Kriegsende in Berichten, Dokumenten, Erinnerungen und Fotos 1940–1945, Rostock 1995; O. Groehler: Rostock im Luftkrieg (1941–1944), in: Beiträge zur Geschichte der Stadt Rostock N. F., H. 9, 1988, S. 17–40.* RL

BOMBOWSKI, FRIEDRICH. Stellmachermeister, Kirchendiener (22.12.1888 Bäbelin/Neukloster–1.2.1961 Rostock); ab 1918 selbstständiger Gutshandwerker in Bliesekow bei Stäbelow; 1938–58 Turmdiener der Marienkirche (→ Kirche St. Marien), leitete während des → Viertagebombardements Ende Apr. 1942 unter Einsatz des Lebens gemeinsam mit Tochter Ursula (1920–45) Schutz- u. Rettungsmaßnahmen für die Kirche, die so als einzige der vier Stadtpfarrkirchen von Zerstörungen verschont blieb.

Lit.: *U. Nath: Wem diente eigentlich der Turmdiener? Das Amt des Turmdieners an St. Marien, in: T. Jeremias (Hg.): ... die thronende Marienkirche – eine Gottesburg. Aus der Geschichte von St. Marien Rostock, Rostock 2007, S. 32–39.* RL

Friedrich Bombowski – Retter der Marienkirche (um 1940)

BONBONFABRIK SOLLICH (Sollich Zuckerwarenfabrik GmbH). 1920 im oberschles. Ratibor von Robert Sollich gegründeter Bäckereibetrieb, der sich auf die Herstellung von Süßwaren u. Pralinen spezialisierte. Nach der Übersiedelung des Unternehmens nach Rostock (1928) entwickelte Sollich eine Vakuum-Zuckerkochmaschine u. produzierte fortan neben Süßwaren auch Maschinen zur Süßwarenherstellung. Die seit 1950 in Bad Salzuflen als KG ansässige Firma hält zahlreiche Patente u. ist heute Weltmarktführer für Maschinen zur Herstellung von Süßwaren-, Pralinen- u. Schokoladenerzeugnissen. RL

BORGELT, PETER. Schauspieler (20.9.1927 Rostock–18.3.1994 Berlin); nach einer nicht beendeten Bauarbeiterlehre u. einem abgebrochenen Musikstudium privater Schauspielunterricht u. 1950 erstes Engagement am Theater Burgstädt; 1964 Filmdebüt bei der DEFA, u.a. „Die Abenteuer des Werner Holt“ (1964) u. „Das Kaninchen bin ich“ (1965); erste Rollen in Produktionen des DDR-Fernsehens, ab 1961 bei der maritimen Musiksendung „Klock 8 Achtern Strom“; in der populären Kriminalreihe „Polizeiruf 110“ verkörperte er 1971–91 in 84 Folgen die legendär gewordene Hauptfigur Oberleutnant Peter Fuchs. RL

BORWINSEICHE. Am 25.3.1252 verkaufte Landesherr Heinrich Borwin III. v. Rostock der Stadt Rostock ein ca. 6000 ha großes Waldgebiet, die → Rostocker Heide. Der Preis betrug 450 M Rostocker Pf (1 M = ca. 235 g Silber). In Erinnerung an den vorteilhaften Kauf erhielt eine große, ca. 500-jährige Eiche 1907 den Namen B. Der Stamm wies 1920 einen Umfang von 5,6 m, die Krone einen Umfang von 60 m auf. In den 1930er-Jahren starb der Baum ab u. stürzte vier Jahrzehnte später um. Noch heute liegen Überreste des gewaltigen Stammes vor Ort. Am 29.9.1992 pflanzte das Stadtforstamt eine neue „Borwineiche“. Heute befindet sich hier ein Rastplatz. RS

BORWINSCHULE. Eröffnung des Neubaus der Knabenschule (8.10.1912) auf dem unbebauten Heiligengeistfeld (heute → Kröpeliner-Tor-Vorstadt); Namenspatron: Landesherr → Heinrich Borwin I. v. Meckl. Unterrichtung von ca. 680 Jungen durch 14 Lehrer; 1933 Umbenennung in Clausewitzschule; schwere Beschädigung durch Bomben in der Nacht 20./21.4.1943; 1945 Wiedereröffnung der Schule unter dem alten Namen als Knabenschule; 1949–51 mit Abiturstufe; 1969 Aufhebung der Trennung von Mädchen u. Jungen; bis 1972 zweischichtiger Unterricht; nach dem Zusammenbruch der DDR

Blick auf die Borwinschule von Südosten (1911)

1989/90 integrierte Gesamtschule mit gymnasialer Oberstufe; 1992/93 Sanierung, seither jährl. Beschulung von ca. 800 Schülern im Gebäude Elisabethstr. (Klassenstufen 5/6) u. im denkmalgeschützten Hauptgebäude Am Kabutzenhof (Klassenstufe 7-12). RS

BOTANISCHER GARTEN. Erste Gärten vorrangig für die Aufzucht von Medizinalpflanzen für die Lehre lassen sich bereits Ende des 16. Jh. an der Langen Str., der Schwaanschen Str. u. der späteren Haedgestr. nachweisen; für den Garten von Peter → Lauremberg ist bekannt, dass er über Gewächse aus der Neuen Welt verfügte. Erster echter Vorläufer des B. (mit vertragl. festgelegten Aufgaben für Lehre u. Forschung) war der Garten von Johann Daniel u. Ludwig Friedrich → Haedge. Einen B. mit selbstständigem Gebäude- u. Flächenbestand gab es seit 1885 in der Doberaner Str. (2,5 ha Pflanzungen, zwei Gewächshäuser, heute nicht mehr genutzt). 1935 auf Initiative von Hermann v. → Guttenberg Kauf eines größeren Geländes an der Hamburger Str., auf dem bis 1939 der neue B. entstand. Er enthält folgende Hauptbereiche: die Systemat. Abteilung, das Arboretum u. das Alpinum; nahezu 10000 Pflanzenarten sind in Kultur. 2009 Inbetriebnahme des ersten Bauabschnitts der Loki-Schmidt-Gewächshäuser mit trop. Nutz- u. Regenwaldarten sowie der Sukkulentensammlung; 2011 Arbeits- u. Anzuchtgewächshaus. Das Universitätsherbarium, das am selben Standort gelagert wird, ist nicht öffentlich zugänglich. Es enthält etwa 20000 Sippen in nahezu 80000 Exsikkaten.

Lit.: *T. Reiske: Zur Geschichte der Botanik an der Rostocker Universität im 16. und 17. Jahrhundert, in: Beiträge zur Geschichte der Wilhelm-Pieck-Univer-*

Botanischer Garten (2010)

sität, H. 14, 1990, S. 24–28; I. Geißler: Führer durch den Botanischen Garten (Gewächshäuser) der Wilhelm-Pieck-Universität Rostock, Rostock 1989. GB

BOTH, CARL FRIEDRICH VON. Jurist (11.2.1789 Demmin–4.5.1875 Rostock); trat 1810 in den Staatsdienst des Herzogtums Meckl.-Schwerin; 1818 Ver-

Carl Friedrich von Both (um 1860)

setzung nach Rostock; 1844 Direktor der Justizkanzlei, 1851 Rücktritt aus gesundheitl. Gründen u. Übernahme des Amtes des Kurators (Vizekanzler) der Uni Rostock; unter seiner Leitung (bis 1870) Gründung zahlreicher neuer Institute u. Einrichtungen; Bau des heutigen Universitätshauptgebäudes; Mitbegründer u. Ehrenpräsident der Meckl. Naturforschenden Gesellschaft; 1830 u. 1860 Ehrenpromotion der Uni Rostock; 1860 Ehrenbürgerschaft der Stadt Rostock.
Lit.: *A. Krause, K. Schröder: „Einem gar wohlgefälligen Bürgersmann zur Ehr ...“ Ehrenbürgerschaften und Ehrenbürger der Stadt Rostock. Historisches und Biografisches, Rostock 2010, S. 46–49.* RL

BRAHE, TYCHO. Dän. Astronom, Mathematiker (14.12.1546 Knudstrup/Schweden–24.10.1601 Prag); Philosophiestudium in Kopenhagen; 1566 Eintrag als Student in die Matrikel der Uni Rostock; verlor in Rostock während eines Streits in der Silvesternacht 1566 durch einen Degenhieb seine Nase, die er durch eine Prothese aus einer Gold-Silber-Legierung ersetzte; 1599 Hofastronom bei Kaiser Rudolf II. in Prag; 1600 Bekanntschaft mit Johannes Kepler, einem der bedeutendsten Astronomen der Frühen Neuzeit; 1990 Verleihung des Namens B. an die → Sternwarte; 1991 Benennung einer Straße in der Südstadt; 1996 Einweihung des B.-reliefs von Jo Jastram in der Garbräterstr. AH

BRAMOW. Ursprüngl. Bauerndorf nordwestl. von Rostock gelegen; german. Gräberfeld verweist auf frühe Besiedlung (Ausgrabung 1924); urkundl. Ersterwähnung 1282; zum Kirchspiel Biestow gehörig; Dorf u. Mühle im Besitz des Heilig-Geist-Hospitals (1355); Bauern trugen im 18./19. Jh. Biestower Tracht; Zerstörung von Hünengräbern zwecks Steingewinnung auf der B. Feldmark im 19. Jh.; Ausflugslokal an der Warnow (19. Jh.); erste industrielle Ansiedlung: 1882 Chem. Fabrik Langfeld u. Reuter; 1884 Bau der Lloydbahn nach Warnemünde u. Verlegung des Güterbahnhofs Ulmenstr. nach B.; Ansiedlung von Häuslern (1894); Bau der Villa Elisabeth für F.C. → Witte (1902–07); Errichtung eines Industriegebiets: Stahldraht-, Bettstellen- u. Matratzenfabrik (1904), Petroleumtanklager (1907), Hoyersche → Margarinefabrik (1910), Meckl. Essigsäurefabrik u. Städt. Elektrizitätswerk sowie Überlandzentrale (1911); Zerstörung eines Großteils des Dorfes durch Brand (1914); Eingemeindung nach Rostock (1919); Bau einer zentralen Kläranlage (1994–96). RS

BRANDKASSE. Städt. freiwillige Versicherung von Häusern u. Wohnungen der Rostocker Bürger u. Einwohner gegen Brandschäden (1782–1945); geleitet von einem Bürgermeister, den Direktoren u. acht Deputierten der Kriegskasse; Übernahme der Geschäftsleitung durch die Meckl. Landesbrandkasse 1925; Verzeichnis der Grundstücke durch die B. war Ausgangspunkt der Grundstücks- u. Hausnummerierung (→ Hausnummer) der Stadt Rostock.
Lit.: *E. Dragendorff: Anderthalb Jahrhunderte Rostocker Brandkasse 1782–1932, Rostock 1932.* GF

BRANDTS KREUZ. Zwischen → Hinrichshagen u. → Markgrafenheide in der → Rostocker Heide ge-

Brandts Kreuz in der Rostocker Heide (2007)

legen; vermutlich 1669 errichtetes hölzernes Gedenkkreuz für den am Standort im Revier Hinrichshagen umgekommenen Jäger Brandt; der Sage nach ein Freischütz (durch Zauber bzw. Teufelspakt unfehlbarer Schütze), wurde von einem todwunden Keiler getötet; heute beliebtes Ausflugsziel.
Lit.: *W. Steinmüller: Rostocker Heide mit Jagdschloss Gelbensande. Geschichte – Landschaft – Tipps – Wanderungen, Ilmenau 2008.* WS

BRAUEREI → MAHN & OHLERICH

BRAUWESEN. Bezeichnet sowohl den Prozess der Bierherstellung als auch deren ökon., polit.-jurist. u. soziale Grundlage. In Rostock wurde spätestens seit Mitte des 13. Jh. Bier gebraut. Der Anbau von Hopfen – um 1260 nachweisbar – erfolgte in Gärten, die vor den Toren der Stadt lagen. Aufgrund des zunehmenden Bedarfs wurde er später aus anderen Regionen Meckl. zugekauft.

Die Braugerechtigkeit war an den Besitz von Grundstücken (Häusern) gekoppelt. Ihre Besitzer gehörten vor allem dem Stand der Großkaufleute u. Fernhändler an. Das eigentl. Bierbrauen wurde von Lohnarbeitern, den sog. Schopenbrauern, durchgeführt. Sie waren zu dieser Zeit genossenschaftlich organisiert.

Um städt. Schulden zu begleichen u. den Hafenausbau zu finanzieren, erhob der Rat 1496 erstmals eine Steuer auf Bier u. dessen Rohstoff, das Getreide. Davon ausgenommen blieb das sog. Schiffbier, das für den Export bestimmt war u. zum größten Teil in den Brauereien der Ratsherren erzeugt wurde.

Zählte das Brauhandwerk im 13. Jh. zu den bedeutenden Gewerbezweigen Rostocks, war Bier im 15./16. Jh. bereits das wichtigste Exportgut der Stadt. In Tonnen, die mit dem Rostocker Ochsenkopf-Wappen versehen waren, erreichte das Bier auch das Ausland (vor allem Skandinavien). Bereits 1586 transportierten 90 Schiffe Bier im Liniendienst nach Helsingör. In Rostock waren zu diesem Zeitpunkt bis ins 17. Jh. etwa 250 Brauhäuser in Betrieb. Davon profitierten Hopfenbauern, Böttcher, Transportarbeiter u. Seeleute.

Im 16. Jh. kam es zur Herausbildung einer Standesorganisation, der „Brauercompagnie". Sie überwachte die Einhaltung der strengen Brauregeln. In Brauordnungen, die älteste stammt aus dem Jahre 1563, wurden die Qualität u. die Quantität des Bieres festgelegt. Alle Brauherren waren dem Reihebrauen verpflichtet, d.h. jeder Brauer durfte nur dann Bier herstellen, wenn er an der Reihe war. Diese Auflage verschwand erst 1830.

Zwecks Sicherung von Steuereinnahmen u. Absatz war den Bewohnern der umliegenden Güter u. Dörfer das Brauen untersagt. Den Verboten u. strengen Ausschankkonzessionen folgten nicht selten heftige, mitunter gewaltsame Auseinandersetzungen u. langwierige Prozesse vor dem Kaiserl. Hofgericht in Wien. Auch zwischen den Städten herrschte starke Konkurrenz u. führte regelmäßig zu Einfuhrverboten „fremder" Biere. 1660–81 stritten sich Rostock u. Neubrandenburg um das Hopfenmonopol in Meckl.

Bier wurde u.a. in den sog. → Schüttings, den Lokalen der einzelnen Handwerkszünfte u. Kaufmannsgilden, bis zum Läuten der Bierglocke abends um neun Uhr ausgeschenkt. Das traditions-

Lastkraftwagen der Brauerei Mahn & Ohlerich (1928)

reichste Rostocker Bierlokal ist der → Ratskeller, wo es u. a. Barth er u. Bützower Bier gab. Wer zu betrunken war od. gar gewalttätig wurde, kam in das „Brummbärenloch", eine Art Ausnüchterungszelle, die später auch den Namen Finkenbauer trug.

Der Verfall der → Hanse, starre Brauordnungen u. das Aufkommen neuer Getränke (Tee, Kaffee) führten zum Niedergang des B. Die Zahl der Brauhäuser sank bis 1852 auf 22.

Im 19. Jh. führten Bevölkerungswachstum, Industrialisierung u. neue techn. Möglichkeiten zum erneuten Aufschwung des B. Der Einsatz von Kühltechnik u. Flaschen sowie die Herstellung untergäriger, sog. bayrischer, Biere steigerten die Nachfrage. Industrielle Großunternehmen, wie die Brauerei → Mahn & Ohlerich (M & O, 1878), etablierten sich. M & O entwickelte sich in Rostock u. in Meckl. zum Marktführer. Mehrere kleinere Brauereien, wie etwa die Voss'sche Brauerei, die Brauerei Gebr. Jahnke u. die Klosterbrauerei, wurden von ihr übernommen. Andere Rostocker Bierhersteller, wie die 1842 gegründete Brauerei Wilhelm Triebsees, sahen sich einem harten Konkurrenzkampf ausgesetzt. Die in der Blücherstr. (heute Rungestr.) gelegene Firma beschäftigte 1940 lediglich 19 Mitarbeiter.

Die Zahl der Belegschaftsmitglieder bei der Brauerei M & O belief sich hingegen auf 320. Nach 1945 wurde sie demontiert, wieder aufgebaut u. dann verstaatlicht. 1968 erfolgte die Überführung des VEB Rostocker Brauerei in das Getränkekombinat HANSEAT. Die Brauerei Triebsees wurde 1972 verstaatlicht. Seit 2003 gehört die Rostocker Brauerei der Radeberger Gruppe innerhalb des Dr.-Oetker-Konzerns an u. firmiert unter der Bezeichnung Hanseat. Brauerei. Das aktuelle B. umfasst neben dieser seit 2001 das Brauhaus Trotzenburg (Ostseebrauhaus AG Kühlungsborn) u. in Warnemünde seit 2015 die handwerkl. Kleinst-Brauerei Hoppen un Molt. An die Bedeutung des B. erinnern heute noch die Brauergasse in der östl. Altstadt u. der → Hopfenmarkt.

Lit.: *J. Andrasch u. a.: Das Rostocker Bierbuch. Vergangenheit, Gegenwart und Zukunftszeichen des Braugewerbes in der Hansestadt Rostock, Rostock 1996; E. Münch: Die Brauherren. Rostocks führende Schicht im Ausgang des 16. Jahrhunderts, in: 777 Jahre Rostock. Neue Beiträge zur Stadtgeschichte, Rostock 1995, S. 95*

–102; C. v. Blanckenburg: Die Hanse und ihr Bier. Brauwesen und Bierhandel im hansischen Verkehrsgebiet, Köln 2001; I. Sens: Bier für Rostock. Die Geschichte der Hanseatischen Brauerei, Rostock 2016. MB

BREDEL, WILLI. Schriftsteller (2.5.1901 Hamburg – 27.10.1964 Berlin); Lehre als Dreher; Mitglied der KPD; Teilnahme am Hamburger Aufstand (1923); 1930 Redakteur der Hamburger Volkszeitung; zwei Jahre Festungshaft; 1933 KZ Fuhlsbüttel, Flucht über die Tschechoslowakei in die Sowjetunion; Mitherausgeber der Zeitschrift Das Wort; 1937–39 Teilnahme am Span. Bürgerkrieg; Mitbegründer des Nationalkomitees Freies Dtl. (1943); u.a. Vorsitzender der Landesleitung des Kulturbundes in Meckl.; 1945 Verleihung der ersten Ehrendoktorwürde der Uni Rostock nach dem II. Weltkrieg; 1947–49 Abgeordneter des meckl. Landtages; Mitbegründer des Petermänken-Verlages Schwerin; Chefredakteur u. Mitherausgeber der Zeitschrift Heute u. Morgen; 1952–56 Chefredakteur der Neuen dt. Literatur (ndl); ab 1954 Mitglied des ZK der SED; ab 1962 Präsident der Akademie der Künste zu Berlin. Werkauswahl: Roman „Die Prüfung" (1934), Trilogie „Verwandte u. Bekannte" (1941–53), „Die Vitalienbrüder" (1953), Trilogie „Ein neues Kapitel" (1959–64, spielt größtenteils in Rostock), Mitautor der Filmszenarien zum zweiteiligen Film „Ernst Thälmann" (1954/55); Pionier der sozialist.-realist. Literatur.

Lit.: *R. Richter: Willi Bredel, ein deutscher Weg im 20. Jahrhundert, Rostock 1998.* BM

BREITLING. Buchtartige Verbreiterung der Unterwarnow kurz vor ihrer Mündung in die Ostsee südöstl. vor Warnemünde, teilweise sehr flach; häufige Vertiefung der mehrfach wechselnden Mündung in die Ostsee notwendig; in Mittelalter u. Früher Neuzeit Streitigkeiten an den Uferabschnitten sowohl Rostocks als auch des Moltke'schen bzw. Mandelslohe'schen Gutskomplexes → Toitenwinkel; seit dem 20. Jh. Prägung durch den → Flugzeug- bzw. → Schiffbau sowie Hafenanlagen (Marine- u. Übersee- → Hafen).

Lit.: *F. Ruchhöft: Von Grebbin bis Warnemünde. Eine kulturgeschichtliche Wanderung entlang der Warnow, Schwerin 2011.* EM

BRENNEREI. Das B.-gewerbe ist in Rostock seit dem späten Mittelalter bekannt. Eine der bekanntesten B. der Stadt lag in der Großen Wasserstr. 30. Hier unterhielt die 1803 gegründete Firma Langhals & Hollien ein sog. Brennhaus. Nach dem Tod des Besitzers, Kaufmann Hollien (1815), wurde das got. Giebelhaus samt B.-gerechtigkeit mehrmals verkauft. 1876 erwarb der Kaufmann Julius Carl Robert → Krahnstöver das „Wohn- u. Brennhaus". Seit 1877 trug die Firma den Namen Julius Krahnstöver. Sie betrieb eine Dampfkorn-Branntwein-B., eine Destillation, eine Hefe- u. eine Likörfabrik. Berühmt waren der → Rostocker Doppelkümmel u. ein „Kola-Nuß-Likör". Der weit bekannte Bitterlikör aus der afrikan. Kolanuss wurde erstmals 1887 hergestellt. Nach dem Tod Krahnstövers ging der Betrieb 1896 an Friedrich Grossmann, Ehemann der Tochter Katharina Krahnstöver, über. In dem folgenden Jahrzehnt wurde die Firma zu einer in ganz Dtl. bekannten Fabrik feiner Branntweine u. Liköre ausgebaut. Nach einer kurzen Phase des Stillstandes 1945 nahm der Betrieb 1946 die Produktion wieder auf. 1968 gingen die Firmenanteile des halbstaatl. Betriebes an die Rostocker Brauerei über. 20 Jahre später wurde der Betrieb in den VEB Greifenquell des Getränkekombinats Rostock überführt.

Die Rostocker Korn-B. A.F. Lorenz wurde 1810 in der Grubenstr. gegründet. Ihre Wurzeln hatte sie jedoch in der seit 1759 nachweisbaren Herberge Brenn- u. Brauerei Anna Langhoff. 1823 erwarb A.F. Lorenz den Betrieb u. spezialisierte ihn

Die Inhaber der Firma A. F. Lorenz beim Probieren von Weinbrand (1938)

Spezialität des Hauses Lehment

als Korn-Dampf-B., Hefe- u. Likörfabrik. Nachdem der Sohn des Firmengründers Carl Lorenz 1899 gestorben war, übernahmen Adolph Clement u. Carl Hinrichsen das Unternehmen. 1920 kamen Weinbrände wie der „Lorenz 1810" u. der „Lorenz Cabinet" hinzu. Am 24.4.1942 wurde die gesamte Fabrikanlage durch Bomben zerstört. Auf Befehl der Roten Armee begann die Firma im Juni 1945 als erste auf dem Gebiet der sowjet. Besatzungszone wieder mit der Herstellung von Spirituosen. 1959 wurde das Unternehmen A. F. Lorenz in einen Betrieb mit staatl. Beteiligung überführt. Direktor der ca. 100 Beschäftigten wurde Harald Clement, Sohn des ehem. Firmeninhabers. 1972 erhielt die Firma den Namen VEB Rostocker Greif.

Die Korn- u. Wein-B. GmbH Conrad → Lehment entstand 1864 in der Kuhstr. Hier befand sich bis 1839 die B. Friedrich Schalburg, die dann von Friedrich Glaevecke gekauft wurde. Die bekanntesten Produkte waren der Echte Rostocker Lehment-Doppelkümmel u. der Nordische Tafel-Aquavit. Die Herstellung des Kümmels begann um 1700. 1907 fusionierte die Firma C. Lehment mit der B. Robert Capobus. 1913/14 entstand in der Kröpeliner Str. ein neues Geschäftshaus (Architekt: Paul → Korff). In den 1920er-Jahren galt die B. Lehment als die größte in Meckl. Das Absatzgebiet erstreckte sich von Hamburg bis Hinterpommern. Die Fabrikanlagen in der Kuhstr. wurden 1942 u. 1944 durch Bomben stark beschädigt. Im Okt. 1945 begann die Produktion von Alkohol für Kliniken u. Apotheken. Der Schnaps für die Bevölkerung entstand aus Zuckerrübenschnitzeln. Die Abgabe erfolgte über Lebensmittelkarten. Trotz Teilverstaatlichung (1959) u. Überführung in den VEB Kornbrand (1974) verblieb die Leitung des Betriebes in den Händen der Familie. Mitte der 1960er-Jahre stellten ca. 70 Mitarbeiter 15 verschiedene Branntweine u. Liköre her (u.a. Rostocker Doppelkümmel, Conravit, Kornbrand, Bimbo, Käptn Hein, Fips). Durch den Bau des Interhotels Warnow erfolgte die Verlagerung eines Teils der Fabrikanlagen. Anfang der 1990er-Jahre wurde die Produktion eingestellt. Der Rostocker Doppelkümmel wird seitdem von der Hardenberg-Wilthen-AG in Niedersachsen produziert.

Freidank-Spirituosen nahm 1948 in der Doberaner Str. in den umgebauten Gebäuden der 1942 zerstörten Mälzerei der Mahn & Ohlerich-Brauerei die Produktion auf. 1951 wurde sie in den VEB Anker-Spirituosen überführt. 1994 endete die Produktion u. die Gebäude wurden durch die Treuhand verkauft. Bis 2014 wurde das denkmalgeschützte Ensemble zu einem Wohn- u. Geschäftshauskomplex umgebaut.

Die Warnemünder Spezialität Knurrhahn, ein patentierter China-Magen-Likör, wird seit 1908 hergestellt. Ihren Bekanntheitsgrad verdanken die Rostocker B. vor allem ihren Spirituosenspezialitäten. Ihr Hauptaugenmerk legten die B. im 19./20. Jh. jedoch auf die Herstellung von Industriealkohol. RS

BRIEFMARKE. Die erste auch in Rostock verwendete B. brachte am 1.7.1856 das Großherzogtum Meckl.-Schwerin mit „Vier gekrönte Stierköpfe" auf punktiertem Grund (teilbar) in Umlauf. Bis 31.12.1867 folgten sieben B., die auch in Rostock genutzt worden sind. Ab 1.7.1867 trat Meckl.-Schwerin dem Norddt. Bund bei. Damit wurden die Ausgaben des Norddt. Postbezirks mit 26 Marken verwendet. Sie waren noch ein Jahr nach Gründung des Dt. Reiches gültig u. gehörten mit Stempeldatum 12.5.–31.12.1871 zur Dt. Reichspost. Vom 1.1.1872 bis Apr. 1945 waren in Rostock die Marken der Dt. Reichspost gültig. Die ersten B. mit Rostocker Motiv waren:

HE 70 „Blitz“ von den Ernst Heinkel Flugzeugwerken (6.1.1936)
Fährschiff SCHWERIN der Linie Warnemünde–Gedser (4.11.1937)
U-Boot der Neptunwerft (21.3.1943)
Seeaufklärer Ar 196 A-3 von den Arado-Flugzeugwerken (11.3.1944)

Nach der Wiederaufnahme des Postverkehrs ab 12.6.1945 kamen in Rostock Notmaßnahmen zur Anwendung. Während der Gültigkeit von Marken in der Sowjet. Besatzungszone kam am 19.1.1946 als symbol. Darstellung der Speicher im Stadthafen auf einer Marke in den Umlauf. Es folgten in der DDR u. später in der BRD zahlreiche Frei- u. Sondermarken mit Rostocker Motiven.

Steintor (24.4.1984) und Warnemünder Leuchtturm mit Teepott (3.7.2008)

In Rostock geehrte Persönlichkeiten wurden auch auf Briefmarken abgebildet.

Gebhard Leberecht v. Blücher, Fritz Reuter, Ulrich v. Hutten, Ernst Barlach, Albert Einstein

Viele Boote u. Schiffe, gebaut auf der Neptun- u. Warnowwerft, unter Rostocker Flagge gefahrene Boote u. Schiffe der Hochseefischerei, der Dt. Seereederei u. der Volksmarine sowie der Bau des Überseehafens zeugen von der Rostocker See- u. Hafenwirtschaft.

Ein beliebtes Motiv – Rostock als Schiffahrtsort

Seit 1936 dienen Motive der Stadt Rostock oder von ihr geehrte Persönlichkeiten als Vorlage für Briefmarken.

Mit Jubiläen u. Großveranstaltungen wurde auf B. für Rostock geworben, so zur 750-Jahr-Feier 1968, zum 550-jährigen Jubiläum der Uni 1969, als Stadt der Ostseewochen 1962, zu den 18. Arbeiterfestspielen 1980 od. zur IGA 2003. Auf 102 B. sind Rostocker Motive abgebildet.

Lit.: *M. Kramer: Rostock und seine Stadtgeschichte auf deutschen Briefmarken, in: HansePhil '95, H. 2, Rostock 1995, S. 23–39.* MK

BRINCKMAN, JOHN. Schriftsteller (3.7.1814 Rostock – 20.9.1870 Güstrow), Kapitänssohn; Studium der Philosophie, Sprachen u. Jura in Rostock; 1839 in die USA zu seinem Bruder, nach Rückkehr 1842 Hauslehrer u. Schulleiter in Goldberg, ab 1849 Lehrer in Güstrow; einer der bedeutendsten niederdt. Schriftsteller neben Fritz → Reuter; Würdigung von Werk u. Autor durch Namensgebung für Str. (1910) u. Siedlung (1921) (→ Brinckmansdorf), → Brinckmanbrunnen (1914), Kasper-Ohm-Weg (1921), Vagel-Grip-Weg (1921), Brinckmanshöhe (1921), Peter-Lurenz-Weg (1921); 1929 Stiftung des gleichnamigen Preises; 1990 Gründung der gleichnamigen Gesellschaft; Werksauswahl: „Kasper Ohm un ick" (spielt in Rostock), „Vagel Grip", „Höger up", „Peter Lurenz bi Abukir", „Dat Brüden geiht üm".

Lit.: *G. Richardt, W. Siegmund (Hg.): John Brinckman – Die Bildbiographie, Rostock 2014.* BM

BRINCKMANBRUNNEN. Aus Anlass des 100. Geburtstages des Dichters John → Brinckman 1914 vom Rostocker Künstler Paul Wallat (1879–1964) aus schwed. Granit geschaffen; ursprüngl. auf dem Schröderplatz, dann auf dem Vögenteichplatz (1935) u. 1969–74 demontiert, 1974 am Weißen Kreuz aufgestellt. Aus zwei Brunnenschalen herauswachsender, oktogonaler Mittelteil mit zentral gesetztem Porträtrelief (Verlust seit 2009; neues Medaillon von Anne Sewcz 2014) u. plast. skurrilen Wasserspeiern, im oberen Teil Mosaikgestaltungen nach Geschichten Brinckmans. 1973 Mosaiks restauriert, z. T. erneuert (Wilhelm Mandel). 2009 Restaurierung (Wolfram Vormelker, Christian Plothe).

Lit.: *A. Lorenzen: „Ich habe gebaut nach meinem Sinn ..." – Entwicklung und Funktionen architekturbezogener Kunst in Mecklenburg 1900–1945, in: Bildende Kunst in Mecklenburg 1900–1945. Zwischen Regionalität und Internationalität, Rostock 2010, S. 137–178.* AL

Brinckman-Brunnen am Schröderplatz (um 1930)

BRINCKMANSDORF. Stadtrandsiedlung mit ca. 8000 Einwohnern (2016). Benannt 1921 nach dem niederdt. Schriftsteller John → Brinckman. Das Gebiet um die Cramonstannen (→ Schweizer Wald) war seit 1875 zum Stadtpark umgestaltet worden. In unmittelbarer Nähe errichtete die Kriegerheimstätten-Stiftung 1920 die ersten fünf Doppelhäuser. Bis 1923 entstanden am Eikaterweg, Gretenwäschenweg, Unkel-Andrees-Weg u. entlang der Tessiner Chaussee weitere Häuser. 1930 Gestaltung u. Benennung des Wossidloparks. Verstärkte Bautätigkeit 1934–39 im Vagel-Grip-Weg, Zorenappelweg, Höger up, Jan-Maat-Weg, Utkiek u. Hüerbassweg. Infolge der Wohnungsnot nach dem II. Weltkrieg 1947–54 Ausbau der Gartenkolonie Waldeslust mit Behelfsheimen. 1955 setzte die schrittweise Erweiterung der Siedlung B. in Richtung Osten ein, die mit dem Bau von Reihenhäusern um den Knallerballerweg 1979–82 u. den Gnatzkoppweg 1988–89 erhebl. gesteigert wurde. 1961 Errichtung der John-Brinckman-Schule (Neubau 2010); 1970–73 Ausbau der Tessiner Str. zum Autobahnzubringer; 1974 Umsetzung des → Brinckmanbrunnens zum Weißen Kreuz. An Stelle des 1979 abgerissenen Schweizerhauses wurde 1993 das Trihotel gebaut. Nördl. von B. entstand ab 1997 das Wohngebiet Brinckmanshöhe (2011: 1560 Einwohner). BK

BROCKELMANN, CHRISTIAN ERNST. Kaufmann u. Reeder (22.3.1799 Ratzeburg–24.12.1878 Rostock); 1827 Rostocker Bürgerrecht; betrieb neben Getreidehandel u. Reederei auch Ölmühle, Talglicht- bzw. Seifen- u. Licht- sowie kurzzeitig Tabakfabrik; 1844–53 Ausrüster zweier Robbenfangschiffe; 1857/58–72 Eisengießerei u. Maschinenfabrik in Güstrow; 1839–48 Mitglied des 1. Quartiers des → Hundertmännerkollegiums in Rostock; 1860–72 Deputierter der Kaufmanns-Kompagnie; seit März 1848 engagiert in der bürgerl.-demokrat. Revolution, 31.10.1848–Feb. 1849 Mitglied der meckl. Abgeordnetenversammlung; mit seiner Unterstützung flohen 1850 die aus der Festung Spandau ausgebrochenen Revolutionäre Carl Schurz u. Gottfried Kinkel nach Schottland.

Lit.: M. Manke: „... dass ich Sie unter allen Umständen Freund würde nennen dürfen". Die Briefe von Theodor Schwarz an Gottfried Kinkel 1851–1861, in: Mecklenburgische Jahrbücher, Jg. 117, Schwerin 2002, S. 311–375. MM

BRÖCKERSTIFT. Armenhaus (→ Armenwesen) an der Westseite des Alten Marktes; gestiftet 1583 von Bürgermeister Hans Bröcker u. seiner Ehefrau;

Bröckerstift an der Westseite des Alten Marktes (um 1900)

16 Bedürftige sollten in zwei Buden eine freie Unterkunft erhalten; seit Mitte des 17. Jh. Wandlung zu einer Rentenanstalt, in der ältere, unverheiratete Frauen ein Wohnrecht bis zu ihrem Lebensende erwarben; Verwaltung lag bei den Vorstehern der St.-Petri-Kirche; 1678 u. 1846 Neubau des Stiftshauses, 1942 zerstört; die Stiftung existierte auf der Basis angelegter Vermögenswerte im bescheidenen Umfang weiter; 2004 mit sechs weiteren histor. Stiftungen zur Vereinigten Sozialen Stiftung zusammengefasst. BK

BRONZEFÜNTE (lat.: fons – Quelle). Dreiteiliger got. Taufkessel in der St.-Marien-Kirche, laut Inschrift am unteren Rand des Deckels Ostern (2. Apr.) 1290 in Gebrauch genommen; Becken mit 21 gegossenen Halbreliefs der Lebensgeschichte Jesu, dem „Ave Maria" u. dem „Salve Regina", getragen von vier knienden Männerfiguren als Allegorien der Elemente; Deckel mit Taufe u. Himmelfahrt Jesu sowie aufgenieteten Figuren von Heiligen, Bischöfen u. Märtyrern, „törichten Jungfrauen" u. vier Löwenköpfen; auf der Spitze ein Adler als Zeichen der Auferstehungshoffnung; ältestes Kunstwerk der St.-Marien-Kirche; größte u. bedeutendste B. im Ostseeraum.

Lit.: U. Nath: Die Fünte der St. Marienkirche zu Rostock, Rostock 2003. WEW

BRUCH (niederdt.: Brook). Bezeichnung für mooriges, sumpfiges, mit Wasserläufen durchzogenes Gebiet, an dem sich seit dem Mittelalter bestimmte Berufsgruppen ansiedelten. In Rostock östl. zwischen Mühlen- u. → Petritor vor der Stadtmauer gelegen: Fischer-B. (Ersterwähnung 1262), Gerber-B. (1271), Küter-B. (1277). Die B.-fischer hatten ihre Wohn- u. Arbeitsstätten im B., wo auch der Fischer-Schütting (Lokal für Zusammenkünfte u. Geselligkeit) stand. Ihr Fanggebiet war die Oberwarnow. Im Gerber-B. konzentrierten sich die mit pflanzl. Mitteln arbeitenden (Loh-)Gerber mit ihren Arbeitsstätten; hier stand auch der Gerber-Schütting. Die Küter (niederdt.), eigentl. Schlachter, gehörten zu den weniger privilegierten Berufen, obwohl ihre Tätigkeit für die Fleischversorgung der Stadtbewohner wichtig war. Trotz ihrer Lage außerhalb der Stadt zählten die B. zu den wichtigen Wirtschaftsstandorten. Durch den Stadtbrand von 1677 u. die Bombenangriffe von 1941–44 weitgehend verschont, fielen viele Gebäude dem Bau der Straßenbahntrasse nach Dierkow 1984–87 zum Opfer. Nach der Errichtung einer Hochwasserschutzanlage an der → Warnow begann 2013 der Bau des Wohngebietes Petriviertel. Als B. wurden aber auch abgelegene u. feuchte Str., wie der Aalstecher-B. in der Nördl. Altstadt (Ersterwähnung um 1600, seit dem 19. Jh. Aalstecherstr.) u. der Ellern-B. in der Östl. Altstadt (1467, seit Beginn des 19. Jh. Ellernhorst), bezeichnet.

Lit.: E. Münch, R. Mulsow: Das alte Rostock und seine Straßen, 2. Aufl., Rostock 2010. GH

BRUDERSCHAFT. Seit dem Hoch- u. Spätmittelalter Bezeichnung für Vereinigungen von Angehörigen meist gleicher Berufsstände, Laien u./od. Klerikern zu gemeinsamen Malen u. Gelagen, liturg. Handlungen, Gedenken verstorbener Mitglieder (→ Kaland). B. hatten Statuten, wählten Vorsteher, unterhielten Kassen, → Altäre u. → Stiftungen; in Rostock gab es an den vier Hauptkirchen (St.-Jakobi-, St.-Marien-, St.-Petri-, St.-Nikolai-Kirche) u. dem St.-Johannis-Kloster zahlreiche geistl. B. Zu den bekanntesten Rostocker B. gehörte die B. vom gemeinsamen Leben (→ Fraterhaus St. Michael).

Lit.: G. Crull: Geistliche Bruderschaften in Rostock, in: Beiträge zur Geschichte der Stadt Rostock, Bd. 9, 1915, S. 33–45. IE

BRÜCKE. Die Stadt trägt gegenwärtig für ca. 60 B. die Baulast. Weitere B. gehören dem Bund (Bundesfernstr.-B./Autobahn-B.) u. der Dt. Bahn (Eisenbahn-B.).

Gerberbruch (um 1895)

Die älteste erwähnte B. befand sich direkt vor dem → Petritor u. verband den dortigen slaw. Burgwall mit der westl. gelegenen Siedlung. Seit dem Bau der Stadtmauer überspannten hölzerne B. die vor den Stadttoren gelegenen Gräben der → Stadtbefestigung. B. verbanden auch die Stadt am Petri- u. am Mühlendamm mit dem östl. Hinterland. Bis zu ihrer Verfüllung 1850 überspannten mehrere B. die Grube, auf der Händler ihre Waren zum Verkauf anboten. Im Zuge der Entfestung Rostocks wurden die Stadtgräben im 19. Jh. zugeschüttet u. zahlreiche B. abgerissen. Mit dem Bau der Strecke Rostock-Stralsund entstand 1889 im Zuge der Warnowquerung die erste Eisenbahn-B. der Stadt.

Der zunehmende Schiffsverkehr führte zum Abbruch der hölzernen Petri-Klapp-B. Sie wurde 1912/13 durch eine stählerne Klapp-B. ersetzt. Hölzerne B. existierten in Markgrafenheide (Moorgraben), in Warnemünde über den Alten Strom u. in der Grubenstr. (Viergelinden-B.). Letztere wurde 1944 durch ein Eisenbahnunglück zerstört u. 2003 als modernist. Kunstwerk „Raumklammer" wieder aufgebaut.

Bei der Viergelindenbrücke (um 1865)

Der → Mühlendamm hingegen erhielt 1887 eine Dreh-B. Sie wurde am 1.5.1945 bei Kriegshandlungen gesprengt u. später als Schleusen-B. wieder aufgebaut. 2014-15 musste sie abermals erneuert werden. Lediglich die Warnemünder B. ist als techn. Denkmal erhalten geblieben. Sie wurde 1903 übergeben u. war bis 1960 für den Fahrzeugverkehr zugelassen. Seit ihrer Sanierung 1991 dient sie nur noch als Fußgängerübergang.

Zugbrücke Markgrafenheide über den Moorgraben (1907)

Am Anfang der 1930er-Jahre wurden die Rennbahnallee u. die Hundertmännerstr. mit Stahlbeton-B. überspannt. Der Bau einer weiteren Warnow-B. zwischen dem Stadthafen u. dem Stadtgebiet Gehlsdorf wurde 1970 begonnen, aber dann wieder eingestellt. Neue Eisenbahn-B. entstanden 1966-69 am Wilhelm-Pieck-Ring (heute Südring) u. in der Tessiner Str. (1973). Die Warnow-B. am Petridamm (heute Vorpommern-B.) war durch den Bau der Wohngebiete in Dierkow u. Toitenwinkel notwendig geworden u. wurde 1984-86 errichtet. Weitere B.-neubauten entstanden im Zuge der Anbindung der Autobahn A 20 an die Stadtautobahn nach Warnemünde am Schutower, Evershägener u. Warnemünder Kreuz.

Lit.: *W.-D. Patzelt: Die Brücken der Hansestadt, in: Verschwunden - Vergessen - Bewahrt? Denkmale und Erbe der Rostocker Technikgeschichte, Rostock 1995, S. 150-153; A. Krause: Zum Beispiel: Die Petribrücke, in: Wege übers (Bundes-)Land. Zur Geschichte der Land-, Wasser-, Schienen- und Luftwege in Mecklenburg-Vorpommern, Schwerin 2002, S. 99-106.* RS

BRÜNING, HERMANN. Kinderarzt (16.4.1873 Sprockhövel/Nordrhein-Westfalen–30.4.1955 Rostock); Studium der Medizin in Würzburg, Kiel, München u. Bonn, Studienabschluss 1898, Promotion 1899 in Bonn; bis 1901 Assistent am Patholog. Institut Bonn, dann Assistenzarzt u. Prosektor der Universitätskinderklinik Leipzig zur Fachausbildung; 1905 Habilitation für Kinderheilkunde an der Uni Rostock; ab 1909 außerordentl. Prof., ab 1919 ordentl. Prof.; Gründer der Rostocker Kinderklinik; Initiator der Organisation für Säuglings- u. Kleinkinderschutz in Meckl.; mehr als 220 wissenschaftl. Publikationen (Schwerpunkte: Neugeborenen-, Säuglingserkrankungen, Still- u. Ernährungsprobleme); Klinikleitung in Rostock bis zur Emeritierung 1939 u. noch zweimal kurzzeitig danach; 1943 vorübergehende Leitung der Universitätskinderklinik Greifswald; Ehrenmitglied der Dt. Gesellschaft für Kinderheilkunde.
Lit.: *H. Ocklitz, H. Schmitz: Am Anfang – Hermann Brüning: 75 Jahre Pädiatrie in Rostock, in: Kinderärztliche Praxis, Bd. 53, Mainz 1985, S. 211–218.* TL

Hermann Brüning

BRUNNEN DER LEBENSFREUDE. Brunnenanlage auf dem → Universitätsplatz als in konzentr. Kreisen komponierte, bildner. Ordnung von plast. figürl.

Der „Brunnen der Lebensfreude" (2010)

Darstellungen in Bronze mit mittiger großer Gruppe (Familie) u. Hauptfontänen auf begehbarer plast. geformter Bodenfläche aus Natursteinen; Brunnengestaltung 1980 von Reinhard Dietrich u. Jo → Jastram; urbaner u. künstler. Anziehungspunkt im Stadtzentrum; symbolisiert wechselvolle Einheit von Mensch, Tier u. Wasser sowie Dynamik des Lebens.
Lit.: *A. Lorenzen: „Ich habe gebaut nach meinem Sinn ..." – Entwicklung und Funktionen architekturbezogener Kunst in Mecklenburg 1900–1945, in: Bildende Kunst in Mecklenburg 1900–1945. Zwischen Regionalität und Internationalität, Rostock 2010, S. 137–178.* AL

BUCHBASAR. 1964 begründete Kulturveranstaltung in Verbindung mit der → Ostseewoche; ab 1978 im Rahmen der Sommerfesttage. Buchverkauf an Ständen in der Kröpeliner Str., direkter Kontakt mit Schriftstellern u. Illustratoren (Juli 1987 z. B. 27 mitwirkende Autoren) v. a. aus der DDR. 28 B. fanden als jährl. Reihe bis 1990 statt, danach vereinzelt ähnl. Veranstaltungen verschiedener Initiatoren in Rostock u. Warnemünde, u. a. der sog. Bücherfrühling. FO

BUCHDRUCK. Nachdem Johannes Gutenberg um 1450 in Mainz den Druck mit bewegl. Lettern erfunden hatte, fand die neue Technik rasch in ganz Dtl. Verbreitung. Die ersten Drucke entstanden in

Emil Krakow (Warnemünde) an der Druckmaschine (1927)

Rostock bereits 1476 bei den Brüdern vom gemeinsamen Leben (→ Fraterhaus St. Michael). Nach Lübeck war Rostock somit die zweite Stadt im Ostseeraum mit einer Druckerei. Schon bevor die Michaelisbrüder die neue Technik nutzten, hatten sie Bücher durch Abschreiben vervielfältigt, diese in eigener Werkstatt gebunden u. anschließend verkauft. Der Bedarf an Büchern für kirchl. Zwecke u. für das Studium an der Uni Rostock konnte nun wesentl. besser abgedeckt werden. Die Brüder druckten hauptsächl. religiöse Werke, machten sich aber auch um die Verbreitung humanist. Gedankengutes verdient. Bereits um 1476 verließen z.B. die „Metamorphosen" des antiken Schriftstellers Ovid die Presse. 1532 wurde ihre Druckerei schließlich durch die meckl. Herzöge u. den Rostocker Rat geschlossen. Auslöser war eine Ausgabe des „Neuen Testaments" in der dt. Übersetzung von Hieronymus Emser. Diese Übersetzung war gegen die von Martin Luther gerichtet. Zwischenzeitl. hatten zwei weitere Druckereien existiert, die hauptsächl. für die Bedürfnisse von Wissenschaft u. Studium gearbeitet hatten, u. zwar 1505–12 die des Ratssekretär Hermann Barckhusen u. 1514–22 die des Uni-Prof. Nikolaus → Marschalk. Da beide selbst keine Fachmänner waren, nahmen sie Drucker in den Dienst. So kam Ludwig → Dietz aus Speyer nach Rostock, der zum wichtigsten Drucker der Stadt in dieser Zeit wurde. Seine ersten bedeutenden Drucke bei Barckhusen waren das „Lübische Recht" (1509) u. die „Bamberger Halsgerichtsordnung" (1510). Seit 1515 arbeitete Dietz unter eigenem Namen in Rostock, richtete für große Auftragswerke aber auch Filialen in anderen Städten ein, so in Lübeck u. Kopenhagen. Er übernahm viele Auftragsarbeiten, druckte u.a. Ausgaben von Sebastian Brants „Narrenschiff" (1519) u. von „Reineke Voss" (1539), die mit Holzschnitten versehen waren. 1558 wurde Dietz zum ersten Universitätsbuchdrucker ernannt (starb aber bereits im Jahr darauf). Dieses Privileg sicherte der Werkstatt Aufträge u. Existenz. Auch der Rat vergab seine Druckaufträge seit 1597 als Privileg. Damit konnten sich dauerhaft zwei Werkstätten in Rostock etablieren, die aber kleine handwerkl. Betriebe blieben. Um die Auslastung ihrer Druckereien zu verbessern, verlegten sie seit der 1. Hälfte des 17. Jh. verstärkt Zeitungen u. Zeitschriften (→ Presse). Vor allem die Universitäts-Buchdruckerei – für die seit 1784 die Bezeichnung Adlers Erben in Gebrauch kam – konnte davon profitieren u. übernahm 1816 die Ratsbuchdruckerei. 1819 entstand das repräsentative Geschäftshaus an der Ecke Kröpeliner Str./Faule Grube für die nun größte Druckerei Meckl. Der eigentl. B. spielte in Rostock eine untergeordnete Rolle. Einzig die 1864 von Carl → Hinstorff gegründete Verlagsbuchhandlung (→ Hinstorff Verlag), zu der auch eine Druckerei in der Lagerstr. gehörte, entwickelte auf lange Sicht eine nennenswerte Buchproduktion. Ansonsten wurden die Druckereien mit Tageszeitungen groß, so die von Carl → Boldt mit dem Rostocker Anzeiger. 1887 bezog man das neu erbaute Geschäftshaus am → Universitätsplatz, 1902 wurde Adlers Erben übernommen. Auch die Druckerei der Meckl. Volkzeitung in der Doberaner Str. wurde zu einer modernen Zeitungsdruckerei ausgebaut, nachdem die SPD sie 1913 gekauft hatte. Infolge des II. Weltkrieges verlor Rostock dann einen großen Teil seiner Druckkapazitäten, entweder durch Zerstörung od. Abbau. 1948 schuf die SED aus den verbliebenen Betriebsteilen von Adlers Erben u. der Meckl. Volkszeitung die parteieigene Landesdruckerei. 1957 erhielt diese den Namen Ostsee-Druck u. bezog 1965 einen modernen Neubau vor dem → Steintor. Auch hier stand der Zeitungsdruck im Vordergrund. Die größte Druckerei Rostocks gehört heute zum Medienhaus der Ostsee-Zeitung.

Lit.: *G. C. F. Lisch: Geschichte der Buchdruckkunst in Mecklenburg bis 1540, in: Jahrbücher des Vereins für meklenburgische Geschichte und Alterthumskunde, Jg. 4, Schwerin 1839, S. 1–281; A. Händel: Der frühe Buchdruck in Rostock, in: Beiträge zur Geschichte der Stadt Rostock. N. F., H. 10, Rostock 1990, S. 12–21.* BK

BUCHHANDEL. Seit der Mitte des 15. Jh. löste sich in ganz Dtl. die Kunst der Buchherstellung von den Klöstern. Die Verwendung von Papier u. die Erfindung des → Buchdruckes hatten die Herstellung wesentl. vereinfacht u. zudem die neuen bürgerl. Berufszweige des Buchbinders u. des Buchhändlers geschaffen. Die ersten urkundl. Belege für den Aufenthalt fahrender Buchhändler gab es in Rostock 1492. Sie nannten sich damals noch Buchführer, verpackten ihre Ware für den Transport in Fässer u. handelten damit auf dem → Pfingstmarkt. Außerhalb der Pfingstmarktzeit war es den auswärtigen Buchhändlern max. für acht bis vierzehn Tage gestattet, ihre Ware anzubieten. Schriftl. fixiert findet sich diese Vorschrift zum Schutz der einheim. Interessen 1577 in der ältesten Rolle des Handwerksamtes der Rostocker Buchbinder u. Buchführer. Auch den Druckern war der B. verboten, sie lieferten ledigl. die gefalzten Druckbögen aus. Bis in das 17. Jh. hinein musste der Rostocker Rat immer wieder Kompetenzstreitigkeiten zwischen Buchbindern, -händlern u. -druckern schlichten. Gehandelt wurde hauptsächl. mit Fibeln, Gesangs- u. Gebetsbüchern, Bibeln u. Kalendern, daneben hatte das Personal der Uni Rostock einen hohen Bedarf an Lehrbüchern. Seit der Aufklärung wuchs das bürgerl. Lesepublikum u. ließ die Nachfrage spürbar wachsen. Im 18. Jh. gab es im → Rathaus einen ersten Buchladen, auf dem Neuen Markt eine Bücherbude. Die industrielle Modernisierung des 19. Jh. (→ Industrialisierung) machte das Buch schließlich zur Massenware, was nicht ohne Auswirkungen für die Rostocker Buchbinder blieb. 1836 entzog ihnen die Stadt das Handelsprivileg für Bücher. Es entstanden die ersten Sortimentsbuchhandlungen

Blick in die Warnemünder Buchhandlung Krakow (1935)

(Carl Stiller 1837 in der Steinstr., Gustav Benjamin Leopold 1840 in der heutigen Kröpeliner Str.). Beide Geschäfte führten bald die Bezeichnung Universitätsbuchhandlung. Die Zahl der Buchhandlungen in Rostock stieg bis zum Ausbruch des II. Weltkrieges auf zwölf an, in Warnemünde gab es sieben Buch- u. Papierhandlungen. Nach 1945 existierten die privaten Buchhandlungen weiter. Seit Gründung der DDR dominierte dann aber der staatl. Volks-B. den Verkauf. Viele private Geschäfte gaben auf od. wurden als Kommissionshändler eingebunden. Nur wenige dieser Geschäfte blieben bestehen (z.B. Gebrüder Grundgeyer). Als publikumswirksame Veranstaltung wurde vom Volks-B. 1964–89 der → Buchbasar auf der Kröpeliner Str. organisiert. 1986 konnte der Volks-B. einen modernen Geschäftsneubau im → Fünfgiebelhaus beziehen. Den Übergang in die Marktwirtschaft ab 1990 schafften viele der kleinen Buchhandlungen nicht. Nach der Privatisierung wurden zwei Geschäfte bestimmend: die Buchhandlung im Fünfgiebelhaus, die heute zum Hagener Buchhandelsunternehmen Thalia gehört u. im Jahr 2000 ihre Filiale in die Breite Str. verlegte, sowie die Universitätsbuchhandlung Weiland, die jetzt zur Münchener Kette Hugendubel zählt u. 2010 einen Neubau in der Kröpeliner Str. erhielt. Daneben konnten einige kleine Buchhandlungen ihre Existenz sichern, so die „andere buchhandlung“, die Ev. Buchhandlung, das Norddt. Antiquariat sowie Krakow Nachfolger u. die Buchhandlung Möwe in Warnemünde.

Buchhandlung Gebrüder Grundgeyer in der Kröpeliner Straße (1925)

Buchlesung bei Hugendubel (2017)

Lit.: *E. Dragendorff: Aus der älteren Geschichte des Amtes der Buchbinder zu Rostock, in: Beiträge zur Geschichte der Stadt Rostock, Bd. 4, H. 2, Rostock 1905, S. 21–40; G. Taufmann: Buchhandel in Rostock – gestern und heute, in: Rostocker Zorenappels, 1. Jg., Rostock 2007, S. 132–136.* BK

BÜCHERVERBRENNUNG. Demonstrative, meist öffentl. Vernichtung von Büchern u. anderen Schriften wg. moralischer, polit. od. religiöser Einwände gegen ihren Inhalt. Erste Nachrichten über B. in Dtl. stammen aus dem Mittelalter. Diese Aktionen waren meist örtl. od. regional begrenzt. Die nationalsozialist. B. vom Frühjahr 1933 unter der Parole „Wider den undeutschen Geist“ war eine nationale, zentral gesteuerte Aktion der völkisch dominierten Dt. Studentenschaft (DSt) im Zusammengehen mit dem Nationalsozialist. Dt. Studentenbund (NSDStB). Die Federführung lag in den Händen des eigens gegründeten Hauptamtes für Presse- u. Propagandaarbeit der DSt. Dieses regte im März 1933 die Bildung von „Kampfausschüssen" an dt. Unis u. Hochschulen an, um die Durchführung der Aktion vor Ort absichern zu können. Der Kampfausschuss an der meckl. Landes-Uni Rostock wurde vom Medizinstudenten Werner Rühberg aus Neubrandenburg geleitet. Mit der deutschlandweiten Veröffentlichung der „12 Thesen wider den undeutschen Geist" am 12.4.1933 in Form von Plakaten u. Zeitungsanzeigen begann eine Gesinnungshetze. Sie richtete sich gegen fortschrittl., andersdenkende sowie jüd. Lehrkräfte u. Wissenschaftler an Hochschulen u. wurde von weiteren Kampagnen wie dem Boykott jüd. Geschäfte am 1.4.1933 flankiert. Unterdessen stellte eine Gruppe Berliner Bibliothekare um Wolfgang Herrmann in Kooperation mit dem NS-Kampfbund für dt. Kultur die sog. Schwarzliste zusammen, eine Aufstellung von Namen dt. u. internationaler Intellektueller u. ihrer Werke, die im Rahmen der Aktion vernichtet werden sollten. Der Rostocker Kampfbund verschickte diese Schwarzliste am 28.4.1933 zusammen mit 500 eigens nachgedruckten Thesen-Plakaten an die Verwaltungen von 60 meckl. Städten u. Gemeinden u. forderte die Behörden auf, sich der Aktion anzuschließen. Nachdem marodierende Studententrupps unter dem Schutz von Kräften der Kriminalpolizei bereits am 3.5.1933 alle privaten u. öffentl. Bibliotheken Rostocks sowie die Buchhandlungen der Stadt durchsucht u. entsprechende Literatur konfisziert hatten, ließ der Kampfbund einige dieser Werke in Ladenschaufenstern der Breiten Str. zur Schau stellen. Zwei Tage darauf, am 5.5.1933, hielt die Rostocker Studentenschaft unter dem Motto „Wider den undeutschen Geist" einen Fackelzug ab, über den der Reichsrundfunk mit zwei kurzen Direktschaltungen berichtete. Auf dem heutigen → Universitätsplatz angekommen, errichteten Studenten einen sog. Schandpfahl, an den sie exemplarisch einige der in der Schwarzliste geführten Schriften nagelten. Die eigentl. B. fand in Rostock, wie in zahlreichen weiteren Städten in Dtl., am 10.5.1933 statt. Tausende Rostocker hatten sich gegen 21.30 Uhr auf dem Vögenteichplatz eingefunden, der tags zuvor vom Rat der Stadt anlässlich der geplanten Aktion eigens umbenannt worden war u. nun den Namen des meckl. NSDAP-Gauleiters u. Reichsstatthalters Friedrich Hildebrandt trug. Die Polizei, unterstützt von Ein-

Verbrennung von sogenannter Schund- und Schmutzliteratur auf dem Vögenteichplatz (damals Friedrich-Hildebrandt-Platz), (1933)

heiten der SA, sorgte für „Ruhe u. Ordnung“. Angeführt von einer SA-Kapelle zogen Fackeln tragende Studentenformationen auf den Platz u. bildeten um die dort zur B. aufgeschichteten Schriften ein Karree. Nach Reden des örtl. Kampfbundchefs Werner Rühberg u. des in SS-Uniform auftretenden Landtagsabgeordneten Karl Heinz Bürger aus Güstrow wurden mittels eines sog. Feuerspruchs verfemte Autoren u. ihre angeprangerten Schriften öffentl. benannt. Schließlich warfen die angetretenen Studenten ihre Fackeln in den Bücherberg. Ein kontrolliertes Abrennen der Schriften sicherte die Rostocker Berufsfeuerwehr ab. Die Rostocker „Aktion wider den undeutschen Geist“ fand in den Städten Neustrelitz (13.5.1933), Neubrandenburg (31.5.1933) u. Schwerin (4.6.1933) bereitwillige Nachahmer. Sie machten Rostock seinerzeit zu einer der Regionen in Dtl., in der man besonders ambitioniert die unwürdige, gegen alles Fortschrittliche in der dt. Kultur gerichtete Hetzkampagne unterstützte. Hier wie anderswo beförderte die B. die schnelle Durchsetzung der NS-Ideologie in der dt. Gesellschaft u. die Errichtung einer NS-Diktatur, was den ursprüngl. Zielstellungen der geistigen Väter der Aktion voll entsprach.

Lit.: *K.-H. Jügelt: Schandpfahl und Bücherverbrennung in Rostock. Die studentische Aktion „Wider den undeutschen Geist“ an der Mecklenburgischen Landesuniversität im Mai 1933, in: Zeitgeschichte regional. Mitteilungen aus Mecklenburg-Vorpommern, 2. Jg., H. 2, Rostock 1998, S. 29–38; J. H. Schoeps, W. Treß: Orte der Bücherverbrennung in Deutschland 1933, Hildesheim 2008.* RL

BÜRGERAUSSCHUSS. Im Mittelalter u. in der Frühen Neuzeit wurden wiederholt B. eingesetzt. Diese hatten die Interessen der Gemeinde gegen den Machtanspruch des Rates zu vertreten, da dessen Politik darauf gerichtet war, die Herrschaft ohne Einbeziehung der Mehrheit der Bürger u. Einwohner auszuüben. Die verfassungsrechtl. Gegensätze entluden sich in mehreren innerstädt. Auseinandersetzungen, die oft mit äußeren polit. Konflikten einhergingen. Die Forderung nach Mitbestimmung fand ihren Niederschlag in den → Bürgerbriefen.

Erstmalig scheint es im Zusammenhang mit dem Krieg Dänemarks u. Meckl. gegen Rostock 1312/13 zur Bildung eines B. gekommen zu sein. Seit den Unruhen u. Aufständen zu Beginn des 15. Jh. wurden die B. zum typ. Gremium, nach der Zahl der Mitglieder Sechziger genannt. Die Ausschüsse setzten sich jeweils zur Hälfte aus Kaufleuten u. Handwerkern zusammen. 1408 hatte der Aufruhr gegen die Ratsgeschlechter in Lübeck auch auf Rostock übergegriffen. Der Rat konnte den Unmut zunächst noch in gemäßigte Bahnen lenken. 1409 bildete sich dann doch ein B., der die Macht des Rates zunächst einschränkte, ihn schließlich neu besetzte. Das Eingreifen von Kaiser, Reich u. → Hanse führte 1416 zu einer Restauration der Machtverhältnisse in Lübeck, mit der Folge, dass auch in Rostock der alte Rat wieder eingesetzt u. die Sechziger aufgelöst wurden. Erneute Unruhen brachen 1427 während des Krieges der wend. Hansestädte gegen Dänemark aus. In Rostock wie auch in den anderen Städten erzwang man nach herben Kriegsverlusten eine Neubesetzung des Rates. Es trat erneut ein Ausschuss der Sechziger in Aktion. Der neue Rat schloss ohne Rücksicht auf die verbündeten Städte 1430 einen Separatfrieden mit Dänemark u. beendete auch die Kämpfe mit der Landesherrschaft. Da Mitglieder des alten Rates aber beim Kaiser geklagt hatten u. die Stadt mit Acht u. Bann belegt war, zogen sich die Auseinandersetzungen noch bis 1439 hin. Auch während der → Domfehde ließen die Opponenten 1489 einen B. bilden. Aus dem Rat wurden einige Mitglieder entfernt, nach Zuspitzung der Auseinandersetzungen Anfang 1490 ein völlig neuer Rat gewählt. Nach der Aussöhnung von altem u. neuem Rat verloren die Aufständischen den Rückhalt in der Stadt, sodass ihr Gegenschlag 1491 mit einer Niederlage endete. Die Anführer wurden hingerichtet, die Sechziger abgewählt.

Die B. des 16. Jh. prägten unter dem Einfluss der → Reformation ihre polit. Programmatik wesentlich stärker aus. Der Krieg Lübecks gegen Dänemark, die sog. Grafenfehde, belastete die verbündeten Städte finanziell äußerst schwer, sodass es zu erneuten Unruhen kam. 1534 entstand in Rostock der Ausschuss der Vierundsechziger, der die konsequente Fortsetzung der Reformation, eine ständige

Kontrolle des Rates u. ein Mitbestimmungsrecht bei dessen Wahl forderte. Als Repräsentativorgan fungierte der sog. Sechzehner – ein Ausschuss aus neun Kaufleuten bzw. Brauherren u. sieben Handwerkern. Nach Beendigung des Krieges wurden nach dem Vorbild Lübecks die Autorität des alten Rates wiederhergestellt u. die Vierundsechziger abgesetzt. Noch vehementer erhob die Bürgerschaft ihre polit. Forderungen nach 1561, als Rostock sich dem Druck der Landesherren beugen u. einen Großteil von deren Schulden übernehmen musste. Die Bürgerschaft verlangte bei der Geldbeschaffung ein Mitspracherecht, da diese über neue Steuern abgesichert werden sollte. Der Rat glaubte zunächst, eine Legitimation durch die Berufung von 16 Bürgern erlangen zu können. Die Bürgerschaft lehnte die Sechzehner jedoch ab u. setzte die freie Wahl der Sechziger durch. Diese beanspruchten gegenüber dem Rat eine gleichberechtigte Stellung, forderten diesen zur Rechenschaft auf, machten Vorschläge für eine Steuerreform u. Neugestaltung der städt. Ordnung. Die Streitigkeiten zwischen Rat u. Sechzigern entwickelten sich zum offenen Machtkampf, der Herzog Johann Albrecht I. 1565 den Anlass zum gewaltsamen Eingriff lieferte. Die Stadt kapitulierte, der Rat wurde wieder in seine alten Rechte eingesetzt u. die Sechziger wurden aufgelöst. Der schwelende Konflikt zwischen der Landesherrschaft u. Rostock konnte erst mit der Anerkennung der Landeshoheit in den → Erbverträgen von 1573 u. 1584 beigelegt werden. Der Abschluss des Vertrages von 1584 gab den Anlass, die Frage eines B. endgültig zu klären. Es entstand das → Hundertmännerkollegium, das die Gemeinde jurist. fortan auf Dauer vertrat. Als engerer Ausschuss des Kollegiums entstanden 1593 die Sechzehner.

Lit.: *R. Lange: Rostocker Verfassungskämpfe bis zur Mitte des 15. Jahrhundert, Rostock 1888; J. Schildhauer: Soziale, politische und religiöse Auseinandersetzungen in den Hansestädten Stralsund, Rostock und Wismar im 2. Drittel des 16. Jahrhunderts, Weimar 1959; S. Pettke: Rostocks Vierundsechziger und die Reformation, in: Mecklenburgia Sacra. Jahrbuch für mecklenburgische Kirchengeschichte, Bd. 8, Schwerin 2005, S. 163–192; S. Pettke (Hg.): Die Rostocker Vierundsechziger. Protokolle der Bürgerbewegung 1534–1536, Rostock 2011.* BK

Protest vor der Bezirksverwaltung des Ministeriums für Staatssicherheit in der August-Bebel-Straße (1989)

BÜRGERBEWEGUNG. Entstehung aus Oppositionsgruppen, die Anfang der 1980er-Jahre im Umfeld der ev. Kirche existierten. Seit 1981 gab es regelmäßig Friedensgottesdienste in der Heiligen-Geist-Kirche u. es fanden Friedensdekaden in den Rostocker Kirchen statt. 1983 protestierte der Rostocker Friedenskreis in der meckl. Landeskirche gegen die Aufstellung sowjet. Raketen in der DDR. Ökolog. Themen wurden seit 1987 durch die Gruppe Umwelt an der St.-Petri-Kirche aufgegriffen. Diese Gruppe organisierte seit 1988 auch Fürbittandachten für verhaftete Oppositionelle. Außerhalb dieser Kreise engagierten sich Umweltschützer beim Kulturbund in der Gesellschaft für Natur u. Umwelt. Die kirchl. Friedens- u. Umweltgruppen hatten wesentl. Anteil an der

Programm der Friedensdekade (1988)

Herbeiführung der → Friedlichen Revolution im Herbst 1989 u. beeinflussten deren Ablauf vor allem in der Anfangsphase. Die für Rostock maßgebl. Donnerstagsdemonstrationen hatten ihren Ursprung in den Fürbittandachten. Es kam zu einer sprunghaften Erweiterung der Zahl u. Größe der Gruppen, die sich nun zu wirkl. Bürgerbewegungen entwickelten. Als wichtigste kristallisierten sich heraus: Neues Forum, Initiative für Frieden u. Menschenrechte, Grüne Partei u. Grüne Liga, Demokratie Jetzt, Unabhängiger Frauenverband, Vereinigte Linke. Vertreter der B. standen an der Spitze vieler Protestaktivitäten, initiierten den Runden Tisch, übernahmen Funktionen in der Verwaltung u. waren schließlich nach den ersten freien Kommunalwahlen vom Mai 1990 auch als Abgeordnete in der Bürgerschaft vertreten. Nach der Wiedervereinigung erlitten die B. zunehmend einen Bedeutungsverlust, der letztlich auch dazu führte, dass die Bürgerschaftsfraktion Bündnis 90 seit 2009 nicht mehr existiert. Außerhalb der polit. Parteien u. Gremien formieren sich immer wieder einzelne Bürgerinitiativen. So entstand 1998 das überparteil. Aktionsbündnis Bunt statt braun mit dem Ziel, rechtsextremist. Bestrebungen in der Gesellschaft langfristig den Nährboden zu entziehen.
Lit.: *B. Schmidtbauer: Im Prinzip Hoffnung. Die ostdeutschen Bürgerbewegungen und ihr Beitrag zum Umbruch 1989/90. Das Beispiel Rostock, Frankfurt a.M. 1996.* BK

BÜRGERBRIEF. Bezeichnung für die nur abschriftl. überlieferte mittelalterl. Aufzeichnung von Forderungen nach Beschränkung der Befugnisse der Ratsoligarchie; entstanden in den Jahren 1313, 1408 u. 1428; demonstrativ erneuert in den Aufständen von 1534 u. 1561; Originale sind durch obrigkeitl. Vernichtung nach Niederschlagung der Aufstände nicht erhalten. EM

BÜRGEREID. Auch in Rostock Voraussetzung für die Aufnahme u. die Nutzung der Rechte als Stadtbürger in Mittelalter u. Früher Neuzeit; abzulegen vor dem Rat bzw. dessen Mitgliedern; beinhaltete Anerkennung des Rates als Obrigkeit, der Gehorsam

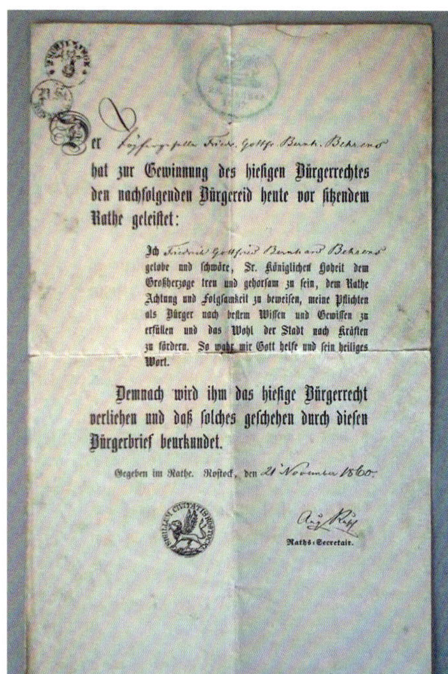
Der Töpfergeselle Fried. Gottfr. Bernh. Behrens

hat zur Gewinnung des hiesigen Bürgerrechtes den nachfolgenden Bürgereid heute vor sitzendem Rathe geleistet:

Ich Friedrich Gottfried Bernhard Behrens gelobe und schwöre, Sr. Königlichen Hoheit dem Großherzoge treu und gehorsam zu sein, dem Rathe Achtung und Folgsamkeit zu beweisen, meine Pflichten als Bürger nach bestem Wissen und Gewissen zu erfüllen und das Wohl der Stadt nach Kräften zu fördern. So wahr mir Gott helfe und sein heiliges Wort.

Demnach wird ihm das hiesige Bürgerrecht verliehen und daß solches geschehen durch diesen Bürgerbrief beurkundet.

Gegeben im Rathe. Rostock, den 21 November 1860.

Raths-Secretair.

Bürgerbrief des Töpfergesellen Friedrich Gottfried Bernhard Behrens (1860) zu leisten war; schloss auch den Gehorsam gegenüber dem Landesherrn ein, da Rostock landesherrl. Stadt blieb; Hauptpflichten bestanden in der Steuerzahlung, der Mitwirkung an der Verteidigung der Stadt sowie der Vermeidung von Aufruhr.

Lit.: *H. Wernicke: Bürgereid, in: Landeskundlich-historisches Lexikon Mecklenburg-Vorpommern, Rostock 2007, S. 97.* EM

BÜRGERGARDE. In der → Revolution von 1848/49 gebildetes, uniformiertes, mit Bajonett-Gewehren u. Säbeln bewaffnetes, in neun Kompanien mit gewählten Offizieren u. Unteroffizieren eingeteiltes Bataillon mit mind. 800 Mann unter vom Rat ernanntem Kommandeur; zum Schutz der öffentl. Ordnung, Freiheit u. Sicherheit von Personen u. Eigentum ins Leben gerufen durch Ratsverordnung vom 15.3.1848; weitere Reglements vom 7.4./29.5./6.10.1848, 18.5.1849, 5.2.1851; am 13.7.1853 aufgelöst bzw. am 3.11. wieder durch das Korps der Bürger- → Fahnen ersetzt.

Trompete der Rostocker Bürgergarde (um 1850)

Lit.: *A. Vorberg: Die Rostocker Bürgergarde, in: Die Heimat. Volksblatt für Mecklenburg, Jg. 3, Rostock 1909/10, S. 357–359, 373–375.* MM

BÜRGERMEISTER. Innerhalb des Rates u. seiner Ratsherren (consules seit 1218, in der Frühen Neuzeit senatores) als polit. Führungsgremium der Stadt entwickelten sich im Verlaufe des 13. Jh. die B. (proconsules seit 1289, in der Frühen Neuzeit consules) als drei- bis vierköpf. Spitze der sich ausdifferenzierenden → Stadtverwaltung. Seit Mitte des 14. Jh. führten sie – ebenso wie die Ratsherren – den ehrenvollen Titel „Herr" (dominus). I. d. R. durchliefen die B. zunächst etl. der übrigen Ratsämter (häufig Gerichtsherren u. Kämmerer) u. wurden daher erst im höheren Lebensalter von den übrigen Ratsmitgliedern auf Lebenszeit (bis ins 20. Jh.) in ihr Amt gewählt. In diesem leiteten sie die städt. Innen- u. Außenpolitik. Einer von ihnen saß – spätestens seit der Frühen Neuzeit im monatl. Wechsel – als worthabender B. den mehrmals in der Woche stattfindenden Ratssitzungen vor. Mit der zunehmenden Verrechtlichung u. Kompliziertheit der inneren u. äußeren städt. Angelegenheiten wurden immer mehr studierte Juristen zu B. Ihnen kam auch im Rahmen der meckl. Ständeverfassung eine besondere Bedeutung als wichtigste städt. Repräsentanten des Landes zu. Seit der Reform von 1887 amtierten drei B. gleichzeitig, die sich alle drei Monate in der Wortführung abwechselten. Zwei von ihnen waren jeweils Juristen. Nach der Neuordnung von 1919 amtierte nur noch ein B., seit 1927 unter der Amtsbezeichnung → Oberbürgermeister.

Lit.: *H. Wernicke: Bürgermeister, in: Landeskundlich-historisches Lexikon Mecklenburg-Vorpommern, Rostock 2007, S. 97f.* EM

BÜRGERRECHT. Im Rahmen des → Lübischen Rechtes entwickelten sich seit dem Mittelalter auch in Rostock individualisierte B. u. Bürgerpflichten. Angesichts des wachsenden Anteils insbesondere von Unterschichten, aber auch der Sonderstellung einiger privilegierter Schichten (Geistliche, Adlige), galten sie bis weit in das 19. Jh. hinein jedoch nicht für alle Einwohner. Als Grundlage des B. galten ein Mindestvermögen (normalerweise in

Gestalt eines Grundbesitzes in der Stadt), ehrl. u. christl. Geburt, persönl. Freiheit sowie → Bürgereid u. Bürgergeld. Der Zugang zum B. wurde erleichtert für Angehörige von Bürgern (Ehefrauen, Witwen, Kinder). Die Stadt gewährte dem Bürger in erster Linie Frieden, Freiheit, Schutz u. bürgerl. „Nahrung" (zumeist als Kaufmann od. Handwerker) innerhalb ihrer Mauern. Hingegen waren das aktive u. passive Wahlrecht eingeschränkt, da sich der Rat ledigl. aus den ratsfähigen Familien selbst ergänzte u. sich diese hauptsächl. auf die kaufmänn. Oberschicht erstreckten. Die Hauptpflichten aller Bürger hingegen bestanden in der Steuerleistung sowie der Verteidigung der Stadt (in persona od. als materielle Leistung). Eine dauerhafte Erweiterung ihrer polit. Rechte gelang den nichtratsfähigen Bürgern in Gestalt einer Vertretung im Rahmen des → Hundertmännerkollegiums. Eine Erweiterung des B. auf größere Teile der Einwohnerschaft erfolgte erst im Zuge der Reichseinigung (u.a. Gewerbefreiheit), eine völlige Gleichstellung erst nach der Revolution von 1918. EM

BÜRGERSCHAFT. Wie in anderen Hansestädten in Rostock traditionelle Bezeichnung für das kommunale Parlament. Die Leitung übernimmt der Präsident od. die Präsidentin. Die frei gewählte B. löste nach dem demokrat. Umbruch in der DDR im Mai 1990 die Stadtverordnetenversammlung ab; entsprechend der Kommunalverfassung des Landes oberstes Willensbildungs- u. Beschlussorgan der Gemeinde; die 53 Bürgervertreter werden in allgemeiner, unmittelbarer, freier, gleicher u. geheimer Wahl für die Dauer von fünf Jahren gewählt; histor. Vorläufer waren das → Hundertmännerkollegium (1584–1887), die Repräsentierende B. (1887–1901), die Bürgervertretung (1902–19) u. die Stadtverordnetenversammlung (1849–51, 1919–33, 1946–90). BK

BUMKE, OSWALD. Psychiater (25.9.1877 Stolp–5.1.1950 München); Studium der Medizin; 1901–13 Arzt an der Psychiatr. u. Nervenklinik Freiburg im Breisgau, hier 1910 außerordentl. Prof.; 1914–16 Prof. für Psychiatrie u. Neurologie an der Uni Rostock; Leiter der Nervenklinik → Gehlsheim, war mit den rückständigen Verhältnissen in Rostock äußerst unzufrieden; folgte 1916 Berufung nach Breslau; 1921 Uni Leipzig; 1924 Uni München. Einer der bedeutendsten Neuropsychiater seiner Zeit; gehörte 1923 zu einer Expertenkommission, die den krit. Gesundheitszustand des russ. Revolutionsführers u. Staatsgründers Wladimir Iljitsch Lenin (1870–1924) untersuchte. BK

Oswald Bumke (um 1940)

BUNKER → LUFTSCHUTZ

BURCHARD (FAMILIE). Mehrere Mitglieder der Familie B. gehörten seit dem 18. Jh. zur polit. u. im 19. Jh. auch zur kaufmänn. Elite Rostocks. Der in Kiel geborene **(1) Christoph Martin B.** (1.4.1680 Kiel–14.2.1742 Rostock), 1716–20 in Rostock Stadtphysicus, Prof. der Medizin, kehrte 1722 dauerhaft an die Uni Rostock zurück u. amtierte dreimal als Rektor. Sein Sohn **(2) Julius Ludwig B.** (4.3.1723 Rostock–1771 Rostock) wurde zunächst Anwalt u. 1757 Senator, dessen Bruder **(3) Johann Gottlieb B.** (23.11.1732 Rostock–11.5.1785 Rostock) Gerichtsprokurator. **(4) Johann Friedrich Theodor B.** (8.9.1756 Rostock–22.4.1822 Rostock), Sohn von (1), wurde Anwalt u. Mitherausge-

Christoph Martin Burchard (1723)

ber der Rostockschen Monatsschrift, sein Halbbruder **(5) Friedrich Gottlieb Julius B.** (26.4.1767 Rostock–27.7.1807 Rostock) Anwalt u. Syndicus des 1. Quartiers des → Hundertmännerkollegiums. Dessen Bruder **(6) Peter Wilhelm Christoph B.** (28.11.1768 Rostock–Sep. 1825 Hamburg) u. Kommerzienrat **(7) Martin Carl Ludwig B.** (12.11.1759 Rostock–25.7.1813 Rostock), ein weiterer Halbbruder, gehörten nach Aufenthalten in Bordeaux bzw. Hamburg zu den reichsten Rostocker Kaufleuten. (6) war inzwischen niederländ. Konsul, ging 1822 spektakulär Konkurs, in dessen Masse auch die große Reederei u. der Gutsbesitz Wustrow einflossen. Die Söhne **(8) Ludwig B.** (9.8.1800 Rostock–6.11.1868 Rostock) u. **(9) Peter B.** (21.12.1801 Rostock–27.9.1864 Rostock) erlernten in Hamburg u. London bzw. Amsterdam den Kaufmannsberuf. Sie erwarben die → Zuckerfabrik C.F. Müller & Sohn am Gerberbruch, hinzu kamen Getreidehandel u. Großreederei. (9) wurde 1855 Senator, sein Sohn **(10) Heinrich Peter Ferdinand B.** (1.5.1835 Rostock–4.9.1888 Rostock) brachte es als Ingenieur 1879 zum Techn. Direktor der Schiffswerft u. Maschinenfabrik Hansa vorm. Tischbein. (8), seit 1831 Vizekonsul Schweden-Norwegens, gründete 1856 mit seinem Sohn **(11) Peter Johann Friedrich B.** (21.10.1831 Rostock–6.9.1915 Rostock) ein neues Geschäft. In Hamburg u. London zum Kaufmann ausgebildet, führte er die Firma auf eigene Rechnung fort, wurde 1872 Senator u. 1896 bis zu seiner Pensionierung 1907 → Bürgermeister. Keiner der sechs Kaufleute unter seinen acht Söhnen etablierte sich in Rostock, lediglich eine der drei erwachsenen Töchter blieb u. führte den väterl. Haushalt. Auch Martin Carl Ludwigs Sohn **(12) Carl Friedrich Joachim B.** (12.11.1791 Rostock–16.9.1851 Rostock) wurde in Rostock Kaufmann u. betrieb mit seinen Söhnen eine Handlung. Der in Bremen ausgebildete **(13) August Heinrich Thomas B.** (23.9.1816 Rostock–23.4.1886 Rostock), seit 1861 Vizekonsul Portugals, machte sich 1866 selbstständig u. wurde Senior des 1. Quartiers der Rostocker Hundertmänner. **(14) Eduard Johann Georg B.** (7.5.1819 Rostock–1.7.1896 Rostock), bis 1860 Vizekonsul Portugals, setzte das väterl. Geschäft fort, wurde 1860 Senator u. 1879 Bürgermeister. Mit **(15) Ernst Christian August Friedrich B.** (4.2.1843 Beestland–7.7.1917 Rostock) kehrte ein Enkel von (6) als Schiffbaumeister nach Rostock zurück, gründete 1868 eine Werft u. betrieb eine Reederei. Sein jüngerer Sohn **(16) Hermann Heinrich August B.** (11.2.1887 Rostock–17.11.1968 Hamburg-Blankenese) lernte in Rostock Kaufmann. Auch Peter Wilhelm Christo-

Albrecht Carl Martin Burchard (um 1930)

phs Urenkel **(17) Albrecht Carl Martin B.** (30.8.1873 Todenhagen bei Semlow–4.9.1948 Rostock) ist, da seine Eltern u. Großeltern Landwirtschaft betrieben, als „Rückkehrer" zu betrachten, der seit 1900 als Arzt, Privatdozent, Prof. u. Betreiber einer privaten Röntgenpraxis in Rostock wirkte. Träger des Familiennamens sind bis in die Gegenwart in der Stadt nachweisbar.

Lit.: *F. H. Dunckelmann (Hg.): Nachrichten von der Familie Burchard, Rostock 1910; M. Manke: Rostock zwischen Revolution und Biedermeier – Alltag und Sozialstruktur, Rostock 2000.* MM

BURMEISTER, JOACHIM. Musiker (1564 Lüneburg –5.5.1629 Rostock); Ausbildung am Johanneum Lüneburg, 1586 Immatrikulation Uni Rostock; ab Ostern 1586 Kantor der St.-Nikolai-Kirche u. Mitglied im Kollegium der → Großen Stadtschule; Herbst 1586 Kantor der St.-Marien-Kirche; nach Erwerb des Magistergrads 1593 Praeceptor classicus an der Rostocker Stadtschule; als Musiktheoretiker bedeutsam durch seine musikal.-rhetor. Figurenlehre.

Lit.: *J. Burmeister: Musica poetica, Rostock (Mylander) 1606, Reprint mit einer Einführung v. R. Bayreuther, Laaber 2004.* HM

BURSCHENSCHAFT. (Abgeleitet von lat. bursarius = Bewohner einer Burse, also einer Wohnstätte für eine Gruppe von Studenten). Vorläufer der B. waren die im 17. Jh. entstandenen sog. Nationen u. Landsmannschaften, die ursprüngl. als Wohlfahrtseinrichtung für mittellose Studenten gegründet wurden, sich aber zunehmend zu student. Vereinigungen mit Satzungen entwickelten. Als erste Rostocker Studentenvereinigung gilt die Westfäl. Landsmannschaft 1623. Selbstbestimmung u. eigene Riten, verbunden mit gewalttätigen Ausschreitungen, riefen Kritik u. schließlich im 18. Jh. das Verbot dieser Vereinigungen durch die Uni Rostock u. die Landesherrschaft hervor. Ein Jh. später gründeten sich die an die Tradition der Landsmannschaften anlehnenden Corps u. benannten sich nach den Herkunftsländern der Studenten. Für Rostock sind die Rostochia, Vandalia od. Pomerania bekannt. Nach dem Sieg über Napoleon 1814/15 schlossen sich viele Studenten zu B. zusammen. Die ersten B. wurden 1814 in Halle u. ein Jahr später in Jena gegründet. Sie waren geprägt von Liberalismus u. Patriotismus, vor allem aber dem Streben nach nationaler Einheit. Mit den Karlsbader Beschlüssen von 1819 erfolgte

Burschenschaft auf der 500-Jahr-Feier der Universität Rostock (1919)

ein Verbot der B. Dennoch gelang 1821 die Gründung der Rostocker Germania. Bis 1828 erreichte die Uni-Leitung die Auflösung sämtl. Verbindungen. Mit dem steten Anstieg der Studentenzahlen Ende des 19. Jh. gründeten sich erneut Corps u. B. Neben christl. orientierten Vereinigungen wie dem Wingolf (1850) od. dem Theolog. Studentenverein (1863) bildeten sich auch weltl. B. Eines der wichtigsten Unterscheidungsmerkmale innerhalb der B. war ihre Einstellung zur Mensur, also dem auf strengen Regularien beruhenden Fechtkampf. In Rostock gehörten etwa die B. Obotritia (1883) u. Redaria (1886) zu den schlagenden Verbindungen. Im Zuge der nationalsozialist. Gleichschaltung strebte das NS-Regime die Zugehörigkeit aller Studenten zum Nationalsozialist. Dt. Studentenbund an. Den student. Parteimitgliedern wurde 1936 die Mitgliedschaft in B. verboten. Viele B. lösten sich daraufhin auf. Während in der DDR B. weiterhin untersagt waren, lebten die B. der Obotritia, der Redaria-Alemannia u. der Wingolf in der BRD wieder auf. Erst nach 1990 siedelten sie sich wieder in Rostock an. Heute aktiv sind die schlagenden B. Alte Rostocker B. Obotritia u. Redaria-Alemannia sowie die nichtschlagende B. Wingolf.

Lit.: *A. Hofmeister: Rostocker Studentenleben vom 15. bis ins 19. Jahrhundert, in: Archiv für Kulturgeschichte, Bd. 4, Berlin, Leipzig 1906, S. 1–50, 171–196, 310–348; K. Fliegner: Die Burschenschaft Redaria Rostock, Aachen 2009.* AS

BURSPRAKE. Niederdt. für ursprüngl. auf Bürgerversammlungen zurückgehende spätmittelalterl.-frühneuzeitl. Aufzeichnung von Ratsverordnungen für das städt. Alltagsleben; bis Anfang des 19. Jh. zweimal jährl. Ende Feb. bzw. Okt. von der Laube des → Rathauses vor den Bürgern verlesen; allmähl. umfangreicher werdende Texte für Rostock aus dem 15. bis 18. Jh. überliefert; Regelungen u. a. insbesondere für das Bierbrauen; teilweise Ablösung durch wesentl. ausführlichere Polizeiordnungen. EM

BUTTERKRIEG. Der B. war ein von Gewalt begleiteter Tumult am 29./30.10.1800, der seinen von John → Brinckman in der Erzählung „Kasper Ohm un ick“ popularisierten Namen jedoch erst 1847 erhielt. Indem die Kaufleute die starke Lebensmittelnachfrage in West- u. Nordeuropa bedienten, geriet der heimische Lokalmarkt unter Druck. Produktknappheit zog Preisanstiege nach sich, sodass viele Einwohner ihre Existenz gefährdet sahen. Obwohl der Rat Vorkehrungen traf, stiegen im Herbst 1800 die Preise für Getreide rasant. Da der Teuerung der hochgeschätzten Butter nicht entgegengesteuert worden war, wurde sie zum Symbol obrigkeitl. Missachtung unterschichtiger Konsumtionsbedürfnisse.

Am 29.10. übergab eine Deputation der auf dem Neuen Markt v. a. versammelten Zimmer- u. Maurergesellen, Lehrlinge u. Handlanger dem Rat eine Schrift, die die Preise beklagte u. Abhilfe forderte. Sie erhielt, obwohl es bereits im Vorfeld zu Marktunruhen gekommen war, eine nur auf Beruhigung zielende Antwort. Daher kippte gegen Mittag die Stimmung. In Häusern u. Speichern einzelner Kaufleute, häufig zugleich Ratsmitglieder, wurden zunächst Lebensmittel gesucht, um sie dann zum Markt zu schaffen. Dabei, u. insbesondere in der folgenden Nacht, kam es sowohl zu Verbal- als auch zu Gewaltattacken gegen Personen u. Sachen, denen etwa ein Drittel der Betroffenen durch Bewirtung mit Essen u. Alkohol zu entgehen suchte.

Unterdessen diskutierten Rat u. Stadtparlament preisregulierende Schritte, mobilisierten aber gleichzeitig Bürgerfahnen u. herzogl. Militär. Da zudem die Meister deeskalierend auf die Tumul-

Prangertafel, die von den Verurteilten getragen werden musste (1800)

tuanten einwirkten, zerstreuten sie sich bis gegen ein Uhr. Der materielle Schaden der etwa 30 Betroffenen belief sich auf 36100 Taler, allein Kommerzienrat Martin → Burchard u. Agent Simon Wiegert machten 12100 bzw. 9900 Taler geltend. Nachträgl. Sicherungsmaßnahmen kosteten noch einmal 39400 Taler. Wenige Wochen nach dem Tumult richtete die Kaufmannskompagnie ein Magazin ein, das über ein Jahr lang Korn zu erschwingl. Staffelpreisen verkaufte. Aber es wurden auch gut 70% der über 300 vor Gericht gestellten Tumultuanten bestraft. *Lit.: T. Propp: Der Rostocker „Butterkrieg". Kollektives Handeln im Tumult vom 29./30. Oktober 1800, Rostock 2000.* MM

BUTZEK, WALTER. Architekt (10.2.1886 Laurahütte/heute Polen – 23.3.1965 Rostock); 1908/09 Studium Techn. Hochschule Stuttgart; 1909 Architekt in den Saalecker Werkstätten bei Paul Schultze-Naumburg; seit 1912 freischaffender Architekt in Güstrow; 1915–18 Soldat, 1919–22 Bauberater in Schwerin, ab 1922 freischaffender Architekt in Rostock; ab Mitte der 1920er-Jahre Vertreter der Neuen Sachlichkeit; Vorsitzender der Vereinigung Rostocker Künstler; 1940–42 Soldat; 1950–55 Architekt im Industriebau; bis 1958 Stellvertreter des Rostocker Chefarchitekten. Bauwerke: → Greifenbad 1925, Teepavillon (→ Teepott) 1926, Kriegerehrenmale in Ribnitz 1926 (gemeinsam mit Ernst Karl Boy) u. in Warnemünde 1927 (1938 u. 1937 als „entartet" abgebrochen); in Rostock Kosegartenstr., in Warnemünde Kurhaus-Innengestaltung 1928, Wohnungsbauten u.a. in der Rostocker Parkstr. u. im Komponistenviertel (Ende 1920er-/30er-Jahre). AL

Teepavillon in Warnemünde (1926)

C

CAMPUS. Komplex von Gebäuden, die zu einer Uni od. Hochschule gehören.

(1) **C. Südstadt.** 1954 ließ die Uni Rostock südl. der Straße Bei der Tweel mehrere Instituts- u. Lehrgebäude für die landwirtschaftl. u. schiffbautechn. Fakultät errichten. In den 1960er-Jahren folgten fünf Studentenwohnheime in der Max-Planck-Str. u. 1970 eine Studenten- → Mensa in der Albert-Einstein-Str. 1972 bzw. 1975 entstanden in der Erich-Schlesinger-Str. u. in der Albert-Einstein-Str. neue Studentenwohnheime. Nach dem Zusammenbruch der DDR 1989/90 wurde der C. weiträumig u. großflächig angelegt: Errichtung einer neuen Mensa (Architekturbüro Pbr AG, 1999), der neuen Universitätsbibliothek (Henning Larsens, DK, 2004) u. verschiedener, z.T. hofbildender Institutsgebäude, die in einer klaren funktionalen Sprache den Klinker als Gestaltungsmittel wieder aufgreifen, z.B. beim Neubau des Instituts für Physik u. Forschungsbau „Leben, Licht & Materie" (Gerber-Architekten, 2011–15). Der erste, westl. gelegene Hof wurde als „Plaza" ausgebaut u. die C.-promenade mit taschenähnl. Aufenthaltsbereichen erweitert. Z.T. Einbeziehung architekturbezogener künstler. Gestaltung.

(2) **C. Ulmenstraße.** Ehem. → Kaserne des Großherzogl. Meckl. → Füsilier-Regiments Nr. 90, erbaut 1886–90, seit 1948 Planungen zum Um- u. Ausbau des Gebäudes für die → Arbeiter- u. Bauernfakultät inkl. eines Internats; ab 1951 Nutzung durch die Sowjetarmee u. durch das Kommando der → Grenzbrigade Küste; nach 1990 gingen Teile des Kasernengeländes an die Uni Rostock; 1998–2000 Grundsanierung; Einzug der Wirtschafts- u. Sozial-

Institut für Biowissenschaften auf dem Campus Südstadt (2009)

Campus Ulmenstraße (2017)

wissenschaftl. Fakultät, des Instituts für Sportwissenschaft, des Sprachenzentrums; 2004 Erweiterung des Gebäudekomplexes durch Errichtung des Auditorium Maximum (Audimax) mit über 500 Plätzen.
Lit.: G. Boeck u.a. (Hg.): Vom Collegium zum Campus. Orte Rostocker Universitäts- und Wissenschaftsgeschichte, Rostock 2010. AL/AS

CARITAS. 1897 gegründete kath. Hilfsorganisation. Angesichts der Not der Vertriebenen u. Kriegsheimkehrer dehnte der C.-verband seine Tätigkeit nach 1945 auf das protestant. Rostock aus; Aufbau der C. vollzog sich in Zuständigkeit der kath. Gemeinden; 1949 erste C.-fürsorgerin an der kath. → Christuskirche; trotz staatl. Einschränkungen Schaffung ambulanter Dienste für Alte, Kranke u. Behinderte; 1981 Einweihung des Alten- u. Pflegeheimes St. Franziskus im Gemeindezentrum am Häktweg; 1990 Bildung des Kreisverbandes Rostock; 1992 Eröffnung der Geschäftsstelle im Wilhelm- → Leffers-Haus in der Augustenstr. 85; 2003 Neubau des Heimes St. Franziskus im Rostocker Stadtteil Brinckmansdorf. BK

CARL LEOPOLD. Herzog v. Meckl.-Schwerin (26.11. 1678 Grabow–28.11.1747 Dömitz); folgte 1713 seinem Bruder → Friedrich Wilhelm in der Herrschaft u. spitzte dessen absolutist. Bestrebungen zu, scheiterte hiermit aber am massiven Widerstand besonders der Ritterschaft u. Rostocks, das er 1715, u.a. mit militär. Hilfe Peters I. v. Russland, mit dem Schweriner Vertrag seiner Gewaltherrschaft zu unterwerfen suchte; 1719 setzten seine inneren u. äußeren Gegner eine Reichsexekution gegen den Herzog durch, Sitz der kaiserl. Kommission wurde Rostock; der zeitweilig aus dem Lande nach Danzig weichende, aber seine Bestrebungen nie aufgebende Herzog wurde 1728 formell suspendiert u. sein Bruder → Christian Ludwig II. zunächst als kaiserl. Administrator, 1732 als Kommissar eingesetzt; beider Doppelherrschaft endete jedoch erst mit dem Tod von C.
Lit.: G. Heitz: Carl Leopold, in: Biographisches Lexikon für Mecklenburg, Bd. 5, Rostock 2009, S. 99–103. EM

CAROW, HEINER (eigentl. Heinrich). Filmregisseur (19.9.1929 Rostock–31.1.1997 Berlin); wirkte in seiner Rostocker Schulzeit in einer Jugendtheatergruppe mit, bevor er 1950 im Nachwuchsstudio der DEFA zum Regisseur ausgebildet wurde; drehte ab 1952 zunächst Kurzfilme u. Dokumentationen; 1959 Wechsel zur Gruppe Berlin der DEFA; schuf in der Folgezeit eine Reihe erfolgreicher Spielfilme, die teilweise auch in der DDR-Gesellschaft kontrovers diskutierte Themen aufgriffen, so u.a. „Die Reise nach Sundevit" (1966), „Die Legende von Paul und Paula" (1973), „Bis dass der Tod euch scheidet" (1978), „Coming out" (1989). C. gehörte dem Präsidium des Film- u. Fernsehverbandes u. der Akademie der Künste der DDR an (1982–91 deren Vizepräsident), zudem wirkte er als Außerordentl. Prof. sowohl an der Ost- als auch an der Westberliner Akademie der Künste u. war Träger zahlreicher Preise, u.a. Nationalpreis der DDR (1980) u. Silberner Bär der Berlinale (1990).
Lit.: A. Schock: Carow, Heiner, in: Biographisches Lexikon für Mecklenburg, Bd. 6, Rostock 2011, S. 88–90. RL

CATERPILLAR. Die C. Motoren Rostock GmbH gehört zum weltweit agierenden US-amerikan. Konzern C. Inc., produziert Diesel- u. Gasmotoren für Seefahrt, Erdöl- u. Stromerzeugung. 1999 übernahm C. Inc. Teile des Rostocker → Dieselmotorenwerkes; 2000 Umbenennung in C. Motoren Rostock GmbH, anschließend Ausbau; 2016 erfolgte die Produktion in insgesamt vier Hallen u. auf ca. 22500 m² Nutzfläche in Warnemünde.

Lit.: *MaK-Motoren aus Kiel und Rostock, in: Hansa. international maritime journal, Bd. 139, H. 4, Hamburg 2002, S. 38–40.* KM

CHEMISCHE FABRIK WITTE. 1856 von Friedrich → Witte eröffneter Großhandel mit Drogen u. Chemikalien, der 1862 auf dem Grundstück Lange Str. u. Schnickmannstr. vergrößert u. zu einer chem. Fabrik ausgebaut wurde. Das Unternehmen erlangte durch die Herstellung von Coffein, Pepsin u. Pepton, das speziell von Robert Koch genutzt u. empfohlen wurde, sowie Labpulver, Pankreatin u. Papain Weltruhm. 1879 nochmalige Erweiterung an diesem Standort; 1888 Eröffnung einer zweiten Fabrik in Bramow; 1952 wurde das Werk in den VEB Pepton umgewandelt.

Lit.: I. R. Lauterbach: *Friedrich Witte (1829–1893). Apotheker, pharmazeutischer Unternehmer und Reichstagsabgeordneter, Stuttgart 2011.* GB

CHEMISCHE INDUSTRIE. Im 19. Jh. entstanden zahlreiche kleine Betriebe, zumeist mit einer geringen Anzahl von Beschäftigten, z.B. Christian Ernst → Brockelmann (Herstellung von Ölen, Seifen, Lichtern, Lacken); → Chemische Fabrik Witte; Dr. Christian Brunnengräber (Chemikalien u. pharmazeut. Präparate); Carlshöfer Dampf-Knochenmehl- u. Superphosphatfabrik; Waagenfett-, Maschinenöl- u. Anstrichfarbenfabrik Wilhelm → Scheel u. Firma Wilhelm → Josephi jun. (Ölprodukte); J. C. Lange Erben (Seifen); Drogenhandlung, Parfümerie- u. Lichterfabrik F. A. Popp sowie eine Salmiakfabrik u. Leimsiedereien. Internationale Bedeutung erlangte nur die Chem. Fabrik Witte. Der größte Chemiebetrieb in der Nähe von Rostock war der 1981 gegründete u. 1985 in Betrieb genommene VEB Düngemittelwerk Rostock in Poppendorf, das zum VEB Kombinat Agrochemie Piesteritz gehörte u. über 2000 Beschäftigte hatte; nach 1990 Übernahme durch die Hydro Agri GmbH & Co. KG, heute im Besitz der Yara GmbH & Co. KG; verfügt u.a. über Salpetersäureanlagen, Nitratdüngemittelanlagen (für Kalkammonsalpeter sowie schwefel- u. magnesiumhaltige Nitratdünger) u. Anlagen für die Produktion von Ammoniumnitrat-Harnstoff sowie Ammoniumnitrat; eigener Chemiehafen u. Pipelineverbindungen zwischen Hafen u. Produktionsstätte.

Lit.: M. Teller: *Chemisches Gewerbe und chemische Industrie Mecklenburgs im Ausstellungswesen der 2. Hälfte des 19. und zu Beginn des 20. Jahrhunderts,*

Chemische Fabrik Witte in Bramow (um 1900)

in: Mitteilungen der Fachgruppe Geschichte der Chemie der Gesellschaft Deutscher Chemiker, Bd. 11, 1995, S. 16–25; Hydro Agri Rostock (Hg.): Chronik eines Düngemittelwerkes – Beitrag zur Rostocker Industriegeschichte, Rostock 2003. GB

CHOLERA → EPIDEMIE

CHOR. Eines der ältesten Vokalensembles Rostocks ist die **(1) Rostocker Singakademie**, die gegenwärtig etwa 70 Sängerinnen u. Sänger zählt. Im Nov. 1818 wurde sie von dem Organisten Johann Andreas Göpel (1776–1823) u. 43 Mitgliedern unter dem Namen Gesangverein zu Rostock gegründet. Seit März 1843 führte das Ensemble den Namen „Singacademie zu Rostock". Zu diesem Zeitpunkt zählte der C. bereits mehr als 200 Mitglieder. Nach stark rückgängiger Mitgliederzahl in den 1950er-Jahren trat die Mehrzahl der C.-mitglieder 1957 dem Extra-C. des Volkstheaters bei. Unter dessen künstl.-organisator. Trägerschaft stand die Singakademie seitdem im Verbund mit dem Opern-C. für Konzert u. Bühne zur Verfügung. 1983–2007 wurde die Singakademie fast durchgehend von Ulrike Masopust als C.-direktorin geleitet, ihre Nachfolge traten im Sommer 2007 Ursula Stigloher u. seit der Spielzeit 2011/12 Carsten Bowien an. 1975 wurde der Kinder-C. der Rostocker Singakademie als Nachwuchsschmiede für den Erwachsenen-C.

Benefizkonzert des Rostocker Universitätschors (2014)

gegründet u. stand über 20 Jahre unter der Leitung von Herbert Schoof, 2010 gefolgt von Daniel Arnold.

(2) Kirchen-C. Im Jahr 1948 kam Kirchenmusikdirektor (KMD) Dr. Hans-Joachim Wagner nach Rostock, um als erster Kirchenmusiker im heutigen Sinne an der St.-Marien-Kirche tätig zu werden (→ Musikleben). Zuvor war ledigl. ein Organist angestellt (Hans von Holten, 1920–47). Mit Wagner wurden erstmals die Aufgaben des Organisten u. des Kantors vereint. Seine effektive kirchenmusikal. Aufbauarbeit ermöglichte schon 1949 die Aufführung von Georg Friedrich Händels „Messias", zahlreiche große Werke ev. Kirchenmusik folgten. 1983 folgte ihm KMD Joachim Vetter im Amt des Marienkantors nach. Der Marien-C. war inzwischen auf etwa 120 Mitwirkende angewachsen. Für zehn Jahre bestand ein Kammer-C., der einen Teil der Programme allein übernahm. Ende der 1990er-Jahre sah man sich veranlasst, die bisher unabhängigen Rostocker Gemeinden der St.-Marien-, St.-Petri-, St.-Nikolai- u. St.-Jakobi-Kirche zur Ev.-Luth. Innenstadtgemeinde zusammenzufassen – ein Prozess, der mit Schwierigkeiten verbunden war. 2007 trat Karl-Bernhardin Kropf die Nachfolge Vetters an u. arbeitet heute mit über 70 Sängerinnen u. Sängern.

Der 1953 gegründete **(3) Universitäts-C.** hat, oft gemeinsam mit dem Collegium musicum der Uni Rostock, akadem. Festveranstaltungen würdig umrahmt u. mit Konzerten im In- u. Ausland Anerkennung gefunden. 1957–93 lag die Leitung in den Händen von Hans-Jürgen Plog. Sein Nachfolger wurde 1993 Thomas Koenig.

An der Johanneskirche wurde 1964 der **(4) Rostocker Motetten-C.** von Hartwig Eschenburg gegründet. Er sorgte schon zu DDR-Zeiten mit Konzerten in berühmten Kirchen u. Konzerthäusern, u.a. in Dresden, Leipzig u. Berlin, für Beachtung. Als einziger Kirchen-C. wurde er von der DDR-Regierung zu Schallplattenaufnahmen zugelassen. Konzertreisen ins Ausland blieben dem C. lange verwehrt; erst 1988 gab es Auftritte in Polen u. 1989, kurz vor dem Zusammenbruch der DDR, in Schleswig-Holstein. Seitdem gastiert der C. neben zahlreichen Auftritten in Rostock u. Umgebung mit ei-

Kammerchor der hmt Rostock „Vocalisti Rostochienses" (2013)

nem breiten Repertoire von A-cappella- u. orator. Werken vom Barock bis zur Moderne in vielen Ländern Europas u. in den USA. Seit 2000 ist Markus Langer Leiter des Rostocker Motetten-C.

In Warnemünde wurde 1963 der **(5) Shanty-C. De Klaashahns** von acht jungen Seglern ins Leben gerufen, die sich zusammenfanden, um die Abende gemeinsam mit dem Singen von Seemannsliedern u. Shantys zu verbringen. Der erste öffentl. Auftritt der Sänger fand am 7.5.1964 im Warnemünder Veteranenclub statt. Rundfunk u. Fernsehen wurden bald auf die Shantygruppe aufmerksam. Im Laufe der Jahre wurde aus der Shantygruppe ein Shanty-C., seit 1978 von Dietmar Bellmann musikal. geleitet. Viele Auftritte im In- u. Ausland belegen die erfolgreiche Arbeit.

Ebenfalls mit Seemannsliedern, Evergreens u. Seemannsgarn begeistert seit über 30 Jahren der vielseitige **(6) Shanty-C. Luv un Lee**.

Der **(7) Montagschor** wurde 1993 bei einem Treffen ehem. Kinder-C.-mitglieder von einer Gruppe nunmehr erwachsener Frauen gegründet. Der heute aus etwa 30 Mädchen u. Frauen bestehende C. fand schnell sein Profil, nahm an regionalen u. überregionalen C.-treffen teil u. gestaltete zahlreiche Konzerte in Rostock u. der Umgebung. Seit 2002 hat der C. (2008–13 unter der Leitung von Sebastian Helzel) mehrfach erfolgreich mit anspruchsvoller Frauen-C.-literatur an internationalen C.-wettbewerben teilgenommen.

1994, im Gründungsjahr der Hochschule für Musik u. Theater (hmt), begann der **(8) Hochschul-C. der hmt** mit der Arbeit unter der Leitung von Dagmar Gatz, die ihn bis Sommer 2011 mit großem Erfolg leitete. Seit dem Wintersemester 2011/12 hat Bernd Spitzbarth die Leitung inne. Das C.-singen ist Bestandteil des Studienprogramms. Das Repertoire ist breit gefächert, neben A-cappella-C.-musik von der Renaissance bis in die Gegenwart werden zunehmend auch größere Werke erarbeitet.

Der **(9) Kammer-C. Vocalisti Rostochienses** ist im Okt. 2001 aus dem gemischten C. der hmt hervorgegangen. Über 30 Sängerinnen u. Sänger, Studierende u. Absolventen der hmt widmen sich unter Leitung von Dagmar Gatz vorwiegend der Pflege des A-cappella-Gesanges, gelegentlich durch chorsinfon. Werke ergänzt. Mehrfach hat der Kammer-C. sehr erfolgreich an internationalen Wettbewerben teilgenommen.

Der jugendl. C. **(10) Celebrate**, der gegenwärtig etwa 80 nicht nur student. Mitglieder umfasst, wurde 2000 vom Medizinstudenten Jan Eckhoff als Studenten-Rock-Pop-Gospel-C. in der Tradition der Singout-Bewegung gegründet. Er hat sich seitdem ein breites Repertoire aus Rock, Pop, Gospel, Taizé, traditionellen Liedern u. Evergreens aufgebaut.

Ebenfalls seit der Jahrtausendwende tritt der **(11) Popchor(n)** der Rostocker Rock & Popschule mit etwa 40 Mitgliedern, überwiegend Jugendliche sowie Männer u. Frauen aus verschiedenen Alters- u. Berufsgruppen, auf unterschiedl. Bühnen im Umkreis der Hansestadt mit Rockklassikern u. aktuellen Hits auf.

Der **(12) Kammer-C.** der Neptunwerft besteht seit 1967. Bis zum Zusammenbruch der DDR 1989/90 gehörte er dem Schiffbaubetrieb an. Der eingetragene Verein ist heute Mitglied des meckl.-vorpommerschen u. des dt. C.-verbandes. Der C. trat zu DDR-Zeiten u.a. bei zentralen Wettbewerben sowie Festspielen auf.

Lit: *G. Puls: Gelobet seist du jederzeit, Frau Musika. Die Geschichte der Rostocker Singakademie, Rostock 2002; 50 Jahre Universitätschor Rostock 1953–2003, bearb. v. D. Schott u. T. Bornath, Rostock 2003.* HM

CHRISTIAN LUDWIG (LOUIS) II. Herzog v. Meckl.-Schwerin (15.5.1683 Grabow–30.5.1756 Schwerin); 1728 Einsetzung als kaiserl. Administrator (1732 als kaiserl. Kommissar) von Meckl.-Schwerin gegen seinen Bruder → Carl Leopold; nach dessen Tod 1747 Herzog v. Meckl.-Schwerin; 1748 landesherrl. Konvention mit Rostock zur Beilegung von Streitigkeiten; angebl. Zusage der Residenzverlegung nach Rostock (Erweiterung des → Palais-Gebäudes); 1755 in Rostock Ausgleich mit den Landständen durch den Landesgrundgesetzl. Erbvergleich.

Lit.: *S. Joost: Christian Ludwig II., in: Biographisches Lexikon für Mecklenburg, Bd. 8, Schwerin 2016, S. 75–79.* EM

CHRISTIANISIERUNG. Erst am Ende des 12. Jh., nach mehreren gescheiterten Anläufen im 10./11. Jh., wurde Meckl. gegen bis dahin lang anhaltenden heftigen Widerstand der slaw. Bevölkerung für das Christentum gewonnen. Maßgebl. hierfür waren der Übertritt des slaw. Fürstenhauses zum christl. Glauben (Taufe Pribislaws 1164), Bistums- u. Klostergründungen, die Einwanderung westl. christl. Siedler u. schließlich der Auf- u. Ausbau eines flächendeckenden Kirchspielnetzes in den Dörfern u. den nach u. nach entstehenden Städten. Für den Rostocker Raum kam hierbei dem Bistum Schwerin (Archidiakonat Rostock), der Gründung des Zisterzienserklosters in Doberan sowie dem Wirken der Fürsten → Nikolaus v. Rostock u. → Heinrich Borwin I. besondere Bedeutung zu. Neben einer Pfarrkirche in Rostock selbst (1189) sind frühe Pfarren in der Umgebung belegt für Kessin (→ Kessin Kirche) (vor 1191), Biestow (→ Biestow Kirche) (um 1200) u. Lichtenhagen (→ Lichtenhagen Kirche) (1. Drittel des 13. Jh.). Als größte u. einzige Stadt des Landes verfügte Rostock seit der Mitte des 13. Jh. über vier Pfarrkirchen (→ Kirche St. Petri, → Kirche St. Marien, → Kirche St. Jakobi, → Kirche St. Nikolai). Etwa zeitgleich wurden diese geistl. Einrichtungen ergänzt durch die Anlage dreier Klöster (→ Kloster St. Katharinen, Franziskaner; → Kloster St. Johannis, Dominikaner; → Kloster zum Heiligen Kreuz, Zisterzienserinnen) sowie zweier Hospitäler (→ Hospital zum Heiligen Geist, → Hospital St. Georg bzw. St. Jürgen). Damit wies Rostock die höchste Konzentration geistl. Einrichtungen in Meckl. auf, die bis zur → Reformation noch durch die Kartäuser im → Kloster Marienehe, Pest- bzw. Armenhospitäler (→ Hospital St. Gertrud, → Hospital St. Lazarus), die Uni Rostock sowie das Kollegiatstift in St. Jakobi erhöht wurde.

Lit.: *K. Schmaltz: Kirchengeschichte Mecklenburgs, Bd. 1, Schwerin 1935.* EM

CHRISTUSKIRCHE. Kath. Kirche, ursprüngl. am Schröderplatz gelegen, am 24.10.1909 geweiht; der neogot. Bau entstand nach Plänen des meckl. Hofbaurates Gotthilf Ludwig Möckel, finanziert durch das Bonifatiuswerk; der Bau mit Lang- u. Kreuzschiff wurde durch den Turm von 68 m Höhe dominiert, durch Bombentreffer am 11.4.1944 schwer beschädigt; bis 1947/48 Wiederaufbau, der Turm war seitdem nur noch mit kleinem Satteldach ausgestattet; die überzogenen Umbaupläne für die Rostocker Innenstadt von 1968/69 gingen von einem ersatzlosen Abriss der C. aus, um Platz für die neue Straßenführung zu schaffen; erst nach Protesten Zustimmung des Staates zum Bau der neuen C. am Häktweg, Verwendung von Elementen des

Katholische Christuskirche am Schröderplatz (um 1962)

industriellen Plattenbaus (Entwurf: Gisbert Wolf, Rudolf Lasch, Kurt Tauscher) u. eines hyperbol. Schalendachs (Entwurf: Ulrich Müther); Weihe der neuen C. am 12.6.1971; Sprengung der alten Kirche am 12.8.1971; am Schröderplatz verweist seit 2009 ein Mahnmal auf die erste C.

Lit.: *G. M. Diederich: Aus den Augen, aus dem Sinn. Die Zerstörung der Rostocker Christuskirche 1971, Rostock 1997; Katholische Gemeinde in Rostock im Wandel der Zeit. Geschichte der Christusgemeinde und ihrer Kirche in Bildern und Texten, Schwerin 2010.* BK

CHRONISTIK (griech.: chronicon, lat.: chronica – Zeitbuch). Frühe Gattung der Geschichtsschreibung, allgemein bis ins 16./17. Jh. üblich. Fast 100 Jahre nach der Begründung der Geschichtsforschung an der Uni Rostock durch Albert → Krantz erschien 1596 die erste gedruckte, einzige repräsentative Stadtchronik. Ihr Verfasser war der berühmte Rostocker Dichter Peter → Lindenberg, der einer Kaufmanns- u. Ratsherrenfamilie entstammte. Bildung, Herkunft u. Status prädestinierten ihn zum Stadtchronisten; ihm standen primäre Informationsquellen zur Verfügung. In lat. Sprache schuf er mit dem Titel „Chronicon Rostochiense" ein Porträt der Hansestadt mit kenntnisreichen u. anschaul. Passagen v.a. zu Topografie, Handel, Gewerbe u. Stadtverfassung. In dt. Sprache wurde die Chronik weithin bekannt. Zur schmalen stadt- u. kulturgeschichtl. relevanten Chroniküberlieferung gehören außerdem folgende weniger bekannte Handschriften. Sie entstanden zwischen dem Ende des 15. Jh. u. 1625, sind heute gedruckt zugängl. u. von ihren Hg. als Chroniken bezeichnet worden. Ihre ursprüngl. anonymen Verfasser waren nichtakadem. Laien-Chronisten. In dt. Sprache ergänzen sie auf schlichte Art aus der Sicht interessierter Bürger u. Zeitzeugen Lindenbergs großes Stadtporträt v.a. durch zeitnahe Dokumentation des städt. Alltagsgeschehens. Die niederdt. Chronik „Van der Rostocker Veide. Rostocker Chronik von 1487–1491" gilt als eine Hauptquelle zum großen Ereigniskomplex → Domfehde. Der gut informierte Verfasser (vermutl. ein Zeitzeuge) u. das Original sind unbekannt. Mit o.g. Titel wurde sie 1880 von Karl Ernst Hermann → Krause nach einer Handschrift von 1558 veröffentlicht. Eine zeitl. umfangreiche niederdt. Chronik verfasste der Buchbinder u. Amtsmeister Dietrich vam Lohe (auch: vom Lohe, gest. 1590). Der als Zeichner der berühmten Bildrolle „Abcontrafactur ... von Rostock" (1578–86) bekannte Krämer Vicke → Schorler hinterließ anonym einen von ihm geschriebenen Chronikband. Er enthält in Hochdt. übertragen u. leicht bearbeitet die Aufzeichnungen vam Lohes u. für die Zeit 1584–1625 eine authent. Chronik des Krämers.

Lit.: *E. Dragendorff: Zwei Rostocker Chronisten, in: Beiträge zur Geschichte der Stadt Rostock, Bd. 9, Rostock 1915, S. 57–65; I. Ehlers (Hg.): Vicke Schorler. Rostocker Chronik 1584–1625, Rostock 2000, S. 7–19; K.E.H. Krause: Die Chronistik Rostocks, in: Hansische Geschichtsblätter, Bd. 14, Wismar 1885/86, S. 163–192.* IE

CHYTRAEUS (FAMILIE) (eigentl. Kochhafe). **(1) David C.** Theologe, Historiker, Schulreformer (26.2. 1530 Ingelfingen–25.6.1600 Rostock), Bruder v. (2); Studium in Tübingen, Wittenberg, Heidelberg; auf Empfehlung Philipp Melanchthons 1550 Berufung an das Pädagogium der Uni Rostock; 1561 Promotion; 1563–1600 Prof. der Theologie in Rostock; mehrfach Rektor, Reorganisator der Uni Rostock; Universalgelehrter mit europ. Ausstrahlung. **(2) Nathan C.** Philologe, Dichter (15.3.1543 Menzingen–25.2.1598 Bremen); 1555 Immatrikulation an der Uni Rostock; 1562 Promotion; 1564 herzogl. Prof. der lat. Sprache u. 1567 der Poesie; 1569 Be-

David Chytraeus (Holzschnitt, 16. Jahrhundert)

gründung der Rostocker Universitätsbibliothek; 1580 erster Rektor der Rostocker Lateinschule (später → Große Stadtschule); 1592 Entlassung aus dem Amt unter dem Vorwurf, Calvinist zu sein; bedeutender Dichter des Späthumanismus.
Lit.: *R. Keller: Chytraeus, David, in: Biographisches Lexikon für Mecklenburg, Bd. 3, Rostock 2001, S. 36–42; T. Elsmann: Chytraeus, Nathan, in: Biographisches Lexikon für Mecklenburg, Bd. 2, Rostock 1999, S. 69–81.* AH

CLEMENT, ALBERT. Großhändler, Politiker (12.4.1849 Rostock – 13.1.1928 Rostock); übernahm das väterl. Geschäft u. baute es zu einer Düngemittelfabrik aus; Vorsitzender der Rostocker Kaufmannschaft; 1893–1907 Senator; 1907–19 Bürgermeister; Geheimer Kommerzienrat; wurde 1898 Vorsitzender des Meckl. Handelsvereins; 1903–23 Erster Präsident der Meckl. Handelskammer; seit 1914 bis zum Tod Vorsitzender des Aufsichtsrats der → Mahn & Ohlerich Bierbrauerei AG; 1921 wurde die C.-str. in der → Kröpeliner-Tor-Vorstadt nach ihm benannt.
Lit.: *K. Schröder: Geheimer Kommerzienrat Albert Clemens, in: Nach „alter teutscher Moral"? oder auch „Ehrbarer Kaufmann" gestern – „Ehrbare Kaufleute" heute, Rostock 2011, S. 29–32.* AKr

Albert Clement (um 1920)

CORDS, AUGUST. Schiffsausrüster, Reeder (14.8.1859 Warin – 9.11.1919 Rostock); begann 14-jährig eine kaufmänn. Lehre als Schiffsausrüster in Rostock; übernahm das Geschäft 1885; erweiterte sein Profil 1902 durch Gründung einer Reederei; gründete 1910 eine zweite GmbH u. war Teilhaber anderer Gesellschaften; besaß vor dem I. Weltkrieg elf Frachtschiffe, im Nov. 1918 noch fünf; die Firma blieb bis 1945 in Familienbesitz, wurde 1952 in Bremen neu gegründet. 1971 aus dem Handelsregister gelöscht.
Lit.: *H.-G. Wentzel: Aug. Cords. Reederei Rostock–Bremen, Hamburg 1987.* AKr

CRAMONSTANNEN → SCHWEIZER WALD

D

DÄNEMARK. Das Königreich D. spielte in der Geschichte des balt. Raumes über lange Zeit eine bedeutende Rolle. Dabei ging es nicht nur um Konflikte mit den unmittelbar angrenzenden Nachbarn (Holstein, Schweden, Norwegen), sondern auch um die Südküste der Ostsee, wo bereits im 12. Jh. dän. Besitzansprüche spürbar wurden: Schon 1160 zerstörten dän. Truppen die slaw. Fürstenburg Rostock. Knut V. (1182–1202) sicherte sich nach dem Zusammenbruch der Herrschaft des Sachsenherzogs Heinrich (der Löwe) die Lehnshoheit über die obodrit. Herrschaften, die Grafschaft Schwerin sowie Pommern. Sein Nachfolger Waldemar II. (1202–41) eroberte Holstein, Meckl. u. Pommern. Dies wurde 1214 vom dt. König Friedrich II. anerkannt u. erst 1227 mit dem Sieg über Waldemar II. bei Bornhöved rückgängig gemacht. Die angebl. Gründung des → Klosters zum Heiligen Kreuz in Rostock durch die dän. Königin → Margarethe Sambiria, eine Verwandte des Herren → Waldemar v. Rostock, 1270 zeigt besondere Verbindungen zu D. 1301 gelang es König → Erik VI. Menved (1286–1319), sich in den Konflikten der rivalisierenden Fürstenhäuser Rostock, Meckl. u. Werle die Herrschaft Rostock zu sichern; Rostock musste dem neuen Landesherren huldigen. 1311 kam es zum offenen Konflikt, in dem Rostock 1312 unterlag. 1317 erhielt der Verbündete des dän. Königs, → Heinrich II. v. Meckl., für langjähr. Kriegsdienste die Herrschaft Rostock. 1323 verzichtete König Christoph II. (1319–34) auf die Lehnshoheit über die Herrschaft Rostock. Am Krieg der Hansestädte gegen König Waldemar IV. (1340–75) 1361–70 nahm Rostock ebenso teil wie an der Durchsetzung des Herzogs Albrecht III. als König v. Schweden (1364–89) 1364–71. Insbesondere die dynast. Ambitionen Albrechts brachten Rostock u. Wismar bis 1399 häufiger in Konflikt mit der → Hanse. Seither waren die Beziehungen zwischen Rostock u. D. eher wirtschaftl. (Bierexport nach D. u. Norwegen) u. wissenschaftl. Natur. Vor der Gründung der Uni Kopenhagen 1478 war die 1419 gegründete Uni Rostock der bevorzugte Lernort für dän. Studenten.

Margarethe Sambiria auf einem Gemälde des Klosters zum Heiligen Kreuz

Die frühneuzeitl. Wirtschaftsbeziehungen zwischen der Stadt u. D. waren durch regen Handelsverkehr bis zum → Dreißigjährigen Krieg bestimmt. Auch danach blieben dän. Häfen bevorzugtes Zielgebiet bzw. häufig angelaufene Zwischenhäfen der Rostocker Schiffer. Der → Nordische Krieg brachte dann 1711 die kurzfristige Besetzung der Stadt durch dän. Truppen, die durch das Erscheinen einer schwed. Armee unter General Magnus v. Stenbock 1712 beendet wurde. 1873 wurde eine regelmäßige Schiffsverbindung zwischen Rostock u. Nykøbing/Falster eingerichtet. Die verspätete Anbindung Rostocks an das Eisenbahnnetz ließ dann allerdings 1903 die Eröffnung des Eisenbahntrajekts Warnemünde-Gedser (→ Fähre) zu, der die Hauptverbindung zwischen dem Dt. Reich u. den dän. Inseln darstellte. Nach 1945 reduzierte sich der Personenverkehr mit D., das seit 1956 NATO-Mitglied war; Reisende aus Westberlin zogen andere Wege nach Skandinavien vor. Der Güterverkehr entwickelte sich hingegen positiv. Das Bemühen, mit der → Ostseewoche u. anderen kulturellen Aktivitäten die Ostseeanrainerstaaten zu einer Anerkennung der DDR zu bewegen, betraf eher die neutralen der nichtsozialist. Staaten (Schweden, Finnland). Nach 1989 wurde auf Grund veränderter Rahmenbedingungen der Eisenbahnverkehr Warnemünde-Gedser 1995 eingestellt. Seitdem wird der Verkehr mit Autofähren vom Überseehafen aus abgewickelt; er hatte 2009 einen Umfang von 80 000 Lkw, 300 000 Pkw sowie 1,5 Mio. Passagieren.

Lit.: J. E. Olesen: Dänemark, in: Landeskundlich-historisches Lexikon Mecklenburg-Vorpommern, Rostock 2007, S. 115f.; J.-P. Findeisen: Dänemark von den Anfängen bis zur Gegenwart, 2. Aufl., Regensburg 2008. KJLS

DALWITZHOF. Ursprüngl. Dorf, südöstl. von Rostock gelegen; urkundl. Ersterwähnung 1257; zum Kirchspiel → Biestow gehörig; möglicherweise zunächst Nemezow (Deutschendorf); Erwerb durch die Stadt Rostock (1275), später im Besitz des → Hospitals St. Georg; Verkauf des Pachthofes an die Familie Dalwitz (um 1520); Hof u. Mühle um 1636/37 verlassen; Rückkauf durch das St.-Georg-Hospital (1691) u. Verpachtung des Gutes bis ins 20. Jh.; 1716 lagerten russ. Soldaten auf der Feldmark (Moskowiterberg); seit dem Spätmittelalter Drei- u. Vierfelderwirtschaft mit Gemengelage u. Flurzwang; 1804 Einführung der siebenschlägigen Koppelwirtschaft (Ackerbau, Rindvieh- u. Schafhaltung); Anlegen eines Spazierweges durch die Warnowwiesen von Rostock nach D. (1915); Eingemeindung (1919). RS

DAMEROW. Westl. von Rostock zwischen Biestow u. Barnstorf gelegener Hof; urkundl. Ersterwähnung 1326; Namensherkunft ungeklärt (wahrscheinlich slaw., Eichenwald); zum Kirchspiel → Biestow gehörig; im Besitz des → Hospitals zum Heiligen Geist; Meierei des Hofes Barnstorf u. Schafweide; aus drei Flächen bestehend: „Die alte Schäferei", „Der weiße Dreesch", „Die Damerow"; nördl. Teil von D. seit 1870er-Jahren Exerzierplatz; Dr. Aemil Ritter pachtete das Gut, Anpflanzung von Knicks (1898); Einweihung des Neuen Friedhofs (1912); Verlängerung der Straßenbahn; Eingemeindung nach Rostock (1919); 1920er-Jahre Bau einer Kleinsiedlung nach Plänen von Gustav Wilhelm → Berringer u. Anlegung von Sportanlagen. RS

DEHN, GUSTAV. Baumeister (30.10.1855 Laage-31.8.1939 Rostock); Studium des Bauwesens an der Techn. Hochschule Hannover u. Berlin-Charlottenburg; 1882-91 im meckl.-schwerinschen Staatsdienst; ab 1886 als Baumeister u.a. in Rostock, Güstrow, Doberan, Wismar tätig; 1891 Bauinspektor in Lübeck; 1898-1923 Stadtbaudirektor von Rostock. Bauwerke: → Wasserturm 1903/04, Stadthaus am Rathaus 1906/07, Schulbauten am Margaretenplatz 1900 u. am Alten Markt (um 1906), Rekonstruktionen der St.-Jakobi- u. St.-Petri-Kirche (innen). AL

DENKMAL. Sowohl ein zur Erinnerung an eine Person od. ein Ereignis errichtetes Monument als auch ein erhaltenes Objekt, das Zeugnis einer früheren Kultur ist. Eine besondere Form des D. ist das Natur-D. In Rostock zählen hierzu vor allem Bäume. Außerdem gibt es Bau-D., zu denen neben den Kirchen u. vielen Häusern u.a. die „Heinkelmauer" (→ Ernst Heinkel Flugzeugwerke) gehört. An techn. Neuerungen erinnern in der Stadt etwa der Schwimmkran → Langer Heinrich od. der → Wasserturm in der Blücherstr. Die meisten D. befanden u. befinden sich noch heute in der Innenstadt. Eines der ersten D. wurde 1494 für Thomas → Rode nahe der St.-Jakobi-Kirche errichtet. Später wurde der Sühnestein in das Gebäude der Justizkanzlei in der Langen Str. eingearbeitet, heute befindet er sich im Innenhof des → Klosters zum Heiligen Kreuz. Im 19. Jh. setzte die Stadt einzelnen Personen D., zu ihnen gehörten u.a. Gebhard Leberecht v. → Blücher, Joachim → Slüter u. der Afrikaforscher Paul Pogge. An den Grabstellen gedachte man Stephan → Jantzen u. Adolf → Wilbrandt. In den Barnstorfer Anlagen erinnerte ein Gedenkstein an den Gärtner Johann → Wilken. Hier wurde 1901 auch eine Bismarckstele errichtet. In Warnemünde gedachte ein D. mit zwei alten Kanonen des Politikers. Zur Erinnerung an die Toten des Dt.-Frz. Krieges wurde 1871 vor dem Steintor die Friedenseiche gepflanzt u. am Eingang der Wallanlagen ein Obelisk mit den Namen der Gefallenen aufgestellt. In Warnemünde gedachte man der Gefallenen mit zwei D. Das Bestreben des hiesigen Militärvereins, 1911 dort ein weiteres Kriegerdenkmal zu errichten, scheiterte. Dies galt auch für den bereits 1891 gefassten Plan, Heinrich Schliemann ein D. zu widmen. Aufgestellt wurde 1901 indes eine Figur des Großherzogs Friedrich Franz III. Für sie versetzte die Stadt das D. für Pogge vom Platz vor dem Ständehaus auf den heutigen Leibnizplatz. Neben Militärs, Politikern u. Wissenschaftlern erinnerte Rostock im Kaiserreich auch an die Dichter Walther v. der Vogelweide, Fritz → Reuter u. John → Brinckman. Die letzten beiden wurden vor dem Kröpeliner Tor mit jeweils einem Brunnen geehrt. Der → Brinckmanbrunnen befindet sich seit 1974 am Weißen Kreuz. Der Reuterbrunnen wurde 1969 entfernt, das Bronzerelief des Dichters jedoch 1971 auf einen Granitstein in Reutershagen übertragen.

In den 1920er-Jahren entstanden vor allem D., die an die Toten des I. Weltkrieges erinnerten. In der St.-Nikolai-, in der St.-Jakobi- u. in der St.-Petri-Kirche wurde ihrer mit Tafeln, in Biestow, Diedrichshagen, Gehlsdorf, Groß Klein u. Toitenwin-

Einweihung des Kriegerdenkmals in Warnemünde (1927)

kel mit Gedenksteinen gedacht. Die Anlage auf dem Neuen Friedhof erinnerte darüber hinaus an die gefallenen ausländ. Soldaten. 1923 u. 1927 entstanden in der St.-Marien-Kirche bzw. in den Warnemünder Dünen weitere Mahnmale gegen den Krieg. Die 1926 vom Kriegerverein auf dem heutigen Leibnizplatz aufgestellte Bronzestatue eines Soldaten heroisierte die Zeit 1914–18. 1936 wurde in der Parkstr. eine gusseiserne Matrosenfigur errichtet, die an die Schlacht am Skagerrak (1916) erinnerte. Als erste Stadt im Dt. Reich weihte Rostock 1937 auf dem heutigen Thomas-Müntzer-Platz ein D. für den ermordeten NS-Funktionär Wilhelm Gustloff ein. Im gleichen Jahr lobte die Stadt einen Wettbewerb für ein sog. D. der Bewegung aus, den Arno Breker (→ Aufmarschgelände) gewann. Zu einem Abschluss der Arbeit kam es jedoch nicht. Den Aufbau einer eigenen NS-Erinnerungskultur begleitete der Abriss der Warnemünder Gedenkstätte für die Gefallenen des I. Weltkrieges u. der Rückbau des Ehrenmals in St. Marien, von dem nur das steinerne Kruzifix bis heute blieb. Beide D. galten als „entartet". Abgelehnt wurde auch die seitens der Uni vorgeschlagene Ehrung der Rostocker Toten des → Kapp-Lüttwitz-Putsches. Die Blücherfigur rückte die Stadt 1938 aus dem Zentrum des heutigen → Universitätsplatzes an dessen Rand. Während des II. Weltkrieges gedachte man in Diedrichshagen mit einem Stein dreier Flak-Soldaten.

Nach 1945 wurden dieser, ebenso wie das Skagerrak- u. Füsilierdenkmal, die Bismarckstele u. die D. für Pogge (1995 wieder errichtet) u. Friedrich Franz III., entfernt. In der Öffentlichkeit dominierte die Erinnerung an die Opfer des Faschismus, denen D. im Rosengarten, auf dem Neuen Friedhof u. auf dem Alten Friedhof in Warnemünde errichtet wurden. Für die gefallenen Rotarmisten entstand am Puschkinplatz ein Friedhof mit Ehrenmal. Den ermordeten u. deportierten Juden (→ Judentum) errichtete die Stadt 1963 im heutigen Lindenpark ebenfalls ein D. 1967 legte sie auf dem Neuen Friedhof einen Ehrenhain für antifaschist. Widerstandskämpfer an. Mit Gedenksteinen gedachte man an verschiedenen Stellen der Stadt einzelner von ihnen. Mit Ausnahme von Wilhelm → Leffers u. Erich Mühsam handelte es sich um Mitglieder der KPD, u.a. Rudolf Mokry, Fiete Schulze u. Ernst Thälmann. Ab 1967 ehrte die Stadt die Revolutionäre des Nov. 1918, ihnen wurde eine Gedenkstätte am Kabutzenhof errichtet (1967 Ewige Flamme, 1970 Reliefwand, 1977 Großplastik). Hinzu trat die Erinnerung an die Befreiung Rostocks durch die Rote Armee, der mit Gedenksteinen auf dem Gelände der Neptunwerft u. am Mühlendamm mit einem zum D. umfunktionierten Panzer gedacht wurde. In den 1980er-Jahren entstanden D., die an die → Bücherverbrennung u. die Zerstörung der → Synagoge erinnerten. Neben den vielen polit. D., zu denen u.a. auch die für Otto Grotewohl, Wilhelm Pieck, Egon → Schultz, Walter Ulbricht od. das für die Erbauer des Übersee- → Hafens gehörten, wurde zur Zeit der DDR auch der auf See gebliebenen Fischer od. Stephan Jantzens gedacht. Nach 1990 nahm die Zahl der D. zu. Sie erinnern an die Opfer des II. Weltkrieges, an die Bombennächte, an die Vertreibung u. an die kommunist. Diktatur. Weitere rufen z.B. in Form von → Stolpersteinen das Schicksal jüd. Bürger ins Gedächtnis, ehren Wissenschaftler wie Tycho → Brahe, Kunstschaffende wie Fritz Reuter u. Walter → Kempowski od. gedenken Ereignissen wie der Sprengung der → Christuskirche u. des Pogroms von Lichtenhagen (→ Lichtenhagen (Pogrom)).

Lit.: W. Karge, H. Rübensam, A. Wagner: Gedenkstättenarbeit in Mecklenburg-Vorpommern, Schwerin 1997; Denkmale und Erbe der Rostocker Technikgeschichte. Verschwunden – vergessen – bewahrt?, Rostock 1995; B. Keipke: Die Gedenkstätten für die Gefallenen des I. Weltkrieges in Rostock und in Warnemünde, in: Beiträge zur Geschichte der Stadt Rostock, Bd. 28, 2006, S. 95–126; Kommission zur Erforschung der Geschichte der örtlichen Arbeiterbewegung bei der Bezirksleitung der SED (Hg.): Gedenkstätten der Arbeiterbewegung im Bezirk Rostock, Rostock 1981. MB

DENKMALPFLEGE. Am 5.12.1929 wurde in Meckl.-Schwerin das erste Denkmalschutzgesetz erlassen u. das Landesamt für D. mit vier ehrenamtl. tätigen Staatsbeamten berufen. Auch vor der (späten) Institutionalisierung der D. regte sich das Interesse, auf die Baukunst u. die Erhaltung von Bauwerken Einfluss zu nehmen. Im 19. Jh. teilte Rostock das

Schicksal dt. Großstädte, dass kulturhistor. wichtige Bauten aus Baufälligkeit od. dem Wunsch nach Moderne u. verkehrstechn. Erneuerungen zum Opfer fielen. Mit der Gründung des → Verschönerungsvereins 1836, des Vereins für Rostocks Altertümer 1883 (→ Geschichtsverein) u. des Heimatbundes 1906 begann sich auch in Rostock das aufstrebende u. erstarkende Bildungsbürgertum für die Baukultur zu engagieren. Initiativen dieses bürgerschaftl. Engagements gelang es seinerzeit z.B., Teile der Stadtmauer u. die alten → Scharren vor dem Verlust zu bewahren. Als bis heute wichtigstes Zeugnis dieser Arbeit ist jedoch die Rettung des got. Giebels des Hauses Hopfenmarkt 28 (heute Stadtbibliothek) 1910 zu benennen. Aufgrund von starken öffentl. Protesten, initiiert durch den Heimatbund, beschloss die Bürgerschaft den Ankauf durch die Stadt, um den geplanten Abbruch des Hauses abzuwenden. Denkmalkartierungen existieren seit 1919, geschaffen vom Rostocker Denkmalpfleger Adolf Friedrich → Lorenz, welcher sich neben seiner Tätigkeit als Regierungsbaumeister in Schwerin stark für die Belange der Baukultur in seiner Heimatstadt Rostock engagierte. Als Denkmalpfleger setzte sich Lorenz auch nach dem II. Weltkrieg für wichtige Rettungsmaßnahmen an stark beschädigten Baudenkmalen ein u. beteiligte sich an der Diskussion nach gestalter. Prinzipien für den Wiederaufbau des stark zerstörten Rostocks. Wichtige Denkmalpfleger Rostocks, die als Nachfolger von Lorenz die Leistungen bis heute geprägt haben, sind Jochen Lorenzen (1929–1981), Karl → Baumgarten u. Hans-Otto Möller (1934–2004). 1984 fand in Rostock die Tagung des Dt. Nationalkomitees des Internationalen Rates für Denkmalpflege (ICOMOS) statt, in Vorbereitung wurde mit Ratsbeschluss vom 19.4.1984 die erste Rostocker Denkmalliste verabschiedet. 1993 wurde in Meckl.-Vorpommern ein neues Denkmalschutzgesetz verabschiedet, das den Vollzug erstmals unteren Denkmalschutzbehörden übertrug. Die Denkmalliste der Hansestadt Rostock weist gegenwärtig ca. 550 Baudenkmale u. 22 Denkmalschutzbereiche aus. Die D. des Amtes für Kultur, D. u. Museen ist heute im → Mönchentor untergebracht. UJ

DENKSTEIN → STOLPERSTEIN

DETHARDING (FAMILIE). Aus der Gelehrtenfamilie gingen im 16.–19. Jh. mehrere angesehene Pastoren u. Mediziner hervor, die gleichnamige Straße in Rostock würdigt diese Persönlichkeiten. **(1) Barthold D.** Theologe (um 1535 Herford/Westfalen – 1577 Rostock), Begründer der meckl. Linie; kam 1558 zum Studium der Theologie nach Rostock; 1560 Prediger an der St.-Marien-Kirche; 1564 an der Kirche des Klosters zum Heiligen Kreuz, aktiv beteiligt an den Auseinandersetzungen der ev. Geistlichen von Rostock mit dem Rat um die Macht der weltl. Obrigkeit. **(2) Georg D.** Mediziner (13.5.1671 Stralsund – 23.10.1747 Kopenhagen), Enkel v. (1); seit 1689 Medizinstudium in Rostock u. Leyden, danach Studienreise durch England, Frankreich, Italien, Dtl.; 1695 Promotion an der Uni Altdorf; 1697–1732 Prof. der Anatomie u. Mathematik an der Uni Rostock; ab 1733 Uni Kopenhagen, dort Mitglied der Akademie der Wissenschaften. **(3) Georg Christoph D.** Mediziner (10.4.1699 Güstrow – 9.10.1760 Bützow), Sohn v. (2); bis 1721 Medizinstudium in Rostock, Leipzig, Halle; Studienreise nach Holland u. England, danach prakt. Arzt in Rostock; 1725 Promotion; 1733 Prof. an der Uni Rostock als Nachfolger seines Vaters;

Georg Christoph Detharding (1747)

1750 Kreisphysikus; ging 1760 an die neugegründete Uni in Bützow. **(4) Georg D.** Theologe (15.4.1727 Rostock – 3.7.1813 Rostock), Sohn v. (3); Studium der Theologie in Kopenhagen, Rostock, Göttingen; 1751 Habilitation in Rostock; ab 1755 Geistlicher an der St.-Jakobi-Kirche; ab 1794 zugleich Direktor des → Geistlichen Ministeriums. **(5) Georg D.** Theologe (7.6.1759 Rostock – 1.7.1825 Rostock), Sohn v. (4); ab 1798 an St. Jakobi; 1818 Direktor des Geistl. Ministeriums; 1819 anlässl. der Stiftungsfeier der Uni Rostock zum Ehrendoktor ernannt. **(6) Georg Gustav D.** Arzt u. Botaniker (22.6.1765 Rostock – 3.2.1838 Rostock), Enkel v. (3); nach Medizinstudium 1788 Promotion in Jena; tätig als prakt. Arzt in Rostock; gilt als eigentl. Gründer des Seebades Warnemünde; D.-Apotheke in Warnemünde trägt seit 1968 ihm zu Ehren den Namen. **(7) Georg Wilhelm D.** Arzt (24.5.1797 Rostock – 30.6.1882 Rostock), Sohn v. (6); nach Medizinstudium 1819 Promotion in Rostock; tätig als Militärarzt; ab 1848 prakt. Arzt in Rostock. Seine umfangreiche Gemäldesammlung ging als Vermächtnis an den → Kunstverein, heute teilweise im → Kulturhistor. Museum Rostock.

Lit.: *G.-H. Schumacher: Detharding-Familie, in: Biographisches Lexikon für Mecklenburg, Bd. 1, Lübeck 1995, S. 59 – 72.* BK

DEUTSCHE GESELLSCHAFT ZUR RETTUNG SCHIFFBRÜCHIGER (DGzRS). Nach Zusammenschluss mehrerer nichtstaatl. Seenotrettungsorganisationen

Seenotrettungsleinenwagen in Warnemünde (um 1900)

Rettungsschuppen der Station Warnemünde (um1880)

zur D. in Kiel 1867 Errichtung eines Schuppens für ein eisernes, ca. zehn Meter langes Ruderrettungsboot beim Herrenbad Warnemünde (auch Standort des Raketenapparats für die Hosenboje, heute im → Heimatmuseum). Im Alten Strom lag ein zweites hölzernes zehnriemiges Boot; 1872 Bau eines zweiten Schuppens mit Ablaufbahn für ein zwölfriemiges Boot am Ostufer des Alten Stromes (Teile des Gebäudes blieben erhalten); 1904 Errichtung einer Station zwischen Warnemünde u. Markgrafenheide; langjähriger Vormann der D. war Lotsenkapitän Stephan → Jantzen; 1913 Kauf eines Motorrettungsbootes; nach 1945 Übernahme der D. durch das → Dt. Rote Kreuz, später durch das Seefahrtsamt der DDR; 1990 Rückkehr der D. nach Warnemünde; Taufe des Seenotkreuzers VORMANN JANTZEN am 27.11.1990.

Lit.: *W. Esmann: Die Rettungsboote der DGzRS von 1865 – 2004, Bremen 2004; T. Zollmann: Rettung aus Seenot, Rostock 1982.* RK

DEUTSCHE MED. Geschützter Name für ein im Feb. 2004 nach Plänen des Architekten Helmut Jahn (Chicago) im Auftrag des Rostocker Projektentwicklers Harald Lochotzke fertiggestelltes Gesundheitszentrum u. Ärztehaus in der Straße Am Vögenteich. RL

DEUTSCHE SEEREEDEREI. Die Staatsreederei wurde am 1.7.1952 gegründet. Der Volkseigene Betrieb (VEB) entwickelte sich in vier Jahrzehnten zu einer

Das letzte Schiff der DSR – die RIESA – am 12. August 1993 im Rostocker Überseehafen

international anerkannten Universalreederei u. einer der größten dt. Reedereien. Über 400 Schiffe fuhren insgesamt unter der Flagge der D. u. dem Namen der Stadt Rostock am Heck. Schiffe lieferten DDR-Werften od. es wurde geeignete Tonnage aus dem Ausland gekauft. Am 2.4.1964 umfasste die Reederei erstmals 100 Schiffe mit einer Tragfähigkeit von 608 000 t. Drei Jahre später überschritt sie die Mio.-Grenze. Neben Trampschifffahrt bediente die D. zu dieser Zeit elf Liniendienste. Seit dem 1.1.1974 nannte sich die Reederei VEB Deutfracht/Seereederei. Sie wuchs weiter u. passte sich, soweit national möglich, den Bedingungen des internationalen Seeverkehrs an. Am 18.6.1990 wurde die D. zur GmbH umgewandelt. Sich neu am Markt orientierend, setzte eine Verkleinerung der Flotte ein. Bis zum Ende ihrer Reedereitätigkeit am 31.12.1992 wurden 30 Schiffe verkauft. Am 12.8.1993 lag mit dem Massengutfrachter RIESA letztmals ein Schiff mit der traditionellen Schornsteinmarke Blau-Rot-Blau zum Laden im Heimathafen Rostock. In ihre Tradition trat nach der Privatisierung die F. Laeisz Schiffahrtsgesellschaft mbH mit Reedereisitz in Rostock. Aus weiteren Beteiligungen entstanden die Arkona-Gruppe u. eine Reihe von Immobilien- u. Firmenbeteiligungen. Die D. ist heute eine Dachorganisation (Holding), die in den Bereichen Tourismus, Hotellerie, Immobilien, Finanzdienstleistungen u. Gesundheitswirtschaft aktiv ist.

Lit.: E. Buttkus, G. U. Detlefsen, W. Kramer: VEB Deutsche Seereederei Rostock DSR, Bad Segeberg 2004. RK

DEUTSCHES ROTES KREUZ (DRK). Als Hilfsorganisation für Kriegsverwundete nach Abschluss der Genfer Konvention von 1864 entstanden; 1880 bzw. 1890 in Rostock Gründung von Ortsverbänden des Meckl. Marien-Frauen-Vereins u. des Vereins für die Pflege verwundeter u. erkrankter Krieger, ab 1899 Verwendung des Namenszusatzes Rotes Kreuz; Hauptaufgabe bestand in der Ausbildung von Sanitätskolonnen u. Krankenschwestern, die während der beiden Weltkriege zum Einsatz kamen; während der Zeit der Weimarer Republik setzte ein Wandel zur allgemeinen Wohlfahrtsorganisation ein; 1921 Gründung als D.; 1923 Zusammenschluss der beiden Rostocker Zweigvereine unter diesem Dach; 1945 zwangsweise Auflösung

Kaiser- und Volksdank für Heer und Flotte

Die Schirmherrschaft für dieses Liebeswerk in Rostock haben Ihre Hoheiten Herzog und Herzogin Adolf Friedrich übernommen.

Der Inhaber dieser Karte zahlte 5 Mk. für Rostocks Weihnachtsspende an seine Truppen. Die aufgebrachten Pakete sind bestimmt für die Angehörigen des Füs.-Reg.Nr.90, des Res.-Reg.Nr.90 und für Lazarette. Der Name des Spenders wird dem Paket beigefügt.

Rostock, im November 1917.

Der Zweigverein vom Roten Kreuz.
Der Zweigverein vom Marien-Frauenverein vom Roten Kreuz.

Spendennachweis des Roten Kreuzes (1917)

des D.; 1952 Neugründung in der DDR als staatl. Massenorganisation; Übernahme von Hilfsdiensten im Gesundheits- u. Sozialwesen, u.a. Krankentransport, Hauskrankenpflege, Blutspende, Sanitäter, Erste Hilfe, Bahnhofsdienst, Rettungsschwimmer; 1990 Umwandlung des Kreiskomitees zum Kreisverband Rostock, der heute Träger von 40 sozialen Einrichtungen u. Diensten ist. BK

DIAKONIE. Die ev. Sozialarbeit erhielt 1843 mit Gründung des Vereins für Innere Mission eine institutionelle Grundlage; 1845 „Rettungshaus" für Kinder u. Jugendliche in Gehlsdorf; 1873 Herberge zur Heimat für wandernde Handwerker; 1899 → Maria-Martha-Heim für auswärtige Dienstmädchen; 1900 → Elisabethheim zur Ausbildung von Jugendlichen mit körperl. Behinderungen; seit 1879 Einsatz von Diakonissen in der Gemeinde- u. Krankenpflege; 1904 Gründung der Stadtmission; 1912–2003 Vereins- u. Gemeindehaus im Friedhofsweg 11; 1958 wurde die Stadtmission Dienststelle des Diakon. Werkes; 1992 Diakonieverein des Kirchenkreises Rostock–Rostocker Stadtmission errichtet; Neubauten: 1998–2000 Häuser für betreutes Wohnen u. Suchtkranke im Hawermannweg, 2001 Maria-Martha-Haus am Alten Markt, 2008 Jakobi-Stift in der Feldstr. und 2009 Elisabeth-Stift in der Arnold-Bernhard-Str. BK

Elisabeth-Stift in der Arnold-Bernhard-Straße (2011)

DIE ROSTOCKER. Wurst- u. Schinkenspezialitäten GmbH; 1991 von Andreas Bohrer u. Peter Glandien durch Übernahme des ehem. VEB Fleischwirtschaft

Rostock aus dem Treuhandvermögen gegründet u. nach einer Insolvenzphase von der Blömer Fleisch GmbH Vorland 2006 erworben. Unternehmen der Lebensmittelindustrie mit 120 Mitarbeitern (2013) im Gewerbegebiet Hinrichsdorf. RL

DIEDRICHSHAGEN. Ursprüngl. Bauerndorf; nach Lichtenhagen eingepfarrt; Ersterwähnung 1270; zunächst im Besitz des Kollegiatstifts Bützow, ab 1326 der Rostocker Patrizierfamilien Horn bzw. Frese; 1532 Erwerbung durch das Rostocker St.-Georg-Hospital; Ortsname vermutl. vom Ortsgründer herrührend; typ., langgezogenes Hagenhufendorf parallel zur Ostseeküste westl. von Warnemünde; 1934 nach Rostock eingemeindet; nach 1990 Entstehung eines Neubaugebietes. EM

DIEHN-BITT, KATE. Malerin, Grafikerin (12.2.1900 Berlin–23.10.1978 Rostock); 1901 Übersiedelung nach Doberan, 1914–16 dort Zeichenunterricht bei Rudolf Sieger, anschließend in Rostock, 1919 Heirat mit dem Zahnarzt Peter Paul Diehn; seit 1923 Freundschaft mit der Bildhauerin Hertha v. Guttenberg; 1929–32 Studium an der Akademie Simonson-Castelli, dann freischaffende Malerin in Rostock; 1933 als „entartet" von den Nationalsozialisten verfemt; 1945 Mitbegründerin des Kulturbundes (→ Heinrich-Mann-Klub) in Rostock; Vorsitzende der Sektion Bildende Kunst; 1949 Teilnahme an der Zweiten Dt. Kunstausstellung in Dresden. Wurde ab 1968 neu entdeckt; Entstehung von Collagen; psych. Erkrankung. Werke im → Kulturhistor. Museum Rostock.

Lit.: *P. Palme: Kate Diehn-Bitt. 1900–1978. Leben und Werk, Rostock 2002.* HL

DIERKOW. Der slaw. Ortsname des heutigen Rostocker Stadtteils nordöstl. der Unterwarnow wurde erstmals 1320 für einen Teil der dortigen Stadtfeldmark erwähnt u. bedeutet Ort des Derek. Die Besiedlung setzte jedoch schon im 5. Jahrtausend v.u.Z. ein u. verstärkte sich in german. u. slaw. Zeit. Im 8./9. Jh. besaß die Siedlung um den Primelberg in den D. Warnowwiesen überregionale Bedeutung als Wirtschafts- u. Handelszentrum an der Südwestküste der Ostsee. 1311 fand im Bereich D. das berühmte Turnier des Dänenkönigs → Erik IV. Menved statt. Damals befand sich das nach → Toitenwinkel eingepfarrte relativ kleine Dorf (mit max. sechs Hufen) in den Händen des Adelsgeschlechts Michelstorff, das auch einen befestigten Sitz im Ort hatte. Wirtschaftl. Niedergang führte zur Übernahme des Ortes durch die adligen Moltkes auf Toitenwinkel im Verlaufe des 14. Jh. einerseits u. die beiden Rostocker → Hospitäler Heilig Geist (nur bis 1746) u. St. Georg im 15. Jh. andererseits. Somit bildete D. ein Kommuniondorf mit zwei Herrschaftsanteilen. Seine Geschichte entsprach daher in der Folgezeit der des Moltke'schen Toitenwinkel sowie der Rostocker Hospitäler. 1913 erfolgte die Eingemeindung D. nach Rostock u. 1937 der Anschluss der Einwohner an die Kirchgemeinde St. Petri. 1922–76 bestand auf einer Hufe ein Fürsorgeheim, später ein Pflegeheim, 1938–82 auf dem Gelände dahinter eine Schweinemastanlage. Fast die gesamte D. Feldmark wurde im 20. Jh. durch Neubaugebiete für den Wohnungsbau erschlossen: seit 1933 mit den Stadtrandsiedlungen D.-Ost (großer Schulbau 1938) u. D.-West, seit

Kate Diehn-Bitt: „Brandnacht" (1942)

Kriegsheimkehrerlager Dierkow 1946. Es spricht Ministerpräsident Wilhelm Höcker.

1980 mit dem Neubaugebiet D. u. seit 1985 mit Teilen des Neubaugebietes Toitenwinkel. Nach 1945 existierte für viele Jahre ein Umsiedlerlager aus Barackengebäuden nahe der Gutenbergstr. 1950 erfolgte die Gründung einer eigenständigen Kirchgemeinde D., der Slütergemeinde. 2016 lebten in D. ca. 13 000 Menschen.

Lit.: *Dierkow-er-Leben. Auf Zeitreisen durch die Dorf- und Stadtteilgeschichte von Rostock-Dierkow, Teil I bis VI, Rostock 2007–2015; E. Münch: Toitenwinkel und Rostock. Zur Geschichte einer Haßliebe, Schwerin 2002.* EM

DIESELMOTORENWERK. Gegründet am 2.6.1949 als D. u. Maschinenbau Rostock mit Sitz am Hauptbahnhof; Vorgänger waren die 1947 gegründeten Windkraftwerke Marienehe (WIMA); das D. sollte für die gleichzeitig aufzubauende Werftenindustrie Antriebstechnik liefern; Motorenproduktion begann im Sep. 1949; anfangs ca. 800 Beschäftigte; 1952 Übernahme der 1945 gegründeten Rostocker Industriewerke (RIW); Neuaufbau an der Schwaaner Landstr.; erste Eigenentwicklung Anfang der 1950er-Jahre auf Grundlage eines Motors der Motorenwerke Mannheim (MWM), seit den 1950er-Jahren Lizenzbau von MAN-Motoren; Betriebsteile in Waren u. Wismar produzierten Schiffspropeller; 1970 in allen Betriebsteilen ca. 3 500 Beschäftigte; 1992 Übernahme durch den Bremer Vulkan; 1993 Neubau einer Halle in Warnemünde für die Bearbeitung, Montage u. Erprobung; 1996 Pleite des Bremer Vulkan, 1999 Insolvenz des D.; vier Betriebe lösten sich aus dem Bestand heraus, darunter die 2000 neu gegründete D. Mechan. Werkstätten GmbH, die 2011 Zulieferer für Windkraftanlagen u. Gasturbinen mit 87 Arbeitnehmern waren; 2013 Insolvenz.

Frauen an Drehbänken des Dieselmotorenwerks (1950)

Lit.: *F. Spychala: Kolben, Pleuel und Losungen. Das Dieselmotorenwerk Rostock, Rostock 2006.* KM

DIETZ, LUDWIG. Buchdrucker, Verleger (gest. 1.9. 1559 Rostock); aus Speyer stammend, wohl ab 1504 in Rostock; zuerst in der Offizin (Druckerei) von Hermann Barckhusen tätig; ab 1509 Drucke mit eigenem Druckerzeichen; 1512 Novize im Kartäuser- → Kloster Marienehe; ab den 1520er-Jahren mit eigener Offizin in Lübeck; 1539 Bürgerrecht in Rostock; ab 1548 in Kopenhagen, dort 1550 im Auftrag des Königs Christian III. Druck der ersten dän. Luther-Bibel; ab dem 25.4.1558 Universitätsbuchdrucker in Rostock (→ Buchdruck).

Lit.: *S. Pettke: Ludwig Dietz. Zwei Anmerkungen zu Lebensweg und Druckwerken, in: Mecklenburgische Jahrbücher, Jg. 115, Schwerin 2000, S. 113–117.* WEW

DOBERANER HOF. Stadthof des Zisterzienserklosters Doberan in Rostock für primär kommerzielle Zwecke seit spätestens 1263; gelegen nahe dem Dominikanerkloster St. Johannis am südl. Stadtrand an der Grenze zwischen Neu- u. Mittelstadt; Bezeichnung als Klein Doberan; Ende des langwierigen Streits um den Hof zwischen Landesherrschaft u.

Rat zugunsten der Herzöge seit der Aufhebung des Klosters 1552; später Umbau u. Nutzung durch die Uni, als Hebammenschule u. Offizierskasino, zuletzt als Chem. Institut; Abriss des Gebäudes 2008. 1993 Eröffnung des gleichnamigen Einkaufszentrums. Name geht auf die Doberaner Str. zurück.
Lit.: *Vom Collegium zum Campus. Orte Rostocker Universitäts- und Wissenschaftsgeschichte, 2. Aufl., Rostock 2010, S. 58–60.* EM

DOLBERG, RUDOLF. Kaufmann, Großindustrieller (17.6.1834 Dargun – 1.11.1893 Rostock); gründete 1861 in Bützow ein Handelsunternehmen für landwirtschaftl. Maschinen; 1878 Verlegung nach Rostock, hier ab 1879 auch Produktion v.a. landwirtschaftl. Maschinen u. Feldbahnen; als AG mit 2000 Mitarbeitern um die Jh.-wende größtes u. erfolgreichstes meckl. Unternehmen mit Zweigbetrieben in Berlin, Düsseldorf, München u. London sowie zahlreichen Vertretungen in Skandinavien, Südamerika, China u. Südafrika; nach einem verheerenden Brand, Inflation u. Verlust der Aktienmehrheit in den 1920er-Jahren Schließung des Rostocker Werkes (1923) durch die R. Dolberg AG (Sitz: Berlin/Dortmund); 1960 Übernahme durch die Friedrich Krupp AG Essen.
Lit.: *K. Schröder: R. Dolberg, Maschinen- und Feldbahnfabrik AG – Aufschwung auf eisernen Loren, in: Mecklenburg Magazin, Nr. 20, 1.10.1993, S. 7.* RL

DOMFEHDE. Als Rostocker D. bezeichnet man die schweren, zum Teil mit Waffengewalt geführten Auseinandersetzungen zwischen der Stadt Rostock u. den Herzögen Magnus II. u. Balthasar 1487–91. Ausgelöst wurde der Konflikt durch die Erhebung der neustädt. Pfarrkirche St. Jakobi zu einem weltl. Kollegiatstift, Dom genannt, dem die vier Rostocker Pfarrstellen inkorporiert worden waren. Begleitet, befördert u. überlagert war die D. von älteren Streitigkeiten zwischen Stadt u. Landesherren um Zölle u. Abgaben (Bede), Strandgut, Landgüter, Landfrieden u. Gerichtsbarkeit. Mit dem Argument, die Uni Rostock stabilisieren zu wollen, aber wohl mit dem Ziel, ihre Machtposition in der Stadt zu verstärken, drückten die Herzöge das Vorhaben trotz des Widerstands von Seiten des Rates u. der Prof. durch. Zu Beginn des Aufstandes wurde der Stiftspropst Thomas → Rode

Fabrikgebäude der Firma Rudolf Dolberg an der Bleicherstraße (1921)

erschlagen, die übrigen Kanoniker wurden gefangen od. verjagt, auch die Fürstenfamilie musste aus der Stadt flüchten. Dem folgten ein kanon. Prozess, während dessen die Stadt mehrfach in den Bann getan wurde, weitere innerstädt. Unruhen u. z.T. erfolgreiche bewaffnete Kämpfe mit den Herzögen, schließlich aber die Unterwerfung der Stadt. Im Wismarer Vergleich (1491) erkannte Rostock das Kollegiatstift u. Vorrechte der Landesherren an, sollte 21000 Rhein. Gulden an die Herzöge zahlen sowie die Dörfer Nienhusen u. Fahrenholz an sie abtreten.

Lit.: *B.-U. Hergemöller: „Pfaffenkriege" im spätmittelalterlichen Hanseraum. Quellen und Studien zu Braunschweig, Osnabrück, Lüneburg und Rostock, 2 Bde., Köln 1988; A. Graßmann: Hansische Konfliktbewältigung im Rahmen der Rostocker Domfehde, in: Mecklenburgische Jahrbücher, Jg. 120, Schwerin 2005, S. 7–20.* WEW

DORNBLÜTH, FRIEDRICH. Arzt, Politiker (31.7.1825 Plau am See–15.11.1902 Frankfurt a.M.); Studium der Medizin in Rostock, Leipzig, Heidelberg; 1849 Promotion in Rostock, danach bis 1902 prakt. Arzt in Rostock; erfolgreiche Bekämpfung der Cholera-→ Epidemien 1850/59; besondere Verdienste um Volksaufklärung u. Volksgesundheit; 1899 zum Medizinalrat ernannt; im Hochverratsprozess gegen Rostocker Demokraten 1856 zu einer mehrjährigen Zuchthausstrafe verurteilt, 1857 unter Umwandlung der Strafe in eine zehnmonatige Festungshaft entlassen; im Vorstand des Ärztevereins, des Vereins für öffentl. Gesundheitspflege u. des → Kunstvereins tätig; nach 1871 im Landesvorstand der liberalen Partei; seit 1887 Mitglied der Rostocker Bürgervertretung, stellvertretender Vorsitzender. 1921 ihm zu Ehren Straßenbenennung. BK

Friedrich Dornblüth (um 1890)

DOT (DÜNNSCHICHT-OBERFLÄCHEN-TECHNIK) GMBH. Dienstleistungsunternehmen für medizin. Beschichtungstechnologie, v.a. Zahnimplantate u. Knochenregenerationsmaterial, in der Südstadt. 1992 von zwei Ingenieuren u. zwei Physikern gegründet. Etablierte 1999 Tochtergesellschaft FMZ GmbH (CNC-Fertigung) in Teterow; erhielt 2006 den „Oskar für den Mittelstand", einen der wichtigsten Wirtschaftspreise Deutschlands; 250 Mitarbeiter (2011). KM

DRAGENDORFF (FAMILIE). **(1) Johann Georg Noël D.** Pharmakologe (20.4.1836 Rostock–7.4.1898 Rostock); Vater v. (2); erlernte den Apothekerberuf in der Apotheke von Friedrich → Witte; naturwissenschaftl. Studien, insbesondere pharmazeut. Chemie; prakt. Labortätigkeit in Rostock u. Heidelberg; 1861 Promotion in Rostock; 1862–64 arbeitete er für die Pharmazeut. Gesellschaft in St. Petersburg als Redakteur der Pharmazeut. Zeitung für Russland u. leitete ihr Labor für gerichtl. Untersuchungen; 1864 Berufung als Prof. der Pharmazie u. Leiter des Pharmazeut. Instituts an die Uni Dorpat (heute: Tartu/Estland). In 30-jähriger Forschungs- u. Lehrtätigkeit erwarb er sich einen hervorragenden wissenschaftl. Ruf u. erfuhr hohe Ehrungen. Er arbeitete auf fast allen pharmazeut. Gebieten, bevorzugt in der Toxikologie u. Pflanzenanalyse. Zu den von ihm entwickelten Alkaloidreaktionen gehört das D.-Reagens. 1894 ließ er sich emeritieren u. kehrte zurück nach Rostock. Hier vollendete er sein 12700 Heilpflanzen beschreibendes Standardwerk „Die Heilpflanzen der verschiedenen Völker u. Zeiten". Wie schon in Dorpat wirkte er in Rostock in wissenschaftl. u. gesellschaftl. Gremien. Sein Grab befindet sich im Lindenpark, dem ehem. Alten Friedhof. **(2) Ernst Georg D.** Stadtarchivar (27.7.1869 Dorpat/ Estland-28.3.1938 Rostock); Sohn v. (1); kam 1894 nach Geschichtsstudien in Heidelberg, Dorpat, Berlin u. anschließender Promotion nach Rostock, dem Alterssitz der Eltern; seit 1898 Volontär im Stadtarchiv. Von 1905 bis zu seiner Pensionierung 1936 betreute er als Stadtarchivar das → Archiv u. erbrachte eine beeindruckende Erschließungs-, Forschungs- u. Editionsleistung. Als Wissenschaftler, Berater der Archivnutzer, Vorstandsmitglied im Verein für Rostocks Altertümer (→ Geschichtsverein) u. mit zahlreichen Publikationen prägte er den Ruf des Archivs als wissenschaftl. Einrichtung. Seine Forschungen machten die Bildrolle des Krämers Vicke → Schorler bekannt, ihre Edition möglich; er edierte die Chroniken des Buchbinders Dietrich vam Lohe sowie des Krämers Vicke Schorler u. ermittelte deren Autorenschaft.

Lit.: *H. Randow: Ein Leben und Wirken für die pharmazeutische Forschung und Lehre – Der Rostocker Professor Dr. Georg Dragendorff in St. Petersburg und Dorpat, in: Mecklenburger im Ausland, Bremen/ Rostock 2002, S. 69–75; I. Ehlers: Dragendorff, Ernst Georg, in: Biographisches Lexikon für Mecklenburg, Bd. 3, Rostock 2001, S. 59–63.* IE

DRAHT BREMER. Kurzbezeichnung für die 1924 durch Carl Bremer in Rostock gegründete Firma Eisenwerk Draht-Bremer KG, die vornehmlich Weidezäune u. Vorrichtungen aus Eisen für die Viehhaltung herstellte. Während des II. Weltkrieges schuf D. Zweigwerke im schles. Wohlau u. in Marktheidenfeld am Main, wo u.a. auch Rüstungsgüter produziert wurden. Nach der Enteignung des Rostocker Betriebes im Jahre 1948 wurde die Produktion nach Marktheidenfeld verlegt. Dort ist die Firma bis heute als Unternehmensgruppe mit vier Betrieben tätig.

Lit.: *K. Schröder (Hg.): Die Bestände des Archivs der Hansestadt Rostock. Eine kommentierte Übersicht, Rostock 2010, S. 267f.* RL

DREIßIGJÄHRIGER KRIEG. Erst die zweite Phase des D. (1618–48) als europ. Auseinandersetzung auf dt. Boden erreichte Meckl. u. Rostock direkt. Die dän. Niederlage im dän.-niedersächs. Teilkrieg 1626 zog die Besetzung Meckl. durch kaiserl. Truppen u. die Ersetzung der vertriebenen Herzöge v. Meckl. durch den kaiserl. Feldherrn Albrecht v. → Wallenstein nach sich. Als letzte Stadt des Landes öffnete Rostock den Kaiserlichen seine Tore u. wurde am 18.10.1628 mit einer → Garnison belegt. Wie generell in Meckl. gestaltete sich in Rostock Wallensteins Herrschaft relativ erträglich. Erst das Eingreifen der Schweden in den Krieg spitzte die Situation dramatisch zu. Nach der Ermordung des kaiserl. Kommandanten Heinrich Ludwig v. Hatzfeld durch den Studenten Jacob Vahrmeyer im Feb. 1631 drohte der Stadt ein Massaker, das durch das diplomat. Geschick des Theologen u. damaligen

Darstellung der Ermordung des Rostocker Stadtkommandanten Heinrich Ludwig v. Hatzfeld 1631 (Künstler unbekannt, 1704)

Rektors Johann → Quistorp jedoch vereitelt werden konnte. Auch die Übergabe der Stadt an die Schweden am 16.10.1631 verlief wiederum glimpflich. Größere direkte Schäden blieben Rostock, ganz im Unterschied zum übrigen Meckl., gleichfalls bis zum Ende des Krieges erspart. Ungleich problematischer waren die indirekten Auswirkungen u. Folgen besonders in wirtschaftl. Hinsicht. Sie begannen mit der Errichtung des Schwedenzolls vor Warnemünde 1632 (→ Warnemünder Zoll), setzten sich fort im endgültigen Niedergang der → Hanse u. mündeten schließlich im katastrophalen → Stadtbrand von 1677.

Lit.: *K. F. Olechnowitz: Handel und Seeschiffahrt in der späten Hanse, Weimar 1965.* EM

DREYER, MAX. Schriftsteller, Dramatiker (25.9.1862 Rostock-27.11.1946 Göhren/Rügen); Studium der Germanistik, Philologie, Geschichte u. Theologie in Rostock u. Leipzig; 1888-95 Redakteur bei der Tägl. Rundschau, dann freischaffend; wurde bekannt mit vielen Bühnenstücken, die u.a. in Meckl. u. Rostock spielen; „Der Probekandidat" wurde auf zahlreichen dt. Bühnen aufgeführt. Seine Dramen u. Schauspiele trafen den Zeitgeschmack. 1908 Begründer des Verbandes dt. Bühnenschriftsteller; 1920 Umzug nach Göhren; 1933 Mitunterzeichner eines Treuegelöbnisses auf Adolf Hitler; 1941 Auszeichnung mit dem John-Brinckman-Preis u. 1942 Ehrung mit der Goethe-Medaille für Kunst u. Wissenschaft für seinen Roman „Erdkraft".
Lit.: W. Passig: Dreyer, Max, in: Biographisches Lexikon für Mecklenburg, Bd. 7, Rostock 2013, S. 87-92. BM

DUNKELMANN (EHEPAAR). **(1) Erika D.**, geb. Allwart, Schauspielerin (17.11.1913 Rostock-14.2.2000 Tessin); 1932 Debüt am Stadttheater Rostock; Schauspielprüfung in Hamburg; 1936 Heirat mit (2); nach 1945 intensive Arbeit bei der DEFA mit dem Regisseur Kurt Maetzig; eine der meistbeschäftigten Darstellerinnen: „Ernst Thälmann - Sohn seiner Klasse" (1954), „Schlösser u. Katen" (1957), „Berlin - Ecke Schönhauser" (1957); 1970-74 Leiterin der → Schauspielschule Rostock. **(2) Kurt D.** Flugzeug- u. Schiffbau-Ingenieur, Werftdirektor, Schauspieler, Autor (3.11.1906 Crivitz-27.4.1983 Ribnitz-Damgarten); 1922-26 Schiffbauer auf der → Neptunwerft; bis 1929 Schiffbaustudium in Bremen (Mitglied der schlagenden Burschenschaft Alemania); Anstellung als Ingenieur bei den → Arado Flugzeugwerken in Warnemünde; Wehrwirtschaftsführer; Mitglied der NSDAP, nach 1945 der SED; in den 1950er-Jahren Produktionsleiter u. Techn. Direktor auf der → Warnowwerft Warnemünde u. 1959-74 Direktor der Neptunwerft Rostock; 1954-57 Mitwirkung in mehreren Spielfilmen u. niederdt. Stücken; Autor von „De letzte un de ierste Tied" (1982), „All nich so eenfach dat Läben" (1984); 2002 Namensgeber für eine Straße.
Lit.: J. Grambow: Kurt Dunkelmann, in: Brinckman-Briefe. Mitteilungen der John-Brinckman-Gesellschaft e.V., Bd. 12, Seevetal-Maschen 2007, S. 10f. BM

DUTY, JOE (eigentl. Josef). Biologe, Naturschützer (10.1.1931 Niemes/Böhmen-24.3.1990 Rostock); nach Biologiestudium ab 1958 bei der Oberflussmeisterei der Wasserwirtschaftsdirektion in Rostock tätig; ehrenamtl. in der Gesellschaft Natur u. Umwelt beim Kulturbund der DDR; Anfang der 1970er-Jahre Kreisnaturschutzbeauftragter; Anleitung ehrenamtl. Naturschutzhelfer; Ehrung durch Vergabe eines Str.-namens, Benennung des städt. Umweltpreises nach D. BK

E

E-WERK → ELEKTRIZITÄTSWERK

Wolfgang Eckardt (1961)

ECKARDT, WOLFGANG. Bildhauer (25.12.1919 Leipzig–2.3.1999 Rostock); Elektrikerlehre; 1948–51 Studium Holzbildhauer; 1953 Übersiedlung in den Norden; seit 1961 Arbeiten für das Fischkombinat Rostock; ab 1970 mit eigenem Atelier; meist realist. Menschendarstellung, zahlreiche Kleinplastiken. Werke: „Fischer im Gespräch" (am Holbeinplatz, 1965), „Afrikanerin" (im Zoo, 1983) u. „Liegende" (1974); Hauptwerk: „Revolutionäre Matrosen" (am Kabutzenhof, 1977); künstler. Wahlämter sowie Lehrer in Rostock u. Heiligendamm.
Lit.: *K. Tiedemann: Wolfgang Eckardt. Porträts/Kleinplastik, Rostock 1985.* WK

EDVARD-MUNCH-HAUS. Denkmalgeschütztes Haus am Alten Strom 53 in Warnemünde; Ausstellungs- u. Begegnungsort für Künstlerinnen u. Künstler insbesondere aus Norwegen u. Dtl.; 1907/08 mietete sich der expressionist. norweg. Maler Edvard Munch in das Haus des Lotsen Carl Nielsen ein; 1918 Verkauf an den Fischer Albert Harms; Tochter Liselotte war bis 1990 Eigentümerin des Hauses; seit 1994 im Besitz des Vereins E. e.V.; ab 1998 Begegnungsstätte; 2014 Willy-Brandt-Preis der norweg.-dt. Willy-Brandt-Stiftung. KM

EGGERS (BRÜDER). (1) **Friedrich E.** Kunsthistoriker, Dichter (27.11.1819 Rostock–11.8.1872 Berlin); auf Wunsch des Vaters absolvierte er eine Kaufmannslehre; 1841–44 Studium v.a. der Kunstgeschichte, Geschichte, Philosophie in Rostock, Leipzig, München; lebte seit 1845 als Publizist u.

Friedrich Eggers (um 1880)

Privatgelehrter in Berlin, wo er 1847 Mitglied der literar. Vereinigung „Tunnel über der Spree" wurde; Freundschaft mit Franz Kugler, Heinrich Seidel, Theodor Storm, Theodor Fontane u.a.; 1850-58 redigierte er die Kunstzeitschrift Dt. Kunstblatt; veröffentl. zahlreiche Artikel, Aufsätze, u.a. über die Bildhauer Gottfried Schadow u. Christian Daniel Rauch; 1863 Berufung zum Prof. für Kunstgeschichte an die Akademie der Künste; im Mai 1872 Berufung zum Preuß. Kunstreferenten. Seine begonnene Rauchbiografie wurde von (3) posthum 1873 als Bd. 1 herausgegeben. 1878-91 folgten Bd. 2-5 als gemeinsames Werk der Brüder. Als Dichter ist E. noch heute bekannt durch den 1875 erschienenen niederdt. Band „Tremsen" (Kornblumen) mit Gedichten von ihm u. (3). 1921 wurde eine Straße nach ihm benannt. **(2) Gustav E.** Liederkomponist (12.4.1835 Rostock-1.1.1861 Berlin); erster Musikunterricht in Rostock; Aufführung einer Sinfonie des 14-Jährigen als Zwischenaktmusik im Theater. Wegen einer Rückgratverkrümmung wurde 1850 ein einjähriger Klinikaufenthalt in Berlin erforderlich, verbunden mit Kompositionslehre, Musiktheorie u. Musikgeschichtsstudium. Nach Beendigung der Schule ging er 1853 zur höheren Musikausbildung erneut nach Berlin; fand Zugang zum Freundeskreis von (1) u. zum „Tunnel über der Spree"; 1857 Veröffentlichung der ersten vier Liederhefte; zahlreiche Hefte folgten in der Frauenzeitung Der Bazar u. machten ihn v.a. als Liederkomponist bekannt. Er schuf aber auch kleinere Instrumentalstücke. 1859 fand in Rostock sein erstes u. einziges Konzert statt. **(3) Karl E.** Jurist, Kunstschriftsteller, Dichter (7.6.1826 Rostock-18.7.1900 Warnemünde); Jurastudium in Rostock; 1854-56 Justizsenator in Rostock; Amtsverzicht aufgrund eines schweren Lungenleidens; Genesungsaufenthalte in Südtirol, Italien; lebte bis 1861 in Wiesbaden; Beschäftigung mit Kunst u. Literatur; erlernte das Kurzschriftsystem nach Franz Xaver Gabelsberger; war Mitbegründer des Gabelsberger Stenographievereins u. zeitweilig Redakteur der Fachzeitschrift Schriftwart; von 1861 bis zur Rückkehr nach Rostock 1895 lebte er in Berlin; gehörte seit 1865 der literar. Vereinigung „Tunnel über der Spree" an; Freundschaft mit Theodor Fontane u. Heinrich Seidel; verfasste zahlreiche Artikel, Rezensionen, Aufsätze, u.a. über die niederdt. Dichtung des Rostockers Georg Diederich → Babst; bekannt als Dichter wurde er mit dem zusammen mit (1) produzierten niederdt. Lyrikband „Tremsen" 1875; 1873 u. 1878-91 gab er mit den Bänden 2-5 die von ihm vollendete, von (1) begonnene Biografie Christian Daniel Rauchs heraus. 1921 wurde eine Straße nach ihm benannt.

Karl Eggers (um 1880)

Lit.: *R. Berbig: Theodor Fontane und Friedrich Eggers. Der Briefwechsel, Berlin, New York 1997; E. Schenk: Gustav Eggers, ein mecklenburgischer Liederkomponist, in: Mecklenburgische Monatshefte, H. 5, 1936, S. 229-235; W. Schmidt: Zum 100. Geburtstag von Karl Eggers, in: Mecklenburgische Monatshefte, H. 2, 1926, S. 310-312.* IE

EHLERS, HEINRICH. Schriftsteller (5.12.1921 Gehlsdorf-23.6.1988 Graal-Müritz); Schulbesuch in Rostock, 1939 Abitur; Arbeitseinsätze u. Militärdienst; Medizinstudium 1941-45 in Gießen u. Leipzig; 1946-59 Lehrer; ab 1960 Lektor im → Hinstorff Verlag; freischaffend seit 1979; bekannt durch die Romane „Hanna Mahler - Aufzeichnungen einer jungen Frau"

(1980), „Hamans Haus" (1982), „Die letzten Jahreszeiten" (1985) und die Erzählung „Königskinder" (1981). Lit.: *J. Puttkammer: Schriftsteller in Graal-Müritz, Rostock 2004.* IE

EHRENBÜRGER. Heute nach Beschlussfassung durch die Bürgerschaft der Hansestadt Rostock feierl. ernannter Bürger, der sich mit außerordentl. Engagement um die Kommune bzw. um das Gemeinwohl ihrer Bürger verdient gemacht hat. Die Tradition fußt auf der aus der Frühen Neuzeit überkommenen Praxis der Vergabe von Sonderrechten u. Vergünstigungen zum allgemeinen Bürgerrecht von Städten, die in Dtl. erstmals 1832 in der Preuß. Gemeindeordnung gesetzl. sanktioniert wurde u. sich bald darauf auch in Städte- od. Gemeindeordnungen anderer dt. Länder nachweisen lässt. Rostocker E. werden nach der „Satzung über Ehrungen verdienstvoller Persönlichkeiten durch die Hansestadt Rostock" berufen, die die entsprechenden Bestimmungen der Kommunalverfassung für das Bundesland Meckl.-Vorpommern lokal modifiziert. Das E.-recht ist ein Persönlichkeitsrecht, das mit dem Tod des E. erlischt. In Rostock ist an seine Verleihung keine Vergabe von Sonderrechten od. Vergünstigungen gebunden. Die Stadt verlieh das E.-recht 1819–2017 an 28 Persönlichkeiten, ausschließlich Männer. V.a. wegen der Missachtung von nationalen Gesetzen bzw. des Völkerrechts, wegen Verbrechen od. Vergehen gegen die Menschlichkeit, wegen einer exponierten Stellung im Herrschaftsapparat der dt. Diktaturen des 20. Jh. od. wegen ihrer Rolle im Prozess der Machtübernahme totalitärer Regime hat die Bürgerschaft 1990–2013 sechs Personen aus der kommunalen E.-liste gestrichen.

Ehrenbürger der Hansestadt Rostock

1816: → Blücher, Gebhard Leberecht v. (1742–1819); Generalfeldmarschall in preuß. Diensten; Ehrung für seine militär. Leistungen während der antinapoleon. Befreiungskriege

1826: → Weiß, Johann Jacob Daniel (1773–1843); chirurg. Instrumentenbauer in London; Ehrung wegen der Stiftung eines Satzes chirurg. Instrumente für den Gebrauch durch alle Ärzte Rostocks

1829: → Below, Bernd Johann Carl v. (1762–1834); Oberst u. Stadtkommandant v. Rostock (1804–32); Ehrung aus Anlass des 50. Berufsjubiläums als Militär in meckl./preuß. Diensten u. des 25. Dienstjubiläums als Stadtkommandant

1841: Oertzen, Friedrich v. (1771–1848); Präsident des Oberappellationsgerichts Rostock; Ehrung aus Anlass des 50. Berufsjubiläums als Jurist

1843: Brandenburg, Johann Christian (1769–1856); Syndikus des I. Quartiers des Kollegiums der → Hundertmänner zu Rostock aus Anlass des 50. Promotionsjubiläums

1846: Karsten, Detloff Ludolph Eobald (1787–1879); Regierungsrat in Diensten des Großherzogtums Meckl.-Schwerin, Bürgermeister Rostocks; Ehrung aus Anlass des 35. Wahljubiläums zum Senator der Stadt Rostock

1860: → Both, Carl Friedrich v. (1789–1875); Vizekanzler, Kurator der Uni Rostock; Ehrung aus Anlass des 50. Berufsjubiläums als Jurist

1870: Trotsche, Carl Heinrich Christoph (1803–1879); Vizepräsident des Oberappellationsgerichts Rostock; Ehrung aus Anlass des 25. Jubiläums der Berufung an das Oberappellationsgericht Rostock

1887: Liebeherr, Otto Friedrich Maximilian v. (1814–1896); Landgerichtspräsident, Vizekanzler, Kurator der Uni Rostock, Konsistorialdirektor; Ehrung aus Anlass des 50. Berufsjubiläums als Jurist

1887: Bolten, Carl Martin Alexander (1805–1899); Rechtsanwalt, Syndikus bei der → Sparkasse Rostock u. der Friedrich-Franz-Eisenbahn, Vorsitzender des Rostocker → Gewerbevereins u.a.m.; Ehrung aus Anlass seines 82. Geburtstages wegen außerordentl. Verdienste um das Gemeinwohl Rostocks

1889: → Mann, Vincent Heinrich (1818–1889); Syndikus, Senator der Stadt Rostock, Senatspräsident am Oberappellationsgericht Rostock; Ehrung aus Anlass des 25. Jubiläums der Berufung an das Oberappellationsgericht Rostock

1893: → Flügge, Friedrich Ferdinand Gottlieb Georg (1817–1898); Oberpostamtsdirektor; Ehrung aus Anlass seines 1892 erfolgten Eintritts in den Ruhestand

1895: Bismarck, Otto Eduard Leopold v. (1815–1898); Reichskanzler; Ehrung aus Anlass seines 80. Geburtstages

1898: → Thierfelder, Benjamin Theodor (1824–1904); Prof. der Medizin, Rektor der Uni Rostock, Direktor des Universitätskrankenhauses Rostock; Ehrung aus Anlass des 50. Promotionsjubiläums

1914: → Maßmann, Magnus (1835–1915); Bürgermeister; Ehrung aus Anlass des 50. Wahljubiläums zum Senator der Stadt Rostock

1918: Nerger, Karl August Theodor (1875–1947); Korvettenkapitän der Kaiserl. Reichsmarine, Kommandant des Hilfskreuzers WOLF; Ehrung für seine militär. Leistungen während des I. Weltkrieges

1933 (Aberkennung 2013): Hindenburg, Paul v. (1847–1934); Generalfeldmarschall, Reichspräsident

1933 (Aberkennung 1990): Hitler, Adolf (1889–1945); Reichskanzler, Führer der NSDAP

1934 (Aberkennung 1990): Hildebrandt, Friedrich (1898–1948); Reichsstatthalter v. Meckl., Gauleiter der NSDAP Meckl. (u. Lübeck)

1955: Schlesinger, Erich Ferdinand Nicolaus (1880–1956); Prof. der Rechte, meckl. Staatsminister, Rektor der Uni Rostock; Ehrung aus Anlass seines 75. Geburtstages

1976 (Aberkennung 1990): Schuldt, Johann Wilhelm Hermann (1896–1980); Landarbeiter, Verfolgter des Naziregimes, Mitglied der Bezirksleitung der SED Rostock, Vorsitzender der Bezirksparteikontrollkommission der SED Rostock; Ehrung aus Anlass seines 80. Geburtstages

1976 (Aberkennung 1990): Warnke, Johannes (1896–1984); Dachdecker, Verfolgter des Naziregimes, Innenminister Meckl., MdL, Mitglied der Bezirksleitung der SED Rostock, Vorsitzender des Rates des Bezirkes Rostock; Ehrung aus Anlass seines 80. Geburtstages

1978 (Aberkennung 1990): → Mewis, Karl (1907–1987); Schlosser, Verfolgter des Naziregimes, Erster Sekretär der Landesleitung Meckl. der SED sowie der Bezirksleitung der SED Rostock, Mitglied des Staatsrates der DDR, Botschafter der DDR; Ehrung aus Anlass seines 70. Geburtstages

1981: Hilzheimer, Ernst Alfred Max (1901–1986); Chemiker, Verfolgter des Naziregimes, Mitbegründer u. Vorstandsmitglied der LDPD Meckl. u. Rostock, Betriebsleiter des Margarinewerkes Rostock, Stadtrat in Rostock, Mitglied u. Vizepräsident des Landtages, Fraktionsvorsitzender; Ehrung aus Anlass seines 80. Geburtstages

1993: → Zur, Yaakov (1924–2013); Historiker, Überlebender des Holocaust; Ehrung für seine Ver-

Der Schriftsteller Walter Kempowski erhält vom Oberbürgermeister Dieter Schröder und dem Bürgerschaftspräsidenten Christoph Kleemann die Ehrenbürgerurkunde (1994).

dienste um die dt.-jüd. Aussöhnung, v.a. für seine Initiativen u. Aktivitäten in Rostock
1994: → Kempowski, Walter (1929–2007); Schriftsteller; Ehrung aus Anlass seines 65. Geburtstages für sein literar. Engagement für seine Geburtsstadt
2012: Gauck, Joachim (geb. 1940); Bundespräsident; Ehrung für sein polit. Engagement in der Zeit der → Friedl. Revolution 1989/90 in Rostock
2017: Wolff, William (geb. 1927); Landesrabbiner; Ehrung aus Anlass seines 90. Geburtstages für sein Engagement für interreligiösen Dialog u. Demokratie.
Lit.: *A. Krause, K. Schröder: „Einem gar wohlgefälligen Bürgersmann zur Ehr...“ Ehrenbürgerschaften und Ehrenbürger der Stadt Rostock, Rostock 2010.* RL

EHRUNG. Die E. ist eine Form der Würdigung besonderen bürgerschaftl. Engagements. In Rostock sind die Verleihung der → Ehrenbürger-Würde (seit 1819) auf Beschluss des Stadtparlaments u. die nach Entscheidung des Hauptausschusses des Stadtparlaments vorzunehmende Eintragung einer Person in das Ehrenbuch der Hansestadt Rostock die höchsten Formen kommunaler E. Des Weiteren ehrt die Stadt verdienstvolle Bürgerinnen u. Bürger seit 1958 durch die Verleihung des → Kulturpreises, des → Umweltpreises Joe Duty (seit 1993) u. des → Sozialpreises (seit 2000). Über die Vergabe der Preise, mit denen jeweils ein Preisgeld in Höhe von 3500 € verbunden ist, entscheidet der Oberbürgermeister (OB) nach Vorschlag durch das Stadtparlament (Kulturpreis) bzw. ein Preisgericht. Am Tag des Ehrenamtes (5.12.) zeichnet der OB verdienstvolle Bürger aus, zudem verleiht der zuständige Senator die Ehrennadel für Brand- u. Katastrophenschutz der Hansestadt Rostock. Auch einige Rostocker Vereinigungen, zum Teil im Zusammengehen mit der Hansestadt Rostock, vergeben E. So zeichnet die Kulturstiftung Rostock seit 2006 jährl. bildende Künstler aus der Stadt u. der Region mit dem mit 10000 € dotierten → Kunstpreis aus. Seit 2014 vergibt sie auch den Ehrentitel Kunstpate der Hansestadt Rostock (Preis: ein Kleinkunstwerk) an Unternehmen u. Personen, die lokale Kultureinrichtungen u. -initiativen auf besondere Weise fördern. Die Kammergruppe Rostock der Architektenkammer Meckl.-Vorpommern würdigt seit 2003 besondere städtebaul. Leistungen mit dem Architekturpreis (Preis: eine am prämierten Bau anzubringende Plakette). Die Richard- → Siegmann-Stiftung bedankt sich für besonderes Engagement in der Bürgergesellschaft mit der Verleihung einer Erinnerungsmedaille ihres Namensgebers sowie mit einem Preisgeld von 3000 €. Den Albert- → Schulz-Preis verbunden mit einer Geldzuwendung von 5000 € lobt seit 2003 die gleichnamige Stiftung aus, die damit das Engagement regionaler Politiker ehren will. Die OstseeSparkasse Rostock vergibt seit 2007 den Titel Ehrenamtler des Jahres. Der Ausgezeichnete erhält einen Gutschein, der Verein, für den der Geehrte tätig ist, eine Geldzuwendung in Höhe von 500 €. Die Hansestadt Rostock unterstützt seit 2011 ehrenamtl. Engagement durch die Vergabe der Ehrenamtskarte. RL

EINGEMEINDUNG. Erweiterung des Stadtgebietes seit dem Beginn des 20. Jh. durch verwaltungsmäßige Eingliederung bis dahin selbstständiger Ortschaften; Mittel zur Verbesserung der wirtschaftl. u. strateg. Lage der Stadt in Zeiten ihres Aufschwungs; frühe Erweiterungen des Stadtgebietes führten mitunter zum völligen Verschwinden von Siedlungen (z.B. Nemezow; → Dalwitzhof); häufig Vorbehalte bei der betroffenen Einwohnerschaft. EM

Eingemeindungen

Ort	Zeitpunkt
Dierkow	1.1.1913
Barnstorf	14.7.1919
Bartelsdorf	14.7.1919
Bramow	14.7.1919
Dalwitzhof	14.7.1919
Damerow	14.7.1919
Kassebohm	14.7.1919
Riekdahl	14.7.1919
Hinrichshagen	9.12.1924
Markgrafenheide	9.12.1924
Meyers Hausstelle	9.12.1924
Schnatermann	9.12.1924
Torfbrücke	9.12.1924
Waldhaus	9.12.1924
Wiethagen	9.12.1924
Kloster zum Heiligen Kreuz	1.4.1930

Diedrichshagen	8.3.1934
Gehlsdorf	8.3.1934
Groß Klein	8.3.1934
Lütten Klein	8.3.1934
Marienehe	8.3.1934
Schmarl	8.3.1934
Schutow	8.3.1934
Biestow	1.7.1950
Evershagen	1.7.1950
Krummendorf	1.7.1950
Peez	1.7.1950
Petersdorf	1.7.1950
Stuthof	1.7.1950
Toitenwinkel	1.7.1950
Hinrichsdorf	1.1.1960
Nienhagen	1.1.1960
Jürgeshof	10.9.1978

EINZELHANDEL. Im Gegensatz zu den Kaufleuten, die → Fern- u. Großhandel betrieben, lag der E. in den Händen von Krämern. Seit 1360 waren sie nachweisbar in einem Amt organisiert, das zu den wichtigsten der Stadt gehörte. Krämer versorgten die Bevölkerung alltägl. mit kleinen u. größeren Warenmengen. In ihren Händen lag der gesamte Detail- bzw. Lokalhandel der Stadt. Zentren des Verkaufs von Lebensmitteln u. handwerkl. Erzeugnissen waren seit dem Mittelalter Marktplätze u. breite Straßen. Neben dem Krämer, der Waren en detail anbot, handelten in der Stadt auch fahrende Kleinhändler, die sog. Haken. Sie boten an ambulanten Ständen Kramware feil. Daneben gab es spezialisierte Händler, die mit Eisen, Häuten, Wolle usw. handelten. Tägl. boten Handwerker u. Bauern aus mobilen Verkaufsständen heraus ihre Produkte sowohl der städt. Bevölkerung als auch den Bewohnern der umliegenden Dörfer an. Darüber hinaus gab es sog. Wochenmärkte u. jährl. stattfindende Spezialmärkte für gewerbl. Produkte u. Vieh. Bäcker u. Fleischer verfügten seit ältester Zeit über feste Buden in der Alt-, Mittel- u. Neustadt. Diese hölzernen überdachten Marktstände, → Scharren genannt, stellten eine Frühform der heutigen Ladengeschäfte dar. Str.-namen wie die Große Scharrenstr. erinnern noch heute daran. Bereits seit dem Mittelalter begann sich der E. zu differenzieren. Der Detailhandel von Handwerkern verlagerte sich mehr u. mehr in die Erdgeschosse von Häusern, in die Nähe der Werkstätten (Schuster, Schneider, etc.). Lebensmittel (Getreide, Mehl, Obst, Gemüse, Kräuter, Fisch, Geflügel, Wild usw.) hingegen wurden weiterhin vor allem auf den Märkten gehandelt.

Die Überwachung des E. oblag dem → Gewett. Die Oberaufsicht hatte der Rat inne, der die Versorgung der Einwohner sicherte. Die angebotene Menge an Lebensmitteln u. handwerkl. Gebrauchsgütern musste den Bedarf der Bevölkerung decken, bestimmten Qualitätsnormen entsprechen u. zu angemessenen Preisen angeboten werden. Dem diente auch ein Wäge- u. Messzwang. Die Stadtwaage ist bereits seit 1270 nachweisbar. Das Grundnahrungsmittel Brot wurde von der Herstellung bis zum Verkauf hinsichtl. Qualität, Quantität u. Preisbildung streng überwacht. Einfuhrbestimmungen schützten den E. vor fremder Konkurrenz.

Das Bannmeilerecht erlaubte es, alle Handwerkerleistungen u. Warentransporte auf sich zu ziehen. Wochen- u. Jahrmärkte, Letztere fanden zumeist an hohen kirchl. Feiertagen statt, boten Händlern lukrative Handels- u. Verkaufsmöglichkeiten.

In Warnemünde wurde der E. über Jh. durch Zunftverbote unterbunden. Bäcker od. Schlachter durften sich z.B. in dem Fischerort nicht ansiedeln. Zahlreiche Verfügungen schränkten die Arbeit von Schmieden, Tischlern, Schneidern u. Schustern stark ein. Warnemünder sollten ihre Waren in Rostock od. von Rostocker Handwerkern u. Händlern, die nach Warnemünde kamen, kaufen. Daher wurden das Gros der Lebensmittel u. der Bekleidung, aber auch handwerkl. Erzeugnisse privat hergestellt. In den 1820er-Jahren unterliefen Gewerbetreibende der umliegenden Landstädte dieses Rostocker Privileg. So lieferte der Kröpeliner Fleischer Gellert Fleischwaren nach Warnemünde. Ihr Mehl erhielten die Warnemünder u.a. zweimal in der Woche aus Sievershagen, Evershagen u. Lichtenhagen. Später wurde Brot auch per Planwagen tägl. aus Rostock herangebracht u. verkauft. Zwar gab es ein Backhaus, in ihm durfte aber nur grobes Brot gebacken werden. Erst 1865 endeten diese diskriminierenden Zustände, als sich ein Bäcker mit Erlaubnis der Rostocker Handwerksämter in Warnemünde niederlassen durfte. Ein Jahr später wurde die dortige Mühle gebaut. 1869 beseitigte die Einführung der Gewerbefreiheit alle Beschränkungen.

Um 1880 befanden sich in Rostock in der Fischbank, der Harten- u. Wollenweberstr. zahlreiche Großhandlungen u. Geschäfte. 50 Jahre später waren diese fast alle verschwunden. Ledigl. die Fischbank hatte sich zu einer Verkaufsstr. mit vielen kleineren Läden entwickelt. Hier kauften vor allem der „kleine Mann“, Landwirte u. Schnitter der Umgebung ein.

Bis weit in das 19. Jh. hinein wurde der E. durch den Hausier- u. sesshaften Kleinhandel auf der Basis des Familienbetriebes geprägt. Wohnort u. Laden waren oft identisch. Das Geschäft diente als Ort der Kommunikation; Feilschen u. Anschreiben waren üblich. Seit Ende des 19. Jh. traten großbetriebl. Einzelhändler in Form von Konfektionshäusern auf. Die Ware lag aus u. war fest ausgepreist. Die Barzahlung löste den Kredit ab. Verkaufsaktionen u. Zeitungsannoncen warben um Kunden. Das Umtauschrecht wurde eingeführt. Große Lebensmittelgeschäfte boten ihre Waren in abgepackten Standardgrößen an.

Das im Mittelalter u. der Frühen Neuzeit den E. prägende lokal gefertigte Fabrikat wurde im 19. Jh. durch das regional hergestellte Manufakturprodukt verdrängt u. dieses wiederum seit dem 20. Jh. durch die nationalen bzw. internationalen Produktmarken.

Seit dem Mittelalter erfolgte der Verkauf aus der Werkstatt bzw. aus einer Öffnung des Hauses heraus, die man des Nachts durch hölzerne Läden schloss. Im 19. Jh. wurden diese mehr u. mehr durch das Schaufenster abgelöst. In ihm sah der Käufer das Warenangebot des Händlers Tag u. Nacht, ohne dass er dessen Haus betreten musste. Später kam die Aufgabe des Bedürfnisweckens hinzu, zumal nur ein kleiner Ausschnitt des vorhandenen Warensortiments gezeigt werden konnte.

Seit dem letzten Drittel des 19. Jh. erfuhr der städt. E. eine sprunghafte Weiterentwicklung. Moderne Kaufhäuser, wie z. B. die von → Zeeck u. → Wertheim, entstanden. Ein Großteil des E. verlagerte sich aus der östl. Altstadt in zentral gelegene

Fischbank, rechts die Manufakturwaren- und Konfektions-Handlung H. Koppel (um 1890)

Kaufhaus A. Wertheim in der Kröpeliner Straße (1913/14)

Straßen des Zentrums. In der Kröpeliner Str. siedelten sich Spezialgeschäfte u. Kaufhäuser an. Die Steinstr. beherbergte Delikatessläden, Cafés sowie Schokoladerien. Durch die Etablierung von Kaufhäusern erfuhr der E. eine starke Konzentration.

In den Jahren des I. Weltkrieges unterlag der E. strengen staatl. Kontrollen u. Rationierungen (Gas, Strom, Heizmaterial usw.). Seit 1915 wurden Lebensmittelkarten u. Bezugsscheine ausgegeben. Im weiteren Kriegsverlauf drohte die Versorgung mit Nahrungsmitteln gänzl. zusammenzubrechen. Vor den Geschäften bildeten sich lange Schlangen. Die Preise stiegen, sodass die Behörden Preisobergrenzen festlegen mussten. Anfang Juli 1917 plünderten Hausfrauen u. Jugendliche 49 Bäckereien u. Butterhandlungen. Der Schwarzhandel blühte. Die Zwangsbewirtschaftung ließ die Preise ansteigen. Wucher u. Schleichhandel untergruben den E.

Am Anfang der 1920er-Jahre erfuhr der E. eine spürbare Belebung. Die sich anbahnende Inflation u. der damit einhergehende Kaufkraftverlust führten jedoch erneut zu einem Abschwung, der bis zum Ende der Inflation im Jahre 1923 anhielt.

Mit dem Machtantritt Adolf Hitlers 1933 wurde der E. auf die Autarkiebestrebungen der Nationalsozialisten ausgerichtet. Ziel war es, Dtl. möglichst von ausländ. Importen zu befreien. Der E. erfuhr durch den rüstungswirtschaftl. Aufschwung eine deutl. Ausdehnung. 1939–45 war der E. vollständig den Erfordernissen der Rüstung untergeordnet. Der Verkauf von Lebensmitteln, Bekleidung usw. wurde durch ein strenges Markensystem reguliert.

Nach dem II. Weltkrieg war der E. durch Mangelwirtschaft u. Schwarzhandel geprägt. Die Geld-Ware-Beziehung wurde zu erhebl. Teilen von einer Ware-Ware-Beziehung abgelöst. Die Versorgung der Bevölkerung erfolgte bis weit in die 1950er-Jahre über Lebensmittelkarten u. Bezugsscheine.

In den Jahren der DDR schritt die Konzentration des E. weiter voran (Centrum-Warenhaus, Kaufhallen etc.). Der E. wurde durch staatl. u. genossenschaftl. Organisationen wie HO, Konsum u. BHG (Bäuerl. Handelsgenossenschaft) bestimmt. Der Anstieg der Einwohnerzahl auf über 250 000 führte zu einer starken Ausdehnung des E. Der private Teil wurde bis Mitte der 1970er-Jahre weitestgehend verstaatlicht. Während in der Innenstadt eine Vielzahl kleinerer Geschäfte lagen, entstanden in den Neubaugebieten große Kaufhallen. Diese zentralen Versorgungsstellen boten mit ihrem umfang-

Konsum-Warenhaus Format in der Kröpeliner Straße (1967)

Fischgeschäft Min Herzing (1980er-Jahre)

Kundenschlange vor der Bäckerei Arnold Lemke in der Friedrichstraße (1980er-Jahre)

reichen Sortiment an Lebensmitteln u. Gebrauchsgütern eine große zeitl. Entlastung im Alltag der Familien. Die erste Kaufhalle Rostocks eröffnete 1962 in der Südstadt. Die Versorgung der Bevölkerung mit kostengünstigen Grundnahrungsmitteln konnte der E. trotz aller Engpässe weitestgehend absichern. Während der Feiertage u. in den Sommermonaten Juli/Aug. geriet der E. jedoch regelmäßig an seine Kapazitätsgrenzen. Das schmale Sortiment u. das zu geringe Angebot an langlebigen Konsumgütern u. modernen Textilien führten oft zu Versorgungslücken.

Nach dem Zusammenbruch der DDR 1989/90 führte der Bau von Einkaufszentren an der Peripherie der Stadt (Ostseepark, Hansepark), in der Innenstadt (Rostocker Hof, Doberaner Hof, Kröpeliner Tor-Center) sowie in den Stadtteilen Reutershagen (Reuterpassage), Groß Klein (Klenowtor) u. Lütten Klein (Warnowpark) zu einem weiteren starken Rückgang von E.-standorten. Ein Novum stellte dabei Anfang der 1990er-Jahre das Portcenter dar, ein schwimmendes Einkaufsschiff, das am Stadthafen lag. Trotz dieser Entwicklung u. des immer stärker werdenden Internethandels erfreut sich der E. in Form von Märkten unter freiem Himmel (Neuer Markt, Doberaner Platz usw.) einer wachsenden Beliebtheit. RS

EISENBAHN. Erstmalig fuhr in Dtl. eine E. am 7.12. 1835 von Nürnberg nach Fürth. Das maschinenkraftgetriebene Verkehrsmittel beschleunigte die Industrielle Revolution (→ Industrialisierung). Die Eröffnung der E.-linie Schwerin-Rostock-Güstrow erfolgte am 13.5.1850. Nach der Fertigstellung des Anschlusses von Schwerin nach Hagenow am 1.5.1847 stellte sie die zweite in Meckl. gebaute Strecke dar. Weitere E.-strecken im Umland von Rostock folgten: 23.12.1883 Wismar-Rostock, 1.6.1886 Berlin-Neustrelitz-Rostock, 1.7.1886 Warnemünde-Rostock, 1.7.1888 Stralsund-Rostock, 15.12.1895 Rostock-Tessin-Tribsees. Die → Strandbahn Warnemünde-Markgrafenheide wurde am 1.7.1910 als elektr. betriebene Bahn mit 1000-mm-Spur eröffnet. Sie fuhr bis 1945. Eigentümer war zunächst die Meckl. E.-Gesellschaft (MEG), ab 1890 die Großherzogl. Meckl. Friedrich-Franz-E. u. ab Nov. 1918 die

Bahnhof Warnemünde (1984). Wegen der Elektrifizierung wurde das Gebäude später abgerissen.

Meckl.-Schwerinsche Landes-E. Am 1.4.1920 erfolgte die Zusammenfassung aller Reichs-E. zur Dt. Reichsbahn. Der Name blieb in der DDR erhalten. Am 1.1.1994 wurde sie mit der Dt. Bundesbahn zur Dt. Bahn AG (DB) zusammengeführt. Der Sitz der DB Regio AG für Meckl.-Vorpommern ist Rostock.

Lit.: *L. Gall, M. Pohl: Die Eisenbahnen in Deutschland, München 1999; L. Schultz: Eisenbahnen in Mecklenburg, 3. Aufl., Berlin 1993; E. Preuß: Der Reichsbahn-Report: 1945–1993. Tatsachen – Legenden – Hintergründe, Stuttgart 2001.* LS

ELEKTRIZITÄTSVERSORGUNG. Die ersten Kontakte mit dem Phänomen Elektrizität hatten die Rostocker seit der 2. Hälfte des 19. Jh. auf Jahrmärkten u. Volksfesten. Regelmäßig nutzten Schausteller für ihre Vorstellungen sog. Elektrisiergeräte. Der erstmalige Einsatz von elektr. Licht erfolgte im Mai 1880 auf dem → Pfingstmarkt. Einen Monat später wurde der Dampfer NEWA im Rostocker Hafen illuminiert. Erste kleine Elektrizitätserzeugungsanlagen entstanden seit 1886. So ließ die Universitäts- u. Rats-Buchdruckerei Adlers Erben durch die Rostocker Firma Alfred Tischbein eine Elektrizitätsstation bauen, die ca. 130 Lampen mit Strom versorgte. Weitere Anlagen entstanden auf der Neptunwerft, bei der Zeitung Rostocker Anzeiger, im Theater, in der Brauerei u. im Krankenhaus. Die kleinen Blockanlagen versorgten jedoch nur die jeweilige Einrichtung. Großveranstaltungen wie die 1892 in Rostock stattgefundene Landes-, Gewerbe- u. Industrie-Ausstellung beförderten die Verbreitung der Elektrizität. Auf den Freiflächen sorgten Bogenlampen u. in den Gebäuden Glühlampen für die nötige Helligkeit. Die Stromerzeugung sicherte eine Lokomobile.

Die Ära der öffentl. E. begann in Warnemünde 1895 u. damit fünf Jahre vor Rostock. Der Strom wurde durch eine Dampfmaschine des Sägewerks Oloffs am Kirchenplatz erzeugt. Sie versorgte bis 1911 nicht nur den Holzverarbeitungsbetrieb, sondern auch mehrere Straßen u. die Strandpromenade.

Mit dem Bau des → Elektrizitätswerkes 1900 nahm die Stadt die Stromversorgung in eigene Hand. Zur Erschließung der Innenstadt wurden 36 km Gleichstromkabel verlegt. Die Steintor- u. die Kröpeliner-Tor-Vorstadt erhielten Freileitungen in einer Länge von 36,5 km. Die Kilowattstunde (kWh) kostete für private Zwecke 55 Pf. (heute ca. 15 €), die für gewerbl. Zwecke nur 16 Pf. Hinzu kam noch eine

Miete für den Zähler in Höhe von 10 M. Wer sich verpflichtete, Strom für ein Jahr abzunehmen, erhielt den Anschluss im Haus kostenlos. Bei Zahlungsverzug erfolgte die Sperrung der Stromzufuhr. Die Zahl der Kunden belief sich 1900 auf 227. Der Siegeszug der Elektrizität hielt in den folgenden Jahren auch in Rostock wie andernorts an, zumal der Preis für die kWh stetig sank. 1904 betrug er nur noch 20,8 Pf. Die Zahl der Abnehmer war auf 1196 (1911) gestiegen. 1942 betrug er 8 Pf. pro kWh.

Um der weit entfernten Kundschaft am Doberaner Platz genügend Spannung liefern zu können, wurde im ehem. → Fraterhaus St. Michael (Altbettelmönchstr.) eine Gleichstromanlage mit Batterie eingebaut.

Der Bedarf an Strom stieg weiter an. Städte wie Güstrow, Doberan u. Kröpelin sowie die Ostseebadeorte Heiligendamm, Brunshaupten u. Arendsee (heute Kühlungsborn) drängten auf den Anschluss. Daher entstand 1910/11 in Bramow ein neues Kraftwerk für Drehstrom u. eine große Überlandzentrale. Die Warnemünder erhielten ihren Strom seit 1911 von dort. Bis 1913 wurden 56 Dörfer rund um Rostock angeschlossen. Die Zahl der Abnehmer war auf 3054, die Länge des Netzes auf 380 km gestiegen. 1913 pachtete die Elektrizitäts-Lieferungs-Gesellschaft (ELG) Berlin das Elektrizitätswerk für 40 Jahre von der Stadt. Während des I. Weltkrieges kam es zu erhebl. Lieferbeschränkungen. Der zunehmende Kohlemangel führte zu Abschaltungen. Ende der 1920er-Jahre waren 91,5% aller Rostocker Haushalte angeschlossen. Um den Verbrauch zu steigern, wurde intensiv für elektr. Geräte geworben. Im Verwaltungsgebäude der ELG am St.-Georg-Platz entstand ein Vorführraum. Hier konnten Lampen, Plätteisen, Heizkissen, Rundfunkgeräte usw. gekauft werden. 1928 sollte die „Lichtwoche" weitere Kunden erschließen.

1931 erhielt Bramow den Status eines Spitzenkraftwerkes. Das Gros des Stromes kam über Fernleitungen aus dem Großkraftwerk Finkenheerd bei Frankfurt/O. Der Ausbau Rostocks zum Rüstungsstandort (→ Arado Flugzeugwerke, → Ernst Heinkel Flugzeugwerke) u. das Wachstum der Bevölkerung auf über 100 000 Menschen machten Kapazitätserweiterungen notwendig.

Die Verbraucherzeitschrift des Rostocker Elektrizitätswerks erschien von 1933 bis 1941.

Der Beginn des II. Weltkrieges u. die später einsetzenden Luftangriffe zerstörten erhebl. Teile der E. Den ersten Schaden an einer elektr. Einrichtung brachte die Bombardierung des Warnemünder Fliegerhorstes am 12. 9. 1941 mit sich. Die durch Luftangriffe verursachten Schäden wurden bis 1945 immer wieder weitestgehend repariert. Stromausfälle waren allerdings an der Tagesordnung. Diese nahmen 1945 weiter zu, da die Großkraftwerke Finkenheerd u. Pommerenzdorf (bei Stettin) ausfielen. Ab dem 16. 4. 1945 lieferte nur noch Bramow Strom. Da die Sprengung des Kraftwerkes verhindert werden konnte u. ein Luftangriff zweier dt. Bomber am 1. 5. fehlschlug, speiste dieses bis zum 10. 5. Strom in das öffentl. Netz. Der Mangel an Kohlen zwang die sowjet. Besatzungsmacht, die Abgabe von Strom zu reglementieren. Während die Krankenhäuser, das Gas- u. Wasserwerk, der Schlachthof usw. Energie erhielten, blieben private Haushalte von der E. ausgeschlossen. Die zur Verfügung stehenden Kon-

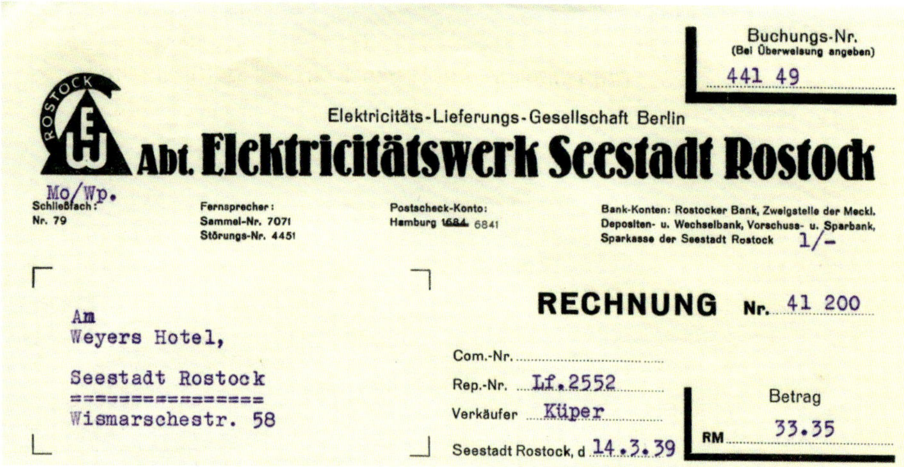
Buchungs-Nr.
(Bei Überweisung angeben)
441 49

Elektricitäts-Lieferungs-Gesellschaft Berlin
Abt. Elektricitätswerk Seestadt Rostock

Mo/Wp.
Schließfach: Nr. 79
Fernsprecher: Sammel-Nr. 7071 Störungs-Nr. 4451
Postscheck-Konto: Hamburg 1684 6841
Bank-Konten: Rostocker Bank, Zweigstelle der Meckl. Depositen- u. Wechselbank, Vorschuss- u. Sparbank, Sparkasse der Seestadt Rostock 1/-

Am
Weyers Hotel,
Seestadt Rostock
Wismarschestr. 58

RECHNUNG Nr. 41 200
Com.-Nr.
Rep.-Nr. Lf.2552
Verkäufer Küper
Seestadt Rostock, d 14.3.39
Betrag
RM 33.35

Rechnung des Elektrizitätswerkes (1939)

tingente waren anfangs sehr gering. So erhielten Rostock u. das Umland am 4.8.1945 lediglich 7000 kWh. Kam es zu Überlastungen, wurde rigoros abgeschaltet. Bis 1955 bestimmten Stromsperren den Alltag. Abschaltpläne wurden erarbeitet, wodurch Betriebe u. Haushalte eine relative Planungssicherheit besaßen.

1946 übernahmen die → Stadtwerke die E. von der enteigneten ELG. Um den volkseigenen Sektor zu stärken, wurden die Stadtwerke 1948 in das Kommunale Wirtschaftsunternehmen (KWU) Rostock überführt. 1951 erfolgte die Auflösung der KWU u. das Elektrizitätswerk wurde zum VEB. Im Zuge der Zentralisation der E. wurde das Rostocker Elektrizitätswerk 1953 der Vereinigung Volkseigener Betriebe des Energiebezirks Nord (VVB EB Nord) zugeordnet. Seit 1954 gehörten das Elektrizitätswerk u. das Kraftwerk Bramow zum VEB Energieversorgung Rostock. In den 1950er-Jahren stabilisierte sich die Versorgung mit Strom. Der Bedarf der Industrie (Warnow- u. Neptunwerft, Dieselmotorenwerk, Fischkombinat, Überseehafen usw.) u. die Versorgung der Neubaugebiete konnten durch den Ausbau der Kraftwerksanlagen u. Leitungsnetze gesichert werden. 1990 übernahm die Hanseat. Energieversorgung AG (HEVAG) die E. der Stadt u. setzte die Elektroenergieerzeugungsanlage im Kraftwerk Bramow außer Betrieb. 2001 übergab die HEVAG, sie war 1999 in die E.DIS AG überführt worden, ihr Stromnetz an die Rostocker Stadtwerke. Mit dem „Ostseestrom" bieten die Stadtwerke ein Produkt an, das zu 60 % aus regenerativen Energiequellen stammt.

Lit.: *I. Sens: Geschichte der Energieversorgung in Mecklenburg und Vorpommern von den Anfängen im 19. Jahrhundert bis zum Jahr 1990, Rostock 1997; W. Ahrens, P. Frahm, W. Gurowski: Rostocker Gas-, Strom- und Wärmeversorgung. Aus der Vorgeschichte der Stadtwerke Rostock AG, Rostock 2000.* RS

ELEKTRIZITÄTSWERK. Die Inbetriebnahme des E. in der Bleicherstr. erfolgte am 1.12.1900. Die „Centralstation" war zunächst für 5000 Glühlampen ausgelegt. Das Werk bestand aus einem Verwaltungsgebäude u. einem Maschinenhaus. Die Erzeugung des Stroms erfolgte durch Gasmotoren. Diese trieben zwei Gleichstromdynamos an. Überschüssige Energie konnte in einer Batterie gespeichert werden. 1904 kam es zu einer Kapazitätserweiterung der Maschinen u. der Batterien, da die Straßenbahn elektrifiziert wurde. 1908/09 erfolgte erneut ein Ausbau. Das Gelände am alten Standort war zu klein geworden. In Bramow entstand 1910/11 ein neues E. In die Bleicherstr. zog 1913 die AEG ein. 1921 übernahm eine Tochterfirma, die Elektrizitäts-Lieferungs-Gesellschaft (ELG), das Gebäude. Zwei Jahre später wurde die Produktion eingestellt. Die Anlagen kamen zur Demontage. Bis 1927 fungierte die Bleicherstr. als Verwaltungssitz der ELG. Die Gebäude dienten seither als Lager, Werkstatt, Garagen u. Eichstation für Zähler. Während des II. Weltkrieges wurde das E. schwer getroffen, jedoch wieder aufgebaut. Von 1945 bis in die 1990er-Jahre nutzten staatl. Energieversorgungsbetriebe das E. als Verwaltungssitz. 1955 kam ein Büro- u. Kulturtrakt als Anbau hinzu. 1992/93 baute die Hanseat. Energieversorgung AG (HEVAG) das Gebäude um. 2014 zog die Seniorenresidenz Waldschlösschen in das umgebaute E.-Gebäude ein.

Einladung zum Richtfest des Elektrizitätswerkes in der Bleicherstraße (1900)

Lit.: *I. Sens: Geschichte der Energieversorgung in Mecklenburg und Vorpommern von den Anfängen im 19. Jahrhundert bis zum Jahr 1990, Rostock 1997; W. Ahrens, P. Frahm, W. Gurowski: Rostocker Gas-, Strom- und Wärmeversorgung. Aus der Vorgeschichte der Stadtwerke Rostock AG, Rostock 2000.* RS

ELISABETHHEIM. 1900 in Rostock gegründete Anstalt zur Erziehung u. Ausbildung von Kindern mit körperl. Behinderungen aus Meckl.-Schwerin (sog. Landeskrüppelanstalt). Die Gründung ging auf die Initiative der meckl. Herzogin Elisabeth zurück. Die Finanzierung sollte hauptsächl. durch Spenden gesichert werden. Landesmittel standen nicht zur Verfügung. Nach der Gründung einer Stiftung 1901 bot das erste Heim in der Friedrichstr. Platz für 27 Kinder. 1907 erfolgte die Eröffnung des neuen Hauses in der Ulmenstr. 45 für 40 Kinder, nach der Vergrößerung 1911 stieg die Aufnahmekapazität auf ca. 65. Die Kinder erhielten Schul- u. Handarbeitsunterricht, nach der Konfirmation eine Handwerksausbildung. Die ärztl. Betreuung besorgte zunächst die Chirurg. Universitätsklinik. 1919 wurde mit Paul-Friedrich → Scheel der erste eigene Arzt angestellt. Er sorgte für eine fachl. Abgrenzung zur Chirurgie, für verbesserte Therapiemöglichkeiten u. initiierte die orthopäd. Werkstatt (1922), den Erweiterungsbau (1926) u. die Orthopäd. Klinik (1928). 1946 wurde das E. der Uni Rostock als Orthopäd. Klinik angegliedert. Das Gebäude wurde 2017 abgerissen.

Lit.: *P. Heller: Von der Landeskrüppelanstalt zur Orthopädischen Universitätsklinik. Das „Elisabethheim" in Rostock, Berlin 2009.* BK

ENGEL, HEINRICH. Maler (18.3.1900 Rostock–23.9.1988 Rostock); 1914–18 Malerlehre im väterl. Geschäft, danach 1918 Soldat; 1919/20 Kunstgewerbeschule Nürnberg; 1920–24 Studium an der Staatl. Kunstgewerbeakademie in Dresden; 1925–60 eigenes Malergeschäft in Rostock; Mitglied der Sektion Bildende Kunst im Kulturbund u. dann im Verband

Heinrich Engel: „Blick auf den Alten Hafen" (um 1970)

Bildender Künstler der DDR; dekorative Malereien in Rostocker Gaststätten; Arbeiten als Gemälderestaurator; schuf Gemälde u. Grafiken mit zeithistor. Inhalten, Stadtansichten, Landschaften, Stillleben; 1978 Kunstpreis des Rates des Bezirkes Rostock; 1986 Hans-Grundig-Medaille; Arbeiten im → Kulturhistor. Museum Rostock.

Lit.: *J. J. Bernitt: Der Rostocker Maler Heinrich Engel, in: Heinrich Engel. Rostock: Malerei, Grafik, Keramik (Katalog), Rostock 1970, S. 7–17.* HL

ENGERER AUSSCHUSS DER LANDSTÄNDE. 1621 gebildet, nahm der E. die Interessen der → Landstände zwischen den Landtagen als „Nebenregierung" zum herzogl./großherzogl. Landesherren wahr; Mitglieder waren zwei Landräte, je ein Deputierter des Meckl., Wend. u. Stargarder Kreises, die Bürgermeister der Vorderstädte Parchim, Güstrow, Neubrandenburg u. Rostock, wo sich der Sitz des E. befand; seit 1853/54 Unterbringung des Archivs u. der Bibliothek in der Straße Am Vogelsang; 1889–93 Neubau des → Ständehauses am Steintor; Beendigung der Tätigkeit des E. am 13.11.1918 u. Aufhebung der Stände als öffentl. Körperschaft am 3.12.1918; Überführung der Buchbestände in die Rostocker Universitätsbibliothek u. der Archivalien in das Landeshauptarchiv zu Schwerin. GH

ENTNAZIFIZIERUNG. Nach Beendigung des II. Weltkrieges war es erklärtes Ziel der vier Siegermächte, die dt. Gesellschaft von allen Einflüssen des Nationalsozialismus u. Militarismus zu befreien. In der sowjet. Besatzungszone (SBZ) wurde die Entfernung der Nationalsozialisten aus allen wichtigen Stellungen stark von der angestrebten Umgestaltung der Gesellschaft beeinflusst u. die E. für dieses Ziel funktionalisiert. Die E. begann unter Aufsicht der Besatzungsmacht im Mai 1945 als lokaler Prozess. An der Uni u. in einigen privaten Unternehmen kam es zur Gründung von spontanen Ausschüssen, auf deren Urteil hin ehem. NSDAP-Mitglieder degradiert od. entlassen wurden. Auch der Neuaufbau der Behörden u. Verwaltungen ging von Anfang an mit einer personellen Erneuerung einher. Bis zum Sommer hatte man z. B. bei der Stadtverwaltung Rostock 365 belastete Personen entlassen. Ende Juni 1945 wurde die E. auf die Wirtschaft ausgedehnt. In Rostock u. Warnemünde entstanden Bereinigungsausschüsse. Diese setzten in Betrieben u. Geschäften, deren Inhaber geflohen waren od. die den Nationalsozialismus aktiv unterstützt hatten, Treuhänder ein. Seit Aug. 1945 übernahm die Landesverwaltung die Kontrolle über die E. u. ordnete für ganz Meckl. u. Vorpommern einheitl. Verfahrensweisen für die Bereinigung von Verwaltung u. Wirtschaft an. Unabhängig davon nutzte die sowjet. Besatzungsmacht mit ihren Militärtribunalen, dem Geheimdienst NKWD u. dem Internierungslager Fünfeichen bei Neubrandenburg eigene Instrumente zur Bestrafung der Kriegsverbrecher u. NS-Aktivisten. Zu den Verhafteten gehörten neben den wirklich Schuldigen aber auch zahlreiche auf Verdacht hin festgenommene od. denunzierte Personen.

Im Jahr 1946 erließ der Alliierte Kontrollrat schließlich mit den Direktiven Nr. 24 u. 38 einheitl. Richtlinien für die E. in den vier Besatzungszonen. Zur Beurteilung der Verantwortlichkeit u. der Festsetzung der Sühnemaßnahmen legten die Alliierten fünf Kategorien fest: I – Hauptschuldige, II – Belastete (Aktivisten, Militaristen, Nutznießer), III – Minderbelastete (Bewährungsgruppe), IV – Mitläufer u. V – Entlastete. Die Direktiven machten eine Neuauflage der E. notwendig. In Rostock begann die neugebildete E.-kommission ab dem 1.10.1946 systematisch den Personalbestand der Behörden, Betriebe u. Geschäfte zu überprüfen. In der SBZ drängte die SMAD mit dem Befehl Nr. 201 vom Aug. 1947 schließlich auf eine Beschleunigung u. den Abschluss der E. Gefordert wurde die deutl. Unterscheidung zwischen aktiven u. nominellen Parteigenossen, um die Rückkehr ehem. NSDAP-Mitglieder in Gesellschaft u. Beruf zu unterstützen. Die strafrechtl. relevanten E.-fälle sollten vor dt. Gerichten zur Anklage gebracht werden. Dafür waren spezielle Strafkammern einzurichten. Die bestehenden E.-kommissionen mussten infolge des Befehls aufgelöst u. neue gebildet werden. In Rostock nahm die Kommission am 3.10.1947 ihre Tätigkeit auf. Kriegsverbrecher, ehem. Parteimitglieder, Denunzianten u. Personen, die als Blockwart etc. tätig waren od. vom Nationalsozialismus

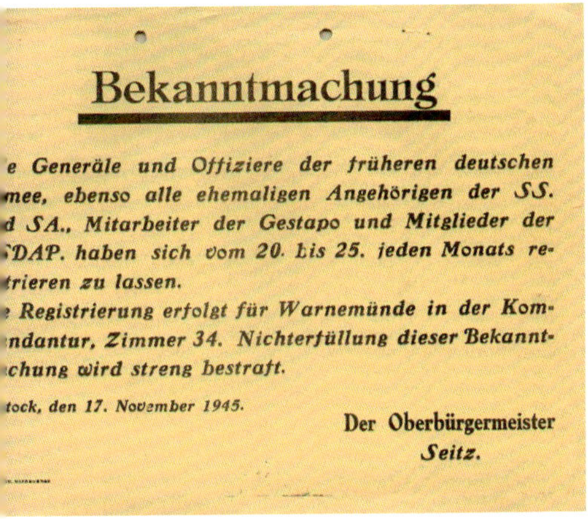

Bekanntmachung

e Generäle und Offiziere der früheren deutschen
mee, ebenso alle ehemaligen Angehörigen der SS.
d SA., Mitarbeiter der Gestapo und Mitglieder der
DAP. haben sich vom 20. bis 25. jeden Monats re-
trieren zu lassen.
Registrierung erfolgt für Warnemünde in der Kom-
ndantur, Zimmer 34. Nichterfüllung dieser Bekannt-
chung wird streng bestraft.
tock, den 17. November 1945.

Der Oberbürgermeister
Seitz.

Bekanntmachung im Rahmen der Entnazifizierung in Rostock (1945)

profitiert hatten, mussten sich zunächst in 16 nichtöffentl., ab dem 5.11.1947 in 54 öffentl. Sitzungen verantworten. Die vom Bürgermeister Walter Petschow (SED) geleitete, aus je einem Mitglied der antifaschist. Parteien, des FDGB, der FDJ u. dem Leiter des Kreisarbeitsamtes bestehende E.-kommission stufte zwischen Okt. 1947 u. März 1948 insgesamt 2626 Personen ein (Gruppe I: 57, Gruppe II: 1052, Gruppe III: 834, Gruppe IV: 658, Gruppe V: 25). Auf Befehl der SMAD mussten die E.-kommissionen am 10.3.1948 ihre Arbeiten einstellen u. sich auflösen. Die E. war damit beendet.

Zum Abschluss kamen im Apr. 1948 offiziell auch die Beschlagnahme u. Enteignung von Vermögenswerten der NS-Aktivisten u. Kriegsverbrecher. In Rostock waren davon fünf Banken, sieben Versicherungsgesellschaften u. 95 Betriebe bzw. Betriebsteile betroffen. Zu ihnen zählten u.a. die Kaufhäuser Gustav → Zeeck u. Rudolf Schlüter, die Brauerei → Mahn & Ohlerich, die Buchhandlung Leopold, die Maschinenfabriken Meinke, Lange u. Eikelberger, die Kohlehandelsgesellschaft Glückauf u. die → Margarinefabrik A. Hoyer. Wesentlich zurückhaltender ging man bei Berufsgruppen vor, auf die nicht verzichtet werden konnte. An der Uni waren 1947 bspw. 28 Lehrkräfte mit NS-Vergangenheit tätig. Ausschlaggebend für das Strafmaß war weniger der Grad der Belastung als die Loyalität zum neuen System. Diesem integrativen Element stand der Faschismusvorwurf gegenüber, der genutzt wurde, um im Prozess der E. polit. Gegner auszuschalten. Fast gänzlich von der E. ausgenommen blieben die vielen nach Rostock gekommenen Flüchtlinge.

Lit.: *D. van Melis: Entnazifizierung in Mecklenburg-Vorpommern. Herrschaft und Verwaltung 1945–1948, Oldenburg 1999; J.D. Herzig: Die Universität Rostock 1945–1946. Entnazifizierung und Wiedereröffnung, Rostock 2008.* MB

EPIDEMIE. Für Rostock liegen Zeugnisse für alle großen Seuchen vor: Lepra, Pest, Engl. Schweiß, Syphilis, Pocken, Cholera, → Tuberkulose, Span. Grippe. Vor dem Wirksamwerden einer kausalen Behandlung, deren Anfänge mit der Entstehung einer naturwissenschaftl. orientierten Medizin nach 1850 einsetzten u. die vom Erreger als Krankheitsursache ausging, waren die Abwehrmittel sehr vielfältig. Neben Isolation des Kranken in der eigenen Unterkunft od. in dafür eingerichteten Häusern spielte für Rostock die aus dem Mittelmeerraum übernommene Maßnahme der Quarantäne eine hervorgehobene Rolle.

Eines
Ehrbarn Raths der
Stadt Rostock
Pestordnung/
Neben
Einem Bedencken etlicher für-
nehmer Medicorum allhie / wie
man sich in Pestzeiten verhal-
ten soll.
Rostock/Bey Augustin Ferbern/eins
Erbarn Raths Buchdruckern/
Anno 1624.

Städtische Pestordnung (1624)

Für die **Lepra**-Kranken wurde im Mittelalter vor dem Steintor das → Hospitals St. Georg eingerichtet. 1260 erstmalig erwähnt, gilt es als eines der ältesten Hospitäler im norddt. Raum. Von der Stadt unterhalten, nahm es Lepröse auf, die zuvor ausgesegnet worden waren u. nun ein gemeinschaftl. Leben unter Gleichen führten. Sie erhielten Almosen u. andere Spenden.

Die größte Bedrohung stellte in Spätmittelalter u. Früher Neuzeit die histor. **Pest** dar. Die große Pandemie des 14. Jh. hatte entlang der Seewege u. Handelsstraßen 1350 Rostock erreicht. Auch wenn die Zahl der von den Chronisten angegebenen Toten übertrieben ist, war die Sterberate so sehr angestiegen, dass keine Särge mehr zur Verfügung standen. Die Toten wurden nur notdürftig in Leinen gewickelt u. auf einem dazu hergerichteten Pestfriedhof - dem heutigen Gertrudenplatz - begraben. Der Vorwurf der Brunnenvergiftung war weit verbreitet. „Sündenböcke" wurden gesucht u. häufig in jüd. Bewohnern gefunden. Kleriker wurden angeklagt u. bei lebendigem Leibe als Giftmischer unter dem Galgen begraben. Auch der Rostocker Vikar Michel Hildensem erlitt grausame Verfolgung u. Marterung. Die Pest kehrte regelmäßig zurück. 1519 verzichtete die 1419 gegründete Uni Rostock wegen einer Pest-E. auf die 100-Jahr-Feier. Besonders verheerend war der Seuchenzug von 1565. In jenem Jahr starben angeblich bei einer Einwohnerzahl von ca. 10-12000 Bewohnern 8000-9000 Menschen. Andere Quellen gehen „lediglich" von ca. 3600 Personen aus. Für das Jahr 1624 sind zwei Pestordnungen erhalten. In ihnen wird neben dem Reinigen der Luft durch das Abbrennen von Teertonnen auf den Straßen das dreimal tägl. Räuchern der Innenräume mit Wachholder, Rosmarin, Wermut u. Sandelholz sowie Angelikawurzel empfohlen. Auch Bernstein galt als wirksam. In den Apotheken wurden Pestilenzpillen u. Rosmarinsirupe bereitgehalten. Auch Pestamulette, z.B. aus mit Klettenwurzeln gefüllten Haselnüssen, galten als probate Mittel der Abwehr. Eine spezielle Pestapotheke befand sich in der Schwaanschen Str. Die 1624 grassierende E. forderte 722 Opfer.

Die Hinweise über den **Engl. Schweiß** 1529 in Rostock sind nur spärlich. Allerdings gab es für dieses Jahr keine Immatrikulationen an der Uni. In Rostock wurde die Bedeutung der Badestuben für die Ausbreitung von Krankheiten wie der **Syphilis** bereits 1473 erkannt, auch wenn deren Ausbreitung erst nach 1510 nachweisbar ist.

Das → Hospital St. Lazarus vor dem Heringstor (1509 gegründet) wurde gemeinhin als **Pocken**-Haus bezeichnet. Nach der Beendigung des → Dreißigjährigen Krieges 1648 ging die Regelung des Medizinalwesens immer mehr in die Hände der Territorialregierungen über, wie der Umgang mit den Pocken zeigt. 1798 starben bei einer Einwohnerzahl von ca. 15000 Menschen 116 Personen an den Blattern (Pocken). 1791–1803 war die Krankheit dreimal ausgebrochen. 1808 führte Rostock die erste Kuhpockenschutzimpfung bei Kindern durch.

1832 brach die **Cholera**, die „Geißel des 19. Jh.", aus. Bis Sep. stieg die Zahl der Erkrankten auf 662, von denen 361 verstarben. 1850 u. 1859 trafen erneut Cholera-E. die Stadt. Der Ausbruch der Cholera in Hamburg 1892 führte in Rostock zur Errichtung eines Lazaretts Bei den Sieben Linden (heute Lindenstr.).

Kurz vor der Beendigung des I. Weltkrieges wütete die **Span. Grippe** auch in Rostock. Die Krankheitsfälle stiegen u. führten zur Schließung aller Schulen. Krankenhäuser waren überfüllt u. konnten zahlreiche Patienten nicht mehr aufnehmen. Die E. hielt bis 1919 an.

Flucht u. Vertreibung führten 1944/45 in Rostock zum Aufbau von Massenquartieren, die die Ausbreitung von E. begünstigen. Trotz der in Dierkow, Evershagen u. auf der Stadtweide errichteten Quarantänelager forderten eine **Typhus**- u. eine **Diphtherie**-E. seit Sommer 1945 in Rostock Hunderte Opfer. Im Nov. stiegen die Erkrankungen an Flecktyphus stark. Im Vordergrund der Seuchenbekämpfung lag die ansteckende **Tuberkulose**, der in den ersten Nachkriegsjahren fast die Hälfte aller Erkrankten zum Opfer fiel. 1949 brach in Rostock die **Kinderlähmung** aus, weshalb eine Infektionsbaracke mit 40 Betten zur Verfügung gestellt werden musste.

In den 1950er-Jahren führten umfangreiche Schutzimpfungen, Vorsorgeuntersuchungen u. Hygienemaßnahmen zu einem drast. Rückgang

von E. Dennoch kam es vereinzelt immer wieder zu massenhaften Erkrankungen, so z.B. 1962 an **Ruhr**. Gegenwärtig sind epidem. auftretende Erkrankungen, sieht man einmal von der Grippe ab, in Rostock nicht mehr anzutreffen.
Lit.: *G.C.F. Lisch: Die Schweißsucht in Meklenburg im Jahre 1529 und der fürstliche Leibarzt, Professor Dr. Rhembertus Giltzheim, in: Jahrbücher des Vereins für meklenburgische Geschichte und Alterthumskunde, Jg. 3, Schwerin 1838, S. 60–83; H.-U. Lammel: Alltag im Angesicht der Pest des Jahres 1624 in Rostock, in: Der Festungskurier. Beiträge zur Mecklenburgischen Landes- und Regionalgeschichte, Bd. 6, Rostock 2006, S. 11–29; C.C. Wahrmann: Kommunikation der Pest. Seestädte des Ostseeraums und die Bedrohung durch die Seuche 1708–1713, Berlin 2012.* HUL

ERBVERTRAG. E. sollten, zumeist nach langwierigen Auseinandersetzungen, dauerhaft die rechtl. Verhältnisse zwischen den Herzögen v. Meckl. als Landesherrschaft u. ihrer „erbuntertänigen" Stadt Rostock regeln. Als besonders wirksam u. weitreichend erwiesen sich die drei E. aus den Jahren 1573, 1584 u. 1788. Sie standen stets am Ende langandauernder Kämpfe der Stadt gegen die Landesherren u. endeten in jedem Fall mit einer städt. Niederlage, sodass Rostock seinen Traum von reichsunmittelbarer Freiheit nie verwirklichen konnte. Jedoch vermochte es die Stadt immerhin, selbst im Moment der Niederlage u. der Anerkennung ihrer Unterstellung unter die Landeshoheit der meckl. Fürsten ein Höchstmaß an städt. Autonomie zu bewahren, die der angestrebten Freiheit in vielerlei Hinsicht sehr nahe kam. Dem Sieg der Landesherren über die Selbstständigkeitsbestrebungen Rostocks kamen jeweils innerstädt. Auseinandersetzungen zugute, die den Widerstand der Stadt insgesamt schwächten u. den Rat letztlich bewogen, auf die Forderungen der Herzöge einzugehen. 1573 u. 1584 griff zudem das mit den Mecklenburgern eng verflochtene dän. Königtum energisch zugunsten der Landesherren ein. Der neue Erbvergleich von 1788 kam relativ rasch zustande, nachdem der mit Rostock völlig zerstrittene Herzog Friedrich der Fromme 1785 gestorben war.
Lit.: *H. Schultz: Soziale und politische Auseinandersetzungen in Rostock im 18. Jahrhundert, Weimar 1974.* EM

ERDBEER, MARTIN (eigentl. Carl Jochim Martin Blohm). Zigarrenmacher, Politiker (21.5.1845 Rostock – 8.8.1915 Rostock); Betreiber einer Schankwirtschaft bis 1907; während des Sozialistengesetzes Organisator des illegalen Vertriebs der Zeitschrift Sozialdemokrat in Meckl.; leitete von Mitte der 1890er-Jahre bis 1905 die ehrenamtl.

Grabstätte auf dem Neuen Friedhof (2012)

SPD-Parteiarbeit für beide Meckl.; 1909 Wahl in die Stadtverordnetenversammlung; Vorstandsmitglied der AOK Rostock (1898–1915 Vorsitzender); Gründungs- u. Vorstandsmitglied des in Rostock gebildeten Meckl. Landesvereins zur Schaffung v. Lungenheilstätten (→ Tuberkulose); engagierter Einsatz zur Errichtung einer Volksbadeanstalt in Rostock.

Lit.: *H. Sieber: Martin Erdbeer – engagierter Rostocker Sozialpolitiker, in: Rostocker Zorenappels. Stadt-Schreiber-Geschichte(n), Bd. 6, Rostock 2012, S. 55–57.* HS

ERICHSON, PETER E(MIL). Schriftsetzer, Buchdrucker, Verleger (4.1.1888 Schwedt–14.2.1963 Rostock); 1907 Kauf der Rostocker Hinstorff Dru-

Peter E. Erichson (1956)

ckerei (→ Hinstorff Verlag) u. 1925 der Verlagsanteile in Ludwigslust, Überführung nach Rostock; Edition von Heimatliteratur, Belletristik, skandinav. Literatur u. wissenschaftl. Publikationen brachten dem Verleger u. dem Hinstorff Verlag große Anerkennung. 1925–36 erschienen z.B. die kulturgeschichtl. wertvollen Meckl. Monatshefte. 1942 Zerstörung des Verlagsgebäudes u. der Druckerei, Neubeginn 1945; 1956 Ernennung zum Ehrensenator der Uni Rostock; 1957 Verleihung des John-Brinckman-Preises; 1959 Verkauf des Verlages; 1960 Ehrung mit dem Vaterländ. Verdienstorden in Silber.
Lit.: *R. Rösler: Peter E. Erichson und der Rostocker Hinstorff Verlag, in: Autoren, Debatten, Institutionen, Hamburg 2003, S. 156–165.* BM

ERIK VI. MENVED. König v. → Dänemark (1274–Nov. 1319); folgte 1286 seinem ermordeten Vater Erik Glipping auf den Thron; gegen innere u. äußere Feinde Wiederbelebung der expansiven Ostseepolitik unter König Waldemar v. Dänemark (u.a. 1307 Schutzherrschaft über Lübeck); 1300 Lehnshoheit über → Nikolaus (das Kind) v. Rostock, der sich Hilfe gegen Markgraf Waldemar v. Brandenburg versprach; Eriks Hauptstützpunkt an der südl. Ostseeküste wurde Rostock; als dortigen Statthalter u. Hauptmann gewann er → Heinrich II. (den Löwen) v. Meckl.; Juni 1311 großes Turnier vor den Toren Rostocks, das den Zugang zur Stadt verweigerte; 1312/14 Niederringung der Stadt durch Heinrich II. im Auftrage Eriks; endgültige Übernahme der → Herrschaft Rostock durch Heinrich II. im Ergebnis des unerwarteten Todes Eriks u. Waldemars 1319.
Lit.: *E. Hoffmann: König Erik Menved und Mecklenburg, in: H. Bei der Wieden, T. Schmidt (Hg.): Mecklenburg und seine Nachbarn, Rostock 1997, S. 43–68.* EM

ERNST HEINKEL FLUGZEUGWERKE. Ende 1922 vom Flugzeugkonstrukteur Ernst → Heinkel auf dem → Flugplatz Warnemünde (Hohe Düne) gegründet; Herstellung u. Export von Flugzeug-Prototypen für den Lizenzbau; 1932 größter Industriebetrieb Meckl.; Bau des ersten europ. Schnellverkehrsflugzeugs He 70 (1932); ab 1933 Aufbau eines Konzerns mit sieben Hauptwerken u. vielen kleineren Betrieben; 1935 Bezug des neuen Stammwerks in Marienehe; Fertigung von ca. 5600 He 111 (Standardbomber der dt. Luftwaffe); 1939 Bau des ersten Strahlflugzeuges (He 178), eines Flugzeuges mit regelbarem Raketentriebwerk (He 176) u. 1941 Fertigung von Schleudersitzen; Ende 1944

Das Versuchsflugzeug He 178

Im Konstruktionsbüro der Ernst Heinkel Flugzeugwerke wurden in den 1920er- und 1930er-Jahren wegweisende Innovationen erdacht.

ca. 16000 Beschäftigte in Rostock (darunter Tausende Zwangsarbeiter u. Kriegsgefangene); mehrfach bombardiert im II. Weltkrieg; 1945 Demontage als Reparationsleistung.

Lit.: *V. Koos: Ernst Heinkel Flugzeugwerke. 1933–1945, Königswinter 2003; Ders.: Ernst Heinkel Flugzeugwerke. 1922–1932, Königswinter 2006.* VK

ESCH, ARNO. Politiker (6.2.1928 Memel/Ostpreußen–24.7.1951 Moskau); 1946 Jurastudium an der Uni Rostock; polit. Tätigkeit in der LDPD; Eintreten für Liberalismus u. Pazifismus; 1949 verhaftet u. 1950 wegen angebl. Spionage vom sowjet. Militärtribunal in Schwerin zum Tode verurteilt, als Gefangener des sowjet. Geheimdienstes NKWD in einem Moskauer Gefängnis erschossen; 1990 Rehabilitierung durch den Obersten Gerichtshof der Sowjetunion. Benennung einer Straße u. eines Hörsaales der Uni Rostock nach ihm.

Lit.: *F. Mrotzek: Esch, Arno Karl Edwin Kurt, in: Biographisches Lexikon für Mecklenburg, Bd. 7, Rostock 2013, S. 99–102.* AH

ESCHENBACH, CHRISTIAN EHRENFRIED. Arzt (20.8.1712 Rostock–23.3.1788 Rostock); ab 1727 Apothekerlehre in Leipzig; 1732–36 Medizinstudium u. Promotion an der Uni Rostock; danach ebd. als prakt. Arzt u. Privatdozent tätig; 1756 Prof. für Niedere Mathematik; 1766 Stadtphysikus u. Prof. für Medizin; 1762–86 mehrfach Rektor an der Uni Rostock; veröffentlichte u.a. zu seiner Zeit vielbeachtete Werke zur Rechtsmedizin („Handbuch der gerichtlichen Medizin, Medicina legalis", 1746–75) u. zur Hebammenausbildung („Grundlage zum Unterricht einer Hebamme", 1765–67).

Lit.: *K.-H. Jügelt: Christian Ehrenfried Eschenbach (1712–1788). Vom Apothekerlehrling zum Medizinprofessor, in: Beiträge zur Geschichte der Stadt Rostock, Bd. 25, Rostock 2002, S. 41–90.* MR

ESCHENBURG, KARL. Fotograf (20.5.1900 Rostock–5.11.1947 Warnemünde); ab 1914 Schiffbaulehre auf der Neptunwerft; nach 1918 Schiffbau-Ingenieur u.a. bei den → Arado Flugzeugwerken; seit 1925 als Fotograf tätig: Stadt- u. Landschaftsfotografie, Por-

Karl Eschenburg (um 1935)

träts; Atelier in Warnemünde; ab 1932 regelmäßige Reportagen im Rostocker Anzeiger u. Niederdt. Beobachter; seit 1933 Mitglied der NSDAP; 1939 Einberufung zur Propaganda-Kompanie der Wehrmacht; 1945 Rückkehr, unheilbar erkrankt; Nachlass in der Universitätsbibliothek Rostock u. im Meckl. Volkskundemuseum Schwerin.

Lit.: *W. Eschenburg (Hg.): Das alte Rostock in Photographien von Karl Eschenburg, Rostock 2004; V. Janke: Das Lichtbild als Medium nationalsozialistischer Propaganda. Der Nachlass Karl Eschenburg, in: Berliner Blätter, H. 38, Berlin 2005, S. 109–121.* AK

EULERT, ARTHUR. Architekt, Grafiker (7.4.1890 Rostock–3.3.1946 Wismar); 1908–13 Studium der Architektur an den Techn. Hochschulen München, Hannover u. Berlin; 1913/14 Baurechnungsführer in Bromberg (heute: Polen); Kriegsdienst 1914/15; 1916/17 in Bielefeld u. Minden tätig; 1919 Staatsprüfung zum Regierungsbaumeister; 1919 Mitarbeiter beim Stadtbauamt Rostock; 1920–46 als Stadtbaumeister u. Stadtbaurat in Wismar tätig, vorwiegend funktionale Bauten; umfangreiches graf. Werk, insbesondere Architekturdarstellungen, auch Malerei, Landschaften, Porträts, Tier- u. Pflanzendarstellungen, genrehafte Motive; Freitod; 1949 posthum Beteiligung an der Zweiten Dt. Kunstausstellung in Dresden; Werke im Stadtgeschichtl. Museum Wismar u. im → Kulturhistor. Museum Rostock.

Lit.: *B. Busjan: Eulert, Arthur, in: Biographisches Lexikon für Mecklenburg, Bd. 7, Rostock 2013, S. 103–106.* HL

Arthur Eulert: „Rostock, Hafen", Radierung (1926)

EURAWASSER NORD GMBH. Seit 1993 für die Trinkwasserversorgung u. Abwasserbeseitigung Rostocks u. des Umlandes tätig; gegründet als Tochterfirma des frz. Konzerns SUEZ-Environnement; erstmalige Übernahme der Wasserversorgung in private Hand in Dtl.; Versorger von über 200 000 Menschen in Rostock u. ca. 100 000 in der Umgebung (Güstrow, Bützow, Sternberg); 2012 Übernahme durch die REMONDIS Aqua GmbH & Co. KG aus Lünen in Nordrhein-Westfalen; Zahl der Beschäftigten ca. 400 (2012); Auslaufen des Konzessionsvertrages 2018. RS

1996 ging die zentrale Kläranlage nahe der Carl-Hopp-Straße in Betrieb (2013).

EUTHANASIE. Unter dem euphemist.-zyn. Begriff der E. (griech.: leichter, guter Tod) wurden im Dt. Reich 1939–45 systemat. mehrere Hunderttausend psych. kranke Menschen u. Menschen mit Behinderung ermordet. Zuvor waren viele von ihnen bereits Opfer von → Zwangssterilisationen geworden. Mind. 44 Patienten der Heil- u. Pflegeanstalt → Gehlsheim wurden im Rahmen der sog. Aktion T4, benannt nach dem geheimen Sitz der Organisation in der Tiergartenstr. 4 in Berlin, in den Tötungsanstalten Bernburg u. Hadamar bzw. der Zwischenanstalt Uchtspringe ermordet. Nach dem Stopp der Aktion im Aug. 1941 ging das Töten jedoch weiter, nun durch Injektionen, Tabletten od. Nahrungsentzug. Diese sog. Dezentrale bzw. Wilde E. wurde bis zum Kriegsende im Mai 1945 durchgeführt. Für die Gehlsheimer Klinik ist eine erhöhte Sterberate in dieser Zeit nicht nachzuweisen, sodass eine direkte Beteiligung an Patiententötungen im Rahmen der Wilden E. ausgeschlossen werden kann. Es ist jedoch davon auszugehen, dass viele Patienten, die von Rostock in die Heil- u. Pflegeanstalt Sachsenberg bei Schwerin verlegt wurden, dort gezielt getötet wurden. Schätzungen gehen davon aus, dass in Meckl. ca. 2000–2500 Menschen den E.-maßnahmen zum Opfer gefallen sind. *Lit.: K. Haack, E. Kumbier: Lebensspuren. Opfer der Rostocker Psychiatrischen und Nervenklinik während der Zeit des Nationalsozialismus, in: Trauma & Gewalt, Bd. 4, Stuttgart 2010, S. 282–292; E. Kumbier, S. J. Teipel, S. C. Herpertz (Hg.): Ethik und Erinnerung. Zur Verantwortung der Psychiatrie in Vergangenheit und Gegenwart, Lengerich 2009.* EK/KH

EVERSHAGEN. Die Endung im Ortsnamen weist auf die Entstehung als Rodungsdorf im 13. Jh. hin. Angelegt wurde die Siedlung von einem dt. Einwanderer mit Namen Evers. Urkundl. Ersterwähnung 1328; eingepfarrt nach Lichtenhagen. Das Dorf gehörte im 14. Jh. den Adelsgeschlechtern Ziesendorf u. Steinfeld. 1355 verkauften diese ihre Besitzungen in E. zu einem Teil an eine Kalands-Bruderschaft der St.-Jakobi-Kirche, zum anderen Teil an mehrere Rostocker Patrizier. Nach der → Reformation blieb E. als Pastoratsgut im Besitz der Jakobikirche. Im Jahr 1900 lebten hier 111 Einwohner; es gab zwei

Terrassenhochhäuser in Evershagen (um 1975)

Erbpachthöfe, die Mühle u. die Schmiede. Das Gut wurde 1941 durch die → Ernst Heinkel Flugzeugwerke aufgekauft, die hier Obst u. Gemüse für ihren umfangreichen Kantinenbetrieb anbauen wollten. Es entstanden Baracken zur Unterbringung der Arbeitskräfte, die nach 1945 als Flüchtlingslager genutzt wurden. 1950 Eingemeindung nach Rostock. 1970–74 entstanden wesentl. Teile des Neubaugebietes E., nach → Lütten Klein der zweite Stadtteil im Nordwesten in Plattenbauweise. Bis 1979 folgte die Fertigstellung der sog. Wohnscheiben, d.h. Stelzenhochhaus u. Terrassenhochhäuser, sowie der Punkthochhäuser als städtebaul. Dominanten. Insgesamt entstanden 8060 Wohnungen für ca. 28000 Einwohner. Bei der Str.-benennung griff man vorrangig auf die Namen von Schriftstellern zurück. Die Bertolt-Brecht-Str. in ihrem leicht geschwungenen Verlauf teilt den Stadtteil in zwei Wohnkomplexe. Die durch den Versatz der Wohnblöcke geschaffene Hofbildung gehörte ebenso wie die künstler. Gestaltung der Giebel zu den Neuerungen. Zwischen den Neubaugebieten E. u. Lütten Klein schuf man bis 1976 den Erholungspark Fischerdorf. 1975/76 wurde das Wohngebietszentrum Am Scharren übergeben, 1977 das Senioren- u. Pflegeheim, 1985 die kath. Thomas-Morus-Kirche. Nach 1989/90 verlor der Stadtteil an Einwohnern. Durch Sanierungsmaßnahmen u. Verbesserungen im Wohnumfeld konnte die Einwohnerzahl seit 2000 konstant gehalten werden. Die Straßenbahn erweiterte ihr Netz im Jahr 2000 bis nach E. Hervorzuheben sind 2001 der modellhafte Umbau des Stelzenhochhauses (Rasmus-Hochhaus) u. 2004 die Sanierung des Stadtteilzentrums. Durch die Erschließung randständiger Bauflächen für den Eigenheimbau hat sich die Entwicklung des Stadtteils weiter stabilisiert (E. Dorf 1996, Obstplantage 1997, E. Süd 2002). Seit 2004 befindet sich das Nachwuchszentrum des → FC Hansa Rostock in E. Das ehem. Messe-Gelände Schutow, lange Zeit auch als E. Süd bezeichnet, hat durch wichtige Ansiedlungen seit 2007 eine positive Entwicklung als Gewerbegebiet genommen. 2016 lebten in E. ca. 16700 Menschen. BK

EVERT, FRIEDRICH-KARL. Gartenbauarchitekt (4.1. 1903 Gehlsdorf–23.2.1991 Rostock); Lehre in der väterl. Gärtnerei, danach in Dresden u. Stuttgart, 1926–29 Studium der Gartengestaltung in Berlin-Dahlem; seit 1934 Begrünung Rostocker Wohnviertel (Hansa- u. Komponisten-Viertel, Dierkow-West); nach 1945 Gestaltung von Freiflächen der Uni Rostock (Hygiene-Institut, Neue Medizin. Klinik, Schiffbautechn. Institut); 1955–61 Anlage des Rhododendronparks in Graal-Müritz; 1959–67 Gründung bzw. Leitung der Gärtner. Produktionsgenossenschaft Rostock; gärtner. Gestaltung des Naherholungsgebietes → Schnatermann; 1998 Str.-benennung Evertsche Gärtnerei in Rostock-Gehlsdorf.

Lit.: *V. v. Stenglin: Friedrich-Karl Evert wurde 80 Jahre!, in: Natur und Umwelt. Beiträge aus dem Bezirk Rostock, Bd. 5, Rostock 1983, S. 92–93.* EM

F

FABIAN, ERICH. Lehrer, Schriftsteller (4.4.1893 Rostock-28.7.1969 Rostock); 1911-14 Studium der alten Sprachen u. der Germanistik in Rostock, Frei-

Erich Fabian (um 1960)

burg, Greifswald; 1914-20 Kriegseinsatz u. Gefangenschaft; 1921 Eintritt in den meckl. Schuldienst; 1926-33 Studienrat an der Großen Stadtschule in Wismar; 1928 Promotion Uni Greifswald; wegen seiner Mitgliedschaft in der SPD u. der Ehe mit einer jüd. Frau 1933 aus dem Schuldienst entlassen; danach in Rostock Privatlehrer; 1946-53 Direktor der → Volkshochschule Rostock; 1964 mit der Nachdichtung „Liebeslieder der Antike" u. dem Dostojewski-Roman „Der Doppelgänger" als Schriftsteller erfolgreich; weitere Werke: „Der Weg aus der Mitte" (1968), „Die rauhen Jahre" (1969); langjähriger Vorsitzender des Schriftstellerverbandes des Bezirkes Rostock. BK

FÄHRE. (1) **Ostsee-F.** Rostocks Kontakte ins südl. → Dänemark sind historisch. Auf Falster gab es seit dem Mittelalter eine als Rostokker Fergehavn bezeichnete Einfahrt in die Gewässer bei Gedesby. Im 19. Jh. existierten bereits Dampfschiffsverbindungen nach Nyköbing u. zuletzt nach Gedser. Ab 1903 wurde durch die Meckl.-Friedrich-Franz-Eisenbahn das Seebad Warnemünde zum Wegbereiter für den Eisenbahnfährverkehr auf dem europ. Festland. In Warnemünde entstanden jenseits des Stromes zwei Fährbassins mit Rampen, über die Schnell- od. Güterzüge auf die F. rollen konnten. Dem Passagierverkehr dienten vorrangig die Räder-F. FRIEDRICH FRANZ IV. u. die dän. PRINSESSE ALEXANDRINE. Für den Güterverkehr beschafften die meckl. u. die dän. Bahnverwaltungen jeweils die MECKLENBURG u. PRINS CHRISTIAN. Der Neue Strom (→ Seekanal) wurde mit Aufnahme des F.-dienstes nun zur Rostocker Hafenzufahrt.

Die Eisenbahnfähre PRINSESSE ALEXANDRINE (um 1920)

Die Eisenbahnfähre SCHWERIN (1926 in Dienst gestellt)

Das Reisen nach Gedser u. weiter nach Norden entwickelte sich dynamisch; die Route wurde zur internationalen Verkehrsader quer durch den Kontinent. Trotz aller polit. Veränderungen im 20. Jh. blieb die F.-verbindung Warnemünde-Gedser bestehen. Allein die Bevölkerung der SBZ bzw. DDR war 1945–89 von der Benutzung ausgeschlossen. Die polit., wirtschaftl. u. techn. Entwicklung nach 1990 führte am 24.9.1995 zur Verlegung des F.-verkehrs von Warnemünde zum Rostocker Hafen. Hier wurden Fährrouten nach Dänemark (Dt. Fährgesellschaft Ostsee, DFO), Schweden (Stena Line), zeitweilig nach Finnland (Finnlines) u. in andere Destinationen aufgebaut. Die 1993 gegründete DFO schloss sich 1998 mit der Fährreederei der dän. Staatsbahn zur dt.-dän. Reederei Scandlines zusammen. 2015 verlagerte das Unternehmen seinen Firmensitz von Rostock nach Hamburg. Der moderne Fährverkehr ist mit mehr als zehn Mio. Tonnen Ladung jährl. für den Rostocker Hafen wichtiger Zweig im wirtschaftl. Gesamtkonzept.

(2) Warnow-F. Die sich am Südufer der Warnow entlangziehende Stadtlandschaft forderte immer schon Fährdienste hinüber in die Stadtfeldmark. Anfangs genügten dazu geruderte Jollen, jedoch mit zunehmender Besiedlung von Gehlsdorf als beliebter Wohngegend kam es zu Verkehrsproblemen. Ab 1873 gab es das „Betriebsreglement der Rostocker Dampffähre". Ab 13.12.1880 fuhr die Wagen-F. ROSTOCK von der Schnickmannbrücke zum Fährberg. Das Fährhaus diente dort als Ausflugslokal. Einige Motorbootlinien kamen später hinzu.

Die 2016 in Dienst gestellte Fähre COPENHAGEN wird zwischen Rostock und Gedser eingesetzt.

Die Fähren Albert Schmidt und Willi Schröder (1982)

Die Fährschiffe Breitling und Warnow (2012)

Hohe Kosten bei ungenügendem Verkehrsaufkommen mit wiederkehrenden Fahrplanstreitigkeiten brachten den Betreibern kaum Gewinn. Mit Absperrung des Hafens u. des Anlegers durch die sowjet. Besatzungsmacht verlor die Warnow-F. im Sommer 1947 den stadtseitigen Liegeplatz. Provisorisch von den Silos verkehrend, wechselte der Fährdienst zum Kabutzenhof mit einer Linie zur Gehlsdorfer Landreiterstraße. Die Warnow-F. wurde städt., kam zum Nahverkehrsunternehmen u. später zur Weißen Flotte. Die innerstädt. Linie führt seit dem 1.5.1994 die Antaris GmbH mit ihrer F. Gehlsdorf.

Die für die Innenstadt verkehrsentlastende Auto-F. Schmarl-Oldendorf verkehrte vom 1.5. 1997 bis zum 12.9.2003. Der Warnowtunnel löste diese F. ab.

In Warnemünde wurde der Strom von alters her rudernd überquert. Mit Bau des Neuen Stromes ging 1903 eine Strom-F. nach Hohe Düne in Betrieb. Sie besteht noch heute u. verbindet mit zwei leistungsfähigen Schiffen, der Warnow u. der Breitling, den Badeort mit der Rostocker Heide.

Lit.: R. Kramer, H.-D. Foerster: Brückenschlag über die Ostsee. Zum Fährverkehr Warnemünde/Rostock-Gedser, Rostock 2003; Dies., W. Kramer: Zwischen gestern und morgen. Die Fährverbindung Sassnitz-Trelleborg, Rostock 2009; Hafen-Entwicklungsgesellschaft (Hg.): Die Geschichte des Rostocker Hafens, Rostock 2002; H. Lange: Rostocker Fahrgastschiffahrt von 1834 bis 2003, Rostock 2003. RK

FAHNE. Seit dem 16./17. Jh. bildeten die Rostocker F. die nach einzelnen Abschnitten der Stadt innerhalb ihrer Mauern gegliederten militär. Einheiten der dort ansässigen Stadtbürger zu Verteidigungszwecken; sie wurden nach ihren Erkennungs- bzw. Feldzeichen benannt. Bis dahin setzten sich die städt. Aufgebote wohl eher nach den Ämtern (Zünften) u. ihrer jeweiligen Mitgliederzahl zusammen. Da die F. nicht nur Personen, sondern auch deren qualitativ durchaus unterschiedl. militär. Ausrüstung stellen mussten, hing ihre Stärke sowohl von der Personenzahl als auch ihrem jeweiligen Vermögen ab. Daraus entwickelte sich auch die steuertechn. Bedeutung der F.-einteilung, der die Untergliederung nach den drei Hauptkategorien Haus, Bude u. Keller zugrunde lag. Die Mehrzahl der F. war so zugeschnitten, dass sie jeweils auch für einen Abschnitt der Stadtmauer zuständig waren. Den qualitativen wie quantitativen Niedergang der Stadt reflektierte auch die sinkende Zahl der F. nach dem 16. Jh. Bis 1625 existierten 24 F., damals noch Quartiere genannt, jeweils acht in der Alt-, Mittel- u. Neustadt. In diesem Jahr wurde ihre Zahl wohl infolge der Pest auf 18, 1635 auf 13 reduziert. Stand dies im Zusammenhang mit den Auswirkungen des → Dreißigjährigen Krieges, so war die endgültige Reduzierung auf elf F. im Jahre 1682 ein Ergebnis des Stadtbrandes von 1677. Letzterer Einteilung lagen auch die durchgehende Nummerierung der Grundstücke u. die kommunale Verwaltungsstruktur seit dem Ende des 18. Jh. zugrunde.

Lit.: E. Münch: Die Entwicklung der Rostocker Fahnenzahl und der Stadtbrand von 1677, in: Beiträge zur Geschichte der Stadt Rostock, Bd. 27, Rostock 2005, S. 51–67. EM

FASCHING. Mind. vom 16. bis 18. Jh. waren viele Fastnachtsbräuche mit diversen Verkleidungen u. Trinkgelagen verbreitet, ab Mitte des 19. Jh. verstärkt Maskenbälle u. Kappenfeste. Zuerst von Gastronomen veranstaltet, später auch von Vereinen; nach dem II. Weltkrieg gingen derlei Aktivitäten zurück. Auch während der DDR-Zeit waren Karnevalsumzüge od. ähnl. eher selten; ab 1976 Fasching der Ingenieurhochschule für Seefahrt (IHS), seit den 1980er-Jahren mehr Karnevalsveranstaltungen: aktiv seit 1983 der Markgrafenheider Karneval-Club, seit 1985 der Rostocker Carneval-Club Warnow u. seit 1990 der Rostocker Karneval Club.
Lit.: F. W. Schmidt: Fastnachtssitten im 17. Jahrhundert, in: Mecklenburgische Monatshefte, Bd. 4, H. 3, Rostock 1928, S. 151–153. TW

Fußballfan im Ostseestadion

FC HANSA ROSTOCK. Fußballverein; ca. 11 000 Mitglieder (Nov. 2016); Vereinsfarben: Weiß u. Blau; Spielstätte: → Ostseestadion (DKB-Arena 2001–15). Als gleichnamige Sektion des → SC Empor Rostock 1954 durch die auf staatl. Einflussnahme zurückgehende Verlegung der DDR-Oberliga-Mannschaft SV Empor Lauter aus Sachsen an die Ostseeküste entstanden, erfolgte die eigentl. Vereinsgründung u. Namensgebung am 28.12.1965 durch Herauslösung der Sektion Fußball aus dem Mutterverein. Viermal DDR-Vize-Meister, fünfmal DDR-Pokal-Finalist, Teilnehmer am internationalen Messecup 1968/69 u. 1969/70, am UEFA-Cup 1989/90, am Europa-Cup der Landesmeister 1991/92 u. am Intertoto (UI)-Cup 1998. Als Meister u. Pokalsieger der Oberliga Nordost in der Spielzeit 1990/91 in die Erste Bundesliga aufgestiegen, gehört der Klub seitdem ununterbrochen als einziger Fußballverein Meckl.-Vorpommerns zum Lizenzbereich des dt. Fußballsports. Meisteingesetzter Spieler ist Hilmar Weilandt mit 365 Spielen (1986–2002); auch international bekannt wurden u. a. die DDR-Nationalspieler Gerd Kische u. Joachim Streich sowie in jüngerer Zeit Thomas Doll.
Lit.: R. Rosentreter, G. Simon: Immer hart am Wind. 40 Jahre F. C. Hansa Rostock, Göttingen 2005. RL

Das Vereinslogo des FC Hansa Rostock

FERDINAND SCHULTZ NACHFOLGER. Bezeichnung für eine 1868 durch Ferdinand Schultz gegründete Drahtfabrik in Rostock. Ab 1881 Großherzogl. Hoflieferant. Nach der Enteignung 1953 u. der erneuten Übernahme der Firmenleitung durch die

Gründerfamilie widmete sich das Unternehmen auch dem Autohandel u. war als Zulieferer von Spezialteilen für den Schiffbau tätig. 1972 erfolgte die Verstaatlichung unter dem Namen VEB Metallwerkstätten Warnow, bevor 1990 eine schrittweise Reprivatisierung des Unternehmens vorgenommen werden konnte. Die Traditionsfirma ist heute eine Unternehmensgruppe, die in den Branchen Fahrzeughandel, Fahrzeugtechnik, Fördertechnik u. Versicherung tätig ist. RL

FERIENWELLE → RUNDFUNK

FERN- UND GROßHANDEL. Lange vor der Gründung der Stadt Rostock war die Region in ein Netz von Handelsbeziehungen eingebunden. Slawen u. Wikinger betrieben seit dem 7./8. Jh. einen intensiven Warenaustausch in Form von Tauschhandel od. Raub. Südl. von Dierkow, nahe des Primelberges, lag eine ausgedehnte Siedlung mit Hafen. Der Ort wurde im 8. Jh. angelegt. Ausgrabungen brachten Zeugnisse eines internationalen Seehandelsplatzes hervor. Bernstein, Silber, Waffen, Mahlsteine belegen u.a. Kontakte nach Skandinavien, ins Baltikum u. ins Frankenreich. Funde innerhalb der slaw. Burganlage an der Petribleiche weisen auf rege lokale Handelsaktivitäten im 11./12. Jh. hin. Eine Wiek (Marktsiedlung) befand sich am Dierkower Damm. Alte Schriftquellen zeigen, dass die Slawen auch mit Pelzen, Sklaven, Tuch, Schmuck u. Wein handelten.

In der Mitte des 13. Jh. wurde Rostock Teil der → Hanse, einer Vereinigung zur See fahrender Kaufleute u. Städte, deren Ziele in der Durchsetzung von Handelsinteressen u. Warenaustausch lagen. Es galt, den sich über West-, Nord- u. Osteuropa erstreckenden Handelsraum rechtl. abzusichern u. gemeinschaftl. zu schützen.

Der Rostocker Handel wurde im Wesentl. von den Ratsherren u. ratsfähigen Geschlechtern sowie Fernhandelskaufleuten bestimmt. Tuchhändler verfügten über feste Verkaufs- und Gewandhäuser, letztere bildeten wahrscheinlich Teile des Rathauses.

Der F. durchdrang alle Bereiche des Rostocker Gemeinwesens. Er prägte die Berufe, die Rechts-

Archäologische Grabung auf dem internationalen Seehandelsplatz Dierkow (1988)

bestimmungen u. die Topografie der Stadt (Markt, Speicher, Straßen, Waage, Rathaus, Hafen). Hansische Kaufleute betrieben eine Ware-Geld-Wirtschaft. Sie basierte auf Bargeld u. Verrechnungen. Neben dem Zwischenhandel in Ost- u. Nordsee engagierten sich die Rostocker Kaufleute stark im Heringshandel (→ Fischerei). Wie auch andere Hansestädte besaß Rostock an der Küste Schonens (heute: Schweden) Vitten (→ Schonenfahrer), in denen das „Silber der Ostsee" verarbeitet u. in Tonnen – den „Containern" des Mittelalters – verschifft wurde. Rostocker Händler fuhren in den norweg. Oslofjord u. waren intensiv am Ost-West-Zwischenfernhandel von Russland u. dem Baltikum (Pelze, Wachs, Flachs, Bernstein, Pottasche, Pech, Holz) nach Flandern u. England (Tuche, Metalle, Keramik, Wein, Gewürze) beteiligt.

Aus Rostock exportiert wurden vor allem Getreide, Wolle, Erbsen, Nüsse, Äpfel, Malz u. Bier, importiert hingegen Salz- u. Trockenfisch, Butter, Tierhäute, Holz, Textilien, Metalle, Glaswaren, Keramik, Kalkstein, Schiefer, Salz, Wein, Südfrüchte (Bananen, Ananas, Apfelsinen) sowie Gewürze. Allein 1368 führten Rostocker Händler 20000 Stück feinsten flandr. Tuchs ein. Der F. mit den brit. Inseln ging seit Ende des 14. Jh. zurück, da die Engländer selbst als Händler im Ostseeraum agierten.

Von besonderer Bedeutung für die Stadt waren im Mittelalter die Bierproduktion u. der Bierhandel (→ Brauwesen). Um 1600 zählte Rostock etwa 300 Brauhäuser. Die Stadt galt als das „Malzhaus der Hanse". Hauptzielländer waren Dänemark u. Norwegen. Vereinzelt ging Rostocker Rotbier aber auch in die Niederlande u. nach Flandern. Berufsgruppen wie die der Hopfenbauern, Müller, Böttcher, Träger, Fuhrleute u. Schiffer profitierten davon. Am lukrativen Bierhandel wollten aber auch die Warnemünder teilhaben. Die Rostocker Brauer bestätigten ihnen sogar, dass sie rascher u. günstiger das Bier z.B. nach Dänemark brächten als die Rostocker Schiffer. Letztere setzten sich jedoch gegen den Konkurrenten durch u. zwangen den Rostocker Rat Ende des 16. Jh., die Warnemünder F.-ambitionen zu untersagen; es sei denn, die Warnemünder zögen nach Rostock u. trügen die mit dem Bürgerrecht verbundenen Lasten.

Der F. über Land vollzog sich mittels Pferdefuhrwerken über ein Netz von Fernstraßen. Der Transport über weite Strecken lohnte sich nur bei hochwertigen Waren. Massengüter wurden vor allem über die Ostsee od. über Flüsse transportiert. Die Marktplätze waren die Haupthandelsorte der Stadt. Gehandelt wurde an allen Werktagen. Der → Pfingstmarkt präsentierte sich als Großmarkt u. Handelsmesse, der Händler aus ganz Nordeuropa anlockte. Für acht Tage durften dann auch fremde Kaufleute frei handeln.

Der Rostocker F. mit den skandinav. Ländern Norwegen u. Schweden spiegelt sich auch in den Vereinigungen der → Bergen- u. Schonenfahrer wider. Den F. gen Osten prägten vor allem die → Rigafahrer, den Handel gen Westen die Flandern- u. Spanienfahrer. Am Ende des 16. Jh. kamen Fahrten bis ins Mittelmeer, insbesondere nach Italien, hinzu. Begleiteten die Kaufleute zunächst ihre Waren direkt, begannen sich seit dem 14. Jh. sog. Handelsgesellschaften herauszubilden. Damit war eine persönl. Anwesenheit nicht mehr notwendig. Auf dem Schriftweg löste der Kaufmann den Kauf od. Verkauf von Waren in fremden Städten aus, der dann in seinem Auftrage von dort ansässigen Kaufleuten bzw. Händlern durchgeführt wurde.

Die Versorgung der wachsenden Rostocker Bevölkerung (12000-14000 Einwohner) mit Lebensmitteln machte im Mittelalter die Erschließung des Hinterlandes notwendig. Handelswege entstanden od. wurden ausgebaut, um den Transport von Agrargütern (Getreide, Vieh, tier. Produkte usw.) zu ermöglichen. Die Bewohner der ländl. Regionen hingegen erwarben in Rostock Gebrauchs- u. Luxusgüter.

Der Aufschwung der Gutswirtschaft im 16./17. Jh. steigerte den Export von Getreide über den Rostocker Hafen nach Russland u. Westeuropa. 1785 belief sich die Ausfuhr an Getreide auf 21930 t. Im Gegenzuge kamen sog. Kolonialartikel wie Kaffee, Tee, Zucker, Tabak, Porzellan, Seide usw. nach Rostock.

1806 besetzten napoleon. Truppen die Stadt. Noch im selben Jahr wurde die gegen Großbritannien gerichtete → Kontinentalsperre ausgerufen. Ein wichtiges Ziel des Rostocker F. war damit unterbrochen. Die Nachfrage nach meckl. Getreide auf Seiten der Engländer u. die der Rostocker nach engl. Manufakturerzeugnissen ließ den Schmuggel aufblühen. Dennoch brach der Getreidehandel zusammen, zumal die frz. Truppen große Mengen für den Eigenverbrauch beschlagnahmten.

Mit dem Bau von Chausseen erfuhr der Binnenhandel im 19. Jh. einen kräftigen Aufschwung. Gleiches gilt für die → Eisenbahn, die den F. wesentlich belebte. Hinzu kam ein großes Netz von Klein- u. Feldbahnen, wodurch Massengüter wie Getreide, Kartoffeln, Rüben u. Vieh schnell u. kostengünstig in die urbanen Zentren u. industriellen Ballungsgebiete des Dt. Reiches geschafft werden konnten. In der Mitte des 19. Jh. wurde ca. 50% des meckl. Getreides über Rostock verschifft. Die Anzahl der Handelsschiffe stieg innerhalb von zwei Jahren von 305 (1857) auf 344 (1859).

Bis 1869 ließ der Zunftzwang die Entwicklung von gewerbl. Unternehmen u. die damit verbundene Erweiterung von Handelsbeziehungen nur langsam vorankommen. Der Fortfall dieser mittelalterl. Beschränkungen, die wachsende Bevölkerung u. die Orientierung zahlreicher Rostocker Firmen (Schiffbau: → Tischbein & → Zeltz; Holz-Handel: → Jürß & Crotogino; Chemie: Friedrich → Witte; Brauerei: → Mahn & Ohlerich; Reederei: Otto Zelck; Landmaschinen: Rudolf → Dolberg) auf nationale u. internationale Geschäftspartner forcierten den Ausbau der F.-beziehungen. Parallel dazu entstanden große genossenschaftl.

Stadthafen bei der Schnickmannbrücke (um 1890)

organisierte Handelsunternehmen, wie die Landwirtschaftl. Handelsgenossenschaft (Raiffeisen) u. der Konsum. Während erstere den Landhandel mit Maschinen, Dünger usw. an sich zog, etablierte sich der Konsum im Lebensmittel- u. Textilhandel. Mit der Meckl. Handelskammer entstand 1903 ein Interessenvertreter aller gewerbl. Unternehmen. Ziel dieser Selbstorganisation war es, die nationalen u. internationalen Handelsbeziehungen auszubauen.

Infolge der Schutzzollpolitik des Wilhelmin. Kaiserreichs brach der Getreidehandel nach Russland 1879 zusammen. Die Zahl der Handelsschiffe sank auf 54 Einheiten im Jahre 1900. Trotz dieses Einbruchs konnte der Umfang des Warenumschlags im Rostocker Hafen gehalten werden. Der wichtigste Handelsartikel war die Steinkohle. Sie wurde ausschließl. aus Großbritannien importiert (1900: 122 007 t). Aus Schweden u. Finnland kamen Hölzer u. Bretter. Ferner wurden Heringe, Kalk-, Ziegel- u. Granitsteine, Klinker, Eisen, Dünger u. Kolonialwaren eingeführt. Exportiert wurden vor allem Weizen, Roggen, Hafer, Rübenzucker, Chemikalien u. Drogeriewaren.

Der I. Weltkrieg schränkte die Im- u. Exportbeziehungen radikal ein. Handelskontakte nach England, Russland usw. wurden verboten. Das Gros der 56 Frachtdampfer (73 318 BRT) erhielt militär. Aufgaben. In Umsetzung alliierter Reparationsforderungen musste 1919 ein Großteil der Handelsflotte abgeliefert werden. Die Rostocker Reeder erlitten die höchsten Verluste im gesamten Ostseeraum. Der Handel mit Brennstoffen u. Lebensmitteln wurde stark eingeschränkt. Die sich anbahnende Inflation u. der damit einhergehende Kaufkraftverlust führten zu einem Abschwung des F.

Mit der Einführung der Rentenmark im Nov. 1923 erholte sich der F. wieder. Die Zahl der Rostocker Schiffe stieg von 18 (15 169 BRT) im Jahre 1921 auf 41 (61 229 BRT) 1928. Die Handelspartner Rostocks lagen vor allem im Nord- u. Ostseeraum. Die Umschlagleistung im Hafen stieg von rund 150 000 t (1925) auf 245 000 t (1929). Umgeschlagen wurden vor allem Getreide, Holz, Steine u. Kohle. Die Weltwirtschaftskrise stürzte den F. abermals in eine schwere Krise. Mit dem Machtantritt der Nationalsozialisten 1933 wurde der F. auf Autarkiebestrebungen ausgerichtet. Ziel war es, Dtl. weitestgehend von ausländ. Importen zu befreien. 1939–45 war der F. vollständig den Erfordernissen der Rüstung untergeordnet. Der F. mit Rohstoffen, Lebensmitteln, Bekleidung erfolgte weitestgehend durch staatl. Einrichtungen.

Entladung der BALTIC im Stadthafen (um 1930)

Nach dem II. Weltkrieg war der F. durch Mangelwirtschaft geprägt. Die sowjet. Besatzungsmacht verfügte über eine uneingeschränkte Kontroll- u. Verfügungsgewalt. Im Zuge des 1950 beginnenden Ausbaus Rostocks zum maritimen Zentrum der DDR (Warnowwerft, Neptunwerft, Deutsche Seereederei, Fischkombinat usw.) erfuhr der F. einen erhebl. Aufschwung. Dieser wurde durch die Eröffnung des Überseehafens seit 1960 weiter befördert. Ein Großteil des Ex- u. Imports der DDR, der Tschechoslowakei u. Ungarns wurde über Rostock abgewickelt. Ein Ölhafen u. eine Schüttgutanlage gingen in Betrieb. Seit 1968 bestimmten zunehmend Container den nationalen u. internationalen F. Rostock war für die DDR das „Tor zur Welt".

Mit der Einführung der DM am 1.7.1990 erfuhr der F. einen Strukturwandel. Der Güterumschlag im Rostocker Überseehafen fiel von 20,8 auf 8,1 Mio. t. Alle staatl. Betriebe wurden dem System der Marktwirtschaft unterworfen u. privatisiert. Der F. mit DDR-Produkten brach zusammen u. wurde durch westl. Güter ersetzt. Erst um die Jahrtausendwende konnte das Volumen von 1989 wieder erreicht werden. Derzeit wird der F. vor allem durch dem Umschlag von Flüssig- u. Schüttgut (Öl, Holz, Getreide usw.) bestimmt. Den größten Anteil hat jedoch der Fährgüterverkehr (→ Fähre). Parallel dazu erfolgte eine umfangreiche Verlagerung des Gütertransports von der Schiene auf die Straße. Das Transportaufkommen des F. wird heute in wesentl. Maße durch den Fernlastverkehr abgedeckt. Der F. in Rostock wird seither v. a. wieder von privatwirtschaftl. geprägten Klein- u. Großunternehmen bestimmt.

Lit.: *R. Mulsow: Historische (und archäologische) Quellen zum Handel in Rostock, in: M. Gläser (Hg.): Lübecker Kolloquium zur Stadtarchäologie im Hanseraum: Der Handel, Lübeck 1999, S. 293–305; K.-F. Olechnowitz: Handel und Seeschiffahrt der späten Hanse, Weimar 1965; W. Karge: Das Großbürgertum in Industrie, Handel und Banken im Großherzogtum Mecklenburg-Schwerin 1871–1914, in: Mecklenburgische Jahrbücher, Jg. 108, Schwerin 1991, S. 129–165.* RS

FERNSEHEN. Im Juni 1958 entstand in Rostock das Ostseestudio des Dt. Fernsehfunks (DFF) Berlin im ehem. Sportpalast in der Tiergartenallee. Es war als regionales Fernsehstudio mit eigenen Produktionen dem Unterhaltungsbereich angeschlossen. 1959 übertrug der DFF von hier aus das erste Fernsehspiel „Die Marseillaise". 1966–90 sendete Rostock „Klock 8, achtern Strom" aus der Hafenbar. Anfangs wurde aus Warnemünde, später aus dem Ostseestudio als Aufzeichnung gesendet. Gastgeber waren Horst → Köbbert, Rica Déus u. Hans Knauer. Außerdem wirkten Heinz Draehn u. zeitweise Peter → Borgelt mit. Mit dem Zusammenbruch der DDR 1989/90 endete die Sendung nach 120 Ausgaben. Eine zweite in Rostock produzierte Sendung des DDR-F. war „Visite". Über 1000 Ausgaben in vier Jahrzehnten seit 1971 erreichten Einschaltquoten von über 20%. Ein Ärztebeirat mit 35 Medizinern unterstützte die Redaktion. Seit 1992 wird „Visite" vom NDR-F. produziert, seit 1998 in Hamburg. Nach Aufgabe des Standortes am Barnstorfer Wald Anfang der 1990er-Jahre ist der NDR im Ostseestudio Rostock in der Richard-Wagner-Str. beheimatet u. liefert Beiträge für das Nordmagazin, das von Schwerin ausgestrahlt wird. Das Privat-F. sendet seit 2001, als die mediadock GmbH den Zuschlag für eine Kabelnetzfrequenz erhielt. TV.rostock wird seit Okt. 2006 als erster Lokalsender in Meckl.-Vorpommern an sechs Tagen in der Woche empfangen. 2012 kam der private Sender MV1 hinzu.

Lit.: *H.-H. Pentzien: Ostseestudio Rostock: 1962–1991. Aus dem Blickwinkel eines Kameramannes, Rostock 2012.* KM

FEUERWEHR. Angesichts ständiger Brandgefahr u. immer wiederkehrender Brände war die F. von existenzieller Bedeutung. In der frühen Stadt beteiligten sich alle Einwohner an Lösch- u. Rettungsmaßnahmen. Der Rat organisierte nach u. nach Strukturen zur Sammlung u. zum Einsatz der Lösch- u. Rettungskräfte, die in Rostock schließlich dem System der → Fahnen folgten, u. erließ einfachste Bestimmung für einen Brandschutz. Die erste Feuerordnung der Stadt wurde 1573 erlassen, in den folgenden Jh. mehrfach novelliert u. inhaltl. erweitert.

Lederner Löscheimer (18. Jh.)

Ab Mitte des 19. Jh. organisierte man auf der Basis der angestellten Nachtwächter erstmals eine 32 Mann umfassende Gruppe von bezahlten u. geschulten F.-männern, richtete zwei Feuerwachen (Steintor u. Lagertor am Stadthafen) ein u. beschaffte modernes Löschgerät. 1865 ernannte man Julius Studemund (1822–1902) zu Rostocks erstem Branddirektor, der umgehend mit dem Aufbau einer 232 Mann starken sog. Pflicht-F. begann, die am 1.10.1866 zum Dienst antrat. Leistungsfähiges Gerät folgte, ein Feuermelde- u. Brandüberwachungssystem wurde beschafft u. man legte Wasserentnahmestellen u. Löschwasserleitungen im Stadtgebiet an. Im Okt. 1906 wurde an der Helenenstr. (heute Helenenweg / Zur Alten Feuerwache / Am Vögenteich) ein modernes F.-depot seiner Bestimmung übergeben (Abriss Feb. / März 1998). Dies war auch das erste Domizil der am 1.7.1908 gegründeten Berufs-F. Rostock. Eine erste Dampfspritze wurde 1897 beschafft, eine auf einem Automobil montierte erstmals 1924. Ihre erste Drehleiter (1925 Autodrehleiter) konnte die Rostocker F. 1908 einsetzen. Die beiden ersten Krankenwagen der Stadt (1920 motorbetrieben) traten ihren Dienst bei der F. ab 1910 bzw. ab 1912 an. Für das Löschen von Bränden auf Schiffen u. im Hafen nutzte man schon 1860 einen mit einer Spritze bestückten Prahm, der zum Einsatzort geschleppt werden musste. Er wurde 1898 durch einen entsprechend ausgerüsteten Tender u. 1916 durch ein Motorlöschschiff ersetzt.

Erste Dampfspritze der Rostocker Feuerwehr (1897)

Die älteste Freiwillige F. auf heutigem Stadtgebiet wurde 1860 im damaligen Dorf Groß Klein aus der Taufe gehoben, es folgte 1889 die Freiwillige F. Warnemünde.

Die unter Aufsicht des Landes stehende F. unterstellte man 1938 dem Dt. Reich, das sie der Ordnungspolizei angliederte. Ihre Finanzierung oblag jedoch nach wie vor den Kommunen, so auch Rostock. Unter der neuen Bezeichnung Feuerschutzpolizei

Seit 1906 befand sich die Feuerwehrwache am Friedhofsweg (1998).

konzentrierte der NS-Staat mit dieser Maßnahme die existierenden Kräfte für die erwarteten → Luftschutz- u. Katastrophenschutzeinsätze des wenig später beginnenden II. Weltkriegs. Die Rostocker Feuerschutzpolizei musste sich 1940–45 bei Lösch- u. Rettungsmaßnahmen nach Bombenangriffen auf Rostock – hier vor allem während des sog. → Viertagebombardements Ende Apr. 1942 – sowie in ganz Meckl. u. darüber hinaus bewähren. Ende Apr. 1945 floh jedoch fast der gesamte Mannschaftsbestand mit allen Ausrüstungen u. Fahrzeugen in das Einflussgebiet westl. Besatzungsmächte, sodass die Stadt Rostock über Monate keine einsatzbereiten Lösch- u. Rettungskräfte vorhalten konnte.

In der DDR wurde die F. in die Strukturen des Ministeriums des Innern eingebunden u. zentralisiert. Daneben entwickelte man auch die örtl. u. betriebl. Kräfte des Brandschutzes weiter. Die Gründung Freiwilliger F. auf dem Stadtgebiet (Stadtmitte, Gehlsdorf, Hinrichshagen, Markgrafenheide) u. von Betriebs-F. in der Neptun- u. Warnowwerft sowie im Seehafen belegen dies. 1978 übergab man ein Wachgebäude in Groß Klein u. 1983 den Gebäudekomplex der zentralen Feuerwache in der Südstadt ihrer Bestimmung.

Am 1.1.1991 wurde in Rostock ein kommunales Brandschutz- u. Rettungsamt gegründet, das umgehend mit der Reorganisation der Verhältnisse begann. Heute arbeiten für das Amt ca. 300 Menschen hauptamtl. in den fünf Abteilungen Abwehrender Brandschutz, Vorbeugender Brandschutz, Rettungsdienst, Technik u. Verwaltung. Den Kern des Amtes bildet die Abteilung Abwehrender Brandschutz mit einer Gefahrenabwehrgruppe „Tier“, einer Tauchergruppe u. dem Höhenrettungsdienst. Ihr unterstehen auch die drei Feuerwachen in der Südstadt (Hauptfeuerwache), in Groß Klein (Kräfte der seeseitigen Brandbekämpfung mit Feuerlöschbooten) u. im Seehafen sowie die Freiwilligen F.

Lit.: *M. Redieck, A. Schade (Hg.): Vom Feuereimer zum Brandschutzamt. 24 Stunden aus dem Leben der Feuerwehr in Mecklenburg-Vorpommern, Rostock 1993; Presse- und Informationsstelle der Hansestadt Rostock (Hg.): 100 Jahre Berufsfeuerwehr der Hansestadt Rostock, Rostock 2008.* RL

FILM. Kunstform in bewegten Bildern, die traditionell in fotograf., heute jedoch überwiegend in elektron. Verfahren erzeugt u. auf Leinwänden bzw. Bildschirmen vorgeführt wird. Mit der UFA-Produktion „Anna Boleyn" mit Henny Porten unter der Regie von Ernst Lubitsch entstand am Alten Strom Warnemündes 1920 erstmals ein Spielfilm auf Rostocker Stadtgebiet. Ihm folgten bis 1945 vier weitere (u.a. „F.P. 1 antwortet nicht" mit Hans Albers, Regie Karl Hartl), die 1932 teilweise in Hohe Düne bzw. auf der Ostsee gedreht wurden. Zu den ältesten Rostocker Dokumentarfilmen zählt „Vom Fichtenstamm zum Zeitungsblatt", 1921 vom Verlag des Rostocker Anzeigers in Auftrag gegeben. Kultstatus besitzt der 1936 gedrehte tourist. Werbefilm „Die Stadt der sieben Türme", der 1937 auch auf der Pariser Weltausstellung zur Aufführung kam. Bald nach Kriegsende produzierte die DEFA Szenen für zahlreiche ihrer F. in Rostock, so u.a. 1953 für „Ernst Thälmann – Sohn seiner Klasse" u. 1956 für „Schlösser und Katen" (beide Regie Kurt Maetzig). 1975 wurde „Ein Schlüssel für ein neues Haus" (Regie Konrad Wolf) im Stadtteil Lütten Klein gedreht. Die Zahl der Dokumentarfilme, in ihrem themat. Spektrum wesentl. breiter werdend, wurde nahezu unüberschaubar. Mit dem Aufkommen von Fernsehfilmproduktionen rückte Rostock als Drehort v.a. ab Beginn der 1960er-Jahre immer stärker ins Zentrum des Interesses. Aus den zahlreichen TV-Dokumentationen u. TV-Spielfilmen, die in Rostock entstanden, ragt die populäre Serie des Dt. Fernsehfunks (→ Fernsehen) „Zur See" von 1977 (Regie Wolfgang Luderer) heraus. Obwohl in Schleswig-Holstein u. Niedersachsen gedreht, hat die Verfilmung des Kempowski-Romans „Tadellöser & Wolff" durch das ZDF 1975 (Regie Eberhard Fechner) einen besonderen Stellenwert in der F.-geschichte Rostocks. Bisher einmalig wurde die Stadt mit ihrer Geschichte im Dritten Reich am Beispiel eines Familienschicksals zur Haupthandlung eines Spielfilms. Rostocker Eigenproduktionen, die einem breiteren Publikum zugängl. waren, stellten u.a. das Amateurfilmstudio (heute: Hansefilmstudio) u. das → Institut für Neue Medien sowie die Privatgesellschaft Sabelli F.- u. Fernsehproduktion u. looks Medienproduktionen her.

Der Rostocker Hafen als Kulisse. DEFA-Filmplakat (1966)

Lit.: *T. Steinau: „Columbus entdeckt den Schnatermann". Rostock in der Filmgeschichte der Weimarer Republik, in: Rostocker Zorenappels, Jg. 1, Rostock 2007, S. 32–34; M. Voss (Hg.): Stilles Land und großes Kino. Filme, Drehorte und Stars in Mecklenburg-Vorpommern entdecken, Rostock 2015.* RL

FISCHERBASTION. Die Neuorientierung der → Stadtbefestigung auf das bastionäre System (Erdwälle mit geschütztragenden Bastionen) ließ zum Schutz des Hafens der Stadt auch die Anlage der F. geboten erscheinen. Diese zunächst viereckige Bastion wurde seit 1608 als Eckpfeiler der Befestigung zu einer fünf-

Geschütze auf dem Kanonsberg (1962)

eckigen u. dann immer stärker ausgebaut. 1628 mit einer starken Palisadenreihe u. einem Vorwall zusätzl. befestigt, trug sie Geschütze u. sicherte nicht nur den Hafen, sondern auch das Ende des Wallgrabens zum Hafen hin. Die F. ist – in modifizierter Form – erhalten geblieben u. wird heute wegen der Aufstellung alter Geschützrohre als Kanonsberg bezeichnet. 2010/11 erfolgte die Neugestaltung der F. KJLS

FISCHERBRUCH → BRUCH

FISCHEREI. An der südl. Ostsee-Küste entwickelte sich spätestens seit dem 9./10. Jh. die See-F. Mit segelbesetzten großen Plankenbooten verließen slaw. Fischer die Küstengewässer u. stellten auf See u.a. dem Hering nach.

In der Stadt Rostock wohnten u. lebten seit ihren Anfängen neben Handwerkern, Kaufleuten usw. auch viele Fischer. Das F.-recht war ein wichtiges Privileg u. wurde vom Rat erteilt. Die reichen Fischgründe in der → Warnow u. im → Breitling teilten sich zwei Fischerämter, die Bruchfischer (Bröker) u. die Straßenfischer (Sträter). Erstere befischten die Oberwarnow. Ihre Wohnungen, Gärten, Liege- u. Trockenplätze lagen im Fischer- → Bruch in der Altstadt. Die Zweiten wohnten vor allem in der Fischerstr. im westl. Teil der Stadt. Sie fischten in der Unterwarnow.

Einen Teil des Breitlings hatten sich die Ratsherren als sog. Ratshege vorbehalten. Die Fischer durften zwar auch hier fischen, mussten aber dafür eine Pacht in Form von Geld od. Fischen leisten. Rostocker Fischer fischten aber auch vor den Küsten Südschwedens (Schonen). Sie fingen hier große Mengen Hering, den sie eingesalzen als Fastenspeise nach Rostock verschifften. Da ca. 150 Tage gefastet wurde, war die Nachfrage nach Fisch sehr groß. Über den Fern- u. Nahhandel wurden den Rostockern neben Heringen auch Dorsche, Schollen, Flundern u. andere Meeresfische angeboten, wie archäolog. Grabungen nachwiesen. Konservierungsmethoden wie Trocknen, Salzen od. Räuchern ermöglichten es, die Ware aus fernen Regionen auf die hiesigen Märkte zu bringen. Große Mengen an Fischresten wurden bei Grabungen am Kloster St. Katharinen in der Altstadt entdeckt. Unter den elf nachgewiesenen Fischarten befanden sich Hering, Hecht u. Zander. Diese einheim. Fische wurden durch lokale Fischer gefangen u. verkauft. Gefunden wurden aber auch Großer Leng (Verbreitung im Ostatlantik) u. Heilbutt (Nordatlantik). Diese Fische wurden über Fernhändler (→ Fern- u. Großhandel) nach Rostock verbracht.

Der erste Hinweis auf die Warnemünder Herings-F. stammt aus dem Jahre 1288. Seinerzeit befuhren Warnemünder Fischer mit kleinen offenen, bis zu sieben Meter langen Booten (Jollen) die südwestl. Ostsee. Wie die Rostocker besaßen die Warnemünder auf Skanör im heutigen südschwed. Schonen eine eigene Vitte (Handelsplatz) (→ Schonenfahrer). 1494 arbeiteten hier etwa 30 Warnemünder Fischer. Sie fischten aber auch vor Brunshaupten (heute Teil Kühlungsborns), bei Travemünde, am Darß u. im Prerowstrom. Das Fischen auf dem Breitling war laut einer Urkunde aus dem Jahre 1252 allein den Rostocker Fischern vorbehalten. Der Warnemünder Hafen war meistens eisfrei u. nur in sehr strengen Wintern zugefroren. Daher konnten von März bis Juni Hering, von Mai bis Nov. Scholle u. von Okt. bis Mai Winterhering u. Dorsch gefischt werden.

Im 16./17. Jh. gingen die großen Heringsbestände zurück. Auch die Rostocker Stadtfischer waren davon betroffen. Der Rat der Stadt sah sich daraufhin veranlasst, 1667 eine Amtsrolle herauszugeben. Diese regelte fortan die Pflichten u. Rechte der städt. Fischer. Jedes Amt durfte nur noch 31 Fischer einstellen. Fischzeiten u. Fangmethoden wurden streng reglementiert. Die Rolle untersagte das Nachtfischen u. schränkte das Fischen zwischen Ostern u. Mariä Geburt (8. Sep.) ein. Hechte durften nur ab einer bestimmten Länge gefangen u. kleinere Fische mussten wieder ausgesetzt werden. Wer dagegen verstieß, hatte mit hohen Geldstrafen zu rechnen. Später wurde die Zahl auf jeweils 19 Fischmeister gesenkt. Die F.-gerichtsbarkeit wurde durch das → Gewett ausgeübt. Regelmäßig gab es Streit mit den Warnemünder Fischern, die trotz des Verbots im Breitling fischten.

Ein bedeutendes Fischgebiet war die Küste vor der Rostocker Heide. Die Anfänge lassen sich bis in das Jahr 1710 zurückverfolgen. In jenem Jahr lief ein Pachtvertrag von Warnemünder Fischern aus, hier Hering fischen zu dürfen. Seither wurde das Recht ausnahmslos an auswärtige Fischer vergeben. Sie kamen vor allem vom Fischland. Aufgrund der großen Entfernung zum Heimatort errichteten die Fischländer am Strand sog. Fischer- od. Heringsbuden. Hier übernachteten sie u. lagerten das Fanggeschirr sowie im Winter ihre Boote ein. Ein großes Problem stellte für die Warnemünder auch die Konkurrenz durch vorpommersche Boote dar. Ohnehin war die Zahl der Berufsfischer in Warnemünde im Zeitraum 1897–1912 von 86 auf 40 gesunken. Neben dem Rückgang der Fischbestände in der Ostsee machten ihnen aber vor allem Zingster Fischer zu schaffen. Regelmäßig tauchten sie vor der Warnemünder Küste auf u. unterliefen die vorgesehenen Schonzeiten, insbesondere für Schollen. Nicht selten lagen 50, zeitweilig bis zu 120 Fischer aus Vorpommern im Warnemünder Hafen. Der Konkurrenzkampf zwischen „ausländ." u. einheim. Fischern dezimierte die Fischbestände weiter. Diese Entwicklung konnten auch ein Verbot der Schleppnetz-F. innerhalb einer Dreimeilenzone, die Einführung von Schonzeiten u. das Weiten der Maschennetze nicht verhindern, zumal die Festlegungen nicht konsequent durchgesetzt wurden. Das Aufkommen neuer F.-fahrzeuge (sog. Quatzen) u. deren Ausrüstung mit Motoren um 1900 verstärkten diesen Trend weiter.

Im 19. Jh. ging der Fischbestand durch Hafen- u. Industriebauten u. die zunehmende Verschmutzung der Unterwarnow zwischen Rostock u. Warnemünde wegen des Einleitens von Abwässern dramatisch zurück. Um diese Entwicklung aufzuhalten, wurde 1889 auf Initiative des Rostocker Fischers Bohn der Rostocker F.-verein gegründet. 1889 setzte der Verein etwa 2000 Hechte in die Warnow. Ein Jahr später kamen 20000 Schnäpel hinzu. Der Warnemünder F.-verein wurde 1896 gegründet.

Das Amt der Rostocker Bruchfischer hatte seinen Sitz in der östl. Altstadt, im Fischerbruch. Die Straßenfischer hingegen befanden sich in der Fischerstraße. Um sich dem Diktat von Fischaufkäufern u. Großhändlern zu erwehren, schlossen sich die Warnemünder Schleppnetzfischer 1913 in einer Fischverwertungsgenossenschaft zusammen. Es war die erste ihrer Art in Meckl.

Die Anfänge der Rostocker Hochsee-F. lassen sich bis 1867 zurückverfolgen. In jenem Jahr sollten eine Aktiengesellschaft (AG) gegründet u. die Aktien verkauft werden. Der Versuch scheiterte jedoch. Ein zweiter Versuch, 1870, blieb ebenfalls in den Anfängen stecken. Den Durchbruch erzielte erst der Rostocker Segel- u. Kompassbauer Friedrich Albert Pust. Er gründete im Apr. 1886 eine Partenreederei. Die ausgegebenen 100 Anteile kauften Rostocker u. auswärtige Geschäftsleute. Ein hochseefähiger Fischkutter wurde auf der Schiffswerft des Rostockers Ernst Burchard gebaut. Die FRIEDRICH CARL war 25 m lang u. fing auf 29 Reisen (Okt. 1886–Ende 1887) rund 40 t Fisch. 1889 wurde das Schiff verkauft. Parallel dazu ließ Pust 1887 bei der Rostocker AG für Schiff- u. Maschinenbau, ebenfalls nach engl. Muster, den Fischdampfer BETTY bauen. Dieser lief am 2.11. vom Stapel. Zwei weitere Fischdampfer, die MINNA u. die GRETE, folgten (1890/1892). Der Heimathafen war Rostock. Die modernen Fahrzeuge befuhren die Nordsee u. landeten ihren Fang in Geestemünde (heute Stadtteil

Fischer Heinrich Tettweiler aus Warnemünde bei Netzarbeiten (1928)

Bremerhavens) an. Gefischt wurde mit Grund- u. Schleppnetzen.

Im Juni 1918 kam es zur Gründung der Rostocker Hochsee-F.-AG (RHAG). Die RHAG hatte sich zwei Ziele gesteckt: die Gründung eines Fischmarktes im Rostocker Hafen u. den Aufbau einer eigenen Fischdampferreederei. Am 27.10.1920 öffnete der 220 m lange F.-hafen samt Markthalle am Haedge-Hafen seine Tore. Der erste Dampfer, der seinen Fang anlandete, war die ERNST BROCKELMANN. Sie hatte 350 Ztr. Fisch geladen, der sofort in der neuen Auktionshalle zur Versteigerung kam.

Im Zuge des I. Weltkrieges gingen viele F.-fahrzeuge verloren. Die Beschlagnahmung zahlreicher Schiffe durch die Alliierten verschärfte die Situation ungemein. Der Rostocker Fischräuchereibesitzer Friedrich Otte sah sich daher veranlasst, 1919 das Passagierschiff HURRAH aufzukaufen. Die Barkasse war bisher auf der Warnow als Fahrgastschiff im Einsatz. Otte ließ das Schiff auf der Werft von Otto Ludewig zum Fischdampfer GOLDBUTT umbauen. Als erster Hochsee-F.-dampfer der RHAG ist der Trawler VAGEL GRIP anzusehen. Seit 1920 fischte das Schiff in der Nordsee. Die erste Ladung (300 Ztr. Scholle, Kabeljau, Schellfisch, Makrele) ging ausschließlich an die Rostocker Bevölkerung. Der erste Neubau der RHAG, die CONSUL PUST, lief am 2.3.1920 aus Lauenburg/Elbe kommend in den Rostocker Hafen ein. Das Schiff hatte zu Ehren des Nestors der Rostocker Hochsee-F. Friedrich Albert Pust dessen Namen erhalten. In der Folgezeit wurden durch die Lauenburger Werft zwei weitere Einheiten geliefert. Darüber hinaus kamen vier Neubauten aus dem schles. Breslau. Effizienzgründe u. Brennstoffmangel führten Ende Dez. 1921 zur Schließung des Rostocker Fischmarktes. Am 20.12. fand die letzte Fischversteigerung statt, nachdem die RHAG einen Tag zuvor mitgeteilt hatte, dass sie ihre Fischdampfer in die Nordsee (Geestemünde) verlegen wolle.

Die Überfischung der heim. Gründe zwang die Warnemünder Fischer, in größere Schiffe u. stärkere Motoren zu investieren. Nur so konnten sie die Fanggebiete um Fehmarn, Gedser, Møn im Westen od. das Arkonabecken u. Bornholm im Osten erreichen. Die Betriebskosten stiegen. Schwer zu schaf-

Fischer beim gemeinschaftlichen Flicken der Netze (um 1935)

Prächtiger Fang: ein Seehase aus der Ostsee (um 1935)

fen machte den Fischern der Jh.-winter 1928/29. Lang anhaltende Fröste von bis zu –24 °C türmten meterhohes Packeis vor Warnemünde auf u. verhinderten bis zum März alle Ausfahrtsversuche.

Die schwierige Situation der Rostocker u. Warnemünder Fischer, insbesondere deren hohe Verschuldung, wurde von der NS-Propaganda aufgegriffen. Kurz nach der Regierungsübernahme in Meckl.-Schwerin brachte die NSDAP einen Antrag ein, die Rückzahlung der durch den Jh.-winter veranlassten Darlehen zu erleichtern. In Einzelfällen wurde die Rückzahlung storniert. Da sich die finanzielle Lage der Fischer jedoch nicht besserte, erfolgte 1935 gegen den Widerstand der Stadt Rostock eine fast vollständige Niederschlagung aller Schulden. 1937 erhielten die See- u. Küstenfischer erstmals eine Alters- u. 1940 eine Invalidisierungsversicherung. In den 1930er-Jahren wurden alle Vereine u. Verbände der See- u. Küsten-F. im Zuge von Zentralisierung u. Gleichschaltung in den Reichsnährstand eingegliedert. Landes-F.-verbände wurden gebildet. Dem Bezirk Rostock stand der Warnemünder Albert Harms als Kreisfachwart vor. 1933 erlassene Schutzzölle reduzierten die Einfuhr von Fisch aus dem Ausland im Sinne der NS-Autarkiebestrebungen. Eine Marktordnung sicherte die Versorgung der Bevölkerung mit Fisch zu erschwingl. Preisen u. unterband den ruinösen Wettbewerb. Dennoch zeigten sich viele Fischer den neuen Organisationen gegenüber skeptisch. Ein Großteil stand polit. abseits u. integrierte sich nur schwer in die propagierte sog. Volksgemeinschaft. Mit dem Beginn des II. Weltkrieges endetet die Hochsee-F. in der Nordsee u. im Atlantik. Ca. 80 % der Fänge fielen somit aus. Zahlreiche Fischkutter wurden von der Marine beschlagnahmt. Der Fischfang in der Ostsee wurde drast. erhöht. Die intensive Befischung ließ die Bestände stark schrumpfen. Einberufungen dezimierten das Personal.

Mit der Niederlage Hitler-Dtl. wurden alle Vereine u. Verbände der See- u. Küsten-F. als Teil des Reichsnährstandes verboten u. aufgelöst. Genossenschaftl. Zusammenschlüsse waren seit dem 20.11.1945 durch die SMAD jedoch wieder erlaubt. Bereits im Juni hatten sich in Warnemünde Kleinfischer zu einer F.-genossenschaft zusammengeschlossen. Daneben existierte aber auch noch die 1896 gegründete Fischverwertungsgenossenschaft (FVG), in der ein Teil der Kutterfischer organisiert war. Die beiden konkurrierenden Organisationen schlossen sich erst 1946 zusammen. Seit der Besetzung Rostocks u. Warnemündes befand sich die Rote Armee in einem Interessenskonflikt: die Versorgung entweder der eigenen Streitkräfte

Fischer beim Filetieren (um 1935)

od. der einheim. Bevölkerung sowie der zahllosen Flüchtlinge mit Fisch. Am 22.7.1945 verpflichtete sich die Warnemünder F.-genossenschaft, bis zum Jan. 1946 der Roten Armee 2500 t Fisch zu liefern. In Warnemünde waren ledigl. 30 Fischer vertragl. nicht an die SMAD gebunden. Dennoch mussten sie 50% ihrer Fänge an die Besatzungsmacht abliefern. Die andere Hälfte gelangte in den freien Verkauf. Trotz aller Verbote u. angedrohter Strafen florierte ein reger Schwarzhandel u. es wurden erhebl. Mengen für den Eigenbedarf einbehalten. Am 28.2.1953 wurde auf Initiative der SED-Kreisleitung Rostock die erste → Fischereiproduktionsgenossenschaft (FPG) in Warnemünde John Schehr gebildet. Die Gründung blieb jedoch ein formaler Akt. Zwei Jahre später, am 30.1.1955, kam es dann zu einer zweiten, nunmehr offiziellen Gründung. 1964 wurde den 30 Warnowfischern aufgrund der wachsenden Verschmutzung des Flusses durch ungeklärte Abwässer untersagt, ihren Fang in den Handel zu bringen.

Am 7.12.1949 beschlossen die Leitung der Vereinigung Volkseigener Betriebe (VVB) Fischwirtschaft u. der Rat der Stadt Rostock die Gründung eines Fischkombinates. Dieses umfasste die Bereiche Fang, Verarbeitung u. Handel. Dem Betriebsteil Hochsee-F. gehörten zunächst ca. 100 Fischer auf 20 Loggern u. 45 Landbeschäftigte an. Die Schiffe wurden auf der Volkswerft in Stralsund gebaut u. 30 Kapitäne aus Westdtl. abgeworben. Innerhalb weniger Jahre entwickelte sich der Betrieb zum größten Fischfang- u. Verarbeitungsbetrieb in Dtl. Die Fangflotte wurde systemat. ausgebaut u. auf dem Gelände der → Ernst Heinkel Flugzeugwerke in Marienehe ein neuer Fischereihafen gebaut. Am 19.6.1950 landeten die Logger Heinrich Mann u. Rosa Luxemburg den ersten Fisch am Kai des Schlachthofes in Bramow an. Bis zum Ende des Jahres stieg die Zahl der Logger auf 20 Fahrzeuge. Auf ihnen arbeiteten ca. 100 Hochseefischer. An Land waren zunächst 44 Beschäftigte mit der Verarbeitung befasst. Der erste Teil des Fischereihafens mit der Fischhalle 1 wurde 1951 fertiggestellt. In den folgenden Jahren entstanden weitere Gebäude u. Produktionsanlagen: Eisfabrik, Salzerei, Böttcherei, Netzboden, Taklerei, Ausrüstungs- u. Proviantkai, Verwaltungsgebäude, Kühlhaus, Fischmehlfabrik, Kindergärten, Betriebspoliklinik, Betriebsberufsschule mit Internat. Die Ausbildung von Hochseefischern u. Fischwerkern als Lehrberuf erfolgte in Marienehe u. in Wustrow. Anfang der 1950er-Jahre waren 35 Logger im Einsatz. Dazu kamen 20 sog. Seitentrawler. 1956 war der Aufbau des Fischereihafens mit seiner 1060 m langen Kaimauer abgeschlossen. Fortan fischten die leistungsstarken Rostocker Fangfahrzeuge in der Ost- u. Nordsee, vor der norweg., isländ., grönländ. u. kanad. Küste, in der Barentssee u. in der Irischen See. 1980 wurde der letzte Logger außer Dienst gestellt.

Entladung des Fangs in Warnemünde (um 1970)

Schiffe des Fischkombinats im Fischereihafen (um 1970)

Aufgrund der großen Entfernungen vom Fang- zum Heimatort begann man 1960 mit der Bildung von Fischfangflottillen. Diese bestanden aus mehreren Zubringern sowie einem großen Transport- u. Verarbeitungsschiff (TVS). In jenem Jahr wurde auch das erste Fang- u. Verarbeitungsschiff (FVS) BERTOLT BRECHT in Dienst gestellt. Bis 1965 kamen weitere elf FVS hinzu. 1967 gehörten zum Kombinat 103 Schiffe, die 1971 ca. 220 000 t Fisch in nord- u. südamerikan. sowie nordeurop., asiat. u. afrikan. Gewässern fingen.

Bis 1989 kamen weitere Trawler, FVS, TVS sowie Kühl- u. Transportschiffe (KTS) hinzu. Die auf der Wismarer Mathias-Thesen-Werft gebauten u. 1967 in Dienst gestellten JUNGE GARDE u. JUNGE WELT waren die größten dt. Fischereifahrzeuge.

1974 trat die DDR den wichtigsten internationalen F.-organisationen bei u. verpflichtete sich, Fangquoten einzuhalten. Die Bestände des Kabeljaus u. Rotbarschs im Nordatlantik waren bedroht u. mussten durch Quotenreduzierungen geschützt werden. Seit 1972 blieben die Schiffe vor Ort. Die Besatzungen wurden per Flugzeug eingeflogen u. ausgetauscht. Die Versorgung der Fischfangflottillen mit Treibstoff erfolgte durch die sowjet. Hochsee-F.-Tankflotte. Anfang der 1970er-Jahre begannen die Küstenstaaten, ihre maritimen Wirtschaftszonen auf 200 sm auszudehnen. Die Fischfangmengen sanken. 1977 fielen sie unter die 100 000-t-Marke. Neue Fangplätze vor Afrika (Mosambik, Angola, Namibia, Mauretanien), im Pazifik (Chile, USA) u. in der Antarktis wurden erschlossen. Im selben Jahr begann der „Fischkauf über die Seite". Rostocker Fischereifahrzeuge übernahmen von engl., irischen, kanad. u. US-amerikan. Fischern frischen Hering u. Makrele. Der Fisch musste in Devisen bezahlt werden. Nach der Verarbeitung wurde ein Teil der „veredelten" Fertigware über Agenturen weiterverkauft. Ein Teil diente der Versorgung der DDR-Bevölkerung. Organisiert wurden diese Geschäfte durch den am 1.1.1980 gegründeten Außenhandelsbetrieb Fischimpex Rostock. 1983/84 konnte der Fang wieder auf rund 200 000 t Fisch gesteigert werden. Ende der 1980er-Jahre schwankte er jährl. zwischen 170 000 u. 190 000 t.

Am 1.7.1990, dem Tag der Wirtschafts- u. Währungsunion, trat die Leitung des VEB Fischkombinats zurück. Der VEB Fischfang wurde privatisiert. Bis dahin musste die Hochsee-F. der DDR nicht einen Schiffsverlust auf See verzeichnen, ein Novum in der Geschichte der F. weltweit. Infolge der Entflechtung des Kombinats entstanden fünf GmbH. Die mit der DDR abgeschlossenen F.-abkommen wurden annulliert u. die Fischfangflotte

Fang- und Verarbeitungsschiff (Supertrawler) LUDWIG RENN (um 1985)

nach Rostock zurückbeordert. Sieben Trawler des Typs Atlantik gingen an die Meckl. Hochsee-F. GmbH (MHF). Am 1.4.1993 erfolgte die Privatisierung der Firma. Mehrheitseigner wurde ein isländ. Unternehmen.

Die Fischverarbeitungsbetriebe wurden durch die Treuhandanstalt privatisiert. Schon nach kurzer Zeit waren bis auf die Rügen Fisch GmbH u. die Ostsee Fisch GmbH alle Privatisierungen insolvent. Der VEB Fischhandel Berlin sowie das Institut für Hochsee-F. u. Fischverarbeitung Rostock wurden rückwirkend zum 30.6.1990 ausgegliedert. In der Dt. Fischwirtschaft AG waren um 1990 etwa 13400 Menschen beschäftigt. 9258 Männern u. Frauen wurde unter Zahlung einer Abfindung gekündigt. 1890 Arbeitnehmer fanden durch Eigeninitiative eine neue Anstellung. Nur 2240 Beschäftigte des ehem. Kombinates blieben durch die Privatisierungen weiterhin in Lohn u. Brot. Am 19.4.1990 wurde die Liquidation der AG beschlossen. Der Fischereihafen Marienehe ist heute im Besitz der Rostocker Fracht- u. Fischereihafen GmbH.

Nach dem Zusammenbruch der DDR 1989/90 klagte die Stadt Rostock ihr Recht auf F. in der Warnow bei der Landesregierung erfolgreich ein. Daher gibt es seit 1994 wieder einen Stadtfischer, der Dank der guten Wasserqualität der Warnow seinen gefangenen Fisch zum Verkauf anbieten kann.

Die Geschichte der Rostocker Hochsee-F. wurde seit 1993 maßgebl. durch das niederländ. Unternehmen Parlevliet u. van der Plas B. V. (P & P) bestimmt. In jenem Jahr kam es in Rostock zur Gründung der Doggerbank Seefischerei GmbH. 1996 stellte die Firma mit der Helen Mary einen Neubau in Dienst. 1998 kauften die Niederländer von den in wirtschaftl. Schwierigkeiten steckenden Isländern die MHF zurück. Die gesamte Hochsee-F. Meckl.-Vorpommerns war nunmehr – bis auf das in Rostock bis 2006 ansässige Dt.-Russ. Unternehmen PIRO-Fisch-GmbH – unter einem Dach vereint. 2004 zog die MHF nach Sassnitz um.

Lit.: *Rostocker Fischerei-Verein, Rostock 1914; D. Strobel, W.-H. Hahlbeck: Hiev up. So war die Hochseefischerei der DDR, Hamburg 1995; B. Jenssen (Hg.): Zur Entwicklung der ostdeutschen Fischwirtschaft nach 1945 bis in die Gegenwart, Rostock 2006; J. Rabbel: Segeljolle, Motorquatsche, Fischdampfer. Zur Geschichte der Seefischerei Rostock und Warnemünde 1867 bis 1935, Rostock 2008; FischGründe. 60 Jahre Fischwirtschaft in Rostock-Marienehe, Rostock 2010; S. Raillard: Die See- und Küstenfischerei Mecklenburgs und Vorpommerns 1918 bis 1960, München 2012.* RS

FISCHEREIHAFEN → **HAFEN**

FISCHEREIPRODUKTIONSGENOSSENSCHAFT WARNEMÜNDE (FPG). Gründung der ersten FPG John Schehr am 28.2.1953 mit neun Mitgliedern; am 3.1.1966 Zusammenschluss der FPG John Schehr u. der FPG Ostsee zur F. (bis zu 110 Mitglieder); anfangs Nutzung von poln. Fahrzeugen; jährl. Anlandung von ca. 5000 t Fisch aus der → Ostsee u. aus der → Warnow; 1974 im Besitz von 32 17-m-Kuttern; Hauptfangsortimente waren Heringe, Dorsche, Plattfische, Sprotten, Süßwasserfische; Herstellung von mariniertem u. Räucherfisch in Warnemünder u. Kühlungsborner Räuchereien; Verkauf über betriebseigene Fischläden. 1992 Liquidation u. Entflechtung der F., danach Überführung in die Privatwirtschaft. RS

Kutter der FPG Warnemünde (um 1970)

FLÜCHTLING → **ASYL**
→ **BEVÖLKERUNG**

FLÜGGE, FRIEDRICH FERDINAND GOTTLIEB GEORG. Oberpostamtsdirektor (2.5.1817 Lübtheen – 4.12.

Friedrich Flügge (um 1880)

1898 Rostock); avancierte in 57-jähriger Tätigkeit vom Postsekretär zu einem der höchsten Beamten in der Generalpostdirektion Meckl. (→ Post- u. Fernmeldewesen); ab 1860 Leitung des Direktionsbereiches Rostock, hier Einführung moderner Post- u. Fernsprechverhältnisse (u.a. Bau des Postamtes in der Wallstr., Postdampfschiffverbindungen über die Ostsee); Autor der ersten Rostocker Postgeschichte; 1893 Ehrenbürger der Stadt Rostock; 1998 mit der Benennung einer Straße geehrt.

Lit.: *A. Krause, K. Schröder: „Einem gar wohlgefälligen Bürgersmann zur Ehr…“ Ehrenbürgerschaften und Ehrenbürger der Stadt Rostock, Rostock 2010, S. 64–67.* RL

FLUGHAFEN ROSTOCK-LAAGE. Der F. ist ein Regionalflughafen, der sowohl militär. als auch zivil genutzt wird. Bis 1981 wurde der Flughafen Kronskamp in der Nähe von Laage für die Nationale Volksarmee (NVA) fertiggestellt. 1984 nahm ein Jagdbomber-, 1985 ein Marinefliegergeschwader den militär. Flugbetrieb auf. 1990 übernahm die Bundeswehr den Platz. Ab 1993 betrieb das Jagdgeschwader Steinhoff je eine mit sowjet. MIG 29A u. US-amerik. F-4F Phantom II ausgerüstete Staffel. Ab Sommer 2005 ersetzten Eurofighter die MIGs. Seit Okt. 1993 darf die F.-Güstrow GmbH Teile des Areals zivil mitnutzen. Im Nov. 1995 startete die erste Charterflugreise nach Istanbul. 1994–2005 war der F. Teil des Nachtluftpostsystems der Dt. Post. 2005 wurde das neue Passagierterminal Hans Joachim Pabst v. → Ohain eingeweiht. Er ist für eine Kapazität von einer Mio. Fluggästen pro Jahr ausgelegt. Während des G8-Gipfels im Juni 2007 in Heiligendamm diente Rostock-Laage als Flughafen für die teilnehmenden Regierungschefs, u.a. landete die Air Force One des US-Präsidenten. 2011 verkehrten von hier aus z.B. die Fluggesellschaften Lufthansa u. Germanwings im Linienverkehr u.a. nach München u. Frankfurt a.M. Air Berlin u. Air Arabia Egypt boten Charterflüge nach Palma de Mallorca u. Hurghada an. 2015 nutzten 190869 Passagiere die Angebote. KM

FLUGPLATZ WARNEMÜNDE. 1913 als kombinierter städt. Wasser- u. Landflugplatz auf der Hohen Düne östl. von Warnemünde durch die Stadt Rostock mit Mitteln der Reichswehr errichtet. Die mit dem Ostseeflug 1914 geplante Eröffnung fiel mit dem Beginn des I. Weltkrieges (1.8.) zusammen. Bis 1918 errichtete die Reichsmarine auf dem F. ein Seeflugzeug-Versuchskommando (Erprobung u. Abnahme aller von der Industrie gelieferten Marineflugzeuge) sowie eine Marinefliegerstation mit 13 Flugzeughallen, Kasernen u. Funktionsgebäuden. Nach dem

Heinkel HD24 an der Breitling-Ablaufbahn (um 1926)

Luftaufnahme des Flugplatzes Warnemünde auf der Hohen Düne (1926)

Krieg wurden acht Hallen demontiert bzw. zerstört. 1919–25 bot der zivil genutzte F. u.a. Flüge nach Skandinavien an. Die Abteilung Luftverkehr der Junkers-Flugzeugwerke führte Nachtflugversuche durch (→ Flugzeugbau). Weitere Nutzer waren die → Ernst Heinkel Flugzeugwerke (ab 1922), die Firma Aero-Sport von Walther Bachmann (ab 1923), die Arado-Werft (ab 1925) (→ Arado Flugzeugwerke), die Seeflug GmbH (ab 1925) u. deren Nachfolger sowie die Dt. Verkehrsfliegerschule (DVS, ab 1927). 1933 begann der Ausbau eines Seeflieger-Ausbildungszentrums der dt. Luftwaffe, zunächst getarnt, ab 1935 offiziell. Die Firmen Ernst Heinkel u. Aero-Sport verließen den F. Sie errichteten in Marienehe bzw. in Ribnitz neue Produktionsstätten. Der Seefliegerhorst Warnemünde existierte bis 1945. In Erfüllung des Potsdamer Abkommens wurden 1946/47 alle Anlagen demontiert bzw. gesprengt.

Lit.: V. Koos: Luftfahrt zwischen Ostsee und Breitling. Der See- und Landflugplatz Warnemünde 1914–1945, Berlin 1990; Hansestadt Rostock (Hg.): Zu Wasser, zu Lande und in der Luft... Der Seeflugstandort Warnemünde in der 2. Hälfte des 20. Jahrhunderts, Rostock 2001. VK

FLUGZEUGBAU. Der F. in Rostock begann 1918 mit der Montage von etwa 50 Seeaufklärern des Typs FF49 in der neu errichteten Werft Warnemünde der F. Friedrichshafen GmbH (→ Arado Flugzeugwerke), teilweise mit Bauteilen aus dem Stammwerk am Bodensee. Nach dem F.-verbot der Alliierten 1919 erfolgte in den neu gegründeten → Ernst Heinkel Flugzeugwerken (1922) u. in der Aero-Sport GmbH von Walther Bachmann (1923) in Warnemünde ein Neubeginn. 1925 nahm die ehem. Werft der F. Friedrichshafen GmbH unter dem neuen Namen Arado erneut den F. auf. Alle drei Firmen blieben klein u. bauten nur Kleinserien u. Einzelmuster verschiedener Flugzeuge. Die Heinkel-Werke waren wirtschaftl. am erfolgreichsten, da sie vorwiegend exportorientiert waren u. 1927 die Produktion von Flugzeugkatapulten aufnahmen. Charakteristisch für das Werk waren der Entwurf u. die Fertigung von Flugzeugen verschiedener Zweckbestimmungen, meist aber von Militärflugzeugen, die für den Weiterbau im Ausland od. für die geheime Erprobung durch die Reichswehr bestimmt waren. Nach 1933 expandierten die Heinkel- u. Arado-Werke stark. Eingebunden in die

NS-Luftrüstung profitierten sie von den umfangreichen Rüstungsaufträgen. Heinkel baute ein modernes Werk in Marienehe, die Aero-Sport GmbH zog nach Ribnitz u. wurde als Walther Bachmann Flugzeugwerke zum Reparaturwerk u. Teileproduzenten für Militärflugzeuge. Während die Arado-Werft bis Ende 1933 nur insgesamt etwa 150 Flugzeuge hergestellt hatte, stieg die Gesamtauslieferung bis Kriegsende auf rund 7200 Maschinen. Dabei wurden ab Mitte der 1930er-Jahre zunächst Heinkel-Seeflugzeuge He59 u. He60, dann Jagdflugzeuge Messerschmitt Bf109 u. ab 1941 Focke-Wulf Fw190 in Lizenz gebaut. Als Arado-Muster entstanden nach der Verlagerung der Konstruktion nach Brandenburg nur noch die Seeaufklärer Ar95 u. Ar196 im Serienbau in Warnemünde. Die Belegschaft in Warnemünde stieg von 70 im Sep. 1925 auf 4200 im Juli 1941. Die Heinkel-Flugzeugwerke hatten neben dem Stammbetrieb in Marienehe Fertigungsstätten in der Werftstr., dem Patriot. Weg u. der Bleicherstr. Nach den Bombenangriffen 1942 richtete man auf dem Fliegerhorst Barth einen Teilbetrieb ein, in dem ab 1943 auch KZ-Häftlinge arbeiten mussten, die Ende 1944 noch den Aufbau des sog. Waldwerks Robert bei Rövershagen begannen. Dort sollte der Strahljäger He162 gebaut werden, dessen Fertigung 1945 anlief. 1923–Ende 1932 entstanden in den Warnemünder Heinkel-Werken insgesamt 55 verschiedene Baumuster, von denen 217 Exemplare ausgeliefert wurden. Ab 1933 sind dann weitere rund 7700 Flugzeuge bei Heinkel in Rostock gebaut worden, wobei der Bomber He111 mit etwa 5600 Exemplaren den Hauptanteil bildete. Der Standardbomber der dt. Luftwaffe war sowohl im span. Bürgerkrieg auf Seiten General Francos (Legion Condor) als auch während des II. Weltkriegs an allen Fronten im Einsatz. Flugzeuge des Typs He111 waren maßgebl. an der Zerstörung der Städte Guernica/Spanien (1937), Rotterdam/Niederlande (1940) u. Coventry/Großbritannien (1940) beteiligt. Im Apr. 1927 arbeiteten bei Heinkel 257 Personen, die höchste Beschäftigtenzahl in Rostock wurde mit 19463 im Sep. 1942 erreicht.

Verbunden mit der Rüstungsexpansion der beiden großen Rostocker Flugzeugwerke waren der Zuzug zahlreicher neuer Einwohner u. der Aufbau neuer Stadtviertel. Während des Krieges betrug der Anteil von → Zwangsarbeitern u. → Kriegsgefangenen an der Belegschaft der Flugzeugindus-

Blick in die Fertigungshalle der Ernst Heinkel Flugzeugwerke Marienehe (1937)

trie zeitweilig bis zu 60%. Zwangsarbeiterlager der Heinkel-Werke befanden sich u.a. in Evershagen, in der Thierfelder Str. u. in Brinckmansdorf.

Nach der Besetzung Rostocks durch Truppen der Roten Armee wurden Flugzeuge im Auftrag der Besatzungsmacht noch bis ca. Sommer 1946 gebaut u. anschließend in die Sowjetunion überführt. Einzelne Ingenieure der Heinkel-Werke arbeiteten ab Okt. 1946 zwangsweise als sog. Spezialisten in einem Flugzeugwerk in Podberesje nördl. von Moskau. Sie kehrten erst 1950–54 zurück.

Lit.: V. Koos: *Zur Geschichte der Luftfahrt und der Flugzeugindustrie in Rostock, in: Beiträge zur Geschichte der Stadt Rostock, N.F., H. 8, Rostock 1987, S. 14–33; Ders.: Standorte des Flugzeugbaus in der Geschichte von Mecklenburg-Vorpommern, in: Maschinen, Schiffe und Raketen. Technikentwicklung in Mecklenburg-Vorpommern, Rostock 1995, S. 64–72; Ders.: Ernst Heinkel – Vom Doppeldecker zum Strahltriebwerk, Bielefeld 2007.* VK

2005 übernahmen die „Lederhexen" das Flussbad (2015)

FLUSSBAD. Badeanstalt an der Oberwarnow, die 1921 eröffnet wurde. An anderer Stelle am Mühlendamm hatten bereits 1833–1920 die Bade- u. Kuranstalt Frisch u. 1872–1916 die Militärbadeanstalt bestanden. Erweiterung des F. 1925/26 um Luft- u. Sonnenbad sowie Nichtschwimmerbecken; diente in Ermangelung einer Schwimmhalle bis 1955 auch dem Sport- u. Schulschwimmen; seit 1973 vor Saisonbeginn Nutzung des Geländes für Boots- u. Camping-Verkaufsausstellungen; 1993 u. 2003 längere Schließungen; 2005 Übernahme des F. durch den Wasserballverein Lederhexen. BK

Wasserheilanstalt am Mühlendamm (um 1914)

FRANZOSENZEIT. Zeitraum zwischen der frz. Okkupation Meckl.-Schwerins ab 27.10.1806 u. der Aufhebung der seit dem 22.3.1808 bestehenden Mitgliedschaft des Herzogtums im Rheinbund durch die herzogl. Ordres vom 23.3.1813 zur Freigabe des Handels bzw. vom 25.3.1813 zum freiwilligen Dienst in der regulären Infanterie.

Frz. Militär besetzte auch Rostock, um den Handelsverkehr zu überwachen u. die → Kontinentalsperre durchzusetzen. Diese Aufgaben übernahmen mit dem herzogl. Beitritt zum Rheinbund einheim. Truppen, deren nachlässigeres Vorgehen jedoch den Schmuggel beförderte. Den wirtschaftl. Einbußen standen die durch ständige Militärpräsenz, Einquartierungen, Visitationen, Kontributionen u. Kautionen verkörperten Belastungen für die Bürger u. Einwohner gegenüber. Akute Gefahr durch Kampfhandlungen drohte vor allem im Mai 1809 durch das Freikorps Ferdinand v. Schills, die jedoch durch geschickte Deeskalationsmaßnahmen der herzogl. → Garnison gebannt wurde, sowie ab Sommer 1810 durch vereinzelte Landungsaktionen engl. Kriegsschiffe. Zu deren Abwehr wurde in Warnemünde ab Apr. 1811 eine kleine Festung, die sog. Redoute, errichtet, die bis zum 10.3.1813 besetzt war. Ebenfalls im Apr. 1811 sollten 600 meckl. Seeleute die frz. Flotte verstärken. Aus Mangel an Freiwilligen wurde zu Zwangsmaßnahmen gegriffen, in deren Folge den Rostocker Schiffen die Besatzungen abhanden kamen.

Im Aug. 1810 zogen erneut ca. 2000 Mann frz. Militär in Rostock ein, ein Jahr später wurde die Stadt Divisionsstandort. In den Barnstorfer Tannen (→ Barnstorfer Wald) wurde ein großes Areal abgeholzt, um Platz für ein Barackenlager zur Unterbringung von ca. 10 000 Soldaten zu schaffen. Damit verdoppelte sich die Einwohnerzahl der Stadt nahezu, sodass nicht unerhebl. Versorgungsprobleme entstanden u. zudem die Prostitution blühte. 1812 marschierten die Truppen nach Russland, nach der Niederlage der Grande Armée fungierte der Standort bis zum Abzug der letzten frz. Soldaten am 13.3.1813 v.a. als Durchgangslager.

Ferdinand von Schill (1776–1809)

Lit.: F. Stuhr: *Die Napoleonische Kontinentalsperre in Mecklenburg (1806–1813), in: Jahrbücher des Vereins für mecklenburgische Geschichte und Altertumskunde, Jg. 71, Schwerin 1906, S. 325–364; K. Schröder (Hg.): Rostocks Stadtgeschichte von den Anfängen bis in die Gegenwart, Rostock 2013, S.119–124.* MM

FRATERHAUS ST. MICHAEL. Die in den Niederlanden entstandene Gemeinschaft der Brüder vom gemeinsamen Leben erreichte über Münster (Westfalen) 1462 Rostock. Wegen ihres klosterähnl. Lebens hieß ihre Niederlassung in Rostock spätestens seit dem 16. Jh. vereinfacht Fraterkloster. Zunächst im Bereich am Kuhtor beheimatet, bauten die Fraterherren als Gemeinschaft priesterl.-mönch. Charakters auf einem 1464 erworbenen Grundstück zwischen Schwaanscher Str. u. der heutigen Rungestr. am Grünen Weg (später nach den Michaelisbrüdern fälschl. Altbettelmönchstr. benannt) ihr bis heute erhaltenes F., eine Verbindung aus einer einschiffigen Kapelle (um 1471) u. einem Wohn- u. Arbeitshaus (ca. 1480–um 1500). An den Bauarbeiten war maßgebl. Bernd Wardenberg beteiligt, der mit Hans → Runge zu den Aufstandsführern in der → Domfehde zählte u. hingerichtet wurde. Die Gemeinschaft der Michaelisbrüder umfasste in ihrer Blütezeit bis zur beginnenden → Reformation knapp 20 Personen, darunter auch einige Laien. Über ihr Haus hinaus wirkten die Michaelisbrüder besonders in den Bereichen → Buchdruck u. Bildung. Seit 1476 betrieben sie eine eigene Druckerei. Sie engagierten sich in der Schulbildung und lehrten an der Uni. Im Zuge der Reformation u. infolge der Ratsordnung von 1531 gerieten die Aktivitäten der kath. gebliebenen Michaelisbrüder ins Stocken. 1559 erfolgte die Auflösung des F. Fortan nutzte die Uni das Gebäude u.a. für Lehrzwecke. 1594 beendete ein Brand auch dieses Kapitel. Seit dem 17. Jh. diente das F. als Zeug- u. Kornhaus, ab 1848 als Wollmagazin. Im Rahmen der Elektrifizierung wurde dort 1909 ein Umspannwerk eingerichtet. Nach schweren Zerstörungen durch Luftangriffe im Jahre 1942

Das ehemalige Fraterhaus beherbergt heute einen Teil der Universitätsbibliothek (2000).

begann 1952 der Wiederaufbau mit dem Ostteil des Gebäudes, das der ev.-methodist. Kirche zur Verfügung gestellt wurde. Den Westteil nutzte ab 1962 die Uni Rostock als Turnhalle. Nach umfangreichen Rekonstruktionsarbeiten fanden 1994 die Universitätsbibliothek (Fachbibliothek Geschichte) u. 1999 deren Abteilung Sondersammlungen im F. eine neue Heimstatt.

Lit.: *N. Krüger: Von der Klosterdruckerei zur wissenschaftlichen Bibliothek. Das Michaeliskloster der Brüder vom gemeinsamen Leben in Rostock, Rostock 2004.* KJLS

FRAUENBEWEGUNG. Die Wurzeln der bürgerl. F. liegen im ersten Drittel des 19. Jh. Diese war zunächst vor allem religiös-karitativ u. auf das Kindeswohl ausgerichtet. 1833 erfolgte die Gründung eines Vereins für Kleinkinderwarteschulen. Verwaltet wurde der Verein aufgrund der jurist. Unmündigkeit von Frauen im 19. Jh. durch die Bürgermeister u. den Rat der Stadt. Ziel der Vereinsarbeit waren die Prüfung der häusl. Bedingungen von Kindern u. deren Aufnahme bei Verwahrlosung. Die Arbeit wurde durch Frauen geleistet. 1842 kam es zur Bildung eines Unterstützungsvereins für die Armen- u. Krankenpflege. Der Vorstand bestand nur aus Frauen. 1866 existierten in Rostock drei Warteschulen mit 650 Kindern. Bürgerl. u. adlige Frauen begründeten 1881 eine Volksküche. 1883 entstand ein Frauenbildungsverein, der eine bessere Bildung u. Ausbildung von Frauen u. Mädchen sowie einen uneingeschränkten Zugang zu allen, auch akadem., Berufen forderte. Studentinnen wurden an der Uni Rostock erstmals 1909 zugelassen. Neben den luth. geprägten Vereinen entstanden 1876 ein jüd. u. 1894 ein kath. Frauenverein. Rostocker Frauen engagierten sich darüber hinaus im → Alexandrinenstift, dem Marien-Frauen-Verein (Kranken- u. Kriegsverwundetenbetreuung), dem Krippenverein, den → Alexandrahäusern in Rostock u. Warnemünde (Erholungsheime genesungsbedürftiger Frauen u. Kinder), dem Meckl. Landesverein für Frauenstimmrecht, dem sog. Frauen-Hilfsverein zur Rettung gefallener Mädchen → Haus Elim, dem Verein für Kinderhorte, dem Verein für Volkskindergärten usw. 1905 kam es zur Gründung eines Zweigvereins des Bundes Dt. Frauenvereine. Die Mitglieder engagierten sich besonders bei der Berufsberatung, der Stellenvermittlung, der Haushaltshilfe sowie der Kinder- u. Jugendfürsorge. Vorkämpferinnen der Rostocker F. waren u. a. Anna Henriette Witte, Henriette Lehmann, Laura Witte, Klara Schleker, Käthe Schirmacher u. Marie → Bloch.

Seit 1890 etablierte sich eine proletar., mehr polit. ausgeprägte F. Am 1.5.1890 wurde der erste Arbeiterfrauenverein mit sozialdemokrat. Zielsetzung gegründet. 1910 wirkten bereits 286 Rostocker Frauen im sozialdemokrat. Verein des Wahlkreises Rostock mit. Nach dem I. Weltkrieg gründeten Frauen innerhalb der Rostocker SPD eine Frauengruppe. Diese feierte mit ca. 500 weiblichen Mitgliedern in der sog. → Philharmonie am 8.3.1919, dem Internationalen Tag der Frauen.

Zu Beginn des 20. Jh. entwickelten sich Schleker u. Schirmacher von linksliberalen zu konservativen Frauenrechtlerinnen. Sie begründeten damit die dt.-nationalist. F. in Rostock. Den I. Weltkrieg be-

Frauenkonferenz der Ostseeanrainerstaaten (1958)

fürworteten sie uneingeschränkt. Ihr „Hurra-Patriotismus" war dabei oft mit antipoln. u. antisemit. Äußerungen verbunden. 1919 zog Schirmacher als Abgeordnete der Dt.-Nationalen Volkspartei (DNVP) in den Dt. Reichstag ein. Schleker wurde 1919 Abgeordnete der DNVP im Schweriner Landtag, dem sie seit 1920 als Alterspräsidentin vorstand.

Nach dem I. Weltkrieg erfuhr die Frau einen Wandel ihrer Position. Viele Männer waren gefallen, sodass die Frauen die Existenz der Familie absichern mussten. Es herrschte ein Überschuss an Frauen. Nach der → Novemberrevolution 1918 erhielten auch die Rostocker Frauen das Wahlrecht, das in der Verfassung der Weimarer Republik festgeschrieben worden war. Die 1920er- u. frühen 1930er-Jahre wurden durch den Kampf der F. für die Aufhebung des Abtreibungsverbots (§218 des Strafgesetzbuches) u. eine breite öffentl. Diskussion über Sexualität, Familienplanung u. Geburtenkontrolle geprägt. Jede dritte Frau war 1925 erwerbstätig. Allerdings wurden Frauen geringer entlohnt als Männer. Veränderte Moralvorstellungen u. ein neues Selbstverständnis boten für eine kleine, elitäre Gruppe der weibl. Bevölkerung neue Freiräume. Die „Neue Frau" verkörperte nicht mehr das Bild der Kaiserzeit „Kinder, Küche u. Kirche", sondern „Konsum, Kino, Kultur". Das absolute Gros der Frauen blieb aber den männerdominierten Strukturen der Gesellschaft verhaftet.

Mit dem Machtantritt der Nationalsozialisten in Meckl. 1932 u. in Dtl. 1933 wurde die bürgerl. F. gleichgeschaltet u. die proletar. verboten. Das Dt. Frauenwerk u. die NS-Frauenschaft propagierten die Rolle der Frau als Hausfrau u. Mutter. Aufrüstung u. Krieg führten in zahlreichen Großbetrieben (→ Ernst Heinkel Flugzeugwerke, → Arado Flugzeugwerke usw.) zu einem Anwachsen der weibl. Belegschaften.

Nach dem Kriegsende 1945 entstanden in Rostock antifaschist. Frauenausschüsse. Diese gingen 1948 im zentralist. geführten Demokrat. Frauenbund (DFD) auf. Die Verfassung der DDR von 1949 sah die Gleichberechtigung von Mann u. Frau vor. Mit dem 1950 erlassenen Gesetz über den Mutter- u. Kinderschutz u. die Rechte der Frau sowie den Gesetzen zur Arbeit wurden der Mutterschutz, die Kinderbetreuung u. die berufl. Förderung der Frau durchgesetzt. Der Schwangerschaftsabbruch wurde einheitl. geregelt u. war nur unter bestimmten Voraussetzungen (Gefährdung der Mutter, Erberkrankung des Kindes) erlaubt. Seit 1972 erfolgte die Einführung der Fristenregelung. Damit erhielten Frauen das Recht, eigenverantwortl. innerhalb von zwölf Wochen über einen Schwangerschaftsabbruch zu entscheiden. Mehr als 80% aller Rostockerinnen waren berufstätig. Jede Mutter hatte das Anrecht auf einen Krippen- u. Kindergartenplatz. Eine polit. unabhängige F. entwickelte sich seit den 1980er-Jahren im Rahmen der kirchl. Friedensbewegung.

Nach dem Zusammenbruch der DDR 1989/90 kam es auch in Rostock zur Gründung zahlreicher Vereine, u.a. des Unabhängigen Frauenverbandes (UFV). Die F. erfuhr in Form von Gleichstellungsstellen u. Frauenbeauftragten eine Institutionalisierung u. die Auseinandersetzung mit Themen wie Gewalt gegen Frauen od. Vereinbarkeit von Kind u. Beruf wurden von Seiten des Staates unterstützt.

Lit.: M. Beese: Familie, Frauenbewegung und Gesellschaft in Mecklenburg 1870–1920, Rostock 1999. RS

FRAUNHOFER-INSTITUT. Die 1949 gegründete u. nach dem Münchner Gelehrten Joseph v. Fraunhofer (1787–1826) benannte Gesellschaft zur Förderung der angewandten Forschung mit Sitz in München ist die größte Organisation für angewandte Forschungs- u. Entwicklungsdienstleistungen in Europa. Die Fraunhofer-Gesellschaft ist seit 1992 in Rostock präsent u. hat in der Südstadt zwei Standorte aufgebaut: das Institut für graph. Datenverarbeitung (IGD) in der Joachim-Jungius-Str. u. das Anwendungszentrum Großstrukturen in der Produktionstechnik (AGP) in der Albert-Einstein-Str. Das IGD arbeitet v.a. an der Entwicklung der Informationstechnologie sowie an Softwarelösungen für die maritime Wirtschaft u. den Maschinen- u. Anlagenbau. Das AGP übernimmt hauptsächl. ingenieurwissenschaftl. Aufgabenstellungen der Industrie. Beide Abteilungen kooperieren eng mit der Uni Rostock. BK

FREIMAURER. Logen der F., die an die geheimnisumwitterten Bauhütten des Mittelalters anknüpften u. Ideale der Aufklärung wie Toleranz, Humanität u. Bildung miteinander verbanden, bildeten sich seit der 2. Hälfte des 18. Jh. auch in Meckl. In Rostock existierte die Loge Zu den drei Sternen 1760–83. Sie entstand 1799 erneut. Doch bereits 1800 spaltete sich die Loge Tempel der Wahrheit von ihr ab. Diese kam 1805–22 in einem Gebäude am Bramower Tor zusammen, das später die → Augustenschule beherbergte. 1823–1934 wirkte sie dann neben dem Geburtshaus des Gebhard Leberecht v. Blücher in der heutigen Rungestr. Blücher war 1816 bei seinem Besuch in Rostock nicht nur Ehrenbürger, sondern auch Ehrenmitglied beider Rostocker Logen geworden. Viele Prof. der Uni Rostock bekleideten in ihnen führende Positionen. Eitelkeit u. Rivalität führten besonders in den ersten drei Jahrzehnten nach 1800 zu erhebl. Auseinandersetzungen um die Führung der Logen. Dennoch machten sich die F. damals auch einen Namen durch über ihren Kreis hinausreichende sozialpolit. Leistungen, wie etwa die Einrichtung einer Armenkrankenanstalt im sonst eher mondänen Heiligendamm 1809 sowie einer Sonntagsschule für Handwerkslehrlinge 1822. Damals entstand die Loge Prometheus neu. Seit 1828 benannte sich ein abgespalteter Teil der Loge Zu den drei Sternen in Irene zu den drei Sternen um. Ihr anderer Teil hatte seinen Sitz 1880–1934 in der Schwaanschen Str. Im 19. Jh. gestaltete sich die Tätigkeit der F. in Rostock unaufgeregter. Drei Stammlogen (Irene zu den drei Sternen, Tempel der Wahrheit, Prometheus) schlossen sich 1855 zur Vereinten Loge Irene zusammen. 1934/35 erfolgte die Selbstauflösung bzw. das Verbot der Logen durch die Nationalsozialisten. Nach 1945 wurden sie in der SBZ/DDR nicht wieder zugelassen. 1992 entstanden die Logen Tempel der Wahrheit u. Zu den drei Sternen in Rostock neu.

Lit.: *E. Fischer, R. Templin: Chronik der Freimaurerei in Mecklenburg und Vorpommern 1760 bis 2010, Regensburg 2010.* EM

Rostocker Freimaurer in Logenkleidung (1890)

FREMDENVERKEHR → TOURISMUS

FRIDERICI, DANIEL. Kantor, Kapellmeister, Komponist (1584 Kleineichstädt bei Querfurt–23.9.1638 Rostock); Chorknabe u. Kurrendesänger in Querfurt, Gerbstädt u.a. Orten; ab 1612 an der Uni Rostock immatrikuliert; ab 1614 zahlreiche Veröffentlichungen geistl. u. weltl. Vokalmusik für Kirche, Schule u. Geselligkeit, die weite Verbreitung fanden; 1614–18 Tätigkeit in Oldenburg als Chorleiter u. Kantor, ab 1618 wieder in Rostock Kantor an der St.-Marien-Kirche; 1619 Magisterexamen in Theologie u. Veröffentlichung der prakt. Gesangslehre „Musica Figuralis"; ab 1623 Kapellmeister al-

ler Rostocker Kirchen; ab 1629 als Nachfolger von Joachim → Burmeister Lehrer an der → Großen Stadtschule; starb an der Pest.
Lit.: *H.J. Daebeler: Friderici, Daniel, in: Biographisches Lexikon für Mecklenburg, Bd. 1, Rostock 1995, S. 89f.* HM

FRIEDA 23. Kunst- u. Medienzentrum in der Friedrichstr. 23 in Trägerschaft der gemeinnützigen KARO AG; 2012–14 Um- u. Ausbau eines 1972 errichteten Schulgebäudes; 2800 m² Nutzfläche für Büros, Seminarräume, Labore, Werkstätten, Ateliers, Tonstudio, Galerie u. Kinosaal (130 Plätze); Heimstätte u.a. der → Kunstschule, des → Instituts für Neue Medien, der Medienwerkstatt, des Radiosenders LOHRO, Spielstätte des Lichtspieltheaters Wundervoll (Li.Wu.). RS

FRIEDA 23 in der Friedrichstraße 23 (2014)

FRIEDHOFSWESEN. Die Bestattung menschl. Leichname lag bis zum 19. Jh. in der Obhut der Kirche. Der Rat beaufsichtigte den ordnungsgemäßen Ablauf u. legte die Höhe der Leichengebühren fest. Im Normalfall erfolgte die Beisetzung unter Begleitung christl. Zeremonien auf den Kirchhöfen od. in der Kirche. Suizidenten u. sezierte Leichname begrub man am Rand des Armenfriedhofes zu St. Gertruden (→ Hospital St. Gertrud). Die Ausbreitung der Cholera (→ Epidemie) in Europa veranlasste die Stadt, 1831 einen Friedhof außerhalb der Stadtmauern vor dem Kröpeliner Tor anzulegen. In seiner Nachbarschaft entstand 1870 der Jüd. Friedhof (Bestattungen bis 1942). 1871 wurden Gräber für im Lazarett gestorbene Soldaten des Dt.-Frz. Krieges von 1870/71 angelegt. Auf dem Alten Friedhof erfolgten die letzten Bestattungen 1959; 1977–92 wurde er zu einer öffentl. Parkanlage (Lindenpark) unter Beibehaltung ausgewählter Grabmale umgestaltet. Die Ausdehnung der Stadt führte 1912 zur Anlegung des Neuen Friedhofs in Damerow. Das dort 1928 errichtete Krematorium war die erste Feuerbestattungsanlage in Meckl. 1977 erfolgte die erste Bestattung auf dem Westfriedhof. In Warnemünde wurde der erste öffentl. verwaltete Friedhof für den Ort u. die eingepfarrten Dorfschaften Diedrichshagen, Groß Klein u. Schmarl am

Grabstätte auf dem Neuen Friedhof (2015)

„Gewaltfrei für Demokratie“ – Demonstrationszug im Herbst 1989 in Rostock

nördl. Ende der dritten Häuserreihe angelegt u. 1848 eingeweiht. Ihm folgten die Friedhofsanlagen hinter der Seepromenade (Alter Friedhof) 1874 u. an der Diedrichshäger Chaussee 1928. Weitere Friedhöfe befinden sich in Gehlsdorf, Toitenwinkel u. Biestow. Seit 2006 werden Waldbestattungen im Ruheforst Rostocker Heide durchgeführt. GF

FRIEDLICHE REVOLUTION (1989/90). Der Begriff F. bezeichnet die Zeit des polit. Umbruchs u. des beginnenden Systemwechsels in der DDR im Herbst 1989. Externe u. interne Faktoren spielten dabei eine Rolle: Die ab 1985 von dem neuen Generalsekretär Michael Gorbatschow (KPdSU) eingeleitete Politik von Glasnost (Offenheit) u. Perestroika (Umbau) in der Sowjetunion wurde in der DDR mit Interesse beobachtet. Diejenigen Bürger, die mit den innenpolit. Verhältnissen im Staatssozialismus u. der mangelnden Reformbereitschaft der SED unzufrieden waren, fassten den am 7.10.1989 in Berlin beim 40. Jahrestag der DDR von Gorbatschow geäußerten u. mit „Wer zu spät kommt, den bestraft das Leben“ übersetzten Satz als Ermunterung auf. Dabei gilt Leipzig mit seinen Montagsdemonstrationen ab Sep. 1989 als Vorreiter, dort gibt es seit 2013 einen Platz der F. Zunächst wurde von der Wende gesprochen. Der häufigere Gebrauch des Begriffes F. hat nicht zuletzt mit der Wahl des Rostockers Joachim Gauck zum Bundespräsidenten 2012 sowie einer größeren zeitl. Distanz zu den Ereignissen zu tun. Der damalige Pastor Gauck u. die St.-Marien-Kirche erscheinen als Personifikationen des Umbruchs in Rostock, selbst wenn die ersten Zusammenkünfte in der St.-Petri-Kirche stattfanden. Als Beauftragter für die Stasi-Unterlagen (1990–2000) erlangte Gauck dann eine bundesweite Bekanntheit, er wird innerhalb der Rostocker Bevölkerung indessen kontrovers beurteilt.

Den Demonstranten ging es im Herbst 1989 zunächst um eine Demokratisierung der polit. Strukturen im Rahmen der DDR, d.h. um eine Reform des sog. real existierenden Sozialismus; ab Nov. gewann die Entwicklung jedoch „revolutionäre“ Züge. Eine „echte“ Revolution beinhaltet erstens Veränderungen in der Staats- u. Wirtschaftsform, zweitens Gewalt „von unten“ gegen die Herrschenden u. drittens einen gewissen Bestand der revolutionären Änderungen. Im Falle Dtl. 1989 traten der erste u. der dritte Aspekt ein, deshalb wird von einer F. od. Kerzenrevolution gesprochen. Sie begann im Nordosten der DDR mit einer gewissen Verzögerung u. war insgesamt von kurzer Dauer. Gleichwohl bildete sie eine wichtige Voraussetzung für den Fall der Mauer am 9.11.1989 u. den Epochenwechsel in Europa.

Auch in Rostock nahmen die Veränderungen ihren Ausgang in kirchl. Räumen: Schon im Jan. 1988 hatte es Fürbittandachten in der Petrikirche für die Inhaftierten der Berliner Liebknecht-Luxemburg-Demonstration, u.a. für Bärbel Bohley, gegeben. Anfang 1989 organisierte der Arbeitskreis Umwelt dortselbst eine Ausstellung zum dritten Jahrestag der Katastrophe von Tschernobyl, die sich krit. mit der friedl. Nutzung der Kernenergie auseinandersetzte. Darunter waren Mitglieder der ev. Studentengemeinde, die später die Fälschungen bei der Kommunalwahl vom 7.5.1989 beobachteten. Die Gruppe Umwelt u. Pastor Henry Lohse organisierten am 5.10.1989 die erste Fürbittandacht für die Verhafteten der Montagsdemonstrationen in Leipzig in der Petrikirche; erwartet wurden 100 Menschen, es kamen über 500. Am Do., den 19.10.1989, setzten sich nach der dritten Friedensandacht Tausende Demonstranten von der Marien- u. Petrikirche kommend durch die Kröpeliner Str. in die August-Bebel-Str. zum Gebäude des Ministeriums für Staatssicherheit in Bewegung. Bei dieser u. den folgenden Demonstrationen wurde ein bunter Schmetterling mit der Aufschrift „Gewaltfrei für Demokratie" vorangetragen. Die größte Demonstration in Rostock fand am 9.11.1989 mit ca. 40000 Teilnehmern statt. Am 4.12. wurde die Bezirksverwaltung der Staatssicherheit von der → Bürgerbewegung besetzt; am 7.12. erschien mit dem sog. Bürgerrat die erste unabhängige Zeitung in der DDR.

Ende 1989 erfolgte die Bildung des → Runden Tisches des Bezirkes Rostock, an dem u.a. über einen friedl. Übergang verhandelt wurde. Nach dem Rücktritt des SED-Oberbürgermeisters (OB) Henning Schleiff Ende März 1990 amtierte der ehem. Studentenpfarrer, Oppositionelle u. Bürgerrechtler Christoph Kleemann (Neues Forum) für drei Monate als OB. Die F. besaß durch die Tätigkeit der Runden Tische also auch Merkmale eines verhandelten Überganges zur Demokratie.

In dem Maße, wie die Forderung von „Wir sind das Volk" Ende 1989 in „Wir sind ein Volk" umschlug u. damit auf eine dt. Vereinigung zielte, verloren die Bürgerrechtler u. deren Vorstellungen von einem reformierten Sozialismus an Bedeutung. Bei der Volkskammerwahl am 18.3.1990 erreichte das Bündnis 90, zu dem sich das Neue Forum (NF) u. weitere Gruppierungen aus der Bürgerbewegung zusammengeschlossen hatten, auf dem Gebiet des späteren Meckl.-Vorpommern nur 2,4%. Im ersten frei gewählten Landtag waren das NF u. andere Bürgerrechtler nicht vertreten, da sie in drei unterschiedl. Parteien antraten u. deshalb an der Fünfprozenthürde scheiterten. Die Ziele der F. wurden jedoch von den Parteien u. den ersten frei gewählten Regierungen in der Stadt Rostock u. im Land Meckl.-Vorpommern aufgegriffen. Mit den Kommunalwahlen am 6.3.1990 übernahmen demokrat. Kräfte die Geschicke der Stadt.

Lit.: *J. Gauck: Winter im Sommer – Frühling im Herbst. Erinnerungen, München 2009; Herbst '89. Die Wende in Rostock: Zeitzeugen erinnern sich, Rostock 1999; K. Langer: „Ihr sollt wissen, daß der Norden nicht schläft..." Zur Geschichte der „Wende" in den drei Nordbezirken der DDR, Bremen 1999; B. Schmidtbauer: „Im Prinzip Hoffnung". Die ostdeutschen Bürgerbewegungen und ihr Beitrag zum Umbruch 1989/90. Das Beispiel Rostock, Frankfurt a.M. 1996.* NW

FRIEDRICH FRANZ I. Großherzog v. Meckl.-Schwerin (10.12.1756 Schwerin – 1.2.1837 Ludwigslust); 1785 Regierungsantritt nach dem Tode seines Onkels Friedrich I. (des Frommen); 1788 Ausgleich mit Rostock durch Erbvertrag, in dessen Ergebnis es 1789 zur Schließung der Uni in Bützow kam; veranlasste 1804 lückenlose Str.-benennung in Rostock; 1808 Rheinbundbeitritt u. Scheitern der Bemühungen als souveräner Herrscher; 1815 Erhebung zum Großherzog auf dem Wiener Kongress; 1827 Übereinkunft mit Rostock: Verzicht der Stadt auf die Rechte gegenüber der Uni Rostock.

Lit.: *E. Münch: Friedrich Franz I., in: Biographisches Lexikon für Mecklenburg, Bd. 6, Rostock 2011, S. 108–116.* EM

FRIEDRICH-FRANZ-BAHNHOF. Erster Bahnhof in Rostock, eröffnet am 13.5.1850 von der Meckl.

Friedrich-Franz-Bahnhof (1890)

Eisenbahn-AG zu Schwerin. Endpunkt der von Hagenow nach Rostock führenden → Eisenbahn zum Anschluss an den seewärtigen Verkehr; 1858 Empfangsgebäude eingeweiht, Namensgeber war Großherzog Friedrich Franz II.; ab 1905 nur noch als Güterbahnhof genutzt; stillgelegt 1994, Abbau der Gleisanlagen ab 1998; ab 2008 Altenpflege-Residenz. Dienstgebäude, Stellwerk u. Lokschuppen als Denkmal erhalten.

Lit.: *L. Schultz, P. Wilhelm, K. Pfafferott: 150 Jahre Eisenbahn in Rostock. Die Chronik zur Eisenbahngeschichte der Hansestadt, Stuttgart 2000.* LS

Friedrich-Franz-Schule am alten Wallgraben (um 1866)

FRIEDRICH-FRANZ-SCHULE. Eröffnung der sechsklassigen, schulgeldpflichtigen Volksschule für Mädchen u. Jungen am 24.4.1835 in einem Privathaus in der Wokrenterstr. für 60 Schüler; Namensgeber war Großherzog Friedrich Franz I.; Zuwachs auf 120 Kinder; später Umzug zum Marienkirchhof u. in die Königsstr. (heute Buchbinderstr.); 1838 bereits 220 Kinder; 1842–44 Errichtung eines neuen Schulgebäudes an der Wallstr. nahe dem Stände-

Seit 2008 ist das Hauptgebäude des ehemaligen Bahnhofs Teil einer Altenpflege-Residenz (2009).

haus für 339 Kinder; 1844-68 Einrichtung einer öffentl. zweiklassigen Abendschule für am Tage arbeitende Kinder (Unterrichtszeit 19-21 Uhr); 1853 627 Schüler in neun Klassen; 1878 Abtrennung der Mädchenklassen u. Übersiedlung ins St.-Katharinen-Kloster; 1895 Umwandlung der Elementarschule in eine Bürgerschule; seit 1932 Mittelschule; 1942 Zerstörung. RS

FRIEDRICH WILHELM. Herzog v. Meckl.-Schwerin (28.3.1675 Grabow-31.7.1713 Mainz); 1692 Regierungsantritt nach dem Tode seines Onkels Christian Ludwig (Louis) I.; seit 1695 vergebl. Bemühungen um die Herrschaft in ganz Meckl.; 1701 Kompromiss im Hamburger Vergleich: Entstehung des Herzogtums Meckl.-Strelitz neben Meckl.-Schwerin; Scheitern von absolutist. Bemühungen zur Niederringung der Stände; 1702-04 zeitweilige Verlegung der Residenz nach Rostock (Errichtung des → Palais am Hopfenmarkt). EM

FRITZ-REUTER-SCHULE. Die F. befindet sich in Warnemünde (Fritz-Reuter-Str. 10). 1915 als Ortsknabenschule unter Leitung von Carl Heinrich Sköllin eröffnet; Rektor 1919-32 Adolf Ahrens (Heimatforscher, Museumsgründer); 1923 Angliederung einer sechsstufigen Mittelschule, damit Volks- u. Mittelschule; starke Beschädigungen durch Bombentreffer in der Nacht 12./13.9.1941, Auslagerung der Schule u. Unterbringung der Kriegsmarine bis Kriegsende; seit 1945 allgemeinbildende Grundschule, 1959 Umbenennung in 31. POS Fritz Reuter; 1964 Einweihung der Sporthalle; 1965/66 1143 SchülerInnen, 54 LehrerInnen; 1991-98 Realschule; nach 1998 Verkauf an die Ecolea, Internationale Schule Rostock; Einrichtung eines Gymnasiums. KM

FROHRIEP, JÜRGEN. Schauspieler (28.4.1928 Rostock-13.7.1993 Berlin); Versuchen auf einer Jugendbühne u. in freien Theaterprojekten Meckl.-Vorpommerns folgte 1951 ein erstes Engagement am Theater der Freundschaft Berlin; 1959 Filmdebüt bei der DEFA, u.a. „Chingachgook, die große Schlange" (1967) u. „Du und ich und Klein Paris" (1971); erste Rollen für das Fernsehen der DDR ab 1960, so in den populären Mehrteilern „Gewissen in Aufruhr" (1961), „Das grüne Ungeheuer" (1962), „Krupp u. Krause" (1969) u.a.; in der Kriminalreihe „Polizeiruf 110" verkörperte F. 1972-91 in 64 Folgen den Oberleutnant Jürgen Hübner. RL

FRONEREI. Seit spätestens 1478 Bezeichnung für das Gebäude des mittelstädt. Gerichtsbüttels, später des Scharfrichters. Gelegen auf der Südseite der Kibbenibberstr. (spätestens 1319, heute: Kleine Wasserstr. zwischen Fischbank u. Weißgerberstr.). Derartige Gebäude befanden sich ursprüngl. auch in der Altstadt (spätestens 1294, Ecke Molkenstr./Wollenweberstr.) u. der Neustadt (spätestens 1296, Rungestr., daher früher: Alte Büttelstr.); diente auch als Gefängnis (Keller); wegen der Aufsicht über die Prostituierten im 16. Jh. Bezeichnung als Fünf Rosen; heutiger Begriff der F. (Abdeckerei) ist Relikt einer der Aufgaben des Frons bzw. Scharf- od. Nachrichters.
Lit: *E. Münch, R. Mulsow: Das alte Rostock und seine Straßen, 2. Aufl., Rostock 2010, S. 135f.* EM

Das Scharfrichterhaus befand sich bis 1666 in der Kibbenibberstraße (heute Kleine Wasserstraße).

FUCHS, ERIKA. Kunsthistorikerin, Übersetzerin (7.12.1906 Rostock-22.4.2005 München); studierte

Kunstgeschichte, Archäologie u. mittelalterl. Geschichte; zahlreiche Studien- u. Bildungsreisen u.a. nach Großbritannien, wo sie ihre engl. Sprachkenntnisse vertiefte. Nach dem II. Weltkrieg im fränk. Schwarzenbach an der Saale lebend, wirkte sie freiberufl. als Übersetzerin US-amerikan. Presseartikel u. arbeitete schließlich für den Ehapa-Verlag München; dort Chefredakteurin der dt. Ausgabe der Kinderzeitschrift Micky Maus (bis 1988); schuf die dt. Entsprechungen der typ. US-amerikan. Comic-Textblasen-Sprache u. kreierte dabei eigene Stilelemente u.a. durch den Einsatz des Inflektivs (z.B. „Keuch" od. „Ächz") u. volkstüml. gewordener Zitate aus Literatur, Politik u. Geschichte. Zahlreiche Preise, darunter Dt. Fantasy-Preis (1998).
Lit.: *N. Klüßendorf: Fuchs, Erika, in: Biographisches Lexikon für Mecklenburg, Bd. 5, Rostock 2009, S. 143–145.* RL

Franz Fühmann (um 1970)

FÜHMANN, FRANZ. Schriftsteller (15.1.1923 Rochlitz a.d. Iser/Tschechoslowakei – 8.7.1984 Berlin); nach Volksschule Besuch des Jesuitenkonvikts Kalksburg; Flucht von dort, dann Besuch des Gymnasiums in Reichenberg, Abitur; 1938 Eintritt in die Reiter-SA, ab 1941 Wehrmachtssoldat, 1945 sowjet. Kriegsgefangenschaft u. Antifa-Schule bei Moskau; seit 1949 in der DDR; Mitglied der NDPD bis 1972, dort Kulturfunktionär bis 1958, danach freier Schriftsteller; Essays, Erzählungen, Gedichte, Kinderbücher u. Nachdichtungen; zunehmende Kritik an den gesellschaftl. Verhältnissen der DDR; Förderung junger Autoren; 1956 Heinrich-Mann-Preis, 1957 u. 1974 Nationalpreis der DDR; Veröffentlichung zahlreicher Werke im → Hinstorff Verlag (seit 1973); 1977 Dt. Kritikerpreis, 1982 Geschwister-Scholl-Preis; Werkauswahl: „Kabelkran und blauer Peter" (1961, Reportage über den Alltag auf der Warnowwerft), „Das Judenauto" (1962), „Barlach in Güstrow" (1963). Er war über Jahrzehnte einer der bedeutendsten Autoren des Hinstorff Verlages.
Lit.: *B. Heinze (Hg.): Franz Fühmann. Eine Biografie in Bildern, Dokumenten und Briefen, Rostock 1998.* BM

FÜNFGIEBELHAUS. Schließt seit 1986 wieder die 1942 durch Bombenangriffe zerstörte Nordseite des Universitätsplatzes zu einem einheitl. architekton. Ensemble, das sich maßvoll den histor. Gebäuden am Platz angliedert. Seinerzeit einmaliges u. gelungenes Experiment zur architekton. Reflexion hansischer Baukunst mit Mitteln des industriellen

Glockenspiel am Fünfgiebelhaus (2015)

Ein Teil des Fünfgiebelhauses am Universitätsplatz (2017)

Bauens (Architekt Peter Baumbach). Dabei reiche Ausbildung von Architekturformen u. Einbindung vielfältiger bildkünstler. Gestaltungen, u.a. Figurenumlauf, Handlauf (Wolfgang Friedrich), Glockenspiel (Peter Schilling), Glocke, Gewichte, Zifferblatt (Lutz Holland), Säule (Lothar Sell), Firmierung (Thomas Hofmann); einige Elemente nach 1989 entfernt.
Lit.: *P. Baumbach: Rostocker Universitätsplatz mit neuen Giebelhäusern abgerundet, in: Farbe & Raum. Ideen zum Wohlfühlen, H. 1, München 1987, S. 12–15.* AL

FÜSILIER-REGIMENT NR. 90. Ein Füsilier ist ein ursprüngl. mit einem Steinschlossgewehr (frz.: fusil) bewaffneter Infanterist. Das F. ging aus der seit 1748 in Rostock lagernden meckl.-schwerinschen → Garnison hervor; bis 1788 mehrere Umstrukturierungen ohne Kampfeinsatz; am 12.7.1788 feierl. Weihe mit Fahnenübergabe auf dem Neuen Markt u. anschließend bis 1796 Gefechte in Holland gegen Frankreich; Teilnahme auf Seiten des Rheinbundes, ab 1813 auf Seiten Preußens während der Napoleon. Kriege; 1815 Garnisonierung des I. Musketier-Bataillons in Wismar, des Regiments-Stabes u. des II. Bataillons in Rostock; 1849 Angliederung an den Verband des preuß. III. Armeekorps; seit 1.10.1867 Regimentsbezeichnung Großherzogl. Meckl. F.; Nummerierung erfolgte in fortlaufender Reihenfolge nach der Schaffung neuer preuß. Infanterie-Regimenter; ab 1867 in Rostock: I. u. III. Bataillon F., in Wismar: II. Bataillon F.; Einsatz im Dt.-Frz. Krieg 1870/71 u. im I. Weltkrieg; nach der Demobilisierung am 2.1.1919 Bildung des Freiwilligen F.; Apr./Mai 1919 Übernahme in das Reichswehr-Infanterie-Regiment 17.
Lit.: *P. v. Wrochem, O. Haevernick: Geschichte des Großherzoglich Mecklenburgischen Füsilier-Regiments Nr. 90. 1788–1906, 2. Aufl., Berlin 1907.* AS

Begrüßung des Füsilier-Regiments Nr. 90 auf dem Neuen Markt nach seiner Rückkehr aus Frankreich (1871)

FUßBALL. Die Anfänge des F.-spiels in Rostock gehen auf das Ende des 19. Jh. zurück u. sind ein Ausdruck der „Fußlümmelei“, die sich in Dtl. trotz aller Verleumdung rasant ausbreitete. Vier Gymnasiasten gründeten am 20.6.1895 den → Rostocker Fußballclub von 1895 (R.F.C.). Es war der erste in Meckl. Vier Jahre später entstand am 15.8.1899 der Internationale Fußball-Club (IFC) Rostock, der auch Ausländer in seine Reihen aufnahm. Noch im selben Jahr bestritten beide das erste Wettspiel, das der R.F.C. 1:0 gewann. Mit dem FC Victoria von 1900, dem FC Germania von 1901 sowie dem FC Alemannia von 1903, der sich später in Verein für Rasensport von 1903 (VfR) umbenannte, tauchten in schneller Folge drei weitere Clubs auf, deren Mitglieder den „engl. Sport" in ihrer Freizeit ausübten. Zur Bildung von Arbeiterfußballvereinen kam es jedoch erst nach dem I. Weltkrieg, als der Arbeiterturn- u. Sportbund (ATSB) sich gegenüber den Sportspielen öffnete u. den F. als vollwertige Sportart anerkannte. Der Rostocker Ballclub (BC) von 1923 u. der Rostocker Ballspielverein (BSV) sowie der Arbeiter-Turn-u. Sportverein (ATV) Warnemünde nahmen an den Kreis- u. Bezirksmeisterschaften des ATSB teil u. kämpften um den Titel.

Die bürgerl. F.-vereine wurden 1905 Mitglied des Meckl. F.-bundes (ab 1907 des Norddt. F.-verbandes), spielten aber im Ringen um die norddt. Meisterschaft nur eine untergeordnete Rolle. Zur Stärkung ihrer Vereinsgröße u. Kampfkraft fusionierten die F.-vereine mit anderen Turn- u. Sportvereinen der Hansestadt. So schlossen sich 1914 der IFC u. die Rostocker Turngenossenschaft zum Rostocker Turn- und Sportverein (TSV) zusammen, aus dem sich dann 1923 die Fußballabteilung ausgliederte u. sich als Rostocker SV 1899 am Spielbetrieb beteiligte. Nach dem I. Weltkrieg verband sich der R.F.C. mit dem Rostocker F.-club Greif von 1916 u. dem Rostocker Schwimmclub. Am 21.3.1919 gründeten sie den Rostocker Sport-Club von 1895 (RSC), der im Zuge der nationalsozialist. „Neuordnung des dt. Sports" am 3.2.1938 mit dem VfR, dem Rostocker Turnerbund u. der Rostocker Turnerschaft in der Turn- u. Sportgemeinschaft Rostock (TSG) aufging. Die TSG war in der NS-Zeit eine der vier Großgemeinschaften Rostocks u. zugleich die erfolgreichste. Zusammen mit den beiden Werksvereinen Wettkampfgemeinschaft (WKG) Heinkel Rostock u. Luftwaffensportverein (LSV) Arado Warnemünde sowie dem Turn- u. Sportverein Kameradschaft Rostock kämpfte sie seit 1933 im Unterbau der Gauliga Nordmark u. seit 1942 in der Gauliga Meckl. um die Qualifikation für die Teilnahme an der dt. Meisterschaft. In der Saison 1944/45 kam das Wettkampfgeschehen völlig zum Erliegen u. nach Kriegsende wurden alle Vereine in der Sowjet. Besatzungszone (SBZ) nach der Kontrollratsdirektive Nr. 24 vom 6.1.1946 aufgelöst.

Der Wiederaufbau des F. in der SBZ bzw. DDR war verbunden mit der Zerschlagung der bürgerl. Sportbewegung. Der F. spielte bei der Bildung von Sportgemeinschaften (SG), die seit Apr. 1950 in der DDR

Rostocker Ballspielverein (1929)

durch die Umstrukturierung des Sports auf der Produktionsebene in Betriebssportgemeinschaften (BSG) umbenannt wurden, eine bedeutende Rolle. Bereits im Herbst 1945 war in Rostock unter der Bezeichnung SG Rostock-Süd die erste Sektion F. entstanden, die ab 1947 erfolgreich in der Landesliga Meckl.-Ost spielte. Sie wurde 1950 in die BSG Einheit Rostock umgewandelt. Ihr Trägerbetrieb war die Stadtverwaltung. Die Sportgemeinschaften Motor Nord, Motor Ost u. Motor Mitte, die ebenfalls in der Nachkriegszeit entstanden waren, schlossen sich 1952 zur BSG Motor Nord-West Rostock zusammen, die sich fünf Jahre später mit der 1950 gegründeten BSG Aufbau Rostock verband. Am 1.7.1969 erfolgte ihre Umbenennung in Turn- u. Sportgemeinschaft (TSG) Bau mit dem VEB Wohnungsbaukombinat Rostock als Trägerbetrieb. Daneben entstanden die SG Motor Rostock/ VEB Schiffswerft Neptun (1948), die 1950 die SG Motor West aufnahm u. sich danach BSG Anker Rostock, ab 1952 BSG Motor Rostock, am Spielbetrieb beteiligte, außerdem die SG Dt. Volkspolizei Rostock (1952), die SV der Kasernierten Volkspolizei Vorwärts See Rostock (1956), die sich nach erneuter Namensänderung als Armeesportgemeinschaft (ASG) Vorwärts Rostock-Gehlsdorf in der DDR-Liga etablierte u. deshalb 1967 nach Stralsund verlegt wurde, sowie die BSG Schiffahrt/Hafen Rostock (1961), die 1972–90 fast durchgehend in der zweiklassigen DDR-Liga spielte. Ihre Trägerbetriebe sorgten für die materielle Ausstattung.

Als im Auftrage der SED-Führung die Sportvereinigungen zur gezielten Förderung von Spitzensportlern Leistungszentren schufen, entstand am 11.11.1954 in Rostock der → SC Empor. F. war die erste Sektion des Sportclubs, die bereits drei Tage danach den Spielbetrieb im noch nicht ganz fertiggestellten → Ostseestadion aufnahm. Durch den „Umzug" des erzgebirgischen Empor Lauter bekam Rostock „über Nacht" eine Oberligamannschaft, die im Laufe der Saison durch Spieler aus der Region ergänzt wurde u. an deren Ende sogar im Pokalfinale stand. Die größten Erfolge errangen die Fußballer des SC Empor in den 1960er-Jahren unter Trainer Walter Fritzsch. Sie blieben aber dennoch in Meisterschaft u. Pokal der „ewige Zweite".

Kurt Zapf (um 1960)

1961 war der SC Empor Rostock noch das Maß aller Dinge.

Am 28.12.1965 wurde entsprechend den Bestrebungen der Sportführung der DDR die Sektion Fußball aus dem SC Empor Rostock ausgegliedert u. der → FC Hansa Rostock als leistungssportl. Zentrum für F. gegründet. Auch unter dem neuen Namen blieb der Verein zunächst in der Erfolgsspur, geriet aber 1970 in die Abstiegsränge u. wurde seit 1975 sogar zu einer „Fahrstuhlmannschaft". Ausgerechnet die letzte Saison der DDR-Oberliga 1990/91, nunmehr Oberliga Nordost (NOFV-Oberliga), wurde für den FC Hansa zur siegreichsten. Der Club schaffte das Double, gewann die Meisterschaft sowie den Pokal u. qualifizierte sich gemeinsam mit Dynamo Dresden für die Erste Bundesliga. Nach dem Abstieg in die Zweite Bundesliga 1992 folgte nach erneutem Aufstieg 1995 eine zehnjährige Zugehörigkeit zur höchsten Spielklasse des Dt. F.-bundes (DFB). Zahlreiche Trainerwechsel, Spielerverkäufe, finanzielle Schwierigkeiten u. interne Vereinsquerelen führten seit 2008 zur sportl. Talfahrt, die 2010 erstmals in der Dritten Liga endete, wo sich der FC Hansa inzwischen seit 2012 festgesetzt hat.

Besondere Anerkennung verdient die Jugendarbeit des Sportclubs. Viele Spieler gelangten bis 1990 über die Jugendmannschaften in den Oberligakader oder reiften danach zu Profifußballern. Der Gewinn der dt. Meisterschaft der A-Jugendl. 2010 u. der dt. Vize-Meisterschaften der B-Jugendl. 2005 u. 2013 zählen zu den größten Erfolgen in der jüngsten Vergangenheit. Vereinbarungen mit der CJD Christophorusschule u. der Heinrich-Schütz-Realschule, dem Ostseegymnasium u. der BCAW Bildungscenter GmbH sichern eine sinnvolle u. zielgerichtete Verzahnung von sportl. Tätigkeit sowie schul. u. berufl. Aus- u. Weiterbildung.

Im Zuge der Wiedervereinigung erfolgte erneut eine Umstrukturierung des Sports nach dem Vereinsgesetz. Aus den BSG gingen die Nachfolgevereine hervor. Manche änderten zugleich ihren Namen u. waren dabei bestrebt, ihre histor. Wurzeln deutl. werden zu lassen. Bspw. knüpfte die TSG Bau an die Tradition des Rostocker Sport-Clubs von 1895 an u. nannte sich ab Juli 1990 Turn- u. Sportverein (TSV) Grün-Weiß Rostock 1895 e.V. Am 29.10.1996 lösten sich die Fußballer aus dem Verein u. gründeten den Rostocker F.C. von 1895 e.V.

Unter dem Dach des Stadtsportbundes existieren zurzeit 40 Vereine mit einer Sparte F., die Kinder u. Jugendl., Erwachsenen u. Senioren die Möglichkeit zur Teilnahme am Training bieten. Sie besetzen aber meistens nicht alle Altersklassen u. nehmen nicht immer in der jeweils laufenden Saison am Spielbetrieb teil.

F. ist in Rostock seit Langem keine Männerdomäne mehr. 75 Jahre nach der Gründung des R.F.C. 1895 sorgten 1970 drei Rostockerinnen für die Bildung der ersten Frauen-F.-mannschaft. Sie fand in der BSG Post Rostock ihre sportl. Heimstatt u. entwickelte sich recht schnell zu einer Oberliga-Mannschaft. Auch ihr gelang 1990 der Doppelschlag – sie wurde letzter DDR-Meister u. Pokalsieger. Danach büßte die Mannschaft ihre Stärke ein u. kam über den FC Hansa Rostock (1991) u. den PSV Rostock (1993) zum SV Hafen Rostock 61 (1995). Gegenwärtig vertritt sie gemeinsam mit dem Rostocker FC 95 u. der HSG Warnemünde den Rostocker Frauen-F. in der Verbandsliga Meckl.-Vorpommern.

Lit.: *H. Grüne: Vereinslexikon. Enzyklopädie des deutschen Ligafußballs, Bd. 7, Kassel 2001, S. 391ff.; H. Leske: Enzyklopädie des DDR-Fußballs, Göttingen 2007; A. Baingo: FC Hansa Rostock. Wir lieben Dich total!, Berlin 1995; R. Rosentreter: F.C. Hansa Rostock. Fußball an der Ostsee. Im Zeichen der roten Kogge, Reutlingen 1995; R. Rosentreter, G. Simon: Immer hart am Wind. 40 Jahre F.C. Hansa Rostock, Göttingen 2005.* GK

G

GARNISON. Bezeichnung für das in Rostock stationierte Militär (→ Militärwesen), das nicht der Stadt unterstand. Bis zum Ende des Mittelalters war die Stadt frei von äußerer militär. Besetzung geblieben; seit dem → Dreißigjährigen Krieg dann wiederholte Besetzungen (1628, 1635, 1675); die geplante Verlegung der meckl. Residenz nach Rostock führte 1702 dazu, dass herzogl. Kompanien zeitweise die Stadt als G. bezogen; ab 1713 entbrannten aufgrund der absolutist. Landespolitik schwere Auseinandersetzungen zwischen Meckl. u. der Stadt, u. a. um das G.-recht in Rostock; Einigung erst mit der Konvention von 1748, die dem Herzog das Mitbesatzungsrecht zuerkannte u. die Stadt dauerhaft zur G. für meckl. Soldaten machte. Der Erbvertrag 1788 erkannte den Landesherren das alleinige Besatzungsrecht zu; Kanonen, Munition u. Zeughaus verblieben Stadteigentum, in Friedenszeiten sollte die G. nicht stärker als 500 Soldaten sein; die Einquartierung erfolgte in Privathäusern; G.-kirche war bis zum Abriss 1831 die Johanniskirche (→ Kloster St. Johannis). Im 19. Jh. wurde der G.-standort Rostock durch das → Füsilier-Regiment Nr. 90 u. dessen → Kasernen in der Ulmenstr. geprägt.

Rostocker Soldaten (links: 1786, Mitte: 1808, rechts: 1821 u. 1837)

Lit.: A. Strahl: *„und wird (...) diese Sache überhaupt sehr zu beeilen seyn." Die Kasernierung des Militärs in Rostock, in: Von Drittfrauen und Ehebrüchen, uniformierten Fürsten und Pferdeeinberufungen. Festschrift zum 60. Geburtstag von Ernst Münch, Hamburg 2014, S. 317–336.* BK

GARTENANLAGE. Neben den Kirchhöfen der mittelalterl. Stadtpfarrkirchen sowie den Grünräumen der Klöster waren es im 17. Jh. zunächst einige wenige bürgerl. Gärten wie jene der Prof. Joachim → Jungius u. Peter → Lauremberg sowie seit dem 18. Jh. der Familie → Haedge, die sich zunehmend der Öffentlichkeit präsentierten. Die erste öffentl. Grünanlage entstand auf Initiative des Rostocker → Verschönerungsvereins 1836. Der Kunstgärtner Joachim → Wilcken wurde mit der gärtner. Umgestaltung des früheren Armenfriedhofes (zuvor Gertruden- u. Pestfriedhof, Gertrudenkapelle 1395–1563) beauftragt u. das Ergebnis erfreute sich ab 1838 als G. Schrödersruh größter Beliebtheit unter den Rostocker Bürgern. Mit der Zunahme der Bedürfnisse des Bürgertums nach Flächen zum Flanieren u. Verweilen in der Natur entstanden ab der 2. Hälfte des 19. Jh. große Parkanlagen. Die gärtner. Umgestaltung der früheren Festungswälle zu den Wallanlagen begann u. an den Stadträndern wurden große Volksparks angelegt, wie die Barnstorfer Anlagen (→ Barnstorfer Wald), der Stadtpark an der Tessiner Chaussee sowie der Kurpark in Warnemünde. Rostock erlangte zu jener Zeit den Ruf einer „grünen Stadt", welcher vor allem dem umfangreichen Schaffen des Stadtgärtners Joachim Wilcken u. dem seit 1913 berufenen Stadtgartendirektor Wilhelm → Schomburg zu verdanken war. Im beginnenden 20. Jh. folgten der Kurhausgarten Warnemünde, der Schwanenteichpark und die gärtner. Umgestaltung der → Reiferbahn. Zu den wichtigen gartenkünstler. Anlagen zählen ebenfalls die großen öffentl. Friedhöfe (1831, heute Lindenpark, u. 1912 an der Satower Str.) sowie die universitären Anlagen wie der → Botanische Garten in der Hamburger Str. u. der Klinikpark Gehlsheim. Gelungene neuzeitl. gestaltete Freiräume wie die naturnahe Grünanlage → Kringelgraben in der Südstadt (1960) u. der Lichtenhäger Brink (1980) setzen diese Tradition fort. Einen Höhepunkt bildete die Ausrichtung der → Internationalen Gartenbauausstellung (IGA) im Jahr 2003. An der Warnow u. zwischen den Stadtteilen Groß Klein u. Schmarl gelegen, entstand Rostocks jüngste u. größte G. mit verschiedenen Themengärten u. Raum für diverse Freizeitangebote. UJ

GARTENSTADT. Wohnviertel am südwestl. Stadtrand mit 3351 Bewohnern (2016), der gleichnamige Ortsteil schließt die eigentl. G. u. das Wohngebiet Stadtweide mit ein. Die G.-bewegung entstand Ende des 19. Jh. in England als Reaktion auf schlechte Wohnverhältnisse in Industriestädten; Vertreter in Dtl. war z.B. Heinrich Tessenow; Ziel waren preisgünstige Einfamilien- od. Reihenhäuser mit Gärten. Planungen in Rostock seit 1914, Baubeginn ab 1919 im Bereich zwischen Trotzenburger Weg, Am Waldessaum, Asternweg u. dem westl. Teil der Kopernikusstr.; Bebauung bis etwa

Coverbild einer 1915 erschienenen Broschüre zur Verbreitung des Gartenstadtgedankens

1960, anschließend weiterer Ausbau in westl. Richtung. Weitere G.-projekte wurden in Dierkow u. Brinckmansdorf verwirklicht.

Gaststätte Am Scharren in Rostock-Evershagen (um 1980)

Lit.: *O. Pelc: Rostock wird Großstadt. Stadtplanung und Wohnungsbau in den 1920er und 1930er Jahren, in: 777 Jahre Rostock. Neue Beiträge zur Stadtgeschichte, Rostock 1995, S. 211–222.* KM

GASTSTÄTTE. Als älteste G. gelten der Rostocker Ratskeller u. in Warnemünde die Vogtei. Das bereits im Mittelalter im Stadtgebiet vorhandene Netz von G., insbesondere die → Schüttinge und → Gelage der Handwerker u. Schiffer, wurde v.a. im 19. Jh. durch zahlreiche Neueröffnungen, meist ausgestattet mit großem Veranstaltungssaal, erheblich erweitert. Angesichts gewandelter Lebensgewohnheiten u. neuer Freizeitangebote ging jedoch v.a. seit der 2. Hälfte des 20. Jh. der Sozialisations- u. Kultureffekt der G. verloren, sodass es zu zahlreichen Schließungen v.a. im Segment der Kneipen u. der G. mit einfacher Küche kam. Heute konzentrieren sich die gastronom. Angebote Rostocks im Stadthafengebiet, in der Kröpeliner-Tor-Vorstadt u. in Warnemünde. Differenzierungen der Gegenwart zeigen sich in der wachsenden Zahl von Spezialitätenrestaurants, teils mit fremdländ. Küche, von sog. Schnellrestaurants, von Angeboten der Erlebnisgastronomie sowie der gehobenen u. der Spitzenküche. **Lit.:** *K. Koppmann: Die Gebäude des Rathhauses und die Räumlichkeiten des Rathsweinkellers, in: Beiträge zur Geschichte der Stadt Rostock, Bd. 2, H. 4, Rostock 1899, S. 1–28; D. Eints: Warnemünder Lokale. Geschichte der Warnemünder Gaststätten und Hotels 1570 bis 1990, Rostock-Warnemünde 2009.* RL

GASWERK. Inbetriebnahme des G. in der Bleicherstr. 1856; Verbraucher: 535 öffentl. Flammen (Straßenlaternen), 2194 Privatflammen, Länge des Rohrnetzes 24,8 km, Tagesproduktion 4000 m³ Gas, 18 Arbeitskräfte in 12-h-Schichten, Befeuerung mit engl. Steinkohle, Transport per Schiff in den Stadthafen, von dort per Pferdewagen ins G.; Beleuchtung des → Pfingstmarktes (1863), der Rathausuhr (1874); 1898/99 Bau eines neuen G. mit einer Kapazität von tägl. 18000 m³ aufgrund des höheren Bedarfs für Straßenbeleuchtung u. Kochzwecke, Länge des Netzes 57898 km, 1472 Gasglühlichtlaternen; Kosten für ein m³ Gas während der Inflation: 90 Mio. M (15.11.1923); Anschluss Warnemündes durch zwölf Kilometer lange Fernleitung 1925; Eröffnung einer Lkw-Gas-Tankstelle am Doberaner Platz 1938; Erweiterungsbauten 1939–41, tägl. Pro-

Annonce im Kalender „Voß un Haas" (1936)

duktion von 80000 m³; große Zerstörungen durch Bombenangriffe (1942/44); Einstellung der Gasabgabe im Apr. 1945; stundenweise Gaslieferungen (ab Jan. 1946); 1949 tägl. Produktion von 40000 m³; Aufhebung der Kontingentierung 1950; 1959 tägl. Produktion von 90000 m³; Anschluss an die Ferngasleitung Rostock–Schwerin (1962) u. Rostock–Stralsund (1963) sowie an das Ferngasverbundsystem der DDR 1966/67; Bau einer Spaltanlage für Flüssiggas in Marienehe 1957–68; Stilllegung des Steinkohle-G. in der Bleicherstr. 1968; 1980 tägl. Produktion von 400000 m³; Umstellung auf Stadtgas 1991 u. auf Erdgas 1993/94; Versorger von über 60000 Kunden in Rostock u. Umgebung; 2013 Abschluss der Sanierung des schadstoffbelasteten Geländes in der Bleicherstr. in Höhe von 5,2 Mio. €.
Lit.: W. Ahrens, P. Frahm, W. Gurowski: Rostocker Gas-, Strom- und Wärmeversorgung. Aus der Vorgeschichte der Stadtwerke Rostock AG, Rostock 2000. RS

GAUTAG. Seit dem 19. Jh. meist turnusmäßige, regionale Zusammenkunft der Mitglieder von Parteien, Organisationen, Vereinen u. Verbänden, deren innere territoriale Struktur auf angebl. altgerman. Gauen basierte. Die nach Teilnehmerzahlen u. Organisationsaufwand größten G. veranstaltete in Meckl. die NSDAP mit ihren Gliederungen u. Verbänden, von denen zwei (1937/1939) in Rostock stattfanden. RL

GEFÄNGNIS. Gebäude zur sicheren Unterbringung von Gefangenen. Erste Arrestzellen fanden sich in Rostock spätestens ab 1294 in den Häusern der Büttel (Scharfrichter) in der Wollenweberstr., der heutigen Rungestr. u. der Kibbenibberstr. Für die Zeit um 1315 ist eine sog. Temenitze (altslaw.: Temnica – Finsternis) unter dem Rathaus nachgewiesen. Hier wurden seit 1471 auch Studenten, die der Gerichtsbarkeit der Uni Rostock unterstanden, inhaftiert. Ab dem 16. Jh. trug die Temenitze den Namen Finkenbauer, später wurde sie auch Brummbärenloch genannt. Die Uni verfügte nach 1600 über ein eigenes G. Der sog. Karzer befand sich im Gebäude des Weißen Kollegs. Spätestens ab 1774 befanden sich weitere Zellen im Studentenwohnheim im ehem. Kloster St. Johannis (Wallstr.). Hier wiederum arretierte die Stadt 1800 Akteure des → Butterkrieges. Von 1339 an scheinen städt. Gefangene auch im heute nicht mehr vorhandenen Tor am Südende der Grubenstr. untergebracht worden zu sein. Mehrere Jahrzehnte trug es den Namen Diebestor. 1397 entstand am heutigen Ziegenmarkt die → Schreiberei, die wohl auch ein G. enthielt. Seit 1608 nutzte die Stadt zudem das Kuhtor als G. 1823, nachdem die Idee eines Ausbaus des von der Polizei genutzten Steintors zum G. abgelehnt u. die Unterbringung städt. Gefangener in

einer besonderen Abteilung des Landeszuchthauses in Bützow verweigert worden war, wurden die Zellenräume in der Schreiberei erweitert; ein Jahr später, 1824, allerdings wurde das Kuhtor zum Wohnhaus umgebaut. 1860 diskutierte die Stadt den Bau eines zentralen städt. G. Hierzu kam es jedoch nicht. Stattdessen erhielt die Polizei 1895 bei ihrem Umzug in das Haus Nr. 6/7 am Neuen Markt weitere Zellenräume. Fast zeitgleich ließ der Großherzog auf dem Gelände des Amts- u. Landgerichts in der Schwaanschen Str. ein Untersuchungs-G. bauen, das nach 1933 erweitert u. bis kurz vor seinem Abriss im Jahr 1993 als solches genutzt wurde. 1958–60 entstand in der August-Bebel-Str. eine Untersuchungshaftanstalt des Ministeriums für Staatssicherheit. Auf drei Etagen mit insgesamt etwa 50 Zellen wurden hier bis 1989 etwa 4900 hauptsächl. polit. Gefangene inhaftiert. Nach 1990 wurden die Räume zunächst als G. weitergenutzt. 1993 bzw. 1998 zogen das Histor. Institut der Uni Rostock sowie die Dokumentations- u. Gedenkstätte in das Gebäude. Nach der Schließung des G. wird seit den 1990er-Jahren die Justizvollzugsanstalt (JVA) in Waldeck bei Rostock genutzt.
Lit.: *L. Krause: Die alten Rostocker Universitätskarzer, in: Beiträge zur Geschichte der Stadt Rostock, Bd. 11, Rostock 1919, S. 60–62; J. Schekahn, T. Wunschik: Die Untersuchungshaftanstalt der Staatssicherheit in Rostock, Berlin 2012.* MB

GEHLSDORF. 1934 als Stadtteil nach Rostock eingemeindet, gehörte das ehem. Bauerndorf an der Unterwarnow im Mittelalter u. in der Frühen Neuzeit jahrhundertelang zum Moltke'schen Herrschaftskomplex im Toitenwinkel. Geht seine Nennung für 1262 noch auf eine Fälschung des 16. Jh. zurück, so datiert seine Ersterwähnung aus dem Jahr 1268. Anfänglich trug das Dorf den dt. Namen Michelstorf – wie das gleichnamige Adelsgeschlecht, das im angrenzenden Dierkow einen Hof besaß. Spätestens 1622 war daraus die Kurzform Cheelstorf, seit 1788 G. geworden. Das kleine Dorf mit sechs Bauern u. vier Kossaten (Kleinstelleninhaber) erlebte einen rasanten Aufschwung, nachdem es mit dem Hauptgut Toitenwinkel 1781 aus dem adligen Besitz der Moltkes, später der Man-

Fährhaus am Gehlsdorfer Ufer (2003)

delslohs in das herzogl. Domanium gelangt war. Seit dem 19. Jh. wuchs es mit zahlreichen Büdnereien, Häuslereien u. teilweise villenartiger Bebauung weit über den ehem. Dorfkern hinaus. 1845 entstand das Rettungshaus → Michaelshof, 1896 die sog. Irrenanstalt → Gehlsheim. 1911 hatte G. bereits über 2000 Einwohner. Seit 1913 bildeten sie eine eigene, von Toitenwinkel abgetrennte Kirchgemeinde, seit 1922 mit eigenem Friedhof. Nach 1954 entstanden mit dem Volksmarinestützpunkt in Langenort zahlreiche Neubauten in Plattenbauweise, nach 1990 drei Neubaugebiete (u.a. auf dem ehem. Marinestützpunkt) sowie ein Gewerbegebiet. 2016 wohnten in dem Stadtteil 4389 Menschen.
Lit.: *E. Münch: Toitenwinkel und Rostock. Zur Geschichte einer Haßliebe, Schwerin 2002.* EM

GEHLSHEIM. Das heutige Zentrum für Nervenheilkunde der Uni Rostock wurde 1896 als Großherzogl. Landesheil- u. Pflegeanstalt G. im Pavillonstil eröffnet. Es liegt der Stadt gegenüber am östl. Ufer der Warnow. Schon seit Mitte des 19. Jh. war über den Bau einer sog. Klinik für Geisteskranke diskutiert worden, die der Landesuni Rostock angeschlossen werden sollte. Zum Beschluss kam es jedoch erst 1889. Um die Kosten zu senken, entschloss man sich zum Kauf eines Grundstücks außerhalb der Stadt.

Entlang der Mittelachse, von Nord nach Süd, sind alle zentralen Gebäude aufgereiht (Verwaltungsgebäude mit der früheren Wohnung des Direktors,

Wirtschafts- u. Maschinengebäude; letztere wurden im Zuge des Klinikneubaus abgerissen). Beidseitig davon stehen, symmetrisch angeordnet, ein- u. zweistöckige Pavillons, in denen die Patienten nach Geschlecht (Ost: Männer, West: Frauen) bzw. nach dem Krankheitszustand („Ruhige" u. „Unruhige" bzw. „Zur Beobachtung bedürftige Kranke") getrennt untergebracht waren. Erster Direktor war Fedor → Schuchardt. Er war an der Ausarbeitung der Baupläne für G. maßgeblich beteiligt. Nach dessen Tod 1913 folgten als Direktoren die in der Psychiatriegeschichte noch heute bekannten Oswald → Bumke u. Karl → Kleist. Ab 1914 etablierte sich verstärkt die Arbeitstherapie, die auch der Versorgung der Klinik diente (Garten-, Feld- u. Viehwirtschaft, Werkstätten). In der Folgezeit kam es zu verschiedenen Neu- u. Umbauten. In den 1920er-Jahren wurde ein Hörsaal im Verwaltungsgebäude eingerichtet; eine Straße führte nun endlich von Rostock bis zur Anstalt. Zudem entstand der von der Stadt aus gut sichtbare Wasserturm, das „Wahrzeichen" der Klinik. Während der Zeit des Nationalsozialismus wurden auch in der Rostocker Klinik Verbrechen an psych. kranken Menschen od. Menschen mit Behinderung begangen. Neben zahlreichen → Zwangssterilisationen wurden Patienten verlegt u. fielen den Tötungsmaßnahmen im Rahmen der sog. → Euthanasie zum Opfer. Bei den Bombenangriffen auf Rostock während des II. Weltkriegs wurden einzelne Gebäude schwer beschädigt. Den Status einer Universitätsklinik erhielt G. am 1.4.1946 nach Wiedereröffnung der Uni. In den 1950er-Jahren entwickelte sich unter der Leitung von Franz Günther v. Stockert u. Gerhard Göllnitz eine eigenständige Klinik für Kinderneuropsychiatrie, die zur Leiteinrichtung in der DDR wurde. 1995 wurde die Universitäts-Nervenklinik in ein Zentrum für Nervenheilkunde umgewandelt. In den selbstständigen Kliniken u. Instituten gibt es heute alle Möglichkeiten, die für eine moderne Diagnostik u. Therapie erforderlich sind (Kliniken für Psychiatrie u. Psychotherapie; Neurologie; Psychosomatik u. Psychotherapeut. Medizin; Psychiatrie, Neurologie, Psychosomatik u. Psychotherapie im Kindes- u. Jugendalter; Institut für Medizin. Psychologie, seit 2001 Klinik für Forens. Psychiatrie). 2006 wurde ein neues Gebäude übergeben,

Klinik und Poliklinik für Neurologie der Universität Rostock in Gehlsdorf (2009)

in dem die verschiedenen Kliniken nach modernen Gesichtspunkten untergebracht sind. Das heutige Ensemble der Klinik stellt ein gelungenes Beispiel der architekton. Begegnung von Altem u. Neuem dar. Erwähnenswert ist zudem der weitläufige Park mit seinem alten Baumbestand. Dieser wurde bereits Ende des 19. Jh. angelegt u. umfasst ein Gelände von ca. sechs Hektar.

Lit.: *K. F. Galleck: 100 Jahre Behandlung Nervenkranker in Gehlsheim bei Rostock. Von der großherzöglichen Irrenanstalt zum Zentrum für Nervenheilkunde der Universität Rostock, in: Schriftenreihe der Deutschen Gesellschaft für Geschichte der Nervenheilkunde, Bd. 6, Würzburg 2000, S. 143–149; I. Miesch: Die Heil- und Pflegeanstalt Gehlsheim. Von den Anfängen bis 1946, Rostock 1996.* EK/KH

GEINITZ, EUGEN FRANZ. Geologe, Mineraloge (15.2. 1854 Dresden–9.3.1925 Rostock); Studium der Geologie, Mineralogie u. Philosophie in Dresden u. Leipzig, 1876 Promotion in Leipzig, 1877 Habilitation in Göttingen; 1881–1925 Prof. u. Direktor des Mineralog.-Geolog. Instituts der Uni Rostock; Mitbegründer des Dt. Heimatbundes 1904 in Dresden u. des Heimatbundes Meckl. 1906 in Schwerin. Rund 200 Veröffentlichungen zu geolog. Formationen des Landes, zur eiszeitl. Gliederung der Landschaft u. zu Fossilien in Meckl.; 1925 Errichtung des G.-Gedenksteins vor Warnemünde (Stolteraa), Benennung eines Weges an der Oberwarnow; gilt als einer der bedeutendsten Geologen Meckl.

Eugen Franz Geinitz (1913)

Lit.: *W. v. Bülow: Geinitz, Franz Eugen, in: Biographisches Lexikon für Mecklenburg, Bd. 7, Rostock 2013, S. 119–123.* AH

GEISTLICHES MINISTERIUM. Seit 1531 Körperschaft der ev. Geistlichkeit in Rostock, hauptsächl. der St.-Marien-, St.-Jakobi-, St.-Nikolai- u. St.-Petri-Kirche; mehrfache Auseinandersetzungen mit dem Rat um die Selbstständigkeit des G.; dauerhafte Regelung in den Rostocker Erbverträgen (1573/1584): Wahl eines eigenen Rostocker Superintendenten durch das G. u. Ratsvertreter; Prüfung der Rostocker Pfarrer u. Diakone (zweite Pfarrer) auf Lehre u. Lebensführung durch das G.; Zuweisung des ehem. Klosters St. Johannis als Sitzungsort des G.; Statuten des G. von 1573 mit Wirksamkeit bis in das 20. Jh.

Lit.: *K. Schmaltz: Kirchengeschichte Mecklenburgs, Bd. 2, Schwerin 1936.* EM

GELAG. Aus dem Mittelniederdt. (gelach) ins Hochdt. übernommene Bezeichnung für die Zusammenschlüsse von Kaufleuten zu Genossenschaften, Gesellschaften od. Kompanien; Bezeichnung für ihre Feste u. Amtshäuser. G. beruhten auf gleichen Handelsinteressen an einem bestimmten Handelsplatz u. vergrößerten den finanziellen Spielraum der Beteiligten. Nach dem Handelsort bezeichneten sie sich als → Schonenfahrer-G., → Bergenfahrer- u. Wiekfahrer-G., → Rigafahrer-G. usw. Schonen in Südschweden, die Wiek am Oslofjord u. Bergen in Norwegen waren lange die wichtigsten Seehandelszentren für Rostock. Dem Schonenfahrer-G. (G.-haus: Große Bäckerstr., heute Fischbank) u. dem Wieker G. (G.-häuser in der Koßfelderstr. u. Am Wendländer Schilde) gehörten wohlhabende u. einflussreiche Kaufleute an. Weitere G., anfangs auch → Schüttinge genannt, gab es in der Wokrenterstr. und am Burgwall. Mitglieder des Wieker G. nannte man Junker bzw. Stadtjunker. 1566 vereinigten sich Schonen- u. Bergenfahrer zur → Schiffergesellschaft, die man noch lange Schonenfahrer-G. nannte.

Lit.: *W. Stieda: Das Schonenfahrergelag in Rostock, in: Hansische Geschichtsblätter, Jg. 1890/91, Leipzig 1892, S. 115–150; T. Zeids: Beziehungen der Hansestädte Riga und Rostock im Mittelalter, in: Neue Hansische Studien, Berlin 1970, S. 289–299.* IE

GELD. Jahrhundertelang blieben G. u. Münze gleichbedeutend (→ Münzwesen). G. war an den Stoffwert des Münzmetalls gebunden, zumeist an Silber; für große Zahlungen kamen seit dem Ende des 13. Jh. Goldmünzen hinzu. Bis zur Einführung des Zollpfundes zu 500 g (Mitte 19. Jh.) galt in Meckl. als Bezugsgröße die Gewichtsmark (233,9 g) zu 16 Lot à 4 Quentin. Feingehalte wurden für Silber auf der Basis von 1 M = 16 Lot = 288 Grän berechnet, Gold dagegen zu 1 M = 24 Karat = 288 Grän. Zwar wurden in Rostock seit dem 13. Jh. Münzen geprägt, doch blieben sie nicht alleiniges Zahlungsmittel. Zahlreiche Funde aus dem Stadtgebiet belegen die Münzvielfalt vor Ort. Zumeist überwogen im städt. G.-umlauf fremde Währungen mit unterschiedl. Edelmetallanteilen, deren Kaufkraft die Wechselkurse bestimmten. Zusätze wie lübisch, sundisch, Leipziger Fuß (Neuzweidrittel), Hamburg-Lübecker-Kurant (Mecklenburger Valor) u. Preuß. Kurant kennzeichneten die Währungen. Das G.-rechensystem bestand in Rostock wie in Meckl. ursprünglich in einem Duodezimalsystem aus Mark, Schilling u. Pfennig, später kamen Gulden u. Taler hinzu (1 Mark = 16 Schilling = 192 Pfennig; 1 Schilling = 12 Pfennig; 1 Gulden = 24 Schilling; 1 Taler = 32 Schilling, seit 1622 = 48 Schilling). 1847 forderte die Rostocker Kaufmannschaft erstmals für Meckl. das Dezimalsystem, das sich ab 1871 mit der neuen Reichswährung (1 Mark = 100 Pfennig) durchsetzte. Gegen Mitte des 19. Jh. zirkulierte Papier-G. zunehmend auch in Meckl. Die als Aktiengesellschaft am 27.2.1850 gegründete Rostocker Bank (→ Bankwesen) emittierte aufgrund eines Banknotenprivilegs ab 1850 G.-scheine zu 10, 20, 50 u.

Geldschein der Rostocker Bank (1874)

100 Taler, konzessioniert auf eine Mio., später 1,25 Mio. Taler. Die Banknotenausgabe erfolgte in Höhe des eingezahlten Aktienkapitals, gedeckt zu je einem Drittel mit Edelmetall, Handelswechseln u. Wertpapieren. 75 Zweigstellen sicherten den Geschäftsbetrieb im ganzen Land. Zwar wurden bis zum 31.12.1875 die zwischenzeitl. mehrfach erneuerten Taler-Banknoten in Markwährung umgetauscht, doch verschwand die Talerrechnung erst 1899 aus den Rostocker Bankstatuten. Die Talermünzen selbst blieben als Dreimarkstücke noch bis 1908 im Reich kursfähig. In Rostock galten uneingeschränkt die Zahlungsmittel des Dt. Reiches. Zum 11.7.1877 verzichtete die Rostocker Bank infolge des Reichs-Bankgesetzes auf das Notenprivileg u. konzentrierte sich auf Hypotheken- u. Kreditgeschäfte. Zur Abhilfe von Zahlungsmittelengpässen gab die Bank im Ratsauftrag 1918 neue, durch das Meckl. Finanzministerium genehmigte G.-scheine von kurzer Laufzeit aus. Einige Rostocker Unternehmen hatten bereits etwas früher mit Notgeldausgaben den Kleingeldmangel gemildert. Während der Hyperinflation 1923 druckte die Firma Adlers Erben Mio.-, Milliarden- u. Billionen-Scheine für die Reichsbank. 1923, 1948 sowie 1990 änderten Währungsreformen u. -unionen Wert u. Gestalt des G. Daneben nimmt der bargeldlose Zahlungsverkehr zu.

Lit.: *V. Schmidt: Die Zahlungsmittel der Rostocker Bank, in: Fachtagung Numismatik, Rostock 1978, S. 15–22; H. Fengler: Geschichte der deutschen Notenbanken vor Einführung der Mark-Währung, Regenstauf 1992; M. Kunzel: Die Münzen der Hansestadt Rostock ca. 1492 bis 1864. Münzgeschichte und Geprägekatalog, Berlin 2004.* MK

GEOLOGIE. Rostock liegt geolog. im norddt. Tiefland, die G. ist hauptsächlich eiszeitl. geprägt. Ablagerungen der Weichsel-Eiszeit dominieren, z. B. die Stauchmoräne des Kliffs der → Stolteraa u. der → Breitling als offen gehaltene Nehrung sowie zahlreiche Findlinge; Gebiet ist von einigen Störungen durchzogen, z. B. Tiefenbruch bei Anklam, daher geringfügig tekton. aktiv (Erdbeben östl. von Rostock 2001 mit einer Stärke von 3,5 auf der Richterskala). Beginn der Untersuchung geolog. Fakten erst Ende des 18. Jh.; bedeutende Vertreter der G. an der Uni Rostock waren Eugen → Geinitz u. Kurd v. Bülow; das Institut verfügte über eine bedeutende geolog. Sammlung (Sternberger Kuchen, diverse Geschiebesammlungen), nach Schließung des Instituts 1968 wurden große Teile der Sammlung nach Greifswald gegeben; im Rahmen der Marinen G. am → Institut für Ostseeforschung werden heute geolog. Komponenten des Ökosystems Ostsee untersucht.

Lit.: *K. v. Bülow: Abriss der Geologie von Mecklenburg, Berlin 1952; G. Katzung (Hg.): Geologie von Mecklenburg-Vorpommern, Stuttgart 2004.* GB

GERBERBRUCH → BRUCH

GERECHTIGKEITSAUSSCHUSS ROSTOCK. Der G. wurde am 6.11.1989 auf Beschluss der Stadtverordnetenversammlung gegründet. Nach der ersten freien Wahl am 6.5.1990 wurde er als Ausschuss der neuen Bürgerschaft der Hansestadt Rostock mit teilweise neuen Mitgliedern weitergeführt. 14 Personen nahmen rund 1100 Fälle zur Bearbeitung auf. Das Gremium arbeitete bis 1994 mit Sitz im Rathaus. Der G. hatte das Ziel, aufgrund von Eingaben von Bürgern durch Funktionäre des Staates u. der Wirtschaft verursachtes Unrecht aufzudecken u. für Rehabilitierung der Betroffenen zu sorgen. Bspw. wurden an Seeleute, denen zu Unrecht das Seefahrtsbuch entzogen u. damit quasi Berufsverbot auferlegt worden war, durch die Dt. Seereederei 3,58 Mio. M der DDR u. 580000 DM Entschädigung gezahlt. Die Arbeit des G. unter Leitung der Lehrerin Ulrike Oschwald u. des Pastors Arvid Schnauer wurde durch Eintragung in das Ehrenbuch der Stadt gewürdigt.

Lit.: *A. Schnauer: Zur Arbeit des Rostocker Gerechtigkeitsausschusses, T. 1: 1989/90: Erinnerungen, Notate, Dokumente, Schwerin 2009, T. 2: 1990–94, Schwerin 2011.* HL

GERICHT. Das → Lübische Recht bildete seit der Stadtrechtsbestätigung 1218 eine wesentl. Grundlage für die Ausübung der städt. Gerichtsbarkeit. In den späteren Jh. schuf der Rat selbst mittels Willkürrecht Rechtsnormen. Ihre Bekanntmachung erfolgte durch jährl. Bürgersprachen (mittelniederdt.: → Burspraken), später auch in Form von gedruckten Statuten u. Verordnungen. 1757 erhielt Rostock als einzige Tochterstadt Lübecks ein formal eigenes → Stadtrecht. Das auf dem Revidierten Lübeckischen Stadtrecht von 1586 fußende Gesetzeswerk war bis zum Ende des 19. Jh. rechtskräftig.

Im Mittelalter gab es zwei verschiedene Arten von städt. G., das ursprüngl. stadtherrl. Vogt-G. u. das Rats-G. (der Rat als G.). Das Vogt-G. unter Vorsitz des → Vogts als Vertreter der Landesherrschaft u. unter Beisitz mehrerer Ratsherren wurde anfangs unter freiem Himmel abgehalten, später in der Rathauslaube. Dort befand sich die Dingstatt, ein erhöhter Sitz für die Richter, der dem G. den Namen Stapel-G. gab. Im 12./13. Jh. war es das einzige G.; seine Zuständigkeit war, was die Handhabung des Rechts anbelangt, unbeschränkt. Insbesondere lag in seiner Hand die Kriminalgewalt mit der alleinigen Befugnis, Strafen an Leib u. Leben zu verhängen. In Verfassung u. Verfahren entsprach das Vogt-G. dem allgemeinen alten german.-dt. G.-wesen. In der Zuständigkeit des Rats lag von Anfang an die freiwillige Gerichtsbarkeit (Kauf u. Verkauf von Grundstücken u. Renten, Verpfändungen, Testaments- u. Erbschaftssachen u. a.). Ansätze einer Strafjustiz finden sich beim Rat schon früh im Bereich seines Willkürrechtes: Er ahndete Übertretungen der marktgesetzl. Bestimmungen u. Verstöße gegen die allgemeine Ordnung u. Sicherheit. Das Lüb. Recht sah vor, dass dem Vogt ein Drittel der Einnahmen aus der Willkür-Gerichtsbarkeit des Rates, von den Einkünften des Vogt-G., aber je die Hälfte dem Vogt u. der Stadt zukommen sollte. Nachdem die Stadt 1358 in den Besitz der vollen Gerichtsbarkeit gelangt war, entwickelte sich aus dem

Vogt-G. das Nieder-G., während der Rat das Ober-G. bildete. Zum Nieder-G. gehörten zwei Ratsmitglieder als Gerichtsherren u. vier rechtskundige Bürger als Urteilsfinder (Dingleute). An die Stelle der Dingleute traten im 17. Jh. rechtsgelehrte Prokuratoren. Der Fron (später Scharfrichter) sorgte als Vollzugsbeamter für die Festnahme u. körperl. Bestrafung von Straftätern, für die Verwahrung der Gefangenen (→ Gefängnis) u. für die Pfändung, fungierte aber auch als Bote des G. Die Zuständigkeit des Nieder-G. in erster Instanz umfasste einen großen Teil der Zivil- u. Kriminalsachen. In Sachen der Blutgerichtsbarkeit führte das Nieder-G. zwar den Prozess, das Urteil aber fällte das Ober-G. respektive der Rat. Das Ober-G. setzte sich zusammen aus Rat, Syndikus, Protonotar u. Sekretär u. versammelte sich zweimal wöchentl. in der Ratsstube des Rathauses. Es war Berufungsinstanz für das Nieder-G., konnte aber auch unmittelbar angerufen werden. In erster Instanz war es für alle zivil- u. strafrechtl. Fälle zuständig, in die Mitglieder des Rates verwickelt waren. Nicht zum Rat gehörende Personen konnten in zivil- u. kriminalrechtl. Fällen ihre Klage ebenfalls direkt vor das Ober-G. bringen, wenn der Streitwert eine bestimmte Höhe überstieg. Darüber hinaus gehörten bestimmte Sachen, wie Vormundschaftsangelegenheiten od. Streitigkeiten mit den Borngesellschaften, zeitweise ausschließlich vor den Rat. Die Parteien erschienen selbst vor G. od. ließen sich durch einen Prokurator des G. od. Anwalt eigener Wahl vertreten. In schwerwiegenden Fällen ersuchten die Parteien od. das G. unabhängige Rechtsgutachten von Juristenfakultäten od. Schöffenstühlen auf dem Wege der Aktenversendung.

Bis zum Ende des 16. Jh. übertrug der Rat der → Kämmerei, dem → Gewett u. dem Weinamt niedergerichtl. Kompetenzen, die ihren Verwaltungs- u. Aufgabengebieten entsprachen. Die Zuständigkeit des Nieder-G. innerhalb der Stadt erstreckte sich danach nur noch auf einen kleineren Personenkreis der Einwohner (v.a. Gewerbetreibende ohne Zunftrecht u. Dienstpersonal) u. auf Auswärtige, für die ein besonderes Verfahren (Gastrecht) galt. Außerhalb der Stadt besaß das Nieder-G. unbeschränkte Kompetenz innerhalb der Zingel u. auf dem Mühlendamm. Zudem lag die Instandhaltung der städt. Gefängnisse (→ Schreiberei, → Fronerei, Finkenbauer), der Richtstätten u. Strafvollstreckungsinstrumente (Galgen, Richtblock, Rad, → Kaak) in der Obhut des Nieder-G. Angelegenheiten des Eherechts unterstanden bis zur Reformation der geistl. Jurisdiktion u. damit auch der kirchl. Gesetzgebung. Erst danach bildete das Ehe-G. ein selbstständiges städt. Konsistorium. Bis 1876 mussten bei Ehestreitigkeiten Prediger zum Sühneversuch hinzugezogen werden. Mind. seit dem 17. Jh. bestand ein besonderes Waisen-G. Nach dem Stadtbrand 1677 fielen seine Aufgaben an die anderen städt. G. 1783–1853 war das Waisen-G. dem Weinamt zugeordnet u. bildete danach eine selbstständige Vormundschaftsbehörde. Die Stadtbuchbehörde (später Grundbuchamt) war Hypotheken-Behörde für die Stadt, die Vorstädte u. die städt. Feldmark. Sie bildete seit 1853 ein eigenes Departement.

Die Einrichtung der Justizkanzleien in Meckl. im 16. Jh. hatte für Rostock nur geringe Bedeutung. Diese waren in erster Instanz zuständig für die Kanzleisässigen (u.a. Adel, besitzende Ritterschaft, herzogl. Beamte) u., konkurrierend zum

Daumenschraube (14./15. Jh.)

Mundschraube (15./16. Jh.)

Meckl. Hof-G., Berufungsinstanz für die Nieder-G. der meckl. Städte u. Domanialämter, jedoch mit Ausnahme von Rostock u. Wismar. Auch die Verlegung der herzogl. Justizkanzlei nach Rostock 1748 griff nicht in die städt. Gerichtsbarkeit u. den bisherigen Instanzenweg ein. Der Justizkanzlei wurde lediglich die Nutzung der städt. G.-plätze u. -diener eingeräumt.

Das Lüb. Stadtrecht umfasste auch den Rechtszug nach Lübeck, der bis zum Anfang des 18. Jh. praktiziert wurde. Daneben trat seit dem Erbvertrag von 1584 die Appellation an das Meckl. Hof-G. In Ehe- u. geistl. Lehnssachen führte der Rechtszug bis 1757 nur über das Herzogl. Konsistorium an das Meckl. Hof-G. Kein Appellationsrecht bestand für Stadtbucheinträge, die Eideshandklage (ohne Beweismittel erhobene, vom eidl. Leugnen des Beklagten abhängige Klage) u. für Kriminalsachen, die mit Leib- u. Lebensstrafen belegt waren. Ab 1818 fungierte das neu eingerichtete Meckl. Oberappellations-G. als höchste Appellationsinstanz für das Ober-G. (1818 in Parchim eröffnet, 1840 nach Rostock verlegt). Der schriftl. Prozess setzte sich bei Appellationen wie allgemein im G.-wesen erst gegen Ende des 16. Jh. durch u. wurde beim Nieder-G. nur in wichtigen Fällen u. auf Ersuchen der Parteien zugelassen.

Infolge der Vereinbarungen zwischen Landesherrschaft u. Stadt in den → Erbverträgen (1573/1584) kam es zu einer Neuordnung des städt. G.-wesens. Die zweite gedruckte G.-ordnung von 1586 behielt bis in die 2. Hälfte des 18. Jh. ihre Gültigkeit. Zuvor hatte die Unsicherheit über die Anwendung des Lüb. Rechts, dessen gedruckte Veröffentlichung bis 1586 fehlte, zu Bestrebungen geführt, ausschließlich die Peinl. Hals-G.-ordnung Kaiser Karls V. („Carolina") u. das übrige allgemeine dt. Reichsrecht anzuwenden. Dennoch kommt eine Abkehr vom Lüb. Recht in den G.-ordnungen nicht zum Ausdruck u. selbst das 1757 publizierte Rostocker Stadtrecht beruft sich neben den Rostocker Statuten u. altem Gewohnheitsrecht noch auf das Lüb. Recht. Zur Anwendung der „Carolina" hatte sich die Stadt bereits mit dem Erbvertrag von 1573 verpflichtet u. verankerte später in ihrem Stadtrecht, dass bei Diebstahl, Ehebruch u. Totschlag nach der Peinl. Hals-G.-ordnung zu verfahren sei. Die Mehrheit der strafrechtl. Vergehen wurde jedoch im fiskal. Interesse mit Geldstrafen gesühnt.

Mit der Kriminal-G.-ordnung von 1817 erlangte das Kriminal-Kollegium in Bützow die volle Kompetenz für alle Kriminalsachen mit Ausnahme geringfügiger Delikte im gesamten Großherzogtum Meckl.-Schwerin. Da die Stadt Rostock ihre unbeschränkte Kriminalgerichtsbarkeit nicht aufgeben wollte, bezahlte sie zwar jahrelang die geforderten Beiträge zur Finanzierung des Kriminal-Kollegiums, überwies aber keine Verbrecher an dieses G. Die langwierige Auseinandersetzung mit der Landesregierung mündete in einen Kompromiss, der die Neuordnung der städt. G. nach sich zog. Einen vorläufigen Abschluss fand diese Entwicklung 1830/31 mit der Einrichtung eines Untersuchungs-G., das die gesamte niedergerichtl. Kriminaljurisdiktion in der Stadt, in Warnemünde u. auf den Kämmereigütern übernahm.

Von der städt. Gerichtsbarkeit ausgeschlossen od. ihr nur beschränkt unterworfen waren landesherrl. Beamte, Uni-angehörige, Geistl., Militärs u. Angehörige der Landstände. Das Verhältnis zwischen Landesherrschaft, Rat u. Uni Rostock regelte die „Formula concordiae" von 1563. Die Gerichtsbarkeit über Studenten u. Angehörige der Uni lag demnach in zivilrechtl. Fällen u. bei geringfügigen Delikten allein in der Hand des Rektors der Uni. In Kriminalsachen wurde ein G., bestehend aus Uni- u. Ratsmitgliedern mit gleichem Stimmrecht (Consilium mixtum), einberufen. Die Urteilsvollstreckung aber oblag dem Rat allein. Das seit 1571 bestehende herzogl. Konsistorium in Rostock war als Kirchen-G. erster Instanz kompetent für Doktrinal-, Zeremonial- u. Disziplinarsachen der Prediger u. Kirchendiener in der Superintendentur Güstrow, Doberan, Schwerin, Malchin u. Parchim, während die Prediger u. Kirchendiener in den Superintendenturen Rostocks unmittelbar unter der Aufsicht des → Geistl. Ministeriums standen. Vom Konsistorium führten die Rechtsmittel an das Meckl. Hof-G., seit 1818 an das Oberappellations-G. u. seit 1888 an das oberste Kirchen-G. zu Rostock.

Den Klöstern des Mittelalters fiel mit dem Erwerb von Landbesitz meist die Gerichtsbarkeit zu. Das → Kloster zum Heiligen Kreuz behielt auch nach der Reformation die Jurisdiktion für Zivil- u. Kriminalsachen auf dem Klosterhof u. seinen Landgütern. Die Vollstreckung von Hals- u. Handstrafen, für die sich der Propst ursprüngl. eines Dingvogtes bediente, lag beim Rat.

Mit Inkrafttreten der neuen G.-verfassung für das Dt. Reich 1879 wurden alle bestehenden G. aufgelöst. An ihre Stelle traten Oberlandes-, Landes- u. Amts-G., denen jeweils Staatsanwälte als Vertreter der Anklage zugeordnet waren. In Rostock hatte fortan das Oberlandes-G. seinen Sitz. Das Gebäude der ehem. Justizkanzlei in der Langen Str. wurde zu diesem Zweck wesentl. erweitert. Für das Land-G. sowie für das Amts-G. entstand in der Schwaanschen Str. ein Neubau nebst Gefängnis. Während die streitige Gerichtsbarkeit der Stadt Rostock vollständig den neuen G. übertragen wurde, verblieben einige Aufgaben der freiwilligen Gerichtsbarkeit noch außergewöhnl. lange in städt. Zuständigkeit: Das Grundbuchamt sowie das Vormundschafts- u. Nachlass-G. wurden erst am 1.11.1945 in das Amts-G. eingegliedert.

Bis in die Zeit der Weimarer Republik wurde die Arbeits-, Sozial- u. Verwaltungsgesetzgebung entscheidend ausgebaut, was sich auch in der Einrichtung entsprechender G. niederschlug. 1891 begann der Aufbau von Gewerbe-G., deren Vorsitzende u. Stellvertreter von den Gemeindevertretungen gewählt wurden. Die Einrichtung dieser G. war zunächst fakultativ u. wurde seit 1902 für größere Gemeinden obligatorisch. 1904 wurden sie durch Kaufmanns-G. ergänzt. Auf der Grundlage des Arbeits-G.-gesetzes von 1926 entstanden Arbeits-G. als selbstständige G. (u.a. in Rostock), deren Kosten von den Ländern getragen wurden. Bereits 1922 hatte die Einführung der Verwaltungsgerichtsbarkeit die Schaffung eines Stadtverwaltungs-G. zur Folge.

Zu wesentl. Einschnitten kam es nach der nationalsozialist. Machtübernahme. Die Instrumentalisierung der Rechtsprechung durch die NSDAP offenbarte sich nicht nur in der Gleichschaltung des Justizapparates 1933 u. dessen Unterstellung unter das Reich 1935, sondern wurde auch durch eine Reihe von polit. Prozessen offensichtl., die

Oberlandesgericht an der Ecke Lange Str./Badstüberstr. (um 1880)

1934/35 in Rostock stattfanden. Die spektakulären Verhandlungen führten allerdings das Hanseat. Oberlandes-G. Hamburg bzw. das Sonder-G. Schwerin. Seit Kriegsausbruch wurden die Sonder-G. im beschleunigten Verfahren auch gegen unpolit. Verbrechen eingesetzt. Am Land-G. Rostock entstand ein Sonder-G., das besonders harte Urteile aussprach, so mehrere Todesurteile gegen vermeintl. Plünderer nach den Bombenangriffen vom Apr. 1942. Die Bombenangriffe zerstörten auch die G.-gebäude. Demzufolge wurde das Oberlandes-G. nach Schwerin verlegt. Auf dem Grundstück des Land- u. Amts-G.-gebäudes hingegen wurden Baracken errichtet, in denen diese G. vorübergehend Unterbringung fanden.

Nach Ende des II. Weltkrieges wurde das G.-wesen in Übereinstimmung mit der alten G.-verfassung reorganisiert. Im Aug. 1945 nahmen die G. in Rostock ihre Tätigkeit wieder auf. Viele Richter u. Staatsanwälte wurden aufgrund ihrer nationalsozialist. Belastung entlassen. In abgekürzten Richterlehrgängen begann ab Frühjahr 1946 die Ausbildung von sog. Volksrichtern, um die personellen Lücken zu schließen, aber auch um die Vorherrschaft der SED im Justizapparat durchzusetzen. Im Okt. 1952 wurde der dreistufige G.-aufbau abgeschafft. Notwendig wurde dieser Schritt infolge der Auflösung der Länder u. der Schaffung von Bezirken. Als neue G. entstanden die Bezirks- u. Kreis-G. In Rostock hatten das Bezirks-G. (Ernst-Barlach-Str. 1), das Kreis-G. Rostock-Land (Schwaansche Str.) u. das Kreis-G. Rostock-Stadt (Ernst-Barlach-Str. 7) ihren Sitz. Hinzu kamen Staatsanwaltschaft, Staatl. Notariat u. Bezirksvertrags-G. 1960 führte man in der DDR die Richterwahl ein. Mit steigender Tendenz waren ehrenamtl. Richter (Schöffen) an den G. vertreten. In Ergänzung zu den staatl. G. existierten zahlreiche gesellschaftl. G. In den Rostocker Stadtteilen gab es die Schiedskommissionen (1979: 25 Kommissionen mit 315 Mitgliedern), in den Betrieben die Konfliktkommissionen. Laienrichter verhandelten hier über untergeordnete zivilrechtl. Rechtsstreitigkeiten, Ordnungswidrigkeiten, Bagatellkriminalität u. Arbeitsvergehen. Für polit. Verfahren hatte sich die DDR mit dem Ministerium für Staatssicherheit eine eigene Untersuchungsbehörde geschaffen, die auch in Rostock über ein Untersuchungsgefängnis verfügte.

Nach der dt. Wiedervereinigung mussten die G. neu strukturiert werden. Die ehem. Bezirksverwaltung der Staatssicherheit in der August-Bebel-Str. wurde zum Haus der Justiz, in dem am 1.7.1992 das Land-G., die Staatsanwaltschaft, das Amts-G., das Landesarbeits-G. sowie das Arbeits- u. Sozial-G. ihre Arbeit aufnahmen. Das Oberlandes-G. bezog das Ständehaus in der Wallstr. In den Folgejahren entstanden für die Staatsanwaltschaft in der Doberaner Str. (1995) u. das Amts-G. in der Zochstr. (1997) Neubauten.

Lit.: *Gerichts Ordnung eines Erbarn Radts der Stadt Rostock, Rostock 1574; Rostocksches Stadt-Recht, Rostock 1757; Geschichtliches von der Gerichtsverfassung und dem gerichtlichen Verfahren in Rostock, in: Neue wöchentliche Rostockische Nachrichten und Anzeigen 1839, S. 57–62; Rostocksche Gerichtsordnung. 23.5.1586, in: Gesetzessammlung für die Mecklenburg-Schwerinschen Lande. Erste Sammlung. Bd. 1. Justizsachen, Wismar, Ludwigslust 1861, S. 81–118; K. Koppmann: Die älteste Rostocker Gerichtsordnung, in: Beiträge zur Geschichte der Stadt Rostock, Bd. 3, H. 4, 1903, S. 65–71; W. Ebel: Lübisches Recht, Bd. 1, Lübeck 1971.* GF, BK

GESCHICHTSVEREIN. Im 19. Jh. gründeten sich in vielen dt. Städten G. 1883 – u. damit relativ spät – entstand in Rostock der Verein für Rostocks Altertümer. Ziele des Vereins waren vor allem die Sammlung u. Bewahrung von Sachzeugnissen der Vergangenheit. Diese Altertümer bilden heute einen Teil der Exponate des → Kulturhistor. Museums der Stadt. Ab 1890 gab der Vorstand das Periodikum „Beiträge zur Geschichte der Stadt Rostock“ heraus. Bis 1941 erschienen 22 Bände. Seit 1886 veranstaltete der Verein gesellige Vortragsabende, zu denen seit den 1920er-Jahren Nichtmitglieder ausdrücklich willkommen geheißen wurden. 1945 stellte der G. seine Arbeit ein. Als Nachfolger des Altertumsvereins gründete sich am 9.11.1995 der Verein für Rostocker Geschichte e.V. Die Gründungsmitglieder beschlossen, weitere Bände der „Beiträge“ herauszugeben. 1999–2014 erschienen die Bände 23–33. Der Vereinsvorstand organisiert seit der

Coverbild des 1927 erschienenen Bandes Nr. 15

Gründung öffentl. Führungen u. Vorträge zu stadtgeschichtl. Gegenständen. Der Verein hat an rund 100 histor. wertvollen Bauwerken Informationstafeln anbringen lassen.

Lit.: *D. Menzlin: Von „einem wahren Herzenswunsche". Gründung und Geschichte des Vereins für Rostocks Altertümer (1882–1914), in: Beiträge zur Geschichte der Stadt Rostock, Bd. 30, Rostock 2008, S. 9–50; J. Lehmann: Kontinuität oder Wandel? Der Verein für Rostocks Altertümer in der Zeit des Nationalsozialismus, in: Beiträge zur Geschichte der Stadt Rostock, Bd. 30, Rostock 2008, S. 79–88.* HH

GESUNDHEITSWESEN. Das G. eines Staates umfasst alle Institutionen, Organisationen, Personen u. gesetzl. Regelungen, die sich mit Gesundheitsförderung u. -erhalt sowie mit Krankheitsbehandlung u. -prävention befassen. Dabei hat dieses heute fein austarierte u. ausdifferenzierte System im Verlauf der Jh. deutl. Änderungen hinsichtlich der handelnden Akteure u. der verwendeten Methoden erfahren. Während im Mittelalter die arab. u. byzantin. Medizin große Fortschritte machte – hier entstanden u.a. erste weltl. Krankenhäuser –, ergibt sich für den Großteil von Europa ein anderer Befund. Kranken-, Armen- u. Altenfürsorge wurde – neben der hauptsächl. Form der Unterstützung innerhalb der Familien – von christl. → Hospitälern u. → Klöstern versehen. In Letzteren betrieben zudem einige wenige gelehrte Frauen u. Männer eine empirisch untersetzte Heilkräuterkunde. Erst in der Frühen Neuzeit hielt die akadem. Medizin langsam Einzug in die nun z.T. auch kommunalen Hospitäler, welche neben den kirchl. entstanden. Zur Gründung allgemeiner Krankenhäuser kam es erst im 18. Jh. Hier wurden jedoch zunächst v.a. arme Kranke behandelt. Im 19. Jh. ging die Versorgung aller Patienten dann in die Hand der Krankenhäuser u. der niedergelassenen Ärzte über.

In Rostock bestanden bereits um das Jahr 1260 – vor der „Vereinigung" der drei vormals selbstständigen Städte lüb. Rechts (Alt-, Mittel- u. Neustadt) zu einer Gesamtstadt (1262/65) – das → Hospital zum Heiligen Geist u. das → Hospital St. Georg (niederdt.: St. Jürgen). Während ersteres innerhalb des mittelalterl. Mauerrings zwischen den heutigen Straßen Heiligengeisthof/Faule Grube/Eselföterstr. lag, befand sich letzteres, zunächst ausschließlich für die Aufnahme von Leprakranken zuständig, südl. vor dem Steintor im Gebiet des heutigen Bahnhofsviertels (1./2. St.-Jürgen-Str.). Das Heilig-Geist-Hospital ist noch heute – abgesehen von der 1819 abgerissenen Heiligen-Geist-Kirche u. dem Verlust des Nordhofes im II. Weltkrieg, in seiner histor. Gestalt erkennbar. St. Georg wurde dagegen im → Dreißigjährigen Krieg fast vollständig zerstört; später zog man in die Lagerstr., wo noch heute ein um 1800 errichtetes Haus an das Hospital erinnert. Diese beiden Rostocker Hospitäler nahmen vom 13. bis zum 19. Jh. (die offizielle Auflösung erfolgte erst 1928) Aufgaben wahr, auf die sich später (im 19. Jh. aber auch parallel) Krankenhäuser, Altenheime u. Institutionen der Armenfürsorge (→ Armenwesen) spezialisierten. Insbesondere im Mittelalter war es üblich, dass Vermögende für sich selbst od. Angehörige eine sog. Präbende erwarben, die neben einem lebenslangen Wohnrecht auch die materielle u. geistl. Versorgung des Begünstigten im Hospital garantierte. Die Hospitäler lebten zudem von ihrem durch Vermächtnisse, Schenkungen u. Ankäufe kontinuierlich angewachsenen Grund- u. Dorfbesitz im Umkreis der Stadt, zum anderen von Stiftungen, Spenden u. Renten. Geleitet wurden die Hospitäler von Hospitalmeistern (die getrennte Verwaltung beider Hospitäler bestand bis 1877), die ihrerseits dem Rat unterstanden. Auf dem Gelände der heutigen Hochschule für Musik u. Theater (hmt) befand sich wahrscheinlich seit 1243 das → Kloster St. Katharina, dessen Mönche u.a. in der Versorgung Armer u. Kranker tätig waren. Nach der → Reformation wurde das Kloster zunächst Armen-, später Waisenhaus, bevor der verheerende → Stadtbrand von 1677 es samt seiner Kirche in Schutt u. Asche legte. Der wiederaufgebaute Chor blieb Waisenhaus, ab 1740 wurden hier auch psych. Kranke aufgenommen. 1823 entstand die St. Katharinenstiftung (→ Katharinenstift); in der Folge wurde ein neues Gebäude für die sog. Irren erbaut, das später als städt. Irrenanstalt fungierte, bevor diese 1920 aufgelöst u. das Gebäude in ein Alten- u. Pflegeheim umgewandelt wurde. Ab 1896 war bereits ein Teil der Kranken in die neu eröffnete Landesirrenanstalt in → Gehlsheim überführt worden. Den Status einer Universitätsklinik erhielt diese 1946, inzwischen wurde an selber Stelle nach zahlreichen Neu- u. Umbauten das Zentrum für Nervenheilkunde (1995) gegründet, in dem nun alle nervenheilkundl. Fächer beheimatet sind.

Erwähnenswert sind zudem das → Hospital St. Lazarus, welches neben dem Kloster St. Katharinen lag, u. das → Hospital St. Gertrud an der Kröpeliner Str. Beide versahen „Spezialaufgaben“: St. Lazarus diente als Pockenhaus, das St.-Gertruden-Hospital widmete sich der Betreuung armer Fremder u. Pilger. Beide sind nach dem 16. Jh. nicht mehr nachweisbar. Nicht zuletzt sei auf das Neue Hospital der Kartäuser-Mönche (→ Kloster Marienehe) hingewiesen, welches sich an der Breiten Str. befand. Der Orden verkaufte das Haus an die Stadt, die es ihrerseits 1470 an die Uni weiterveräußerte. Diese nutzte es als Haus der Mediziner, hier lebten bisweilen Medizin-Prof. u. Studenten.

Neben all diesen Einrichtungen boten in der Stadt eine Anzahl Barbiere, Chirurgen u. Wundärzte ihre Dienste an. Seit 1588 ist ein vom Rat bestellter Chirurg nachweisbar, dem u.a. Gutachtertätigkeiten oblagen, so etwa die Feststellung der Verletzungsschwere bei tätl. Auseinandersetzungen. Daneben sollte der Scharfrichter, dessen anatom. Expertise jene der meisten spätmittelalterl. u. frühneuzeitl. Ärzte berufsbedingt häufig übertraf u. der daher gelegentlich auch chirurg. od. wundärztl. tätig wurde, nicht außer Acht gelassen werden. Zudem ist bereits 1260 ein „apotekarius“ in Rostock nachweisbar (→ Apotheke).

Als am Beginn des 19. Jh. eine Neuordnung des städt. Armenwesens erfolgte, wurde 1805 im Haus an der Grube beim Kuhtor ein städt. Krankenhaus eingerichtet. Das alte „Stadt Krankenhauß“ am Alten Markt, mit acht Betten sehr beengt u. ausschließlich für die Unterbringung kranker Armer vorgesehen, befand sich wohl in einem desolaten Zustand. Es wurde im Zuge der Einrichtung des Hauses an der Grube vom Rat verkauft. Zunächst als Interimslösung geplant, vergrößerte man 1830 die Kapazitäten des städt. Krankenhauses. Nichtsdestotrotz musste es 1846 der Eisenbahn-Linie zum Stadthafen weichen. Die Krankenversorgung wurde vorerst durch die Privatklinik von Karl Friedrich → Strempel in der Pädagogienstr. übernommen.

Gleichzeitig entwickelte sich in Warnemünde der Bäder- u. Kurtourismus. 1834 wurden eine erste Warmbadeanstalt, im Jahr darauf Strandbadeanstalten (→ Badewesen) eingerichtet. Das Stadtkrankenhaus am Schröderplatz wurde 1855 zugleich als Universitätsklinikum eröffnet, nachdem sich die Verhandlungen zwischen Stadt, Uni u. Großherzogtum bzgl. seiner Gründung über die gesamte 1. Hälfte des 19. Jh. hingezogen hatten. Hier erfolgte auch der prakt. Unterricht von Medizinstudenten, der zuvor im Haus an der Grube bzw. in der Strempel-Klinik stattgefunden hatte. Trotz seiner vergleichsweise großen Bettenanzahl (300) erwies sich das Stadtkrankenhaus, auch aufgrund der sich in der 2. Hälfte des 19. Jh. immer weiter ausdifferenzierenden medizin. Teildisziplinen, bald als zu klein u. musste durch weitere Bauten ergänzt werden. Im II. Weltkrieg wurde das Stadtkrankenhaus zerstört. In am Gertrudenplatz erhalten gebliebenen Teilen befindet sich heute die Klinik u. Poliklinik für Nuklearmedizin.

Stadtkrankenhaus am Schröderplatz (um 1870)

1885–99 entstanden zunächst an der Doberaner Str. die Frauenklinik (eröffnet 1888), die Augenklinik (eröffnet 1892) u. die Klinik für Hals-Nasen-Ohrenheilkunde (eröffnet 1899). Letztere war die erste Fachklinik ihrer Art an einer dt. Uni. Im Gebäude der ehem. Universitäts-Frauenklinik, die mit der gynäkolog. Abteilung des Klinikums Südstadt fusionierte u. dorthin umzog, befindet sich heute die Orthopäd. Universitätsklinik u. Poliklinik. Sie ist die Nachfolgeeinrichtung der sog. Landeskrüppelanstalt → Elisabethheim, die 1900 zunächst in der Friedrichstr. eröffnet wurde u. 1907 in ein neues Domizil in der Ulmenstr. 45 umzog. 1913 erfolgte eine Erweiterung des Gebäudes. 1947 wurde es als Orthopäd. Universitätsklinik wiedereröffnet.

Weitere Universitätskliniken errichtete man nicht direkt in der Stadt, sondern an ihrem westl. Rand auf einem Areal zwischen der heutigen Ernst-Heydemann-, Rembrandt- u. Strempelstr. sowie der Schillingallee. Die Chirurg. Klinik wurde 1914–18 u. 1926–30 erbaut u. 1994 durch das Perioperative Zentrum erweitert. Die umfangreiche Sanierung des Altgebäudes wurde 2013 abgeschlossen.

Die Klinik für Zahn-, Mund- u. Kieferheilkunde entstand aus der Privatklinik von Johannes → Reinmöller, der ersten dt. kieferchirurg. Fachklinik, die ab 1907 zunächst in der heutigen Gerhart-Hauptmann-Str. 28, später in der Schröderstr. 36/37 residierte. 1919 wurde für Reinmöller an der Uni Rostock der dtl.-weit erste zahnmediz. Lehrstuhl geschaffen. Der Bau, heute benannt nach dem 1933 von den Nazis in den Selbstmord getriebenen Rostocker Prof. Hans → Moral, konnte 1938 bezogen werden.

1915 wurde mit dem Bau eines Patholog. Institutes begonnen, dieser musste jedoch aus Kriegsgründen zunächst wieder eingestellt werden. Erst 1928 konnte weitergebaut u. das neue Institut 1930 eingeweiht werden.

Die Kinderklinik war ab 1918 zunächst in einem Provisorium in der Augustenstr. 80 untergebracht. Mit dem noch heute genutzten Bau in der Ernst-Heydemann-Str. wurde 1938 begonnen, dieser konnte jedoch kriegsbedingt erst 1953 fertiggestellt werden. Als wichtiger Fortschritt hinsichtlich des körperl. Wohls der schulpflichtigen Kinder u. Jugendl. erwies sich zudem die 1919 durchgeführte Anstellung eines Schularztes u. einer Schulpflegerin.

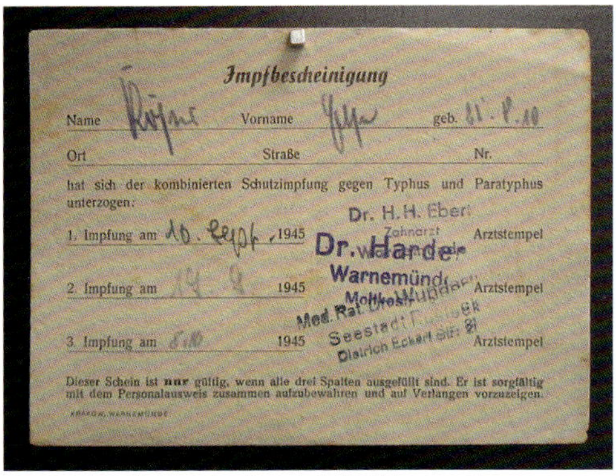
Impfbescheinigung

Name ______ Vorname ______ geb. ______

Ort ______ Straße ______ Nr. ______

hat sich der kombinierten Schutzimpfung gegen Typhus und Paratyphus unterzogen:

1. Impfung am ______ 1945 Arztstempel

2. Impfung am ______ 1945 Arztstempel

3. Impfung am ______ 1945 Arztstempel

Dieser Schein ist **nur** gültig, wenn alle drei Spalten ausgefüllt sind. Er ist sorgfältig mit dem Personalausweis zusammen aufzubewahren und auf Verlangen vorzuzeigen.

Impfschein (1945)

Doch die Patientenversorgung lag nicht ausschließlich in den Händen der Universitätskliniken. 1900 waren in Rostock bei einer Zahl von 53586 Einwohnern 39 Ärzte u. sieben Zahnärzte in Niederlassung tätig. Zudem sollte die Militärmedizin nicht völlig außer Acht gelassen werden. Aufgrund von Truppenstationierungen erfolgte 1879 die Einrichtung eines Garnisons-→ Lazaretts mit 60 Betten an der St.-Georg-Str. Es wurde nach dem I. Weltkrieg von der Militärverwaltung geschlossen, das Haus dient seitdem als Verwaltungsgebäude.

Durch die Zerstörung eines Großteils der Räumlichkeiten des Stadtkrankenhauses am Schröderplatz während des II. Weltkrieges gestaltete sich die medizin. Versorgung der Rostocker Bevölkerung 1945 äußerst schwierig, insbesondere im Hinblick auf die Seuchenabwehr, um die sich in dieser Zeit u. a. der Hämatologe Victor → Schilling sehr verdient machte. Provisorisch wurden zunächst Hilfskrankenhäuser eingerichtet, u. a. in Graal-Müritz u. Bad Sülze. Erst 1952 konnte unter Schillings Leitung an der seit 1991 seinen Namen tragenden Allee mit dem Bau der neuen Medizin. Klinik (beherbergt heute u. a. das Zentrum für Innere Medizin) begonnen werden. 1962 wurde der Gebäudekomplex vollendet.

Daneben entstand die Hautklinik in der Augustenstr. (1952–54). Heute ist sie ebenfalls auf dem oben erwähnten medizin. Campus beheimatet. Weitere Bauten waren die städt. Poliklinik in der Paulstr. (1953–56), das heutige Ärztehaus Paul-

Schwesternschülerinnen des ersten Lehrjahres der Medizinischen Universitätsklinik Rostock (1971)

str., sowie das Pflegeheim Stadtweide (1955–57). Letzteres beherbergt heute das Seniorenzentrum Stadtweide.

Die Inanspruchnahme medizin. Leistungen war in der gesamten DDR kostenfrei. Zur Erhaltung der Gesundheit u. Arbeitskraft der Bevölkerung sollte ein Netz aus diversen medizin. Betreuungseinrichtungen u. Vorsorgemaßnahmen dienen, mit dem die Staatsführung alle Bevölkerungsteile zu erreichen versuchte. Dazu dienten z. B. Betriebs- u. Stadtteilpolikliniken, wobei letztere v. a. inmitten neuer Wohngebiete erbaut wurden, die in Rostock u. in vielen anderen Städten der DDR entstanden (so z. B. die Poliklinik „Salvador Allende" in Lütten Klein, 1973 eingeweiht). Im Zuge des Bevölkerungswachstums wurde der weitere Ausbau der medizin. Kapazitäten notwendig. So entstand 1961–65 das neue Bezirkskrankenhaus in der Südstadt (heute: Klinikum Südstadt). Als vorbildlich im internationalen Vergleich galt die ärztl. u. zahnärztl. Betreuung der Schüler in der DDR, die auch in den Rostocker Schulen nach den zentralen Vorgaben erfolgte. Die zur Bekämpfung der → Tuberkulose bereits in den 1930er-Jahren ins Leben gerufenen Röntgenreihenuntersuchungen wurden in der DDR fortgesetzt u. intensiviert (Volksröntgenaktionen). Dazu kamen sog. Röntgenzüge zum Einsatz. Nicht zuletzt sei auf das Impfwesen der DDR hingewiesen. Seit den 1950er-Jahren war die Teilnahme an verschiedenen Schutzimpfungen verpflichtend, so z. B. gegen Pocken, Tetanus, Diphtherie, Tuberkulose u. Kinderlähmung.

Heute wird die Rostocker Bevölkerung vor allem in den beiden großen örtl. Krankenhäusern, dem Universitätsklinikum mit ca. 1100 Betten u. ca. 4000 Mitarbeitern u. dem Klinikum Südstadt mit 465 Betten u. ca. 950 Mitarbeitern, medizin. versorgt. Daneben praktizieren in der Hansestadt 473 Ärzte u. 198 Zahnärzte in Niederlassung (z. T. auch in Medizin. Versorgungszentren u. Ärztehäusern), insgesamt sind – bei einer Zahl von 202 887 Einwohnern – 1403 Ärzte u. 280 Zahnärzte in Rostock tätig (alle Angaben: Stand 2012). Die Aufsicht über das städt. G. – insbesondere hinsichtlich der Hygieneüberwachung – obliegt dem Gesundheitsamt, welches von einem Amtsarzt geleitet wird.

Hals-Nasen-Ohren-Universitätsklinik „Otto Körner" in der Doberaner Straße (2013)

Lit.: *A. Amhausend: „Chaos" und „unendliche Verhandlungen". Die Gründungsphase des Rostocker Stadtkrankenhauses 1794–1865, Rostock 2003; U. Grasshoff: Zum Wirken „jüdischer" Ärzte in Rostock nach 1870, Rostock 2000; Geschichte der Universität Rostock 1419–1969 (Festschrift zur Fünfhundertfünfzig-Jahr-Feier), 2 Bde., Rostock 1969; P. Heller: Von der Landeskrüppelanstalt zur Orthopädischen Universitätsklinik. Das „Elisabethheim" in Rostock, Münster 2009; R. Parchmann: Militärbauten in Mecklenburg, 1800–1918, Schwerin 2001; U. S. Peter: Zahn-, Mund- und Kieferheilkunde in fünf politischen Systemen. 100 Jahre Kieferchirurgie in Rostock, Rostock 2007; J. Straßenburg: Das Rostocker Armeninstitut von 1803. Anspruch und Wirklichkeit, Rostock 2004.* MR

GEWERBESCHULE. Die Wurzeln der G. liegen in der sog. Sonntagsschule für Handwerkslehrlinge, die 1822 in der Armenschule (→ Katharinenstift) entstand. Am 26.4.1836 ließ Großherzog Friedrich Franz I. anordnen, alle Sonntagsschulen des Landes Meckl.-Schwerin in G. umzuwandeln. Die Rostocker G. begann 1842 mit 38 Schülern ihren Unterricht. Dieser erfolgte von Mo. bis Sa. 19.30 bis 21.30 Uhr nach der regulären Arbeit. Lediglich am So. fand der Unterricht von 10 bis 12 Uhr statt. Ein ehrenamtl. geführter Vorstand des ca. 400 Mitglieder umfassenden Rostocker → Gewerbevereins stand an der Spitze der Einrichtung. Den Lehrplan schrieb die großherzogl. Regierung vor. Er umfasste die Fächer Rechnen, Schreiben, freies Handzeichnen, geometr. u. architekton. Zeichnen, Physik, Geometrie sowie Modellieren. 1843 lernten 76 u. 1844 bereits 130 männl. Schüler an der im Katharinenstift gelegenen G. Wachsende Bewerberzahlen führten 1858 zur Übernahme eines großen Hauses in der Steinstr. vor dem Steintor. Die bisherige Gebührenfreiheit wurde aufgehoben u. ein geringes Schulgeld bei gleichzeitiger Vergabe zahlreicher Freiplätze erhoben. 1872 wurde ein drittes Stockwerk aufgesetzt, sodass fortan neue Klassenräume zur Verfügung standen. Die Zahl der Schüler wuchs auf 346. Die G. besuchten vor allem Lehrlinge handwerkl. Berufe, wie Zimmerleute, Tischler, Maurer, Maler u. Maschinenbauer. Finanziert wurde die G. durch Zuwendungen seitens der Stadt u. der großherzogl. Regierung, aber auch durch private Spenden. Bis 1890 bot die G. vor allem eine Wiederholung u. Festigung des bereits an der Volksschule vermittelten Stoffes. Der Unterricht verbesserte jedoch die notwendigen Grundkenntnisse. Mehrere Verordnungen (1890, 1903, 1905) wurden erlassen, um das G.-wesen weiter zu profilieren. Fortan überprüfte ein Inspektor die Arbeit der G. Die Unterrichtsinhalte wurden aktualisiert, Lehrer mussten regelmäßig Weiterbildungskurse besuchen. Die G. erhielt einen fest bestallten G.-leiter. Der Schulzwang wurde eingeführt u. alle Schüler erhielten ein Abgangszeugnis. 1906 lernten 853 Schüler an der Rostocker G., die damit die größte Einrichtung ihrer Art im Großherzogtum Meckl.-Schwerin war. Am 28.11.1926 wurde in der Parkstr. eine nach modernsten Gesichtspunkten neu erbaute u. eingerichtete G. eröffnet. Auf 42000 m² in drei Etagen befanden sich 35 Unterrichtsräume für ca. 1600 Schüler. Architekt des Gebäudes im expressionist. Stil der Art déco war der Rostocker Stadtbaudirektor Gustav Wilhelm → Berringer. Der grüne Farbanstrich führte schon bald zu der volkstüml. Bezeichnung „Grünes Ungeheuer". 1950 übernahm die Uni Rostock das Gebäude.

Gegenwärtig bestehen in Rostock zwölf Berufsschulen mit 6775 Schülern (Stand: 2011) u. drei Regionale Berufl. Bildungszentren (RBB).

Lit.: *D. Krause: Zur Geschichte der beruflichen Schulen im Mecklenburg des 19. Jahrhunderts, Diplomarbeit (MS), Rostock 2004.* RS

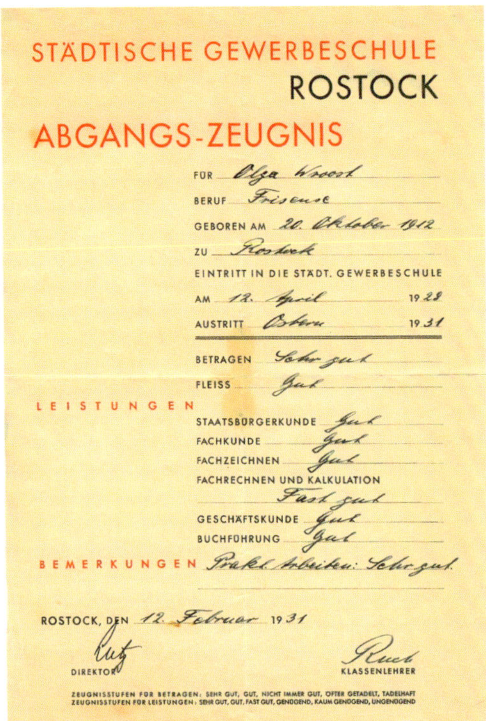
STÄDTISCHE GEWERBESCHULE
ROSTOCK
ABGANGS-ZEUGNIS
FÜR Olga Kroost
BERUF Friseuse
GEBOREN AM 20. Oktober 1912
ZU Rostock
EINTRITT IN DIE STÄDT. GEWERBESCHULE
AM 12. April 1928
AUSTRITT Ostern 1931
BETRAGEN Sehr gut
FLEISS Gut
LEISTUNGEN
STAATSBÜRGERKUNDE Gut
FACHKUNDE Gut
FACHZEICHNEN Gut
FACHRECHNEN UND KALKULATION Fast gut
GESCHÄFTSKUNDE Gut
BUCHFÜHRUNG Gut
BEMERKUNGEN Prakt. Arbeiten: Sehr gut.
ROSTOCK, DEN 12. Februar 1931
DIREKTOR
KLASSENLEHRER
ZEUGNISSTUFEN FÜR BETRAGEN: SEHR GUT, GUT, NICHT IMMER GUT, ÖFTER GETADELT, TADELHAFT
ZEUGNISSTUFEN FÜR LEISTUNGEN: SEHR GUT, GUT, FAST GUT, GENÜGEND, KAUM GENÜGEND, UNGENÜGEND

Abgangszeugnis der Gewerbeschule (1931)

GEWERBEVEREIN. Freier Zusammenschluss von Gewerbetreibenden zur Wahrung mittelständ. Interessen in lokalem od. regionalem Rahmen. Der 1835 in Rostock gegründete G. schuf mit der → Gewerbeschule die erste Berufsschule Rostocks in modernem Sinne u. hielt die jährl. Gewerbeausstellungen als Leistungsschauen der örtl. Gewerbetreibenden ab. In Warnemünde entstand 1893 ein G. Der Rostocker G. stellte im Zuge der nationalsozialist. Neuordnung der Interessenverbände der Wirtschaft seine Arbeit zum Jahresende 1934 ein. Sein Vermögen wurde im Jan. 1935 der Kreishandwerkerschaft Rostock beim Reichsstand des Dt. Handwerks übertragen. RL

GEWETT (mittelniederdt.: Wedde – Buße, Strafe). Ersterwähnung von Weddeherren 1366; städt. Behörde für Handel, Gewerbe, Hafen, Schifffahrt u. Verwaltung Warnemündes ab dem 14. Jh. bis 1920; seit 1769 Verwaltung von Oberhagen, Niederhagen, Stuthof u. → Rostocker Heide; Niedergerichtsbarkeit innerhalb der Stadtmauern über Handwerker u. Kaufleute, auf der Unterwarnow bis Warnemünde u. in der Rostocker Heide mit Markgrafenheide, Rövershagen u. Müggenburg über Bausachen, Strand- u. Heidevögte, Wildschützen, Bauern, Reifschläger. GF

No.
Ein Loos in der von E. E. Rath
und
Ehrl. Bürgerschaft der Stadt Rostock
unterm 27sten Februar 1769.
zum Behuf des Waysenhauses
zugestandenen Lotterie
von 5000 Loosen, a 3 Mk. Einsatz.
Zeiger dieses hat für ein Loos sub No. wie oben auf:
Drey Mark in Courant bezahlt. Rostock, 1769.
bey
Nomine des Waysenhauses.

Glücksspiellos zur Unterstützung des Waisenhauses (1769)

GIMPEL, BRUNO. Maler, Grafiker (14.1.1886 Rostock – 28.4.1943 Niederpoyritz/Dresden); 1903 – 05 Lehre als Dekorationsmaler in Rostock; 1905 – 08 Kunstgewerbeschule Düsseldorf; 1910 – 19 Studium an der Kunstakademie Dresden; Kriegsfreiwilliger im I. Weltkrieg, danach in Dresden freiberufl. Maler u. Gebrauchsgrafiker; 1919 Mitbegründer der → Vereinigung Rostocker Künstler; Landesgruppenvorsitzender des Bundes Dt. Gebrauchsgrafiker, Region Ostsachsen; 1929 – 30 Aufträge für baugebundene Arbeiten in Rostock; 1933 Ausschluss aus der Vereinigung Rostocker Künstler u. dem Bund Dt. Gebrauchsgrafiker wg. seiner jüd. Herkunft, ab 1937 wiederholte Repressalien durch den NS-Staat; 1940 Lehrer an der Jüd. Volksschule in Dresden; 1942/43 zum Arbeitseinsatz zwangsverpflichtet. Erblindung auf einem Auge; Freitod.
Lit.: K. Tiedemann: Bruno Gimpel. Rostock, Ahrenshoop, Dresden: Malerei, Grafik, Plakat (Katalog), Berlin 2006. HL

GLÜCKSSPIEL. Auch wenn im Einzelnen nicht nachzuweisen, werden auch in Rostock Würfel- u. Kartenspiele seit dem Mittelalter Verbreitung gefunden haben, ebenso die moral. Bedenken der Obrigkeit dagegen. In der Frühen Neuzeit kamen als Neuheit sog. Glückstöpfe dazu. 1519 veranstaltete der Kaufmann Eler Lange erstmalig dieses lotterieähnl. Spiel. Mit Genehmigung des Rostocker Rates verkaufte er seine Lose, setzte Gold- u. Silberwaren, Pelze u. Tuche als Preise aus u. verloste diese öffentl. auf dem → Pfingstmarkt. 1524 veranstaltete er den zweiten Glückstopf. Die skept. Haltung der kirchl. u. weltl. Instanzen gegenüber dem G. um hohe Einsätze mündete in Verbote. Eine erste Verordnung des Rates ist für 1673 überliefert. Glückstöpfe, Scheiben, Würfel u. andere unzulässige Spiele wurden auf dem Pfingstmarkt nicht mehr geduldet. 1740 verbot man hier auch die sog. Hazardspiele, 1766 folgte das generelle Verbot für die ganze Stadt. Auf der anderen Seite nutzten Staat u. Stadt den menschl. Spieltrieb, um zusätzlich Einnahmen für öffentl. Zwecke zu erzielen. 1703 begründete Rostock mit Zustimmung der meckl. Herzöge eine Lotterie zu beiderseitigem Nutzen, diese hatte jedoch keinen Bestand. Nachdem die Stadt ab 1725 wiederholt eigene Lotterien zugunsten des Zucht- u. Werkhauses u. des → Waisenhauses ausgeschrieben hatte, sah das Herzogtum die Erfolgsaussichten für die Landeslotterie gefährdet. Eine Einigung erzielte man 1788 im → Erbvertrag. Die Überschüsse jeder achten Landeslotterie sollten auf die sozialen Einrichtungen der Stadt Rostock übertragen werden. Auf dem Pfingstmarkt von 1795 erhielt trotz Aufrechterhaltung des Hazardspiel-Verbots eine Würfelbude die Konzession. Seit 1824 waren wieder regelmäßig Spieltische erlaubt, zunächst jedoch nur für das Würfelbrettspiel Trull-Trull. Auch auf den übrigen Jahrmärkten gab es fortan Spieltische.

1871 stellte das Strafgesetzbuch des Dt. Reiches die Durchführung öffentl. Glücksspiele ohne behördl. Erlaubnis unter Strafe. Zum Schwerpunkt der polizeil. Aufsicht entwickelte sich Warnemünde, wo sich während der Badesaison Unternehmungen häuften, die geschäftsmäßige Gewinnspiele betrieben. 1920 gab es hier eine erste → Spielbank, Spielautomaten hielten in den Hotels u. Gasthäusern Einzug. Nach dem II. Weltkrieg wurden staatl. Lotteriegelder eine wichtige Finanzquelle für den Wiederaufbau (1946 Aufbaulotterie des Landes). Der Aufbau des Zoolog. Gartens (→ Zoo) in Rostock ab 1954 wurde erheblich auf diesem Weg gefördert. Seit 1991 ist Rostock Sitz der staatl. Lotterie Meckl.-Vorpommerns. BK

GOETZEN, HEDWIG VON. (geb. Bensheim). Ärztin (27.11.1893 Mannheim – 31.7.1976 Rostock); stammte aus einer jüd. Familie, ließ sich jedoch 1918 ev. taufen; Studium der Medizin in Heidelberg u. München, dort 1918/19 Approbation u. Promotion; heiratete 1918 den Gynäkologen Curt v. Goetzen; in Rostock ab 1919/20 als erste niedergelassene Gynäkologin der Stadt tätig; ab 1924 baute sie gemeinsam mit ihrem Ehemann an der heutigen August-Bebel-Str. eine Privatklinik für Gynäkologie u. Geburtshilfe auf, daneben Unterricht an der Fröbelschen Kinderpflegerinnen-Schule. 1934 Entzug der Approbation, worauf ihr Mann die Klinikleitung übernahm; die Ehe schützte sie vor der Deportation. 1938 Berufsverbot, arbeitete jedoch als sog. Krankenbehandlerin weiter; 1945 – 73 erneut als niedergelassene Gynäkologin in Rostock tätig; erwarb sich in der Nachkriegszeit hohes Ansehen, da sie Flüchtlingsfrauen teilweise unentgeltlich behandelte u. Schwangerschaftsunterbrechungen nach Vergewaltigungen vornahm; zur „Verdienten Ärztin des Volkes" u. zur Sanitätsrätin ernannt; als posthume Ehrung wurde 2005 eine neu angelegte Straße in Rostock nach ihr benannt.

Hedwig von Goetzen (um 1960)

Lit.: *U. Grasshoff: Zum Wirken „jüdischer" Ärzte in Rostock nach 1870, Rostock 2000; F. Schröder, I. Ehlers: Zwischen Emanzipation und Vernichtung. Zur Geschichte der Juden in Rostock, Rostock 1988.* MR

GOLTHER, WOLFGANG KARL. Germanist, Kulturpolitiker (25.5.1863 Stuttgart – 14.12.1945 Rostock); 1882 – 86 Studium der Philologie in München, 1886 Promotion, 1888 Habilitation; Spezialist für german. Mythologie, altnord. u. dt. Literatur des Mittelalters u. der Goethezeit; 1895 – 1934 ordentl. Prof. der Dt. u. Neueren Literatur sowie Direktor des Dt.-Philolog. Seminars der Uni Rostock; 1902/03 Dekan der Philosoph. Fakultät; 1909/10 Rektor; 1907 – 34 im Nebenamt Oberbibliothekar u. ab 1910 Direktor der Universitätsbibliothek Rostock; einer der führenden Richard-Wagner-Forscher in Dtl., 1939 auf Vorschlag Winifred Wagners von Adolf Hitler persönlich mit der Goethe-Medaille für Kunst u. Wissenschaft geehrt; Beförderer der Wagner-Tradition des Rostocker Stadttheaters.

Wolfgang Karl Golther (1933)

Lit.: *H. J. Gernentz: Golther, Wolfgang, in: Biographisches Lexikon für Mecklenburg, Bd. 1, Rostock 1995, S. 100–103.* AH

GOSSELCK, JOHANNES. Lehrer, Heimatforscher, Volkskundler (8.7.1881 Stresendorf–6.10.1948 Rostock); Besuch des Lehrerseminars in Neukloster; Lehrer in Steffenshagen u. Rostock; Hg. u. Verfasser von Schulbüchern; gemeinsam mit Friedrich Siems Hg. der „Volkslieder aus beiden Mecklenburg", arbeitete maßgeblich am „Mecklenburgischen Wörterbuch" mit, Forschungsschwerpunkte u.a. Sprache der Fischer u. meckl. Flurnamen; vor 1945 zeitweise Leiter des Plattdt. Landesverbandes Meckl., leitete 1932–47 das → Heimatmuseum Warnemünde; Bildungs- u. Kulturpolitiker der SPD. KM

GOTIK → ARCHITEKTUR UND STÄDTEBAU

GRÄBKE, HANS ARNOLD. Kunsthistoriker (6.10.1900 Höxter–13.5.1955 Münster); Studium der Kunstgeschichte, Archäologie, Geschichte u. Germanistik; Promotion in Göttingen; 1932/33 Neugestaltung des Rostocker Altertumsmuseums; Mitglied der NSDAP; 1933/34 Studienaufenthalt in Rom; ab 1936 Museums- u. Archivdirektor in Rostock, Zusammenführung der Bestände der Kunst- u. Altertumsvereine (→ Geschichtsverein, → Kunstverein) u. des Kolonialmuseums, Rettung von Kunstschätzen während des II. Weltkrieges; im Rahmen der Entnazifizierung seines Postens enthoben; ab 1946 Museumsdirektor in Lübeck.

Lit.: *W. Schäfer: Gräbke, Arnold, in: Biographisches Lexikon für Mecklenburg, Bd. 4, Lübeck 2004, S. 71–76.* WK

GRAGETOPSHOF. Südöstl. von Rostock gelegener Ortsteil der Gemeinde Papendorf; urkundl. Ersterwähnung 1399; Hof des Rostocker Bürgers Hermann Grawetop, Name ging auf den Ort über; zum Kirchspiel → Biestow gehörig; im Besitz des St.-Georg-Hospitals, bis 1762 an Familie Gragetop vererbpachtet; dann Rückkauf durch die Stadt u. Umwandlung in einen Pachthof; Grenzstein mit Teufelskralle auf G.-Sildemower Feldmark (1808); Sprengung von Findlingen für den Einbau in den → Mühlendamm 1826, für den Bau der Straße Rostock-Neubrandenburg 1829 u. für die Pflasterung des → Neuen Markts 1835; Anlegung einer Karpfenzucht 1907; Dung des Rostocker Schlachthofes wurde 1907–20 per Feldbahn nach G. transportiert; 1919 zum Amt Rostock gelegt; bis 1920 Verpachtung des G.-Torfmoores; 1942 Bau von Flak- u. Nebelwerferstellungen; 1945 Aufsiedlung des Gutes durch Neusiedler; 1957 Gründung einer LPG, in den 1960er-Jahren Angliederung an die LPG Papendorf, 1991 zur Agrargenossenschaft Papendorf gehörig; seit den 1990er-Jahren Errichtung von Einfamilienhäusern.

Lit.: *S. Görsdorf: Kleine Chronik von Gragetopshof, Gragetopshof 2003.* RS

GREIFENBAD. 1924/25 zur Verbesserung der hygien. Situation der Wohnbevölkerung in der → Kröpeliner-Tor-Vorstadt errichtet als öffentl. Kur- u. Warmbadeanstalt auf 700m² in der Feldstr. 2a nach Plänen des Architekten Walter → Butzek u. des Baumeisters Hugo Heinig; zweigeschossiger Bau mit expressionist. Fassade u. Anleihen aus Gotik, Jugendstil u. Art déco; über dem Eingang der namensgebende Rostocker Greif; Initiator u. Betreiber war bis 1945 die → Allgemeine Ortskrankenkasse (AOK) Rostock, 1946–90 durch die Sozialver-

Eingang zum Greifenbad auf dem Hof der Feldstraße 2a (2017)

sicherung genutzt, nach Rückübertragung an die AOK Rostock Ende des Badebetriebs 1992; Verkauf des Denkmals u. Umbau für Wohnungen (2008).
Lit.: *H. Sieber: Das Rostocker Greifenbad, in: Verschwunden-Vergessen-Bewahrt? Denkmale und Erbe der Technikgeschichte in Mecklenburg und Vorpommern, Rostock 1997, S. 144f.* HS

GRENZBRIGADE KÜSTE. Ab 1950 oblag die Grenzsicherung an der Küste der DDR der Landespolizei, 1951 gefolgt von Bereitschaften der Dt. Grenzpolizei. Ab 1.2.1962 konzentrierte sich der Grenzdienst zur See bei der 6. G. Neben sieben anderen Grenzbrigaden, die die Landgrenze der DDR bewachten, war die G. nur für die Ostseeküste zuständig. Das Kommando der G. befand sich in der Ulmenstr. Die → Kaserne erhielt 1964 den Namen Fiete Schulze. Die Ulmenstr. wurde 1969 in Fiete-Schulze-Str. umbenannt. 1985 erhielt auch die G. den Ehrennamen Fiete Schulze.

Die G. diente im Verband der Volksmarine zur Sicherung der Seegrenze. Hierzu verfügte sie über drei entlang der Küste stationierte Grenzkompanien, fünf techn. Kompanien, Beobachtungszüge u. Kontrollpunktpersonal. Ihr unterstanden in den 1980er-Jahren insgesamt 18 Grenzschutzschiffe, stationiert auf der Hohen Düne u. in Sassnitz, sowie Grenzboote u. -kutter. Die Länge des von der G. gesicherten Abschnittes der Seegrenze

Das Wachschiff PASEWALK kehrt vom Vorposten zurück (1977)

betrug 174,4 sm. Neben den Schiffen u. Booten vor der Küste riegelten Streifen am Strand, nachts unterstützt von Scheinwerferstellungen, diesen Abschnitt ab. Eine Statistik des Ministeriums für Staatssicherheit der DDR nennt für 1988 die Zahl von 32 „vollendeten ungesetzl. Grenzübertritten“ über die Seegrenze im Bezirk Rostock. Die Forschungen zur tatsächl. Zahl der Opfer auf See sind bis heute noch nicht abgeschlossen. Im Sommer 1990 löste sich die G. auf.
Lit.: *C. Müller, B. Müller: Über die Ostsee in die Freiheit, Bielefeld 1992; R.-I. Unger: Grenzbrigade Küste, Berlin 2011.* RK

Soldaten der Grenzbrigade Küste (1960er-Jahre)

GROß KLEIN. Dorf u. heutiger Stadtteil im Nordwesten Rostocks mit 13203 Einwohnern (2016). Der Name bedeutet Großer Ahornort u. leitet sich von der altslaw. Bezeichnung Klenow (Ahorn) ab. Ein Dorf Klene bei Rostock ist erstmalig 1345 urkundl. belegt. Daraus entwickelte sich vermutlich das Wendisch Klene (Groß Klein) u. das Dt. Klene (Lütten Klein). Die Bezeichnung Wendisch Klene ist seit 1355 nachweisbar. Das Dorf gehörte zu diesem Zeitpunkt dem Rostocker Bürgermeister Johann v. Bomgarden u. bestand aus zwei Gutshöfen u. 21 Katen. 1383/84 ging G. in den Besitz des Bürgermeisters Johann v.d. Aa über u. wurde schließlich 1444 an das Heilig-Geist-Hospital verkauft. Das Hospital u. sein Grundbesitz fielen nach der Reformation an die Stadt Rostock. In G. ließen die Warnemünder Fischer ihre Jollen bauen.

Groß Klein (1988/89)

1900 hatte G. Schule, Bahnwärterhaus u. Krug, 15 Erbpachthöfe, 15 Büdnereien u. sieben Häuslereien (327 Einwohner). 1934 Eingemeindung. Für die benachbarten → Arado Flugzeugwerke 1938 Einrichtung einer Fliegertechn. Vorschule, 1942 Bau einer Holzhaussiedlung (heute im Stadtteil Lichtenhagen). Die Fliegertechn. Vorschule wurde nach 1945 als Krankenhaus genutzt. Östl. des Dorfes entstand 1979–83 das Neubaugebiet G., ergänzt am südl. Rand durch das Quartier Dänenberg u. am nördl. Rand durch eine zusätzl. Wohngruppe. Die Bebauungskonzeption sah 7200 Wohnungen für ca. 23000 Einwohner vor. Eine charakterist. Raumbildung sollte durch die abgewinkelte Bauweise der langgezogenen Wohnblöcke erzielt werden. Die Benennung der Straßen orientierte sich an Berufen des Schiffbaus u. der Seefahrt. Mit der Fertigstellung dieses Wohngebietes war der Bau neuer Stadtteile im Rostocker Nordwesten abgeschlossen. 1984 Eröffnung des Feierabend- u. Pflegeheims, 1988 des ev. Gemeindezentrums Brücke. Aufwertung des Wohngebietes durch das 1994 eröffnete Stadtteil- u. Einkaufszentrum Klenow-Tor. Die städtebaul. Sanierung G. begann erst 1999. Leerstände von Wohnungen führten zu teilweisem Rückbau im Zuge der Sanierungsarbeiten durch die Förderprogramme Stadtumbau Ost u. Soziale Stadt, in deren Ergebnis der Wohnungsbestand saniert u. das Wohnumfeld verbessert wurden. BK

Seit 2012 befindet sich in der einstigen Großen Stadtschule das Haus der Musik (2015).

GROßE STADTSCHULE. Über Jh. prägte die höhere Bildungseinrichtung die Stadt Rostock. Die erste öffentl. städt. Bürgerschule entstand 1580 im ehem. → Kloster St. Johannis (Dominikaner) nahe dem Steintor als reine Knabenschule u. bereitete die Kinder wohlhabender Eltern auf das Uni-Studium vor. Kern der Bildung stellte das Erlernen von Altsprachen (Latein, Griechisch, Hebräisch) dar. Erster Rektor der G. war Nathan → Chytraeus, Prof. der Uni Rostock. Den Namen G. führte das humanist. Gymnasium seit dem 17. Jh.

Am Ende des 18. Jh. wurde ein Um- u. Ausbau des einsturzbedrohten Gebäudes dringend notwendig, der 1793 erfolgte. Neue Lehrkräfte mit modernen Lehrmethoden, wie der Physiker u. Biologe Dr. Adolf Christian Siemssen, erhielten 1796 eine Anstellung.

1828 erfolgten innerhalb der G. die Herausbildung einer Realschule u. die Gründung der Schulbibliothek. Bis 1876 unterrichtete das Lehrerkollegium je vier Klassen im gymnasialen Teil u. im Realschulteil. Erst dann kam es zu einer völligen Trennung.

Aufgrund wachsender Schülerzahlen – im Winter 1858/59 besuchten 235 Schüler das Gymnasium u. 204 Schüler die Realschule – wurde das Schulgebäude im Johanniskloster zu klein. 1864 zog die G. mit 637 Schülern in das im Stile der florentin. Renaissance durch den Rostocker Stadtbaumeister Thomas H. Klitzing neu errichtete Gebäude Ecke Wallstr./Schwaansche Str. 1867 erfolgte die Abtrennung einer lateinlosen Bürgerschule, der späteren → Blücherschule. Die Direktoren Dr. Ludwig Bachmann (1792–1881) u. Karl Ernst Hermann Krause (1822–93) bauten die G. zu einer weit über die Grenzen der Stadt Rostock hinaus geachteten Bildungseinrichtung aus. Namhafte Schüler waren u.a. der Mediziner u. Nobelpreisträger Albrecht → Kossel, der Schriftsteller u. Direktor des Wiener Burgtheaters Adolf → Wilbrandt sowie der Politiker u. Wirtschaftsminister Siegfried → Witte.

Die Schülerzahl vergrößerte sich rasch. 1906 umfasste die G. 33 Klassen mit 791 Schülern u. 46 Lehrern. Fünf Jahre später waren es bereits 58 Lehrer u. 1026 Schüler in 40 Klassen.

Die G. war die einzige höhere Schule der Stadt, an der Jungen das Abitur ablegen u. damit die Zugangsbedingung zur Uni erlangen konnten. Erst seit 1909 erhielten Mädchen unter strenger Geschlechtertrennung schrittweise Zugang zur G. 1913 errichtete die Stadt ein Lyzeum, das ein Abitur für Mädchen anbot. Schon 1912 hatte die Realschule, sie war inzwischen zum Realgymnasium weiterentwickelt worden, die G. am Wall verlassen, um ihren Neubau in der Lindenstr. zu beziehen. Während des I. Weltkrieges fielen 193 ehem. Schüler u. vier Lehrer der G.

In den 1930er-Jahren gingen durchschnittlich nur noch 400 Kinder zur G. Durch die Zerstörung mehrerer Schulen bei Luftangriffen im Apr. 1942 wurde vormittags u. nachmittags unterrichtet. Zunehmende Luftwaffenhelfereinsätze führten seit 1943 zu erhebl. Unterrichtsausfällen. Jüngere Schulklassen wurden in das Lager Groß Markow evakuiert. Die Turnhalle diente als Lagerhalle für Brotgetreide. Anfang 1945 besuchten nur noch etwa 140 Schüler die G.

Der Unterricht wurde am 8.3.1945 eingestellt, am 1.10.1945 begann er wieder. Fortan existierten in Rostock zwei Oberschulen, die am Goetheplatz u. die G. Letztere konzentrierte sich auf den altsprachl. Unterricht, den 1947/48 wieder 160 Jungen u. 182 Mädchen besuchten. 1949 wurde die G. in zwei Schulen aufgespalten: G. I (Oberschule) u. G. II (Grund- u. Oberschule). Beide Schulen hatten ihre Räumlichkeiten im Gebäude Am Wall. 1958 fusionierte die G. I mit der Oberschule am Goetheplatz u. hieß fortan Erweiterte Oberschule Rostock (EOS). Die G. II verlor ihren Oberschulteil u. firmierte 1960 als zehnklassige allgemeinbildende Oberschule, die 9. Polytechn. Oberschule (POS). Später erhielt sie den Namen Clara Zetkin.

Nach dem Zusammenbruch der DDR 1989/90 etablierte sich die G. 1991 wieder, zunächst jedoch auf dem Gelände der Lindenstr., wo sich einst die Schule Bei den Sieben Linden (→ Jenaplanschule) befand. Zusätzlich wurden Räumlichkeiten in dem ehem. Gebäude der G. an der Wallstr. angemietet; 1996 erfolgte die vollständige Übernahme. Im Schuljahr 2002/03 hatte die G. 972 Schüler. 2004 wurden die G. u. das Goethegymnasium aufgrund sinkender Schülerzahlen zum → Innerstädt. Gymnasium zusammengelegt. 2010–12 erfolgte der Umbau des Gebäudes zu einem Haus der Musik. Heute erinnert noch der Namenszug im Eingangsbereich an die G.

Lit.: *W. Neumann (Hg.): Die Grosse Stadtschule zu Rostock in 3 ½ Jahrhunderten, Rostock 1930; O. Wild (Hg.): 425 Jahre Große Stadtschule Rostock (1580–2005), Rostock 2005; H. H. Budzier: 1580 wurde die Große Stadtschule gegründet, in: Mecklenburg. Zeitschrift für Mecklenburg und Vorpommern, H. 11, Schwerin 2005, S. 14–16; Ders.: Das Ende der Großen Stadtschule zu Rostock nach dem Zweiten Weltkrieg, in: Mecklenburg. Zeitschrift für Mecklenburg und Vorpommern, H. 1, Schwerin 2006, S. 16–18.* RS/WV

GROTIUS, HUGO (HUIG DE GROOT). Rechtsgelehrter, Staatsmann (10.4.1583 Delft–28.8.1645 Rostock); früh berühmt als Gelehrter (1609 „Freiheit der Meere"); Generaladvokat für drei Provinzen der Vereinigten Niederlande; 1619 Verurteilung zu lebenslanger Haft aus konfessionellen Gründen; 1621 Flucht nach Frankreich; 1625 Hauptwerk „Vom Recht des Krieges und des Friedens", wurde zum Begründer des modernen See- u. Völkerrechts; seit 1635 Rat der Königin Christine v. Schweden, 1643–45 Gesandter in Paris; geriet auf der Reise von Stockholm nach Lübeck an der hinterpommerschen Küste in Seenot, erreichte krank mit seiner Begleitung auf dem Landweg Rostock u. starb hier. Eine Gedenkplatte am Hotel Haus Sonne erinnert daran. Sein Herz liegt in der St.-Marien-Kirche begraben.

Lit.: *G. Hoffmann: Hugo Grotius. Aus Anlaß seines 400. Geburtstages, Rostock 1982.* IE

GRUBE. Traditionelle wasserführende Grenze zwischen Rostocks Alt- u. Mittelstadt; Ersterwähnung bereits 1254/56; ursprüngl. nur Nordabschnitt als vermutl. frühe Hafenanlage mit Verbindung zur Unterwarnow; Südabschnitt erst um 1230 als Kanal durchstochen; Bezeichnung der einzelnen, durch mehrere Brücken unterbrochenen Abschnitte zeitweise nach den sich dort konzentrierenden Berufsgruppen (u.a. Krämer, Nadler, Flickschneider, Kleinhändler, Weißgerber, Pelzer); Verfüllung u. Nutzung für die → Hafenbahn seit dem 19. Jh.; in jüngster Zeit angedeutete Wiederherstellung des ehem. Wasserlaufs u. der ihn überspannenden Brücke. Heute Grubenstr.

Lit.: *E. Münch, R. Mulsow: Das alte Rostock und seine Straßen, 2. Aufl., Rostock 2010, S. 23–25.* EM

GRUNDSCHULE AM MARGARETENPLATZ. Eröffnung als Margareten-Mädchen- u. Knabenschule in der Kröpeliner-Tor-Vorstadt (Ecke Neubramowstr./Barnstorfer Weg) im Apr. 1901; Namensgeberin: dän. Königin → Margarethe Sambiria; zentralbeheizter Neubau mit 17 m langem Zeichensaal, Badeeinrichtung u. Turnhalle; getrennte Mädchen- u. Knaben-Pausenplätze (1901); Umzug der Jungen zur → Borwinschule (1912), seither Mädchenschule; seit Ende der 1950er-Jahre 15. Polytechn. Oberschule (POS) Rosa Luxemburg; 2004–07 Standort der → Jenaplanschule; heute G. RS

GUTTENBERG, HERMANN (RITTER) VON. Botaniker (13.1.1881 Triest–8.6.1969 Rostock); 1900–04 Studium der Botanik in Wien, Graz u. Leipzig, 1904 Promotion in Graz, Habilitation in Leipzig; seit 1923 ordentl. Prof. u. Direktor des Botan. Instituts u. des dazugehörigen Gartens an der Uni Rostock; Forschungsreisen 1928/29 nach Ceylon u. Indonesien, Sammelreisen in das Mittelmeergebiet u. in die Alpen. Auf seine Initiative ging 1935–39 die Einrichtung des → Botan. Gartens an der Hamburger Str. zurück.

Lit.: *E. Libbert, H. Leike: Hermann von Guttenberg, in: Biologische Rundschau. Zeitschrift für die gesamte Biologie und ihre Grenzgebiete, Jg. 8, Jena 1970, S. 1–5.* GB

Grundschule am Margaretenplatz (2017)

H

HAEDGES GARTEN. Benannt nach dem Gärtner Johann Daniel Haedge (6.1.1750 Wörbzig/Anhalt – 18.9.1810 Rostock); ursprüngl. von der Warnow bis zur Luisenstr.; angelegt auf dem Gelände des früheren St.-Jakobi-Ziegelhofes; beliebter Obst-, Kaffee- u. Konzertgarten u. wichtiges Ausflugsziel als Vorläufer erster öffentl. Anlagen; der südl. Teil wurde ab 1794 für die Uni Rostock als Botan. Garten genutzt: Kreuzgang mit vier Abteilungen; 1834 erstes handschriftlich vom Gärtner Heinrich Haedge verfasstes Artenverzeichnis; an diesen Garten u. die Rostocker Gärtnerfamilie erinnern sowohl seit 1878 die Haedgestr. als auch der im Stadthafen angrenzende Bereich, der Haedgehafen u. die Haedgehalbinsel.

Lit.: *L. Krause: Die Straßen der Steinthor- und Kröpeliner Thor-Vorstadt und ihre Namen, in: Beiträge zur Geschichte der Stadt Rostock, Bd. 10, Rostock 1917,* S. 58–90. UJ

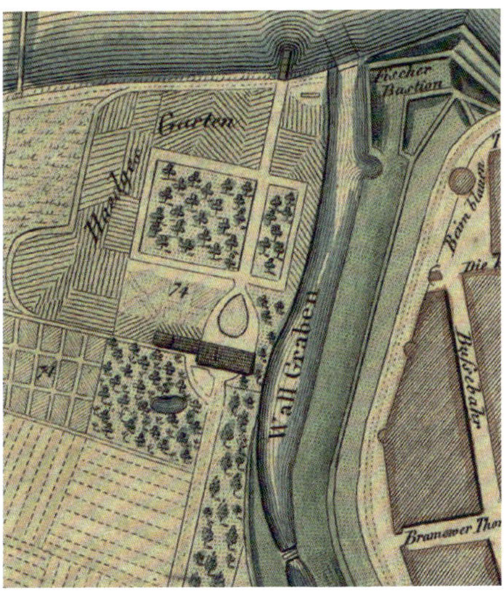

Stadtplan (Auszug zum Haedge-Garten) von August Albrecht Christian Tischbein (1814)

HAFEN. Zu den H. Rostocks gehören der auf der Ostseite der → Warnow gelegene Übersee-H., der Stadt-H., der selbstständige Fracht- u. Fischerei-H. in Marienehe, das Kreuzfahrtterminal am Passagierkai in Warnemünde sowie die → Yacht-H. in Gehlsdorf u. Warnemünde. Eigentümer des Übersee-H. ist die H.-entwicklungsgesellschaft Rostock mbH (HERO), ein Unternehmen des Landes Meckl.-Vorpommern u. der Stadt Rostock. Die Be- u. Entladung der Schiffe erfolgt durch die See-H. Rostock Umschlaggesellschaft mbH, die sich in privatem Besitz befindet. Mit einem Gesamtumschlag von ca. 26 Mio. t im Jahre 2014 liegt Rostock auf Platz vier der dt. H.

Seit wann Rostock H.-standort ist, ist nicht genau zu sagen. Ausgrabungen von Siedlungsresten aus der Zeit der slaw. Besiedlung zeigen, dass schon seit dem 8. Jh. Seehandel über die Vorgängerortschaften Rostocks betrieben wurde u. ein Landungsplatz sowie ein H.-viertel bestanden. Die Lage am Meereszufluss der Warnow dürfte auch eine Rolle bei der Entstehung der dt. Ortschaften gespielt haben. Auch die Teilnahme Rostocks an den ersten hansischen Bündnissen in der Mitte des 13. Jh. spricht dafür, dass der H. von Anfang an zum Stadtbild gehört hat. Während wir über den Seehandel des Mittelalters u. über die → Hanse recht gut informiert sind, wissen wir über H.-bau u. H.-organisation der Zeit wenig. Voraussetzung für die Handelsfreiheit Rostocks war aber der Erwerb des Meereszugangs 1252 u. schließlich Warnemündes 1323. Damit gehörte nun auch die polit. u. baul. Sicherung der Warnowmündung zum Zuständigkeitsbereich der Stadt. Bedrohlich waren auch Befestigungen des Landesherrn an der Warnow; 1278 sicherte der Landesherr zu, dass er keine neuen Burgen im Rostocker Einzugsbereich errichten würde. Auswirkungen auf die Erreichbarkeit des H. hatten auch kurzfristige Blockaden, der Schwedenzoll ab 1632 u. die frz. Besetzung Meckl. im frühen 19. Jh.

Die wichtigste Einzelmaßnahme auf dem Gebiet der Schiffswege war im 19. Jh. der Durchstich durch den Pagenwerder, eine Insel im → Breitling, die stets umschifft werden musste, was wegen der Kurswechsel nicht ganz ungefährlich war. Ab 1830 wurde diskutiert, es wurden Gutachten eingeholt u. Gegengutachten erstellt, auch die knappe Stadtkasse verzögerte die Durchführung der Maßnahme. Erst am 1.5.1837 wurde der Durchstich beschlossen, am 8.10. desselben Jahres war er vollbracht. Während vom Ostteil des Pagenwerders heute nur noch ein kleiner Teil im Breitling vorhanden ist, wurde der Westteil dem Festland angeschlossen u. bildet heute einen Teil des Werftgeländes in Warnemünde. Die Warnemünder H.-einfahrt wurde erst im Zuge der Anlegung des Neuen Stroms (→ Seekanal) 1903 günstiger gestaltet, wodurch der → Alte Strom seine Bedeutung als Durchfahrtsstrecke verlor.

(1) Stadthafen. Der Stadt-H. war von der Stadt durch eine Mauer getrennt, durch die etliche Tore Durchlass boten; außerdem gab es eine H.-barriere in der Warnow, die die Westseite des H. schützte. Als H.-behörde fungierte das → Gewett, das auch für die Verwaltung Warnemündes zuständig war.

Stadtansichten der Frühen Neuzeit zeigen zwischen acht u. zehn Landungsbrücken im H. Sie wurden wohl schon recht früh angelegt, um den Güterumschlag zu bewältigen. Spezielle H.-arbeiter im heutigen Sinne gab es nicht; die Entladung der Schiffe u. den Transport der Waren besorgten die Ämter (Zünfte) der Träger, Karrenfahrer u. Strandfuhrleute. Waren die Ämter zunächst nach ihren Transportmitteln differenziert, so änderte sich das im Laufe der Zeit. Konstant war die Abgrenzung der Strandfuhrleute, die als einzige u. ausschließlich mit Fuhrwerken, die mit zwei Pferden bespannt waren, arbeiten durften. Die Unterschiede zwischen den beiden anderen Gruppen schwanden; hier verlegte man sich mehr u. mehr auf eine Abgrenzung hinsichtlich der zu transportierenden Waren u. deren Verpackung: In den Zuständigkeitsbereich der Träger fielen insbesondere die Tonnen, während die Karrenfahrer vor allem Baumaterialien löschten. Den Strandfuhrleuten blieben die übrigen Waren, u.a. Getreide, Kohle u. Salz. Die Ämter wiederum gaben sich Ordnungen, die ihre internen Angelegenheiten regelten: So gab es bei den Strandfuhrleuten eine bestimmte Reihenfolge, nach der die einzelnen Amtsmitglieder ihre Fuhren erhielten, u. Regelungen darüber, wann sie eine od. gar zwei Fuhren tätigen durften. Die Träger teilten sich die Stadt lokal auf. Nur die Karrenfahrer entwickelten keine derartigen Vorschriften. Wer auf einem dieser Gebiete arbeiten wollte, musste sich um die Mitgliedschaft des Amtes bewerben. Im 19. Jh. gab es 20 Strandfuhrleute, 14 Karrenfahrer u. etwa 55 Träger. Diese Regelungen hatten Bestand, bis mit der Gewerbeordnung des Norddt. Bundes am 21.6.1869 alle Beschränkungen zum 1.1.1873 aufgehoben wurden. Gleichzeitig oblag es der Stadt, die Ämter für ihre Privilegien zu entschädigen, wofür sie ab Okt. 1875 insgesamt 297644 M aufwandte.

Der Warenumschlag erfolgte nicht allein per Hand od. Rücken, denn schon früh gab es einfache Hebevorrichtungen. Ab 1585 sind Abbildungen von Kränen u. ab 1622 Nachrichten über die Aufstellung neuer techn. Hilfsmittel überliefert.

Verkleinerter Nachbau eines frühneuzeitlichen Tretkrans im Stadthafen (2016)

Das Ende der Segelschifffahrt bedeutete für die Rostocker Reeder einen tiefgreifenden Einschnitt. Die einstmals so große Rostocker Flotte schmolz in wenigen Jahren dahin. 1890–1900 verringerte sich die Zahl der in Rostock gemeldeten Schiffe von 205 auf 54; ihr Anteil an der dt. Gesamttonnage betrug nur noch 0,7 %. Andererseits musste der Rat gewaltige Investitionen unternehmen, um den H. für die Dampfer konkurrenzfähig zu machen. Bereits 1887, kurz nach dem H.-bau in Warnemünde, präsentierte Karl Friedrich → Kerner ein Maßnahmenpaket, das in den Folgejahren teilweise umgesetzt wurde: Erweiterung der H.-einfahrt u. Verbreiterung des Durchstichs, Neujustierung u. Vertiefung der Fahrrinne, Erneuerung der H.-mauer u. Anlegung einer → H.-bahn zum Lloyd-Bahnhof. Die Schifffahrtsstr. Warnow wurde von 3,5 auf 5 m Tiefe ausgebaggert u. in ihrem Verlauf begradigt. Die neue H.-bahn vom Lloyd-Bahnhof über den Vögenteich, durch den Wallgraben, vorbei am heute sog. Kanonsberg in den H. wurde am 22.1.1888 übergeben. Außerdem ließ man den Kohlenkai errichten, um Lagerflächen zu schaffen u. den Untergrund zu stabilisieren. 1913 wurden die ersten Stahlspundwände verbaut. Da der Warenhandel zur See durch techn. Neuerungen zunehmend auf Effizienz setzte u. somit die Tonnage der einzelnen Schiffe stieg, kam es zum Abbruch der Landungsbrücken. Der Verlust an Ankerfläche wurde durch geeignete Maßnahmen ausgeglichen: Die H.-fläche erweiterte man durch Aufschüttungen. Das dazu benötigte Material wurde durch eine weitere Vertiefung der Fahrrinne gewonnen. Bis 1927 wurde das H.-gelände bis zum Kabutzenhof ausgedehnt, 1910 ein erster Turmdrehkran in Betrieb genommen, 1928 kam eine große Verladebrücke hinzu. In den folgenden Jahren beschränkte man sich auf Erneuerungen der Anlage u. auf den Neubau von Lagerflächen, so z. B. der großen Getreidesilos im Ostteil des H. (1934–40). Der Stadt-H. hatte seine größtmögl. Ausdehnung erreicht. Das Umschlagvolumen lag in den 1920er-Jahren zwischen 140 000 u. 240 000 t, 1938/39 erreichte man 360 000 t;

Export von Pkws der Marke Wartburg (um 1960)

Umschlag im Stadthafen (um 1950)

Rekordjahr vor 1945 war das Jahr 1913 mit über 477000 t.

Die polit. Umwälzungen der Jahre 1989/90 veränderten die Rahmenbedingungen des H.-betriebs vollständig. Nach einer Übergangszeit, in der vor allem Militärgüter der abrückenden Sowjetarmee ausgeschifft wurden, schloss der Stadt-H. im Frühjahr 1992; die H.-bahn durch die Grubenstr. wurde abgebaut.

Der Stadt-H. prägte die Rostocker Stadtgeografie nachhaltig; zahlreiche Straßen verbinden das mittelalterl. Stadtzentrum mit dem Ufer der Warnow. Ein ähnl. Bild bietet der nördl. Teil der → Kröpeliner-Tor-Vorstadt.

(2) Überseehafen. Der während des II. Weltkrieges bereits konzipierte Ausbau des H. geriet nach Kriegsende immer stärker in den Mittelpunkt der Aufmerksamkeit. Insbesondere nach der neuen Grenzziehung zu Polen – damit verbunden war der Verlust des Stettiner H. –, nach der Währungsreform in den Westzonen 1948 u. den Staatsgründungen des Jahres 1949 mussten die H. der DDR größere Aufgaben bewältigen, wozu der Rostocker Stadt-H. – auch in Verbindung mit den Warnemünder Umschlagplätzen – nicht in der Lage war. In den frühen 1950er-Jahren wurden deshalb mehrere Varianten der H.-erweiterung diskutiert u. konzipiert. U. a. gab es eine Reihe von Vorschlägen zum Ausbau des Warnemünder H. für eine tägl. Umschlagmenge von 3700 t, was einer Vervierfachung gleichgekommen wäre. Letztlich erwiesen sich diese Pläne als undurchführbar u. aufgrund der Entscheidung für einen H.-neubau auch als nicht mehr notwendig. Vier Varianten wurden untersucht: die Erweiterung des Stadt-H., der Ost-H., Schmarl u. → Petersdorf. Lage u. Größe des Areals gaben den Ausschlag für letzteren Standort.

Nach der Bundestagswahl in der BRD 1957 ließ man die letzten polit. Rücksichten in Bezug auf eine kurzfristig mögl. dt. Einheit u. die bis dahin bestehenden propagandist. Bedenken hinsichtlich der

Der Rostocker Stadthafen (2009)

Bau des Überseehafens (1950er-Jahre)

Errichtung der Kaimauern (1950er-Jahre)

Beschäftigten des Hamburger H. endgültig fallen. Der erste Spatenstich für den Übersee-H. erfolgte am 26.10.1957. Für den Bau der Molen wurden in der DDR durch eine Volksinitiative 65000 t Feldsteine gesammelt u. nach Rostock transportiert. Vorhaben wie das Fähr- u. → Kreuzfahrt-Terminal mit Hotel auf Pier I, die Anbindung an die Binnenschifffahrtswege sowie der Ausbau des „Süd-H." bei → Langenort konnten nicht verwirklicht werden.

Den ersten Schiffsanlauf im Rostocker Übersee-H. vollzog die → VÖLKERFREUNDSCHAFT. Da es noch keinen Liegeplatz für die Kreuzfahrtschiffe gab, machte das wenige Tage zuvor von einer schwed. Reederei gekaufte Urlauberschiff am 15.1.1960 im Hafenbecken B fest. Drei Tage vor der Eröffnung folgte die GOTLAND aus Schweden am 27.4.1960. Die offizielle Premiere vollzog sich am 30.4.1960 mit dem 10000-Tonner SCHWERIN. Zu diesem Zeitpunkt war der H. allerdings bei Weitem nicht fertig. Die erste Ausbaustufe (Hafenbecken A u. B sowie Öl-H.) war erst im Herbst 1969 nach mehrjähriger Verspätung vollzogen. In den folgenden Jahren entstanden das Hafenbecken C u. der Chemie-H. Die Fahrrinne wurde weiter vertieft. Ab 1968 rüstete man sich für den Containerumschlag, ab 1974 wurden auch RoRo-Schiffe (engl.: Roll on, Roll off) abgefertigt. Beide Verfahren brachten deutl. Arbeitserleichterungen mit sich, stellten aber auch neue baul. Anforderungen, sodass Liegeplätze am Warnowkai entsprechend umgerüstet werden mussten. Die Leistung des H. stieg stetig an: Lag das Umschlagvolumen 1961 bei 1,8 Mio. t, so wurden 1964 5 Mio. t, 1970 10 Mio. t, 1980 15,3 Mio. t u. 1989 20,8 Mio. t erreicht. 1989 hatte der Übersee-H. 5800 Beschäftigte.

Im Zuge des Zusammenbruchs der DDR 1989/90 sanken die Umschlagzahlen im Übersee-H. von 20,8 Mio. t (1989) auf 8,1 Mio. t (1991). Auf der anderen Seite standen deutlich verbesserte Ausgangsbedingungen für den Fährbetrieb (→ Fähre) über die Ostsee, sodass sich in den frühen 1990er-Jahren mehrere Fährlinien nach Dänemark, Schweden, Finnland u. Russland im Übersee-H. ansiedelten; 1995 ging der Fährbetrieb nach Gedser endgültig in den H. über. Vor allem die guten Zahlen der Fährver-

Erdöltanks im Überseehafen bei Peez (1970er-Jahre)

Warnemünde und Teile des Hafens aus der Vogelperspektive (2016)

bindungen ließen auch die Umschlagzahlen wieder deutlich ansteigen; in allen Jahren ab 2000 wurde die alte Rekordmarke von 1989 überboten. 2008 gingen 27,2 Mio. t über die Kaikanten des H., mehr als die Hälfte davon im Fährverkehr.

(3) **Fischereihafen Marienehe.** Schon einige Jahre vor dem Übersee-H. war ein anderer Neubau fertiggestellt worden, der Fischerei-H. Er sollte, zusammen mit einer umfangreichen Produktionslinie, die Fischversorgung der DDR (→ Fischerei) sicherstellen. Als Gelände wurden die ehem. → Ernst Heinkel Flugzeugwerke in Marienehe zur Verfügung gestellt. Ab 1950 diente der Kai des → Schlachthofes Bramow als Anlegestelle der Fischereiflotte, bevor bis Mitte 1952 das H.-becken gebaut wurde, das allein dem Fischkombinat vorbehalten war. 1961-65 wurde das Ensemble durch weitere Anlegeplätze am Warnowkai ergänzt. Ständig wurde modernisiert u. umgebaut, zuletzt 2010/2011. Im Jahr 2010 erreichte der Rostocker Fracht- u. Fischerei-H. (Name seit 2002) erstmals eine Umschlagmenge von mehr als einer Mio. Tonnen.

Lit.: K. Voß: Der Seehafen der Stadt Rostock in seiner geschichtlichen Entwickelung bis zum dreißigjährigen Kriege, in: Jahrbücher des Vereins für Mecklenburgische Geschichte und Altertumskunde, Jg. 92, Schwerin 1928, S. 89-172; W. Müller: Rostocks Seeschiffahrt und Seehandel im Wandel der Zeiten, Rostock 1930; W. Ebel: Das Rostocker Transportgewerbe bis zur Auflösung der alten Gewerbeverfassung, in: Vierteljahrschrift für Sozial- und Wirtschaftsgeschichte, Bd. 31, Stuttgart 1938, S. 313-347; K. Fritze: Die Häfen von Wismar, Rostock, Stralsund und Greifswald zur Hansezeit, in: Greifswald-Stralsunder Jahrbuch, Bd. 13/14, Weimar 1982, S. 16-24; J. Lachs: Die Entwicklung des Hafens bis zum Ende des 19. Jahrhunderts, in: Die Geschichte des Rostocker Hafens, Rostock 2002, S. 7-44; H. Prignitz, I. Schreiber: Der Hafen Rostock, Rostock 2010. SP

HAFENBAHN. (1) H. Stadthafen. Eisenbahnanschluss des Rostocker → Hafens im Jan. 1855 durch die Meckl. Eisenbahn-Gesellschaft entlang der Grubenstr. zum → Friedrich-Franz-Bahnhof; 1888 durch die Lloyd-Bahn (Dt.-Nordischer Lloyd)

Fischereihafen des Fischkombinats Rostock (1951)

Blick auf den Rostocker Stadthafen im Winter (um 1980)

Rangierarbeit nahe der Fischerbastion (1936)

Stückgutumschlag im Stadthafen (um 1960)

um eine zweite Strecke vom Lloyd-Bahnhof, dem heutigen → Hauptbahnhof, durch die Wallanlagen westl. der Stadt erweitert; Eigentumsübergang der H.-anlagen 1919 an die Stadt Rostock; Ausbau bis zum Dierkower Damm (Osthafen) über die Petribrücke 1934; Betriebseinstellung 1992; Abbau der Gleise der letzten erhaltenen Strecke in der Grubenstr. ab 1994.

(2) H. Überseehafen. Baubeginn 1957 am Breitling bei Petersdorf, Eröffnung 1.5.1960; umfangreiche Gleisanlagen, die bis Dierkow reichten; für alle Gütern des Seehandels der DDR; kontinuierl.

Kesselwagenzug mit Erdöl im Seehafen (1968)

Ein Güterzug auf dem Weg nach Mailand (2011)

Ausbau zu einem der größten Rangierbahnhöfe im Norden der DDR bis 1990; teilweiser Rückbau nach 1994; eigenes Betriebswerk; Übernahme des Eisenbahnfährverkehrs von Warnemünde nach Gedser ab 1995; Haupttransportgut der Eisenbahn heute: Containerverkehr u. Massengut.
Lit.: *L. Schultz, K. Pfafferott, H.-G. Tack: Die Eisenbahn im Stadthafen Rostock. Ein Streifzug durch 140 Jahre Eisenbahn- und Stadtgeschichte, Berlin 2008; H. Horstmann, H. Schwarz: Der Seehafen Rostock und seine Hafenbahn, Berlin 2002.* LS

HAGEN, RICHARD. Sänger, Theaterintendant (18.8. 1843 Rostock–17.1.1905 Rostock); Vater Kantor an der St.-Petri-Kirche; schlug nach der kaufmänn. Ausbildung seit 1865 eine künstler. Laufbahn als Tenorsänger an zahlreichen dt. Theatern ein; 1887–95 Leiter der Bühne in Koblenz; 1895 Direktor des neu erbauten Stadttheaters in Rostock, das er bis zu seinem Tod leitete; entsprechend der damaligen Gepflogenheit hatte er das Theater von der Stadt gepachtet u. betrieb es als privater Unternehmer; erfolgreich verband er hierbei seine kaufmänn. u. künstler. Fähigkeiten; leitete 1895–1904 auch die Sommerbühne des Stadttheaters Swinemünde. BK

HANDBALL. Das H.-spiel entwickelte sich um die Wende vom 19. zum 20. Jh. in mehreren europ. Ländern aus verschiedenen Ballspielarten. Nachdem in Dtl. 1917–20 feste Regeln entstanden waren, wurde H. auch in Rostock immer beliebter. 1922 organisierte der Turnergau Rostock erstmalig den Spielbetrieb um die meckl. Meisterschaft im damals übl. Feld-H. Erster Landesmeister wurde der Rostocker Turnerbund. Rostocks große Zeit als H.-stadt begann ab 1946 mit dem Aufbau einer Männermannschaft durch Paul-Friedrich → Reder. Die Mannschaft nannte sich Rostock-West u. dominierte in den folgenden Jahren den H.-sport in Meckl. Seit 1950 gehörte sie zur Betriebssportgemeinschaft (BSG) der Neptunwerft u. spielte seit 1951 unter dem Namen BSG Motor Rostock. 1953 errang die Mannschaft erstmalig die DDR-Meisterschaft im Hallen-H., gewann diese bis 1957 fünfmal hintereinander. 1955 kam der Titel im Feld-H. hinzu. Die Mannschaft wurde 1956 dem → SC Empor Rostock angegliedert, der als leistungsorientierter Sportklub den H. weiter fördern sollte. Als Spielstätten standen der Sportplatz in der Hans-Sachs-Allee u. ab 1958 die Sporthalle Marienehe zur Verfügung. In Marienehe erlebte das Publikum 1958 auch die Vorrundenspiele der Hallen-H.-Weltmeisterschaft (WM) der Männer. Es war die erste WM, die in Rostock stattfand (während der WM von 1974 gab es nochmals Vorrundenspiele in der Stadt). Der SC Empor entwickelte den H.-sport mit der Durchführung von regelmäßigen Turnieren (Neujahrsturnier, Turnier um den Ostseepokal) sowie mit der Bildung von Jugend- u. Frauenmannschaften systemat. weiter. Die Frauen wurden 1964–66 dreimal DDR-Meisterinnen im Feld-H., 1966 u. 1967 im Hallen-H. (dritter Meistertitel: 1989). Die letzten Spiele im Feld-H. fanden 1967 statt, danach gab es in der gesamten DDR nur noch Spiele in der Halle. 1968 konnte die Männermannschaft mit dem sechsten DDR-Meistertitel im Hallen-H. an die alten Erfolge anknüpfen (weitere Titel: 1973, 1978, 1986, 1987). In den 1980er-Jahren erlebten die Rostocker die größten sportl. Erfolge ihrer Handballer, u. das vor großer Kulisse in der

Frank Wahl, Kapitän des SC Empor (1984)

neu erbauten → Stadthalle. 1980–89 wurden die Männer des SC Empor siebenmal DDR-Pokalsieger. Auch international spielten sie vorn mit, gewannen 1982 den Europapokal der Pokalsieger u. wurden zudem Vereins-Europameister. Auch die Frauen lieferten erstklassigen H., wurden 1988 u. 1989 DDR-Pokalsiegerinnen. Mit den bis 1989 erkämpften Titeln gehörte der SC Empor Rostock zu den erfolgreichsten dt. H.-vereinen. Das hohe Leistungsniveau konnte der Klub nach dem Zusammenbruch des DDR-Sportsystems jedoch nicht halten. 1991–93 spielte Empor noch in den oberen Spielklassen der Bundesrepublik mit. Für die erste Männer- u. für die erste Frauenmannschaft folgten danach mehrere Jahre in der 2. Bundesliga. 1999 löste sich die H.-abteilung aus wirtschaftl. Gründen aus dem Hauptverein SC Empor Rostock heraus u. trägt seitdem den Namen H.-Club (HC) Empor Rostock. Die Männer spielten seit 2005 wieder in der 2. H.-Bundesliga. Im Jahr 2002 trennte sich der HC Empor schließlich von den Damen. Sie wechselten zunächst geschlossen zum PSV Rostock, spielten bis 2006 in der Bundesliga. Nach der Insolvenz des PSV gründeten die Frauen 2007 dann den RHC. Die erste Frauenmannschaft trägt den Kampfnamen Rostock Dolphins u. spielte in der Saison 2017/18 in der H.-Oberliga Ostsee-Spree. Spielstätte für den HC Empor Rostock u. den Rostocker HC ist gegenwärtig die OSPA-Arena in Reutershagen. Weitere Rostocker Sportvereine mit aktiven H.-mannschaften sind der SV Pädagogik 1982, der SV Warnemünde, der SV Eintracht u. der TSV Warnow 79.

Lit.: *H. Baumann: Die Rostocker Sieben. Ein Streifzug durch die Rostocker Handballgeschichte der Männer, Rostock 2006; E. Eggers: Böhme – eine deutsch-deutsche Handballgeschichte, Göttingen 2008.* BK

HANDEL → EINZELHANDEL
→ FERN- UND GROßHANDEL

HANDELSSCHULE. Ungenaue Bezeichnung für das heutige Schulgebäude in der Werftstr. 5, errichtet 1922–24 als Verwaltungsgebäude der → Neptunwerft nach Entwürfen des Architekten Paul → Korff; infolge der Inflation Vermietung an die Stadt Rostock; 1927 Einzug der → Kaufmanns- u. Handelsschule, 1929 Ankauf des Gebäudes durch die städt. Verwaltung; 1939: 1250 Schüler; 1944 schwere Schäden durch Bombentreffer; 1952–91 Sitz des Konstruktionsbüros der Neptunwerft; 1998 Verkauf u. Sanierung des Gebäudes bis 2000, Einzug der Europ. Wirtschafts- u. Sprachakademie (EWS), seit 2011 Kooperation mit der privaten Europ. Fachhochschule (EUFH); 2016 Übernahme durch die Ernst Klett AG Stuttgart.

Lit.: *Akademie im Denkmal. Die Europäische Wirtschafts- und Sprachakademie im Korff-Bau der Neptunwerft, Rostock o. J.* RS

HANDWERK. Bereits die frühstädt. Siedlung am rechten Warnowufer war von Handwerkern bewohnt. In der späteren Stadt bildeten diese mit Kaufleuten u. Schiffern den Kern der Einwohnerschaft. Die Niederlassungen des H. konzentrierten sich v.a. in der Altstadt- u. den Randgebieten der Mittel- u. Neustadt. An den Wassern der → Brüche im Osten der Stadt lebten jahrhundertelang Küter, Gerber u. Fischer. Das H. befriedigte v.a. den lokalen Bedarf (→ Einzelhandel). Der Exporthandel (→ Fern- und Großhandel) mit einheim. Produkten, abgesehen vom Bierhandel (→ Brauwesen), war zwar gering, jedoch beförderten Seehandel, → Schifffahrt u. Schiffsbau das H. der Träger, Weber, Reifer (Seiler), Böttcher, Tischler, Schmiede u. Zimmerleute. Von der regen Pelzeinfuhr aus Russland profitierten Pelzer u. Kürschner. Das metallverarbeitende H. wies früh eine hohe Spezialisierung auf. Allein mit der Herstellung von Metallgefäßen für den Hausgebrauch beschäftigten sich verschiedene H.-zweige, die sich u.a. nach der Art des Metalls, das sie verarbeiteten, voneinander abgrenzten. Grapengießer fertigten aus Kupfer u. Zinn neben Kesseln u. Tiegeln die in Norddtl. gebräuchl. Grapen, ein mit Füßen u. Griffen versehenes Kochgeschirr.

Seit Ende des 13. Jh. strebte das H. nach Mitwirkung am Stadtregiment, erlangte aber erst 1583 durch Beteiligung der vier großen Gewerke der Schuster, Schmiede, Bäcker u. Wollenweber (→ Vier Gewerke) am → Hundertmänner-Kollegium dauerhaften stadtpolit. Einfluss. Schon seit 1321 erließen die sechs wendischen Städte gemeinsame Verordnungen für das H., doch galten diese v.a.

Wappen der Schneider (1685)

Willkomm-Pokal der Böttcher (1755)

der Förderung des kaufmänn. Handels. Seit dem 15. Jh. begannen die H.-ämter der wend. Städte ohne Mitwirkung der städt. Obrigkeiten die Bedingungen für ein einheitl. Vorgehen zum Nutzen ihres H. auszuhandeln. Später versammelten sie sich auf Grundlage eines Hansebeschlusses alle sieben Jahre in Lübeck. Ihre Vereinbarungen wirkten z.T. weit über die Grenzen des wend. Städtebunds hinaus. Seit dem Mittelalter war der überwiegende Teil des H. in Ämtern (norddt. für Zünfte) organisiert. Gewandschneider u. Brauer wurden der Kaufmannschaft zugerechnet u. bildeten eigene Kompanien. Ein Amt konnte ein od. mehrere Gewerbezweige umfassen. „Geschlossene" Ämter hatten eine begrenzte Mitgliederzahl, um Konkurrenz innerhalb ihrer Gemeinschaft zu vermeiden. Ihre Statuten ließen die Ämter in Rollen festschreiben, die der Bestätigung des Rates bedurften, um Rechtsgültigkeit zu erlangen. An der Spitze standen zwei bis vier Älterleute od. Werkmeister. Sie beriefen u. leiteten die Morgensprachen (d.h. Amtsversammlungen) u. sorgten mithilfe von zwei Schaffern für die Einziehung von Beiträgen u. Strafgeldern. Die Ältesten besaßen eine beschränkte richterl. Gewalt u. traten als Interessenvermittler zwischen Amt u. Rat auf. Streitfälle mussten zunächst den Ältesten bekannt gemacht u., wenn diese die Sache nicht schlichten konnten, vor dem ganzen Amt zur Sprache gebracht werden. Erst wenn eine Einigung nicht zustande kam, wurde das → Gewett eingeschaltet. Mit steigender Verengung der handwerkl. Erwerbsmöglichkeiten seit dem 15. Jh. nahmen die Streitigkeiten zwischen den H.-ämtern über ihre Arbeitsbefugnisse ständig zu. Gegen zunftfremde Konkurrenz, die Bönhasen, wurde offensiv vorgegangen. Oftmals mussten solche Kompetenzstreitigkeiten vom Rat geschlichtet werden, wenn der Vergleichsversuch der Wetteherren gescheitert war.

Für die Benutzung ihrer Gewerbe- u. Verkaufsplätze leisteten die Handwerker Abgaben an die Stadt. Einige Werkstätten befanden sich im Eigentum von Ämtern, wie z.B. Walk- u. Lohmühlen, Herings-, Schlacht- od. Lagerhäuser. Produktion, Einkauf u. Verkauf waren im alten H. nicht strikt voneinander getrennt. Viele H.-meister verkauften ihre Produkte selbst auf dem Markt od. in speziellen Verkaufsständen wie den → Scharren der Bäcker u. Knochenhauer in der Alt-, Mittel- u. Neustadt. Gesellige Zusammenkünfte, familiäre Fürsorge (Unterstützungs- u. Sterbekassen) u. religiöse Zeremonien spielten eine maßgebl. Rolle. Einige Ämter unterhielten in den Kirchen eigene Kapellen u. Altäre. Größere Ämter verfügten über Versammlungshäuser (→ Schütting).

Der Ausbildungsgang war streng geregelt. Nach dem Abschluss der festgeschriebenen zwei- bis vierjährigen Lehrzeit begann die Gesellenzeit, die im Allgemeinen drei Jahre betrug. Die Gewinnung des Meisterrechts setzte den Erwerb des → Bürgerrechts u. die Anfertigung des Meisterstücks od. die Absolvierung einer Prüfung voraus. Als Führungszeugnis u. Nachweisdokument der abgegoltenen Dienstzeit u. für die Aufnahme in der Herberge diente die Gesellenkundschaft, die 1810 vom Wanderbuch abgelöst wurde. Die Wanderpflicht setzte sich im 16. Jh. vollständig durch u. prägte die Vereinigungen der Gesellen entscheidend, u. a. entwickelte sich ein System sozialer Absicherung. Die tägl. Arbeitszeit umfasste i. d. R. die Zeit zwischen Sonnenauf- u. -untergang. Der Anteil von Frauen beim H. war gering. Meisterinnen mit vollem Zunftrecht gab es unter den Kleidersellern, Putzmachern u. Apfelhökern. Meisterwitwen war es gestattet, das H. mithilfe von Gesellen bis zur Wiederverheiratung od. auf begrenzte Zeit weiter zu betreiben.

Im Zuge der industriellen Entwicklung wurden einige H., so die Nadler, Seiler od. Böttcher, gänzlich verdrängt. Der Textil- u. Ledersektor verzeichnete bereits im 18. Jh. erhebl. Einbußen. Betroffen waren v. a. Wollweber, Pelzer, Kürschner u. Beutler, während die Schuster zunächst weitgehend verschont blieben. Dagegen verbesserte sich durch das städt. Wachstum die Situation anderer Branchen, die noch nicht von der industriellen Produktion bedroht waren. Dazu gehörten das Bau-H., die Metzger, die Bäcker u. die Friseure.

Seit den 1830er-Jahren traten Gewerbevereine für eine umfassende H.- u. Gewerbeordnung u. die Förderung der Berufsausbildung ein. Das Gewerbeverbot in Warnemünde konnte unter dem Druck der stetig steigenden Konsumbedürfnisse des Kur- u. Badeortes nicht länger aufrechterhalten werden. 1865 wurde es einem Bäcker gestattet, sich dort niederzulassen. 1866 folgten ein Müller u. ein Schlachter. Mit Inkrafttreten der Gewerbeordnung des Norddt. Bundes setzte sich seit 1869 allmählich die Gewerbefreiheit durch. Die Mehrzahl der Ämter löste sich erst in den 1880er-Jahren auf u. ging dann in → Innungen über. Das Fischeramt firmierte als solches sogar bis 1945. Gegen Ende des 19. Jh. entstanden besonders im Dienstleistungs- u. Reparaturbereich neue H.-zweige. Gas- u. Wasserversorgung boten den Schlossern u. Klempnern neue Perspektiven, u. mit der Elektrifizierung entwickelte sich das gänzlich neue Berufsfeld der Elektriker. In den 1880er-Jahren wurden die Innungen im Interesse der Berufsausbildung wieder mit öffentl.-rechtl. Befugnissen ausgestattet. Die entscheidenden Schritte zur Neuorganisation des H. erfolgten schließlich auf der Grundlage des H.-schutzgesetzes von 1897. Seitdem war die Meckl. → Handwerkskammer das Aufsichtsorgan der Rostocker Innungen. 1908 wurde die Gewerbeordnung ein weiteres Mal novelliert: Der „Kleine Befähigungsnachweis" wurde eingeführt, der für die Ausbildung von Lehrlingen wieder den Meisterbrief erforderlich machte.

In der Zeit der Inflation u. der Weltwirtschaftskrise verzeichnete das H. hohe Umsatzverluste, besonders das Bau-H. war von Schwarzarbeit bedroht, zahlreiche Betriebe mussten Konkurs anmelden. Mit dem Wirtschaftsaufschwung in den 1930er-Jahren verbesserte sich die Situation des H., jedoch führte die durch Aufrüstung bedingte Rohstoffverknappung erneut zu Engpässen. Besonders die Zeit des II. Weltkrieges u. die Nachkriegszeit waren von Materialknappheit geprägt. Demgegenüber stand ein hoher Bedarf an Arbeitskräften für den Wiederaufbau. 1956 gründeten sich die ersten Produktionsgenossenschaften des H. (PGH), deren Zahl sich bis 1968 auf 45 erhöhte, 1989 jedoch nur noch 34 betrug, da 1972 einige PGH in VEB umgewandelt worden waren. Daneben blieb eine Reihe privater H.-betriebe bestehen, darunter waren Familienbetriebe mit langer Tradition. Der Anteil der Privatbeschäftigten im H. verringerte sich von Mitte der 1960er- bis Ende der 1970er-Jahre

Glaserei Borgwardt Warnemünde (um 1930)

von etwa 50 auf knapp 40%, erreichte aber 1988 wieder den vorhergehenden Stand. Die Gesamtbeschäftigungszahlen im H. nahmen 1955–60 kontinuierlich ab, blieben aber seitdem bis 1990 nahezu konstant. In vielen Bereichen herrschte während der gesamten DDR-Zeit Mangelwirtschaft. Die Belieferung mit Material, Maschinen u. Werkzeugen erfolgte nahezu ausschließlich durch die Einkaufs- u. Liefergenossenschaften der einzelnen Innungen.

In den ersten Jahren nach dem Zusammenbruch der DDR 1989/90 löste die polit. u. wirtschaftl. Neuordnung einen drast. Anstieg von Gewerbeanmeldungen aus. 1991–93 stieg die Zahl der H.-betriebe von 624 auf 724. Der Dienstleistungssektor verzeichnete ein Wachstum von über 30%.

Die H.-unternehmen blieben aufgrund ihrer Größe u. ihres Leistungsspektrums sowohl auf dem Absatz- als auch auf dem Arbeitsmarkt lokal u. regional orientiert. 2015 existierten in Rostock 1250 H.-betriebe u. 290 handwerksähnl. Unternehmen.

Lit.: *W. Stieda: Hansische Vereinbarungen über städtische Gewerbe im 14. und 15. Jahrhundert, in: Hansische Geschichtsblätter, Jg. 1886, Leipzig 1888, S. 99–155; E. Dragendorff: Rostocks älteste Gewerbetreibende (2 Tle.), in: Beiträge zur Geschichte der Stadt Rostock, Bd. 2, H. 3, Rostock 1898, S. 65–100; Ebd., Bd. 2, H. 4, Rostock 1899, S. 29–74; R. Ahrens: Die Wohlfahrtspolitik des Rostocker Rats bis zum Ende des 15. Jahrhunderts, in: Beiträge zur Geschichte der Stadt Rostock, Bd. 15, Rostock 1927, S. 1–48; C. Leps: Das Zunftwesen der Stadt Rostock bis um die Mitte des 15. Jahrhunderts (2 Tle.); in: Hansische Geschichtsblätter, Jg. 1933, Leipzig 1934, S. 122–156; Ebd., Jg. 1934, Leipzig 1935, S. 177–242; E. Kuna, H. Kuna: Das alte Rostock und sein Handwerk. Von Aalstecher bis Zinngießer, Rostock 2011.* GF

HANDWERKSKAMMER. Selbstverwaltungskörperschaft des öffentl. Rechts zur Vertretung von Handwerkerinteressen, für Meckl. mit Hauptsitz Schwerin im Jahre 1900 gegründet u. während des II. Weltkrieges aufgelöst. Die auf der Basis der administrativen Strukturen der DDR 1953 für den Bezirk Rostock mit Sitz Rostock neugegründete H. ging 1990/91 in der H. Ost-Meckl.-Vorpommern auf, die Verwaltungssitze in Rostock u. Neubrandenburg unterhält. RL

HANSAVIERTEL. Stadtteil mit 88408 Einwohnern (2016), der das Wohngebiet Bei der Tweel, das sog. Klinikviertel u. das eigentl. H. umfasst. Die schon vor dem I. Weltkrieg geplante Stadterweiterung nach Westen konnte erst nach Stabilisierung der wirtschaftl. Verhältnisse seit Mitte der 1920er-Jahre verwirklicht werden. Das Viertel Bei der Tweel wurde 1925–31 errichtet. Neue Wege wurden mit dem Bau von Typenhäusern, einer erhebl. Wohnungsbauförderung u. der Trägerschaft von Wohnungsbaugenossenschaften eingeschlagen. Um die Kosegartenstr. entstanden nach Entwürfen von Walter → Butzek Wohnhäuser im Stil der Neuen Sachlichkeit. Entsprechend dem 1928 vorgelegten Bebauungsplan setzte sich die baul. Erweiterung dann westl. der Warnemünder Bahnstrecke von der Parkstr. bis zum Holbeinplatz fort. Die ersten Klinikgebäude wurden nach 15 Jahren Bauzeit 1930 eingeweiht. In der Umgebung entstanden hauptsächlich mehrgeschossige Wohnhäuser, u.a. errichtete eine Baugesellschaft des Dt. Gewerkschaftsbundes in der Wiggers- u. in der Dornblüthstr. 1930/31 mehrere Blöcke. In der Zeit des Nationalsozialismus wurden die Bebauungspläne dann fortgeführt, so in der Dethardingstr. bis 1937. Das H. um den Dürerplatz (Danziger Freiheit) u. die Bremer Str. entstand schließlich 1935–38 in Trägerschaft landes- u. stadteigener Wohnungsgesellschaften. Die Benennung des Viertels u. der Straße sollte an die → Hanse erinnern. Ziel war es, schnell preiswerte Kleinwohnungen für die nach Rostock strömenden Arbeitskräfte zu schaffen. Die gesamte Bauausführung wurde daher an die Berliner Glückauf Bau AG vergeben, die mit Arbeitern aus ganz Dtl. u. dem Einsatz moderner Technik für eine zügige Fertigstellung sorgte. Es entstanden 1014 Wohnungen für ca. 4600 Einwohner. Im Umfeld des Platzes der Freiheit entstand das Aufmarschgelände für propagandist. Großveranstaltungen der NSDAP. Das Gelände wurde mit Einweihung des → Ostsee-Stadions 1954 zum Sportforum umgestaltet. 1992 erfuhr das H. mit der Fertigstellung des Einkaufszentrums in der Hans-Sachs-Allee eine nennenswerte baul. Erweiterung. Zum Stadtteil gehören auch Bereiche des Naherholungsgebiets → Barnstorfer Wald. BK

Wilhelm-Gustloff-Platz (1930er-Jahre), heute Thomas-Müntzer-Platz

HANSE. Genossenschaftl. Zusammenschluss von primär norddt. Kaufleuten u. später Städten, die besonders im Ostsee- u. Nordseeraum an Privilegien partizipierten. Die H. stellte zunächst eine Reihe von nordwestdt. Kaufleutegruppen dar, die sich im 12. Jh. in den balt.-westeurop. Handel einschalteten. Im Rahmen des Aufstiegs der Städte u. der Eroberung des westslaw. Raumes durch die Ostexpansion wurden Kaufleute die stärkste soziale Kraft der Städte, sodass sich aus der Kaufleute-H. in der 1. Hälfte des 14. Jh. die Städte-H. entwickelte. Im 14. Jh. gehörten über 200 Städte dieser losen Organisation an. Sie war zunächst in Dritteln, später in Quartieren, organisiert: dem lübischen (wend. u. sächs.), dem westfäl.-preuß. u. dem gotländ.-livländ.-schwed. Quartier. Faktisch war Lübeck das Haupt der H. Allerdings war die H. in erster Linie keine polit. Kraft, sondern eher ein Interessenverband mit Niederlassungen (Kontoren) in London, Brügge, Bergen u. Nowgorod sowie mit wechselnden Parteiungen u. Mehrheiten. Auf Tagfahrten (regelmäßige Zusammenkünfte der H.-städte) versuchten sie gemeinschaftl. Interessen zu formulieren u. eine einheitl. Politik zu verabreden. Ihre Beschlüsse wurden in den sog. Rezessen niedergeschrieben.

Der größte polit. Erfolg war der im Krieg der H.-städte gegen das Königreich Dänemark errungene Sieg im Frieden von Stralsund (1370). Die Staaten, die das Gebiet des hansischen Handels immer stärker beeinflussten u. eigenen Kaufleuten Vorteile gewährten (Niederlande, England, Schottland, Dänemark, Schweden, Polen, später auch Russland) schränkten die Möglichkeiten der H. ein u. erzwangen deren Niedergang ebenso wie die Rückführung großer Handelsstädte in landesherrl. Abhängigkeit. Der letzte H.-tag trat 1669 zusammen.

Unter den Teilnehmern war auch Rostock vertreten. Die Stadt war seit der 1. Hälfte des 13. Jh. fest mit der H. verbunden. Das zeigt u.a. der Abschluss des Rostocker Landfriedens von 1283. Der Seehandel (→ Fern- u. Großhandel) mit Dänemark u. Norwegen u. die damit verbundene Schifffahrt spielten eine wesentl. Rolle. Eine besondere Bedeutung für die Stadt hatte der Heringshandel der → Schonenfahrer. Die → Rostocker Tonne wurde zum allgemeinen Maß des Heringshandels für alle H.-städte. Wichtige Handelsverbindungen unterhielt Rostock aber auch nach Norwegen, wo sich die → Bergen- u. Wiekfahrer auf die Niederlassungen in Bergen konzentrierten. Daneben gab es Beziehungen mit Riga (→ Rigafahrer), London u. Brügge sowie Nowgorod, wobei der Zwischenhandel die Hauptrolle spielte. Rostock hatte mit dem Bier (→ Brauwesen), wie andere H.-städte auch, ein wichtiges Exportgut zu bieten.

Der Handel der H.-städte profitierte von den wirtschaftlich unterschiedl. Strukturen insbesondere der Ostseeländer. Neben Bier wurden Holz, Kalkstein, Asche, Stockfisch, Pelze, Wachs, Honig, Tuche, Wein usw. gehandelt. Rostock war häufig Ort für hansische Tagfahrten. Seine Bürgermeister u. Ratsherren wirkten vielfach diplomatisch für die H. Auch an hansischen Kriegsunternehmungen war die Stadt stark beteiligt. Rostock nahm bis in das 16. Jh. eine führende Position in der H. ein u. konkurrierte hier mit Stralsund um die Rolle der bedeutendsten Stadt nach Lübeck. Rostock hatte um 1600 nach Lübeck u. Bremen die dritte Stimme auf den H.-tagen. Mit dem Erstarken der Landesherren wurde Rostocks eigenständiges Engagement in der H. nach und nach beschnitten.

Lit.: R. Hammel-Kiesow: Die Hanse, 2. Aufl., Darmstadt 2015; S. Selzer: Die mittelalterliche Hanse, Darmstadt 2010; Die Hanse. Lebenswirklichkeit und Mythos (Ausstellungskatalog), 2 Bde., Hamburg 1989. KJLS

Rostocker Heringstonne (1469)

HANSE SAIL ROSTOCK. Findet seit 1991, anfangs als Hanseat. Hafentage, alljährlich in der zweiten Aug.-woche Do. bis So. statt; eines der größten jährl. Windjammertreffen mit ca. 200 Traditionssegelschiffen, die Möglichkeiten zum Mitsegeln bieten; etwa eine Mio. Besucher; größtes Volksfest Meckl.-Vorpommerns; bedeutender Wirtschafts- u. Imagefaktor; vielfältiges Rahmenprogramm auf den Veranstaltungsarealen im Stadthafen u. in Warnemünde mit regionalen u. internationalen Künstlern; Mitmach-Aktionen u. sportl. Wettstreit; Tag der offenen Tür bei der Bundesmarine; Höhenfeuerwerk am Samstagabend.

Lit.: K.-D. Block, A. Schulze: Logbuch Hanse Sail Rostock, Rostock 2010; K.-D. Block, B. Trapp: Die Welt der Traditionssegler, Rostock 2012. TW

HANSEATISCHE BRAUEREI → MAHN & OHLERICH

Einfahrt von Traditionssegelschiffen während der Hanse Sail (2009)

HANSESTADT. Durch Beschluss des Stadtparlaments am 15.3.1990 u. Verankerung in der Hauptsatzung §1 (1) eingeführter Zusatz (sog. Prädikatierung) zum Stadtnamen. Den offiziellen Namenszusatz H. trugen im Jahre 2012 in Dtl. 21 Kommunen. Im März 2016 erfolgte eine Erweiterung des Zusatzes auf Beschluss des Innenministeriums Meckl.-Vorpommern. Seit dem 1.1.2018 lautet er Hanse- u. Universitätsstadt. RL

HANSETAG (DER NEUZEIT). Im Jahre 1980 im niederländ. Zwolle gegründete internationale Städtegemeinschaft ehem. Mitglieder der histor. → Hanse. Die derzeit mehr als 100 Mitglieder, unter ihnen Rostock, veranstalten jährl. den sog. H., der v.a. tourist. Städtewerbung u. Begegnung von Bürgern fördern soll. 2018 findet der H. in Rostock statt. RL

HASSE, NICOLAUS. Komponist, Organist (um 1605 Wilster-1670 Rostock); einer von drei musikal. tätigen Söhnen des Lübecker Organisten u. Komponisten Peter Hasse (um 1575-1640); ab 15.11.1641 Organist an der Rostocker St.-Marien-Kirche; sein Nachfolger wurde sein Sohn Nicolaus d. J. (1651-72); komponierte Orgelmusik u. geistl. Konzerte für den Gottesdienst, geistl. Lieder, Instrumentalmusik für Liebhaber, Festmusiken für Unifeiern u. Begräbnismotetten.

Lit.: M. Belotti (Hg.): *Orgelmusik der Familie Hasse. Präludien u. Choralbearbeitung von Peter Hasse d. Ä., Nicolaus Hasse, Peter Hasse d. J., Stuttgart 2009.* HM

HAUPTBAHNHOF. Eröffnet am 1.6.1886 von der damaligen Eisenbahn- u. Dampfschiff-AG Dt.-Nordischer Lloyd als Bahnhof der Lloyd-Bahn u. Betriebsmittelpunkt der Strecke Neustrelitz-Warnemünde; ab 1905 Rostocker Zentralbahnhof; umfangreicher Ausbau bis 1913. Ab 1920 von der Dt. Reichsbahn als Rostocker H. geführt, ergänzt durch ein Bahnbetriebswerk u. das modernste dt. Ausbesserungswerk bis 1945; Elektrifizierung des Bahnbetriebes 1985, Umbau u. Modernisierung 1998-2003 mit Untertunnelung der Straßenbahn zur Südstadt ab 2003.

Lit.: L. Schultz: *Die Lloyd-Bahn Neustrelitz-Rostock-Warnemünde, Berlin 2010.* LS

oben: Bahnhofsvorplatz (1902), unten: Bahnhofsvorplatz nach dem Umbau (2004)

HAUS DER DEUTSCH-SOWJETISCHEN FREUNDSCHAFT → PETER-WEISS-HAUS

HAUS ELIM. 1902 aus sittl.-religiösen Motiven vom Meckl. Frauenhilfsverein zur Rettung „gefallener" Mädchen gegründet; zunächst in der Ludwigstr. 26, 1909 Einweihung des neuen Hauses in der Alexandrinenstr. 55 (heute Blücherstr.); das Heim bot unehel. schwanger gewordenen Mädchen aus ganz Meckl. Hilfe u. vorübergehende Unterkunft; 1943 Zwangsverkauf an die NS-Volksfürsorge; 1945–71 Nutzung des Gebäudes als städt. Säuglingsheim, 1956 Anbau der Kinderkrippe Sonnenhügel; bis 1990 Sitz der städt. Krippen- u. Heimverwaltung; 2007 Umbau des Hauses für Wohnzwecke. BK

HAUS SONNE. Name eines im 18. Jh. zum Hotel umgebauten Kaufmannshauses am → Neuen Markt, Nachfolger der Lübschen Herberge; 1836 auf einem anliegenden Grundstück um den Apollosaal erweitert; im Apr. 1942 durch Bombenangriff vollständig zerstört. Um mehrere Grundstücke erweitert, errichtete die Dt. Seereederei 1969/70 auf jenem Areal ein Seemannshotel, dessen Giebelgestaltung u. a. mit einer vergoldeten Sonnenkugel von Manfred Kandt den alten Namen wieder auf-

Hotel Haus Sonne (1845)

nahm. 1997/98 Abriss u. Neubau eines Hotels unter Einbeziehung des Giebels von 1970 u. einer Fassade in der Steinstr. RL

HAUSBAUMHAUS. Zweigeschossiger Backsteinbau mit drei Achsen u. Staffelgiebel in der Wokrenterstr. Das H. gilt als eines der ältesten erhalten gebliebenen got. Häuser Rostocks (um 1490 errichtet). Im Erdgeschoss finden sich drei Spitzbogenblenden, Mittelportal u. Rechteckfenster, darüber fünf Spitzbogenblenden mit Rechteckfenstern im ersten Geschoss u. Luken in den oberen Etagen. Im Inneren lasten alle Holzeinbauten auf dem Hausbaum. Die innere Aufteilung des Hauses u. Teile der barocken Decke sowie das Tonnengewölbe im Keller sind erhalten. Ein Kemladen (hofseitiger Anbau) stammt aus dem 16. Jh. 1981 begann die Sanierung u. Neugestaltung (insbesondere Peter Baumbach; plast. Gestaltungen Jo → Jastram, Lothar Sell). 1983 fand die Neueröffnung als Haus der Architekten statt. Seit 2002 wird das H. durch die Dt. Stiftung Denkmalschutz (DSD) genutzt u. ist heute Sitz des Ortskuratoriums Rostock der DSD.
Lit.: *Institut für Denkmalpflege (Hg.): Die Bau- und Kunstdenkmale in der DDR. Mecklenburgische Küstenregion, Berlin 1990, S. 366.* AL

Hausbaumhaus in der Wokrenterstraße (2015)

HAUSNUMMER. Vor Einführung der H. nutzte man zur Unterscheidung individuelle Hausmarken u. Häusernamen; in Rostock 1780/90 erstmalige Nummerierung der Grundstücke durch den Hospitalmeister Julius Michael Tarnow (→ Tarnowplan) auf der Basis der Grundstücksnummerierung der Rostocker → Brandkasse; die durchlaufenden 1872 Nummern folgten der Einteilung der Stadt in Fahnen, wodurch die Übersichtlichkeit für Einwohner u. Fremde erheblich erschwert war; gleichwohl dienten sie der Verwaltung bis 1900 als Katasternummern u. waren teilweise auf den Häusern aufgemalt. Im Zusammenhang mit der Eröffnung des → Gaswerkes seit 1856 straßenweise Nummerierung der Häuser, um die Abnehmer eindeutig zuordnen zu können; die sog. Gasnummer wurde zur H. u. zum Teil der Adresse; 1877 Verpflichtung der Hauseigentümer zur Anbringung von Schildern.

Warnemünde war seit Mitte des 17. Jh. in vier Quartiere geteilt, innerhalb derer die Häuser seit ca. 1800 unter sich gezählt wurden (1805: 189 Nummern). Mit der Entwicklung zum Badeort 1886 Einführung von Str.-namen u. H. Seit 1993 wird die

Hausmarke (1683)

Festsetzung der H. in Rostock durch eine städt. Satzung geregelt (Neufassung 2004). BK

HEGEL, CARL (VON). Politiker, Historiker (7.6.1813 Nürnberg–6.12.1901 Erlangen); Sohn des Philosophen Georg Hegel (1770–1831); begründete mit Archivstudien in Italien seinen Ruf als Historiker; 1839–41 Lehrer in Berlin, dann bis 1855 Prof. u. zeitweise Rektor der Uni Rostock; in der → Revolution 1848/49 Antipode der Demokraten u. Wortführer der sog. Konstitutionellen; Gründer des gleichnamigen Vereins u. der regierungsnahen Mecklenburgischen Zeitung; 1850 Abgeordneter des Erfurter Unionsparlaments; 1855 nach Erlangen berufen; 1856 Veröffentlichung eines Standardwerkes zur meckl. Ständegeschichte; 1891 in den bayer. Adel immatrikuliert.

Lit.: *H. Neuhaus (Hg.): Karl Hegel – Historiker im 19. Jahrhundert (Katalog), Erlangen 2001.* MM

HEILIGEN-GEIST-KIRCHE. Gotteshaus der gleichnamigen ev.-luth. Kirchgemeinde in der → Kröpeliner-Tor-Vorstadt. Auf einem Grundstück des ehem. Rostocker → Hospitals zum Heiligen Geist an der Margaretenstr. mit Patronatsgeldern der Stadt Rostock errichtet, wurde der 360000 M teure Bau nach Plänen des Architekten Johannes Vollmer am 26.4.1908 geweiht. Wahrzeichen der in 33-monatiger Bauzeit errichteten Backsteinkirche im Stile der Neogotik ist der 70 m hohe Turm mit Uhr u. Ecktürmen. Mit einer Heizung, elektr. Licht sowie einer Orgel der Firma E. F. Walcker & Co. Ludwigsburg ausgestattet, galt die H. seinerzeit als der modernste u. ist heute nach wie vor mit 1000 Plätzen der größte Kirchenneubau der Neuzeit in Meckl.-Vorpommern. Die Gemeinde selbst entstand 1905 im Zuge der Neustrukturierung der Rostocker Kirchspielgrenzen durch Teilung der Gemeinde der St.-Jakobi-Kirche.

Lit.: *Erinnerungsblatt zur Weihe der Heiligen Geist-Kirche in Rostock am Sonntag, den 26. April 1908, Rostock 1908.* RL

Bau der Heiligen-Geist-Kirche (1908)

HEIMATMUSEUM WARNEMÜNDE. Das H. ist ein volkskundl. Museum. Der Warnemünder Fischer Heinrich Holtfreter u. der Schulrektor Adolf Ahrens gehörten 1914 zu den Gründern einer „Sammlung aller geschichtl. u. kulturgeschichtl. wichtigen Sachen“. Erste Ausstellungsorte waren u.a. die Veranda von Holtfreter u. später die Fritz-Reuter-Schule. Ende der 1920er-Jahre übergab Ahrens krankheitsbedingt die Leitung in die Hände des Rostocker Lehrers u. Volkskundlers Johannes → Gosselck. Nach umfängl. Bemühungen von Gos-

Eröffnung des Heimatmuseums Warnemünde am 1. Juli 1933

selck u. seinen Mitstreitern gelang es 1933, im Warnemünder Haus der Familie Jungmann (erbaut 1767) in der Alexandrinenstr. 31 das Museum zu eröffnen. Unterstützung erfuhr es vom Heimatforscher Friedrich → Barnewitz sowie dem Volkskundler Richard Wossidlo. Am Ende des II. Weltkriegs gingen wertvolle Stücke der ca. 3000 Objekte umfassenden Sammlung verloren. Gosselck leitete das Museum bis zu seinem Tod 1947. In den 1950er/60er-Jahren war das H. dem → Kulturhistor. Museum in Rostock angeschlossen. In dieser Zeit wurde die Sammlung vernachlässigt. Der desolate Zustand des Hauses führte 1976 zur Schließung u. anschließenden Sanierung. Nach seiner Neueröffnung 1979 gehörte das H. zehn Jahre lang zum Schifffahrtsmuseum Rostock. Seit 1991 wird zusätzlich ein Teil des Nachbarhauses Nr. 30 genutzt. 2005 übernahm der Museumsverein Warnemünde e.V. das H. u. betreibt es mit Unterstützung der Hansestadt Rostock.

Lit.: *C. Rottmann: Een Hüsung för uns Museum. Heimatmuseum Warnemünde – 75 Jahre im alten Fischerhaus. Festschrift, Rostock-Warnemünde 2008.* KM

Das Heimatmuseum heute (2010)

HEINKEL, ERNST. Flugzeugkonstrukteur, Unternehmer (24.1.1888 Grunbach/Stuttgart–30.1.1958 Stuttgart); 1911 als Maschinenbaustudent Bau eines Flugzeuges; erlitt bei einem Absturz schwere Ver-

Ernst Heinkel (1938)

letzungen; Studienabbruch u. Arbeit als Flugzeugkonstrukteur bei der Luft-Verkehrs-Gesellschaft Berlin sowie den Albatros Flugzeugwerken Berlin; ab 1914 Chefkonstrukteur u. Direktor der Brandenburg. Flugzeugwerke in Briest/Havel; trotz Verbots 1920/21 Militärflugzeugbau bei der Caspar-Werke AG in Lübeck-Travemünde für ausländ. Auftraggeber; 1922 Gründung eines eigenen Werkes in Warnemünde (Hohe Düne); seit 1933 Mitglied der NSDAP; 1935 Kauf des Staatsgutes Marienehe u. Aufbau eines modernen Rüstungsbetriebes; 1937 Ernennung zum Wehrwirtschaftsführer; 1938 Übergabe des Dt. Nationalpreises für Kunst u. Wissenschaft durch Reichskanzler Adolf Hitler; 1943 Gründung der → Ernst Heinkel Flugzeugwerke AG; 1945 brit. Gefangenschaft; 1945–48 Entnazifizierungsverfahren, Einstufung als „Mitläufer des NS-Regimes", später als „Entlasteter" eingeordnet; Enteignung in der Sowjet. Besatzungszone u. in Österreich; ab 1950 Neustart im Zweigwerk Zuffenhausen/Stuttgart, Fertigung von Motoren, Motorrollern u.a.; ab 1952 Triebwerks- u. Militärflugzeugproduktion.

Lit.: *V. Koos: Ernst Heinkel – Vom Doppeldecker zum Strahltriebwerk, Bielefeld 2007.* VK

HEINRICH II. (DER LÖWE). Herr v. Meckl., Rostock u. Stargard (1267/68 Riga?–21./22.1.1329 Sternberg); seit 1286 (Mit-)Regent für den bis 1298 abwesenden u. 1302 verstorbenen Vater Heinrich I. (den Pilger); durch geschickte Heiratspolitik, Diplomatie u. Waffengewalt erhebl. Erweiterung der Teilherrschaft Meckl.; 1299 Erwerbung des Landes Stargard; im Ergebnis seines Eingreifens auf Seiten Dänemarks in die langwierigen Kämpfe um Rostock Übernahme der → Herrschaft Rostock 1314/19, Förderung der städt. Autonomie durch den Erwerb Warnemündes u. der Münzgerechtigkeit; H. gilt als Begründer des Zusammenwachsens Gesamt-Meckl., Beiname „der Löwe" bereits im 14. Jh. wegen seiner Tapferkeit.

Lit.: *W. Huschner: Heinrich II. (der Löwe), in: Biographisches Lexikon für Mecklenburg, Bd. 6, Rostock 2011, S. 156–162.* EM

HEINRICH BORWIN I. Fürst v. Meckl. (um 1150/60–28.1.1227); folgte 1179 seinem Vater Pribislaw in der Herrschaft Meckl. nach, musste sie jedoch unter dän. Lehnshoheit mit seinem Cousin → Nikolaus v. Rostock teilen, den er 1200 nach dessen Tod beerbte; 24.6.1218 bestätigte er der werdenden Stadt Rostock den Gebrauch des → Lübischen Rechts; H. öffnete als Schwiegersohn des Sachsenherzogs Heinrich des Löwen sein Land dem westl. Einfluss; Förderer des Landesausbaus, des Städte- u. Klosterwesens in Meckl.; sein Tod löste die erste meckl. Landeshauptteilung aus.

Lit.: *F. Ruchhöft: Heinrich Borwin I., in: Biographisches Lexikon für Mecklenburg, Bd. 8, Schwerin 2016, S. 144f.* EM

HEINRICH-HEINE-SCHULE. 1881 als Bismarck-Schule in Warnemünde im Beisein des Großherzogs Friedrich Franz II. eröffnet (Heinrich-Heine-Str. 13). Ausgestattet mit einer Aula u. einer Wohnung für Hausmeister; mit Eröffnung der Ortsknabenschule (→ Fritz-Reuter-Schule) 1915 Einzug der Ortsmädchenschule (Name im Volksmund: Ziegenschule, niederdt.: Zägenschaul); in der DDR 32. Polytechn. Oberschule Heinrich Heine; derzeit Grundschule; 2014 ca. 200 Schülerinnen u. Schüler, elf Lehrerinnen, Träger: Hansestadt Rostock; Baudenkmal. KM

HEINRICH-MANN-KLUB. Einrichtung des Kulturbundes der DDR für populärwissenschaftl. Veranstaltungen, Vorträge, Diskussionen, Tagungen u. kulturelle Geselligkeit; 1955 als Klub der Intelligenz gegründet, 1960 Klub des Dt. Kulturbundes, 1971 H.; der Sitz des H. war in der Hermannstr. 19; 1966/67 Umbau der Villa für Klubzwecke mit Saal, Kamin- u. Sitzungszimmern sowie Küche; 1991–96 führte der Kulturverein Joachim Jungius die Arbeit des H. weiter; nach Rückgabe des Hauses an die Alteigentümer Schließung. BK

HERBERGE ZUR HEIMAT. Mitte des 19. Jh. gegründeter nationaler Verein, der sich der zeitweiligen Unterbringung u. sozialen Betreuung wandernder Handwerksgesellen nach christl. Grundsätzen verschrieben hatte. Die 1873 ins Leben gerufene u. heute in der → Diakonie aufgegangene Rostocker Sektion betrieb seitdem in der Harten Str. u. seit 1887 in Warnemünde gleichnamige Häuser. RL

Herzog Johann Albrecht und Herzogin Elisabeth zu Besuch (1900)

HERRSCHAFT ROSTOCK. 1235–1314 bestehende selbstständige Teilherrschaft des meckl. Fürstenhauses; umfasste neben der Stadt Rostock das Territorium von Kröpelin im Westen bis an die Recknitz u. Trebel im Osten sowie bis nach Tessin u. zum Kummerower See im Süden; hervorgegangen als dritter, nordöstl. Teil aus der ersten meckl. Hauptlandesteilung unter den vier Enkeln des Fürsten → Heinrich Borwin I.; angesichts des raschen u. starken Aufblühens u. der wachsenden Autonomie der Stadt Rostock als Zentrum Niedergang der Macht der Herren v. Rostock (Heinrich Borwin III., → Waldemar v. Rostock, → Nikolaus das Kind); nach dem Tode Nikolaus des Kindes fiel die H. bis 1323 endgültig an → Heinrich II. (den Löwen) v. Meckl.
Lit: M. Hamann: Das staatliche Werden Mecklenburgs, Köln, Graz 1962. EM

HERZFELD, JOSEPH. Politiker (18.12.1853 Neuss–27.7.1939 Klobenstein/Südtirol); 1862–71 Gymnasiumsbesuch in Düsseldorf; 1873 Kaufmann in New York; 1878–80 Studium der Rechtswissenschaften am Columbia College Law School in New York; 1881–85 Rechtsanwalt in New York; 1885–87 Studium des Rechts u. Promotion an der Friedrich-Wilhelms-Uni in Berlin; 1887 Eintritt in die SPD, erster sozialdemokrat. Abgeordneter des Wahlkreises Rostock-Doberan mit Direktmandat im Dt. Reichstag (1898–1907, 1912–18); 1917 Mitbegründer der Unabhängigen Sozialdemokrat. Partei Dtl. (USPD); 1918 lehnte H. für sich u. die USPD das Angebot der Regierungsbeteiligung in Meckl.-Schwerin ab; 1918–20 u. 1924 Mitglied des Reichstages (Wahlkreis Meckl.); 1920 Übertritt zur KPD; 1933 Exil in der Schweiz. Heute erinnern Straßen in Schwerin u. Rostock an H.
Lit.: H. Weber, A. Herbst: Deutsche Kommunisten. Biographisches Handbuch 1918 bis 1945, Berlin 2004, S. 304f. MB

HEXENVERFOLGUNG. Traditionelle Zauberpraktiken, Heil-, Schutz- u. Schadenzauber waren im Volksglauben verwurzelt; im Alltagsleben präsentierte Zauberei (lat.: maleficium, veneficium, magica; mittelniederdt.: toverie) wurde gegen Ende des Mittelalters zwar zunehmend kriminalisiert, aber noch nicht gezielt verfolgt. In Rostock sah das gewohnheitsrechtl. angewandte lübische Strafrecht für Zauberei den Tod durch Verbrennen vor. Seit Ende des 15. Jh. belegen Quellen des Kriminalgerichts (Niedergericht) das Handeln der städt. Justiz in einigen Zaubereiklagen ohne Todesfolge. Für das 16. Jh. spiegeln sie die Verfolgungspraxis detailliert wider. Noch 1511 wurde ein Todesurteil wegen des hohen Alters der Delinquentin zur Stadtverweisung gemildert. Der nächste Prozess fand im religiös-polit. brisanten Jahr 1532 statt. In seiner Folge wurden einige Frauen u. Männer auf dem Scheiterhaufen verbrannt. Ihnen wurde vorgeworfen, dass sie Beihilfe zum angebl. Giftmord an dem Rostocker Reformator Joachim → Slüter auf Forderung kath. Geistl. verübt hätten. Gegen Mitte des 16. Jh. nahmen die Prozesse zu, die Urteilspraxis verschärfte sich. Die Rezeption der Peinl. Halsgerichtsordnung Kaiser Karls V. (1532) u. der etablierten Hexenlehre wirkten sich aus u. führten ab 1560 zu einer Verfolgungswelle, die wie im ganzen Land mehrere Jahrzehnte andauerte (Landespolizeiordnungen 1562, 1572; Rostocker Polizeiordnung 1576). Sie gipfelte 1584 vor dem Hintergrund städt. Unruhen in einem Kettenprozess mit 18 Todesurteilen. Die für Hexenprozesse typ. Elemente wie Teufelspakt, Teufelsbuhlschaft, Flüge zum Hexensabbat usw. gehörten – lokal gefärbt – nun obligatorisch zum Anklagekanon des Zaubereiprozesses. Die Angeklagten waren mehrheitl. Frauen der Unterschichten. Manche fristeten mit Zauberpraktiken ihr Dasein und konnten in kriminelle Vorfälle verwickelt sein. Die wachsende Zahl der Armen u. die schwierige Situation der Stadt in der 2. Hälfte des 16. Jh. begünstigten ihre Kriminalisierung. 1570 wurden Paul Kröger der Zauberei u. Plonje Krüger der Hexerei bezichtigt. Im Herbst verbrannte man sie vor den Augen einer großen Menschenmenge auf dem Neuen Markt.

Für das 17. Jh. ist die Quellenlage deutlich schlechter. Die Verfolgung u. Zunahme der Prozesse 1660–80 in Meckl. wirkte sich auch auf Rostock aus. Für das 16./17. Jh. sind mind. 112 Zaubereidelikte nachweisbar, die Zahl der Todesurteile wird mit mind. 40% angenommen. 1667 wurde mit der Elmenhorsterin Anna Fincke (geb. Gribnitz) die letzte „Hexe" Rostocks vor dem Steintor verbrannt.

Lit.: *I. Ehlers: Über den Glauben an Hexen und Zauberer und ihre Verfolgung im Rostock des 16. Jahrhunderts, in: Beiträge zur Geschichte der Stadt Rostock, N.F., H. 6, Rostock 1986, S. 21–40; K. Möller: Hexerei als Broterwerb? Funktionen städtischer Zauberei- und Hexenprozesse am Beispiel Rostocks (16./17. Jahrhundert), in: Beiträge zur Geschichte der Stadt Rostock, Bd. 27, Rostock 2005, S. 22–50.* IE

HEYDEMANN, ERNST. Politiker (23.3.1876 Tessin–3.7.1930 Rostock); Vater: Jurist u. Bürgermeister; 1896 Abitur in Neubrandenburg, Jurastudium in Heidelberg, Berlin u. Rostock, 1901–04 Referendar, 1905 Promotion an der Uni Rostock; 1905–09 Senator in Schwerin, 1909–19 Senator in Altona, ab 1914 im Kriegseinsatz, 1917–18 in Libau (Lettland) Stadthauptmann; 1919 nach Reform der Stadtverfassung in Rostock zum → Bürgermeister gewählt, 1925 Wiederwahl, 1927 Amtsbezeichnung → Oberbürgermeister; Verdienste um die städt. Finanzen, die Förderung des Wohnungsbaus u. die Linderung der Not; Mitglied des Finanzausschusses des Dt. Städtetages u. des Vorstandes des Meckl. Städtetages. BK

HINRICHSDORF. Ehem. Bauerndorf im Toitenwinkel; 1252 erste urkundl. Erwähnung; laut Fälschung aus dem 16. Jh. seit 1262 adliger Besitz der Moltkes; 1781 Übergang in domanialen Besitz; eingepfarrt nach Toitenwinkel; 1960 nach Rostock eingemeindet. Der sich seit dem 19. Jh. entwickelnde Ausbau des Dorfes an der Südgrenze nach Dierkow an der Kreuzung des Weges von Toitenwinkel nach Goorstorf erhielt 1990 den Namen Neu H. Danach Bau eines Gewerbegebietes, eines Einkaufszentrums u. einer Umgehungsstraße.

Lit.: *E. Münch: Toitenwinkel und Rostock. Zur Geschichte einer Haßliebe, Schwerin 2002.* EM

HINRICHSHAGEN. 1731 Ersterwähnung; Waldarbeitersiedlung am Rand der Rostocker Heide östl. von Rostock gelegen; Ortsname von einer Legende abgeleitet, nach der die ersten vier Ansiedler den Vornamen Hinrich trugen; eingepfarrt nach Rövershagen; seit 1887 Wohnort des Heideoriginals „Vater Strömann" (Baumwärter); betrieb im Nebengewerbe in der Försterei Boomhus eine Schankwirtschaft mit Biergarten; erzählte seinen Besuchern, u.a. Heinrich Seidel, Johannes Trojan u. Mark Twain, Wald-

Gaststätte und Pension Schinkenkrug in Hinrichshagen (um 2010)

u. Jagderlebnisse, worauf Twain diese in seiner Erzählung „Die Eine-Million-Pfundnote" verarbeitete; 1924 nach Rostock eingemeindet.

Lit.: *W. Steinmüller: Rostocker Heide mit Jagdschloss Gelbensande. Geschichte – Landschaft – Tipps – Wanderungen, Ilmenau 2008.* WS

HINSTORFF, DETHLOFF CARL. Buchhändler, Verleger (2.6.1811 Brüel–10.9.1882 Wismar); nach Schulbesuch Kaufmannslehre in Wismar, dann Wechsel als Lehrjunge in die Buchhandlung; erste eigene Buchhandlung in Parchim mit zwanzig Jahren, 1832 auch Verleger; 1835 Niederlassung in Ludwigslust mit Druckerei; 1836 Ernennung zum Hofbuchhändler; 1849 Übersiedlung des → Hinstorff Verlages nach Wismar; Sachbücher zu Jura, Schulwesen u. Theologie; 1859 wurde Fritz → Reuter zum ständigen Autor (bis 1881: 156 Aufl. mit 500000 Exemplaren), H. begründete damit die Belletristik im Verlag; 1864 Niederlassung mit Verlagsgeschäft in Rostock, ab 1864 Hg. des „Voß un Haas"-Kalenders.

Dethloff Carl Hinstorff (um 1870)

Lit.: *C. Bunners (Hg.): Fritz Reuter, John Brinckman, Dethloff Carl Hinstorff und Rostock, Rostock 2002.* BM

HINSTORFF VERLAG. Hervorgegangen aus einer 1831 von Dethloff Carl → Hinstorff gegründeten Parchimer Buchhandlung; zunächst veröffentlichte der H. v.a. kirchl., pädagog. u. jurist. Literatur. Dann wurde er ab 1858 mit Belletristik (Fritz → Reuter) erfolgreich. 1864 entstand ein Zweigbetrieb in Rostock (Lagerstr.), der u.a. das Rostocker Tagesblatt (wenig später nach Wismar verlegt) u. den „Voß un Haas"-Kalender (bis 1881 über 100000 Exemplare) druckte. Den zeitweisen Niedergang des Rostocker Geschäfts nach dem Tod des Gründers beendete der Buchdrucker Peter E. → Erichson, der den H. 1907 kaufte. Mitte der 1920er-Jahre zählte der H. 84 Mitarbeiter; ein Autor jener Zeit war Richard Wossidlo. 1925–36 gelang mit den Meckl. Monatsheften ein großer Erfolg. In den Jahren der Hitlerdiktatur erschienen die Monatshefte im Verlag des Niederdt. Beobachters (Tageszeitung der NSDAP Gau Meckl.), ebenso verschiedene Publikationen für Kommunal- u. Landesbehörden. 1942 unterbrach die Zerstörung des Verlagshauses die Verlagstätigkeit. Sie wurde ab 1946 an wechselnden Orten (Pädagogienstr., Schröderplatz, Kröpeliner Str., seit 1987 Lagerstr., nahe dem einstigen Sitz) fortgesetzt. 1959 verkaufte Erichson den Verlag, der bis dahin v.a. ein heimatverbundenes Profil (u.a. Käthe Miethe, Ehm Welk, Hans → Bernitt) gepflegt hatte. Als Volkseigener Betrieb unter Verlagsleiter Konrad → Reich u. Cheflektor Kurt → Batt begann die Arbeit mit Gegenwartsautoren (u.a. Jurek Becker, Franz → Fühmann, Ulrich Plenzdorf), zudem wurde das Programm auf skandinav. u. maritime Literatur erweitert. Der H. wurde damit zu einem der gefragtesten Verlage der DDR. Seit 1992 ist der H. Teil der Heise Gruppe. Ergänzend zur

Verlagsgebäude in der Lagerstraße (2015)

heute wieder klar regionalen Ausrichtung bietet der Verlag ein mehrfach ausgezeichnetes Kinder- u. Jugendbuchsegment (u.a. Dt. Jugendliteraturpreis 2008, 2016). Programmumfang: 1924–42 insgesamt ca. 275 Neu- u. Nachauflagen; 1947–59 187 Titel, davon 89 Nachauflagen; 1959–81 ca. 520 Neu- u. über 500 Nachauflagen; Anfang der 1980er-Jahre jährlich ca. 70 Titel; 2017: 41 Neu- u. 18 Nachauflagen.

Lit.: *J. Grambow: 150 Jahre Hinstorff Verlag, in: Beiträge zur Geschichte der Stadt Rostock, N.F., Bd. 1, Rostock 1981, S. 25–47; S. Schmidt: Der Carl Hinstorff Verlag und Rostock. Zur Entwicklung des Verlages von 1863 bis 1947, in: 777 Jahre Rostock. Neue Beiträge zur Stadtgeschichte, Rostock 1995, S. 155–162.* FO

HISTORISMUS → ARCHITEKTUR UND STÄDTEBAU

HOCHSCHULE FÜR MUSIK UND THEATER ROSTOCK (hmt). Bereits 1947–50 gab es in Rostock eine Hochschule für Musik, Theater u. Tanz unter Leitung des Komponisten Rudolf → Wagner-Régeny. 1968 erfolgte die Gründung der Staatl. → Schauspielschule Rostock. Sie wurde in den 1980er-Jahren an die Hochschule für Schauspielkunst Ernst Busch Berlin angegliedert.

Bald nach der Gründung der H. am 12.1.1994 wurde damit begonnen, das denkmalgeschützte ehem. → Katharinenstift in der östl. Altstadt zu einer modernen Hochschule mit drei Instituten (Musik, Schauspiel, Musikwissenschaft u. Musikpädagogik) auszubauen. Die Neubauteile treten mit den histor. Altbauten in einen spannungsvollen Dialog. Seit 2001 ist die H. im Katharinenstift eine international begehrte Lehreinrichtung; etwa 550 Studierende aus 42 Nationen erhalten hier ihre künstler. Ausbildung. Auch Forschung u. wissenschaftl. Nachwuchsausbildung gehören zu den Aufgaben der H.; Schwerpunkte liegen in den Bereichen Histor. Musikwissenschaft, Ethnomusikologie u. Musikpädagogik. Gründungsrektor war Wilfried Jochims. Die H. ist Mitglied der 1995 in Rostock gegründeten Association of Baltic Academies of Music (ABAM), in der 17 Hochschulen aus dem Ostseeraum Austauschprogramme u. Künstlerprojekte ermöglichen. In über 300 Vorstellungen im Jahr stellen sich Lehrende u. Studierende mit ihren Arbeiten der Öffentlichkeit.

Lit.: *W. Jochims (Hg.): Glücksmomente. Zur Einweihung des neuen Hauses der Hochschule für Musik und Theater Rostock, Rostock 2001; F. Ivemeyer (Hg.): Nahe am Wasser gebaut. Das Rostocker Katharinenstift, Rostock 2013.* HM

Innenhof der hmt (2016)

HOCHWASSERSCHUTZ → KÜSTEN- UND HOCHWASSERSCHUTZ

HOHE DÜNE. Landbrücke zwischen Warnemünde u. Markgrafenheide. Namensgebend war eine etwa einen Kilometer lange u. etwa acht Meter hohe Dünennehrung östl. der Warnowmündung; heute Ortsteil von Rostock; 1252 Erwerb als Hafen für Rostock; 1910 Bau der Strandbahn Warnemünde-Markgrafenheide über die H. (1945 Demontage als Reparation); 1913 Einrichtung des Seefliegerhorstes (→ Flugplatz Warnemünde). 1922 Gründung der → Ernst Heinkel Flugzeugwerke u. 1927 Standort der Dt. Verkehrsfliegerschule; 1934 Flugplatz der Wehrmacht unterstellt; Verlagerung des Flugzeugbaus nach Marienehe; Errichtung von Wohn- u. Kasernenbauten; bis 1945 Ausflugslokal gleichen Namens inmitten der H.; 1946-47 Demontage des Flugplatzes u. Sprengung der militär. Anlagen; 1953 Bau von Wohnungen; 1956 Gründung der 4. Flottille der Volksmarine der DDR u. Ausbau der Militäranlagen; 1965-70 Bau einer 25 m hohen Lotsenstation; Fährbetrieb zwischen Warnemünde u. H.; Stützpunkt der dt. Marine; Standort eines → Yachthafens (750 Liegeplätze) mit Hotelkomplex (Yachthafenresidenz H., erbaut 2005). WS

HOLTFRETER & ALERT. Im Jahre 1882 von den Kaufleuten Carl Holtfreter u. Johann Alert gegründetes Unternehmen zur Herstellung von Bonbons, Schokoladen u. Zuckerwaren, dem auch eine Senffabrik angeschlossen war. Die zuletzt in der Waldemarstr. ansässige Firma wurde zunächst in Volkseigentum überführt u. schließlich 1956 geschlossen. Die Produktionsstätte übernahm der VEB Rostocker Bonbonfabrik. RL

HONTSCHIK, WILFRIED. Schauspieler, Kaufmann (24.2.1927 Rostock-6.11.2008 Rostock); nach Abitur Ausbildung zum Schauspieler, anschließend Engagements an verschiedenen Bühnen; 1958 Rückkehr nach Rostock u. Übernahme des väterl. Einzelhandelsbetriebes für Glas, Keramik u. Elektrowaren am Doberaner Platz; daneben Schauspieler, Regisseur u. künstler. Leiter der Niederdt. Bühne Rostock; 1990 SPD-Mitglied, 2004-08 Mitglied des Stadtparlaments; 1990 Gründungspräsident der Industrie- u. Handelskammer Rostock (bis Apr. 1995, dann Ehrenpräsident); 1992-97 Honorarkonsul des Königreiches Schweden in Meckl.-Vorpommern. RL

HOPFEN. Die seit dem frühen Mittelalter in Europa in Verbindung mit dem Bierbrauen (→ Brauwesen) wichtige Nutzpflanze hatte auch in Rostock spätestens seit dem 13. Jh. eine entsprechende Bedeutung erlangt. Bereits damals hieß der Markt der Neustadt alternativ hierzu auch → Hopfenmarkt. In Parallele zur steigenden u. bis weit in das 17. Jh. anhaltend überragenden Bedeutung des Bierbrauens u. des Bierexportes (mit 250 Brauhäusern) hatte der H.-anbau auf der Rostocker Stadtfeldmark u. in der ländl. Umgebung der Stadt einen wichtigen Stellenwert. Das Gartenland der Stadtfeldmark bestand daher zu einem erhebl. Teil aus sog. H.-höfen od. H.-dämmen. Vermutlich stand hiermit auch die Bezeichnung Stangenland in Verbindung. In manchen Bauerngärten der ehem. Rostocker Hospitaldörfer (z.B. in Dierkow) wucherte der stark wurzelnde u. schwer auszurottende wilde H. als Unkraut noch bis zum Ende des 20. Jh. EM

HOPFENMARKT. Auch Neustädt. od. Lat. Markt; erstmals 1258/1259 erwähnter u. ab 1265 auch so bezeichneter Marktplatz der Rostocker Neustadt zwischen Fauler Grube u. eigentl. Kröpeliner Str.; bevorzugter Handelsplatz für Hopfen u. Standort des Rathauses der Neustadt, des späteren Großen Auditoriums der Uni (Abriss 19. Jh.); erlangte ab dem 15. Jh. v.a. wegen der Anlage zahlreicher Prof.-häuser (Regentien) u. Unigebäude eine expo-

Nordwestseite des Hopfenmarktes (um 1965)

Ostabschnitt des Hopfenmarktes (um 1965)

nierte Bedeutung; sein westl. Teil erhielt 1819 im Zuge der Aufstellung eines entsprechenden Denkmals den Namen Blücherplatz (heute Universitätsplatz), während der östl. Teil 1961 (namentlich) der erweiterten Kröpeliner Str. zugeschlagen wurde; heute gilt der H. als „Herz der City" u. ist bei Rostockern wie Gästen der Stadt beliebter Treffpunkt.
Lit.: E. Münch, R. Mulsow: Das alte Rostock und seine Straßen, 2. Aufl., Rostock 2010, S. 29–32. RL

HOPPE, MARIANNE. Schauspielerin (26.4.1909 Rostock–23.10.2002 Siegsdorf/Oberbayern); Ehefrau des renommierten Intendanten u. Schauspielers Gustav Gründgens (1899–1963); avancierte nach früher Theaterkarriere ab Mitte der 1930er-Jahre bei der UFA zum gefeierten Filmstar. Nach dem II. Weltkrieg hauptsächlich auf Bühnen tätig (u.a. Berliner Ensemble, Wiener Burgtheater), übernahm H. auch wieder in Film u. Fernsehen zahlreiche, meist kleine Rollen, so u.a. in der Karl-May-Verfilmung „Der Schatz im Silbersee". Bambi 1965, Goldene Kamera 1981/2000, Großes Verdienstkreuz des Verdienstordens der BRD 1975.
Lit.: P. Kohse: Marianne Hoppe. Eine Biografie, Berlin 2001. RL

HOSPITAL. Name abgeleitet vom lat. hospitalis – gastfreundlich. Die im Mittelalter gegründeten karitativen Einrichtungen waren mildtätige Stiftungen. Die Aufgaben basierten auf den Werken der Barmherzigkeit, wozu Speisung, Aufnahme u. Bekleidung der Armen (→ Armenwesen), Beherbergung der Fremden, Pflege der Alten u. Kranken sowie Bestattung der Toten zählten. In Rostock gab es insgesamt vier H. Die beiden ältesten waren das → Hospital zum Heiligen Geist (Gast- u. Siechenhaus) u. das → Hospital St. Georg (Leprosenhaus). Diese entwickelten sich im Umland Rostocks zu bedeutenden Grundbesitzern. Am Ausgang des Mittelalters kamen das → Hospital St. Gertrud (Gasthaus für Pilger u. Elende) u. das → Hospital St. Lazarus (Pockenhaus) hinzu. Diese beiden H. blieben ohne wesentl. Grundbesitz. Nach der Durchsetzung der → Reformation blieben die H. in städt. Verwaltung, aber erst 1584 kam es nach dem Abschluss des → Erbvertrages u. der darauf erlassenen H.-ordnung zu einer endgültigen Festsetzung der Grundsätze. Die Landesherren beließen der Stadt die H. unter der Maßgabe, alle Einkünfte aus Grundbesitz u. Kapitalvermögen den Armen u. Bedürftigen zufließen zu lassen. Über die ordnungsgemäße Verwendung der Finanzen musste fortan der Bürgerschaft Rechenschaft abgelegt werden. Das Gertrud-H. hatte man inzwischen aufgegeben, das Lazarus-H. war zum Armenhaus geworden. Von Bedeutung blieben das H. zum Heiligen Geist u. das St.-Georg-H. mit ihren umfangreichen ländl. Besitztümern. Die Einnahmen aus den H.-dörfern verwandte man zur Versorgung der H.-insassen, die in Präbender u. Armenhäusler unterschieden wurden. Die Präbende (niederdt.: Pfründe) beinhaltete freie Wohnung, evtl. ein kleines Stück Land, eine kleine Rente u. Naturalleistungen. Um in diesen Genuss zu kommen, musste ein Eintrittsgeld gezahlt werden. In den Armenhäusern der H. standen kleine Stuben zur Verfügung, für die auch ein (geringeres) Eintrittsgeld zu entrichten war. Die Präbenden u. Armenhausstellen wurden v.a. für Alleinstehende eine Form der Altersvorsorge. Die Armenfürsorge trat hinter die Altersversorgung zurück. Im 17./18. Jh. gerieten die H. in finanzielle Schwierigkeiten. Die Erträge aus den H.-dörfern wurden durch die zahlreichen Kriege erheblich geschmälert. Der → Stadtbrand von 1677 führte zu Ausfällen bei den Zinseinnahmen aus dem angelegten Kapitalvermögen. Erst zu Beginn des 19. Jh. gelang die wirtschaftl. Konsolidierung. 1870 genehmigte die Landesregierung die Eingliederung in die städt. Verwaltung. Die Einnahmen durften dem ordentl. Stadthaushalt zugeführt werden u. nach eigenem Ermessen auch für weitere Fürsorgeangelegenheiten, für Schulen od. kirchl. Zwecke Verwendung finden. Durch Landesgesetz wurden die H. 1928 aufgehoben u. deren Vermögen endgültig der Stadt übertragen. BK

HOSPITAL ST. GEORG (niederdt.: Hospital St. Jürgen). Das vor dem Steintor gelegene H. wurde 1260 erstmals erwähnt. Die Benennung nach dem Heiligen Georg ist für 1268 nachweisbar. Als einer von 14 Nothelfern rief man ihn bei Krankheiten an. Dargestellt wurde er als drachentötender Ritter. Ursprünglich nutzte die Stadt das Hospital als Unterkunft für Aussätzige (Leprosenhaus). Durch seine Lage außerhalb der Stadt sollten die an Lepra Erkrankten isoliert u. die Gefahr einer Ansteckung vermindert werden. Die Pflege übernahmen Mitglieder der Gemeinschaft zum Heiligen Georg. Später diente das H. Armen, Kranken u. Siechen als Zufluchtsort. Es besaß eine eigene Kapelle u. einen eigenen Friedhof. 1278 wurde es aus dem Pfarrverband der → Kirche St. Nikolai gelöst u. erhielt einen eigenen Geistlichen. Als Patronatsherren beaufsichtigten Bürgermeister u. Rat das H. Die Verwaltung lag in der Verantwortung von zwei bürgerschaftl. Vorstehern, die Geschäfte besorgte der Hospitalmeister. Im Vergleich zum → Hospital zum Heiligen Geist war das H. lange Zeit schlechter dotiert. So erhielt es geringere Einnahmen aus den letztwilligen Verfügungen der Bürger. Verhältnismäßig spät kam auch Landbesitz in die Hand des H. Erst gegen Ende des Mittelalters verlor sich die Benachteiligung. Sichtbar wurde das u.a. 1490, als Bürgermeister Vicke v. Hervorden drei Stücke der Reliquie der 10 000 Märtyrer von Rom an die Kapelle von St. Georg überführte. An Landgütern besaß das H. schließlich Dalwitzhof, Diedrichshagen, Dierkow (anteilig), Elmenhorst (anteilig), Göldenitz, Niendorf u. Schlage. Während des → Dreißigjährigen Krieges, im Jahr 1631, zerstörten die kaiserl. Besatzungssoldaten das H. samt Kirche vor den heranrückenden Schweden. Als Ersatz wurde dem H. die Johanniskirche (→ Kloster St. Johannis) in der Stadt zugewiesen (1831 abgerissen). Der Wiederaufbau der Präbendenhäuser vor dem Steintor begann 1650. Innerhalb der Stadt unterhielt das H. zusätzlich ein Armenhaus, dessen spätere Bezeichnung als Meisterei bzw. Stiftshaus auf weitere Nutzungszwecke hinweist. Nach dessen Zerstörung im → Stadtbrand (1677) entstand in der Lagerstr. ein neues Gebäude (Neubau 1799). Bis zur Aufhebung 1928 bestand das H. an den beiden Standorten St.-Jürgen-Str. u. Lagerstr. 17. Im Jahr 1900 versorgte das Hospital 31 Präbender u. elf Stiftshäusler. Die mehrfach umgebauten Gebäude haben sich erhalten. Das → Kulturhistor. Museum verwahrt zwei Plastiken des Heiligen Georg (15. u. 17. Jh.), die dem H. gehörten. BK

HOSPITAL ST. GERTRUD. 1468 als Gasthaus für Elende u. Pilger testamentarisch durch Bernd Burmester gestiftet; gelegen an der Ecke Kröpeliner Str./Großer Katthagen; Vorsteher waren die Älterleute des Schuhmacheramtes; angelegte Gelder u. Spenden bildeten die finanzielle Basis zur Unterbringung u. Verpflegung der Pilger. 1468 wurden elf Betten, 1490 17 Betten erwähnt; nach der → Reformation u. dem Wegfall der Pilgerreisen wurde das Haus 1553 verkauft u. als Kornhaus genutzt; Gebäude um 1850 abgerissen, erhalten hat sich im → Kulturhistor. Museum ein Türwangenstein von 1532. BK

HOSPITAL ST. JÜRGEN → HOSPITAL ST. GEORG

HOSPITAL ST. LAZARUS. Mildtätige Stiftung, die als Pockenhaus 1509 erstmals schriftl. erwähnt wurde u. am nördl. Ende der Grube beim Heringstor gelegen war. Die Aufnahmekapazität lag bei 14 Personen beiderlei Geschlechts. Deren Unterkunft u. Verpflegung wurde durch die Einnahmen aus Vermächtnissen, Almosen, Spenden u. Kollekten finanziert. Die zunächst verwendete Bezeichnung Pocken-Armenhaus wechselte in der Mitte des 17. Jh. zu Lazarett-Armenhaus. Nach dem → Stadtbrand von 1677 wurde ein Neubau erforderlich, der 1679 entstand. Das Patronat lag bei den Kämmereiherren, die Verwaltung besorgten zwei vom Rat bestellte Vorsteher. Die geistl. Betreuung übernahmen die Pfarrer der Kirche St. Katharinen, seit 1679 der → Kirche St. Petri. Ein Bewohner war als Betvater für die Einhaltung der Hausordnung u. die Abhaltung der tägl. Gebete verantwortlich. Anstelle der Aussätzigen u. Kranken traten vorrangig alleinstehende ältere Menschen, die sich in das Armenhaus einkauften u. ein Wohnrecht bis zu ihrem Tod erwarben. Mit der Reform der Armenordnung (→ Armenwesen) 1803 wurde die selbstständige Stellung des Lazarett-Armenhauses aufgehoben, es unterstand mit seinen Vermögenswerten fortan dem Armeninstitut. Nach dem Tod der letzten Bewohner 1829 Schließung, 1841 Abriss des Gebäudes wegen Baufälligkeit. BK

HOSPITAL ZUM HEILIGEN GEIST. Das größte der Rostocker Hospitäler lag zunächst in der Rostocker Altstadt u. wurde 1260 erstmals urkundlich erwähnt. Es entstand als Gasthaus für erkrankte u. verarmte Fremde, die hier beherbergt, gespeist sowie von Ungeziefer u. anderen Beschwerden befreit wurden. Das Konzil zu Lyon von 1274 gewährte dem H. einen ausgedehnten Ablass, der die finanzielle Grundlage für einen Neubau zwischen Eselföterstr. u. dem offenen Graben der Faulen Grube schuf. 1281 löste der Bischof v. Schwerin das H. aus dem Pfarrverband der St.-Jakobi-Kirche u. gestand ihm einen eigenen Geistlichen u. einen eigenen Friedhof zu. Die Zerstörung durch einen Brand machte bereits 1297 einen weiteren Ablass erforderlich. Für seine Bauten besaß das H. einen eigenen Ziegelhof. Kernstück der Anlage war die fünfschiffige Hospitalkirche an der Ecke Faule Grube/heutige Kröpeliner Str. Die Nord- u. die Südfront der Kirche schlossen fünf Giebel ab. Fünf von Nord nach Süd laufende Dächer bedeckten das Gebäude, abgestützt im Inneren von 16 Pfeilern. Die südl. Giebelfront stand am damaligen Hopfenmarkt, vorgebaut waren sechs kleine Häuser, die sog. Regenbuden. In der quadrat. Hallenkirche von ca. 39×39 m wurden anfangs auch die Kranken versorgt. Diese Aufgabe übernahm eine Gemeinschaft, deren Mitglieder im Hospital wohnten u. beköstigt wurden. Ein solches Anrecht, Präbende genannt, erwarb man durch Zahlung einer größeren Geldsumme. Das Hauswesen leitete der Hospitalmeister, zwei Vorsteher übernahmen die Gesamt-

Heiligengeisthof Nr. 3 (1944)

verantwortung. Dem Rat stand mit dem Patronat die Oberaufsicht zu. Nördl. an die Hospitalkirche schlossen sich das Armenhaus, die Meisterei u. die Präbendenhäuser an. Die Gebäude gruppierten sich um den zweiteiligen Heiligengeisthof, auf den ein Torweg von der Eselföterstr. aus führte. Schenkungen u. Vermächtnisse vermehrten das Vermögen des H. Die karitative Arbeit wurde durch die Einnahmen aus dem umfangreichen Landbesitz, den man seit dem Mittelalter erworben hatte, finanziell gesichert. Zum H. gehörten Barnstorf, Bramow, Cordshagen, Groß Klein, Groß Schwaß, Klein Stove, Purkshof, Jürgeshof u. Vogtshagen. Nach der → Reformation blieb das H. als wohltätige Stiftung in städt. Hand. Die Armenfürsorge trat zunehmend in den Hintergrund, die Altersversorgung wurde zum hauptsächl. Stiftungszweck. Gegen die Bezahlung eines Einkaufsgeldes erwarben vor allem alleinstehende Ältere ein Wohnrecht in den Präbendenhäusern od. dem Armenhaus (Stiftshaus) auf dem Heiligengeisthof. Die baufällige Hospitalkirche wurde 1818 abgerissen. Seit 1833 nahm das H. nur noch weibl. Insassen auf. 1900 gab es im H. 44 Präbendenstellen u. 21 Stellen im Stiftshaus. 1928 hob das Land Meckl.-Schwerin das H. auf u. übertrug das Vermögen an die Stadt. Die Triumphkreuzgruppe aus der Hospitalkirche befindet sich heute in der → Heiligen-Geist-Kirche. BK

HOTEL. Beherbergungsbetrieb im modernen Sinne, um 1775 als Spezialunternehmung im gehobenen Segment des Gastwirtschaftsgewerbes entstanden. Die erstmals 1828 bzw. 1841 so bezeichneten H. de Russie u. H. de Soleil (H. Zur Sonne), beide am Neuen Markt, entstanden aus histor. Gastwirtschaften u. dürfen als die ersten H. der Stadt gelten. In Warnemünde waren dies das H. Seestern (1821) u. das H. Union (1831). In den Jahrzehnten um 1900 ergänzte eine Reihe von Neubauten die Kapazitäten des Beherbergungsgewerbes, die die Zerstörungen des II. Weltkrieges v.a. in Rostock jedoch stark dezimierten. Nach willkürl. Eingriffen in den privatwirtschaftl. Sektor des Gewerbes während der → Aktion Rose, die zu einem deutl. Qualitätsverlust führten, beherrschten in der DDR-Zeit die zur staatl. Interhotel-Gruppe gehörenden Häuser → Hotel Warnow (eingeweiht 1967) u. → Hotel Neptun (eingeweiht 1971) in Warnemünde den örtl. Markt. 1970 gab es auf dem Territorium der kreisfreien Stadt Rostock sechs H., davon zwei in Warnemünde. Seit den 1990er-Jahren sind die bestehenden H., teilweise sogar durch Abriss u. Neubau, gründl. modernisiert od. erweitert worden; neue Unternehmen wie das InterCity H. (seit 1994) od. die Yachthafenresidenz Hohe Düne (seit 2004) etablierten sich. Im Sommer 2015 begrüßten in der Hansestadt Rostock 60 H., davon 24 H. Garni, ihre Gäste. RL

Hotel de Russie am Neuen Markt (1905)

Das Hotel Neptun in Warnemünde (2010)

HOTEL NEPTUN. Hotel in der Warnemünder Seestr., an der Ostsee gelegen. Grundsteinlegung am 7.10.1969, Eröffnung am 4.6.1971 (750 Betten auf 19 Etagen), dominiert seitdem aufgrund seiner Höhe (64 m) die Ortsansicht. Bauausführung Firma SIAB aus Stockholm, wurde in Devisen bezahlt u. sollte ursprüngl. Devisen erwirtschaften. 1971 verfügte das Politbüro der SED, das Hotel solle zu 80 % für FDGB-Urlauber zur Verfügung stehen. Vielfältige Maßnahmen zur Überwachung prominenter West-Besucher. Heute Fünf-Sterne-Hotel. SP

HOTEL WARNOW. 1964–67 nach Entwürfen von Dieter Jastram gebaut, gehörte es zur Interhotel-Kette der DDR, die v.a. ausländ. Gäste zu beherbergen hatte; bildete den städtebaul. Abschluss der Langen Str.; acht Geschosse, überwiegend mit Teilen des industriellen Wohnungsbaus errichtet, Außenwände teilweise traditionell mit Ziegeln gestaltet; in Richtung Kröpeliner Str. Anbau der Tanzbar Newa; 558 Betten, neun Appartements, Gaststät-

Hotel Warnow (um 1970)

ten Malmö, Riga, Rostock, drei Salons; 2002 abgerissen, um Platz für einen größeren Hotelneubau zu schaffen. BK

HOWITZ, CASPAR GEORG HEINRICH. Kaufmann, Gewürzhändler (1770 Güstrow–1838 Rostock); um 1802 Umzug nach Rostock; 1805 Kauf des Grundstückes Vogelsang 14; Errichtung eines Palais als Wohn- u. Geschäftshaus 1806; Besitzer zahlreicher Grundstücke; Begründer einer privaten Feuer- u. Versicherungs-Gesellschaft; 1854 Erwerb des Palais durch Meckl. Ritter- u. Landschaft von den H.-erben; Unterbringung ihrer Bibliothek u. ihres Archivs in dem Gebäude.
Lit.: *H.-H. Schimler: Vogelsang 14. Zur Geschichte eines Hauses, Rostock 2007.* RS

1913 diente das Gebäude am Vogelsang 14 als Archiv und Bibliothek.

HUBERT, VICTOR AIMÉ. Sozialreformer, Literaturhistoriker, Schriftsteller (10.3.1800 Stuttgart–19.7.1869 Wernigerode); Medizinstudium in Göttingen, 1820 Promotion in Würzburg; danach ausgedehnte Reisen durch Europa; Studium zur Kunst, Literatur u. Sprache; 1828 Lehrer in Bremen; 1833–36 Prof. für Ästhetik, Kunstgeschichte u. Rhetorik in Rostock; begründete hier das Studium der roman. Literatur u. Sprachen. Zermürbt von der unbefriedigenden Situation an der Uni Rostock folgte er 1836 einer Berufung nach Marburg. 1843 Prof. in Berlin; gab 1852 Lehrtätigkeit auf u. zog nach Wernigerode, wo er sich dem christl.-konservativen Genossenschaftswesen widmete. BK

HÜBENER, HELENE. Schriftstellerin (14.4.1843 Sternberg–5.6.1918 Gehlsdorf); Pfarrerstocher; nach dem Tod des Vaters zog die Familie nach Rostock, wo H. die Höhere Töchterschule absolvierte; danach für 26 Jahre Pflege einer Tante in Sachsen, unterbrochen von einer Anstellung als Erzieherin auf einem meckl. Gut; später Pflege einer durch Unfall gelähmten Schwester in Gehlsdorf. 1884–1918 schrieb H. 18 Bücher (davon eines posthum 1920 veröffentlicht) religiös geprägten Inhalts, von denen ihr Erstling „Es muss doch Frühling werden" u. „Drei Freundinnen" (1899 ins Schwed. übersetzt) besondere Bedeutung erlangten u. sie zu einer der meistgelesenen dt. Autorinnen ihrer Zeit machten. 2016 wurde ein Weg in Evershagen nach ihr benannt. RL

HÜTELMOOR-HEILIGENSEE. Moorkette am Westrand der → Rostocker Heide; seit 1957 Naturschutzgebiet (540 ha); nach Nehrungsdurchstichen (z.B. Alter Strom in Warnemünde) aus der Verlandung der natürl. Warnowmündung entstanden; Heiliger See ist Rest der Warnowmündung hinter der Düne (südwestl. von Rosenort); ab 1975 intensive Grünlandnutzung; Entwässerung durch Schöpfwerk; heute Europ. Fauna Flora Habitat (FFH) – Vogel-

schutzgebiet mit bedeutender Salzpflanzenflora.
Lit.: *W. Steinmüller: Rostocker Heide mit Jagdschloss Gelbensande. Geschichte – Landschaft – Tipps – Wanderungen, Ilmenau 2008.* WS

HUNDERTMÄNNER. Am 30./31.12.1583 wurden auf Druck der Handwerksämter u. des Herzogs Ulrich III. zur Beteiligung der Gemeinde an den schwierigen Erbvertragsverhandlungen 100 Männer als Ausschuss der Bürgerschaft (Gemeinde) gewählt. Der am 28.2.1584 zwischen Stadt u. Landesherrschaft geschlossene zweite → Erbvertrag sanktionierte ihn als verfassungsmäßige, ständige Bürgervertretung. Dem Kollegium gehörten in vier Quartieren 60 Kaufleute (davon 40 Brauherren) sowie 40 Vertreter der Handwerksämter an. Die 40 Ämterrepräsentanten kamen zuerst vorwiegend aus den traditionsreichen Gewerken der Schuster, Bäcker, Schmiede u. Wollenweber (Tuchmacher), waren meist Älterleute bzw. angesehene, wohlhabende Meister. Das Kollegium war eine Vertretung der Oberschicht. Die Mittelschicht hatte kaum u. die Unterschicht (ohne Bürgerrecht) keinen Anteil. Die H. ergänzten sich durch Kooptation, die Mitgliedschaft währte lebenslang. Ihr Mitspracherecht erstreckte sich auf vom Rat einge-

REVIDIRTE
Ordnung und Beliebung,
Welche die verordnete HundertBürger
zu Rostock, wann Sie von E. E. Rahte
gefordert werden, in Derselben Rahtschlägen
und Votiren zu halten, bewilliget
und angenommen.

ROSTOCK,
Gedruckt bey Niclas Schwiegerau / E. E. Rahts Buchdrucker.

Ordnung des Hundertmänner-Kollegiums (1734)

Hundertmännerstraße (um 1935)

brachte Vorlagen. Während des → Siebenjährigen Krieges (1756–63) äußerte sich die Unzufriedenheit der Bürgerschaft über die ungerechte Belastung bei der Kriegslastentilgung durch den Rat 1762 in einer Beschwerde über Rat u. H.-kollegium beim Landesherren. Die Legitimität des Kollegiums als Vertretung der ganzen Bürgerschaft war infrage gestellt. Durch herzogl. Machtspruch wurde es aufgelöst. Seine Reformierung u. Wiedereinsetzung erfolgte auf Grundlage des herzogl. Regulativs vom 25.8.1770. Gebildet wurden zwei Quartiere. Dem I. Quartier gehörten 50 Kaufleute bzw. Brauherren an und dem II. Quartier 50 Handwerker. Letzteres erhielt das Beschwerderecht beim Landesherren über Rat u. I. Quartier. Der Kompetenzbereich des Kollegiums erweiterte sich. Am 7.2.1849 führten die revolutionären Ereignisse von 1848/49 zur Auflösung des H.-kollegiums bis 1851 u. zur Wahl einer Stadtverordnetenversammlung. 1851 wieder eingesetzt, bestand das Kollegium noch bis zur Reform der Stadtverfassung 1887.
Lit.: *K. Koppmann: Berichte über die Konstituierung der Kollegien der Hundertmänner und Sechzehner, in: Beiträge zur Geschichte der Stadt Rostock, Bd. 4, H. 2, Rostock 1907, S. 93–98; I. Ehlers: Das Hundertmännerkollegium – 300 Jahre die ständische Bürgervertretung Rostocks, in: Rostock im Ostseeraum in Mittelalter und früher Neuzeit, Rostock 1994, S. 83–88.* IE

HUNDERTMÄNNERBRÜCKE → BRÜCKE

HUNDSBURG. Bodendenkmal am Warnowufer südl. des Dorfes Schmarl; Burg slaw. Ursprungs; Ersterwähnung 1268/70; Königin Margarethe v. Dänemark (→ Margarethe Sambiria) soll 1270 hier gestrandet sein; Burg mit strateg. Bedeutung für die Sperrung des Schiffsverkehrs von u. nach Rostock; die Stadt kaufte 1278 die verwaiste Burgstätte von → Waldemar v. Rostock, der zusicherte, keine neuen Festungen an der Warnow zu errichten; 1307 Verkauf des Burghügels an das → Kloster zum Heiligen Kreuz; 1582 Abriss der letzten Mauerreste; seit 1997 geschützter Landschaftsteil. BK

HUTTEN, ULRICH VON. Humanist (21.4.1488 Burg Steckelberg/Hessen-29.8.1523 Ufenau/Schweiz); Erziehung an der Klosterschule Fulda; 1505-08 Studium in Erfurt, Köln, Frankfurt/O., Leipzig, Greifswald; während des Studiums zum Anhänger humanist. Ideen geworden; 1510 Flucht nach Rostock, hier Aufenthalt in der „Regentie Himmelspforte" zum Auskurieren seiner angeschlagenen Gesundheit u. zu literar. Tätigkeit, besonders der Verarbeitung seiner Greifswalder Erlebnisse u. seines Streites mit den dort ansässigen Gläubigern Wedego u. Henning Lotze, außerdem Abfassung eines „Briefes an die 16 Männer der Rostocker Hochschule mit einem Tetrastichon auf jeden"; verließ Rostock noch im Jahr seiner Ankunft; Wandel von humanist. geprägter zu radikaler Kritik an der kath. Kirche; wegen der Beteiligung am sog. Pfaffenkrieg Verhängung der Reichsacht u. Flucht in die Schweiz; früher Tod infolge einer Syphiliserkrankung.

Ulrich von Hutten

Lit.: *H. Bei der Wieden: „Nackend entrann ich hierher, als Ausgeraubter nach Rostock..." Ulrich von Hutten in Rostock und sein Weg dorthin, in: Beiträge zur Geschichte der Stadt Rostock, Bd. 32, Rostock 2012, S. 125-156.* AS

I

IGA → INTERNATIONALE GARTENBAUAUSSTELLUNG

IHK → INDUSTRIE- UND HANDELSKAMMER

INDUSTRIALISIERUNG. Die I. (Investition von Kapital, techn. Innovation, Mechanisierung, Arbeitsteilung) setzte in Meckl. im 2. Drittel des 19. Jh. ein. Erste Ansätze dieser Entwicklung zeigten sich in Rostock auf der Werft von → Zeltz & Tischbein mit dem Bau eines eisernen Schraubendampfers 1851. Breitere I. mit der Aufhebung innerdt. Zölle, der Einführung von Gewerbefreiheit u. Freizügigkeit ab 1868; Beginn in der Metallindustrie bei den Werften (Zusammenschluss in der Aktiengesellschaft Neptun ab 1890 mit teilweise über 1000 Beschäftigten), beim Maschinen- u. Landmaschinenbau (Rudolf → Dolberg, Hofwoldt um 1890) sowie bei der Lebensmittelverarbeitung mit Brauerei → Mahn & Ohlerich AG 1878 u. Rostocker → Zuckerfabrik AG 1884; schnelles Wachstum mittelständ. Lebensmittelindustrie ab 1880 mit Mineralwasser- u. Margarinefabriken, Dampfmühlen, Brauereien, → Brennereien, Knochenmühle, Schokoladenfabriken, → Molkereien u. Zichorienfabrik; weitere Unternehmen der mittelständ. Industrie: Möbelfabrik → Strobelberger, Schuhzubehörfabrik Emsa-Werke Max → Samuel, Sägewerk → Jürß & Crotogino; um 1900 14 Betriebe mit über 50 Arbeitnehmern (da-

Das Sägewerk Jürß & Crotogino unterhalb der Petrikirche (um 1935)

runter → Chemische Fabrik F. Witte, Druckereien Carl → Boldt u. Adlers Erben), etwa 40 Fabriken mit Dampfantrieb; nach dem Bau des → Elektrizitätswerks 1900 teilweise Umstellung auf Elektroantrieb; überwiegend für den regionalen Markt tätig außer F. → Witte (1906: 23 Auslandsvertretungen); mit Kriegsvorbereitung zunehmend Rüstungsproduktion; teilweise Verflechtung mit Handelsunternehmen, Rostocker Bank AG u. Rostocker → Sparkasse.

Die I. endete um 1914 mit dem Beginn des I. Weltkrieges. In den 1930er-Jahren erfuhr Rostock mit dem forcierten Aufbau der Flugzeugindustrie u. in den 1940/50er-Jahren mit dem Ausbau der Werften weitere tiefgreifende I.-schübe.

Lit.: *W. Karge: Das Großbürgertum in Industrie, Handel und Banken im Großherzogtum Mecklenburg-Schwerin 1871–1914, in: Mecklenburgische Jahrbücher, Jg. 108, Hildesheim 1991, S. 129–165; Ders.: Rostocks Wirtschaft um 1900, in: Rostocker Blitzlichter 1900/2000, Rostock 1999, S. 103–108.* WK

INDUSTRIE → ELEKTRIZITÄTSVERSORGUNG
→ FLUGZEUGBAU
→ MASCHINENBAU
→ SCHIFFBAU

INDUSTRIE- UND HANDELSKAMMER (IHK). 1903 Gründung der Meckl. Handelskammer in Rostock; Selbstorganisation u. Interessenvertreter aller gewerbl. Unternehmen; Wahl des Rostockers Albert → Clement zum Ersten Präsidenten; Sitz der Kammer: Koßfelderstr.; 1927 Umbau der Neuen Wallstr. 1 (heute Barlachstr.) für die Meckl. Handelskammer durch den Architekten Paul → Korff; 1934 Umbenennung in I.; 1936 Erwerb des Hauses Neue Wallstr. 2; 1942 Bildung der Gauwirtschaftskammer Meckl.; 1945 Bildung der I. Meckl.-Vorpommern, Sitz Schwerin (Bezirkskammerstandorte Rostock, Stralsund); 1953 Bildung der I. Rostock für den Bezirk Rostock; 1990 Auflösung u. Neugründung der I., Wilfried → Hontschik erster Präsident.

Lit.: *„Zum mercklichen Vorteil des Publici..." Aus der Geschichte der Industrie- und Handelskammern Neubrandenburg, Rostock und Schwerin, Rostock 2003.* RS

INGENIEURHOCHSCHULE FÜR SEEFAHRT WARNEMÜNDE/WUSTROW (IHS). Die Gründung der I. erfolgte am 1.9.1969 durch den Zusammenschluss der 1965 in Warnemünde eröffneten IHS für Schiffstechnik mit der Seefahrtschule Wustrow. Erster Rektor war Prof. Hermann Schneider. Die I. bestand aus vier Sektionen: Schiffsführung, -maschinenbetrieb, -bautechnologie u. Grundlagenausbildung sowie die Abteilung Marxismus-Leninismus. Die I. besaß das Promotionsrecht. Die Sektion Seewirtschaft wurde 1986 gebildet. Im selben Jahr studierten 1250 Direktstudenten. Das vierjährige Studium endete mit einem Diplom. Der Lehrkörper setzte sich aus ca. 480 wissenschaftl. u. techn. Mitarbeitern zusammen.

Simulationszentrum der IHS (2014)

Am 1.10.1991 wurde die I. in die Uni Rostock eingegliedert. Teilbereiche der I. gingen an die Fachhochschule (FH) Wismar, Fachbereich Seefahrt. Die Übernahme von Gebäuden u. Laboren ermöglichte die Weiterführung der Seefahrtsausbildung. Damit endete aber die universitäre maritime Ausbildung. 1992 wurde der Standort Wustrow geschlossen. An der FH Wismar studierten 1993 insgesamt 141 StudentenInnen Seeverkehr/Nautik u. Schiffsbetriebstechnik. 1996–98 wurde in Warnemünde ein leistungsfähiges maritimes Simulationszentrum errichtet. Die Umstellung der Diplomstudiengänge auf Bachelor of Science u. Master erfolgte 2006.

Lit.: *M. Hessel, U. Scharnow: 150 Jahre Nautische Ausbildung in Wustrow und Warnemünde 1846–1996, Hamburg 1996.* RS

INNENSTADT. Die I. stellte bis etwa 1830 das urbane Siedlungsgebiet der Stadt Rostock dar. Sie umfasste den mittelalterl./frühneuzeitl. Stadtkern innerhalb der Stadtmauern u. Wallanlagen. Dann erfolgte die schrittweise Beseitigung des Befestigungsringes.

Seit der → Stadtrechtsbestätigung 1218 u. dem Zusammenschluss der drei Teilstädte 1265 entwickelte sich die Stadt Rostock zu einer ummauerten Stadt (→ Stadtbefestigung). Die planmäßige Anlage der Häuserquartiere u. die geraden Straßen zum Hafen waren zunächst für die Alt-, Mittel- u. Neustadt typisch. Jahrhundertelang blieb die Stadttopografie innerhalb des Mauerrings nahezu unverändert.

Vom 13. bis 16. Jh. entstand in der I. eine Vielzahl stattl. Patrizier- u. Handelshäuser u. damit ihr ausgesprochen repräsentativer Charakter. Die markantesten noch erhaltenen Backsteinbauten jener Zeit sind das Rathaus, das Kerkhof- u. Walldienerhaus, die Kirchen St. Marien, St. Nikolai u. St. Petri, das Kröpeliner Tor, das Kuh- u. das Steintor sowie das spätgot. Giebelhaus in der Kröpeliner Str. 82. 1625 wies Rostock rund 4000 Häuser, Buden u. Keller auf. Davon entfielen 1453 auf das Kirchspiel St. Jakobi, 1433 auf das Kirchspiel St. Marien u. 1100 auf St. Petri sowie St. Nikolai. Der in den Jahren 1780/90 entstandene → Tarnowplan verzeichnete nur noch knapp 2000 Grundstücke.

Das Baugeschehen blieb bis in das 19. Jh. hinein im Wesentl. auf Baumaßnahmen innerhalb der Stadtmauern beschränkt, so der Wiederaufbau nach dem verheerenden → Stadtbrand 1677. Seit der Mitte des 18. Jh. entstanden einzelne neue Bürgerhäuser u. Profanbauten im spätbarocken u. klassizist. Stil wie z. B. der Barocksaal am Hopfenmarkt, dem heutigen Universitätsplatz.

Bis zu Beginn des 19. Jh. spielte sich das gesamte städt. Leben – Wohnen, Arbeiten, Handel usw. – in der ummauerten I. ab. Im Verlaufe des 19. Jh. erfolgten dann erst die „Entfestung" u. die Umwandlung der alten Wälle in gärtner. Anlagen. Neben dem von Alleen eingefassten Rosengarten entstand die Wallstr. als wichtigste Promenade der Stadt. Wichtige öffentl. Gebäude reihten sich hier in hochwertiger Architektur aneinander. Mit dem Umbau der Societät zum Kunst- u. Altertumsmuseum sowie dem Neubau des Stadttheaters präsentierte sich an diesem Platz zu Beginn des 20. Jh. das selbstbewusste u. durch ein starkes Bürgertum geprägte Rostock. Mit dem Bau der Steintor- u. der Kröpeliner-Tor-Vorstadt entstan-

Blick auf die Innenstadt von Süden (um 1850)

Kreuzung Breite Straße / Kröpeliner Straße (2009)

den „auf der grünen Wiese" zwei neue vorstädt. Siedlungen.

Trotz der starken Zerstörungen im II. Weltkrieg sind der mittelalterl. Stadtgrundriss sowie baul. Zeugen aus allen Jh. der Stadtentwicklung erhalten geblieben. Eine Besonderheit des Wiederaufbaus bildet die → Lange Straße, geplant als Magistrale u. errichtet in der Architektur der „nationalen Tradition", hier in Rostock unter Verwendung von Elementen der Backsteingotik. Rathaus u. Universitätshauptgebäude an der seit den 1970er-Jahren umgestalteten Fußgängerzone bilden bis heute die Hauptachse der Stadt u. sind wichtiger Impulsgeber für ein reiches kulturelles u. geschäftiges Treiben in der Rostocker I. 2016 lebten in der I. 19 720 Menschen. UJ

INNERSTÄDTISCHES GYMNASIUM. Am 5.5.1930 zogen nach dreijähriger Bauzeit das Staatl. Lyzeum u. das Oberlyzeum in das Doppelschulgebäude am Goetheplatz ein. Das moderne Flachdachgebäude – erst 1938 erhielt das I. ein Walmdach – entstand nach Plänen des Rostocker Stadtbaudirektors Gustav Wilhelm → Berringer im Bauhausstil. Es war seinerzeit das größte Schulhaus Rostocks. 1940 erfolgte die Umbenennung des Staatl. Lyzeums in Oberschule I für Mädchen u. des Oberlyzeums in Oberschule II für Mädchen. Nach der Zerstörung der → Blücherschule (Oberrealschule) u. der Schule Bei den sieben Linden (→ Jenaplanschule) im Apr. 1942 mussten die Schüler dieser Schulen ebenfalls die Oberschule am Goetheplatz besuchen. Im westl. Gebäudeteil wurden ein Lazarett u. ein Stützpunkt für Luftwaffenhelfer eingerichtet. Der Unterricht fand bis März 1945 statt.

Am 1.10.1945 erfolgte die Wiedereröffnung der Schule als Oberschule. Zwei Jahre später erhielt sie den Namen → Große Stadtschule. Zu Beginn des Schuljahres 1947/48 erfolgte die Aufteilung der Schule in zwei selbstständige Oberschulen: Große Stadtschule u. Oberschule am Goetheplatz. Letztere erhielt 1949 ihren Namen Goetheschule (Oberschule). In den 1950er-Jahren beherbergte das I. verschiedene Einrichtungen: die Goetheoberschule, eine Wirtschaftsschule u. eine Grundschule.

Innerstädtisches Gymnasium (2015)

1955 erfolgte die Einführung des erweiterten Russischunterrichts. Die Herderschule entstand u. wurde in einem Flügel des Schulgebäudes am Goetheplatz untergebracht. 1958 verließen deren Schüler das Haus. Parallel dazu fusionierte im selben Jahr die Große Stadtschule I mit der Goetheoberschule zur Oberschule Rostock. Die Schüler der Großen Stadtschule wurden fortan am Goetheplatz unterrichtet. 1963 kehrte die Herderschule in das Schulgebäude am Goetheplatz zurück. Die Oberschule Rostock erhielt den Namen 1. EOS Ernst Thälmann u. zog in die Lindenstr. um. 1972 kehrte auch sie an den Goetheplatz zurück.

Seit 1991 hat das Gymnasium am Goetheplatz seinen Sitz. Am 18.6.1999 erhielt die Schule den Namen Goethegymnasium. 2005 schlossen sich die Schule u. die Große Stadtschule zusammen. Das I. mit ca. 1400 Schülern u. 110 Lehrern entstand. 2006/07 wurde die Schule für insgesamt zwölf Mio. Euro komplett saniert.

Lit.: *Schulverein des Goethegymnasiums Rostock e. V. (Hg.): 75 Jahre Schule am Goetheplatz in Rostock. Erinnerungen – Impressionen – Ausblicke, Rostock 2005.* RS

INNUNG. Vor allem im Zuge der Umsetzung der dt. Gewerbeordnung von 1869 gebildete, freiwillige, regionale Vereinigung selbstständiger Handwerker eines Gewerks od. mehrerer verwandter Gewerke als Nachfolger mittelalterl. Zünfte, die in Rostock die Bezeichnung Ämter getragen hatten. Erste I. entstanden in Rostock 1871. 2014 bestanden, wie im Jahre 1900, im Stadtgebiet unter dem Dach der Kreishandwerkerschaft Rostock-Bad Doberan I. für 24 verschiedene Gewerke bzw. Gewerkegruppen. RL

DER ROSTOCKER INNUNGSAUSSCHUSS
VERLEIHT DEM Maler- LEHRLING
Ernst Weiland
geb. 2. Dezember 1899 zu Rostock
FÜR SEINE LEISTUNGEN IN DER
GESELLENPRÜFUNG
EINEN 2TEN PREIS
ROSTOCK, DEN 13. Juni 1917.
DER VORSTAND

Urkunde des Innungsausschusses (1917)

INROS LACKNER AG. Internationales Ingenieurunternehmen, ca. 250 Beschäftigte, bestehend aus der Prof. Dr. Lackner & Partner GmbH (gegründet 1936 in Berlin) u. der INROS Planungsgesellschaft (gegründet 1950 in Rostock); zunächst Zweigstelle des VEB Industrieentwurf Stralsund in der August-Bebel-Str. (Societät); 1965 Bezug des Büroneubaus in der Rosa-Luxemburg-Str.; 1989/90 Umwandlung des Kombinatsbetriebes Forschung-Projektierung-Technologie (FPT) in eine Planungsgesellschaft für Architektur, Industrie- u. Hafenbau Rostock (INROS); 2004 Entstehung der I.

Großbauten der I. in Rostock (Auswahl): Warnow-, Neptun-, Kvaernerwerft, Überseehafen, Druckerei der Ostsee-Zeitung, Dieselmotorenwerk, Schiffselektronik Rostock, Seehafen Rostock, Uni Rostock, Jugendmode Shanty, Autobahn A20, Stadtwerke. Internationale Projekte u. a. in China, Guinea, Mosambik, Namibia, Togo, Turkmenistan, Vietnam.

Lit.: *INROS Planungsgesellschaft mbH (Hg.): 50 Jahre Bauplanung. INROS Planungsgesellschaft mbH (1950–2000), Rostock 2000; 75 Jahre INROS LACKNER AG 1936–2011. Kontinuität und Wandel, Rostock 2011.* RS

INSTITUT FÜR LEHRERBILDUNG (IFL) JACQUES DUCLOS. Gründung am 1.9.1975 durch Fusion der Institute für Lehrerbildung in Neukloster u. Putbus; Übernahme von 338 Studenten u. 22 Lehrkräften; Neubau in Lichtenhagen (Amilcar-Cabral-Str., heute Möllner Str.); Namensgeber: frz. Kommunist u. Politiker; Studienrichtungen: Lehrer für untere Klassen, Freundschaftspionierleiter, Horterzieher, Kindergärtnerinnen (1980–85); Ausbau des I. (Wohnheime, Lehrgebäude, Sporthalle, Bibliothek) auf 1000 Studenten, 140 Lehrkräfte, 60 Mitarbeiter der Technik u. Verwaltung (1987); Aug. 1991 Schließung bei Übernahme von 30 Mitarbeitern durch die Uni Rostock; Beendigung des Studiums (4. Studienjahr) am I.; 2./3. Studienjahr: Neustart als Grund- u. Hauptschullehrer am Institut für Grundschulpädagogik der Uni Rostock. Im Gebäude des ehem. I. befinden sich heute u. a. das Institut für Qualitätsentwicklung Meckl.-Vorpommern, der Grundschulbereich der Uni Rostock u. Studentenwohnheime. WV

INSTITUT FÜR NEUE MEDIEN. Im Jahre 1993 aus Vorläufern gegründete gemeinnützige GmbH für die berufl. Aus- u. Fortbildung in neuen Medienberufen; Schirmherr zahlreicher freier Film-, Hörfunk- u. Internetprojekte v.a. für Schüler u. Jugendliche; seit 2004 Veranstalter des „Filmfestivals im StadtHafen" (FiSH). Die Film- u. Medienwerkstatt des I. erhielt 2011 den Rostocker → Kulturpreis. Heute hat das I. in der → FRIEDA 23 in der Friedrichstr. seinen Sitz. RL

INSTITUT FÜR OSTSEEFORSCHUNG WARNEMÜNDE (IOW). In einer Villa in der Warnemünder Seestr. (einst Wohnhaus der Rostocker Unternehmer Friedrich → Witte bzw. Ernst → Heinkel) ansässig. Am 1.1.1958 als Institut für Meereskunde Warnemünde gegründet, aus Einrichtungen des Seehydrograf. Dienstes der DDR hervorgegangen; ab 1.1.1960 gehörte es zur Dt. Akademie der Wissenschaften zu Berlin. 1992 als I. neu gegründet; Mitglied der Leibniz-Gemeinschaft. Forschungsschwerpunkte: physikal. Ozeanografie, Meereschemie, biolog. Meereskunde u. marine Geologie. Dem I. stehen die in Rostock beheimateten Forschungsschiffe MARIA S. MERIAN u. ELISABETH MANN BORGESE zur Verfügung.

Institut für Ostseeforschung (2013)

Lit.: *W. Matthäus: 50 Jahre Meeresforschung und Meeresumweltüberwachung in Warnemünde, in: Warnemünde im Jahre 2005, Warnemünde 2005, S. 10–18.* SP

INTERNATIONALE GARTENBAUAUSSTELLUNG (IGA). Seit 1953 alle zehn Jahre in Dtl. veranstaltete Weltausstellung. Für das Jahr 2003 an Rostock vergeben, wurde zwischen den Stadtteilen Groß Klein u. Schmarl ein 1000 ha umfassendes I.-gelände hergerichtet, zu dessen Attraktionen 23 Nationengärten, die nördlichste Seilbahn Europas, schwimmende Gärten sowie mit dem Weidendom eines der größten Naturpflanzwerke der Welt zählten. Zwischen dem 25.4. u. dem 12.10.2003 besuchten 2,6 Mio. Menschen das Areal, auf dem in dieser Zeit 1360 Veranstaltungen sowie 295 Kongresse u. Tagungen stattfanden. Die wirtschaftl. Erwartungen erfüllten sich indessen nicht.

China-Garten des IGA-Parks (2005)

Im Interesse einer nachhaltigen Nutzung wurde die Anlage 2003/04 in einen öffentl. Park umgewandelt u. mit zahlreichen Sport- u. Freizeitangeboten ausgestattet. Auf dem Gelände liegen die Hansemesse, die größte Freilichtbühne in Meckl.-Vorpommern u. das → Schiffbau- u. Schifffahrtsmuseum Rostock.

Lit.: *A. Schade, M. Redieck (Hg.): Das war die IGA in Rostock, Rostock 2003.* RL

J

JAGDWESEN. Von alters her war es Bürgern der Stadt Rostock erlaubt, in den städt. Wäldern u. auf der → Stadtfeldmark auf Jagd zu gehen. Mit dem Kauf der → Rostocker Heide im Jahre 1252 wurde auch hier die Jagdgerechtigkeit erworben. Im Auftrag des Rates verrichteten sog. Heidevögte in der Rostocker Heide ihren Dienst. Der erste namentlich bekannte Jägermeister war 1588 Jürgen Brandt (→ Brandts Kreuz). Neben der Jagd selbst sollten er u. sein Diener darauf achten, dass auf den Stadtfeldmarken u. in den Wäldern keine adligen Jäger auf die Jagd gingen. 1702 räumten die Rostocker ihrem Landesherrn Herzog → Friedrich Wilhelm das Recht ein, in der Rostocker Heide auf Lebenszeit die Hirschjagd zu betreiben. Als dieser 1713 starb, beanspruchte sein Nachfolger Herzog → Carl Leopold dieses Recht. Den Rostockern verbot er die Jagd in der Rostocker Heide. Daraufhin klagte die Stadt vor dem Kaiser in Wien u. erhielt recht. Fortan war es dem Herzog verboten, in der Rostocker Heide die Jagd auszuüben.

Hochwild in der Rostocker Heide (2008)

Die Regulierung u. die Kontrolle des J. übernahm ab 1791 die städt. Forstverwaltung. Die Ausübung der Hohen Jagd (Rotwild, Rehwild, Schwarzwild) als Repräsentationsjagd oblag dem Rostocker Rat. Bauern, Erbpächtern u. Büdnern war die Jagd verboten. Geschossen wurden, vor allem der Trophäen wegen, Hirsche. Die Rehjagd hingegen vernachlässigte man, sodass um 1860 allein in der Heide ca. 1000 Stück Rehwild lebten. Ende der 1880er-Jahre stiegen die Wildschäden stark an, sodass die gesamte Rostocker, Gelbensander u. Ribnitzer Heide eingezäunt wurde. 1911 beschloss der Rat der Stadt erstmals, die Jagd zu verpachten. In den 1930er-Jahren zählte Ernst → Heinkel zu den Pächtern.

Nach der Besetzung Meckl. durch die Rote Armee lag das Recht auf Jagd allein in der Hand der Besatzungsmacht. Der Besitz von Schusswaffen war verboten. Daher durften Angehörige der Forstämter die 1946 auftretende Wildschweinplage auch nur mittels Saufängern (spezielle Dolche) bekämpfen. Erst seit Feb. 1947 war es bewährten dt. Antifaschisten erlaubt, sich mit Jagdgewehren an der Schwarzwildjagd zu beteiligen. Um der Plage Herr zu werden, kam es im Juni 1948 zur Bildung von sog. Abschuss-Sonderkommandos (wieder aufgelöst im Sommer 1949), deren Mitglieder Forstangestellte waren. Fortan übernahmen Angehörige der Volkspolizei ihre Aufgaben. 1953 trat das Gesetz zur Regelung des J. in der DDR in Kraft. Erstmals wurde das Jagdrecht vom Besitz an Grund u. Boden entkoppelt. Alle jagdbaren Tiere gingen in das Eigentum des Volkes über. Dennoch blieb die Jagd auch in der DDR Privilegierten vorbehalten. Viele Mitglieder der Partei- u. Staatsführung, des Militärs, der Bezirks- u. Kreisverwaltungen gingen der Jagd nach. Die Mitglieder von Jagdkollektiven hatten Fachprüfungen abzulegen u. persönl. Überprüfungen hinzunehmen.

1960 erfuhr das Jagdgebiet in der Rostocker Heide durch militär. Sperrung (ca. 60 % der Fläche) eine deutl. Reduzierung. Die Jagd in militär. Sperrgebieten erfolgte durch Jagdkollektive der Nationalen Volksarmee. Im zivilen Bereich der Heide existierten 1980 drei Jagdgebiete, die von 53 Jägern betreut wurden. Nach dem Zusammenbruch der DDR 1989/90 übernahm 1992 das Stadtforstamt die Rechtsaufsicht über das J. Heute werden durch das Stadtforstamt Rostock Jagderlaubnisscheine, sog. Begehscheine, vergeben. Damit dürfen Jäger einzeln od. in Gemeinschaft für ein Jahr in der Rostocker Heide auf Pirsch gehen.

Lit.: *L. Köster: Die Jagd in der Rostocker Heide und das Jagdrecht in Mecklenburg in frühester Zeit bis zur Gegenwart, Wismar 1929; E.-M. Elsner, L. Elsner: Jagd um Rostock. Zur geschichtlichen Entwicklung des sozialistischen Jagdwesens im Kreis Rostock-Land, Rostock 1984; W. Steinmüller, R. Friedrich: 750 Jahre Rostocker Heide: 1252–2002, Rostock 2002.* WS

JAHRESKÖSTE. Durch die Rostocker Kaufmannschaft organisiertes Festmahl ihrer Mitglieder. Erstmals am 14.1.1911 abgehalten, fand es mit Unterbrechungen (1915–20 u. ab. 1941) jährl. unter Leitung des Öllermannes u. der Schenken nach einem vorgegebenen Ritual statt. Seit 1995 treffen sich wieder jeweils 100 Rostocker Kaufleute immer nach Erntedank (Michaelis: 29.9.) zu ihrer J., zu deren Zielen u.a. das Sammeln von Geld für einen gemeinnützigen Zweck gehört.

Einladung zur Jahresköste (1936)

Lit.: *K. Krüger: Gewollte Tradition. Die Gründung der Jahresköste der Rostocker Kaufmannschaft 1911, in: Beiträge zur Geschichte der Stadt Rostock, Bd. 23, Rostock 1999, S. 181–198.* RL

Theodor Jakobs (um 1940)

JAKOBS, THEODOR. Kaufmann, Schriftsteller (19.8. 1896 Rostock–25.10.1947 Rostock); Soldat im I. Weltkrieg, dann selbstständiger Kaufmann u. schließlich Angestellter der Landesbrandkasse in Rostock, ab 1937 „Hilfsarbeiter für die Gemeindechronik" bei der Presse- u. Propagandastelle der Stadtverwaltung Rostock, später abgeordnet ins Stadtarchiv; widmete sich schriftstellerisch der Aufarbeitung seiner Fronterlebnisse im I. Weltkrieg (u.a. „Die letzte Schlacht" 1931, „Der Löwe von Brzeziny" 1934, „Der ewige Trommelschlag" 1938, „Drahtverhau und blaue Bohnen" 1939, „Der alte Soldat" 1943, jeweils mehrere Aufl.) sowie seiner engeren Heimat (u.a. Erzählung „Zwischen sieben Toren"). 1937 Förderpreis der Seestadt Rostock, 1938 Goldener Ehrenring für Frontdichtung, 1940 Meckl. Schrifttumspreis; ab 1940 mehrfach zeitweilig zum Dienst abgeordnet an das Reichsministerium für Volksaufklärung u. Propaganda, dort mit seinen Kriegsromanen für Lesereisen im Rahmen der Frontbetreuung für Soldaten eingesetzt. Nach 1945 maßgebl. an der Rettung des histor. Archivs der Stadt Rostock beteiligt. RL

JANTZEN, STEPHAN. Kapitän (20.7.1827 Warnemünde–19.7.1913 Warnemünde); wurde 1866 zum Warnemünder Lotsenkommandeur (→ Lotsenwesen) berufen. In seiner 37-jährigen Tätigkeit leitete er, auch unter Einsatz seines Lebens, die Rettung von 94 Menschen aus Seenot, wofür er mit zahlreichen Orden u. Ehrungen bedacht wurde. Von 1890 bis zu seinem Tode wirkte er als Beisitzer am Reichsoberseeamt in Berlin. Mitglied der → Dt. Gesellschaft zur Rettung Schiffbrüchiger (DGzRS). In Warnemünde, auch wegen seines Engagements für den Ort u. seine Bürger, mit der Benennung einer Straße sowie mit der Taufe des Seenotkreuzers VORMANN JANTZEN am 27.11.1990 geehrt.
Lit.: *Schifffahrtsmuseum Rostock (Hg.): Stephan Jantzen. Warnemünder Lotsenkapitän 1867–1903, Rostock 1987.* RL

Stephan Jantzen (um 1900)

JASTRAM, JO (JOACHIM). Bildhauer (4.9.1928 Rostock–7.1.2011 Ribnitz-Damgarten); Besuch der Schule in Rostock; 1944 Soldat; nach US-amerikan. Kriegsgefangenschaft Waldarbeiter u. Lehre als Brunnenbauer; 1949 Fachschule für Holzbildhauerei in Empfertshausen/Rhön; 1951 Studium

„Kasper Ohm up sin Vosswallach" von Jo Jastram (2015)

an der Hochschule für Bildende Künste in Dresden, 1954–56 Studium an der Kunsthochschule in Berlin-Weißensee; ab 1956 freischaffend in Rostock, Mitglied im Verband Bildender Künstler der DDR (VBK); 1972 Kunstpreis der DDR; ab 1972 in Kneese/Ribnitz ansässig; 1973 u. 1984 Nationalpreis der DDR; 1974 Mitglied des Zentralvorstandes des VBK; 1975 Präsident des Internationalen Komitees der Biennale der Ostseeländer, Norwegens u. Islands; 1977 beteiligt an der Documenta in Kassel; 1980–86 Prof. für Plastik an der Kunsthochschule Berlin-Weißensee; 1990–95 Mitglied der Akademie der Künste, dann Austritt; zahlreiche Ausstellungen im In- u. Ausland, Werke im öffentl. Raum, z.B. in Rostock → „Brunnen der Lebensfreude" (mit Reinhard Dietrich), „Reisende" am Stadthafen Rostock, Karl-Marx-Denkmal in Addis Abeba (Äthiopien), Werke u.a. im Kulturhistor. Museum Rostock u. in der Kunsthalle Rostock.
Lit.: *J. Jastram: Plastik. Eine Ausstellung des Landschaftsverbandes Rheinland, des Rheinischen Museumsamtes und des Freundeskreises Brauweiler (Katalog), Rostock 1989.* HL

JENAPLANSCHULE. 1912 Einweihung des Gebäudes in der Lindenstr. als Realgymnasium (450 Schüler, 19 Lehrkräfte), das vorher in der → Großen Stadtschule beheimatet war. 67 ehem. Schüler fielen im I. Weltkrieg; 1937 Umwandlung in eine Dt. Oberschule für Jungen u. Verleihung des Namens Schule Bei den sieben Linden (9.11.1937); im Apr. 1942 schwer zerstört; Verlegung des Unterrichts in das Schulgebäude am Goetheplatz, dort Schichtbetrieb; 1944 notdürftige Reparatur; nach 1945 zwischenzeitl. Einzug der → Arbeiter- u. Bauernfakultät (1949–63), dann der 1. EOS Ernst Thälmann u. später der kommunalen Berufsschule; 1996 Start des Jenaplankonzeptes mit 27 Schülern in der Friedrichstr.; 2004/05 Umzug in das Schulgebäude der Margaretenschule am Barnstorfer Weg, 2007 in das Gebäude der Großen Stadtschule in der Wallstr.; 2009 Bezug eines Gebäudes in der Lindenstr. durch die Rostocker J. Peter Petersen (integrierte Gesamtschule mit Grundschulteil). RS

JOHANN ALBRECHT I. Herzog v. Meckl. (23.12.1525 Schwerin – 12.2.1576 Schwerin); folgte seinem Vater Albrecht VII. (dem Schönen) 1547 in der Gemeinschaftsregierung mit seinem Onkel Heinrich V. (dem Friedfertigen); eifriger Anhänger der → Reformation, die er mit seinem Onkel u. den Landständen 1549 landesweit in Meckl. einführte; 1552 teilweise gewaltsame Aufhebung der → Klöster (u.a. → Kloster Marienehe); Ansprüche seines Bruders Ulrich III. führten 1555 zur fakt. Landesteilung; der hochgebildete J. war maßgebl. an der luth. Erneuerung der Uni Rostock beteiligt; weitergehende Autonomiebestrebungen der Stadt Rostock beendete er durch die militär. Besetzung der Stadt 1565 u. den erzwungenen → Erbvertrag von 1573.

Lit.: *L. Sellmer: Johann Albrecht I., in: Biographisches Lexikon für Mecklenburg, Bd. 1, Rostock 1995, S. 134–137.* EM

JOHANNISKIRCHE. Für die St.-Jakobi-Kirchen-Gemeinde (→ Kirche St. Jakobi) ursprüngl. als Notkirche in den Barnstorfer Anlagen anstelle ihres im II. Weltkrieg zerstörten Gotteshauses geplant. Unter tatkräftiger Mithilfe von Gemeindemitgliedern u. Theologiestudenten nach Plänen des Architekten Otto Bartning 1949–50 errichtet. Am 17.9.1950 von Landesbischof Niklot Beste geweiht. Der Bau mit aus den Ruinen von St. Jakobi u. der Kapelle der Kath.-Apostol. Gemeinde Rostock geborgenen Ziegeln dient heute der ev.-luth. Gemeinde St. Johannis als Gotteshaus. 2016 Einweihung des neu errichteten Chorhauses. RL

JOHNSON, UWE. Germanist, Schriftsteller (20.7.1934 Kammin/Hinterpommern – 13.3.1984 Sheerness on Sea, Großbritannien); 1945 Flucht nach Meckl., ab 1946 in Güstrow; 1952–56 Germanistikstudium in Rostock u. Leipzig; 1959 Übersiedlung nach Westberlin; 1966–68 in New York, danach erneut in Berlin u. ab 1974 in Sheerness on Sea; 1970–83 erschien J. bekanntester, vierbändiger Roman „Jahrestage", für dessen Handlung Meckl. einen wichtigen Schauplatz bildet. Georg-Büchner-, Thomas-Mann-, Heinrich-Böll-Preis (1971/78/83); 2010 Gründung der Uwe-J.-Gesellschaft in Rostock; 2012 Einrichtung einer Uwe-J.-Forschungsstelle an der Uni Rostock; Einrichtung des J.-Archivs (2013).

Lit.: *A.-F. Scharsich: Johnson, Uwe, in: Biographisches Lexikon für Mecklenburg, Bd. 7, Rostock 2013, S. 153–159.* FO

JOSEPHI (FAMILIE). **(1) Wilhelm J.** Arzt (8.3.1763 Braunschweig – 31.8.1845 Hohen Sprenz), Vater v. (2); 1782–85 Medizinstudium in Göttingen, 1785 Promotion in Helmstedt; 1788/89 als prakt. Arzt in Braunschweig u. Peine tätig; 1789 Ernennung zum außerordentl. Prof. an der Uni Rostock; 1790 Eröffnung des ersten Anatom. Instituts ebd.; 1792 Ernennung zum ordentl. Prof. für Anatomie, Chirurgie u. Geburtshilfe; 1793 Übernahme der Leitung der Rostocker Hebammenschule. „Hebammenlehrbuch" (1798), 1805 u. 1816 Rektor der Uni Rostock; „Bruchstücke einer physisch-medizin. Beschreibung von Rostock" (1805), darin ausführl. Darlegung der schlechten Wohn- u. hygien. Verhältnisse der Rostocker Bevölkerung; 1808 Generalchirurg der meckl. Truppen, 1839 aufgrund seiner Verdienste zum Geheimen Medizinalrat ernannt. **(2) Carl J.** Kaufmann, Kommunalpolitiker (3.1.1800 Rostock – 15.1.1892 Rostock), Sohn v. (1); nach einer Kaufmannslehre übernahm er die 1814/15 vom Va-

Wilhelm Josephi (um 1820)

ter u. einem Bruder auf einem Familiengrundstück in der Weißgerberstr. in Rostock eingeführte Zichorienproduktion u. entwickelte daraus eine der ersten Kaffeesurrogatfabriken Meckl. Wirtschaftl. erfolgreich erweiterte er das Unternehmen um Industriemühlen für die Öl-, Knochenmehl-, Lohe-, Gips- u. Färbeholzerzeugung sowie um eine Getreidegroßhandlung. Er avancierte zu einem der innovativsten Unternehmer Rostocks. Anlässlich des 50. Geschäftsjubiläums wurde der langjährige Abgeordnete des Stadtparlaments vom Großherzog zum Geheimen Kommerzienrat ernannt.

Lit.: G.-H. Schumacher, H. Wischhusen: Anatomia Rostochiensis. Die Geschichte der Anatomie an der 550 Jahre alten Universität Rostock, Berlin 1970, S. 86–92; W. Karge: Das Großbürgertum in Industrie, Handel und Banken im Großherzogtum Mecklenburg-Schwerin 1871–1914, in: Mecklenburgische Jahrbücher, Jg. 108, Hildesheim 1991, S. 129–165. MR/RL

JUDENTUM. Seit der 2. Hälfte des 13. Jh. lassen sich einige Juden im Zusammenhang mit Pfandbesitz an Grundstücken u. gemieteten Häusern nachweisen. 1279 verpachtete die Stadt ihnen Land für ihren Begräbnisplatz. Dieser lag bis 1350 vor dem Kröpeliner Tor. Infolge ihrer Vertreibung als angeblich Schuldige am Massensterben durch den Schwarzen Tod (Pest) mussten die Juden ab 1350 Meckl. verlassen. Rostock verweigerte ihnen bis 1868 die Niederlassung. Erst durch den Beitritt beider Meckl. zum Norddt. Bund u. durch dessen liberale Gesetzgebung wurde sie Juden 1868 wieder ermöglicht. 1870 konstituierte sich die Israelit. Gemeinde. 1870–76 erwarb sie Land für ihren Friedhof u. legte ihn beim Alten Friedhof, heute Lindenpark, an. Für den Bau einer → Synagoge besaß die Gemeinde nicht die Mittel. Dieser wurde erst durch die Erbschaft des Produktenhändlers Meyer Gimpel möglich. Am 14.9.1902 erfolgte die feierl. Weihe der Synagoge auf dem Grundstück Augustenstr. 101. Mit 281 Mitgliedern war die jüd. Gemeinde 1905 die größte in Meckl. Ihre soziale Struktur war überwiegend kleinbürgerlich. Einige größere Firmen entstanden vor dem I. Weltkrieg: Warenhaus → Wertheim, Emsa-Schuhzubehörwerk Max → Samuel, Getreidegroßhandel Josephy & Cohn, Produktengroßhandlung Gimpel & Söhne, Bürstenfabrik Bernhard. Den Kriegsdienst 1914–18 leisteten 62 Rostocker Juden, davon 42 im Fronteinsatz; zehn fielen. Am Aufbau der Ende Nov. 1918 gegründeten Ortsgruppe der Dt. Demokrat. Partei (DDP) u. an deren Wahlvorbereitung zur ersten Stadtverordnetenversammlung nach dem Ende des Kaiserreichs wirkten angesehene Persönlichkeiten wie Straßenbahn-Direktor Richard → Siegmann mit. Rechtsanwalt Dr. Hugo → Sawitz, einer der jüd. Abgeordneten der DDP im Stadtparlament, erarbeitete 1919 die für Rostock notwendig gewordene neue Stadtverfassung. Zu den während der Weimarer Republik gesellschaftl. aktiven Persönlichkeiten gehörten Dr. Leo Glaser, Fabrikant u. Präsident der Meckl. Handelskammer, Richard Siegmann, Vorsitzender des Norddt. Verkehrsverbundes, der Arzt Dr. Hans Lindenberg, seine Frau Edith, die Reformpädagogin Marie → Bloch u.a. Während des I. Weltkrieges kursierten antijüd. Flugschriften. Die 500-Jahrfeier der Uni Rostock im Nov. 1919 wurde von antisemit. Demonstrationen einiger Studenten u. Oberschüler begleitet. 1922 verließ wegen einer Hetzkampagne der Medizinprof. Fritz Weinberg die Stadt.

Boykott des Kaufhauses Wertheim (1933)

Die jüd. Künstler des Stadttheaters mussten 1931 gehen. Der Machtübernahme durch die Nationalsozialisten am 30.1.1933 folgte am 1.4. der zum offenen Terror gesteigerte Boykott von Geschäften jüd. Inhaber. Noch 1933 leitete die NS-Gesetzgebung die Entlassung jüd. Beamter ein. An der Uni waren der Kinderpsychologe Prof. David → Katz u. der langjährige Leiter der Zahnklinik, Prof. Hans → Moral, betroffen. Katz verließ Rostock, Moral u. der Medizinalpraktikant Dr. Gustav Posner nahmen sich im Sommer 1933 das Leben. Die bis 1938 auf die Vertreibung der Juden u. Bereicherung an ihren Vermögenswerten gerichteten Aktionen gipfelten in der Pogromnacht vom 9./10.11.1938. Nationalsozialisten setzten die Synagoge in Brand, demolierten Geschäfte u. Wohnungen, drangsalierten die Besitzer u. Bewohner; 64 Männer wurden verhaftet. Von den 1932/33 noch 358 Gemeindemitgliedern u. den etwa 50 Personen aus jüd. Familien, die nicht der Gemeinde angehörten, hatten schon viele Rostock verlassen. Nach dem Pogrom, dem Zwang zur Registrierung u. Ausstellung der sog. Judenkennkarte mit den Zwangsvornamen Sara u. Israel sowie dem Abschluss der sog. Arisierung von 28 Einzelhandelsgeschäften wanderten zwischen Nov. 1938 u. Okt. 1939 mind. noch 30 Personen aus. Am 11.6.1941 erfolgte die Zwangsauflösung der Gemeinde. Im Sep. 1941 lebten noch etwa 60–70 Juden in Rostock, ab Okt. waren Auswanderungen nicht mehr möglich. Die phys. Vernichtung der Verbliebenen wurde mit drei Deportationen eingeleitet: Am 10.7.1942 ging ein Transport mit u.a. 24 Menschen aus Rostock ins Konzentrations- u. Vernichtungslager Auschwitz; am 11.11.1942 wurden 14 ältere Menschen nach Theresienstadt deportiert, am 23.6.1943 die letzten vier nach Theresienstadt bzw. Auschwitz. Von den aus Rostock Deportierten überlebten nur zwei Frauen in Theresienstadt u. kehrten zurück. In der Stadt überlebten 14 in sog. Mischehe lebende Juden. Aber auch sie waren Enteignung, Schikanen u. Zwangsarbeit ausgesetzt. Zu ihnen gehörten Dr. Leo Glaser, Dr. Ernst Hilzheimer, die Ärzte Dr. Hedwig v. → Goetzen u. Dr. Heinrich Strauß. Sie stellten sich nach der Befreiung am 1.5.1945 durch die Rote Armee dem gesellschaftl. Neuaufbau zur Verfügung. Der jüd. Friedhof sollte 1944 abgeräumt werden, entging aber der völligen Zerstörung. Er wurde 1963 u. anlässlich des 50. Jahrestages des Pogroms vom 9./10.11.1938 im Jahre 1988 zur Gedenkstätte gestaltet. Eine jüd. Gemeinde entstand vor 1990 nicht mehr. Durch Zuzug vieler Juden seit 1990, v.a. aus der ehem. Sowjetunion, konstituierte sich am 24.4.1994 eine Gemeinde. 2014 zählte sie 617 Mitglieder. Bereits 1991 schenkte die Familie Samuel ihre rückübertragene Villa am Schillerplatz dem 1990 gegründeten Verein für jüd. Geschichte u. Kultur in Rostock e.V., der hier eine Begegnungsstätte einrichtete. Am 15.11.1992 erfolgte im Max-Samuel-Haus die Gründung der jüd. Landesgemeinde Meckl.-Vorpommern. In einem durch die Stadt Rostock überlassenen Haus in der Augustenstr. verfügt die Gemeinde über einen Synagogenraum mit einer Thorarolle, die aus Aachen nach Rostock kam.

Lit.: R. Donath: *Geschichte der Juden in Mecklenburg von den ältesten Zeiten (1266) bis auf die Gegenwart (1874), Leipzig 1874; F. Schröder, I. Ehlers: Zwischen Emanzipation und Vernichtung. Zur Geschichte der Juden in Rostock, Rostock 1988; K. Arlt u.a. (Hg.): Zeugnisse jüdischer Kultur. Erinnerungsstätten in Mecklenburg-Vorpommern, Brandenburg, Berlin, Sachsen-Anhalt, Sachsen und Thüringen, Berlin 1992, S. 49–57; I. Diekmann (Hg.): Wegweiser durch das jüdische Mecklenburg-Vorpommern, Potsdam 1998.* IE

JÜRGESHOF. Nordöstl. Rostocks gelegenes Gehöft; mit 19 Einwohnern (2015) kleinster Ortsteil der Stadt; Ersterwähnung 1267, Hof des → Hospitals zum Heiligen Geist; Name abgeleitet von Georg (niederdt.: Jürgen); daher zeitweise auch als Görries-Hof benannt; 1628 als Jürges Hoff bezeichnet; zum Kirchspiel Rövershagen gehörig; 1860 im Besitz der Familie v. Haefften; 1868 aus einer Scheune, einem Schafstall u. drei Wohnhäusern bestehend; Verlegung des Hofes an den Rand der → Rostocker Heide; diente als Holzstapelplatz der Rostocker Heide; 1978 Eingemeindung nach Rostock; heute Garten- u. Sommerwohnsitz von Rostockern.

Lit.: *Geschichtswerkstatt Toitenwinkel (Hg.): Der Toitenwinkel. Ein Adelssitz bei Rostock und seine Dörfer, Rostock 1996.* WS

JÜRSS & CROTOGINO. 1851 von den Kaufleuten Albert Jürss u. Anton Crotogino vor dem Petritor gegründetes Sägewerk mit angeschlossener Holzgroßhandlung. Die renommierte Firma mit Niederlassungen in Meckl., Pommern, Ostpreußen u. Brandenburg, zu deren Geschäftsfeldern später auch der Baumaterialiengroßhandel, die Schiffsausrüstung u. die Reederei zählten, wurde 1949 aus dem Handelsregister gelöscht.

Lit.: *Albert Jürss 1821–1860. Hermann Carl Anton Crotogino 1827–1904, Alphons Friedrich Wilhelm Albert Crotogino 1852–1924, in: Jahresköste der Kaufmannschaft zu Rostock, Bd. 2, Rostock 1999, S. 40–43.* RL

JUGENDHERBERGE. Die fortschreitende Industrialisierung in den Städten weckte seit ca. 1900 unter Jugendlichen die Sehnsucht nach der freien Natur. Nach dem I. Weltkrieg verstärkte Schaffung von einfachen Wanderunterkünften, z. B. in der → Rostocker Heide durch die „Wandervögel u. die Naturfreunde"; Verband der Dt. J. richtete seit 1920 im Sommer einfache Unterkünfte in Rostocker u. Warnemünder Schulen ein; 1935 Eröffnung einer J. in Warnemünde im früheren → Alexandrahaus (Parkstr. 12); nach 1950 Nutzung des Hauses durch die Warnowwerft als Arbeiterwohnheim, 1957 Wiedereröffnung im neuen Gebäude (Parkstr. 31); 2001 Übergabe des Neubaus durch Bundespräsident

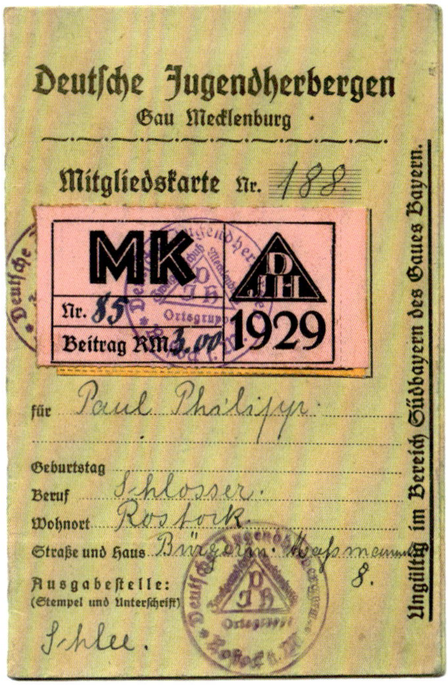

Mitgliedsausweis der Deutschen Jugendherbergen (1929)

Johannes Rau (Parkstr. 47, Gelände der ehem. Wetterdienststelle). BK

JUGENDKLUB. Erste J. entstanden um 1960. Anfangs waren die Räumlichkeiten oft klein u. dienten lediglich als Treffpunkt für Jugendl. Zumeist wurden die J. ehrenamtl. geführt, unterstellt waren sie der Stadtverwaltung, der Freien Deutschen Jugend (FDJ) od. Betrieben. In den 1970er-Jahren kamen J. in den städt. Kultureinrichtungen hinzu, z. B. am Volkstheater. Insgesamt existierten Mitte der 1970er-Jahre ca. 30 J., in denen Vorträge, Arbeitsgemeinschaften (Zirkel), Konzerte u. Tanzveranstaltungen mit gastronom. Ausschank stattfanden. Ende der 1970er-Jahre Zunahme des ideolog. Einflusses der FDJ auf die Programmgestaltung, in den 1980er-Jahren Professionalisierung des Leitungspersonals; ab 1990 Schließung der Betriebs- u. einiger kommunaler J., Überführung der verbliebenen kommunalen J. in freie Trägerschaft bzw. Weiterführung als Stadtteil(begegnungs)zentren. Einrichtungen: Zentrales J.-haus Ernst Thälmann (→ Mau) (Blücherstr.), DT 64 (Kabutzenhof), Baltic (Warnowallee Lütten Klein), Rostocker Greif (Platz der Jugend), Pablo Neruda (Ehm-Welk-Str. Evershagen). TW

JUGENDMODE SHANTY (VEB). Textilfabrik in Schmarl; Planungsbeginn 1975; Eröffnung der Berufsschule 1977; Produktion ab 1978; 1981 Übergabe der zweigeschossigen Produktionshalle mit siebengeschossigem Anbau für Lager u. Verwaltung; 1500 überwiegend jugendl., weibl. Beschäftigte (u.a. aus Vietnam); Herstellung von Jeans im Mehrschichtsystem (1980: 400000 Stück jährl.) u. von jugendgemäßer Damenoberbekleidung; 1991 von der Treuhand abgewickelt.

VEB Jugendmode Shanty in Schmarl (um 1985)

Lit.: VEB Jugendmode Rostock. Chronik 1976–1982, Rostock 1984. WK

JUGENDSTIL → ARCHITEKTUR UND STÄDTEBAU

Bildnis des Joachim Jungius in der Aula der Universität Rostock

JUNGIUS, JOACHIM. Mathematiker, Physiker, Philosoph (22.10.1587 Lübeck – 23.9.1657 Hamburg); 1606 Studium der Philosophie u. Mathematik in Rostock; 1608 Magister der Mathematik in Gießen; 1609–14 Prof. der Mathematik in Gießen; 1616–18 Studium der Medizin in Rostock; 1618 Promotion in Padua; 1624–29 rätl. Prof. der niederen Mathematik in Rostock; 1629–57 Prof. der Logik u. Mathematik am akadem. Gymnasium zu Hamburg, gleichzeitig Rektor des dortigen Johanneums (1629–40); Gründer der ersten naturwissenschaftl. Gesellschaft nördl. der Alpen in Rostock „Societas ereunetica sive zetetica" (1622); Begründer der wissenschaftl. Pflanzen-Morphologie; Mitbegründer der Chemie als Naturwissenschaft. Benennung einer Straße in der Südstadt nach ihm.
Lit.: P. Jakubowski: Joachim Jungius und der erste Höhepunkt der Naturerkenntnis an der Rostocker Universität, in: Wissenschaftliche Zeitschrift der Universität Rostock, G-Reihe, Jg. 25, Rostock 1986, S. 64–69. AS

K

KAAK. Niederdt. Bezeichnung für den Schandpfahl od. Pranger; in Rostock spätestens seit der 2. Hälfte des 16. Jh. für den Mittelmarkt (heute: Neuer Markt) bezeugt; bis ins 19. Jh. Ort der Ausführung von ehrenrührigen Strafen, besonders der öffentl. Zurschaustellung, bei schärferen Urteilen auch der körperl. Züchtigung von Delinquenten, u.a. auch Zurschaustellung u. Vernichtung von Schmähschriften; feierl. Einweihung eines Neubaus im Jahre 1756; Pervertierung durch die Nationalsozialisten in Gestalt des Bücherschandpfahls vor dem Universitätshauptgebäude u. der → Bücherverbrennung auf dem Vögenteichplatz am 10.5.1933. EM

KABUTZENHOF. Name bezieht sich auf das bäuerl. Anwesen Kabusenhof (1604), gelegen am Unterlauf des Klostermühlenbaches am Westende des heutigen Patriotischen Weges; noch 1885 im Rostocker Adressbuch aufgeführt; Kabus steht im Niederdt. für den weißen Kohl, abgeleitet von caput (lat., Kopf) u. verweist auf das hauptsächl. Anbauprodukt. BK

Fährverkehr Kabutzenhof (1962)

KALAND (lat.: kalendae). Name abgeleitet vom ersten Tag eines Monats im röm. Kalender, an dem sich die Mitglieder eines K. gewöhnlich trafen. Im Mittelalter religiöse → Bruderschaft, die Gottesdienste für das Seelenheil der verstorbenen Mitglieder abhielt, sich zu Festessen in ihrem Kollatienhaus zusammenfand u. wohltätige Werke verrichtete; 15 Bruderschaften sind an den Rostocker Kirchen belegt. Im bedeutenden Herren-K. an der St.-Marien-Kirche waren Herzöge, hohe Geistliche, Bürgermeister, Ratsherren u. reiche Kaufleute vertreten; nach der → Reformation ab 1532 Nutzung der Einnahmen der K. zur Bezahlung der Kirchen- u. Schuldiener.
Lit.: *G. Crull: Geistliche Brüderschaften in Rostock, in: Beiträge zur Geschichte der Stadt Rostock, Bd. 9, Rostock 1915, S. 33–45.* BK

KÄMMEREI. Die Verwaltung des städt. Vermögens oblag seit dem 13. Jh. den K.-herren (Ersterwähnung 1265 als ältestes Ratsamt überhaupt). Diese empfingen u. leisteten Zahlungen an die Stadtkasse, z.B. Pachtgelder für städt. Grundstücke u. Abgaben der Gewerbetreibenden für Marktplätze. Zudem besaßen die K.-herren das Patronat für die St.-Petri-, St.-Nikolai-, St.-Jakobi-Kirche u. das Lazarett. Umfassende Kompetenzen für alle Bereiche der Verwaltung hatte die K. im K.-gebiet. Innerhalb der Stadt, in den Vorstädten u. auf den K.-gütern war sie zuständig für alle Bausachen einschließlich der Gerichtsbarkeit über diese. 1831–52 bildete die K. zwei Abteilungen, die K. u. die Stadtbuchbehörde. Das K.-gericht fungierte auf den K.-gütern als Niedergericht für Zivil- u. Kriminalsachen. Nach Einrichtung des Kriminalgerichts 1831 u. der Veränderung der Gerichtsverfassung 1879 verblieb der K. nur die nichtstreitige Gerichtsbarkeit. 1839 übernahm sie die Aufgaben des Mühlenamts, 1853 des Weinamts u. der Deputation zur Verwaltung des städt. Anteils am mittelstädt. Wasserborn. Ihre bau- u. gewerbepolizeil. Befugnisse gingen 1883 an das Polizeiamt über.

1912 wurde die K. mit der Hospital- u. Forstverwaltung zusammengeführt. Zu den K.-gütern zählten: Bartelsdorf, Bentwisch, Broderstorf mit Neu Broderstorf, Gragetopshof, Ikendorf, Kassebohm, Kessin, Riekdahl, Rövershagen mit Mittelhagen, Niederhagen, Oberhagen u. den Heideortschaften Stuthof u. Willershagen.

Lit.: *K. Koppmann: Die Kämmerei von 1778–1897, in: Beiträge zur Geschichte der Stadt Rostock, Bd. 2, H. 3, Rostock 1898, S. 1–9; P. Meyer: Die Rostocker Stadtverfassung bis zur Ausbildung der bürgerlichen Selbstverwaltung (um 1325), in: Jahrbücher des Vereins für mecklenburgische Geschichte und Altertumskunde, Jg. 93, Schwerin 1929, S. 37–114.* GF

KÄPP'N BRASS. Niederdt. für Kapitän u. für ein Seil zum Brassen (Vorgang, bei der die Rah, eine querliegende Rundstange mit Segel, in den Wind gestellt wird) an den Rah-Nocken eines Schiffes, das auch bei der Ausführung von Prügelstrafen Verwendung fand. Da Strafen nur ausgesprochen wurden, wenn man den Kapitän wütend gemacht hatte, setzt man das Sprachbild „in Brass" entlang den dt. Küsten mit „in Erregung", „in Wut" gleich. Im Warnemünder Brauchtum traditionell verankert, war der „wütende Kapitän" in mehr als 35 Jahrgängen der Ostsee-Zeitung eine Kunstfigur, die im Auftrag der Leser öffentl. Missstände mit ihrem Enterhaken „aufspießte" u. deren Beseitigung anregte. RL

KAPP-LÜTTWITZ-PUTSCH. Am 13.3.1920 durch den Gründer der Dt. Vaterlandspartei, Wolfgang Kapp, u. den General Walther v. Lüttwitz organisierter Staatsstreich gegen die Weimarer Republik. In Meckl. übernahm der Befehlshaber der dort stationierten Truppen, Paul v. Lettow-Vorbeck, die Leitung des rechtsextremist. Putsches. Die Rostocker → Garnison schloss sich ihm u. der neuen Regierung an. Unterstützung erhielt das Militär durch Zeitfreiwillige, die sich größtenteils aus Angehörigen der Uni Rostock rekrutierten. Viele Rostocker Bürger u. die Stadtverordnetenversammlung indes hielten zur Republik. Bereits am 14.3. wurde überall die Arbeit niedergelegt. Unter Leitung von Karl Otto gründete sich eine Arbeiterwehr. Bei Schutow kam es zu einem Feuergefecht mit den Zeitfreiwilligen, die versucht hatten, den → Flugplatz Warnemünde zu besetzen. Ihr Anführer, der Medizin-Prof. Ernst Schwalbe, starb. Es folgten Verhandlungen. Währenddessen unternahm der Kunstmaler Erich Hübner mit einigen Getreuen den Versuch, in einem Auto zur → Kaserne in der Ulmenstr. durchzubrechen. Das Vorhaben endete mit dem Tod dreier Putschisten. Fast zeitgleich marschierten die Zeitfreiwilligen in Richtung Güstrow ab. Auf dem Gut Katelbogen nordwestl. von Bützow wurden sie gefangengenommen. Am 22.3., fünf Tage nach dem Scheitern des Putsches auf Reichsebene, endete auch in Rostock der Generalstreik. Da man jedoch einen Angriff der Reichswehr auf die Stadt fürchtete, so wie es in Wismar geschehen war, blieb die Arbeiterwehr aktiv. Am 27.3. erfolgte ihre Entwaffnung u. Auflösung. 200 Mann wurden als geschlossene Formation in die Sicherheitspolizei eingegliedert. Das letzte Opfer des K. in Meckl. – insgesamt starben 81 Personen – wurde im Aug. 1920 in Rostock beigesetzt.

Zug „Leverentz" der Rostocker Arbeiterwehr (1920)

Lit.: *M. Buchsteiner: Der Kapp-Putsch in Mecklenburg-Schwerin, in: Mecklenburgische Jahrbücher, 128. Jg., Schwerin 2013, S. 177–226; F. Mrotzek: Der Kapp-Lüttwitz-Putsch im März 1920, in: Mecklenburgische Jahrbücher, 120. Jg., Schwerin 2005, S. 133–155; M. Polzin: Kapp-Putsch in Mecklenburg, Rostock 1966.* MB

KARNEVAL → FASCHING

KARSTEN, FRANZ CHRISTIAN LORENZ. Agrarwissenschaftler, Ökonom (3.4.1751 Pohnstorf bei Teterow–28.2.1829 Rostock); Besuch des Pädagogiums Bützow (1762) u. der Domschule Güstrow (1763–67); 1771–73 Studium der Mathematik u. Naturwissenschaften in Bützow, 1778 Promotion; 1780 Berufung zum Prof. der Ökonomie; letzter Rektor der Uni Bützow; 1789 zum herzogl. Prof. für Ökonomie der Uni Rostock berufen; Begründer der ersten landwirtschaftl. Lehr- u. Versuchsanstalt in Dtl. auf dem Neuen Werder (heute: Neue Werderstr.) vor den Toren Rostocks; 1798 Mitbegründer der Meckl. Landwirtschafts-Gesellschaft, dem späteren Meckl. Patriot. Verein; seit 1803 Redakteur u. Hg. der Annalen der Meckl. Landwirtschafts-Gesellschaft.
Lit.: *G. Heitz: Karsten, Franz Christian Lorenz, in: Biographisches Lexikon für Mecklenburg, Bd. 3, Rostock 2001, S. 114–118.* AH

Franz Christian Lorenz Karsten (Anfang 19. Jh.)

KASERNE. Gebäude zur ortsfesten u. ständigen Unterbringung von Soldaten in Friedenszeiten. Erste Überlegungen zum Bau einer K. in Rostock reichen in die Zeit der Napoleon. Kriege u. der frz. Besatzung Meckl. 1806–13 zurück. Bis dahin nutzte die Stadt zur Unterbringung der eigenen Truppen in Friedenszeiten die übl. Form der Einquartierung, d.h. die Unterbringung des Militärs in den Privatquartieren der städt. Bevölkerung. Während die Aufnahme von Soldaten in den zivilen Haushalt bereits Unannehmlichkeiten in Form von finanziellen Belastungen u. Auseinandersetzungen hervorrief, verschärften sich die Zustände während der → Franzosenzeit. Indessen gerieten die Beratungen zwischen Rat u. Hundertmännerkollegium bezüglich des K.-baus ins Stocken u. wurden erst 1815 wieder aufgenommen. Trotz der Beendigung der Napoleon. Kriege u. der Einquartierung ausschließlich meckl. Truppen kam es weiterhin regelmäßig zu Übergriffen u. teilweise blutigen Auseinandersetzungen zwischen Soldaten u. Bürgern. Wenngleich Einigkeit über die Notwendigkeit eines K.-baus bestand, scheiterte das geplante Projekt 1819 an Fragen der Finanzierung u. Uneinigkeit über einen geeigneten Bauplatz.

Nach der Reichseinigung 1871 wurde der Plan zum Bau einer K. wieder aufgenommen. Das Areal für den K.-bau befand sich in der → Kröpeliner-Tor-Vorstadt an der Ulmenstraße. 1878 erwarb die Großherzogl. Garnisons-Verwaltung das Gelände, das zuvor zum Hospital- u. Stadtgebiet gehört hatte. Da nochmals Uneinigkeiten über die Abtretung eines Teils dieser Fläche für die nach Warnemünde führende Eisenbahn-Trasse auftraten, verzögerte sich der Baubeginn bis 1886. Die Fertigstellung erfolgte im Okt. 1890, sodass die beiden in Rostock garnisonierten Bataillone des → Füsilier-Regiments Nr. 90 am 30./31.12.1890 aus ihren Quartierhäusern in die K. an der Ulmenstr. übersiedeln konnten. Diese erhielt in den 1930er-Jahren den Namen Blücher-K. (1938 Witzleben-K.). Während der DDR-Zeit beherbergte die K. Einheiten der Sowjetarmee u. der Nationalen Volksarmee (NVA). 1957 erfolgte die Umbildung der Grenzbereitschaft Nord zur → Grenzbrigade Küste, deren Stab 1961 das K.-gebäude bezog. Im Okt. 1964 wurde es in Fiete-Schulze-Kaserne umbenannt. In den 1990er-Jahren kam hier die → Hochschule für Musik u. Theater kurzzeitig unter. Heute befinden sich in dem ehem. K.-bau u.a. die Wirtschafts- u. Sozialwissenschaftl. Fakultät sowie das Institut für Sportwissenschaften der Uni Rostock.

Kaserne in der Kröpeliner-Tor-Vorstadt (um 1900)

Eine zweite K. entstand in der Zeit des Nationalsozialismus. 1934 übereignete die Stadt Rostock dem Reichswehrfiskus unentgeltlich ein zehn Hektar großes Areal in Barnstorf zum Bau einer Artillerie-K., die 1938 die Bezeichnung Putlitz-K. erhielt. Am 4.10.1935 verließ die III. Abteilung des Artillerie-Regiments 12 ihre Barackenunterkunft in Döberitz u. bezog ihr neues Quartier in Rostock. Ein Teil dieses Baukomplexes fungierte als Füsilier-K., in der ab 1935 das Infanterie-Regiment 27 als Teil der 12. Infanterie-Division mit Stab in Schwerin lag. Nach Ende des II. Weltkrieges beherbergte die Putlitz-K. (Tschaikowskistr.) bis etwa 1957/58 die Sowjetarmee. Ob diese auch in der benachbarten Füsilier-K. (Kopernikusstr.) stationiert war, ist unklar. In den Blöcken 1 bis 4 war bis 1956 die Landespolizeischule von Meckl. untergebracht.

Mit Gründung der NVA 1956 bezog das Infanterie-Regiment 28, das 1958 in Motorisiertes Schützenregiment 28 umbenannt wurde, die K. in der Kopernikusstr., die 1964 den Namen des kommunist. Widerstandskämpfers Wilhelm Florin erhielt. Das Regiment setzte sich aus etwa 2000 Soldaten zusammen, womit der K.-komplex deutlich überbelegt war. Das Artillerieregiment 8 lag in der ehem. Putlitz-K., die 1969 in Erich-Mühsam-K. umbenannt wurde. Der Standort wurde nach dem Ende der DDR aufgelöst, 1990 der Treuhand übergeben u. das Arbeitsamt der Stadt Rostock dort eingerichtet.

Im März 1990 erfolgte die Umstrukturierung des Mot.-Schützenregiments 28 zum Küstenverteidigungsregiment 18 der Volksmarine, das am 3.10. durch die Bundesmarine als gepanzertes Heeresregiment übernommen wurde. Aus diesem entstand im Apr. 1991 das Marinesicherungsbataillon 3, das bis zur Verlegung nach Seeth

Soldaten der Blücher-Kaserne (1937)

(Schleswig-Holstein) 1995 in der K. Kopernikusstr., die seit 1992 den Namen Hanse-K. trägt, stationiert war. Seit dem 18.12.1997 hat das Marineamt seinen Sitz in den umfassend umgebauten K.-gebäuden. Seit 2012 ist die Kopernikusstr. mit dem Marinekommando Sitz des Oberkommandos der Bundesmarine.

Weitere K.-bauten befinden sich auf dem durch kaiserl. Verordnung von 1913 aufgebauten u. 1915 ausgebauten → Flugplatz Warnemünde. Im Zuge der Erfüllung des Versailler Vertrages wurde der Stützpunkt 1920 weitestgehend gesprengt. In den 1930er-Jahren entstanden Wohn- u. K.-bauten für das Flugpersonal der hier seit 1927 ansässigen Dt. Verkehrsfliegerschule. Nach der Sprengung u. der Demontage des Flugplatzes Warnemünde 1946/47 zogen Flüchtlinge in die Wohn- u. K.-bauten. 1957, mit Verlegung der Flottenbasis West der Seestreitkräfte der DDR nach Warnemünde, begann dort die Stationierung von Boots- u. Schiffseinheiten. Seit 1990 führt die Marine umfangreiche Erneuerungen, u.a. den Bau von Stabsgebäuden u. Unterkünften, durch.

Lit.: *Die Geschichte der Mecklenburgischen Artillerie. Zusammengestellt anläßlich des 125-jährigen Bestehens der Mecklenburgischen Artillerie im Mai 1938 von Offizieren des Artillerie-Regiments 12, Schwerin 1938; A. Strahl: „und wird (...) diese Sache überhaupt sehr zu beeilen seyn." Die Kasernierung des Militärs in Rostock, in: Von Drittfrauen und Ehebrüchen, uniformierten Fürsten und Pferdeeinberufungen. Festschrift zum 60. Geburtstag von Ernst Münch, Hamburg 2014, S. 301–316; R. Parchmann: Militärbauten in Mecklenburg 1800–1918, Schwerin 2001; R. Thon: Lexikon der Militärgeschichte von Mecklenburg-Vorpommern, Schwerin 2008.* AS

KASSEBOHM. Bauerndorf der Rostocker Kämmerei östl. von Rostock; nach Kessin eingepfarrt; 1233 als Kersebome (Ort, an dem es Kirschbäume gibt) urkundl. erwähnt; im 16. Jh. in ein Gut umgewandelt; seit dem letzten Viertel des 19. Jh. Industrie- u. Gewerbeansiedlungen (→ Zuckerfabrik 1883, Granitschleiferei 1887), gefolgt von der Anlage von Arbeiterwohnungen; 1919 eingemeindet; heute zum Ortsteil Brinckmansdorf gehörendes, 1998/99 auf ca. 100 ha erschlossenes Wohngebiet für ca. 4000 Einwohner; Bau von ca. 150 Reihen-, 800 Einfamilien- u. Doppelhäusern sowie einigen Mehrgeschossern; seit 2009 Standort der freien Schule Kinderkunstakademie. MM

KATALYSE-INSTITUT. Katalyse: Wissenschaft von der Beschleunigung chem. Elementarprozesse; Gründung des K. am 29.11.1952 nach Anregung durch die Chemie-Prof. Günther Rienäcker u. Wolfgang Langenbeck in der Buchbinderstr.; war das erste europ. K.; nach kurzer Zuordnung zum Ministerium für Schwerindustrie Übernahme durch die Dt. Akademie der Wissenschaften zu Berlin (später AdW der DDR); das Institut für Anorgan. Katalyse zog 1959 nach Berlin um, ging nach 1990 in das Institut für Angewandte Chemie Berlin-Adlershof (ACA) über; das Institut für Organ. Katalyseforschung verblieb in Rostock; wurde nach 1990 Landesforschungseinrichtung; 1992–97 teilweise Übernahme

Günther Rienäcker (um 1950)

Institutsgebäude in der Südstadt (2014)

durch die Max-Planck-Gesellschaft; 2003 Aufnahme in die Leibniz-Gesellschaft; seit 2005 Vereinigung mit dem ACA zum Leibniz-Institut für Katalyse e. V. an der Uni Rostock (LIKAT); heute Sitz in der Albert-Einstein-Str.; verfügt über herausragende Kompetenzen für die Erforschung u. Entwicklung von homogenen u. heterogenen Katalysatoren sowie von katalyt. Verfahren u. Technologien.

Lit.: J. Stelter: Zur Entwicklung der Katalyseforschung in Rostock, in: Beiträge zur Geschichte der Wilhelm-Pieck-Universität Rostock, Bd. 13, Rostock 1989, S. 29–41. GB

KATHARINENSTIFT. Die Bezeichnung ist auf die St.-Katharinen-Stiftung zurückzuführen, die 1825 als sog. Irrenanstalt eröffnete u. 1920 in ein Altersheim umgewandelt wurde. Seit ca. 1950 war für das Altersheim die verkürzte Bezeichnung K. in Gebrauch. Der Name übertrug sich auf den gesamten Gebäudekomplex in der Altstadt, in dem sich ursprünglich das → Kloster St. Katharinen der Franziskaner befand u. der sich nach der → Reformation zum Standort für verschiedene soziale Einrichtungen entwickelte. 1534 richtete der Rat hier ein Armenhaus ein. Nach dem Vorbild anderer Städte erfolgte 1624 die Umwandlung in ein Haus für arme Kinder u. Waisen. Aufnahme im Waisenhaus fanden elternlose Kinder, aber auch Kinder aus verarmten Familien, die vor dem Leben auf der Straße, vor Verwahrlosung u. Bettelei bewahrt werden sollten. Nach dem → Stadtbrand von 1677 wurden umfangreiche Umbauarbeiten notwendig, die im Zusammenspiel mit dem Verlust von Einnahmequellen zu einer Beschränkung des Waisenhauses auf den westl. Flügel führten. Im östl. Teil der Anlage entstand 1728 das Zucht- u. Werkhaus, in das herumziehende Bettler u. „Arbeitsunwillige", aber auch sog. Verschwender u. Müßiggänger eingeliefert wurden. Durch Arbeitserziehung sollte eine Änderung des Lebenswandels bewirkt werden. Im Zucht- u. Werkhaus waren auch Menschen mit geistigen Behinderungen untergebracht. Die Reform der städt. Armenordnung im Jahr 1803 (→ Armenwesen) führte zur Auflösung des Waisenhauses. In das frei gewordene Gebäude zog die neu geschaffene Armenschule ein. Die Unterbringung der geistig Behinderten im Zucht- u. Werkhaus erwies sich als ungeeignet u. entsprach nicht den medizin. Anforderungen. Eine Möglichkeit zur Verbesserung der Situation bot sich schließlich in der St.-Katharinen-Kirche an, die 1808 säkularisiert worden war. Das Zucht- u. Werkhaus übernahm das Gebäude u. eröffnete hier 1825 unter dem Namen St. Katharinenstiftung eine separate Irrenanstalt. Die Etagen u. Räume im ehem. Kirchenchor wurden in den Folgejahren weiter ausgebaut. Ein Anstaltsarzt übernahm die medizin. Betreuung, Aufwärter die sonstige Versorgung der Kranken. Diese sollten nicht nur verwahrt, sondern auch geheilt werden. Nach der Reorganisation von 1855 bekam die Anstalt auch eine eigene Direktion, blieb mit der zum Arbeitshaus umfunktionierten Besserungsanstalt aber noch in gemeinschaftl. Verwaltung. Das änderte sich erst 1890, als das Arbeitshaus einen Neubau bezog (→ Armen- u. Arbeitshaus) u. die Irrenanstalt den Westflügel mit übernahm. Seit Eröffnung der Universitäts-Nervenklinik 1896 (→ Gehlsheim) schwand die Notwendigkeit zur Aufrechterhaltung der städt. Irrenanstalt jedoch zunehmend. Die St. Katharinenstiftung wurde darum 1920 in ein städt. Altersheim umgewandelt. In dieser Funktion bestand die Einrichtung fort. Im Ostflügel hat es bis 1981 eine Schule gegeben (1878 Friedrich-Franz-Mädchenschule, 1945 Katharinenschule), schließlich übernahm die Verwaltung der städt. Feierabend- u. Pflegeheime auch diesen Teil der Anlage. Mit dem Umzug der Bewoh-

Speicher beim Katharinenstift (1952)

ner des Alten- u. Pflegeheims K. in einen Neubau in Toitenwinkel 1991 endete die Nutzung des ehem. Klosters für soziale Zwecke.

Am 12.1.1994 wurde mit dem Umbau des denkmalgeschützten ehem. K. begonnen. Die Neubauteile wurden mit den histor. Altbauten kombiniert. Seit 2001 befinden sich drei Institute (Musik, Schauspiel, Musikwissenschaft u. Musikpädagogik) der → Hochschule für Musik u. Theater (hmt) in dem Gebäudekomplex.

Lit.: *F. Ivemeyer (Hg.): Nah am Wasser gebaut. Das Rostocker Katharinenstift, Rostock 2013.* BK

KÄTHE-KOLLWITZ-MUSIKGYMNASIUM Grundsteinlegung der Schule Dierkow (heute Heinrich-Tessenow-Str.) durch den meckl. Gauleiter Friedrich Hildebrandt am 8.4.1938; Fertigstellung am 15.4.1941; Errichtung von 18 Unterrichtsräumen u. luftschutztaugl. Keller; seit Apr. 1942 Lazarett; seit Herbst 1942 Nutzung durch die Universitätsklinik; Verlagerung des Unterrichts in die → Augustenschule, dann in das → Katharinenstift (heute → Hochschule für Musik u. Theater) u. in die → Große Stadtschule; Evakuierung von Schülern u. Lehrern nach Kölzow bei Bad Sülze; 1946 Volksschule; seit 1964 2. POS Egon → Schultz; 1994 Grundschule; seit 1995 K. RS

KATHOLIZISMUS → KIRCHEN- UND RELIGIONSGEMEINSCHAFTEN

KATZ (EHEPAAR). (1) David K. Psychologe, Pädagoge (1.10.1884 Kassel–2.2.1953 Stockholm), 1919 Eheschließung mit (2); jüd. Herkunft; Studium in Göttingen, Berlin, München u. Würzburg, 1906 Promotion u. 1911 Habilitation an der Uni Göttingen; 1914–18 Kriegsfreiwilliger; 1919 Prof. für Pädagogik u. Psychologie an der Uni Rostock, 1933 zwangsweise Beurlaubung durch die NS-Gauleitung in Schwerin, 1934 endgültige Versetzung in den Ruhestand u. Emigration nach England. 1937 Prof. für Psychologie u. Pädagogik an der Uni Stockholm; gilt als einer der bedeutendsten Psychologen des 20. Jh. **(2) Rosa K. (geb. Heine).** Pädagogin, Entwicklungspsychologin (9.4.1885 Odessa–26.3.1976 Stockholm), 1919 Eheschließung mit (1); jüd. Herkunft; Schulbesuch in Russland u. Ägypten; 1907 Gasthörerin am Psycholog. Institut der Uni Göttingen, 1911 Immatrikulation u. 1913 Promotion an der Uni Göttingen;

David Katz (um 1920)

wissenschaftl. Arbeiten zu Sprachentwicklung u. Sozialverhalten von Kindern (teilweise mit ihrem Mann); Beförderin der Montessori-Pädagogik u. 1926 Eröffnung eines Kindergartens in Warnemünde; 1933 Berufsverbot; 1935 Emigration nach England.
Lit.: M. Berger: *David Katz (1884–1953). Leben und Werk des international bedeutenden Gelehrten und ersten Rostocker Professors für Psychologie und Pädagogik (1919–1933), in: Zeitgeschichte regional. Mitteilungen aus Mecklenburg-Vorpommern, Jg. 6, H. 2, Rostock 2002, S. 71–78; Ders.: Rosa Katz – eine bedeutende, aber nicht nur in Rostock unbekannt gebliebene Psychologin, in: Zeitgeschichte regional. Mitteilungen aus Mecklenburg-Vorpommern, Jg. 5, H. 2, Rostock 2001, S. 65–73.* AH

KAUFHAUS. 1896 erwarb der Stralsunder Kaufmann Gustav → Zeeck an der Ecke Kröpeliner Str./Kuhstr. (heute Standort von Peek & Cloppenburg) ein Konfektionswarengeschäft, in dem er am Fließband hergestellte Kleidung verkaufte. Weitere Grundstücke wurden hinzugekauft u. 1909–11 ein K. nach den Plänen des bekannten Architekten Paul → Korff gebaut. Die Warnemünder Filiale wurde 1925 eröffnet. Bei einem Bombenangriff im Apr. 1942 brannte das Zeecksche K. in Rostock aus. 1950 erfolgte die Enteignung der K.-kette.

Vis-à-vis in der Kröpeliner Str. betrieb auch der Rostocker Kaufmann Rudolf Schlüter seit 1912 ein Konfektionsgeschäft für Herren-, Knaben- u. Berufsbekleidung. 1932 ließ er hier durch Korff ein modernes K. f. Herren- u. Knabenmode errichten. Nach dem II. Weltkrieg übernahm die genossenschaftl. geführte Einzelhandelskette Konsum das Haus u. richtete das Bekleidungsgeschäft Textilien-Modehaus Format – Haus der Dame ein. Im März 1995 erfolgte der Abriss des Gebäudes. Ein Jahr später eröffnete an seiner Stelle ein Warenhaus des 1841 in den Niederlanden gegründeten Bekleidungsunternehmens C&A.

1902 kaufte der Hamburger Kaufmann Franz Schurig an der Ecke Kröpeliner Str./Pädagogienstr. ein Grundstück u. ließ hier 1911 durch Korff ein K. bauen. Bis 1929 bot es Damenbekleidung sowie Damen-, Kinder- u. Babyunterwäsche, Gardinen u. Teppiche an. Dann übernahm Zeeck das Gebäude, um hier vorrangig Teppiche zu verkaufen. 1942 brannte der Dachstuhl nach einem Bombenangriff aus. In der DDR-Zeit zog ein Schuhgeschäft des Konsums ein, das 1985 einem Exquisit-Laden

Kaufhaus Hansa in der Langen Straße (um 1960)

HO Herrenmoden Korrekt in der Kröpeliner Straße (1950er-Jahre)

für Damen- u. Herrenschuhe wich. Heute befindet sich das Schuhhaus Leiser in dem Haus.

1884 eröffnete der jüd. Stralsunder Kaufmann Abraham → Wertheim eine Filiale in der Kröpeliner Str. Da die Eisenbahn-Linie nach Stralsund erst 1888 fertig war, brachten drei große Fuhrwerke die Waren nach Rostock. 1898 legte Werheim an der Ecke Kröpeliner Str./Apostelstr. den Grundstein für den später weltbekannten Konzern. Die beiden dort stehenden Gebäude wurden abgerissen u. an gleicher Stelle 1903 ein modernes K. in Stahlskelettbauweise eröffnet. Der Entwurf stammte von den Berliner Architekten Paul Singer u. Alfred Breslauer. Die Bauleitung oblag Korff. Mit dem Neubau in der Apostelstr. avancierte Wertheim zum größten K. der Stadt. Regelmäßig wurden Annoncen geschaltet sowie Sonder- u. Lagerverkäufe propagiert. 1937 enteigneten die Nationalsozialisten die Familie Wertheim. Seither gehörte das Rostocker K. zur Allgemeinen Warenhaus AG (AWAG). Im Apr. 1942 brannte das Gebäude aus, wurde aber bereits 1943 wieder notdürftig repariert. 1955 zog das staatl. Einzelhandelsunternehmen HO (Handelsorganisation) mit dem Herrenmodengeschäft Korrekt ein. Nach dem Zusammenbruch der DDR 1989/90 übernahm Hertie 1990 den Standort. Nachdem sich der Warenhauskonzern zurückgezogen hatte, wurde das Haus abgerissen u. bis 2002 ein Neubau errichtet. Heute befindet sich ein K. des schwed. Textilhandelsunternehmens H&M (Hennes&Mauritz) darin.

Mit dem HO-Warenhaus (HOWA) entstand an der Ecke Lange Str./Breite Str. 1952 ein K. mit 186 Mitarbeitern. Unmittelbar vor der Eröffnung am 14.8. (10 Uhr) standen mehr als 5000 Kunden vor den Türen. Bis 1965 trug es den Namen K. Hansa. Dann wurde es in CENTRUM-Warenhaus umbenannt. Mit 6000 m² Verkaufsfläche u. ca. 30 Mio. M Warenumsatz pro Jahr war es das größte K. im Ostsee-Bezirk. 1977 zählte es 720 Mitarbeiter. Das Erdgeschoss (Haushaltswaren, Glas, Porzellan, Kosmetik, Schreibwaren) wurde 1982 zum Selbstbedienungstrakt umgebaut, in dem per Einkaufswagen eingekauft werden konnte. Zuvor befand sich das Sortiment Glas- u. Haushaltswaren in der ehem. Gaststätte National (heute OSPA). 1991 kaufte die Kölner Kaufhof-Warenhaus AG, 1879 durch Leonard Tietz in Stralsund begründet, das CENTRUM von der Treuhand. Zehn Mio. DM wurden in den Umbau investiert, um am 5.7.1991 wieder zu öffnen. An jenem Tag besuchten 180000 Kunden das 7000 m² große K. mit rund 100000 Artikeln. Mehrere Umbauten führten zur Erweiterung der Verkaufsfläche auf 11000 m² u. zur Errichtung eines Parkhauses. Den Namen Galeria Kaufhof trägt das Haus seit 1998.

Lit.: A. Schacht: Das „Wertheim" – Rostocks erstes Warenhaus, in: Rostocker Zorenappels. Sonderband Arbeiten und Leben in Rostock, Rostock 2010, S. 66–70; H.-W. Bohl: Das Kaufhaus von Rudolf Schlüter, in: Rostocker Zorenappels. Sonderband Rostock im 19. und 20. Jahrhundert, Rostock 2012, S. 65–73; U. Volkhardt (Hg.): Paul Korff. Ein Architektenleben, Berlin 2017. RS

KAUFMANNS- UND HANDELSSCHULE. Gründung einer Fortbildungsschule für Kaufleute in Rostock 1892 durch den Handelsverein; 1911 übernahm die Handelskammer die Verantwortung für die kaufmänn. Ausbildung; Gründung von Kaufmannsschulen in Rostock und Warnemünde; an der Rostocker Kaufmannsschule seit 1913 auch Mädchenklassen für Verkäuferinnen, 1924 Erweiterung um die

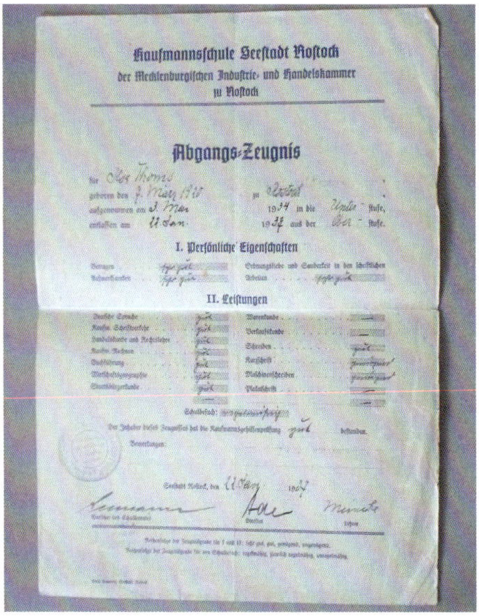
Kaufmannsschule Seestadt Rostock
der Mecklenburgischen Industrie- und Handelskammer
zu Rostock

Abgangs-Zeugnis

I. Persönliche Eigenschaften

II. Leistungen

Abgangszeugnis der Rostockerin Ilse Thoms (1937)

→ Handelsschule; wechselnde Schulstandorte, 1929–47 Unterricht im ungenutzten Verwaltungsgebäude der Neptunwerft; 1957 Neubau der Berufsschule für den Handel in der Ulrich-v.-Hutten-Str. (1999 abgerissen); heute kaufmänn. Ausbildung an der Berufl. Schule Wirtschaft in Schmarl. BK

KAYENMÜHLE. Benannt nach dem früheren Besitzer Kaye. Ehem. Gehöft mit oberschlächt. Wasser- → Mühle, gelegen am heutigen Übergang der Werftstr. in die Carl-Hopp-Str.; 1355 kaufte das → Hospital zum Heiligen Geist das Dorf Bramow mit der K.; seit 1734 führen die Inventare zusätzl. eine Windmühle auf; Mahlzwang für die Dörfer Barnstorf, Bramow, Klein Stove, Groß Schwaß, Groß Klein, Elmenhorst u. Diedrichshagen; Abrisse der Windmühle (1916) u. der Wassermühle (1920); das ab 1937 errichtete Komponistenviertel hieß zunächst Wohngebiet K. BK

KELLER. K. stellten im mittelalterl.-neuzeitl. Rostock nicht nur Lagerräume (besonders unter den ca. 250 Brauhäusern für die Bierfässer) dar, sondern enthielten neben Häusern u. Buden eine dritte, qualitativ die unterste Kategorie von Wohnräumen. I. d. R. bildeten sie – im Unterschied zu den beiden ersten, oberird. Gruppen – keine eigenständigen Gebäude, sondern lagen unterhalb von Häusern, weniger unter Buden. K. sind seit dem Mittelalter nachweisbar u. häuften sich damals wie später unter den besonders solide gebauten Eckgebäuden, den sog. Orthäusern. Im Verlaufe des 16. Jh. stieg die Zahl der Wohn-K. sprunghaft an u. erreichte in der 1. Hälfte des 17. Jh. eine Größenordnung von ca. 1400. Damit übertraf ihre Zahl damals sowohl die der Häuser (unter 1000) als auch der Buden (über 1000). Als qualitativ beste Kategorie galten die (beheizbaren) Döns-K. Seit der Mitte des 17. Jh. fiel die Zahl der Wohn-K. stetig u. betrug um 1800 nur noch ca. 100. Wegen ihrer oft prekären Wohnbedingungen wurden K. primär von Angehörigen der Unterschichten bewohnt, dienten aber vielfach auch darüber hinaus als Altenteilswohnungen.

Lit.: *E. Münch: Mittelalterlich-frühneuzeitliche Keller in Rostock. Beobachtungen anhand der schriftlichen Quellen, in: Stefanie Brüggemann (Hg.): Keller in Mittelalter und Neuzeit, Langenweißbach 2006, S. 145–155.* EM

KELLNERMESSER. Vom Rostocker Ingenieur Karl Wienke entwickeltes u. vom Kaiserl. Patentamt

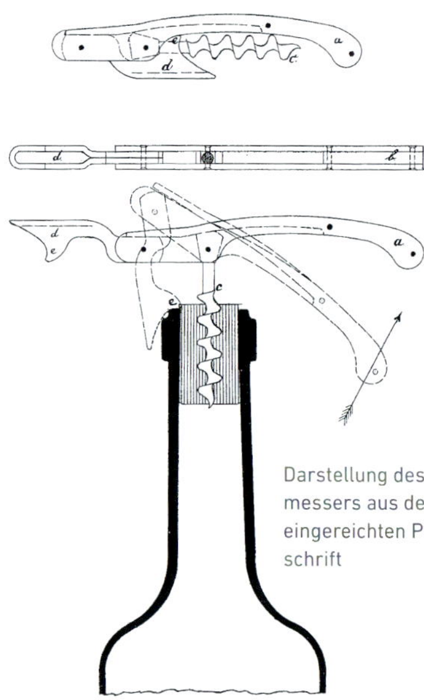

Darstellung des Kellnermessers aus der 1882 eingereichten Patentschrift

am 26.5.1882 geschütztes Werkzeug zum Entkorken von Flaschen unter Ausnutzung der Hebelgesetze, das unter dem Namen K. zu einem bis heute viel genutzten Welterfolg wurde. RL

KEMPOWSKI, WALTER. Lehrer, Schriftsteller (29.4. 1929 Rostock – 5.10.2007 Rotenburg/Niedersachsen). Der Sohn eines Reeders u. Schiffsmaklers begann nach dem Besuch des Realgymnasiums eine Kaufmannslehre in Rostock, arbeitete in Hamburg u. Wiesbaden u. wurde 1948 wegen Spionage für die USA durch ein sowjet. Militärtribunal zu 25 Jahren Arbeitslager verurteilt. 1956 amnestiert (die Hafterlebnisse in Bautzen verarbeitete K. 1969 in seinem Erstlingsroman „Im Block"), ging er in die BRD u. legte 1957 in Göttingen das Abitur ab. Während des folgenden Studiums entstanden erste literar. Versuche u. Arbeiten. Ab 1960 arbeitete K. im niedersächs. Schuldienst (Breddorf, Nartum, Zeven) als Lehrer u. verfasste schließlich die Romanfolge „Tadellöser & Wolff" (1971; Film 1975), „Uns geht's ja noch Gold" (1972), „Aus großer Zeit" (1978), „Schöne Aussicht" (1981) sowie „Herzlich Willkommen" (1984). Dieses mehrbändige, stark autobiograf. geprägte Zeitbild einer bürgerl. Rostocker Familie im 20. Jh. fand eine breite, begeisterte Leserschaft, die K. zu einem der meist gelesenen Schriftsteller der 1970er- u. 1980er-Jahre in der BRD machte. Seiner Geburtsstadt Rostock u. ihrer jüngeren Geschichte hat K. damit ein bleibendes literar. Denkmal gesetzt, das nur wenige andere Städte vorweisen können. 1980 richtete K. in seinem Nartumer Wohnhaus ein Archiv ein u. veranstaltete dort seine Literaturseminare. Bereits seit 1977 nahm er Gastprofessuren u. Lehrbeauftragungen an u. unternahm Lesereisen. Neben seinem weiterhin vielbeachteten Prosaschaffen entwickelte K. in den 1990er-Jahren das Genre eines literar. Diariums, in dem er authent. Privatdokumente zu verschiedenen Themenkreisen der dt. Geschichte zusammenstellte. „Das Echolot", das mehrbändige Projekt eines kollektiven Tagebuchs aus dem II. Weltkrieg (1993–2005), sowie „Alkor – Tagebuch 1989" (2001) u. „Hamit – Tagebuch 1990" (2006) machten K. nun auch international als Chronisten des 20. Jh. bekannt. K. erhielt zahlreiche dt. wie internationale Literaturpreise u. Ehrungen, zudem wurde er mit dem Bambi (1980), dem Kulturpreis des Landes Meckl.-Vorpommern (2006) u. dem Großen Bundesverdienstkreuz mit Stern (2006) ausgezeichnet. Seine Heimatstadt dankte ihm 1994 mit der Verleihung des Ehrenbürgerrechts u. förderte die Einrichtung des K.-Archivs. Die Uni Rostock verlieh K. 2002 die Ehrendoktorwürde. 2009 erfolgte die Benennung eines Teilstücks der Promenade im Stadthafen als Kempowski-Ufer.

Walter Kempowski (um 2000)

Lit.: D. Hempel: Walter Kempowski, München 2004. AK

KENNEWARN → ROSTOCKER SIEBEN

KERKHOF (FAMILIE). (1) Bertold K. Bürgermeister (gest. ca. 1499 Rostock); Spross der bedeutendsten Rostocker Patrizierfamilie des 15./16. Jh.; bereits der Großvater u. Vater waren Rostocker Ratsherren; 1443 an der Uni Rostock immatrikuliert (später Magister); seit 1465 Ratsherr, seit 1473 Bürgermeister; besaß pfandweise das große Adelsgut Toitenwinkel; Wohnhaus Hinter dem Rathaus im spätgot. Stil (K.-haus); 1487 Flucht wegen der Domfehde; 1491 Rückkehr als Bürgermeister. **(2) Berthold K.**

Giebelspitze des Kerkhofhauses Hinter dem Rathaus (2015)

Bürgermeister (gest. ca. 1556 Rostock), Enkel v. (1); viertes von fünf Rostocker Ratsmitgliedern dieser Patrizierfamilie; 1497 an der Uni Rostock immatrikuliert; 1525 Ratsherr; anfangs Gegner der → Reformation; 1547 Bürgermeister; Vater des einflussreichen Rostocker Jura-Prof. u. Rektors Lorenz K. Lit: *G. Möhlmann: Die Geschlechter der Hansestadt Rostock im 13.–18. Jahrhundert, Neustadt/Aisch 1975.* EM

KERN, JOHANN HEINRICH OTTO. Lehrer, Jugendschriftsteller (15.3.1842 Wismar – 26.9.1899 Rostock); nach Abitur in Wismar u. Studium der Philologie in Berlin Lehrer am Schindlerschen Waisenhaus Berlin u. an der Realschule Bützow; ab Okt. 1870 bis zu seiner vorzeitigen, unfallbedingten Pensionierung im Sep. 1898 Gymnasiallehrer für Latein, Griechisch u. Deutsch an der → Großen Stadtschule Rostock; ähnlich erfolgreich u. populär wie Karl May, brachte K. mit seinen 1883–96 in schneller Folge erschienenen Romanen („Reisen im Innern von Brasilien", „Der Flüchtling im Gran Chaco", „Die Freibeuter von Sumatra", „Die Geißel der Südsee", „Unter schwarz-weiß-roter Flagge", „In Sturm und Not") einem breiten jungen Publikum ferne Länder sowie die Lebens- u. Arbeitswelt der Seefahrer nahe. RL

KERNER, KARL FRIEDRICH. Wasserbau-Ingenieur (12.3.1847 Cuxhaven – 7.3.1920 Rostock); Schulbesuch in Hamburg u. Hannover, Studium in Berlin; zunächst Anstellung in Hamburg; seit 1885 Hafenbaudirektor in Rostock; unter seiner Leitung: ab 1885 Umbau der Warnowschleuse am Mühlendamm, 1897 Bau des Warnemünder → Leuchtturms, 1900–03 Umbau des Warnemünder Hafens u. nach 1913 Bau der Petribrücke; Vorstand u.a. der Rostocker Wasserwerke u. der Feuerwehr; 1915 Ruhestand; Ehrungen u.a.: Ritterkreuz des Greifenordens, Titel Geheimer Baurat, Ritterkreuz des dän. Danebrogordens, nach K. benannte Straße in Warnemünde. Lit.: *A. Krause: Zum Beispiel die Petribrücke. Auf den Spuren von Rostocks Hafenbaudirektor Karl Friedrich Kerner (1885–1915), in: Wege übers Bundesland, Bd. 1, Schwerin 2002, S. 99–106.* KM

KESSIN (DORF). Das südöstl. von Rostock gelegene Dorf steht seit slaw. Zeit in enger Beziehung zu Rostock. Der Name wird als Fischerhüttenort gedeutet. Er rührt von der slaw. Burg K. her, die für 1121 im Zusammenhang mit einem Kriegszug des Herzogs Lothar v. Sachsen erstmalig genannt wurde. Diese Burg befand sich aber vermutlich in Fresendorf, wo noch heute ein Burgwall zu finden ist. Im 12. Jh. war auch der Ortsname Goderack nach der im Tempel der Burg verehrten slaw. Gottheit in Gebrauch. Die → Christianisierung der Slawen nach 1164 hatte zur Folge, dass dem Bistum Schwerin 1171 der Burgbezirk K. zugesprochen wurde. Zeitweise taucht die Siedlung an der Warnow nun in den Quellen unter dem christl. umgedeuteten Namen Godehardsdorf auf. Durchgesetzt hat sich schließlich die Bezeichnung K. 1219 stellte Fürst → Heinrich Borwin I. die Kirche K. (→ Kessin Kirche) mit dem Dorf Roggentin unter das Patronat des Klosters Sonnenkamp (Neukloster). Seit 1305 waren Rostocker Familien im Besitz von K. od. besaßen hier Höfe (u.a. die Patrizierfamilien Quast, Kröpelin u. → Kerkhof). 1601 erwarb der Rostocker Bürgermeister Friedrich Hein Bartelsdorf, K., Harmstorf u. Bentwisch, 1620 wurde die Stadt Eigentümer dieser Güter. Bartelsdorf u. das dazugehörige K. mussten nach dem → Dreißigjährigen Krieg von Rostock an das Kloster Ribnitz verpfändet werden, kamen aber 1781 wieder zur Einlösung. Seit 1921 gehörte K. zum Amt bzw. Landkreis Rostock. Ein nennenswertes Wachstum konnte das Dorf ab 1997 verzeichnen, als der frühere Kirchenacker mit Wohnhäusern bebaut wurde (2016: ca. 1400 Einwohner). In K. befindet sich seit 1957 das Rostocker Leistungszentrum für den Rudersport (zunächst ASK Vorwärts, nach 1990 Olympischer Ruderclub). BK

KESSIN (KIRCHE). Dem Heiligen St. Godehard, Bischof v. Hildesheim, gewidmet; urkundl. Ersterwähnung 1219; Chor (1269 überwiegend aus Feldsteinen) und Langhaus (aus Backstein) als einschiffiges Gotteshaus errichtet; seit 1270 zum Archidiakonat Rostock gehörig; um 1870 Einsturz des Gewölbes u. Einzug einer hölzernen Decke; 1885 Vernichtung des hölzernen Glockenturmes durch Blitzschlag, 1886 Wiederaufbau im neugot. Stil; 1977 Freilegung von Fresken im Chor aus dessen Entstehungszeit um 1270; Inneneinrichtung: Triumphkreuz (15. Jh.), zwei mittelalt. Kleinplastiken des Bischofs Godehard mit der Gottesmutter, Bildnisse zweier im 17./18. Jh. hier tätiger Pfarrer im Kirchenschiff; heute zum ev.-luth. Kirchenkreis Rostock gehörig.
Lit.: *F. Schlie: Die Kunst- und Geschichtsdenkmäler des Grossherzogtums Mecklenburg-Schwerin, Bd. 1, Schwerin 1896.* RS

KESSINER. Nordwestslaw. Stamm, der seit dem 7./8. Jh. den Rostocker Raum um das später gleichnamige Pfarrdorf Kessin (Kultort Goderack) besiedelte; Zugehörigkeit zum Stammesverband der Obodriten bzw. Wilzen/Lutizen unsicher, jedoch seit dem 11. Jh. Teil des Obodritenreiches; ursprüngl. Hauptburg vermutl. Fresendorf, seit dem 12. Jh. von den Burgen Rostock u. Werle abgelöst (→Slaw. Besiedlung); seit dem 13. Jh. Kern der Herrschaft Rostock.

Kessiner Kirche (um 2014)

Lit.: *F. Ruchhöft: Vom slawischen Stammesgebiet zur deutschen Vogtei. Die Entwicklung der Territorien in Ostholstein, Lauenburg, Mecklenburg und Vorpommern im Mittelalter, Rahden/Westfalen 2008.* EM

KINDER- UND JUGENDSPORTSCHULE (KJS). Staatl. Spezialschule in der DDR zur Entwicklung von Spitzensportlern. Eröffnung der Rostocker K. am 1.9.1954 als Kaderschmiede des SC Empor sowie später des FC Hansa Rostock u. des ASK Vorwärts in der Bezirksstadt. Training u. Unterricht waren

Internat der KJS Sportforum (um 1965)

optimal aufeinander abgestimmt u. dienten vor allem dem Erreichen sportl. Höchstleistungen. Das Internat der K. wurde 1959 am Groß Schwaßer Weg eröffnet. Seit 1960 errangen die Schülerinnen u. Schüler ca. 200 Medaillen bei hochrangigen internationalen Wettkämpfen. 1991 ging aus der K. die Christophorusschule hervor, u.a. mit einem Förderzweig für Leistungssportler.

Lit.: *Zehn Jahre Sportclub Empor und KJS Rostock, Rostock* 1965. GK

KINDERHEIM. Ein Waisenhaus (→ Katharinenstift), die erste derartige Einrichtung, wurde 1624 im ehem. → Kloster St. Katharinen von der städt. Armenfürsorge eröffnet. Es bestand bis zur Reform der Armenordnung im Jahr 1803. Danach wurden die bedürftigen Jungen u. Mädchen als Kostkinder in Familien gegeben. Die sozialen Verwerfungen der Industriegesellschaft erforderten aber weitergehende Lösungen, die zunächst von privater Seite ausgingen. So entstand in Gehlsdorf 1845/50 ein Rettungshaus für Jungen u. Mädchen (→ Michaelshof). Im → Haus Elim fanden seit 1902 alleinstehende Mütter mit ihren Säuglingen vorübergehend Unterkunft. 1918 eröffneten ein kath. Kinderheim u. das Feodora-Heim in Gehlsdorf. Die Stadt nahm schließlich 1920 ein eigenes Kinder- u. Säuglingsheim in der Ulmenstr. in Betrieb, das aus Kostengründen aber bereits 1933 wieder geschlossen wurde. Erst mit dem Kinderland Bramow etablierte sich 1935 eine kommunale Einrichtung von Dauer. Das Kinderland wurde mit Mitteln der Käthe-u.-Carl-Hopp-Stiftung (daher Carl-Hopp-Str.) hergerichtet. Auf dem weitläufigen Gelände befanden sich u.a. K., Kinderhort u. Kinderpflegerinnenschule. Zusätzlich entstand 1937 in der Neubrandenburger Str. ein Säuglingsheim, das im Feb. 1944 bei einem Bombenangriff zerstört wurde. Nach Kriegsende machte die große Zahl elternloser Kinder die Einrichtung eines zeitweiligen Heimes im Ausflugslokal Kaffeestübchen in der Satower Str. notwendig. Eine wichtige Funktion übernahm bis zum Abriss im Jahr 1990 das Kinderland Bramow. Es entwickelte sich zu einem Sonderschulheim. 1966 kam das K. Egon → Schultz in Dierkow hinzu, das 1981 einen Neubau in Lichtenhagen erhielt. Des Weiteren gab es ein Jugendwohnheim. Die Stadt war Träger dieser Heime, in denen Kinder u. Jugendliche mit persönl. u. sozialen Defiziten aus schwierigen Familienverhältnissen untergebracht u. versorgt wurden. Die darüber hinaus von der Jugendhilfe angestrebte gesellschaftl. Heimerziehung bot die Möglichkeit zu Eingriffen in die Persönlichkeitsrechte der Betroffenen. So bestand in Bramow ein Durchgangsheim für entlaufene u. aufgegriffene Kinder u. Jugendliche. Ein Säuglingsheim unterhielt die Stadt zunächst im früheren Haus Elim in der Blücherstr., an dessen Stelle seit den 1970er-Jahren Dauerheime für Kleinkinder in Lütten Klein u. Lichtenhagen traten. Nach dem Zusammenbruch der DDR übernahmen freie Träger (Arbeiterwohlfahrt, Arbeitersamariterbund, → Dt. Rotes Kreuz) die Heime. Heute erfolgt die Betreuung der Kinder u. Jugendlichen weitgehend in dezentralisierten Wohngruppen. BK

KINDERTAGESSTÄTTE. Am Beginn der Entwicklung standen die drei Kleinkinderwarteschulen, die nach der Choleraepidemie von 1833 durch einen Verein aufgebaut wurden. Zunächst galt das Augenmerk den verwaisten Kindern, später rückten Kinder aus armen Verhältnissen in den Mittelpunkt der Bemühungen. Ab Mitte der 1860er-Jahre entstanden weitere K., die von Privatpersonen od. Vereinen betrie-

Kinderkrippe in Lütten Klein (1970)

Kindergarten in Lütten Klein (um 1970)

ben wurden (u.a. 1864 Fröbelscher Kindergarten von Pauline u. Charlotte Hane, 1893 Volkskindergarten, 1900 Kinderhorte für Knaben bzw. Mädchen, 1910 Kindergarten von Marie → Bloch, in dem auch Kindergärtnerinnen ausgebildet wurden). 1919 gingen die Kindergärten, Kleinkinderwarteschulen u. Kinderhorte auf die Stadt über. Erste Leiterin der städt. Kinderfürsorge wurde Marie Bloch (bis 1923). Die Finanzkraft der Stadt reichte letztl. für drei Kindergärten, von denen einer 1932 unter Sparzwängen an das → Dt. Rote Kreuz (DRK) abgegeben wurde. Daneben existierten zeitweise ein bis zwei Privatkindergärten. Im Zusammenhang mit der Einrichtung des Kinderlandes Bramow (→ Kinderheim) im Jahr 1935 trennte die Stadt sich von den Kindergärten. Diese gingen auf die Nationalsozialist. Volkswohlfahrt über. Nach 1945 stieg die Zahl der K. signifikant an. In der DDR wurde die Berufstätigkeit der Frauen zur gesellschaftl. Normalität. Bereits Ende 1945 gab es 15 städt. K., bis 1989 erhöhte sich die Zahl auf 118 Kindergärten u. 96 Kinderkrippen. An den 65 Polytechn. Oberschulen gab es zudem Horte, in denen Kinder bis zur 4. Klasse am Nachmittag betreut wurden. Die erste städt. Kinderkrippe eröffnete 1952. Die ersten Kombinationen aus Krippe u. Kindergarten (Kinderkombination) entstanden 1966 in der Südstadt u. in Lütten Klein. Die Mehrzahl der K. entstand in den Neubaugebieten, fertiggestellt als standardisierter Bautyp. Die vom Staat angestrebte Einheit von Bildung u. Erziehung im Sinne des Sozialismus begann in der DDR bereits im Vorschulalter in den Kinderkrippen u. -gärten. Nach dem Zusammenbruch der DDR 1989/90 gingen die K. in freie Trägerschaft über. Große Träger sind heute u.a. das DRK, die Volkssolidarität, das Institut für Lernen u. Leben od. die Gesellschaft für Gesundheit u. Pädagogik (GGP). 2014/15 waren bei insgesamt 32 Trägern 86 K. registriert, dazu kamen 157 Tagespflegestellen. BK

KINO (griech.: kinesis – Bewegung). Am 1.11.1895 veranstalteten die Brüder Max u. Eugen Skladanowsky in Berlin die erste K.-vorführung Deutschlands. In Rostock erlebten die Besucher ein Jahr später die erste kinematograf. Theatervorstellung. Am 11.11.1896 führte der Schausteller Orth im Saal des Hotels Sonne „bewegte Bilder" mit einem Kinematografen des US-Amerikaners Thomas A. Edison auf. In Warnemünde gilt der 29.10.1902 als Beginn des K. An jenem Tag präsentierte der Berliner Physiker B. Jeschke im Hotel Seestern dem staunenden Publikum die zwei Dokumentarfilme „Herrenbad am Ostseestrand" u. „Großartige Rettung aus Feuersgefahr". Das erste feste K. Warnemündes richtete Otto Helms im Dez. 1911 in seinem Hotel Zur Börse ein. Sechs Jahre später etablierte sich im Hotel Seestern ein zweites K. mit 500 Sitzplätzen

Innerhalb weniger Jahre setzte sich das neue Medium auch in Rostock durch u. wurde zu einem wichtigen Bestandteil der Freizeitgestaltung. Die Anzahl der K.-besucher wuchs rasant. K.-säle, wie der Keller der Brauerei → Mahn & Ohlerich, wurden zu klein u. entsprachen nicht mehr den Anforderungen des Publikums. Daher eröffnete 1907 im Apollosaal des Hotels → Haus Sonne am Neuen Markt das erste feste K. Wenig später kam mit dem K. im Tivoli in der heutigen Richard-Wagner-

Kinematographentheater am Hopfenmarkt (1911)

Str. ein weiteres hinzu. Für fünf Pfennige saß man hier auf wackeligen Gartenstühlen u. sah musikbegleitete, stumm dahinflimmernde Bilder. Filme wie „Der treue Hund" od. „Das Huhn mit den goldenen Eiern" begeisterten das Rostocker Publikum.

Der erste K.-neubau, das Metropol-Theater (heute Lichtspieltheater Wundervoll), begann am 5.12. 1910 im Barnstorfer Weg seinen Spielbetrieb. Am 28.12.1913 öffneten mit den Kammerspielen in der Langen Str. 49 u. am 20.2.1914 mit dem Palast-Theater in der Doberaner Str. 5 zwei weitere moderne Lichtspieltheater. Letzteres, ebenfalls ein K.-neubau, war mit Balkonen u. Logen versehen u. bot 750 Besuchern Platz. Doch auch in dem seinerzeit modernsten Lichtspieltheater Rostocks gab es „nur" Stummfilme mit Klavierbegleitung. Rezitatoren begleiteten die Bilder u. erklärten diese dem Publikum. Der erste Tonfilm flimmerte im Palast-Theater erst 1929 über die Leinwand. In den 1920er- u. 1930er-Jahren verfügte Rostock neben den bereits erwähnten über weitere K.: das Lichtspieltheater Sonne am Neuen Markt (seit 1920), das Thalia-Theater in der Kröpeliner Str. 12 (seit 1924), die Schauburg am Ulmenmarkt (seit 1930), das Hansa-Theater am Max-Dreyer-Platz (heute Maßmannstr., seit 1937) u. das Capitol in der Breiten Str. (seit 1938). In Warnemünde boten seit 1924 die Park-Lichtspiele im großen Saal des Park-Hotels Filmvorführungen an.

Im Apr. 1942 wurde die Schauburg zerstört, konnte aber bereits wenige Monate später am 4.11. im nahegelegenen Hotel Schwedt wiedereröffnet werden. Am 11.4.1944 wurde auch das Palast-Theater durch Bomben schwer beschädigt u. musste geschlossen werden.

Nach dem Ende des II. Weltkrieges nahmen am 1.8.1945 die Rostocker Lichtspieltheater den Betrieb wieder auf. Während der kommenden Monate wurden die K. enteignet u. am 1.5.1946 durch den Rat der Stadt in einen Eigenbetrieb namens Städtisch-Kulturelle Wirtschaftsunternehmen überführt (Auflösung 1950). Zu dem Verbund gehörten die Union-Lichtspiele am Kröpeliner Tor (ab 1959 K.-Café Kamera, Abriss 2002), die Schauburg-Lichtspiele, das Hansa-Theater, der DEFA-Palast u. die Kammer-Lichtspiele Seestern (seit 1968 Theaterspielstätte Kleine Komödie) in Warnemünde. Der Kurhausgarten diente während der Sommermonate als Freilicht-K. In Markgrafenheide bot das Haus der Jugend Philipp Müller seit 1952 Filmvorführungen an. Im Mai 1953 wurden in Rostock die

Theater des Friedens (2015)

Schauburg wegen Baufälligkeit geschlossen u. das 1944 zerstörte Palast-Theater unter dem neuen Namen Theater des Friedens wiedereröffnet. 1960 kam das Hansa-Theater nach umfangreichen Umbauarbeiten hinzu. Seinerzeit war es das modernste K. Rostocks. In jenem Jahr zählten die sieben Rostocker Kinos mit ihren 3649 Plätzen 2573000 Besucher bei 10909 Vorstellungen. Vom 26. bis 31.1.1973 zeigte das Filmtheater Hansa erstmals einen Film im 3-D-Format. Nach einem Totalumbau öffnete am 6.10.1978 das Theater des Friedens als modernes Klub-K. mit Gastronomie seine Türen. Im Neubaugebiet Schmarl entstand 1981 ein neues K. mit 180 Plätzen.

Infolge des Zusammenbruchs der DDR 1989/90 verkaufte die Treuhand die Rostocker K. an Lübecker u. Hannoveraner Unternehmer. Mit der Übernahme der Park-Lichtspiele in Warnemünde u. des Theaters des Friedens am Doberaner Platz besaß die Lübecker Firma Kieft & Kieft seit 1992 eine Monopolstellung. 1993 erfolgte nach fünfjähriger Bauzeit die Wiedereröffnung des Hansa-Theaters (Schließung 2012). Das Warnemünder K. schloss 1995 (Abriss 1999). Ein Jahr später entstand in Lütten Klein mit dem Multiplex-K. Cinestar – Der Filmpalast das größte u. modernste K. Meckl.-Vorpommerns. Seit 2002 bietet nach gründl. Umbau das Lichtspieltheater Capitol mit vier K.-sälen Filmveranstaltungen an. 2002 schloss das Theater des Friedens. In Warnemünde zeigt seit 2008 das 5-D-K. Ostseewelten spektakuläre Filmvorführungen. 2012 fand das Lichtspieltheater Wundervoll (LiWu) – es war 1992 aus dem Mensa-Filmklub hervorgegangen – im ehem. K. Metropol (Barnstorfer Weg 4) eine neue Heimstatt. Mit der Einweihung der → Frieda 23 eröffnete das LiWu 2014 ein weiteres Programm-K. mit 130 Plätzen in der Friedrichstr. 23.

Lit.: *K. Möller: Für fünf Pfennige ins Kino – von den Anfängen der Rostocker Filmtheater, in: Rostocker Blitzlichter 1900/2000, Rostock 1999, S. 191–193; R. Stutz, U. Loeper: Theater des Friedens. Vom Einsatz prämierter Vorführapparate, in: Dies., 77 x Rostock. Was man nicht verpassen darf, Rostock 2016, S. 130 f.; R. Piechulek: Als die bewegten Bilder noch große Säle füllten. Streiflichter aus der Geschichte der Warnemünder Kinos, in: Mecklenburg-Magazin, Nr. 39, 30.9.2005, S. 13.* RS

KIRCHE ST. JAKOBI. Die jüngste u. nach der Kirche St. Marien zweitgrößte der vier Rostocker Pfarrkirchen wurde ab ca. 1300 im Zentrum des westl. Teils des alten Stadtkerns, der Neustadt, als dreischiffige got. Backsteinbasilika mit geradem Chorabschluss erbaut. 30 um 1530 erwähnte → Altäre belegen den Reichtum der Gemeindemitglieder. Die von den Herzögen betriebene Erhebung zu einem Kollegiatstift (1484) zog nach der Weihe (1487) bis 1491 langwierige Konflikte mit der Stadt nach sich, die Rostocker → Domfehde. Nach der → Reformation wurde die Kirche von der ev. St.-Jakobi-Gemeinde als Gotteshaus genutzt. 1732–89 diente die spätgot. „Butterkapelle“ an der Nordwand des Turmes Buchbeständen der Uni als Notunterkunft. Bis zum Beginn des 19. Jh. blieb die K. Bestattungsort, in der z. B. der bedeutendste Gelehrte der Uni Rostock des 16. Jh., der Theologe David → Chytraeus, u. der Orientalist u. Oberbibliothekar (Bibliotheksdirektor) Oluf Gerhard → Tychsen ihre letzte Ruhe fanden.

Im II. Weltkrieg verbrannten infolge der brit. Luftangriffe am 26.4.1942 zunächst der Turmhelm, die Dachwerke u. die Innenausstattung. Die

Sprengung eines nahegelegenen Luftschutzbunkers im Mai 1947 durch die sowjet. Besatzungsmacht brachte dann alle Gewölbe u. große Teile des Langhauses zum Einsturz. 1957–60 wurden schließlich die stehen gebliebenen Teile von Chor u. Langhaus sowie zuletzt der Turmstumpf abgebrochen. Heute erinnert der 2003 neugestaltete Jakobi-Kirchplatz zwischen Apostel- u. Pädagogienstr. an den einst imposanten Kirchenbau.

Lit.: *T. Rütz: Die Jakobikirche in Rostock, in: Archäologie unter dem Straßenpflaster. 15 Jahre Stadtkernarchäologie in Mecklenburg-Vorpommern, Schwerin 2005, S. 375–380; Ders., W.E. Wagner: Rostock, Kollegiatstift St. Jakobi, in: Mecklenburgisches Klosterbuch, Bd. 2, Rostock 2016, S. 899–922.* WEW

Jakobikirchhäuser (1913)

KIRCHE ST. MARIEN. Die der Mutter Jesu geweihte K. ist chronolog. die dritte im heutigen Stadtgebiet entstandene Kirche. Ihre erste Erwähnung stammt aus dem Jahr 1232. Der erste Bau war eine frühgot. Hallenkirche, von der sich Bauelemente erhalten haben. Nach Vereinigung der drei Teilstädte wurde sie 1265 zur Hauptpfarr- u. Ratskirche bestimmt. Um 1290 wurde mit dem Ausbau zu einer dreischiffigen Basilika mit Chorumgang u. Kapellenkranz begonnen. Nach langsamem Fortgang des Umbaus kam es 1398 zum Einsturz des Langhaus-

Obere Abbildung: Innenansicht der St.-Jakobi-Kirche (um 1900)
Untere Abbildung: St. Jakobi (um 1930)

Blick auf die Marienkirche (um 2010)

gewölbes, was vielleicht Anlass zum Bau des Querhauses gab. Dieses wurde in der Mitte des mit 31,5 m sehr hohen Langhauses eingeschoben, womit der kreuzförmige Grundriss der K. entstand, u. erhielt im Norden einen fünfseitigen Abschluss, im Süden eine Fassade mit hohen Fenstern u. Giebelfeld. Um 1440 wurde das westl. Turmmassiv um ein Geschoss erhöht; man verzichtete jedoch auf eine Doppelturmfassade. Die heutige Turmspitze stammt ebenso wie der Reiter über der Vierung von 1796. Im II. Weltkrieg fast unbeschädigt geblieben, konnte die K. ihren got., durch barocke Elemente nur wenig veränderten Bauzustand konservieren.

Die Innenausstattung hat hingegen mehrere gravierende Veränderungen erfahren. Mittelalterl. sind nur noch: Rochusalter (1525/30, wahrscheinl. Umfeld von Benedikt Dreyer, Lübeck), → Astronom. Uhr (1472, wahrscheinl. von Hans Düringer), bronzene Tauffünte (1290, Rostocker Werkstatt), Madonna mit Kind auf der Mondsichel (ca. 1520), Applikationstuch (1. Hälfte des 16. Jh.), Flügel eines Marienaltars (um 1430/40). Der ehem. Hochaltar der Kirche St. Nikolai (ca. 1460–1500) hat im nördl. Querschiffarm Aufstellung gefunden. Die erhaltenen Altarelemente verweisen auf die zahlreichen → Altäre neben denen, die sich bis zur Reformation in der Kirche befanden. Aus der Renaissance stammt die Kanzel (Korb u. Aufgang evtl. schon vor 1574; Zuschreibung an Rudolf Stockmann, wird neuerdings bestritten; Rückwand u. Schalldeckel erst 1723). Barock sind Hochaltar (1721, Berliner Künstler), Fürstenempore (1749–51) u. Orgelprospekt (1766–70) sowie Kastengestühl in der Westempore. Die Grabkapellen u. Epitaphien stammen aus dem 17.–19. Jh.; mehrere Gruftplatten u. Grabsteine des 18. Jh. sind im Chorumgang aufgestellt.

Das Geläut besteht aus drei mittelalterl. (ca. 1300, 1409, 1450) u. zwei neuzeitl. Glocken, die sich im eichenen Glockenstuhl von 1428 befinden. 2011 kamen eine neue Betglocke u. die Sakramentsglocke hinzu. Die starr aufgehängte Stundenglocke ist seit 2009 wieder in Betrieb.

Die K. ist seit 1992 generalsaniert worden, doch erfordern die baul. Instandsetzungsarbeiten alljährl. beträchtl. Mittel. Der Sprengel der seit 1531 ev.-luth. Kirche umfasst seit 1998 die ehem. Gemeinden St. Petri, St. Nikolai u. St. Marien mit etwa 3800 Gemeindemitgliedern (2012). Die Gemeinde hat 31 Mitarbeiter, davon zwei Pastoren.

Lit.: *M. Soffner-Loibl: Die Sankt Marien Kirche zu Rostock, Passau 2010; K. Skottki (Hg.): Denn die Toten sind unvergessen: zu den Grabmälern der Marienkirche in Rostock, Rostock 2010; U. Nath: Die Glocken der St. Marienkirche zu Rostock, in: Beiträge zur Geschichte der Stadt Rostock, Bd. 32, Rostock 2012, S. 157–168.* KJLS

KIRCHE ST. NIKOLAI. Die dem heiligen Nikolaus (Schutzpatron der Kaufleute) geweihte K. dürfte als zweite überdauernde Kirche in Rostock ab 1230 als Hallenkirche errichtet worden sein. Urkundl. wird sie 1257 zuerst erwähnt, ihre Weihe fand 1317 statt. Im 15. Jh. fand eine Erweiterung um den Chor im Osten u. ein Joch nach Westen mit dem im Grundriss quadrat., mit seinem Helm 132 m hohen Turm statt (höchster der Stadt Rostock). Dabei musste unter dem Chor eine Passage (Schwibbogen) freigehalten werden. Die nördl. angebaute Sakristei (Gerberkapelle) wird zuerst 1431 erwähnt. 1703 zerstörte ein Sturm den Turm, dessen Helm 1706 durch ein relativ flaches Pyramidendach mit barocker Laterne ersetzt wurde. 1758 erhielt die K. eine neue Orgel u. Kanzel. Die Bombardierung 1942 richtete weitreichende Schäden an. Erst 1948 konnte der Chor als Notkirche wieder in Betrieb genommen werden. 1974 erfolgte die Vereinigung mit der St.-Petri-Kirchengemeinde. Eine ab 1976 umfassende Rekonstruktion des beschädigten Baus folgte: Im Turmstumpf wurden Kirchenbüros eingerichtet, im Dach des Langhauses fanden auf drei Etagen Wohnungen Platz; auch der zerstörte Ostgiebel wurde wiederhergestellt. Erst 1991–94 erfolgten Gewölbeaufbau, Einbau einer Heizung u. Fußbodenbelagerneuerung mit Kalksteinplatten. 1994 wurde eine aus dem bayer. Rummelsberg gestiftete (1971 gebaute) Orgel hier geweiht. Die K. hatte neben dem Hochaltar eine ganze Reihe von Nebenaltären. Heute wird die K. als Konzertkirche, aber nicht mehr für gottesdienstl. Zwecke benutzt. Von der mittelalterl. Ausstattung ist bis auf Reste der Wandbemalung aus dem Anfang des 15. Jh. u. dem Hochaltar, der heute in der St.-Marien-Kirche aufgestellt ist, nichts erhalten; auch die Ausstattung der Folgezeit ist vernichtet. Das heutige Geläut besteht aus vier neuzeitl. Glocken, die nur noch selten (zu hohen kirchl. Feiertagen) geläutet werden. Im Zuge von Rekonstruktionsmaßnahmen wurden bis 2003 die Umrisse des alten Friedhofes unter Einbeziehung von Skulpturen

In den 1980er-Jahren wurden im Dach des Langhauses von St. Nikolai Wohnungen eingerichtet (2015).

Margret Middells gestaltet. Seit 1998 gehört die K. zur Innenstadtgemeinde. KJLS

KIRCHE ST. PETRI. Die nach dem Apostel Petrus, dem Schutzpatron der Fischer, benannte K. dürfte die älteste in Rostock sein. Sie wird 1252 urkundl. erwähnt u. lag in der Nähe des vermuteten ersten Stadtkerns. Um 1300 wurde die erste, wohl hölzerne Kirche durch einen Neubau in Form einer dreischiffigen got. Basilika mit vier Jochen ersetzt. Der 126 m hohe Turm wurde aber erst um 1506 mit einem spitzen Helm versehen. Der schmale Bau mit seinem polygonalen Chorabschluss hat eine wechselvolle Geschichte, die durch Brand- u. Sturmschäden (1543, 1575, 1581, 1610, 1652, 1708) gekennzeichnet ist u. zu Reparaturen bzw. Bauergänzungen führte. 1902–07 grundlegend restauriert, wurde die K. 1942 durch Bomben weitgehend zerstört. In der Folge trennte man die Seitenschiffe durch Zumauerung ab, verzichtete auf die Rekonstruktion der Gewölbe u. deckte den Turmstumpf flach ein. 1954 wurde die Winterkirche im südl. Seitenschiff eingerichtet, 1962/63 erhielt der Chor wieder farbige Glasfenster, 1967 wurde das Mittelschiff erneuert. Erst 1992–95 erfolgte der Wiederaufbau der heute 117 m hohen Turmkonstruktion mit spitzem Helm. Mit dem Einsetzen des von Jo Jastram geschaffenen Eingangsportals mit der Arche Noah u. den Türgriffen „Adam u. Eva“ wurden die Arbeiten abgeschlossen.

St. Petri (1951)

Blick auf St. Petri und das Petritor (um 1930)

Von der mittelalterl. Ausstattung hat sich aber nur die Taufe von 1512 erhalten. Auch alle nachreformator. Ausstattungsstücke sind verloren. Das Geläut bestand ursprüngl. aus fünf Glocken, die bereits im I. Weltkrieg dezimiert wurden; heute sind es drei Glocken, die aus der St.-Marien-Kirche hierher verbracht wurden. Seit 1998 gehört St. Petri zur Innenstadtgemeinde; hier werden im Wechsel mit der Hauptkirche Gottesdienste gehalten. Eine Aussichtsplattform im oberen Turmstumpf bietet einen guten Blick über Rostock u. seine engere Nachbarschaft.

Nordöstl. des Chores befindet sich die Grabstätte von Joachim → Slüter, die mit einer Grabplatte von 1898 als Replik derjenigen von 1598 versehen ist. Seit 1862 erhebt sich darüber ein Denkmal zu Ehren des Reformators der Stadt, das 1967 u. 1996 erneuert wurde. KJLS

KIRCHEN- UND RELIGIONSGEMEINSCHAFTEN. Rostock war von seiner Entstehung bis weit ins 20. Jh. hinein eine Stadt mit überwiegend christl. Bevölkerung, die mit der Dichte ihrer geistl. Einrichtungen in Meckl. herausragte (→ Kirchenwesen). 1531 erklärte der Rat die reformator. Lehre (→ Reformation) für verbindlich. Die protestant. Religion blieb, trotz zeitweiliger kaiserl. Besatzung im → Dreißigjährigen Krieg, bis 1945 vorherrschend. Infolge des gesellschaftl. Umbaus 1945–90 verlor sie allerdings wie alle K. in Rostock an Bedeutung. Die **ev.-luth. Kirche** zählte 1976 85825 Mitglieder, 1992 41490 u. Ende 2013 noch 22790.

Die ersten kath. Gottesdienste nach der Reformation fanden in Rostock in der 1. Hälfte des 18. Jh. für auswärtige Besucher des → Pfingstmarktes statt. Die Geistl. kamen zu diesem Termin aus Schwerin. Ansonsten blieb die **kath. Religionsausübung** im protestant. geprägten Umfeld den Restriktionen von Land u. Stadt ausgesetzt. Der Aufbau einer eigenen Gemeinde wurde erst im Prozess der Reichseinigung u. der Religionsgleichstellung möglich. 1869 genehmigte die Landesregierung regelmäßige Messfeiern, 1872 durfte sich ein kath. Geistl. in der Stadt niederlassen. Seit 1887 nutzte man eine Kapelle am Schröderplatz, an derselben Stelle entstand 1909 die → Christuskirche. Rechtl. gehörte die Rostocker Gemeinde innerhalb des Bistums Osnabrück zum Pfarrbezirk Schwerin. 1912 wurde die Christuskirche zur selbstständigen Pfarrei erhoben. Die Zahl der Katholiken erhöhte sich von 335 (1875) auf 2013 (1925). In Warnemünde entstand 1938 die Kapelle Maria Meeresstern. Die Seelsorge umfasste zudem die poln. Saisonarbeiter auf den Gütern im Umland. Der wachsenden Gemeinde stand 1902–41 Pfarrer Wilhelm → Leffers vor, der eine Privatklinik (1914), ein Kinderheim (1918) u. eine Volksschule (1929) aufbaute. Seit 1935 war er den Repressionen der Nationalsozialisten ausgesetzt, was zu seiner Inhaftierung sowie zur Schließung von Schule u. Kinderheim führte. Der Zuzug der Vertriebenen nach 1945 führte zu einer sprunghaften Vergrößerung der Gemeinde. 1949 lebten etwa 12000 Katholiken in Rostock. Die von ihnen unter großen Opfern wieder aufgebaute Christuskirche musste 1971 städt. Neubauplänen weichen. Trotz staatl. Beeinträchtigung erfolgte die Neugründung der Gemeinden St. Josef in Reutershagen (Kirchweihe 1963) u. St. Thomas Morus in Evershagen (Kirchweihe 1985). Nach 1990 entstanden

Katholischer Gottesdienst in der Fritz-Reuter-Schule Warnemünde (um 1935)

zwei kath. Kindertagesstätten u. die Don-Bosco-Schule, die → Caritas baute ein umfangreiches Angebot auf. Seit 1995 gehören Rostocker Katholiken zum Erzbistum Hamburg. Die Gemeindestruktur musste infolge des Mitgliederschwundes (2012: ca. 5000) u. des Priestermangels seit 2006 gestrafft werden. Dieser Prozess mündete 2012 in den Aufbau des pastoralen Raumes Rostock u. 2016 in die Gründung der Herz-Jesu-Pfarrei, die die ehem. Gemeindebezirke von Rostock, Bad Doberan, Ribnitz-Damgarten u. Tessin mit insgesamt 15 Kirchen vereinigt.

Das Gotteshaus der **Altkatholiken** befindet sich in der Paulstraße. Eine der Berliner Diözese unterstehende **Russ.-Orthodoxe Kirche** existiert in der Thünenstr. Zu den kleineren christl. K. zählen außerdem die Gemeinde der **Freikirche der Siebenten-Tags-Adventisten** im Johannesweg sowie die Gemeinde der **Neuapostol. Kirche** Norddtl. (gegründet 1912). Deren Mitglieder trafen sich ab 1958 in der Adventgemeinde (August-Bebel-Str.); 1961 kaufte die Gemeinde ein Grundstück in der Ulmenstr., wo 1963–2013 eine Kirche bestand. Heute wird ein Kirchenneubau in der Voßstr. genutzt, die Warnemünder Gemeinde befindet sich im Wiesenweg. Eine Kirche der anthroposoph orientierten **Christengemeinschaft** hat ihren Sitz in der Blücherstr. Weiterhin existieren in Rostock eine **ev.-freikirchl./baptist.** Gemeinde (Hermannstr.), eine **Brüdergemeinde** (Margaretenstr.), eine Gemeinde der **Ev. Methodisten** (St. Michaelis, Altbettelmönchstr.), eine Gemeinde der **Siebenten-Tags-Adventisten** (August-Bebel-Str.) u. eine Gemeinde der **Kirche Jesu Christi der Heiligen der letzten Tage** (Mormonen, Budapester Str.). **Zeugen Jehovas** nutzen einen Königreichssaal in der Schweriner Straße.

Ab 1270 lässt sich der Aufenthalt von **Juden** (→ Judentum) in Rostock belegen, die infolge der europ. Pestwelle 1348–1352 bzw. damit verbundenen Rufmords vertrieben wurden. Der Beitritt Meckl.-Schwerins zum Norddt. Bund (1867) ermöglichte den Aufbau einer jüd. Gemeinde in Rostock, die während der nationalsozialist. Herrschaft wieder zerstört wurde. Emigranten aus der ehem. Sowjetunion gründeten 1992 eine neue Gemeinde. Die → Synagoge für aktuell ca. 700 Mitglieder befindet sich in der Augustenstr.

Die 2014 ca. 400 **Muslime** zählende islam. Gemeinde nutzt seit 1998 eine Moschee mit Männer- u. Frauenbereich in der Südstadt (Erich-Schlesinger-Str.). Seit 2015 ist die Zahl der Muslime gestiegen. Das Gotteshaus befindet sich in Trägerschaft des Islam. Bundes Rostock.

Zen-Buddhisten kommen Am Wendländer Schilde zusammen.

Lit.: *Katholische Gemeinde in Rostock im Wandel der Zeit. Geschichte der Christusgemeinde und ihrer Kirche in Bildern und Texten, Schwerin 2010.* FO/BK

KIRCHENMUSIK → MUSIKLEBEN

KIRCHENWESEN. Rostock gehörte seit seiner Gründung kirchl. zum Bistum Schwerin, das wiederum dem Erzbistum Bremen unterstand. Die Stadt verfügte über vier Kirchspiele mit der jeweils dazugehörigen Pfarrkirche (→ Kirche St. Petri, → Kirche St. Nikolai, → Kirche St. Marien, → Kirche St. Jakobi). Diese hatten sich bis etwa 1250 herausgebildet. Die Heiligen, denen sie geweiht waren, waren typ. für hans. Städte: Petrus u. Nikolaus als Schutzheilige der Fischer u. Schiffer, Jacobus als Schutzpatron der Pilger sowie Maria (Mutter Jesu) als Schirmherrin der Ratskirche. Die erste Rostocker Kirche, sie existierte vor 1200, war dem Heiligen Clemens gewidmet. Als Patron der Seefahrer weist sie aber auch auf die engen Beziehungen zu Skandinavien hin. Die religiöse Versorgung der nahegelegenen Dörfer erfolgte durch die Kirchen Toitenwinkel, Rövershagen, Biestow, Lichtenhagen, Kessin u. Warnemünde.

Vor allem im Spätmittelalter (1250–1530) wurden durch Stiftungen Nebenaltäre u. Vikarien (Vikar: Geistlicher, dem die seelsorger. Betreuung des Spenders oblag) geschaffen, die zahlreich sein konnten. Über diese Pfründe verfügten zunächst die Stifter u. ihre Familien als Patrone. Sie konnten sie mit geeigneten Personen ihrer Wahl besetzen. In der St.-Marien-Kirche wurden aufgrund der hier vorhandenen → Altäre u. der Messverpflichtung ihrer Priester mehrfach am Tage – auch parallel – Messen gelesen. In der Kirche fanden neben den Gottesdiensten

(Messen) auch die Taufen u. Eheschließungen statt, während Beerdigungen am Aufbahrungsort des Gestorbenen vorgenommen wurden. Allerdings hatten die Pfarrkirchen das Recht der Beerdigung auf dem Kirchhof; nur wenige Tote fanden ihre letzte Ruhestätte in der Kirche, darunter besonders die Kleriker der Kirche. Die materielle Verwaltung lag in den Händen der Kirchgeschworenen, einem Laiengremium, das sich um den baul. Zustand, die Innenausstattung, die kult. Gerätschaften u. Materialien (Wein, Weihrauch, Wachs etc.) kümmerte, aber auch die Einkünfte verwaltete. Kapellen, die sich im Besitz von Familien u. Zünften befanden, trugen zur Deckung der Baulasten bei. Sie dienten auch als Grabanlagen. Zwischen Pfarrern u. Klerikern einerseits u. den Kirchgeschworenen andererseits gab es häufig Spannungen.

Spätestens in der Mitte des 13. Jh. siedelten sich die beiden Bettelmönchsorden der Franziskaner (1243 → Kloster St. Katharina) u. der Dominikaner (1256 → Kloster St. Johannis) an. Das Zisterzienser- → Kloster zum Heiligen Kreuz entstand 1270. Später kamen das Kartäuser- → Kloster Marienehe (1396) u. das Bruderhaus der Michaelisbrüder (1464) (→ Fraterhaus St. Michael) hinzu. Die klosterähnl. Frauengemeinschaft der → Beginen war seit 1279 nachweisbar. Parallel dazu gab es vier karitative, mildtätige Stiftungen mit kirchl. Charakter: → Hospital zum Heiligen Geist (um 1260), → Hospital St. Georg (niederdt.: Hospital St. Jürgen, um 1260), → Hospital St. Gertrud (1468) u. → Hospital St. Lazarus (1509). Alle geistl. Einrichtungen erhielten umfangreiche Sach- u. Geldspenden. Diese kamen von armen u. wohlhabenden Rostocker Bürgern, von Handwerks-Zünften, Kaufmanns- u. Schifferorganisationen, von in der Stadt wohnenden Adeligen sowie von den Landesfürsten. Die Einrichtungen entlohnten es den Spendern mit seelsorger. Fürbitte vor u. nach dem Tod, mit Bildung, Kranken-, Waisen-, Armen- u. Altenbetreuung.

Der Klerus war dem Zölibat (Ehelosigkeit) unterworfen. Bessergestellte Geistliche hatten i.d.R. eine Wirtschafterin, mit der sie häufig eine körperl. Verbindung eingingen. Dieser Punkt führte im 14./15. Jh. immer wieder zu starker Kritik. Gleiches erfuhr der im letzten Drittel des 15. Jh. zur Finanzierung der Kirche kampagnenartig durchgeführte Ablasshandel für ird. Sünden. Neben anderen kritikwürdigen Entwicklungen innerhalb der Kirche führte dies zu einer starken Reformbewegung, die letztendlich in der → Reformation endete. Sie wurde in Rostock seit 1521 vor allem durch Joachim → Slüter, Prediger an der St.-Petri-Kirche, u. die Franziskaner des Klosters St. Katharinen vorangetrieben. 1531 untersagte der Rat in der Stadt das Feiern kath. Messen u. erklärte die luth. Lehre an den vier Hauptkirchen für verbindlich. Die Uni Rostock sowie das Kloster zum Heiligen Kreuz, das Kartäuserkloster in Marienehe u. das Dominikanerkloster St. Johannis leisteten erbitterten Widerstand, der erst nach der Einführung der Reformation durch die meckl. Landesfürsten 1549 gebrochen wurde. Der Klosterbesitz wurde säkularisiert u. ging in den Besitz des Landesherrn über. Gegen die Kartäuser in Marienehe ging Herzog → Johann Albrecht I. mit Gewalt vor u. löste deren Kloster 1552 auf. Lediglich das Kloster zum Heiligen Kreuz wurde 1572 Damenstift, in dem fortan unverheiratete Töchter der städt. Oberschicht einzogen. Die Zahl der Geistl. an den vier Rostocker Pfarrkirchen war von ca. 150 vor der Reformation auf 13 geschrumpft. An den beiden Hauptkirchen (St. Marien, St. Jakobi) amtierten jeweils drei Prediger, an St. Nikolai u. St. Petri je zwei. An St. Katharinen, der Heiligen-Geist-Kirche u. an St. Georg war je ein Prediger angestellt.

Mit der Übernahme des Kirchenregiments durch den Rat versuchte dieser den Anspruch der Herzöge als oberste Kirchenherren zu mindern. Die 1552 von Herzog Johann Albrecht erlassene landesherrl. Kirchenordnung wurde daher teilweise abgelehnt. Bis in die 1560er-Jahre stritten beide Parteien erbittert über ihren Einfluss auf die Uni u. die vier Pfarrkirchen. Dabei ging es um Fragen wie Stellenbesetzungen, Gerichtsbarkeit, Visitationen, Geldzahlungen usw. Erst das 1563 abgeschlossene Vertragswerk „Formula concordiae" beendete den Streit. Die Gerichtsbarkeit übernahm ein 1566 gegründetes Konsistorium. Mit der 1571 in Kraft getretenen Superintendentenordnung war der Ausbau der Landeskirche vollendet, der sich auch Rostock zu beugen hatte. Sie blieb bis 1849 verbindlich. Das in Rostock angesiedelte Konsistorium entwickelte sich zu einer wichtigen Schiedsinstanz.

Die 1573 u. 1584 abgeschlossenen → Erbverträge, in denen Rostock die landesherrl. Oberhoheit anerkannte, hatten den Einfluss des Rates auf das K. erhebl. eingeschränkt. Dennoch verfügte die Stadt über eine eigene Superintendentur, durfte die städt. Pfarren besetzen u. verwaltete sowohl die Kirchengüter als auch die Hospitäler. Auch in Lehr- u. Ehesachen bildete der Rat die erste Instanz.

Im 18. Jh. führten pietist. Strömungen auch in Rostock zu starken religiösen Auseinandersetzungen. Die Anhänger dieser Glaubensströmung forderten eine Rückbesinnung auf die Reformation u. beklagten den Mangel an Frömmigkeit u. die unzureichende christl. Lebensführung der Lutheraner. Die Berufung des Pietisten Christian Albrecht Döderlein durch den pietist. Landesherrn Herzog Friedrich führte 1760 zur Gründung der Uni Bützow. Mit dem Regierungsantritt von Herzog Friedrich Franz I. zog die Alma Mater 1789 wieder zurück nach Rostock. Die Besetzung Meckl. u. Rostocks 1806–13 durch napoleon. Truppen führte ebenfalls nicht zu konfessionellen od. kirchenrechtl. Veränderungen.

Seit der Reformation prägte der Protestantismus das K. Rostocker Katholiken u. andere Konfessionen waren in der Minderheit. 1902 waren ca. 53 000 Einwohner protestant. Glaubens. Die vier mittelalterl. Kirchen boten aber nur ca. 14 000 Gläubigen Platz. Aus Kostengründen versuchte der Rat den Bau neuer Gotteshäuser zu vermeiden. Stetiges Bevölkerungswachstum, insbesondere aber der Ausbau der → Kröpeliner-Tor-Vorstadt, zwang die Stadt zum Bau der → Heiligen-Geist-Kirche. Sie wurde 1908 eingeweiht u. bot ca. 1000 Sitzplätze.

Menschen mit kath. Glauben bildeten erst 1872 eine eigene Gemeinde. 1909 bekamen sie mit der → Christuskirche am Schröderplatz ein repräsentatives Gotteshaus. Nach Jh. des Verbots erhielten Juden (→ Judentum) erst 1870 die landesherrl. Erlaubnis, eine jüd. Gemeinde zu gründen. Die zahlenmäßig kleine Religionsgemeinschaft konnte sich keine Kirche leisten. Nachdem der Rostocker Kaufmann Meyer Gimpel testamentar. 80 000 RM zur Verfügung gestellt hatte, erfolgte der Bau einer

Katholische Kirche am Häktweg (1971)

→ Synagoge. Sie wurde 1902 in der Augustenstr. eingeweiht. Freikirchl. Gruppen entstanden gegen Ende des 19. Jh.

Nach der → Nov.-revolution u. der Abdankung des obersten Landes- u. Kirchenherrn Großherzog Friedrich Franz IV. vollzog sich unter dem meckl.-schwerinschen Landesbischof Heinrich Behm der Weg des Rostocker K. in die Autonomie infolge der Trennung von Staat u. Kirche. Mit der Machtübernahme der Nationalsozialisten 1933 kam es zum sog. Kirchenkampf. In ihm standen die Anhänger der Dt. Christen den Befürwortern der Bekennenden Kirche, die sich als innerkirchl. Oppositionsbewegung verstanden, z.T. unversöhnl. gegenüber. Dem Versuch, die ev. Kirche unter Führung des dt.-christl. Reichsbischofs Ludwig Müller gleichzuschalten, widersetzte sich die Theolog. Fakultät der Uni Rostock. Alle Prof. unterzeichneten 1934 die Rücktrittsforderung gegenüber dem Reichsbischof. Die Rostocker Theolog. Fakultät war damit die einzige in Dtl., die sich geschlossen dem systemkonformen Bischof verweigerte. Die Ernennung des Dt. Christen Walter Schulz 1933 zum Landeskirchenführer von Meckl. konnte sie jedoch nicht verhindern. Auch in Rostock standen Mitglieder der Bekennenden Kirche unter besonderer Beobachtung durch die Geheime Staatspolizei (Gestapo). Widerständ. Männer, wie der Rostocker Prof. der Theologie Helmuth Schreiner, wurden zwangsweise in den Ruhestand versetzt od. ihnen wurde der Prozess gemacht. Zu den Betroffenen gehörte auch der kath. Pfarrer Wilhelm → Leffers, der 1935 wegen Verstoßes gegen das Heimtückegesetz angeklagt wurde. Der erste dt. Sondergerichtsprozess gegen einen kath. Geistlichen diente dem meckl. Gauleiter Friedrich Hildebrandt als Exempel gegen die gesamte kirchl. Oppositionsbewegung.

Im II. Weltkrieg gingen mit der Nikolai-, Petri- u. Jakobikirche drei der vier Hauptkirchen in Flammen auf.

Seit 1945 bestimmten Männer der Bekennenden Kirche das Rostocker K. Trotz der Bodenreform blieben die Kirchen- u. Pfarrländereien i.d.R. unangetastet. Das jahrhundertealte Abgabensystem an die Kirche u. die Pastoren in Form von Geld, Naturalien u. Diensten wurde abgeschafft. Trotz schwieriger Rahmenbedingungen wurde die generelle Existenz der Kirche durch die sowjet. Besatzungstruppen nicht infrage gestellt. Die seelsorger. Betreuung der Bevölkerung, sie war nach 1945 durch Flüchtlinge u. Vertriebene sprunghaft gewachsen, war jederzeit gewährleistet. Die schwer beschädigten Kirchen St. Petri u. St. Nikolai wurden wieder notdürftig für den Gottesdienst hergestellt. Im Barnstorfer Wald entstand mit der Johanniskirche 1950 ein weiteres Gotteshaus. Mit der Errichtung der Neubaugebiete kamen in Evershagen die kath. Thomas-Morus-Kirche (1983–85) u. in Groß Klein das ev. Gemeindezentrum Brücke (1986–88) hinzu. Eine umfangreiche karitative Arbeit leistete die Kirche in zahlreichen ihr unterstehenden Alten- u. Behindertenheimen.

Ihrer marxist.-leninist. Ideologie folgend, versuchten die atheist. SED sowie die Kinder- u. Jugendorganisationen Junge Pioniere u. FDJ den Einfluss der Kirche zurückzudrängen. Die Zahl der Kommunions- u. Konfirmationsfeiern sank, die der Jugendweihen stieg. Die ev. Kirche verlor viele Mitglieder. 1976 gehörten ihr noch 85 825 Rostocker an. Allerdings bezahlten nur knapp 19 000 Kirchensteuer. Zur kath. Kirche rechnete man 14 353 Einwohner, 2 850 Menschen waren Mitglieder kleinerer Religionsgemeinschaften (i.d.R. Freikirchen).

Zahlreiche Konflikte mit den SED-dominierten Verwaltungsorganen belasteten die Zusammenarbeit zwischen Staat u. Kirche. So führte der Abriss der Reste der Jakobikirche 1957–60 zu heftigen Diskussionen. Diese lebten wieder auf, als die Christuskirche am Schröderplatz 1971 aus verkehrsplaner. Gründen gesprengt wurde. Als Ersatz entstand am Häktweg eine neue Kirche. Sie wurde am 12.6.1971 durch Bischof Heinrich Theissing geweiht.

Seit den 1970er-Jahren organisierten sich unter dem Dach der Kirche sog. Basisgruppen, die sich zum Sammelbecken einer polit. u. sozialen Gegenkultur entwickelten. Hier fanden v.a. junge Leute Gleichgesinnte u. die Möglichkeit, polit. brisante Themen wie Menschenrechte, Militärdienst od. Umweltzerstörung zu diskutieren. 1979 entstand in der ev. Studentengemeinde in der Südstadt ein Friedenskreis. An der Heiligen-Geist-Kirche fanden seit 1981 regelmäßige Friedensgottesdienste statt. Die Arbeitsgruppe Frieden, eine Koordinierungsgruppe der ev. Landeskirche, hatte ihren Sitz in Rostock. In den 1980er-Jahren riefen unter dem Dach der Kirche organisierte Veranstaltungen wie „Schwerter zu Pflugscharen", Baumpflanzaktionen, Wehrdienstberatungen, Verabschiedungs- u. Ermutigungsfeiern bei den staatl. Organen großes Misstrauen u. zum Teil heftige Gegenmaßnahmen hervor. Der Zusammenbruch der DDR 1989/90 wurde in Rostock maßgebl. durch Mitglieder der ev. Kirche geprägt. Mehrere Pastoren, unter ihnen Joachim Gauck u. Christoph → Kleemann, wechselten in die Politik. 1992–2013 wuchs die ev. Gemeinde von 12273 auf 21449 Mitglieder, die kath. von 4011 auf 6745.

Lit.: *K. Schmaltz: Kirchengeschichte Mecklenburgs, 3 Bde., Schwerin 1935, 1936, Berlin 1952; K. Schröder (Hg.): Rostocks Stadtgeschichte von den Anfängen bis in die Gegenwart, Rostock 2013; S. Pettke: Nachträge zur Reformationsgeschichte Rostocks, 2 Bde., Rostock 2009/10.* KJLS/RS

KLASSIZISMUS → ARCHITEKTUR UND STÄDTEBAU

KLEEMANN, CHRISTOPH. Theologe, Kommunalpolitiker (17.4.1944 Meißen–28.10.2015 Rostock). Nach Mitgliedschaft im Dresdener Kreuzchor u. Studium der Theologie in Rostock ab 1967 verschiedene kirchl. Ämter, z.B. Rostocker Studentenpfarrer; 1989 Gründungsmitglied der demokrat. Bürgerbewegung Neues Forum in Rostock u. einer ihrer Aktivisten während des Zusammenbruchs der DDR 1989/90 (→ Friedliche Revolution); Mitglied u. Sprecher des → Runden Tisches, zeitweise Stadtrat ohne Geschäftsbereich u. amtierender Oberbürgermeister; nach der demokrat. Kommunalwahl vom Mai 1990 bis 1999 Mitglied der Rostocker Bürgerschaft, 1990–94 ihr Präsident, dann Vizepräsident; 1994–98 Lehrer an der Christophorusschule; 1999–2009 Leiter der Außenstelle Rostock des Bundesbeauftragten für die Unterlagen des Staatssicherheitsdienstes der ehem. DDR; 2011 Bundesverdienstkreuz am Bande; 2015 autobiograf. Roman „Hans im Glück oder Die Reise in den Westen". RL

Christoph Kleemann (um 1990)

KLEINGARTEN. Gründung des Rostocker Obst- u. Gemüsebau-Vereins durch Berufsgärtner u. Hausgartenbesitzer (1893), Beginn der Schrebergartenbewegung (benannt nach dem Leipziger Arzt u. Pädagogen Dr. Daniel Gottlob Moritz Schreber); erster Vereinsgarten am → Weißen Kreuz (ca. 2500 m^2, Geschenk des Fabrikanten Wilhelm → Scheel); Bearbeitung durch Obstbaumwärter; ab 1905 erstmals Verpachtung von 53 Parzellen (je 217 m^2) am Kassebohmer Weg an Vereinsmitglieder; Durchführung von Obst- u. Gemüseausstellungen in Rostock; Entstehung weiterer Anlagen in Gehlsdorf u. der Südstadt; während des I. Weltkrieges Anlegung von sog. Kriegsparzellen (u.a. Steintor-Vorstadt, Satower Str., Parkstr.) zur Selbstversorgung; um 1920 sprunghafte Ausdehnung der Schrebergartenkolonien; ab 1933 Zwangsmitgliedschaft im Reichsverband dt. K.; Einbindung der Kleingärtner in die Ideologie des NS-Staates; Auflösung der K.-vereine im Mai 1945; Vergabe von städt. Flächen (Zoo, Alte Rennbahn, Rosengarten, Schwanenteich etc.) als „Grabeland" zwecks Selbstversorgung (1945/46) für Umsiedler u. Flüchtlinge; 60 K.-kolonien mit ca. 10000 Gartenparzellen auf einer Fläche von 450 ha (1947); Bildung der K.-hilfe

1934 1959

Ehrenurkunde

Unserem Gartenfreund

Herrn Johann Thoms

für 25jährige treue Mitarbeit

in der Kleingartenanlage

„Sonnenschein"

Rostock, d. 10. Jan. 1959.

Kreisverband Rostock d. Kleingärtner,

Siedler und Kleintierzüchter

1. Vorsitzender

Ehrenurkunde des Gartenfreundes Johann Thoms (1959)

des FDGB, Ortsgruppe Rostock (1950/51), ab 1959 Verband der Kleingärtner, Siedler u. Kleintierzüchter (VKSK, 1959); Anlegung von K. in den Neubaugebieten; massiver Ausbau von Gartenlauben u. Vereinsheimen in den 1960er/70er-Jahren; Einbindung der Kleingärtner in die Versorgung der Bevölkerung durch staatl. Aufkauf von Obst u. Gemüse; Auflösung des VKSK u. Gründung des Kreisverbandes der Gartenfreunde der Hansestadt Rostock e. V. (1990) durch 115 K.-vereine; 2014 bewirtschafteten 153 K.-vereine 15421 Parzellen mit etwa 650 ha Gartenland.

Lit.: *Blick über den Gartenzaun. Rostocker Kleingartenvereine seit 1893, Rostock 2002.* RS

KLEIST, KARL. Arzt (31.1.1879 Mühlhausen/Elsass–26.12.1960 Frankfurt a.M.); Prof. für Psychiatrie; 1916–20 Direktor der Psychiatr. Universitätsklinik Rostock, danach Berufung nach Frankfurt a.M.; Ehrensenator der Uni Rostock 1949; Beiträge zur Einteilung psych. Erkrankungen auf hirnlokalisator. Grundlage, prägte den Begriff der „Zykloiden Psychosen", erarbeitete Hirnkarte der Lokalisation von Funktionen der Großhirnrinde (1934).

Lit.: *K. Leonhard: Nachruf, in: Archiv für Psychiatrie und Nervenkrankheiten, Bd. 202, Berlin 1961, S. 451–456.* EK/KH

KLOSTER. Die zumeist vielgliedrige Heimstatt einer Gemeinschaft (Konvent) von Mönchen od. Nonnen trägt ihre vom lat. claustrum abgeleitete Bezeichnung wegen ihrer bewusst gewählten weitgehenden Abgeschlossenheit von der Außenwelt. Die Normen ihres auf religiöse Tätigkeiten konzentrierten Lebens wurzeln in frühmittelalterl. Regeln mit Grundprinzipien wie Askese, Keuschheit u. Gehorsam gegenüber dem K.-vorstand.

Rostock, als größte Stadt des Landes, beherbergte in seinen Mauern od. in deren unmittelbarer Umgebung die größte Anzahl von K. in Meckl. Seit der Stadtentstehung spätestens um 1200 gab es enge Beziehungen zur nahegelegenen Zisterzienserabtei Doberan, dem ältesten K. Mecklenburgs, das über einen Stadthof (→ Doberaner Hof) in Rostock verfügte.

In der Stadt selbst entstanden im Verlaufe des 13. Jh. drei K. der Reformorden des Hochmittelalters, insbesondere der für städt. Siedlungen typ. Bettelmönchsorden. Spätestens seit 1243 beherbergte Rostock ein der Heiligen Katharina geweihtes Franziskaner-K. (→ Kloster St. Katharina), das zweitälteste seiner Art in Meckl. Ihm folgte 1256 das Dominikaner- → Kloster St. Johannis, das älteste in Meckl. Eher einen Sonderfall im städt. Umfeld repräsentiert das 1270 entstandene Zisterzienserinnen- → Kloster Zum

Giebel des Fraterhauses St. Michael (2015)

Heiligen Kreuz. Ende des 14. Jh. fügte das unweit der Stadtmauern gelegene Kartäuser- → Kloster Marienehe dem K.-wesen Rostocks den Schlussstein hinzu. Das Ende des 15. Jh. entstandene Fraterhaus der Brüder vom Gemeinsamen Leben (→ Fraterhaus St. Michael) hingegen bildete kein K. im klass. mittelalterl. Sinne mehr, obwohl es vereinfacht Fraterkloster genannt wurde. Entsprechend ihrer Bestimmung befanden sich alle Rostocker K.-anlagen am Stadtrand in der Nähe der Stadtmauer.

Das Ende der K. kam auch in Rostock mit dem Sieg der → Reformation im 16. Jh. In Gestalt eines ev. Damenstifts überlebte lediglich das K. Zum Heiligen Kreuz diesen Umbruch, der im Falle Marienehes auch mit einem völligen u. im Falle des Johannisklosters mit einem weitgehenden Abbruch der Gebäude verbunden war.

Lit.: W. E. Wagner: Kloster, in: Landeskundlich-historisches Lexikon Mecklenburg-Vorpommern, Rostock 2007, S. 326–327; W. Huschner, E. Münch, C. Neustadt, W. E. Wagner: Mecklenburgisches Klosterbuch, 2 Bde., Rostock 2016. KJLS/EM

Kleines Konventsiegel des Klosters Marienehe (1491)

Zweites Konventsiegel des Klosters Marienehe (1499)

KLOSTER MARIENEHE. Als jüngstes der Rostocker Klöster u. als einziges seiner Art in Meckl. entstand das 1396 durch den Rostocker Bürgermeister Winold Baggel u. seinen Schwiegervater Mathias v. Borken gestiftete u. 1398 gegründete Kartäuserkloster im nordwestl. der Stadt gelegenen Dorf mit dem slaw. Namen Mergenewe. Daraus entwickelte sich unter Einbeziehung des lat. Klosternamens die bis heute gültige Bezeichnung. Die ersten Mönche kamen aus Erfurt, Eisenach u. Hildesheim. Entsprechend ihrer Ordensregel lebten die bildungsbeflissenen Kartäuser sehr abgeschieden. Ihnen stand ein Prior als Leiter vor, der seit Mitte des 15. Jh. zum Prälatenstand in Meckl. gehörte. Einkünfte bezogen die Kartäuser aus knapp 20 Dörfern in der engeren u. weiteren Umgebung Marienehes (u. a. Schutow, Lambrechtshagen, Pastow, Sildemow u. Mönchhagen) sowie in der Umgebung von Stralsund. Innerhalb der Rostocker Stadtmauern besaßen sie mehrere Gebäude, anfangs insbesondere das Neue Hospital in der Breiten Str. u. gegen Ende ihrer Existenz ein Gebäude an der Ecke Steinstr./Johannisstr. Die Marieneher Kartäuser erlangten rasch hohes Ansehen, die ältesten Statuten der jungen Uni Rostock bestimmten ihren Prior neben dem Abt des Zisterzienserklosters Doberan zu Schiedsrichtern bei Rechtsstreitigkeiten. Für die Ordensprovinz Saxonia wirkten mehrere ihrer Prioren, zu denen u. a. auch Heinrich v. Ribnitz, ehemals Rektor der Uni Prag, zählte, als Visitatoren. 1512/13 betätigte sich der später berühmte Ludwig → Dietz als Buchdrucker in Marienehe. In der Reformationszeit vermochten sich die Kartäuser noch längere Zeit zu behaupten, bevor dann 1552 Herzog → Johann Albrecht I. die gewaltsame Schließung des Klosters u. die Vertreibung der Mönche durchsetzte. Damals lebten noch sechs Mönche in Marienehe. Die Klostergebäude dienten 1559 als Steinbruch u. a. für den Bau des Güstrower Schlosses. Von ihrer Anlage u. ihrem Aussehen existieren daher ledigl. stark schematisierte Abbildungen u. vage Pläne. Die Ruine diente 1601/02 kurzzeitig als herzogl. Münzstätte. Das Klostergelände erlangte schließlich im 20. Jh. Bedeutung als Standort für die → Ernst Heinkel Flugzeugwerke u. in der DDR für die Betriebspoliklinik des VEB Fischkombinats Rostock-Marienehe.

Lit.: *G. Schlegel: Kartause St. Maria, in: Mecklenburgisches Klosterbuch, Bd. 2, Rostock 2016, S. 963–984.*
KJLS/EM

KLOSTER ST. JOHANNIS. 1256 entstand unmittelbar vor der südl. Stadtmauer westl. des Steintors als zweites Kloster in Rostock das Dominikaner-K., das älteste seiner Art in Meckl., unter besonderer Förderung des Herrn v. Rostock, Heinrich Borwin III. Die ersten Brüder kamen vermutl. aus Lübeck u. standen unter der Leitung eines Priors. Der Bau der Klosteranlage war um 1300 weitgehend abgeschlossen, die Weihe der typ. schlichten, dreischiffigen Hallenkirche mit Dachreiter u. Langchor erfolgte 1329. In ihrem Chor erhielt 1314 der letzte Herr v. Rostock, → Nikolaus das Kind, seine Grabstätte. Gemäß ihrer Regel als Predigerorden sahen die Dominikaner in der öffentl. Predigt eine ihrer Hauptaufgaben. Für die entsprechende Bildung legten sie großen Wert auf das Studium. Das Ordensstudium wurde 1433 nach der Zulassung der Theolog. Fakultät an der jungen Uni Rostock in das Universitätsstudium in-

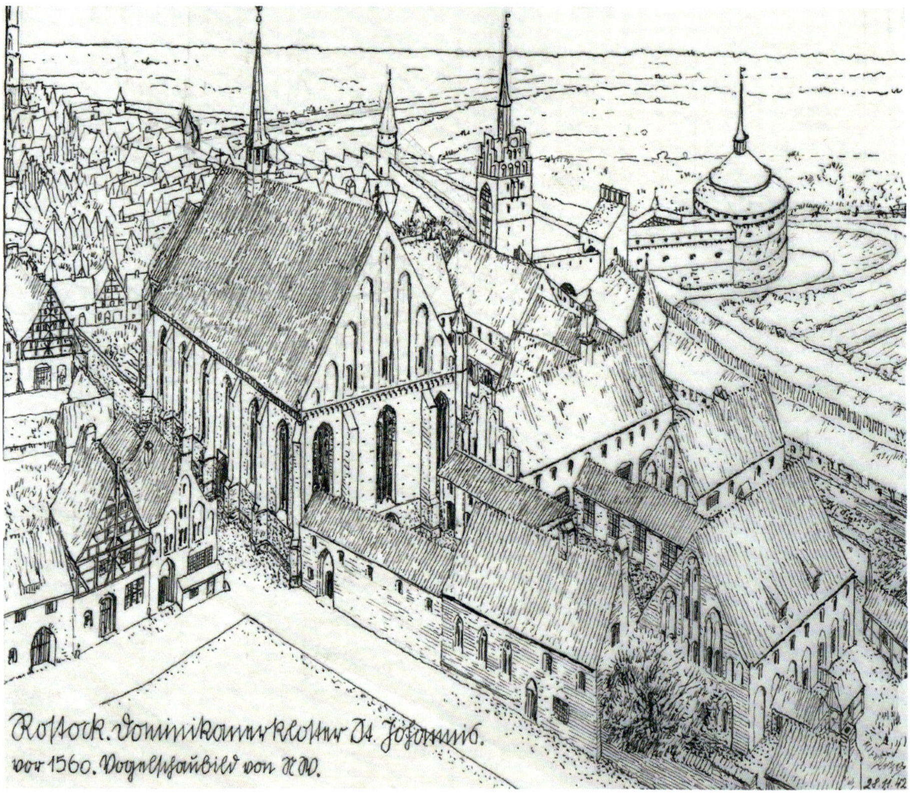

Rekonstruktionszeichnung des Rostocker Dominikanerklosters vor 1560 durch Adolf Friedrich Lorenz (1942)

korporiert. Die Dominikaner stellten in der Folgezeit häufig Theologieprof. Ihren Höhepunkt mit einer Ausstrahlung weit über Rostock hinaus erlebten die Rostocker Dominikaner, als sie im Zeichen der inneren Reformbestrebungen 1468–1517 Teil u. zeitweilig unter dem Prior Cornelius van Sneek Zentrum der Holländ. Kongregation wurden.

Nach 1525, insbesondere seit den Ratsbeschlüssen zur → Reformation 1531, erlebten die damals ca. 30 Priesterbrüder u. etwa zehn einfachen Brüder sowie bis zu sechs Studenten der Rostocker Dominikaner einen raschen Niedergang, der 1534 zur Aufhebung des K. führte. Jedoch durften sie dort bis zu ihrem Lebensende verbleiben. Große Teile der Klosteranlage wurden 1566 auf Befehl der meckl. Herzöge abgerissen. Die übrigen Gebäude erfuhren eine vielfältige Nutzung, seit 1564 u.a. durch die Uni. Teile des Westflügels beherbergten seit 1580 die spätere → Große Stadtschule. Auch das → Geistl. Ministerium sowie das Konsistorium fanden im ehem. Kloster seit dem 16. Jh. eine Heimstatt. Die Kirche, 1578 als ev. Gotteshaus eingerichtet u. ab 1631 vom → Hospital St. Georg genutzt, wurde 1831 abgerissen. Im Südabschnitt des Klostergeländes errichtete die Stadt 1623 ein → Ballhaus u. 1786 das erste Stadttheater. Nach dessen Brandzerstörung im Jahre 1880 wurde dort 1889/93 durch die meckl. Stände das → Ständehaus errichtet. Mit dem Schulgebäude verschwand 1954 der letzte Teil der ehem. Klostergebäude. Heute erinnert im Stadtbild nur noch die Johannisstr. an die Klostergeschichte.

Lit.: *B. Keipke, R. Mulsow, S. Stuth: Kloster St. Johannes, in: Mecklenburgisches Klosterbuch, Bd. 2, Rostock 2016, S. 847–871.* KJLS/EM

KLOSTER ST. KATHARINA. Da 1243 bereits ein Guardian als Leiter des Klosters als Zeuge auftrat, existierte das Franziskanerkloster unmittelbar vor der Stadtmauer im Nordosten wahrscheinl. schon früher als das zweite seiner Art in Meckl. Vermutet wird eine Gründung aus Lübeck sowie unter Einflussnahme des Herrn v. Rostock, Heinrich Borwin III. Die Klosterkirche ist seit ca. 1255, spätestens 1259 bezeugt. Die übrigen Klosterbauten folgten bis etwa 1288. Ein Friedhof ist seit dem 14. Jh. nachweisbar. Dem großen dreischiffigen Langhaus der typ. Bettelmönchskirche wurde im 14. Jh. ein hoher Langchor angefügt. Bis zur Gründung der Uni Rostock stammten die Mönche wohl hauptsächl. aus Rostock selbst u. seiner Umgebung. Für 1500 wird ihre Zahl auf etwa 40 geschätzt.

Die Verbindungen der Rostocker Franziskaner zur Uni waren schwächer als die der Dominikaner. Dennoch legte man Wert auf die Ausbildung insbesondere der Novizen. Das Kloster verfügte daher über eine Bibliothek erhebl. Ausmaßes. Mehrfach fanden in Rostock Provinzkapitel der sächs. Ordensprovinz der Franziskaner statt. Im 15. Jh. wurde auch St. Katharina von dem Reformstreit der Franziskaner erfasst. Nach dem Bekenntnis des Rostocker Rates zur → Reformation erfolgte 1532–34 die endgültige Schließung des Franziskanerkonvents. Die Klostergebäude fungierten danach als Armenhaus. Seit 1574 wirkte ein eigener Prediger an St. Katharina. 1624 erfolgte die Einrichtung eines Waisenhauses (→Katharinenstift). Im → Stadtbrand von 1677 blieb von der Kirche nur der Chor erhalten. 1728 wurden Gebäudeteile zu einem Zucht- u. Werkhaus umgestaltet, 1734 eine psychiatr. Heilanstalt eingerichtet. Nach der Nutzung als Schule u. Altersheim im 20. Jh. erfolgte seit 1991 eine umfassende Sanierung, die 1999–2001 in die Umgestaltung der Anlage zur → Hochschule für Musik u. Theater mündete.

Lit.: *S. Groß u.a.: Kloster St. Katharina, in: Mecklenburgisches Klosterbuch, Bd. 2, Rostock 2016, S. 873–898.* KJLS/EM

KLOSTER ZUM HEILIGEN KREUZ. Das den Gewohnheiten der Zisterzienser folgende, ihnen jedoch nicht inkorporierte Nonnenkloster entstand im Zeitraum 1269–72 am südwestl. Stadtrand Rostocks unmittelbar an der Stadtmauer. Vermutl. zur Sicherung seiner Besitzansprüche diente eine gefälschte Stiftungsurkunde samt der Legende, dass das Kloster durch die dän. Königin → Margarethe Sambiria entstanden sei, die ihm auch den Splitter vom Kreuze Jesu aus Rom mitgebracht hätte, das dem Kloster den Namen gab. Förderung erhielt das K. durch den Herrn v. Rostock, → Waldemar. Das Kir-

Blick auf das Kloster zum Heiligen Kreuz von Südosten (2010)

chen- u. die sonstigen Klostergebäude entstanden spätestens seit dem Ende des 13. Jh. Vorbild für die turmlose Hallenkirche ohne Querschiff waren die Kirchen der Bettelmönche. Dem Kloster stand eine Priorin vor. Die Zahl der Konventualinnen wurde 1354 auf 60, 1492 auf 40 Nonnen reduziert. Die Herkunft der ersten Nonnen ist nicht bekannt. Später entstammten sie niederadligen meckl. Familien u. in erster Linie der städt. Oberschicht Rostocks. Verwaltung u. Wirtschaftsleitung lagen in den Händen eines Propstes. Die im Vergleich mit anderen meckl. Zisterzienserinnenklöstern nur mäßige Besitzausstattung bestand aus einigen Dörfern um Rostock, bei Schwaan u. bei Damgarten. 1453 gab es angesichts von Missständen für den Schweriner Bischof Veranlassung, eine Reform des Klosters in Angriff zu nehmen. Mit der sich ankündigenden Reformation erlitten die Klostereinkünfte erhebl. Einbrüche. Gegen die Einführung der → Reformation leisteten die Nonnen in Rostock einen ähnl. hartnäckigen u. lang anhaltenden Widerstand wie etwa diejenigen in Dobbertin. Die Auseinandersetzungen dauerten seit den 1530er-Jahren bis 1586. Damals entstand ein ev. Damenstift mit einer Domina an der Spitze. Die Zahl der Stiftsdamen wurde auf 20 reduziert. In dieser Form existierte das K. bis zu seiner Auflösung im Jahre 1920 durch den Freistaat Meckl.-Schwerin. Die zuvor rekonstruierte Klosterkirche war bereits 1899 der Uni zur Nutzung übergeben worden. Den Stiftsdamen wurde ein Wohnrecht eingeräumt. Die letzte von ihnen verstarb 1981. Nach 1945 teilten sich die Uni u. die Stadt in die Nutzung der Klosteranlagen. 1980 wurde dort das → Kulturhistor. Museum der Stadt Rostock eingerichtet. Seitdem erfuhren seine Gebäude bis in die Gegenwart mehrere umfangreiche Sanierungsarbeiten.

Lit.: W.E. Wagner: Kloster zum Heiligen Kreuz, in: Mecklenburgisches Klosterbuch, Bd. 2, Rostock 2016, S. 925–961. KJLS/EM

KLOSTERGRABEN. In die Warnow mündender Wasserlauf im heutigen Stadtteil Schmarl. Auf Betreiben der Verwaltung des → Klosters zum Heiligen Kreuz (daher die Bezeichnung K.) in Rostock, die das Dorf Schmarl 1272 erworben hatte, bereits im Mittelalter angelegter Graben zur Entwässerung weitläufiger Moor- u. Sumpfgebiete. RL

KLOSTERHOF. Der Besitz des → Klosters zum Heiligen Kreuz erstreckte sich im Spätmittelalter vom eigentl. Klosterareal entlang der Stadtmauer bis über die Schwaansche Str. hinaus nach Osten u. war höchstwahrscheinl. mit Mauern umgeben. In nachreformator. Zeit wurden Gebäude der Landesherren auf diesem Areal errichtet, die heute überwiegend zur Uni Rostock gehören. Das verkleinerte Gelände zwischen Katthagen u. Uniplatz wurde von einer Mauer mit Pforten u. Toren umgeben. Östl. der Klausurgebäude entstand im 18. Jh. eine Budenreihe, in denen Stiftsdamen wohnten. Fälschlicherweise werden diese häufig als Prof.-häuser bezeichnet. KJLS

Südseite des Klosterhofes (2015)

Horst Köbbert auf dem Pressefest der Ostsee-Zeitung mit „Min Herzing" (1984)

KÖBBERT, HORST. Sänger, Fernsehmoderator (12.2.1928 Warnemünde – 11.7.2014 Warnemünde); als Angehöriger der Hitlerjugend 1945 verhaftet u. bis 1948 im Speziallager Nr. 9 Fünfeichen (Neubrandenburg) interniert; arbeitete anschließend im Betrieb seines Vaters als Taucher; gab nach klass. Gesangsausbildung 1954 sein Bühnendebüt, wurde mit Shantys bekannt; Gastgeber der Fernsehsendung „Klock 8, achtern Strom" beim Fernsehen der DDR; 1972–78 als einer der Drei Dialektiker Moderator der Fernsehshow „Ein Kessel Buntes", nach 1989 Zusammenarbeit mit dem NDR-Fernsehen; → Kulturpreis der Stadt Rostock u. Eintragung ins Ehrenbuch der Stadt; Nachlass im → Heimatmuseum Warnemünde.

Lit.: H. Köbbert: Erinnerungen an meinen Appetit, Rostock 1999. KM

KÖRNER, OTTO. Arzt (10.5.1858 Frankfurt a.M.–9.10.1935 Rostock); 1878–83 Medizinstudium in Marburg, Freiburg u. Straßburg, 1882 Promotion, bis 1885 Assistenzarzt in Straßburg u. Frankfurt a.M.; 1886 als prakt. Arzt in Frankfurt a.M. tätig; ab 1894 zunächst außerordentl., ab 1897 ordentl. Prof. der Uni Rostock; 1899 erfolgte unter seiner Leitung die Eröffnung der HNO-Klinik der Uni Rostock, der ersten Fachklinik ihrer Art in Dtl. (trägt seit 1989 seinen Namen); zahlreiche Veröffentlichungen, u.a. „Lehrbuch der Ohrenheilkunde" (1906);

Blick auf die HNO-Klinik von der Doberaner Straße (2015)

1913/14 Rektor der Uni Rostock; 1929 Emeritierung; gilt als Mitbegründer der HNO-Heilkunde in Dtl.
Lit.: *B. Kramp, A. Jerecinski: Otto Körner. Arzt, Hochschullehrer und Forscher; erster deutscher Ordinarius für Ohren- und Kehlkopfkrankheiten und Gründer der ersten HNO-Fachklinik Nord- und Mitteleuropas, Roggentin 2010.* MR

KOGGE. Schiffstyp des 13.–15. Jh. Die hochbordigen, klinkerbeplankten, bis über 20 m langen, bauchigen Wasserfahrzeuge mit Vor- u. Achterkastell u. ein bis drei Masten hatten eine Tragfähigkeit von ca. 30–150 Lasten (eine Last ca. 2,3 t). Sie kamen als Handels- u. Kriegsschiffe der → Hanse hauptsächl. in der Nord- u. Ostsee zum Einsatz, wohingegen in Rostock die bauähnl. Sniecken vornehml. Verwendung fanden.
Lit.: *T. Förster: Schiffe der Hanse, Rostock 2009.* RL

KONSERVATISMUS. (lat. conservare – erhalten od. bewahren) Sammelbegriff für geistige, polit. u. soziale Anschauungen sowie Bewegungen, die den Erhalt der bestehenden od. auch die Wiedererrichtung vergangener gesellschaftl. Ordnungen zum Ziel haben. Im 18. u. 19. Jh. in Europa entstanden als Reflex auf die Aufklärung u. die Frz. Revolution von 1789, zählt der K. neben dem → Liberalismus u. dem Sozialismus (→ Arbeiterbewegung) zu den drei bis heute prägenden Weltanschauungen bzw. Ideologien.

Die politische Bewegung des K. gewann in Meckl. während der → Revolution von 1848/49 deutl. an Strukturen. Die zumeist adlig-junkerl. Anhänger organisierten sich in Vaterlands- u. Volksvereinen als Gegenbewegung zu den liberalen Reformvereinen. Da Rostock von einem wirtschaftl. starken Bürgertum geprägt war, fanden die konservativen Kräfte in der Stadt nur bedingt Rückhalt. Der Versuch, hier mit der Zeitung Norddeutscher Correspondent 1849 ein konservatives Sprachrohr zu etablieren, blieb ohne Erfolg. Unter Führung des ultrakonservativen Großherzogs Georg v. Meckl.-Strelitz, großer Teile der meckl. Ritterschaft u. Preußens gelang es dem konservativen Lager, 1850 mit dem Freienwalder Schiedsspruch die Errungenschaften der Revolution im Land zurückzudrehen. Die landständ. Verfassung wurde wiederhergestellt. Im Aug. 1851 musste auch in Rostock die erste demokrat. gewählte Stadtverordnetenversammlung

Großherzog Georg von Mecklenburg-Strelitz (1779–1860)

ihre Arbeit einstellen. Das → Hundertmänner-Kollegium wurde als ständisch verfasste Körperschaft wieder in seine Rechte eingesetzt.

Nach der Reichseinigung von 1871 waren es v.a. die Reichstagswahlen, die zur Formierung der polit. Lager in Parteien führten. 1871 errang im Wahlkreis Rostock-Doberan der Kandidat der Konservativen u. Rostocker, Senator Magnus → Maßmann, 34,9 % der Stimmen. Zwei Attentate auf den dt. Kaiser 1878 brachten Maßmann bei der im selben Jahr stattfindenden Reichstagswahl einen Zuwachs auf 44 %. Durchsetzen konnte sich der konservative Kandidat trotz der guten Ergebnisse gegen die Liberalen jedoch nicht. Dieses gelang erst 1893 dem Rostocker Landgerichtsrat Gerhard v. Buchka, der sich als Kandidat der Konservativen in der Stichwahl gegen den sozialdemokrat. Bewerber durchsetzte u. für eine Wahlperiode in den Reichstag einzog. In den folgenden Jahren ging der Einfluss der konservativen Kräfte allerdings kräftig zurück. 1912 konnten sie nur noch 16,2 % der Wähler in Rostock-Doberan für sich gewinnen.

In der Weimarer Republik sammelten sich große Teile der Konservativen in der Dt.-Nationalen Volkspartei (DNVP). In Rostock hatten anfängl. die Universitätsprof. Johannes → Reinmöller u. Ernst Schwalbe einen großen Einfluss auf die Partei. Beide mobilisierten während des → Kapp-Lüttwitz-Putsches auch die monarchist. gesinnten Studenten gegen die demokrat. Ordnung. Bei den Kommunalwahlen 1920 in Rostock errangen die Konservativen ledigl. sechs Sitze (SPD 23, DVP 16). Antisemit. Ausfälle u. eine tiefe Gegnerschaft gegenüber der Weimarer Republik sowie dem Versailler Vertrag prägten die Politik der DNVP. Bei den Landtagswahlen 1924 kam die Partei damit auf 28,9 % der Stimmen u. stellte den Ministerpräsidenten. Der Regierung gehörte auch der Rostocker Rechtsanwalt Dietrich v. Oertzen an. Ihm gelang es nach dem Regierungsrücktritt, im Landtag eine nationale Opposition unter Einschluss aller Rechtsparteien, jedoch unter Ausschluss der NSDAP, zu formieren. 1929–32 stellte die DNVP ein zweites Mal den Ministerpräsidenten von Meckl.-Schwerin. Bei den Rostocker Kommunalwahlen spielten die Konservativen in der 2. Hälfte

Gerhard von Buchka (1851–1935)

der 1920er-Jahre allerdings nur noch eine geringe Rolle. Bekannte Unternehmer u. Kaufleute wie Hans Burchard (→ Riedelsche Dachpappenfabrik), Karl Martens (Weingroßhandel) u. Richard Okrent (Hotel Fürst Blücher) saßen für die DNVP im Stadtparlament. Zeitweilig schloss diese sich in der Stadtverordnetenversammlung mit anderen bürgerl. Politikern zur Wirtschaftl. Arbeitsgemeinschaft zusammen. 1930 gewann die DNVP bei der Kommunalwahl ledigl. sechs der 66 Sitze in der Stadtverordnetenversammlung. Viele Wähler wanderten in Richtung NSDAP ab. Ihr hatte die DNVP, die Partei der alten Eliten, der auch viele Gutsbesitzer u. höhere Beamte angehörten, nichts entgegenzusetzen. 1933 erfolgte die Selbstauflösung der DNVP.

Im Juni 1945 gründete sich mit der Christl. Demokrat. Union (CDU) eine neue bürgerl. Partei, die als Sammelbecken auch Konservative aufnahm. Die Partei brach mit allen antisemit., nationalist. u. antidemokrat. Positionen. Bei der Stadtverordnetenversammlung im Sep. 1946 errang sie zwölf der insgesamt 60 Sitze. Seit 1948 diente die National-Demokrat. Partei Deutschlands (NDPD), eine von der SMAD u. der SED betriebene Gründung, der Integration ehem. NSDAP-Mitglieder u. Wehrmachtsangehöriger in das polit. System. Unter massivem Druck wurde bis 1950 die Vormachtstellung der SED durchgesetzt, bürgerl. Politiker wurden verhaftet od. zur Flucht aus der DDR gezwungen. Wahlen fanden fortan nach Einheitslisten statt, deren Ergebnis schon vorher feststand. 1950 gingen von den insgesamt 60 zu vergebenden Sitzen in der Stadtverordnetenversammlung fünf an die NDPD u. neun an die CDU. Beide Parteien hatten sich programmatisch zum Sozialismus u. zur führenden Rolle der SED zu bekennen. Als polit. Bewegung spielte der K. bis zum Ende der DDR so keine Rolle mehr. Nur im privaten Bereich verharrten Teile der Bevölkerung in einer vom Wert-K. geprägten Haltung. Paradoxerweise entwickelte der Staatssozialismus der DDR eine Haltung, die jegl. polit. u. wirtschaftl. Reform ablehnte und damit einem Struktur-K. anhing.

Nach dem Zusammenbruch der DDR 1989/90 verschmolz die NDPD mit der CDU. Letztere entwickelte sich zum Befürworter einer schnellen Vereinigung der DDR mit der Bundesrepublik (Allianz für Dtl.). Der Gründungsparteitag des Landesverbandes datiert auf den 3.3.1990. Bei der ersten freien Kommunalwahl gewann die CDU 30 der insgesamt 130 Sitze in der Rostocker Bürgerschaft. Im Land Meckl.-Vorpommern stellte sie bis 1998 die Regierungspartei.

Lit.: B. Kasten: *Herren und Knechte. Gesellschaftlicher und politischer Wandel in Mecklenburg-Schwerin 1867–1945, Bremen 2013.* CN/RS

KONSERVATORIUM → MUSIKSCHULE

KONSULAT. Bezeichnung für eine vornehml. handelspolit. Interessenvertretung eines Entsendestaates in einem Empfangsstaat. Das K. soll den Außenhandel fördernde Aufgaben durch Analysen über die Wirtschaftslage im K.-sprengel od. durch Vorbereitung u. Beobachtung der Auswirkungen von Handelsverträgen übernehmen. Des Weiteren berät u. unterstützt es Angehörige des Entsendestaates bspw. durch Schlichtung von Streitigkeiten unter Kaufleuten od. Seefahrern od. durch notarielle Beglaubigung von Dokumenten.

Am Ende des 18. Jh. sind erste konsular. Vertretungen in Rostock nachweisbar. 1815 folgten Dänemark, Preußen, Russland, Schweden-Norwegen, Großbritannien, Niederlande u. Meckl.-Strelitz mit (Vize-)Konsuln od. Agenten, bis zur Jh.-mitte Belgien, Hannover, Frankreich sowie Portugal. Um die Jh.-wende waren acht Staaten vertreten, Anfang des 20. Jh. kamen Chile, Norwegen u. Spanien hinzu. Im I. Weltkrieg schlossen die dt. Kriegsgegner ihre K. u. behielten diesen Zustand nach Kriegsende bei, lediglich fünf Staaten blieben vor Ort (Dänemark, Niederlande, Norwegen, Schweden, Spanien). Am Ende der 1920er-Jahre bestellten Estland u. Finnland erstmals Konsuln in Rostock, im II. Weltkrieg ließen noch fünf Staaten ihre K. weiter bestehen (Dänemark, Finnland, Niederlande, Norwegen, Schweden). Sie schlossen spätestens bei Kriegsende. Als Konsuln amtierten i. d. R. Rostocker Bürger, zumeist Kaufleute, Fabrikanten od. Juristen, im Ehren- od. Nebenamt bzw. nur in Ausnahmefällen Angehörige des entsendenden Staates.

Erst Mitte der 1960er-Jahre etablierte sich in Rostock wieder ein K., die später zum General-K. aufgewertete Vertretung der Sowjetunion/Russlands (1994/98 geschlossen). 1974 folgte ein poln. General-K., später eine kuban. Handelsvertretung. Eine neue Entwicklung begann 1991 mit der Bestellung eines dän. Konsuls, 1992 folgten Schweden u. Norwegen sowie ab 1994 weitere Staaten. Die Aufgaben des norweg. K. übernahm die Botschaft des skandinav. Landes. Die Industrie- u. Handelskammer Rostock weist gegenwärtig sechs in der Stadt ansässige (Honorar-)Konsuln aus Dänemark, Finnland, Island, Österreich, Schweden u. Tschechien auf.

Lit.: L. Lentz: *Honoris consulo. Streiflichter aus dem Rostocker Konsularwesen seit der Mitte des 19. Jahrhunderts, in: Beiträge zur Geschichte der Stadt Rostock, Bd. 25, Rostock 2002, S. 148–171;* M. Manke: *„... das Konsulat nur einem in Rostock angesessenen angesehenen Kaufmann zu übertragen". Das preußische Konsulat in Rostock unter Martin Koester (1793–*

1858), in: Beiträge zur Geschichte der Stadt Rostock, Bd. 27, Rostock 2005, S. 87–113. MM

KONTINENTALSPERRE. Bezeichnung für die Sperrung des europ. Kontinents für den Verkehr mit Großbritannien, unter die nach der napoleon. Okkupation (→ Franzosenzeit) des Herzogtums Meckl.-Schwerin ab 8.12.1806 auch Rostock fiel. England reagierte ab 1807 mit einer Gegenblockade der für engl. Schiffe verschlossenen Häfen. 1806 wurden die Fischerei auf der Ostsee verboten u. in Rostock engl. Waren u. Produkte konfisziert, 1807 sogar der Handel mit den frz. Verbündeten untersagt, 1810 der Handel mit Kolonialwaren hoch verzollt, die Zufahrten bis auf die durch das streng kontrollierte Steintor geschlossen u. schließlich die Ausfuhr von Landesprodukten unterbunden. Die Einhaltung der Bestimmungen überwachten zunächst frz. Zoll- u. Militärposten, vor der Küste kreuzten engl. Blockadebrecher bzw. zur Unterbindung des Schmuggels frz.-dän. Kaper. Die K., die im Tilsiter Frieden vom 7.7.1807 im Unterschied zur Aufhebung anderer Lasten der frz. Besetzung aufrecht erhalten wurde, endete nach zwischenzeitl. Lockerungen für Rostock u. Meckl. mit der herzogl. Ordre vom 23.3.1813 zur Freigabe des Handels mit allen Ländern außer den Kriegsgegnern Russlands.
Lit.: *P. Babendererde: Rostocks Seehandel während der Kontinentalsperre, in: Beiträge zur Geschichte der Stadt Rostock, Bd. 21, Rostock 1939, S. 41–51.* MM

KOPPMANN, KARL. Historiker, Stadtarchivar (24.3.1839 Hamburg–25.3.1905 Rostock); Hg. wichtiger hans. Geschichtsquellen; Initiator u. Mitbegründer des Hans. Geschichtsvereins u. des Vereins für Niederdt. Sprachforschung; seit 1884 erster Stadtarchivar Rostocks; entwickelte das mittelalterl. Ratsarchiv zum modernen Stadtarchiv, Autor der ersten wissenschaftl. Stadtgeschichte Rostocks (bis 1532); Vorstandsmitglied des Vereins für Rostocks Altertümer u. erster Redakteur der von ihm herausgegebenen Zeitschrift „Beiträge zur Geschichte der Stadt Rostock".
Lit.: *K. Schröder: Koppmann, Karl, in: Biographisches Lexikon für Mecklenburg, Bd. 3, Rostock 2001, S. 124–128.* RL

Karl Koppmann (um 1890)

KORBWAREN FALCK (EIGENTLICH JOHANN FALCK KORBWAREN UND STRANDKÖRBE). 1895 vom Namensgeber gegründete Firma in der Wismarschen Str. Falck gilt als Schöpfer der sog. Zweisitzer u. Halblieger (mit um 45° klappbarer Rückenlehne) unter den → Strandkörben, die er ab 1906 herstellte. 1910 entwickelte er den zweiteiligen Liegekorb (mit um 90° klappbarer Rückenlehne), der

Am Strand von Warnemünde (um 1900)

zum Prototyp des heutigen Strandkorbs wurde u. die Firma zum nationalen Marktführer machte. In der DDR baute K. zerlegbare Strandkörbe unter Verwendung von Holz u. Faserplatten, die zur Standardausstattung ostdt. Strände gehörten. Seit der Einstellung der Produktion 1976 ist K. ein auf Korb- u. Rattanmöbel sowie Wohnaccessoires spezialisierter Einzelhändler. RL

KORFF, PAUL. Architekt (25.10.1875 Laage - 2.5.1945 Laage); Technikum in Neustadt; 1896 Assistent von Gotthilf Ludwig Möckel (1838 - 1915) in Doberan; 1899 - 1912 Zusammenarbeit mit Alfred Krause (1866 - 1930); seit 1905 Mitglied des Heimatbundes Meckl. u. seit 1906 Mitglied im Bund Dt. Architekten. Landbaubüro in Laage mit 20 Mitarbeitern; Bau der → Synagoge (1901), zahlreicher Wohn- u. Geschäftshäuser in Rostock, z. B. Villa u. Kaufhaus → Zeeck (1909, 1910), Bankgebäude (Kröpeliner Str. 84, 1909); Verwaltungsgebäude der Neptunwerft (1922) sowie eine Vielzahl von Landbauten. Gilt als wichtiger Vertreter einer Reformarchitektur, die sich vielfach einer neobarocken historisierenden Formensprache sowie moderner Technologien u. Materialien bediente. 1940 Übergabe der Leitung der Firma an Sohn Leonhard; Selbstmord 1945.
Lit.: *G. Steiniger: Baumeister in Mecklenburg aus acht Jahrhunderten, Schwerin 1998, S. 221 - 232.* AL

KOSSEL, ALBRECHT. Mediziner (16.9.1853 Rostock - 5.7.1927 Heidelberg); Sohn eines hannoveran. bzw. preuß. Reeders u. Konsuls in Rostock; nach dem Abitur an der Großen Stadtschule 1872 Studium der Medizin in Straßburg u. Rostock, hier 1877 Staatsexamen u. 1878 Promotion; 1877 Assistentenstelle u. 1881 Habilitation in Straßburg; 1883 außerordentl. Prof. der Uni Berlin, 1895 Prof. in Marburg u. 1901-24 in Heidelberg; 1910 als bisher einziger gebürtiger Rostocker Nobelpreis für Medizin u. Physiologie für seine Beiträge zur Chemie der Zelle; mit der Benennung eines Platzes geehrt (2003).
Lit.: *M. Manke: Erinnerung an Albrecht Kossel aus Anlass des 100. Jahrestages seiner Auszeichnung mit dem Nobelpreis für Medizin und Physiologie, in: Beiträge zur Geschichte der Stadt Rostock, Bd. 31, Rostock 2011, S. 57 - 109.* MM

KRAFTFAHRZEUG → AUTOMOBIL

KRAFTFAHRZEUGKENNZEICHEN. In Dtl. 1906 eingeführtes Identifikationsmittel für Kraftfahrzeuge bestehend aus Kombinationen von Buchstaben u. Ziffern, seit dem 1.1.1991 mit der Buchstabenfolge HRO für in der Hansestadt Rostock bzw. der Buchstabenfolge ROS für die im damaligen Landkreis Rostock zugelassenen Fahrzeuge beginnend. ROS-Kennzeichen wurden bis zum 12.6.1994 ausgegeben u. können seit dem 18.3.2013 neben der seit dem 1.2.2012 gültigen Buchstabenfolge LRO für den (neuen) Landkreis Rostock wieder optional verwendet werden. Fahrzeuge aus der Stadt u. der Region trugen 1906 - 53 die regionalen Zuordnungskürzel MI, M, MP sowie SM (für Meckl. bzw. Meckl.-Vorpommern) u. 1953 - 91 eine mit einem A (für den Bezirk Rostock) beginnende zwei- bzw. dreigliedrige Buchstabenfolge. Diesem Regionalmerkmal ist seit jeher zudem eine unterschiedl. strukturelle Ziffernfolge angefügt, die das jeweilige K. einmalig macht. RL

KRAHNSTÖVER, JULIUS. Kaufmann, Fabrikant (12.4.1837 Rostock - 2.6.1896 Rostock); nach einer

Giebel des Krahnstöver-Hauses in der Großen Wasserstraße 30 (2015)

landwirtschaftl. Lehre erwarb K. das Gut Wendorf auf Rügen; 1871 übernahm er die Leitung einer Brauerei in Stralsund u. erwarb schließlich 1876 in seiner Geburtsstadt das Kaufmannshaus Große Wasserstr. 30 mit einer → Brennerei. Die 1877 ins Handelsregister eingetragene Dampf-Korn-Brennerei, Hefe- u. Liqueur-Fabrik Julius K. entwickelte sich schnell zu einem marktbestimmenden Unternehmen der Spirituosenbranche in Meckl. u. Norddtl., das vor allem mit Produkten unter Einsatz seines 1887 patentrechtl. geschützten Aromas aus der Kola-Nuss Furore machte.

Lit.: *H.-H. Schimler: Krahnstöver. Bürgerstolz und Unternehmertum einer Rostocker Familie, Rostock 2010.* RL

Zeitungsdruckmaschine (1927)

KRAKOW, EMIL. Drucker, Zeitungsverleger (9.2.1863 Rostock–28.1.1931 Warnemünde); Lehre beim Rostocker Hofbuchdrucker Carl → Boldt; 1887 Meister u. Eigentümer einer Druckerei in Rostock, 1888 mit einer Filiale in Warnemünde; 1889 Verlegung des Unternehmens nach Warnemünde, dort Hg. der Warnemünder Zeitung (ab 1889) u. von Warnemünder Adressbüchern (ab 1892); Drucker u. Verleger (im Auftrag der Kurverwaltung) des Warnemünder Badeanzeigers (ab 1894); Vorstand bei der Allgemeinen Ortskrankenkasse, beim Gewerbeverein sowie beim Handelsverein in Warnemünde. 1909–18 Bürgervorsteher, dann bis 1930 Mitglied der Stadtverordnetenversammlung Rostocks.

Lit.: *K. Möller: Emil Krakow – Eine „Institution" für Warnemünde, in: Tidingsbringer. Ein Warnemünder Bäderjournal, Jg. 10, Rostock-Warnemünde 2005, S. 77–82.* RL

KRANKENHAUS → GESUNDHEITSWESEN

KRANKENKASSE. Auf der Grundlage des „Gesetzes, betreffend die Krankenversicherung der Arbeiter" von 1883 entstanden ab 1884 neu od. wurden aus bestehenden Kassen umgebildet die Gemeindekrankenversicherung für Rostock u. Warnemünde, die Orts-K. Rostock u. Warnemünde (→ Allgemeine Ortskrankenkasse, AOK), die Fabrik- bzw. Betriebs-K., die Innungs-K. sowie eingeschriebene Hilfs- bzw. Ersatz-K. Konstituierende Kriterien waren die Pflichtversicherung der Arbeiter, die Selbstverwaltung mit den gewählten Organen (Generalversammlung, Vorstand), die Beteiligung der Arbeitgeber mit einem Drittel am Beitragsaufkommen, statutar. festgelegte Leistungen bei Krankheit, Schwangerschaft u. Geburt sowie Tod u. die organisator. Vielfalt.

Die Gemeindekrankenversicherung in Rostock u. Warnemünde stellte eine subsidiäre Lösung dar, um bis zur Bildung von Orts-K. (Rostock 1891, Warnemünde 1898) od. anderen zuständigen gesetzl. K. den Pflichtversicherten eine gesetzl. Krankenversicherung zu bieten. Sie wurde von den Gemeinden als Träger ohne Selbstverwaltung der Mitglieder verwaltet. Die erhobenen Beiträge betrugen max. zwei Prozent des ortsübl. Tagelohnes; es wurde nur Krankenunterstützung gewährt.

In Rostock existierten zeitweise acht Fabrik- bzw. Betriebs-K., darunter die der Brauerei → Mahn & Ohlerich (1884–1945), der Granitwerke A. Schraep (1884–1914), des Kaufhauses Gustav → Zeeck (1904–23), der Maschinen- u. Feldbahnfabrik R. → Dolberg (1884–1923), der Schiffswerft u. Maschinenfabrik Neptun (1885–1929) u. der → Zuckerfabrik (1884–1922). Toten-, Begräbnis- u. K. der Ämter wurden teilweise zu Innungs-K. umgebildet: Bäckerinnung (1892–1913), K. der Gesellen u. Lehrlinge des Lohgerberamtes (1887–1900). Weitere K. waren die eingeschriebenen Hilfskassen: die Kranken- u. Begräbniskasse des Gewerkvereins für

Arbeiter u.a. Personen (1884–1910), die Kranken- u. Begräbniskasse des Gewerkvereins gemischter Berufe (1884–1931) u. die K. der Hauszimmerleute (1885–89). In diesen K. wurden nur die Vertreter der Mitglieder in die Selbstverwaltungsorgane gewählt, die Beiträge zu einem Drittel durch die Arbeitgeber u. zu zwei Dritteln durch die Mitglieder entrichtet sowie Krankenunterstützung, Sterbegeld u. in Kassen mit weibl. Mitgliedern Unterstützung von Wöchnerinnen gewährt.

Zum 1.9.1945 wurden die gesetzl. K., Orts-, Land-, Betriebs-, Innungs-K. u. Ersatzkassen zur K. der Stadt u. des Kreises Rostock mit Sitz in Rostock vereinigt. Ihre Eigenständigkeit war mit der Eingliederung in die Sozialversicherungsanstalt Meckl. am 1.10.1946 beendet. Als eine Körperschaft des öffentl. Rechts übernahm die Sozialversicherungsanstalt auch die Aufgaben der Krankenversicherung. 1951 endete die schrittweise Übernahme der Sozialversicherung in der DDR durch den FDGB. 1956 wurden bestimmte Versichertengruppen (Bauern, Handwerker, Freiberufler, selbstständige Unternehmer) aus der Sozialversicherung der Arbeiter u. Angestellten ausgegliedert u. bei der Dt. Versicherungsanstalt versichert (ab Ende der 1960er-Jahre Staatl. Versicherung der DDR). Nach dem Zusammenbruch der DDR 1989/90 wurde die Sozialversicherungsanstalt Meckl. am 1.1.1991 in die AOK als Rechtsnachfolgerin überführt.

Lit.: A. Wagner: *Arbeit und Arbeiterexistenz im Wandel. Zur Geschichte der Belegschaft der Rostocker Brauerei Mahn & Ohlerich 1878–1955, Bremen 1997;* H. Sieber: *Krankenkasse des Kaufhauses Zeeck, in: Rostocker Zorenappels, Sonderband Rostock im 19. u. 20. Jahrhundert, Jg. 6, Rostock 2012, S. 74–78.* HS

KRANTZ, ALBERT. Theologe, Historiker, Diplomat (1.1.1448 Hamburg–7.12.1517 Hamburg); studierte u.a. Rechtswissenschaften, Theologie u. Geschichte in Rostock u. Köln; 1480 Prof. in Rostock; 1482 Rektor u. bis 1486 mehrfach Dekan der Philosoph. Fakultät der Uni Rostock; 1486–91 Syndikus der Stadt Lübeck; seit 1493 Kanonikus, seit 1500 Syndikus u. seit 1508 Dekan des Domkapitels zu Hamburg; Diplomat im Dienste der

Albert Krantz (Holzschnitt, 16. Jh.)

→ Hanse; gilt als europ. Humanist u. als Universalgelehrter sowie als Begründer der norddt. Regionalgeschichtsschreibung.

Lit.: R. Postel: *Krantz, Albert, in: Biographisches Lexikon für Mecklenburg, Bd. 4, Rostock 2004, S. 132–138.* AH

KRAUSE (FAMILIE). (1) Karl Ernst Hermann K. Schulrektor, Historiker, Sprachforscher (10.9.1822 Northeim–28.5.1892 Rostock), Vater v. (2); studierte in Göttingen klass. Philologie u. Geschichte, dann Lehrer in Göttingen, Lüneburg u. Stade; 1865–92 Rektor der → Großen Stadtschule in Rostock; daneben vielbeachtete Forschungen zur Rostocker Stadtgeschichte u. zahlreiche Beiträge zur niederdt. Sprachforschung, wofür ihm die Uni Rostock 1880 die Ehrendoktorwürde verlieh. **(2) Ludwig K.** Versicherungsbeamter, Archivar, Bibliothekar (9.3.1863 Stade–1.4.1924 Rostock), Sohn v. (1); Studium der Rechtswissenschaften in Göttingen u. Rostock; trat ohne Abschluss in den Dienst der Vaterländ. Feuerversicherungssozietät Rostock; neben seiner berufl. Tätigkeit war K. ab 1883 als Heimatforscher auf naturkundl., prähistor. u. kulturhistor. Gebiet in Rostock u. der Umgebung der Stadt tätig; Vorstandsmitglied des Vereins

Karl Krause (um 1890)

Ludwig Krause (um 1920)

für Rostocks Altertümer; Autor zahlreicher Aufsätze zur Geologie, Topografie, Botanik, Zoologie u. Geschichte Rostocks; galt als bester Kenner der → Rostocker Heide u. ihrer Geschichte; ab 1907 Archivsekretär im Stadtarchiv Rostock; ab 1917 Landesarchivar u. Bibliothekar bei der Ritter- u. Landschaft; 1919 Ehrendoktor der Uni Rostock; beging gemeinsam mit seiner Schwester in der Rostocker Heide Suizid (dort Gedenkstein, 1927); hinterließ einen überaus reichen Fundus empir. Daten zu zahlreichen Aspekten der Rostocker Vergangenheit; mit der Benennung einer Straße geehrt.

Lit.: *W. Neumann (Hg.): Die Große Stadtschule zu Rostock in 3½ Jahrhunderten. Eine Jubiläumsschrift, Rostock 1930, S. 118–119; I. Ehlers: Krause, Ludwig, in: Biographisches Lexikon für Mecklenburg, Bd. 3, Rostock 2001, S. 136–139.* RL

KREIS. Gebietskörperschaft zum Zwecke der kommunalen Selbstverwaltung. Ein rechtl. sanktionierter Stadtkreis Rostocks im modernen Sinne – ident. mit der Stadt bzw. Hansestadt Rostock – wurde 1921 im Zuge der Einteilung des Freistaates Meckl.-Schwerin gebildet u. hat fortwährend Bestand. Das Territorium des Stadt-K. wurde von 112 km² (1925) auf 181 km² (2014) vergrößert, seine Bevölkerungszahl wuchs von 77700 (1925) auf 202300 Einwohner (2014). Gleichzeitig entstand aus den Territorien der Städte Marlow, Ribnitz, Sülze u. Tessin, aus Rostock u. Ribnitzer Stadt- u. Klosterbesitz sowie vor allem aus Gebieten bzw. Teilgebieten der histor. Domanialämter Ribnitz, Toitenwinkel, Güstrow u. Schwaan sowie der Ritterschaftl. Ämter Ribnitz, Schwaan, Gnoien u. Güstrow das Amt Rostock. Zudem hatte man in Meckl. unter 16 weiteren auch ein Amt Doberan geschaffen. Die Ämter, begriffl. heutigen Land-K. gleichzusetzen, verwalteten das entsprechende Gebiet jedoch zunächst nur teilweise selbst; wichtige Verwaltungsaufgaben blieben in der Hand der Landdrosteien, deren Territorium dem der Ämter entsprach. Erster Amtshauptmann bzw. Landrat war 1921–33 der Jurist Adolf Ihlefeld (1885–1969). Per Gesetz vom 11.11.1925 wurde die Zahl der Ämter von 17 auf zehn reduziert. Dem Amt Rostock schlug man große Teile des aufgelösten Amtes Doberan mit den Städten Doberan u. Kröpelin sowie einige Gemeinden aus den ehem. Ämtern Bützow, Dargun u. Güstrow zu. Das Territorium des vergrößerten Amtes umfasste nun 1446 km², in dem 72200 Menschen lebten (beide Angaben 1925). Zum Verwaltungssitz wurde die Stadt Rostock bestimmt. 1928

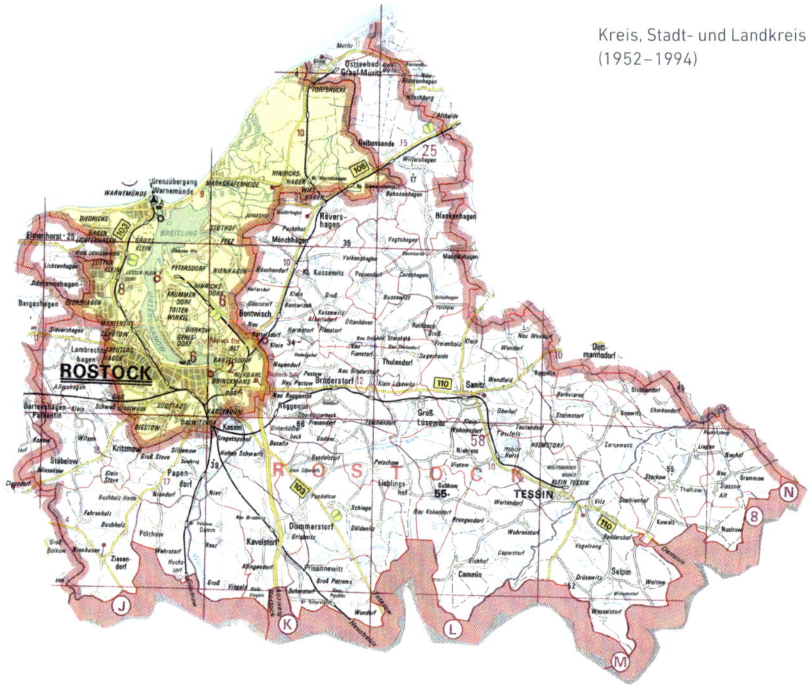

Kreis, Stadt- und Landkreis Rostock (1952–1994)

löste man die Landdrosteien auf, wodurch die Ämter, deren Bezeichnungen 1933 in K. u. 1939 schließlich in Land-K. geändert wurden, nun nahezu alle Verwaltungsaufgaben u. -befugnisse eines modernen Landkreises auf sich vereinigten. Der in der NS-Zeit durch staatl. Maßnahmen verordnete Gebietsverlust schlug mit 17 km² zu Buche. Vor allem durch die Aufnahme von Flüchtlingen u. Vertriebenen stieg die Einwohnerzahl des Land-K. Rostock in der unmittelbaren Nachkriegszeit auf 134 500 Menschen (1950) an. Im Zuge der Verwaltungsreform der DDR 1952 wurde das K.-gebiet mehr als halbiert (689 km² u. 38 600 Einwohner 1988), Territorien u. Einwohner gingen vor allem an den wieder gebildeten Land-K. Bad Doberan, aber auch an den neu geschaffenen Land-K. Ribnitz-Damgarten. In der Territorialreform 1994 wurde der Land-K. Rostock dem Land-K. Bad Doberan zugeschlagen, der fortan den Stadt-K. Rostock ummantelte. Bei einer erneuten K.-gebietsreform legte man schließlich im Sep. 2011 die Land-K. Bad Doberan u. Güstrow zusammen. Der neue Groß-K. erhielt nach kontroversen Diskussionen die Bezeichnung Land-K. Rostock. Zum Verwaltungssitz bestimmte man Güstrow, erster Landrat (2011–13) wurde der SPD-Politiker Thomas-Jörg Leuchert (1954–2013). Der bezügl. seines Territoriums (3 421 km²) viertgrößte dt. Land-K. zählt mit 210 800 Einwohnern zu den am dünnsten besiedelten Territorien der BRD (62 Einwohner/km², Platz 286 unter 295 Land-K. – alle Angaben 2012). RL

KREMATORIUM → FRIEDHOFSWESEN

KRETZSCHMAR, HERMANN. Musikwissenschaftler, Musikschriftsteller (19.1.1848 Olbernhau/Erzgebirge–10.5.1924 Berlin); Mitglied im Dresdner Kreuzchor; Studium an Uni u. Konservatorium Leipzig; 1876–86 als Uni-Musikdirektor in Rostock; zahlreiche Konzerteinführungen; Publikation: „Führer durch den Konzertsaal", 3 Bde., Leipzig 1888–90. K. wurde dadurch zum meistgelesenen dt. Musikschriftsteller; 1887 Rückkehr als Dirigent u. Lektor nach Leipzig; 1904 Berufung auf den neugegründeten Lehrstuhl für Musik der Berliner Uni.

Lit.: *H.-D. Sommer: Praxisorientierte Musikwissenschaft. Studien zu Leben und Werk Hermann Kretzschmars, München 1985.* HM

KREUZFAHRT. Die Geschichte der K. begann in Warnemünde 1962 mit dem Bau eines Passagierkais. Hier legten die DDR-Urlauberschiffe → VÖLKERFREUNDSCHAFT (1960–85), FRITZ HECKERT (1960–82) u. ARKONA (1985–1990) an und ab. In den 1970er-Jahren besuchte das Passagierschiff des Norddt. Lloyd, die EUROPA, Warnemünde. Waren 1990 in Warnemünde nur drei Ankünfte zu verzeichnen, so legten 2016 insgesamt 181 K.-Schiffe mit 766 000 Passagieren an. 2005 wurde in Warnemünde ein neues Kreuzfahrtterminal eingeweiht und bis 2016 der Ausbau von Liegeplätzen vorangetrieben. Am 15.8.2012 trafen die ATHENA (ex: VÖLKERFREUNDSCHAFT) und die QUEST FOR ADVENTURE (ex: ARKONA) erstmals in ihrem früheren Heimathafen wieder zusammen.

Warnemünde entwickelte sich zum größten dt. K.-hafen, der für die Rostocker Wirtschaft ein wichtiger Faktor ist. Mehrere K.-unternehmen nutzen Warnemünde zum Teilpassagierwechsel, dem amerikan.-brit. Weltmarktführer Carnival Corporation & plc mit seinen AIDA-Schiffen dient der Ort sogar als Basishafen mit Vollpassagierwechsel. Viele Passagiere unternehmen Tagestouren nach Rostock, Berlin u. Hamburg. Der K.-anbieter → AIDA Cruises hat seinen Firmensitz im Rostocker Stadthafen und elf Schiffe (2016) weltweit im Einsatz.

2016 kam es mit namhaften K.-schiffen zu 13 Dreifach-, vier Vierfachanläufen u. einem Fünffachanlauf, die mit Shows, Schlepperballett u. Feuerwerk gefeiert wurden. Für die kommenden Jahre ist ein weiterer Zuwachs von Anläufen prognostiziert.

Lit.: *A. Kludas, F. Heine, F. Lose: Die großen Passagierschiffe der Welt, Hamburg 2006.* RK

KRICKEBERG, KARL. Lehrer, Schriftsteller (1.7.1867 Wismar–22.9.1944 Rostock); Studium der Klass. Philologie u. Germanistik in Rostock u. Göttingen; 1898–1912 Oberlehrer an der Rostocker → Großen Stadtschule; 1903 Uraufführung seines histor. Dramas „Charlotte Corday" im Rostocker Stadttheater; 1916 Ernennung zum Prof. am hiesigen Real-

Einfahrt der AIDAblue in Warnemünde (5. Mai 2010)

gymnasium; Mitbegründer u. Leiter der bis heute bestehenden Niederdt. Bühne Rostock (1919–40); verfasste zahlreiche dramat. Werke, zumeist in Niederdt., u.a. die Komödie „Anner Lüd' Kinner" (1921); Träger des John-Brinckman-Preises der Stadt Rostock (1940).

Lit.: G. Grewolls: Krickeberg, Karl, in: Heimathefte für Mecklenburg und Vorpommern, Jg. 4, H. 3, Schwerin 1994, S. 63. TW

KRIEGERHEIMSTÄTTEN → BRINCKMANSDORF

KRIEGSGEFANGENER. Ein K. ist ein Soldat, der im Zuge von Kriegshandlungen gefangengenommen, entwaffnet u. interniert worden ist. In den Annalen Rostocks sind für das Jahr 1810 schwed. Militärangehörige als erste K. im modernen Sinne auszumachen. Napoleon. Truppen hatten sie festgesetzt u. zeitweise bei Rostocker Bürgern einquartiert. Im Zuge des Dt.-Frz. Krieges 1870/71 nahm das dt. Heer ca. 400000 gegner. Soldaten gefangen, von denen ca. 1200 in zwei Transporten (11.11./16.12.1870) nach Rostock gebracht wurden u. für mehrere Monate in Sälen von Gasthöfen um den damaligen Friedrich-Franz-Bahnhof nahe dem Steintor interniert wurden. Rostocker sammelten für sie Weihnachtsgeschenke. Ein Lazarett wurde eingerichtet. Für verstorbene K. legte man ein gesondertes Gräberfeld auf dem damaligen Stadtfriedhof an. Im Sommer 1871 konnten die meisten K. in ihre Heimat zurückkehren. Im Ergebnis der 1899–1907 abgehaltenen Friedenskonferenzen von Den Haag wurden in der sog. Haager Landkriegsordnung (1907) erstmalig auch international akzeptierte Bestimmungen zum Umgang mit K. erlassen u. deren Rechte festgeschrieben. Dies trug trotz aller im 20. Jh. immer wieder auch zu verzeichnenden Willkürmaßnahmen gegen K. zur Sicherung ihres Status u. vor allem zum Schutz ihrer Person bei. Bereits im ersten Jahr des I. Weltkrieges brachte man zahlreiche K. meist russ. Nationalität nach Rostock. Ihre Zahl wuchs bis 1918 stetig. Sie wurden sowohl im Stadtgebiet als auch im unmittelbaren Umland in Gemeinschaftslagern u. in Privathaushalten untergebracht. Für ihren Lebensunterhalt mussten sie i.d.R. durch Arbeit auf Bauernhöfen u. in der Forstwirtschaft, so auch in den städt. Forsten der → Rostocker Heide, selbst sorgen. Die meisten K. wurden seinerzeit zum Torfstechen in das Göldenitzer Moor geschickt, wo sie mit ihrer Arbeit einen entscheidenden Beitrag zur Versorgung der notleidenden Rostocker Bevölkerung mit Heizmaterialien leisteten. Bereits nach dem im Nov. 1918 geschlossenen Waffenstillstand machten sich die ersten K. meist in Eigenregie auf den Weg in die Heimat. In der ersten Jahreshälfte 1919 organisierten die dt. Behörden dann Eisenbahn-Transporte für die Heimkehr der ehem. K. Während des II. Weltkrieges wurden K. in zentralen Lagern interniert u. von dort aus teilweise über kleinere Lager als Arbeitskräfte vermittelt u. eingesetzt. Die Stammlager Stalag II A in Neubrandenburg u. Stalag II E in Schwerin verwalteten die Meckl. zugeteilten K.-kontingente. In der Stadt Rostock wurden schließlich in den letzten zweieinhalb Kriegsjahren auch K. aus dem in der pommerschen Stadt Barth angesiedelten Stalag Luft I eingesetzt. Im Arbeitskräftebestand des Arbeitsamts-Bezirkes Meckl., zu dem Rostock gehörte, wurden Ende 1943 38000 u. Ende 1944 noch 33000 K. geführt. Bereits 1940 teilte man Forstwirtschaftsbetrieben in der Rostocker Heide u. auf Bauernhöfen im Umland erste K. aus Polen zu. Im Feb. 1941 errichteten kriegsgefangene frz. Priester u. Seminaristen nahe Markgrafenheide unter der Bezeichnung B.304 ein Zweiglager des Stalag II A. Seine Insassen wie auch frz. K. der regulären Streitkräfte, neben jenen aus Dänemark, den Niederlanden, Belgien, Po-

Französische Militärgeistliche als Kriegsgefangene in der Rostocker Heide (1945)

Mittagessen im Kriegsgefangenenlager Hohe Düne zwischen 1941 und 1945

len, Norwegen u. Jugoslawien, später auch solchen aus Großbritannien, den USA u. Italien, wurden zu Arbeiten in Rostock vermittelt. Ihr Einsatz erfolgte zunächst u.a. im städt. → Schlachthof u. im → Gaswerk, bei Transport- u. Ladearbeiten im Stadthafen u. bei der Reichsbahn, im Verkehrswegebau, in Baubetrieben u. nach den verheerenden → Bombenangriffen auf die Stadt bei Enttrümmerungsarbeiten. Letztere leisteten vor allem Kolonnen gefangengenommener sowjet. Soldaten, die seit dem Sommer 1941 in Meckl. wie in ganz Dtl. die übergroße Mehrheit der zeitweise mehr als vier Mio. K. stellten. Die sowjet. K. wurden entgegen den Bestimmungen der Haager Konvention auf Anordnung nationalsozialist. Behörden von den K. anderer, vor allem westl. Staaten separiert u. unter wesentl. schlechteren Bedingungen untergebracht. Man kürzte ihnen die Lebensmittelrationen, verweigerte ihnen selbst die medizin. Grundversorgung, wies ihnen die körperl. anstrengendsten Arbeitsaufgaben zu, erhöhte ihr Arbeitspensum, demütigte sie auf jede Weise u. züchtigte sie körperl. Viele von ihnen, so auch in Rostock, überlebten diese Gefangenschaft nicht u. starben v. a. an den Folgen der Unterernährung od. erlagen Krankheiten. Etwa 10 000 der Ende 1944 von meckl. Arbeitsämtern vermittelten K. setzte man nun auch in Industriebetrieben ein, selbst in solchen, die kriegswichtige u. Rüstungsgüter herstellten. Für Rostock lässt sich neben → Zwangsarbeitern der Einsatz von K. nachweisen in den → Ernst Heinkel Flugzeugwerken, bei den → Arado Flugzeugwerken, im Reichsbahnausbesserungswerk, auf der → Neptunwerft, im Eisenwerk → Draht Brehmer, bei der Maschinenfabrik F. Lange sowie in zahlreichen weiteren Betrieben.

Nach dem Krieg führten alle Nationen ihre kriegsgefangenen Bürger in die Heimat zurück u. überführten auch die sterbl. Überreste von K., die während des Krieges auf dem Neuen Friedhof (Gedenkstele) beigesetzt worden waren. Opfer unter den sowjet. K. bettete man teilweise auf das Gräberfeld am Puschkinplatz um. Viele der überlebenden sowjet. K. wurden nach ihrer Heimkehr noch über viele Jahre von den Heimatbehörden aus ideolog. Gründen wegen ihres Status als ehem. K. in Dtl. drangsaliert u. sogar in Arbeitslagern interniert. Seit dem 1. 5. 1975 erinnert an einer Schiffbauhalle der Neptunwerft (Werftstr.) eine Gedenktafel an das Schicksal der dort eingesetzten K.; den Platz des einzigen K.-lagers auf Rostocker Boden während des II. Weltkrieges markiert seit dem 1. 9. 2013 ein Gedenkstein an histor. Stelle zwischen Hohe Düne u. Markgrafenheide.

Französische Kriegsgefangene auf der Warnemünder Fähre (5. Mai 1945)

Lit.: *A. Strahl: Rostock im Ersten Weltkrieg. Bildung, Kultur und Alltag in einer Seestadt zwischen 1914 und 1918, Berlin 2007; Geschichtswerkstatt Toitenwinkel (Hg.): Kriegsgefangene und Zwangsarbeiter zwischen Warnow und Barthe, Rostock 1998; M. Buddrus: Ausländische Arbeitskräfte in Mecklenburg 1943/44. Zahlen,*

Orte, Firmen. Eine kommentierte Übersicht, in: Zeitgeschichte regional. Mitteilungen aus Mecklenburg-Vorpommern, 10. Jg., H. 1, Rostock 2006, S. 86–99. RL

KRINGELGRABEN. Natürl. Niederungsgebiet südl. von Rostock; in der Frühen Neuzeit Teil der städt. Wasserversorgung; im Zuge der Errichtung des Stadtteils Südstadt nach Entwürfen der Landschaftsplaner Hans-Georg Vogt u. Dieter Wünsche zum Naherholungsgebiet (15 ha) mit aufgestauten Teichen entwickelt; 1997 erfolgte die Unterschutzstellung eines 2,5 ha großen Teilgebiets des K. (Feuchtwiesenvegetation) westl. der Kleingartenanlage Goldwiese nahe dem Damerower Weg. RS

Kringelgraben (um 1970)

KRÖGER, WILHELM. Politiker (23.1.1873 Bentwisch–13.10.1932 Rostock); Besuch der Volksschule in Rostock bis 1887; Tischler auf der Neptunwerft; 1891 Eintritt in die SPD u. den Holzarbeiterverband, 1905 erster hauptamtl. SPD-Sekretär Meckl. mit Sitz in Rostock, Aufbau der Parteiorganisation durch Gründung von Kreis- u. Ortsvereinen, 1913–32 Vorsitzender des Bezirksverbandes Meckl.-Lübeck; ab 1911 in der Rostocker Bürgervertretung, 1918–20 unbesoldetes Ratsmitglied, erster Sozialdemokrat im Rat; 1919/20 Präsident des verfassungsgebenden meckl.-schwerinschen Landtages; 1919–32 Mitglied der Nationalversammlung bzw. des Reichstages. BK

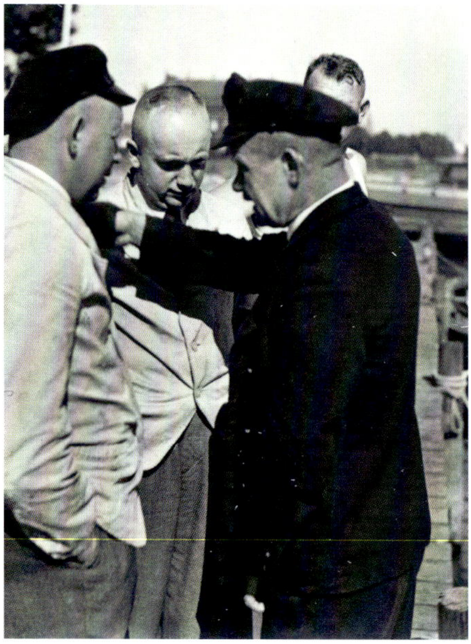

Gebrüder Kröger (um 1935)

KRÖGERWERFT. Yacht- u. Bootswerft, gegründet 1928 in Warnemünde durch die Brüder Hans (1905–71) u. Karl Kröger (1902–63) sowie Schiffbauingenieur Walter Brauer. Anfangs Reparaturen, ab 1930 erfolgreich beim Bau von Segeljollen. Im II. Weltkrieg Rüstungsproduktion, u.a. Spreng- u. Flugsicherungsboote; seit 1941 Zweigstelle in Stralsund; 1945 Enteignung u. Demontage; Flucht der Werfteigner nach Schleswig-Holstein u. Neugründung von Werften in Rendsburg u. Husum

Tischlerei der Krögerwerft (1938)

(1948). 1987 in der Lürssen-Gruppe (Militärschiffbau) aufgegangen.
Lit.: *H.-J. Witthöft: 75 Jahre Krögerwerft. Es begann mit dem Bau hölzerner Schiffe, in: Köhlers Flottenkalender, Bd. 93, Hamburg 2005, S. 65–83.* RP

KRÖPELIN, ARNOLD. Politiker (ca. 1310 Rostock – ca. 1393/94 Rostock); bedeutendster Angehöriger einer der wichtigsten mittelalterl. Patrizierfamilien Rostocks, die er auf den Höhepunkt ihres Einflusses u. ihres Reichtums führte; seit 1344 Ratsherr, 1361 Bürgermeister; in der Blütezeit der hansischen Geschichte einer ihrer führenden Politiker (u. a. während der Hansekriege gegen Dänemark 1362–70); überstand unbeschadet langwierigen Prozess wegen der Misshandlung eines Geistl. in der Pestzeit.
Lit.: *E. Münch: Kröpelin, Arnold, in: Biographisches Lexikon für Mecklenburg, Bd. 3, Rostock 2001, S. 140–143.* EM

Rush Hour (2015)

KRÖPELINER STRAßE. Hauptstr. der Rostocker Neustadt in Richtung Westen; benannt wohl nach der Stadt Kröpelin; 1277 erstmalig erwähnt; ursprüngl. nur vom → Kröpeliner Tor bis zum → Hopfenmarkt reichend; nahe dem Hopfenmarkt traditionelle Giebelhäuser, u. a. der Patrizierfamilie → Kröpelin; in der Nähe des Kröpeliner Tores mehrere Schmiedehäuser u. Budenbebauung; nach 1945 auch Bezeichnung für den Hopfenmarkt u. die Blutstr. bis zum Neuen Markt, 1968/69 Umgestaltung zur Fußgängerzone als verkehrsberuhigte Einkaufs- u. Geschäftsstr.; nach 1990 als wichtigste Straße der Stadt Erweiterung durch neue Einkaufszentren (Rostocker Hof, Hopfenmarktpassage, Kröpeliner-Tor-Center).
Lit.: *E. Münch, R. Mulsow: Das alte Rostock und seine Straßen, 2. Aufl., Rostock 2010, S. 85–87.* EM

Blick auf das Kröpeliner Tor von Osten (2015)

KRÖPELINER TOR. Das K. stellt das westl. Haupttor der → Stadtbefestigung dar. Es wird um 1260 erstmalig erwähnt u. dürfte schon zu diesem Zeitpunkt aus Backstein bestanden haben. Von diesem Ursprungsbau stammen noch die beiden unteren Stockwerke aus tiefroten Ziegeln inkl. zweier zugemauerter Wehrgangstüren, die die Höhe der Stadtmauer anzeigen. Um 1400 wurde der obere Teil des K. abgebrochen u. mit vier Schaugiebeln sowie einem Dachreiter repräsentativ ausgebaut. Eine Aufstockung um fünf Geschosse ergab eine Gesamthöhe von 54 m, womit das K. das höchste heute noch erhaltene Tor ist. Bis in das 17. Jh. besaß das K. in Höhe des sechsten Geschosses zu Verteidigungszwecken zusätzlich einen hölzernen Wehrumgang. Das K. erhielt 1847 auf Initiative des → Verschönerungsvereins neugot. Vor- u. Seitenbauten, deren Ruinen nach 1945 wieder beseitigt wurden, ohne den Anschluss an die südwestl. Stadtmauer wieder herzustellen. 1881–1961 (Umlegung der Strecke aus der Kröpeliner in die Lange Str.) fuhr die Straßenbahn durch das K. Danach nutzte das → Kulturhistor. Museum das K. für Ausstellungen. Heute wird es von der Geschichtswerkstatt Rostock e.V. als stadtgeschichtl. Begegnungszentrum (Ausstellungen, Stadtrundgänge, Veranstaltungen u.a.) unterhalten.

Lit.: *A. F. Lorenz: Zur Geschichte der Rostocker Stadtbefestigung, in: Beiträge zur Geschichte der Stadt Rostock, Bd. 20, Rostock 1935, S. 27–78.* KJLS

KRÖPELINER-TOR-VORSTADT (KTV). Räuml. Bezeichnung eines Teils des Rostocker Stadtgebietes. Einzelne Str.-namen erinnern noch heute an die ursprüngl. Topografie u. Geschichte des Stadtteiles, wie z. B. an den Gertrudenfriedhof mit Kapelle, den → Haedge-Garten, ein beliebtes Ausflugsziel der Rostocker vor den Toren Stadt, an die Windmühlen u. an die vorgelagerten Teiche.

An den aus der Stadt führenden Landwegen nach Wismar u. Doberan begann die Bebauung zunächst mit einfachen Ackerbürgerhäusern u. Ausflugslokalen. Das zu jener Zeit noch landschaftl. u. grün geprägte Umfeld lud auch wohlhabende Rostocker zum Bau von Villen u. der Anlage von üppigen Villengärten ein. Das bis heute (als ehem. Botan. Institut mit Garten) in seiner ursprüngl. Dimension erhaltene Schatz'sche Villengrundstück in der Doberaner Str. 143 ist eines der wenigen Zeugnisse dieser Geschichte. Seit 1855 entstand auf dem alten Gertrudenfriedhof/Schrödersruh das seinerzeit moderne Stadtkrankenhaus. In Anlehnung an den Tudorstil präsentierte es sich wie ein Schloss vor den Toren der Stadt. Im Zuge der Mitte des 19. Jh. einsetzenden → Industrialisierung siedelten sich Unternehmen vor allem im Westen der Stadt an. Wichtige Beispiele, die das Leben in der K. bis heute bestimmen, sind die Brauerei → Mahn & Ohlerich u. die Neptun Schiffswerft u. Maschinenfabrik (→ Neptunwerft). Die K. entwickelte sich zu einem Wohnviertel des Rostocker Industrieproletariats. Wichtige öffentl.

Doberaner Platz (um 1960)

Bauten, die von der stetigen Entwicklung Rostocks sowie dem Wachsen der Uni zeugen, sind in der K. die Anatomie, die Fachkliniken in der Doberaner Str. (→ Gesundheitswesen), anspruchsvolle Schulbauten, die → Heiligen-Geist-Kirche u. das Volkstheater (→ Theater). Parallel dazu erfolgten der planmäßige Ausbau der K. u. die Errichtung von Str.-zügen mit neuen Wohnungen. In der Budapester Str., der Waldemarstr., dem Kabutzenhof u. der Borwinstr. überwogen Arbeiterfamilien. Der Patriotische Weg u. der Barnstorfer Weg wurden von Rentiers, Beamten u. Witwen bevorzugt. Durch den Bau einer Kirche, von Schulen u. Geschäften war die Selbstversorgung des Stadtteils gegeben.

Die um 1900 stark durch Industrie u. Arbeiterquartiere geprägte Vorstadt präsentiert sich heute als Szene-Stadtteil mit zahlreichen Kneipen und kulturellen Einrichtungen (→ FRIEDA 23, Volkstheater, Peter-Weiß-Haus). Der junge, lebendige Stadtteil wird vor allem von Studenten u. jungen, gut verdienenden Familien bewohnt. 2016 lebten in der K. 19320 Menschen. Seit den 1990er-Jahren etablierte sich die K. zunehmend als Uni-Standort. Der → Campus Ulmenstr. entstand u. wird weiter ausgebaut. 2014 erwarb die WIRO das „Neptunwerftdreieck" an der Lübecker Str. u. entwickelte die Fläche zu einem hochwertigen Wohn- und Gewerbegebiet.

Lit.: *D. Bluhm: Vor dem Cröpeliner Thore. Die Entstehung der Kröpeliner-Tor-Vorstadt, Weimar 1999; A. Weber, G. Stunnack (Hg.): Stadtlich. Ein historisches Selbstporträt – die Kröpeliner-Tor-Vorstadt in Rostock, Rostock 2004.* UJ

KRUMMENDORF. Ehem. Bauerndorf; seit der urkundl. Ersterwähnung 1302 (laut Fälschung aus dem 16. Jh. bereits 1262) als Neu K. neben dem benachbarten Alt K.; Bestandteil des Moltke'schen bzw. Mandelslohe'schen adeligen Besitzkomplexes im Toitenwinkel; 1781 Übergang in herzogl. Besitz; nach Toitenwinkel eingepfarrt; 1950 nach Rostock eingemeindet; seit Ende der 1950er-Jahre starke Beeinflussung durch den Bau des Überseehafens, der → Hafenbahn, der Autobahn u. des → Warnowtunnels.

Lit.: *E. Münch: Toitenwinkel und Rostock. Zur Geschichte einer Haßliebe, Schwerin 2002.* EM

KTV → KRÖPELINER-TOR-VORSTADT

KÜSTEN- UND HOCHWASSERSCHUTZ. Erste Nachrichten über Küstenschutzbefestigungen im Gebiet Warnemündes stammen aus dem 15. Jh. 1423 ist von Zäunen aus Weidengeflecht die Rede, die durch Pfähle im Sand verankert wurden. Um 1450 kam es zur Anpflanzung von 4500 Weiden. Einen Dünendurchbruch bei Diedrichshagen beseitigte man durch die Schüttung eines neuen Dammes. Dabei wurden ein altes Schiff u. eine Vielzahl von sandgefüllten Kisten versenkt, auf denen man einen mit Grassoden (niederdt.; ausgestochenes, viereckiges Stück Grasnarbe) belegten Wall aus Steinen, Sand u. Lehm errichtete.

Künstl. Schutzwerke, sog. Schlengen, sind seit 1510 nachweisbar. Die zweireihigen, mit Steinen ausgefüllten Pfahlwerke dienten als Wellenbrecher u. sollten die Mündungsbollwerke der Warnemünder Hafeneinfahrt schützen. Standen Ausbesserungs- od. Erweiterungsarbeiten an, wurden holländ. Wasserbaumeister angefragt od. nach Rostock geholt. Sie besaßen über Jh. in Europa einen hervorragenden Ruf.

Neben der Ansamung von Kiefern brachten die Warnemünder u. Diedrichshägener Fischer u. Bauern im 16. Jh. auf ihre Dünen regelmäßig Mist aus. Zum einem sollte damit die Bodenqualität verbessert u. zum anderen die Ansiedlung von Pflanzen erleichtert werden.

Die Verwendung von Strandhafer lässt sich bereits seit 1579 nachweisen. In jenem Jahr wurde er zwischen den Grassoden auf der Warnemünder Düne eingesät. 1610 bezogen die Rostocker erneut vier Sack Strandhafersamen aus Karow, den die Groß Kleiner Bauern auf der Warnemünder Ostdüne aussäten.

Im 17. Jh. unterstanden die Meer- u. Hafendünen einer ständigen Aufsicht u. Betreuung. Alljährl. stellte der Rat der Stadt beträchtl. Mittel zu ihrer Erhaltung u. Ausbesserung bereit. Zu Beginn des 18. Jh. waren die Warnemünder Dünen zumindest zu einem Teil begrünt. Mehrere Polizeiverordnungen mussten erlassen werden, um den Auftrieb von Pferden u. Schweinen durch die Warnemünder sowie die Abweidung des Dünenbewuchses zu unterbinden. Angetroffene Tiere verfielen der Pfändung.

Um 1800 erwarben sich die Rostocker Prof. Franz Christian Lorenz → Karsten (1751–1829), Dr. Adolf Christian Siemssen (1768–1833) und Forstinspektor Hermann Friedrich → Becker (1766–1852) Verdienste. Karsten begann 1795 nach entsprechender Düngung der Warnemünder Dünen mit der Ansamung u. Anpflanzung von Akazien, Weiden, Birken u. Kiefern sowie Kartoffeln, Mais u. Futterrüben. Fröste, Mangel an Dünger u. das Zertreten der Anpflanzungen durch Menschen führten zum Misserfolg. Auch die Anstellung eines Dünenwärters brachte keine Besserung. Siemssen hingegen empfahl 1803 den Ausbau der Flechtzäune u. den Anbau von Sanddorn. Im Gegensatz zu Karsten lehnte er eine Aufforstung ab. Becker hingegen ließ 1807 im Bereich der → Rostocker Heide Buhnen u. 1825 auf den Dünen doppelreihige, mit Querhölzern verbundene Flechtzäune setzen.

Um die Hafenmündung vor Treibsand zu schützen, entstand 1856 u. 1863 in der offenen See vor → Stolteraa ein buhnenartiges Pfahlwerk. In den folgenden Jahrzehnten wurden unzählige Buhnenreihen westl. u. östl. von Warnemünde gesetzt. 1860 begann unter der Ägide des Rostocker Kaufmanns Alexander Wachtler (1809–84) die endgültige Beseitigung der kahlen Küstenlandschaft am Warnemünder Weststrand. Nach drei Jahren hielten Sandgräser den Dünensand soweit fest, dass mit der Anpflanzung von Nadelholzsetzlingen begonnen werden konnte. Diese wurden von vielen Rostockern in ihren Gärten vorgezogen. 1878/79 erfolgte die Aufforstung der Stolteraa als Küstenschutzwald.

Die Jahrhundert- → Sturmflut vom 12./13.11.1872 hatte die Dünen auf der Warnemünder Ostseite dreimal u. auf der Westseite 14-mal durchbrochen sowie zu einem starken Abtrag der Dünen geführt. Ein Jahr später waren diese wieder geschlossen. Die Dünen wurden erneut mit Zäunen u. Faschinen gesichert sowie die Besamung u. Bepflanzung schrittweise vorangetrieben.

1885 übernahm Karl → Kerner als Hafenbaudirektor auch die Aufsicht über die Rostocker Wasserbauten. In seinem 30-jährigen Wirken genossen der Faschinenbuhnenbau u. die Dünenpflege große Aufmerksamkeit. 1889 begann er planmäßig den Warnemünder West- u. den Oststrand mit Buhnen zu sichern. Während des I. Weltkrieges ruhte der K. In den Jahren der Weimarer Republik u. der Zeit des Nationalsozialismus wurden Buhnen u. Dünen, soweit sie in Verfall geraten waren, wieder erneuert. 1939 setzte erneut ein Stillstand ein. Erst 1949 konnten wieder kleinere Schutzmaßnahmen durchgeführt werden. Die nachfolgenden Jahrzehnte sind durch Dünenverstärkungen, Strandaufspülungen, Ufermauerinstandsetzungen sowie Buhnenneu- u. Ersatzbauten gekennzeichnet.

Am 3./4.11.1995 trug eine Sturmflut einen Teil der Dünen zwischen Warnemünde u. Rosenort um mehrere Meter ab. Sie mussten sofort wiederhergestellt werden. 2003–06 erfolgten in Markgrafenheide weitere K.-maßnahmen. Dünen wurden verstärkt, Deiche errichtet u. eine Sturmflutschutzwand gebaut. Der Bau des Petriviertels 2013/14 machte die Aufschüttung der Straße auf eine Höhe von 2,5 m u. der Hausfundamente auf eine Höhe von 3,10 m über Null erforderlich.

Der K. im Raum Warnemünde wird durch das Staatl. Amt für Landwirtschaft u. Umwelt Mittleres Meckl. mit Sitz in Rostock wahrgenommen.

Lit.: *O. Kolp: Sturmflutgefährdung der deutschen Ostseeküste zwischen Trave und Swine, Stralsund 1955; H. Cordshagen: Der Küstenschutz in Mecklenburg. Seine Geschichte von den Anfängen bis zum Jahr 1945, Schwerin 1964; W. Schumacher: Flutkatastrophen an der deutschen Ostseeküste, Rostock 2003.* RS

KÜTERBRUCH → BRUCH

KUHTOR. Das K. ist 1325 erstmalig unter diesem Namen belegt. (Die Inanspruchnahme einer sehr frühen Erwähnung eines „alten Steintors“ von 1262 für das K. erscheint zweifelhaft.) Der heutige Name rührt von dem Durchtrieb der in der Stadt gehaltenen Rinder in die Warnow-Wiesen. Das K. scheint im 3. Viertel des 13. Jh. fertiggestellt worden zu sein. Sein Bau zeigt die ursprünglichste Fassung der Rostocker Stadttore; der Grundriss misst 8,5 × 10 m, die Torhöhe 3 m. Die Durchfahrtsbreite ähnelte mit 3,5 m der des Mühlentores, war aber

Wiederaufbau des Kuhtors (1963)

Das Kuhtor von Norden gesehen (2015)

deutl. schmaler als beim → Kröpeliner u. → Petritor. Die Stärke der auf einem Feldsteinfundament aus Backstein errichteten Mauern beträgt im Erdgeschoss zwei Meter. Der heute dreieinhalbgeschossige Bau war früher wahrscheinl. nur zweigeschossig u. zur Stadtseite im Obergeschoss offen; er dürfte im Spätmittelalter erhöht u. geschlossen worden sein. Durch die Umnutzung zum Gefängnis 1609 u. zum Wohnhaus 1824 ist es stark verändert worden; die 1937 rekonstruierte Stadtseite zeigt nicht mehr den ursprüngl. Zustand. Nach der Teilzerstörung 1942 erfolgte der Wiederaufbau 1963/64. Nach dreijähriger Rekonstruktion zog 1985 der Schriftstellerverband des Bezirks Rostock in das K. ein, das mit kurzen Unterbrechungen bis 2009 als Literaturhaus genutzt wurde. Heute ist das Tor Sitz einer Mediationsstelle.

Lit.: *A. F. Lorenz: Zur Geschichte der Rostocker Stadtbefestigung, in: Beiträge zur Geschichte der Stadt Rostock, Bd. 20, Rostock 1935, S. 27–78.* KJLS

KULTURBUND → HEINRICH-MANN-KLUB

KULTURHISTORISCHES MUSEUM. Das stadt-, kultur- u. kunstgeschichtl. Museum befindet sich im → Kloster zum Heiligen Kreuz, dem 1270 gegründeten Zisterzienserinnenkloster. Die Gründung des K. geht auf das Jahr 1859 zurück. Ein Jahr zuvor kaufte die Sparkasse im Auftrage des → Kunstvereins zu Rostock ein Haus in der Steinstr., in dem seither Kunstausstellungen stattfanden. Parallel dazu bildete sich 1883 der Verein für Rostocks Altertümer (→ Geschichtsverein). Dieser eröffnete im Gasthof Lindenhof in der Lindenstr. ein stadtgeschichtl. Museum. 1903 wurden beide Ausstellungen zusammengeführt. Das neue Kunst- u. Altertumsmuseum bezog die vor dem Steintor gelegene → Societät. 1942/43 begannen kriegsbedingte Auslagerungen. Die Bestände wurden u. a. in Dorfkirchen (Belitz, Kavelstorf) u. Gutshäuser (Tessenow, Niekrenz, Plüschow) verbracht. 1945 erfolgten die Rückführung der teilweise stark dezimierten Sammlungen (z. B. des Völkerkundemuseums) u. am 1. 5. 1946 die Wiedereröffnung am alten Standort. Da dieses Gebäude seit 1968 als Schifffahrtsmuseum genutzt wurde, befand sich 1969–2004 die stadtgeschichtl. Ausstel-

Ausstellungsraum des Kunst- und Altertumsmuseums (um 1930)

lung im → Kröpeliner Tor. Nach vierjähriger Rekonstruktion bezog das K. 1980 sein heutiges Domizil. 1997 erfuhr das Kloster zum Heiligen Kreuz durch die Instandsetzung des Westflügels eine Erweiterung. Heute zählt das K. zu den ältesten Museen in Norddtl. u. besitzt mit seinen Beständen zu Archäologie, Stadtgeschichte, Malerei, Grafik, Kunsthandwerk, Münzen, Militaria u. Alltagskultur eine der bedeutendsten Sammlungen Meckl.-Vorpommerns.
Lit.: S. Stuth: Kurzführer durch das Kulturhistorische Museum Rostock, Rostock 2008. RS

KULTURPREIS. Auszeichnung der Hansestadt Rostock für hervorragende Leistungen im Geistes- u. Kulturleben (Kultur, Wissenschaft, Wirtschaft, Politik) der Stadt; 1958–95 alljährl. Ehrung für Institutionen od. Personen; ab 1996 für ein bis zwei Institutionen u. Personen (seit 2003 im Zweijahresrhythmus); Verleihung sowohl für Einzelleistungen als auch für das Gesamtwerk, Dotierung derzeit: 3500 €. TW

K.-träger 1958–2017:
1958: Volkstheater; Siegfried → Seifert, Zoodirektor
1959: Karl-Heinz Hahn, Musiklehrer an der 1. Erweiterten Oberschule (EOS); Helmar Balzer, Musiklehrer an der 41. Oberschule (OS); Arbeitertheater der Warnowwerft
1960: Kulturensemble der Neptunwerft; Studententheater der Uni
1961: Peter E. → Erichson, Verlagsleiter des Hinstorff Verlages i. R.
1962: Klub der Werktätigen der Altstadt; Stabsmusikkorps der Volksmarine
1963: Chor der Uni; Armin → Münch, Maler u. Grafiker; Arbeitsgemeinschaft „Musik und Dichtung“ des Kulturhauses der Neptunwerft
1964: Hanns Anselm → Perten, Generalintendant des Volkstheaters
1965: Wolfgang → Eckardt, Bildhauer; Joachim → Jastram, Bildhauer
1966: (keine Verleihung)

1967: Christiane Leß, Anneliese Matschulat, Eberhard Mellies u. Dieter Unruh (Künstlerinnen u. Künstler des Volkstheaters)
1968: FDJ-Chor der 1. EOS; Willi-Bredel-Bibliothek; Kurt Tauscher, Architekt
1969: Studio für Plastik u. Keramik der Neptunwerft; Architektenkollektiv Wolfgang Urbanski, Rudolf → Lasch, Erich Kaufmann; Schauspieler Ralph Borgwardt

Rudolf Lasch (1930–1993, um 1965)

1970: Hinstorff Verlag; Jugendsinfonieorchester an der Bezirksmusikschule Rostock; Museumsdirektor Willi Schult
1971: Heinz Kufferath, Chefdramaturg am Volkstheater; Ingeborg Kalisch, Redakteurin im Ostseestudio des Dt. Fernsehfunks; Pionierensemble des Klubhauses der Warnowwerft
1972: Hans-Joachim Theil, Chefdramaturg am Volkstheater; Ensemble: Die Kleine Warnemünder Estrade; Niederdt. Bühne
1973: Sendereihe „Klock 8, achtern Strom" des Ostseestudios des Fernsehens der DDR; Kammerchor der Neptunwerft; Zentraler Chor des Hauses der Pioniere; Fritz Hering, Architekt
1974: Herbert Mühlstädt, Schriftsteller; Dieter Jastram, Architekt; Lehrerchor; Pioniermusikkorps
1975: Reinhard Dietrich, Bildhauer; Jochen Renz, Musikpädagoge; Rostocker Nonett
1976: Lena Foellbach, Schriftstellerin; Waldemar Krämer, Maler u. Grafiker; Klavierquintett des Konservatoriums
1977: Jugendkollektiv Artur Becker des VEB Industriebaukombinat; Bertold Brügge, Schriftsteller; Hilmar Zill, Gebrauchsgrafiker
1978: Volkskunststudio für Malerei u. Grafik der Neptunwerft; Team der Sendereihe „Musik und Snacks vorm Hafen" des Ostseestudios des Fernsehens der DDR; Heinrich → Engel, Maler u. Grafiker; Claus Hammel, Dramatiker
1979: Architektenkollektiv der Stadt, Leitung: Michael Bräuer; Gerhard Faatz, Chorleiter, künstler. Leiter des Kulturhauses der Neptunwerft; Tanzkreis Blau-Weiß der Warnowwerft
1980: Peter Baumbach, Architekt; Siegfried Neumann, Volkskundler; Kreisfilmstudio
1981: Hans-Peter Minetti, Schauspieler; Rock-Gruppe Badister; Zoolog. Garten
1982: Lothar → Mannewitz, Maler u. Restaurator; Karl-Heinz Will, Direktor des Konservatoriums Rudolf Wagner-Régeny; VEB Fischfang Rostock
1983: Hans-Jürgen Plog, Universitätsmusikdirektor; Klaus Frühauf, Schriftsteller; Rock-Gruppe → Berluc

Hans-Jürgen Plog (1928–2003, um 1980)

1984: Kurt Schwaen, Komponist; Karlheinz Kuhn, Maler u. Grafiker; Peter Radestock, Regisseur u. Schauspieler; FDJ-Studentenkabarett RO(hr)STOCK
1985: Georg Lichtenstein, Schauspieler u. Regisseur; Joachim Piatkowski u. Wolfgang Rieck, Liedermacher; Schiffbaumuseum
1986: Rudolf → Austen, Maler u. Grafiker; Stanka Popowa, künstler. Leiterin der Folkloregruppe des Hauses der Pioniere
1987: Rainer Dörner, Grafiker; Gerd → Puls, Generalmusikdirektor; Tanzgruppe des Konservatoriums
1988: Hartwig Eschenburg, Kirchenmusikdirektor; Horst → Köbbert, Unterhaltungskünstler; Horst Witt, Stadtarchivdirektor; Hans Höschel, Leiter des Ostseestudios des Fernsehens der DDR; Wossidlo-Klub des Kulturbundes
1989: Wolfgang Friedrich, Bildhauer; Werner Lindemann, Schriftsteller; Omar Saavedra-Santis, Schriftsteller
1990: Dietlind Glüer, Mitglied des Bürgerkomitees; Helmut Aude, Presseamtsleiter; Joachim Wiebering, Landessuperintendent, Moderator des Runden Tisches; Horst Vogt-Courvoisier, Propst, Moderator des Runden Tisches; Hans-Joachim Wagner, Kirchenmusikdirektor
1991: Christoph Krummacher, Universitätsorganist u. Dozent; Jürgen Gundlach, Leiter der wissenschaftl. Arbeitsstelle Meckl. Wörterbuch bei der Akademie der Wissenschaften in Rostock
1992: Detlef Hamer, Journalist; Frank Schröder, Historiker (Rückgabe 2004)
1993: M.A.U. (Jugendzentrum); freies Theater Compagnie de Comédie; Otto Brusch, Cellist u. Musikpädagoge
1994: Rudolf Eller, Musikwissenschaftler; Gerhard Weber, Fotograf
1995: Elisabeth Schnitzler, Archivarin i.R.; Johannes Müller, Maler; Manfred Schukowski, Naturwissenschaftler
1996: Arvid Schnauer, Gemeindepastor, Bürgerrechtler
1997: Institut français
1998: Norddt. Philharmonie Rostock
1999: Dt.-Japan. Gesellschaft zu Rostock e.V.
2000: Renate Oehme, ehem. Direktorin des Konservatoriums Rudolf Wagner-Régeny
2001: Gerhard Lau, Denkmalpfleger
2002: Urs Blaser, Projektleiter Kunst-Raum-Schiff STUBNITZ
2003: Annette Handke, Leiterin des Literaturhauses
2005: Shantychor De Klaashahns; Filmverleih Rocine
2007: Andreas Pasternack, Jazzmusiker
2009: Prof. Markus Langer, Kantor an St. Johannis; Verein Klönsnack Rostocker 7
2011: Medienwerkstatt des Instituts für Neue Medien
2013: Karl Scharnweber, Komponist u. Kirchenmusiker
2015: Franziska Pfaff, Musikpädagogin, Leiterin der Welt-Musikschule Carl Orff e.V.
2017: Jugendsinfonieorchester (JSO) des Rostocker Konservatoriums

KUNSTHALLE. Einziger Kunstmuseumsneubau in der DDR, am Schwanenteich in Reutershagen; mit dem polit. Hintergrund der → Ostseewoche; zweigeschossiges Gebäude mit Atrium u. 1500 m² großer Ausstellungsfläche; Architekten: Martin Halwas (1930–2012), Hans Fleischhauer (1930–2012); Nutzung der umgebenden Freiflächen als Skulpturen-

Eric Poulsen: „Bellevue", Plastik vor der Kunsthalle (2015)

Kunsthalle am Schwanenteich (um 1980)

park; Eröffnung 1969; starke Ausstrahlung in Nordeuropa durch die 1965 im Rahmen der Ostseewoche im Städt. Museum begonnene u. letztmalig 1996 veranstaltete Biennale der Ostseeländer; period. alle fünf Jahre Bezirkskunstausstellungen mit dem Verband Bildender Künstler des Bezirkes Rostock bis 1989; eigene Sammlung von über 500 Gemälden, 6 000 graf. Blättern u. 200 Skulpturen überwiegend zeitgenöss. DDR-Künstler in einer künstler. Traditionslinie bis in die 1920er-Jahre mit Expressionisten der zweiten Generation; Gebäude u. Sammlung im städt. Eigentum; Wechselausstellungen seit 2009 als bürgerschaftl. Initiative vom Verein „pro Kunsthalle" betrieben mit zeitgenöss. Kunst aus dem In- u. Ausland. 2018 Entstehung eines Erweiterungsbaus mit Schaudepot. Lit.: *A. Bardon, A. Hofmann (Hg.): Ein Rückblick – 25 Jahre Kunsthalle Rostock. Bestandskatalog Malerei, Rostock 1994; Hansestadt Rostock, Freunde der Kunsthalle Rostock e. V. (Hg.): Kunsthalle Rostock 1969–2009, Rostock 2009.* WK

KUNSTPREIS. Auszeichnung der Hansestadt Rostock u. der Kunststiftung Rostock e. V., unterstützt von der PROVINZIAL-Versicherung, für Künstler, die in Meckl.-Vorpommern leben u. deren Werke einen Bezug zur Region haben. Der mit 10 000 € dotierte Preis wird seit 2006 jährl. alternierend in jeweils einem anderen Kunstgenre ausgelobt. RL

K.-träger 2006–2017:
2006: Malerei: Jürgen Weber, Rostock
2007: Plastik: Thomas Jastram, Rostock
2008: Freie Grafik: Wilfried Schröder, Kühlungsborn
2009: Schwarz-Weiß-Fotografie: Tim Keller, Rostock
2010: Malerei: Matthias Wegehaupt, Ückeritz
2011: Plastik / Skulptur / Objekt: Dirk Wunderlich, Kneese
2012: Freie Grafik / Handzeichnung: Iris Thürmer, Wolthof
2013: Textil / Porzellan / Keramik / Glas: Ruzica Zajec, Kraaz bei Sternberg
2014: Schwarz-Weiß-Fotografie: Heiko Krause, Greifswald
2015: Malerei: Klaus Walter, Berlin
2016: Plastik / Skulptur / Objekt: Anna Martha Napp, Maßlow
2017: Freie Grafik/Handzeichnung: Felix Baxmann, Berlin

KUNSTSCHULE. In Rostock existieren zwei auf Vereinsbasis organisierte Kinder- u. Jugend-K.: „Kunst.Schule.Rostock", gegründet 1991 als „mobile K.", ansässig in der → FRIEDA 23, u. die Jugend-K. „ARThus", gegründet 1992 als Zusammenschluss aller im Rostocker Schüler-Freizeitzentrum künstler. tätigen Kurse u. Arbeitsgemeinschaften; Kursangebote beider Einrichtungen im Bereich der künstler.-ästhet. Bildung, bei der „Kunst.Schule. Rostock" auch viele Angebote für Erwachsene, bei „ARThus" auch im Bereich Darstellende Kunst u. Musik. Beide Einrichtungen sind Staatl. anerkannte Kinder- u. Jugend-K. in Meckl.-Vorpommern. TW

KUNSTVEREIN ZU ROSTOCK. Gründung 1841 durch Ärzte, Juristen u. Kaufleute; Anlegung einer städt. Kunstsammlung ab 1859; ab 1903 eigene u. Gastausstellungen im Kunst- u. Altertumsmuseum (darunter avantgardist. Kunst, z.B. „Brücke" 1908); 1936 Angliederung der Sammlungen an das Städt. Museum, 1945 Auflösung; 1992 Neugründung, Ausstellungen im → Mönchentor bis 2008, danach Galerie Amberg 13; jährl. Kunstbörse.

Lit.: *H. Lorenzen: Kunst und Bürgersinn. Der Kunstverein Rostock 1840 bis heute (Katalog), Rostock 2013.* WK

KURHAUS WARNEMÜNDE. 1906 Festlegung des Standortes an der Warnemünder Promenade; Architekturwettbewerb 1909; Entwurf von Stadtbaudirektor Gustav Wilhelm → Berringer; Baubeginn durch die Stadt Rostock 1914, während des I. Weltkrieges unterbrochen, Wiederaufnahme durch die wirtschaftl. Situation verzögert, Weiterbau 1926, Eröffnung des im Bauhausstil ausgeführten Hauses im Mai 1928; Sanierungen: 1960er- u. 1980er-Jahre sowie 1996 u. 1998, letztere mit deutl. Veränderungen der Außenansicht.

Lit.: *A. Schacht: Der Bau des Kurhauses Warnemünde im Spiegel der Architekturgeschichte, in: B. Hartel, B. Lichtnau (Hg.): Architektur in Mecklenburg und Pommern 1850–1900, Frankfurt a.M. 2004, S. 177–192.* SP

Kurhaus (um 1930)

L

LAAKKANAL. Künstl. Fließgewässer zwischen dem Diedrichshäger Moor u. dem → Breitling; Abtrennung der Laakbucht durch Anlegung eines Dammes 1887 durch Hafenbaudirektor Karl Friedrich → Kerner projektiert; Aufschüttungen 1901 (mit Erdmassen aus dem Warnemünder Neuen Strom) u. 1916/17; am Ausgang des L. 1917 Errichtung der Warnemünder Flugzeugwerft (→ Arado Flugzeugwerke); in den 1950er-Jahren nach Süden verlegt, um der Warnowwerft mehr Raum zur Verfügung stellen zu können. Südl. des L. begann 2013 der Bau der Eigenheimsiedlung Likedeelerhof durch die Rostocker Wohnungsgesellschaft WIRO.
Lit.: H. J. Rogge: Der anthropogene Einfluß auf die Umgestaltung des Raumes Warnemünde seit der Jahrhundertwende, in: Archiv der Freunde der Naturgeschichte in Mecklenburg, Bd. 5, Rostock 1959, S. 56–64. SP

LAGEBUSCHTURM (niederdt.: leege Busch = niedriger Busch, auch Turm auf dem Wall). Achteckiger Wehrturm im südl. Bereich des histor. Mauerrings (östl. des Steintores); 1574 im Stile der niederländ. Renaissance errichtet, nachdem 1566 sein Vorgänger auf Befehl der meckl. Landesherren geschleift worden war. Jenen ursprüngl. Fangelturm od. auch Turm auf dem Ramme(l)sberg genannten Bau errichtete 1456 Hindrik Deters im Auftrag des Rates. 1491 wurden dort mit Hans → Runge u. Bernd → Wardenberg zwei Anführer der → Domfehde enthauptet. Der Neubau aus dem 16. Jh. diente bis ins 19. Jh. als Gefängnis. 1994–96 wurde er umfassend saniert u. diente gewerbl. Zwecken. Nach Jahren des Leerstandes ist der Wehrturm zur gemeinnützigen Nutzung 2017 an die Schützengesellschaft Concordia von 1848 e. V. übergeben worden. KJLS

Lagebuschturm mit Resten der Stadtmauer (um 1950)

LANDESHERRSCHAFT. Die Herrschaft der Fürsten (später Herzöge bzw. Großherzöge) v. Meckl. als Teil des röm.-dt. Reiches entstand 1167 durch die Belehnung des Slawenfürsten Pribislaw, dessen Vater Niklot bis 1160 den Rest des zerschlagenen Obodritenreiches beherrscht hatte, durch Sachsenherzog Heinrich den Löwen. Die Geschichte dieses Hauses der Niklotiden bzw. Pribisliden war seitdem in seiner fast ununterbrochenen Herrschaft bis zur Abdankung in der → Nov.-revolution 1918 eng mit der Entwicklung seiner bedeutendsten Stadt, Rostock, verbunden. So sorgte noch Pribislaw für den Wiederaufbau der 1161 zerstörten Burg Rostock, die allmähl. städt. Charakter gewann. Durch die Teilung der Herrschaft im gerade erst entstandenen Fürstentum Meckl. nach dem Tode Pribislaws zwischen dessen Sohn → Heinrich Borwin I. u. dessen Cousin → Nikolaus wurde Letzterer Fürst v. Rostock. Nach seinem Tode 1200 übernahm Heinrich Borwin I. auch diese Herrschaft u. stellte 1218 die berühmte Urkunde aus, in der er dem inzwischen entstandenen Rostock den Gebrauch des → Lübischen Rechts bestätigte. Nach seinem Tode 1227 wurde die Stadt alsbald für knapp ein Jh. zur landesherrl. Hauptstadt bzw. Residenz, nachdem Meckl. in der ersten Hauptlandesteilung von 1229/35 in vier Teile zerfiel, deren Nordosten die → Herrschaft Rostock bildete. Unter drei Generationen schwacher Landesherren v. Rostock blühte die Stadt nicht zuletzt durch ihre wachsende Bedeutung in der entstehenden → Hanse rasch auf u. konnte eine weitreichende Autonomie erringen. Dies setzte sich auch fort, als nach den Turbulenzen der Kämpfe um Rostock u.a. zwischen Dänemark, Brandenburg u. dem letzten Herrn v. Rostock, → Nikolaus dem Kind, der meckl. Löwe, → Heinrich II., Stadt u. Herrschaft Rostock im 2. Jahrzehnt des 14. Jh. an die Hauptlinie Meckl. brachte. Unter Heinrich u. seinem Sohn Albrecht II. (dem Großen), seit 1348 Herzog u. reichsunmittelbar, erreichte die städt. Autonomie ihren Gipfel (samt voller Gerichtsbarkeit 1358 u. vollem Münzrecht 1361). Als Gegenleistung unterstützte die Stadt Albrechts ambitionierte „Nord. Politik“ materiell u. finanziell tatkräftig u. scheute hierbei auch nicht vor zeitweiser Distanz gegenüber der Hanse zurück. Ein Höhepunkt dieses Zusammenwirkens von L. u. Stadt war 1419 die gemeinsame Gründung der → Universität Rostock. In der Folgezeit trübte sich das Verhältnis von L. u. Stadt über Jh. allerdings deutl. ein. Hauptursachen waren einerseits wiederholte, mitunter absolutist. anmutende Bestrebungen der Herzöge, die städt. Autonomie zu beschneiden. Andererseits hing die Stadt noch lange ihrem Traum der Reichsfreiheit nach u. erlebte zeitweise rasch aufeinanderfolgende Wellen innerstädt. Auseinandersetzungen, in die sich die L. regelmäßig mit eigenen Interessen einzuschalten pflegte. Rostock seinerseits suchte dagegen vielfach den engen Kontakt mit den immer mehr an Bedeutung gewinnenden Landständen sowie mit Kaiser u. Reich, um seine Interessen gegenüber den Landesherren durchzusetzen bzw. zu wahren. Kulminationspunkte der hieraus immer wieder erwachsenden Spannungen waren die → Domfehde 1487–91, die herzogl. Besetzungen der Stadt 1565 u. 1715 sowie die Regierungszeit Friedrichs des Frommen 1756–85. Die realisierte (1702–04) bzw. versprochene (1748) Verlegung der herzogl. Residenz nach Rostock hatte demgegenüber nur geringe Auswirkungen. Wichtiger waren die drei → Erbverträge (1573, 1584 u. 1788), mit denen heftige Auseinandersetzungen zwischen L. u. Stadt nominell zugunsten Ersterer, aber unter Beibehaltung erhebl. städt. Privilegien beigelegt wurden. Diese Entspannung des Verhältnisses zwischen L., die 1815 den Großherzogstitel errang, u. der Stadt Rostock setzte sich auch über das 19. Jh. bis zum Ende der Monarchie im Jahre 1918 fort. Hierzu trug auch bei, dass 1827 der jh.-lange Streit um die Uni Rostock endgültig gelöst wurde, die seitdem als Großherzogl. Landesuni existierte. Allerdings geriet das Verhältnis zwischen L. u. Stadt Rostock nochmals vorübergehend in Unruhe, als sich 1808 Herzog → Friedrich Franz I. kurzzeitig als souveräner Herrscher gerierte, als 1848 u. in den Folgejahren Rostock zu einem Zentrum revolutionärer Bestrebungen in Meckl. wurde u. gegen Ende des 19. Jh. bis zum Vorabend des I. Weltkrieges letztlich vergebl. Projekte einer Verfassungsreform diskutiert wurden.

Herzog Carl Leopold von Mecklenburg-Schwerin (1678–1747)

Lit.: *H. Bei der Wieden: Rostock zwischen Abhängigkeit und Reichsunmittelbarkeit, in: R. Schmidt (Hg.): Pommern und Mecklenburg. Beiträge zur mittelal-*

Einweihung des Denkmals für Großherzog Friedrich Franz III. (1901)

terlichen Stadtgeschichte, Köln, Wien 1981, S. 111–132; W. Karge, E. Münch, H. Schmied: Die Geschichte Mecklenburgs, 5. Aufl., Rostock 2011. EM

LANDKREIS ROSTOCK → KREIS

LANDSTÄNDE. Neben und mit der → Landesherrschaft der (Groß-)Herzöge bildeten die L. im Zusammenspiel ihrer drei Kräfte hohe Geistlichkeit (Prälaten), niederer Adel u. städt. Obrigkeit den entscheidenden polit. Faktor in Meckl. bis zur → Nov.-revolution 1918. Neben dem Finanzbedarf bot hierbei die Minderjährigkeit u. ungeschickte Politik des damaligen Herren v. Rostock, → Nikolaus des Kindes (Regierungszeit 1282–1314), gute Ansatzpunkte für das Aufkommen u. Erstarken der Stände. Ende des 15. Jh. wuchsen die L. der ehem. Teilherrschaften endgültig auf der Ebene Gesamt-Meckl. zusammen. Im 16. Jh. bildete sich die landständ. Verfassung Meckl. aus, die durch die Finanznot der Landesherrschaft u. die über Generationen sich wiederholenden Bruderkämpfe im Herzogshause begünstigt wurde. Hauptetappen waren hierbei die 1523 in Rostock geschlossene Union der L. sowie die Sternberger Reversalen von 1572. Inzwischen war durch die → Reformation 1549 der Prälatenstand weggefallen. Niederer Adel u.

Des
Durchlauchtigsten Fürsten und Herrn
HERRN
Christian Ludewigs
Herzogen zu Mecklenburg, Fürsten zu Wenden, Schwerin und Ratzeburg, auch Grafen zu Schwerin, der Lande Rostock und Stargard Herrn rc.
mit
Dero Ritter- und Landschaft
getroffener
Landes-Grund-Gesetzlicher
Erb-Vergleich
Vom Dato Rostock den 18ten April
1755.

Nebst beygefügten Anmerkungen.

Titelseite des Landesgrundgesetzlichen Erbvergleichs (1755)

Städte bildeten seitdem als Ritter- u. Landschaft die Stände u. traten der Landesherrschaft auf den Landtagen gegenüber. Diese landständ. Verfassung wurde 1755 im ebenfalls in Rostock beschlossenen Landesgrundgesetzl. Erbvergleich nach jahrzehntelangen Auseinandersetzungen befestigt u. ausgebaut. Rostock kam stets eine zentrale Rolle im Rahmen der L. zu als bedeutendste Stadt des Landes sowie als Sitz des → Engeren Ausschusses der L., d.h. eine Art ständ. Nebenregierung seit 1621. Rostock beherbergte zugleich das Archiv u. die Bibliothek der L. sowie seit 1893 das → Ständehaus, wo 1918 auch ihre polit. Tätigkeit endete.

Lit.: *E. Münch: Landstände, in: Landeskundlich-historisches Lexikon Mecklenburg-Vorpommern, Rostock 2007, S. 366–368.* EM

Getreideumschlag im Stadthafen (1928)

LANDWIRTSCHAFT. Zu Rostock gehören seit dem Mittelalter umfangreiche landwirtschaftl. genutzte Flächen. Unmittelbar vor den Toren lag die → Stadtfeldmark, auf der sich seit der Stadtgründung Hopfengärten, Acker-, Garten-, Weide- u. Wiesenland befanden. Die hier von den Einwohnern im landwirtschaftl. Nebenerwerb gewonnenen Produkte dienten der Eigenversorgung od. wurden auf dem Markt verkauft. Besonders ausgeprägt waren der Anbau von → Hopfen u. Kohl. Erst mit der Stadterweiterung seit Mitte des 19. Jh. ging die Stadtfeldmark schrittweise für die L. verloren. Auch private Viehhaltung wurde in Rostock seit der Gründung betrieben. Innerhalb der Stadtmauern gab es bis zu Beginn des 19. Jh. viele Ställe. Daraus resultierte eine mehr od. weniger starke Verunreinigung der Straßen, da man Schweine, Enten u. Hühner im Straßenschmutz u. in Abfallhaufen nach Nahrung suchen ließ.

Von Bedeutung waren die ländl. Besitzungen der Stadt im weiteren Umfeld. Der Umfang dieses direkt od. indirekt zu Rostock gehörenden Besitzes lag 1914 noch bei ca. 10900 ha. Die Grundlagen dafür hatten wohlhabende Kaufleute, Kirchen, → Klöster u. → Hospitäler im Mittelalter gelegt. Die Einflussnahme der damaligen Eigentümer auf die eigentl. L. blieb jedoch gering, da es ihnen vor allem um die lukrativen Geldanlagen u. Naturalabgaben ging. Die Bewirtschaftung lag eigenverantwortl. in den Händen der persönl. freien Bauern. Nach der Durchsetzung der → Reformation kam es zu wesentl. Veränderungen. Der Rostocker Rat nahm zahlreiche Bürgerlandgüter in seine Obhut, um sie dem Zugriff der Landesherren zu entziehen. Der → Erbvertrag von 1573 beließ der Stadt die Guts- u. Dorfverwaltung. Ausdrücklich war dieses Recht Rat u. Bürgerschaft zuerkannt worden, da es in diesem Punkt immer wieder Streit gegeben hatte. Innerhalb der Stadtverwaltung übernahm die → Kämmerei die Verwaltung der städt. Landgüter (Kämmereigebiet/-güter). Auch das → Hospital zum Heiligen Geist u. das → Hospital St. Georg mit ihrem umfangreichen Landbesitz verblieben mit Abschluss des Erbvertrages von 1584 als karitative Stiftungen in der Verfügungsgewalt der Stadt. Bereits gegen Ende des 16. Jh. begann im Kämmereigebiet die Umwandlung einzelner Landgüter zu Gutshöfen. Deren effektivere Verwaltung u. Nutzung sollte zur Abtragung der städt. Schulden beitragen. Die verheerenden Auswirkungen des → Dreißigjährigen Krieges forcierten später diese Umwandlung. Die Durchsetzung der Gutswirtschaft ging zu Lasten der Bauern, deren Höfe man legte, sie zu Leibeigenen machte u. zu Diensten verpflichtete.

Im Kämmereigebiet gab es ab der Mitte des 18. Jh. überwiegend Gutswirtschaften, wohingegen im Gebiet der Hospitäler die Bauernhöfe ihren Fortbestand stärker wahren konnten. Die Güter u. Bauernhöfe wurden durch die Kämmerei u. die Hospitäler langfristig zur Bewirtschaftung verpachtet. Den Zuschlag für die gewinnträchtigen Stellen erhielt der Bewerber mit dem höchsten Gebot. Teilweise bildeten sich auch Erbpachtstellen heraus. Die Größe der Güter lag zwischen 250 u. 350 ha. Eine Bauernstelle maß zwischen 20 u. 50 ha, sie wurde als Hufe bezeichnet. Das 19. Jh. war für die L. in ganz Meckl. eine Zeit der Modernisierung. 1820 hob man in beiden Großherzogtümern die Leibeigenschaft u. die Gutsuntertänigkeit auf. Gleichzeitig löste die Koppelwirtschaft die bis dahin übl. Dreifelderwirtschaft ab. Wie überall in Meckl. entstanden auch in den Kämmerei- u. Hospitaldörfern kleinere Bauernstellen, mit denen die zunehmende Landflucht abgemildert werden sollte. Es handelte sich um Büdnereien mit einer Fläche von 5–10 ha u. Häuslereien mit 0,2–0,5 ha.

An der Uni in Rostock etablierte sich die L. als wissenschaftl. Disziplin. Bereits 1793/94 hatte Prof. Franz Christian Lorenz → Karsten die erste dt. landwirtschaftl. Lehr- u. Versuchswirtschaft auf dem sog. Neuen Werder (heute Neue Werderstr.) geschaffen. 1875 folgte die Versuchsanstalt in der heutigen Graf-Lippe-Str. Diese Entwicklung mündete 1942 schließlich in die Gründung der Landwirtschaftl. Fakultät.

Insgesamt profitierte das wirtschaftl. Leben Rostocks stark von der Modernisierung der meckl. L. Der Export des meckl. Getreides ließ die Rostocker Handelsflotte bis in die 1870er-Jahre stetig wachsen. Es entstanden Fabriken, die landwirtschaftl. Produkte verarbeiteten (u.a. Kornbrennereien, Öl- u. Margarinefabriken) bzw. für den Bedarf der L. produzierten (u.a. Maschinenbauanstalten, Dachpappen- u. Drahtwarenfabriken). 1938 entstand in Dierkow eine Schweinemastanlage (1982 geschlossen). Die landwirtschaftl. Produkte sicherten die Versorgung der städt. Bevölkerung, zudem bezog Rostock aus der Verpachtung seines landwirtschaftl. Besitzes beträchtl. Einnahmen. Die gesellschaftl. Umwälzungen des 20. Jh. blieben nicht ohne Auswirkung auf die L. Seit 1919 lag ein Teil des städt. Grundbesitzes im neugebildeten Landkreis Rostock. Neue Dörfer kamen nach den → Eingemeindungen von 1934 u. 1950 zum Stadtkreis Rostock hinzu.

Die schwerwiegendsten Einschnitte brachte die Zeit nach dem II. Weltkrieg. Im Zuge der → Boden-

Pferdegespann mit Schleppe in Lütten Klein (1946)

Forschungsstätte der Landwirtschaft, das Oskar-Kellner-Institut (um 1970)

reform von 1945 wurden die 18 Stadtgüter entschädigungslos enteignet u. aufgeteilt. Seit 1953 propagierte die SED die sozialist. Umgestaltung der L. der DDR nach sowjet. Vorbild. Im Feb. 1953 entstand in Diedrichshagen die erste Landwirtschaftl. Produktionsgenossenschaft (LPG), im Mai 1953 folgte die zweite in Evershagen. Im Frühjahr 1960 war die erzwungene Kollektivierung der L. abgeschlossen. Im Stadtkreis existierten nun 14 LPGs, zwei Gärtner. Produktionsgenossenschaften (GPG) sowie das Volkeigene Gut (VEG) Gartenbau Marienehe. Die landwirtschaftl. Nutzfläche im Stadtkreis Rostock betrug zu diesem Zeitpunkt 5292 ha. Es wurden 4047 Rinder, 15292 Schweine, 1603 Schafe u. 74657 Stück Geflügel gezählt. Nach Zusammenschluss der kleinen LPG blieben schließlich fünf von Bestand. Die intensive Nutzung der Flächen führte in den folgenden Jahren zu einer Ausräumung der Landschaft, um rentable Bewirtschaftungsgrößen zu erreichen. Sölle wurden zugeschoben, Fließgewässer begradigt u. verrohrt, Feldgehölze entfernt. Probleme bereiteten der Einsatz von Pflanzenschutzmitteln u. die Überdüngung. Trotz der Intensivierungsmaßnahmen gab es immer wieder Schwierigkeiten bei der ausreichenden Versorgung der Bevölkerung mit landwirtschaftl. Produkten, insbesondere mit Obst, Gemüse, Butter u. Fleisch. Durch verstärkte private Kleintierhaltung, Erschließung von Futterreserven u. den Aufkauf von Obst u. Gemüse bei den Kleingärtnern (→ Kleingarten) konnten diese Mängel teilweise ausgeglichen werden. Rostock war zudem gefordert, die jährl. Getreide- u. Hackfruchternte in den umliegenden Landkreisen durch die Stellung von Arbeitskräften u. Transportmitteln zu unterstützen. Mit der Errichtung der Neubaugebiete im Nordosten u. Nordwesten gingen in der Stadt ab 1965 große Flächen für die landwirtschaftl. Nutzung verloren. 1989 betrug die Größe der landwirtschaftl. Nutzfläche 4125 ha. Diese Entwicklung setzte sich nach 1990 durch den Bau von Eigenheimsiedlungen u. Gewerbegebieten fort. Die derzeitigen Pläne zur Flächennutzung in Rostock gehen von 2266 ha für die L. aus (12,6 % der Stadtfläche). Der überwiegende Teil wird im Nordwesten für den Ackerbau genutzt (65 %), die Wiesen- u. Weidewirtschaft konzentriert sich auf die Niederungen der Warnow u. das Gebiet westl. von Reutershagen. Westl. von Evershagen besteht eine Obstplantage von 157 ha. BK

LANGE STRAßE. Ersterwähnung 1277, bis zum 19. Jh. längste Straße Rostocks; im östl. Teil Wohnort vieler Böttcher, im westl. Teil Heimstätte von Fuhrleuten, Kutschern, Pferdekäufern, Knochenhauern; Ermordung des Dompropstes Thomas → Rode an der Ecke L./Badstüberstr. 1487, Errichtung eines Sühnesteines; Anlegung des ersten Botan. Gartens einer dt. Uni an der Ecke L./Badstüberstr. (1568); starke Zerstörung im Apr. 1942 – von 90 Geschäften wurden 84 vernichtet; Errichtung des ersten Neubaus (Wasserstra-

Grundsteinlegung in Anwesenheit Walter Ulbrichts (30. Januar 1953)

Lange Straße aus südöstlicher Blickrichtung (um 1970)

ßenhauptamt) 1951 unter Leitung Kurt Tauschers (Abriss 1966); Beginn des Aufbaus der sog. Ersten Sozialist. Straße (Länge 600 m, Breite 60 m) in Rostock (1952) unter Leitung des 27-jährigen Chefarchitekten Joachim Näther; Grundsteinlegung im Jan. 1953 durch Walter Ulbricht (Stellvertretender Ministerpräsident der DDR); fünf- bis zehngeschossige Bauten in Ziegelbauweise mit Läden, Gaststätten im Erdgeschoss u. darüber liegenden Wohnungen; Umbenennung in Str. des Nationalen Aufbauwerkes (1953); erfolglose Kritik Rostocker Bauingenieure (u.a. Walter Baresel, Walter → Butzek) an der breiten Trassierung u. der Höhe der Wohnbauten; Übergabe der ersten Wohnungen (1954); Rückbenennung in L. (1956); Einweihung des HOWA-Kaufhauses (Handelsorganisation Warenhaus; heute Galeria Kaufhof); Verlegung der Straßenbahnlinie von der Kröpeliner Str. in die L. (1961); Bau des Hauses der Schifffahrt (1959–62); Eröffnung des Interhotels Warnow (1967); Unterdenkmalschutzstellung der L. 1979; Neugestaltung der L.: u.a. Aufhebung des Straßenbahnschotterbettes, Einführung der Tempo-30-Zone, Wiederherstellung der Wegebeziehungen zwischen Kröpeliner Str. u. der Nördl. Altstadt (1997–2002).

Lit.: J. Köllner u. a.: Magistrale. Eine Geschichte der Langen Straße in Rostock, Rostock 1997; E. Münch, R. Mulsow: Das alte Rostock und seine Straßen, 2. Aufl., Rostock 2010. RS

LANGENORT. Landspitze an der Warnow zwischen Gehlsdorf u. Warnowrande/Oldendorf; „Ort" bezeichnet Ecke od. Spitze an Gewässern (z.B. Rosenort, Darßer Ort) od. innerhalb der Stadt an Straßeneinmündungen (Orthaus); Ersterwähnung auf einer Karte von Rostock, Warnemünde u. Umgebung aus dem Jahr 1719; sukzessive Bebauung mit Häuslerstellen seit der 2. Hälfte des 19. Jh.; 1934 mit Gehlsdorf nach Rostock eingemeindet; 1954 Ausbau als Stützpunkt der Marineeinheiten der DDR mit Kasernenanlage u. Schwimmhalle, 1994 als Warnow-Kaserne für die Marinefernmeldegruppe 30 (bis 2002); seitdem Erschließung u. Bebauung als Wohngebiet u. Marina. EM

LANGER HEINRICH. Schwimmkran, techn. Denkmal; 1905 von Bechem & Keetman (Duisburg) für die Schichau-Werft (Danzig) gebaut. Wippauslegerkran: Hubleistung 100 t; damals einer der größten Schwimmkräne der Welt (Höhe 50 m, Gewicht 900

Schwimmkran Langer Heinrich (um 2017)

t); 1945 nach Rostock gekommen; bis 1978 für Bergungsarbeiten, Transport von Schiffssektionen u. Schwergutumschlag auf der → Neptunwerft eingesetzt; 1980 Außerdienststellung u. Aufnahme in den Bestand des Schiffbaumuseums Rostock; 2011/12 umfassend restauriert.
Lit.: A. Hallier: „Langer Heinrich" – Ein Schwimmkran erzählt, Köln 2012. RP

LASCH, RUDOLF. Architekt (20.2.1930 Cottbus – 28.4.1993 Rostock); 1949–54 Studium an der TH Dresden, 1959 Promotion; seit 1957 in der Stadtplanung Rostocks u. 1972–89 Chefarchitekt für Städtebaul. Planungen neuer Wohnbezirke in der Südstadt, im Nordwesten u. in der Innenstadt; 1978 Prof. an der TU Dresden u. ab 1980 an der Uni Rostock. 1989–93 Tätigkeit am Institut für Denkmalpflege; 1969 → Kulturpreis der Stadt Rostock; 1973 Nationalpreis für Kunst u. Literatur der DDR; 1977 Architekturpreis der DDR. Er hatte über drei Jahrzehnte bedeutenden Anteil an der städtebaul. Leitplanung u. Entwicklung Rostocks. AL

LASTADIE → SCHIFFBAU

LAUREMBERG, PETER. Mediziner, Mathematiker, Dichter (26.8.1585 Rostock – 13.5.1639 Rostock); Studium der Medizin u. Astronomie in Rostock, 1607 Magisterabschluss, 1608 Studienaufenthalt in Holland, 1610 Promotion in Paris; 1611 Prof. der Philosophie in Montauban (Frankreich); ab 1614 Gymnasial-Prof. für Mathematik u. Physik in Hamburg; 1624–39 herzogl. Prof. der Poesie in Rostock, lehrte auch Mathematik u. Medizin; mehrfach Dekan der Philosoph. Fakultät; 1635 Rektor; Errichtung eines botan. Mustergartens am Vögenteich; vielseitige Schriften zur Medizin, Botanik, Mathematik, Astronomie, Musik, Beredsamkeit u. Philologie; Benennung einer Straße nach ihm (1921).
Lit.: G. Teichmann: Lauremberg (Laurenberg), Peter (Petrus), in: Biographisches Lexikon für Mecklenburg, Bd. 2, Rostock 1999, S. 153–155. AH

LAZARETT. Die Bezeichnung geht auf den bibl. Lazarus zurück, den Schutzheiligen der Kranken. L.

sind mildtätige Häuser für Kranke, Sieche u. Arme, die bereits im Mittelalter bestanden. In Rostock gab es ein → Hospital St. Lazarus, aus dem nach der Reformation das Lazarett-Armenhaus hervorging. Nach seiner Lage wurde es auch als L. am Heringstor bezeichnet. Später ging der Name L. auf die Militärkrankenhäuser über. In diesem Sinn lassen sich L. erstmalig während der Napoleon. Kriege in Rostock belegen. 1810/12 hatten sowohl die frz. als auch die meckl. Truppen zeitweilig Militär-L. eingerichtet. Nach 1815 unterhielt die meckl. Armee für die in Rostock liegenden Bataillone bzw. Regimenter dauerhaft ein Garnisons-L. an der südöstl. Ecke des Alten Marktes. Als Ersatz entstand 1878 ein dreigeschossiger Neubau für ca. 40 Patienten in der St.-Georg-Str., hauptsächl. zum Nutzen des → Füsilier-Regiments Nr. 90. Nach dem I. Weltkrieg schloss die Militärverwaltung das L. Seitdem hat das Haus eine wechselvolle Geschichte als Verwaltungsgebäude erfahren, diente u.a. als Versorgungsamt (1919–45), sowjet. Kommandantur (1945–50) u. Stadtleitung der SED (1950–90). Heute haben hier Ämter der Stadtverwaltung ihren Sitz.

Neben dem Garnisons-L. sind auch die Reserve-L. in Betracht zu ziehen, die in Kriegszeiten für die Verwundeten eingerichtet werden mussten. Während des Dt.-Frz. Krieges 1870/71 wurden das Schützenhaus vor dem Steintor u. ein Speicher in der Strandstr. genutzt. Für die personelle u. materielle Ausstattung sorgte maßgebl. ein Hilfsverein, aus dem später das → Dt. Rote Kreuz hervorging. Dieses unterhielt während des I. Weltkrieges ein Kriegs-L. in der → St.-Georg-Schule, in der → Augustenschule, in der Stadtmission u. im → Alexandrahaus Warnemünde. Im II. Weltkrieg dienten u. a. die → Gewerbeschule in der Parkstr. sowie die Schulen am Goetheplatz u. in Dierkow der Aufnahme verwundeter Soldaten. BK

LEBENSMITTELVERARBEITUNG. Mit der Erschließung der Unterwarnow als Siedlungsgebiet durch den Menschen begann auch die Verarbeitung pflanzl. u. tier. Produkte (→ Landwirtschaft) zu Lebensmitteln. Die Gründung der Stadt Rostock u. ihr rasches Aufblühen führten zu einem steten Bevölkerungszuwachs u. zu einem wachsenden Bedarf an Nahrungsgütern. Die Herstellung von Lebensmitteln erfuhr seit dem Mittelalter hinsichtlich der Verarbeitungs- u. Konservierungsformen eine zunehmende Spezialisierung. Die Veredelung erfolgte zumeist in kleinen Handwerksbetrieben. In Ämtern organisiert, versorgten Fischer, Fleischer, Bä-

Lazarettbaracke in Rostock (1870/71)

Windmühle in der Doberaner Straße (um 1880)

cker usw. die städt. Bevölkerung. Der Fischreichtum (→ Fischerei) der Ostsee u. der Warnow war aus Sicht des Rostocker Rats ein „Gottesgeschenk". Aber auch die Herstellung u. Ausfuhr von Bier (→ Brauwesen) hatten eine enorme Bedeutung. Ende des 16. Jh. zählte die Stadt etwa 300 Brauhäuser. Ein Großteil des Bieres ging in den Export od. wurde in der Stadt sowie in der Umgebung abgesetzt. Dutzende Schiffe brachten Rostocker Bier, teilweise im Liniendienst, u. a. nach Skandinavien. Leinsamen wurde angebaut u. in den städt. → Mühlen zu Öl verarbeitet; Getreidehändler kauften auf den Gütern der Region große Mengen Weizen, Roggen, Gerste u. Hafer auf u. ließen es in den Mühlen der Stadt zu Mehl, Schrot u. Kleie mahlen. Ein Teil des Weizens wurde zu „Gebranntem Wein" (Branntwein, → Brennerei) verarbeitet. Über Jh. exportierten Rostocker Schiffe Getreide nach Flandern, England u. Russland. Im 18. Jh. gingen ganze Schiffsladungen an Obst (Äpfel, Pflaumen) in das russ. Zarenreich. Der Begriff Zorenappel (Zarenapfel) stammt aus jener Zeit.

Das Wachstum der städt. Bevölkerung ließ den Bedarf nach Lebensmitteln weiter steigen. Seit dem 19. Jh. entstanden zahlreiche neue u. größere Unternehmen, die sich der Verarbeitung landwirtschaftl. Produkte widmeten. Die Produktion von Nahrungsgütern erfuhr einen ungemeinen Aufschwung u. Industrialisierungsschub. Ca. 50000 Rostocker wurden um 1900 von zahlreichen Getreidemühlen, Bäckereien, Fleischereien u. Fischanbietern versorgt. Vier moderne dampfbetriebene Brauereien, fünf Brennereien, drei → Molkereien u. zwei Schokoladenfabriken boten ihre Produkte an. In der Stadt arbeiteten Zucker-, Essig-, Senf-, Zichorien-, Margarine-, Tabak-, Wurst- u. Konservenfabriken, eine Ölmühle u. ein großer → Schlachthof. Zu den größten u. modernsten Betrieben der Stadt zählten die Brauerei → Mahn & Ohlerich sowie die Rostocker → Zuckerfabrik AG. Das „weiße Gold" wurde u.a. nach England u. in die USA exportiert. So legte z.B. im März 1900 ein Schiff mit 30000 Sack Rohzucker vom Rostocker Hafen nach Philadelphia ab.

1913 existierten in Rostock u.a.: 108 Bäcker, 13 Brauereien, fünf Bonbon- u. Zuckerwarenfabriken, 14 Butter- u. 45 Delikatessenhandlungen, acht Destillations- u. Likörfabriken, drei Fischkonservenfabriken, zehn Fischräuchereien, acht Frucht- u. Obstpressereien, 15 Kaffeespezialgeschäfte, 15 Konditoren, vier Kuchenbäcker, eine Konserven- u. zwei Malzfabriken, eine Margarinefabrik, fünf Margarine- u. 40 Milchhandlungen, 15 Mineralwasserfabriken, vier Molkereien, 37 Obst-, Frucht- u. Gemüsehandlungen, eine Obstweinkelterei, eine Ölmühle, vier Räuchereien, 108 Schlachter, vier Schokoladenfabriken, acht Schokoladen- u. Konfitürengeschäfte, vier Senffabriken, 13 Südfruchthandlungen, 28 Weinhändler, sieben Wild- u. Geflügel- sowie 46 Wurst- u. Aufschnittwarenhandlungen, 18 Zigarren- u. Tabakfabriken sowie 68 Zigarren- u. Tabakhandlungen.

Viele kleine Betriebe der L. mussten in der 1. Hälfte des 20. Jh. aufgrund des Konkurrenzkampfes aufgeben. Nicht wenige verloren durch die Inflation in den 1920er-Jahren ihre Existenzgrundlagen. Während des II. Weltkrieges wurden viele Betriebe der L. zerstört. In den Jahren der sowjet. Besatzung u. der DDR kam es zu zahlreichen

Honigkuchenfabrik am Alten Markt (um 1930)

Frauen bei der Verarbeitung von Fisch (um 1970)

Enteignungen u. Verstaatlichungen. Kleinere Firmen wurden aufgrund fehlender Rentabilität u. mangelhafter hygien. Bedingungen geschlossen. Der Anstieg der Bevölkerung auf mehr als 250 000 Einwohner führte zum Bau von volkseigenen Großbetrieben: Konditorei- u. Backwaren (→ Rokoback), Molkereigenossenschaft, Öl- u. Margarinewerke, Rostocker Konserven- u. Marmeladenfabrik (→ ROKOMA), Kombinat Fleischwirtschaft, Schlachthof usw. Die Versorgung der Bevölkerung mit Bieren, Spirituosen u. alkoholfreien Getränken erfolgte durch die Betriebe Getränkekombinat Hanseat, Kornbrand, Ostseeperle, Rostocker Greif, Anker u. Getränkefabrik Steintor.

Nach dem Zusammenbruch der DDR 1989/90 gingen viele Betriebe der L. in die Insolvenz. Nur wenige schafften den Schritt in die Marktwirtschaft, wie z.B. die Ostseefisch GmbH, die Küstenland GmbH, ROKOMA, die Nordback GmbH, die Rostocker Wurst- u. Schinkenspezialitäten GmbH (→ Die Rostocker) sowie die Hanseat. Brauerei Rostock. Im Zuge anhaltender Konzentrations- u. Globalisierungsprozesse kam es zu weiteren Schließungen bzw. Verkäufen, wie z.B. 2005 der Küstenland GmbH, 2006 der Nordback GmbH u. 2015 der Ostseefisch GmbH. RS

LEFFERS, WILHELM. Röm.-kath. Pfarrer (26.3. 1871 Steinbild/Emsland – 25.4.1952 Altglashütten/Schwarzwald); nach Priesterweihe in Osnabrück u. einem Vikariat in Ankum/Teutoburger Wald ab 1902 Pfarrer in Rostock; u.a. Mitinitiator u. Förderer eines Kirchenneubaus am Schröderplatz (→ Christuskirche), eines Kinderheimes, einer Schule u. eines Krankenhauses unter der Ägide der kath. Kirche; 1927 Ernennung zum Geheimkämmerer des Papstes (Prälat); 1935 wegen seiner Anti-Nazi-Haltung denunziert u. zu Gefängnis verurteilt, nach Begnadigung 1940 erneute Verurteilung; wegen Krankheit Haftverschonung u. Ausweisung aus Meckl.; in Rostock beigesetzt; Benennung einer Straße nach ihm.

Lit.: *G. Schlegel: Prälat Leffers (1871–1952). Pastor – Bauherr – Nazigegner, in: Türme am Horizont, Schwerin 1997, S. 20–38.* RL

LEHMENT (FAMILIE). (1) Conrad L. Fabrikant (30.11. 1835 Marlow – 10.2.1929 Rostock), Vater v. (2); nach kaufmänn. Ausbildung 1856 Übernahme des väterl. Geschäfts in Marlow; 1864 Erwerb der Material- u. Kolonialwarenhandlung, Brennerei u. Mälzerei Theodor A. Glaevecke in Rostock; Herstellung u. Vertrieb von Spirituosen, bekannteste Marke: → Rostocker Doppelkümmel Mann un Fru; Teilnahme an Weltausstellungen: Wien (1873), Philadelphia (1878). **(2) Ernst L.** Fabrikant (30.5.1873 Rostock – 3.5.1954 Rostock), Sohn v. (1); ab 1907 Alleininhaber der Brennerei; Kriegsteilnahme 1914–18; Entwicklung zum größten Unternehmen seiner Art in Meckl. in den 1920er-/30er-Jahren

Briefkopf der Firma Conrad Lehment (um 1900)

(Absatzgebiete: südl. Ostseeraum bis Hamburg u. Danzig sowie Berlin); 1942 Zerstörung der Fabrik, teilweise Wiederingangsetzung; 1947 Umwandlung der Conrad Lehment Korn- u. Weinbrennerei zur GmbH, 1972 Verstaatlichung.

Lit.: H.-J. Grundies: Nachrichten über die Familie Lehment. Die Rostocker Linie seit 1835, 2. Aufl., Flintbek 1971. AKr

LESENBERG (FAMILIE). (1) Friedrich L. Mediziner (21.9.1802 Ludwigslust – 2.9.1857 Rostock), Vater v. (2) u. (3); seit 1827 als prakt. Arzt, seit 1830 als Privatdozent u. seit 1840 als Stadtphysikus in Rostock tätig; gehörte zu den Mitbegründern des Rostocker → Kunstvereins u. schuf zahlreiche karikaturist. Bilder. **(2) Wilhelm L.** Mediziner (16.11.1830 Rostock – 5.3.1916 Rostock), Sohn v. (1); 1857 – 1902 Stadtphysikus, 1886 – 1904 Kreisphysikus in Rostock; 1881 zum Medizinalrat u. 1891 zum Obermedizinalrat ernannt; gehörte zu den Mitbegründern des Allgemeinen Meckl. Ärztevereins. **(3) Otto L.** Ingenieur (10.9.1833 Rostock – 11.3.1914 Rostock), Sohn v. (1); 1868 – 1908 Betriebsdirektor des Rostocker → Gaswerks.

Lit.: G. Willgeroth: Die Mecklenburgischen Aerzte von den ältesten Zeiten bis zur Gegenwart, Schwerin 1929, S. 253, 261f.; J. J. Bernitt: Der Arzt mit dem Zeichenstift, in: Rostocker Miniaturen, Rostock 1985, S. 56f. GF

LEUCHTTURM. Erste Leuchtfeuer zur Markierung der Warnemünder Hafeneinfahrt sind seit dem 14. Jh. nachgewiesen. In einem hölzernen Turm hing eine kupferne Laterne. Neubauten Ende des 15./16. Jh., keine Belege im 17./18. Jh. Um dem sprunghaft wachsenden Schiffsverkehr (→ Schifffahrt) gerecht zu werden, wurde am 1.12.1836 eine neue Leuchte eingeweiht. Ihr Licht war bei klarer Sicht bis acht Seemeilen Entfernung zu sehen. Die Einrichtung der Nachtfähre (→ Fähre) ins dän. Gedser 1892 machte den Bau eines neuen L. erforderlich. Der Auftrag wurde 1897 erteilt, die Baukosten in Höhe von 95 000 M von der Stadt u. von der großherzogl. Regierung getragen. Am 15.11.1898 ging der unter dem Rostocker Hafenbaudirektor Karl Friedrich → Kerner errichtete, 31,4 m hohe neue L. in Betrieb. Sein Kernstück war eine opt. Linse, durch die das Licht nunmehr auf 16 sm sichtbar war. Darüber hinaus war der Turm – im Gegensatz zu seinem Vorgänger – durch einen Signalcode eindeutig zu identifizieren; diese Kennung war auf 14 sm sichtbar. Als Lichtquelle diente ein Petroleumbrenner mit fünf Dochten. Diese verbrauchten etwa 1,3 l Petroleum in der Stunde. 1917 erfolgte die Umstellung auf Gas u. zwei Jahre später auf elektr. Licht. Weitere Sanierungen u. techn. Verbesserungen folgten. Der L. Warnemünde ist nach wie vor in Betrieb.

Leuchtturm in Warnemünde (2011)

Der markante Turm kann seit 1899 durch Touristen bestiegen werden. 2016 zählte der 1994 gegründete u. ehrenamtl. wirkende Förderverein L. Warnemünde 73 918 Besucher. Seit 1999 wird der L. jeweils am Neujahrstag durch eine Show („Leuchtturm in Flammen", ab 2015 „Warnemünder Turmleuchten") mit Feuerwerk, Licht u. Musik publikumswirksam in Szene gesetzt.

Lit.: *H.J. Luttermann: Leuchtturm Warnemünde, Rostock 2013; S. Prignitz: Warnemünde. Eine maritime Geschichte, Rostock 2010.* SP

LIBERALISMUS (lat. liber - frei, im Sinne von freiheitlich). Sammelbegriff für geistige, polit. u. soziale Anschauungen sowie Bewegungen, die eine freiheitl. Gesellschaftsordnung anstreben. Der Staat habe seine polit. u. wirtschaftl. Ordnung so zu gestalten, dass die individuelle Freiheit der Person gewährleistet ist. Im 18. u. 19. Jh. in Europa entstanden, zählt der L. neben dem → Konservatismus u. dem Sozialismus (→ Arbeiterbewegung) zu den drei bis heute prägenden Weltanschauungen bzw. Ideologien.

Der L. war in Rostock eine der treibenden Kräfte im Prozess der Überwindung der feudalen Ordnung u. der Entwicklung einer modernen kapitalist. Stadtgesellschaft. Er vereinte sowohl eine polit. als auch eine wirtschaftl. Strömung in sich.

Einen ersten Höhepunkt erlebte die liberale Bewegung in Rostock im Vormärz u. in der → Revolution 1848/49. Liberal geprägte Prof. der Uni, wie die Historiker Carl v. → Hegel (1813-1901) u. Carl → Türk (1800-87), der Jurist Johann Heinrich Thöl (1807-84), der Germanist Christian → Wilbrandt (1801-67) sowie der Theologe Julius Otto August → Wiggers (1811-1901), gehörten zu den führenden Männern der Bewegung. Türk gab u.a. 1847/48 in Rostock die liberalen Mecklenburgischen Blätter heraus u. arbeitete in den Vorständen des Rostocker Reformvereins u. des Rostocker Arbeitervereins. 1848 wurden der Rostocker Johann Heinrich Thöl u. der Schweriner Landtagsabgeordnete Johann Pogge (1793-1854) in die Nationalversammlung der Frankfurter Paulskirche gewählt. 14 Rostocker zogen in die meckl.-schwerinsche Abgeordnetenversammlung in Schwerin ein, unter ihnen Moritz → Wiggers, der zum Präsidenten, u. Christian Wilbrandt, der zum Vizepräsidenten gewählt wurde.

Johann Pogge (1793–1854)

Nach dem Scheitern der Revolution erhielten Carl Türk, die Brüder Moritz u. Julius Wiggers sowie Christian Wilbrandt mehrjährige Zuchthausstrafen. Die liberale Bewegung kam weitestgehend zum Erliegen, erfuhr aber Ende der 1860er-/Anfang der 1870er-Jahre im Zuge der nationalstaatl. Einigung Deutschlands einen starken Aufschwung. So erhielt Julius Wiggers 1867 bei den Wahlen zum Reichstag des Norddt. Bundes in Rostock 79,2 % der Stimmen. Zu den einflussreichsten liberalen Gruppierungen in der Stadt zählten die Nationalliberale Partei u. die Liberale Fortschrittspartei.

Bis 1893 errangen immer Kandidaten dieser beiden Parteien den im Wahlkreis Rostock-Doberan zu vergebenden Sitz im Dt. Reichstag. Männer wie die Gebrüder Wiggers, Prof. Michael → Baumgarten u. Dr. Friedrich → Witte bestimmten über Jahrzehnte die liberale Bewegung in Rostock u. in Meckl. Sprachrohr der Liberalen in Rostock war die Rostocker Zeitung.

Innerparteil. Auseinandersetzungen u. der wachsende Einfluss der Sozialdemokratie führten zum Verlust der liberalen Vorherrschaft. Nach der → Nov.-revolution fanden sich linksliberale Grundpositionen in der Dt. Demokrat. Partei (DDP). Zu ihren Begründern gehörten u.a. der Chemiefabrikant Dr. Friedrich Witte u. der Direktor der Rostocker Straßenbahn AG Richard → Siegmann. Ein Sammelbecken für nationalliberale Gedanken wurde die Dt. Volkspartei (DVP) unter Vorsitz des Rostocker Geschichtsprof. Hermann → Reincke-Bloch. Bei den Kommunalwahlen am 29.12.1918 wurde die DDP mit 23 Sitzen nach der SPD zweitstärkste Partei. Die DVP errang von den insgesamt 66 im Stadtparlament zu vergebenden Plätzen zehn. Auch in den folgenden Jahren konnte die DVP bei Kommunalwahlen viele Rostocker auf sich vereinigen u. wurde zweitstärkste polit. Kraft in der Stadt.

Am Ende der 1920er-Jahre verlor der L. erhebl. an Einfluss u. wurde zwischen den linken u. rechten Parteien aufgerieben. So vereinte z.B. die DDP bei den Kommunalwahlen 1918 noch 30,07 % der Stimmen auf sich. Im Jahr 1930 waren es nur noch 1,22 %.

Nach dem Kriegsende 1945 kam es zur Gründung der Liberal-Demokrat. Partei Deutschlands (LDPD), die sich anfangs der Vereinnahmung durch die SMAD u. später der SED widersetzte. Die Partei diente der Integration bürgerl. Kräfte, wie z.B. Kaufleute, in das polit. System der SBZ/DDR. Bei der ersten Kommunalwahl nach dem Krieg 1946

Sitzung der Landtagsfraktion der DDP (1919)

errang die Partei 17 von 60 Sitzen u. wurde nach der SED u. vor der CDU zweitstärkste Kraft im Stadtparlament.

Widerstand gegen den Führungsanspruch der SED u. das Eintreten für L. sowie Pazifismus wurden seitens der SMAD/SED rigoros unterbunden. 1949 wurde der Student der Rostocker Uni Arno → Esch verhaftet u. 1951 in der Sowjetunion hingerichtet. Bis 1989 trug die LDPD als Mitglied des sog. demokrat. Blocks die Politik der DDR mit u. erkannte den Führungsanspruch der SED an.

Im Aug. 1990 schloss sich die LDPD der Freien Demokrat. Partei (FDP) an. In der ersten frei gewählten Regierung stellte sie als Koalitionspartner der CDU mit Conrad-Michael Lehment (geb. 1945) den Wirtschaftsminister des Landes Meckl.-Vorpommern. Bei den Wahlen zur Rostocker Bürgerschaft errang die FDP 1990 4,5 %. Vier Jahre später rutschte sie auf 2,3 % ab. Nach einem Hoch von 8,4 % im Jahre 2009 erzielten die Liberalen 2014 2,5 % u. sind nur noch mit einem Sitz in der Bürgerschaft vertreten.

Lit.: *M. Stammer: Die Anfänge des mecklenburgischen Liberalismus bis zum Jahr 1848, Köln 1980; Stiftung Mecklenburg, Innenministerium des Landes Mecklenburg-Vorpommern (Hg.): Modernisierung und Freiheit. Beiträge zur Demokratiegeschichte in Mecklenburg-Vorpommern, Schwerin 1995; I. Soldwisch: Die Geschichte der Liberal-Demokratischen Partei in Mecklenburg, Münster, Berlin 2007.* CN/RS

LICHTENHAGEN. Stadtteil mit 14114 Einwohnern (2015). Benannt nach dem nahegelegenen Dorf L., das zum Landkreis Rostock gehört. Der seit 1264 belegte Name bedeutet so viel wie lichte Stelle im Wald; die Endung im Namen weist auf ein dt. Rodungsdorf hin. Die Kirche (→ Lichtenhagen Kirche) wurde 1319 erstmals erwähnt. Das Dorf war seit 1505 im Besitz der meckl. Herzöge. Im Jahr 1900 lebten im Dorf L. 379 Einwohner, in Klein L. 49. Der Ortskern mit Kirche, Pfarrhaus u. niederdt. Bauernhäusern gilt heute als kulturhistor. Dokument der ländl. Volksbauweise u. ist seit 1977 denkmalgeschützt. Histor. Wahrzeichen sind ebenso die zwei Windmühlen (1836/78). Nach dem Bau des Neubaugebietes 1978 erfolgte die Eingemein-

Lichtenhäger Boulevard (um 1980)

dung von Klein L. zu Rostock. Auch die 1942 für die → Arado Flugzeugwerke errichtete Holzhaussiedlung (Grabower Str.) wurde Bestandteil des neuen Wohngebietes. Der 1974–76 errichtete Stadtteil war mit 6700 Wohnungen für etwa 22000 Einwohner konzipiert worden. Die mäanderförmige Anordnung der Wohnblöcke sollte den öffentl. Raum von den einzelnen Innenbereichen trennen. Langgestreckte Wohnhochhäuser am östl. Eingang bildeten die städtebaul. Dominante, auffällig durch den Giebel mit den Sonnenblumen, die der Bildhauer Reinhard Dietrich schuf (Fertigstellung 1979). Die Fußgängerzone Lichtenhäger Brink galt als gelungener Versuch, das Wohnmilieu der Plattenbausiedlung aufzuwerten. Bauernbrunnen, Wasserspiele u. Plastiken formten mit den dazugehörigen Grünanlagen den Charakter des Freiraumes, in dem auch das überkommene Steinkreuz für den 1440 ermordeten Bernt Coppelow seine Aufstellung fand (seit 1992 im → Kulturhistor. Museum). Sog. Ecklösungen dienten zur Unterbringung von Einrichtungen des Handels u. der Gastronomie. In L. wurden u.a. eine Medizin. Fachschule (1978) u. ein Kinderheim (1981) eingerichtet. Am westl. u. nördl. Rand entstanden seit 1983 Eigenheime u. Reihenhäuser. Die ursprüngl. Benennung der Straßen nach national u. regional bedeutsamen Parteifunktionären wurde 1991 durch Namen kleinerer Städte Meckl.-Vorpommerns u. Schleswig-Holsteins ersetzt. Die Einwohnerzahl ging seit dem

Zusammenbruch der DDR bis 2002 kontinuierl. zurück, konnte aber durch den Bau neuer Ein- u. Zweifamilienhäuser nordwestl. des Stadtteils stabilisiert werden. So entstanden zusätzl. Wohngebiete in Klein L. (Baubeginn 1997) u. Auf dem Kalverrad (Baubeginn 2011). Weltweit erregte der Stadtteil L. Aufmerksamkeit durch die ausländerfeindl. Ausschreitungen im Aug. 1992 (→ Lichtenhagen (Pogrom)).

Lit.: *U. Ibendorf: Das Dorf Lichtenhagen. Menschen und Geschichte(n), Rostock 1993; G. Zander, F. Mohr: Chronik Elmenhorst/Lichtenhagen. Beiträge zur Orts-Chronik der Gemeinde (...), Rostock 2008; N. Ibendorf, G. Zander: Lichtenhagen 1939–1945. Das Dorf im 2. Weltkrieg, Halberstadt 2013.* BK

LICHTENHAGEN (KIRCHE). Urkundl. Ersterwähnung 1264, vermutl. mit der Ankunft der ersten Siedler entstanden; Patronat im Besitz der adeligen Familie v. Gummern; seit 1470 zum Archidiakonat Rostock gehörig; überwiegend aus Feldsteinen errichtet; dreischiffiges Langhaus mit 42 m hohem Turm (Bischofsmütze); Inneneinrichtung: roman. Taufstein aus dem 13. Jh., Gewölbemalereien im Chor aus dem 14. Jh., Holzplastiken aus dem 15./16. Jh., Renaissancekanzel (1619); 1892 u. seit 1998 umfangreiche Sanierungen; Kirchhof als Begräbnisplatz aufgehoben; heute zum ev.-luth. Kirchenkreis Rostock gehörig.

Lit.: *F. Schlie: Die Kunst- und Geschichtsdenkmäler des Grossherzogtums Mecklenburg-Schwerin, Bd. 3, Schwerin 1899.* KJLS

Turm der Kirche zu Lichtenhagen (um 1930)

LICHTENHAGEN (POGROM). Ausländerfeindl. Ausschreitungen im Rostocker Stadtteil Lichtenhagen vom 22. bis 26.8.1992. Im → Sonnenblumenhaus in der Meckl. Allee, in dem sich schon zu DDR-Zeiten ein Wohnheim für vietnames. Vertragsarbeiter befand, war Ende 1990 durch das Land Meckl.-Vorpommern die Zentrale Aufnahmestelle für Asylbewerber (ZAST) eingerichtet worden. Der Zustrom von Asylbewerbern aus Rumänien, hauptsächl. Sinti u. Roma, im Sommer 1992 führte zu unhaltbaren Zuständen in dem dicht besiedelten Wohngebiet. Das Innenministerium verzögerte trotz erhebl. Mahnungen die Verlegung der ZAST, sodass es zu den fremdenfeindl. motivierten Übergriffen auf das Asylbewerberheim u. nach dessen Evakuierung auf das Wohnheim der Vietnamesen kam. An den Ausschreitungen beteiligten sich mehrere hundert teilweise rechtsextreme Randalierer u. bis zu 3000 applaudierende Zuschauer, die den Einsatz von Polizei u. Feuerwehr behinderten. Nachdem die Aufnahmestelle am Montag, dem 24.8., evakuiert worden war, wurde das angrenzende Wohnheim, in dem sich noch über 100 Vietnamesen u. ein Fernsehteam aufhielten, mit Molotowcocktails in Brand gesteckt. Auf dem Höhepunkt der Auseinandersetzungen zog sich die Polizei zeitweise völlig zurück. Die im brennenden Haus Eingeschlossenen waren sich schutzlos selbst überlassen.

Lit.: *T. Prenzel (Hg.): 20 Jahre Rostock-Lichtenhagen. Kontext, Dimensionen und Folgen der rassistischen Gewalt, Rostock 2012.* BK

LICHTWOCHE. Einmalige Veranstaltung der Elektro- u. Werbeindustrie Rostocks vom 28.1. bis

Lichtwoche – Blick in die Kröpeliner Straße (1928)

4.2.1928; Wettbewerb um das schönste Schaufenster; umfangreiches Rahmenprogramm (Vorträge, Vorführ- u. Verkaufsveranstaltungen, Anstrahlungen von Gebäuden); Aufführung des Melodrams „Die Entwicklung des Lichtes" in der Tonhalle (Brandesstr.); Wiederbelebung der L. ab 2002 als Rostocker L. durch die → Stadtwerke Rostock AG; seither jährl. stattfindend.

Lit.: I. Sens: Geschichte der Energieversorgung in Mecklenburg und Vorpommern von den Anfängen im 19. Jahrhundert bis zum Jahr 1990, Rostock 1997. RS

LIEBHERR-MCCTEC ROSTOCK GMBH. Die Firma Liebherr wurde 1949 im baden-württemberg. Kirchdorf gegründet. Seit 2005 entwickelt u. produziert die L. im Überseehafen Rostock auf einer

Betriebsgelände des Kranherstellers Liebherr (um 2016)

Schweiß-Feuerwerk (2010)

Fläche von 451000 m² Hafenmobil-, Offshore-, Schiffskrane u. Greifstapler. Die Ostsee bietet gute logist. Voraussetzungen für den weltweiten Vertrieb der großen maritimen Krane. Zwecks Aus- u. Weiterbildung entstand 2009 die Liebherr-Akademie Rostock. Die familiengeführte Firmengruppe beschäftigte 2016 am Standort Rostock ca. 1500 Mitarbeiter. Das Werk ist Teil eines Fertigungsverbunds innerhalb der Liebherr-Sparte Maritime Krane mit den vier Produktionsstätten Killarney (Irland), Nenzing (Österreich), Sunderland (Großbritannien) u. Rostock (Deutschland).
Lit.: Komm, LIEBer HERR und mache..., in: Rostock zwischen zwei Sommern. Ein Almanach 2005/2006, Jg. 11, Rostock 2006, S. 31. KM

LINCK, HANS. Rechtsanwalt, Ratssyndikus (1.1.1863 Rostock-14.12.1945 Rostock); nach dem Besuch der → Großen Stadtschule ab 1881 Studium der Rechte in Rostock, Heidelberg, Tübingen u. Berlin; seit 1889 Rechtsanwalt u. Notar in Rostock; 1898-1919 Senator in Rostock, 1902 zum Ratssyndikus gewählt; 1907-12 Mitglied des Reichstages für die Nationalliberale Partei; nach der → Nov.-revolution aus dem Rat ausgeschieden; danach wieder als Rechtsanwalt u. Notar tätig. BK

LINDE(N)BERG, PETER. Kaufmann, Poet (16.3.1562 Rostock-16.7.1596 Rostock). Der Sohn eines Kaufmanns u. Ratsherren besuchte die Fürsten- u. Domschule Schwerin u. studierte ab 1578 an der Uni Rostock; 1583-91 zahlreiche Reisen, u.a. Rom, Skandinavien u. längerer Aufenthalt am Hofe des königl.-dän. Statthalters Heinrich v. Rantzau in Holstein; 1591 Rückkehr nach Rostock u. Übernahme des väterl. Geschäftes. L. galt in seiner Zeit als bedeutender Lyriker („poeta laureatus“ 1595) u. hinterließ Schriften u. Reiseberichte. In seiner Heimatstadt vor allem durch die erste gedruckte Chronik Rostocks in lat. Sprache bekannt, blieb allgemein verborgen, dass L. den Memorialvers von der → Rostocker Sieben erstmals aufgeschrieben u. somit der Nachwelt erhalten hat. Seit 1907 erinnert eine Straße an den Dichter. RL

LINDENPARK → FRIEDHOFSWESEN

LITERATUR. Erste nachweisbare literar. Aktivitäten in Rostock fallen in das späte Mittelalter. 1311 veranstaltete der Dänenkönig → Erik VI. Menved vor der Stadt zwischen Gehlsdorf u. Bartelsdorf ein Ritterturnier, auf dem der fahrende Dichter Regenbogen u. der Minnesänger Heinrich v. Meissen (1250-1318) anwesend waren. Anfang des 15. Jh. verfasste ein Anonymus eine Chronik der Jahre 1310-14, im 15. Jh. entstanden die Stücke des → Rostocker Liederbuches. Der Rostocker Prof. Albert → Krantz prägte mit seiner „Vandalia“ u. „Saxonia“ die histor. L. der Frühen Neuzeit mit. Um 1504 zog Ludwig → Dietz nach Rostock, der volkskundl. u. reformator. Schriften produzierte u. 1558 Universitätsdrucker wurde. Nach dem Tod des Humanisten Peter → Linde(n)berg erschien mit dem „Chronicon Rostochiense“ die erste gedruckte Chronik der Stadt. 1606 schrieb Jochim Schlue (um 1563-1624), Mitglied der Bergenfahrer-Kompagnie, die alttestamentar. Komödie „Isaac“. Der Rostocker Dichter u. Universitätslehrer Johann Lauremberg verfasste nach seinem Umzug ins dän. Sorø lat. Tragödien sowie Komödien u. Scherzgedichte in niederdt. Sprache. In „Alerhand snaksche Saken taun Tiedverdriew“ (1788-90) nutzte auch der Rostocker Diederich Georg → Babst für seine Satire auf menschl. Schwächen die niederdt. Sprache. Zu besonderer Größe darin brachte es im 19. Jh. Fritz → Reuter, der in Rostock einen Teil seiner Studienzeit verlebte u. die Erinnerungen daran v.a. im Roman „De Reis' nah Konstantinopel“ (1868) verarbeitete. Der vor Ort geborene John → Brinckman ließ seine 1855 erschienene Erzählsammlung „Kasper Ohm un ick“ in Rostock spielen. Namhafte Vertreter der niederdt. L. waren auch Karl Friedrich → Eggers, Felix → Stillfried und Wilhelm → Schmidt. Mit der Stadt fest verbunden war der in Danzig geborene Schriftsteller u. Chefredakteur der Satirezeitschrift Kladderadatsch Johannes Trojan (1837-1915). Er wurde auf dem Neuen Friedhof beigesetzt.

Adolf → Wilbrandt hatte als Theaterschriftsteller im letzten Drittel des 19. Jh. in Rostock u. auch in Wien als Direktor des dortigen Burgtheaters Erfolg. Wie er war auch Hans Paasche (1881-1920) in Rostock geboren worden, welcher aufgrund seiner Erfahrungen als Offizier in Afrika 1908 zum engagiert schreibenden Pazifisten wurde. Im Gegensatz dazu begeisterten sich Max → Dreyer u. Theodor → Jakobs für militär. Stärke u. unterstützten ab 1933 die Herrschaft der NSDAP. Bis 1945 bekannte Schriftstellerinnen waren Helene → Hübner, Ina → Rex, W. v. d. Mühle alias Sophie Kloerss (1866-1927) u. Heidi Huberta Freybe (1910-81), deren Romane weitgehend in Vergessenheit geraten sind. In den Jahrzehnten nach 1945 prägten u.a. Willi → Bredel, Kurt → Barthel (KUBA), Erich → Fabian u. Benno Voelkner (1900-74) das literar. Schaffen in Rostock. Als Lektor des → Hinstorff Verlags, Hg. u. selbst Schreibender schuf Kurt → Batt ab 1961 gemeinsam mit Konrad → Reich für in Rostock verlegte L. deutschlandweit u. international Interesse. Umfangreiche literar. Spuren hinterließen aber auch Fritz Meyer-Scharffenberg (1912-75), Herbert → Mühlstedt u. Heinrich → Ehlers.

Die Stadt bildete den Hintergrund literar. Handlungen auch bei Franz → Fühmann u. besonders bei Walter → Kempowski, der seine Kindheits- u. Jugenderinnerungen aus Rostock umfassend verarbeitet hat. Material für eine 1972 veröffentlichte literar. Reportage sammelte Klaus Schlesinger (1937-2001) im seinerzeit neu eröffneten Südstadt-Krankenhaus. Krimihandlungen siedelten hier u.a. Wolfgang Schreyer (geb. 1927) u. in neuester Zeit Frank Goyke (geb. 1961) sowie Henrike Heiland (geb. 1975) an. Mit Wolfgang Mahnke (geb. 1937) lebt einer der wichtigsten Gegenwartsautoren der niederdt. L. in

Fritz Meyer-Scharffenberg auf dem Rostocker Buchbasar (um 1970)

Frank Goyke (2011)

Rostock. Das literar. Leben Rostocks wurde u. wird maßgebl. u.a. durch das → Theater, den → Buchbasar, den Hinstorff Verlag, das → Literaturhaus, das Kempowski- u. das Johnson-Archiv sowie die seit 1988 hg. Zeitschrift Risse geprägt.

Lit.: *G. Müller-Waldeck (Hg.): Pegasus am Ostseestrand. Zwischen Trave, Oder, Küste & Seenplatte. Literatur & Literaturgeschichte in Mecklenburg-Vorpommern, Rostock 1999; F. Oberhauser, A. Kahrs: Literarischer*

Führer Deutschland. Frankfurt a.M., Leipzig 2001, S. 1039–1047; G. Müller-Waldeck, J. Grambow: Auf Dichters Spuren. Literarischer Wegweiser durch Mecklenburg-Vorpommern, Rostock 2003. FO

LITERATURHAUS. Kultureinrichtung im Peter-Weiss-Haus in der Doberaner Str.; dort Angebote für Autoren, Schulen u. Bildungseinrichtungen, u.a. Schreibwerkstätten, Lesungen, Gesprächs- u. Diskussionsveranstaltungen für ein größeres Publikum sowie ein spezielles Kinder- u. Jugendprogramm. Träger ist der 1990 gegründete L. Rostock e.V. (bis 2011 Literaturförderkreis Kuhtor e.V.). Sitz des Vereins u. des L. war bis 2009 das als Teil der einstigen → Stadtbefestigung erhaltene → Kuhtor. FO

LOHMARKT. Bezeichnung (spätestens 1599) für den Platz vor dem Turm der St.-Nikolai-Kirche; benannt nach den in der Nähe wohnenden Lohgerbern, die gemahlene Baumrinde (Lohe) zum Gerben benutzten; in seiner Bedeutung (ähnl. dem → Ziegenmarkt) weniger wichtig als der → Alte, der Mittel- u. der → Neue Markt (fehlende ursprüngl. selbstständige Stadtgemeinde); Abgrenzung zum Wendländer Schilde unsicher, im 19. Jh. auch Bezeichnung als Gänsemarkt.
Lit.: *E. Münch, R. Mulsow: Das alte Rostock und seine Straßen, 2. Aufl., Rostock 2010, S. 124–126.* EM

LOHRO → RUNDFUNK

LORENZ, ADOLF FRIEDRICH. Architekt, Denkmalpfleger (2.5.1884 Rostock–13.6.1962 Schwerin); Architekturstudium in Dresden, Braunschweig, München; seit 1908 meckl.-schwerinscher Regierungsbauführer u. Regierungsbaumeister in Rostock, Güstrow u. Lübz; 1923 Ernennung zum Regierungsbaurat; 1928 Ministerialdirektor, Leitung des meckl. Staatsbauwesens; Berufung in die Kommission zur Erhaltung der Denkmäler; wichtiger Einfluss auf die → Denkmalpflege in seiner Heimatstadt Rostock, Erstellung erster Denkmallisten mit baugeschichtl. u. für das Stadtbild wichtigen öffentl. u. privaten Bauten; 1937 Versetzung als Ministerialrat an den Rechnungshof des Dt. Reiches in Potsdam als Dezernent für Wehrmachtsbauwesen u. das gesamte zivile Bauwesen; 1946–53 Bezirkskonservator für Rostock u. im Dienst der Ev. Landeskirche; schuf Grundlagen für den Wiederaufbau u. die Sicherung von Baudenkmalen.
Lit.: *A. Schacht: „… im Geiste eines traditionsgebundenen, ausgesprochen hansisch-norddeutschen Stadtbildes…“ Das Wirken von Adolf Friedrich Lorenz (1884–1962) als Architekt und Denkmalpfleger in Rostock, in: Beiträge zur Geschichte der Stadt Rostock, Bd. 26, Rostock 2004, S. 55–77.* UJ

Titelbild des Lorenz'schen Standardwerkes (1914)

LOTSENWESEN. Seit den Anfängen der Schifffahrt begleiten ortskundige Fischer od. Schiffer einfahrende Schiffe. Sie sorgten für die Kennzeichnung der Fahrwasser u. Untiefen. In Rostock lässt sich nachweisl. der erste Lotsendienst auf das Jahr 1387 datieren. Nach der ersten Rostocker Lotsenordnung von 1729 gab es 24 hauptberufl. Lotsen. Ab 1781 führten die Altermänner der Lotsen die Oberaufsicht über ihre Amtsbrüder. 1802 wurde die Zahl der Lotsen auf 40 erhöht; ein Lotsenkommandeur hatte die Lotsen den Schiffen zuzuordnen u. ein Journal über die Wassertiefe, Windstärke, eingehende u. auslaufende Schiffe zu führen. 1835 stieg die Zahl der Lotsen auf 100. Ab 1900 wurde ihre

Lotsenboote der Bagger-, Bugsier- und Bergungsreederei (um 1980)

Zahl stark reduziert, sie mussten ein Steuermannsexamen vorweisen u. mindestens ein Jahr auf großer Fahrt gewesen sein. 1898 wurde das Hafenamt am Alten Strom Lotsenstation. 1920 ging die Verantwortung für das L. an das Reich über, 1924 wurde es vom Wasserstraßenamt übernommen. 1950 wurde der Lotsendienst der DDR gegründet u. der Generaldirektion Schifffahrt im Ministerium für Verkehrswesen unterstellt; 1960 wurden die Lotsen in der Hafenbehörde angesiedelt, ab 1964 gehörten sie zur Lotsen-, Bugsier- u. Bergungsreederei (LBB), die 1970 in der Bagger-, Bugsier- u. Bergungsreederei (BBB) aufging. Seit dem 3.10.1990 sind die Lotsen in der Lotsenbrüderschaft Wismar/Rostock/Stralsund organisiert. 2016 waren für das Revier Warnemünde 15 Lotsen zugelassen.

Lit.: *M. Borgwardt: Die Warnemünder Lotsen, in: Mecklenburgische Monatshefte, Bd. 10, Rostock 1934, S. 385–387; K. Möller: Geschichte des Warnemünder Lotsenwesens, in: Warnemünde im Jahre 2001, Warnemünde 2001, S. 4–17.* SP

LUDEWIG-WERFT. Holzschiffswerft im Rostocker Stadthafen vor dem Wendentor (Am Strande 7); 1849 gegründet durch Schiffbaumeister Otto Wilhelm Andreas Ludewig (1826–1901), bis 1883 Bau von insgesamt 66 Segelschiffen u. einem hölzernen Dampfschiff. Umstellung auf Wasserbau u. Schiffsreparaturen (Hafen-, Molen- u. Kaianlagen); Bau von Dampframmen u. Prahmen; Betrieb von fünf Schleppern; 1922 Nachbau der Karavellen SANTA MARIA u. PINTA des Christoph Kolumbus für ein UFA-Filmprojekt; seit 1961 staatl. Beteiligung; 1970 Überführung in den VEB Wasserbau; 1991 erfolgte

Rammarbeiten im Warnemünder Fährbett (1938)

die Neugründung als Ludewig Wasserbau u. Werft GmbH.
Lit.: *W.-D. Gehrke: Menschen unter sieben Türmen, Rostock 1997, S. 72–75.* RP

LÜBISCHES RECHT. Das L. bildete die Grundlage der entsprechenden Stadtrechtsfamilie für ca. 100 Städte (vornehml. Seestädte) an der Südküste der Ostsee. Anknüpfend an das Kaufmannsrecht sowie das Soester Stadtrecht entwickelte es sich Ende des 12. Jh. in Lübeck u. strahlte rasch auf andere neue Städte aus. In Rostock war es bereits zum Zeitpunkt der Stadtrechtsbestätigung im Jahre 1218 in Gebrauch. Während Lübeck als inoffizielles Haupt der → Hanse bis weit in die Frühe Neuzeit u. a. in Fragen der Appellation auch für Rostock der gerichtl. Oberhof (in Konkurrenz zur besonders seit dem 16. Jh. wachsenden Bedeutung des landesherrl. Gerichts) blieb, kam Rostock selbst die Bedeutung als Zwischeninstanz für andere Städte zu. Namentl. auch Rostock drängte auf eine generelle Revidierung des sich ständig weiterentwickelnden Rechts im Jahre 1586. Noch das erst 1757 publizierte erste eigene Rostocker Stadtrecht folgte in Form u. Inhalt weitgehend dem L. Es enthielt daher ebenfalls hauptsächl. Bestimmungen über Bürgermeister, Ratsherren, Bürger u. Einwohner, deren Ehe- u. Erbschaftsangelegenheiten, Geldgeschäfte u. Bausachen, über Strafjustiz, Gerichtsprozesse u. den Seehandel. Erst im 19. Jh. verlor das L. generell wie auch in Rostock seine entscheidende Bedeutung.
Lit.: *W. Ebel: Das Lübische Recht, Bd. 1, Lübeck 1971.* EM

LÜTTEN KLEIN. Stadtteil mit 17 060 Einwohnern (2016). Der Name des ursprüngl. Ortes ist abgeleitet vom altslaw. Wort Klenow (Ahorn) u. bedeutet Kleiner Ahornort. 1312 erste urkundl. Erwähnung von Klene, aus dem vermutl. das Wend. Klene (→ Groß Klein) u. das Dt. Klene (L.) hervorgingen. Die Bezeichnung Dt. Klene (Dudesche Clene) ist seit 1327 belegt. Seit 1367 befand sich L. im Besitz des Rostocker Bürgermeisters Johann v. Bomgarden u. wurde 1370 an das → Kloster zum Heiligen Kreuz verkauft. In dessen Besitz blieb es auch nach der → Reformation. Das Klostergut hatte im Jahr 1900 acht Erbpachthufen u. sieben Häuslereien, es gab eine Schule (Einwohner: 153). 1905 Gründung der Molkerei-Genossenschaft. 1934 Eingemeindung. Vom früheren Dorf, das sich im Bereich des heutigen Wohnviertels Groß Klein-Dänenberg befand, sind nur wenige Reste erhalten. Um L. fokussierten sich seit 1960 die städtebaul. Planungen zur Erweiterung Rostocks. Im bisher landwirtschaftl. genutzten Raum nordwestl. der Stadt sollten bis an die Grenze von Warnemünde neue Wohngebiete in Plattenbauweise entstehen. Die Erschließung des gesamten Nordwestens begann 1962 in L. Die Errichtung des eigentl. Neubaugebietes mit geplanten 10 270 Wohnungen für ca. 37 000 Einwohner erfolgte 1965–75. Es entstanden zwei Wohnkomplexe nördl. u. südl. der Warnowallee mit langen Wohnblöcken in Zeilenbebauung. Markante städtebaul. Akzente setzten eine Mehrzweckhalle mit Hyparschalendach, mehrere Punkthochhäuser sowie die Wohnhochhäuser in der Warnowallee. Die Benennung der Straßen orientierte sich an Städten im Ostseeraum. 1976 Eröffnung des Erholungsparks Fischerdorf zwischen den Wohngebieten L. u. Evershagen. 1989 hatte L. 26 845 Einwohner. Nach dem Zusammenbruch der DDR 1989/90 ging

Spielplatz in Lütten Klein (um 1980)

Straßenzeile in Lütten Klein (um 1980)

die Einwohnerzahl sprunghaft zurück. Der Trend konnte durch großflächige Sanierungsmaßnahmen u. eine spürbare Verbesserung des Wohnumfeldes abgefedert werden. Wesentl. Schritte waren der Bau des Einkaufszentrums Warnowpark u. des Warnow-Geschäftszentrums (1995), die Eröffnung eines Multiplexkinos (1996), der Anschluss an das Straßenbahnnetz (2001) u. der Neubau des Gesundheits- u. Dienstleistungszentrums (2006). BK

LUFTSCHUTZ. Gesamtheit von Maßnahmen zum Schutz vor militär. Angriffen aus der Luft, insbesondere vor → Bombenangriffen. Dazu gehören der Aufbau spezieller Einheiten der Armee, die unter Einsatz von Technik u. Waffen angreifende Flugzeuge abwehren können (aktiver L.) sowie das Vermitteln von Verhaltensmaßregeln für die Bevölkerung u. deren Übung, die Bereitstellung von Ausrüstungen, das Herrichten von Schutzräumen u. schließlich die Errichtung spezieller L.-bauten (passiver L.). Seit 1926 staatl. Aufgabe, wurde unter der Ägide des Reichsluftfahrtministeriums im Apr. 1933 der Reichsluftschutzbund gegründet, der auch den örtl. L. zu organisieren hatte.

In Rostock als sog. L.-ort I. Ordnung lag der L. ab 1937 in der Verantwortung des Polizeipräsidiums. Bereits zuvor war mit der Herrichtung von L.-räumen in bestehenden Gebäuden u. der Abhaltung von L.-übungen v.a. in Schulen u. Betrieben begonnen worden. Die erste, das gesamte Stadtgebiet umfassende L.-übung fand am 28.2.1937 statt. Im Dez. 1937 wurde mit der Ausgabe der sog. Volksgasmasken an die Bevölkerung begonnen. Mit dem Beginn des II. Weltkrieges entstan-

Beseitigung des Luftschutzbunkers an der Jakobikirche (1951)

Luftwarte an der Bahnstrecke nach Wismar (um 1920)

den L.-stollen v.a. in den Wallanlagen u. nahe dem → Friedrich-Franz-Bahnhof, die jeweils mehrere hundert Menschen aufnehmen konnten. V.a. ab Ende 1940 legte man in geeigneten Stadtbereichen zudem Splitterschutzgräben an. Im Dez. 1940 begann auch der Bau von schließlich sieben L.-hochbunkern, die insgesamt etwa 4500 Menschen Schutz bieten konnten. Große Rostocker Firmen u. Einrichtungen hatten gleichartige Maßnahmen für ihre Beschäftigten in Eigenregie durchzuführen. Nachdem in ersten Luftkriegshandlungen deutl. wurde, dass nur Bunker relativen Schutz boten, kam es im Mai/Juni 1944 in Rostock zur sog. Bunkeraffäre. NS-Funktionsträger hatten während der zahlreichen Luftalarme in den Bunkeranlagen Schutz gesucht u. der Bevölkerung den Einlass verweigert, was in Rostock zu breitem Unmut führte, sodass schließlich der Sicherheitsdienst der Gestapo eingreifen musste. 1958–90 oblagen die Aufgaben des L. der Zivilverteidigung der DDR, heute ist das Bundesamt für Bevölkerungsschutz u. Katastrophenhilfe zuständig.

Lit.: K. Schröder: Luftschutzhochbunker, in: Denkmale und Erbe der Rostocker Technikgeschichte. Verschwunden – vergessen – bewahrt?, Rostock 1995, S. 104–106. RL

LUFTWARTE. Auf Anregung u. unter Leitung des Berliner Luftschiffhauptmanns Adolf Hildebrandt zur Erforschung der höheren Luftschichten der Atmosphäre an der Ostsee auf der Friedrichshöhe in den Barnstorfer Anlagen errichtete u. am 6.12.1912 eingeweihte Station; war die dritte ihrer Art in Dtl. Die von einem Betreiberkonsortium unter Beteiligung der Stadt geführte L. ging 1917 durch Schenkung in das Eigentum des Großherzogtums Meckl.-Schwerin über u. wurde fortan von der Uni Rostock als Forschungseinrichtung genutzt. 1945 stellte sie ihren Betrieb ein.

Lit.: K. Schröder: Drachen über der Friedrichshöhe. Die Luftwarte Rostock. Forschungen in der Atmosphäre, in: Mecklenburg Magazin, Nr. 7, 31.3.1994, S. 7. RL

LYZEUM → INNERSTÄDTISCHES GYMNASIUM

M

M.A.U. Umgangssprachl. Bezeichnung für das frühere Zentrale Jugendklubhaus (ZJKH) in der Blücherstr. nach der ehem. Eigentümerfamilie Mau; bereits im 19. Jh. als Bellevue geführt, ab 1914 als Wilhelmsburg, nach 1945 als Ballhaus des Ostens bzw. HO-Gesellschaftshaus; 1973/74 Umbau des Gebäudes zum ZJKH; hier fanden Tanz- u. Konzertveranstaltungen statt, Treff von Interessengruppen (Zirkeln) für Fotografie, Gebrauchsgrafik, Literatur; bis zu 70 000 Besucher jährl.; 1994 Schließung des Jugendkulturzentrums, 1996 Wiedereröffnung als M.A.U.-Club im Gebäude 603 des Stadthafens; Ort für Konzerte, Veranstaltungen u. Jugendkulturprojekte. TW

MAGNUS II. Herzog v. Meckl. (1441–20.11.1503 Wismar); folgte 1477 ungeachtet der Mitregentschaft seiner Brüder faktisch als Alleinherrscher seinem Vater Heinrich IV. (dem Dicken) u. beendete erfolgreich dessen Misswirtschaft; Ansätze zur staatl. Modernisierung Meckl. (Reform von Verwaltungs- u. Finanzwesen, Residenzbildung); Versuche zur Einschränkung der städt. Autonomie Rostocks lösten 1487 die → Domfehde aus; 1491 gelang M. die Unterwerfung der Stadt, jedoch nicht die Brechung ihrer Privilegien.
Lit.: O. Auge: Magnus II., in: Biographisches Lexikon für Mecklenburg, Bd. 4, Rostock 2004, S. 162–167. EM

MAHNCKE, HANS. Schmied, Partei-/Gewerkschaftsfunktionär (25.7.1894 Jabel–9.3.1967 Rostock); 1909–12 Lehre in Neubukow; 1912 Eintritt in den Dt. Metallarbeiterverband u. die SPD; 1914–18 Kriegsdienst; 1921–27 Schmied auf der Neptunwerft, aktiver Arbeitersportler; seit 1920 KPD u. 1928–33 Vorsitzender in Rostock; Haft in Bützow-Dreibergen (1933/34) u. im KZ Sachsenhausen (1939/40); 1935–45 Schmied in der Rostocker Maschinenfabrik Meincke; nach Einmarsch der Roten Armee seit

Hans Mahncke (um 1950)

Mai 1945 Leiter des → Ordnungskomitees; 1946–50 Kreissekretär des FDGB in Rostock u. MdL; 1950 aus der SED ausgeschlossen, später rehabilitiert; 1954/55 Leiter der Sportstättenverwaltung. BK

MAHN & OHLERICH. 1878 übernahmen der Bauunternehmer Georg Mahn (1849–1935) u. der Kaufmann Friedrich Ohlerich (1852–89) die 1869 gegründete Julius Meyer'sche Brauerei (→ Brauwesen) in der Doberaner Str. Sie erweiterten sie um eine Mälzerei (1880) u. ein Doppelsudhaus (1889). Die Brauerei M. kaufte 1884 die Aktienbrauerei vorm. Constantin Steinbeck auf u. avancierte damit – neben der → Neptunwerft – zum größten Industriebetrieb Rostocks. 1885–88 wurden eine Betriebskrankenkasse u. eine Pensionskasse eingerichtet. 1889, nach dem Tod von Ohlerich, er-

Anzeige in der Rostocker Zeitung (4. März 1888)

folgte die Umwandlung der Brauerei in eine AG. 1890/94 wurde das Gelände um eine Hefezucht- u. eine Eismaschinenanlage erweitert. Ab 1910 füllte die M. Bierbrauerei AG das Bier auch in Flaschen ab. 1920 erweiterte die Brauerei ihr Angebot um alkoholfreie Getränke. Durch die Übernahme von sieben weiteren Rostocker Brauereien, u.a. der Voss'schen Brauerei, entwickelte sich M. zur größten Bierbrauerei in Meckl. 1932 nahm die Firmenleitung ein neues Kühlhaus sowie eine Gerstenputz- u. Flaschenetikettiermaschine in Betrieb. Drei Jahre später verstarb Mahn. Die Geschäfte übernahm dessen Schwiegersohn Guido v. Oertzen (1881–1966).

Nach dem II. Weltkrieg wurden sämtl. Maschinen demontiert u. als Reparationsleistung in die Sowjetunion verbracht. Mit neueingebauten alten Anlagen konnte am 19.3.1947 die Bierproduktion wieder aufgenommen werden. 1948 erfolgten die Enteignung u. die Umbenennung in VEB Rostocker Brauerei. Seit 2011 produziert die Hanseat. Brauerei Rostock ein Retro-Bier unter dem Namen M&O. Das mild gehopfte Pils knüpft in der Rezeptur, im Geschmack u. Auftritt an die Unternehmensgründer Georg Mahn u. Friedrich Ohlerich an.

Lit.: A. Wagner: *Arbeit und Arbeiterexistenz im Wandel. Zur Geschichte der Belegschaft der Rostocker Brauerei Mahn & Ohlerich 1878–1955, Bremen 1997; I. Sens: Bier für Rostock. Die Geschichte der Hanseatischen Brauerei, Rostock 2016.* MB

MALEREI → BILDENDE KUNST

MANN (FAMILIE). (1) Siegmund M. Schneidermeister (11.10.1687 Grabow–11.5.1772 Rostock); Stammvater u.a. der Dichter Heinrich u. Thomas M. in Lübeck; 1711 Umzug nach Rostock, Amtsältester u. Mitglied des Hundertmännerkollegiums. **(2) Johann Bernhard M.** Kaufmann (8.9.1719 Rostock–19.3.1777 Rostock), Sohn v. (1); Gewürz- und Getreidehändler; seit 1763 Vorsteher der St.-Marien-Kirche, machte sich insbesondere um den Neubau der Orgel verdient; Stifter eines 52-teiligen Glockenspiels. **(3) Vincent Siegmund Johann M.** Kaufmann (3.10.1749 Rostock–11.7.1826 Rostock), Sohn v. (2); Übernahme des väterl. Geschäfts 1776; Wein- u. Getreidehändler; Vorsteher der St.-Marien-Kirche 1785–1826. **(4) Johann Bernhard M.** Kaufmann (1.12.1791 Rostock–20.10.1871 Rostock), Sohn v. (3); 1813 Teilnahme an den napoleon. Befreiungskriegen; Übernahme des väterl. Geschäfts 1816; Vorsteher der St.-Marien-Kirche 1826–71; Abgeordneter der Frankfurter Nationalversammlung 1848; Verdienste bei der Erneuerung des meckl. Zollwesens u. der Schiffbarmachung der Warnow. **(5) August Friedrich M.** Kaufmann (20.2.1822 Rostock–21.2.1908 Rostock), Sohn v. (4); 1857 Übernahme des väterl. Geschäfts, 1884 Verkauf u. Ende der 138-jährigen Kaufmannstradition der Rostocker Familie M.; 1896 Stiftung zweier farbiger Glasfenster mit den Porträts bedeutender Vertreter seiner Familie für die St.-Marien-Kirche.

Lit.: *A. F. Mann: Stammtafel der Familie Mann, zusammengestellt in Veranlassung des 200jährigen Geburtstages des Stamm-Vaters Siegmund Mann von dessen Nachkommen August Friedrich Mann, Rostock 1887; L. Kalbe: Mecklenburgische Bewandtnisse mit Thomas Mann, in: Stier und Greif, 10. Jg., Schwerin 2000, S. 80–98.* AKr

MANNEWITZ, LOTHAR. Maler, Grafiker, Restaurator (1.5.1930 Hörsingen/Sachsen-Anhalt–24.8.2004 Rostock); Malerlehre, Restauratorenausbildung; 1952–54 Studium an der Kunsthochschule Berlin-Charlottenburg; seit 1954 freiberufl. Restaurator überwiegend in Kirchen Meckl. u. Brandenburgs; Entwurf u. Ausführung von Glasfenstern (Christuskirche, Andreaskirche in Reutershagen, St.-Petri-Kirche, Kirche Warnemünde), dekorative Giebelgestaltung von Wohnhäusern in Schmarl (1982/83) u. von Kindertagesstätten in Lichtenhagen (1976/77).
Lit.: Lothar Mannewitz: Malerei (Katalog der Kunsthalle Rostock zum 60. Geburtstag), Rostock 1990. WK

Lothar Mannewitz (um 1960)

MARGARETHE SAMBIRIA. Königin v. Dänemark (um 1230 Pommerellen–1.12.1282 Rostock), Tochter des Herzogs Sambors II. v. Pommerellen, Enkelin Heinrich Borwins II. v. Meckl.; durch Heirat Königin v. Dänemark; als Regentin u. Vormund ihres Sohnes Beilegung der Streitigkeiten zwischen Königshaus u. Kirche mit nachfolgender Wallfahrt nach Rom. Einer Legende zufolge gründete sie auf ihrem Heimweg 1270 in Rostock das → Kloster zum Heiligen Kreuz. Begraben in der Klosterkirche Doberan.
Lit.: T. Hill: Margarethe Sambiria von Pommerellen, Königin von Dänemark, in: Biographisches Lexikon für Mecklenburg, Bd. 1, Schwerin 1995, S. 155–159. AK

Grabmal von Margarethe Sambiria im Doberaner Münster

MARGARETENSCHULE → GRUNDSCHULE AM MARGARETENPLATZ

MARGARINEFABRIK A. HOYER (eigentl. Meckl. Margarinefabrik A. Hoyer). Von Adolf Hoyer 1892 gegründetes Unternehmen zur Herstellung von Mar-

Kontor in der Kistenmacherstraße 12 (um 1930)

garineprodukten in der Kistenmacherstr. 12 (1942 zerstört), das 1910 in Bramow (Werftstr. 20) ein modernes Werk errichtete. Hauptprodukt: Pflanzenbutter-Margarine Greif; 1945 wurde der Chemiker Dr. Ernst Hilzheimer (später Stadtrat u. Ehrenbürger Rostocks) kommissar. Leiter der Meckl. M. Nach der Enteignung 1948/49 als VEB Öl- u. Margarinewerk Rostock fortgeführt; Produktion der Margarinesorten Sahna, Goldina, Sonja u. Marina. 1990 unter dem Namen MARO Feinkost GmbH privatisiert, die nach mehreren Übernahmen 2011 geschlossen wurde. RL

MARIA-MARTHA-HEIM. Als christl. Heimathaus für junge Mädchen 1899 in der Schnickmannstr. gegründet. Auswärtige Mädchen in Anstellung od. Ausbildung sollten hier eine Hausgemeinschaft finden, die ihnen preiswerte Unterkunft u. Verpflegung, aber auch geistige Anregung bot. Daneben betrieb das Heim ein Hospiz für durchreisende Mädchen; 1938 als kirchl. Stiftung der Inneren Mission (→ Diakonie) angeschlossen u. Umwandlung in ein Altersheim. 1975 Abriss des Gebäudes u. Verlegung in die Hartestr., 2001 Neubau des M. am Alten Markt. BK

MARIENEHE. Industriegebiet auf dem Gelände des ehem. → Klosters M.; ging 1552 in herzogl. Besitz über; 1934 Eingemeindung der Domäne u. Bau des Hauptwerkes der → Ernst Heinkel Flugzeugwerke (1934–45); Bau des Standardbombers der dt. Luftwaffe, der He 111; Start des ersten strahlgetriebenen Düsenflugzeuges der Welt, der He 178, am 27.8.1939; seit Beginn der 1950er-Jahre Basis → Hafen der Hochseefischereiflotte der DDR (→ Fischerei) u. des VEB Fischkombinates (1950–90); seit 1990 Ausbau zum Fracht- u. Fischereihafen sowie Gewerbegebiet; 1996 Inbetriebnahme eines Heizkraftwerkes der → Stadtwerke. RS

MARIENKIRCHE → KIRCHE ST. MARIEN

MARINE. Die Anfänge der M. in Rostock u. Warnemünde gehen auf das Jahr 1913 zurück, als auf → Hohe Düne eine M.-fliegereinheit den → Flugplatz Warnemünde übernahm. In der Zeit der Weimarer Republik durfte die Reichs-M. den Flugplatz nicht nutzen. Im II. Weltkrieg waren in Warnemünde neben den Seefliegern Sicherungskräfte der Kriegs-M. stationiert, darunter eine Hafenschutz- u. eine Wachflottille. Bei Kriegsende waren die Anlagen weitgehend zerstört. Ab 1950 baute die DDR die → Seepolizei auf. Als Seestreitkräfte ging diese 1956 in der Nationalen Volksarmee (NVA) auf. Seit 1960 trugen die Seestreitkräfte die Bezeichnung → Volksmarine. In Rostock-Gehlsdorf waren das Kommando der Volks-M. u. auf Hohe Düne die 4. Flottille stationiert.

Mit der Wiedervereinigung am 3.10.1990 wurde die Volks-M. wie alle anderen Streitkräfte der NVA aufgelöst. Ein begrenzter Betrieb wurde vorübergehend mit kleineren Einheiten weitergeführt, die im M.-kommando Rostock (auch M.-kommando Ost genannt) zusammengefasst waren. Der Auftrag des M.-kommandos Rostock bestand darin, die übernommenen Teile der Volks-M. zu führen, zu reduzieren u. geordnet in eine Zielstruktur innerhalb der Bundeswehr zu überführen. Auf Hohe Düne wurden ab 1991 ein Schnellboot- u. ein Korvettengeschwader sowie das M.-unterstützungskommando Warnemünde aufgestellt. Das M.-kommando Rostock wurde nach Erledigung seines Auftrages 1995 aufgelöst. Ihm folgte bis zum Jahr 2001 das M.-abschnittskommando Ost. 1998 wurde Rostock Standort für das M.-amt, das die Hanse- → Kaserne in der Kopernikusstr. bezog. Das M.-amt als höhere Kommandoebene war für die personelle u. materielle Einsatzbereitschaft der gesamten Dt. M. zuständig. Im Zuge der Neuausrichtung der Bundeswehr wurde das M.-amt 2012 mit dem Führungsstab (bisher Bonn) u. dem Flottenkommando (bisher Glücksburg) zum M.-kommando zusammengeführt, dessen Hauptsitz Rostock wurde. Das M.-kommando ist die einzige höhere Kommandobehörde der M., geführt vom Inspekteur der M. im Dienstrang eines Vizeadmirals. Auf dem Gelände der Hanse-Kaserne entsteht seit 2016 eine neue Leitstelle für die Koordinierung der Einsätze der dt. See- u. Seeluftstreitkräfte. Rostock entwickelt sich damit zur zentralen Schaltstelle der Seestreitkräfte. Hohe Düne ist inzwischen zum modernsten Stützpunkt der Dt. M. ausgebaut worden. Im M.-stützpunkt Warnemünde leisten über 1500 Soldaten u. zivile Mitarbeiter (Stand 2015) ihren Dienst u. leben mit ih-

Marine-Kommando Kopernikusstraße (2016)

ren Familien in der Hansestadt od. im Rostocker Umland. BK

MARKGRAFENHEIDE. Nordöstl. an der Ostsee u. am Westrand der → Rostocker Heide gelegener Ortsteil der Stadt Rostock; anerkanntes Ostseebad; Lage am Moorgraben, dem ursprüngl. Flusslauf der Warnow; Ortsname aus Verballhornung: „Moorgrabenheide" (laut Sage von den hier um 1311 lagernden Markgrafen v. Brandenburg abgeleitet); 1586 erstmals urkundl. erwähnt; Mitte des 19. Jh. aus einer Revierförsterei u. einer kleinen Bauernstelle, einigen Fischerbuden sowie einer Flößerstation für das Heideholz bestehend; Anfang des 20. Jh. Entwicklung zu einer geschlossenen Ortschaft: Bau von Herbergen (u.a. Bräsig-Haus, Knieperbude, Uhlenflucht); Beginn des Badebetriebs; 1910 Eröffnung der → Strandbahn Warnemünde-M. (1946 demontiert). 1912 Bau eines Flugplatzes u. militär. Einrichtungen am westl. Ortsrand in Richtung → Hohe Düne; 1954 Einweihung eines Ferienlagers u. eines Campingplatzes (2013 ca. 4500 Camper); Bau von vier Hotelanlagen zu Beginn der 1990er-Jahre; 2014 Eröffnung der Ferienanlage Strandresort.

Lit.: A. u. R. Ahrens: Die Heide, das Kleinod der Stadt Rostock. Geschichten und Bilder für Freunde der Heide, 2. Aufl., Rostock 1920. WS

Gaststätte Forsthaus (um 1900)

MARKT → EINZELHANDEL

MAROTT, HANS-JOCHEN. Kürschner (3.3.1935 Rostock–20.9.2001 Hamburg); mit einer „Ehrentaufe" der Stadt Rostock in der St.-Marien-Kirche am 16.5.1935 zum 100000. Einwohner erklärt, wodurch Rostock den offiziellen Status einer Großstadt, damals der ersten des Landes Meckl. u. der 56. des Dt. Reiches, gewann. Marott verließ 1959 die DDR u. lebte in Nordrhein-Westfalen; ab 1990 besuchte er seine Geburtsstadt wieder regelmäßig u. engagierte sich gelegentl. im öffentl. Leben. RL

MARSCHALK, NIKOLAUS. Humanist, Verleger, herzogl. Rat (um 1470 Roßla/Thüringen–12.7.1525 Rostock); Studium in Löwen u. Erfurt, dort auch Lehrkraft (u.a. Griechisch), Stadtschreiber u. Verleger; 1502 in Wittenberg (Griechischdozent), dort 1504 Dr. der Rechte; diplomat. Dienst bei Friedrich dem Weisen, Kurfürst v. Sachsen; 1505 Ruf an den Schweriner Hof als herzogl. Rat; seit 1510 gleichzeitig Prof. in Rostock (Jura, Geschichte, Naturgeschichte, Philologie) als einer der vielseitigsten Gelehrten; 1514 Druckerei im Wohnhaus (Steinstr.). Lit.: *M. Bischoff: Marschalk, Nikolaus, in: Biographisches Lexikon für Mecklenburg, Bd. 7, Rostock 2013, S. 203–208.* EM

MASCHINENBAU. Der M. ist ein klass. Zweig der Industrie u. eine Ingenieurdisziplin. M. umfasst die Konstruktion u. die Produktion von Maschinen. Als Industriezweig entstand der M. aus dem Handwerk der Metallbearbeitung durch Schmiede u. Schlosser, als Ingenieurdisziplin durch den Bezug auf die klass. Physik, insbesondere auf die klass. Mechanik. Einer der ersten in Rostock wirkenden Maschinenbauer war Ernst Alban, der 1823 die erste Dampfmaschine des Landes für die Ölmühle des Kaufmanns Karnatz baute. Die Inbetriebnahme wurde jedoch nicht genehmigt. Alban gründete 1829 in Klein Wehnendorf die erste M.-anstalt Meckl. Zu den frühen M.-unternehmen Rostocks zählen die 1858 von → Ferdinand Schultz gegründete M.-anstalt u. die Eisengießerei, Dampfkessel- u. Maschinenfabrik Alfred Spierling, die 1892 26 Beschäftigte zählte. Weitere M.-betriebe waren die von Hans Behm für M. u. Reparatur in der Badstüberstr. 38 u. die von Conrad Jürges in der Alexandrinenstr. Zu den großen Maschinenbauern der Stadt zählten die → Maschinenfabrik Lange u. die → Neptunwerft, die neben Schiffen bis 1935 auch Dampfmaschinen baute, so u.a. 1887 die erste Dreifachexpansionsmaschine mit 270 PS für den Dampfer OSTVOR. Die Werft war lange Zeit größter Dampfmaschinenproduzent in Dtl. Zu den bedeutenden M.-unternehmen zählte außerdem die R. → Dolberg Maschinen- u. Feldbahnenfabrik Rostock in der Bleicherstr., die sich auf die Herstellung von Feldbahnen für die Landwirtschaft spezialisierte. Nennenswert ist außerdem die Maschinenfabrik von O. W. Hofwolt im Patriotischen Weg. Als Mühlenbaubetrieb gegründet, produzierte sie ab 1893 Dampfmaschinen für das meckl. Handwerk u. die Landwirtschaft. Eine der Hofwoltschen Dampfmaschinen ist als techn. Denkmal in der Handwerkskammer Rostock ausgestellt. 1882 arbeiteten insgesamt 923 Erwerbstätige im Bereich Verfertigung von Maschinen u. Werkzeugen, 1895 waren es 2000. Während des I. Weltkrieges war der M. in die Rüstungswirtschaft eingebunden. So produzierte Dolberg Munition. Im 20. Jh. blieb der M. hinter dem → Schiff- u. → Flugzeugbau zurück. Die weiterhin produzierenden kleinen u. mittleren Betriebe waren von lokaler Bedeutung. In den 1930er-Jahren orientierten sie sich auf die Zulieferung für den Flugzeugbau. In der 2. Hälfte des 20. Jh. erlangte das → Dieselmotorenwerk als M.-unternehmen durch die Entwicklung u. den Bau von Schiffs-

Dieselmotorenwerk Rostock, Halle 5 (um 1970)

antrieben bis 1989 überregionale Bedeutung. Seit den 1990er-Jahren sind u.a. folgende Unternehmen im M. tätig: die Ingenieurtechnik u. M. GmbH (IMG), die Rostocker Sondermaschinen- u. Anlagenbau GmbH (ROSOMA), die → Liebherr-MCCtec Rostock GmbH, die → Caterpillar Motoren Rostock GmbH, die DMR Produktionsgesellschaft mbH, die RMT M. GmbH u. die → Nordex SE.

Als Ingenieurwissenschaft etablierte sich der M. nach 1989 an der Fakultät für M. u. Schiffstechnik an der Uni Rostock. Außergewöhnl. in der bundesdt. Unilandschaft ist die Kopplung der Fachgebiete M. u. Schiffstechnik in einer Fakultät. Zu den Forschungsschwerpunkten zählen Mechatronik, Biomedizin. Technik u. Maritime Systeme. 1950–89 konzentrierten sich die Ingenieurwissenschaften auf den Schiffbau, die Schiffselektronik u. den Schiffs-M. KM

MASCHINENFABRIK LANGE (eigentl. Friedrich Lange Maschinenfabrik). 1881 am Petridamm gegründete Stellmacherei, die sich auf die Konstruktion mechan. Antriebe sowie auf den Bau von Dresch- u. Buttermaschinen spezialisierte; später Erweiterung durch Landmaschinenhandel u. Tankstellenbetrieb. Wegen der Produktion von Munition unter Einsatz von Fremd- u. Zwangsarbeitern während des II. Weltkriegs erfolgte 1948 die Enteignung des Unternehmens durch das Land Meckl., das es als VEB Landmaschinenbau Rostock unter der Ägide des VVB Maschinenbau-Metallwaren weiterführte.
Lit.: *K. Schröder (Hg.): Die Bestände des Archivs der Hansestadt Rostock. Eine kommentierte Übersicht, Rostock 2010, S. 275f.* RL

MAßMANN, MAGNUS. Bürgermeister, Jurist (22.10.1835 Rostock–20.9.1915 Rostock); Studium der Rechtswissenschaft in Rostock u. Berlin (1855–59); nach Verwaltungstätigkeit in großherzogl. Diensten wurde M. 1864 zum Ratsherren in Rostock gewählt u. führte fortan die städt. Gerichte sowie die Stadtbuchbehörde, später das → Gewett u. die städt. Polizei; Promotion 1864 in Berlin; ab 1880 auch Ratssyndikus; Wahl zu einem von drei Bürgermeistern 1889; maßgebl. Förderer moderner

Magnus Maßmann (um 1880)

Strukturen in Handel u. Gewerbe, wesentl. an der Entwicklung der Stadt (u.a. Nahverkehr, Eisenbahn-, Kanal- u. Fährverbindungen, Elektrizitäts-, Wasser- u. Gasversorgung, Schlachthof, Stadttheater, mehrere Schulgebäude) beteiligt. Ehrendoktorwürde u. Ehrenbürgerschaft 1914; mit der Benennung einer Straße geehrt.
Lit.: *K. Schröder (Hg.): Die Bestände des Archivs der Hansestadt Rostock. Eine kommentierte Übersicht, Rostock 2010, S. 311f.* RL

MAX-PLANCK-INSTITUT FÜR DEMOGRAFISCHE FORSCHUNG. Am 1.10.1996 von der Max-Plank-Gesellschaft zur Förderung der Wissenschaften e.V. Berlin/München gegründet u. in Rostock angesiedelt. Einrichtung zur Erforschung bevölkerungswissenschaftl. Fragestellungen (2014: 170 Mitarbeiter, davon 130 Wissenschaftler). Das gleichnamige Institutsgebäude in der Konrad-Zuse-Str., gebaut nach Entwürfen des Kopenhagener Architekten Henning Larsen (1925–2013), wurde am 31.3.2003 seiner Bestimmung übergeben. RL

MECKLENBURGISCHER PATRIOTISCHER VEREIN. 1798 Gründung der Meckl. Landwirtschafts-Gesellschaft als Zusammenschluss von Agrar- u. Staatswissenschaftlern, prakt. Landwirten, Beamten, Gewerbe- u. Handeltreibenden; 1817 Neugründung als M. u. Bildung von Ortsgruppen, den sog. Distriktsvereinen. 1819 erste Erwähnung des → Rostocker Distrikts mit 36 Mitgliedern (1821: 54). Bis 1820 war Rostock Sitz der Vereinsleitung u. Tagungsort des M. Bedeutende Mitglieder waren u.a. die Agrarwissenschaftler Prof. Franz C. L. → Karsten u. Prof. Eduard D. H. Becker sowie der Maschinenbauer Ernst Alban; Veranstaltung von Messen u. Zusammenarbeit mit der Uni Rostock bei der Errichtung von Kontrollstationen für Düngemittel u. Sämereien (1870/73) u. der Gründung der Landwirtschaftl. Versuchsstation (1875). Mit Gründung der Meckl. Landwirtschaftskammer (1916) zunehmende rechtskonservative Ausrichtung. 1934 Auflösung des M. im Rahmen der NS-Gleichschaltung. Heute erinnert der Patriotische Weg an den M., 1862 finanzierte er die Anlage der Str.

Lit.: *G. Heitz: Rostock als Distriktsort des Mecklenburgischen Patriotischen Vereins, in: Beiträge zur Geschichte der Stadt Rostock, Bd. 23, Rostock 1999, S. 86–103.* MB

MENSA (lat., Tisch, Tafel; M. academica – Universitätsmittagstisch). Bis zum Ende des 16. Jh. lebten und studierten Studenten mit dem Magister zusammen in eigenen Häusern, den sog. Bursen. Danach wurde der Bursenzwang aufgehoben u. die Studenten verköstigten sich bei Privatleuten od. in öffentl. Wirtshäusern. Das Rostocker Konvikt von 1563, eine u.a. von David → Chytraeus ins Leben gerufene Stipendienanstalt, offerierte bedürftigen Studenten auch einen Freitisch in Form von finanziellen Zuschüssen für den Erwerb von Speisen. Als eine der ersten Uni-M. in Dtl. eröffnete 1919 eine M. academica im Friedhofsweg 11 mit einer Kapazität von 120 Plätzen. Eine neue M. mit 100 Plätzen wurde 1928 im Vorderhaus der Wismarschen Str. 58 eingerichtet, schloss jedoch infolge finanzieller Schwierigkeiten 1933. Ebenfalls in diesem Jahr gab die Uni Rostock das 1929 mit einer M. (200 Plätze) ausgestattete Rostocker Studentenhaus an die Vorbesitzerin Auguste Krüger zurück, die den M.-betrieb in der von ihr geführten Gaststätte für Studenten zu ermäßigten Preisen aufrechterhielt. Nach Beendigung des II. Weltkrieges u. der Wiedereröffnung der Uni öffnete auch eine M. in der Schwaanschen Str. 3 am 25.2.1946. Deren provisor. Einrichtung in den Turnsälen des ehem. Instituts für Leibesübungen wurde durch den Bau eines massiven Küchenanbaus 1950, einer Studenten-M. in der St.-Georg-Str. 104–107, der Inbetriebnahme der M.-baracken in der Thierfelder Str. u. der Übernahme des Gaststättenkomplexes Wintergarten in der Eselföterstr. (als Werkküche) 1950/53 abgelöst. Mit der Eröffnung der M. Südstadt 1970 endetet die Weiterführung der M. in der Schwaanschen Str. u. in der Thierfelder Str. Die M. in der St.-Georg-Str. fungierte fortan als „Professorenmensa" unter Einschluss aller Uni-Mitarbeiter.

Für die Studenten in Warnemünde steht seit 1993 eine M. in der Richard-Wagner-Str., Haus 7, zur Verfügung. Am 10.11.1999 eröffnete in der Südstadt eine neu erbaute M. mit 600 Plätzen u. einer Ausgabekapazität von ca. 2600 Portionen – die größte Versorgungseinrichtung für Studenten in Meckl.-Vorpommern. Weiterhin bestehen die M. St.-Georg-Str. (238 Plätze) u. die „Kleine Ulme" in der Ulmenstr. 69 (126 Plätze).

Lit.: *S. Pettke: Probleme der Rostocker Mensa um 1600, in: Mecklenburgische Jahrbücher, Jg. 116, Schwerin 2001, S. 105–115; Studentenwerk Rostock (Hg.): 80 Jahre Studentenhilfe und Mensa in Rostock, Rostock 1999.* AS

Alte Südstadt-Mensa (um 2000)

MESSE. Zeitlich begrenzte, wiederkehrende Muster- od. Verkaufsschau für Waren u. Dienstleistungen. Der seit dem 14. Jh. in Rostock abgehal-

Landes- und Gewerbeausstellung vor dem Steintor (1892)

tene → Pfingstmarkt gehört zu den frühesten M. im Ostseeraum. Die 1956 erstmalig veranstaltete Ostsee-M. nahm die Traditionen auf u. wurde ab 1958 (seit 1960 auf einem eigens dafür angelegten Gelände mit Ausstellungshallen in Schutow) zur Leistungsschau der DDR-Industrie u. -Landwirtschaft im Rahmen der → Ostseewoche entwickelt, die letztmalig 1975 stattfand. Der Name lebt jedoch in der seit 1991 jährl. in Rostock durchgeführten größten Verbraucher-M. Meckl.-Vorpommerns fort. Im Zusammenhang mit der Vorbereitung der → Internationalen Gartenbau-Ausstellung (IGA) wurde im Apr. 2002 in Schmarl die Hanse-Messe Rostock als Landes-M.-zentrum Meckl.-Vorpommerns eingeweiht. Sie übernahm die Funktionen des alten M.-geländes in Schutow, dessen Einrichtungen an Einzelhandelsunternehmen verkauft wurden. Betreiber der Hanse-M. ist die M.- u. Stadthallengesellschaft mbH. Sie ermöglicht die jährl. Veranstaltung etablierter Fach-M. wie der RoBau, der GastRo u. der RoTech u. fungiert als Partner für M.-veranstalter. RL

MEWIS, KARL. Funktionär der KPD/SED (22.11.1907 Hannoversch Münden – 16.6.1987 Berlin); von Beruf Eisenbahnschlosser; 1925–28 Vorsitzender des Kommunist. Jugendverbandes Hessen-Waldeck; 1929–32 Bezirkssekretär der KPD in Magdeburg-Anhalt; 1932–34 Parteischule in Moskau; führende Positionen bei den Internationalen Brigaden in Spanien (1937/38) u. in der Auslandsleitung der KPD in Schweden (1940–43); nach dem II. Weltkrieg SED-Kader in verschiedenen hohen Stellungen, zunächst in Berlin, ab 1950 in Meckl.; 1952–61

Karl Mewis (um 1960)

Parteichef des Bezirkes Rostock; setzte den Aufbau der Werften, den Bau des Überseehafens u. die Kollektivierung der Landwirtschaft durch; galt als Initiator der → Ostseewoche; nach 1961 Vorsitzender der Staatl. Plankommission der DDR, später Botschafter in Polen; 1978 Ehrenbürgerschaft der Stadt Rostock, 1990 Aberkennung. BK

MEYER, HANS-JÜRGEN. Lehrer (23.12.1915 Rostock – 7.2.2010 Rostock); ab 1923 Schulbesuch in Rostock, 1937 Abitur; seit 1939 Wehrdienst, 1945 im Range eines Oberleutnants Adjutant beim Stab des Stadtkommandanten v. Stralsund; maßgebl. Beteiligung an der kampflosen Übergabe des Rügendamms; 1945–49 sowjet. Kriegsgefangenschaft; 1949 Teilnahme an einem Ausbildungslehrgang für Lehrer in Rostock, dann Lehrer in Franzburg, Richtenberg u. ab 1966 in Rostock, zuletzt 3. Erweiterte Oberschule (Herderschule). 1971 erschienen seine Erinnerungen an das Kriegsende in Stralsund u. auf Rügen unter dem Titel „Blinkzeichen am Rügendamm".

Lit.: *M. Buchsteiner: Hans-Jürgen Meyer – ein unbekannter Bekannter, in: Beiträge zur Geschichte der Stadt Rostock, Bd. 33, Rostock 2014, S. 151–163.* MB

MEYERS HAUSSTELLE. Ortsteil des Dorfes Wiethagen in der → Rostocker Heide; erstmalige Erwähnung des am Stromgraben gelegenen Forsthofes 1792; Grenzort zwischen der städt. Rostocker u. der landesfürstl. Ribnitzer Heide; 1924 Eingemeindung nach Rostock; 1930 Försterei mit acht Bewohnern; 1960–90 Sitz der regionalen Militärforstverwaltung; um 2000 Auszug der Försterei u. private Nutzung, Einrichtung eines Waldcafés u. Biergartens.

Lit.: *W. Steinmüller: Rostocker Heide mit Jagdschloss Gelbensande. Geschichte – Landschaft – Tipps – Wanderungen, Ilmenau 2008.* WS

Meyers Hausstelle (um 2010)

MICHAELISKLOSTER → FRATERHAUS ST. MICHAEL

MICHAELSHOF. Die ev. Stiftung M. in Gehlsdorf gehört zum Diakon. Werk Meckl.-Vorpommern (→ Diakonie) u. ist eine der ältesten Sozialeinrichtungen in Rostock. Nach dem Beispiel des Rauhen Hauses bei Hamburg gründete der örtl. Zweigverein für Innere Mission 1845 das Rettungshaus für verwahrloste Knaben am östl. Warnowufer. Seit 1850 fanden auch Mädchen Aufnahme. Umherziehende bettelnde Kinder u. Jugendl. aus ganz Meckl. wurden in das Heim eingewiesen, um sie in häusl. Gemeinschaft zu erziehen, zu unterrichten u. in prakt. Tätigkeiten zu unterweisen. 1851 erkannte das Land Meckl.-Schwerin die fromme Stiftung als gemeinnützig an. Regelmäßige staatl. Zuschüsse sicherten seit 1861 neben den Spenden u. den Kostgeldern die Finanzen. 1880 wurde die Kapelle eingeweiht. Die engere Anbindung der Stiftung an das Land seit 1899 musste in der Zeit der Weimarer Republik aufgrund der Trennung von Staat u. Kirche wieder aufgegeben werden. Die Innere Mission übernahm seit 1924 die finanzielle Absicherung. Die in dieser Zeit vollzogene Hinwendung zur Fürsorgeerziehung kam in den veränderten Bezeichnungen zum Ausdruck. 1924 noch Ev. Erziehungsheim Gehlsdorf genannt, trug die Einrichtung seit 1931 den Namen M. Betreut wurden weiter „schwer erziehbare" Kinder u. Jugendl. 1940–45 lenkte die Nationalsozialist. Volkswohlfahrt (NSV) den M. Nach Kriegsende erfolgte die Rückgabe an die Kirche. Da unter den neuen gesellschaftl. Bedingungen christl. Erziehung nicht mehr gewollt war, begann 1950 die Arbeit mit geistig behinderten Menschen. Das Gesundheits- u. Sozialwesen der DDR nahm dieses Angebot mit Respekt an, blieb gegenüber der kirchl. Einrichtung aber skeptisch. Heute stellen Behindertenhilfe, Eingliederungshilfe u. Bildung die Schwerpunkte der Arbeit dar. Seit 1994 konnte der M. durch Neubau- u. Sanierungsmaßnahmen seine Angebote ständig verbessern. Es gibt inzwischen verschiedene Wohn- u. Pflegehäuser sowie alternative Wohnformen. Das Michaelwerk unterhält mehrere Werkstätten, in denen Menschen mit Behinderungen beschäftigt u. qualifiziert werden. Zur St.-Michael-Schule gehören Kindergarten, Grundschule u. Förderschule.

Lit.: *150 Jahre Michaelshof Rostock. 1845–1995, Rostock* 1995. BK

MIETERVEREIN ROSTOCK E.V. Der erste M. wurde im Aug. 1919 gegründet. Während der Weimarer Republik fanden Mieter beim M. im Patriotischen Weg 33 (Vorsitzender: Walter Jacobs) u. beim Reichsbund Dt. Mieter e.V., Ortsgruppe Rostock, in der Großen Mönchenstr. 28 (Vorsitzender: Paul Mahnke) Hilfe u. Unterstützung. In Warnemünde existierte der Mieterverein Warnemünde e.V. in der Poststr. 30 (Vorsitzender: Otto Regenthal). Nach der Machtübernahme der Nationalsozialisten erfolgte die Gleichschaltung des Vereins. In den Jahren der DDR gab es keinen M. Nach deren Zusammenbruch 1989/90 gründete eine Bürgerinitiative am 4.5.1990 den Mieterverein von Warnemünde u. Rostock 1990 e.V. Geschäftsführer wurde Christian Rudolf. Weitere Geschäftsstellen entstanden in Groß Klein (Gerüstbauerring) u. in der Rostocker Innenstadt (Lange Str.). Letztere zog 2005 in die Steintor-Vorstadt (Gerhart-Hauptmann-Str.). 2010 zählte der Verein 6080 Mitglieder zwischen Kühlungsborn, Güstrow, Bad Sülze sowie Barth u. ist damit der größte in Meckl.-Vorpommern. HS

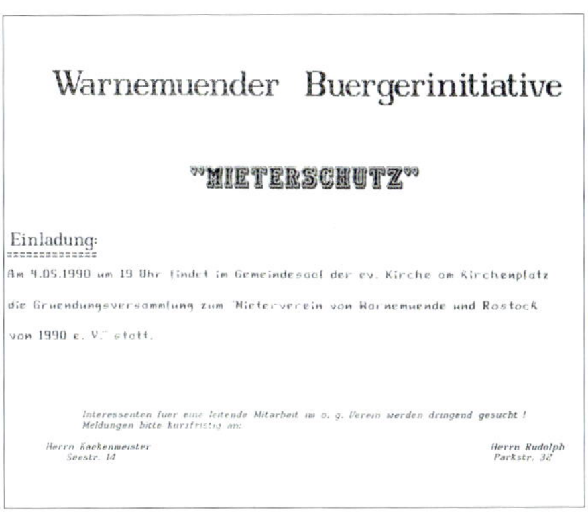

Warnemuender Buergerinitiative

"MIETERSCHUTZ"

Einladung:

Am 4.05.1990 um 19 Uhr findet im Gemeindesaal der ev. Kirche am Kirchenplatz die Gruendungsversammlung zum "Mieterverein von Warnemuende und Rostock von 1990 e.V." statt.

Interessenten fuer eine leitende Mitarbeit im o. g. Verein werden dringend gesucht!
Meldungen bitte kurzfristig an:

Herrn Kaekenmeister
Seestr. 14

Herrn Rudolph
Parkstr. 32

Gründungspapier des Warnemünder Mietervereins (1990)

MILITÄRWESEN. In der mittelalterl. Stadt basierte das M. auf zwei Grundlagen: der Bürgermiliz u. den Söldnern. Alle Bürger unterlagen einer Wehr- u. einer Wachpflicht. Außerdem konnten sie zum Bau u. zum Unterhalt von Befestigungsanlagen (→ Stadtbefestigung) unter Aufsicht der Kämmereiherren herangezogen werden. Seit dem 16. Jh. übernahmen Wallherren diese Aufgaben. Organisiert wurde das Bürgeraufgebot durch den Rat auf der Basis der Organisation der Handwerksämter (Zünfte). Die Stadt war in Quartiere gegliedert, später auch als → Fahnen bezeichnet. Jedes Amt musste eine bestimmte Zahl an Bewaffneten stellen. Im 15. Jh. waren es 662 Mann. Die Fahnenbürger unterstanden Offizieren, die i.d.R. der Kaufmannschaft entstammten. Dienstgrade wie Leutnants u. Fähnriche kamen auch aus den Reihen der Handwerker. Das Oberkommando stellte der Rat, dem alle Rangernennungen vorbehalten waren. Fahnenbürger bezahlten ihre Ausrüstung selbst. Sie waren verpflichtet, ihre Waffen zu jeder Zeit in einem gebrauchsfähigen Zustand bei sich zu Hause zu halten. Zwecks Kontrolle führte der Rat regelmäßig Musterungen durch. Er setzte die Art der Bewaffnung (Armbrüste, Spieße usw.) u. der Ausrüstung (Harnische, Helme usw.) fest u. bestimmte, wer Streitrösser zu halten hatte. Darüber hinaus hatte der Rat auch einen Vorrat an Waffen. Neben den Dienstverpflichtungen mussten alle Bürger Steuern, den sog. Schoss, entrichten. Mit diesem Geld wurden Befestigungsbauten, Waffeneinkäufe usw. finanziert. Schützengilden (→ Schützenwesen) hielten den krieger. Geist unter den Bürgern wach u. beförderten die Wehrtüchtigkeit. Erschallten die Sturmglocken u. der Ruf „Bewaffnete u. Dienende vor das Tor", suchten die Wehrpflichtigen bestimmte Stellplätze auf, um dann die Stadtmauer u. die Tore zu besetzen.

Da die Bürger der Stadt nur zur Verteidigung verpflichtet waren, mussten bei auswärtigen Kriegshandlungen Berufssoldaten in Sold genommen

Rostocker Stadtsoldaten (rechts bis 1829, links nach 1829)

werden. Unter dem Oberbefehl eines Bürgermeisters kämpften diese sowohl zur See als auch auf dem Lande für Rostocker Interessen. Standen militär. Auseinandersetzungen auf See an, konnten Handelsschiffe gechartert, mit Geschützen ausgerüstet u. mit Söldnern besetzt werden. Die Kanonen auf der Stadtmauer sowie die Hieb-, Stich- u. Feuerwaffen in den Zeughäusern unterstanden in Rostock den Weinherren. Über eine feste Kriegsflotte verfügte die Stadt nicht. Drohte der Stadt landseitig Gefahr, wurden Söldner angeworben. So auch um 1550, als die Rostocker nach der Niederlage der Protestanten im Schmalkald. Krieg (1546–47) befürchteten, angegriffen zu werden. Um die Stadt zu schützen, wurden ca. 300 Berufssoldaten, sog. Landsknechte, in Sold genommen.

Die Entwicklungen in der Waffentechnik u. Taktik führten seit dem 16./17. Jh. zu einem Rückgang der Bürgermiliz. Die Festungsartillerie u. vermehrt auch die Wachdienste wurden von Berufssoldaten übernommen.

Die meckl. Herzöge machten der Stadt seit dem 16. Jh. die Wehrhoheit streitig. Der → Erbvertrag von 1573 gestattete den Landesherren erstmals, bei Gefahr eine → Garnison von 400 Mann in die Stadt zu legen. Im Falle der Landesverteidigung hatte Rostock ein Aufgebot von 400 Mann u. zwei Geschützen zu stellen.

Im Zuge des → Dreißigjährigen Krieges (1618–48) warb Rostock 1628 Söldnereinheiten in einer Stärke von rund 400 Mann an, darunter Pikeniere (Fußsoldaten mit langstieligen Piken) u. Musketiere (Fußsoldaten mit Musketen). Um ihre Besoldung u. Einquartierung finanzieren zu können, wurde seit 1626 ein Servis- bzw. Billettgeld als Steuer erhoben. Die Zahl der Fahnen wurde 1625 von 24 auf 18 reduziert u. mit dem Umbau der Befestigungsanlagen begonnen. 1628 besetzten kaiserl. Truppen unter Albrecht v. → Wallenstein Rostock. Die Stadt ging 1631 an die Schweden verloren. Seither stellte Rostock wieder eine eigene, ca. 50 Mann starke Kompanie Söldner auf.

Über Jh. war die Hansestadt Rostock um die Sicherung einer weitestgehend unabhängigen Stellung gegenüber ihren Landesherren bemüht. Seit 1702 gab es zeitweise herzogl. Soldaten in Rostock. 1748 wurde ihre Truppenstärke auf max. 500 Mann festgelegt. Das Infanterie-Regiment Jensen entstand. Allerdings hatten die Soldaten nicht nur dem Regenten, sondern auch dem Rat der Stadt die Treue zu schwören. Daneben existierte eine Stadtmiliz, die nur dem Rat der Stadt unterstand. 1788 wurden die letzten Stadtsoldaten entlassen. Damit endete die Geschichte des stadteigenen Militärs. Inzwischen hatte das herzogl. Kontingent, das sich zu einer stehenden Truppeneinheit entwickelte, viele militär. Aufgaben übernommen. Oberbefehlshaber war der meckl.-schwerinsche Herzog. Daher musste das 459 Mann starke Rostocker Infanterie-Regiment v. Gluer auch 1788–95 in den Niederlanden gegen die frz. Republik kämpfen.

Der Rostocker Exerzierplatz befand sich um 1800 an der Schwaaner Str. Das Zeughaus (→ Fraterhaus St. Michael) lag in der Nähe des Hopfenmarktes u. das Militärhospital (→ Lazarett) am Alten Markt.

Mit dem Eintritt beider Meckl. 1808 in den Rheinbund musste auch Rostock ein Kontingent an Soldaten für die napoleon. Armee zur Verfügung stellen, darunter die Schüler der hiesigen Militärschule.

1820 erließ Großherzog → Friedrich Franz I. ein „Rekrutierungs-Reglement", das die allgemeine Militärpflicht vorsah. Aufgrund der vielen Ausnahmen, die das Gesetz gestattete, war es jedoch keine allgemeine Wehrpflicht im heutigen Sinn.

Fechtübungen auf dem Kasernenhof Ulmenstraße (1895)

Die Aushebungen erfolgten nach dem 20., ab 1826 nach dem 21. Lebensjahr. Da das meckl.-schwerinsche Kontingent im dt. Bundesherr nur 3580 Mann vorsah, wurden die fehlenden Rekruten, so die Zahl der Freiwilligen nicht ausreichte, per Losentscheid gewonnen.

Im Unterschied zu den Residenzstädten Schwerin u. Neustrelitz war die Präsenz des Militärs in Rostock gering. 1825 wurde die Hauptwache eingeweiht. Daneben saß der großherzogl. Stadtkommandant. Das klassizist. Gebäude am Universitätsplatz beherbergte ein Wachlokal, eine Arrestanstalt u. war Aufbewahrungsort der Regimentskasse.

1625–1848 bildeten die Fahnen die Grundlage für die Rekrutierung bewaffneter Bürger u. für die Einquartierung von Söldnern. Mit dem Ausbruch der bürgerl.-demokrat. → Revolution 1848/49 kam es zum Aufbau einer → Bürgergarde. Sie bestand aus acht Kompanien u. zählte ca. 800–900 Dienstpflichtige. Offiziere u. Unteroffiziere wurden von den Bürgergardisten gewählt. Die Uniformierung u. Bewaffnung waren im Unterschied zu den früheren Fahnen einheitlich. Angehörige unterer Schichten mussten nur teilweise od. gar nicht für die Kosten der Ausrüstung aufkommen. 1853 wurde diese Struktur wieder aufgegeben u. durch ein aus sechs Kompanien bestehendes, 600 Mann starkes Fahnencorps abgelöst. Mit dem Eintritt des Großherzogtums Meckl.-Schwerin u. damit auch Rostocks in den von Preußen geführten Norddt. Bund verschwand die alte Fahnenstruktur. Anstelle der Kriegskasse entstand eine Einquartierungs- u. Servisdeputation. Sie organisierte die Unterbringung von Manövertruppen u. der in Rostock in Garnison liegenden meckl. Soldaten in Privathäusern. Die Quartiergeber erhielten als Ausgleich für ihre finanziellen Ausgaben das sog. Servis-Geld.

Die Rostocker Garnison bestand bis 1867 aus einem 300–500 Mann starken Infanteriebataillon. Die Eingliederung der meckl. Streitkräfte in die preuß. Armee führte 1868 zur Bildung des Großherzogl. Meckl. → Füsilierregiments Nr. 90. Der Regimentsstab sowie das I. u. III. Bataillon erhielten Garnison in Rostock. 1908 kam eine Maschinengewehrkompanie hinzu. Im Dt.-Frz. Krieg 1870/71 nahm das Regiment an mehreren Schlachten und Gefechten, so bei Orleans u. Loigny, teil. In Erinnerung daran wurden später in Rostock Straßen nach diesen Orten benannt. Die Zahl der Verluste belief sich auf 302 Mann.

Die Exerzierplätze befanden sich unweit des Friedrich-Franz-Bahnhofes in der Lindenstr. u.

bei Barnstorf. Im Barnstorfer Wald lag der Schießstand u. die Cramonstannen im heutigen Stadtteil Brinckmansdorf dienten der Geländeausbildung. 1876 wurde in der St.-Georg-Str. ein Lazarett errichtet. Mit der Fertigstellung der → Kaserne in der Ulmenstr. (1890) entfielen die bisherigen Einquartierungen.

1900 beteiligten sich Regimentsangehörige freiwillig an der Niederschlagung des sog. Boxeraufstandes in China und 1904 an der Vernichtung der Herero u. Nama in Dt.-Südwestafrika, dem heutigen Namibia.

In Warnemünde entstand 1913 ein → Flugplatz, der im I. → Weltkrieg als Marineversuchsstation diente. Das hier stationierte Seeflieger-Versuchskommando erprobte ab 1914 neu entwickelte Waffen.

Am 3.8.1914, zwei Tage nach Beginn des I. Weltkrieges, wurde das Rostocker Regiment nach Belgien verlegt u. im Kampf um die Festung Lüttich eingesetzt. Verlustreiche Schlachten in Frankreich, u.a. an der Marne, an der Somme u. in Flandern, folgten. Im Nov. 1918 kehrte das Füsilier-Regiment Nr. 90 wieder zurück. Insgesamt waren 2786 Tote u. 772 Vermisste zu beklagen.

Nach dem I. Weltkrieg wurde die Reichswehr mit drast. reduziertem Personal aufgebaut. Das Füsilierregiment Nr. 90 wurde demobilisiert. Durch den Einzug eines Bataillons des Infanterieregiments Nr. 5 blieb Rostock als Garnisonsstandort erhalten. Mit der Wiedereinführung der Wehrpflicht 1935 durch die Nationalsozialisten kam es zur Aufstellung neuer Einheiten u. zum Ausbau des Militärstandortes Rostock. 1934/35 entstanden in der heutigen Kopernikus- u. Tschaikowskistr. Kasernenneubauten, in die zwei Bataillone des Infanterieregiments Nr. 27 der dt. Wehrmacht einzogen. Auf der Hohen Düne entstanden ein Land- u. Seefliegerhorst, in Markgrafenheide eine Kaserne u. eine Wohnsiedlung für Offiziere. 1939–45 kämpften die Rostocker Soldaten an allen Fronten. 1945 wurden alle Verbände der dt. Wehrmacht aufgelöst u. viele Militärbauten gesprengt. In das ehem. Arbeitsamt an der Hundertmännerbrücke sowie in die Kasernen Tschaikowski- u. Ulmenstr. zogen Einheiten der sowjet. Armee. Mit Gründung der Nationalen Volksarmee (NVA) 1956 u. dem sich verschärfenden Kalten Krieg kam es 1961 zur Einführung der allgemeinen Wehrpflicht in der DDR. Das Mot.-Schützen-Regiment 28 bezog die Kaserne in der Kopernikusstr. (ab 1971 Wilhelm-Florin-Kaserne) u. das Artillerieregiment 8 die 1958 von der Sowjetarmee geräumte Kaserne Tschaikowskistr. (ab 1987 Erich-Mühsam-Kaserne).

Rostock wurde zum Flottenstützpunkt u. zum Oberkommando der DDR- → Volksmarine ausgebaut. Während die Hohe Düne Standort der 4. Flottille war, lagen in Gehlsdorf (ab 1957) das Kommando der Volksmarine u. Teile eines Nachrichtenregiments. Die Führung u. der Stab der → Grenzbrigade Küste Fiete Schulze (Namensverleihung 1985) befanden sich seit 1962 in der Kaserne in der Ulmenstr. Darüber hinaus beherbergte die Stadt ein Stabsmusikkorps, Militärgerichte (NVA, Volksmarine) u. in Gehlsdorf das Küstenverteidigungsregiment 18.

Nach dem Zusammenbruch der DDR 1989/90 wurden die Land- u. Seestreitkräfte stark reduziert. Einheiten der Bundesmarine wurden auf der Hohen Düne (3. Bundesgrenzschutzflottille) u. in Gehlsdorf stationiert. In die Kaserne des Artillerieregiments 8 zog 1990 das Arbeitsamt ein. Der dortige Technikbereich wurde abgebrochen u. mit Wohnungen bebaut. Die Kaserne Kopernikusstr. blieb erhalten. Unter dem Namen Hanse-Kaserne beherbergt sie seit 2007 ein Bundeswehrdienstleistungszentrum. Der Abriss der Warnow-Kaserne in Gehlsdorf erfolgte 1996. Nach dem Abzug der Gruppe der Sowjet. Streitkräfte (bis 1995) wurde die Militärkommandantur an der Hundertmännerbrücke dem Studentenwerk der Uni Rostock übergeben u. zum Wohnheim ausgebaut. Die Kaserne Ulmenstr. ging ebenfalls nach umfangreichen Umbauten in den Besitz der Uni über.

2012 wurde das Oberkommando der Bundesmarine nach Rostock in die Hanse-Kaserne (Kopernikusstr.) verlegt. Auf der Hohen Düne befindet sich das Marinestützpunktkommando Warnemünde (→ Marine), dem das 1. Korvettengeschwader, das 7. Schnellbootgeschwader sowie ein Hilfsschiff- u. Trossgeschwader unterstellt sind.

Lit.: *W. Freynhagen: Die Wehrmachtsverhältnisse der Stadt Rostock im Mittelalter, in: Mecklenburgische Jahrbücher, Jg. 95, Schwerin 1931, S. 1–102; F. K. Raif: Söldner und Soldaten der Stadt Rostock vom 16. bis 18. Jahrhundert, in: Beiträge zur Geschichte der Stadt Rostock, N. F., H. 7, Rostock 1987, S. 17–34; R. Parchmann: Militärbauten in Mecklenburg 1800–1918, Schwerin 2001; O. Kersten, H.-G. Löffler, R. Parchmann, S. Stoff: Garnisonen der NVA und GSTD. Zur Nutzung militärischer Standorte von 1871–2010, Berlin 2011.* RS

MIN HERZING (niederdt., Mein Herzchen). Überregional bekannter Ökelname der Warnemünder Fischersfrau Hedwig Anke, geb. Beust (3.8.1901 Warnemünde – 31.7.1983 Warnemünde). Warnemünder Original, verkaufte über Jahrzehnte ihren Fisch anfangs auf dem Rostocker Markt, dann in der Warnemünder Poststr. Spitzname entstammt der Anrede „Min Herzing", mit der sie jeden Kunden ansprach. Ruhestätte auf Neuem Friedhof Warnemünde; ein Fahrgastschiff trägt ihren Namen.

Lit.: *C. Freuck: „Na, min Herzing, wisst'n Fisch" – Die legendäre Fischfrau aus Warnemünde, in: Hanse-Sail aktuell, Rostock 2007, S. 72.* RP

Min Herzing am Fischstand (1962)

Im Gefängnis der Stasi-Bezirksverwaltung Rostock (um 1990)

MINISTERIUM FÜR STAATSSICHERHEIT (MFS) (umgangssprachl.: Stasi). Der In- u. Auslandsgeheimdienst der DDR mit Zweigstellen in allen Ländern (ab 1952 Bezirken) wurde am 8.2.1950 gegründet. Außenpolit. diente das M. der Auslandsaufklärung, innenpolit. der Abwehr feindl. Spionage- u. Sabotageaktivitäten sowie der Überwachung u. Unterdrückung polit. Andersdenkender. Die Angehörigen des M. erstellten Stimmungsberichte.

Bis 1989 stieg die Zahl der hauptamtl. u. informellen Mitarbeiter (IM) der Bezirksverwaltung (BV) Rostock stetig an. Im Juni 1989 gehörten ihr 3686 Mitarbeiter an, darunter 628 Unteroffiziere u. 93 Berufssoldaten, die für Wach- u. Sicherungsdienste an bzw. in den Objekten der BV eingesetzt wurden.

Die Rostocker Bezirkszentrale des M. befand sich 1952–60 im → Rostocker Hof. Dann erfolgte der Umzug in den neu errichteten Komplex August-Bebel-Str. Erster Leiter der BV des M. war Wilhelm Müller (1952–54). Ihm folgten Generalmajor Alfred Krauss (1954–75) u. Generalleutnant Rudolf Mittag

(1975–89). In den ca. 50 Zellen der Untersuchungshaftanstalt August-Bebel-Str. konnten 110 Personen gleichzeitig inhaftiert werden. 1960–89 wurden hier rund 4800 Männer u. Frauen eingesperrt. Inhaftierungen erfolgten aufgrund polit. Vergehen (Äußerungen u. Aktivitäten gegen die Partei- u. Staatsführung sowie ihre Organe), versuchter Republikflucht, im Zuge von Enteignungswellen (→ Aktion Rose) usw. Vernehmungen, Haftbedingungen, Angst u. Ungewissheit setzten die Häftlinge unter großen psych. Druck. Nicht selten wurden sie zu Geständnissen genötigt, die in Gerichtsverfahren gegen sie zur Anwendung kamen.

Am 4.12.1989 übernahm ein Bürgerkomitee mit Unterstützung der Polizei u. der Staatsanwaltschaft die BV des M. Nach dem Zusammenbruch der DDR 1989/90 wurde das Gefängnis weiterhin als Untersuchungshaftanstalt genutzt. 1993–2016 befand sich in dem Gebäudekomplex u.a. die Philosoph. Fakultät der Uni Rostock. Die Dokumentations- u. Gedenkstätte des Bundesbeauftragten für die Stasi-Unterlagen (BStU) zog 1998 ein. Ein Teil der Zellen ist erhalten geblieben u. kann seit 1999 besichtigt werden.

Lit.: *T. Ammer: Staatssicherheit in Rostock. Zielgruppen, Methoden, Auflösung, Köln 1991; S. Köhler: Der Überseehafen unter Kontrolle der Staatssicherheit, Schwerin 2012.* KM

MOELLER, RICHARD. Lehrer, Politiker (31.3.1890 Rostock–16.12.1945 Fünfeichen/Neubrandenburg); Studium der Geschichte u. Germanistik in Rostock, München, Berlin, Promotion in Rostock; Oberlehrer am Lyzeum mit Studienanstalt Rostock; 1918 Mitglied, 1920 Vorsitzender der Ortsgruppe der Dt. Demokrat. Partei (DDP), 1926 Landesvorsitzender der DDP in Meckl.-Schwerin (bis zum Verbot der Partei 1933); 1921–33 MdL des Freistaates Meckl.-Schwerin, dort Fraktionsvorsitzender der DDP; 1926–29 Justiz- u. Kultusminister; 1933 aus dem Schuldienst entlassen; 1942–44 Lehrer am Gymnasium Neubrandenburg; Sommer 1945 Ministerialdirektor der Abteilung Kultur u. Volksbildung in der meckl. Landesverwaltung, wegen angebl. antisowjet. Gesinnung verhaftet u. in das NKWD-Lager Fünfeichen/Neubrandenburg überstellt.

Lit.: *B. Kasten: Moeller, Richard, in: Biographisches Lexikon für Mecklenburg, Bd. 6, Rostock 2011, S. 212–214.* RL

Mönchentor (2015)

MÖNCHENTOR. Das M. ist das letzte noch erhaltene der einst 13 Hafen- od. Strandtore der → Stadtbefestigung u. wird 1316 erstmalig erwähnt. Das ursprüngl. got. Tor wurde im 16. Jh. im Stil der Renaissance erneuert. 1805/06 entstand ein neues Tor nach den Plänen des Rostocker Uni-Prof. Gustav Schadelock in klassizist. Form auf dem alten Fundament. Im Obergeschoss des M. befand sich die Wohnung eines Strandvogtes, der von dort den Hafen überwachte. Als Sohn eines Strandvogtes wurde dort am 30.6.1825 der spätere dt.-austral. Botaniker Ferdinand (v.) Müller (1825–96) geboren. Das M. ist im II. Weltkrieg fast unversehrt geblieben u. wurde 1990/92 mit Hilfe der Partnerstadt Bremen renoviert. Heute ist es der Sitz der städt. Rostocker Denkmalpflege. KJLS

MOENNICH, PAUL. Physiker, Maler, Erfinder (10.9.1855 Drüsewitz/Tessin–27.9.1943 Rostock); Vater Gutsbesitzer; 1877 Abitur an der → Großen Stadtschule Rostock; Studium der Mathematik u. Naturwissenschaften in Tübingen, Berlin u. Rostock, 1883 Promotion, 1886 Habilitation u. Privatdozent in Rostock; Konstrukteur von patentreifen elektr. Instrumenten (u.a. Fernmessinduktor); Kauf einer Villa mit 25 000 m² großem Grundstück in Gehlsdorf (Fährstr. 13); 1894/95 Prof. der Physik, 1895 nach schwerer Krankheit Antrag auf Entlassung, seitdem Privatier; widmete sich intensiv der Porträtmalerei; Mitbegründer des Meckl. Automobilklubs (1911) u. einer der ersten Autobesitzer Rostocks; Benennung des einstigen Villenparks nach ihm.

Lit.: *H.-H. Schimler: Professor Dr. phil. Paul Moennich. Ein mecklenburgischer Erfinder, Naturwissenschaftler und Kunstmaler, in: Rostocker Zorenappels. Erfindungen, Technik und Verkehr, Rostock 2013, S. 15–22.* AH

Paul Moennich (um 1890)

MOLE. Befestigungen der Hafeneinfahrt zum Schutz vor Versandung, zunächst aus Steinkisten, später aus großen Steinen gebildet, im 20. Jh. aus Beton; meist mit Leuchtzeichen versehen. Veränderungen der Hafeneinfahrt führten zu Erneuerung bzw. Neubau von M. Befestigungen der Warnowmündung sind schon im Mittelalter erwähnt. Abbildungen Warnemündes aus der Frühen Neuzeit zeigen eine West- u. eine Ost-M. Die West-M.

Bau der Warnemünder Mole (um 1900)

wurde im 19. Jh. mehrfach verlängert, die alte Ost-M. 1902 zurückgebaut. Neue Ost-M. 1901 am Neuen Strom, wurde durch Anlegung des → Seekanals 1957/58 zur Mittel-M. Neue (dritte) Ost-M. 1957/58. 1996/99 Umbau des M.-bereiches: Mittel-M. abgetragen, neue Ost-M. umgebaut.

Lit.: *S. Prignitz: Warnemünde. Eine maritime Geschichte, Rostock 2010.* SP

MOLKEREI. Rostocks erste M. war eine Genossenschaft. Sie wurde am 14.1.1879 von elf Bauern mit 562 Kühen gegründet. Zwei Jahre später folgten zwei Privat-M. 1882 versorgten 18 Milchhandlungen die Bewohner. Ein Teil des Verkaufs besorgten ambulante Händler. Ein Liter Milch kostete 14 Pf. Die Genossenschafts-M. besaß auf ihrem Betriebsgelände in der Friedrich-Franz-Str. einen Werksladen. Er hatte tägl. 7–13 u. 14–20 Uhr geöffnet. An das Verkaufslokal war eine Trinkhalle gekoppelt, wo Milch zur sofortigen Verköstigung ausgeschenkt wurde. Eine Besonderheit der Genossenschafts-M. war ihre Kindermilch, die sie von einem Landwirt ihres Vertrauens bezog. Die Überprüfung der Milch außerhalb der M. erfolgte durch einen Apotheker, der wiederum von der Polizei kontrolliert wurde. Um 1900 befuhren M.-fuhrwerke zweimal tägl. die Straßen u. Plätze der Stadt. Zum Verkauf gelangten u.a. Voll-, Mager- u. Buttermilch, Kaffee- u. Schlagsahne, Butter sowie Magermilchkäse. In der Blut-

Milchverkäufer Wilhelm Sass (um 1930)

str. existierte ein Spezialladen für M.-produkte. Der Umsatz der M. belief sich bis 1900 auf ca. 2300 l Milch tägl. Während des I. Weltkriegs u. in der Nachkriegszeit war Butter rationiert. Im Winter 1919/20 gab es wöchentl. nur 50 g Butter pro Person. Die geringe Milchablieferung seitens der Bauern ließ die Preise steigen. Ein Liter Vollmilch kostete im Jan. 1920 je nach Verkaufsort (M., Laden, Straßenwagen) 1,20–1,30 M.

Mitte der 1920er-Jahre bezogen die drei Rostocker M. ihre Milch aus einem großen Liefergebiet, das sich in Richtung Osten 40, in Richtung Westen sieben u. in Richtung Süden 15 km weit erstreckte. Allein die beiden Badeorte Warnemünde u. Graal-Müritz hatten 1926 einen Bedarf von etwa 800 000 l Frischmilch. Das Gros der rund 11 Mio. l Rohmilch kam per Fuhrwerk. Der Rest wurde per Eisenbahn od. per Auto transportiert.

Der Verkauf der Frischmilch erfolgte über 75 Milchwagen lose u. in Flaschen. Eine Besonderheit war die Sanitäts-M. Papenhagen, die ihre ärztl. u. bakteriolog. überwachte Rohmilch aus dem betriebseigenen Kuhstall bekam. M. aus den umliegenden Dörfern (Groß Klein, Gehlsdorf, Kritzmow u. Klein Schwaß) lieferten ihre Produkte ebenfalls nach Rostock. 1933–45 legte der Staat den Preis für Milch fest. Er belief sich je Verkaufsort (Händler, Laden od. M.) auf 15–22 Pf pro Liter loser Milch.

Nach dem II. Weltkrieg wurde die Genossenschafts-M. erhebl. ausgebaut, 1956 die neue Molkerei in der Neubrandenburger Str. eingeweiht. 1965 versorgte sie etwa 800 Läden im Stadt- u. Landgebiet. Zu 62 % erhielten die Verkaufsstellen lose Milch, die mit Tankwagen geliefert wurde. Hygien. Erfordernisse führten zu einer Umstellung auf Flaschenmilch. Bis 1966 erfolgte der Verkauf von Milch tägl., auch sonntags. 1967 öffnete in der Breiten Str. eine Spezialverkaufsstelle für Milch u. Milcherzeugnisse. Sie wurde direkt von der M. beliefert. Aufgrund des hohen Verkaufsniveaus u. der Sortimentsbreite (Kakaotrunk, Joghurt, zehn bis 15 Schnittkäse- sowie mind. 15 Schmelzkäsesorten) war das Spezialgeschäft sehr beliebt.

Nach dem Zusammenbruch der DDR 1989/90 entstand 1996 in der Kessiner Str. neben der alten M. ein moderner Neubau der Küstenland GmbH, der jedoch 2005 wieder stillgelegt wurde.

Lit.: *R. Stutz: Milch. Molkereien in Mecklenburg und Vorpommern zwischen gestern und heute, Rostock 2011.* RS

MORAL, HANS. Zahnmediziner (8.9.1885 Berlin–6.8.1933 Rostock); 1905–11 Studium der Zahnmedizin in München, Berlin, Greifswald; 1912 Promotion (Dr. med., Dr. phil.) in Greifswald; 1914 Habilitation u. Privatdozent für Zahnheilkunde in Rostock, kommissar. Leitung des zahnärztl. Instituts bis 1918; 1920 Berufung zum Prof.; Direktor der

Hans Moral (um 1925)

Klinik; Eröffnung der ersten zahnmedizin. Abteilung in Dtl.; 1929/30 Dekan der Medizin. Fakultät; Ehrenmitglied zahlreicher internationaler Gesellschaften; 1933 Beurlaubung aufgrund seiner jüd. Herkunft; Suizid als Folge von psych. Erkrankung u. Repressalien; Verleihung seines Namens an die Universitäts-Zahnklinik u. eine Straße; Gedenkplatte im Universitätshauptgebäude u. Denkstein vor seinem Wohnhaus in der Friedrichstr.

Lit.: *H. v. Schwanewede: Moral, Hans, in: Biographisches Lexikon für Mecklenburg, Bd. 4, Rostock 2004, S. 183–188.* AH

MÜHLE. Die ersten M. in Rostock waren wie überall im norddt. Raum Wasser-M. Sie sind seit 1262 in den Stadtbüchern erwähnt. Ein indirekter Hinweis auf Wind-M. findet sich erst 1564 in den Ratsprotokollen in Form eines Windmüllereides. Wasser- u. Windmüller waren in getrennten Handwerksämtern zusammengeschlossen. Die Amtsrolle der Wassermüller ging auf das Jahr 1490 zurück. Ursprüngl. standen den Landesherren die Hoheitsrechte über die M. zu. Durch Verkauf u. Verleihung wechselten diese mit der Zeit in städt. od. privaten Besitz.

Die ersten M. entstanden am Damm über die Oberwarnow. Diese lagen außerhalb der Stadtmauern u. wurden 1264 durch Heinrich Borwin III. unter Stadtrecht gestellt. Erst 1827 verzichteten die Landesherren endgültig auf ihre Anteile an den Damm-M. zugunsten Rostocks. Zu dieser Zeit existierten hier fünf Korn-M. Daneben gab es, bedingt durch die Nähe zum Gerberbruch, eine Loh-M. zur Verkleinerung der pflanzl. Gerbstoffe u. eine Walk-M. zur Lederbearbeitung. Auch eine Schleif- u. Polier-M. befand sich auf dem Damm. Der zweite M.-standort war das von Teichen, Wasserläufen u. Hügeln geprägte Gebiet vor dem Kröpeliner Tor. Erstmals belegt ist 1286 die M. am Judenfriedhof, die → Nikolaus das Kind als Herr v. Rostock der Stadt überließ. Seit 1301 gehörte sie Johann Vöge, dessen Name sich auf den zugehörigen Teich übertrug (Am Vögenteich). 1714 wurde sie in eine Walk- u. Stampf-M. umfunktioniert, 1854 dann endgültig aufgegeben (Stampfmüllerstr.). Auch am benachbarten Kupferteich befand sich eine M., die bis 1795 in Betrieb war. Sie lag ungefähr an der Einmündung der Friedrichstr. auf den Doberaner Platz. Weiter westl. besaß das → Kloster zum Heiligen Kreuz die Jungfern-M. u. die Kloster-M. (Klosterbachstr.). 1765 übernahm die Stadt die beiden Korn-M., verkaufte diese später aber wieder. Die ältere Jungfern-M. ging Mitte des 19. Jh. ein. Die moderne Kloster-M. an der Doberaner Str. bestand bis nach dem II. Weltkrieg, erlitt in dieser Zeit aber einen schweren Bombentreffer. An der Straße nach Doberan standen auch mehrere Wind-M. (Windmühlenstr.). Als Standort nutzte man den sog. Köppenberg, die alte Hinrichtungsstätte, die in der 2. Hälfte des 16. Jh. aufgegeben wurde. In der Stadtansicht des Vicke → Schorler findet sich unter der Jahresangabe 1583 ein Abbild der ersten vier Wind-M. Eine von ihnen nutzte später das Amt der Gerber als Loh-M. (Lohmühlenweg). Diese waren noch Bockwind-M., die bis zur Mitte des 19. Jh. aber den Holländer-M. wichen. Auch vor dem Steintor entstand eine Wind-M. Im Umkreis von Rostock lassen sich M. in den Dörfern

Windmühle in Dierkow (um 1930)

Bartelsdorf, Bramow (→ Kayenmühle), Dalwitzhof (Seeken-M.), Dierkow, Neu Hinrichsdorf, Kessin, Sievershagen u. Lichtenhagen belegen. Die Holländer-M. in Warnemünde von 1866 konnte erst entstehen, nachdem Rostock die dortigen Gewerbebeschränkungen aufgehoben hatte. Auch innerhalb der Stadt Rostock existierten M. Die älteste ist die Wasser-M. mit den vier Mahlwerken (An der Viergelindenbrücke). Sie wurde 1277 erstmals erwähnt, ging nach 1630 ein. Im 18. Jh. entstand an der heutigen Grubenstr. eine Graupen-M., deren Stampf- u. Schrotwerk von Pferden angetrieben wurde. Wenig später kam eine Öl-M. zur Herstellung von Lein- u. Hanföl hinzu. Auch diese M. waren unabhängig von Wasser u. Wind u. konnten innerhalb der Stadt betrieben werden. In der des Kaufmanns Ernst → Brockelmann kam 1839 erstmals in Rostock eine Dampfmaschine zum Einsatz. Auf dem → Mühlendamm entstand 1857 die erste Dampf-M. Mit dem Übergang zu den Maschinenantrieben begann für diesen Produktionszweig das industrielle Zeitalter. Die traditionelle M. wurde von der techn. Entwicklung überholt. Die letzten verbliebenen Fabrik-M. stellten nach 1990 ihre Tätigkeit ein. Die M.-gebäude gingen überwiegend verloren. Zuletzt verschwanden die Loh-M. am M.-damm (1986: Straßenbahn nach Dierkow) u. die Conrady-M. in der Schwaaner Landstr. (2001: Wohnungsbau). Die wenigen erhaltenen M.-gebäude dienen heute als Gaststätten (Warnemünde, Dierkow, Neu Hinrichsdorf) od. Wohnungen (M.-damm, Dorf Lichtenhagen). Die elektr. betriebene M. Knull am Petridamm ist die letzte noch arbeitende M. in Rostock.

Lit.: *H.-W. Bohl: Mühlen und Mühlenwesen im Gebiet der Stadt Rostock 1780–1870, Diplomarbeit (MS), Rostock 1973; J. Kniesz, V. Schrader: Mühlen in Mecklenburg-Vorpommern, Bremen 2006.* BK

MÜHLENDAMM. Histor. Straßenzug am östl. Stadtrand, 1262 erstmals erwähnt; künstl. angelegter Damm zur Überbrückung des feuchten Übergangsgebiets der Ober- u. Unterwarnow, benannt nach den an der Nordseite konzentrierten mehr als zehn Wasser- → Mühlen, die seit 1264 unter Stadtrecht standen. Die östl. Ausfallstraße erfuhr 1881 mit der Pferde-

Mühlendamm (um 1900)

bahnlinie zum → Weißen Kreuz sowie 1886 mit der Schifffahrtsschleuse u. der M.-brücke wesentl. Erweiterungen; 1896 Regulierung u. Anpflanzung von Bäumen; am 1.5.1945 Sprengung der M.-brücke beim Einmarsch der Roten Armee; 1948 Wiedereröffnung der Brücke, bei deren Rekonstruktion 2011 Reste eines gesprengten Panzers gefunden wurden. BK

MÜHLSTÄDT, HERBERT. Schriftsteller (6.10.1919 Leisnig/Sachsen–17.6.1988 Rostock); zunächst Lagerarbeiter, Neulehrer u. Dozent an der Arbeiter-u.-Bauern-Fakultät Leipzig; 1954–59 Chefredakteur der Zeitschrift Geschichte in der Schule; 1960–64 wissenschaftl. Mitarbeiter an der Uni Rostock (Methodik der Geschichte); 1964–68 Lehrer für Geschichte; ab 1968 freischaffender Schriftsteller; große Verdienste als Kinder- u. Jugendbuchautor: „Ebbo wehrt sich" (1965), „Radko läutet Sturm" (1969), „Andres – Freund der Likedeeler" (1971) sowie Sachbuchautor „Der Geschichtslehrer erzählt" (4 Bde., 1962–91); Autor literar. umstrittener Werke: „Hans Warnke – ein Kommunist" (1972) u. „172 Tage aus dem Leben des Lehrers Egon Schultz" (1973); 1974 Kulturpreis der Stadt Rostock; Vorsitzender der Bezirkssektion des Schriftstellerverbandes der DDR. WV

MÜLLABFUHR → STADTREINIGUNG

MÜLLER, HEINRICH. Theologe (18.10.1631 Lübeck–13.9.1675 Rostock); Besuch der → Großen Stadtschule in Rostock, Privatunterricht (oriental. Sprachen, Philosophie); 1647–50 Studium der Theologie in Greifswald u. Rostock, 1651 Promotion in Rostock; 1655 Prof. der Theologie u. 1659 Prof. der Griech. Literatur; 1660 Promotion an der Uni Helmstedt (Theologie); 1662 Prof. der Theologie in Rostock; mehrfach Dekan der Theolog. Fakultät u. Rektor; 1662 Erster Pastor der St.-Marien-Kirche; seit 1671 Superintendent; Verfasser des in Norddtl. weit verbreiteten Gesangbuches „Geistl. Seelenmusik"; volkstüml. Prediger dank seiner klaren u. leicht verständl. Redeweise.

Lit.: H. Bei der Wieden: Müller, Heinrich, in: Biographisches Lexikon für Mecklenburg, Bd. 1, Rostock 1999, S. 170–174. AH

Heinrich Müller (um 1670)

MÜLLER, JOHANNES. Maler, Grafiker (13.4.1935 Endschütz/Gera–14.6.2012 Kossow bei Laage); 1953–58 Studium der Malerei an der Hochschule für Bildende Kunst in Dresden; ab 1960 internationale Studienreisen; ab 1958 in Rostock, ab 1990 in Kossow/Landkreis Rostock ansässig; 1967/68 Stadtbilder für das Südstadt-Klinikum, 1973/74 Zyklus „Galilei" nach Bertolt Brecht (1898–1956) für die → Mensa der Uni Rostock geschaffen (heute im Histor. Institut); 1993 entstanden modellhafte Abstraktionen, so in Wandbildern für den → Doberaner Hof. Später zunehmende Beschäftigung mit Collagen, Oberflächen u. Materialien. Zahlreiche Ausstellungen im In- und Ausland; 1995 Kulturpreis der Stadt Rostock.

Lit.: Kunsthalle Rostock (Hg.): Johannes Müller. Ausstellungskatalog, Rostock 1995. AL

MÜNCH, ARMIN. Grafiker, Hochschullehrer (1.5.1930 Rabenau/Dresden–21.8.2013 Rostock); 1950–55 Studium an der Hochschule für Bildende Künste in Dresden, anschließend Übersiedelung nach Rostock; 1958–60 Meisterschüler bei Hans Theo Richter, Max Schwimmer u. Josef Hegenbarth an der Akademie der Künste Berlin (Ost); 1960–70 freischaffend; 1970 Nationalpreis der DDR; 1970 Lehrauftrag an der Kunsthochschule Weißensee; 1976–91 Prof. an der Uni Greifswald; 1996–2000 Lehrauftrag an der Uni Rostock. Werke im Besitz der Uni Rostock, im Pommerschen Landesmuseum Greifswald, im Kulturhistor. Museum u. in der Kunsthalle Rostock, in der Landesbibliothek Schwerin. Einer der produktivsten dt. Grafiker seiner Zeit.

Lit.: *H. Albrecht: Münch, Armin Erich, in: Biographisches Lexikon für Mecklenburg, Bd. 8, Schwerin 2016, S. 219–224.* HL

MÜNZWESEN. Die ältesten auf dem heutigen meckl. Territorium gefundenen Münzen sind röm. u. byzantin. Herkunft. Sie dienten eher kult. Zwecken, weniger als Zahlungsmittel. Während der slaw. Besiedlungsperiode vom 9. bis 12. Jh. herrschte anfängl. die edelmetallorientierte Gewichtsgeldwirtschaft vor. Münzen u. Schmuck wurden, teilweise fragmentiert, im Handel zugewogen. Nachdem der Zufluss arab. Silbers nach dem Jahr 950 versiegt war, überwogen in den Schatzfunden westeurop. Münzen, die von slaw. Stämmen östl. der Elbe vermutl. nachgeahmt wurden. Mit dem Zuzug dt. Siedler setzte Ende des 12. Jh. in Meckl. eine Monetarisierungsphase mit eigener Münzprägung ein. Das Münzrecht stand ursprüngl. dem König zu. Durch Verpfändung, Übertragung u. Kauf war es seit dem 9. Jh. vielfach in den Besitz von Geistlichkeit u. Territorialherren gekommen. In Meckl. übten die Landesfürsten das Münzrecht aus, ohne förml. Erwerb des Münzregals. Die territoriale Umlaufbeschränkung des Münzgeldes – um auf dem Markt zu kaufen, musste fremdes Geld in eigenes gewechselt werden – sicherte die Kontrolle von Münze u. Währung (→ Geld). Ende des 12. Jh. begannen die meckl. Landesfürsten mit der Ausgabe eigener Pfennige, die aufgrund ihrer charakterist. Herstellungsweise – einseitig aus dünnem Silberblech geprägt – Brakteaten genannt wurden. Bereits vor 1245 bestand in Rostock eine fürstl. Münzstätte, die seit 1254/56 von der Stadt verwaltet wurde. Die hier geprägten Münzen zeigten das landesherrl. Münzbild, den Stierkopf. Rostock erwarb von den Landesherren das unbeschränkte Münzrecht durch Zahlung von 1000 u. 800 M in Pfennigen in zwei Etappen (1325/1361). Nun erst konnte der Rat die Münzpolizei im Geltungsbereich der eigenen Währung (Herrschaft Rostock sowie Distrikte Schwaan u. Gnoien) ausüben, den Geldwechsel betreiben, den Silbergehalt u. das Bild der eigenen Münzen festlegen, Münzverträge schließen, fremdes Geld bewerten, zulassen od. verbieten. Münzprägung u. -personal unterstanden der Ratsaufsicht. Zwei Münzherren wechselten sich jährl. in der Kontrolle des städt. M. ab. Dennoch blieb die Rostocker Münzprägung gewinnorientiert u.

Witten (Vorder- und Rückseite, 14./15. Jh.)

Goldgulden (Vorder- und Rückseite, 1584)

überstieg oft den regionalen Bedarf. Zeitweise war die Münzprägung an den Münzmeister verpachtet. Ab 1371 schloss sich Rostock dem lübischen Währungsgebiet an u. prägte Münzen nach lüb. Vorbild: Witten (4 Pf), Pfennige u. Dreilinge. 1379–1403 war Rostock vertragsschließendes Mitglied des Wend. Münzvereins, eines Zusammenschlusses von Lübeck, Hamburg, Wismar, Lüneburg u. weiterer Mitglieder zur Sicherung des Geltungsbereichs der lüb. Währung. Im 15. Jh. orientierte sich Rostock ostwärts u. wurde Hauptmünzstätte des sund. Währungsgebietes mit leichterer Pfennignorm. 1511–67 versorgte Rostock konkurrenzlos das Hinterland mit sund. Währungsmünzen, vor allem mit Schillingen, geprägt aus 10,3 t Silber. Obwohl der Niedersächs. Reichskreis mit der Kreismünzordnung von 1568 die Münzaufsicht an sich gezogen hatte, konnte Rostock, seit 1581 im Rang einer Kreismünzstätte, seine Münzprivilegien bewahren, Taler prägen (seit 1563), aber auch Goldmünzen (ab 1584), ohne das für die Goldprägung erforderl. kaiserl. Privileg zu besitzen. Steigender Silberpreis, stagnierender Münzabsatz u. sinkende Prägequoten führten an der Wende zum 18. Jh. zum Niedergang der Rostocker Münzprägung. 1711 gab der letzte offiziell bestallte Münzmeister den unrentablen Betrieb auf (→ Alte Münze). Anschließend stellten Rostocker Metallhandwerker neben wenigen Dukaten zu Repräsentationszwecken noch Kupfermünzen für den innerstädt. Bedarf her, zuletzt 1864. Mit Inkrafttreten des Reichsmünzgesetzes wurde 1873 das Rostocker Münzamt aufgehoben. *Lit.:* *W. Jesse: Der Wendische Münzverein, Braunschweig 1967; M. Kunzel: Die Münzen der Hansestadt Rostock ca. 1492–1864. Münzgeschichte und Geprägekatalog, Berlin 2004.* MK

MUSEUM → **HEIMATMUSEUM WARNEMÜNDE**
→ **KULTURHISTORISCHES MUSEUM**
→ **SCHIFFBAU- UND SCHIFFFAHRTS-MUSEUM**

MUSIKLEBEN. Ca. 950 erhaltene Musikhandschriften u. ca. 220 Musikdrucke aus dem 15.–19. Jh. bezeugen in der → Sondersammlung der Universitätsbibliothek das reiche M. der Stadt. Nachdem bereits aus dem späten 13. Jh. in Rostock die Namen dreier sesshafter Spielleute überliefert werden, sind 1453 drei Ratsmusikanten im Dienst der Stadt nachgewiesen, u. aus einer Hochzeitsordnung von 1470 lässt sich schließen, dass es damals bereits einen zunftmäßigen Zusammenschluss gab. Als Zeugnisse kirchl. M. sind drei liturg. Handschriften u. zahlreiche als Einbandmakulatur gerettete liturg. Fragmente in der Sondersammlung der Universitätsbibliothek erhalten. Von der student. geselligen Musikpflege im Umkreis der Uni Rostock zeugt die im späten 15. Jh. angelegte Liedersammlung des → Rostocker Liederbuchs. In der vorreformator. Zeit lassen sich Türmer, Ratsmusikanten u. Spielleute nachweisen. 1525 ließ der Reformator Joachim → Slüter beim Rostocker Drucker Ludwig → Dietz ein erstes Gesangbuch mit Lutherliedern in niederdt. Sprache drucken. Die Musikgeschichte des 16./17. Jh. wird vor allem durch die an den Hauptkirchen wirkenden Kantoren u. Organisten geprägt. Diese unterrichteten an der 1580 gegründeten → Großen Stadtschule. Um 1600 war Rostock ein Zentrum des Notendrucks u. zahlreiche überregional bekannte Musiker wirkten hier (Daniel → Friderici, Joachim → Burmeister, Nikolaus Gottschovius, David Ebel, Erasmus Sartorius u.a.). Die Ratsmusik wurde stetig ausgebaut u. die zunftmäßige Organisation der Spielleute im Jahr 1600 durch eine „Spielleute Rulle" neu gefasst. Das an der Uni in den 1560er-Jahren eingeführte gemeinsame Musizieren von Prof. u. Studenten wurde 1569 untersagt, da darunter angebl. Würde u. Ansehen der Prof. litten. Doch bezeugen das an die 200 Stücke umfassende Lieder- u. Lautenbuch von Petrus Fabricius u. Peter (Petrus) → Lauremberg sowie Nicolaus → Hasses 1656 erschienene Tanzsammlung „Delitiae Musicae", gewidmet den „Herren Magistris u. Studiosis der sämptlichen Nationen auff der Universität Rostock", den engen Kontakt der Rostocker Musiker zur universitären Musiziersphäre. Hasse war nach den Folgen des verheerenden → Stadtbrandes von 1677 der führende Rostocker Kirchenmusiker, gefolgt von Hinrich Rogge u. Gottfried Krause. Instrumentale Kammermusik des Barock – in Stimmenabschriften – geht zurück auf den Erbprinzen Friedrich Ludwig v. Württemberg-Stuttgart (1698–1731). Italien., frz. u. dt. Gesangsliteratur (Arien, Lieder, Kantaten, Oratorien, Opern) ist handschriftl. überliefert in der Sammlung der Herzogin Louise Friederike v. Meckl.-Schwerin (1722–91), daneben sind Gelegenheitskompositionen Rostocker Kirchenmusiker aus dem 17. Jh. erhalten.

Mit den seit 1757 bezeugten Liebhaberkonzerten (sog. Wochenkonzerten) begann ein bürgerl. Konzertleben, initiiert u. vorangetrieben vom Jakobi- u. späteren Marienorganisten Eucharius Florschütz. Im Rahmen der herzogl. Hofhaltung (1747–56) im Rostocker → Palais musizierte die von Adolph Carl Kuntzen geleitete Hofkapelle zu

Barocksaal (2009)

vielfältigen Anlässen in der Stadt, besonders in dem 1750/51 errichteten Fest- u. Repräsentationssaal (dem heutigen Barocksaal). Nach dem in den 1780er-Jahren gegründeten Singe- → Chor entstanden um 1800 erste bürgerl. Chorvereinigungen, der Gesang-Verein (ab 1818) gab sich später den Namen Singakademie. Deren Leiter, der Organist der Jakobikirche Johann Andreas Göpel, war ab 1821 auch akadem. Musiklehrer an der Uni. Beim ersten großen Musikfest der Stadt 1819 waren 300 Mitwirkende aus ganz Norddtl. beteiligt. 1843 wurde in Rostock das IV. Norddt. Musikfest veranstaltet, zwischen 1855 u. 1921 fanden insgesamt sechs Sängerfeste des Meckl. Sängerbundes u. drei Meckl. Musikfeste statt. Zahlreiche Klavier- u. Gesangsliteratur des 19. Jh. ist aus Nachlässen Rostocker Familien u. der Rostocker Singakademie in der Sondersammlung der Universitätsbibliothek erhalten.

Ein 1786 errichtetes Schauspielhaus diente bis zum Theaterbrand 1880 als Spielstätte, zunächst für die Schweriner Schauspielgesellschaft u. seit den 1830er-Jahren für ein eigenes Ensemble. Der 1874 gegründete Verein Rostocker Musiker u. der vom Bürgertum getragene Rostocker Concertverein (1877) sowie der von 1877 bis 1887 wirkende Hermann → Kretzschmar sorgten für einen beachtl. Aufschwung des städt. M. Mit dem Apollo-Saal im → Haus Sonne besaß die Stadt bis zu seiner Schließung 1902 einen hervorragenden Konzertsaal. Das 1895 neuerbaute Stadttheater (1942 zerstört) führte zur Gründung eines Stadt- u. Theaterorchesters, 1897–1924 von Heinrich → Schulz geleitet. Eine intensive Wagner-Pflege prägte in dieser Zeit das Profil der Rostocker Bühne, von berühmten Solisten u. Dirigenten unterstützt. Nach dem I. Weltkrieg wirkten Paul Gengnagel (Leiter des Rostocker Bachchores, 1923–60) u. die Komponisten Emil Mattiesen u. Carlfriedrich → Pistor in Rostock. Pistors Nachlass umfasst zahlreiche Autographen u. Kopien.

An Ausbildungsstätten besaß die Stadt das 1924 gegründete Städt. Musikseminar, das 1934 von Erich Schenk begründete Musikwissenschaftl. Seminar u. seit 1941 ein Städt. Konservatorium. 1994 wurde die → Hochschule für Musik u. Theater neugegründet. Bis heute bilden das Volkstheater mit seinen Sparten u. seinem Orchester zusammen mit der Kirchenmusik, den vielfältigen Chorvereinigungen u. den verschiedenen → Musikschulen die Grundpfeiler des vitalen Rostocker M.

Auch populäre Musikrichtungen wie der Schlager, die Rock- u. Popmusik u. der Jazz prägen schon seit den 1960er-Jahren das Kulturleben der Stadt. Das Schlagerfestival „Lieder u. Meer" u. der „Musikantentreff Ostsee" gehörten seit 1962 zu den Höhepunkten der → Ostseewoche u. fanden später Fortsetzung innerhalb der Rostocker Sommerfesttage. Das Festival „Ostsee-Jazz" (seit 1973) u. die Konzertreihe „Jazz-Diskurs" (seit 1978) boten den Rostockern die Möglichkeit, internationale u. nationale Größen dieses Genres zu erleben. Die Tanz- u. Unterhaltungsmusik wurde stark vom Rock 'n' Roll u. dem Beat beeinflusst. Um die Szene – hauptsächl. sog. Amateurmusiker – unter die staatl. Kontrolle der DDR zu bekommen, erteilten die Behörden Spielerlaubnisse u. nahmen Einstufungen der Bands vor. Der Musikantenklub in der Südstädter → Mensa bot 1979–89 vielen Bands eine alternative Bühne. Mit dem „Rostocker Goliath" (RoGo) schuf die FDJ seit 1982 eine regelmäßige Veranstaltungsreihe für Rockgruppen aus der ganzen DDR. Nach 1990 differenzierte sich die Jugendkultur auch in Rostock weiter aus, sodass das Musikleben durch zahlreiche Konzerte in unterschiedlichsten Klubs an Vielfalt gewann. Förderung erfahren einheim. Musiker u. a. durch die Ausbildungsmöglichkeiten an den Musikschulen od. durch das Netzwerk des Landesverbandes für Kreativwirtschaft u. populäre Musik (POP KW).

Lit.: H. J. Daebeler: *Musiker und Musikpflege in Rostock von der Stadtgründung bis 1700, Diss. (MS), Rostock 1966; K. Heller, D. Härtwig: Rostock, in: Die Musik in Geschichte und Gegenwart, Sachteil Bd. 8, Kassel 1998, Sp. 559–564; A. Hingst: Musiklehre und Musikleben an der Universität Rostock von ihrer Gründung 1419 bis zum Ende des 18. Jahrhunderts, Diss. (MS), Rostock 1970.* HM

MUSIKSCHULE. Seit Beginn des 20. Jh. sind in Rostock private u. städt. M. bezeugt. 1941 wurde das Städt. Konservatorium am Schillerplatz ge-

Haus der Musik (2015)

gründet u. 1946–51 als → Hochschule für Musik u. Theater geführt. 1978 erfolgte die Namensgebung: Konservatorium Rudolf → Wagner-Régeny, Bezirks-M., nach dem Gründungsrektor. 1990 wurde die Hansestadt Träger. 2010 gab es in dieser ältesten städt. M. des Landes über 1400 Musikschüler, die auf allen Instrumenten, in Gesang, Ensemble- u. Ergänzungsfächern unterrichtet wurden u. die in 323 Veranstaltungen über 27000 Besucher mit ihrer Kunst erfreuten. Der Verein Neue M. Carl Orff e.V. ist seit 1993 Träger der bereits 1983 gegründeten Welt-M., die sich der musischen Breitenarbeit verpflichtet sieht. Von Klassik bis Rock u. Jazz sowie Weltmusik reicht das Spektrum der Stilistik u. Spieltechnik in Einzelunterricht od. in kleinen Gruppen, aber auch in zahlreichen Projekten u. Musiktheaterinszenierungen. Hinzu kommen u.a. kreativer Kindertanz u. therapeut. orientierter Unterricht. Über 1000 Schüler gestalteten 2010 mehr als 60 Veranstaltungen, bei denen ca. 5000 Besucher gezählt wurden. Im März 2012 zogen Konservatorium u. Welt-M. Carl Orff gemeinsam in die umgebaute denkmalgeschützte → Große Stadtschule. In diesem Haus der Musik erhielt als dritter Mitnutzer die → Norddt. Philharmonie die umgebaute Sporthalle als neue Probebühne. Die „Rock & Pop Schule“ (RPS) Rostock wurde im Jahr 2000 eröffnet u. ist seitdem stark gewachsen u. nachgefragt. Sie bietet neben Unterricht im gesamten Popularbereich auch Unterstützung bei Fragen rund um das Musikbusiness, Übungs- u. Proberaumvermietung etc. Beflügelt vom großen Erfolg des regelmäßigen RPS-Festivals im → M.A.U. wurde seit 2001 neben dem Unterricht die Arbeit auf viele weitere Veranstaltungen wie den RPS-Musikantenclub, Konzerte zur Hanse Sail u. der Warnemünder Woche, den Club der toten Sänger u. v. m. ausgeweitet. 2010 gestalteten über 500 Schüler 34 Veranstaltungen, die mehr als 1800 Besucher anzogen.

Lit.: Förderverein für das Rostocker Konservatorium (Hg.): Zukunftsmusik im KON, Rostock 2011. HM

N

NATIONALSOZIALISMUS. Besonders radikale Form des Faschismus; in Dtl. völkisch-antisemit.-national-revolutionäre Bewegung, die sich 1920 in der Nationalsozialist. Dt. Arbeiterpartei (NSDAP) organisierte u. 1933 unter der Führung von Adolf Hitler eine Diktatur errichtete.

Entsprechende polit. Kräfte sammelten sich seit dem Ende des I. Weltkrieges in Rostock v. a. in völkisch-nationalen Gruppen bzw. in der Deutschvölkischen Freiheitspartei. Mit der National-sozialen Vereinigung arbeitete seit Ende März 1924 ein organisator. Vorläufer der NSDAP in der Stadt. Eine Ortsgruppe der Partei selbst wurde in Rostock auf Initiative von Walter Stopperam (1891–1946) – noch vor der offiziellen Gründung der meckl. NSDAP im Mai 1925 – am 13.2.1925 aus der Taufe gehoben. Die Ortsgruppe Warnemünde entstand am 16.11.1930, die Gehlsdorfs am 14.12.1931. Erster Ortsgruppenleiter der NSDAP wurde Walter → Volgmann (1893–1945), der ab 1929 als Kreis-, später als Bezirksleiter der NSDAP Rostock-Stadt u. übergangsweise auch als Kreisleiter der NSDAP Rostock-Land fungierte. Sein Amt übernahm im Apr. 1935 Otto Dettmann (1907–45), der es bis zum Ende des II. Weltkrieges innehatte.

Noch während der Zeit der Weimarer Republik entstanden in den Stadtteilen weitere Ortsgruppen, zudem Gliederungen der Partei, unter denen die Sturmabteilung (SA) die mitgliederstärkste war. Sie wurde zunächst von Karl Dau (1900–nach 1951) geleitet, der ab 1932 auch mit dem Aufbau der Schutzstaffel (SS) in Rostock begann. Organisationen der Partei, angefangen bei der Gewerkschaftsvereinigung Dt. Arbeitsfront über den NS-Frauenbund u.

Einweihung des Wilhelm-Gustloff-Denkmals auf dem gleichnamigen Platz 1937 (heute Thomas-Müntzer-Platz)

die NS-Volkswohlfahrt bis hin zu Berufsverbänden wie dem NS-Ärzte-, NS-Lehrer- od. dem NS-Rechtswahrerbund konnten mit ihrer Arbeit den Einfluss der NSDAP in Teilen der Rostocker Bevölkerung vertiefen. Eine Wirtschaftskrise, die die soziale Lage der Bevölkerung z.T. erhebl. verschlechterte, u. fehlende Antworten der etablierten Parteien auf diese gesellschaftl. Herausforderungen bewirkten eine Popularisierung der NSDAP u. der von ihr propagierten Politik. In das Rostocker Stadtparlament zog die NSDAP erstmals 1930 ein. Bei den Wahlen am 16.11. war sie nach der SPD (26 von 66 Sitzen) mit 16 Sitzen die zweitstärkste kommunalpolit. Kraft geworden. Im Frühjahr 1933 – einige Wochen nach der Machtübernahme Hitlers – stimmte mehr als ein Drittel der wahlberechtigten Bevölkerung Rostocks (35,7%) für die Nationalsozialisten. Auch in Rostock übernahm die NSDAP in einem längeren, bis Mitte der 1930er-Jahre andauernden Prozess die Schaltstellen in der Kommunalpolitik u. besetzte die wichtigsten Positionen in allen Bereichen des öffentl. Lebens (sog. Gleichschaltung). Ihre polit. Gegner – vor allem aus den Reihen der Gewerkschaften, der SPD u. der KPD, aber auch Vertreter bürgerl. Parteien – schalteten die Nationalsozialisten, oft unter Rechtsbeugung sowie unter Anwendung von Willkür u. Gewalt, fast vollständig aus. Am 1.4.1935 trat Walter Volgmann als → Oberbürgermeister an die Spitze der Stadt, die er bis zum Kriegsende auf der Grundlage der Dt. Gemeindeordnung vom Jan. 1935 nach dem Führerprinzip alleinverantwortl. regierte. Unter seiner Leitung wurde die Einbeziehung der städt. Wirtschaft in die Rüstungspläne der Nationalsozialisten zur Vorbereitung u. Durchführung eines Angriffskrieges, der die Eroberung weiter Teile Europas ermöglichen sollte, intensiv weiter vorangetrieben. Gleichzeitig wurden die dem N. innewohnenden antisemit. Ressentiments u. Anfeindungen erhebl. intensiviert, die in der Reichspogromnacht 1938 u. dem Holocaust (1942–45) gipfelten. Daneben wurden auch Rostocker Sinti u. Roma sowie Homosexuelle verfolgt u. mehrheitl. in den Jahren des II. Weltkrieges in Vernichtungslagern ermordet.

Im Jahre 1939 gab es in Rostock 21 Ortsgruppen (i.d.R. Stadtteil- bzw. Betriebsgruppen) der NSDAP mit insgesamt 9214 Mitgliedern (7,8% der Bevölkerung). Im Krieg stieg ihre Zahl auf 26%. In der Stadt hatten die SA-Brigade 11 mit der SA-Standarte 90 (drei Sturmbanne), mit der SA-Marine-Standarte 4 (ein Sturmbann), mit einem SA-Nachrichtensturm u. mit vier SA-Reiter-Stürmen sowie mit der SA-Sanitätsbrigade 11 ihren Sitz, wie auch die 111. Motorstandarte des NS-Kraftfahrerkorps (NSKK), die Hitlerjugend (HJ)-Banne 90 u. 757 sowie der SS-Sturmbann III/22 (mit drei Stürmen u. einem Sanitätssturm). Zudem gab es in der Stadt Kreisverwaltungen, Ämter, Hauptstellen u. vor allem Ortsgruppen aller nationalsozialist. Organisationen u. Verbände. U.a. mit diesen Strukturen, die auf der Parteiebene bis in Straßenzüge u. Häuser hineinreichten (NSDAP-Blockleiter, umgangssprachl. „Blockwart"), konnten die Nationalsozialisten nahezu alle Bürgerinnen u. Bürger kontrollieren u. bespitzeln sowie das Zusammenleben der Menschen führen u. organisieren (so z.B. die soziale Betreuung, Hilfsmaßnahmen im Zusammenhang mit direkten Kriegseinwirkungen, die Rationierung von Lebensmitteln, aber auch die Deportation jüd. Mitbürger od. die Denunziation von Gegnern des Regimes). Auf diese Weise durchdrangen u. beherrschten sie schließl. das gesamte Leben in Rostock wie in Dtl.

Meckl. bevölkerungsreichste u. ab 1935 einzige Großstadt mit dem bedeutendsten (rüstungs-)wirtschaftl. Potenzial genoss bei der NSDAP-Gauleitung sowie beim Reichstatthalter einen besonderen Stellenwert. Deshalb wurde 1933 in Rostock der symbolträchtige Festakt der Vereinigung beider Meckl. durchgeführt. Auch zwei der insgesamt drei meckl. Gautage der NSDAP (1936 u. 1939) wurden nicht in der Landeshauptstadt Schwerin, sondern in Rostock abgehalten. Für die typ. Massenrituale der NSDAP schuf man am Rande der Barnstorfer Anlagen die einzige Thingstätte Meckl. u. später das auch einzige, nach dem Vorbild des Reichsparteitagsgeländes in Nürnberg konzipierte Aufmarschgelände des Landes.

Während des II. → Weltkriegs, vor allem unter dem Einfluss alliierter Bombenangriffe auf dt. Städte u. der Nachrichten von Niederlagen der Wehrmacht an allen Fronten, nahm der Druck des nationalsozialist. Regimes auf die Bevölkerung nochmals zu

Neuer Markt (um 1935)

(u.a. „Totaler Krieg" ab 1943, Verfolgungs- u. Strafmaßnahmen in Reaktion auf das Hitlerattentat u. den Umsturzversuch vom 20.7.1944). In der Folge regierte es zunehmend mit terrorist. Maßnahmen. Angesichts des zu erwartenden Einmarsches der Roten Armee flohen im Frühjahr 1945 die regionalen Führer der NSDAP, ihrer Organisationen u. Verbände sowie weitere exponierte Nationalsozialisten mit ihren Familien aus Rostock u. begaben sich auf dem See- wie auf dem Landweg massenhaft in von den westl. Alliierten besetzte Gebiete Dtl. u. nach Dänemark. Am 1.5.1945 beendeten sowjet. Truppen die Herrschaft des N. in Rostock. Einige der in der Stadt gebliebenen Nationalsozialisten wurden von den Besatzungsbehörden u. vom sowjet. Geheimdienst unmittelbar darauf willkürlich interniert u. teilweise in die UdSSR deportiert. In Lagern, so in Fünfeichen/Neubrandenburg, starben viele von ihnen an den Folgen von Hunger u. Krankheiten. Andere wurden in der Nachkriegszeit einem → Entnazifizierungs-Prozess unterzogen, wie Karl Dau, den ein Bielefelder Spruchgericht als „Mitläufer" klassifizierte u. prakt. von persönl. Schuld freisprach. Der NSDAP-Parteigründer in Rostock, Walter Stopperam, starb in einem US-amerikan. Internierungslager. Die beiden ranghöchsten Vertreter des N. in der Stadt, Volgmann u. Dettmann, setzten am 1.5.1945 in Rostock bzw. in Wismar ihrem Leben durch Selbsttötung ein Ende.

Seit 1945 sind in Dtl. das Verwenden nationalsozialist. Symbole u. die polit. Betätigung im Sinne des N. verboten, entsprechendes Gedankengut wird jedoch weiterhin von rechtsnationalen sowie rechtsextremist. Gruppen, Vereinigungen u. Parteien gepflegt.

Lit.: *B. Behrens: Mit Hitler zur Macht. Aufstieg des Nationalsozialismus in Mecklenburg und Lübeck 1922–1933, Rostock 1998; M. Buddrus, S. Fritzlar: Die Städte Mecklenburgs im Dritten Reich. Ein Handbuch zur Stadtentwicklung im Nationalsozialismus, ergänzt durch ein biographisches Lexikon der Bürgermeister, Stadträte und Ratsherren, Bremen 2011; K. Schröder (Hg.): Rostocks Stadtgeschichte von den Anfängen bis in die Gegenwart, Rostock 2013.* MB

NAVIGATIONS- UND SEEMASCHINISTENSCHULE. Die Navigationsschule in Rostock wurde am 13.11.1854 eröffnet, um mit der Ausbildung von

Navigationsschule (um 1899)

Kapitänen u. Steuerleuten zu beginnen. Mit der Zunahme der Dampfschifffahrt kam der Beruf des Seemaschinisten auf, dessen Arbeitsfeld die Bedienung, Pflege u. Reparatur von Dampfmaschinen umfasste. Gesetzl. Bestimmungen u. die steigende Nachfrage nach qualifizierten Arbeitskräften führten 1899 zur Gründung einer städt. finanzierten Seemaschinistenschule. Beide Institutionen fusionierten 1900 zur N. 1907 wurde die Berufsbezeichnung Schiffsingenieur eingeführt u. mit deren Ausbildung begonnen.

Die letzten Kapitäne u. Steuerleute verließen 1919 die Rostocker N. 1921 endete auch die Ausbildung von Seemaschinisten u. Schiffsingenieuren. Die N. wurde geschlossen und nach Wustrow, später nach Warnemünde (→ Ingenieurhochschule für Seefahrt Warnemünde/Wustrow) verlagert. Das Gebäude der N. existiert noch heute und befindet sich im Friedhofsweg 28.

Lit.: *B. Soeken: Die Navigations- und Maschinistenschule, in: Festschrift der XXVI. Versammlung des Deutschen Vereins für öffentliche Gesundheitspflege, Rostock 1901, S. 297–300; J. Mense: Maritimes Lehren und Lernen in Rostock. Die Seemaschinistenausbildung, in: Wissenschaftliche Zeitschrift der Universität Rostock. N-Reihe, Jg. 39, H. 7/8, Rostock 1990, S. 38–47; H.-J. Marnau: Die Ausbildung von technischen Seeschiffsoffizieren in Mecklenburg, in: Das Nordlicht, H. 55, Rostock 2007, S. 6–13.* RP

NEPTUNSCHWIMMHALLE. Auf Beschluss der Regierung der DDR zwischen Juni 1950 u. Herbst 1955 errichtete Sportstätte mit einem 25-m-Schwimm- u. einem Sprungbecken, die 1958 um ein Freischwimmerbecken u. 1971 um einen Seitenflügel mit 50-m-Schwimmbecken erweitert wurde. Bei der Einweihung am 7.10.1955 galt die N. als die modernste, internationalen Wettkampfnormen entsprechende Schwimmsporteinrichtung der DDR u. ist seitdem Austragungsort zahlreicher nationaler wie internationaler Wettbewerbe u. Meisterschaften, u. a. des → Springertages, gewesen. RL

Schwimmunterricht (1964)

NEPTUNWERFT. Die Aktien-Gesellschaft Neptun, ein Zusammenschluss mehrerer renommierter Rostocker Werften, wurde am 23.12.1890 gegründet. Die Schiffbauhallen, Werkstätten, Docks u. Ausrüstungskais der Werft lagen nördl. der → Kröpeliner-Tor-Vorstadt, zwischen Hamburger Str. u. der Warnow, dem sog. Werftdreieck. Vorstandsvorsitzender des Unternehmens war Gerhard Barg. 1890–95 entstanden jährl. zwei bis vier Neubauten. 1904 wurden bereits 16 Schiffe gefertigt. Große Streiks, wie z. B. 1905, minderten die Bilanz. Zu den bekanntesten Neubauten zählten das kombinierte Fracht- u. Passagierschiff PRINZ SIGISMUND, die KRONPRINZ WILHELM (→ Ausflugsdampfer) u. der Schraubenfrachtdampfer GRETE CORDS, das spätere → Pionierschiff VORWÄRTS. Neben Dampfschiffen baute die Werft bis zu fünf Segeljachten im Jahr. Außerdem hatte sich die N. bis 1900 zum größten Dampfmaschinenproduzenten in Norddtl. entwickelt. 1913 hatte die Werft 1960 Beschäftigte. Viele wohnten in der Kröpeliner-Tor-Vorstadt.

Während des I. → Weltkriegs wurden auf der N. Minensuch- u. U-Boote gebaut sowie Torpedoboote repariert. Die Beschränkungen des dt. Schiffbaus durch den Versailler Vertrag 1919 u. die Jahre der Inflation (1920–23) bedrohten die Existenz der Werft. Besserung brachten 1926 mehrere Schiffsneubauten für die Sowjetunion. Ab 1927 gehörte die Werft zur Dt. Schiff- u. Maschinenbau AG (Deschimag). Während der Weltwirtschaftskrise (1929–33) war die Existenz der N. erneut bedroht. 1931 retteten sieben Schiffsneubauten für die Sowjetunion die Werft abermals vor dem Bankrott. Ein Jahr später, am 10.10.1932, meldete die N. Konkurs an. Die Zahl der Arbeitskräfte war innerhalb eines Jahres von knapp 500 (1931) auf ca. 100 (1932) gesunken. Staatl. subventionierte Abwrackarbeiten verhinderten allerdings die endgültige Schließung. Infolge eines Zwangsvergleichsverfahrens wurde die Aktien-Gesellschaft Neptun Schiffswerft u. Maschinenfabrik 1934 aufgelöst und in die Neptunwerft Rostock Schiffswerft u. Maschinenfabrik GmbH überführt. Neben dem Schiffsneubau etablierte sich die N. im Beton- u. Stahlhochbau sowie als Zulieferer für den → Flugzeugbau. Mit dem Bau von Kriegsschiffen verließ die Werft 1937 erstmals die „roten Zahlen".

Während des II. Weltkriegs bildete die N. zusammen mit den → Ernst Heinkel Flugzeugwerken einen Schwerpunkt der Rüstungsindustrie in Rostock. Ca. 3000 dt. Arbeiter u. Angestellte sowie etwa 1400 ausländ. → Zwangsarbeiter u. → Kriegsgefangene

Neptunwerft (2015)

bauten hier ab 1941 U-Boote u. Minensuchschiffe. Nach Kriegsende wurde die Werft in die Sowjet. Aktiengesellschaft (SAG) Neptun umgewandelt; in den Folgejahren wurden vorwiegend Reparationsleistungen für die Sowjetunion durchgeführt. Dazu gehörten Neubauten von Hebeschiffen u. Loggern sowie Umbauten von Zerstörern, Eisbrechern, Fracht- u. Fischdampfern. Erster Direktor war der Rostocker Konstrukteur Meno Dietrich Schnappauff, der von Juni 1945 bis 1947 die N. leitete.

1953 kaufte die DDR alle SAG-Betriebe von der UdSSR zurück. Die N. erhielt den Namen VEB Schiffswerft Neptun. Direktor wurde Oskar Herzig, der sie bis 1959 leitete. Ihm folgte Kurt → Dunkelmann. 1954 wurde die bereits 1949 unter Treuhand gestellte Schiffs- u. Bootswerft Max Rohde der N. angegliedert. In den folgenden Jahrzehnten wurden vor allem Frachtschiffe, Fischlogger, Hebeschiffe, Feuerlöschboote, Fähren, Schlepper, Forschungsschiffe, RORO-Frachter, Schwimmkräne u. Mehrzweckcontainer-Frachter gefertigt. Im Spezialschiffbau hatte sich die Werft insbesondere durch die Fertigung von Eisenbahn-Kraftfahrzeugfähren, wie der SASSNITZ und der WARNEMÜNDE, sowie von Eimerketten-Schwimmbaggern einen Namen gemacht. Viele Schiffe gingen in die Sowjetunion, aber auch in die BRD u. nach Norwegen. 1972 wurde die Abteilung Konsumgüterproduktion gebildet; bis 1989 wurden ca. 400 000 Frühstücksbrettchen, Klappbetten, Gartenbänke usw. für die Versorgung der Bevölkerung hergestellt. Zur N. gehörten eine Reparaturwerft für Militärschiffe in Gehlsdorf, ein Betriebsteil im Patriotischen Weg, eine Kfz-Werkstatt in der Budapester Str. sowie der Betriebssportplatz Rote Erde in der Hans-Sachs-Allee. 1989 hatte die Werft über 7000 Beschäftigte.

Nach dem Zusammenbruch der DDR 1989/90 gehörte die Werft zum Bremer Vulkan-Verbund u. musste 1991 aufgrund von EU-Beschränkungen den Schiffsneubau einstellen. 1993 erfolgte die Umfirmierung zur Neptun Industrie Rostock GmbH, 1997 wurde das Unternehmen Teil der Meyer-Werft-Unternehmensgruppe. Seit 2000 ist die N. in Warnemünde zu Hause u. auf den Neubau von Binnenschiffen, wie z.B. der A-ROSA BELLA, die keinen EU-Beschränkungen unterliegen, spezialisiert. Schiffsreparaturen u. die Herstellung von Schiffsausrüstungen gehören ebenfalls zum Profil. Seit 2006 heißt sie Neptun Werft GmbH. Sie beschäftigte 2016 etwa 525 Mitarbeiter. Die N. baute seit ihrer Gründung etwa 1500 Schiffe.

Lit.: *I. Wendt: Vom Abwrack- zum Kriegsschiff. Zur Entwicklung der Rüstungsindustrie in Rostock 1933 bis 1939 unter besonderer Berücksichtigung der Neptunwerft, in: Beiträge zur Geschichte der Stadt Rostock, N.F., H. 10, Rostock 1990, S. 41–51; J. Stahl: Neptunwerft – ein Rostocker Unternehmen im Wandel der Zeit, Rostock 1995.* KM

NETTELBLADT, HEINRICH. Jurist, Ratsherr, Bürgermeister (8.3.1715 Rostock–26.3.1761 Rostock); Sohn eines Kaufmanns u. Ratsherren, studierte Jura u. Philosophie u.a. in Rostock, Greifswald u. Leipzig; nach der Promotion Advokat u. Dozent in Rostock; 1746 Wahl zum Ratsherren, 1756 zu einem von drei Bürgermeistern gewählt. Im → Siebenjährigen Krieg machte er sich in diplomat. Mission um die Geschicke der Stadt verdient. Mit seiner „Abhandlung von dem Ursprunge der Stadt Rostock Gerechtsame und der ersteren Verfassung in weltlichen Sachen bis auf das Jahr 1358“ gab er eine sachl. wie selbstbewusste Replik auf die → Erbverträge mit den meckl. Landesherren u. die Auseinandersetzungen der Stadt mit deren absolutist. Machtstreben. Die Arbeit fasste erstmals das Rostocker → Stadtrecht zusammen u. galt bis ins frühe 20. Jh. als Grundlagenwerk für die Sicherung der kommunalen Selbstverwaltung Rostocks.

Lit.: *W. Passig: Der Rechtsgelehrte – Heinrich Nettelbladt, in: Stadt meines Lebens. 22 Rostocker Lebensbilder, Rostock 2008, S. 31–39.* RL

NEUER FRIEDHOF → FRIEDHOFSWESEN

NEUER MARKT. Das Zusammenwachsen der drei Teilstädte (Altstadt, Mittelstadt u. Neustadt) seit 1252 fand 1262 seinen Abschluss in der Anordnung des Stadtherrn Heinrich Borwin III., dass zukünftig nur noch ein Rat u. Gericht in Rostock bestehen sollten. Der Beschluss von 1265, nach dem der einheitl. Rat u. das von ihm bestimmte gemeinsame Gericht in der Mittelstadt angesiedelt werden

Auf dem Neuen Markt (um 1940)

sollten, führte zur Aufwertung des N. zum wichtigsten Platz der Stadt, auf dem auch der Hauptmarkt für landwirtschaftl. Erzeugnisse abgehalten wurde. Der Markt mit einem fast quadrat. Grundriss von 90×80 m dürfte gleichzeitig mit der Mittelstadt in den 1220er-Jahren abgesteckt worden sein. Dendrochronolog. Daten datieren ihn auf die 2. Hälfte der 1230er-Jahre. Das älteste archäolog. nachgewiesene Rat- od. besser Kaufhaus mit den diversen Verkaufsständen lag in der Mitte des N. u. hat noch bis in das 14. Jh. hinein existiert. Erst im späten 13. Jh. entstand das Doppelhaus, der Kernbau des heutigen → Rathauses, an der Ostseite des N. Um den N. erbauten wohlhabende Rostocker Kaufleute ihre Wohn- u. Geschäftshäuser. Auf dem Platz stand der → Kaak u. seit dem 15. Jh. wohl auch der Mittelstädt. Born, der nach 1618 zu einer regelrechten Wasserkunst umgebaut wurde.

Im II. Weltkrieg an der Nord- u. Südseite schwer, an der Westseite leicht zerstört, stand der Wiederaufbau ganz oben auf der Prioritätenliste. Dennoch wurden 1959 die drei verbliebenen Häuser der Nordseite ganz abgeräumt, um den Anschluss an die neu errichtete Magistrale → Lange Str. zu gewährleisten. An der Südseite entstanden 1953–55 für die Post groß dimensionierte Neubauten mit barock anmutenden Giebeln. 1952–91 hieß der N. Ernst-Thälmann-Platz. Der Wochenmarkt wurde 1958 zum Glatten Aal verlegt. Während der DDR-Zeit vorwiegend als Parkplatz genutzt, ist der N. heute Fußgängerzone u. wird – seit 1994 wieder mit Kopfsteinpflaster versehen – als Verkaufs- u. Veranstaltungsmarkt genutzt. Der sog. Möwenbrunnen – 2001 vom Künstler Waldemar Otto errichtet – wurde kontrovers diskutiert. Die Schließung der Baulücke zwischen der St.-Marien-Kirche u. dem Rathaus ist in Planung.

Lit.: *R. Mulsow, G. Reichelt: Das alte Gesicht des Neuen Marktes – archäologische Untersuchungen auf dem Markt der Rostocker Mittelstadt, in: Archäologische Berichte aus Mecklenburg-Vorpommern, Bd. 8, Waren/Müritz 2001, S. 161–174; E. Münch, R. Mulsow: Das alte Rostock und seine Straßen, 2. Aufl., Rostock 2010.* KJLS

NEUER STROM → SEEKANAL

NEUMANN, WALTHER. Schulrektor, Kommunalpolitiker, Schriftsteller (8. 8. 1888 Rostock – 13. 6. 1951 Berlin); nach dem Abitur Studium in Rostock u. München, 1911 Staatsexamen in Latein, Griechisch u. Geschichte, 1913 Promotion an der Uni Rostock;

ab 1918 Gymnasiallehrer in Schwerin, 1924 Berufung zum Rektor der → Großen Stadtschule; nach dem II. Weltkrieg Kreis- u. Fraktionsvorsitzender der CDU im Rostocker Stadtparlament, nach öffentl. polit. Diffamierung 1948 Rücktritt als Rektor, 1950 auch von den polit. Ämtern u. Ausscheiden aus dem Schuldienst, 1950 Mitarbeiter an der Dt. Akademie der Wissenschaften zu Berlin.
Lit.: *J. Scharnhorst: Dr. Walther Neumann, in: 1580–2005. 425 Jahre Große Stadtschule, Rostock 2005, S. 111–122.* RL

NIEDERDEUTSCH → SPRACHE

NIEDERDEUTSCHE BÜHNE ROSTOCK. Im Jahre 1920 von Karl → Krickeberg gegründete u. von allen plattdt. Vereinen der Stadt getragene Laienschauspielgruppe zur Aufführung von Theaterstücken in niederdt. Sprache. Nachdem während des II. Weltkrieges die erfolgreiche Arbeit der Anfangsjahre zum Erliegen gekommen war, nahm das Theater 1946 unter Hilde Neumann seine Tätigkeit wieder auf. Die populäre Bühne, 1957–2003 unter Leitung des Physikers Dr. Dietrich Dahl, führte zahlreiche Stücke auf, hatte Gastspiele in vielen Orten Meckl.-Vorpommerns, aber in den 1950er-Jahren sogar in Schleswig-Holstein u. nach 1990 auch in Niedersachsen u. Hamburg. 1955–90 fanden ihre Aufführungen im Kultursaal der Post statt. Später nutzte das Ensemble das Theater am Stadthafen; gegenwärtig sind seine Inszenierungen auf der Bühne 602 (Warnowufer) zu sehen. 1972 erhielt die zu den ältesten noch tätigen Kultureinrichtungen der Stadt zählende N. den Kulturpreis der Stadt Rostock. Heute ist die N. ein e.V., dem 15 Mitglieder angehören. RL

NIENHAGEN. Ehem. Bauerndorf in Toitenwinkel. Urkundl. Ersterwähnung im Jahr 1296 (laut Fälschung aus dem 16. Jh. bereits seit 1262 im adligen Besitz der Moltkes); eingepfarrt nach Toitenwinkel; nach Zerstörung im Dreißigjährigen Krieg Umgestaltung des Bauerndorfes zum Gutsdorf; seit 1781 domaniales Pachtgut; nach 1945 Aufsiedlung u. Sitz der LPG Goldene Ähre; 1960 nach Rostock eingemeindet; nach 1990 Erweiterung durch Neubauten u. Abriss des Gutshauses (2001).
Lit: *E. Münch: Toitenwinkel und Rostock. Zur Geschichte einer Haßliebe, Schwerin 2002.* EM

NIKOLAIKIRCHE → KIRCHE ST. NIKOLAI

NIKOLAUS. Fürst v. Rostock (vor 1164–25.5.1200 Waschow nahe Wittenburg); folgte ca. 1183 unter dän. Einfluss nach Auseinandersetzungen mit seinem Cousin → Heinrich Borwin I. als Herrscher im Ostteil Meckl. mit Sitz in Rostock; 1186 Wiedergründer des Zisterzienserklosters in Doberan; etwa gleichzeitig als Landesherr „Gründer" der werdenden Stadt Rostock (Urkunde von 1189); fiel in der Schlacht von Waschow bei Wittenburg. Als Sohn des vom Sachsenherzog Heinrich dem Löwen 1164 vor Malchow hingerichteten Fürsten Wartislaw in der traditionellen Landesgeschichtsschreibung unterschätzt.
Lit.: *F. Ruchhöft: Heinrich Borwin I., in: Biographisches Lexikon für Mecklenburg, Bd. 8, Schwerin 2016, S. 144f.* EM

NIKOLAUS DAS KIND. Herr v. Rostock (1270/80–25.11.1314 Rostock); folgte noch unmündig (bis ca. 1291/94) seinem 1282 verstorbenen Vater → Waldemar v. Rostock; Konflikte mit den Nachbarn (insbesondere Brandenburg) durch verfehlte Heiratsprojekte u. Einfluss seiner Berater (u.a. Moltkes auf Toitenwinkel) bewogen ihn, seine Herrschaft von Dänemark als Lehen zu nehmen; als Spielball der Parteien im Kampf um das aufstrebende Rostock zunehmend bedeutungslos; ohne männl. Nachkommen fielen nach seinem Tod Stadt u. Herrschaft Rostock an → Heinrich II. (den Löwen) v. Mecklenburg. Der Beiname „das Kind" datiert bereits aus dem 14. Jh. Er reflektiert die Vormundschaftsregelung, den frühen Tod, aber auch die N. nachgesagte Unvernunft seiner Entscheidungen. Seine Grablege befand sich im Rostocker → Kloster St. Johannis.
Lit.: *H. Bei der Wieden: Nikolaus von Rostock und sein Beiname „das Kind", in: Beiträge zur Geschichte der Stadt Rostock, Bd. 29, Rostock 2007, S. 137–152.* EM

NORDDEUTSCHE NEUESTE NACHRICHTEN → PRESSE

NORDDEUTSCHE PHILHARMONIE ROSTOCK. Die N. trägt ihren Namen seit dem 1.8.1990. Die Wurzeln

Theaterplakat (1961)

einer Orchesterkultur (→ Musikleben) in Rostock reichen weit zurück. 1897 wurde mit der Gründung des Rostocker Stadt- u. Theaterorchesters eine neue Ära der Orchestergeschichte der Stadt eingeleitet u. der Grundstein für die heutige Qualität u. Leistungsfähigkeit der N. gelegt. Nachdem Generalmusikdirektor (GMD) Gerd → Puls ab 1957 in seiner fast 35 Jahre währenden Amtszeit das Städt. Orchester (ab 1960 Philharmon. Orchester Rostock) zu einem Klangkörper von Niveau aufgebaut hatte, ließ GMD Michael Zilm in den Nachwendejahren mit einer ambitionierten Programmgestaltung aufhorchen, wofür das Orchester mit dem Preis des Dt. Musikverlegerverbandes ausgezeichnet wurde. Seit Ende der 1990er-Jahre prägten Michail Jurowski, Wolf-Dieter Hauschild, Peter Leonard u. der Schwede Niklas Willén als GMD u. Chefdirigenten sowie Bernhard Klee als Gastdirigent das Konzertwesen. Mit Beginn der Spielzeit 2011/12 übernahm der Österreicher Florian Krumpöck den Taktstock als Rostocker Chefdirigent u. GMD. Im Volkstheater präsentierte sich das Orchester auch in den Bereichen Musik- u. Tanztheater, spielte als Gründungsmitglied der Europ. FilmPhilharmonie Musik zu etl. Filmen ein u. stellte innovative Filmmusikprojekte zu Filmen wie Fritz Langs „Metropolis“ u.a. vor. Bemerkenswert ist das seit einigen Jahren zunehmende Engagement bei Angeboten für das junge Publikum. Über reguläre Kinder- u. Jugendkonzerte hinaus unternimmt der Klangkörper zahlreiche Aktivitäten, um die junge Generation mit klass. Musik bekannt zu machen. Die Orchesterpatenschaft mit dem Jugendsymphonieorchester des Konservatoriums Rudolf → Wagner-Régeny schafft enge Verbindungen zu anderen Einrichtungen in der Stadt, ebenso die Kooperation mit der Hochschule für Musik u. Theater Rostock. Die N. ist aktuell der größte Klangkörper des Landes Meckl.-Vorpommern.

Lit.: G. Puls, H.-J. Staszak: Von der Bürgerkapelle zur Norddeutschen Philharmonie, Rostock 1997. HM

NORDDEUTSCHER RUNDFUNK → FERNSEHEN → RUNDFUNK

NORDEX SE. Börsennotiertes Unternehmen der Windenergiebranche (→ Windkraft). Es wurde 1985 in Dänemark gegründet u. operiert weltweit. Kerngeschäft sind die Fertigung, Errichtung u. Wartung von Windkraftanlagen. Die Hauptproduktionsstätte befindet sich am Stammsitz in Rostock. Hier hatte N. 1999 das → Dieselmotorenwerk übernommen u. zum Hauptwerk ausgebaut. Ein zwei-

In luftiger Höhe (2008)

ter Produktionsstandort liegt südl. des Überseehafens. 2011 verlegte N. seinen Unternehmenssitz nach Hamburg. N. hat Zweigniederlassungen u. Tochtergesellschaften in 19 Staaten. Mit einem Umsatz von 3,1 Mrd. € war N. 2017 das umsatzstärkste Unternehmen in Meckl.-Vorpommern. Im Apr. 2016 übernahm das Unternehmen die Windenergiesparte des span. Konzerns Acciona.

Lit.: *R. Czerwenka: Die unendliche Kraft des Windes, in: Rostock zwischen zwei Sommern. Ein Almanach 2001/2002, Rostock 2002, S. 12f.* KM

NORDISCHE DRAHT- U. EISENFABRIK (eigentl. Nordische Eisen- u. Drahtindustrie Nord-Draht GmbH). Aus den Werkstätten von Schulz & Willert im Glockengießerhof am Steintor hervorgegangen; 1913 von Friedrich Moncke u. Friedrich Wilhem Schwiedeps gegründetes Unternehmen zur Herstellung von Drahtgeflechten, Stahlfenstern u. Stahlskelettbauten. Die 1914 an der Werftstr. eröffneten modernen Produktionsstätten wurden im Sommer 1933 auf Antrag von Gläubigern verkauft, die insolvente Firma im Nov. desselben Jahres liquidiert. RL

NORDISCHER KRIEG. Der 1700–21 um die Vorherrschaft im Ostseeraum geführte Krieg zwischen den verbündeten Mächten Russland, Dänemark-Norwegen u. Sachsen-Polen auf der einen u. Schweden auf der anderen Seite führte zur mehrfachen Besetzung Rostocks. Im Aug. 1711 drangen dän. Truppen unter König Friedrich IV. v. Dänemark ein u. legten eine → Garnison von 600 Mann in die Stadt. Getreidemagazine wurden errichtet u. Einquartierungen befohlen.

Als die Schweden im Nov. 1712 auf Meckl. vorrückten, räumten die Dänen die Stadt. Schwed. Soldaten unter General Magnus Stenbock zogen ein. Rostock erhielt eine Garnison von ca. 1000 Mann, die es zu verpflegen galt. Darüber hinaus hatte man vorbeiziehende schwed. Verbände mit Lebensmitteln, Korn u. Pferden zu versorgen. Im Frühjahr 1716 erschien Zar Peter I. mit einer Armee vor den Stadttoren, um nach Schweden überzusetzen. Rostock wurde gezwungen, eine große Anzahl an Transportschiffen bereitzustellen. In Warnemünde lagerten in jenen Tagen 7000 Mann, die versorgt werden mussten. Mit dem Fall der schwed. Festung Wismar endeten die Kriegshandlungen in Meckl. 1716. Trotz der Niederlage Schwedens verblieb der Warnemünder Zoll nach dem Friedensschluss von 1721 jedoch in schwed. Hand.

Lit.: *K.-H. Steinbruch: Der Nordische Krieg in Mecklenburg, in: Schwedenzeit, Wismar 1998, S. 38–54; R. Stutz (Hg.): 300 Jahre Schlacht bei Gadebusch. Internationale Tagung vom 12. bis 14. Oktober 2012 in Gadebusch, Greifswald 2014.* RS

NOVEMBERREVOLUTION. Dtl.-weite Erhebung gegen den I. → Weltkrieg, die zum Sturz der Monarchie u. zur Gründung der Weimarer Republik führte. In Rostock begann die N. am 5.11.1918, wenige Stunden nachdem Torpedoboote aus Kiel im Hafen von Warnemünde eingetroffen waren. Den Soldaten schlossen sich nur einen Tag später die Arbeiter der → Neptunwerft u. die Beschäftigten der Maschinenfabrik → Dolberg an. In einem Demonstrationszug begaben sie sich zum Gewerkschaftshaus Philharmonie im Patriotischen Weg. Auf der dortigen Kundgebung wurden Frieden, die Einführung des allgemeinen Wahlrechts u. eine bessere Versorgung mit Lebensmitteln gefordert. Am Abend erklärten sich die Rostocker Infanterieeinheiten solidarisch. Neben den Arbeitern u. Soldaten organisierten sich auch die Bürger. Gemeinsam mit dem Arbeiter- u. dem Soldatenrat, dem der Sozialdemokrat Julius Asch vorstand, u. einzelnen Mitgliedern des Bürgerausschusses traten sie für eine Änderung der Stadtverfassung ein. Mitte Nov., nachdem Großherzog Friedrich Franz IV. auf den Thron verzichtet hatte u. die Stände aufgelöst worden waren, ordnete die Volksregierung in Schwerin für Rostock u. alle anderen Städte des Landes demokrat. Wahlen an. Mit deren Durchführung u. dem Zusammentritt des verfassungsgebenden Landtages endete die N. in Meckl.-Schwerin. Der Soldatenrat der Stadt Rostock löste sich im März, der dortige Arbeiterrat im Juli 1919 auf. Seit 1977 erinnert das Matrosendenkmal am Kabutzenhof an die N.

Lit.: *M. Buchsteiner: Von Städten, Gütern und Dörfern – Kommunale Strukturen in Mecklenburg-Schwerin 1918–1945, Köln 2013; M. Polzin: Novemberrevolution und Gründung der KPD in Rostock, Rostock 1968.* MB

O

OBDACHLOSENFÜRSORGE. Die O. wurde in der nachreformator. Zeit überwiegend kommunal organisiert. Mit dem Übergang zum Industriezeitalter nahm die Obdachlosigkeit stark zu. Fürsorgestellen wie das Armenkollegium (→ Armenwesen) bzw. das Wohlfahrts- u. das Polizeiamt mussten verstärkt Familien unterbringen, die zu den Umzugsterminen keine Wohnung fanden od. aus Wohnungen herausgesetzt wurden. Dabei konnte oft nur auf Notquartiere, z. B. Baracken am Petridamm u. am Neuen Strom in Warnemünde, zurückgegriffen werden, die unter der Verwaltung des Wohlfahrtsamtes standen. Seit Beginn der 1930er-Jahre wurde der Bau von Kleinstwohnungen vorangetrieben, etwa an der Nordseite der Elisabethwiese. Alleinlebende Obdachlose erhielten Gelegenheit, in Zellen u. im Keller des Polizeigebäudes zu übernachten. Der vom Polizeiamt 1925 geplante Bau eines massiven Obdachlosengebäudes wurde nicht umgesetzt. Mütter mit Säuglingen kamen in Rostock im Obdachlosenraum des Säuglings- u. Kinderheims unter. Während der NS-Zeit u. in der DDR wurde die Obdachlosigkeit durch verschiedene Maßnahmen beseitigt. Nach dem Zusammenbruch der DDR 1989/90 trat das Phänomen der Obdachlosigkeit wieder auf. Heute gibt es ein vergleichsweise gutes Versorgungssystem für Obdachlose durch Vereine (Rostocker Stadtmission e. V., Obdachlosenhilfe e. V., Wohltat e. V.). Nachtquartiere stehen ausreichend zur Verfügung. Seit 2012 besteht ein Pflegeheim für Obdachlose. Zur O. gehören u. a. Fürsorgehäuser, Wärmehallen, → Suppenküchen, Kältebusse, die → Rostocker Tafel, gesundheitl. Grundversorgung u. Straßensozialdienst. Eine Rostocker Besonderheit sind die an ehem. Obdachlose vermieteten Oldiehäuser. HH

OBERBÜRGERMEISTER. In kreisfreien Städten bzw. in Kommunen mit Sonderstatus hauptamtl. Bürgermeister mit der Rechtsstellung eines Beamten auf Zeit. In Preußen 1831 eingeführt, hat die Stadt Rostock seit 1927 einen O. Dem parteilosen Dr. Ernst → Heydemann folgten bis heute, teils nur amtierend, mehr als 20 O. im Amt. Seit 2002 wird der O. mit einer Dienstzeit von sieben Jahren in einer Direktwahl von den Bürgerinnen u. Bürgern bestimmt. RL

OBERLÄNDER, HANS EMIL. Maler (10.4.1885 Rostock – 27.12.1944 Warmbrunn/Schlesien); nach einer Lehre als Dekorationsmaler Besuch der Gewerbeschule Rostock (1904–07), bis 1914 Studium der Kunst in Berlin u. Breslau; 1915 Kriegsfreiwil-

„Geschwister Ritter" (1934) von Hans Emil Oberländer

liger, 1919 Ansiedlung in Schreiberhau (Riesengebirge/Niederschlesien); wiederholte Aufenthalte in Rostock u. Ahrenshoop; u.a. Mitglied der Vereinigung Rostocker Künstler; Beteiligung an hochrangigen Ausstellungen im In- u. Ausland (in den 1920-/30er-Jahren zum Kreis der am meisten beachteten Künstler der sog. Neuen Sachlichkeit in Dtl. gehörend); zahlreiche Ehrungen (1928 Wilhelm-Schlicht-Preis der Stadt Kassel, 1929 Dürer-Stipendium der Stadt Nürnberg, 1932 Rom-Preis der Dt. Akademie Villa Massimo, 1937 Stipendium der Kunstakademie Kassel); Anfang der 1930er-Jahre Hinwendung zum Impressionismus; 1935 Jubiläumsausstellung (50. Geburtstag) in Rostock; 1937 Einstufung einiger Werke als „entartet" - Beschlagnahmung; 1944 Gelbsuchterkrankung; Benennung einer Str. nach ihm (1999).

Lit.: *R. Negendank: Doris und Hans Emil Oberländer. Ein Künstlerpaar in Ahrenshoop, Fischerhude* 2003. HL

OBERREALSCHULE → BLÜCHERSCHULE

Margarete von Oertzen

OERTZEN, MARGARETE VON. Schriftstellerin (14.10. 1854 Kowalz/Mecklenburg - 8.3.1934 Rostock); stammte aus dem meckl. Adelsgeschlecht v. Plüskow; 1873 Heirat mit Rittergutsbesitzer Friedrich v. Oertzen auf Woltow; 1899 Reise nach Ägypten u. Palästina; seit 1900 in Rostock ansässig; von der christl. Erweckungsbewegung geprägt; verfasste viele Kinder- u. Jugendbücher, aber auch Traktate für Erwachsene; 1902 Gründung des Rostocker Christl. Vereins, der seit 1907 in der heutigen August-Bebel-Str. Gemeinschaftssaal u. Buchhandlung unterhielt; seit 1915 Bundesmutter des Dt.-Frauen-Missions-Gebetsbundes. BK

Hans Joachim Pabst von Ohain (um 1935)

OHAIN, HANS JOACHIM PABST VON. Physiker (14.12. 1911 Dessau - 13.3.1998 Melbourne/Florida); ab 1930 Studium der Physik in Göttingen, Berlin u. Rostock, 1935 Promotion; seit 1934 Entwicklung propellerloser Antriebsarten für Flugzeuge; ab 1936 Weiterentwicklung des Strahltriebwerkes in Rostock (→ Ernst Heinkel Flugzeugwerke); erster strahl- bzw. düsengetriebener Flug der Welt durch eine He 178 am 27.8.1939 in Marienehe; 1947 Übersiedlung in die USA, dort bis 1979 leitender Angestellter der US Air Force im Bereich Düsenflugzeuge (Strahl- u. Nuklearantrieb; Senkrechtstart); ab 1982 Lehrtätigkeit am Research Institute der Uni Dayton/Ohio; Inhaber von 71 dt. u. internationalen Patenten; nach kontroversen öffentl. Diskussionen 2005 Namensgeber des Terminals im → Flughafen Rostock-Laage.

Lit.: V. Koos: Heinkel. Raketen- und Strahlflugzeuge, Oberhaching 2008; Ders.: Die Erfindungen des Hans Joachim Pabst von Ohain, in: Bedeutende Erfindungen aus Mecklenburg und Vorpommern, Rostock 2000, S. 63–68. VK

OLDENDORF. Ursprüngl. kleine Kossatensiedlung (Kleinstellenbesitzer) mit Fischerei an der Unterwarnow; seit der Ersterwähnung 1302 (laut Fälschung aus dem 16. Jh. bereits 1262) als Alt (Olden) Krummendorf Bestandteil des Moltke'schen bzw. Mandelslohe'schen adligen Gutskomplexes im Toitenwinkel; nach Toitenwinkel eingepfarrt; 1781 Übergang in das herzogl. Domanium; Entstehung des heutigen Ortsnamens spätestens seit Ende des Mittelalters; seit dem 19. Jh. Ausflugsziel (Oldendorfer Tannen) mit Gaststätte; 1950 nach Rostock eingemeindet; nach 1990 vor dem Bau des → Warnowtunnels zeitweiliger Autofährverkehr zwischen Oldendorf u. Schmarl.
Lit.: E. Münch: Toitenwinkel und Rostock. Zur Geschichte einer Haßliebe, Schwerin 2002. EM

OLDENDORP, JOHANN. Jurist (um 1480/1488 Hamburg – 3.6.1567 Marburg); Neffe von Albert → Krantz; ab 1504 Studium der Rechte in Rostock, Köln u. Bologna; ab 1516 Prof. in Greifswald u. Frankfurt/Oder; 1526–34 in Rostock, dann in Köln u. Marburg; Stadtsyndikus in Rostock, Lübeck u. Köln; in Rostock an der Einführung der → Reformation beteiligt; Rat des Landgrafen von Hessen Philipp I.; als Verfasser zahlreicher Werke zu Naturrecht u. humanist. Jurisprudenz einer der bedeutendsten Juristen seiner Zeit.
Lit.: S. Pettke: Lübecker Lebensläufe aus neun Jahrhunderten, Neumünster 2009, S. 272–278. WEW

ORDNUNGSKOMITEE. Nach Einmarsch der Roten Armee am 1.5.1945 von engagierten Bürgern gebildet, vorrangig frühere KPD- u. SPD-Mitglieder; den Vorsitz übernahm Hans → Mahncke (KPD); zunächst wollte man den Plünderungen der Lebensmittellager durch die Bevölkerung entgegenwirken; nach Besprechung mit dem Kommandanten Aufstellung einer Wache u. Veröffentlichung einer Bekanntmachung am 3.5.1945; in der Folgezeit Sicherung der Arbeit des Elektrizitätswerks, des Wasserwerks u. der Müllabfuhr, Organisation der Versorgung; bis Ende Mai 1945 als Beratungsstelle der arbeitenden Bevölkerung tätig, danach Eingliederung der Mitglieder in Funktionen der Stadtverwaltung. BK

OSTHAFENKURS-RENNEN. Motorsportveranstaltung mit gesamtdt. Beteiligung, 1952 Rennen für Motorräder u. Rennwagen bis Formel II (acht Rennen), 1953 Motorräder u. Rennwagen bis Formel III (sieben Rennen), 1954 Motorräder u. Sportwagen bis 1500 cm³ (fünf Rennen); 4,6 km langer Rundkurs über Gutenbergstr., Hinrichsdorfer Str., Dierkower Damm u. Petridamm; Sieger in den höchsten Klassen: 1952 Formel II Paul Greifzu (Suhl), 1953 Formel III Kurt Ahrens (Braunschweig), 1954 Sportwagen Richard Trenkel (Bündheim/Harz). BK

Start der Formel-II-Klasse in Dierkow (1952)

OSTSEE. Die O. prägte in vielfältiger Weise direkt u. indirekt die Stadt Rostock u. ihre Bewohner. Sie ist ein Nebenmeer des Atlantiks u. durch den relativ niedrigen Salzgehalt der größte geschlossene Brackwasserkörper weltweit. Der nur wenige Zentimeter hohe Tidenhub der O. wird durch Wettereinflüsse überlagert u. kaum wahrgenommen. Winterhochwässer (→ Sturmflut) überfluten aber regelmäßig relativ kleine Landbereiche in Rostock u. Warnemünde. Die Entstehung u. Entwicklung der O. ist durch eiszeitl. u. nacheiszeitl. Prozesse geprägt. Erdgeschichtl. ist die O. ein sehr junges Meer, das sich nach der letzten Vereisung im Zusammenhang mit Klimaveränderungen u. mit Hebungs- u. Senkungsvorgängen des Landes in Ausdehnung u. Ufer-

Am Strand von Ahrenshoop (2008)

linie verändert hat. Der Balt. Eisstausee bildete sich als Süßwassersee südl. des Eisschildes u. ist dann über unterschiedl. Stadien zur heutigen O. geworden. Diese Stadien werden durch das Auftreten typ. Schnecken od. Muscheln charakterisiert u. benannt.

Der Mensch hat sich nach dem Abschmelzen der Eismassen das Gebiet erschlossen u. als Sammler, Jäger u. Fischer früh Spuren hinterlassen. So wurden bei der Ausbaggerung für den Rostocker → Warnowtunnel Erdschichten mit mittelsteinzeitl. Funden angeschnitten. In der Jungsteinzeit (Neolithikum) waren die aus eiszeitl. Ablagerungen entstandenen Böden (Geschiebemergel/-lehm) eine Grundlage für die Landwirtschaft, die sich aus dem donauländ. Raum kommend erst relativ spät im Norden Europas etablieren konnte.

Auch in den nachfolgenden Zeiten war der Raum des heutigen Rostocks sehr eng mit der O. verbunden. Der Handel über den Seeweg u. über Flusssysteme etablierte sich, die Stadt blühte infolgedessen als maritimer Ort u. als Stätte des wirtschaftl., aber auch kulturellen u. ideellen Austausches auf. Die frühesten subfossilen Nachweise des Herings im Kloster St. Katharinen datieren in das 14. Jh. Der Hering der O. (→ Fischerei) war in der Zeit der → Hanse ein wichtiges Handelsgut u. trat auch in den folgenden Jh. in großer Schwankungsbreite der Bestände, aber auch zeitweise massenhaft auf. Ein solcher als Heringsperiode bezeichneter Zeitraum war letztmalig 1877–1906 zu registrieren. Die Entwicklung der Hanse ist eng mit der Nutzung des Herings verbunden. Als mittelalterl. Fastenspeise wurde er in Salz od. Salzlake konserviert. Der binnenländ. Bezug von Salz u. Holz führte zum umfängl. Ausbau von Transportwegen, die Verarbeitung des Fisches zur Internationalisierung des Handels (z. B. der Etablierung von Verarbeitungsplätzen in Südschweden). Spätmittelalterl. Rückgänge der Heringsbestände in der O. werden als ein Aspekt des Bedeutungsverlustes der Hanse angesehen.

Die O. war als Transportweg, als Nahrungs- u. Rohstofflieferant sowie als territoriales Herrschaftsgebiet vielfältigen Machtambitionen, Machtbestrebungen u. Machtkämpfen ausgesetzt. Die 2002 aufgefundenen, aber nicht mehr erhaltenen, etwa 7000 Jahre alten Einbäume von Stralsund gelten als älteste Wasserfahrzeuge des O.-raums. Sie waren mit etwa 12 m Maximallänge bereits weit entwickelt. Inwieweit sich frühe Handelsbeziehungen u. Machtkämpfe in der Ur- u. Frühgeschichte auf der O. abgespielt haben, ist weitgehend unbekannt.

Handelsbeziehungen von Anrainern der O. lassen sich aber vielfältig nachweisen. In der Geschichte war die O. Schauplatz vieler krieger. Ereignisse. Als Nord. Kriege werden mehrere militär. Konflikte, die um die Vorherrschaft im O.-raum 1554–1721 geführt wurden, bezeichnet. Auch im I. u. II. Weltkrieg war die O. Kriegsschauplatz.

Im Ergebnis des II. Weltkrieges wurde Rostock als Teil der Sowjet. Besatzungszone u. ab 1949 als Stadt in der DDR hinsichtl. der Nutzung der O. reglementiert. Der Strandbereich unterlag als Grenzgebiet militär. u. polizeil. Kontrolle. Der Bezirk Rostock war als O.-bezirk eine Verwaltungseinheit entlang der O.-küste auf dem Gebiet des späteren Meckl.-Vorpommerns. Gegenwärtig ist die multifunktionelle Nutzung der O. als Wirtschaftsraum, aber auch als Erholungs- u. Sportgebiet prägend. Traditionelle Feste waren u. sind durch die Nähe der Stadt zur O. entstanden. Die → Ostseewoche wurde 1958–75 als jährl. wiederkehrende, internationale Festwoche begangen. Seit 1991 ist die → Hanse Sail zum wichtigen Wirtschaftsfaktor geworden. Forschungseinrichtungen, wie das → Institut für Ostseeforschung in Warnemünde, der Bereich Meeresbiologie des Instituts für Biowissenschaften an der Uni Rostock u. das → Thünen-Institut für Ostseefischerei in Rostock-Marienehe, befassen sich mit verschiedenen Aspekten der O.

Lit.: *P. Hupfer: Die Ostsee – kleines Meer mit großen Problemen, 5. Aufl., Stuttgart 2010; H. Küster: Die Ostsee – Eine Natur- und Kulturgeschichte, München 2002; M. North: Geschichte der Ostsee – Handel und Kulturen, München 2011; C. Neidhart: Ostsee. Das Meer in unserer Mitte, Hamburg 2003.* HB

OSTSEESTADION. Sportstätte auf dem Gelände des 1938 entstandenen NS-Aufmarschgeländes, unter Einbeziehung von Teilen seiner Bauten (v. a. an der Nordseite) u. des Baumaterials im Wesentl. 1950–56 errichtet. Nachdem die ersten Arbeiten wegen des Fehlens kommunaler sowie staatl. Gelder u. Baukapazitäten Ende 1951 ins Stocken geraten waren, wurden ab 1952 Spenden u. Lottogelder eingeworben u. mehr als 16 000 Rostocker leisteten im Rahmen des Nationalen Aufbauwerkes (NAW) 236 000 Stunden freiwillige u. unentgeltl. Arbeit (Geldwert:

Kundgebung anlässlich des 1. Mai 1961 im Ostseestadion

928 000 Mark). Am 27. 6. 1954 eingeweiht, endeten die letzten Arbeiten am O. jedoch erst 1956 mit der Fertigstellung der Tribünenanlage. 1968 mit einem Tribünenvordach u. 1970 mit einer Flutlichtanlage ergänzt, wurde die Sportstätte mit ihren ursprüngl. 30 000 Plätzen 1990–92 nach den Vorgaben des Dt. Fußball-Bundes für Bundesligaspiele modernisiert u. schließlich zwischen Apr. 2000 u. Aug. 2001 schrittweise abgetragen u. durch einen Neubau ersetzt, der trotz zahlreicher Proteste aus Kreisen der Einwohnerschaft Rostocks u. v. a. der Fans des → FC Hansa Rostock im Juli 2007 den Namen DKB-Arena erhielt. Nach einer vorzeitigen Auflösung des Sponsorenvertrages trägt die Sportstätte seit Mai 2015 wieder den Namen O.

Lit.: *R. Rosentreter, G. Simon: Immer hart am Wind. 40 Jahre F.C. Hansa Rostock, Göttingen 2005, S. 172–183; H. Prignitz: NAW im Stadion – eine Ergänzung, in: Rostocker Zorenappels, Jg. 4, Rostock 2010, S. 147–151.* RL

OSTSEE-ZEITUNG → PRESSE

OSTSEESTUDIO → FERNSEHEN

OSTSEEWELLE → RUNDFUNK

OSTSEEWOCHE. Zentrale Großveranstaltung der DDR, die 1958–75 in Rostock stattfand. Hintergrund war der von der BRD seit 1955 erhobene Alleinvertretungsanspruch für alle Deutschen. Daraus resultierte, dass die Souveränität der DDR - abgesehen von den Ostblockstaaten - weltweit nur in wenigen Ländern anerkannt wurde. Die O. zielte unter dem Motto „Die Ostsee muss ein Meer des Friedens sein“ darauf, der DDR einen Zugang zu den skandinav. Ländern zu verschaffen u. die diplomat. Blockade zu durchbrechen. Der hohe polit. Stellenwert zeigte sich an der regelmäßigen Teilnahme der Spitzen der Partei- u. Staatsführung. Der Umfang der polit., sportl. u. kulturellen Veranstaltungen nahm stetig zu. Bewusst schuf man ein Gegenstück zur traditionellen Kieler Woche, rückte polit. Themen u. die propagandist. Selbstdarstellung stärker in den Mittelpunkt. Nachdem die O. ihre Form gefunden hatte, gehörten offizielle Kundgebungen u. Demonstrationen, die Arbeiterkonferenz der Gewerkschaftsfunktionäre, das Treffen der Parlamentarier, das Seminar der Juristen, das Frauenforum, die Ostsee- → Messe, die internationale Ostseeregatta u. andere Sportwettkämpfe, das Schlagerfestival, der → Buchbasar u. die Ostseebiennale zu den festen Programmpunkten. Die verbündeten Länder Sowjetunion u. Polen entsandten offizielle Staatsdelegationen. Auch die Zahl der Gäste aus Dänemark, Norwegen, Schweden, Finnland u. Island stieg beständig an; als Privatpersonen kamen vereinzelt Besucher aus der BRD. Insgesamt stieß man in Skandinavien außerhalb kommunist. u. gewerkschaftl. Kreise aber nur langsam auf größere Resonanz. 1958 kamen 1700 ausländ. Besucher, 1966 waren es 21465. Der O. von 1968 kam eine besondere Bedeutung zu, da in Rostock gleichzeitig das 750-jährige Stadtjubiläum begangen wurde. Neben den Stadtoberhäuptern der balt. u. poln. Hansestädte nahmen die Oberbürgermeister von Kopenhagen, Oslo, Stockholm, Helsinki u. Antwerpen sowie 20 weitere Bürgermeister u. Stadtdirektoren aus Skandinavien an dem Fest teil. Die Stadt hatte sich zur O. als „Schaufenster des Sozialismus“ zu präsentieren. Besonders bei der Umsetzung von Bauprojekten profitierte Rostock über die Jahre von dieser Stellung, etwa beim Messegelände in Schutow (1966/68), dem Warnow-Hotel (1967), dem → Teepott (1968), der → Kunsthalle (1969) od. dem Hotel → Haus

Kundgebung anlässlich der Ostseewoche (um 1970)

Sonne (1970). Nach der Normalisierung der Beziehungen zwischen den beiden dt. Staaten 1971/72 u. der weltweiten diplomat. Anerkennung der DDR ging die polit. Funktion der O. verloren. Infolge der Annäherung besuchten 1973 erstmals die Oberbürgermeister von Rostock u. Kiel die konkurrierenden Festwochen, nahmen Segler aus beiden dt. Staaten an der jeweiligen Regatta teil. In Rostock kam es während des Segelwettbewerbs nach dem Hissen der Flagge von Westberlin allerdings zum Eklat, die Segler aus der BRD reisten vorzeitig ab („Flaggenstreit“). Nach Überwindung der außenpolit. Isolation war die O. für die DDR überflüssig geworden. Die letzte Veranstaltung im Sommer 1975 fand ohne herausragenden polit. Stellenwert statt. Aus Kostengründen stellte die Regierung die O. danach ein. Die Stadt setzte seit 1978 die wichtige kulturelle Veranstaltung im Rahmen der Rostocker Sommerfesttage fort.

Lit.: *L. Seegers: „Die Ostsee muss ein Meer des Friedens sein“ - Die Ostseewoche in Rostock als Herrschafts- und Stadtrepräsentation der DDR (1958–1975), in: Zeitgeschichte regional. Mitteilungen aus Mecklenburg-Vorpommern, 11. Jg., H. 2, Rostock 2007, S. 45–52.* BK

P

PÄCHTER. Nutzer bzw. Besitzer eines Gegenstandes (häufig Grund u. Boden od. gewerbl. Einrichtung) in relativ freier u. daher gewinnträchtiger Form bezügl. des Verhältnisses zum Eigentümer; in Rostock wie in anderen Städten wegen ihrer Einträglichkeit besonders begehrte Pachtobjekte: Wasser- u. Wind- → Mühlen, → Apotheken, größere Höfe in der → Stadtfeldmark bzw. in der ländl. Umgebung der Stadt.

Lit.: G. Viereck: Pacht, in: Landeskundlich-historisches Lexikon für Mecklenburg, Rostock 2007, S. 485. EM

PÄDAGOGISCHES INSTITUT. Gründung 1926 im ehem. Bibliotheks- u. Archivgebäude der → Landstände am Vogelsang; Ausbildung von Volksschullehrern/innen in zweijähriger Studienzeit; strikte Trennung von der Uni; 1935–40 Umstrukturierung in eine Hochschule für Lehrerbildung; März 1942 Schließung des P. u. Verlagerung der Ausbildung an die Uni Rostock.

Lit.: H.-H. Schimler: Vogelsang 14. Zur Geschichte eines Hauses, Rostock 2007. WV

Pädagogisches Institut (nach 1942)

PALAIS. Im Auftrage Herzogs → Carl Leopold v. Meckl.-Schwerin 1714 nach Plänen seines Baumeisters Leonhard Christoph Sturm als repräsentative landesherrl. Stadtresidenz errichtet; nach Abriss alter Gebäude Bau eines P.-gartens mit Pavillon; 1740–42 Ergänzung des P. nach Osten mit prunkvollem Saalanbau nach Entwürfen des Franzosen Jean Laurent Legeay. 1751 trat hier die berühmte Schönemannsche Theatertruppe unter Conrad Ekhof auf. Die Innengestaltung des Festsaales, des sog. Barocksaals, im Obergeschoss wurde nach 1750 im Stile des Rokoko mit reichen Stuckarbeiten, Reliefszenen u. Medaillons von den Italienern Andrea Maini u. Giovanni Mogia gefertigt. Nach dem Tod des Herzogs Christian Ludwig 1756 erfolgte der Umbau des P. zum Witwensitz u. wurde fortan nur selten, u.a. als Herberge während der Besuche der (groß-)herzogl. Familie in der Stadt, genutzt. 1830 Anbau eines Treppenturms mit barocker Dachhaube; Durchfahrt zur Schwaanschen Str. entstand 1910. Nach der Abdankung des Großherzogs infolge der → Nov.-revolution 1918 übergab der Freistaat Meckl.-Schwerin den Gebäudekomplex der Uni, die v.a. die Räume des P. u.a. für die Universitätsbibliothek nutzte. Gelegentl. diente der Barocksaal auch als Sitzungssaal von Gerichten u. wurde nach einem Versuch, dort einen Lesesaal einzurichten, 1956 baupolizeil. gesperrt. 1966–68 erfolgten die umfangreiche Sanierung u. Restaurierung des P. Als eines der wenigen erhalten gebliebenen repräsentativen Bauwerke der Barockzeit in Norddtl. dient das P. seitdem als öffentl. Konzert- u. Veranstaltungsort. Das P. wird heute von der Uni verwaltet, das Gebäude gehört seit 2005 der Stadt. 2007–10 erfolgten weitere Umbau- u. Modernisierungsarbeiten. Im Erdgeschoss des Gebäudes befindet sich seit 2011 das Tourismusbüro.

Palaisgebäude (rechts) mit Barocksaal (links/um 1870)

Lit.: F. Hering, H.-O. Möller: Der Wiederaufbau des Barocksaales im Palais und des Festsaales im Rathaus, in: Beiträge zur Geschichte der Stadt Rostock, N.F., H. 3, Rostock 1983, S. 72–80. AL

PARK → BARNSTORFER WALD
→ FRIEDHOFSWESEN
→ GARTENANLAGEN
→ ROSENGARTEN
→ STADTBEFESTIGUNG

PARTEI. Das Wirken von P. – politisch organisierten Zusammenschlüssen von Menschen, die innerhalb eines Staates nach einem Maximum an Mitspracherecht zwecks Durchsetzung ihrer Ziele streben – lässt sich in Rostock erst in der 2. Hälfte des 19. Jh. nachweisen. Ihr Wirken war allerdings sehr eng an p.-polit. Entwicklungen in Meckl., vor allem im Dt. Kaiserreich, geknüpft. Im Gegensatz zu allen anderen dt. Bundesstaaten kannte das Großherzogtum Meckl.-Schwerin bis 1918 keine parlamentar. Verfassung. So gab es auch keine regionalen Parlamentswahlen. P. konnten sich unter diesen Bedingungen nur schwer etablieren.

Im Zuge der bürgerl.-demokrat. → Revolution 1848/49 bildeten sich in beiden Meckl. sog. Reformvereine heraus. In diesen Vorformen späterer moderner P. brachten sich Rostocker, wie z. B. Carl → Türk sowie die Brüder Moritz u. Julius → Wiggers, intensiv ein. Ein 1851 erlassenes Vereinsgesetz unterdrückte jedoch alle weiteren polit. Aktivitäten rigoros. Erst Veränderungen auf nationaler Ebene (Bildung des Norddt. Bundes 1866/67, Gründung des Dt. Kaiserreiches 1871) ermöglichten es polit. aktiven Kräften, im Vorfeld von Reichstagswahlen Versammlungen abzuhalten.

In Rostock dominierten zunächst liberale Gruppierungen (→ Liberalismus) wie die bürgerl. Nationalliberale P. (NLP) u. die liberale Dt. Fortschritts-P. (DFP). 1867–98 besetzten beide P. abwechselnd den im Wahlkreis 5 (Rostock-Doberan) zu vergebenden Platz für den Dt. Reichstag. Allein der liberale Rostocker Ortsverein zählte ca. 4 000 Mitglieder. Zu den bekanntesten Rostocker Liberalen gehörte der Unternehmer Friedrich → Witte.

1872 fasste mit der Gründung einer Ortsgruppe des Allgemeinen Dt. Arbeitervereins (ADAV) erstmals sozialdemokrat. Gedankengut in der Stadt Fuß (→ Arbeiterbewegung). Die stark gewerkschaftl. geprägte Institution fand ihre Anhänger vor allem unter Arbeitern u. Handwerksgesellen. Ihre Ausbreitung wurde durch das 1878 erlassene Sozialistengesetz stark behindert. Erst die Aufhebung des Gesetzes 1890 ermöglichte es den Rostocker Sozialdemokraten im selben Jahr, den 1. Mai als Tag der Arbeit zu feiern. P.-tage durften allerdings erst ab 1908 im Land stattfinden. Julius Asch war ein charismat. Gewerkschafter in den Reihen der Rostocker SPD. Mit der Meckl. Volkszeitung verfügte die SPD seit 1892 über ein eigenes Publikationsorgan. Bürgerl. Kreise hingegen lasen die Rostocker Zeitung. 1898 gewann der SPD-Kandidat Joseph → Herzfeld den Reichstagsplatz des Wahlkreises 5. Er wurde 1906 jedoch von einem Nationalliberalen abgelöst. 1912 errang die SPD aber wieder mit Herzfeld das Mandat für den Berliner Reichstag. Aufgrund der Industrieansiedlungen galt Rostock als das Zentrum der meckl. Sozialdemokratie.

Auch wenn sich die Wählerbasis der 1876 gegründeten Dt. Konservativen P. (→ Konservatismus) vor allem auf dem Lande befand, verfügte die P. in Rostock über einen erhebl. Einfluss. So gelang es ihr nach dem Attentat auf Kaiser Wilhelm I. 1878 ihren Stimmenanteil bei den im selben Jahr stattfindenden Reichstagswahlen von 343 auf 1974 zu verfünffachen.

Wahlplakat der DVP (1919)

Während des I. → Weltkrieges wurden alle polit. Konflikte zurückgestellt. Mit Fortdauer des Krieges kamen seit 1917 verstärkt polit. Forderungen auf. In ihrem Zentrum stand der Ruf nach einer Beendigung des Krieges. Es kam zu Gründungen von Ortsgruppen der Dt. Vaterlands-P. (DVLP), der Unabhängigen Sozialdemokrat. P. Dtl. (USPD) u. der Fortschrittl. Volks-P. (FoVP). Aus der USPD entwickelte sich später der revolutionäre Spartakusbund, ein Vorläufer der Kommunist. P. Dtl. (KPD). Die FoVP bildete die Basis der kurze Zeit später gegründeten Dt. Demokrat. P. (DDP).

Nach der → Nov.-revolution, der Abdankung des dt. Kaisers u. des meckl. Großherzogs sowie den anstehenden Wahlen zum verfassungsgebenden Landtag in Schwerin u. zur Nationalversammlung in Weimar begannen sich die P. neu zu formieren. In Rostock verfügte die DDP über großen Einfluss, gehörten ihr doch mit dem Chemiefabrikanten Dr. Friedrich Carl → Witte, dem Direktor der Rostocker Straßenbahn AG Richard → Siegmann u. der Ärztin Edith Lindenberg geachtete Persönlichkeiten der Stadt an. Der Rostocker Geschichtsprof. Hermann → Reincke-Bloch engagierte sich in der nationalliberalen Dt. Volks-P. (DVP) u. der Zahnmediziner Prof. Johannes → Reinmöller in der konservativen Dt.-nationalen Volks-P. (DNVP). Eine Ortsgruppe der KPD entstand 1919 in der → Kröpeliner-Tor-Vorstadt. Am 29.12.1918 wählten die Rostocker für ihre Stadt eine verfassungsgebende Versammlung. Die Mehrheit errang die SPD, vor der DDP, der DVP u. der USPD.

Bereits 1919 vertieften sich die Gegensätze zwischen den Arbeiter-P. SPD auf der einen Seite u. der USPD, später KPD, auf der anderen Seite. Maikundgebungen wurden fortan getrennt durchgeführt. 1921 zogen fünf Kommunisten in die Stadtverordnetenversammlung ein u. 1922 errang die KPD bei den Betriebsrätewahlen auf der → Neptunwerft vor der SPD die Mehrheit.

In den 1920er-Jahren bestimmten die Inflation (1920–23) u. die Weltwirtschaftskrise (1929–33) die polit. Aktivitäten der P. Rechtsradikale Kräfte sammelten sich seit 1922 in der Dt.-Völk. Freiheitsbewegung (DVFB). Mit dem Hautarzt Kurt Blome besaß die P. einen wichtigen Organisator der Bewegung. Außerdem wurde die Zeitung der Völkischen, die Mecklenburgische Warte, in Rostock gedruckt. Aufgrund eines Verbots fanden Nationalsozialisten in dieser P. zeitweilig ihre Heimstatt. 1925 gründeten sie eine Ortsgruppe der Nationalsozialist. Arbeiter-P. Deutschlands (NSDAP) (→ Nationalsozialismus). Bis 1930 stellte die SPD die stärkste Kraft in der Rostocker Stadtverordnetenversammlung dar. Die Zersplitterung des bürgerl. Lagers u. die unversöhnl. Konflikte zwischen den Arbeiter-P. sowie wirtschaftl. Krisenerscheinungen ermöglichten es der NSDAP, 1930 als zweitstärkste Kraft in die Bürgervertretung einzuziehen. Bereits 1932 wählten ca. 40 % aller Wahlberechtigten die Nationalsozialisten. Nach ihrer Machtübernahme 1933 zerstörten die Nazis das P.-system. SPD u. KPD wurden verboten, die übrigen P. zur Selbstauflösung gezwungen. Zahlreiche Mitglieder der Arbeiter-P. wurden verfolgt, in Konzentrationslager verbracht u. dort ermordet.

Nach dem Einzug der Roten Armee in Rostock am 1. 5. 1945 wurden die NSDAP u. ihre Organisationen am 5. 5. 1945 verboten. Mit der Wiederzulassung von P. durch den SMAD-Befehl Nr. 2 am 10. 6. 1945 kam es in der Sowjet. Besatzungszone u. somit auch in Rostock zur Bildung von Ortsgruppen der KPD (Vorsitzender Josef Schares) u. der SPD (Vorsitzender Albert → Schulz). Neugründungen waren die Christdemokrat. P. Deutschlands (CDU) mit ihrem Vorsitzenden Siegfried → Witte u. die Liberaldemokrat. P. Deutschlands (LDP) unter Vorsitz des Rechtsanwaltes Paul-Friedrich Scheffler. Die SPD schloss sich im März 1946 mit der KPD zur Sozialist. Einheits-P. Deutschlands (SED) zusammen. Ein Großteil der SPD-Mitglieder widersetzte sich dem und war polit. Repressalien ausgesetzt. 1948 kam es zur Gründung zweier weiterer P.: der Demokrat. Bauern-P. Dtl. (DBD) u. der Nationaldemokrat. P. Dtl. (NDPD). Durch ihre Einbindung als Block-P. in die sog. Nationale Front verloren die CDU, DBD, LDP (ab 1951 LDPD) u. die NDPD fast völlig eigenständige Handlungsmöglichkeiten. Führende Köpfe dieser P., wie der Rostocker Student Arno → Esch (LDP), waren Repressionen ausgesetzt.

Josef Schares (1887–1970, um 1960)

Im Zuge des Zusammenbruchs der DDR 1989/90 entstanden mehrere neue P., die sich aber nicht etablieren konnten. Letztendlich konnte sich nur das bundesdt. Spektrum durchsetzen: SPD, CDU, FDP, Bündnis 90/Die Grünen. Aus der staatstragenden SED formierte sich die linke P. des Demokrat. Sozialismus (PDS). Während die FDP u. die Grünen in der Gunst der Rostocker Wähler sanken, konnte sich die PDS – ab 2007 Die Linke – als eine starke polit. Kraft etablieren.

Lit.: *B. Kasten: Herren und Knechte. Gesellschaftlicher und politischer Wandel in Mecklenburg-Schwerin 1867–1945, Bremen 2011; K. Schröder (Hg.): Rostocks Stadtgeschichte von den Anfängen bis in die Gegenwart, Rostock 2013; N. Werz, H. J. Hennecke (Hg.): Parteien und Politik in Mecklenburg-Vorpommern, München 2000.* RS

PARTNERSTADT. Meist ausländ. Kommune, mit der im Rahmen der sog. Städtepartnerschaft vertragl. Beziehungen zum Zwecke des kulturellen u. wirtschaftl. sowie zwischenmenschl. Austausches eingegangen werden. Rostocks P. sind Aarhus (seit 1964) in Dänemark, Antwerpen (seit 1963) in Belgien,

Bergen (seit 1965) in Norwegen, Bremen (seit 1987) in Dtl., Dalian (seit 1988) in China, Dünkirchen (seit 1960) in Frankreich, Göteborg (seit 1965) in Schweden, Guldborgsund (seit 2014) in Dänemark, Raleigh (seit 2001) in den USA, Riga (seit 1961) in Lettland, Rijeka (seit 1966) in Kroatien, Stettin (seit 1957) in Polen, Turku (seit 1959) in Finnland sowie Varna (seit 1966) in Bulgarien. Darüber hinaus pflegt Rostock kontinuierl. enge Kontakte ohne vertragl. Basis zu weiteren, sog. befreundeten Städten wie Kaliningrad in Russland, Karlskrona in Schweden, Haikou u. Hefei in China od. Batumi in Georgien.
Lit.: *L. Probst, J. Saalfeld: Die Städtepartnerschaft Bremen-Rostock. Entstehung, Geschichte, Bilanz, Bremen, Rostock 2010; Städtepartnerschaft Rostock-Szczecin 1957–2007, Rostock 2007.* RL

PATRIOTISCHER VEREIN → MECKLENBURGISCHER PATRIOTISCHER VEREIN

PAULI (FAMILIE). (1) Simon P. (der Ältere) Theologe (28.10.1534 Schwerin–17.7.1591 Rostock); Studium der Theologie in Rostock (seit 1552) u. Wittenberg (seit 1555); Berufung zum Schweriner Domprediger (1559), theolog. Berater von Herzog → Johann Albrecht I.; seit 1560 Pastor der Rostocker St.-Jakobi-Kirche u. Prof. der Theologie an der Uni; mehrfach Rektor; seit 1574 herzogl. Superintendent des Kirchenkreises Rostock; Reorganisator der Uni u. Vermittler zwischen Landesherr, Stadt u. Uni; einflussreicher Gestalter bei Aufbau u. Festigung des Luthertums in Meckl. **(2) Simon P. (der Jüngere)** Anatom, Botaniker (6.12.1603 Rostock–23.4.1680 Kopenhagen), Enkel von (1); seit 1610 Domschule zu Güstrow; seit 1617 Studium der Physik u. Medizin in Rostock, Leiden, Paris u. Kopenhagen; enger Freund von Joachim → Jungius; 1630 Promotion in Wittenberg, dann prakt. Arzt in Rostock u. Lübeck; 1634 Prof. der Medizin in Rostock; 1639–48 Prof. der Anatom. Chirurgie u. Botanik in Kopenhagen; 1648 königl.-dän. Leibarzt; Domherrenstelle in Aarhus; 1654–55 Vorlesungen an der Uni Rostock; Autor mehrerer botan. u. medizin. Lehrbücher.
Lit.: *T. Kaufmann: Pauli, Simon, in: Biographisches Lexikon für Mecklenburg, Bd. 1, Rostock 1999, S. 175–180; E. Brosig: Anatom–Botaniker–akademischer Lehrer: Der Rostocker Mediziner Simon Pauli der Jüngere in Kopenhagen, in: Mecklenburger im Ausland, Bremen 2001, S. 24–30.* AH

Simon Pauli d. J.

PEEZ. Ehem. Bauerndorf im Moltke'schen adligen Besitzkomplex Toitenwinkel; Ersterwähnung 1302 (laut Fälschung aus dem 16. Jh. bereits 1262); slaw. Ortsname bedeutet Ofen; eingepfarrt nach Toitenwinkel; nach dem Dreißigjährigen Krieg Umwandlung in ein Gutsdorf mit Pachthof; Aufsiedlung in der → Bodenreform 1945; nach der Eingemeindung nach Rostock 1950 Bau des Ölhafens für den Überseehafen seit 1960.
Lit.: *E. Münch: Toitenwinkel und Rostock. Zur Geschichte einer Haßliebe, Schwerin 2002.* EM

PEGEL (FAMILIE). (1) Konrad P. Theologe, Pädagoge (14.4.1487 Wismar–13.11.1567 Rostock); 1505 Studium an der Uni Rostock, Magister 1509; Leiter des Pädagogiums (Vorstudienanstalt); seit 1514 Prinzenerzieher, u.a. Magnus, Sohn Herzog Heinrich V. v. Meckl.; Anhänger der → Reformation; 1521 Domherr der St.-Jakobi-Kirche u. „Gasthörer" an der Uni Wittenberg; 1531 Rückkehr an den Hof von Herzog Magnus v. Meckl.; Berufung zum Prof. für Pädagogik u. Beredsamkeit 1532 an der Uni Rostock; mehrfach Dekan u. Rektor; Gestalter der Uni-Re-

Magnus Pegel (1581)

form im Sinne des Protestantismus; seit 1556 Verwalter der herzogl. Domkapitelgüter. **(2) Magnus P.** Mathematiker, Mediziner, Astrologe (5.5.1547 Rostock – 1619 Stettin), Sohn von (1); 1569 Magister in Rostock, 1570 Dr. der Medizin; Lehrtätigkeit als Mathematiker u. Astronom; 1579 Berufung als Prof. für Mathematik an die Uni Helmstedt; 1581 Rückkehr nach Rostock; 1591 Berufung als Prof. für Mathematik u. Astronomie; mehrmals Dekan u. 1593/94 Rektor; 1605 Ruf an den Hof Kaiser Rudolfs II. in Prag; 1611 Rückkehr nach Rostock; ging 1615 nach Stettin an den pommerschen Herzogshof; Wegbereiter der Bluttransfusion; erste Ideen über Unterwasserfahrzeuge, Luftschiffe usw.

Lit.: *A. Hofmeister: Conrad und Magnus Pegel, in: Beiträge zur Geschichte der Stadt Rostock, Bd. 4, H. 4, Rostock 1907, S. 55–62; K.-H. Jügelt: Magnus Pegel (1547–1616/18). Versuch der Rekonstruktion einer Biographie, in: Beiträge zur Geschichte der Stadt Rostock, Bd. 32, Rostock 2012, S. 32–103.* AH

PERLET, GISELA. Übersetzerin (29.10.1942 Magdeburg – 24.12.2010 Rostock); 1961–66 Studium der Nordistik u. Germanistik in Greifswald; 1966–79 Lektorin im → Hinstorff Verlag; ab 1979 freiberufl. Übersetzerin, Autorin, Hg.; übersetzte schwed. Autoren wie Selma Lagerlöf u. Tania Blixen sowie den Dänen Søren Kierkegaard. Ihr Hauptwerk entstand aus der intensiven Forschung zu Werk u. Leben des dän. Literaten u. Märchenerzählers Hans Christian Andersen; 2005 erschien die von ihr erarbeitete, erste dt. Andersen-Biografie; seit 1998 geehrt mit wichtigen Übersetzerpreisen u. Auszeichnungen; Königin Margrethe v. Dänemark schlug sie zur Ritterin des Dannebrogordens.

Lit.: *H. Detering: Moorkönigs Tochter. Laudatio auf Gisela Perlet, in: Deutsche Akademie für Sprache und Dichtung, Jahrbuch 2002, Göttingen 2003.* IE

PERTEN, HANNS ANSELM (eigentl. Johannes Franz Piotrowski). Schauspieler, Regisseur, Theaterintendant (12.8.1917 Bromberg/Bydgoszcz – 29.11.1985 Rostock); 1928–34 Kath. Gymnasium in Hamburg; 1935 Schriftsetzerlehre; ab 1936 Gasthörer der Uni Hamburg; 1939 Kriegsdienst; 1946 Mitglied des Volkstheaters Hamburg; Eintritt in die CDU, Wechsel zur KPD, später SED; Übersiedlung nach Meckl.

Hanns Anselm Perten (1964)

u. Gründung des Kabaretts Die Lunte; 1947 künstler. Leiter des Landessenders in Schwerin; 1948 Erster Vorsitzender u. Chefintendant der Meckl. Volksbühnen; 1952–70 u. 1972–85 Intendant am Volkstheater, erlangte mit Inszenierungen der Stücke von Peter Weiss u. Rolf Hochhuth in Rostock internationale Anerkennung; 1970–72 erfolglose Leitung des Dt. Theaters in Berlin. P. gilt als Mitinitiator der 1959 erstmals aufgeführten Störtebeker-Festspiele in Ralswiek auf Rügen; 1964 Kulturpreis der Stadt Rostock, 1980 Nationalpreis der DDR.
Lit.: *M. Pietschmann: Hanns Anselm Perten. Leben und Wirken eines Theatermannes im Spiegel der DDR-Kulturgeschichte, Diss. (MS), Rostock 2003.* MB

PEST → EPIDEMIE

PETER-WEISS-HAUS. 1864 als Ausflugslokal Steinbecks Keller eröffnet; 1884 Übernahme durch die Brauerei → Mahn & Ohlerich; Erweiterung um neugot. Anbauten durch Gotthilf Ludwig Möckel; 1936–38 Umbauten durch Walter → Butzek; 1948 Übergabe an die Gesellschaft zum Studium der Sowjetunion (Maxim-Gorki-Haus); 1949 Umbenennung in Haus der Dt.-Sowjet. Freundschaft (HDF); 1989 Hanse-Club u. Brauereigaststätte; 1995–2008 Domizil der Compagnie de Comédie; seit 2009 P.
Lit.: *J. Andrasch: Vier Betreiber und ihre Visionen. Von Steinbecks Keller zum Peter-Weiss-Haus, Rostock 2014.* RS

Haus der Deutsch-Sowjetischen Freundschaft (1967)

PETERS, RAPHAEL. Fotograf (21.4.1829 Lüneburg–23.2.1919 Zappendorf/Halle); aus einer Künstlerfamilie stammend; ließ sich P. als Kunstmaler ausbilden u. erlernte auch das Fotografenhandwerk; in seiner Heimatstadt zählte er zu den Fotopionieren u. fertigte viele der frühesten Stadtbildaufnahmen. 1885 kam P. nach Rostock u. richtete sein Atelier zunächst in der Krämerstr., ab 1892 in der Breiten Str. ein. Von P. stammen viele der frühen Fotografien des Rostocker Stadtbildes im 19. Jh. ebenso wie hochwertige Porträtaufnahmen von Rostocker Bürgern mit bemerkenswerter, selten erreichter Qualität. Nach seinem Weggang aus Rostock führte sein Sohn Gustav das Geschäft noch einige Jahre weiter, ohne jedoch an den berufl. Erfolg seines Vaters anknüpfen zu können. RL

PETERSDORF. Ehem. Bauerndorf am Breitling; eingepfarrt nach Toitenwinkel; gefälschte Ersterwähnung 1262; spätestens 1359 Teil des Moltke'schen Besitzkomplexes um Toitenwinkel; im 14. Jh. Einkünfte an Rostocker Patrizierfamilie; 1518 Bauerndorf mit sieben Hufen; 2. Hälfte des 16. Jh. Entstehung eines kleinen Gutshofes; zeitweilig im Besitz Rostocker Prof. u. Pastoren; Verluste im Dreißigjährigen Krieg (1649 nur noch zwei Bauleute); im 18. Jh. in Händen des Blücher-Großvaters v. Zülow; 1781 Übergang in herzogl. Besitz; 1850 Teil des großherzogl. Haushalts; 1918 Staatsdomäne (343 ha); 1950 nach Rostock eingemeindet; 1957–60 Abriss des Dorfes u. Bau des Überseehafens.
Lit.: *E. Münch: Toitenwinkel und Rostock. Zur Geschichte einer Haßliebe, Schwerin 2002.* EM

PETRIBRÜCKE → BRÜCKE

PETRIKIRCHE → KIRCHE ST. PETRI

PETRITOR. Die späte Ersterwähnung des P. 1284, als letztes der Feldtore der Rostocker → Stadtbefestigung, zeugt von seiner relativ geringen Bedeutung als Verteidigungsanlage. Durch die vorgelagerte Warnowniederung war dieser Stadtzugang schon auf natürl. Weise in hohem Grad geschützt. In seinen Maßen u. dem Aussehen ähnelte es dem Ursprungsbau des → Kröpeliner Tores u. des etwas kleineren

→ Kuhtores. Abgesehen von der wohl bald erfolgten Aufmauerung eines dritten Geschosses gab es keine spätere Aufstockung zu einem hohen Torturm. Ein schon 1801 erwogener Abbruch kam nur aus Kostengründen nicht zur Ausführung. 1935/36 wurde das Tor zusammen mit weiteren Teilen der Stadtbefestigung backsteinsichtig restauriert. Im → Viertagebombardement im Apr. 1942 brannte das P. aus, die Umfassungsmauern des städtebaul. wichtigen Bauwerks blieben allerdings als Ruine erhalten. Um Protesten aus der Bevölkerung vorzubeugen, wurde das P. am 27.5.1960 als angebl. Verkehrshindernis innerhalb eines Tages gesprengt u. abgetragen. Nach Abschluss eines Gestaltungswettbewerbes soll ein Wiederaufbau in moderner Formensprache erfolgen.
Lit.: *A. F. Lorenz: Zur Geschichte der Rostocker Stadtbefestigung, in: Beiträge zur Geschichte der Stadt Rostock, Bd. 20, 1935, S. 27–78; J. Lehmann: Das Rostocker Petritor – ein verlorenes Denkmal? Der Verein für*

Slüterstraße mit Petritor (um 1930)

Rostocker Geschichte zum Umgang mit historischem Erbe. Ein Bericht, in: Beiträge zur Geschichte der Stadt Rostock, Bd. 29, 2007, S. 171–178. RM

PFEILSTORCH. Am 21.5.1822 bei Schloss Bothmer/Klütz erlegter Weißstorch, in dessen Hals ein 80 cm langer Pfeil aus Afrika steckte; in Ludwigslust

Pfeilstorch (2015)

präpariert u. von Großherzog → Friedrich Franz I. der Zoolog. Sammlung der Uni Rostock überlassen, wo er heute noch besichtigt werden kann; der Fund führte zu einem Umbruch in den Vorstellungen über den Vogelzug, da er den Aufenthalt der Vögel in Afrika bewies. Es handelt sich um den ältesten erhaltenen P. weltweit.
Lit.: *R. Kinzelbach: Das Buch vom Pfeilstorch, Marburg 2005.* GB

PFINGSTMARKT. Seit 1390 urkundl. bezeugte, einwöchige Rostocker Handelsmesse (Jahrmarkt) nach Pfingsten; im Spätmittelalter u. in der Frühen Neuzeit von überregionaler Bedeutung in Norddtl.; seit dem 18. Jh. auf diesen Zeitraum beschränkte Teilnahme für Juden sowie Abhaltung kath. Gottesdienste im Rathaus; seit dem 19./20. Jh. Bedeutungsverlust u. Umwandlung in Volksbelustigung zwischen Petritor u. Neuem Markt. EM

PHILHARMONIE. Seit 1908 Saal- u. Restaurantbetrieb im Patriotischen Weg; 1913 Kauf durch die → Arbeiterbewegung zur Schaffung eines Gewerkschaftshauses; Gründung einer GmbH durch den Allgemeinen Dt. Gewerkschaftsbund (ADGB), die SPD u. den Konsumverein; Versammlungsort der Gewerkschaften u. der Sozialdemokratie; Erwirtschaftung zusätzl. Einnahmen durch Varieté-, Musik- u. Sportveranstaltungen; 1933 beschlagnahmt u. der Dt. Arbeitsfront (DAF) unterstellt, 1937 Zwangsversteigerung; nach Zerstörung des → Theaters 1942 durch die Stadt gekauft u. ab 1943 als Behelfstheater genutzt; 1976 durch Anbauten ergänzt; bis heute Spielstätte des Volkstheaters. BK

PIONIERSCHIFF. Stationäres Freizeitschiff zur Vorbereitung von Kindern u. Jugendl. auf seemänn. Berufe; zu diesem Zweck 1957 Übergabe des umgebauten Frachtdampfers VORWÄRTS an die DDR-Pionierorganisation (1903 auf der → Neptunwerft gebaut, 1950 erstes Handelsschiff der DDR), Liegeplatz 1958–81 → Mühlendamm, 1981–88 → Kabutzenhof, 1988 außer Dienst gestellt u. trotz Protesten 1989 verschrottet; als Ersatz Umbau des Stückgutfrachters CONDOR zum P. IMMER BEREIT (1962 auf der Neptunwerft gebaut), Liegeplatz seit 1988 Dorf Schmarl, 1990 Umbenennung in LIKEDEELER, 1993 Übernahme durch einen Förderverein; zum P. gehörte seit 1969 auch der seegängige Kutter SEID BEREIT (gebaut 1943 in Swinemünde, später VAGEL GRIP), seit 2005 in Privatbesitz, 2014 verschrottet. BK

Pionierschiff VORWÄRTS am Mühlendamm (um 1980)

Carlfriedrich Pistor (um 1930)

PISTOR, CARLFRIEDRICH. Musiker, Komponist (9.1. 1884 Menz/Rheinsberg–26.8.1969 Berlin); nach einer Lehrzeit in der Stadtpfeiferei Fürstenberg u. dem Studium von Violine u. Komposition in Berlin erste Anstellung als Geiger u. Bratschist am Neustrelitzer Hoftheater; 1910–50 Solobratscher beim städt. Orchester in Rostock; Mitglied der NSDAP; 1948–52 Lektor für Tonsatz an der Staatl. Musikhochschule in Rostock, 35 Jahre Mitglied im Rostocker Streichquartett; komponierte Kammer- u. Orchestermusik, Vokalkompositionen (u.a. sinfon. Ballade zur Einweihung des Überseehafens); Bühnenwerke, darunter eine meckl. Volksoper um das Güstrower Bier Kniesenack; außerdem auch Bildender Künstler mit Ausstellungen u.a. in Erfurt, Halle u. Mühlhausen. HM

PLATTDEUTSCH → SPRACHE

PLATZ DER JUGEND → THINGSTÄTTE

POLIZEI. Ursprüngl. Bezeichnung für die gesamte Verwaltung, später für ein Exekutivorgan des Staates. Vorläufer der P. finden sich in Rostock bereits im 14. Jh. mit Ausbildung des → Gewetts als Ratsamt. Im Jahr 1538 wurde für die Stadt eine erste P.-ordnung genannt. 1573 verpflichtete sich Rostock im → Erbvertrag mit dem Herzog, eine Gerichts- u. P.-ordnung nach dem Vorbild des Landes einzuführen. Der Rat veröffentlichte daraufhin 1576 eine 59 Paragrafen umfassende Verordnung, die das gesellschaftl. u. wirtschaftl. Leben normierte sowie die öffentl. Ordnung u. Sicherheit stärkte. In ihren strafrechtl. Bestimmungen folgte sie der „Peinl. Halsgerichtsordnung" des Heiligen Röm. Reiches Dt. Nation. Die P.-verordnung erstreckte sich auf weite Bereiche des städt. Lebens (Handwerk, Schiffer, Wucher, Straßenreinigung, Feuerwehr, Bettelei, Bekleidung, Aufwand bei Feiern usw.). Bedienstete wie Stadtdiener u. Stadtwachen, die u.a. von den Bürger- → Fahnen gestellt wurden, sowie Vögte als Vollzugspersonen einzelner Sonderbehörden des Rats überwachten die Durchsetzung der Paragrafen.

Im Erbvergleich von 1788 sprach man erstmals von ständigen P.-wächtern, die mit Ober- u. Unter-Gewehr bewaffnet beim Rathaus u. „wo es sonst noch nötig sei" patrouillieren sollten. Aufgrund ihrer roten Montur wurden sie scherzhaft als Kräwt (plattdt., Krebs) bezeichnet.

Am 1.4.1817 richtete die Stadt ein P.-büro ein, dessen Leitung zwei Ratsherren oblag. Im Dez. 1825 folgte eine Neuordnung der P.-verwaltung. Neben das nun als P.-amt bezeichnete P.-büro trat das P.-Administrationskollegium, in dem Vertreter der Bürgerschaft saßen. Die Arbeits- u. Aufenthaltsräume der P. befanden sich in einem Haus am Steintor. P.-wachen entstanden im Rathaus u. am Kröpeliner Tor. Die Mitarbeiter – drei P.-diener, zwei P.-wachtmeister, mehrere P.-wachtleute (um 1869 waren es 27) u. mehrere Nachtwächter – konnten Straftäter ohne Gerichtsbeschluss mit bis zu 20 Streichen körperl. züchtigen, für acht Tage ins Gefängnis sperren u. Geldbußen von bis zu zehn Talern erheben.

Das P.-amt war für die Durchsetzung der P.-verordnungen verantwortlich. Dazu gehörten die Aufsicht über einheim. u. fremde Personen, die Auflösung verbotener Zusammenkünfte, die Verhinderung von Bettelei, Unfug u. Unzucht, die Überprüfung von Dienstboten u. Gesellen, Zoll- u. Passangelegenheiten usw. Außerdem war die P. für die Brandwache, das Straßenbeleuchtungs- u. das Gassenreinigungsdepartement, das Müllabfuhrwesen, den Bau der Kanalisation, die Garten- u. Parkanlagen usw. zuständig. 1864 übernahm die P. auch noch die Medizinal- u. die Marktaufsicht. Nach der → Revolution von 1848/49 u. mit der Einführung des Sozialistengesetzes 1878 wurde die polit. Überwachung ein zunehmend wichtiges Betätigungsfeld der P. 1883 kam auch noch die Gewerbeaufsicht u. 1899 die baupolizeil. Abteilung hinzu.

Bis 1865 erhielten die Angehörigen der P. ein Stückchen Gartenland als Deputat. Hieran erinnert noch heute der Str.-name Bei den P.-gärten.

Die Ausübung der P.-gewalt verblieb auch nach der Gründung des Dt. Reiches 1871 in städt. Hand. Allerdings engten verschiedene Reichs- u. Landesverordnungen die Selbstständigkeit der Rostocker P.-behörden zunehmend ein. Außerdem unterstand das P.-amt der fachl. Aufsicht des großherzogl. Innenministeriums in Schwerin. Gegenüber der Landesgendarmerie, die in Rostock eine kleine Dependance unterhielt, bestand eine strenge Abgrenzung.

Polizeikontrolle auf dem Neuen Markt (1946)

Einkesselung des Schwarzmarkts auf der Südwestseite des Neuen Marktes (1946)

1895 zog die P. in das Haus am Neuen Markt 6/7. Um 1900 arbeiteten in der Rostocker P. ein P.-kommissar, 49 Schutzleute, 62 P.-wächter sowie 50 Verwaltungs- u. Sicherheitsbeamte.

Nach der → Nov.-revolution 1918/19 wurde am Prinzip der kommunalen P. festgehalten. In der 1919 vom meckl. Landtag verabschiedeten Städteordnung wurde der Rat der Stadt als Orts-P.-behörde bezeichnet. Gleichzeitig erfolgte aber eine Trennung der kommunalen P. (Ordnungs-P.) von der Landes-P. (Kriminal-P.). Während des → Kapp-Lüttwitz-Putsches 1920 gründeten Arbeiter eine eigene Sicherheitstruppe, von der die in Rostock stationierte Landes-P. 200 Mann übernahm.

Ebenfalls polit. motiviert war die Ergänzung der P. nach der Machtübernahme durch die Nationalsozialisten. Am 5.3.1933 wurden in Rostock Mitglieder der SA (Sturmabteilung) als Hilfspolizisten vereidigt. Die P.-hoheit, die bisher bei den Ländern u. den Kommunen gelegen hatte, wurde seit 1934 schrittweise einer zentral gelenkten P. unter Führung der SS (Schutzstaffel) übertragen. Ein erster Schritt war die Bildung der Geheimen Staats-P. (Gestapo). 1937 löste die NSDAP die seit 1817 bestehende kommunale P. (104 Beamte), wegen ihrer Uniform auch als blaue P. od. scherzhaft Häkte (plattdt., Hechte) bezeichnet, u. das in Rostock stationierte Kommando der meckl. Schutz-P. (204 Beamte) als Ordnungstruppe auf. An ihre Stelle trat eine staatl. P.-verwaltung, die dem Reichsführer SS Heinrich Himmler als Chef der Dt. P. im Reichsinnenministerium unterstellt war. Neben dem Sitz des P.-präsidiums am Neuen Markt 6/7 kam ein Haus an der Ecke Kröpeliner Str. 10/Kistenmacherstr. hinzu. Die Schutz- u. Wasserschutz-P. war in der Neuen Werderstr. 29–32 stationiert. 1938 beteiligte sich die P. am Pogrom gegen die Juden u. wirkte dann auch bei deren Deportation mit. Ab 1939 wurden mehrere Polizisten zur Wehrmacht od. SS-P.-division einberufen bzw. in besetzte Gebiete abkommandiert. Nach den → Bombenangriffen vom Apr. 1942 zog die P. in Gebäude an der Reiferbahn.

Infolge des Zusammenbruchs des Hitlerregimes und der Besetzung Rostocks durch die Rote Armee im Mai 1945 wurde die P. reorganisiert. Sie unterstand zunächst als kommunale P. den sowjet. Besatzungsbehörden. 1947 wurde sie in die Landes- u. 1952 in die Volks-P. (VP) eingegliedert. Im Okt.

1947 zog die 1946 in Iserberg gegründete P.-schule in die frühere → Kaserne in der Ulmenstr. (bis 1956). 1948 gründete sich der P.-sportverein Rostock. Als P.-amt bzw. Bezirksdirektion wurden die frühere MG-Kaserne in der Ulmenstr. 54 u. der Neubau in der Blücherstr. (1956 fertiggestellt) genutzt. Nach 1990 erfolgte eine erneute Umstrukturierung der P. Seit 1995 befand sich die Einsatzleitstelle der P.-direktion in der Blücherstr. Außenstellen gibt es in Reutershagen, Dierkow, Markgrafenheide, Lichtenhagen u. Warnemünde. Das Gebäude an der Blücherstr. wurde 2011 geräumt. Nach einer Übergangszeit in Waldeck (Gemeinde Dummerstorf) befindet sich die P.-inspektion Rostock seit 2015 im umfangreich ausgebauten Standort Ulmenstr. Das P.-präsidium Rostock hat seinen Sitz in Waldeck. Die Bundes-P.-inspektion befindet sich in der Kopernikusstr.

Lit.: *K.-U. Keubke: Die Polizei Mecklenburgs. Eine Chronik von den Anfängen bis heute, Schwerin 2011; K. Krüger: Policey und Armenfürsorge in Rostock in der Frühen Neuzeit, in: W. Buchholz (Hg.): Land am Meer. Pommern im Spiegel seiner Geschichte, Köln 1995, S. 537–559; M. Manke: Polizeiwächter, Schleichwächter, Nachtwächter. Die Rostocker Ordnungskräfte um 1800 und ihre sozialen Verhältnisse, in: Beiträge zur Geschichte der Stadt Rostock, Bd. 29, Rostock 2007, S. 37–67; B. Keipke: Polizeiamt, Polizeipräsidium, in: Die Bestände des Archivs der Hansestadt Rostock. Eine kommentierte Übersicht, Rostock 2010, S. 193–199.* MB

POST- UND FERNMELDEWESEN. Die vorpostal. Zeit bis 1666 als Vorläufer der staatl. Posten war gekennzeichnet durch das Botenwesen zu Fuß, zu Pferde, mit Wagen u. auf Schiffen mit unterschiedl. Einrichtungen des Fürstenhauses, der geistl. Einrichtungen, der Kaufmannsvereinigungen, der Stadt u. der Uni Rostock. Der Hanse-Botenkurs im 14. Jh. verlief von Hamburg, Lübeck, Wismar über Rostock nach Stettin u. Danzig, benannt als Danziger Bote. 1644 wurde dem Rostocker Claus Borchert die Anlegung einer regelmäßigen Postverbindung im Herzogtum Meckl.-Schwerin zwischen Schwerin u. Rostock übertragen u. er zum „ordinari Postboten" ernannt. 1658 übernahm Pankraz Schmalbacher die Post. Die Hauptkurse wurden eingerichtet zwischen Schwerin, Güstrow, Rostock u. Hamburg. Andere wichtige Anschlusskurse bestanden zwischen Lübeck, Wismar, Rostock u. Demmin. Die Posten der umliegenden Städte waren z. T. durch Fußbotenposten an das allgemeine Postnetz angeschlossen.

Die in zwei Etappen gegliederte sog. postal. Frühzeit (1666–1810) ist durch den Auf- u. Ausbau einer meckl. Landespost mit eigener Posthoheit gekennzeichnet: 1666–1721 mit Botenbriefen ohne postal. Handzeichnung, der ältesten meckl. Postordnung mit der Festlegung von Posttaxen u. der ersten urkundl. Erwähnung des Postdienstes. Die Rostocker Nicolaus Bahlemann u. Hans Schwengel wurden zu Postmeistern ernannt. 1684–1714 war Johann Christoff Völschow Postmeister. 1685 wurde Paul Behrens Rostocker Postverwalter in Schwerin, der das Rostocker Fuhramt gründete. Das Postamt des Postdistrikts Rostock hieß ab 1.1.1708 Haupt-Comptoir. Dazu gehörten acht Postanstalten, deren Anzahl wechselte. Ab 1714 wird als Postmeister Johann Gerhard Babst erwähnt. Mit der zweiten Etappe 1721–1810 erfolgte die Eintragung (Kartierung) der Briefsendungen in ein Verzeichnis (Briefkarte) über die von der Post angenommenen Briefsendungen. Neben den Kartierungsnummern sind Gewichtsangaben in schwarzer od. blauer Schrift u. Portovermerke in roter Tinte od. mit Rötelstift zu finden. Die Verteilung erfolgte über Amtsverwalter. Postmeister war ab 1725 David Julius Manecke u. ab 1737 Johann Nicolaus v. Haften. Ab Juli 1753 durfte letzterer sich Postdirektor nennen u. blieb bis 1770 im Amt. Die Postordnung in 71 Artikeln von 1770 hatte im Wesentl. über 100 Jahre Gültigkeit. 1770–99 waren Johann Albrecht Köhler sowie kurzzeitig Georg Albrecht Meyer u. 1799–1805 Adolf Friedrich Behm Postdirektoren. Als Posthaus diente Letzterem sein Wohnhaus in der Hartestr. 10/11. 1805–29 war die Post im Hause Vogelsang 12 untergebracht.

In dieser Zeit war Johann Daniel Amtsberg Postdirektor (ab 1813 Oberpostamts-Direktor, denn 1810 wurde das Rostocker Hauptpostamt zum Oberpostamt ernannt). Damit begann die sog. Vorphilatelie (Vor-Stempelzeit, 1810–30.6.1856). Sie war gekennzeichnet durch Rostocker Ortsstempel mit Ortsname u. Datum auf den Briefsendungen – 1811–36

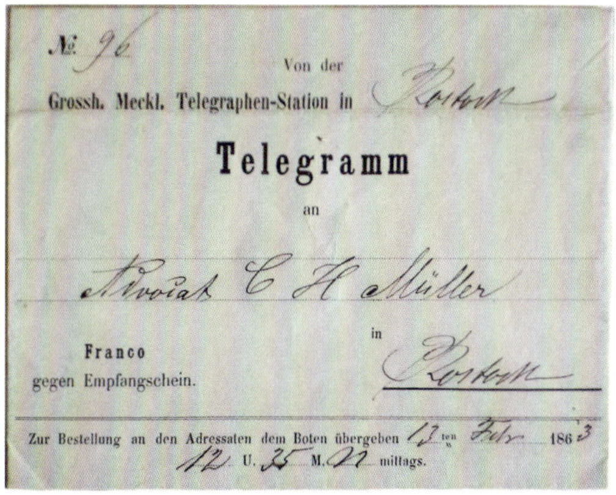
№ 96

Von der Grossh. Meckl. Telegraphen-Station in Rostock

Telegramm

an

Advocat C H Müller

in Rostock

Franco gegen Empfangschein.

Zur Bestellung an den Adressaten dem Boten übergeben 13ten Febr 1863 12 U. 35 M. 22 mittags.

Telegramm an den Rostocker Advokaten C. H. Müller (1863)

mit einem großen zweizeiligen Langstempel u. ab 1836 mit Zweikreisstempel. Warnemünde hatte ab 1837 eine Postexpedition u. ab 1850 führte der Rostocker Bahnhof einen Poststempel, ebenso die beförderte Bahnpost auf der Strecke Hagenow-Rostock. Ab 1830 wurden Schnellposten zwischen Rostock u. Schwerin, später auch in andere Orte eingerichtet - eine Folge des 1826 begonnenen Chausseebaus. Der steigende Post- u. Publikumsverkehr erforderte den Erwerb eines eigenen u. größeren Hauses, welches in der Krämerstr. 19 (1834-84 als Poststr. benannt) 1834-81 eingerichtet wurde. Hier erfolgte 1854 der Einbau der ersten Rostocker Telegrafenstation. Eine weitere Station wurde 1864 in Warnemünde im Quartier Nr. 1 (heute Am Strom 60) eröffnet.

Die Verwendung von → Briefmarken, Wertstempeln, Postkarten u.a. postal. Belegen begann am 1.7.1856. Diese Zeit war verbunden mit der Entwicklung eines einheitl. bürgerl. Postrechts, der Veränderung der Gebührenberechnung u. mit zahlreichen Neuerungen sowie den ersten Briefkästen in Rostock am 17.4.1861. 1867 stellte die Meckl. Landespost ihren Betrieb ein. Das Post- u. Telegrafenwesen ging an den Norddt. Bund über. Mit der Reichsgründung 1871 erfolgte dessen Übernahme durch die Dt. Reichspost. 1860-92 leitete Friedrich → Flügge das Oberpostamt. Er war zugleich als Vorstand des Rostocker Eisenbahn-Postamtes tätig. Sein tatkräftiger Einsatz bezog sich auf Rostocker Verkehrsanbindungen zur See (Rostock-Nyköbing 1873, Warnemünde-Gedser 1886) u. zu Lande (Eisenbahnlinie Warnemünde-Neustrelitz 1886) sowie den Bau des Postgebäudes an der Wallpromenade am Rosengarten (1879-81). Für seine Verdienste wurde er 1893 Ehrenbürger der Stadt. 1998 erhielt eine Str. seinen Namen.

Vom 1.4.1896 bis 30.4.1932 bestand in Rostock ein selbstständiges Telegrafenamt. Erster Telegrafendirektor war Karl Krull. Die ersten Telefonleitungen führten 1893 nach Schwerin, Wismar, Güstrow, Lübeck u. Hamburg. 1895 konnte man auch in Berlin anrufen. 1898 wurde das Post- u. Telegrafenamt mit neuer Technik ausgestattet. 1904-06 wurde an der Ostseite des Postgebäudes in der Wallstr./Buchbinderstr. ein Flügel für das Telegrafenamt hinzugefügt. Am 1.6.1896 wurde als Konkurrenzunternehmen zur Reichspost die Privatpost Courier in der Langen Str. 75 von Ludwig Eheleben u. Paul Hilbig gegründet. Sechs Briefmarken kamen in Umlauf. Sie beförderten die Ortspost bis zum 1.4.1900. Am 1.10.1896 wurden das Postamt 2 in der Goethestr. 14, 1903 das Postamt 3 Ecke Doberaner Platz/Friedrichstr. 1 u. 1934 das Postamt 4 in der Königsberger Str. 10 (heute Dethardingstr.) eröffnet. Zweigpostämter bestanden mit der Eingemeindung von Gehlsdorf ab 1934, mit der Entstehung der Siedlung Dierkow ab 1930 u. in Reutershagen ab 1936. Am 26.4.1942 wurde das Hauptpostamt schwer beschädigt. Für die Fortführung des Dienstbetriebes wurden im Rosengarten zwei fahrbare Postämter aufgestellt. Der Paketverkehr erfolgte in einer Holzbaracke in der Goethestr. u. in fünf weiteren Baracken in der Buchbinder-, Johannis- u. Kistenmacherstr. Davon wurden bei weiteren Fliegerangriffen drei zerstört u. zwei stark beschädigt. Mit Ersatzbauten wurde behelfsmäßig der Postbetrieb fortgesetzt. Die Wiederaufnahme des örtl. Postverkehrs nach Kriegsende erfolgte am 14.6.1945. Dazu wurden lokale Notmaßnahmen u. Barfreimachungen verwendet. Postkarten mit dem Konterfei Adolf Hitlers wurden geschwärzt, Stempel mit NS-Symbolen geändert bzw. alte Stempel aus den 1920er-Jahren wiederverwendet, bis die Oberpostdirektion Schwerin ab 28.8.1945 Markenausgaben für das Land Meckl.-Vorpommern zum Einsatz brachte. Ab 1.1.1946 wurden Gemeinschaftsmarken für die US-amerikan., brit. u. sowjet. Besat-

Privatpost Courier in der Langen Straße (um 1900)

zungszone (SBZ), ab 24.6.1946 Ausgaben der SBZ u. ab 7.10.1949 der Dt. Post bzw. Post der DDR verwendet. Eine Reorganisation der Dt. Post erfolgte nach der mit Gesetz vom 23.7.1952 eingeführten territorialen Veränderung. Damit gingen Aufgaben der Oberpostdirektion Schwerin an die Bezirksdirektion Rostock über. 1955 konnte der Neubau der Hauptpost am Ernst-Thälmann-Platz (Neuer Markt) bezogen u. bis 1993 genutzt werden. Mit der Stadtentwicklung nahmen weitere Postämter ihre Tätigkeit auf, so in der Südstadt, in Lütten Klein, Evershagen, Lichtenhagen, Schmarl, Toitenwinkel u. im Überseehafen sowie in einigen Großbetrieben, der Volksmarine u. in Stadtrandgebieten. Nach dem Zusammenbruch der DDR erfolgte die Dreiteilung des P. in Postdienst, Postbank u. Telekommunikation nach dem Poststrukturgesetz vom 1.7.1989. Es folgten die Spartenorganisation des Postdienstes in Niederlassungen für Briefdienst, Frachtdienst u. Betriebsfilialen sowie die Einführung der fünfstelligen → Postleitzahl am 1.7.1993. Nach der Privatisierung der Dt. Post in eine AG, der Inbetriebnahme des Betriebszentrums 18 in Roggentin am 2.5.1996 u. des Frachtzentrums in Neustrelitz wurde aus der Hauptpost u. dem Postamt 1 die Postfiliale 1. Es folgten die Umwandlungen der übrigen Postämter in Postfilialen u. später ihre Eröffnung als Postagenturen in Supermärkten, Fachgeschäften u. anderen Einrichtungen. Mit der Privatisierung der Post erfolgte auch die Liberalisierung des Postmarktes für den Wettbewerb. Danach entwickelten sich verschiedene Formen moderner Briefbeförderung mit der Ausgabe eigener Briefmarken, so von der Firma RIDAS, der OLYMP-POST u. der Ostseepost/Nordbrief.

Lit.: F. Flügge: Lose Blätter aus der Rostocker Post-Chronik, Rostock 1881; C. Moeller: Geschichte des Landes-Postwesens in Mecklenburg-Schwerin, in: Jahrbücher des Vereins für meklenburgische Geschichte und Alterthumskunde, Jg. 62, Schwerin 1897, S. 1–360; H. W. Bohl, K. Schröder: Rostock. Eine Stadt vor 100 Jahren. Bilder und Berichte, Rostock 1995; M. Kramer, U. Zentner: Das Hauptpostamt in Rostock – ein Rückblick, in: Informationen des Landesverbandes der Philatelisten Mecklenburg-Vorpommern e. V., Bd. 33, Schwerin 2000, S. 10–17. MK

POSTLEITZAHL. Nummerischer Code zur logist. Vereinfachung der Zustellung von Postsendungen, in Dtl. 1941 für Päckchen u. Pakete eingeführt u. ab 1943 auch bei Postkarten- u. Briefsendungen verwendet. Rostock gehörte zunächst bis 1964 mit einstelliger P. zum Leitgebiet 3 (Meckl.), ab dem 1.1.1965 mit einer zwei- bzw. dreistelligen P. zum Leitgebiet 25 der DDR-Post, die im Zuge der elektron. Verarbeitung von Postsendungen 1979 das bestehende System durch Hinzufügen einer 0 auf vier Stellen erweiterte, u. schließlich seit der 1993 erfolgten Einführung des aktuellen fünfstelligen Systems zum Leitgebiet 18. RL

PRESSE. Rostock gehört zu den frühen dt. Zeitungsstädten. Für 1625/28 gibt es Belege für den Druck von Zeitungen durch den Ratsbuchdrucker Moritz Sachs. Die älteste erhaltene Zeitung ist ein Exemplar der „Ordinari wöchentliche Postzeitung" von 1640, hg. vom Universitätsbuchdrucker Nikolaus Kil. Die Entstehung der period. Presse fällt in das Jahr 1711, als Johann Weppling in der Universitätsbuchdruckerei den „Curieusen Extract der neuesten Zeitungen" begründete. 1725 übernahm Johann Jakob Adler die Geschäfte. Das Blatt druckte Berichte der auswärtigen P. nach, daher in späteren Jahren auch der Titel „Auszug aus den neuesten Nachrichten". Die Ratsbuchdruckerei unter Anton Ferdinand Röse gab seit 1752 die Wöchentl. Nachrichten und Anzeigen heraus, ein bis 1850 erschienenes Inseraten- u. Anzeigenblatt, das zur Hebung des Absatzes auch gelehrte Aufsätze veröffentlichte. Eine dritte Gruppe period. Druckerzeugnisse entstand mit den Gelehrtenzeitungen, wie das „Etwas von gelehrten Rostockschen Sachen" (1737–48) od. die „Gemeinnützigen Aufsätze" (1765–1816). Der Vormärz u. die → Revolution von 1848/49 gaben der P. wichtige Entwicklungsschübe. Die Mecklenburgischen Blätter (1847–48, Redakteur: Carl → Türk) u. das Reformblatt für beide Mecklenburg (1850–51, Redakteur: Ludwig Reinhard) wurden zu Sprachrohren des aufstrebenden Bürgertums. Von besonderer Bedeutung war die von Carl Friedrich Behm 1846–48 vollzogene Wandlung des „Auszuges aus den neuesten Nachrichten" zur liberalen Tageszeitung, die unter dem Titel Rostocker Zeitung schließlich bis 1921 in der Druckerei von Adlers Erben erschien. Die Bemühungen des Verlegers

Rotationsmaschine des Rostocker Anzeigers (1934)

Verladerampe des Rostocker Anzeigers (1934)

Dethloff Carl → Hinstorff, in Rostock in der 2. Hälfte des 19. Jh. eine zweite Tageszeitung zu etablieren, scheiterten. Das gelang erst den Brüdern Emil u. Gustav → Boldt 1881 mit dem Rostocker Anzeiger, der sich zur auflagenstärksten Zeitung Meckl. entwickelte u. bis 1945 erschien. In Warnemünde gab Emil → Krakow seit 1889 die Warnemünder Zeitung heraus (1943 eingestellt). Als Parteiorgane veröffentlichten die SPD ab 1892 die Mecklenburgische Volkszeitung u. die KPD ab 1920 die Volkswacht. Beide Zeitungen wurden 1933 verboten. Die NSDAP begann nach der Machtübernahme einen aggressiven Verdrängungswettkampf gegen den Rosto-

Das Verlagshaus des SPD-Organs Mecklenburgische Volkszeitung in der Doberaner Straße (um 1925)

cker Anzeiger, um ihrem Schweriner Parteiblatt Niederdeutscher Beobachter eine Vormachtstellung zu verschaffen. Der Rostocker Anzeiger musste 1936 nach massivem Druck der Mehrheitsbeteiligung eines NSDAP-Verlages zustimmen. Nach dem Ende des II. → Weltkrieges war es nur den zugelassenen polit. Parteien auf der Grundlage von Lizenzen der sowjet. Besatzungsmacht mögl., Zeitungen herauszugeben. Ab 1945/46 erschienen die Landeszeitung (SED), der Demokrat (CDU) u. die Norddeutsche Zeitung (LDPD). Verlags- u. Druckort war Schwerin. In Rostock gab es durch Kriegszerstörungen u. Reparationen zunächst nur unzureichende Druckmöglichkeiten. Erst mit Auflösung des Landes Meckl. u. der Bildung der Bezirke 1952 wurde Rostock mit der Ostsee-Zeitung (SED) wieder P.-standort. 1953 erfolgte die Gründung der Norddeutschen Neuesten Nachrichten (NDPD), 1954 zog auch der Demokrat nach Rostock um. Mit dem Neubau des Ostseedrucks verbesserten sich die Produktionsbedingungen für die Zeitungen ab 1963 wesentlich. Die Ostsee-Zeitung als Propagandawerkzeug der SED-Bezirksleitung dominierte die regionale P. Die Entstehung der Zeitungen Plattform, Bürgerrat u. Mecklenburgische Volkszeitung in der Phase des Zusammenbruchs der DDR 1989/90 war ein Versuch, diese Stellung aufzubrechen. Mit dem Übergang in die Marktwirtschaft kam für den Demokrat u. die Norddeutsche Zeitung das Ende. Die Ostsee-Zeitung fand 1991 in den Lübecker Nachrichten u. der Axel Springer AG neue Eigentümer. 2009 übernahm die Verlagsgruppe Madsack aus Hannover die Lübecker Nachrichten u. die Ostsee-Zeitung. Seit 2013 versorgt das „RedaktionsNetzwerk Dtl." die Madsack-Zeitungen mit den überregionalen Inhalten. Die Ostsee-Zeitung lag 2016 mit ihrer Rostocker Ausgabe bei einer tägl. Auflagenhöhe von ca. 36000 Exemplaren (Wochenende: ca. 41000). Die Norddeutschen Neuesten Nachrichten wurden 1991 durch den Burda-Verlag gekauft u. unter Beibehaltung des Namens mit der Schweriner Volkszeitung (SVZ) vereint. 2005 erfolgte die Veräußerung der SVZ an den Schleswig-Holstein. Zeitungsverlag in Flensburg. Die Gruppe firmierte seit 2012 unter dem Namen medien:holding:nord u. fusionierte 2016 mit der NOZ Mediengruppe (Neue Osnabrücker Zeitung). Die Auflagenhöhe der Norddeutschen Neuesten Nachrichten lag 2016 an Werktagen bei ca. 7700 Exemplaren (Wochenende: ca. 8100). Ostsee-Zeitung u. Norddeutsche Neueste Nachrichten haben in den letzten Jahren erhebl. an Auflage eingebüßt.

Lit.: *G. Kohfeldt: Aus der 200jährigen Geschichte der Rostocker Zeitung, in: Beiträge zur Geschichte der Stadt Rostock, Bd. 6, Rostock 1912, S. 1–70; H. Witt: Zur Herausbildung der periodischen Zeitungen und Intelligenzblätter in Rostock, in: Beiträge zur Geschichte der Stadt Rostock, N.F., H. 1, Rostock 1981, S. 48–62; B. Keipke: Die Hofbuchdruckerei Carl Boldt und der Rostocker Anzeiger. Ein Kapitel mecklenburgischer Pressegeschichte, in: 777 Jahre Rostock. Neue Beiträge zur Stadtgeschichte, Rostock 1995, S. 133–154.* BK

PROSTITUTION. P. ist in Rostock im Mittelalter u. in der Frühen Neuzeit in erster Linie in normativen Quellen, d.h. in Rechtsetzung, Verboten u. Ausweisungen, nachweisbar. Ungeachtet dessen, dass keines der in Norddtl. ohnehin kaum verbreiteten mittelalterl. Frauenhäuser als städt. Bordell belegt ist, ist ihre Existenz sicher verbürgt. Anfang des 19. Jh. finden sich Hinweise auf obrigkeitl. zwar nicht privilegierte, aber doch geduldete Bordelle. Namhaft werden sie im Gefolge eines Befehls der frz. Besatzungsmacht vom 29.9.1811, demnach der Rat alle Prostituierten in seinem Jurisdiktionsbereich zu arretieren u. gegebenenfalls medizin. zu behandeln habe. Die daran anschließende Phase der Tolerierung sollte nach dem Abzug der Franzosen im Apr. 1813 enden, wurde aber auf Ansuchen der Bordellwirte mehrfach verlängert u. mündete schließlich wieder in eine mehr od. weniger stillschweigende Duldung. In der Folge verfolgte der Rat keine konsequente Linie. Einige Bordelle wurden weiterhin geduldet u. konnten nach dem Tod des Betreibers sogar den Besitzer wechseln, in anderen Fällen wurde vor allem nach Anwohnerprotesten ein Weiterbetrieb u. erst recht eine Neueinrichtung verweigert, während wieder andere sogar neue Konzessionen erhielten. Dieser Beliebigkeit bereitete das Reglement für die tolerierten Bordellwirtschaften vom 3.5.1861 ein Ende. Im Zuge des reichsgesetzl. P.-verbotes schloss der städt. Rat, nachdem einer der beiden noch aktiven Bordellbetreiber 1875 von sich aus aufgegeben hatte, 1876 die letzte noch bestehende Einrichtung ihrer Art. Es ist davon auszugehen, dass im gesamten 19. Jh. parallel zur kontrollierten Bordell- auch eine „wilde“ u. Straßen-P. existierte, die die durch das reichsrechtl. Verbot entstandene „Marktlücke“ nachweislich zu schließen versuchte.

Bereits in der Weimarer Republik u. erst recht im Nationalsozialismus verschärfte sich die Gesetzgebung gegen die P. 1933 wurde sie im novellierten § 361 Abs. 6 RStGB unter Strafe gestellt. Ungeachtet dessen drängten einflussreiche NS-Größen auf die Schaffung bestimmter Ausnahmetatbestände, die dann mit der Einrichtung von KZ- u. Zwangsarbeiterbordellen tatsächl. umgesetzt wurden. In Rostock ging eine entsprechende Initiative im Feb. 1941 vom Polizeipräsidenten Hans-Eugen Sommer aus; Ende Juni 1943 wurde in der Schweriner Str. die „B(ordell)-Baracke“ der Rostocker Großbetriebe (→ Ernst Heinkel Flugzeugwerke, → Arado Flugzeugwerke, → Neptunwerft, Reichsbahndirektion) zur Nutzung durch die dort beschäftigten → Kriegsgefangenen, Fremd- u. → Zwangsarbeiter eröffnet. Die in der Altstadt weiterhin existierenden Bordelle fielen 1942 dem → Viertagebombardement zum Opfer, danach suchte sich die P. ihre Nische vorwiegend in den Trümmern.

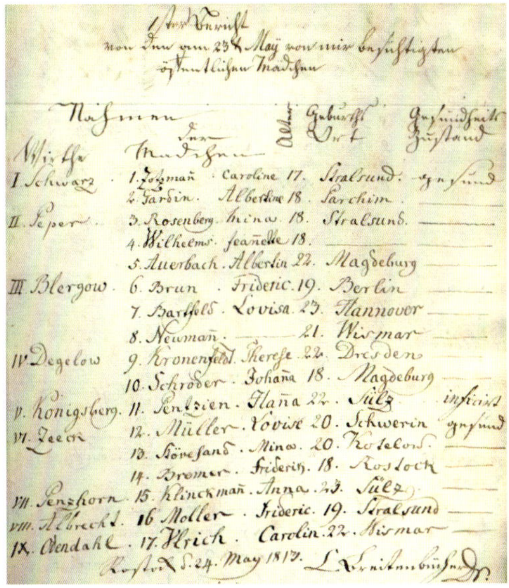

Liste der am 23. Mai 1813 untersuchten „öffentlichen“ Mädchen

Die amtl. Auflösung der Behelfsbordelle durch die sowjet. Besatzungsmacht im Sommer 1945 beseitigte das Phänomen nicht. Es begann eine neue „Blüte“ der versteckten P. Die immer wieder neu entstehenden Behelfsbordelle verschwanden erst 1959 im Zuge städtebaul. Maßnahmen aus der Altstadt. Diese „Lücke“ in der prosperierenden Hafenstadt schlossen der obrigkeitl. geduldete Internationale Seemannsklub u. zahlreiche Nebenerwerbsprostituierte in einschlägig bekannten Bars. Nach dem Zusammenbruch der DDR 1989/90 etablierte sich schnell die mit organisierter Kriminalität einhergehende organisierte P., am sichtbarsten zunächst in der sog. Wagenburg auf dem Mühlendamm-Parkplatz. Sie wurde, nicht zuletzt aufgrund gewaltsamer Auseinandersetzungen im Milieu, Mitte 1996 auf Betreiben der Stadt geräumt. Um mehr Kontrolle über die Szene durch lokale Konzentration der P. zu bekommen, wurde eine Sperrbezirksverordnung zwar diskutiert, aber zugunsten eines anderen Weges nicht umgesetzt. Im Sep. 1996 eröffnete mit dem Eros-Center am Knochenweg ein privat betriebenes u. von einem Sicherheitsdienst bewachtes Bordell. Da es sich um ein Projekt eines von der Stadt ausgewählten Investors handelt, gilt das Eros-Center als erstes offizielles Freudenhaus des Landes. Daneben existieren im Stadtgebiet jedoch weiterhin sog. Modellwohnungen, in denen Prostituierte ihrem Gewerbe nachgehen.

Lit.: *R. Cerwenka u.a.: Die Rostocker Bordellwirtschaft und andere sündhafte Angelegenheiten, Rostock 1998; M. Manke: „...nicht öffentlich bestätigt, jedoch tolerirt..." Die Bordell- und Gelegenheitsprostitution in Rostock im ersten Drittel des 19. Jahrhunderts und ihre Vorgeschichte, in: E. Münch, R. Schattkowsky (Hg.): Festschrift für Gerhard Heitz zum 75. Geburtstag, Rostock 2000, S. 451–475.* MM

PSV ROSTOCK. Polizeisportverein, 1992 als Nachfolger des SV Dynamo gegründet, mit ca. 2700 Mitgliedern u. 14 Abteilungen größter Kinder- u. Breitensportverein Meckl.-Vorpommerns (Stand: 2017); in den Anfangsjahren verstärktes Engagement für den Spitzensport, u.a. Schwimmen (Britta Kamrau, Peggy Büchse) u. Radfahren (Jan Ulrich); 2002 Bau des Sportkomplexes in der Tschaikowskistr., durch den der P. 2005 in die Insolvenz rutschte; Verkauf der Arena an die Ostsee- → Sparkasse; im Zuge der finanziellen Konsolidierung bis 2012 Ausrichtung auf den Breitensport. BK

PULS, GERD. Generalmusikdirektor, Dirigent (24.1. 1927 Neukloster–12.2.2013 Graal-Müritz); nach dem Kriegseinsatz u. dem Abitur 1946–49 Studium an der Staatl. Hochschule für Musik Rostock (→ Musikwesen); 1952–56 Kapellmeister an den Theatern Altenburg u. Gera; 1957 Musikal. Oberspielleiter (1962 Generalmusikdirektor) des Volkstheaters Rostock; entwickelte das Theaterorchester (→ Norddeutsche Philharmonie) bis 1972 zu einem der bedeutendsten Klangkörper der DDR; bestimmte das städt. Kulturleben u.a. durch Philharmon. Konzerte, Sonntags- u. Kammerkonzerte (im Barocksaal) entscheidend mit; 1987 → Kulturpreis der Stadt Rostock; dienstältester Orchesterchef in Dtl.; 1991 Ruhestand, Autor von Standardwerken zur Geschichte des Rostocker Theater- u. Konzertwesens. RL

Gerd Puls (um 1990)

PURKSHOF. Ehem. Rostocker Bauerndorf; 1267 Ersterwähnung als Purkshagen; entstanden als typ. Hagenhufendorf durch Rodung in der → Rostocker Heide; eingepfarrt nach Rövershagen; 1735 veranlasste der Ausbau des 1573 eingerichteten Stadthofes den Wechsel des Ortsnamens in P.; bis 1945 Nutzung als Flugplatz durch die → Ernst Heinkel Flugzeugwerke, 1955 Wiedereinrichtung des Flugplatzes; 1992/93 Entstehung des Vergnügungsparks u. der Erlebniswelt Karls Erdbeerhof, später unter dem Namen Karls Erlebnisdorf.

Lit.: *E. Münch: Probleme städtischer Gutsherrschaft. Die Rostocker Landgüterordnung von 1573 und der Vertrag über die Dienste der Rostocker Hospitalbauern von 1598, in: Beiträge zur Geschichte der Stadt Rostock, Bd. 30, Rostock 2008, S. 143–180.* EM

Q

QUISTORP (FAMILIE). (1) Johannes Q. (der Ältere). Theologe (18.8.1584 Rostock–2.5.1648 Doberan); Besuch der → Großen Stadtschule in Rostock; 1604–13 Studium der Philosophie in Frankfurt/Oder u. der Theologie in Rostock; 1613 Promotion zum Magister; Dozent der Philosoph. Fakultät der Uni Rostock; 1614 Prof. der Theologie; 1616 Promotion zum Dr. der Theologie; mehrfach Dekan u. Rektor; 1616 Archidiakon an der St.-Marien-Kirche; Wegbereiter der Prediger-Witwenkassen u. öffentl. Schulen; Grabplatte u. Porträts in St. Marien; 1631 Rettung der Stadtbevölkerung vor kaiserl. Vergeltungsmaßnahmen; geistl. Beistand für Hugo → Grotius. **(2) Johannes Q. (der Jüngere).** Theologe (3.2.1624 Rostock–24.12.1669 Rostock), Sohn v. (1); 1631 Privatunterricht; 1641–45 Studium der Philosophie u. Theologie in Greifswald u. Rostock, 1645 Magister; hielt 1646–47 Vorlesungen über Mathematik u. Astronomie an der Uni Rostock; 1649 Berufung zum Prof. der Theologie; mehrfach Rektor; 1650 Promotion in Rostock; 1651 Archidiakon u. 1653 Pastor an der St.-Jakobi-Kirche; 1668 Direktor des → Geistl. Ministeriums; 1659–69 Bibliothekar der Akadem. Bibliothek, veranlasste 1660 die Öffnung der Universitätsbibliothek zur öffentl. Nutzung; Grab u. Porträt in St. Marien.

Lit.: J. Storm: Quistorp, Johannes (der Ältere) und Quistorp, Johannes (der Jüngere), in: Biographisches Lexikon für Mecklenburg, Bd. 1, Rostock 1999, S. 183–188. AH

Johannes Quistorp der Ältere (um 1640)

R

RADELSEE. Nordwestl. der → Rostocker Heide gelegenes, 220 ha großes Naturschutzgebiet (NSG); aus dem R., Küstenüberflutungsmooren, Salzwiesen u. Bruchwäldern bestehend; durch Küstenausgleichsprozesse verschlossene Öffnung eines alten Warnow-Armes am Südwestrand von Markgrafenheide; bis Anfang des 14. Jh. befand sich hier die Durchfahrt zur Ostsee; nach Verschluss kam es zur Verlandung u. Vermoorung (Ausbildung von bis zu zwei Meter dicken Torfschichten); seit 23.10.1990 als NSG ausgewiesen.
Lit.: W. Steinmüller: Rostocker Heide mit Jagdschloss Gelbensande. Geschichte – Landschaft – Tipps – Wanderungen, Ilmenau 2008. WS

RAHE, FRIEDRICH WILHELM. Sportler (16.4.1888 Rostock – 18.2.1949 Rostock). Er stammte aus einer angesehenen Rostocker Kaufmannsfamilie u. wurde, Fieten genannt, zu einem Sportidol der Stadt. Im Tennis (Einzel u. Doppel) sowie im Hockey nahm er 1908 an den Olymp. Sommerspielen in London teil. 1913 bestritt er das erste Davis Cup Match für Dtl. u. stand im selben Jahr mit Heinrich Kleinschroth im Endspiel des Turniers in Wimbledon. Er gehörte zu den Gründern des Rostocker Hockey-Clubs, aus dem 1922 der Rostocker Tennis- u. Hockey-Club an der → Trotzenburg im → Barnstorfer Wald hervorging.
Lit.: W.-D. Gehrke: Menschen unter sieben Türmen. Rostocker Familiengeschichten, Rostock 1997, S. 88–91. GK

RAT → STADTVERWALTUNG

RATHAUS. Sitz des → Oberbürgermeisters u. der → Bürgerschaft. Nach der Vereinigung von Alt-, Mittel- u. Neustadt 1262/65 entwickelte sich das R. der Mittelstadt zum Sitz der → Stadtverwaltung. 1278 erstmals als „theatrum" in der Bedeutung von Kaufhaus, 1279 als „domus consulum" erwähnt. Im Ursprung unterkellertes, zweigeschossiges Doppelhaus, gelegen an der Ostseite des → Neuen Marktes. Die Längswände zwischen den beiden Häusern waren durchbrochen worden, sodass hallenartige Räume entstanden. Die untere Ebene wurde im Mittelalter von Kaufleuten als Schau- u. Warenhaus genutzt, an der nördl. Außenfront waren Buden (→ Scharren) zum Verkauf von Brot u. Fleisch angebaut. Es folgte mit dem Neuen Haus eine Erweiterung nach Süden, die 1315 erstmalig schriftl. erwähnt u. 1484 durch einen Neubau (Hochzeitshaus) ersetzt wurde. Architekton. Aufwertung der drei Häuser bis zum Ende des 15. Jh. durch eine gemeinschaftl. Schauwand mit sieben Türmen u. durch eine vorgebaute Laube. 1499–1515 entstand an der Nordseite der Ratsstubenbau, in dem der Rat seine Sitzungen abhielt (1942 zerstört). Als Ersatz für die sturmgeschädigte Laube schuf Zacharias Voigt 1727–29 den barocken Vorbau mit

Das Rathaus, im Vordergrund der „Möwenbrunnen" (2011)

Uhr u. Balkon. 1732–35 Umbau des gesamten R. im Barockstil durch Joseph Petrini (u. a. Fassade u. Festsaal). 1901/02 Rekonstruktion durch Gustav → Dehn. Erweiterungen 1907 durch den Neubau von Stadthaus u. Stadtarchiv, 1935 durch die Einbeziehung der Häuser Neuer Markt 33/34. An der kriegszerstörten Ostseite des Neuen Marktes entstand 1951/52 der R.-anbau (Architekten: Wolfgang Rauda, Hermann Henselmann). 1992–2002 Sanierung des histor. R., 2010/12 Umbau des Komplexes an der Großen Wasserstr.

Lit.: *G. Dehn: Das Rathaus zu Rostock. Beitrag zur Kunstgeschichte, Rostock 1926.* BK

Innenansicht des Ratskellers (1930)

RATSKELLER. Im Gewölbe unter dem → Rathaus lag der Ratsweinkeller; 1362 erste Belege für die Teilung in Rheinischen u. Gubinschen Weinkeller (Großer u. Kleiner Keller), hinzu kam der Barthsche Bierkeller unter dem Neuen Haus; ab 1471 ist die regelmäßige Verpachtung der Keller mit den dazugehörigen Schankstuben nachweisbar; zum Keller des Neuen Hauses gehörte auch ein Gewahrsam (→ Gefängnis) für zügellose Studenten, Finkenbauer od. Brummbärenloch genannt; 1902/03 Umbau des R. zur Gaststätte u. Gestaltung im historisierten Stil, der mit der Renovierung von 1973 wieder verschwand; 1964 u. 2002 umfassende Rekonstruktionen. BK

REALGYMNASIUM → JENAPLANSCHULE

REDER, FIETE (eigentl. Paul-Friedrich). Sportler, Lehrer (9.11.1922 Rostock–29.1.2004 Rostock); begann 1946 als Handballer mit dem Aufbau von Mannschaften in Rostock, seinerzeit zunächst noch im Feld- → Handball, u. gewann mit ihnen als Aktiver sechs DDR-Meistertitel (ein Einsatz in der DDR-Nationalmannschaft); ab 1959 Stadtturnrat u. Lehrer an Rostocker Schulen; auch Handballtrainer, in dieser Funktion Gewinn einer DDR-Meisterschaft u. mehrerer DDR-Nachwuchsmeisterschaften; 1956 Ehrenmitglied u. 1993 Ehrenspielführer des HC Empor Rostock; mit der Benennung der Sporthalle in Marienehe (2006) geehrt. RL

REEDEREI → SCHIFFFAHRT
→ DEUTSCHE SEEREEDEREI

REFORMATION. Die R. in Rostock ist eng mit der Entwicklung der R. im Herzogtum Meckl. im 16. Jh. verbunden. Während Herzog Heinrich V. (1479–1552) dem Luthertum zuneigte, hielt es sein Bruder, Herzog Albrecht VII. (1488–1547), mit der kath. Kirche. Insbesondere Heinrich wollte die Möglichkeiten der R. (landesherrl. Kirchenregiment, Säkularisierungen) zur Stärkung seiner Herrschaft nutzen. Die Konflikte zwischen dem meckl. Landesherrn u. der nach Unabhängigkeit strebenden Stadt Rostock beeinflussten die Entwicklung der R. wesentl., betraf diese doch die Stadtherrschaft, den Zugriff auf die kirchl. Institutionen u. ihr Vermögen.

Die röm.-kath. Kirche war über Jh. sehr eng mit der weltl. Macht verbunden. Zahlreiche Fehlentwicklungen (Abweichungen von der eigenen Lehre wie Ämterkauf u. -häufung, Verletzung des Keuschheitsgebots, Ablasshandel) boten im späten Mittelalter breiten Raum für Kritik, die in mehrere, aber nicht durchschlagende Reformbemühungen mündete.

Die Verkündigung der neuen Lehre von Martin Luther u. seiner Gefolgschaft seit dem Thesenanschlag von 1517 in Wittenberg begann in Rostock 1521 durch den im selben Jahr an der St.-Petri-Schule nachweisbaren, dann als Vikar u.

„Slüters Reformationspredigt in Rostock", Gemälde von Bernhard Reinhold (1857)

Kaplan an der → Kirche St. Petri eingesetzten Joachim → Slüter, der 1523 hier eine Pfründe erhalten hatte. Seine niederdt. u. nicht lat. gehaltenen Predigten fanden die Aufmerksamkeit vor allem der Mittel- u. Unterschicht der Stadt, sodass er bald genötigt war, unter freiem Himmel auf dem St.-Petri-Kirchhof zu predigen. Zu einem Politikum wurde 1528 seine Vermählung mit Katharina Jele, der Tochter eines Rostocker Kleinschmiedes.

Auch im Franziskaner- → Kloster St. Katharina gab es den luth. Reformen zugeneigte Mönche, von denen z. B. Stephan Kempe nach Hamburg ging, um dort als einer der ersten ev. Pastoren zu wirken. 1528 setzte der Rat auf Druck Rostocker Bürger den Franziskanermönch Valentin Korte als Prediger an der Kirche des → Hospitals zum Heiligen Geist ein.

Im Gegensatz zum Rat, der Uni, dem Dominikanerkloster, dem Kartäuser- → Kloster Marienehe usw., die sich überwiegend altgläubig verhielten, gehörten die Anhänger Slüters vor allem den unteren Schichten an. Im Sommer 1528 griff u. a. Wolfgang Sager, Kaplan der Marienkirche, Slüter in seinen Predigten u. Schriften scharf an. Zu Beginn der 1530er-Jahre schwenkte der Rat jedoch auf protestant. Positionen, um möglichen Unruhen, wie sie z. B. in Stralsund ausgebrochen waren, vorzubeugen. Ratssyndikus Johann → Oldendorp nahm entscheidenden Einfluss auf die Einführung der R. in Rostock. Am 30.12.1530 erließ der Rat daher ein Mandat zur Religionsfrage, in dem er vorsichtig u. unter Wahrung der Rechte Dritter (Kaiser, Landesherr, Bischof) die reformator. Lehre in den vier Rostocker Hauptkirchen für verbindlich erklärte. Altgläubige Messfeiern hatten ab sofort zu unterbleiben. Am Palmsonntag 1532 (2. Apr.) setzte der Rat die neue Gottesdienstordnung in allen Kirchen durch. Im selben Jahr veröffentlichte Slüter ein niederdt. Gesangbuch mit Liedern von Martin Luther u. Thomas Müntzer, starb aber am 19.5.1532, angebl. von seinen Gegnern vergiftet.

1531 begann die Beschlagnahme des klösterl. Eigentums. Inventare wurden erstellt, die Besitzurkunden eingezogen u. die Klöster verschlossen. Ledigl. das → Kloster zum Heiligen Kreuz und das Kartäuserkloster Marienehe konnten sich behaupten. Letzteres aber nur bis 1552 – dann vertrieben ca. 300 Bewaffnete im Auftrage des meckl. Herzogs

→ Johann Albrecht I. (1525–76) die Insassen gewaltsam. Mönche, die in der Stadt verblieben, konnten das → Bürgerrecht erwerben. Das Kloster zum Heiligen Kreuz wurde bis 1586 zu einem ev. Damenstift umgewandelt und erst 1920 aufgehoben.
Lit.: *Das Evangelische Rostock 1531–1931. Festschrift zum Rostocker 400jährigen Reformationsjubiläum, Rostock 1931; S. Pettke: Rostocks Vierundsechziger und die Reformation, in: Mecklenburgia Sacra. Jahrbuch für Mecklenburgische Kirchengeschichte, Bd. 8, Wismar 2005, S. 162–192; Dies.: Nachträge zur Reformationsgeschichte Rostocks, 2 Bde., Rostock 2009–2010.* KJLS

REGIOPOLE. Moderne Wortschöpfung aus lat. „regio" für Gegend, Gebiet, Territorium u. altgriech. „polis" für Stadt als Begriff der Raumordnung u. Stadtplanung für Orte, die über mehr als 100 000 Einwohner verfügen, außerhalb von Metropolregionen liegen u. als Entwicklungsmotoren des Umlandes dienen. Als einziger Kommune in Meckl.-Vorpommern wurde der Hansestadt Rostock dieser Status auf Basis einer nationalen Studie der Uni Kassel im Jahre 2006 zugesprochen. Seitdem arbeiten die entsprechenden Gebietskörperschaften, der Planungsverband sowie Interessenverbände der Wirtschaft in der Initiative R. Rostock. RL

Konrad Reich (um 2000)

REICH, KONRAD. Buchhändler, Autor, Hg. u. Verleger (29.6.1928 Magdeburg–13.1.2010 Güstrow); seit 1953 in Rostock, 1959–78 Leiter des → Hinstorff Verlags; danach verstärkt schriftstellerisch tätig. Ab 1990 neben buchhändler. Aktivität Gründung u. Leitung des Konrad-Reich-Verlags, der 2006 vom Hinstorff Verlag übernommen wurde. R. verfasste u.a. Drehbücher für die Literaturverfilmungen „Kabelkran und Blauer Peter" (Franz → Fühmann) u. „Die Gerechten von Kummerow" (Ehm Welk), kulturgeschichtl. u. maritime Sachbücher sowie eine Biografie über Ehm Welk.
Lit.: *A. Krause: Reich, Konrad, in: Neuer Friedhof Rostock. Bemerkenswerte Grabstätten, T. 1, Rostock 2012, S. 99.* FO

REICHSEXEKUTION. Gewaltsamer Vollzug der Wiederherstellung der vorherigen Ordnung im Lande aufgrund der Klagen der meckl. Stände; am 7.1.1719 am Wiener Kaiserhof gegen Herzog → Carl Leopold v. Meckl.-Schwerin beschlossen; verursacht durch die rigorosen absolutist. Maßnahmen des Herzogs zunächst gegen Rostock, dann gegen die Ritterschaft; ab März 1719 militär. Besetzung des Landes unter Leitung des Kurfürsten v. Hannover; Rostock wurde Sitz der kaiserl. Kommission mit hannover. u. braunschweig. Räten (22.6.1719); Beginn einer Art Doppelherrschaft, da Herzog Carl Leopold trotz Suspendierung u. zeitweiligen Verlassens des Landes noch bis zu seinem Tode 1747 Einfluss behielt.
Lit.: *P. Wick: Versuche zur Errichtung des Absolutismus in Mecklenburg in der ersten Hälfte des 18. Jahrhunderts, Berlin 1964.* EM

REIFERBAHN. Öffentl. Grünanlage auf der Fläche der seit dem 18. Jh. bis 1931 genutzten u. dann abgebrochenen R. zur Herstellung der für den → Schiffbau u. Seeverkehr notwendigen Taue; 13 Reifermeister (Reeper), welche auf zwölf privaten u. öffentl. R. die Seile auslegten; bis heute in ihrer ursprüngl. Ausformung als langgestreckte u. durch enge Baumreihen gegliederte Fläche zwischen Paulstr. u. St.-Georg-Str. erhalten; Planung u. Umsetzung der gärtner. Umgestaltung zur städt. Grünanlage 1936/37, Rekonstruktion 1976. UJ

Hermann Reincke-Bloch (um 1914)

REINCKE-BLOCH, HERMANN. Historiker, Politiker (15.8.1867 Berlin–1.1.1929 Breslau/Schlesien), Sohn eines jüd. Verlegers, Bruder von Marie → Bloch; 1886–91 Studium der Geschichte in Freiburg, Leipzig, Bonn, Berlin; 1891 Promotion (Berlin); 1896 Habilitation (Straßburg); 1904 Berufung zum Prof. für Mittlere u. Neuere Geschichte der Uni Rostock; 1914–15 Rektor; 1918–22 Mitglied der Rostocker Bürgervertretung; 1919 Vorsitzender der DVP; 1919–22 MdL von Meckl.-Schwerin; 1920–21 Ministerpräsident; 1921–22 Unterrichtsminister; 1923 Ruf an die Uni Breslau.

Lit.: *M. Manke: Reincke-Bloch, Karl Moritz Hermann, in: Biographisches Lexikon für Mecklenburg, Bd. 5, Rostock 2009, S. 273–278.* AH

REINE, KÄTHE. Malerin, Grafikerin (20.12.1894 Halver/Westfalen–24.2.1976 Rostock); ab 1895 in Rostock, erster Malunterricht bei Fanny Bernhard; 1914–16 Studium an der Kunstgewerbeschule Düsseldorf; seit 1917 wieder in Rostock tätig, im selben Jahr erste Veröffentlichung ihrer Scherenschnitte; 1922–25 Entwürfe für dekorative Textilien für das Modehaus → Zeeck in Rostock; 1922 Mitbegründerin des Meckl. Künstlerbundes (Mitglied bis 1933); 1925/26 Publikation von zwei Märchenbüchern der Gebrüder Grimm u. H. C. Andersens mit großformatigen Scherenschnitten als Illustrationen; 1927–29 Lehrerin in Kochel am See (Bayern), anschließend freiberufl. tätig als Malerin, Scherenschneiderin u. Illustratorin, stellte Kunstpostkarten im Selbstverlag während des II. Weltkrieges her; 1946 Mitglied der Sektion Bildende Kunst im Kulturbund; Werke im → Kulturhistor. Museum Rostock.

Lit.: *G. Mohr: Märchenbücher mit Scherenschnitten illustriert. Vom Rhein zum Ostseestrand – die Malerin und Scherenschneiderin Käthe Reine (1894–1976), in: Mecklenburg-Magazin. Regionalbeilage der SVZ und NNN, Nr. 12, Schwerin 2002, S. 15f.* HL

REINMÖLLER, JOHANNES. Zahnmediziner (25.5.1877 Bebra–1.3.1955 Heidelberg); Studium der Medizin in Würzburg, Marburg, Gießen u. Rostock; 1905 Promotion in Rostock; zahnärztl. Ausbildung in München u. Breslau; seit 1906 Zahnarzt in Rostock, Aufbau einer Privatklinik u. eines zahnärztl. Instituts an der Uni Rostock; 1910 Prof. für Zahnheilkunde, erster Lehrstuhl dieser Art in Dtl.;

Johannes Reinmöller (um 1920)

1914–18 Kriegsdienst; erschoss 1918 im Affekt den Liebhaber seiner Frau, vom Gericht freigesprochen; 1920–21 dt.-nationales MdL; 1920 Verkauf der Klinik an die Uni; 1921 Wechsel zur Uni Erlangen; 1935 Uni Würzburg; nach der Emeritierung 1938 in Ahrenshoop; 1946–49 wegen seiner Funktionen in der SA Gefangenschaft in der Sowjetunion. Lit.: *A. Andrä: Reinmöller, Johannes Albert, in: Biographisches Lexikon für Mecklenburg, Bd. 2, Rostock 1999, S. 196–199.* BK

RELIGIONSGEMEINSCHAFT → KIRCHEN- UND RELIGIONSGEMEINSCHAFTEN

RENAISSANCE → ARCHITEKTUR UND STÄDTEBAU

RENNBAHN. Wettkampfstätte für die Austragung von Pferderennen. In Rostock wurden derartige Wettbewerbe seit dem Mittelalter im → Rosengarten vor dem Steintor ausgetragen, im 19. Jh. mangels eines geeigneten Areals in der → Stadtfeldmark nahe Barnstorf, Bartelsdorf od. Kassebohm. Um dem Provisorium abzuhelfen, ließ die Stadt Rostock 1899/1900 am Nordwestrand der Barnstorfer Anlagen eine 1500-m-R. mit Tribünen errichten, deren erste Ausbaustufe im Juni 1900 ihrer Bestimmung übergeben wurde (Alte R.). Als Ersatz für diese wurde am Tannenweg am 7.7.1936 eine der damals großzügigsten u. modernsten R. in Dtl. eingeweiht (Neue R.), die in der 2. Hälfte des 20. Jh. v.a. dem Motorsport als Wettkampfstätte diente. RL

RETTUNGSHAUS → MICHAELSHOF

REUTER, FRITZ. Schriftsteller (7.11.1810 Stavenhagen–12.6.1874 Eisenach); 1831–33 Jurastudium in Rostock u. Jena; 1833–40 wegen angebl. hochverräter. Tätigkeit u. Majestätsbeleidigung Festungshaft, zuletzt 1839/40 in Dömitz; 1842–47 landwirtschaftl. Ausbildung auf meckl. u. pommerschen Gütern; 1848 Mitglied des Reformvereins Stavenhagen; 1856–63 in Neubrandenburg; 1863 Verleihung der Ehrendoktorwürde der Uni Rostock; 1863 Umzug nach Eisenach; veröffentlichte ab 1858 im → Hinstorff Verlag; bedeutendster Niederdeutschautor u. zeitweise meistgelesener Schriftsteller in Dtl. Wichtigste Werke: „Kein Hüsung" (1857), „Ut de Franzosentid" (1859), „Ut mine Festungstid" (1861), „Ut mine Stromtid" (1862–64). Im Roman „De Reis' nah Konstantinopel" (1868) literar. Verarbeitung der Rostocker Lebensphase. Namensgeber einer Str. in der → Kröpeliner-Tor-Vorstadt, Denkmal (2004, Thomas Jastram) im nach R. benannten → Reutershagen; Tafel in der Lagerstr., in der sich die Studentenwohnung R. befand; Gedenksteine in Alt-Reutershagen, im → Schweizer Wald u. in Warnemünde.

Fritz Reuter (um 1860)

Lit.: *C. Bunners: Reuter, Heinrich Ludwig Christian Friedrich (Fritz), in: Biographisches Lexikon für Mecklenburg, Bd. 2, Rostock 1999, S. 200–216; A. Hückstädt: Auf Fritz Reuters Spuren in Mecklenburg-Vorpommern, Rostock 2006.* FO

REUTERGELD. Notgeldserie für 70 Städte u. Badeorte in Meckl. (1921); Idee des Schweriner Prokuristen Max Reinhold Wust; einheitl. in Format, Werten (10, 25, 50 Pf.) u. Grundgestaltung; Rückseite mit Fritz- → Reuter-Zitat; Auflagenhöhe 50 000 Stück; Arbeitsbeschäftigungs- u. Fremdenverkehrsmaßnahme; Druck in der Hofbuchdruckerei Bärensprung Schwerin nach Motiven einheim. Künstler.

Rostocker Reutergeld

Warnemünder R. (Motive: Alter Strom, Badeszene, Sportflugzeug, Strandkorb, Fischerboot, Mole) von Georg Schütz (1875–1945); Rostocker R. (Motive: Kröpeliner Tor, Wappen, Neuer Markt, Stadtansicht, Hanse-Schiffe) von Egon → Tschirch.
Lit.: I. Möller: *Das Mecklenburgische Reutergeld von 1921, Schwerin 1993.* RS

Ernst-Heinkel-Siedlung in Alt-Reutershagen (um 1935)

REUTERSHAGEN. Stadtteil mit ca. 18132 Einwohnern (2016). Die Bebauung erfolgte in mehreren Etappen. Der älteste Teil geht auf die Kleinsiedlung Barnstorf-Bramow zurück, die ab 1920 um Liningweg, Miningweg u. Druwappelplatz entstand. Die Bezeichnung nach dem niederdt. Schriftsteller Fritz → Reuter ist seit 1921 nachweisbar. Im Rahmen der nationalsozialist. Siedlungspolitik wurde 1934–37 Alt-R. errichtet. Die weitere Entwicklung des Stadtteils war eng an den Aufstieg der → Ernst Heinkel Flugzeugwerke zum Rüstungsbetrieb geknüpft, denn dessen Arbeitskräfte mussten mit Wohnraum versorgt werden. Der Bau des Komponistenviertels begann 1937, einzelne Straßenzüge konnten aber erst nach 1949 fertiggestellt werden. 1938 setzen die Arbeiten für das sog. Ostmarkenviertel um den Wiener Platz ein, an dessen Fertigstellung eine Wohnungsbaugesellschaft der Flugzeugwerke maßgebl. beteiligt war. In diesem Bereich errichtete man später auch die hölzernen Finnhäuser (1941–45) u. die Anhydrithäuser (1951–53). Nach dem Aufstand vom 17.6.1953 sah sich die DDR-Regierung gezwungen, verstärkt

Bau des Wohngebietes Reutershagen II (1959)

Hochhaus in der ehem. Ernst-Thälmann-Straße (um 1970)

Wohnungen zu bauen. In Reutershagen I entstand ab 1953 das erste neue Wohngebiet Rostocks nach Kriegsende, die Architektur war dem sowjet. Vorbild verpflichtet. 1800 Wohnungen für 6000 Einwohner wurden hier geschaffen. In R. II kamen ab 1958 dann erstmals industrielle Baumethoden zum Einsatz. Bis 1961 wurden 3000 Wohnungen für 10000 Einwohner fertiggestellt. Den → Schwanenteich in der Mitte des Stadtteils gestaltete man 1954–60 zur Parkanlage, hier erhielt 1969 auch die → Kunsthalle ihren Standort. Die letzten größeren baul. Erweiterungen in R. erfolgten 1999. Das Stadtteilzentrum Reuterpassage wurde in jenem Jahr eröffnet u. im Bereich des Krischanweges begann nach Abriss nutzlos gewordener Baracken der Bau neuer Wohnhäuser. An Fritz Reuter erinnern ein Gedenkstein im Eikbomweg (aufgestellt 1971) u. ein Denkmal beim Stadtteilzentrum (2004).
Lit.: I. u. H.-J. Haeske: Reutershagen in Bildern und Geschichten, Rostock 2006. BK

REVOLUTION VON 1848/49. Die R. war der gesamtdt. Versuch einer grundlegenden Änderung der polit. Verhältnisse im Interesse des Bürgertums u. zudem der Ausgangspunkt eines Jahrzehnte währenden Umgestaltungsprozesses, an dessen Ende im nationalen Maßstab die Durchsetzung des Kapitalismus in der Wirtschaft u. ein zunehmender Einfluss des → Liberalismus in der Politik standen.

In Rostock trafen sich am 9.3.1848 im Apollosaal des → Haus Sonne etwa 1000 Bürger, um ihre Forderungen zur Durchsetzung demokrat. Verhältnisse in Meckl. zu formulieren. Tags darauf legte eine Abordnung auch dem → Rat die Forderungen der Bürger zur Neugestaltung des polit. Lebens in der Stadt vor: Das Stadtparlament sollte fortan demokrat. gewählt werden und für dessen Sitze sich jeder Bürger unabhängig von Stand u. Besitz bewerben können. Zum Rat sollten fortan auch Handwerker Zugang haben. Die mittelalterl. Tradition der Selbstergänzung des Ratskollegiums wollte man durch eine Ratsherrenwahl im Stadtparlament ersetzen. An die Stelle der überkommenen Bürger- → Fahnen sollte eine in jeder Hinsicht moderne Bürgerwehr treten. In einem längeren Prozess wurde den meisten Forderungen – so der Schaffung der → Bürgergarde (15.3.1848) od. den Wahlen zum Stadtparlament (29.1.1849) – entsprochen. Zudem legte der Rat durch die Vergabe von Großaufträgen ein umfassendes öffentl. Beschäftigungsprogramm auf, das einen wirkungsvollen Beitrag zur Bekämpfung der → Arbeitslosigkeit leistete u. vor allem die unteren Bevölkerungsschichten Rostocks wirtschaftl. deutl. entlastete. Bei den Wahlen zu einem modernen, demokrat. Landesparlament im Großherzogtum Meckl.-Schwerin errangen ab dem 3.10.1848 Rostocker 27 der 85 Sitze. Mit dem Advokaten Dr. Moritz → Wiggers u. dem Germanistik-Prof. Christian → Wilbrandt stellten sie auch den Parlamentspräsidenten u. dessen Stellvertreter. Die ausschließl. auf dem Petitionswege erzielten Ergebnisse der in Meckl. u. auch in Rostock friedl. u. gewaltlos verlaufenden R. wurden am 11.9.1850 durch den Freienwalder Schiedsspruch für unrechtmäßig erklärt u. aufgehoben. Meckl. wie Rostock fielen in Agonie. Nur schleppend u. in kleinen Schritten vollzogen sich in den folgenden Jahrzehnten bescheidene Wandlungsprozesse in der Stadt- u. Landespolitik. Erst die → Novemberrevolution 1918 verhalf den Ideen von 1848/49 endgültig zum Durchbruch.
Lit.: K. Schröder (Hg.): Rostocks Stadtgeschichte von den Anfängen bis zur Gegenwart, Rostock 2013. RL

REX, INA (eigentl. Alwine Hinrichsen). Schriftstellerin (22.7.1845 Klein-Zicker/Rügen–19.1.1910

Rostock); Tochter eines Steuerbeamten; lebte bis 1860 auf Mönchgut/Rügen; 1867 Heirat mit dem Kaufmann Carl Hinrichsen aus Rostock; seit 1902 Veröffentlichungen in der Berliner Zeitschrift Die Frau; Novellensammlung „Stille Schicksale" (1908), Mönchgut-Roman „Nivellierarbeit der Zeit" (1910).
Lit.: *I. Ehlers: Ina Rex – Eine vergessene Rostocker Schriftstellerin, in: Beiträge zur Geschichte der Stadt Rostock, Bd. 24, Rostock 2001, S. 231–234.* IE

RIEDELSCHE DACHPAPPENFABRIK. Begründer Diedrich Riedel, der seit 1833 eine Papierhandlung betrieb; Herstellung von quadrat. Dachpappe seit 1838; Bau einer Fabrik bei den Cramonstannen am → Schweizer Wald 1842: erste dt. Dachpappenfabrik; 1858 Beginn der Produktion aufgerollter Bahnen; Abnehmer des Teers aus dem städt. → Gaswerk; Vernichtung durch Brand (1928); Neubau am Petridamm (1929/30); erneuter Großbrand am 26.4.1945; Reparationsbetrieb für die Sowjet. Militäradministration bis Nov. 1946; staatl. Beteiligung (1961); Verstaatlichung u. Umwandlung in den VEB Bitumenverarbeitung Rostock (1972); Rückübertragung (1990); Bau eines Verkaufsmarktes für Dachbaustoffe am Petridamm 1992.
Lit.: *125 Jahre Riedelsche Dachpappenfabrik Hans Burchard KG Rostock, Greifswald 1967.* RS

RIEKDAHL. 1254 erstmals erwähntes Bauerndorf der Rostocker Kämmerei; dt. Bezeichnung als Dorf der Tale (Adelheid) Rike; Zubehör des Gutshofes in Kassebohm (bäuerl. Dienste); nach Kessin eingepfarrt; in den 1570er-Jahren nicht umgesetzte Pläne zur Einrichtung eines städt. Bauhofes (Gutshofes) auf Kosten der Bauernstellen; 1919 Eingemeindung nach Rostock; beliebte Ausflugsgaststätte Am Grünen Weg; zeitweilig Sitz der LPG Fritz Reuter (einschließlich Alt u. Neu Bartelsdorf u. Dierkow). Seit 2014 Erschließung eines Eigenheimgebietes.
Lit.: *K. Koppmann: Zur Geschichte des Dorfes Riekdahl, in: Beiträge zur Geschichte der Stadt Rostock, Bd. 1, H. 2, Rostock 1892, S. 61–64.* EM

RIGAFAHRER. Bezeichnung für → Hanse-Kaufleute mit Fahrtrichtung Riga; Anfänge der Rostocker Beziehungen zu Riga im 13. Jh.; Gemeinschaft der Rostocker R. spätestens seit dem 15. Jh. (auch als Riga- u. Pernaufahrer), jedoch quellenmäßig schwer fassbar; in ihrer Bedeutung nicht an die Norwegen- u. Schonenfahrer heranreichend; Stiftungen u. Gestühl in der St.-Marien-Kirche deuten Konzentration in der Mittelstadt an, Lage eines evtl. Gelagshauses unbekannt (→ Gelag); längere Wirksamkeit der umfangreichen R.-spende für Arme noch im 17./18. Jh.
Lit.: *T. Zeids: Beziehungen der Hansestädte Riga und Rostock im Mittelalter, in: Neue Hansische Studien, Berlin 1970, S. 289–299; W. Stieda: Die Gesellschaft der Rigafahrer in Lübeck und Rostock, in: Mitteilungen aus der livländischen Geschichte, Bd. 15, H. 1, Riga 1893, S. 335–345.* EM

RIGZ → ROSTOCKER INNOVATIONS- UND GRÜNDERZENTRUM

RODE, THOMAS. Geistlicher (gest. 14.1.1487 Rostock); geistl. Rat u. Kanzler der Schweriner Herzöge; Kanoniker im dortigen Domkapitel; als Pfarrer an St. Marien erster Propst des neuerrichteten Kollegiatstiftes in der St.-Jakobi-Kirche; zwei Tage nach der Weihe des Stiftes von einer tobenden Menge an der Ecke Lange Str./Badstüberstr. in Rostock erschlagen (→ Domfehde); 1491 Entrichtung des Sühnegeldes für den Erschlagenen durch die Stadt an die

Sühnestein aus dem Jahre 1494

Herzöge; 1494 Errichtung eines Sühnekreuzes am Tatort (heute im → Kulturhistor. Museum Rostock). Lit.: *B.-U. Hergemöller: „Pfaffenkriege" im spätmittelalterlichen Hanseraum. Quellen und Studien zu Braunschweig, Osnabrück, Lüneburg und Rostock, 2 Bde., Köln 1988.* WEW

RÖVERSHAGEN. Größtes Dorf der → Rostocker Heide; Ersterwähnung 1305; Bezeichnung evtl. nach dem „Dorfgründer"; bis ins 20. Jh. Rostocker Kämmereidorf; typ. kilometerlanges Waldrodungsdorf (Hagendorf) mit Gehöften auf einer Seite der Dorfstr. u. dahinter geschlossen liegenden Acker- u. Waldanteilen; Pfarrdorf mit Krügen u. Leprosenhaus (St.-Jürgen-Kapelle); durch Gutsbildung u. Bauernlegungen an Nord- u. Südende seit der Frühen Neuzeit Dreiteilung in Niederhagen (Gut), Mittel-Rövershagen (Bauerndorf) u. Oberhagen (Gut); 1791 Beginn der Tätigkeit von Forstinspektor Hermann Friedrich → Becker; 1999 wesentl. Erweiterung durch ein Neubaugebiet. Lit.: *Chronik 700 Jahre Rövershagen. Eine Ortsgeschichte von 1305 bis 2005, Rostock 2005.* EM

ARAL-Tankstelle in Rövershagen (1938)

RÖVERSHAGEN (KIRCHE). Urkundl. Ersterwähnung 1305 als „neue" Kirche; vermutl. mit der Ankunft der ersten Siedler des Hagendorfes entstanden; Rostocker Kirchenpatronat; spätgot. Gebäude aus Backstein (Langhaus) u. Feldstein (Chor, 1. Hälfte des 14. Jh.); Flachdeckung; evtl. geplante Wölbung umstritten; eines der ältesten Kirchenbücher Meckl. aus dem Ende des 16. Jh.; Kanzel von 1593, Altar von 1708, Westturm aus dem Ende des 19. Jh.; heute zum ev.-luth. Kirchenkreis Rostock gehörig. Lit.: *F. Schlie: Die Kunst- und Geschichts-Denkmäler des Grossherzogtums Mecklenburg-Schwerin, Bd. 1, Schwerin 1896.* EM

Kirche in Rövershagen (1960)

ROHRSTOCK. Studentenkabarett der Uni Rostock, 1970 an der Sektion Sprach- u. Literaturwissenschaft von Wolfgang Dalk gegründet, ab 1971 „ROhrSTOCK"; 1973 Auftritt bei den Weltfestspielen in Berlin; Gastspiele in der Sowjetunion, Ungarn, Polen u. Bulgarien; 1983 Ausgezeichnetes Volkskunstkollektiv der DDR, 1984 → Kulturpreis der Stadt Rostock; seit 1993 e. V.; Auftritte in Frankreich u. den USA; häufig genutzter Proben- u. Auftrittsort war bis 2000 der Zwischenbau des Studentenwohn-

Kabarett „ROhrSTOCK" (2008)

heims Erich-Schlesinger-Str.; heute neben dem Studentenkabarett Oldie-Programme ehem. Darsteller u. Sommerreprisen in wechselnder Besetzung. Lit.: *40 Jahre Studentenkabarett ROhrSTOCK: 1970–2010, bearb. von H. Bahlo, W. Dalk, M. Ruschke, Rostock 2010; C. Dietrich: Kontrollierte Freiräume. Das Kabarett in der DDR zwischen MfS und SED, Berlin 2016.* BK

ROK-TV → FERNSEHEN

ROKOBACK (ROSTOCKER KONDITOR- UND BACKWAREN). Großbäckerei, Hauptversorger der Stadt Rostock seit 1960; Eröffnung einer neuen, zweischiffigen Produktionsanlage mit Silostation für 225 t Mehl u. eines dreigeschossigen Sozial- u. Verwaltungsgebäudes in Marienehe am 15.11.1972 (ursprüngl. in der Schwaaner Landstr. gelegen); Ausstoß: 1400 Brote/h, Jahresproduktion: 12000 t Roggen- u. Weißbrot sowie Konditoreiwaren; etwa 100 verschiedene Backwarenerzeugnisse; Dreischichtbetrieb mit ca. 340 Beschäftigten (60% Frauen); Frostung u. Gefrierlagerung von Konditorwaren; Stammbetrieb des VEB Backwarenkombinat Rostock; 1989/90 nach dem Zusammenbruch der DDR durch die Treuhand privatisiert; nach 1992 zur Firma Nordback umgewandelt; 2006 Insolvenz; Übernahme durch die Pasewalker Firma Unser Heimatbäcker GmbH und Weiterführung als Lila Bäcker. RS

ROKOMA (ROSTOCKER KONFITÜREN-MANUFAKTUR). Produktionsbeginn der R. am 1.7.1946; ging aus der Carl Michelsen GmbH, einem Kunsthonighersteller, hervor; 1949 Bildung des VEB Rostocker Konserven- u. Marmeladenfabrik; Verarbeitung von Ebereschen, Fliederbeeren, Kürbissen u. Wildfrüchten zu Marmeladen; Anfang der 1950er-Jahre Übernahme einer Essig- u. Senffabrik u. 1958 Zusammenlegung der Standorte Carl-Hopp- u. Werftstr.; 1966 Herstellung von etwa 300 t Senf u. 17000 hl Essig sowie 5000 t Konfitüre u. Marmeladen durch ca. 140 Beschäftigte (davon ca. 100 Frauen); Belieferung der drei Nordbezirke der DDR (Neubrandenburg, Rostock, Schwerin) mit sechs Mio. Gläsern Marmelade u. Konfitüre in 13 Sorten (Erdbeere, Aprikose, Himbeere, Johannisbeere, Pflaume usw.); Warenzeichen: Rathaussilhouette; später Konservenproduktion nach Stralsund verlegt; 130 Beschäftigte (1989); Produktionseinbruch 1990; Übernahme durch die Treuhand, Verkauf u. Entlassung von ca. 80 Mitarbeitern, 1992 Liquidation; Übernahme durch Rostocker Unternehmer; 1998 Verkauf an ELRO-Beteiligungsgesellschaft; Verlagerung nach Elmenhorst (1999); Insolvenz (2012); Übernahme durch die Lausitzer Früchteverarbeitung GmbH (2013). RS

ROSENFELD, MAX. Arzt (25.8.1871 Königsberg–26.8.1956 Berlin); 1920–36 Prof. für Psychiatrie, Di-

Max Rosenfeld (um 1920)

rektor der Psychiatr. Universitätsklinik Rostock; Rektor der Uni Rostock 1923/24; Beiträge über organ. bedingte psych. Störungen u. neuropsycholog. Defizite bei umschriebenen Hirnatrophien.
Lit.: *W. Skalweit: Professor Dr. Max Rosenfeld zum Gedächtnis, in: Der Nervenarzt, Bd. 27, Heidelberg 1956, S. 558.* EK/KH

ROSENGARTEN. Wohl eigentl. Ross(e)garten; 1288 erstmals erwähnter, vor dem Steintor zwischen der heutigen Linden- u. Ernst-Barlach-Str. gelegener Platz zur Abhaltung von Ritterturnieren, auch Nutzung als Bürger- u. Schützenwiese. Im 19. Jh. v.a. Exerzierplatz für stationiertes Militär, Domizil für Wanderzirkusse sowie Ausstellungsgelände, wurde der R. 1894 Bauplatz des Stadttheaters (→ Theater). Als der ursprüngl. Bepflanzung der in den 1860er-Jahren unter der Regie des → Verschönerungsvereins nach Schleifung der → Stadtbefestigung angelegten Promenade an der nahen

Blick in den Rosengarten von Südwesten (1939)

Wallstr. immer mehr Rosen hinzugefügt wurden, gaben zunächst Ortsfremde dem Areal, das eigentl. Kaiserplatz heißen sollte, den Namen R., den die Rostocker bald übernahmen u. bis heute für die kleine Parkanlage verwenden.
Lit.: *L. Krause: Die Straßen der Steinthor- und Kröpeliner Thor-Vorstadt und ihre Namen, in: Beiträge zur Geschichte der Stadt Rostock, Bd. 10, Rostock 1917, S. 72.* RL

ROSTOCKER ANZEIGER → PRESSE

ROSTOCKER ATLAS. Kartensammelwerk des 17. Jh.; drittgrößtes Buch der Welt (Höhe: 1,67 m, Breite: 2,04 m), Kaufpreis: 1227 Gulden, Gewicht: 120 kg; Buchdeckel aus Eichenholz, mit Leder beschlagen; 1664 Fertigstellung in Amsterdam als Auftrag des Herzogs Christian Louis I. v. Meckl.; enthält 32 gedruckte Karten mit Darstellungen von Erdteilen, Ländern u. Regionen (u.a. eine Meckl.-karte); im Bestand der Universitätsbibliothek Bützow seit 1772, heute Universitätsbibliothek Rostock.
Lit.: *K.-H. Jügelt: Der Rostocker Große Atlas, in: Almanach für Kunst und Kultur im Ostseebezirk, Jg. 7, Rostock 1984, S. 29–35; C. Cordshagen: Der Erwerb des in der Rostocker Universitätsbibliothek befindlichen Großen Atlas, in: Mecklenburgische Jahrbücher, Jg. 114, Rostock 1999, S. 221–224.* AS

ROSTOCKER BRAUEREI → MAHN & OHLERICH

ROSTOCKER DISTRIKT. Seit dem Landesgrundgesetzl. Erbvergleich 1755 (§126) Bezeichnung für den Landbesitz der Rostocker → Kämmerei, der Rostocker Hospitäler (→ Hospital), des → Klosters zum Heiligen Kreuz, Rostocker Kirchen u. Bürger in 53 Orten der Ämter Ribnitz u. Schwaan, der 1621 in der zweiten meckl. Hauptlandesteilung beiden Herzogtümern (Schwerin u. Güstrow) verblieb; ursprüngl. daher auch Rostocker „Gemeinschafts-Örter" genannt; Umbenennung durch die Vereinigung der Herzogtümer Schwerin u. Güstrow bedingt.
Lit.: *F. Engel, M. Hamann: Erläuterungsheft zu Ämterkarte und Besitzstandskarte von 1797, Köln, Graz 1960, S. 72.* EM

ROSTOCKER DOPPELKÜMMEL. Aquavitähnl. Kornbranntwein mit leichtem Kümmelaroma; bekanntes Erzeugnis der Spirituosenhersteller Adolf Friedrich → Lorenz, Julius → Krahnstöver u. Conrad → Lehment; Herstellung durch die Destillation von Kornfeinsprit unter Zugabe von Kümmelsamen u. verschiedenen Kräutern, „Nationalgetränk des Mecklenburgers"; im 19. Jh. umfangreiche Exporte nach Schottland; berühmtester R. ist „Mann un Fru" der Brennerei Lehment; Name u. Rezeptur wurden 1990 an die Hardenberg-Wilthen AG in Nörten-Hardenberg/Niedersachsen verkauft. RS

ROSTOCKER FREIZEITZENTRUM (RFZ). Im Dez. 1983 als Haus der Pioniere in der Kuphalstr. in einem zuvor als Schule genutzten Gebäude eingeweiht; Sanierung des Hauses bis 1985; Angebote in naturwissenschaftl., musikal., bildkünstler. u. fremdsprachl. Bereichen; nach dem Ende der DDR-Kinderorganisation Junge Pioniere im Aug. 1990 Fortführung als Schülerfreizeitzentrum in kommunaler Trägerschaft, seit 1993 in Trägerschaft des RFZ e.V. als Dachverband für einen Hort, ein Stadtteilbegegnungszentrum sowie Sport- u. Kulturvereine mit Angeboten für alle Altersgruppen. TW

ROSTOCKER FUßBALLCLUB VON 1895. Der erste Rostocker Fußballklub wurde 1895 von Gymnasiasten der → Großen Stadtschule gegründet. Seit 1911 eigener Sportplatz an der Satower Chaussee; durch Zusammenschluss mit anderen Vereinen wiederholte Namensänderungen (1919 Rostocker Sport-Club, 1938 Turn- u. Sportgemeinschaft Rostock); nach dem II. Weltkrieg Nutzung des Sportplatzes durch die Betriebssportgemeinschaft (BSG) Einheit, später BSG Motor Nord-West. 1969 übernahm das → Wohnungsbaukombinat Rostock die Trägerschaft, der Verein erhielt den Namen TSG Bau Rostock. Fußballer spielten 1973–86 in der zweiten DDR-Liga; nach dem Ende der DDR Umbenennung in TSV Grün-Weiß Rostock; aus diesem lösten sich 1996 die Fußballer u. gründeten den R. BK

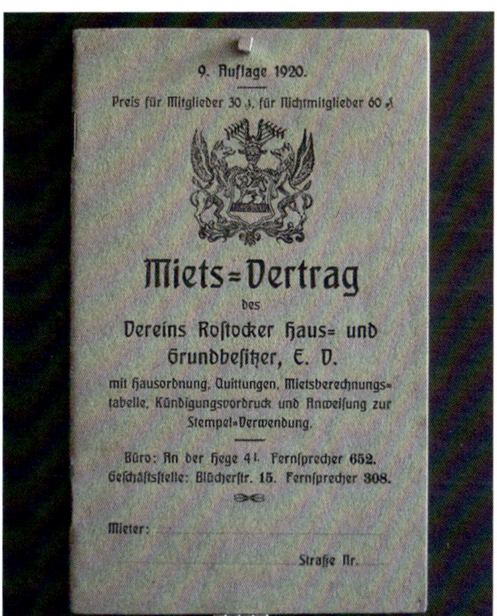

Mietsvertrag des Haus- und Grundbesitzervereins, Broschur (1920)

ROSTOCKER GESANGBUCH. Eigenständige Lieder- u. Textsammlung für den ev. Gottesdienst; Anfänge gehen auf die Gesangbücher des Rostocker Reformators Joachim → Slüter (1525, 1531) zurück; diese enthielten ebenso wie das von Lucas → Bacmeister veranlasste Gesangbuch von 1577 niederdt. Texte; im 17. Jh. setzten sich hochdt. Texte durch, die in mehreren privaten Liederbüchern Eingang fanden; 1704 brachte das → Geistl. Ministerium erstmals ein eigenes offizielles Gesangbuch für die Rostocker Gemeinden heraus, im → Erbvertrag von 1788 verzichtete das Land auf die Einführung des „Meckl. Gesangbuches" in Rostock; bis 1894 mehrfache Überarbeitungen u. Neuauflagen des R.; seit 1905 auch in Rostock Nutzung des „Meckl. Kirchengesangbuches".
Lit.: J. Bachmann: Geschichte des evangelischen Kirchengesanges in Mecklenburg, insbesondere der Mecklenburgischen Gesangbücher, Rostock 1881. BK

ROSTOCKER HAUS- UND GRUNDEIGENTÜMERVEREIN E.V. 1898 Gründung; 1945 Einstellung der Vereinsarbeit; 1990 Wiedergründung des Vereins mit Sitz in der Neubramowstr.; seit 2006 in der Wismarschen Str.; ca. 1000 Mitglieder; zu den vorrangigsten Aufgaben gehören der Erhalt u. die Förderung des privaten Haus-, Wohnungs- u. Grundeigentums, die Beratung u. Unterstützung der Mitglieder sowie die Wohnungsverwaltung; der Verein ist Mitglied im Landesverband Haus & Grund Meckl.-Vorpommern u. im Zentralverband Dtl. MZ

ROSTOCKER HEIDE. Nordöstl. von Rostock gelegenes, ca. 6060 ha großes Waldgebiet. Die R. ist der Rest eines Waldes, der auf einer acht Meter mächtigen Sandscholle eines eiszeitl. Stromgebietes entstand. Die R. bildet mit dem Gelbensander Forst, dem Forst Alte Heide u. einem Teil des Ribnitzer Forsts das größte geschlossene Küstenwaldgebiet in Dtl.: die Nordöstl. Heide (ca. 10700 ha).

Die R. erstreckt sich entlang der Ostseeküste zwischen Warnemünde u. dem Stromgraben am West-

Waldscheune im Moorhof (1930)

rand von Graal-Müritz. Sie dehnt sich bis zu zwölf Kilometer ins Landesinnere aus. Die Bestände setzen sich zu 53 % aus Nadelbäumen (Kiefern, Fichten, Lärchen) u. zu 47 % aus Laubbäumen (Buchen, Eichen, Birken) zusammen. 827 ha der R. bestehen aus Mooren, Schilfgebieten u. Wiesen, u. a. mit Vorkommen an Eisvögeln, Kranichen u. Seeadlern sowie seltenen Eiben, Stechpalmen u. Elsbeeren. In der R. sind drei Naturschutzgebiete (NSG) ausgewiesen. Die R. besteht aus den Forstrevieren → Schnatermann, → Hinrichshagen, → Torfbrücke, → Wiethagen u. → Meyers Hausstelle. Das flache Waldgebiet wird nur durch wenige Erhebungen (Dachsberg, Buchenberg, Budenberg, Kastanienberg) unterbrochen. Ein weit verzweigtes Netz von Gräben u. Bächen (Rohrbach, Feuerstellbach, Stromgraben, Radelbach) sowie Seen (Heiligensee, → Radelsee) prägt die R. 1925 entstand die Eisenbahnstrecke Rostock-Graal-Müritz. Bewirtschaftet wird die R. durch das Rostocker Stadtforstamt.

Am 25. 3. 1252 kauften die Rostocker ihrem Herrn Heinrich Borwin III. v. Rostock das Waldgebiet ab. Die Kaufurkunde enthält u. a. die erste Abschrift der Rostocker → Stadtrechtsbestätigung von 1218. Heidevögte, Jägermeister u. Heideschützen (→ Jagdwesen) wachten über die R. Sie unterbanden Jagdfrevel, unerlaubten Holzeinschlag u. organisierten den Verkauf von Holz u. Wild.

1791 wurde Hermann Friedrich → Becker Forstinspektor der R. u. führte die geregelte Forstwirtschaft ein. Er teilte das Waldgebiet in fünf Forstreviere auf, legte ein planmäßiges Schneisennetz an u. ließ eine Revierförsterei (Meyers Hausstelle) errichten. Es war der Beginn des Umbruchs vom übernutzten Urwald zum nachhaltig bewirtschafteten Kulturwald.

1919 wurde die R. zum Ausgangspunkt der Naturfreunde- u. Naturistenbewegung in Norddtl., die den Bau u. Betrieb von Herbergen, wie das Haus → Uhlenflucht, das Waldhaus, die Knieperbude u. den Moorhof, vorantrieben. Die Heideorte Hinrichshagen, Markgrafenheide, Meyers Hausstelle, Schnatermann, Torfbrücke, Waldhaus u. Wiethagen wurden 1924 nach Rostock eingemeindet. 1927 setzte der Heimatbund Meckl. seinem sich besonders um die Erforschung der R. verdient gemacht habenden Mitglied Ludwig → Krause im Revier Torfbrücke einen Gedenkstein.

Während des II. Weltkriegs entstand in der R. (Revier Schwarzenpfost) ein knapp 100 ha großer Auslagerungsstandort der Rostocker → Ernst Heinkel Flugzeugwerke. Die überwiegend weibl. Arbeitskräfte des Rüstungsbetriebes waren in einem Konzentrationsaußenlager nahe Oberhagen untergebracht. Etwa 1500 KZ-Häftlinge montierten in Schwarzenpfost 1942–45 Flugzeugteile, u. a. für den Strahljäger He 162.

1952 erfolgten die Enteignung u. die Verstaatlichung des städt. Waldbesitzes. 1960–90 war ein Großteil der R. (2600 ha) gesperrt. Schießplätze, Munitionsdepots, Kasernen u. Fla-Raketenstellungen entstanden. Der militär. genutzte Teil wurde Staatsjagdgebiet. Mittels Rückübertragungsverfahren erhielt die Stadt Rostock die R. zurück. Damit gehört Rostock heute zu den fünf größten Kommunalwaldbesitzern in Dtl. Bis 2000 zog das Militär vollständig aus der R. ab, diese ist seither vollständig öffentl. zugänglich. Im Rahmen von EU-geförderten Maßnahmen werden die einst durch das Militär genutzten Flächen renaturiert. 2006 wurde in der Nähe Wiethagens ein Ruheforst eingerichtet. Die Geschichte der R. zeigt der Forst- u. Köhlerhof Wiethagen. Ein Schwerpunkt des Freilichtmuseums ist die Darstellung der Holzkohle- u. Teergewinnung, die seit 1634 nachweisbar in der R. betrieben wurde. Inzwischen hat sich die R. zu einer bedeutenden Naturerlebnis-, Wander- u. Radwanderregion in Meckl.-Vorpommern entwickelt.

Lit.: *L. Krause: Die Rostocker Heide im Spiegel ihrer Orts-, Forst- und Flurnamen, in: Beiträge zur Geschichte der Stadt Rostock, Bd. 14, Rostock 1926; O. Kolp: Die nordöstliche Heide Mecklenburgs, Berlin 1957; G. Heil: Die Geschichte der Köhler und Teerbrenner in der Rostocker Heide, Rostock 2001; W. Steinmüller: Die Rostocker Heide – Mecklenburger Landschaften, Rostock 2005.* WS

ROSTOCKER HOF. Ehem. Hotel ersten Ranges am Hopfenmarkt (Kröpeliner Str. 26–28), erbaut 1888 von Georg Mahn u. Friedrich Ohlerich (→ Mahn & Ohlerich). Besitzer: 1889 Max Hoth, 1899 Heinrich Wachtendorf, 1914 Otto Freitag; 1945 Sitz der Kommandantur der Sowjet. Besatzungsmacht, 1946 Sitz der Parteileitung der SED Kreis Rostock, 1952 Dienstgebäude des Ministeriums für Staatssicherheit, ab 1960 von der Uni Rostock genutzt; 1994 Sanierung u. Umbau zum Einkaufszentrum. GF

Schaugiebel des Rostocker Hofes (2009)

ROSTOCKER HÜTTE. Auf Initiative des österreich. Bergführers Andrä Mariacher unter finanzieller Beteiligung eines Prager Kaufmanns von der Rostocker Sektion des damaligen Dt. u. Österreich. Alpenvereins (DÖAV) errichtet; am 8.8.1912 im Maurertal (2208 m ü. NN) im Tiroler Hohen-Tauern-Massiv (Österreich) eingeweiht; Eigentümer u. Betreiber der Berghütte mit Unterbrechungen in der Kriegs- u. unmittelbaren Nachkriegszeit war die Rostocker Sektion; 1963 Hüttengemeinschaft mit der Sektion Main-Spessart des Dt. Alpenvereins (DAV); 1998 Verkauf an die Sektion Essen des DAV; seitdem trägt sie den Namen Essener u. R. RL

ROSTOCKER INNOVATIONS- UND GRÜNDERZENTRUM (RIGZ). Das R. bietet Unternehmensgründern Infrastruktur, wie Büro-, Labor- od. Tagungsräume. Es war eines der ersten Projekte dieser Art in Rostock. 1992 als Technologie- u. Gewerbezentrum in der Rostocker Südstadt konzipiert, wurde das R. in den Folgejahren bis 1997 in drei Abschnitten ausgebaut. Seit 2012 stehen innovativen Unternehmen 1887 m² an modernen Büro- u. Werkstattflächen zur Verfügung. KM

Einst Schulgebäude, heute High-Tech-Zentrum – das RIGZ (2009)

ROSTOCKER LIEDERBUCH. Spätmittelalterl. Papierhandschrift aus der 2. Hälfte des 15. Jh., die in der Universitätsbibliothek Rostock aufbewahrt wird. Das R. überliefert über 30 Melodien u. anonymes Liedgut verschiedenen Inhalts, wie Liebeslieder, histor.-polit. Lieder, Schwanklieder u. das älteste bekannte niederdt. Weihnachtslied; vermutl. im Umkreis einer norddt. Uni entstanden; Texte 1919 als „Rostocker Niederdt. Liederbuch" von Unibibliothekar Bruno Claussen erstmals herausgegeben, 1927 Ausgabe aller Texte u. Melodien, 2013 ausgewählte Stücke eingespielt u. veröffentlicht von einer Arbeitsgruppe der Unis Rostock u. Kiel sowie der → Hochschule für Musik u. Theater Rostock.
Lit.: K.-H. Jügelt: Das Rostocker Liederbuch, in: Opera bibliothecarii. Ausgewählte Beiträge zur Geschichte von Universität und Universitätsbibliothek Rostock, Rostock 2014, S. 17–20. BK

ROSTOCKER SCHEFFEL. Seit dem Mittelalter Hohlmaß zum Messen von Schüttgütern wie z.B. Getreide; Eichung u. Kontrolle erfolgten durch den

Bronzenes Eichmaß für Salz (um 1330)

Scheffelwröger, der seinen Sitz auf dem Heiligengeisthof hatte; Rauminhalt des Scheffels war regional u. zeitl. stark schwankend, in Meckl. seit 1755 Rostocker Roggenscheffel mit 38,889 l Inhalt verbindlicher Landes- u. Normal-Scheffel; im Bestand des → Kulturhistor. Museums Rostock vier bronzene Scheffelmaße von 1330, darunter ein Roggenscheffel, der im → Hospital zum Heiligen Geist noch bis 1868 zum Eichen der R. Verwendung fand.
Lit.: F. Ruchhöft: Die mecklenburgischen Getreidemaße, in: Mecklenburgische Jahrbücher, Jg. 118, Schwerin 2003, S. 7–26. AK

ROSTOCKER SIEBEN. Vermutl. im Spätmittelalter im Volksmund entstandener Gedächtnisvers in

Sieben Türme auf dem Rostocker Rathaus (2015)

niederdt. Sprache, der auf die sog. Siebenzahl der myst. u. theolog. motivierten mittelalterl. Zahlensymbolik im Stadtbild Bezug nimmt; erste Aufzeichnung 1596 durch Peter → Lindenberg. Gepriesen werden die sieben Türen der Kirche St. Marien, die bis zum Ende des II. Weltkriegs auf den Neuen Markt führenden sieben Straßen (Steinstr., Glatter Aal, die heute zur Kröpeliner Str. gehörende Blutstr., Bei der Marienkirche, der heute nicht mehr existierende Ortsund, die als Durchgang am Rathausanbau ausgebildete Große Scharrenstr. u. die Große Wasserstr.), die einstmals sieben Landtore in der Stadtmauer (Petri-, Mühlen-, Kuh- u. Steintor, Schwaansches, Kröpeliner u. Bramowsches Tor), die (vermutl. zur Zeit des Entstehens des Spruches) sieben, in Rostock Kaufmannsbrücken genannten Schiffsanlegestege im Stadthafen, die sieben Türme in der Schauwand des Rathauses, die sieben Geläute bzw. Glocken der Kirchen (St. Petri, St. Nikolai, St. Marien, St. Jakobi) u. Klöster (St. Katharina, St. Johannis, Zum Heiligen Kreuz) der Stadt sowie die sieben Lindenbäume im histor. Rosengarten am Steintor.

Lit.: *J. Grambow (Hg.): Die Rostocker Sieben und andere Merkwürdigkeiten, Rostock 1993, S. 5; K. Schröder: Der Rostocker Memorialvers von der Sieben. Einige Anmerkungen zur Überlieferung und Deutung, in: Beiträge zur Geschichte der Stadt Rostock, Bd. 25, Rostock 2002, S. 214–220.* RL

ROSTOCKER STRAßENBAHN AG (RSAG). In Rostock nahm im Okt. 1881 eine Pferdebahn unter der Bezeichnung Meckl.-Straßen-Eisenbahn-Actien-Gesellschaft (MSEAG) mit drei Linien den Betrieb auf. 1898 übernahm Richard → Siegmann die Leitung der Pferdebahn; sein Ziel war deren Elektrifizierung. Der schlechte Zustand begünstigte das Vorhaben. 1903 wurde die Rostocker Gesellschaft in R. umbenannt, im Mai 1904 konnte der elektr. Betrieb aufgenommen werden. Die R. entwickelte sich unter der Leitung Siegmanns sehr erfolgreich, er führte sie sicher durch den I. Weltkrieg u. die nachfolgende Wirtschaftskrise. 1925 hatte die Allgemeine Lokal- u. Straßenbahngesellschaft Berlin (ALOKA) die Mehrheit der R.-Aktien übernommen. Am 31.7.1926 eröffnete die R. den

Ecke Augusten-/Paulstraße mit Straßenbahn (1907)

Busbetrieb Rostock-Warnemünde. Zwei Jahre später folgten die ersten rein innerstädt. Buslinien. Ab 1933 wurde in Rostock ein Bus mit Holzgasantrieb erfolgreich getestet, infolgedessen mehrere Fahrzeuge umgerüstet u. weitere Holzgasbusse beschafft wurden. Siegmann besaß sowohl in der R. als auch in der Stadt eine gute Reputation, wurde aber wegen seiner jüd. Herkunft nach fast 38-jähriger Tätigkeit 1935 von den NS-Machthabern in den Ruhestand gedrängt. Mit dem Bau der → Ernst Heinkel Flugzeugwerke in Marienehe u. neuer Wohngebiete in Reutershagen wurde es erforderlich, die Straßenbahn dorthin zu verlängern. Bei der Waggonfabrik Wismar wurden neue Fahrzeuge für die R. gebaut, in der eigenen Werkstatt erfolgten die Modernisierung u. der Neubau weiterer Fahrzeuge. Nach dem verheerenden → Viertagebombardement vom Apr. 1942 u. kurz vor Ende des II. Weltkrieges kam es zu einem völligen Erliegen des innerstädt. Verkehrs. Der Abbau der R. als Reparationsleistung für die weißruss. Stadt Minsk konnte nach zähen Verhandlungen verhindert werden. Unter schwierigen Umständen wurde der Straßenbahnbetrieb wieder aufgenommen, einsatzfähige Busse standen in der unmittelbaren Nachkriegszeit nicht zur Verfügung. 1948 wurde der Stadtteil Dierkow mit der Straßenbahn erschlossen, drei Jahre später auch Gehlsdorf. 1949 erfolgte die Eingliederung des Betriebes Städt. Straßenbahn als

Inbetriebnahme der Neubaustrecke Steintor–Dierkow (1948)

Kommunales Wirtschaftsunternehmen (KWU) der Stadt Rostock in die neuen Strukturen. Bereits zwei Jahre später wurde das Unternehmen wieder ausgegliedert u. in VEB Nahverkehr Rostock umbenannt. Weitere ehrgeizige Erweiterungspläne, u.a. nach Warnemünde, scheiterten an den ökonom. Möglichkeiten. In den 1950er-Jahren begann die Modernisierung des Fahrzeugparks durch den Einsatz fabrikneuer Straßenbahnen u. Busse aus DDR- u. ungar. Produktion. Neue Wohngebiete in der Südstadt u. im Nordwesten wurden zügig durch zahlreiche Buslinien erschlossen. Die Straßenbahnstrecke nach Gehlsdorf wurde 1974 wegen des schlechten Gleiszustandes auf Busbetrieb umgestellt. Die neuen Wohngebiete im Nordosten, die in den 1980er-Jahren entstanden, sollten von Beginn an mit der Straßenbahn erschlossen werden. So wurden nach Dierkow u. Toitenwinkel neue Strecken gebaut, die modernen Erfordernissen entsprachen, u. 1987–90 in Betrieb genommen. Da TATRA-Fahrzeuge erst Ende 1989 geliefert wurden, mussten zur Verstärkung des Fahrzeugparks gebrauchte Fahrzeuge der Leipziger Verkehrsbetriebe übernommen werden, die sich in einem desolaten Zustand befanden. Die Rostocker Straßenbahnwerkstatt musste sie aufwändig instand setzen.

Reisebus der Fritz Fleischer KG Gera für Fahrten ins Ausland (um 1970)

Seit dem Zusammenbruch der DDR 1989/90 wird der kommunale Verkehrsbetrieb privatwirtschaftl. geführt u. trägt wieder die alte Bezeichnung R. Der veraltete Wagenpark wurde verjüngt, ab 1991 wurden die ersten Niederflurbusse eingesetzt, ab 1994 die ersten Niederflurstraßenbahnen. Seit 2001 ist der gesamte Buspark niederflurig; bei der Straßenbahn ist es seit 2002 mögl., in allen Zügen einen Niederfluranteil anzubieten, indem die modernisierten TATRA-Wagen mit niederflurigen Beiwagen behängt werden. In den 1990er-Jahren wurden frühere Pläne für die Straßenbahnnetzerweiterung aufgegriffen u. in modifizierter Form umgesetzt. So konnte 2000 die Straßenbahn bis Evershagen, ein Jahr später bis Lütten Klein fahren. 2003 wurden der Bau der Untertunnelung des → Hauptbahnhofes abgeschlossen u. die Strecken in die Südstadt in Betrieb genommen, ebenso die Strecke nach Lichtenhagen. Mit dem Lückenschluss Schröderplatz–Platz der Freundschaft im Jahr 2006 fand der Ausbau des Straßenbahnnetzes seinen Abschluss. 2013 erfolgte die Lieferung neuer Niederflurstraßenbahnen, damit ging die Ausmusterung der TATRA-Bahnen einher. Die Rostocker Nahverkehrsfreunde, ein Zusammenschluss von ehem. R.-Mitarbeitern u.

Straßenbahn vom Typ 6N2 in der Hamburger Straße / Einfahrt Schwarzer Weg (2017)

Nahverkehrsinteressierten, befassen sich seit vielen Jahren mit der Geschichte der R., restaurieren Großexponate u. organisieren Fahrten mit histor. Straßenbahnwagen u. Omnibussen.
Lit.: R. Grabowski, N. Enenkel: Straßenbahn und Busse in Rostock, Nordhorn 2006; J.-P. Schulze: Richard Siegmann ... aber wir waren Deutsche, Rostock 2011.
NE

ROSTOCKER TAFEL. Gemeinnütziger Verein zwecks Unterstützung u. Speisung Hilfsbedürftiger (Gründung 1996); Bewilligung der ersten → Arbeitsbeschaffungsmaßnahme u. Eröffnung eines Büros im Gerberbruch (1997); Sponsoring von zehn Kleintransportern durch die Mercedes-Benz AG (1998–2013); der Rostocker Bürgerschaftspräsident Ralf Friedrich übernahm 1998 die Schirmherrschaft; 1998–2006 Eröffnung von Ausgabestellen in Schmarl, Evershagen, Toitenwinkel, Dierkow, Lütten Klein, Groß Klein, Stadtmitte, Lichtenhagen, Kröpeliner-Tor-Vorstadt, Reutershagen; 2005 Eröffnung der neuen Zentrale im Rostocker Fracht- u. Fischereihafen; 2016 Übernahme durch die Diakonie – Rostocker Stadtmission. RS

ROSTOCKER TONNE. Allgemeine Normgröße für Heringsfässer im → Hanse-Raum; Rauminhalt von 119,12 l; Vielfalt der regionalen Maße sorgte im Handelsverkehr immer wieder für Klagen der Kaufleute, insbesondere im Zusammenhang mit den jährl. Heringsmessen auf Schonen; seit 1383 Bemühungen der wend. Hansestädte um Durchsetzung des Rostocker Bandes als Norm; nach wiederholten Unstimmigkeiten einigten sich Lübeck u. Rostock auf dem Hansetag von 1469 auf ein gemeinsames Heringsmaß, das als verbindl. erklärt wurde; das darauf gegossene, prunkvolle Eichnormal mit den Wappentieren beider Städte befindet sich im Museum für Kunst- u. Kulturgeschichte Lübeck. BK

ROSTOCKER TURNIER. Bedeutendstes Turnier bzw. Ritterfest Nordeuropas im Mittelalter; stattgefunden an fünf Tagen um den 12. 6. 1311 vor Rostock zwischen Gehlsdorf u. Bartelsdorf (vermutl. in der südl. Feldmark des Dorfes Dierkow); veranstaltet von König Erik VI. → Menved v. Dänemark, dem die Rostocker den Einzug in die Stadt verweigert hatten; zahlreiche Personen erhielten den Ritterschlag (u. a. Markgraf Waldemar v. Brandenburg); an den

kulturellen Veranstaltungen im Rahmen des Turniers nahmen u.a. die berühmten Minnesänger Frauenlob u. Regenbogen teil.
Lit.: *R. Bleck: Sängerwettstreit vor Rostock. Die Treffen Frauenlobs mit Hermann Damen (1392) und mit Regenbogen (1311/12) auf Rostocker Ritterfesten, in: Beiträge zur Geschichte der Stadt Rostock, Bd. 23, Rostock 1999, S. 23–64.* EM

ROSTOCKER ZEITUNG → **PRESSE**

RSAG → **ROSTOCKER STRAẞENBAHN AG**

RUDERN. Der Rostocker Ruder-Club (RRC) machte die Sportart in der See- u. Hafenstadt populär. Er wurde am 5.3.1885 im Stadthafen gegründet u. widmete sich im Laufe seines Bestehens dem Wander-R. sowie dem Breiten- u. dem Leistungssport. Seit 1926 hatte der Verein eine Damen- u. eine Jugend-Abteilung. Die Nationalsozialisten missbrauchten ihn nach der Machtübernahme für ihre

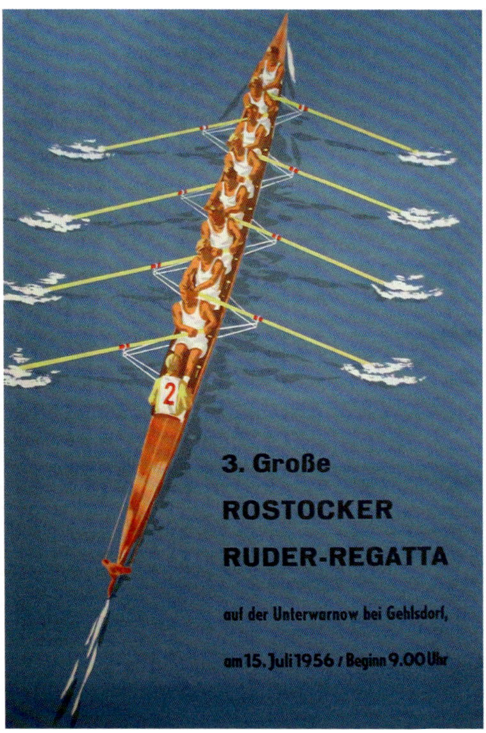

Plakat zu einer Rostocker Ruder-Regatta (1956)

ideolog. Ziele. Der Sportbetrieb war während des II. Weltkrieges nur stark eingeschränkt möglich. Er kam nach der Zerstörung des Bootshauses im Feb. 1944 sogar völlig zum Erliegen. Nach dem Krieg begannen Studierende der Uni Rostock wieder mit dem Rudersport. Im Sommer 1947 bildeten sie auf dem unzerstörten Gelände des Sport-Instituts am Warnowufer eine Übungsgruppe, die am 4.5.1949 zu den Gründungssektionen der Hochschulsportgemeinschaft gehörte. Studierende u. Mitarbeiter nahmen am Training sowie an den Wettkämpfen teil u. erzielten auf Regattastrecken im In- u. Ausland beachtenswerte Erfolge. Neben dem Wander-R. entwickelte sich in den 1990er-Jahren wieder das Masters-Wettkampf-R.

Am 19.9.1950 entstand der RRC als Sektion R. der BSG Motor R. neu. Trägerbetrieb war die → Neptunwerft, die Mittel u. Material bereitstellte, damit auf dem Ruinengrundstück des RRC am Gehlsdorfer Ufer eine neue Vereinsanlage entstehen konnte. Nach dem Zusammenbruch der DDR 1989/90 erfolgte der dritte Neuanfang; seit 1992 ist der RRC wieder ein eigenständiger Verein, der Anfänger, Spitzensportler u. Senioren zu seinen aktiven Mitgliedern zählt.

Mit dem Armeesportklub (ASK) Vorwärts, der 1957 von Berlin nach Rostock verlegt wurde, entstand ein neues rudersportl. Leistungszentrum. Wegen besserer Trainingsbedingungen wurde sein ursprüngl. Standort vom Marinegelände in Langenort nach Kessin verlegt. Aus diesem Klub gingen neun Olympiasieger, 38 Weltmeister u. 32 Europameister hervor. Leistungssportl. orientierte Trainingszentren, die in Betriebssportgemeinschaften geschaffen wurden, bildeten Kinder u. Jugendl. in der ersten Förderstufe aus, die sie zum ASK Vorwärts Rostock delegierten.

Sein Nachfolger ist der Olymp. Ruderclub (ORC), der ganzjährig hervorragende Trainingsmöglichkeiten an der Oberwarnow bietet u. dessen Angebot vom Kinder- u. Jugendsport über den Leistungssport in allen Altersklassen bis hin zum Masters-R. reicht. Der ORC ist Träger des Bundesstützpunktes des Dt. Ruderverbandes u. des Landes-Leistungszentrums, das durch den Landesruderverband Meckl.-Vorpommern vergeben wird. Seine Leistungsträger erzielten 1991–2011 bei großen internationalen Wettkämpfen in den Altersklassen der Junioren u. Senioren 52 Gold-, 43 Silber- u. 41 Bronzemedaillen.

Lit.: *125 Jahre Rostocker Ruder-Club, Rostock 2010.* GK

RUNDER TISCH. Bezeichnung für eine Beratung u. Konfliktbeilegung zwischen teilweise gegner. Gruppen. Die Anordnung an einem R. soll Gleichberechtigung signalisieren u. zur Konfliktbewältigung beitragen. Mit dem Nachlassen des Machtmonopols der SED im Zuge des Zusammenbruchs der DDR waren R. bis zur Volkskammerwahl am 18.3.1990 ein Forum, an dem Bürgerrechtler, Kirchenvertreter u. Repräsentanten des Staatsapparates teilnahmen, um Regierung u. Politik zu beeinflussen und zu kontrollieren.

In Rostock wurde der R. am 9.12.1989 eingerichtet, er tagte bis Juni 1990 wöchentlich. An der ersten Sitzung nahmen 15 Organisationen mit jeweils zwei Sitzen teil. Später hatte der R. ca. 40 stimmberechtigte Mitglieder. Die Leitung lag in den Händen des Landessuperintendenten Dr. Joachim Wiebering. Der → Rat der Stadt u. die → Stadtverordnetenversammlung durften seither nur Entscheidungen treffen, die mit den Positionen des R. übereinstimmten.

Anfang 1990 kam es zu Differenzen zwischen Vertretern des Neuen Forums u. dem Rat der Stadt, da sich die neuen Kräfte nicht ausreichend berücksichtigt sahen. Der R. organisierte am 22.3.1990 eine Protestdemonstration, die zum Rücktritt des → Oberbürgermeisters (OB) führte. Bis zur Kommunalwahl im Mai 1990 wurde Christoph → Kleemann vom Neuen Forum als amtierender OB eingesetzt. Bei seiner letzten Sitzung am 9.6.1990 beschloss der R. seine Fortsetzung als „Konsultativgremium" gegenüber → Bürgerschaft u. Stadtregierung, was bei den Parteien, die sich zur repräsentativen Demokratie bekannten, auf wenig Begeisterung stieß. Bis 1993 bestand ein Rostocker Bürgertisch. Der R., eigentl. als eine Übergangslösung im Zuge der → Friedl. Revolution 1989/90 angedacht, wurde als Idee eines alternativen Politikstils später idealisiert. Von kulturellen Einrichtungen u. mittlerweile auch wirtschaftl. Organisationen werden sog. R. einberufen, die allerdings mit dem histor. Vorbild nur eine entfernte Verwandtschaft haben.

Lit.: *B. Schmidtbauer: Tage, die Bürger bewegten. Chronik. Dokumente, 2 Bde., Rostock 1991; T. Izeki: Das Erbe der Runden Tische in Ostdeutschland. Bürgerorientierte Foren in und nach der Wendezeit, Frankfurt a. M. 1999; F. Weil: Verhandelte Demokratisierung. Die Runden Tische der Bezirke 1989/90 in der DDR, Göttingen 2011.* NW

RUNDFUNK. 1928 richtete die in Hamburg gegründete Nordische R.-Aktiengesellschaft (NORAG) eine Übertragungsstelle in der Rostocker Moltkestr. 19 (heute Thomas-Mann-Str.) ein u. sendete u.a. den „Seebäderbummel" aus Warnemünde. Das Studio schloss 1937. Am Schillerplatz 10 bezog 1947 der zwei Jahre zuvor gegründete Landessender Schwerin ein Regionalstudio. Ein Jahr später zog dies in die Graf-Schack-Str. 14 um. 1950 waren „Rostocker Stadtnachrichten" zu hören. Mit Gründung des Bezirkes Rostock entstand 1952 ein Bezirksstudio, das u.a. für die „Norddeutsche Stunde" produzierte. Die Aufnahmen wurden nach Schwerin überspielt

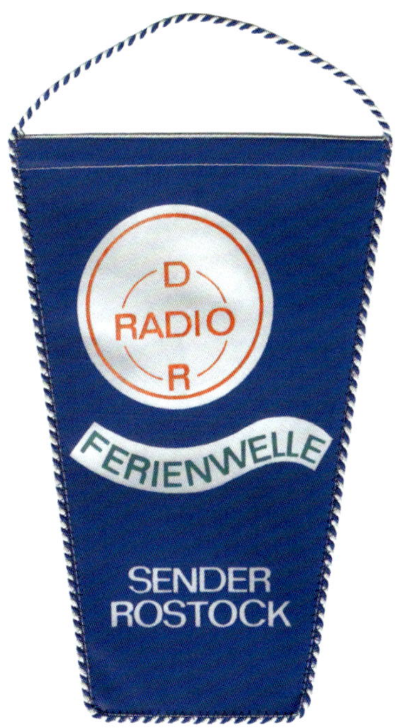

Wimpel (um 1980)

u. von dort gesendet. Die Sendung „Seemann, dich grüßt deine Heimat" wurde 23 Jahre lang jedes zweite Wochenende ausgestrahlt. Der „Stammtisch der Fahrensleute" war eine Radiotalkshow u.a. aus dem Rostocker Schifffahrtsmuseum. Ab 1967 produzierte Rostock die „Ferienwelle", ein saisonales Regionalprogramm vor allem für Urlauber. Beliebt waren das ausführl. Wettergespräch u. die „Musik für junge Leute". Im Feb. 1979 wurden aufgrund des ungewöhnl. harten Winters für wenige Tage auf den „Ferienwellen"-frequenzen Wetterinformationen gesendet. 1978 zog der Sender von der Richard-Wagner-Str. 17 in das nahe gelegene neuerbaute Bezirksfunkhaus (Richard-Wagner-Str. 8) um.

1990 wurden die Bezirksstudios abgewickelt. Der R.-sender Meckl.-Vorpommern (RMV) mit Sitz in Rostock entstand u. begann im Juni 1990 mit der Ausstrahlung seiner Programme RMV 1 u. RMV-Ferienwelle. 1992 trat das Land Meckl.-Vorpommern dem NDR-Sendegebiet bei. Das Landesfunkhaus nahm seinen Sitz in Schwerin u. sendet seither das NDR-Landesprogramm NDR 1 Radio MV. Das Rostocker Funkhaus sowie das Ostseestudio des Dt. Fernsehfunks (→ Fernsehen) blieben zunächst erhalten. 1993 sendete die Ferienwelle das letzte Mal aus Rostock.

Am 1.6.1995 startete die Ostseewelle, ein privater Radiosender, sein Programm aus Rostock. Das Lokalradio LOHRO sendet seit dem 1.7.2005 aus der Hansestadt. Der nichtkommerzielle Sender wird vor allem von ehrenamtl. Redakteuren betreut. 2015 verlegte der Privatsender Antenne MV seinen Sitz von Plate bei Schwerin nach Rostock in die Rosa-Luxemburg-Str.

Lit.: *H. Zänger: Geschichten aus 50 Jahren Rundfunk, Schwerin 1995.* KM

Der Rostocker Sender LOHRO auf Sendung (2016)

RUNGE, HANS. Steinmetz (ca. 1430–9.4.1491 Rostock); Vorsprecher im Niedergericht, erste Konflikte mit den Landesherren seit 1485; wichtigster Anführer der Aufständischen in der Rostocker → Domfehde; maßgebl. beteiligt an der Durchsetzung der Amnestie für die Aufständischen am 14.1.1487 sowie an der sukzessiven Erneuerung des → Rates 1489; angesichts seines schwindenden Einflusses Scheitern mehrerer neuer Aufstandsversuche im Winter 1490/91; im Frühjahr 1491 Gefangennahme u. Hinrichtung. 1947 Umbenennung der histor. Blücherstr. in Rungestr.

Lit.: *B.-U. Hergemöller: Runge, Hans, in: Biographisches Lexikon für Mecklenburg, Bd. 3, Rostock 2001, S. 206–208.* EM

RUNGE, HEINRICH. Aufstandsführer (Lebensdaten unbekannt); unter ihm 1312 bewaffneter Aufstand gegen den Rostocker → Rat; Niederlage der Rostocker bei Warnemünde gegen → Heinrich II. (den Löwen) v. Meckl.; Hinrichtung einiger Ratsherren (unter ihnen wohl auch sein Bruder Waldemar); vermutl. Mitwirkung R. an der Abfassung eines antirätl. „Bürgerbriefes"; 1314 Niederschlagung des Aufstandes durch Heinrich II. u. Flucht R. EM

S

S-BAHN. Hervorgegangen aus dem saisonal verstärkten Vorortverkehr zwischen Rostock u. Warnemünde seit 1936 u. dem Wohnungsbauprogramm der nordwestl. Stadtteile ab 1966 sowie dem damit verbundenen Berufsverkehr mit Doppelstockzügen. Anschluss Lütten Klein 12.7.1970, offiziell S. mit dichtem Taktverkehr ab 28.9.1974. Diesellokbetrieb ab 1967, ab 1985 elektr. Betrieb. 1985 Anteil 65% des ÖPNV-Aufkommens, nach 1990 rückläufig auf ca. 35% des Verkehrsaufkommens. Einbeziehung von Umlandlinien nach Seehafen Nord 1985 (S.-Linie 2) u. Güstrow ab 1996 als S 3. Wegfall der Linie zum Seehafen Nord 2012. Ab 2013 neue elektr. Triebzüge u. Neuordnung des S.-netzes mit S 2 über Schwaan u. S 3 über Laage nach Güstrow.

Lit.: *L. Schultz: Die S-Bahn Rostock – Warnemünde, Nordhorn 2004.* LS

1998 wurde der S-Bahn-Verkehr bis nach Güstrow ausgedehnt.

SAGE. Zahlreiche Orte der Stadt u. der Umgebung Rostocks sind mit Geschichts-, Orts-, Natur-, Zwergen- u. Tiersagen verknüpft. Die S. als fantast. Erzählung wurde über Jh. mündl. weitergegeben. Durch ihre Verknüpfung mit realen Begebenheiten, Personen- u. Ortsangaben erscheinen sie wahr. Die Verfasser sind i. d. R. unbekannt. Die ältesten S. beruhen auf myth. u. mag. Vorstellungen, die in die Zeit der Slawen zurückgehen. Im Mittelpunkt der teilweise mehr als tausend Jahre alten Überlieferungen stehen oftmals rätselhafte Naturerscheinungen. Mit der Besiedlung der Unterwarnow durch dt. Siedler u. der Verbreitung des Christentums im 12./13. Jh. (→ Christianisierung) hielt der „Teufel“ Einzug. S. um Zwerge., in Meckl. hießen sie die Unterirdischen, ranken sich z. B. um den „Mönkenberg bei Kritzmow“. Teufels-S. gibt es in Niederhagen („Die gottlosen Pächterleute von Niederhagen“) u. in Kessin („Der vom Teufel geholte Kartenspieler von Kessin“). Zu den bekanntesten S. gehören „Das schöne Bleichermädchen“, „Brandts Kreuz in der → Rostocker Heide“ u. die S. von der „Dreiwalls- oder → Teufelskuhle“. Geschichts-S., wie die „Von der großen Feuersbrunst in Rostock“ u. „Wie der Name der Blutstraße in Rostock entstanden sein soll“, haben einen histor. Hintergrund. 1677 verwüstete ein → Stadtbrand einen großen Teil Rostocks. Die Sage von der Blutstr. führt in die Zeit des → Dreißigjährigen Krieges, in der kaiserl. Soldaten die Stadt über drei Jahre besetzt hielten.

Lit.: *R. Stutz, A. Niederhöffer (Hg.): Mecklenburgs Volkssagen, Rostock 1998; H. Gundlach: Sagen rund um Rostock, Rostock 1995.* RS

SAMUEL, MAX. Unternehmer (9.1.1883 Argenau/Posen – 2.9.1942 Blackburn/Großbritannien); kaufmänn. Ausbildung in Güstrow; hier 1906 Gründung der Leder- u. Filzwarenfabrik Emsa-Werke, die Schuhzubehör u. orthopäd. Artikel herstellte; 1916 Verlegung der Firma nach Rostock in die Fried-

richstr. 28. S. war seit 1923 im Vorstand der jüd. Gemeinde Rostocks, seit 1930 im Vorstand des Israelit. Oberrates Meckl.-Schwerin; nach Zwangspfändung der Emsa-Werke 1938 Auswanderung nach Großbritannien; ehem. Wohnhaus am Schillerplatz seit 1991 Sitz der Stiftung Begegnungsstätte für jüd. Geschichte u. Kultur in Rostock.
Lit.: *F. Schröder: 100 jüdische Persönlichkeiten aus Mecklenburg-Vorpommern, Rostock 2003, S. 141f.* BK

Max-Samuel-Haus am Schillerplatz (2015)

SAWITZ, HUGO. Rechtsanwalt (2.12.1885 Rostock–10.9.1922 Rostock); Sohn eines jüd. Religionslehrers; 1903 Abitur an der → Großen Stadtschule, 1903–06 Studium der Rechtswissenschaft in Rostock u. Berlin; 1906–09 Referendar; 1908 Dr. jur. an der Uni Rostock; ab 1910 Rechtsanwalt; 1914–18 Kriegsteilnehmer; seit 1919 für die Dt. Demokrat. Partei (DDP) in der → Stadtverordnetenversammlung, wesentl. Mitwirkung an der demokrat. Stadtverfassung Rostocks von 1919; veröffentlichte 1919 Kommentar zur Städteordnung von Meckl.-Schwerin.

Hugo Sawitz (um 1910)

Lit.: *F. Schröder: Dr. Hugo Sawitz und die erste demokratische Stadtverfassung Rostocks, in: Neue Demokratie, H. 1, Rostock 1990, S. 5–24.* BK

SC EMPOR ROSTOCK. Leistungssport der Spitzenklasse sollte ab 1952 das internationale Ansehen der DDR fördern. Sportklubs entstanden, darunter am 11.11.1954 der S. Er wurde für neun olymp. Sportarten das Leistungszentrum: Eishockey (1956), Fußball (1954), Handball (1955), Kanurennsport (1961), Leichtathletik (1955), Schwimmen (1955), Segeln (1955), Turnen (1955) u. Wasserspringen (1955). Wissenschaftl. ausgebildete u. in der Sportpraxis erfahrene Trainer betreuten die Sportlerinnen u. Sportler in ihren Spezialdisziplinen; Funktionäre sorgten für günstige Rahmenbedingungen, sodass viele Sportasse aus dem S. hervorgingen, die seit 1960 bei Olymp. Sommerspielen sowie bei Welt- u. Europameisterschaften zahlreiche Medaillen errangen. Materiell abgesichert durch die Träger- bzw. Patenbetriebe genossen sie vielfältige Privilegien, solange sie die sportl. Normen erfüllten u. Siege bzw.

Podiumsplätze bei internationalen u. nationalen Meisterschaften errangen. Die intensive medizin. Betreuung schloss seit den 1970er-Jahren auch das unerlaubte Verabreichen leistungsstimulierender Mittel ein. Die meisten Klubsportler wohnten in der Nähe ihrer Trainingsstätten (Hochhaus im Sportforum beim → Ostseestadion). Ihre Ausbildung wurde mit den Trainings- u. Wettkampfplänen abgestimmt. Einige studierten an der Außenstelle der Dt. Hochschule für Körperkultur u. Sport (in Rostock). Die meisten Nachwuchssportler, die aus verschiedenen Orten des Bezirkes kamen, besuchten die → Kinder- u. Jugendsportschule (KJS), zu der mehrere Internate gehörten. Aber nicht nur sportl. Höchstleistungen wurden von den Mitgliedern des Klubs erwartet, sondern auch staatsbürgerl. Handeln u. Verhalten, sodass mit dem Training u. der Ausbildung die sozialist. Erziehung der Athleten einherging. Fehlverhalten führte zu disziplinar. Maßnahmen, die bis zum Ausschluss reichten.

Plakat für eine Handballveranstaltung (1961)

Aufsehen erregte 1965 eine Entscheidung der DDR-Sportführung. Die Fußballabteilung des S. war während der Saison 1953/54 entstanden. Die Oberligamannschaft der BSG Empor Lauter wurde nach Rostock „delegiert" u. aus ihr am 28.12.1965 der → FC Hansa Rostock gegründet.

In den 1990er-Jahren löste sich der S. auf. Aus ihm gingen neue Sportvereine hervor: Rostocker Yachtclub e.V. (1990), 1. LAV Rostock e.V. (1998), Handballclub Empor Rostock e.V. (1999), Kanufreunde Rostocker Greif e.V. (2001), Schwimm-Club Empor Rostock 2000 e.V. (1999), Wasserspringerclub Rostock e.V. (1999), Hanseturnverein Rostock e.V. (2005). 1990 entstand der Rostocker Eishockey-Club (heute: Rostock Piranhas), der mehrere Vereine zu seinen „Vätern" zählt, darunter auch den S. Goldmedaillengewinner des S. bei Olymp. Sommerspielen waren: Hans-Georg Jaunich, Frank-Michael Wahl (Handball); Anke Nothnagel, Ramona Portwich (Kanu); Marita Koch, Christian Schenk (Leichtathletik); Caren Metschuk (Schwimmen); Ingrid Gulbin-Krämer (Wasserspringen).

Lit.: Zehn Jahre Sportclub Empor und KJS Rostock, Rostock 1964. GK

SCHARREN. Teilweise bis weit ins 20. Jh. bestehende hölzerne Verkaufsstände der Lebensmittelhändler, insbesondere der zahlreichen Schlachter (Fleisch-S. der Knochenhauer) u. Bäcker (Brot-S.), für die Fischverkäufer als Bänke bezeichnet; seit dem 13./14. Jh. erwähnte Fleisch-S. in der Alt-, Mittel- u. Neustadt konzentrierten sich in der Nähe der Marktplätze; seit 1259 u. 1267 wurden sie für Straßen in der Mittel- (Große Scharrenstr.) u. Altstadt (heute: Bliesathsberg) namensgebend; Brot-S. be-

Fleischscharren am Bliesathsberg (1912)

fanden sich direkt am → Rathaus; für die S. galten besondere Hygienevorschriften.
Lit.: *E. Münch, R. Mulsow: Das alte Rostock und seine Straßen, 2. Aufl., Rostock 2010.* EM

SCHATZ, CHRISTIAN FRIEDRICH. Arzt (17.11.1841 Plauen-21.5.1920 Rostock); 1863-67 Studium der Medizin u. Promotion in Leipzig, danach Assistent an der Leipziger Universitätsfrauenklinik, später prakt. Arzt in Leipzig; 1872-1906 Prof. für Gynäkologie an der Uni Rostock, Direktor der Klinik für Geburtshilfe u. Gynäkologie sowie Leiter der Meckl. Landeshebammenanstalt; maßgebl. Beteiligung an der Reorganisation des Hebammenwesens, die zum drast. Absinken der Wochenbettsterblichkeit führte; Planung des Frauenklinikneubaus an der Doberaner Str. (1887 übergeben); 1880 Rektor der Uni Rostock; zahlreiche geburtshilfl. Veröffentlichungen, z.B. über den Geburtsmechanismus.
Lit.: *G. Teichmann: Friedrich Schatz, in: Die Rektoren der Universität Rostock, 1419-2000, Rostock 2000, S. 161.* MR

SCHAUSPIELSCHULE. 1968 als Staatl. Fachschule mit 20 Studenten gegründete Ausbildungsstätte in der Augustenstr. 117; Künstler. Oberleiter war 1968-70 Hanns Anselm → Perten; bedeutende Lehrer u. zugleich Direktoren: 1968-70 Gerd Micheel, 1970-74 Erika → Dunkelmann; seit 1982 Außenstelle der Hochschule für Schauspielkunst Ernst Busch Berlin, damit verbunden Übergang vom drei- zum vierjährigen Studium; bis 1990 Ausbildung von ca. 250 Studenten, 1993 Eingliederung in die → Hochschule für Musik u. Theater. BK

SCHEEL (FAMILIE). **(1) Ludwig S.** Arzt (2.5.1849 Ravensberg bei Neubukow-10.5.1913 Rostock); Abitur an der → Großen Stadtschule; Studium der Medizin in Tübingen u. Rostock; 1874 Promotion; seit 1875 prakt. Arzt in Rostock; 1891 Sanitätsrat; 1897 Medizinalrat; Mitglied der Bürgervertretung. **(2) Margarete S.** Bildhauerin, Keramikerin (28.9. 1881 Rostock-9.11.1969 Rostock), Tochter von (1); ab 1903 Kunstgewerbestudium in Berlin, Studienaufenthalte in Paris u. Rom; 1911-13 Mitglied der Freien Sezession in Berlin; 1920 Gründung einer

Margarete Scheel: „Arbeit", Skulptur Parkstraße (1926)

Kunsttöpferei in Rostock; Mitglied der → Vereinigung Rostocker Künstler, enge Zusammenarbeit mit Vertretern der Moderne in Malerei u. Architektur, besonders hervorgetreten mit figürl. Keramik u. bauplast. Schmuck; Wohnung u. Atelier in der Augustenstr. 112 während eines Bombenangriffes 1942 zerstört. **(3) Paul-Friedrich S.** Orthopäde (1.10.1883 Rostock-9.1.1959 Rostock), Sohn von (1); 1901 Abitur an der → Großen Stadtschule; Studium der Medizin in Tübingen u. Rostock; Facharztausbildung zum Orthopäden; 1910 Promotion; 1939 Habilitation; seit 1919 leitender Arzt an der sog. Landeskrüppelanstalt → Elisabethheim in Rostock, hier große Bemühungen um die Vorsorge u. Heilung von Körperbehinderungen; 1942 für 14 Monate entlassen, da S. das Elisabethheim während der Bombenangriffe in eigener Verantwortung evakuiert hatte. 1946 Übernahme des Elisabethheims als → Universitätsklinik, hier 1950-57 Prof. für Orthopädie; ihm zu Ehren verschiedene Einrichtungen in Rostock benannt: 1966 Sonderschule für Körperbehinderte, 1982 Orthopäd. Ambulanz im früheren Wohnhaus in der Augustenstr. 16; 1998 Neubau des Schulzentrums Paul-Friedrich S. in der Südstadt. BK

SCHEEL, WILHELM. Unternehmer (6.5.1829 Schwaan–28.4.1908 Rostock); gründete nach der kaufmänn. Ausbildung 1858 eine Fabrik für die Produktion von Wagenfetten, techn. Ölen u. Farben in der Neubrandenburger Str.; 1884 Mitbegründer der Rostocker → Zuckerfabrik u. bis zu seinem Tod deren Aufsichtsratsvorsitzender; Kommerzienrat, Bürgervertreter, dän. Konsul; besondere Verdienste um den 1893 gegründeten Obst- u. Gemüsebauverein u. dessen Vereinsgarten am Weißen Kreuz (heute Kleingartenanlage Kommerzienrat S.); die Chem. Fabrik Wilhelm S. blieb bis 1958 in Familienbesitz, danach Betrieb mit staatl. Beteiligung; 1972 Verstaatlichung. BK

SCHIFFBAU. Der S. in Rostock lässt sich bis in die Zeit der Stadtgründung zurückverfolgen. Damals nutzten die Schiffbauer noch slaw. Bautechnologien. So fand man in der Rostocker → Grube Teile von geklinkerten Eichenbooten u. Hinweise auf einen Bau- u. Reparaturplatz aus dem 13. Jh. Die wohl älteste → Kogge der dt. Ostseeküste barg man bei Bauarbeiten an der → Yachthafen-Residenz Hohe Düne. Das Baumaterial wurde um 1280 im Warnow-Bereich geschlagen.

Vor der → Industrialisierung war der S. ein einfacher Handwerksbetrieb. Die Helligen befanden sich an einem vom Rat festgelegten u. verpachteten Ort, der Lastadie. Das war ein umzäunter Platz an der Warnow mit Bude u. Schuppen. Verschiedene → Handwerke waren am S. beteiligt, so die Schiffszimmerleute (seit 1504 mit eigener Amtsrolle), Hilfskräfte wie Teersieder od. Säger, Schmiede verschiedener Spezialisierung, Segelmacher, Takler, Glaser usw. Die typ. Schiffe waren Kogge u. Holk. Der S. der → Hanse-Zeit unterlag strengen Vorschriften, so war z.B. der Bau für außerhans. Besteller verboten. Die Reglementierung behinderte die Entwicklung des S., sodass er in der hans. Spätzeit stagnierte.

Nach dem Rückgang des S. im 17./18. Jh. blühte er mit der Agrarkonjunktur um 1800 wieder auf. Doch auch im 18./19. Jh. prägten noch immer die kleinen Bauplätze mit kleinen Helligen den S. Die Plätze lagen eng nebeneinander „am Strande" zwischen Fischer- u. Badstübertor. In der Nachbarschaft befanden sich die Holzlagerplätze. 1793 zählte die Rostocker Flotte 93 Schiffe, davon wurden zwölf am Ort gebaut. Seit 1794 war S.-meister Johann Friedrich Meyer in Rostock tätig, später die S.-meisterfamilien Ramm, Dethloff u. Warnck. Oft waren mehrere Generationen im Holz-S. aktiv. Der meist gebaute Schiffstyp dieser Zeit war die Galeasse, die für den Getreidetransport gut geeignet war. 1800–75 entstanden dank guter Auftragslage 550 Segelschiffsneubauten. In der 2. Hälfte des 19. Jh. arbeiteten die Betriebe Tischbein u. → Zeltz, die Werft von Witte & Abendroth, die Werft von Emil Padderatz u. die Rostocker Patent-Slip-Company in Rostock im S. In dieser Zeit wandelte er sich vom Holz- zum Eisen-S., die Dampfmaschine ergänzte zunächst den Segelantrieb u. löste ihn später ab. Als nach 1885 die Segelschiffe überwiegend durch Stahlschiffe ersetzt wurden, stellten die bekannten Holzschiffswerften ihren Betrieb ein. Überleben konnten Werften, die sich auf den Eisen-S. konzentrierten, wie die 1890 gegründete → Neptunwerft in Rostock. Aus den Handwerksplätzen auf der Lastadie wurden Industrieorte mit Hallen, Helligen u. Krananlagen. Den Schiffszimmerer löste der Metallschiffbauer ab, der zunächst nieten, später schweißen konnte.

Blick auf den Rostocker Stadthafen (2. Hälfte des 19. Jh.)

Neben der Neptunwerft, die u.a. auch Dampfmaschinen produzierte, konnten z.B. die Yacht- u. Bootswerft Kröger (→ Krögerwerft; gegründet 1928)

in Warnemünde u. die Max Rohde Werft in Gehlsdorf (gegründet 1932) mit dem Bau von Sportbooten u. Fischkuttern überleben. Die Brüder Kröger wurden 1945, Max Rohde 1949 enteignet. Nach dem II. → Weltkrieg wurde die S.-tradition zu einer neuen Dimension geführt, was durch die enormen Reparationsforderungen der UdSSR gegenüber Ostdtl. ausgelöst war. Die Neptunwerft wurde zunächst zu einer Sowjet. Aktiengesellschaft (1945–52), die → Warnowwerft Warnemünde entstand auf Grundlage von SMAD-Befehlen 1946–48. Zu den wichtigsten Zulieferbetrieben, die nach 1948 gegründet wurden, gehörten das → Dieselmotorenwerk Rostock (DMR) u. die Schiffselektronik Rostock (Produktion von Steuereinrichtungen, Messanlagen usw.). Neu entstandene Berufsschulen u. die Fakultät für S. an der → Universität Rostock bildeten die Fachkräfte aus. In den ersten Jahren noch auf die Schiffsreparatur konzentriert, formierte sich im Verlauf der 1950er-Jahre ein Industriezweig mit dem Schwerpunkt

Schiffbauer der Warnowwerft (um 1980)

Schiffsneubau, der die Volkswirtschaft Rostocks bis 1989 dominierte. Hauptabnehmer war die UdSSR. Deren großer Bedarf ermöglichte die Großserienfertigung u. eine Spezialisierung der Produktion auf den Bau bestimmter Einheitsschiffstypen. Der Zusammenbruch der Wirtschaftsbeziehungen zur UdSSR nach 1989 stürzte den S. in eine existen-

Stapellauf der SIEGMUND JÄHN auf der Neptunwerft (1978)

zielle Krise. Polit. Entscheidungen, die Mitwirkung der Europ. Gemeinschaft u. die Sicherung der Liquidität durch die Treuhand ermöglichten die Privatisierung. Tausende Arbeitsplätze wurden durch Kündigungen, Vorruhestands- u. Übergangsregelungen abgebaut. Die nach neuen Konzepten (u.a. kundenorientierter Spezial-S.) arbeitenden Werften, wie z. B. die Neptunwerft in Warnemünde (Bau von Flusskreuzfahrtschiffen) od. die seit 2016 zur malays. Genting Group gehörende Warnowwerft (2012: Zulieferung für den Offshore-Bereich), begannen ab Mitte der 1990er-Jahre jedoch auf dem internationalen S.-markt erneut Fuß zu fassen.

Lit.: G. Krause: Handelsschiffe der Hanse, Rostock 2010; T. Förster: Schiffe der Hanse, Rostock 2009; K.-F. Olechnowitz: Der Schiffbau der Hansischen Spätzeit, Weimar 1960; D. Strobel: Schiffbau zwischen Elbe und Oder, Herford 1993. KM

SCHIFFBAU- UND SCHIFFFAHRTSMUSEUM. (1) Schiffbaumuseum. 1970 auf dem umgebauten 10 000-t-Stückgutfrachter DRESDEN in Schmarl eröffnet; Schiff 1956–58 auf der → Warnowwerft gebaut; seit 1970 als Traditionsschiff Typ Frieden techn. Denkmal u. Museum mit dem Schwerpunkt Schiffbau; schrittweiser Ausbau mit weiteren Schiffen, Schwimmkran u. landseitigen Großexponaten; 1991 Fusion mit dem Schifffahrtsmuseum; 2001 Verkauf des Schiffes (ohne Sammlung) an die städt. IGA

Traditionsschiff DRESDEN in Schmarl (2014)

GmbH (→ Internationale Gartenbauausstellung) als Betreiberin des Museums u. landseitiger Ausbau des IGA-Geländes (2003). **(2) Schifffahrtsmuseum.** Geplant seit 1965 u. eröffnet 1968 in der August-Bebel-Str. als Museum der Verkehrswirtschaft in einer Etage des Städt. Museums; 1973 nach längerer Teilschließung Eröffnung der „Geschichte der Seefahrt" u. 1976 nach Komplettsanierung des Hauses mit den weiteren Bereichen Seeverkehrswirtschaft der DDR, Traditionskabinett der Handelsflotte, Schutz der DDR zur See u. im Keller Club der Fahrensleute; 1991 Fusion mit dem Schiffbaumuseum; 2003 Schließung der Ausstellungen u. 2006 Auszug aus dem Gebäude; seitdem Erhaltungsnutzung durch den Verein → Societät Rostock maritim e.V. Lit.: *Das Schwimmende Museum. Schiffbaumuseum Rostock, Rostock 1988; R. Piechulek: Rostocks maritime Denkmale, in: 777 Jahre Rostock. Neue Beiträge zur Stadtgeschichte, Rostock 1995, S. 265–278; S. Reissmann: Vom Kunst- und Altertumsmuseum zum Schifffahrtsmuseum, in: Bürgerstolz. 1841–1903–2003 Museum in Rostock, Rostock 2003.* WK

SCHIFFERGESELLSCHAFT. Historisierend auch Schonenfahrergelag genannt. Durch Zusammenschluss der Mitglieder der Rostocker → Gelage der → Schonen- sowie der → Bergen- u. → Wiekfahrer im Jahre 1566 entstandene Interessenvertretung von seefahrenden Kaufleuten einerseits sowie Führern u. Eigentümern von Handelsschiffen (Schiffern) andererseits. Nach dem Entstehen von Kaufmannsvereinigungen blieben schließlich die Schiffer unter sich u. nutzten die Vereinigung mehr u. mehr ledigl. für den zwanglosen, geselligen Austausch. Unter dem Eindruck der Kriegsereignisse 1939–45 stellte die S. unbemerkt von der Öffentlichkeit ihre Aktivitäten endgültig ein. RL

SCHIFFFAHRT. Bereits vor der Stadtentwicklung bildeten die slaw. Siedlungen (→ Slaw. Besiedlung) im → Warnow-Raum einen wichtigen Knotenpunkt des → Ostsee-Handels. Händler befuhren mit ihren einmastigen, 9–15 m langen, in Klinkerbauweise gebauten, flachen u. mit Rudern ausgestatteten Kielbooten den gesamten Ostseeraum. Es waren Tagesfahrten von einem Handelsplatz zum nächsten, stets mit der Küste in Sichtweite. Ca. 10 km von der Ostsee am östl. Ufer der Warnow gelegen befand sich im 8./9. Jh. bei Dierkow ein bedeutendes Handelszentrum. Hier ansässige Handwerker

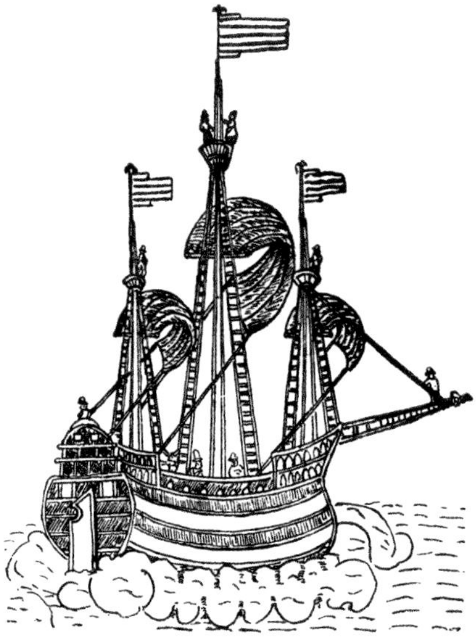

Rostocker Segelschiff (16. Jh.)

u. Händler verfügten über weitreichende Kontakte, die bis nach Westeuropa, Skandinavien u. ins Baltikum reichten (→ Fern- u. Großhandel). Der frühmittelalterl. Handelsplatz war in ein Netz eingebunden, das sich an der südl. Ostseeküste von Haithabu im Westen über Groß Strömkendorf (Reric) bis nach Barth, Ralswiek, Menzlin, Usedom u. Wollin im Osten erstreckte.

Zur → Hanse-Zeit fuhren von Rostock aus im 13. Jh. → Koggen, spätestens seit dem 14. Jh. mehrmastige Holks u. ab dem 15. Jh. Kraweele u. Fleuten v. a. über Ost- u. Nordsee, aber auch in Küstenstädte des Atlantiks. Aus Rostock wurden hauptsächl. Getreide, Malz, Mehl, Hülsenfrüchte u. Bier exportiert. Aus Skandinavien führte man Stockfisch (getrockneten Dorsch), eingesalzene Heringe, Tran, Teer, Felle u. Holz ein, aus Flandern Tuche. Aus Spanien u. Südfrankreich brachten die Schiffe Salz mit, das dort aus Meerwasser gewonnen wurde. Die Ein- u. Ausfuhr von landwirtschaftl. u. handwerkl. Gütern über den Rostocker → Hafen u. auf Rostocker Schiffen bildeten für die Stadt u. das Hinterland über Jh. die Basis der Wirtschaft.

Inmitten des → Dreißigjährigen Krieges, der das Ende der Hanse beschleunigte, erreichte Rostocks Flotte einen vorläufigen Höchststand: 1636 waren in Rostock 126 Schiffe beheimatet. Die Stadt verstärkte den Handel mit Skandinavien, doch dieser wurde ab 1567 durch die Erhöhung des dän. Sundzolls u. ab 1632 durch den Schwedenzoll in Warnemünde (→ Warnemünder Zoll) schwer belastet. In der Folge wechselte eine Reihe von Schiffen ihren Heimathafen. Nach dem Wegfall des Schwedenzolls im 18. Jh. setzte ein Aufwärtstrend der Rostocker S. ein.

1730–90 kam es zu einem nicht geahnten Obstexport (v. a. Äpfel) nach Petersburg. Inzwischen dominierten Brigg, Bark u. Galeasse als Schiffstypen den Seeverkehr. Mit einer Gleichstellung der Fischländer gegenüber der Rostocker Flotte ab 1770 kam es zu einem formellen Zusammenschluss beider Flotten, sodass 1850 die Rostocker Flotte mit 263 Schiffen u. 49 990 Netto-Register-Tonnen (NRT) an der Spitze der Ostseehäfen stand. Nach Aufhebung der seit 1651 bestehenden engl. Navigationsakte im Jahre 1854 durften auch Rostocker Schiffe wieder Waren nach England befördern. Positiv für die Rostocker Flotte wirkten zudem 1857 die Aufhebung des Sundzolls u. eine moderne einheitl. Zoll- u. Steuerpolitik für Meckl. Die Flotte wuchs bis 1870 auf 378 Schiffe mit einer Tonnage von 105 554 NRT.

Als sich die S. in der 2. Hälfte des 19. Jh. vom Heimathafen löste, weil hier nicht mehr genügend Ladung zu bekommen war, befuhren Rostocker Schiffe neben der Nord- u. Ostsee nun v. a. das Mittelmeer, das Schwarze Meer u. den Atlant. Ozean. Im Krimkrieg 1853–56 profitierten sie durch den Transport von Proviant u. Kriegsmaterial. In der Trampschifffahrt verkehrten sie nach 1860 u. a. mit engl. Kohle nach Ostafrika, Indien, Australien u. arab. Häfen.

Für die Mannschaft war der Kapitän, der sog. Schiffer, der „Herrgott". Er trug die Verantwortung für das Schiff, die Ladung u. die Crew. Der Kapitän befahl die Segelmanöver u. berechnete den Kurs. Die Schiffsführung überließ er oftmals dem Steuermann. Bei besonderen Ereignissen übernahm der Kapitän das Kommando. I. d. R. besaß er Parten (Anteile) am Schiff. Der Kapitän war für den Einkauf u. für den Verkauf der Ladung verantwortlich. Dafür erhielt er Prozente. Nicht selten sparte der Kapitän am Proviant, wodurch die Mannschaft unter einer schlechten Versorgung litt.

Die großen Rostocker Barken hatten in den 1860er-Jahren etwa 12–15 Mann Besatzung. Neben dem Schiffer befanden sich ein od. zwei Steuermänner, der Bootsmann, Zimmermann, Segelmacher u. Koch sowie sechs od. sieben Matrosen an Bord. Der Jüngste unter ihnen war der sog. Moses. Ein Schiffsjunge ging nach der Konfirmation im Alter von 13–14 Jahren an Bord. Nach zwei Jahren durfte er sich Jungmann u. nach einem weiteren Leichtmatrose nennen. Bei hinreichender Intelligenz konnte er sich im 23. Lebensjahr zur Steuermannsprüfung anmelden. Bestand er diese u. fuhr zwei weitere Jahre als Steuermann, hatte er das Recht, sein Schifferpatent zu machen. Die meisten Kapitäne fuhren, so sie nicht ertranken, zwischen zehn u. 20 Jahren. Nur wenigen war es vergönnt, 40 u. mehr Jahre zur See zu fahren.

Während der Kapitän über eine eigene Kajüte verfügte, schlief die Mannschaft in Gemeinschaftsunterkünften. Die Seekiste war der einzige private Ort des Seemanns an Bord. In ihr befand sich sein Besitz. Sie diente als Koffer, Schrank, als Sitzmöbel od. als Essplatz.

Im 19. Jh. wurden die Segelschiffe sukzessive durch Dampfschiffe verdrängt. Der erste Raddampfer ROSTOCK-PAKET verkehrte 1834 v. a. im Personenverkehr Rostock–Warnemünde, unternahm aber auch Fahrten entlang der Ostseeküste u. nach Kopenhagen. Auf der Werft von → Zeltz u. Tischbein lief 1851 der erste seegehende eiserne Schraubendampfer Deutschlands, die ERBGROßHERZOG FRIEDRICH FRANZ, vom Stapel. 1873 wurde eine Dampffährverbindung (→ Fähre) zwischen Rostock u. Nyköbing auf Falster eröffnet, der 1903 eine Eisenbahnfährverbindung von Warnemünde nach Gedser folgte.

Rostocker Reedern gelang die Umstellung auf die Dampf-S. nur schleppend, da das notwendige Kapital fehlte. 1860 waren fünf Küstendampfer u. zwei Seedampfer in Rostock registriert, 20 Jahre später immerhin elf Küstendampfer u. acht seegehende Dampfschiffe, 1900 dann 18 Seedampfer. 1900–27 begann für Rostock eine Zeit des Ausbaus einer modernen Dampf-S., unterbrochen durch den I. → Weltkrieg. Bedeutende Reedereien waren in dieser Zeit die Unternehmen F. W. Fischer, Otto Zelck u. Aug. Cords. Ab 1921 konnte ein Neuaufbau der Dampfschiffsflotte in Angriff genommen werden. Die Reederei Cords entwickelte sich mit zehn Dampfschiffen zur modernsten Reederei Rostocks.

Die VÖLKERFREUNDSCHAFT (1960)

Nach dem II. Weltkrieg waren 1945 die meisten Schiffe zerstört od. in fremden Häfen interniert. Sie fielen als Kriegsbeute u. Reparation an die Siegermächte. Damit hatte die Rostocker Flotte aufgehört zu existieren.

Über Jh. prägte die S. die Topografie, den Alltag u. die Sozialstruktur Rostocks. Die Be- u. Entladung der Schiffe erfolgte im Stadthafen. Am Strande befanden sich Lagerhäuser, Schiffsbauwerften und -ausrüster. In den nahegelegenen Stadtteilen lagen dutzende Kneipen, in denen See- u. Schauerleute einkehrten. Prostituierte (→ Prostitution) boten hier ihre Dienste an. Die Existenz eines Großteils der Rostocker Handwerks- u. Handelsbetriebe basierte auf S. u. Seehandel. Berufe wie Matrose, Transportarbeiter, Schiffbauer usw. waren weit verbreitet.

In der Sowjet. Besatzungszone schien der Aufbau einer neuen Handels-S. anfangs unmöglich. Auf den Werften wurden als erste Neubauten nach dem Weltkrieg Fischkutter vom Stapel gelassen, von denen ein Teil als Reparationsleistung in die Sowjetunion verbracht wurde, ein geringerer Teil wurde zur Versorgung der Bevölkerung zum Fischfang auf die Ostsee befohlen. Bevor man die Ostsee für die S. wieder freigeben konnte, mussten v. a. im Bereich der Ostseezugänge u. der Häfen Minen geräumt werden. Nach dem Beschluss der DDR-Staatsführung, wieder eine neue Handelsflotte aufzubauen, wurde nach einer umfassenden Instandsetzung der Dampfer JOHANN AHRENS

Motorschiff FALKE im Rostocker Stadthafen (um 1980)

(ex GRETE CORDS) am 13.10.1950 als VORWÄRTS von der Dt. Schiffahrts- u. Umschlagsbetriebszentrale in Dienst gestellt. Premiere hatte das erste Handelsschiff der DDR am 4.11.1950 mit einer Fahrt nach Ventspils (Lettland).

Als der VEB → Deutsche Seereederei Rostock (DSR) am 1.7.1952 gegründet wurde, übergab man die VORWÄRTS in deren Besitz; sie war das erste Seeschiff der Reederei. Als erstes Neubauschiff kam 1954 der Dampfer ROSTOCK hinzu. Danach stieg die Anzahl der Schiffe, die mit Heimathafen Rostock und dem Greif am Bug über die Meere fuhren, ständig. Mit der Indienststellung des ersten 10 000-t-Frachtschiffs FRIEDEN (1957), dem weitere moderne Schiffe folgten, waren die Voraussetzungen für einen weltweiten Seehandel gegeben. 1964 waren 111 Schiffe verzeichnet, zehn Jahre später 195. Ihren Höhepunkt erreichte die Entwicklung der Flotte 1977 mit 203 Schiffen, die Häfen in über 100 Ländern ansteuerten. Das Ende der DDR 1990 u. die Privatisierung der DSR 1993 bewirkten einen Rückgang der S. für Rostock. Das Gros der Schiffe wurde verschrottet od. verkauft. Die Zulieferer-industrie brach zusammen. Tausende Beschäftigte u. Seeleute verloren ihre Arbeitsplätze.

Mit der Indienststellung des Clubschiffes AIDA im Juni 1996 entwickelte sich Rostock zunehmend zu einem wichtigen Anlaufort für → Kreuzfahrt-Schiffe. Die Reederei → AIDA Cruises hat ihren Hauptsitz im Rostocker Stadthafen. Heimathafen ihrer inzwischen elf Schiffe (2016) ist jedoch Genua. Zudem ist Rostock Sitz des operativen Geschäfts der in Hamburg beheimateten Reederei F. Laisz GmbH.

Im Rostocker Seehafen werden Schiffe von weltweit agierenden Reedereien be- u. entladen. Von

Kreuzfahrthafen Warnemünde (2016)

hier aus fahren Fähren (Stena Line, Scandlines) nach Schweden, Dänemark u. Finnland. Die eigene Rostocker S. beschränkt sich heute auf den Personenverkehr auf der Warnow u. in den regionalen Küstengewässern. Internationales Flair vermittelt einmal im Jahr das Großseglertreffen → Hanse Sail, das im Juli 1991 erstmalig unter dem Namen Hanseat. Hafentage stattfand. Bis zu 200 Traditionssegler u. histor. Dampf- u. Motorschiffe treffen sich dann im Rostocker Stadthafen u. in Warnemünde. Lit.: *P. Gerds, W.-D. Gehrke: Und am Bug der Greif, Rostock 1977; B. Götz: DSR: Deutsche Seereederei Rostock, 2. Aufl., Hamburg 2004; H. Hückstädt: Von Rostock nach See. Die Geschichte der Rostocker Dampfschifffahrt 1850 bis 1945, Wiefelstede 2011; G. Krause: Handelsschifffahrt der Hanse, Bentwisch, Rostock 2010; W. Müller: Rostocks Seeschiffahrt und Seehandel im Wandel der Zeiten, Rostock 1930; J. Rabbel: Vom Dampfboot zum Seedampfer. Zur Geschichte der Passagierschiffahrt Rostock-Warnemünde 1834-1914, Rostock 2006.* RP

SCHIFFFAHRTSMUSEUM → SCHIFFBAU- UND SCHIFFFAHRTSMUSEUM

SCHILLING, VIKTOR. Arzt (28.8.1883 Torgau-30.5.1960 Rostock); 1904-09 Medizinstudium u. Promotion in Berlin; 1910-13 wissenschaftl. Assistent am Institut für Schiffs- u. Tropenkrankheiten Hamburg; 1914-18 Kriegseinsatz als Stabsarzt; 1921 Habilitation; 1922 Prof. für Innere Medizin an der Berliner Charité; 1933 Eintritt in die NSDAP; 1934-38 ordentl. Prof. für Innere Medizin u. Klinikdirektor an der Uni Münster, 1938 aufgrund von „Amtsmissbrauch" u. „Persönlichkeitsmängeln" seiner Ämter enthoben; 1938-41 Leiter des Zentrallaboratoriums für Bluttransfusion an der Militärärztl. Akademie Berlin; Hg. mehrerer Fachzeitschriften; 1941-46 u. 1948-57 ordentl. Prof. für Innere Medizin u. Klinikdirektor an der Uni Rostock; 1947 Entnazifizierung; große Verdienste bei der Bekämpfung der → Tuberkulose u. anderer Infektionskrankheiten in Rostock; Initiator des Neubaus der Medizin. Klinik an der heutigen Schillingallee (seit 1991); 1953 Auszeichnung als Hervorragender Wissenschaftler des Volkes u. 1958 Verleihung des Vaterländ. Ver-

Viktor Schilling (um 1950)

dienstordens der DDR in Silber, Ehrendoktor der Uni Rostock; gilt als Mitbegründer der modernen Hämatologie (Blutforschung).
Lit.: *W. Teichmann: Schilling, Viktor, in: Biographisches Lexikon für Mecklenburg, Bd. 2, Rostock 1999, S. 227-231.* MR

SCHLACHTHOF. Einrichtung zum Schlachten von Nutztieren u. zur Aufbereitung ihres Fleisches. Küter u. Knochenhauer pachteten traditionell den bereits im Mittelalter errichteten städt. S. an der Warnow zwischen Petritor u. Küterbruch. Ende des 19. Jh. wurde dieser wegen restriktiver Hygienebestimmungen u. wachsender Fleischnachfrage geschlossen u. an der Schwaaner Landstr. ein moderner kommunaler S. mit Seequarantäneanstalt errichtet, dessen Einweihung am 27.7.1892 erfolgte. Nach Verschärfung seuchenrechtl. Bestimmungen für seeimportiertes Vieh (1927) entstand in Bramow der 1929 seiner Bestimmung übergebene Seegrenz-S. Dieser wurde wegen fehlender Rentabilität 1933 wieder stillgelegt u. später zum städt. S.

Schlachthof in der Schwaaner Landstraße

ausgebaut. 1937 konnte die neue Produktionsstätte in Bramow bezogen werden. Nach dem II. Weltkrieg als VEB S. Rostock (ab 1968 VEB Fleischwirtschaft Rostock) weitergeführt, wurde der S. als Treuhandvermögen der DDR 1990 verkauft, in der Folgezeit geschlossen u. abgerissen. Die Gebäude des alten S. an der Schwaaner Landstr. nutzt die Handwerkskammer Ostmeckl.-Vorpommern nach Restaurierungs- u. Erweiterungsarbeiten seit 1998 als Bildungszentrum.

Lit.: F. Längrich: Der Schlachthof, die Fleischverarbeitung und die See-Quarantäneanstalt, in: Festschrift der XXVI. Versammlung des Deutschen Vereins für öffentliche Gesundheitspflege, Rostock 1901, S. 209–230; K. Schröder: Städtische Schlachthöfe, in: Die Bestände des Archivs der Hansestadt Rostock. Eine kommentierte Übersicht, Rostock 2010, S. 266f. RL

SCHMARL. Als Ort 1272 unter ursprüngl. slaw. Namen Smerdele erwähnt. Zwischen Dorf u. dem Warnowufer lag die im Mittelalter strateg. bedeutende → Hundsburg, die erstmalig 1268/70 genannt u. 1582 niedergelegt wurde. Der Legende nach geriet → Margarethe Sambiria v. Dänemark an dieser Stelle auf der Warnow in Seenot u. wurde gerettet, woraufhin sie das → Kloster zum Heiligen Kreuz (1269–72) gestiftet haben soll; bis 1584 Hauptgut dieses Klosters. Eingepfarrt war S. nach Warnemünde. Im 19. Jh. erhielt der Ort einen → Eisenbahn-Anschluss u. wurde 1934 nach Rostock eingemeindet. Ab Mitte 1976 Ausbau zum großstädt. Wohngebiet für etwa 16 000 Einwohner (6 549 Wohnungen). Es dominieren einprägsame Großformen (Wohnschlangen) mit vielgeschossiger Bebauung u. abgerundeten Ecken, wobei Einfügungen erhöhter schildgiebelartiger Fassaden mit stark farbgraf. od. bildkünstler. gestalteten Klinkerflächen auffallen. Die Straßen S. wurden nach den Namen von Seefahrern benannt. Ursprüngl. gab es eine großzügige Ausstattung mit sozialen Einrichtungen (Schulen, Kitas u. a.). Nach dem Zusammenbruch der DDR erfolgte eine starke Abwanderung. Modernisierungen durch Nutzung von Fördermaßnahmen haben die Wohnattraktivität wieder deutl. gesteigert. Dennoch ist auch hier vereinzelt Rückbau anzutreffen. 2016 wohnten 8 835 Menschen in S. Wirtschaftl. von Bedeutung sind u. a. der → Warnowtunnel sowie die Hanse-Messe. IGA-Park (→ Internationale Gartenbauausstellung) mit großer Freiluftbühne u. → Schiffbau- u. Schifffahrtsmuseum auf dem Traditionsschiff bilden wichtige kulturelle Anziehungspunkte. AL

Schmarl (um 1980)

SCHMID, HANS-HERMANN. Arzt (23.1.1884 Wien–23.10.1963 Rostock); 1902–07 Medizinstudium in Wien u. Heidelberg; 1914–17 Kriegseinsatz als Arzt; ab 1919 Privatdozent für Gynäkologie u. Geburtshilfe an der Dt. Uni in Prag; ab 1925 Direktor der Frauenklinik sowie ab 1930 der Hebammenlehranstalt in Reichenberg (Böhmen); 1938 Entlassung aus al-

Hans-Hermann Schmid (um 1950)

len Ämtern; Privatpraxis in Reichenberg bis 1945; 1945-57 Direktor der Universitätsfrauenklinik in Rostock; 1946-57 Prof. für Gynäkologie u. Geburtshilfe in Rostock; 1948-49 Rektor der Uni Rostock; Ehrenmitglied der österreich. Gesellschaft für Gynäkologie u. Geburtshilfe; 1962 Ehrentitel Verdienter Arzt des Volkes. RMH

SCHMIDT, PAUL. Orgelbauer (1715/16 Quedlinburg od. Ludwigslust-25.4.1798 Ludwigslust); Orgelbaulehre bei Caspar Sperling, dem „Vater des meckl. Orgelbaus"; baute 1743-90 ca. 30 Orgeln für meckl. Kirchen. Von der 1766-70 errichteten zweiten großen Orgel der → Kirche St. Marien, seinem größten Orgelwerk, sind nur noch der grandiose Barock-Prospekt u. vermutl. zwei Windladen erhalten. Sämtl. Pfeifen u. alle spieltechn. Einrichtungen wurden 1791-93, nachdem das Instrument von S. „windsüchtig" (d.h. unzureichend mit Wind versorgt) geworden war, von einem Berliner Orgelbauer hinter der vorhandenen Fassade neu errichtet u. anschließend mehrfach umgestaltet.
Lit.: M. Jaehn, K. Eschenburg, W. Eschenburg: Orgeln in Mecklenburg, Rostock 2008. HM

SCHMIDT, WILHELM. Lehrer, Journalist, Schriftsteller (11.3.1872 Rostock-16.5.1941 Rostock); Ausbildung am Lehrerseminar in Neukloster; 1895-1921 Volksschullehrer in Rostock; 1898 Mitbegründer des „Plattdütschen Vereins för Rostock un Ümgegend"; sammelte niederdt. Redewendungen, Rätsel u. Anekdoten; Mitinitiator des ersten Plattdt. Volkstags in Rostock (1920); 1935 John-Brinckman-Preis; veröffentlichte als Autor bzw. Hg. niederdt. Werke u. Bühnenschwänke, Kalender sowie landeskundl. Literatur (z.B. Vagel-Grip-Kalender, John → Brinckman „Kasper Ohm un ick", Ludwig Kreuzer „Zehn meckl. Volkserzählungen").
Lit.: J. Grambow: Wilhelm Schmidt, in: Wo de Ostseewellen trecken an den Strand, Rostock 1989, S. 75-78. FO

Wilhelm Schmidt (um 1930)

SCHNATERMANN (niederdt. Snat = Grenze); einst Grenzstein im → Breitling, markierte 1252-1319 die Grenze zwischen dem Moltkeschen → Toitenwinkel, der fürstl. → Hohen Düne u. der → Rostocker Heide; auch Bezeichnung für einen Teil der Rostocker Heide; im Mittelalter u. der Frühen Neuzeit Einschlaggebiet für Holz; Entstehungsort der Legende von einem frierenden, sich auf den Stein geretteten Seemann

Hotel und Traditionsgasthof Schnatermann (2007)

(→ Sage); Ende des 18. Jh. Namensübertragung auf das benachbarte Forsthaus am Breitling; 1796 veranlasste der Rostocker Forstinspektor Hermann Friedrich → Becker die Nebennutzung des Forsthauses als Wirtshaus; beliebtes → Ausflugslokal.
Lit.: W. Steinmüller: Rostocker Heide mit Jagdschloss Gelbensande. Geschichte – Landschaft – Tipps – Wanderungen, Ilmenau 2008. WS

SCHOMBURG, WILHELM. Gärtner (16.4.1870 Holte/Osnabrück–14.12.1940 Rostock); Gärtnerlehre an verschiedenen dt. Gartenbauschulen u. Hofgärtnereien; 1904 Stadtgärtner in Rostock; 1913 Berufung zum Stadtgartendirektor, mit Unterbrechungen bis 1932; 1919 Erster Vorsitzender der Landesgruppe Pommern-Meckl. der Dt. Gesellschaft für Gartenkunst e.V.; Ausdehnung u. Entwicklung des Rostocker Stadtgrüns in der 1. Hälfte des 20. Jh. sind geprägt von seinen qualitätsvollen landschaftsgärtner. Entwürfen; Arbeit an histor. Anlagen, z.B. Wallanlagen (→ Stadtbefestigung), → Rosengarten, → Barnstorfer Wald; Planung u. Ausführung wichtiger neuer Parkanlagen: Neuer Friedhof (→ Friedhofswesen) in der Satower Str., Kurpark u. → Kurhaus Warnemünde (Park u. Garten), Stadtpark an der Tessiner Chaussee, Schillerplatz.
Lit.: B. Ruge: Wilhelm Schomburg (1870–1940). Der erste Stadtgartendirektor Rostocks, in: Stadt+Grün. Das Gartenamt, Bd. 52, H. 4, Berlin, Hannover 2003, S. 26–31. UJ

SCHONENFAHRER. Bezeichnung für → Hanse-Kaufleute mit Fahrtrichtung der schonenschen Niederlassungen (Vitten) in Skanör u. Falsterbo; Hauptgeschäft: Transport u. Vermarktung der reichen Heringsfänge vor Schonen; dortige Privilegien für die Rostocker bereits seit 1251; Rostocker unterhielten auf Falsterbo eine eigene Kirche; Verwaltung der Rostocker Niederlassungen durch speziellen → Vogt (einer der jüngeren Ratsherren) vom 14. bis 16. Jh.; neben den Norwegenfahrern (→ Wiek- u. → Bergenfahrer) führende Fahrtgemeinschaft der Rostocker Kaufleute; Gemeinschaftshaus (S.- → Gelag) seit 1456 in der Großen Bäckerstr. (heute westl. Abschnitt der Fischbank); Niedergang der S. in Zusammenhang mit dem Ende der Heringskonjunktur vor Schonen u. Kriegen in der Ostsee; 1566 daher Zusammenschluss mit den Bergenfahrern u. Schiffern zur → Schiffergesellschaft.
Lit.: C. Jahnke: Das Silber des Meeres. Fang und Vertrieb von Ostseehering zwischen Norwegen und Italien (12.–16. Jh.), Köln, Weimar, Wien 2000; W. Stieda: Das Schonenfahrergelag in Rostock; in: Hansische Geschichtsblätter, Jg. 1890/91, Leipzig 1892, S. 115–150. RP

Schriftzug des Vicke Schorler

SCHORLER, VICKE. Krämer, Chronist (um 1560 Rostock–1625 Rostock); gehörte als einer der Ältermänner der Krämerkompanie u. als Mitglied des → Hundertmänner-Kollegiums zu den einflussreichen Bürgern Rostocks. S. schuf 1578–86 die → Vicke-Schorler-Rolle; hinterließ eine Stadtchronik für die Jahre 1584–1625. Mit der Benennung einer Straße geehrt.
Lit.: I. Ehlers: Schorler, Vicke, in: Biographisches Lexikon für Mecklenburg, Bd. 3, Rostock 2001, S. 264–266. RL

Schreiberei an der Marienkirche (um 1900)

SCHOß → STEUERWESEN

SCHREIBEREI. Eckgebäude südl. der → Kirche St. Marien am späteren → Ziegenmarkt gegenüber der → Alten Münze; diente seit dem 14. Jh. (lat. scriptorium, niederdt. scriverige) in relativer Nähe zum → Rathaus der Anfertigung wichtiger städt. Dokumente u. stand unter der Leitung des Stadtschreibers; seit der Frühen Neuzeit auch Nutzung als Gerichtsgebäude (→ Gericht) u. → Gefängnis; das noch auf Fotos überlieferte Gebäude wich 1907 einem Neubau. EM

SCHRÖDER, JOHANN CHRISTIAN. Jurist, Senator (8.3.1760 Rostock–19.6.1809 Rostock); Jurastudium in Göttingen; Prokurator der Justizkanzlei in Rostock u. beim städt. Obergericht; 1801 Senator; begann 1803 die Reformierung des städt. → Armenwesens mit Bildung des Armeninstituts u. des Armenkollegiums (1804); auf Freiwilligenbasis Übergang zur abgabengestützten Finanzierung; genoss hohes Ansehen als „Vater der Armen"; Namensgeber für gleichnamigen Platz (1862) u. Straße (1887).
Lit.: *J. Straßenburg: „Es kann sonst nimmer ein richtiges und gleiches Verhältnis der Armen zu ihrer Behörde hervorgebracht werden." Armut und Armenfürsorge vom Mittelalter bis zur Neuzeit, in: Beiträge zur Geschichte der Stadt Rostock, Bd. 26, 2004, S. 7–34.* IE

SCHROEDER, PAUL. Lehrer, Politiker (9.8.1875 Stolpe/Parchim–2.8.1932 Rostock); Besuch einer Volksschule; 1897–99 Ausbildung am Lehrerseminar in Neukloster; 1899–1902 Volksschullehrer in Pampow u. Wustrow; 1903–19 Lehrer am Realgymnasium in Rostock; 1911–18 Mitglied der Rostocker Bürgervertretung; 1918 Eintritt in die SPD; 1919–27 u. 1930–32 Mitglied der → Stadtverordnetenversammlung; 1919–25 besoldeter Stadtrat; 1920–32 Abgeordneter des Landtags v. Meckl.-Schwerin, 1923/24 Präsident, 1924–26 dessen Vizepräsident; 1926–29 Ministerpräsident des Freistaates Meckl.-Schwerin; 1930 erfolglose Kandidatur für den Reichstag; Mitglied des Ortsvereins Rostock des Reichsbanners Schwarz-Rot-Gold. 1932 Selbstmord.
Lit.: *M. Buddrus, S. Fritzlar: Landesregierungen und Minister in Mecklenburg 1871–1952. Ein biographisches Lexikon, Bremen 2012, S. 273.* MB

SCHUCHARDT, FEDOR. Arzt (3.8.1848 Saalburg–7.11.1913 Gehlsheim); nach Promotion 1880 Assistenzarzt in Nervenheilanstalten Andernach u.

Fedor Schuchardt, Ölzeichnung von Paul Moennich (1904)

Bonn; 1886–95 leitender Arzt der ersten modernen Nervenheilanstalt Meckl. in Sachsenberg/Schwerin; 1895 Berufung als Prof. für Psychiatrie u. gerichtl. Medizin an der Uni Rostock; 1896 erster Direktor der Nervenheilanstalt → Gehlsheim u. Leiter der Poliklinik für Nerven- u. Gemütskranke; 1903 Geheimer Medizinalrat; 1908/09 Rektor; Grabstätte auf dem Friedhof von Toitenwinkel.
Lit.: *I. Miesch: Die Heil- und Pflegeanstalt Gehlsheim. Von den Anfängen bis 1946, Rostock 1996.* IE

SCHÜTTING (norweg.: Skotting). Versammlungs-, Gesellschafts- u. Festgebäude insbesondere der größeren Ämter von Handwerkern u. Gewerbetreibenden, seltener als Krug od. Herberge bezeichnet; anfangs auch als Bezeichnung für die → Gelage der Kaufleute u. Schiffer; zumeist in der Nähe von Konzentrationsräumen des jeweiligen Berufsstandes gelegen; nachgewiesen besonders seit dem 15. Jh.: für die Böttcher seit 1423 (Lange Str.), seit 1429/30 für die Gerber (Gerberbruch), für die Wollenweber seit 1437 (Wollenweberstr.), seit 1438 für die Bruchfischer (Fischerbruch), für die Pelzer seit 1441 (Pümperstr.), ebenso seit 1441 für die Klein- od. Detailhändler (Kleine Bäckerstr.), seit 1443 für die Krämer (später für die Pantoffelmacher; Garbräterstr.), seit 1467 für die Schuster (An der Hege), für die Riemenschneider seit 1493 (Krämerstr.), seit 1497 für die Zimmerleute (Beginenberg), für die Bäcker seit 1498 (Hutfilterstr.), ebenfalls seit 1498 für die Schneider (Große Scharrenstr.), seit 1499 für die Straßenfischer (Fischerstr.), für die Schmiede seit 1511 (An der Hege); der Gerberschütting im Gerberbruch existierte noch bis ins 20. Jh. als Gaststätte.
Lit.: *E. Münch, R. Mulsow: Das alte Rostock und seine Straßen, 2. Aufl., Rostock 2010.* EM

Gaststätte Gerberschütting vor ihrem Abbruch 1989

SCHÜTZENWESEN. Breite, im Spätmittelalter in Kreisen der Kaufmannschaft, der Krämer u. der Handwerker entstandene Bewegung zur Abhaltung von Schießübungen. Diese dienten der Vorbereitung Rostocker Bürger auf einen Verteidigungsfall der Stadt. Kern waren die sog. Schützengesellschaften od. auch -kompagnien, zu deren ältesten (spätestens seit dem 15. Jh.) die der Landfahrerbrüderschaft des Wieker u. des Wokrenter → Gelags zählten, die letztmalig 1624 auf einem jeweils im Frühsommer abgehaltenen Papageienschießen mit der Armbrust ihren Besten ermittelten. Spätestens in der 1. Hälfte des 17. Jh. kam in Rostock das Büchsenschießen auf, für das 1616 (erneuert 1625) eine rätl. Verordnung erlassen wurde. Fortan galten Schießübungen als

allgemeine Pflicht waffenfähiger Bürger, die dazu mit eigener Büchse erscheinen mussten. Das städt. S. wurde administrativ nach den → Fahnen gegliedert u. erhielt Regeln für seine Wettbewerbe. Ende des 17. Jh. ermittelten die beiden mit rätl. Erlaubnis gegründeten, ständisch organisierten Schützenkompagnien der Brauer u. der Handwerker wieder ihren Schützenkönig, oft unter Beteiligung der Landesherren. Nach Auflösung überkommener Strukturen bestimmen seit den ersten Jahrzehnten des 19. Jh. Vereine das S. Rostocks, das während der DDR-Zeit nur im staatl. kontrollierten Rahmen des Dt. Schützenbundes u. der Gesellschaft für Sport u. Technik (GST) weiterleben konnte. Heute sind im Kreisschützenverband wieder etwa 20 Vereine aus Rostock u. dem Umland organisiert. Der größte (155 Mitglieder) u. bekannteste Verein der Stadt ist die Schützengesellschaft Concordia von 1848 e.V.
Lit.: *K. Koppmann: Die Rostocker Schützengesellschaften, in: Beiträge zur Geschichte der Stadt Rostock, Bd. 4, H. 3, Rostock 1906, S. 59–74; M. Müller: Schützenkompanien, in: Die Bestände des Archivs der Hansestadt Rostock. Eine kommentierte Übersicht, Rostock 2010, S. 251f.* RL

SCHULE AM ALTEN MARKT. Im 16. bis 18. Jh. Hausgrundstück im Besitz der adeligen Familien v. Moltke u. v. Bassewitz; 1906 Errichtung der Altstädt. Mädchenschule an der Ecke Alter Markt/Lohgerberstr.; 1914–17 Ergänzung durch Neubau für die Altstädt. Knabenschule; bis 1941 Einzugsgebiet für Dierkow u. für die östl. Altstadt; im Volksmund auch „Hölten- u. Slarpen-Schaul" (Kinder ärmerer Schichten trugen Holzschuhe); 1942 ausgebrannt, nach 1945 Rekonstruktion u. erneute Nutzung als Schule; erhielt 1974 den Namen 4. POS Etkar André; heute Sprachheilpädagog. Förderzentrum. RS

Altstädtische Mädchenschule am Alten Markt (um 1900)

SCHULE AM GOETHEPLATZ → INNERSTÄDTISCHES GYMNASIUM

SCHULE BEI DEN SIEBEN LINDEN → JENAPLAN-SCHULE

SCHULE IM KATHARINENSTIFT. 1803 Einrichtung einer Waisen- u. Armenschule (1804: 152 Kinder, 1816: 320 Kinder; → Katharinenstift); Grundsatz der S.: „Bete u. arbeite"; Fächer: Lesen, Schreiben, Rechnen, Religion, Arbeiten (Jungen: Herstellung von Binsendecken, Schrubbern, Bürsten u. Strümpfen; Mädchen: Nähen, Spinnen, Stricken); Teilentlohnung der Kinderarbeit; einheitl. Anstaltskleidung u. Holzpantoffeln; Unterhalt durch private u. öffentl. Spenden gewährleistet; 1868 Aufhebung der Waisen- u. Armenschule u. Umwandlung in die Altstädt. Elementarschule (schulgeldpflichtig; dreiklassige Ganztags- u. Halbtagsschule mit den Fächern Religion, Sprache, Weltkunde, Rechnen, Singen, Handarbeit); 1868 Übergang der Abendschule der → Friedrich-Franz-Schule auf die S.; 1878 deren Auflösung u. Einzug der Friedrich-Franz-Mädchenschule; nach 1945 Katharinenschule; Nutzung bis 1981. RS

SCHULE DIERKOW → KÄTHE-KOLLWITZ-MUSIK-GYMNASIUM

SCHULTZ, EGON. Lehrer (4.1.1943 Groß Jestin/Polen – 5.10.1964 Berlin); Besuch der Oberschule in Niendorf u. Rostock; 1960–62 Studium am Institut für Lehrerbildung in Putbus/Rügen; 1962/63 Lehrer an der 2. Polytechn. Oberschule in Dierkow; ab Nov. 1963 Angehöriger der Grenztruppen der DDR in Berlin im Range eines Unteroffiziers; während eines von Fluchthelfern begonnenen Schusswechsels verletzt u. von einem DDR-Grenzsoldaten versehentl. erschossen; von der DDR als Mord durch westdt.

Egon Schultz (um 1962)

Fluchthelfer propagiert; Beisetzung auf dem Neuen Friedhof in Rostock. S. wurde Namenspatron mehrerer staatl. Einrichtungen, u.a. der Schule in Dierkow; das Bronzerelief des dortigen Gedenksteins schuf Jo → Jastram. 1973 wurde S. Held eines Kinderbuches von Herbert → Mühlstädt. 1992 Umbenennung der Rostocker Egon-Schultz-Oberschule in → Käthe-Kollwitz-Musikgymnasium; 2004 Anbringung einer Erinnerungstafel in der Strelitzer Str. 55 in Berlin-Mitte. Lit.: *H.-H. Hertle, M. Nooke: Die Todesopfer an der Berliner Mauer 1961–1989. Ein biographisches Handbuch, Berlin 2009, S. 456–462; M. Baade: Der Tod des Grenzsoldaten. Egon Schultz, der Tunnel und die Propagandalüge, Berlin 2014.* MB

SCHULWESEN. Bis zur → Reformation im 16. Jh. wurde das S. vor allem durch die kath. Kirche u. ihre Institutionen geprägt. Die Anfänge des S. markieren die Schule des Franziskanerordens im → Kloster St. Katharina u. des Dominikanerordens im → Kloster St. Johannis sowie die vier Pfarrschulen in der → Kirche St. Petri, → Kirche St. Nikolai, → Kirche St. Marien u. → Kirche St. Jakobi im 13. Jh. In ihnen fand überwiegend eine religiöse Ausbildung von Kindern u. Jugendl. für den Kirchendienst statt. Später übernahmen vor allem Pfarrschulen die allgemeinbildenden Aufgaben u. lehrten auf Grundlage der lat. Sprache Lesen, Schreiben u. Rechnen. Für Warnemünde lässt sich erstmals 1578 ein Schulmeister nachweisen. Die Vermittlung von Bildung außerhalb kirchl. Einrichtungen war Privatsache.

Mit der Ausbreitung der Reformation begann auch im S. eine neue Ära. Dieses wurde Schritt für Schritt verweltlicht. Der Einfluss der kath. Kirche sank. Städt. Elementarschulen u. weltl. Privatschulen entstanden. Luther. Schulmeister begannen die kath. Lehre an den Pfarrschulen St. Petri (seit 1523), St. Marien (seit 1530) u. St. Nikolai zurückzudrängen. Ledigl. an St. Jakobi wurde 1531 noch ein kath. Schulmeister erwähnt.

Nach dem Sieg der Reformation 1531 gelang es dem Syndikus Dr. Johann → Oldendorp 1534 den → Rat der Stadt zu überzeugen, die vier Pfarrschulen zu einer zu vereinigen. Diese nunmehr städt. Schule zog in das ehem. Johanniskloster. Die Lateinschule unterstand dem Rat der Stadt u. sollte die Jungen auf den späteren Besuch der Uni vorbereiten. Wer Schreiben, Lesen u. Rechnen auf der Basis der dt. Muttersprache lernen wollte, ging zu den „Brüdern vom gemeinsamen Leben" im Michaelis-Kloster (→ Fraterhaus St. Michael). Die Schule bestand aber nur bis 1559. Private Schulen waren verboten. Nachdem Oldendorp die Stadt verlassen hatte, stagnierte die Entwicklung der städt. Schule. Streitigkeiten u. mangelndes Engagement führten letztendl. zur Schließung. Erneut übernahmen geistl. u. private Schulen den Unterricht.

V.a. die Unzufriedenheit wohlhabender Bürger führte 1580 jedoch zur Gründung der → Großen Stadtschule. Sie ermöglichte die Vorbereitung des Unibesuches. Rektor der Schule wurde Nathan → Chytraeus, Prof. der lat. Sprache u. der Dichtkunst an der Uni Rostock. Ihm zur Seite standen fünf Magister u. drei Collaboratores (Mitarbeiter). Als Schulgebäude diente erneut das Johanniskloster am Steintor. Kinder von Handwerkern u. ärmeren Schichten gingen auf sog. Klipp- u. Winkelschulen. Einfache Küsterschulen u. große Privatschulen ergänzten das Angebot an Schulformen. Der Rat der Stadt verstärkte seinen Einfluss auf das S. zunehmend.

Große Stadtschule, Lithografie von Robert Geißler (um 1890)

Mit dem Fortgang von Chytraeus 1593 wurde der Geist des Humanismus schrittweise verdrängt. Verknöcherte Gelehrsamkeit – bestimmt durch Latein u. Theologie – bestimmten den Unterricht des 17./18. Jh. Neuen Wissenschaften verschloss man sich weitgehend. Den Anforderungen von Beruf u. Alltag entsprach der Unterrichtsstoff in keiner Weise.

Ende des 18. Jh. unternahm der Pastor der Jakobikirche, Georg → Detharding, ernsthafte Versuche, das S. zu reformieren. Bereits 1788 veröffentlichte er seine Schrift „Volksseelen sind auch Menschenseelen", in der er moderne pädagog. Gedanken propagierte. In Zeitungsartikeln kritisierte er die „elende Beschaffenheit" der Rostocker Schulen. Ein von ihm dem Rat der Stadt unterbreiteter Plan zur Reformierung sah die großzügige Neugestaltung des S. von der Lateinschule bis zur Armenschule vor. Im Ergebnis dieser Anstrengungen wurde ledigl. die Armen- u. Waisenschule 1803 gebildet.

→ Industrialisierung u. Urbanisierung, bürgerl. Emanzipation u. Aufstieg der → Arbeiterbewegung sowie Überwindung der Kleinstaaterei u. die Reichseinigung erzwangen im 19. Jh. auch im Rostocker S. grundlegende Veränderungen. Diese betrafen sowohl die höheren Schulen als auch die Elementar- u. Volksschulen.

Im Ergebnis jahrzehntelanger Auseinandersetzungen wurden 1828 innerhalb der Großen Stadtschule ein Gymnasium u. eine lateinlose Realschule gebildet. Letztere bot Kindern, die keinen akadem. Beruf, sondern einen in den Gewerken, Künsten od. der → Schifffahrt ergreifen sollten, den Zugang zur höheren Bildung. Das humanist. Gymnasium u. die Realschule befanden sich im Gebäude des ehem. Johannisklosters am Johannisplatz. Zunächst besuchten die Schüler der Großen Stadtschule gemeinsam sog. Elementarklassen. Danach erfolgte die Trennung in einen gymnasialen Zweig mit dem Schwerpunkt alte Sprachen (Griechisch, Latein, Geschichte u. Mathematik) u. einen realen Zweig, in dem neuere Sprachen, Mathematik, Physik, techn. u. kaufmänn. Unterricht den Stoff bestimmten. 1830 besuchten insgesamt 308 Knaben die Große Stadtschule, davon 178 die Realschule. 1833 wurde das Abiturexamen eingeführt.

Die ersten Kleinkinderwarteschulen wurden auch 1833 eröffnet. Die Rostocker Schulen ermöglichten damit einen Bildungsweg, der sich von der Vorschule über die Elementarschule bis zur gymnasialen Ausbildung erstreckte. Später hinzukommende → Gewerbe-, Handwerker- u. Kaufmannsschulen (→ Kaufmanns- u. Handelsschule) ergänzten das Bestehende. Damit verfügte Rostock über eines der modernsten Bildungsangebote in Meckl., das durch die Einführung der allgemeinen Schulpflicht 1845 gestärkt wurde. In der 2. Hälfte des 19. Jh. geriet der Realschulteil der Großen Stadtschule immer mehr in die Kritik. Hier erzielte Abschlüsse wurden u.a. in Preußen nicht anerkannt, sodass zahlreiche akadem. Berufe u. Beamtenlaufbahnen den Absolventen verwehrt blieben. Auch das Privileg, die übl. dreijährige Militärpflicht auf ein Jahr zu verkürzen, blieb diesen Schulabgängern verwehrt. Nach preuß. Muster wurden daraufhin in Rostock an der Realschule 1865 wieder Latein als Pflichtfach eingeführt u. der Unterricht reorganisiert. 1870 erhielt die Realschule die sog. Einjährigen-Berechtigung. Viele kaufmänn. u. gewerbl. Berufe bedurften der höheren Bildung, aber nicht des Lateinunterrichts. 1867 kam es zur Gründung einer lateinlosen Bürgerschule (→ Blücherschule).

Seit Mitte des 19. Jh. trugen die Gymnasiasten u. Realschüler eine Schülermütze, die ihren Träger als Angehörigen einer höheren Lehranstalt auswies.

Die höhere Mädchenschulbildung erfolgte im 19. Jh. auf privaten Höheren Töchterschulen u. unterschied sich vor allem durch die Höhe des Schulgeldes. Erstmalig lassen sich 1836 namentl. fünf Mädcheninstitute nachweisen. 20 Jahre später waren es bereits 29 Privatschulen, Schul- u. Pensionsinstitute, darunter auch für höhere weibl. Bildung der Fräuleins S. Brockmann sowie D. u. C. Borhenne. Vier Jahre später war es bereits wieder eingegangen. 1867 richtete die Kaufmannstochter Caroline Lüders in der Kistenmacherstr. eine höhere Privatschule für Mädchen ein. Drei Jahre später zog sie in die Lagerstr. 7 um. Das Lüderssche Institut existierte bis 1895 u. verfügte zwischenzeitl. über sieben Lehrkräfte. Allein fünf Höhere Töchterschulen besaß die Stadt Rostock 1878. Zwar durfte hier kein Abitur abgelegt werden, doch besaßen die Absolventinnen damit die Zugangsberechtigung zur Lehrerinnenausbildung.

Ende des 19. Jh. änderte sich die Rolle der Frau in der Gesellschaft rasant. Forderungen nach einer verbesserten schul. Ausbildung, der Zulassung zum Abitur u. zum Studium mehrten sich. Nach preuß. Vorbild wurde daraufhin in Rostock 1909 an der Großen Stadtschule die erste Mädchenklasse aufgemacht. Diese wurde 1913 ausgegliedert u. mit fünf durch die Stadt übernommenen Höheren Töchterschulen zu einer höheren Mädchenschule in der Augustenstr. vereinigt. Nach der 7. Klasse teilten

Bis 1864 befand sich die Große Stadtschule im ehem. Dominikanerkloster in der Johannisstraße (um 1950).

sich die Klassen auf das Lyzeum mit gymnasialem Teil, das mit dem Abitur abschloss, u. auf das Oberlyzeum, in dem zukünftige Lehrerinnen ausbildet wurden, auf. Einen Schulneubau konnten beide Lyzeen aber erst 1930 am Goetheplatz beziehen (→ Innerstädt. Gymnasium).

Die große Mehrheit der Rostocker Mädchen u. Jungen besuchte Volksschulen, deren Anfänge bis in das Jahr 1803 zurückreichen. In jenem Jahr entstand im → Kloster St. Katharina eine Waisen- u. Armenschule (→ Schule im Katharinenstift). Neben dieser u. der Großen Stadtschule existierten um 1830 in der Stadt mit der Lüheschen, der Barner-Lehstenschen u. der Sass'schen Freischule drei schulgeldfreie, stiftungsfinanzierte Einrichtungen. Die adeligen Stiftungen konnten auf eine mehr als 100-jährige Institutsgeschichte zurückblicken. Darüber hinaus gab es ca. 50 Winkel- u. Klippschulen. Der Leumund dieser Privatschulen war schlecht, da der Rat erst seit 1818 durch die Erteilung einer Konzession Einfluss auf diese gewerbl. Institutionen nehmen konnte. Vorschläge, öffentl. Volksschulen einzurichten, wurden vom Rat aus finanziellen Gründen abgelehnt.

Erst die Cholera- → Epidemie von 1832, die viele Kinder zu Waisen od. Halbwaisen machte, führte zu Veränderungen. Mit städt. u. privater Unterstützung entstanden 1833–35 drei Kleinkinder-Warteschulen.

Auf private Initiative wurden 1835 die ersten beiden Volksschulen Rostocks eingerichtet. Am Alten Markt entstand die Friedrich-Franz-Stiftungsschule, die spätere Altstädt. Knaben- u. Mädchenschule (→ Schule am Alten Markt), u. in der nördl. Altstadt die → Friedrich-Franz-Schule.

Eine wichtige schulpolit. Zäsur stellte die Bildung der Elementarschulkommission 1839 dar. Die städt. Behörde hatte das Recht, alle Schulen der Stadt zu beaufsichtigen. 1845 wurden ihr auch alle Privatschulen unterstellt u. damit das Ende der Klipp- u. Winkelschulen eingeleitet. Die Hauptaufgabe der Kommission bestand im Auf- u. Ausbau öffentl. Schulen u. in der Durchsetzung der allgemeinen Schulpflicht. Direktor der Behörde wurde 1843 der Gymnasiallehrer Johann Ludwig Evers, ein studierter Theologe. Alle Kinder sollten ein Mindestmaß an Kenntnissen in den Fächern Lesen, Rechnen, Schreiben u. Religion erhalten sowie zu loyalen Bürgern erzogen werden. Auch Evers Nachfolger Bernhard Reuter (ab 1877) u. Adolf Sellschopp (1906) waren studierte Theologen.

1844 bezog die Friedrich-Franz-Schule ihr neues Gebäude in der Wallstr., den ersten Schulzweckbau der Stadt. 1845 wurde die allgemeine Schulpflicht vom 7. bis 14. Lebensjahr gegen den zähen Widerstand von Teilen der Elternschaft, die der Mithilfe

Rechenmaschine Abakus (um 1890), Schulranzen (um 1910), Griffelkasten (um 1940)

u. der Arbeitskraft ihrer Kinder bedurften, u. von Teilen der Fabrikanten, die an Kinderarbeit interessiert waren, eingeführt. Für Kinder, die arbeiten mussten, wurde in der Altstädt. Knaben- u. Mädchenschule eine Abendschule für ca. 60 Jungen u. Mädchen eingerichtet.

Bis 1858 stieg die Anzahl der Schüler rasch. Die öffentl. Schulen waren: Friedrich-Franz-Schule (627 Kinder), öffentl. Abendschule (63), → Augustenschule (209), Vorstadtschule (128), Waisenschule (235), Friedrich-Franz-Stiftungsschule (214), drei Freischulen (253), 37 Privatschulen (1617). Außerdem bestand in der → Kröpeliner-Tor-Vorstadt die Schule des Lehrers Havemann. In zwei Klassen wurden hier 128 Jungen u. Mädchen aus der ärmeren Bevölkerung unterrichtet. Insgesamt wohnten im Jahre 1858, das Gymnasium u. die Realschule mit eingeschlossen, 3930 schulpflichtige Kinder in Rostock.

Das Schulgeld betrug 1878 vierteljährig je nach Klassenstufe 2–5,50 M. Seit 1880 erhielten in Anlehnung an die höheren Schulen u. Privatschulen alle Volksschüler schriftl. Halbjahreszeugnisse. Die Bevölkerungszunahme, insbesondere in den proletar. u. kleinbürgerl. Schichten, machte vor allem den Bau von Schulen notwendig: Vorstädt. Knabenschule (1878), Altstädt. Knabenschule (1885), St.-Georg-Mädchen- u. Knaben-Schule (1892), Margareten-Knaben- u. Mädchen-Schule (1901), Altstädt. Mädchenschule (1906), Borwinschule (1912); Augustenschule (1915). In Warnemünde wurden die spätere Fritz-Reuter-Schule (1915) u. die spätere Heinrich-Heine-Schule (1881) errichtet.

1908 eröffnete in der Augustenstr. mit der Marienschule die erste kommunale Hilfsschule für schwachbegabte Kinder. 1912 besuchten 120 Schüler, davon 35 Mädchen, diese Schule. Während der kalten Jahreszeit (Okt.–März) erhielt etwa jedes zweite Kind kostenlos warme Milch.

Die durchschnittl. Klassenstärke von ca. 70 Kindern (1850) sank auf ca. 40 (1912). Moderne Toiletten- u. Duschanlagen sowie die Eröffnung einer Schulzahnklinik verbesserten den Gesundheitszustand der Kinder.

1901 existierten in Rostock zehn Elementarschulen. Zu ihnen zählten sechs Volksschulen, je drei für Knaben u. Mädchen (Altstädt. Knabenschule, Altstädt. Mädchenschule, St.-Georg-Mädchenschule, Vorstädt. Knabenschule, Margareten-Knabenschule, Margareten-Mädchenschule), u. vier Bürgerschulen, je zwei für Knaben u. Mädchen (Friedrich-Franz-Knabenschule, Friedrich-Franz-Mädchenschule, Augustenschule, St.-Georg-Knabenschule). Die Bürgerschulen waren siebenstufig. Das Schulgeld belief sich je nach Klassenstufe vierteljährl. auf drei bis sechs Mark. Die Volksschulen stellten Bildungsanstalten dar, in denen den Kindern ein elementares Niveau an Bildung zuteil wurde. Das Schulgeld belief sich auf eine bis zwei Mark je Quartal. Jede Schule verfügte über ganze u. halbe Freistellen, die an fleißige Schüler aus ärmeren Schichten vergeben wurden. Die wöchentl. Pflichtstundenzahl betrug für Lehrer 30 u. für Lehrerinnen 26 Stunden. Hitzefrei gab es ab 25 °C. Der Turnunterricht wurde 1885 an einigen Schulen fakultativ eingeführt, war aber seit 1897 für alle oberen Klassen (außer Altstädt. Mädchenschule) Pflicht. Jede Klasse durfte monatl. einen Ausflug unternehmen.

Einschulung (1930)

Neulehrerausbildung an der Borwinschule (1946)

Ferien gab es z.B. während des Schuljahres 1912/13 zu Pfingsten (10.-14.5.), im Sommer (12.7.-18.8.), zu Michaelis (27.9.-6.10.), Weihnachten (20.12.-5.1.) u. Ostern (4.4.-20.4.).

1910 wurde für alle Bürger- u. Volksschulen ein einheitl. Lehrplan verbindlich. Er basierte auf acht Klassenstufen u. ermöglichte die Vermittlung eines zeitgemäßen Wissensstoffes. Die Trennung zwischen Volks- u. Bürgerschulen endete 1919. Alle Rostocker mussten von nun an eine einheitl. vierjährige Grundschule durchlaufen, wodurch der Wechsel von begabten Kindern aus weniger vermögenden Verhältnissen auf eine höhere Schule erleichtert wurde. Das Schulgeld an den Volksschulen fiel fort.

1921 übernahm der Staat das Rostocker Volks-S. Die Lehrer waren fortan Staatsbeamte, wodurch der kommunale Haushalt eine erhebl. Entlastung erfuhr. Die Kosten für die Unterhaltung der Schulgebäude blieben aber städtisch. 1923 ging auch das höhere S. in staatl. Hoheit über. Ledigl. das Berufs-S. blieb kommunal. Englisch löste Französisch als erste Fremdsprache ab u. die Zahl der Deutschstunden wurde erhöht. Erstmalig wurden Elternvertreter in die Schulvorstände gewählt u. die Versorgung mit Milch ermöglicht.

1929 entstand eine kath. Volksschule, die 1938 auf Anordnung der nationalsozialist. Führung geschlossen wurde. Diese übte nach dem Machtantritt auf alle Schulinhalte einen starken Einfluss aus. Die Zentralisierung u. Vereinheitlichung des Schulsystems wurden vorangetrieben. 1937 erfolgten die Einführung der einheitl. Oberschule u. die Verkürzung der Schulzeit auf acht Jahre. Der Unterricht u. die Schulfeiern wurden politisiert u. der „Deutsche Gruß“ eingeführt sowie Schulen mit Hoheitszeichen des NS-Staates geschmückt.

Das stetige Wachstum der Stadt in den 1930er-Jahren führte zur Errichtung der Schule in Dierkow (Fertigstellung 1941; → Käthe-Kollwitz-Musikgymnasium).

Die Zerstörung bzw. Beschädigung mehrerer Schulgebäude während des II. → Weltkrieges sowie die Evakuierung von Kindern u. Lehrern in ländl. Regionen führten zu gravierenden Einschnitten in das S. der Stadt. Fliegeralarme, Ernteeinsätze u. Luftschutzübungen sowie -einsätze führten zu unzähligen Schulausfällen.

Nach Kriegsende wurde, bedingt durch die großen Zerstörungen an den Schulgebäuden, der Unterricht im wöchentl. Wechsel vormittags u. nachmittags erteilt. (Aufgrund der demograf. Entwicklung hielt dieser Zustand bis Anfang der 1970er-Jahre an.) Etwa 90 Lehrer wurden wegen ihrer NSDAP-Mitgliedschaft entlassen, ca. 60 weitere Lehrerstellen waren durch Tod od. Flucht in die westl. Besatzungszonen verwaist. An den höheren Schulen stand nicht einmal ein Drittel der erforderl. Lehrer zur Verfügung. Am 1.10.1945 wurde der Schulbetrieb für ca. 7600 Schüler wieder aufgenommen. Neulehrerseminare in Schwerin, Rostock, Greifswald u. Güstrow versuchten die Lücken zu schließen. In Rostock begann am 1.11.1945 ein vierwöchiger Schnellkurs für 69 „Hilfslehrer“. Der Anteil der NSDAP-belasteten Lehrer lag bei ca. 20 %.

Mit dem Gesetz zur Demokratisierung der dt. Schule vom 23.5.1946 erfolgte eine Vereinheitlichung des S. Die achtjährige Grund- u. die vierjährige Oberstufe sowie der Russischunterricht ab der 5. Klasse wurden eingeführt u. die Geschlechtertrennung aufgehoben. Der Religionsunterricht wurde als Schulfach abgeschafft.

Seit dem Zweijahresplan 1949/50 nahmen die Politisierung u. Ideologisierung insbesondere der Oberschulen zu. Planwirtschaftl. Zielsetzungen gewannen an Einfluss. Gremien der Schülerselbstverwaltung wurden zurückgedrängt u. gerieten

Jugendweihe in Warnemünde (um 1970)

zunehmend in Konflikt mit der staatl. Jugendorganisation Freie Dt. Jugend (FDJ). In den 1950er-Jahren nahm der Einfluss der SED zu. Ein Teil der Schüler u. Lehrer passte sich den polit. Verhältnissen an u. trat in die polit. Massenorganisationen u. Parteien ein. Der Einfluss der Kirche wurde radikal zurückgedrängt u. hatte 1953 in der Kampagne gegen die Junge Gemeinde einen Höhepunkt. Nicht wenige Lehrer flüchteten in den Westen, aus polit. od. wirtschaftl. Erwägungen. Um dem gegenzusteuern, wurden 1959 die Gehälter angehoben u. die Altersversorgung verbessert. Die Zugangsmöglichkeiten zum Abitur von Arbeiterkindern wurden erleichtert, die der Intelligenz erschwert.

1959 erfolgte die Einführung der zehnklassigen Polytechn. Oberschule (POS) u. damit ein weiterer Schritt zur Zentralisierung des S. Bis 1989 besuchten knapp zehn Prozent aller Schüler die Erweiterte Oberschule (EOS) od. erlangten die Hochschulreife durch eine duale Ausbildung (Beruf mit Abitur).

Die Einschulung aller Kinder erfolgte in einer POS am 1. Sep. eines Jahres. Nach der Schule konnten die Schüler von der 1. bis zur 4. Klasse i.d.R. einen Hort besuchen. Mit der Einschulung wurde das Gros Junger Pionier, später Thälmann-Pionier. In der 8. Klasse erfolgte die Aufnahme in die FDJ.

Der Fächerkanon umfasste je nach Klassenstufe Deutsch, Mathematik, Physik, Chemie, Biologie, Geografie, Geschichte, Staatsbürgerkunde, Russisch, Englisch, Sport usw. Der Wehrkundeunterricht erfolgte ab der 9. Klasse, der Polytechnikunterricht (ESP: Einführung in die sozialist. Produktion, TZ: Techn. Zeichnen, PA: Produktive Arbeit) bereits ab der 7. Klasse. Leistungsschwache Schüler konnten nach der 8. Klasse abgehen. Das Gros der Schüler schloss die 10. Klasse ab, nachdem verschiedene schriftl. u. mündl. Prüfungen absolviert worden waren. Danach erfolgte eine zweijährige Berufsausbildung. Bis 1967 erhielten alle Schüler der EOS eine Berufsausbildung.

Wer studieren wollte, wechselte mit der 9. od. nach der 10. Klasse zur EOS. Die stark praxisorientierte Ausbildung „Beruf mit Abitur", die Abendschule, die Herderschule (Sprachspezialschule) sowie die → Kinder- u. Jugendsportschule ermöglichten ebenfalls den Zugang zum Studium. Die Berechtigung, eine EOS zu besuchen, richtete sich vor allem nach den Noten. Berufswünsche wie Offizier od. Lehrer, aber auch der soziale Status der Eltern (Arbeiter) konnten die Zulassung befördern. Kindern aus religiösen Elternhäusern wurde der Wechsel zur EOS häufig erschwert. Die Berufslenkung erfolgte im Rahmen staatl. Planziffern u. nach Bedarfszahlen. Mädchen wurden u.a. in wissenschaftl.-techn., Jungen in pädagog. u. militär. Berufe gelenkt.

Kinder mit geistigen u./od. körperl. Behinderungen besuchten Sonderschulen (Hilfsschulen, Blinden-, Sehschwachen- u. Gehörlosenschulen).

Jeder Schüler erhielt nach Abschluss der Schule (8., 10. od. 12. Klasse) entsprechend seinen Leistungen u. staatl. Planvorgaben die Möglichkeit, eine Teilfacharbeiter- od. Facharbeiterausbildung aufzunehmen bzw. ein Studium zu beginnen.

Nach dem Zusammenbruch der DDR 1989/90 erfuhr das S. eine grundlegende Umgestaltung. Während die Inhalte schul. Bildung u. Personalfragen Ländersache wurden, blieben die Schulgebäude u. ihre Ausstattung in kommunaler Hand. Das bisherige staatl. Schulangebot wurde durch private Bildungsträger, die öffentl. Zuschüsse erhielten, aufgebrochen. Seither konkurrieren allgemeinbildende Schulen, wie die Hundertwasser-Gesamtschule, das Käthe-Kollwitz-Musikgymnasium, die Werner-Lindemann-Grundschule, das Innerstädt. Gymnasium, die → Jenaplanschule, die Grund-

Albert Schulz (um 1950)

schule Heinrich Heine usw., die sich in der öffentl. Hand befinden, mit privaten Schulen, wie der Ecolea, der Universitas, dem CJD Christophorus, der Werkstattschule, der Don-Bosco-Schule, der Waldorfschule usw., mit ihren unterschiedl. Konzepten um die Gunst von Eltern u. Schülern. Es gibt Grundschulen, Regionalschulen, Gymnasien, Gesamtschulen, Förderschulen u. reformpädagog. Schulen. 22,5% der Schüler lernen in Schulen freier Trägerschaft (Stand 2014/2015) - dieser Anteil ist so hoch wie sonst nirgends in Meckl.-Vorpommern. Ca. 25% lernen an einem Gymnasium.

Lit.: *F. Ahrens: Beitrag zur Geschichte des städtischen Volksschulwesens in Rostock, Rostock 1885; H.H. Budzier: Private höhere Mädchenschulen in Rostock, in: Mecklenburg. Zeitschrift für Mecklenburg und Vorpommern, Jg. 49, H. 5/6, Schwerin 2007, S. 31; ebd., H. 7/8, S. 22; ebd., H. 11/12, S. 13; H. Bispinck: Bildungsbürger in Demokratie und Diktatur. Lehrer an höheren Schulen in Mecklenburg 1918 bis 1961, München 2001.* RS/WV

SCHULZ (FAMILIE). (1) Albert S. → Oberbürgermeister (11.10.1895 Rostock - 26.7.1974 Hamburg); Volksschule; 1910-14 Maschinenbaulehre; 1915-18 Kriegsdienst; 1919-26 Angestellter der → Allgemeinen Ortskrankenkasse (AOK); 1926-33 Redakteur der Meckl. Volkszeitung; 1913 SPD-Mitglied (→ Arbeiterbewegung); 1929 Ortsvorsitzender der SPD in Rostock; 1924-33 Gauführer des sozialdemokrat. Reichsbanners Schwarz-Rot-Gold; 1921-33 Abgeordneter des Landtages, 1932 des Reichstages; 1933-45 Zigarrenhändler; 1933 u. 1944 verhaftet; 1946 Eintritt in die SED u. 1946-49 Oberbürgermeister Rostocks; Mitglied des Landtages; 1947 Verurteilung zu zehn Jahren Zwangsarbeit durch ein sowjet. Militärtribunal, nach vier Monaten wieder entlassen; 1949 Rücktritt u. Flucht in den Westen; 1953-62 Bezirkssekretär der SPD in Schleswig-Holstein; 1955-70 Mitglied des NDR-Verwaltungsrates; 1974 Großes Verdienstkreuz der BRD; 1998 mit einem Straßennamen im Stadtteil Brinckmansdorf geehrt. **(2) Peter S.** Jurist, Politiker (25.4.1930 Rostock - 17.5.2013 Hamburg), Sohn v. (1); nach Abitur an der → Großen Stadtschule 1949 Flucht nach Westdtl.; Studium in Hamburg; dort Rechtsanwalt; Mitglied der SPD, für diese 1961 Abgeordneter der Hamburg. Bürgerschaft, 1966 Senator, 1970 2. Bürgermeister u. 1971 1. Bürgermeister der Freien u. Hansestadt Hamburg, 1974 Rücktritt; 1978-86 Präsident der Hamburg. Bürgerschaft; 1989/90 jurist. Berater der Stadtverwaltung Rostocks; maßgebl. am Wiederaufbau der SPD in Rostock u. im Land Meckl.-Vorpommern beteiligt; Honorarkonsul des Königreichs Norwegen in Rostock; 1994 Begründer der Albert-Schulz-Stiftung mit Sitz in Rostock, die seit 2004 den Albert-Schulz-Preis an Politiker verleiht; 2006 Ehrenpromotion der Uni Rostock.

Lit.: *M. Woyke: Albert Schulz (1895-1974). Ein sozialdemokratischer Regionalpolitiker, Bonn 2006; P. Schulz: Rostock, Hamburg und Shanghai. Erinnerungen eines Hamburger Bürgermeisters, Bremen 2009.* BK

SCHULZ, HEINRICH. Musiker (8.6.1861 Thale/Harz - 7.2.1940 Rostock); Studium am Konservatorium Leipzig; seit 1884 Konzertmeister in verschiedenen Orchestern; 1897 Berufung zum Städt. Musikdirektor in Rostock, Aufbau des Stadt- u. Theaterorchesters, zunächst als freie Unternehmung, 1911 Übernahme durch die Stadt; S. gab dem → Musikleben

Rostocks starken Auftrieb; wichtige Betätigungsfelder waren die Orchesterkonzerte u. die Theateraufführungen, daneben volkstüml. Konzerte, Warnemünder Kurkonzerte, Veranstaltungen des Konzertvereins u. sozialdemokrat. Volkskonzerte; S. prägte zudem das Rostocker → Chor-Wesen, u. a. als Leiter des Kirchenchorvereins u. der Singakademie; als Generalmusikdirektor 1924 in den Ruhestand gegangen; bis zu seinem Tode unermüdl. tätig. BK

SCHUTOW. Ersterwähnung 1336; nach Biestow eingepfarrt; Eigentum des → Klosters Marienehe bis 1552, dann zum Domanialamt Doberan, ab 1857 zum Domanialamt Toitenwinkel gehörig; Schule; Gefecht zwischen Uni-Angehörigen u. Arbeitern während des → Kapp-Lüttwitz-Putsches (1920); Eingemeindung nach Rostock (1934); Bau des Umspannwerkes (1953/54); Ansiedlung des VEB Kraftverkehr (1959); Gelände der Ostsee-Messe (1960–75); Grundsteinlegung des Produktionsgebäudes des VEB Schiffselektronik Rostock (1971); nach 1989/90 Errichtung eines Gewerbeparks u. Einkaufszentrums mit Möbelhaus, Baumarkt usw.; Umbau des S. Kreuzes im Jahre 2000. RS

6. Industrie- und Landwirtschaftsmesse (1962)

SCHWANENTEICH. Im Zuge von Straßen- u. Wohnungsbaumaßnahmen an der Lübecker Str. 1937/38 entstandenes künstl. Gewässer, dessen Umfeld 1938/39 gärtner. gestaltet wurde. Ein in diesem Zusammenhang im Juni 1938 dort ausgesetztes Schwanenpaar avancierte im Volksmund zum Namensgeber. 1956 durch freiwillige Arbeitsleistungen der Rostocker Bürger zum Naherholungsgebiet erweitert u. im Juni 1960 mit einer Wasserfontäne ausgestattet, ist der S. seitdem Austragungsort zahlreicher nationaler wie internationaler Meisterschaften im Schiffsmodellsport u. der Stadtteilfeste in Reutershagen (Fischerfest) gewesen. RL

Blick auf den Schwanenteich von Süden (1967)

SCHWARZENPFOST. Im 16. Jh. Standort eines zum Rostocker → Hospital zum Heiligen Geist gehörigen Siechenhauses u. einer Siechenkapelle am Rande des bedeutenden mittelalterl. Weges von Danzig nach Flandern (Hansischer Botenkurs) am Südrand der → Rostocker Heide. Namensgebung: Eine schwarze Tafel verbot hier den Siechen das Betteln am Handelsweg. Nach Rövershagen eingepfarrt; 1783 Abbruch der Kapelle; um 1800 Errichtung einer Büdnerei; bis 1969 beliebtes → Ausflugs- u. Tanzlokal; 1942 Bau des Konzentrationslagers S.-Steinheide (97 ha) unweit des Ortes S.: Häftlinge, vor allem Frauen, aus Sachsenhausen u. Ravensbrück, fertigten in einem aus Rostock ausgelagerten Zweig-

betrieb der → Ernst Heinkel Flugzeugwerke Teile für Militärflugzeuge; 1945 Abbau der Anlagen u. als Reparationsleistung in die Sowjetunion verbracht; 1980 Standort der → Volksmarine (Fla-Raketenregiment 18 – 1985 Verleihung des Namens Waldemar Verner); Stationierung von Boden-See-Raketen vom Typ Rubesh zur Bekämpfung von Marinefahrzeugen; 1991 Auflösung der Militärbasis.
Lit.: *W. Steinmüller: Rostocker Heide mit Jagdschloss Gelbensande. Geschichte – Landschaft – Tipps – Wanderungen, Ilmenau 2008.* WS

SCHWEIZER WALD. Ursprüngl. Cramonstannen genannt; Name für ein kommunales Waldgebiet im heutigen Stadtteil Brinckmansdorf. Nach der Eröffnung des → Ausflugslokals Schweizerhaus an der Tessiner Chaussee im Jahre 1875 wurde ein Teil des Waldes in eine Parkanlage umgestaltet, die nach ihrer Einweihung 1878 im Volksmund den Namen S. erhielt. Nur für einen Teil der Waldungen gedacht, verdrängte der Name bald die ursprüngl. Bezeichnung völlig u. findet heute für das gesamte Areal Verwendung. RL

SEEHASE, HANS. Ingenieur (5.3.1887 Warnemünde – 19.9.1974 Schalksmühle/Sauerland); studierte Maschinenbau in Berlin, promovierte 1914; arbeitete während des I. Weltkrieges bei der Sablatnig-Flugzeugbau GmbH in Berlin als Chefkonstrukteur; konstruierte 1918 u.a. das Verkehrsflugzeug SAB P III. Nach Konkurs der Firma selbstständig mit dem Bau von Rechen- u. Zeichengeräten, ließ sich nach

Hans Seehase (um 1930)

Gartenlokal Schweizerhaus unweit des Weißen Kreuzes (um 1935)

1945 in Warnemünde nieder. Der vielseitige Erfinder hielt dt. u. internationale Patente u. a. auf Fluggeräte, Motorräder u. Rechenschieber; 2010 Benennung einer Straße.
Lit.: *K. Möller: Seehase, Hans, in: Biographisches Lexikon für Mecklenburg, Bd. 3, Rostock 2001, S. 281–283.* KM

Seekanal aus der Luft (2015)

SEEKANAL. Durch die histor. → Warnow-Mündung, den Strom in → Warnemünde, lief bis 1903 der Rostocker Schiffsverkehr in See. Mit Umbau der Hafeneinfahrt entstand der Neue Strom. Heute nutzen den → Alten Strom (die ursprüngl. Einfahrt) Fischer u. Freizeitschifffahrt. Das Verkehrsaufkommen u. größere Schiffe erforderten in den 1950er-Jahren einen weiteren Ausbau. So wurde 1957–60 von Warnemünde über den → Breitling bis zum neuen Rostocker Übersee- → Hafen ein sechs Seemeilen langer u. 10,5 m tiefer S. ausgebaggert. Eine neue, 530 m lange Ostmole schützte die Einfahrt. Bis 1990 wurde der S. etappenweise auf 13,5 m vertieft u. auf 80 m verbreitert. 1996–98 erfuhr der S. unter Wegnahme der Mittelmole einen Ausbau auf eine Tiefe von 14,5 m u. eine Breite von 120 m. Eine Vertiefung auf 16,5 m ist vorgesehen. Seit dem Mittelalter sind Unterhaltsbaggerungen im Kanal u. vor den Molen notwendig, um die Tauchtiefen zu garantieren.
Lit.: *M. Grunert: Die Technische Flotte der Bagger-, Bugsier- und Bergungsreederei Rostock 1945–1995, Rostock 2000.* RK

SEENOTRETTUNG → DEUTSCHE GESELLSCHAFT ZUR RETTUNG SCHIFFBRÜCHIGER

SEEPOLIZEI. Gründung im Juni 1950 als Hauptverwaltung Seepolizei (HVS) durch das DDR-Innenministerium in Berlin, wo auch der Stab vorerst verblieb. Hauptaufgabe war die Grenzsicherung zur See, daneben sollten Seeminen aus dem II. → Weltkrieg in der → Ostsee geräumt werden. Der Rostocker HVS-Posten wurde auf der Warnemünder Mittelmole stationiert. Am Kopf der Ostmole, an der – wie auch im → Alten Strom – die Patrouillenboote lagen, bestand eine Signalstelle. Weitere Posten der HVS wurden in Kühlungsborn, Stralsund, Wolgast u. Peenemünde eingerichtet. Im Dez. 1950 hatte die HVS eine Personalstärke von 2280 Mann. Im Mai 1952 wurde sie der Dt. Grenzpolizei unterstellt, am 1. 8. 1953 ging die HVS schließlich in der

Wach- und Räumboote auf der ehem. Rohde-Werft in Gehlsdorf

Volkspolizei See auf, die als Keimzelle der späteren Seestreitkräfte der DDR (→ Volksmarine) gilt. Die Ingenieur-Offizierslehranstalt der HVS zog Anfang der 1950er-Jahre in das Rostocker → Ständehaus.
Lit.: *D. Flohr: Volksmarine. Betrachtungen einer deutschen Marine 1950–1990, Rostock 2005; F. Elchlepp, W. Jablonsky, F. Minow: Volksmarine der DDR. Deutsche Seestreitkräfte im Kalten Krieg, Bonn 2000.* RK

SEERÄUBER. Gesetzloser, der auf See unter Anwendung od. Androhung von Gewalt fremdes Eigentum an sich bringt. Der Kampf gegen die Räuberei, zu Lande wie zur See, gilt als eine der entscheidenden Triebfedern des Entstehens der Städte- → Hanse. Rostock als Kommune war allerdings lediglich. nach dem Tod des dän. Königs Waldemar IV. Atterdag (1375) direkt u. tiefgreifend von einem S.-problem betroffen. Das meckl. Herzogtum versuchte seine Ansprüche auf Kronen in Skandinavien auch mit Hilfe der Hansestädte Rostock u. Wismar durchzusetzen. Letztere stellten deshalb Kaperbriefe aus, woraufhin damit ausgestattete Adelige, aber auch auf schnellen Reichtum setzende Schiffer u. zahlreiche Abenteurer sich zusammenschlossen u. einen Seekrieg gegen Unterstützer der die meckl. Ansprüche anfechtenden Königin Margarethe zu führen begannen. Weil sich der wie eine Bruderschaft geführte Haufen von Henning Mandüvel, Klaus Störtebeker, Gödeke Michels od. dem vermutl. aus Rostock stammenden Magister Wigbold an der Versorgung der belagerten Festung Stockholm mit Lebensmitteln (lat. victus, davon eindeutschend abgeleitet: Viktualien; verballhornend: Vitalien) beteiligt hatten, erhielten diese im Volksmund den Namen Vitalienbrüder, nannten sich aber auch Likedeeler (Gleichteiler), weil sie in ihrer Bruderschaft die Beute untereinander gerecht teilten. Die Vorherrschaft auf der → Ostsee gewinnend, verwischten sie mit ihrem Tun bald die ohnehin fließenden Grenzen zwischen Kaper u. Piraterie. Häufiger ging es den Anführern nur noch um eigene Interessen, um jene der Bruderschaft, gemeinhin um bloßen Raub. Besonders 1395–98 beherrschten sie de facto als S. die Ostsee nahezu unumstritten u. waren zum gefürchteten Gegner der hans. Kauffahrteischiffe ge-

Bündnis der Hansestädte Lübeck, Rostock, Wismar, Stralsund und Stettin gegen Seeräuber (1352)

worden. Zuflucht (sog. Hegung) fanden sie vor allem auf der von Sven Sture in Besitz genommenen Ostseeinsel Gotland u. in den Häfen der Hansestädte Rostock u. Wismar, die sie ursprüngl. auf Kaper, also auf einen Kriegszug u. nicht auf Raub, ausgeschickt hatten. Nach dem die Thronstreitigkeiten beendenden Frieden von Skanör u. Falsterbo 1395 u. vor allem nach der Einnahme Gotlands durch ein Heer des Dt. Ordens 1398 verloren die S. in der Ostsee ihre Basis u. verlegten ihr Operationsgebiet in die Nordsee. Unmittelbar nach 1400 war die Ostsee praktisch seeräuberfrei. Nie mehr hatten sich die Anrainer in den folgenden Jh. einem derartig massiven Piraterieproblem zu stellen. Die Vitalienbrüder, wenn man ihrer nicht bereits auf Gotland habhaft geworden war, wurden von Kriegsschiffen der Hansestädte in der Nordsee wie auch in den Mündungen von Jade u. Weser aufgebracht, gefangen genommen u. abgeurteilt. Ihre Anführer, unter ihnen Klaus Störtebeker, Gödeke Michels u. Magister Wigbold, köpfte man zusammen mit zahlreichen ihrer Kameraden auf dem Grasbrook in Hamburg im Jahre 1401.
Lit.: *M. Puhle: Die Vitalienbrüder. Klaus Störtebeker und die Seeräuber der Hansezeit, Frankfurt a.M. 2012; K. Fritze, G. Krause: Seekriege der Hanse, Berlin 1997.* RL

SEESTADT ROSTOCK. Zusätzl. Bezeichnung zum offiziellen Stadtnamen. Auf der Basis des §9 (2) der Dt. Gemeindeordnung vom 30.1.1935 durch den Reichsstatthalter von Meckl. u. Lübeck Friedrich → Hildebrandt am 20.5.1936 verliehene Bezeichnung (sog. Prädikatierung). Firmen, Einrichtungen u. auch städt. Behörden verwendeten allerdings die Bezeichnung S. inoffiziell teilweise schon seit den letzten Jahren des 19. Jh. RL

SEGELN. Der Segelsport hat in Rostock eine lange Tradition. Am 24.11.1884 wurde der Rostocker Segelclub Greif gegründet, der sich 1900 in den Meckl. Yacht-Club (MYC) umbenannte u. elf Jahre später das Prädikat Großherzogl. MYC erhielt. Er ist der älteste Segelsportverein Meckl.-Vorpommerns. Die ersten beiden Regatten, die er 1885/86 auf dem → Breitling ausrichtete, gewann der Lotsenkommandeur Stephan → Jantzen. Bis zur Gründung des Warnemünder Segel-Clubs (WSC) am 24.6.1924 wurden alle weiteren Wettkämpfe von Rostocker Vereinen veranstaltet, vor allem vom MYC sowie vom Rostocker Yacht-Club (RYC, Gründung 1905) u. vom Akadem. Segel-Verein zu Rostock (ASVzR, 1919). Untrennbar verbunden mit dem WSC ist die → Warnemünder Woche. Sie wurde erstmals 1926 durchgeführt u. war fortan der sportl. Höhepunkt in jeder Saison. Im Sommer 1939 fand die vorerst letzte Wettfahrt statt. Am Ende des II. → Weltkrieges kam das S. völlig zum Erliegen. Erst im Dez. 1949 wurde der WSC erneut ins Leben gerufen, der sich jedoch als Sektion Segeln der BSG Motor → Warnowwerft anschließen musste. Studenten der Schiffbautechn. Fakultät gründeten 1951 die Sektion S. der Hochschulsportgemeinschaft (HSG) der Uni Rostock. Eine ramponierte Anlegestelle der alten Rostocker Dampffähre in Gehlsdorf diente als Sektionsgelände. Die Erfolge auf den Regattafeldern im In- u. Ausland seit Beginn der 1960er-Jahre sorgten für einen guten Ruf der HSG-Segler. Im Rahmen der vormilitär. Ausbildung in der Gesellschaft für Sport u. Technik konnten Jugendl. das Kuttersegeln erlernen u. ausüben. Entscheidend aber geprägt wurde der Segelsport in Rostock von den beiden Sportclubs, vom → SC Empor Rostock u. vom Armeesportklub Vorwärts. Ihre Sektionen S. entwickelten sich zu Leistungszentren von internationalem Rang, aus denen in den verschiedenen Bootsklassen viele Medaillengewinner bei Olymp. Sommerspielen sowie bei Welt- u. Europameisterschaften hervorgingen. Die → Ostsee befahren durften allerdings nur jene Segler, die im Besitz des Sonderausweises PM 18 od. PM 19 waren, der von der Polizei vergeben u. streng kontrolliert wurde.

Im Rahmen der 1951 wiederbelebten Warnemünder Woche fanden erste S.-veranstaltungen statt. Während der → Ostseewoche (ab 1958) u. im Zuge der Internationalen Ostseeregatta (1959) wurden S.-wettkämpfe durchgeführt.

Fast nahtlos erfolgte 1990 der Übergang von der 40. Internationalen Ostseeregatta zur 54. Warnemünder Woche 1991. Sie entwickelte sich zu einer der drei großen Segelsportveranstaltungen in Dtl., an der jährl. über 2000 Segler aus 30 Nationen teilnehmen. Nach dem Zusammenbruch der DDR 1989/90 entstanden die alten Segelvereine im neuen Gewand: als erster der Meckl. Yachtclub Rostock (MYCR) am 9.3.1990 auf dem Vereinsgelände von 1903, danach folgten der Rostocker

Plakat für eine Segel-Europameisterschaft (1961)

Segelrevier Warnow (um 1970)

Yacht-Club (ROYC), der ASVzR u. der WSC. Weitere Vereine wie der Yachtclub Warnow, der See- u. Segelsportverein der Hansestadt Rostock, der Segler-Verein Turbine Rostock, der Rostocker Segelverein Citybootshafen u. der Akadem. SegelVerein Warnemünde (ASVW) kamen neu hinzu. In ihren Kinder- u. Jugendabteilungen sowie durch die Zusammenarbeit mit Schulen bieten sie Jungen u. Mädchen die Möglichkeit zum Segelsport. Derzeit betreiben in Rostock u. Warnemünde elf Vereine mit mehr als 1750 Mitgliedern (2012) Segelsport.

Lit.: *D. Goldschmidt: Der Warnemünder Segel-Club, Hamburg 2010; A. Keil: Die Geschichte des DDR-Segelsports. Zwischen Grenzallee und Bleilochtalsperre, Bielefeld 2006.* GK

SEIFERT, SIEGFRIED. Zoodirektor (21.9.1922 Rodewisch – 12.3.1998 Leipzig); Banklehre; 1941–45 Kriegseinsatz; 1947–55 Biologielehrer in Auerbach u. Leiter des Heimatzoos; Fernstudium an der Pädagog. Hochschule Potsdam; 1956–64 Direktor des Rostocker → Zoos, Ausbau des Tierparks zum Zoolog. Garten unter starker Beteiligung der Bevölkerung u. örtl. Betriebe; im Rahmen des Nationalen Aufbauwerkes bis 1964 Schaffung der Bärenanlage u. der Häuser für Elefanten, Affen u. Großkatzen; Erhöhung des Tierbestandes von 30 auf 183 Arten; 1958 → Kulturpreis der Stadt Rostock;

Siegfried Seifert (um 1960)

1964–93 Zoodirektor in Leipzig; 1975 Promotion an der Uni Greifswald; 1982 Honorarprof. an der Uni Leipzig. BK

SENAT. Die traditionelle Bezeichnung für die Rostocker Stadtregierung war → Rat, deren Mitglieder vor allem im 19. Jh. einer Mode folgend auch Senatoren hießen. Daran anknüpfend nannte sich das Gremium an der Spitze der Stadt nach dem Zusammenbruch der DDR 1989/90 offiziell S., gewählt von der → Bürgerschaft nach der Kommunalwahl vom 6.5.1990; bestand nach der Hauptsatzung von 1991 aus → Oberbürgermeister (OB), Bürgermeister u. bis zu zehn Senatoren mit gleichem Stimmrecht; nach Inkraftsetzung der Kommunalverfassung von Meckl.-Vorpommern im Dez. 1994 fiel der S. fort, der OB wurde Einzelleiter der → Stadtverwaltung; die Beigeordneten heißen zwar weiter Senatoren, haben aber nur beratende Funktion. BK

SIEBENJÄHRIGER KRIEG. Der S. 1756–63, auch als Dritter Schles. Krieg bezeichnet, vom aufsteigenden Preußen unter König Friedrich II. mit Unterstützung Großbritanniens gegen eine drohende Koalition aus Österreich, Sachsen, Russland, Frankreich u. Schweden vom Zaun gebrochen, betraf auch Rostock unmittelbar, nachdem sich der Landesherr, Herzog Friedrich der Fromme v. Meckl.-Schwerin, seit Kriegsbeginn der antipreuß. Koalition angeschlossen hatte. Vom Feb. 1758 bis Mai 1762 hatte Rostock fast ohne Unterbrechung preuß. Besatzung zu erdulden. Zwischenzeitl. gingen 1758 auch die Schweden u. sogar der meckl. Herzog militär. gegen die Stadt vor. Als größte Stadt des Landes wurde Rostock Sitz der preuß. Landesrezepturkasse zur Einsammlung sämtl. Kontributionsgelder. Am drückendsten für die Rostocker selbst wirkten die Repressionen durch Einquartierung, Natural- u. Geldleistungen sowie Rekrutierungen. Die Stadt hatte ein Zwölftel der Gesamtleistungen des Landes zu erbringen. Da die Stadtkassen bald erschöpft waren, musste der Rat mehrfach Geld bei den Bürgern aufnehmen. Die Gesamtkriegsschäden in den Jahren der preuß. Besetzung beliefen sich für Rostock auf über zwei Mio. Reichstaler.

Lit.: *M. Kunzel: „Ew. Liebden müssen nicht glauben, dass im Mecklenburgischen so wenig Geld sei.“ Die Preußen in Rostock, die städtische Münzprägung und das Geld im Siebenjährigen Krieg, in: Beiträge zur Geschichte der Stadt Rostock, Bd. 26, Rostock 2004,* S. 35–54. EM

SIEBZEHNTER (17.) JUNI 1953. In den Tagen vom 17. bis 19.6.1953 kam es auch in Rostock zu massiven Arbeiterprotesten. Die darin offenbar gewordene Unzufriedenheit hatte verschiedene Ursachen. Die 2. Parteikonferenz der SED hatte im Juli 1952 den Aufbau des Sozialismus beschlossen. Private Gewerbetreibende wurden daraufhin z. B. mit hohen Steuern belegt, Produktionsstörungen durch Planungs- od. Lieferschwierigkeiten wurden zu Sabotageakten erklärt. Seit Feb. 1953 rollte eine massive Enteignungswelle über den Hotel- u. Gaststättenbereich (→ Aktion Rose). Die ideolog. u. ökonom. Repressionen gegen einen Teil der Bevölkerung waren verbunden mit einer Verschlechterung der sozialen Lage. So hielt z. B. der Aufbau der Werftenindustrie (→ Schiffbau) nicht mit der Bereitstellung von Unterbringungsmöglichkeiten Schritt. Eine allgemeine zehnprozentige Normerhöhung in der Produktion bei gleichzeitiger Preissteigerung erhöhte die Unzufriedenheit. Als am 11.6.1953 ein neuer Kurs eingeleitet, die Normerhöhung aber beibehalten wurde, die Gewerkschaftszeitung Tribüne am 16.6. diese Beibehaltung auch noch begründete, brach sich der Protest Bahn. In Berlin streikten die Bauarbeiter. Im → Dieselmotorenwerk Rostock fand am 17.6. eine Belegschaftsversammlung statt, auf der die Arbeiter von der Betriebsleitung erzwangen, die 22-prozentige Normerhöhung zurückzunehmen. In der Spätschicht ruhte die Arbeit erneut. Am selben Tag kam es auch auf der → Warnowwerft in der Mechan. Werkstatt zu einer Belegschaftsversammlung, auf der neben der 17-prozentigen Normerhöhung auch freie Wahlen u. die Auflösung der Kasernierten Volkspolizei (KVP) diskutiert wurden. Die Diskussion endete friedlich. Am Abend des 17.6. verhängte der sowjet. Militärkommandant der Stadt u. des Bezirkes Rostock den Ausnahmezustand, um weitere Proteste zu verhindern. Kundgebun-

Eingangsbereich der Warnowwerft am 17. Juni 1953

gen, Versammlungen u. Ansammlungen waren bei Androhung einer Bestrafung nach Kriegsgesetzen verboten. Trotzdem folgten auch am 18.6. weitere Protestaktionen, so erneut in der Warnowwerft, wo sich an einem Demonstrationszug durch die Werft ca. 2000 Menschen beteiligten. Soziale u. polit. Forderungen wurden auf einer Versammlung mit dem Minister Bernd Weinberger u. dem Mitglied des ZK der SED Adalbert Hengst diskutiert. Nach der Diskussion wurden u.a. die Rücknahme der Normerhöhungen u. geringere Essenpreise verkündet. Die Lage beruhigte sich etwas. Trotzdem beschlossen einzelne Arbeiter, die Proteste in Warnemünde mit denen auf der → Neptunwerft, wo sich ca. 1000 Arbeiter zu einem Demonstrationszug formiert hatten, zu verbinden. Das Vorhaben wurde von Volkspolizisten u. Sowjetsoldaten verhindert. Neben den genannten Betrieben kam es auch in der Seebaggerei, dem VEB Schiffsmontage, dem VEB Schiffselektrik u. auf der Werft Gehlsdorf am 18./19.6. zu Protestaktionen. Die spontan ausgebrochene Bewegung blieb auf die genannten Betriebe beschränkt. Trotz der allgemeinen Unzufriedenheit sprang der Funke nicht auf die übrige Bevölkerung über. Die → Polizei u. das → Ministerium für Staatssicherheit suchten nach den Wortführern u. nahmen 81 Personen fest, von denen die meisten bald wieder entlassen wurden; gegen 38 aber leiteten die Organe ein Untersuchungsverfahren ein. Die nach dem 17.6. eingeleiteten Verbesserungen für die Rostocker betrafen das vor Ort Machbare. Neben der Rücknahme von Normerhöhungen gehörten eine verbesserte Versorgung, günstigere Fahrpreise u. die Aufhebung der Stromsperren dazu. Betriebsleitungen widmeten sich stärker den sozialen Problemen der Arbeiter, so vor allem der Wohnraumversorgung. Die sowjet. Führung hatte nach den Protesten in der DDR eingesehen, dass die hohen Reparationsforderungen die Volkswirtschaft der DDR überforderten. So verzichtete sie zum Ende 1953 auf die Zahlung weiterer Reparationen. Somit konnten z.B. die Werften ihre Schiffslieferungen von nun an als Exportleistung abrechnen u. höhere Gewinne erzielen.

Lit.: *K. Möller: Wunder an der Warnow. Zum Aufbau der Warnowwerft und ihrer Belegschaft in Rostock-Warnemünde (1945 bis 1961), Bremen 1998.* KM

SIEGMANN, RICHARD. Direktor der → Rostocker Straßenbahn AG (17.6.1872 Berlin – 8.10.1943 Theresienstadt); ab 1882 Berlinisches Gymnasium zum Grauen Kloster; nach 1890 Banklehre in Berlin; ab 13.6.1898 Direktor der Meckl. Straßen-Eisenbahn AG (ab 1904 RSAG); zahlreiche Innovationen in den Bereichen Technik u. Verwaltung des Unternehmens in seiner Amtszeit; 1910 Initiator u. Gründungsmitglied des Rostocker → Verkehrsvereins (Vorsitzender 1910–25) u. 1911 des Meckl. Verkehrsverbandes (Vorsitzender 1911–33); Förderer des meckl. → Tourismus; nach 1933 Diskriminierung aufgrund jüd. Herkunft; am 1.1.1936

Zwangspensionierung; Rückkehr nach Berlin; März 1943 Deportation nach Theresienstadt. Auf dem Neuen Markt vor dem Rathaus erinnert seit 2002 ein Denkstein an S. Seit 2005 verleiht die Siegmann-Stiftung eine Medaille für herausragende Leistungen zum Wohle der Hansestadt Rostock.
Lit.: *J.-P. Schulze: Richard Siegmann ... aber wir waren Deutsche, Rostock 2011.* JPS

SILO (STADTHAFEN). Großspeicher für Schüttgüter. In Rostock entstand 1935–39 im Stadthafen mit staatl. Förderung im Rahmen des sog. Reichsspeicherprogramms ein Komplex von fünf Großspeichern für Getreide nach Plänen des Rostocker Architekten Ernst Sass für verschiedene Auftraggeber. 1992–2004 bauten die Hanseatic Center GmbH u. die → AIDA Cruises German Branch of Costa Crociere S.p.A. (→ Kreuzfahrt) drei von ihnen aufwändig um u. nutzen sie seither als Büro- u. Geschäftshäuser. RL

Bau des Silos am Stadthafen (1935)

SLAWISCHE BESIEDLUNG. Entlang der Unterwarnow sind für die ersten nachchristl. Jh. kaum archäolog. Fundplätze bekannt (→ Archäologie). Die Anwesenheit german. Stämme ist in der Älteren Röm. Kaiserzeit, dem 1./2. Jh., ledigl. durch einen größeren Fundplatz mit Siedlung u. Körpergräberfeld nördl. des Dorfes Bramow belegt. Ein zweiter Fundplatz westl. von Dierkow, ein Urnengräberfeld, datiert in die Völkerwanderungszeit (5./6. Jh.). Beide Plätze sind deutl. zur → Warnow, u. damit zu einem wohl schon in german. Zeit wichtigen Verkehrs- u. Kommunikationsweg, ausgerichtet. Eine intensive Besiedlung mit der Entwicklung einer ausgeprägten Kulturlandschaft ist für diese Jh. bisher nicht erkennbar.

Die später einwandernden slaw. Siedler dürften eine weitgehend siedlungsleere Landschaft vorgefunden haben. Sie erreichten Meckl. nach bisherigem Forschungsstand im letzten Drittel des 7. Jh., die Küste u. damit auch den Unterwarnowraum aber wohl erst im frühen 8. Jh. Es entstand eine Reihe dörfl. Siedlungen nordöstl. der Unterwarnow im Bereich der Gemarkungen Toitenwinkel, Gehlsdorf, Dierkow, Neu Bartelsdorf u. Riekdahl sowie auf dem späteren Altstadthügel um die → Kirche St. Petri. Abgesehen von einem Fundpunkt bei Bramow blieb die siedlungsungünstige Westseite der Warnow frei von Ansiedlungen.

Zentrum dieser Siedlungskammer war eine große Siedlung am Rand einer Hochfläche südwestl. des Dorfes Dierkow. Ihr Areal erstreckte sich bis in die heutige Wiesenniederung noch über einen Sandhorst, den sog. Primelberg, hinaus. Geolog. Untersuchungen belegen für die slaw. Zeit offene Wasserflächen südwestl. des Primelberges u. damit gute naturräuml. Gegebenheiten zur Anlage eines geschützten → Hafens. Die Ausdehnung der Siedlung ist nicht bekannt, die höher liegenden Teile wurden in den 1930er-Jahren beim Chausseebau u. der Anlage von Dierkow-West zerstört. Der Primelberg selbst ist seit der Mitte des 19. Jh. zur Sandgewinnung größtenteils abgetragen worden. Oberflächenfunde aus dieser Zeit sind in das Museum gelangt. 1985–91 erfolgten Ausgrabungen auf einem Streifen entlang der Chaussee u. den Resten des Primelberges. Seit 2012 ist der Fundplatz Bestandteil eines größeren Forschungsprojektes. Bei der Dierkower Siedlung handelt es sich um einen der typ. Seehandelsplätze, die in altslaw. Zeit in größeren Abständen an der südl. Ostseeküste angelegt worden sind. Auf dem Gebiet Meckl.-Vorpommerns zählen dazu noch das histor. Reric östl. von Wismar beim heutigen Groß Strömkendorf, Menzlin an der Peene u. Ralswiek auf Rügen. In geschützter Lage u. nicht an der offenen See gelegen, ermöglichten diese Plätze vielfältige Kontakte zwischen der skandinav./wiking. u. der slaw. Kulturzone. Neben Handel waren umfangreiche handwerkl. Aktivitäten charakteristisch für diese Siedlungen. Die Anwesenheit skandinav. Bevölkerungsteile ist auf verschiedenen Plätzen belegt. Die Siedlung Dierkow wurde nach Dendrodaten um 750/760 gegründet u. existierte in dieser Form bis in die Mitte des 9. Jh. Werkzeuge u. umfangreiche Produktionsabfälle belegen die Verarbeitung von Knochen, Horn, Geweih u. Eisen sowie die Herstellung von Textilien. Altglas u. Rohbernstein wurden zu einfachen Perlen verarbeitet. Im Bereich eines hölzernen Brunnens wurde ein kleiner Depotfund, bestehend aus Silberbruch u. Arbeitsutensilien eines Edelmetallschmiedes, entdeckt. Herausragend waren die massiv silbernen Griffbestandteile eines skandinav. Schwertes. Verschiedene Importe wie Schmuck, Keramik u. Mahlsteine verweisen auf umfangreiche Handelsaktivitäten, u.a. mit Skandinavien u. dem Fränk. Reich.

Für das 11./12. Jh. verdichten sich die Hinweise auf slaw. Siedlungen stark. Westl. u. südwestl. der Unterwarnow sind für diese Zeit mehrere kleinräumige Siedlungskammern im Stammesgebiet der Kessiner nachweisbar, zu denen jeweils mehrere Siedlungen u. Körpergräberfelder gehören. Der Bezug zur Warnow od. die Nähe kleiner Bäche sind charakteristisch für diese Siedlungskammern. Die nördl. Fundplätze stammen aus dem Raum Oldendorf. Die siedlungsungünstigen Hochflächen westl.

Bronzene Scheibenfibel mit Bergkristall (2. Hälfte 12. Jh.)

der Warnow blieben überwiegend siedlungsfrei. Einige Schatzfunde u. diverse Handelsnachweise aus verschiedenen Siedlungen lassen ein in Teilen nichtagrar. Umfeld eines Stammeszentrums erkennen, das an der Petribleiche mit der einzigen jungslaw. Burganlage im Unterwarnowraum zu lokalisieren ist. Die ältere These von weiteren Burganlagen auf dem Werderberg bei Toitenwinkel u. mehreren südl. davon gelegenen Sandhorsten, u.a. dem Primelberg, kann nicht aufrechterhalten werden. Weitere jungslaw. Burgwälle sind erst an kleineren Zuflüssen der Oberwarnow bei Fresendorf, Dummerstorf u. Reez bekannt.

Die sog. Fürstenburg auf der Petribleiche ist anhand des Fundmaterials u. weniger Dendrodaten erst ab dem 12. Jh. belegt. Ältere Bauphasen sind bisher nicht nachweisbar. Möglicherweise befand sich das Stammeszentrum bis zu diesem Zeitpunkt auf dem sog. Schlossberg bei Fresendorf. Oberflächl. sind keine Überreste des Burgwalls mehr erkennbar, da untere Teile der Anlage aufgrund ihres Eigengewichts stark in den torfigen Untergrund eingesunken sind. Größere Schäden richtete die Regulierung des Ausflusses der Oberwarnow 1912 an, als bei den Baggerarbeiten der Ostteil der Anlage vollständig zerstört wurde. Das Einbringen eines großen Wiederlagers für die Vorpommernbrücke 1984–86 führte zu weiteren Zerstörungen. In diesem Zusammenhang wurden kleinteilige Sondierungsgrabungen auf dem Areal durchgeführt. Größe u. Aussehen der aus Vor- u. Hauptburg bestehenden Anlage sind bisher nicht rekonstruierbar. Der Umfang dürfte in etwa mit dem Grundstück der von Karten des 18./19. Jh. bekannten Petribleiche übereinstimmen. Der Wall bestand aus einer einfachen Rostkonstruktion aus lagenweise verlegten unbehauenen Baumstämmen, deren Zwischenräume mit Lehm ausgefüllt waren. Der Standort des Burgwalls, dessen naturräuml. Besonderheit schon im Namen Rostock erkennbar wird, dürfte strateg. Gründe haben. Neben sehr guten natürl. Schutzmöglichkeiten war an dieser Stelle die letzte u. nördlichste Möglichkeit gegeben, die Warnow im Rahmen einer frühgeschichtl. Küstenhandelsstraße mit einer → Brücke zu überwinden. Viele bei den Grabungen geborgene Einzelfunde hoher Qualität unterstreichen die Bedeutung der Burg als Fürstensitz u. Zentrum der → Herrschaft Rostock. 1160 ist in den Schriftquellen die Zerstörung der Burg durch den dän. König Waldemar überliefert. Der Wiederaufbau der Burg erfolgte 1170, nachdem Pribislaw die Herrschaft Rostock als Lehen vom sächs. Herzog Heinrich dem Löwen zurückerhalten hatte. Noch für 1231 wurde die Burg als Sitz eines Kastellans genannt, später kaufte die Stadt Rostock die aufgelassene Burgstelle.

Östl. der Burg auf dem Festland beim späteren Carlshof lag die aus jüngeren Quellen überlieferte Siedlung Wend. Wiek, über deren Funktion – möglicherweise eine 1189 erwähnte Marktsiedlung des Fürsten – archäolog. nichts bekannt ist. Dort wird auch der Standort der ältesten Rostocker Kirche St. Clemens vermutet.

Archäolog. wesentl. besser erforscht ist eine zweite spätslaw. Siedlung in Rufweite der Burg auf dem sog. Altstadthügel um St. Petri u. St. Nikolai. Vom Charakter her nichtagrar. u. mit vielen Hinweisen auf Handelstätigkeit u. wohlhabende Bevölkerungsschichten, lag die wohl unbefestigte Sied-

Reitersiegel des Fürsten Nikolaus von Rostock (1189)

lung an der vermuteten Handelsstraße. Überdeutl. Spuren eines Schadensfeuers u. menschl. Skelettreste sprechen für eine gewaltsame Zerstörung. Fehlende Dendrodaten verhindern bisher eine genaue Datierung der Siedlung, das Fundmaterial gestattet nur allgemein eine Einordnung in das 12. Jh. Hypothet. wären anhand der schriftl. Über-

Freigelegte Holzlagen eines Walls der slawischen Fürstenburg an der Vorpommernbrücke (1986)

lieferung zwei Zeitfenster für die Existenz der Siedlung mögl.: die 1. Hälfte des 12. Jh. bis zum dän. Angriff 1160 bzw. die kurze Zeitspanne nach 1160 bis zu den innerslaw. Auseinandersetzungen am Ende der 1170er-Jahre. Gegen eine Existenz der nach dem Fundmaterial rein slaw. Siedlung noch im frühen 13. Jh. sprechen stratigraf. Belege. Wohl noch im späten 12. Jh. entstand dann an gleicher Stelle die frühe dt. Kaufmannssiedlung, die Keimzelle der mittelalterl. Stadt Rostock.

Lit.: *V. Häußler: Zwischen Salzhaff und Recknitz. T. 1: Die Ur- und Frühgeschichtliche Besiedlung beiderseits der unteren Warnow, Bad Doberan 1995; R. Mulsow: Die spätslawische Besiedlung des Rostocker Altstadthügels, in: Lübeck und der Hanseraum. Beiträge zur Archäologie und Kulturgeschichte. Festschrift für Manfred Gläser, Lübeck 2014, S. 453–465; D. Warnke: Rostock Dierkow – ein Wirtschaftszentrum des 8./9. Jahrhunderts an der Unterwarnow, in: Zeitschrift für Archäologie des Mittelalters, Jg. 20, Bonn 1992, S. 63–80; Ders.: Rostock – Petribleiche. Eine slawische Fürstenburg des 12. Jahrhunderts, in: Archäologie des Mittelalters und Bauforschung im Hanseraum. Eine Festschrift für Günter P. Fehring, Rostock 1993, S. 155–160; H. Wüstemann: Zum slawischen Landesausbau an der unteren Warnow, in: Mensch und Umwelt. Studien zu Siedlungsausgriff und Landesausbau in Ur- und Frühgeschichte, Berlin 1992, S. 117–122.* RM

SLÜTER, JOACHIM. Prediger, Reformator (um 1490 Dömitz – 19.5.1532 Rostock); Ort des Studiums unsicher; seit 1523 Kaplan an der → Kirche St. Petri in Rostock; Beginn ev. Predigten vor wachsender Zuhörerschaft; starke Wirkung durch Verwendung des Niederdt. in Predigt, Liederbuch, Katechismus, Gebetbuch; zahlreiche Anfeindungen durch Gegner, angebl. bis hin zu Giftanschlägen; wesentl. Beitrag zur Durchsetzung der → Reformation in der Ratsordnung von 1530/31. Errichtung eines Denkmals auf dem Kirchhof St. Petri u. Benennung der angrenzenden Straße beim Petritor nach S. 1862; Bau des S.-hauses als Kirche für die ev. S.-gemeinde in Dierkow 1949–51.

Lit.: *E. Wolgast: Slüter, Joachim, in: Biographisches Lexikon für Mecklenburg, Bd. 7, Rostock 2013, S. 282–288.* EM

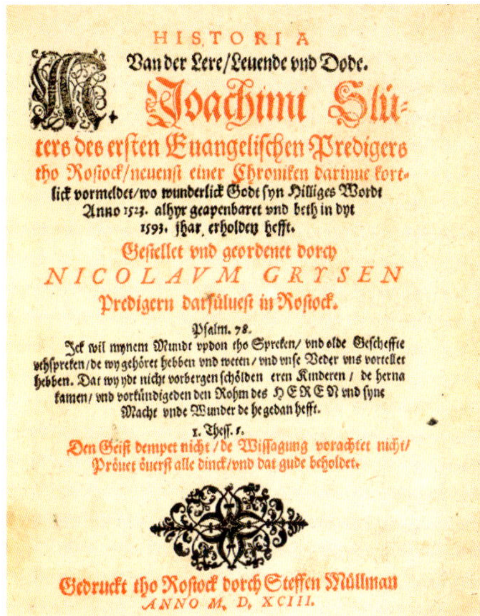
HISTORIA
Van der Lere/Leuende vnd Dode.
M. Joachimi Slüters des ersten Euangelischen Predigers tho Rostock/neuenst einer Chroniken darinne kortlick vormeldet/wo wunderlick Godt syn Hilliges Wordt Anno 1523. alhyr geapenbaret vnd beth in dyt 1593. jhar erholden hefft.
Gestellet vnd geordenet dorch
NICOLAVM GRYSEN
Predigern darsülvest in Rostock.
Psalm. 78.
Jck wil mynem Munde vpdon tho Sprecken/ vnd olde Gescheffte vthspreken/de wy gehöret hebben vnd weten/vnd vnse Veder vns vorteller hebben. Dat wy ydt nicht vorbergen schölden eren Kinderen/ de herna kamen/ vnd vorkündigeden den Rohm des HEREN vnd syne Macht vnde Wunder de he gedan hefft.
1. Thess. 5.
Den Geist dempet nicht/de Wissagung vorachtet nicht/ Pröuet överst alle dinck/vnd dat gude beholdet.
Gedruckt tho Rostock dorch Steffen Müllman
ANNO M. D. XCIII.

Die erste Biografie des Rostocker Reformators erschien 1593.

SOCIETÄT. 1794 gegründete Verbindung gebildeter Männer des gehobenen städt. Bürgertums; 1934 letztmalig genannt; Bibliothek mit über 5000 Bänden; literar. u. gesellige Veranstaltungen; bezog 1858 ein eigenes Vereinshaus vor dem Steintor; 1901 Verkauf an die Stadt für ein Kunst- u. Altertumsmuseum (ab 1968 Schifffahrtsmuseum, ab 2006 Nutzung durch die S. Rostock maritim e. V.).

Lit.: *R. Piechulek: Die Societät, in: Bürgerstolz. 1841–1903–2003 Museum in Rostock, Rostock 2003, S. 17–20.* WK

Societäts-Gebäude, Lithografie von Robert Geißler (um 1890)

SONDERSAMMLUNG. Wertvoller Spezialbestand mit ca. 3000 Titeln der Universitäts- → Bibliothek Rostock. Einen Schwerpunkt bilden Mecklenburgica des 17./18. Jh.; von den insgesamt 45 niederdt. Handschriften stammt etwa die Hälfte aus dem Mittelalter. Unter den Nachlässen befindet sich auch derjenige der Frauenrechtlerin Käthe Schirmacher (1865–1930) mit einer Korrespondenz von ca. 15000 Briefen. Den Bestand von ca. 11400 Drucken verdankt die Bibliothek vor allem den herzogl. Bibliotheken des Landes. Allein die Renaissancebibliothek von Herzog → Johann Albrecht I., die zu großen Teilen erhalten ist, umfasste über 5000 Werke. Beachtl. ist auch der Bestand aus Rostocker Kloster- u. Kirchenbibliotheken, zu 70 % aus theolog. u. jurist. Werken bestehend, der durch den Kauf der Marienbibliothek im Jahre 1842 in die Universitätsbibliothek gelangte. Schwerpunkt des Bestandes Familienpapiere sind handschriftl. u. gedruckte Materialien von Angehörigen der Uni Rostock u. von meckl. Adelshäusern. Eine besondere Kostbarkeit ist der → Rostocker Atlas, der 1664 in den Niederlanden gebunden wurde. Bedeutsam in der Ansichtensammlung sind z. B. Lithografien aus der Tiedemannschen Steindruckerei (1828–1920). Die Musikaliensammlung enthält ca. 950 Musikhandschriften u. ca. 220 Musikdrucke (15.–19. Jh.): zahlreiche als Einbandmakulatur erhaltene liturg. Fragmente, das → Rostocker Liederbuch (15. Jh.), geistl. Vokalmusik der Renaissance in Stimmbüchern aus der Bibliothek von Herzog Johann Albrecht I., instrumentale Kammermusik des Barock, Gesangsliteratur (Arien, Lieder, Kantaten, Oratorien, Opern) der Sammlung der Herzogin Louise Friederike v. Meckl.-Schwerin (1722–91), Gelegenheitskompositionen Rostocker Kirchenmusiker aus dem 17. Jh., Klavier- u. Gesangsliteratur des 19. Jh. aus Nachlässen Rostocker Familien u. der Rostocker Singakademie sowie der kompositor. Nachlass Carlfriedrich → Pistors.

Lit.: *K. Heydeck: Die mittelalterlichen Handschriften der Universitätsbibliothek Rostock, Wiesbaden 2001; N. Krüger: Die Inkunabeln der Universitätsbibliothek Rostock, Wiesbaden 2003; J. Heeg (Hg.): Buch. Macht. Bildung: Die Bibliothek des Herzogs Johann Albrecht, Rostock 2007.* HM

SONNENBLUMENHAUS. Elfstöckiges Wohnhaus im Stadtteil → Lichtenhagen in der Meckl. Allee, als städtebaul. Dominante des Wohngebiets 1979 fertiggestellt; Name geht auf das Klinkerrelief an der Stirnseite zurück, das drei riesige Sonnenblumen des Künstlers Reinhard Dietrich zeigt. Das S. steht seit Aug. 1992 als Symbol des ausländerfeindl. Pogroms in Rostock (→ Lichtenhagen Pogrom). BK

SOWJETISCHE BESATZUNG. Kurz vor Ende des II. → Weltkrieges in Europa, am 1.5.1945, besetzten Verbände der 70. Armee der 2. Weißruss. Front Rostock. Die Stadt war zur Festung ausgebaut worden, der Volkssturm zur Verteidigung aufgeboten. Da sich die Befehlshaber aus der NSDAP u. der Wehrmacht abgesetzt hatten, kam es zu keinen wirkl. Kämpfen mehr. Nur ein Spähpanzer vom Typ T 34, der den sowjet. Truppen voranfuhr, wurde auf der verminten Mühlendammbrücke in die Luft gesprengt. Die Rote Armee verzichtete auf einen Gegenschlag u. zog über die Petribrücke in Rostock ein. Im Hotel → Rostocker Hof wurde die Kommandantur eingerichtet. Namentl. fassbar wird in den dt. Quellen zunächst der Frontkommandant Major Gromow. Ihm folgte als erster Stadtkommandant Oberst Prjadko, der am 5.5.1945 mit seinem Befehl Nr. 1 den nationalsozialist. Staats- u. Verwaltungsapparat für aufgelöst erklärte. Nach der bedingungslosen Kapitulation der dt. Truppen am 8.5.1945 teilten die Alliierten Dtl. in vier Besatzungszonen auf. Die Sowjet. Militäradministration in Dtl. (SMAD) übernahm am 9.6.1945 die Verwaltungshoheit über die S.-zone (SBZ), errichtete fünf Provinzen/Länder u. setzte in diesen Anfang Juli 1945 eigene Militäradministrationen ein. Sitz der SMA Meckl., die auch Vorpommern verwaltete, wurde die Landeshauptstadt Schwerin. Die Kreiskommandantur für den Stadt- u. Landkreis Rostock in der St.-Georg-Str. 109 u. die Stadtkommandantur Warnemünde in der Wachtlerstr. 7/8 integrierte man in diese Struktur. Die sowjet. Militärverwaltung stand vor der Aufgabe, die notwendigen Maßnahmen zur → Entnazifizierung, Entmilitarisierung u. Demokratisierung Dtl. entsprechend den alliierten Beschlüssen durchzusetzen. Gleichzeitig verfolgte sie

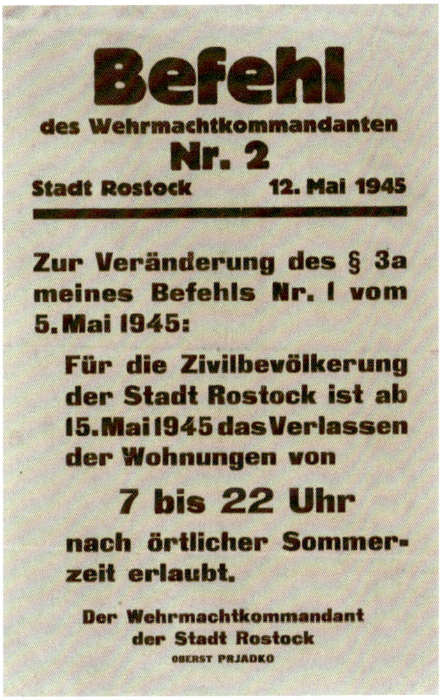

Befehl
des Wehrmachtkommandanten
Nr. 2
Stadt Rostock 12. Mai 1945

Zur Veränderung des § 3a meines Befehls Nr. I vom 5. Mai 1945:

Für die Zivilbevölkerung der Stadt Rostock ist ab 15. Mai 1945 das Verlassen der Wohnungen von

7 bis 22 Uhr

nach örtlicher Sommerzeit erlaubt.

Der Wehrmachtkommandant
der Stadt Rostock
OBERST PRJADKO

Plakat zum SMAD-Befehl Nr. 2 (1945)

aber das Ziel, die SBZ längerfristig nach ihrem Gesellschaftsmodell umzuformen u. einen von der Sowjetunion abhängigen kommunist. Staat zu schaffen.

In den ersten Nachkriegsmonaten prägten zunächst die Übergriffe von Sowjetsoldaten auf die dt. Zivilbevölkerung stark den Besatzungsalltag. Nur langsam gelang es der Armeeführung, Überfälle, Diebstähle u. Vergewaltigungen einzudämmen. Die Lage beruhigte sich merklich, nachdem bis Ende 1945 alle ehem. → Kriegsgefangenen u. → Zwangsarbeiter zurückgeführt u. bis Mitte 1946 große Teile der Streitkräfte abgezogen waren. Vor Ort verblieben die militär. Schutzmannschaften der Kommandantur in Garnisonsstärke. Die Staatssicherheitsorgane (NKWD, NKGB) bezogen in den Häusern der abgesperrten John-Brinckman-Str. Quartier. Hier wurden nicht nur ehem. Nationalsozialisten u. Kriegsverbrecher in Untersuchungshaft genommen u. verhört, sondern auch zahlreiche Gegner der polit. Umgestaltung erlitten hier Gewalt. Gravierende Auswirkungen auf die gesamte Wirtschaft in der SBZ hatten die Reparationen, die von der Sowjetunion als Wiedergutmachung für erlittene Schäden gefordert wurden. In einer ersten Etappe erfolgte die Demontage von Rüstungsbetrieben u. Industrieanlagen (u.a. → Ernst Heinkel Flugzeugwerke, → Arado Flugzeugwerke, → Krögerwerft, Brauerei → Mahn & Ohlerich), in einer zweiten Etappe wurden Reparationen aus der laufenden Produktion entnommen u. wichtige Betriebe als Sowjet. Aktiengesellschaft (SAG) in sowjet. Besitz überführt (Okt. 1946 → Neptunwerft). Zur Überwachung der Reparationslieferungen entstanden im Aug. 1947 die Hafenkommandanturen in Rostock u. Warnemünde. In beiden Häfen befanden sich Kontore der Dt.-Russ. Transport AG (Derutra), die die Abfertigung u. Beförderung der Reparationsfrachten übernahm. Bis zum Herbst 1949 hatte die Sowjetunion in der SBZ wichtige Schritte der angestrebten gesellschaftl. Umwälzung vollzogen (Vorherrschaft der SED, → Bodenreform, Verstaatlichung von Industriebetrieben u. Banken, Planwirtschaft, Bildungsreform). Daher konnte im Okt. des Jahres die Verwaltungshoheit der SMAD auf die neugegründete DDR u. ihre provisor. Regierung übertragen werden. Die Kreiskommandantur übergab der Stadt Rostock die Verwaltungsfunktionen offiziell

Eintreffen von 30 Traktoren aus der Sowjetunion (1949)

am 15.11.1949. Die SMAD wurde aufgelöst, dafür eine Sowjet. Kontrollkommission (SKK) geschaffen. Die DDR blieb ein von der Sowjetunion abhängiger Staat mit stark eingeschränkter Souveränität. Das zeigte sich deutl., als der russ. Militärkommandant der Stadt u. des Bezirkes Rostock nach den Protesten der Arbeiter am → 17. Juni 1953 den Ausnahmezustand verhängte u. mit dem Kriegsrecht drohte. Als Konsequenz auf den Aufstand löste die Sowjetunion die SKK auf, verzichtete auf alle weiteren Reparationen u. übergab SAG-Betriebe wie die Neptunwerft an die DDR. Der weitere Aufbau des Sozialismus wurde jedoch nicht infrage gestellt. Für die sog. Gruppe der sowjet. Streitkräfte in Dtl. endete 1954 formal ihre Funktion als Besatzungsarmee. Ihr „zeitweiliger Aufenthalt", wie seitdem die offizielle Sprachregelung lautete, wurde erst 1957 durch ein Regierungsabkommen zwischen der DDR u. der Sowjetunion geregelt. Im Rahmen der Truppenreduzierung verließ 1958 eine Artilleriebrigade mit einem Marsch über den Neuen Markt die Stadt Rostock. Die sowjet. Kommandantur hatte seit 1952 ihren Sitz in der Hundertmännerstr., die Garnison war in der → Kaserne Ulmenstr. stationiert. In den Häusern zwischen Thünen- u. Rembrandtstr. lebten die Offiziere mit ihren Familien weitgehend ohne Kontakt zur dt. Bevölkerung. Der Eintrag der Garnison in das Ehrenbuch der Stadt Rostock im Jahr 1978 blieb so ein propagandist. Akt der proklamierten dt.-sowjet. Freundschaft. Nach dem Zusammenbruch der DDR, dem Zerfall der Sowjetunion u. der dt. Wiedervereinigung wurde die Besatzung endgültig beendet. 1991–94 erfolgte der Abzug der russ. Streitkräfte aus Dtl., teilweise über den Hafen Rostocks. *Lit.: D. Brunner: Der Schein der Souveränität. Landesregierung und Besatzungspolitik in Mecklenburg-Vorpommern 1945–1949, Köln, Weimar, Wien 2006.* BK

SOZIALDEMOKRATIE → ARBEITERBEWEGUNG

SOZIALHILFE. Nach dem I. → Weltkrieg anstelle der Armenfürsorge (→ Armenwesen) eingeführt, ergänzte in Notfällen Sozialversicherung, Finanzierung überwiegend aus staatl. Mitteln; Sonderzuwendungen, etwa Weihnachtsbeihilfe, durch die Stadt; S. war vorgesehen für Personen, die den Lebensunterhalt für sich u. arbeitsunfähige Angehörige nicht erwerben konnten; in diesem Sinn auch in der DDR Sozialfürsorge; 2003 Recht auf S. reformiert, veränderte Leistungen seit 1.1.2005; seit Beginn der S. Einzelfallprüfungen. HH

SOZIALPREIS. Auszeichnung der Hansestadt Rostock für besonderes ehrenamtl. Engagement in der Sozial- u. Jugendarbeit od. in der Gesundheitsfürsorge. Der mit 3500 € dotierte Preis wird seit dem Jahr 2000 immer am Tag des Ehrenamtes (5.12.) vergeben, seit 2003 alle zwei Jahre.

S.-Träger 2000–2017:

2000: Rostocker Tafel e.V.

2001: Ingrid Guiard; das Selbsthilfeplenum Rostocker Topf

2002: Kirchl. (ökumen.) Telefonseelsorge Meckl.-Vorpommern, Dienststelle Rostock; Manfred Rieck, Vorsitzender des Bezirksvereins der Kehlkopflosen

2003: Ilse Gotthardt

2005: Dorothee Scharlock, Manfred Lippe

2007: Rosemarie Gust

2009: Marie-Sigard Heyer; Jugendinitiative Outsider in Rostock-Dierkow

2011: Jutta Leipner, Mathias Wendt

2013: Olga Ventlant, Maik Lange

2015: Gudrun Buse; Verein Gemeinsam für Groß Klein

2017: Waltraut Kornagel; Verein Fischkutter Toitenwinkel. RL

SPARKASSE. Die S. der Stadt Rostock wurde 1825 gegründet u. zunächst als privates Geldinstitut betrieben. Ihr Ziel bestand darin, auch wenig bemittelten Bevölkerungsschichten die Möglichkeit zu geben, Geld für Notzeiten zu sparen. Die erste Geschäftsstelle befand sich im Haus des ersten Kassierers Christian Friedrich Eggers in der Wokrenterstr. 36, später erfolgte ein Umzug in Räume des → Rathauses. Die mit den stetig steigenden Einlagen erzielten Gewinne vergab man unter anderem als günstige Baukredite an die Kommune (Friedrich-Franz-Knabenschule, Gewerbeschulhaus, Theaterneubau). 1882 Einweihung des ersten eigenen Gebäudes in der Schwaanschen Str. Am 1.10.1918 ging die S. mit landesherrl. Genehmigung in städt. Verwaltung über.

Ehemaliges Sparkassengebäude in der Schwaanschen Straße (um 2015)

Durch die Inflation von 1923 schrumpfte der Einlagenbestand auf 571,83 RM. 1924 erfolgte die Einrichtung des Giro- u. Überweisungsverkehrs. Wiederaufstieg in den 1920er-Jahren, weiterhin soziales Engagement mit Hilfe der Gewinne. Eröffnung von Zweigstellen in der Wismarschen Str. (1931) u. in der Maßmannstr. (1935). Nach 1933 Integration in das nationalsozialist. System der Zentralverwaltungswirtschaft. Spargelder wurden zunächst vor allem in das Wohnungsbauprogramm investiert, Gewinne für Prestigebauten bereitgestellt, z.B. für die → Thingstätte (1935). Wiederaufnahme des Geschäftsbetriebes nach dem II. → Weltkrieg im Aug. 1945. Nach Gründung der DDR agierte die Kreis- u. Stadt-S. Rostock nur mit beschränkter Handlungsfähigkeit im System der sozialist. Planwirtschaft; Beschränkung auf Kerngeschäft: verschiedene Sparmodelle, Führen von Girokonten, Kreditvergabe; nach 1990 wieder mit wirtschaftl. Eigenständigkeit. 1994 Zusammenschluss der S. Bad Doberan, Bützow, Güstrow, Rostock u. Teterow zur Ostsee-S. Rostock. (OSPA).

Lit.: J.-P. Schulze: 1825–2000. 175 Jahre Rostocker Sparkasse, 175 Jahre Sparkasse in der Region, Rostock 2000.
JPS

SPIELBANK. Staatl. konzessionierter Glücksspielbetrieb. Erstmalig, jedoch nur kurzzeitig zwischen Pfingsten u. dem 30.9.1920 im Warnemünder Hotel Stralendorf unter der Bezeichnung Spielklub zugelassen; die Spielbankgesellschaft Meckl. mbH & Co. KG etablierte im Okt. 1996 zunächst provisor. im → Hotel Neptun u. ab Aug. 1998 im → Kurhaus Warnemünde eine von fünf S. des Landes Meckl.-Vorpommern, die 2013 Konkurs anmeldete. 2016 erhielt die S. Meckl.-Vorpommern die Lizenz zur Eröffnung von vier neuen Casinos, u.a. in Rostock. RL

SPORT. Die Anfänge des S. liegen in der mittelalterl.-frühneuzeitl. Festkultur, in den berufsständ. Wettbewerben, im akadem. Leben u. in der Militärertüchtigung. Seit dem späten Mittelalter bevorzugten die Kaufleute u. Handwerksmeister der Stadt Körperübungen, die das Schutz- u. Wehrbedürfnis stärkten. Höchstes Ansehen genoss neben dem Fechten das Schießen (→ Schützenwesen). Mehrere Fechtböden u. Schützenhäuser entstanden zur Stärkung der Wehrfähigkeit. Auch volkstüml. Formen des Laufens, Kletterns u. Springens sowie verschiedene Spiele wurden von den Bürgern auf Jahrmärkten u. Volksfesten vor dem Kröpeliner Tor ausgeübt.

Im 17./18. Jh. war bei Studenten das Ballspiel, eine Art Tennis, sehr beliebt. Die Wettkämpfe erfolgten unter Anleitung und Aufsicht eines Ballmeisters im → Ballhaus, das sich vor den Wallanlagen des Steintores befand. Darüber hinaus spielte man in der Nähe des heutigen Rosengartens auf der „langen Bahn“ Maille, ein dem Golf verwandtes Spiel. Generell wurden an der Uni Rostock sowie an den Schulen zwar Körperübungen bis in das 19. Jh. hinein geduldet, aber nicht gefördert.

Die moderne Körperkultur fasste nur langsam Fuß. Unter dem Einfluss des Jahn'schen Turnens u. des engl. S. entstanden seit Mitte des 19. Jh. zahlreiche bürgerl. Turn- u. S.-vereine, z.B. 1860 der Rostocker Männer-Turnverein, 1884 der Rostocker Segelclub Greif (→ Segeln), 1885 der Rostocker Ruder-Club (→ Rudern) u. 1895 der Rostocker S.-Club, der sich besondere Verdienste bei der Ausbreitung des S.-gedankens in Meckl. u. Pommern erwarb. Arbeiter waren von einer Mitgliedschaft ausgeschlossen u. bildeten eigene S.-vereine, wie z.B. 1896 den Arbeiter-Turn- u. Sportverein sowie 1902 den Arbeiter-Radfahrerverein Solidarität. Bürgerl. Kreise gründeten um die Jh.-wende mehrere Fußballklubs (→ Fußball).

Fahrer des Radsportklubs Rostock (1930)

Akadem. Turnvereine (ATV) – Baltia (1883) u. Arminia (1898) – förderten unter den Studenten das Fechten, Turnen u. Reiten, öffneten sich aber erst nach der Jh.-wende den neuen S.-disziplinen. Alle Vereine entwickelten einen regen Übungs- u. Wettkampfbetrieb u. waren besonders in der Weimarer Zeit, als die Zahl ihrer Mitglieder sprunghaft anstieg, ein wichtiger Faktor des gesellschaftl. Lebens in der Hansestadt.

Im „Dritten Reich" wurden sie in den nationalsozialist. Machtapparat eingegliedert od. verboten, sodass der Vereins-S. nach dem II. → Weltkrieg den Restriktionen der Besatzungsmächte (Kontrollratsdirektive Nr. 23) unterlag. Bei der Neugründung der S.-gemeinschaften (SG) achteten die Behörden streng darauf, dass die bürgerl. Turn- u. S.-bewegung zerschlagen wurde, denn in der SBZ/DDR sollte der S. nach sowjet. Vorbild umstrukturiert werden. Unter der polit. Führung der FDJ u. des FDGB entstanden S.-gemeinschaften (Neptun, Lokomotive u.a.), die seit 1950 in Betriebssportgemeinschaften (BSG) umgewandelt wurden. Z.B. ging aus der SG Neptun die BSG Anker Rostock hervor, die 1952, als der S. nach dem Prinzip des demokrat. Zentralismus weiter vereinnahmt wurde, zur Sportvereinigung Motor kam, deren Namen sie fortan trug. Die → Neptunwerft war ihr Trägerbetrieb. Mit der Gründung der Sportgemeinschaft Dynamo 1948 (Träger: Dt. Volkspolizei Rostock), der BSG Motor → Warnowwerft 1949 (VEB Warnowwerft Warnemünde), der BSG Motor Nord West 1952 (ab 1969 TSG Bau Rostock, Träger: VEB → Wohnungsbaukombinat Rostock), der BSG Schiffahrt Hafen Rostock 1961 (VEB Seehafen Rostock) u. der BSG Chemie 70 Rostock 1970 (VEB Chemiehandel Rostock) entstanden weitere große, von Industriebetrieben unterstützte BSG.

Als die Partei- u. Staatsführung der DDR den S. nutzte, um internationales Ansehen zu erwerben, entstand 1954 der → SC Empor Rostock, der seit 1961 neun Sektionen umfasste. Gemeinsam mit dem → FC Hansa Rostock, der Ende 1965 aus dem SC Empor ausgegliedert wurde, u. dem 1956/57 gegründeten Armeesportklub Vorwärts prägte er den Leistungs-S. in Rostock. Die → Kinder- u. Jugendsportschule (KJS) sorgte seit 1954 für die Heranbildung der Nachwuchssportler.

Im Zuge eines Leistungssportbeschlusses des Politbüros der SED 1969 erfuhren S.-arten wie Ten-

Schwimmstadion an der Neptunschwimmhalle (um 1970)

nis, Tischtennis, Schach u. Eishockey eine verminderte, hingegen Leichtathletik, Handball, Fußball, Volleyball, Boxen, Gewichtheben, Rudern, Wasserspringen, Segeln u. Schwimmen eine großzügigere Förderung. Neben dem allgemeinen Wettkampf- u. Punktspielbetrieb stießen sportl. Großereignisse wie die → Warnemünder Woche, der → Springertag usw. auf ein großes Publikumsinteresse.

Nach dem Zusammenbruch der DDR 1989/90 wurde der Vereins-S. neu organisiert. 2015 existierten 200 S.-vereine mit 47582 Mitgliedern und 93 S.-angeboten. Neue Sportarten wie Kickboxen, Shorttrack, Triathlon usw. waren hinzugekommen. Seit 1863 gab es die von R. Eggers gegründete Knaben- u. Mädchen-Turnschule. Als Schulfach wurde der Turnunterricht in Rostock nach der Reichseinigung 1871 eingeführt, zunächst in den höheren Jungenschulen, später in den Volksschulen u. schließl. auch in den Mädchenschulen. An der Uni Rostock begann 1919 die Ausbildung von S.-lehrern. Sie kam 1944 völlig zum Erliegen u. wurde 1947 mit der Neugründung des S.-instituts wieder aufgenommen.

Lit.: *W. Pahncke: Zur Entwicklung von Körperkultur und Sport an der Universität Rostock von ihrer Gründung 1419 bis zum Jahre 1945, Diss B. (MS), Rostock 1971; Ders., K.-H. Lemcke: 30 Jahre Sport in Rostock 1945–1975, Rostock 1979; H. Otto: Sport und Spiel in der Seestadt Rostock, in: Deutschlands Städtebau, Rostock 1927, S. 48–52; M. Krüger: Einführung in die Geschichte der Leibeserziehung und des Sports, 3. Tle., Schorndorf 2004; Geschichte des Sports in Mecklenburg-Vorpommern, in: Landessportzeitung. Die Zeitung für den Sport in Mecklenburg-Vorpommern (Spezial), 1. Jg., Schwerin 1996.* GK

SPORTPALAST. Vom Rostocker Gastronomieunternehmer Joachim Hagemeister 1925 errichteter u. später noch erweiterter Gaststättenkomplex am östl. Rand des → Barnstorfer Waldes. Mit einer Wettkampfkegelanlage (zwölf Bahnen), Restaurant, Café, Tagungsräumen, Dachterrasse u. einem Saal mit 2000 Plätzen war der S. der modernste u. größte Bau für Veranstaltungen in Meckl. Regelmäßig fanden hier Großveranstaltungen (Tanz, Sport, Politik) statt. Im II. Weltkrieg wurden im S. → Zwangsarbeiter untergebracht. Ab 1959 vom Ostseestudio des DDR- → Fernsehens genutzt, wurde das Haus 1990 aufgegeben, 2003 von der LT-Sportpalast Betreiber GmbH erworben u. zu einer im März 2005 eröffne-

Arbeiter-Kegler-Verein im Sportpalast (1929)

ten Großraumdiskothek mit Bar, Restaurant sowie Sport- u. Fitnessstudio umgebaut. RL

SPORTVEREIN WARNEMÜNDE. Gegründet 1949 als Betriebssportgemeinschaft (BSG) Motor Warnowwerft, seit 1991 als e. V. unter dem jetzigen Namen aktiv; der Verein hat insgesamt 1050 Mitglieder, darunter ca. 300 Kinder u. Jugendl. unter 18 Jahren, etwa 80 ehrenamtl. Übungsleiter; somit einer der größten Sportvereine in Rostock u. Meckl.-Vorpommern. Der Verein bietet neun unterschiedl. Sportarten an; die größten Abteilungen sind Handball, Turnen u. Gymnastik sowie Volleyball. BK

SPRACHE. Der Begriff S. bzw. Stadt-S. umfasst in Rostock die Vielzahl der gesprochenen u. geschriebenen S.-formen in ihren gegenwärtigen u. histor. Ausprägungen. Er ist dem der Rostocker Mundart übergeordnet, der sich speziell auf die Rostocker Variante des meckl. Niederdt. bezieht. Für die Rostocker Stadt-S. wesentl. sind neben dem Niederdt. u. Hochdt. in histor. Hinsicht das Lat. u. das Slaw. Während das Slaw. lediglich für die Frühgeschichte relevant ist, sind bzw. waren Hochdt., Niederdt. u. Lat. in Rostock mit vielfältigen Varianten u. Mischformen vertreten. Die gegenwärtige, hochdt. geprägte S.-situation ist das Ergebnis eines Prozesses der Koexistenz u. Konkurrenz dieser S. seit dem späten Mittelalter, in dessen Verlauf es zu mehreren S.-wechseln gekommen ist. Diese gestalteten sich in der gesprochenen u. der geschriebenen S. unterschiedlich.

Aufgrund der Dominanz des Slaw., Niederdt. od. Hochdt. innerhalb eines bestimmten histor. Zeitraumes lässt sich die S.-geschichte Rostocks zunächst in drei Phasen einteilen: eine vordt. Phase bis ca. Ende des 12. Jh., eine niederdt. Phase etwa vom 13. bis 16. Jh. sowie eine hochdt. Phase, die ca. 1600 begann u. bis zur Gegenwart andauert. Unterscheidet man zudem zwischen gesprochener u. geschriebener S. u. bezieht die lat. Schrifttradition in die Überlegungen ein, gelangt man zu einer Aufgliederung der Rostocker S.-geschichte in sieben Abschnitte mit jeweils längeren Übergangsphasen. Ihren Ausgangspunkt nahm die Rostocker S.-geschichte bei der slaw. Besiedlung der Unterwarnow, die sich bis ins 8. Jh. zurückverfolgen lässt. Aufgrund des Fehlens einer Schriftkultur sind S.-zeugnisse aus dieser Siedlungsperiode ledigl. in Form von Orts- u. Gewässernamen wie Rostock, Warnow, Dierkow u. Doberan überliefert. Mit der Niederlassung von Siedlern aus Westfalen, Holstein, Niedersachsen u. Dänemark ab dem Ende des 12. Jh. begann die niederdt. Phase der Rostocker S.-geschichte. Im Laufe des 13. Jh. verdrängten die niederdt. Mundarten der Neuankömmlinge die S. der slaw. Urbevölkerung. Spätestens im 14. Jh. vollzog sich deren vollständige kulturelle u. sprachl. Assimilation. Gleichzeitig begann sich auf der Basis der verschiedenen Herkunftsmundarten der Neusiedler eine niederdt. Ausgleichs-S. zu entwickeln. Ab wann von einer spezif. Rostocker Mundart gesprochen werden kann, lässt sich aufgrund der Überlieferungslage nicht sicher beantworten, da die Schriftkultur bis 1300 ausschließl. lat. war. Die niederdt. Verwaltungs- u. Literatur-S. des 14. bis 16. Jh. war überregional orientiert u. vermied Einflüsse der lokalen Sprech-S. weitgehend. Lokale Mundartformen lassen sich in größerem Umfang erst in Textzeugen des 17. Jh. fassen, dürften ihren Ursprung jedoch bereits im Spätmittelalter haben. Sie weisen das Rostocker Niederdt. als Variante des Ostmecklenburgischen aus. Von den Mundarten des Umlandes unterscheidet es sich v.a. durch die Bewahrung der mittelniederdt. langen Vokale ê u. ô, die in großen Teilen Meckl. zu den Diphthongen ei u. au weiterentwickelt wurden (vgl. leef „lieb", Been „Bein", heel „heil" vs. leif, Bein, heil; Koken „Kuchen", to „zu",

Broder „Bruder“ vs. Kauken, tau, Brauder). In dieser konservativen Aussprache kann eine Abgrenzungsreaktion städt. bürgerl. Kreise gegenüber den bäuerl. Landmundarten vermutet werden.

Das Schrifttum der Hansestadt Rostock wurde bis weit in das 14. Jh. hinein vom Lat. dominiert. Erste niederdt. Urkunden des Rostocker Rates sind ab 1332 nachweisbar. Erst zum Ende des 14. Jh. war der Wechsel vom Lat. zum Niederdt. endgültig vollzogen. Im 15. Jh., auf dem Höhepunkt der ökonom. u. polit. Macht der → Hanse, fand das Niederdt. sowohl in der Schriftlichkeit, in Recht, Verwaltung, Diplomatie, Handel, Literatur u. im privaten Schrifttum, als auch in der mündl. Kommunikation, als einheim. Mundart sowie als Handels- u. Verkehrs-S. (Hanse-S.) Verwendung. Mit Gründung der Uni Rostock im Jahre 1419 trat eine weitere Institution in Erscheinung, die die Rostocker Stadt-S. in den folgenden Jh. wesentl. prägte. Die universitäre S.-kultur wurde bis weit über das Mittelalter hinaus schriftl. wie mündl. vom Lat. beherrscht. Eine weitere Domäne des Lat. war der kirchl. Bereich. Der Einfluss des Hochdt. war noch relativ gering u. vor allem in der Lit. wirksam. Auch der diplomat. Verkehr sowie die vielfältigen Handelsbeziehungen bewirkten Kontakte mit dem Hochdt. Ein Zeugnis dieser komplexen Vielsprachigkeit ist das → Rostocker Liederbuch aus dem letzten Drittel des 15. Jh. Diese wahrscheinl. im Umfeld der Uni entstandene private Sammelhandschrift enthält neben Liedern auf Niederdt. (in unterschiedl. regionalen Varianten), Hochdt. u. Lat. auch niederdt.-hochdt.-lat. Mischtexte.

Das Niederdt. trat im 14. bis 16. Jh. in zahlreichen Varianten in Erscheinung. Im Nachwort zu seinem 1582 in Rostock gedruckten lat.-niederdt. Wörterbuch „Nomenclator latinosaxonicus“ wies Nathan → Chytraeus auf die Schwierigkeiten hin, für einen lat. Begriff eine passende niederdt. Entsprechung zu finden, da in seiner Stadt nahezu jedes Viertel eine andere Variante des Niederdt. spräche. Neben diesen kleinräumigen Varianten existierten mehrere sozial abgestufte Schichten des gesprochenen Niederdt., eine niedere Umgangs-S. der unteren u. mittleren Schichten sowie eine gehobene Umgangs-S. des Stadtpatriziats, die überregionalen Charakter trug. Zugleich bildeten sich in Handel, Gewerbe, Recht u. Verwaltung versch. niederdt. Fachwortschätze heraus. Diplomaten, Studenten, Kaufleute, Händler, Schiffsleute u. Reisende aus dem gesamten Hanseraum brachten ihre heim. S. u. Mundarten in die Stadt-S. ein. Bauern aus der Umgebung verwendeten bei Stadtbesuchen ihre ländl. Mundarten.

Zu Beginn des 16. Jh. zeichnete sich in Rostock der nächste S.-wechsel ab. Bedingt durch ökonom., polit. u. soziokulturelle Faktoren gingen die Hansestädte der südl. Ostseeküste gegen Mitte des 16. Jh. allmähl. zum Gebrauch des Hochdt. als Schreib-S. über. Kurz vor Ende des 16. Jh. war der Schriftverkehr des Rostocker → Rates bereits vollständig hochdt. Länger hielt sich das schriftl. Niederdt. in Schule u. Kirche, dort wurden mit Rücksicht auf den S.-gebrauch der Bevölkerungsmehrheit noch bis Mitte des 17. Jh. niederdt. Texte wie Fibeln, Rechen- u. Gesangbücher u. Katechismen genutzt. Auch der → Buchdruck reflektiert den Ablöseprozess des Niederdt. Mit seiner Einführung in Rostock im Jahre 1476 begann die letzte Hochphase der niederdt. Lit., gleichzeitig aber auch deren Niedergang. Im 16. Jh. war die Rostocker Druckproduktion – die mit Abstand bedeutsamste in Meckl. – vor allem mit dem Namen von Ludwig → Dietz verbunden, der 1512–59 175 niederdt. Drucke herausbrachte. Überstieg der Anteil niederdt. Drucke den der hochdt. 1476–1520 noch erhebl. (lat. Drucke nicht einberechnet), so verschob sich das Verhältnis während der Reformationszeit (→ Reformation) 1520–50 schon beträchtlich.

In der 2. Hälfte des 16. Jh. war die Rostocker Druckproduktion bereits weitgehend hochdt. 1652 konstatierte der Rostocker Prof. Johann Lauremberg in seinen niederdt. Scherzgedichten: „Was Teutsch geschrieben wird, mus alles Hochteutsch sein.“ Lediglich einzelne wenige Textsorten wie Gelegenheitsgedichte u. Flugschriften wurden im 17./18. Jh. noch auf Niederdt. gedruckt. Mit dem Funktionsverlust als Schrift-S. begann die hochdt. Phase der Rostocker Stadt-S., in der das Niederdt. ledigl. noch als mündl. Verständigungsmittel Verwendung fand. Damit verbunden war ein Prestigeverlust, den Bernhard Raupach in seiner 1704 erschienenen Dissertation „De linguae saxoniae inferioris neglectu atque contemtu injusto“ (Von

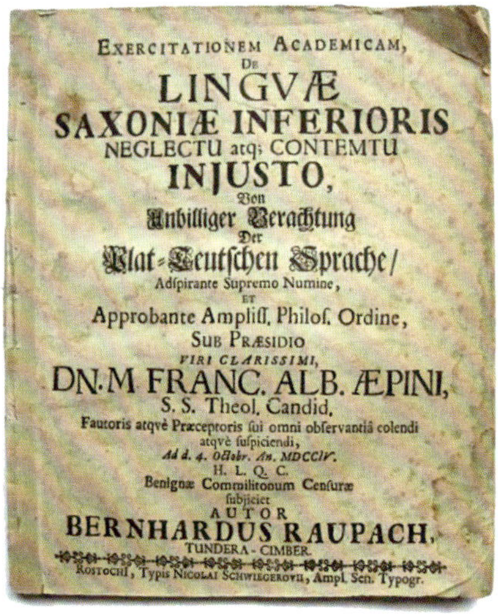
EXERCITATIONEM ACADEMICAM,
DE
LINGVÆ
SAXONIÆ INFERIORIS
NEGLECTU atq; CONTEMTU
INJUSTO,
Von
Unbilliger Verachtung
Der
Plat-Teutschen Sprache/
Adspirante Supremo Numine,
ET
Approbante Amplis. Philos. Ordine,
SUB PRÆSIDIO
VIRI CLARISSIMI,
DN. M. FRANC. ALB. ÆPINI,
S. S. Theol. Candid,
Fautoris atqvè Præceptoris sui omni observantiâ colendi
atqvè suspiciendi,
Ad d. 4. Octobr. An. MDCCIV.
H. L. Q. C.
Benignæ Commilitonum Censuræ
subjiciet
AUTOR
BERNHARDUS RAUPACH,
TUNDERA-CIMBER.
ROSTOCHI, Typis NICOLAI SCHWIEGEROVII, Ampl. Sen. Typogr.

Titelseite der Dissertation des Bernhard Raupach (1704)

Coverbild eines im Hinstorff Verlag erschienenen Brinckman-Buches (1950)

unbilliger Verachtung der plattdeutschen Sprache) beklagte. Die einst angesehene heimatl. S., so Raupach, sei jetzt in die Kreise der Bauerntölpel u. Mägde verbannt u. der Verachtung, dem Hass u. dem Spott ausgesetzt. Raupachs Aussage bezeugt eine wachsende Dominanz des Hochdt. u. eine sozial differenzierte Verwendung von Hochdt. u. Niederdt. Obgleich im 17./18. Jh. die Mehrheit der Stadtbevölkerung noch Niederdt. sprach, wendete sich die städt. Oberschicht der hochdt. Prestige-S. zu.

Im 19. Jh. orientierten sich auch die mittleren sozialen Schichten verstärkt am hochdt. S.-gebrauch der Oberschicht. So verbietet in Fritz Reuters Erzählung „Montecchi un Capuletti od. De Reis' nah Konstantinopel" (1868) die kleinbürgerl. Frau Groterjahn ihrem Sohn Paul den Gebrauch des Plattdt. Die Verwendung des Hochdt. diente der Demonstration eines höheren Bildungsniveaus u. gleichzeitig der Abgrenzung vom ländl. Milieu. Auch John Brinckmans in Rostock angesiedelte Erzählung „Kasper Ohm un ick" (1855–68) zeigt eine sozial differenzierte städt. Mehrsprachigkeit, bei der Hochdt.-sprecher der oberen u. mittleren sozialen Schichten mehrheitl. auch Niederdt. beherrschen, Niederdt.-sprecher der unteren Schichten das Hochdt. zumindest verstehen. Die wachsende Orientierung am Hochdt. führte außerdem zur Entstehung sprachl. Mischformen wie dem Missingsch, einer hochdt. Umgangs-S. mit starken niederdt. Einflüssen.

Die → Industrialisierung Rostocks u. seine Entwicklung zur Großstadt forcierten die weitere „Verhochdeutschung" der S.-verhältnisse. Verbesserungen im Bildungswesen begünstigten diesen Prozess. Auch das Niederdt. selbst durchlief Veränderungen. Bis in die 1920er-Jahren lassen sich innerhalb Rostocks drei lokale Varianten nachweisen. Im Bereich der Altstadt wurden die langvokaligen Formen der Rostocker Stadtmundart gepflegt, während in den Vorstädten u. neuen Wohngebieten die diphthong. Aussprache der ländl. Mundarten vorherrschte od. Hochdt. gesprochen wurde. Auch Warnemünde verfügte zu dieser Zeit noch über eine eigene lokale Variante des Niederdt. Das Zusammenwachsen der Stadtteile u. die steigende Zahl Zugezogener bewirkten eine Nivellierung dieser lokalen Unterschiede u. führten in den nachfolgenden Jahrzehnten zum allmähl. Verlust der Rostocker Mundartmerkmale, die durch Formen des regionalen Mecklenburgischen ersetzt wurden.

Einen gravierenden Einschnitt bildete der II. → Weltkrieg, in dessen Folge sich Zehntausende

Flüchtlinge aus anderen S.-regionen in Rostock niederließen. Hochdt. entwickelte sich zur dominanten Umgangs-S. Niederdt. wurde in der 2. Hälfte des 20. Jh. mehr u. mehr aus dem öffentl. Raum verdrängt u. nur noch in wenigen, v.a. privaten Bereichen von einer stark rückläufigen Sprecherzahl, vorrangig der älteren Generation, verwendet. Lautbild, Wortschatz u. Grammatik der Stadtmundart wiesen zunehmend hochdt. Einfluss auf. Die gegenwärtige S.-situation Rostocks zu Beginn des 21. Jh. lässt sich als hochdt. Einsprachigkeit beschreiben, bei der das Hochdt. häufig in Form einer norddt. Umgangs-S. mit einigen wenigen regionalen Eigenheiten in Lautbild, Morphologie u. Wortschatz auftritt. Das Niederdt. ist als Kommunikationsmittel aus dem städt. Alltag verschwunden, wird jedoch wieder verstärkt als regionales Kulturgut wahrgenommen u. gepflegt. Davon zeugen neben zahlreichen kulturellen u. bildungspolit. Aktivitäten u.a. die Existenz einer lebendigen niederdt. Regionalliteratur sowie die Verwendung der niederdt. Mundart in Presse u. Werbung.

Lit.: *P. Beckmann: Monophthonge und Zwielaute in und um Rostock, in: Jahrbuch des Vereins für niederdeutsche Sprachforschung, Nr. 83, Neumünster 1960, S. 127–130; E.-S. Dahl: Das Eindringen des Neuhochdeutschen in die Rostocker Ratskanzlei, Berlin 1960; H.J. Gernentz: Niederdeutsch – gestern u. heute. Beiträge zur Sprachsituation in den Nordbezirken der Deutschen Demokratischen Republik in Geschichte und Gegenwart, Rostock 1980; R. Herrmann-Winter: Notwehr ist erlaubt. Niederdeutsch im Urteil von Verehrern und Verächtern, Rostock 1995; I. Rösler: Aspekte einer Sprachgeschichte des Ostniederdeutschen, in: W. Besch u.a. (Hg.): Sprachgeschichte. Ein Handbuch zur Geschichte der deutschen Sprache und ihrer Erforschung, 3. Teilbd., 2. Aufl., Berlin, New York 2003, S. 2699–2712; H. Teuchert: Beiträge zur Geschichte der mecklenburgischen Mundart, in: Jahrbuch des Vereins für niederdeutsche Sprachforschung, Nr. 82, Neumünster 1959, S. 207–236.* AB

SPRINGERTAG. Internationale Veranstaltung der Wasserspringer in der → Neptunschwimmhalle unter Beteiligung zahlreicher Spitzensportler; begründet 1956 durch den → SC Empor Rostock

Werbeplakat für den Springertag (1961)

(1956: Teilnahme von Sportlern aus sieben Nationen); entwickelte sich zur einzigen internationalen Sprungveranstaltung des Schwimmsportverbandes der DDR (33. Internationaler S. 1988: 23 Nationen); 1990 Gründung des Vereins Internationaler S. Rostock, dem es gelang, die Traditionsveranstaltung fortzuführen u. das hohe sportl. Niveau zu halten; seit 1995 einbezogen in die Grand-Prix-Serie des Weltverbandes für Schwimmen (FINA); 2015 fand der 60. Internationale S. als 21. FINA Diving Grand Prix statt (24 Nationen). BK

ST.-GEORG-SCHULE. Einweihung der Mädchen- u. Knabenschule in der St.-Georg-Str. (1892); zentralbeheizter neogot. Backsteinbau mit eigener Badeanstalt; 1895 Umwandlung der Knabenschule in eine Bürgerschule u. der Mädchenschule in eine Volksschule; 1914–18 Nutzung als → Lazarett; Verlagerung des Unterrichts in die → Borwinschule; 1919 Wiederaufnahme des Schulbetriebes; nach dem II. → Weltkrieg am 1.10.1945 Schule wieder geöffnet; Aufgliederung in die 11. u. 12. POS (1961); Verleihung des Namens Friedrich Engels (1969); 1983/84 Sanierung u. Fusionierung beider Schulen zur 11.

St. Georg-Schule (um 1950)

POS; 1990/91 Umwandlung in eine Real- u. Grundschule; 2007 Schließung des Realschulteils. RS

STADTANSICHT (HISTORISCHE). Zwei frühe Schaubilder sollen ein erstes Bild des mittelalterl. Rostocks vermitteln, so eine Bildtafel des Johannis-→ Altars, die der Schule des Hamburger Meisters Francke (um 1440) zugeschrieben wird. Sie zeigt die Heimkehr der Heiligen Drei Könige mit einem Schiff. Die Stadt im Hintergrund weist überdeutl. Attribute des Rostocker Stadtbildes jener Zeit auf. Ein überdimensioniertes Gemälde, das die Gründungslegende des → Klosters zum Heiligen Kreuz erzählt, zeigt auch ein frühes Bild Rostocks, jedoch lassen mehrfache Übermalungen v.a. im 18. Jh. an seiner Authentizität zweifeln. Beide Kunstwerke werden im → Kulturhistor. Museum Rostock gezeigt. Die älteste graf. Ansicht Rostocks (etwa 1550/1560) stammt aus der Werkstatt des Nürnberger Formenschneiders Hans Weigel. Aus drei hölzernen Druckstöcken entstand ein 25,5×107 cm großes, schablonenkoloriertes Panoramabild Rostocks von Norden. Versehen mit einer Reimhistorie des Herzogtums Meckl. aus der Feder des Nürnberger Dichters Hans Sachs gehört es zu den ältesten gedruckten dt. Städtedarstellungen überhaupt. Das einzige erhalten gebliebene Original wird heute im German. Nationalmuseum Nürnberg aufbewahrt. Weigels „Warhafftige Contrafactur der alten Herrlichen Stat Rostock" war dem Rostocker Krämer Vicke → Schorler Vorbild für die nach ihm benannte, fast 19 m lange Bildrolle (→ Vicke-Schorler-Rolle), die mit Feder und Farbe ein einzigartiges, äußerst detailreiches wie wirklichkeitsnahes Bild vom „Innenleben" der Stadt in späthans. Zeit präsentiert. In der Folgezeit entstanden für die großen Bildwerke der Kölner Georg Braun u. Franz Hogenberg (1572 u. 1592) zwei meisterhafte Kupferstiche, dessen kleinerer (1572) fälschlicherweise mit „Wismaria" betitelt wurde (u. die Wismarer Ansicht auf demselben Blatt mit „Rostochium"). In den Stadtatlanten Johann de Werdenhagens sowie in jenen aus der Frankfurter Werkstatt der Familie Merian fanden zwei Rostocker Panoramen (Matthaeus Merian, 1641, u. Caspar Merian, 1653) Aufnahme. Zudem stach Caspar Merian 1653 erstmals einen Grundriss der Stadt. Ebenfalls im Auftrage der Familie Merian entstand bereits 1624/25 die erste Rostocker S. aus der Vogelperspektive. Dem böhm. Meister Wenzel Hollar war damit eine authent., einem Bildstadtplan gleichende Stadtdarstellung gelungen, die bis heute ihresgleichen sucht. In der Zeit des Barock u. Rokoko knüpften die Panoramen der Augsburger Kupferstecher u. Verleger Gabriel Bodenehr d.Ä. (um 1717) u. Johann Christian Leopold (nach 1720) sowie des Nürnberger Künstlers Johann Peter Wolff (nach 1740), aber auch des in Rostocker Diensten stehenden Baumeisters Zacharias Vogt (1737) an meriansche Traditionen an. Im 19. Jh. bestimmten vor allem massenhaft hergestellte Steindrucke (Lithografien) den Markt. Neben den S. aus der sog. klass. Perspektive (von Norden über die Warnow hinweg) entstanden erste Panoramen von Westen bzw. von Süden sowie eine Vielzahl meisterhafter Einzelansichten von Stadtpassagen, Gebäudeensembles u. Einzelgebäuden, die mit der jahrhundertealten Tradition der Gesamtansicht brachen. Zwei- u. Mehrfarbigkeit wurden nun zum Standard. Derartige Arbeiten stammten weiterhin von Ortsfremden wie Max Beeger, Gustav Frank u. Carl Frühsorge, aber zunehmend auch von in Rostock lebenden Künstlern wie August → Achilles, Franz Heinrich Dethleff, Sievert Nikolaus Steenbock od. Julius Gottheil, die ihre Arbeiten meist in Alben (Sammelmappen) od. als sog. Tableaus (großformatige Einblattdru-

Rostock von Nordosten gesehen (um 1840)

cke mit mehreren Bildern) selbst verlegten od. für den Verlag von J.G. Tiedemann arbeiteten. In der 2. Hälfte des 19. Jh. drängten erste, oft meisterhafte Fotografien auf den Markt, so aus den Werkstätten von Friedrich Miede, Raphael → Peters od. Rudolph Spach, die nach u. nach die graf. Arbeiten abzulösen begannen. Daneben entwickelten nun Kunstmaler ein breites Schaffen, das immer wieder auch S. Rostocks in den Mittelpunkt stellte. Derartige Veduten boten Sammlern eine exklusive Alternative zu den in großer Zahl hergestellten Drucken, sodass diese zunehmend an Bedeutung verloren.
Lit.: *I. Ehlers, O. Pelc, K. Schröder: Rostock. Bilder einer Stadt. Stadtansichten aus fünf Jahrhunderten, Rostock 1995; K. Schröder: Rostock, in: W. Behringer, B. Roeck (Hg.): Das Bild der Stadt in der Neuzeit 1400–1800, München 1999, S. 352–357.* RL

STADTBEFESTIGUNG. Die erste S. dürfte aus einem Wall-Graben-System mit aufgesetzten Palisaden bestanden haben u. schützte nur die hoch liegenden frühen Siedlungskerne der drei Teilstädte. Auch die Einlässe (Tore) bestanden wohl aus Holz. Archäolog. sind Gräben u. Wallreste bisher nur vom Areal der Neustadt im Bereich südl. der Pläterstr. u. am Kröpeliner Tor nachgewiesen. Die Errichtung der steinernen Stadtmauer begann an der besonders gefährdeten Süd- u. Westflanke im Zusammenhang mit der Vereinigung der Teilstädte, die 1265 abgeschlossen war. Als Erstes kam es dort zur Errichtung der Tore, die fast alle 1254/56–1268 erstmalig genannt werden. Erst danach, in den 1270er- u. 1280er-Jahren, ist der Bau der dazwischen liegenden Mauerabschnitte nachweisbar.

Die S., die mit einer Länge von 3400 m eine Fläche von knapp 75 ha umschloss, stellte mit ihren sieben mächtigen Landtoren, elf Strandtoren, vier Mauerpforten u. diversen Mauertürmen eine beeindruckende Gemeinschaftsbauleistung dar. Die Mauer, im Osten u. Südwesten der Altstadt noch weitgehend erhalten, bestand aus einem Feldstein-

Kröpeliner Tor (Rekonstruktionszeichnung von A.F. Lorenz, 1926)

fundament u. -sockel mit darüber liegendem Backsteinschalenmauerwerk in einer Dicke von bis zu 1,20 m u. einer Höhe von einst bis zu 7 m. Besondere Stärke u. Höhe musste sie zur Landseite aufweisen, während die weniger gefährdete nördl. → Warnow-Front (abgesehen von der Nordwestecke) schwächer ausgebildet werden konnte. Der Mauerring war sicher um 1300 bereits geschlossen. Die volle Ausbaustufe des Mauerrings zeigte neben 22 Toren u. Pforten eine ganze Reihe von Wiekhäusern (vorspringenden Halbtürmen), mit denen die Mauerabschnitte besser kontrolliert u. verteidigt werden konnten; sie haben sich im Südwestabschnitt beispielhaft erhalten. Ebenfalls zur Verbesserung der Verteidigungskraft gab es an problemat. Stellen Mauertürme, so z.B. den Schweinehirtenturm zwischen Mühlen- u. → Kuhtor, den Fangelturm (später → Lagebuschturm) zwischen Kuh- u. → Steintor, den Blauen Turm an der Nordwestecke, dem sich zwischen Fischer- u. Grapengießertor der Kaiserturm anschloss. Die Landtore waren in der Richtung von Nordosten nach Nordwesten: → Petritor, Mühlentor, Kuhtor, Steintor, Schwaansches Tor, → Kröpeliner Tor, Bramower Tor; die zahlreichen Strandtore hießen von Osten nach Westen: Wendentor, Faules Tor, Heringstor, → Mönchentor, Koßfelder Tor, Burgwalltor, Lagertor, Wokrenter Tor, Schnickmanntor, Badstübertor, Grapengießertor u. Fischertor, soweit sie als Torgebäude ausgeführt waren. Daneben gab es sechs Pforten, die nur mit Holzflügeln verschließbar waren, sowie den Durchlass der → Grube, dem aber eine besondere Verstärkung fehlte. Zu dieser Verteidigungsanlage gehörte an der Süd- u. Westseite ein der Mauer vorgelagertes Wallgrabensystem mit einem „trockenen", d.h. nicht wassergefüllten Graben. Die wichtigsten Tore, das Bramower, Kröpeliner, Schwaansche u. Steintor, waren seit dem 13. Jh. zusätzl. durch aufwändige Vortoranlagen gesichert. Die S. musste mehrfach den neuen waffentechn. Entwicklungen angepasst werden. Mauer- u. Turmerhöhungen kennzeichnen die Zeit um 1400. Mit dem Aufkommen von Feuerwaffen, insbesondere Kanonen, im 15. Jh. war die Mauer mit ihren Vorsprüngen u. Türmen mehr u. mehr gefährdet, auch wenn die Süd- u. Westflanke noch zusätzl. Türme erhielten. Man schritt nun zur Anlage eines bastionierten, geschütztragenden Wall-Graben-Systems vor der Mauer u. zum Bau von Außenwerken (Schanzen). In gewaltiger Schanzarbeit entstand, wohl in der 1. Hälfte des 16. Jh., ein neuer, bis zu 20 m breiter, nun wassergefüllter Graben mit zugehörigem Wall. Das Schwaansche u. das Kuhtor wurden geschlossen u. funktionslos, die ursprüngl. zu ihnen führenden Straßen umgeleitet. Gleiches geschah im 17. Jh. mit dem Bramower Tor. Das bedeutendste Außenwerk war der 1526–32 erbaute → Zwinger vor dem Steintor, ein durch Mauern mit dem mittelalterl. Vortor verbundener, mehrgeschossiger Geschützturm von enormer Mauerstärke (6 m), mit dem das Vorfeld unter Beschuss genommen werden konnte. Der Zwinger befand sich noch im Schutz des Stadtgrabens u. stand auf einem vorgezogenen Rondell des die Stadtmauer am Steintor schützenden Hauptwalls.

Nach dem bewaffneten Einzug des Landesherren 1565 veranlasste dieser den Abbruch des Steintors u. des nach Westen bis zum ersten Wiekhaus sowie des nach Osten anschließenden Mauerstücks bis zum Kuhtor unter Einschluss des Fangelturms. Vor

Stadtmauer zwischen Kuhtor und Lagebuschturm (um 1935)

dem ehem. Steintor ließ der Landesherr unter Einbeziehung des Geschützturms am Zwinger ein Fort errichten, das er aber bereits 1574 wieder aufgab. Nun konnte die Stadt durch den Neubau der Befestigung (u.a. des Steintors u. des Lagebuschturms) ihre Wehrhaftigkeit wieder herstellen.

Rondelle, also halbrunde Geschützbastionen, waren vor dem → Kloster zum Heiligen Kreuz (heute Heubastion) u. dem Mühlentor um 1570 bereits vorhanden, wohl im frühen 17. Jh. kam am Fischertor eine moderne, nun eckige, Bastion hinzu. Ein hoher Wall („Himmelsleiter") schützte seit 1574 den gegen Beschuss besonders gefährdeten Bereich zwischen Stein- u. Kuhtor. Diese Holz-Erde-Konstruktionen wurden ab 1628 nach Plänen des erfahrenen niederländ. Festungsbaumeisters Johan v. → Valkenburgh erneuert u. verbessert, z.T. erweitert. Die → Fischerbastion im Nordwesten wurde zu einer großen Bastion ausgebaut, die Dreiwallbastion nahe dem Kröpeliner Tor u. die westl. anschließende Heumagazinbastion entstanden neu bzw. wurden verstärkt. Vor dem Bramower u. dem Kröpeliner Tor wurden Außenwerke, sog. Ravelins, angelegt; die Bastionen am Petri- u. Mühlentor wurden verstärkt, Gerber- u. Küterbruch durch einen Vorwall gesichert. Die Hafenzufahrt schützte bis in das 19. Jh. eine auf Höhe der Neuen Werderstr. quer über die Unterwarnow gerammte Pfahlreihe, deren Durchfahrt durch eine schwere Kette gesichert werden konnte. Genützt haben diese, von den Bürgern nur sehr widerwillig ausgeführten, aufwendigen Renovationen nichts. Militärisch wurde die Stadt dadurch nicht sicherer, wie die Ereignisse des → Dreißigjährigen Krieges zeigten.

Die südl. u. westl. der Stadt gelegenen Gärten u. Äcker dürften seit dem Mittelalter durch Gräben, Wälle u. Dornenhecken gesichert gewesen sein. Im Bereich der Straßen wurden diese äußeren Stadtgrenzen durch sog. Zingelanlagen geschützt, die teilweise seit dem 14. Jh. überliefert sind. Nach der Schließung einzelner Tore blieben vier bewachte u. befestigte Zingel vor dem Petri- u. → Mühlendamm, dem Stein- u. Kröpeliner Tor bis in das 18., teilweise 19. Jh. bestehen.

Am Ende des 18. Jh. wurde klar, dass die befestigte Stadt des Mittelalters u. der Frühen Neuzeit militärtechn. dem Gestern angehörte. Pläne des Herzogs zum Umbau zur modernen Festungsstadt,

Wallanlagen am Kröpeliner Tor (um 1935)

wie sie in Wismar u. Stralsund vollzogen wurden, konnte der städt. → Rat untergraben; man schritt im Gegenteil nach u. nach zur Entfestung. 1801/02 wurde das Mühlentor abgebrochen, 1819 der Blaue Turm, 1828 der Kaiserturm u. 1844 das Wokrenter Tor. 1830–31 wurde der Steintor-Ravelin eingeebnet, 1842–43 der Mühlentor-Ravelin. 1849 brach man den Zwingerturm am Steintor ab. 1862 verschwand das Schwaansche Tor, 1867 der Wall zwischen diesem u. dem Steintor. Schon 1722 hatte man Teile, 1801 den Rest des baufälligen Bramower Tores abgebrochen. Die Hafenmauer mit ihren Toren u. Pforten verschwand in den beiden Jahrzehnten nach 1845, um Platz für die → Hafen-Nutzung zu schaffen. Weitere Verluste gab es nach 1945 mit dem unnötigen Abbruch der Ruine des Petritores u. einer 270 m langen Mauerstrecke nördl. des Kröpeliner Tores.

Erhalten blieben bis heute drei der massiven mittelalterl. Landtore (Steintor, Kuhtor, Kröpeliner Tor) u. ein Strandtor aus klassizist. Zeit (Mönchentor), ein Mauerturm (Lagebuschturm), größere Teile der Stadtmauer mit acht Wiekhäusern auf einer Länge von insgesamt etwa 1,3 km sowie Teile des Festungswalls. In einigen Abschnitten wurde die S.-anlage in den 1930er-Jahren rekonstruiert; in den letzten Jahrzehnten der DDR legte man auch wieder Wert auf die Bewahrung stadtbürgerl. Verteidigungsbauten, wofür u.a. poln. Restauratoren, die originalgetreue Backsteine verwendeten, eingesetzt wurden. Die heutige → Denkmalpflege greift eher auf moderne Ziegeladaptionen zurück od. versucht, die Lücken der Stadtmauer mit verfremdenden u. der zeitgemäßen Architektur entsprechenden Elementen (Grünglassäulen, Betonsockel) zu markieren.

Steintor (2010)

Lit.: *W. Freynhagen: Die Wehrmachtsverhältnisse der Stadt Rostock, in: Mecklenburgische Jahrbücher, Jg. 95, Schwerin 1931, S. 1–102; A.F. Lorenz: Zur Geschichte der Rostocker Stadtbefestigung, in: Beiträge zur Geschichte der Stadt Rostock, Bd. 20, Rostock 1935, S. 7–78; L. Krause: Zur Rostocker Topographie, in: Beiträge zur Geschichte der Stadt Rostock, Bd. 13, Rostock 1925, S. 12–82; M. Konze, R. Mulsow: Das Mühlentor in Rostock aus archäologischer und historischer Sicht, in: Archäologische Berichte aus Mecklenburg-Vorpommern, Bd. 22, Waren (Müritz) 2015, S. 144–162; R. Mulsow: Die Befestigungen der Stadt Rostock im Mittelalter und in der frühen Neuzeit, in: M. Gläser (Hg.): Lübecker Kolloquium zur Stadtarchäologie im Hanseraum VII: Die Befestigungen, Lübeck 2010, S. 445–463.* KJLS

STADTBIBLIOTHEK → BIBLIOTHEK

STADTBRAND. Während zwei größere S. in der 2. Hälfte des 13. Jh. eher den rasanten Aufstieg Rostocks beschleunigten als hemmten, trugen der große S. des Jahres 1677 u. seine katastrophalen Folgen, die nur noch durch die brit. u. US-amerikan. → Bombenangriffe der Jahre 1942/44 übertroffen wurden, entscheidend zum länger andauernden Niedergang der Stadt im 17./18. Jh. bei. Ungeachtet vielfach erneuerter u. wiederholter Verordnungen kam es immer wieder zu Bränden einzelner Gebäude, die zumeist rasch gelöscht werden konnten. Als am 11.8.1677 ein solcher Brand im Backhaus Ecke Altschmiedestr./(Große) Goldstr. ausbrach, gelang dies jedoch nicht. Trockenheit sowie ein starker Südostwind ließen die Flammen rasch

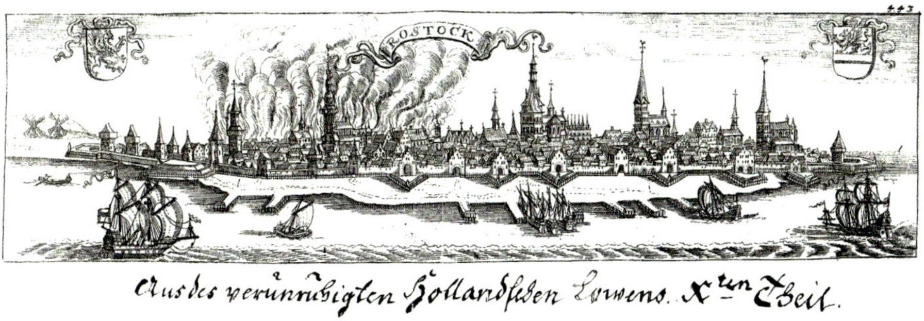

Seitenverkehrter Kupferstich des Amadeus von Friedleben (1678)

auf benachbarte Gebäude u. Straßenzüge übergreifen. Erst nach zwei Tagen kam der Brand, nicht zuletzt durch einsetzenden Regen, zur Ruhe. Ein Drittel der Wohngebäude lag in Schutt u. Asche. Die Altstadt war fast völlig zerstört, die nördl. Mittelstadt bis fast an den Mittelmarkt heran; nur die Neustadt – mit Ausnahme der Lagerstr. – blieb verschont. Wirtschaftlich am empfindlichsten war der Verlust der Straßen mit den meisten Brauhäusern (→Brauwesen). Der Wiederaufbau – häufig unter Abkehr von der alten Grundstücksstruktur – zog sich fast über ein Jh. hin.

Lit.: *E. Münch: Mühseliger Neubeginn. Rostock nach dem Stadtbrand von 1677, in: Der Festungskurier, Bd. 6, Rostock 2006, S. 30–55.* EM

STADTBUCH. Im Mittelalter wichtige Grundlage der schriftl. Amtsführung des → Rates u. seiner Behörden; S.-fragmente ab 1254, ältestes S. von 1261–72; in der Frühphase wurden allgemeine Gegenstände der Verwaltung sowie private Rechtsgeschäfte nebeneinander eingetragen; mit Ausprägung der Verwaltung entstanden spezielle Bücher, u. a. für das Gerichtswesen, für Äcker u. Gärten, Häuser, Geldgeschäfte; Überlieferung im Stadt- → Archiv umfasst 312 Bände, einer der umfangreichsten Bestände in Norddtl. BK

STADTDIENER. Städt. Rechnungen führten seit 1283 Ausgaben für Boten u. Diener auf; die Kämmerei-Rechnung von 1348/49 unterschied zwischen reitenden u. gehenden Boten; schließlich standen bis ins 19. Jh. vier reitende u. vier gehende Bürgermeister-Diener für die Amtsgeschäfte zur Verfügung; Amtstracht waren rote Mäntel; als Hochzeitsbitter u. Leichenträger erwuchsen ihnen erhebl. Nebeneinkünfte; aus der Reihe der Bürgermeisterdiener kamen der Kämmereidiener u. der Markt- → Vogt; auch andere städt. Behörden beschäftigten Amtsdiener, so gab es die → Gewetts- u. Gerichtsdiener in Rostock od. die Hegediener in Warnemünde; die Professionalisierung der Verwaltung machte die S. später zu Kommunalarbeitern (z. B. Hausmeister); 1920 Ablösung der Bezeichnung. BK

STADTFELDMARK. Wie alle mittelalterl. Städte hatte auch Rostock eine die eigentl. Siedlung umgebende S. für landwirtschaftl. Nutzung durch Bürger. Sie dehnte sich besonders südl. (heute → Steintor-Vorstadt) u. westl. (heute → Kröpeliner-Tor-Vorstadt) der ummauerten Stadt aus. Im Osten wurde sie von den Gemarkungen der Dörfer Gehlsdorf, Dierkow, Bartelsdorf, Riekdahl u. Kassebohm begrenzt. Im Westen lagen Bramow, Schutow, Barnstorf, Damerow u. Biestow. Genutzt wurde die S. als → Hopfen-Gärten, Acker-, Weide- u. Wiesenland (→ Landwirtschaft); ihre Gewässer dienten der → Fischerei. Hier befanden sich auch die Ziegelhöfe des → Rates, der einzelnen Kirchen u. Klöster. Das Gros des Landes befand sich in der Hand der Rostocker Oberschicht. Angesichts der Bedeutung gehörte die Nutzung der S. über Jh. zu den Hauptstreitpunkten zwischen dem Rat u. den Bürgern. Die Flächen wurden von Lohnarbeitern bearbeitet od. an Kleinlandwirte verpachtet. Nach der Entfestigung der Stadt (→ Stadtbefestigung) waren die Areale der S. die naheliegenden Stadterweiterungsgebiete u. wurden ab 1820 ungeplant, ab Ende der 1880er-Jahre planmäßig bebaut. KJLS

STADTFLAGGE. Entstanden 1418 u. sich in ihrer Gestaltung an das → Stadtwappen anlehnend besteht die S. aus drei waagerechten Streifen, von denen der obere, die Hälfte der Flaggenhöhe einnehmend, die Farbe Blau zeigt, belegt mit einem zum Liek (Fahnenmast) gewendeten, schreitenden, gelben (goldenen) Greifen mit aufgeworfenem Schweif u. ausgestreckter roter Zunge. Der mittlere Streifen zeigt die Farbe Weiß (silbern), der untere die Farbe Rot. Jeder dieser beiden Streifen nimmt je ein Viertel der Flaggenhöhe ein. Die Höhe der Flagge verhält sich zu ihrer Länge wie drei zu fünf. Lit.: *F. Bachmann: Flaggen und Farben der Seestadt Rostock und des Landes Mecklenburg, in: Beiträge zur Geschichte der Stadt Rostock, Bd. 20, Rostock 1935, S. 5–25.* RL

Flagge der Hansestadt Rostock

STADTGEBIET. Das Rostocker S. setzte sich anfangs aus dem zum Ende des 13. Jh. ummauerten Innenstadtbereich der ehem. drei Teilstädte (Alt-, Mittel- u. Neustadt) u. der → Stadtfeldmark (Äcker, Gärten, Hopfenhöfe) zwischen Stadtmauer u. Zingel (→ Stadtbefestigung) zusammen. Die Rostocker rühmten sich im 16. Jh., dass die Größe der Innenstadtfläche derjenigen Lübecks kaum nachstand. Im 13./14. Jh. gelangen der Stadt durch ihre Finanzkraft wesentl. Erweiterungen des S., insbesondere durch den Erwerb der → Rostocker Heide u. den Kauf → Warnemündes samt Unterwarnow u. Ostseestrand. In der Frühen Neuzeit musste Rostock mehrfach Eingriffe in sein Gebiet hinnehmen, so den Schwedenzoll in Warnemünde od. Begehrlichkeiten der Herzöge Friedrich Wilhelm u. → Carl Leopold auf die Rostocker Heide. Beginnend mit dem 19. Jh. wuchs die Wohnbebauung kontinuierl. über den mittelalterl. Mauerring hinaus. Seit Anfang des 20. Jh. erfolgte die sukzessive → Eingemeindung zahlreicher Ortschaften in der näheren Umgebung der Stadt. Neubaugebiete rechts u. links der Warnow entstanden. Die Rostocker Heide sowie der Ostseestrand gingen in DDR-Zeiten der Stadt zeitweilig, die Rostocker Heidedörfer bis heute verloren. EM

STADTGESCHICHTE. Das von Angehörigen des slaw. Volksstammes der Kessiner (→ Slaw. besiedlung) bewohnte Roztok im Niederungsgebiet am Ostufer der Unter- → Warnow erlangte v.a. im 12. Jh. Bedeutung als Handelswiek mit einem → Hafen. Im Jahre 1160 wurde die durch eine Burg gesicherte Siedlung im Zuge der feudalen Ostexpansion von einem mit dt. Fürsten verbündeten dän. Heer eingenommen u. zerstört. Während des verstärkt ab 1178 betriebenen Wiederaufbaus des unter den ersten meckl. Fürsten Pribislaw (Lehnsmann des Sachsenherzogs Heinrich des Löwen) gefallenen Landstrichs siedelten sich in der slaw. Wiek auch dt. Handwerker u. Kaufleute an. Sie ließen sich schließlich etwas westwärts der traditionellen Wohnplätze auf einer Anhöhe um den späteren → Alten Markt nieder, wo die Keimzelle des heutigen Rostock entstand. Bereits um 1200 war die Siedlung vermutl. mit dem → Lübischen Recht belehnt u. zur Stadt erhoben worden. Belege dafür lassen sich nicht anführen, sodass Rostock den Johannistag 1218 als Stadtgeburtstag feiert. An jenem 24.6. hatte → Heinrich Borwin I., Herr zu Rostock, dem Gemeinwesen ein bereits früher verliehenes → Stadtrecht urkundl. bestätigt (→ Stadtrechtsbestätigung). Seit jener Zeit wuchs die Kommune stetig wie rasant, sodass westl. des ersten Siedlungskerns 1232 bzw. 1252 zwei weitere Siedlungskerne, jeder mit eigenem → Rat sowie mit → Rathaus, Marktplatz u. Kirche, entstanden. Im Jahre 1265 vereinigten sie sich zu einer „Gesamtstadt", die bis 1300 einen geschlossenen Mauerring mit Toren u. Türmen erhielt (→ Stadtbefestigung).

Eingebettet in das Entstehen der frühen Kaufmannshanse u. deren Entwicklung zur Städte- → Hanse (u.a. Rostocker Landfrieden von 1283) strahlte schon die frühe Stadt weit über das Um-

Max Berger: „Warnemünde bei Mondschein", Lithografie (1870)

land hinaus. Ihren Reichtum erwirtschafteten einerseits die Fernhandelskaufleute (→ Fern- u. Großhandel), die auch polit. nahezu uneingeschränkt das Sagen hatten, u. andererseits ein leistungsfähiges, fast 80 Gewerke repräsentierendes → Handwerk. Den Kernpunkt hans. Handelsaktivitäten der Rostocker bildeten die „Deutsche Brücke" in Bergen u. die am Ufer der Norweg. Wiek liegenden Städte Tönsberg u. Oslo. Die in der 1. Hälfte des 14. Jh. entstandene → Bergen- u. → Wiekfahrer-Kompagnie war die einflussreichste Kaufmannsbruderschaft der Stadt. Ihre im „Staven" zu Oslo verlesenen „Ordnungen" regelten bis zum Beginn des 16. Jh. die Handelstätigkeit im südl. Norwegen. Darüber hinaus bestimmten die Rostocker → Rigafahrer- u.v.a. die → Schonenfahrer-Kompagnie die städt. u. hans. Wirtschaft u. Handelstätigkeit mit. Während die Rostocker auf der Basis wirtschaftl. Macht im Fürstentum/Herzogtum Meckl. eine kommunale Autonomie anstrebten, um ihre Interessen zu wahren, bemühten sich die Landesherren, die Potenziale Rostocks für ihre Bestrebungen nutzbar zu machen. Um entsprechenden Forderungen Nachdruck zu verleihen od. einen Streit für sich zu entscheiden, sperrten sie hin u. wieder kurzerhand den Wasserweg zwischen dem Stadthafen u. der → Ostsee u. schadeten so der städt. Wirtschaft. Daraufhin brachten die Bürger Ländereien an der Unterwarnow – wie u.a. die → Rostocker Heide (1252), die → Hundsburg am Westufer des Flusses bei Schmarl (1278) od. das Fischerdorf → Warnemünde (1323) – durch Kauf in ihre Hand. Mit Geld u. Verhandlungsgeschick verschafften sich die Rostocker zahlreiche weitere Privilegien, wie die Gerichtsbarkeit (1358) od. das Münzrecht (1361). Im 15. Jh. war die Stadt nahezu unabhängig von der Landesherrschaft. Ihr Status, jurist. zwar nicht sanktioniert, ließ sich mit dem einer freien Reichsstadt vergleichen. 1419 öffnete in Rostock eine → Universität ihre Pforten. Die Hochschule, in den ersten Jh. ihrer Existenz von der Stadt Rostock gemeinsam mit den meckl. Landesherren finanziert, avancierte bald zur Uni der Hanse u. trug nachhaltig zur Entwicklung von Wissenschaft, Kunst u. Kultur in Rostock, Meckl. u. weiten Teilen Nordeuropas bei. In ihrer wirtschaftl. Blütezeit hatte die Stadt 12000–14000 Einwohner u. gehörte zu den polit. einflussreichsten im Ostseeraum u. in der Hanse.

Im ausgehenden 15. Jh. flammten die seit Langem schwelenden innerstädt. Auseinandersetzungen, die auf die Brechung der Macht des Patriziats u. die Beteiligung breiter Volksschichten am Stadtregiment sowie gegen die Einflussnahme der Landesherrschaft auf kommunale Belange zielten, wieder auf (u.a. → Domfehde 1487–91). Sie mündeten schließlich in der Reformationsbewegung (→Reformation) des frühen 16. Jh., die in Rostock wesentl. von Joachim → Slüter u. Johann → Oldendorp bestimmt wurde. 1531 nahm der Rat eine neue Ordnung in Religionssachen an, die den Beginn der Durchsetzung der luth. Lehre, der umfassenden Säkularisierung (röm.-kath.) Kirchenbesitzes u. des radikalen Umbaus des öffentl. Lebens v.a. im kommunalen Sozial-, → Gesundheits- u. → Schulwesen markierte. Auch Veränderungen in der Stadtpolitik hielten Einzug. Streitigkeiten mit der Landesherrschaft (so 1565 bewaffneter Einzug des Herzogs → Johann Albrecht I.), die Anerkennung herzogl. Macht in → Erbverträgen (1573/1584), Kriegskontributionen für Albrecht v. → Wallenstein während des → Dreißigjährigen Krieges, der Niedergang des hans. Städtebundes, dessen Vertreter 1669 letztmalig zu einem Hansetag zusammengekommen waren, sowie ein großer → Stadtbrand, der 1677 etwa ein Drittel der städt. Bebauung in Schutt u. Asche legte, führten zum steten Niedergang einstiger Macht u. früheren Glanzes. Die Stadt verabschiedete sich von ihren Autonomiebestrebungen. Kriege (u.a. Großer Nord. Krieg 1700–21, → Siebenjähriger Krieg 1756–63) schwächten die Stadt weiter. Schließlich mussten die Rostocker die Einrichtung einer herzogl. Residenz (1702), das Universitätsexil in Bützow (1760–89) u. einen erneuten Erbvertrag (1788) akzeptieren, der die Untertänigkeit Rostocks unter die Landesherrschaft endgültig sanktionierte.

Während der napoleon. Fremdherrschaft (→ Franzosenzeit) hatte die Stadt unter einer Wirtschaftsblockade (→ Kontinentalsperre) zu leiden. Zudem musste sie ein Heerlager in den Barnstorfer Tannen errichten u. die Versorgung der dort stationierten Truppen der Franzosen u. ihrer Verbündeten auf eigene Rechnung sicherstellen. In der 1. Hälfte des 19. Jh. setzte eine spürbare wirtschaftl. Erholung ein, in deren Folge zahlreiche techn. wie unternehmer. Neuerungen in Rostock Einzug hielten. Wenngleich die Ergebnisse der → Revolution von 1848/49 in Rostock u. Meckl. nicht von Bestand waren, konnte das liberale Bürgertum (→ Liberalismus) im öffentl. Leben fortan immer deutlichere Impulse setzen. Die beginnende → Industrialisierung orientierte sich an den Bedürfnissen der traditionell die kommunale Wirtschaft dominierenden → Schifffahrt sowie des landwirtschaftl. geprägten Umlandes. 1851 lief der erste eiserne seegehende Schraubendampfer Dtl. in Rostock vom Stapel. Mit der → Neptunwerft entstand 1890 die bedeutendste Werft Meckl., die zu den größten Arbeitgebern des Landes zählte. Mitte des 19. Jh. hatte die größte Handelsflotte der Ostsee u. nach Hamburg die zweitgrößte Dtl. in Rostock ihren Heimathafen. Die industrielle Methoden einführende Landwirtschaft setzte in Rostock auf die breit aufgestellte Lebensmittelindustrie (→ Mühlen, → Brennereien, Brauereien, Dörrgemüse-, Zichorien-, Marmeladen-, Essig-, Senf- u. Marinaden-, Konserven-, Margarineherstellung, Milch- u. Fischverarbeitung u.a.m.) sowie auf Feldbahnen-, Maschinen-, Draht-, Dachpappen-, Chemie-, Pharmaziefabriken u. Bauunternehmungen. Vor allem in der 2. Hälfte des 19. Jh. wurde eine moderne kommunale Infrastruktur (Versorgungsbetriebe für Gas, Elektroenergie, Wasser, Nahverkehr u.a.) aufgebaut u. stetig fortentwickelt. Nach einer Reformierung des Bildungssystems erfolgte der Bau zahlreicher moderner Schulgebäude. Ein neues Stadt- → Theater u. ein Kunst- u. Altertumsmuseum entstanden. An der Wende zum 20. Jh. zählte man in Rostock ca. 50 000 Einwohner. Im nahen Warnemünde hatte sich ein leistungsfähiges Kur- u. Bäderwesen etabliert (→ Tourismus).

Der I. → Weltkrieg u. die Inflationszeit beendeten die Jahre der Prosperität. Nur langsam erholte sich die Wirtschaft. Während sich mit der Ansiedelung der → Ernst Heinkel Flugzeugwerke sowie der → Arado Flugzeugwerke in den frühen 1920er-Jahren noch ein neuer innovativer Industriezweig etablierte, schlugen alle Wiederbelebungsbemühungen des traditionsreichen → Schiffbaus fehl.

Die Einbindung der Rostocker Wirtschaft in die umfassenden Wiederaufrüstungspläne der Nationalsozialisten führte ab 1933 allerdings zu einem rasanten Wirtschaftswachstum. Vor allem die Flugzeug- u. die Werftindustrie profitierten von den staatl. Aufträgen. Bei den Ernst Heinkel Flugzeugwerken wurden große Stückzahlen der

Blick von der Marienkirche auf die Lange Straße (1942)

He 111, des Standardbombers der NS-Luftwaffe, gefertigt. Neue Wohngebiete für die Rüstungsarbeiter u. ihre Familien entstanden. 1935 überschritt die Einwohnerzahl Rostocks die 100000er-Marke. Die alte Hansestadt wurde damit zur 56. Großstadt des Dt. Reiches u. zur einzigen des Landes Meckl. Während des II. Weltkrieges griffen alliierte Bomberverbände der brit. Royal Air Force sowie der US Air Force 16-mal die Stadt u. ihre Rüstungsbetriebe an (→ Bombenangriff). Der schwerste der Angriffe, das sog. → Viertagebombardement vom Apr. 1942, war der zweite Vernichtungsangriff auf eine dt. Großstadt überhaupt. Am 1.5.1945 nahmen sowjet. Einheiten der 70. Armee der 2. Weißruss. Front die Stadt nahezu kampflos ein.

Die Sowjet. Militäradministration, unterstützt von in der UdSSR geschulten Kommunisten u. einigen Aktivisten aus Bevölkerungskreisen, übernahm die Verwaltung der Stadt u. versuchte das öffentl. Leben wieder zu aktivieren (→Sowjet. Besatzung). Besonderes Augenmerk galt der Unterbringung der Flüchtlinge, die in großer Zahl in der Stadt Zuflucht gesucht hatten, u. später auch von Vertriebenen aus den ehem. dt. Gebieten in Osteuropa. Die Versorgungsbetriebe mussten weiter betrieben werden, die Lebensmittelversorgung war sicherzustellen. Daneben erfolgte die Demontage beträchtl. Teile des Rostocker Industriepotenzials u. von Infrastruktur- u. Verkehrseinrichtungen als Reparationsleistung für die Sowjetunion.

Nach der Gründung der DDR im Okt. 1949 begann unter der Ägide der Staatspartei SED der Ausbau Rostocks zum bedeutendsten u. größten Standort der Schiffbauindustrie (Neptunwerft, → Warnowwerft 1946–48, → Dieselmotorenwerk 1949), der Hafenwirtschaft (Überseehafen 1960), des Reederei-Wesens (→ Dt. Seereederei Rostock 1952) sowie des → Fischerei-Wesens (Fischkombinat 1949/50). 1952 wurde Rostock im Zuge der administrativen Neugliederung der DDR zur Hauptstadt des Nordbezirkes, der sich entlang der gesamten Ostseeküste des Staatsgebietes erstreckte. Unter diesem Vorzeichen begann der umfassende Wiederaufbau des Stadtzentrums mit einer repräsentativen Magistrale (→ Lange Str.). In der Wirtschaft allerdings wurden nun auch Enteignungen (v.a.

Vogelschauansicht des Wenzel Hollar (Kupferradierung, 1624/25)

ET MERCATVRA ET VNIVERSITATE CELEBRIS.
Swansche Dohr
Auditorium magnum
Collegium Magnum
Kröpelinsche strate
S. Gertruden Kerckhoff
Lage dohr
Snickmans dohr
Badstouer dohr
NOW FLU VIUS
7. Hilge geist.
8. Hilgen geistes hoff.
9. Kornhuys.
10. Collegium Aquilæ.
11. Collegium Unicorni.
12. Collegium rubri Leonis
13. Pædagogium.
14. Vicus versus dotem.
15. Communitet.
16. Schole.
17. Waterkunst.
18. Kaeck.
19. Hopmarckt.
20. Mohlen dohr.
21. Mohlen Dam.
22. Am Amberge.
23. Heringdohr.
24. Lazarus Pockenhauß.
25. Fhule dohr
26. Kofeld dohr
27. Borchwal dohr
28. Wokrend dohr
29. Keyser
30. Vischer dohr
31. Blage thorn.
32. Busebaer.
33. Geet huß.
34. Bramowsche dohr.
35. Kroplinsche dohr.
36. Dobberanshe hoff.

klein- u. mittelständ. Betriebe, → Aktion Rose im Tourismus- u. Beherbergungsgewerbe) systemat. vorangetrieben u. der Ausbau einer volkseigenen (verstaatl.) Wirtschaft forciert. Während des Volksaufstandes vom → 17. Juni 1953 begehrten im Norden der DDR hauptsächl. Rostocks Werftarbeiter gegen die Politik der Staats- u. Parteiführung auf.

Ausgehend von der zentralen Bedeutung der Stadt für die DDR wie auch im Zusammenhang mit den 1958–75 jährl. stattfindenden → Ostseewochen entfaltete sich mit umfassender staatl. Unterstützung ein reiches kulturelles Leben, in dessen Mittelpunkt u.a. das Volkstheater, der → Hinstorff Verlag, die → Kunsthalle, das Schifffahrts- u. das Schiffbaumuseum standen. Die Uni schuf eine Reihe neuer Fakultäten u. entwickelte sich zu einer der bedeutendsten Bildungseinrichtungen der DDR. Infolge des beträchtl. Wohnraummangels erfolgte ab 1953 in schneller Folge die Errichtung zehn neuer Stadtteile.

Errichtung der Südstadt (1963)

Zehntausende Wohnungen entstanden v.a. in industrieller Plattenbauweise für die wachsende Einwohnerzahl. 1988 lebten in Rostock knapp 254 000 Menschen.

Vor allem in den 1980er-Jahren zeigten sich auch in Rostock die Schwächen u. Probleme der zentralen Planwirtschaft der DDR, die die Betriebe zunehmend lähmten. Dies, zusammen mit der Dominanz der allgegenwärtigen SED, mit Unfreiheit u. Unmündigkeit, beförderte in der Bevölkerung Resignation, aber auch ein Aufbegehren gegen das polit. System, die in Massenaktionen des Wendeherbstes 1989 in den Zusammenbruch der DDR (→ Friedliche Revolution) mündeten. Nach dem Rücktritt des Rostocker Stadtrates Ende März 1990 nahm der von neuen Parteien u. demokrat. Bürgergruppen getragene → Runde Tisch für einige Wochen die Geschicke der Stadt in seine Hände. Im Mai 1990 fanden nach 60-jähr. Unterbrechung erstmals wieder demokrat. Kommunalwahlen (→ Wahl) statt. Die Währungsunion u. die Wiedervereinigung der beiden dt. Staaten des Jahres 1990 hatten vor allem für Rostocks Wirtschaft gravierende Auswirkungen. Produkte zahlreicher Unternehmen konnten im Wettbewerb nicht bestehen. Diese mussten aufgeben. Andere Firmen wurden im Zuge der Privatisierung der Wirtschaft verkauft. Ein gravierender Auftragsrückgang führte zu einer nachhaltigen Krise des Schiffbaus. Die Arbeitslosigkeit in der Stadt wuchs stetig. Rostocker mussten Lebensperspektiven anderswo suchen. Die Zahl der Einwohner ging – auch aus anderen als wirtschaftl. Gründen – bis 2002 auf etwa 198 000 zurück. Der seit mehr als zwei Jahrzehnten andauernde Umbau der Wirtschaft nutzt die einstigen Potenziale des Schiffbaus (Windkraftanlagen- u. Spezialmaschinenbau), der Seeverkehrs- u. Hafenwirtschaft (Seehafen, Fracht- u. Fischereihafen, Ostseefährlinien, Reedereien sowie → Kreuzfahrt-Tourismus) u. der Uni (Medizintechnik, Gesundheitswirtschaft, Ökologie, IT-Firmen). Auch der traditionelle Schiffbau scheint nach einer deutl. Reduktion der dort Beschäftigten wieder eine Zukunft zu haben. Flankiert von Infrastrukturmaßnahmen (z.B. → Autobahn A20, → Flughafen Rostock-Laage) u. dem jährl. eine Mio. Besucher anziehenden Windjammertreffen → Hanse Sail konnte sich zudem ein moderner Tourismus entwickeln. Mit 204 000 Einwohnern (Mitte 2015) ist Rostock nach wie vor mit Abstand die bevölkerungsreichste u. wirtschaftl. stärkste Kommune in Meckl.-Vorpommern.

Lit.: *K. F. Olechnowitz: Rostock von der Stadtrechtsbestätigung im Jahre 1218 bis zur bürgerlich-demokratischen Revolution von 1848/49, Rostock 1968; M. Polzin, H. Witt: Rostock von der bürgerlich-demokratischen Re-*

volution 1848/49 bis 1945, Rostock 1974; L. Elsner (Hg.): Rostock. Geschichte der Stadt in Wort und Bild, Berlin 1980; K. Schröder (Hg.): Rostocks Stadtgeschichte von den Anfängen bis in die Gegenwart, Rostock 2013. RL

STADTGESCHICHTSSCHREIBUNG. Die Anfänge der Rostocker S. gehen auf die Chronistik des ausgehenden Mittelalters zurück. Erst im 19. Jh. ist im Zuge bürgerl. Emanzipationsprozesse u. der Etablierung der Geschichte als Wissenschaft an der Uni Rostock ein kontinuierl. verlaufender stadtgeschichtl. Forschungsprozess erkennbar, den nach wie vor aber versiert arbeitende Laien wie etwa die Juristen Heinrich Mann u. Theodor Sohm od. der Pädagoge Karl Ernst Hermann Krause bestimmten. Eingebettet in landesgeschichtl. Forschungen beteiligten sich auch auswärtige Wissenschaftler wie der Schweriner Archivar Georg Christian Friedrich Lisch an ihm. Die Forschungsergebnisse wurden v.a. in den seit 1836 erscheinenden „Jahrbüchern des Vereins für mecklenburgische Geschichte und Altertumskunde" abgedruckt. In der 2. Hälfte des 19. Jh. beteiligen sich zunehmend auch Lehrstuhlinhaber an der Uni wie Wilhelm Stieda u. Friedrich Schirrmacher, aber v.a. Adolf Hofmeister u. Gustav Kohfeldt an der S., die nun von Rostocker Stadtarchivaren dominiert wurde. Neben Karl → Koppmann, der 1887 die erste u. lange Zeit einzige moderne → Stadtgeschichte Rostocks (angekündigt als 1. Teil, von der Gründung der Stadt bis zum Tode des Rostocker Reformators Joachim → Slüter führend; ein 2. Teil jedoch erschien nie) vorlegte, sind Ernst → Dragendorff u. Ludwig → Krause zu nennen. Die Archivare redigierten 1890–1938 die vom Verein für Rostocks Altertümer (→ Geschichtsverein) herausgegebenen „Beiträge zur Geschichte der Stadt Rostock" u. bestimmten ihren Inhalt durch unzählige eigene Aufsätze in den ersten 25 Erscheinungsjahren nahezu total. Für das seit 1323 zum Stadtgebiet gehörende Warnemünde legte der promovierte Pädagoge u. Jurist Friedrich → Barnewitz 1925 eine erste geschlossene Darstellung vor, die auch als erste stadtteilgeschichtl. Arbeit Rostocks gelten darf. Während der NS-Zeit erarbeitete der Buchhändler Paul Babendererde im Auftrage des → Oberbürgermeisters (OB) eine umfassende, durch nationalsozialist. Denkweisen geprägte Stadtgeschichte. Das siebenbändige Manuskript wurde jedoch nie gedruckt. Nach dem Ende des II. → Weltkrieges erlangten zunächst eine Sammlung stadtgeschichtl. Episoden des Lehrers Hans → Bernitt (1956) sowie das Stadtporträt der Archivare Johannes Lachs u. Friedrich Karl Raif (1965) große Popularität. In Vorbereitung des 750. Stadtgeburtstages konzipierte man eine dreibändige Stadtgeschichte, die im Auftrage des OB von Wissenschaftlern u. Archivaren erarbeitet wurde. Dem Forschungsstand u. den ideolog. Vorgaben von Stadt, Staat u. SED geschuldet erschien 1968 zunächst der von Karl Friedrich Olechnowitz bearbeitete Bd. 1 (von den Anfängen Rostocks bis 1848/49), im Jahr darauf, dem 20. Gründungsjahr der DDR, die von Gerd Rackow, Martin Heyne u. Oswald Kleinpeter verantwortete erste Darstellung der Nachkriegszeit Rostocks (Bd. 3, 1945 bis 1968/69), bevor schließlich 1974 der 2., von Martin Polzin u. Horst Witt bearbeitete Band vorlag, der den Zeitraum 1848/49–1945 zum Inhalt hatte. Ab 1972 führte die Stadtverwaltung ein populär aufgemachtes Periodikum ein, das zu-

Wilhelm Stieda (um 1890)

Karl Friedrich Olechnowitz (um 1965)

nächst den Titel „Sozialistisches Rostock" (ab 1972, zehn Hefte) u. später den Namen „Beiträge zur Geschichte der Stadt Rostock. Neue Folge" (ab 1981, zehn Hefte) trug. Im Jahre 1980 erschien die erste illustrierte Stadtgeschichte Rostocks. Sie war von einem Wissenschaftlerteam unter Leitung von Lothar Elsner erarbeitet worden. An der Uni Rostock waren in den späten 1980er-Jahren an einer Reihe von histor. Lehrstühlen endlich die Voraussetzungen für eine kontinuierl., systemat. Stadtgeschichtsforschung geschaffen worden. Erste Projekte, die neben Rostock zahlreiche weitere Städte im Norden der DDR zum Gegenstand hatten, waren in Angriff genommen worden. Nach dem Zusammenbruch der DDR 1989/90 u. der Wiedervereinigung musste eine Neubetrachtung u. teilweise auch Neubewertung Rostocker Stadtgeschichte erfolgen. Nach akadem. Evaluierungsmaßnahmen ab 1990 erfolgte die Freisetzung nahezu aller auf dem Gebiet der S. erfahrenen Wissenschaftler. Die Forschungsteams zerfielen. Die S. verlor so in kurzer Zeit nahezu ihre gesamte konzeptionelle u. personelle Basis. Nur selten engagierten sich neu eingerichtete Lehrstühle für die S. so wie jener für Geschichte der Neuzeit (1993–2004). Seine Forschungsergebnisse, etwa zum Butterkrieg od. zur Stadt in Biedermeier u. Vormärz, bereicherten die S. substanziell. Seit mehr als einem Jahrzehnt jedoch haben Ordinarien das Interesse an der S. zunehmend verloren, systemat. Forschung findet nicht mehr statt. Heute liegt die S. v.a. in den Händen enthusiast. Laien sowie einer Reihe von Vereinigungen, aus der die Schifffahrtsgeschichtl. Gesellschaft Ost-

Mitglieder der Geschichtswerkstatt Rostock e.V. (2005)

see e.V., die Geschichtswerkstatt Rostock e.V., der Verein für Rostocker Geschichte sowie Stadtteilinitiativen in Brinckmansdorf, Dierkow, Lütten Klein, Groß Klein, Reutershagen, Schmarl u. Toitenwinkel herausragen. Auch Einrichtungen der Stadtverwaltung (→ Archiv, → Denkmalpflege, Museum) leisten substanzielle Beiträge zur S. Zudem ist die 1990 in Schwerin wiedergegründete Histor. Kommission für Meckl. bemüht, die Rostocker S. auf vielfältige Weise zu fördern. Thematisch hat die S. eine Breite erreicht, die das Wissen um die Vergangenheit der Stadt u. ihrer Menschen substanziell bereichert hat. RL

STADTGRÜNDUNG → **STADTRECHTSBESTÄTIGUNG**

STADTHAFEN → **HAFEN**

STADTHALLE. Anfänge der Projektierung (1957) unter Leitung des Rostocker Chefarchitekten Wolfgang Urbanski; Bau einer Sport- u. Kongresshalle (5500 Zuschauer) sowie eines Wohnheimes (nach 1990 Hotel an der S.) 1975–79; Mehrzweckhalle für Sport-, Kongress-, Kultur- u. massenpolit. Veranstaltungen; zweitgrößte Halle der DDR nach dem Berliner Palast der Republik (2012 abgerissen); Spielstätte des → SC Empor Rostock (Handball); nach 1989/90 mehrfach Tagungsort verschiedener Bundesparteien, Ausrichtung von Konzerten, Messen u. Konferenzen; 2006 u. 2016–18 umfassende Sanierung; Betreiber: Rostocker Messe- u. Stadthallengesellschaft mbH.

Lit.: Stadthalle Rostock GmbH (Hg.): 20 Jahre Stadthalle, Rostock 1999. RS

STADTKABINETT FÜR KULTURARBEIT. Im Jan. 1978 bei der Abteilung Kultur des Rates der Stadt Rostock geschaffenes Büro zur fachl. Betreuung kultureller Aktivitäten u. Initiativen der Bürgerinnen u. Bürger sowie entsprechender Vereine. Die 1990 liquidierte Einrichtung fungierte ab 1982 auch als Träger zahlreicher Kultureinrichtungen bzw. -institutionen, so des → Jugendklubs KuBa, des Kreisfilmstudios u. der → Niederdt. Bühne.

Lit.: K. Schröder: Stadtkabinett für Kulturarbeit, in: Die Bestände des Archivs der Hansestadt Rostock. Eine kommentierte Übersicht, Rostock 2010, S. 351f. RL

STADTKOMMANDANT. Erstmals während des → Dreißigjährigen Krieges nach der Besetzung Rostocks durch kaiserl. Truppen 1628 in Erscheinung getreten, S. Oberst v. Hatzfeld 1631 durch Jakob Varmeier ermordet; 1635 setzten die meckl. Herzöge erneut einen S. ein, der mit seinen Soldaten auf die Stadt vereidigt wurde; ab 1713 Auseinandersetzungen Rostocks mit Herzog → Carl Leopold um die Mi-

Bau der Stadthalle (1978)

litärhoheit; nach dem Vergleich von 1748 übernahmen herzogl. S. dauerhaft die Befehlsgewalt über das Militär in Rostock, seit dem → Erbvertrag von 1788 Vereidigung des S. u. der → Garnison allein auf den Herzog; Rostock zahlte jährl. ein → Pfingstmarkt-Geschenk an den S.; 1822–25 Bau der Neuen Wache am → Universitätsplatz; S. Oberst v. Below 1829 zum → Ehrenbürger ernannt; 1895 Verabschiedung des letzten S.; nach Ende des II. → Weltkrieges stand die Stadt bis 1949 unter Aufsicht der sowjet. Militärkommandantur; der Ausnahmezustand vom → 17. Juni 1953 wurde vom sowjet. S. verhängt. BK

STADTKREIS → KREIS

STADTMAUER → STADTBEFESTIGUNG

STADTMITTE → INNENSTADT

STADTNAME. Ursprüngl. „roztok“, auch „rostoc“; aus dem Altpolabischen, einer slaw. Sprache, in der „roz“ für „Auseinander(fließen)“ u. „tok“ für „Fluss“ od. „Strom“ steht, sodass das Wort „Rostock“ in seiner Übersetzung „Breiterwerden eines Flusslaufes“ bedeutet. RL

STADTRECHT (VON 1757). Fixierte nach jh.-langer Nutzung des → Lübischen Rechts, 1586 in revidierter Form gedruckt, erstmals ein eigenes Rostocker S., nach wie vor jedoch weitgehend auf dem Lübischen Recht basierend; maßgebl. Beteiligung des Rostocker Juraprof. u. späteren → Bürgermeisters Jakob Heinrich → Balecke; Hauptbestimmungen betrafen Bürgermeister, Ratsherren (Senatoren), Bürger, Einwohner u. Ehesachen, Erbschaftsangelegenheiten, Geldgeschäfte u. Bausachen, die Prozessführung vor Gericht u. den Seehandel. EM

STADTRECHTSBESTÄTIGUNG. Urkunde, ausgestellt von Fürst → Heinrich Borwin I. v. Meckl. am 24.6. 1218; gilt häufig fälschl. als Gründungsurkunde der Stadt u. bis heute als Grundlage für das Stadtjubiläum; in Wirklichkeit nur landesherrl. Bestätigung des Gebrauchs des → Lübischen Rechts für die Bürger Rostocks; Hinweis auf die bereits existierende Stadtgemeinde u. ihre Organisation durch zehn namentl. genannte Ratsherren; Original der Urkunde nicht mehr vorhanden; Inhalt bekannt aus der Wiederholung in der Urkunde über den Kauf der → Rostocker Heide vom 25.3.1252.

Lit.: *F. Ruchhöft: Heinrich Borwin I., in: Biographisches Lexikon für Mecklenburg, Bd. 8, Schwerin 2016, S. 144f.* EM

STADTREINIGUNG. Im Mittelalter u. in der Frühen Neuzeit wurden private u. gewerbl. Abfälle sowie menschl. Exkremente trotz städt. Verordnungen insbesondere in den Nebenstraßen oftmals auf die Straßen geworfen od. Fließgewässern anvertraut. Lediglich auf zentralen Straßen u. Plätzen sorgten Straßenfeger u. Nachtwächter für eine grobe Reinigung. Mancherorts dienten stillgelegte Brunnen als Kloake od. Abfallbehälter. Vereinzelt standen an zentralen Orten Mistkisten. Die ältesten archäolog. nachweisbaren Klärgruben mit Holzverkleidung stammen aus der Mitte des 14. Jh.

Seit Ende des 16. Jh. wurden regelmäßig städt. Verordnungen (1535, 1677, 1779) zur Reinhaltung der Gassen erlassen. Ihre Wirkung war jedoch gering. Immer wieder wurden Verstöße registriert. Vor allem in den Nebenstraßen lag häufig Unrat, den Schweine, Hühner u. Enten durchwühlten. Der Abort wurde in fast allen Häusern in kleinen Behältern gesammelt.

Zu Beginn des 19. Jh. entsorgte das Unternehmen Reese & Ritter ca. 14 000 Eimer pro Woche. Die Müllplätze lagen vor den Mauern der Stadt (unweit des späteren Neptunwerftgeländes u. vor dem Petritor). Der zusammengefegte Gassenkot wurde abgefahren. Das Unternehmen war gleichzeitig für die Säuberung öffentl. Plätze u. Straßen zuständig. Eine 1810 erlassene Gassenordnung wies die Hausbesitzer der Stadt u.a. an, die Bürgersteige u. die Wasserläufe zweimal pro Woche zu reinigen. Das Ausschütten von Nachtstühlen war verboten.

Bis 1898 waren Hausbesitzer verpflichtet, vor, hinter od. neben ihren Besitzungen fegen zu lassen u. den Unrat zu entfernen. Danach übernahm das → Polizei-Amt die Aufgabe. 62 Polizeiwächter wurden nunmehr zum nächtl. Wachdienst sowie zur S. u. Kehrichtabfuhr eingesetzt.

Zu Beginn des 20. Jh. erfolgte die Abfuhr des Straßen- u. Hausmülls ganztägig zweimal in der Wo-

Prospekt der Firma Arthur Koppel (1905)

che. Zum Abtransport vorgesehene Abfälle mussten in dichten Gefäßen vor den Häusern auf den Bürgersteig gestellt werden, wo sie kostenlos entleert wurden. Normierte Mülltonnen gab es nicht. Größe u. Gewicht waren aber vorgeschrieben, da sie von zwei Männern handhabbar in einen Abfallwagen geschüttet werden mussten. Die pferdebespannten Kehrichtwagen waren zweirädrig. Zwischen den Rädern hing ein großer Holzkasten, der mit Klappen versehen war.

Die S. unterstand dem Polizeiamt. Gelagert wurden der Abfall u. der Müll auf Dungabladeplätzen, die sich vor dem Stein- u. vor dem Kröpeliner Tor befanden. Das Entsorgen von Scherben u. Bauschutt war hier allerdings verboten. Dafür gab es vor dem Kröpeliner Tor u. vor dem Petritor ausgewiesene Plätze. Der Abtransport „menschl. Auswurfstoffe“ erfolgte mind. einmal pro Woche durch private od. städt. Abfuhrinstitute. Die Eimer hatten frühestens 30 min vor der Abholung auf der Straße zu stehen u. mussten spätestens 30 min nach Entleerung wieder hereingeholt sein. Dabei bediente man sich luftdicht verschlossener Holztonnen. Der Inhalt wurde in einer weit vor der Stadt gelegenen Sammelgrube entleert; die Behälter wurden gesäubert sowie desinfiziert. Pumpwagen leerten die Fäkaliengruben u. sprengten die umliegenden Felder mit dem kostbaren organ. Dünger. Ein Teil wurde mit Straßen- u. Hauskehricht vermengt u. auf Haufen aufgeschüttet. Nach einer Lagerfrist gelangte der Dünger öffentl. meistbietend zum Verkauf. Die im Volksmund als Goldeimer bezeichneten Behältnisse waren in der östl. Altstadt noch bis in die 1950er-Jahre, in Dierkow sogar noch bis in die 1970er-Jahre hinein im Gebrauch.

Erfolgte die S. zumeist in der Nacht mittels Handbesen, hielten in den 1920er-Jahren die ersten Kehrmaschinen Einzug. 1932 tauchten erstmalig Überlegungen auf, eine Müllverbrennungsanlage zu bauen. Da die rings um Rostock gelegenen Müllgruben noch über genügend Aufnahmekapazitäten verfügten, aber auch aus Kostengründen, wurde das Projekt abgelehnt.

Je nach Bedarf kamen bis 1939 auch Wasserwagen zum Einsatz. Im Sommer oblag ihnen auch das Sprengen der trockenen Wege. Die wichtigsten Straßen u. Plätze wurden tägl., die restl. zweimal wöchentl. gesäubert. Trat Schneefall auf, waren Hausbesitzer verpflichtet, die Bürgersteige zu räumen u. mit Sand, Asche od. Sägespänen abzustumpfen. Aufgetürmte Schneehaufen wurden von der Stadt kostenlos abgefahren. Die S. erfolgte bis zum II. Weltkrieg mit zwei Motorsprengwagen u. einer Kehrmaschine. Während des Krieges wurde der Fuhrpark vollständig zerstört. Daher übernahmen nach 1945 Pferdefuhrwerke den Abtransport. Müllabladeplätze befanden sich u.a. in der Carl-Hopp-Str., in der Lübecker Str., am Petridamm u. am Hauptbahnhof.

Der kommunale Wirtschaftsbetrieb VEB (K) Müllabfuhr u. S. firmierte seit 28.9.1953 als VEB (K) S. mit Sitz in der Grubenstr. Ca. 65 Beschäftigte fuhren mit 15 Lkws den Müll ab. 1971 erfolgte der Umzug des Betriebes zum Petridamm. Müllfahrzeuge vom Typ Tramp u. Skoda sorgten seit den 1960er-Jahren für die Leerung der 110-l-Ringmülltonnen. Parallel dazu begann seit den 1970er-Jahren die Verwertung von Küchenabfällen. Die „Specki-Tonne“ wurde eingeführt. In den 1950er-Jahren säuberte die Kehrmaschine namens „Blaue OMA“ die Stadt. Später kamen Spezialfahrzeuge vom Typ W50 aus Ludwigsfelde u. Sprühfahrzeuge des Typs Skoda-BOBR aus der Tschechoslowakei hinzu. Die Gehwegreinigung erfolgte durch Fahrzeuge des Typs Multicar.

1959 entstand in der Nähe des Dierkower Primelberges eine große Mülldeponie. Sie wurde bis 1990 betrieben. Rostocker Hausmüll wurde aber auch zur Deponie Diedrichshagen (1980–90) u. nach Parkentin (1976–99) gebracht.

Nach dem Zusammenbruch der DDR 1989/90 wurde der VEB (K) S. 1990 zur heutigen Stadtentsorgung Rostock GmbH. Der Fuhrpark wurde modernisiert u. man schaffte 165 neue Müllfahrzeuge an. Das Müllaufkommen stieg von 10 l auf 40 l pro Kopf der Bevölkerung. Der Bestand an Mülltonnen wurde komplett ausgetauscht; an zentralen Plätzen wurden Großraumcontainer für die Entsorgung von Glas u. Papier aufgestellt. Um die Mülltrennung voranzutreiben, wurden die Gelbe, die Blaue und die Braune Tonne eingeführt. Recyclinghöfe entstanden in Dierkow, der Südstadt, Reutershagen u. Lütten Klein.

Nach der Schließung der Deponie Parkentin ging 2010 auf dem Gelände des Seehafens Rostock eine 83 Mio. € teure Müllverbrennungsanlage des schwed. Konzerns Vattenfall in Betrieb. 40–50 Lkw-Ladungen werden hier tägl. verbrannt.

Gegenwärtig betreibt die Stadtentsorgung Recyclinghöfe in Lütten Klein, Reutershagen, Dierkow u. der Südstadt. Die Hausmüllabfuhr, Bioabfall- u. Glasentsorgung erfolgt durch die Stadtentsorgung Rostock GmbH. Papier u. Leichtverpackungen erfasst die Veolia Umweltservice Nord GmbH.

Das Rostocker Straßennetz beläuft sich auf ca. 630 km (2013). Davon werden 385 km im Auftrage der Stadt gereinigt u. schneeberäumt. Die S. umfasst aber auch die Entleerung von etwa 1000 Papierkörben u. knapp 30 Hundetoiletten. Ein Radwegewart unterstützt seit 2011 die Reinigung der Radfahrwege.

Lit.: R. Stutz: *Anrüchiges von der Warnow – Müllabfuhr- und Straßenreinigung in Rostock, in: Rostocker Blitzlichter 1900/2000, Rostock 1999, S. 163–165; Stadtentsorgung Rostock GmbH (Hg.): Chronik der Rostocker Straßenreinigung von 1898 bis 1998, Rostock 1998.* RS

STADTSIEGEL. Zur Beglaubigung von städt. Rechtsgeschäften durch den → Rat u. die → Bürgermeister ab 1257 nachweisbare Prägestempel mit Bild u. Umschrift. Das älteste Rostocker S. zeigt einen

Großes Siegel der Stadt Rostock (ab 1257 nachweisbar)

bekrönten Stierkopf mit der Umschrift „SIGILLUM BURGENSIUM DE ROZSTOK“ u. verweist somit auf seine landesherrl. Ursprünge, denen die Stadt mit dem erstmals 1307 verwendeten „SECRETUM BURGENSIUM DE ROSTOC“, das einen nach links schreitenden Greif zeigt, entgegenwirken wollte. Über das 1323 eingeführte „SECRETUM CIVITATIS ROSTOK“, das in der Umschrift erstmals auf die Stadt Rostock Bezug nimmt, entstand 1367 ein das → Stadtwappen führendes „SIGNUM DE ROSTOK“. Dieses wurde bis in die Anfänge des 18. Jh. gemeinsam mit dem ältesten S. verwendet u. ist heute in veränderter Gestalt mit der Umschrift „HANSESTADT ROSTOCK“ im alleinigen Gebrauch.

Lit.: A. Hofmeister: *Das Wappen der Stadt Rostock, in: Beiträge zur Geschichte der Stadt Rostock, Bd. 1, H. 1, Rostock 1895, S. 65–88.* RL

STADTTOR → STADTBEFESTIGUNG

STADTVERFASSUNG. Sammlung einerseits grundlegender Rechtsquellen zur Verwaltung einer Stadt u. andererseits von Organisationsprinzipien einer Kommune. Die frühe S. Rostocks basierte auf den Bestimmungen des → Lübischen Stadtrechts, auf den Inhalten weiterer landesherrl. Privilegien, auf einer Vielzahl von Ordnungen des → Rates sowie allgemeinen Kodizes der Gemeinde bzw. der Bürger. Diese teilweise sogar nur mündl. weitergegebene, sich permanent entwickelnde u. somit verändernde Rechtssammlung beinhaltete u.a. das Ratswahlrecht, die Befugnisse des Rates zur Verwaltung der Stadt u. ihrer Vertretung nach außen, das → Bürgerrecht, Rechte der Mitbestimmung der Gemeinde u./od. Bürger sowie ihrer Vertretung, die Rechtsprechung, das Steuer- u. Finanzrecht sowie einen umfassenden Komplex von Ordnungen zur Organisation des städt. Lebens, der städt. Wirtschaft u. der Stadtverteidigung. Die Ende 1583 nach teils langwierigen innerstädt. Auseinandersetzungen u. Kämpfen erfolgte Etablierung des Kollegiums der → Hundertmänner als Frühform einer demokrat. Bürgervertretung u. als Kontrollorgan für den Rat brachte die für lange Zeit einschneidende Veränderung für die bis in die Neuzeit hinein relativ statisch gebliebene mittelalterl. S. Rostocks. Im Zuge der im 16. Jh. beginnenden Modernisierung der → Stadtverwaltung waren die sachl. relevanten Teile der S. nach u. nach auch zu Handlungsrichtlinien entstehender Fachbehörden geworden. Eine umfassende Darstellung der Rostocker S. u. des damit eng verbundenen → Stadtrechts legte Jakob Hinrich → Balecke erstmals 1757 vor. Heinrich Nettelbladt machte sich um die Kommentierung der S. u. die Führung einer Matrikel für ihre bedeutsamen Dokumente (1757/1760) verdient. Immer wieder, aber v.a. in den → Erbverträgen 1573, 1584 u. 1788 sowie im Hundertmännerregulativ von 1770 nahm die Landesherrschaft z.T. entscheidenden Einfluss auf die Rostocker S. Die in der → Revolution 1848/49 auch in Rostock ins Werk gesetzte grundlegende Modernisierung der S. in Sinne des aufstrebenden Bürgertums hatte nur bis 1851 Bestand. Da sich Rat u. Bürgervertretung in einem jahrzehntelangen Prozess nicht über den Inhalt neuer Statuten für das Stadtparlament einigen konnten, erließ 1886 der Großherzog v. Meckl.-Schwerin ein entsprechendes Regulativ. Auf dessen Basis wurde 1887 eine repräsentierende → Bürgerschaft ins Leben gerufen u. das überkommene Ratssystem teilweise verändert. Rostocks erstes demokrat. gewähltes Stadtparlament im 20. Jh. gab sich am 11.6.1919 eine moderne S. Das durch eine Verfassungskommission der → Stadtverordnetenversammlung unter Vorsitz von Hugo → Sawitz erarbeitete Dokument wurde bereits am 18.7.1919 durch

Verfassung der Seestadt Rostock.

Beschlossen in der Sitzung der verfassunggebenden Bürgervertretung am 11. Juni 1919

Druck: Mecklenburgische Volks-Zeitung, G. m. b. H., Rostock i. M.

Titelseite der Stadtverfassung (1919)

die „Städteordnung des Freistaates Meckl.-Schwerin“ abgelöst. Seither werden die kommunalen Organisationsprinzipien Rostocks in ihren Grundzügen nicht mehr in der Stadt selbst bestimmt. An die Stelle der Städteordnung trat am 30.1.1935 die im nationalen Rahmen gültige „Dt. Gemeindeordnung“. Letztere wurde am 20.9.1946 durch die „Gemeinde-Verordnung für die Länder u. Provinzen der Sowjet. Besatzungszone Deutschlands“ abgelöst, die wiederum durch das „Gesetz über die örtl. Organe der Staatsmacht“ vom 17.1.1957 (erstmals am 12.7.1973 als „Gesetz über die örtl. Volksvertretungen u. ihre Organe in der DDR“ sowie schließlich am 4.7.1985 als „Gesetz über die örtl. Volksvertretungen in der DDR“ novelliert) ersetzt wurde. Die 1935–90 durch Gesetze der Staatsmacht vorgegebenen S. dienten in Rostock wie auch gesamtnational der Durchsetzung des Machtanspruches u. des Willens einer Staatspartei (zunächst der NSDAP, später der SED) im kommunalen Rahmen. Auf ihrer Basis wurden demokrat. Prozesse in Stadtverwaltungen teilweise od. gänzl. außer Kraft gesetzt u. Städte zentralist. geführt. Erst das „Gesetz über die Selbstverwaltung der Gemeinden u. Landkreise der DDR" vom 17.5.1990 beendete diesen Zustand de jure, nachdem bereits seit dem sog. Wendeherbst 1989 demokrat. Initiativen, Gruppen u. Parteien die allgegenwärtige Macht der DDR auch in Rostock schrittweise aufgeweicht u. die S. in Gestalt des entsprechenden Gesetzes partiell außer Kraft gesetzt hatten. Nach der Wiedervereinigung der beiden dt. Staaten am 3.10.1990 erließ die Regierung des Bundeslandes Meckl.-Vorpommern eine Kommunalverfassung, deren bisher letzte Fassung vom 13.7.2011 Rostocks gegenwärtige S. darstellt. Sie wird durch die Hauptsatzung der Hansestadt Rostock (in gegenwärtig letzter Fassung vom 19.11.2015) sowie ein umfängl., vom Stadtparlament erlassenen Ortsrecht spezifiziert u. ergänzt.

Lit.: *P. Meyer: Die Rostocker Stadtverfassung bis zur Ausbildung der bürgerlichen Selbstverwaltung (um 1325), in: Jahrbuch des Vereins für meklenburgische Geschichte und Alterthumskunde, Jg. 93, Schwerin 1929; Rostocksches Stadt-Recht, Rostock 1757; W. März: 80 Jahre demokratische Kommunalverfassung in Rostock, Rostock 1999; K. Gundlach: Die Rostocker Ratsverfassung im 18. Jahrhundert, Berlin 2013.* RL

STADTVERORDNETENVERSAMMLUNG. Histor. Bezeichnung für das kommunale Parlament (heute → Bürgerschaft); infolge der bürgerl.-demokrat. → Revolution 1848/49 löste die S. zeitweilig das → Hundertmänner-Kollegium ab; nach der → Novemberrevolution trugen 1919–33 die bürgerschaftl. Vertretungsorgane in den meckl. Städten einheitl. diese Bezeichnung; die demokrat. Gemeindeverfassung (→ Stadtverfassung) von 1946 führte in der gesamten Sowjet. Besatzungszone wieder die S. ein, die in den Städten bis 1990 nach den Einheitslisten der Nationalen Front gewählt wurden. BK

STADTVERWALTUNG. Die Ursprünge für die Behörde zur Verwaltung der kommunalen Angelegenheiten lassen sich bis in die Gründungszeit Rostocks zurückverfolgen. An der Spitze des Gemeinwesens stand entsprechend dem → Lübischen Recht, dessen Geltung die Landesfürsten 1218 sanktioniert hatten, der → Rat. Die gesetzgebende Gewalt u. die gesamte Rechtsprechung waren bis 1358 gänzlich auf diesen übergegangen. Innerhalb des Rates bildeten sich bestimmte Ämter heraus, die durch ihre Stellung in der Hierarchie u. durch ihre sachl. Zuständigkeit geprägt waren. Das wichtigste Amt war das der → Bürgermeister. Die städt. Vermögensverwaltung lag in der Verantwortung der → Kämmerei-Herren, den Gerichtsherren oblag die Rechtsprechung. Zu den hohen Ämtern zählten auch die → Gewett-Herren, die die Handwerker, den → Hafen u. Warnemünde beaufsichtigten, u. die Schoßherren, die die regelmäßigen direkten Steuern einnahmen. Die Wall-, Münz-, Mühlen- u. Weinherren übernahmen die sog. kleinen Ratsämter. Den ehrenamtl. tätigen Ratsherren stand eine Reihe von städt. Bediensteten zur Seite. Zu ihnen gehörten von Anfang an die Schreiber u. → Stadtdiener. Zudem standen bereits früh ein Büttel, der als Gerichtsbote, Strafvollstrecker u. Gefangenenaufseher wirkte, ein Münzmeister, ein Ziegelmeister u. ein Jäger in städt. Diensten. Aus den personellen Zuständigkeiten der Ratsherren entwickelten sich seit dem 16. Jh. in einem längeren Prozess Fachbehörden. Am frühesten sind diese beim Niedergericht u. der Stadtkasse zu erkennen, die zur Erledigung der Geschäfte eigene Räume u. bestallte Beamte nutzten u. eigene Registraturen aufbauten. Seit der → Reformation übernahm die Stadt zudem neue Verpflichtungen im Bereich der Kirchenverwaltung u. -ökonomie, im → Schulwesen, in der Gesundheitsfürsorge (→ Gesundheitswesen) sowie bei der Verwaltung der Armenanstalten (→ Armenwesen) u. milden → Stiftungen. Mit dem Anwachsen der Aufgaben setzte sich die Tendenz zur Ausbildung von Fachbehörden fort. Ein wesentl. Merkmal der Verwaltung war das kollegiale Prinzip der Leitung. Zwei bis drei Ratsherren standen den Fachbehörden vor, bürgerschaftl. Deputierte wurden bei den Entscheidungsfindungen hinzugezogen. Seit Beginn des 19. Jh. lösten sich aus den umfassenden Ressorts einzelne Sachbereiche heraus u. bildeten weitere eigenständige Behörden. Neu eingerichtet wurden u.a. das Armeninstitut (1803), das Bauamt (1812), das Polizeiamt (1817), die Forstverwaltung (1833), die Steuererhebungskasse (1834), die Elementarschulkommission (1839). Stadtwachstum

Links neben dem Steintor befand sich das 1902 abgerissene Polizeibüro (Aufnahme von 1899)

u. Urbanisierung machten die Modernisierung der S. zu einer zwingenden Notwendigkeit, um die gewachsenen Aufgaben u. Ansprüche erfüllen zu können. Das hatte Auswirkungen auf die Professionalisierung u. Bürokratisierung der Behörden. An die Verwaltungsspitze traten besoldete Stadträte, zumeist mit jurist. Ausbildung, sowie eine geringe Zahl unbesoldeter Stadträte, die bürgerl. Berufen nachgingen. Die Aufgabenerledigung in der Verwaltung übernahm zunehmend spezialisiertes Fachpersonal. So bedingte der Auf- u. Ausbau des Schulwesens die Anstellung von Lehrkräften. Die städtebaul. Entwicklung u. der Ausbau des Hafens erforderten die Beschäftigung von Bauingenieuren u. Technikern. Seit der Reform der → Stadtverfassung im Jahr 1887 gab es immer wieder Bemühungen, den Verwaltungsapparat an die veränderten gesellschaftl. Bedingungen anzupassen. Das enge Ressortdenken der histor. gewachsenen Justiz- u. Verwaltungsdepartements erschwerte den Geschäftsgang erheblich. Erst die geänderten verfassungsrechtl. Gegebenheiten nach der → Novemberrevolution machten ab 1919 eine grundlegende Reform möglich. Es entstanden Verwaltungsabteilungen, deren Geltungsbereich sich nicht nach geschichtl. Entwicklung, sondern nach sachl. Zuständigkeiten konstituierte. So verschwand mit dem Gewett eine der traditionellen Behörden. Bürgermeister u. Rat wurden fortan auf Zeit gewählt. Das in der Verfassung der Weimarer Republik verbriefte Recht auf kommunale Selbstverwaltung war für viele Gemeinden ein Fortschritt, für Rostock war damit jedoch der Verlust der bisherigen selbstständigen Stellung im Staatsgefüge verbunden. In der Zeit des Nationalsozialismus u. später dann auch in der DDR war die weitere Entwicklung von dem Streben gekennzeichnet, die organisator. Trennung von Staats- u. Selbstverwaltung aufzuheben u. die kommunalen Körperschaften in eine einheitl. Gesamtverwaltung einzubauen. Mit der Dt.

Oberbürgermeister Albert Schulz mit Bürgermeister Walter Petschow (sitzend v. r.) und Stadträten (1947)

Gemeindeordnung von 1935 sowie dem Einheitsplan für die Verwaltungsgliederung von 1937 schuf die NSDAP die Grundlagen für die angestrebte Zentralisierung. In der DDR konstituierte die SED 1953 u. 1957 die Gemeinden als örtl. Organe der Staatsmacht. Nach 1990 wurde dem Prinzip der kommunalen Selbstverwaltung wieder Geltung verschafft. Das Kommunalrecht der BRD gewährt den Städten u. Gemeinden dabei die Organisations- u. Personalhoheit.

Die S. mit dem → Oberbürgermeister an der Spitze ist zur Aufgabenerledigung in Ämter, Sachgebiete u. Abteilungen strukturiert. In der S. Rostocks gibt es 2323 Stellen, davon sind 486 für Beamte vorgesehen (2015). Wichtige Standorte der Verwaltung sind das → Rathaus am Neuen Markt, das Haus des Bauens am Holbeinplatz, das Jugend- u. Sozialamt an der Reiferbahn u. die Ortsämter in den Stadtteilen. Zahlreiche Aspekte des öffentl. Lebens werden durch die S. begleitet, gesteuert u. ermöglicht, sie ist u.a. zuständig für den großen Bereich Jugend u. Soziales, für den Bau u. die Ausstattung von Schulen, für die Förderung von Kultur u. Sport, für Straßenbau u. -unterhaltung, für die städtebaul. Entwicklung u. die Bauaufsicht, für die Gesundheitsfürsorge, für die Sicherheit u. Ordnung. Weitere wichtige Aufgaben werden durch Eigenbetriebe (Kommunale Objektbewirtschaftung u. -entwicklung, Tourismuszentrale, Klinikum Südstadt) u. Gesellschaften (→ Rostocker Straßenbahn AG, Stadtwerke Rostock AG, Stadtentsorgung GmbH, → WIRO GmbH, Großmarkt GmbH, Volkstheater GmbH u.a.) wahrgenommen. Mitte der 1990er-Jahre begab sich die S. auf einen langen u. aufwändigen Modernisierungsweg u. hat sich dabei von einer Behörde zu einem zielorientiert u. wirtschaftl. handelnden Dienstleister gewandelt. Mit der Einführung des neuen Kommunalen Haushalts- u. Rechnungswesens (Doppik) u. der Erstellung der Eröffnungsbilanz zum Stichtag 1.1.2012 wurden wichtige Voraussetzungen zur Fortführung des Reformprozesses geschaffen. BK

STADTWACHE. Die Übernahme von Wachdiensten gehörte seit dem Mittelalter zur Bürgerpflicht, der häufig aber durch die Stellung eines Stellvertreters genügt wurde. Hauptaufgaben waren die Kontrolle der einreisenden Fremden an den Stadttoren, die Gewährleistung von Sicherheit u. Ordnung bei Tag u. besonders bei Nacht sowie die Brandwache. Zusätzlich gab es Turm- u. Torwächter im städt. Dienst. Seit 1623 unterhielt Rostock eine ständige Stadtkompanie, die zunehmend die Wachdienste übernahm; die Hauptwache wurde im → Rathaus eingerichtet; 1626 Druck der ersten Wachtordnung; die Wachtordnung von 1768 legte die Stärke der Wache für den Tag mit zwei u. für die Nacht mit zehn Mann fest; im → Erbvertrag von 1788 verzichtete Rostock auf die Aufstellung eigener Stadtsoldaten, die Wachdienste übernahmen die herzogl. → Garnison u. die städt.

Ehemalige Neue Wache am Universitätsplatz (2013)

→ Polizei; die Bürgerwache beschränkte sich auf die Feuerabwehr; 1848/49 besetzte die Bürgerwehr die Steintorwache mit einer Wachmannschaft.

Lit.: *M. Manke: Polizeiwächter, Schleichwächter, Nachtwächter. Die Rostocker Ordnungskräfte um 1800 und ihre sozialen Verhältnisse, in: Beiträge zur Geschichte der Stadt Rostock, Bd. 29, 2007, S. 37–67.* BK

STADTWAPPEN. Das S. entstand 1367. Es zeigt – in der Gestaltung das als → Stadtsiegel verwendete Signum

Wappen der Hansestadt Rostock

aufnehmend – auf einem geteilten Schild oben in Blau einen schreitenden, goldenen Greifen mit aufgeworfenem Schweif u. ausgestreckter roter Zunge (als Symbol der Anfang des 14. Jh. ausgestorbenen fürstl. → Herrschaft Rostock) u. unten (als Symbol der Zugehörigkeit zur → Hanse) die Farben Silber u. Rot. Lit.: *A. Hofmeister: Das Wappen der Stadt Rostock, in: Beiträge zur Geschichte der Stadt Rostock, Bd. 1, H. 1, Rostock 1895, S. 65–88.* RL

STADTWEIDE. Unmittelbar vor dem Stein- u. Kröpeliner Tor gelegener Teil der → Stadtfeldmark; auch als Bürger- u. Herrenweide bezeichnet; im Mittelalter zumeist an Schlachter verpachtet; Hütung von Vieh Rostocker Bürger durch Stadthirten in der Frühen Neuzeit; zwischenzeitl. an das → Kloster zum Heiligen Kreuz verkauft; im 18. Jh. Verpachtung eines Teil der Stadtfeldmark unweit des Dorfes Barnstorf an dortige Bauern – Entstehung der Bezeichnung S. Bebauung zu Beginn des 20. Jh.; 1921 Beschluss des Rostocker Stadtparlaments, dem Gebiet offiziell die Bezeichnung S. zu geben; Bau einer Speedwaybahn mit Tribüne u. Anlegung eines Neun-Loch-Golfplatzes zwischen Tannenweg u. Satower Str.; 1939–45 Errichtung von Zwangsarbeiter- u. Kriegsgefangenenlagern; Bau von Flakstellungen (1942); nach 1945 Standort eines Quarantänelagers, später Anlegung von Kleingärten, Sportplätzen u. eines Schießstandes der Gesellschaft für Sport u. Technik (GST); Errichtung eines Seniorenheimes (1957) u. eines 140 m hohen Richtfunkturms (1960er-Jahre); Bau einer Eigenheimsiedlung (2000–09). RS

STADTWERKE ROSTOCK AG. Kommunales Unternehmen, das im öffentl. Auftrag Dienst-, Ver- u. Entsorgungsleistungen erbringt; Bildung der Rostocker S. 1946; Vereinigung der Gas-, Wasser- u. Energieversorgung in städt. Hand; 1948 Überführung der S. in ein kommunales Wirtschaftsunternehmen, Ära der S. damit beendet; 1990 Gründung der S. als Gas-, Fernwärme- u. Stromversorger; 1995 Haus der Stadtwerke in der Kröpeliner Str. eröffnet; 2015 versorgten 550 Beschäftigte 5958 Fernwärme-, 111730 Strom- u. 47634 Gaskunden. RS

STÄDTEBAU → ARCHITEKTUR UND STÄDTEBAU

STÄNDEHAUS. Aufwändig gestaltetes Repräsentations- u. Verwaltungsgebäude der meckl. → Landstände, 1889–93 nach Entwürfen Gotthilf Ludwig Möckels errichtet; Baustil (Neogotik) u. Ort (Rostock) erinnern bewusst an die jh.-lange Geschichte der Stände in Meckl. u. an Rostock als Sitz ihres → Engeren Ausschusses seit dem 17. Jh.; die Hauptfassade zieren vier Standbilder für das Verhältnis von Ständen u. Landesherrschaft besonders wichtiger Fürsten; mit der → Novemberrevolution verlor das Gebäude 1918 seine ursprüngl. Funktion; danach Nutzung als Gerichtsgebäude (Sondergericht); 1933 Ort des Beschlusses über die Vereinigung beider Meckl.; nach 1945 Nutzung als Haus der Nationalen Volksarmee; nach 1990 Sitz des Oberlandesgerichtes für Meckl.-Vorpommern.

Blick in das Innere des Ständehauses (2015)

Lit.: *H. Ende: Möckel, Gotthilf Ludwig, in: Biographisches Lexikon für Mecklenburg, Bd. 8, Schwerin 2016, S. 210–218.* EM

Friedrich Hermann Stannius, Ölgemälde (um 1850)

STANNIUS, FRIEDRICH HERMANN. Mediziner, Zoologe, Physiologe (15.3.1808 Hamburg – 15.1.1883 Sachsenberg/Schwerin); 1828–31 Studium der Medizin in Heidelberg u. Breslau, 1831 Promotion in Breslau; ab 1837 Prof. in Rostock (Nachfolger von Samuel Gottlieb → Vogel); 1838 Gründung des ersten zoolog.-physiolog. Instituts in Dtl.; Entdeckung der Stannius(schen) Ligaturen (Therapie von Herzrhythmusstörungen); mehrfach Dekan u. Rektor; Mitglied in 18 wissenschaftl. Gesellschaften; Gesundheit durch Experimente geschädigt, daraufhin wegen eines Nervenleidens 1863–83 Aufenthalt in den Heilanstalten Endenich/Bonn, später Sachsenberg/Schwerin.

Lit.: *J. Burmeister: Stannius, Friedrich Hermann, in: Biographisches Lexikon für Mecklenburg, Bd. 1, Rostock 1995, S. 201–204.* AH

STASI → MINISTERIUM FÜR STAATSSICHERHEIT

STEENBOCK, SIEVERT NIKOLAI. Maler, Lithograf, Fotograf, Tierpräparator u. Ornithologe (7.5.1822 Adelby/Flensburg – 8.3.1904 Rostock); kam 1848 nach Rostock, wo er zunächst v.a. als Porträt- u. Kunstmaler sowie als Lithograf für Johann Gottfried Tiedemann arbeitete; zudem 1849–63 Präparator für die Uni Rostock; 1852 eröffnete er das erste „Photograph. Atelier" Rostocks, seit 1892 „Hofphotograph"; galt zudem als versierter Vogelkundler mit einer bedeutenden Sammlung ornitholog. Präparate.

Lit.: *R. Seemann: Sievert Nikolai Steenbock. Ein fast vergessener mecklenburgischer Ornithologe, Präparator und Fotograf, in: Stier und Greif, 10. Jg., Schwerin 2000, S. 148–161.* RL

Rückseite der Fotos des Ateliers Steenbock (um 1890)

STEINKOHLEKRAFTWERK. Mit Steinkohle betriebenes Dampfkraftwerk im Überseehafen nordöstl. der Stadt; Betreiber ist die Kraftwerks- u. Netzgesellschaft (KNG); Bau des umstrittenen S. 1991–94; Transport der z.T. aus Kolumbien kommenden Steinkohle über Förderband (1,2 km) vom Überseehafen zum S.; Produktion von Strom (553 MW Bruttoleistung), Fernwärme (150 MW Bruttoleistung); Wirkungsgrad 43,2%; Höhe des Kühlturms 141,5 m; ca. 125 Beschäftigte; Anteilseigner: EnBW, RheinEnergie AG. RS

STEINTOR. Zu den Landtoren der → Stadtbefestigung gehörte das spätestens 1261 vorhandene S. Doch schon 1254/56 u. dann weiter bis 1263 wird in den Stadtbüchern auch ein „altes Steintor" genannt. Die über mehrere Jahre gleichzeitige Erwähnung eines alten u. eines jüngeren S. kann mit einer Lageverschiebung der Grenze der ursprüngl. Mittelstadt weiter nach Süden zusammenhängen, die das 1256 gegründete → Kloster St. Johannis mit einschloss. Auf einer einzigen erhaltenen Stadtansicht zeigt sich das S., wie auch das → Kröpeliner Tor, in seiner spätmittelalterl. Gestalt, d. h. ähnl. repräsentativ als Torturm erhöht u. mit Blendgiebeln ausgestattet. 1566 auf Geheiß des siegreichen Landesherren (→ Johann Albrecht I.) mit der benachbarten Mauer abgebrochen, durfte die Stadt es um 1575 durch den Baumeister Antonius Warholdt im Stil der niederländ. Renaissance wieder aufbauen. Dazu gehörte auch zeitgemäßer Schmuck auf der Stadtseite, von dem heute noch die Tafel mit der Inschrift „Sit intra te concordia et publica felicitas" (In deinen Mauern herrsche Eintracht und allgemeines Wohlergehen) zu sehen ist. Zwei steinerne Löwen im Relief halten dort drei histor. Wappen: das der Fürsten mit dem Greifen, das → Stadtsiegel mit dem Stierkopf u. das → Stadtwappen, den dreifarbigen Schild mit Greif. Die Feldseite ist schlicht gehalten u. weist neben einer kleinen Sandsteintafel mit Stadt- u. Landeswappen die Führungssteine für ein hölzernes Fallgatter vor der Durchfahrt auf. Der direkte Anschluss an die Stadtmauer ist durch städtebaul. Maßnahmen seit Ende des 19. Jh. verlorengegangen. 1881–1945 führte eine Straßenbahnlinie durch das Tor. Die schweren Bombenschäden von 1942 forderten 1950–54 eine umfangreiche Restaurierung. 2005 wurde die Verbindung zur Stadtmauer nach Osten durch zwölf grüngläserne Stelen u. die Rekonstruktion von fünf Metern Stadtmauer symbolisch wiederhergestellt. Das S. dient heute dem → Kulturhistor. Museum als Magazin.

Lit.: A. F. Lorenz: *Zur Geschichte der Rostocker Stadtbefestigung, in: Beiträge zur Geschichte der Stadt*

Steintor mit Ständehaus (1938)

Rostock, Bd. 20, Rostock 1935, S. 27–78; L. Krause: Zur Rostocker Topographie, in: Beiträge zur Geschichte der Stadt Rostock, Bd. 13, Rostock 1925, S. 12–82. KJLS

STEINTOR-VORSTADT. Im 19. Jh. im Zuge der Stadterweiterung südl. vor den Mauer- u. Wallanlagen entstandenes Wohnviertel überwiegend zugezogener wohlhabender Bürger (Militärs, Gutsbesitzer, Beamte, Unternehmer etc.). Bedeutender Standort für Einrichtungen der Rostocker Daseinsvorsorge: → Friedrich-Franz-Bahnhof/Güterbahnhof (1850), → Gaswerk (1856), → Hauptbahnhof (1886), → Schlachthof (1892), → St.-Georg-Schule (1892), Stadttheater (1895), → Elektrizitätswerk (1899), Realschule (1901), Wasserwerk mit → Wasserturm (1893, 1903), Realgymnasium (1912), Lyzeum u. → Innerstädt. Gymnasium (1930). Bedeutendes Gebäude: → Synagoge (1902). Im Mittelalter Standort des → Hospitals St. Georg (St.-Jürgen-Str.), 1260 erstmals erwähntes Leprosenhospital, Kirchhof 1894 eingeebnet u. zu Baugrundstücken aufgeteilt. 1621 Errichtung eines Richtplatzes am östl. Ende der → Reiferbahn auf einem dazu aufgeschütteten Berg mit Steineinfassung (Hoppenbarg), Hinrichtungsort im 17./18. Jh., dann abgetragen. Vorstadt im frühen 19. Jh. von Ackerbürgern besiedeltes Gebiet im Süden der Stadt Rostock, „vor dem Steintor". Nach der Entfestung erste Bebauungsphase bis etwa 1850 an den Straßen mit den späteren Namen Friedrich-Franz-Str., Augustenstr., Paulstr. bis zur St.-Georg-Str. Im Zuge der Urbanisierung beauftragten → Rat u. → Bürgerschaft 1887 den Karlsruher Städtebauer Reinhard Baumeister mit der Planung des Terrains zwischen St.-Georg-Str. u. dem heutigen Hauptbahnhof; Annahme der Planlegung für den mittleren u. gehobenen Wohnanspruch durch beide Gremien im Sep. 1887. Bebauung der Fläche 1895–1914 u. in den 1920er-Jahren (Wallensteinstr., Fläche zwischen John-Brinckman-Str. u. Adolf-Wilbrandt-Str.). Brandstiftung der Synagoge in der Augustenstr. am 9./10.11.1938. Im II. → Weltkrieg Zerstörungen durch → Bombenangriffe besonders im nördl. Teil der S. (Friedrich-Franz-Str., Augustenstr., Hermannstr.), Zerstörung des Stadttheaters (1942).

Blick von der Friedrich-Franz-Straße (heute August-Bebel-Straße) in die Schröderstraße (um 1935)

Starke Vernachlässigung der Bausubstanz 1949–89 u. deren umfangreiche Restaurierung nach 1990. Seit 1999 steht die S. u. a. mit Hinweis auf die Baumeister-Planung unter Denkmalschutz.
Lit.: J.-P. Schulze: Die Entwicklung der Steintor-Vorstadt um 1900, in: 777 Jahre Rostock. Neue Beiträge zur Stadtgeschichte, Rostock 1995, S. 177–194; J.-P. Schulze: Der Städtebauer Reinhard Baumeister in Theorie und Praxis. Mannheim und Rostock, Rostock 2001. JPS

STERBEKASSE. Die im 17. Jh. aufkommenden Leichengesellschaften od. Totenbeliebungen, deren Mitglieder in nachbarschaftl. od. berufsständ. Beziehung zueinander standen, versicherten sich der Unterstützung beim Leichentragen, der Teilnahme am Begräbnis sowie der Beisteuerung eines Betrages zu den Beerdigungskosten. Seit dem 18. Jh. beschränkte sich der Zweck der Leichengesellschaft auf die Absicherung der Beerdigungskosten. Die Witwenkassen dienten ebenfalls der Sterbegeldversicherung, darüber hinaus aber auch der Hinterbliebenenversorgung in Form von Witwen- u. Waisenrenten. Die Bezeichnung S. setzte sich erst in der 2. Hälfte des 19. Jh. durch. Zu den Aufnahmebedingungen der S. gehörten im Allgemeinen der Nachweis über Lebensalter (ca. 25–50 Jahre), Gesundheit des Mitgliedes u. die Zahlung eines Einkaufsgeldes. Meist handelte es sich um eine freiwillige Versicherung, einige Handwerksämter zwangen ihre Amtsgenossen der S. beizutreten. Auch die Witwenkasse für städt. Beamte (gegründet 1843) war eine Pflichtversicherung. Das Gros der S. bestand mit wenigen Änderungen noch im 20. Jh. GF

STERNWARTE. 1662 Bezeichnung eines neben dem → Kuhtor befindl. steinernen Turmes, Specula genannt; ein astronom. Beobachtungspunkt befand sich auch auf dem Turm der → Kirche St. Jakobi; in der Gartenstadt (Nelkenweg) trägt seit 1990 eine astronom. Station den Namen Tycho → Brahe; im Rahmen des Nationalen Aufbauwerkes (NAW) 1964/65 als Schul- u. Volks-S. errichtet; Kuppel drei Meter im Durchmesser; Zuschauerraum des Planetariums mit 30 Plätzen; bis 2002 kommunale Einrichtung; seit 2002 Betreuung durch Astronom. Verein Rostock e. V.; 2008 Wiederbegründung der AG Astronomie.

Der Turm der Sternwarte befand sich neben dem Kuhtor (um 1840).

Lit.: R. Piechulek: Astronomische Station „Tycho Brahe" Rostock, in: Rostocker Zorenappels. Sonderband Freizeitgeschichte(n), Jg. 3, Rostock 2009, S. 160–162. RS

STEUERWESEN. Als allgemeine Zwangsabgaben unterteilten sich in Rostock Steuern seit ihrer Entstehung in Abgaben der Gesamtstadt für das Reich (z. B. die Türkensteuer, seit Ende des 15. Jh. auch für den Niedersächs. Reichskreis) bzw. für die Landesherrschaft einerseits u. in städt. Steuern für die inneren Belange der Stadt andererseits. Unterschieden wurde ebenfalls zwischen ordentl. u. außerordentl. sowie zwischen direkten u. indirekten Steuern. Als wichtigste u. älteste städt. Steuer (seit 1260 bezeugt) wurde jährl. unter der Leitung zweier Ratsherren, der Schoßherren, der Schoß erhoben, eine Kombination von Personensteuer (Vorschoß, oft 8 Schilling) u. Vermögenssteuer (oft 1 Pfennig pro Mark immobiles u. mobiles Vermögen sowie Renten- u. Mündelbesitz) der Bürger u. Einwohner. Vom Schoß befreit waren i. d. R. Privilegierte, wie Ratsherren, die Geistlichkeit, Adlige u. Uni-Angehörige, Unvermögende sowie Personen(gruppen) mit Sonderaufgaben, wie die Träger od. die Verwahrer der Stadttorschlüssel. Mit dem Jahr 1342 setzte eine seit dem Ende des 14. bis weit in das 17. Jh. häufig fast lückenlose Überlieferung der Schoßbücher bzw. -register ein, die Rostock einen herausragenden Platz im Vergleich mit anderen Städten verschafft. Von der Bedeutung des Schoßes zeugt die Tatsache, dass für seine Erhebung einer der Kämmerer als Schoßherr im Zusammenwirken mit anderen Ratsherren u. einem der → Bürgermeister zuständig war. Schlechter stand es häufig um den Nachweis der Verwendung der Steuergelder. Daher war die Forderung nach Rechenschaft u. Kontrolle über die Stadtgelder ein zentrales Anliegen der antirätl. Opposition. Außerordentl. direkte Steuern sind bereits seit dem 14. Jh. nachweisbar, z. B. Kriegssteuern zur Befreiung des meckl. Königs v. Schweden, Albrecht III., aus dän. Gefangenschaft. Für außerordentl. Steuern wurden zumeist auch die sonst privilegierten Bevölkerungsgruppen herangezogen.

Seit dem 16. Jh. wurde das Rostocker S. noch vielfältiger. In Zusammenhang mit den Aktivitäten der antirätl. Opposition entstand 1567 der „Gemeine Kasten" als zentrale Hauptkasse unter bürgerschaftl. Kontrolle. Bis ins 18. Jh. entwickelten sich dann mehrere „Kasten" bzw. Kassen nebeneinander. 1584 trat neben den „Alten Kasten", d. h. den ehem. „Gemeinen Kasten", der „Neue Kasten",

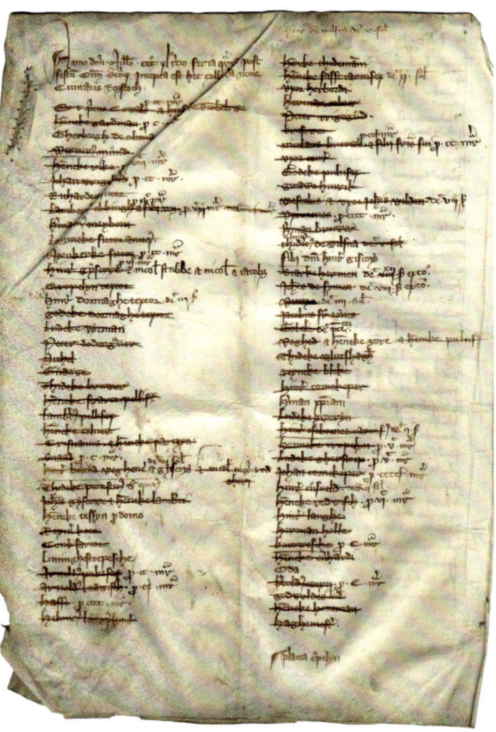

Schoßregister (1342)

der für die Einnahme der Akzise zuständig war, welche als Verbrauchssteuer besonders für Bier die wichtigste indirekte Steuer darstellte, die damals von der Landesherrschaft an die Stadt zur Abtragung ihrer hohen Verschuldung übergeben worden war. Im Jahr 1660 ging aus Vorläufern die Kriegskasse hervor, die u. a. für die Billetgelder, d. h. für die Besoldung der einquartierten Soldaten zuständig war. 1716 nahm das „Aerarium" im Burgwall seine Arbeit auf, das u. a. Steuern für den Warenumschlag im Hafen erhob. Als wichtige direkte Steuer trat seit dem Ende des 16. Jh. neben den Schoß die Kontribution als Vermögenssteuer in Gestalt etwa des Hausgeldes, gestaffelt nach den Kategorien Haus, Bude u. Keller, od. des hundertsten Pfennigs sowie als Personensteuer in Gestalt der Kopfsteuer od. des Kopfgeldes für Familienmitglieder u. das Gesinde. Vom 16. bis 19. Jh. nutzte man zur Steuererhebung die ursprüngl. für militär. Zwecke entstandene Einteilung der Innenstadt u. ihrer Bewohner in zunächst 28, seit 1678 schließl. elf → Fahnen. Aus verständl. Gründen bevorzugten die weniger betuchten Bevölkerungsschichten Vermögenssteuern gegenüber den Personensteuern.

Aufgrund der Verträge 1748/1788 besaß die Stadt gegenüber dem Landesherren zahlreiche Sonderkonditionen. Einerseits verfügte Rostock über weitreichende Rechte zwecks Erhebung von Steuern im eigenen Stadtgebiet u. andererseits war sie weitgehend von der Steuer- u. Abgabenentrichtung gegenüber der Landesregierung befreit.

1845 erfolgte eine Reformierung der Steuer- u. Finanzverwaltung durch die Ernennung der Schoßerhebungsdeputation zur allgemeinen Steuererhebungskasse. Sie zog das Billettgeld, den Schoß, das Haus- u. Bußgeld, die Brandwachen- u. Leuchtgelder, die Gassenpflasterungs- u. Gassenreinigungsgelder sowie die Armenbeiträge ein.

Verfassungsmäßig hatte die Stadt den zwölften Teil aller auf dem Landtag beschlossenen Gelder zu zahlen. Mitte der 1850er-Jahre wurden in Rostock verschiedene landesherrl. (Akzise) u. kommunale Steuern (Grund-, Gewerbe- u. Personalsteuern) fällig. Eine weitere Steuer war der Landzoll, der auf den Transport von Waren erhoben wurde. Diese Abgabe wurde von jedermann erhoben. Nur Rostocker

Bürger blieben davon befreit. Während der Kornhandel im ganzen Land steuerfrei war, wurde Getreide, das über den Rostocker Hafen seewärts verschifft werden sollte, mit Zoll belegt. Ein weiteres Privileg der Stadt war die sog. Nachsteuer. Sie fiel nur in Rostock an u. betraf alle Waren, die sowohl aus- als auch eingeführt wurden. Hohe Einnahmen bescherten der Stadt die Mahl-, die Branntwein- u. die Schlachtsteuer. Darüber hinaus fielen in Rostock Brückengelder u. Dammzölle an.

Mit dem Beitritt Rostocks zum meckl.-schwerinschen Zollsystem wurden 1863 das Akzise-Zulage-Departement, 1868 die Kriegskasse u. 1870 das Ärar aufgelöst. Übrig blieben lediglich die Steuererhebungskasse u. die Stadtkasse. Erstere zog seit 1872 alle städt. Steuern ein u. firmierte seit 1908 unter dem Namen Steuerbehörde. Die für den städt. Haushalt zuständige Stadtkasse wurde 1920 zur Stadthauptkasse.

1871 u. 1874 wurden die Steuerverhältnisse in Rostock grundlegend reformiert. Seither fielen an Landessteuern an: landwirtschaftl. Steuer, Miets-, Gewerbe-, Besoldungs-, Erwerbs-, Lohn-, Zinsen- u. Hundesteuer. Die wichtigste städt. Steuer war die Grundstückssteuer, der frühere Grundstücksschoß. Bedeutende Einnahmen erbrachte aber auch die Einkommenssteuer, die 1899 die Personalsteuer ablöste. Darüber hinaus erhob die Stadt Steuern in Form von Wasser- u. Sielgebühren, Hafenabgaben, vereinnahmte die Überschüsse des Gas- u. Wasserwerkes sowie die Gewinne aus der Bewirtschaftung der Stadtgüter u. der → Rostocker Heide.

Demgegenüber standen große Ausgaben, welche für die Stadtentwicklung, Urbanisierung u. kommunale Daseinsvorsorge verwendet wurden. Eine Verschuldung war die Folge. Im Zuge einer Reichsreform verloren die Gemeinden 1919/20 die Einkommenssteuern als Einnahmequelle. Aus dem Steuersouverän entstand ein Zuschussempfänger. Seither bestimmte ein kompliziertes Finanzgeflecht zwischen Reich, Ländern u. Gemeinde das S.

Lit.: *J. Hamelmann: Nikolai arm, Petri – Gott erbarm? Sozialräumliche Strukturen der Rostocker Altstadt im Spätmittelalter, Münster 2009; W. Staude: Die direkten Steuern der Stadt Rostock im Mittelalter, Schwerin 1912; E. Langfeldt: Schilderungen des Zoll- und Steuerwesens in Mecklenburg, Rostock 1859; W. Raabe (Hg.): Mecklenburgische Vaterlandskunde, T. 2, Wismar, Ludwigslust 1863; K. Koppmann: Das Steuerwesen Rostocks, in: Rostocker Zeitung, 31.7.1887, 3.8.1887.* EM/RS

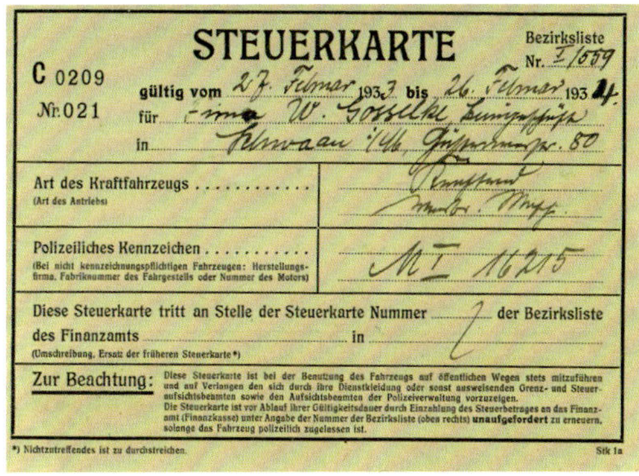

STEUERKARTE

C 0209
Nr. 021

Bezirksliste Nr. I/559

gültig vom 27. Februar 1933 bis 26. Februar 1934.
für ... W. ...
in ...

Art des Kraftfahrzeugs ...
(Art des Antriebs)

Polizeiliches Kennzeichen ... MI 16215
(Bei nicht kennzeichnungspflichtigen Fahrzeugen: Herstellungsfirma, Fabriknummer des Fahrgestells oder Nummer des Motors)

Diese Steuerkarte tritt an Stelle der Steuerkarte Nummer ... der Bezirksliste des Finanzamts ... in ...
(Umschreibung, Ersatz der früheren Steuerkarte*)

Zur Beachtung: Diese Steuerkarte ist bei der Benutzung des Fahrzeugs auf öffentlichen Wegen stets mitzuführen und auf Verlangen den sich durch ihre Dienstkleidung oder sonst ausweisenden Grenz- und Steueraufsichtsbeamten sowie den Aufsichtsbeamten der Polizeiverwaltung vorzuzeigen. Die Steuerkarte ist vor Ablauf ihrer Gültigkeitsdauer durch Einzahlung des Steuerbetrages an das Finanzamt (Finanzkasse) unter Angabe der Nummer der Bezirksliste (oben rechts) **unaufgefordert** zu erneuern, solange das Fahrzeug polizeilich zugelassen ist.

*) Nichtzutreffendes ist zu durchstreichen.

Stk 1a

Steuerkarte (1934)

STIFTUNG. Eine S. ist eine Einrichtung, in der mit Hilfe eines S.-vermögens ein vom Stifter festgelegter Zweck verfolgt wird. Typisch für die mittelalterl. Volksfrömmigkeit waren die Memorien-S. an den Kirchen u. Klöstern, die aus Sorge um das eigene Seelenheil errichtet wurden. Das testamentar. gestiftete Vermögen wurde in Grundbesitz angelegt. Die daraus erwachsenden Einnahmen dienten dem Unterhalt des Vikars, der Seelenmessen für den Stifter u. seine Familie zu lesen hatte, od. sie wurden als Almosen verteilt. Ein Verzeichnis von 1470 führt 137 Vikarien u. 49 Almosen-S. an den Rostocker Kirchen auf. Auch die mittelalterl. Einrichtungen der sozialen Fürsorge – die → Hospitäler zum Heiligen Geist, St. Georg, St. Gertrud u. St. Lazarus – hatten ihren Ursprung im religiös motivierten Stifterwillen der Bürger. Schließlich haben S. Bildung u. Wissenschaft gefördert. Die Gründung der → Universität Rostock wäre ohne die Bereitstellung von Immobilien u. Geldmitteln nicht gesichert gewesen. Nach der → Reformation wurde das Gebot der christl. Nächstenliebe zu einem wichtigen S.-motiv. Als neue S. entstand 1583 das von Bürgermeister Bröcker errichtete Armenhaus (→ Bröckerstift). Das → Hospital zum Heiligen Geist u. das → Hospital St. Georg blieben nach

1584 als milde S. in städt. Hand. Ihr umfangreicher Besitz war weiterhin getrennt vom Vermögen der Stadt, die Einnahmen durften nur der Armenunterstützung zukommen.

Auch das ab 1584 errichtete ev. Damenstift im ehem. → Kloster zum Heiligen Kreuz galt als milde S. Spätere wohltätige S. waren die Katharinen-S. (→ Katharinenstift) für psych. Kranke (1825), das Gehlsdorfer Rettungshaus für verwahrloste Knaben (1845), das → Alexandrinenstift für alte erwerbsunfähige Frauen (1860) u. die Kriegerheimstätten-S. zur Unterstützung bedürftiger Kriegsteilnehmer (1918). Davon zu unterscheiden sind die zahlreichen Kapital-S. u. Legate, die seit dem 16. Jh. bis zu Beginn des 20. Jh. errichtet wurden u. von der Opferbereitschaft der Bürger zeugen. Unterstützt wurden mit den Zinsen aus den angelegten Geldern Arme, Kranke, Waisenkinder u. Witwen; es gab S. zur Finanzierung von Sachspenden, Stipendien u. Kuraufenthalten. Das Kapitalvermögen vieler S. wurde im Lauf der Zeit jedoch aufgezehrt, sodass der S.-zweck nicht mehr erfüllt werden konnte. Besonders gravierend wirkte in dieser Hinsicht die Inflation von 1923. Die notwendige Neuordnung zog sich bis 1942 hin. Von den 57 rechtsfähigen S. wurden 28 aufgehoben, von den 72 nicht rechtsfähigen S. 69. Nach dem II. → Weltkrieg folgten weitere Aufhebungen. 2004 fasste die Stadt die sieben verbliebenen histor. S. zur Vereinigten Sozialen S. zusammen. Nach 1990 entstanden auch wieder neue S. Im S.-verzeichnis des Innenministeriums des Landes Meckl.-Vorpommern waren im Jahr 2012 für Rostock 16 weltl. u. drei kirchl. Stiftungen als aktiv eingetragen. BK

STILLFRIED, FELIX (eigentl. Adolph Ferdinand Rudolf Brandt). Lehrer, niederdt. Schriftsteller, Lyriker (26.9.1851 Fahrbinde/Ludwigslust – 5.6.1910 Rostock); ab 1871 Studium der Theologie u. später Philologie in Rostock u. Leipzig, 1876 Staatsprüfung in Rostock; dort 1877–1910 Oberlehrer an der → Großen Stadtschule, ab 1906 Gymnasialprof.; Werke u. a.: „De Wilhelmhäger Klosterlüd" (1887/88), „Biweg' lang. Ok en Struß Läuschen un Rimels" (1895), „Hack un Plück. Geschichten" (1901). Der Nachlass von S., nach dem eine Straße

Felix Stillfried (um 1900)

im Hansaviertel benannt ist, findet sich in der Universitätsbibliothek Rostock.

Lit.: *J. Grambow: Felix Stillfried, in: Uppen Dörpen bün ick boren. Biographische Skizzen zur regionalen Literaturgeschichte, Rostock 1987, S. 40–44.* FO

STOLPERSTEIN (in Rostock: Denkstein). 55 seit 2001 in Rostock u. Warnemünde in Gehwegen verankerte Betonformsteine (Stand Apr. 2018), deren Inschriften an Holocaustopfer erinnern. Nach Beschluss des Vereins der Freunde u. Förderer des Max-Samuel-Hauses Rostock e.V., der die durch Spenden finanzierte Aktion im Jahr 2000 initiierte u. seitdem durchführt, werden die Kleinmonumente in Rostock seit 2016 Denksteine genannt. Sie weichen in Gestalt, Material u. Beschriftung deutl. von denen des europ. Projektes ab. Dieses wiederum, Mitte der 1990er-Jahre vom Künstler Gunter Demnig (Frechen/Nordrhein-Westfalen) entwickelt, verwendet mit einer Messingplatte überzogene Pflastersteine mit Angaben zu Menschen, die als Juden, als Sinti u. Roma od. als Homosexuelle von den Nazis verfolgt u. ermordet wurden. Mehr als 45000 dieser

Steine sind in Dtl. u. 15 weiteren Ländern bisher verlegt worden. RL

STOLTERAA (auch Stoltera). Möglicherweise Namensableitung von „Stolzer Ort"; ca. 70 ha großer buchen-, eichen- u. birkenbewachsener Küstenschutzwald (Naturschutzgebiet) westl. von Warnemünde; als flachwellige, kuppige Grundmoränenlandschaft während der Eiszeit entstanden; höchste Erhebung Diedrichshägener Steilufer (18,8 m); starker Küstenrückgang (20–35 cm/Jahr); steinzeitl. Besiedlung (Feuersteinwerkzeuge); Bau einer Ziegelei u. eines Kalkofens mit Sandgrube (um 1850), Anfang des 20. Jh. Stilllegung; Aufforstung des baumlosen Ödlandes (1878/79); beliebter Ausflugsort → Wilhelmshöhe; umfangreiche Buhnensetzungen (1895–1906) unter Hafenbaudirektor Karl Friedrich → Kerner; Gedenkstein für Eugen → Geinitz seit 1928; Erhebung der neun Hektar großen Sandgrube zum Flächennaturdenkmal (1984). RS

STRAND. Im Gegensatz zum Ostsee-S. seit dem Mittelalter in Rostock Bezeichnung für die Landzone zwischen → Warnow-Ufer u. nördl. → Stadtbefestigung vom Fischertor im Westen u. → Mönchentor im Osten, wofür noch heute die Namen Am Strande u. Strandstr. stehen. Hier war jh.-lang die maritime Wirtschaft mit drei → Häfen u. den erforderl. techn. Anlagen u. Einrichtungen angesiedelt. Der Fischereihafen am Westende stand den Fischern mit ihren kleinen Booten zur Verfügung. Ostwärts schlossen sich für Neubau u. Reparatur von Schiffen die Werft-/Schiffbauplätze am Kielhafen (jüngere Bezeichnung Christinenhafen) an. In erreichbarer Nähe für Fischer u. Schiffbauer stand das Teerhaus, Arbeitsstätte der Teerwracker. Der Handels-/Stadthafen begann auf Höhe des Schnickmanntores u. reichte bis zum Mönchentor. In diesem Bereich führten die oft zitierten Kaufmannsbrücken in die Warnow. In Ufernähe befanden sich zwischen Lager- u. Burgwalltor die Ballaststelle u. der Stellplatz für Hebe-/Drehkrane. Das erst um 1870 abgerissene Burgwalltor beherbergte in einem Anbau die Amtsstuben für Torschreiber u. Zolleinnehmer sowie eine S.-vogtwohnung (→ Vogt). Das Transportwesen lag bei den S.-fuhrleuten u. -trägern. Mit S.-ordnungen regelte die Stadtobrigkeit das Geschehen, z. B. Feuerverbot auf den Schiffen u. Nutzung eines Kochhauses auf dem S. zur Zubereitung warmer Speisen. Für die Durchsetzung der

Warnemünder Strand bei Stolteraa (um 1935)

S.-ordnung gab es S.-vögte. Ihre Amtswohnungen befanden sich im Mönchen-, Burgwall- u. zeitweise auch Lagertor. Nach dem Ende der Segel- → Schifffahrt u. mit zunehmender → Industrialisierung veränderten sich S. u. Hafen gegen Ende des 19. Jh.
Lit.: *H. Witt (Hg.): Die Wahrhaftige „Abcontrafactur" der See- und Hansestadt Rostock des Krämers Vicke Schorler, Rostock 1989, S. 101–106.* IE

STRANDBAHN WARNEMÜNDE–MARKGRAFENHEIDE. Elektr. betriebene, meterspurige Kleinbahn zwischen Warnemünde u. dem Forsthaus Markgrafenheide. Eröffnung am 1.7.1910, Saisonbetrieb in den Sommermonaten; diente der Erschließung der → Rostocker Heide für den Fremdenverkehr (→ Tourismus). Seit den 1920er-Jahren Übernahme der Beförderung von Personal des → Flugplatzes Warnemünde, ab 1935 ganzjähriger Betrieb. Betriebseinstellung mit Ende des II. → Weltkrieges, Übernahme von rollendem u. techn. Material durch die → Rostocker Straßenbahn AG.

Endstation und Wagenhalle am Neuen Strom (um 1930)

Lit.: *N. Enenkel: Die vergessene Bahn: die elektrische Strandbahn Warnemünde–Markgrafenheide 1910–1945, Rostock 2010.* NE

STRANDKORB. Möbel, ursprüngl. aus lackierter Weide u. Peddingrohr hergestellt, später auch mit Markisenstoff ausgekleidet u. mit gepolsterter Sitz-

Strandkörbe aus Rostock auf dem Weg nach Warnemünde (um 1935)

fläche, zum Schutz vor Wind u. Sonne an Stränden. Erste S. fanden an dt. Küsten in den 1870er-Jahren Verwendung. Rostocks ersten S. produzierte 1882 Wilhelm Bartelmann, der ab 1883 am Strand Warnemündes als erster S.-vermieter in der Geschichte der Stadt auftrat. Dessen Lehrling Johann Falck (→ Korbwaren Falck) gilt international als Produzent des ersten „Halbliegers" mit einer bis zu 45° klappbaren Rückenlehne (1897) u. baute später auch den „Liegekorb", dessen Lehne sich um bis zu 90° verstellen ließ u. der Prototyp des heutigen S. ist.
Lit.: *T. Immisch, C. Langer: Der Strandkorb. Ein Welterfolg aus Mecklenburg-Vorpommern, Rostock 2008.* RL

STRAßE. Vor der Gründung Rostocks durchzogen unbefestigte Pfade die Region. Dabei handelte es sich um Naturwege, die durch häufige Benutzung festgetreten u. festgefahren waren sowie von den gröbsten Hindernissen beräumt wurden. Nur in wenigen schwer passierbaren Abschnitten entstanden Dämme mit querliegenden Knüppelpackungen. Slaw. Stämme versahen ihre in Seen u. Sümpfen gelegenen Burgen mit langen hölzernen Wege- u. Brückenkonstruktionen. Spätestens seit der → Stadtrechtsbestätigung 1218 gab es in Rostock S. Die ersten namentl. nachweisbaren S. sind „Die Grube" (heute Grubenstr.) 1254/56 u. die „Mönchen-Straße" (heute Große Mönchenstr.) 1257. Die längste S. war die Lange S. (Ersterwähnung 1274). Wenn überhaupt, wurden städt. S. mit Reisigmatten, querliegenden

Hölzern od. eichenen Bohlen befestigt. Letztere waren zumeist zweispurig u. drei bis fünf Meter breit, da der Radabstand eines mittelalterl. Wagens bei ca. 1,2 m lag. Wichtige S., wie solche, die zum → Hafen od. zu den Stadttoren führten, wurden gepflastert. Sie waren gewölbt u. durch Rinnsteine begrenzt, in denen der Regen u. die Abwässer abfließen konnten. Eine Steinpflasterung erhielten aber auch die Marktplätze u. steile, auf lehmigem Untergrund befindliche S., wie der zum → Alten Markt führende Amberg. Bis zur Frühen Neuzeit zählte die Stadt innerhalb ihrer Mauern ca. 140 S.

1804 erhielten die S. erstmals durchgängig Namen. Die wichtigsten S. wurden 1816–47 gepflastert. Bürgersteige kamen erst 1827 auf. Der erste Chausseebau erfolgte 1830–33. Die Kunst-S. führte über Laage nach Neubrandenburg u. besaß einen Abzweig nach Güstrow. Die S. nach Wismar – die heutige B 105 – war 1842 fertig. 1844 kamen Neubauten nach Tessin, 1846 nach Ribnitz u. 1859 nach Warnemünde hinzu.

Bis zum 20. Jh. besaß das Gros der außerhalb Rostocks gelegenen Land-S. keinen festen Unterbau. Vom Herbst bis zum Frühjahr wurden diese zerfahren, waren morastig u. voller Schlaglöcher.

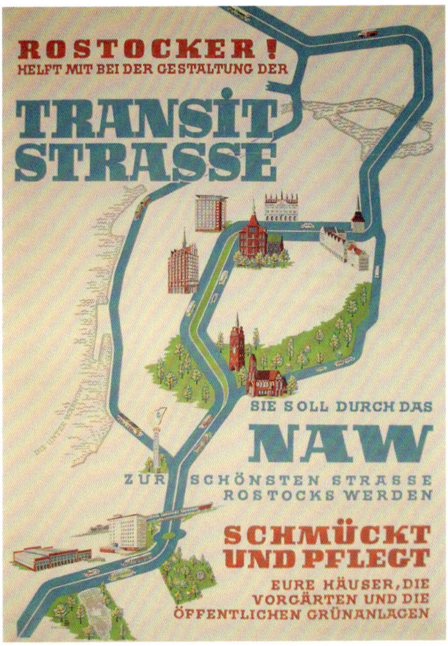

Aufruf des Nationalen Aufbauwerkes (1961)

Die Bevölkerungszunahme seit Mitte des 19. Jh. führte zum Bau neuer Wohnviertel u. S.-züge außerhalb der Stadtmauern. Zunächst entstanden die → Kröpeliner-Tor-Vorstadt u. die → Steintor-Vorstadt. Bis 1945 kamen die → Gartenstadt, das → Hansaviertel, Alt- → Reutershagen u. Alt- → Dierkow hinzu.

Ende der 1950er-Jahre betrug die Länge der Rostocker Stadt-S. 130 km. Hinzu kamen noch ca. 60 km Land- u. Fernverkehrs-S. auf dem außerhalb Rostocks gelegenen städt. Gebiet. Die Ortsdurchfahrten der umliegenden Dörfer u. der Verlauf der S. entsprachen noch weitestgehend der mittelalterl. Anordnung. Die ca. acht bis elf Meter breiten Land-S. bestanden aus einer befestigten Fahrbahn u. einem unbefestigten Sommerweg. Begrenzt wurden sie durch einen mit Bäumen besetzten S.-graben.

Der verstärkte Ausbau Rostocks zum Industriestandort (Werften, Überseehafen usw.) u. die Errichtung von Neubaugebieten (Reutershagen, → Südstadt, → Lütten Klein) auf der grünen Wiese führte allein 1960–75 zu einer Vervierfachung des Verkehrs. Große S.-kreuzungen (Holbeinplatz, Steintorplatz, Lütten Klein) entstanden. Die → Autobahn A 19 Berlin–Rostock wurde 1978 fertiggestellt. Neubaugebiete wie → Evershagen, → Schmarl, → Lichtenhagen, → Groß Klein, Dierkow u. → Toitenwinkel machten umfangreiche S.-baumaßnahmen erforderlich.

Der wachsende Güter- u. Individualverkehr führte zum Bau der A 20 (1997–2005) u. der vierspurigen B 103 (Warnemünde–A 20). Mit der Errichtung des → Warnowtunnels u. dessen Anbindung an die A 19 wurde der Außenring um Rostock fertiggestellt. An der Peripherie der Stadt errichtete Einkaufsparks u. Eigenheimsiedlungen ließen den Pkw-Verkehr stark ansteigen u. machten den Ausbau zahlreicher innerstädt. S. (Arnold-Bernhard-S. bis Warnow-S./ → Mühlendamm, Schröderplatz bis Am Kanonsberg, Rövershägener Chaussee bis Schutower Kreuz, Nobel-S., Hinrichsdorfer S.) erforderlich.

Lit.: *F. Bruns, H. Weczerka: Hansische Handelsstraßen, 3 Bde., Weimar 1967; E. Münch, R. Mulsow: Das alte Rostock und seine Straßen, 2. Aufl., Rostock 2010; W. Eschenburg, H.D. Schulz: Straßen in Warnemünde. Namen, Geschichte und Geschichten, Rostock 2011.* RS

STRAẞENBAHN → ROSTOCKER STRAẞENBAHN AG

STRAẞENBELEUCHTUNG. Bis zum Beginn des 19. Jh. dienten Handlaternen od. pechgetränkte Fackeln außerhalb der Wohnung als Lichtquelle. Erst 1803 wurden ca. 130 Straßen mit etwa 550 Öllampen, die an Pfählen hingen, erhellt (1851: 240 Straßen). Mit dem Bau des → Gaswerkes u. der Verlegung von Leitungen im Jahre 1856 erhellten Gaskandelaber die Innen- u. Teile der → Steintor-Vorstadt. Insgesamt spendeten 535 gasgespeiste Laternen Licht. 1899 gab es bereits 1472 „öffentl. Flammen", die Laternenwärter abends entzündeten u. morgens löschten.

Ende des 19. Jh. gewann der elektr. Strom für die S. an Einfluss. Bereits 1895 erleuchteten Bogenlampen in Warnemünde mehrere Straßen, den Kirchplatz u. den Bahnhof. In Rostock ging 1900 das → Elektrizitätswerk ans Netz u. versorgte 110 Bogenlampen. Das Gros der S. erfolgte jedoch weiterhin mit Gaslaternen – in Dierkow bis in die 1960er-Jahre. Nur in den Hauptstraßen u. am → Hafen standen elektr. betriebene Straßenlampen.

Seit dem Beginn des II. → Weltkrieges 1939 wurde wegen Fliegergefahr die S. regelmäßig abgeschaltet u. durch 150 getarnte Richtleuchten ersetzt. Unmittelbar nach dem Krieg erging an die Hauseigentümer die Aufforderung, vor ihren Häusern Lampen anzubringen. 1946 spendeten ca. 590 u. 1947 etwa 1000 solcher notdürftigen „Straßenleuchten" Licht. Stromsperren führten bis in die 1950er-Jahre regelmäßig zu Abschaltungen. Zu Beginn der 1970er-Jahre wurden in Regie des VEB Stadtbeleuchtung ganze Straßenzüge, wie die Hamburger u. die Karl-Marx-Str. sowie der Kreisverkehr am Holbeinplatz, mit Natriumdampf-Hochdrucklampen ausgerüstet. Bis 1989/90 säumten vor allem in Pößneck (Sachsen) produzierte „Rostocker Straßen Leuchten" (RSL) die Wege u. Straßen. Die Masten waren aus achteckigem Beton, die Leuchtkörper aus dickem Rippenglas. Ab 1981 wurde dieses durch dünneres Strukturglas ersetzt.

Blick auf Lichtenhagen (um 1985)

Seit dem Zusammenbruch der DDR 1989/90 zeichnete die Stadtbeleuchtung Rostock GmbH für die S. verantwortl. 1996 übernahmen die → Stadtwerke Rostock AG die Firma. Um hohe Stromkosten (2011 ca. 3 Mio. €) zu senken, kam es immer wieder zu Teilabschaltungen der S. od. zum verstärkten Einsatz von LED-Leuchtmitteln.

Lit.: *W. Ahrens, P. Frahm, W. Gurowski: Rostocker Gas-, Strom- und Wärmeversorgung. Aus der Vorgeschichte der Stadtwerke Rostock AG, Rostock 2000.* RS

STRAẞENNAME. Administrativ festgelegte, offizielle Bezeichnung für Straßen u. Plätze in Kommunen zum Zwecke der Orientierung. Rostocks erste S. entstanden um die Mitte des 13. Jh. im Volksmund, der v. a. Besonderheiten der Örtlichkeit, der dort lebenden Bevölkerung od. andere offensichtl. Merkmale in die Namensgebung einbezog. Vom → Rat bald für seine Verwaltungstätigkeit übernommen, erhielten die im Alltag verwendeten S. so einen offiziellen Status. Erste administrative Festlegungen zu S. u. v.a. zu ihrer Ausschilderung traf die herzogl. Regierung in Schwerin 1803 für alle großen Städte Meckl., so auch für Rostock. In der Folge wurden Straßen u. Plätze 1804–49 erstmalig mit Straßenschildern versehen. Erste durch die → Stadtverwaltung bestimmte S. gab es in Rostock Mitte des 19. Jh. für die entstehenden Vorstädte. Heute regelt die Straßenbenennungssatzung das Vorgehen bei der Vergabe von S. durch die Stadtverwaltung. Sie gibt auch für jeden Stadtteil ein Rahmenthema vor, auf das ein neuer S. inhaltl. Bezug nehmen muss. Ein Register für die etwa 1200 Straßen u. Plätze Rostocks (Juli 2012) u. ihre Na-

men wird beim Kataster-, Vermessungs- u. Liegenschaftsamt geführt.
Lit.: *Lexikon Rostocker Straßennamen, Rostock 1995; E. Münch, R. Mulsow: Das alte Rostock und seine Straßen, 2. Aufl., Rostock 2010.* RL

STRAßENREINIGUNG → STADTREINIGUNG

STREIK. Kollektive Arbeitsniederlegung, die wirtschaftl. u. polit. Ziele verfolgt. Der Begriff stammt aus dem 19. Jh. u. wurde durch engl. Arbeiter geprägt. Frühe Formen dieser Protestform lassen sich jedoch auch im Mittelalter u. in der Frühen Neuzeit finden. In Rostock traten bereits im Juni 1567 Schneidergesellen in den Ausstand, um ihre Forderungen nach mehr Lohn durchzusetzen. Eine wirtschaftspolit. Bewegung löste 1791 der S. der Tischlergesellen aus, die für bessere Arbeitsbedingungen u. mehr Gerechtigkeit bei der Vergabe des Meistertitels stritten. Ihrem Beispiel folgten die anderen Gewerke. 1795 traten 20 Gesellen-Bruderschaften in einen gemeinsamen Ausstand, bei dem es zu heftigen Tumulten u. einem Eingreifen des Militärs kam.

Mit der → Industrialisierung u. Politisierung der Gesellschaft im 19. Jh. nahm die Zahl solcher Protestaktionen zu. Sie hatten sich als effektives Mittel der Interessenvertretung der Arbeiterschaft (→ Arbeiterbewegung) erwiesen. S. dienten u.a. der Durchsetzung höherer Löhne, kürzerer Arbeitszeiten u. besserer Arbeitsbedingungen.

1890 kam es im Zuge der erstmaligen Feier des 1. Mai zu einem S. der Rostocker Maurer, 1903 zu einem S. der Werftarbeiter. 1905 legten sie erneut die Arbeit nieder. Aus diesem S. entwickelte sich ein fünfmonatiger u. damit der bis dahin größte Arbeitskampf in Meckl.-Schwerin. Am 21.8.1917 streikte die Belegschaft der → Neptunwerft für Beihilfen zum Kartoffelkauf u. eine generelle Lohnerhöhung. Polit. Forderungen erhob die Belegschaft erst Anfang Nov. 1918, als Matrosen zum Anschluss an die → Novemberrevolution aufforderten. Ihrem Beispiel folgten die Arbeiter der Maschinenfabrik → Dolberg. 1920 streikten zur Abwehr des → Kapp-Lüttwitz-Putsches sämtl. Betriebe in Rostock. Wirtschaftl. u. polit.

Streikende Arbeiter der Neptunwerft (27. Februar 1992)

Ziele verfolgten auch die Arbeitsniederlegungen u.a. auf den Werften u. im → Dieselmotorenwerk am → 17. Juni 1953. Obwohl aus dem offiziellen Sprachgebrauch das S.-recht nach 1953 verschwunden war, war es noch nominell bis 1968 in der Verfassung verankert. De facto galt in der DDR ein S.-verbot.
Ab 1991 führten die Umstrukturierungen der Neptun- u. der → Warnowwerft sowie der damit verbundene Arbeitsplatzabbau zu mehreren S., an die heute eine Installation am Werftdreieck erinnert. In neuerer Zeit kam es auch in Rostock zu S. zum Zwecke der Durchsetzung bildungspolit. Ziele.
Lit.: *K. F. Olechnowitz: Rostock – Von der Stadtrechtsbestätigung im Jahr 1218 bis zur bürgerlich-demokratischen Revolution von 1848/49, Rostock 1968; K. Möller: Wunder an der Warnow? Zum Aufbau der Warnowwerft und ihrer Belegschaft in Rostock-Warnemünde (1945 bis 1961), Bremen 1998.* MB

STREMPEL, JOHANN KARL FRIEDRICH. Mediziner, Gutspächter (20.8.1800 Bössow/Grevesmühlen–29.8.1872 Ludwigslust); Studium der Medizin u. Naturwissenschaften in Rostock u. Berlin, Promotion 1822 in Berlin, 1825 Habilitation u. Privatdozent; 1826 Prof. der Medizin in Rostock; 1832–33 Rektor; 1848 Pächter des Gutes Goorstorf bei Rostock; Initiator des städt. Krankenhausbaus am Gertrudenplatz (1855) u. der Entbindungsanstalt (1859); Begründer des Naturhistor. Museums u. des Ob-

Johann Karl Friedrich Strempel (Ölgemälde von Elisabeth Strempel, 1875)

servatoriums der Uni; 1862 Pensionierung; Grabstein im Lindenpark; Straße im Hansaviertel 1919 nach ihm benannt.

Lit.: W. Teichmann: Strempel, Johann Carl Friedrich, in: Biographisches Lexikon für Mecklenburg, Bd. 3, Rostock 2001, S. 296–299. AH

STROBELBERGER (eigentl. A. Strobelberger Möbelfabrik). 1857 von Adolf S. gegründetes Unternehmen zur Herstellung von Innenausbauten u. Dekorationen sowie von Wohn- u. Gebrauchsmöbeln mit weitreichenden, z. T. internationalen Handelskontakten, später Hoflieferant. Nach der Zerstörung der Fabrik An der Hege durch → Bombenangriffe im Apr. 1942 wurde die Firma am Vogelsang weitergeführt. Wegen staatl. Reglementierungen entschlossen sich die Eigentümer, die Firma am 1. 2. 1953 zu liquidieren. Einrichtungen u. Personal übernahm die Rose & Treiber Werkstätte für Innenkunst Rostock.

Lit.: H.-H. Schimler: Vogelsang 14. Zur Geschichte eines Hauses, Rostock 2009, S. 53–84. RL

STROHHALM. Mit dem Untertitel „Erste Rostocker Straßenzeitung" erstmals im Dez. 1995 vom Verein Wohltat e. V. Rostock herausgegebenes Periodikum, das seit 2002 monatl. erscheint. Die Zeitung will mit ihren Inhalten das soziale Bewusstsein bei Bürgerinnen u. Bürgern wachhalten, die obdachlosen Straßenverkäufer des Blattes in das öffentl. Leben der Stadt einbeziehen sowie ihnen eine kleine Verdienstmöglichkeit bieten. RL

STUDENTENKLUB. 1969 (550-Jahr-Feier der Uni Rostock) öffnete mit dem Studentenkeller der erste S. der Stadt. Nach zweijähriger Bauzeit war der 1714 erbaute u. im II. Weltkrieg verfüllte Keller unter dem → Palais-Gebäude in der Innenstadt mit Hilfe von Studenten freigelegt worden. Die Leitung u. die Finanzierung erfolgten durch die FDJ-Hochschulgruppenleitung (HGL) der Uni. Die vor allem Studenten vorbehaltene Einrichtung bot ein breites Freizeitprogramm an: Diskotheken, Bierabende, Vorträge, Lesungen, polit. Diskussionen, Konzerte, Kabarettabende.

In den 1970er-Jahren folgten weitere Klubs. Das Gros der Klubnamen wies auf die Studienrichtung der hier ehrenamtl. arbeitenden Studenten hin: SBW-Klub (Sozialist. Betriebswirtschaft), LAW-Klub (Lateinamerikawissenschaften), TE-Klub (Techn. Elektronik). Mehrere S. befanden sich in den Studentenwohnheimen Am Vögenteich u. in der Max-Planck-Str. In den größeren Klubs, wie dem LT-Klub (Landtechnik), dem Meli-Klub (Meliorationswissenschaften), dem TP-Klub (Tierproduktion) u. dem ST-

Studentenklub in der Südstadt-Mensa „Bierstube" (1984)

Studentenfasching in der Südstadt-Mensa (1989)

Klub (Schiffstechnik), fanden regelmäßig Diskotheken statt. Bis 1989 entstanden weitere S., wie die Heidi im Wohnheim Friedrich-Engels-Str. (heute St.-Georg-Str.) u. der Filmclub Mensa in der Südstadt. Im Dachgeschoss des Studentenhochhauses Erich-Schlesinger-Str. befand sich die sog. Kiste, die vor allem von Studenten der Germanistik betrieben wurde u. Ort zahlreicher Lesungen sowie literar. Gespräche war. Einen besonderen Charakter besaß der IC (Interclub) im Zwischenbau des Wohnheims Erich-Schlesinger-Str. Hier trafen sich vor allem ausländ. Studenten. Großveranstaltungen (Konzerte, Kabarett, Fasching) fanden in der → Mensa der Südstadt statt. Mit 15 S. bei ca. 5000 Studenten besaß die Uni Rostock die größte Dichte in der DDR. Auf dem Gelände der Hochschule für Seefahrt in Warnemünde etablierte sich in den 1980er-Jahren der sog. Sumpf.

Im Zuge des Zusammenbruchs der DDR 1989/90 wurde die FDJ-HGL aufgelöst u. durch einen Studentenrat (StuRa) ersetzt. Seither wurden einige S. kommerzialisiert (Studentenkeller, LT-Klub). Das Gros der Klubs schloss jedoch in den 1990er-Jahren. Der S. Sumpf am Bereich Seefahrt der Hochschule Wismar in Warnemünde u. der S. Schiffstechnik sind derzeit die einzigen von Studenten geführten Einrichtungen. RS

STURMFLUT. Durch starke auflandige Winde erzeugter, ungewöhnl. hoher Wasserstand der → Ostsee. S. treten fast ausschließlich zwischen Nov. u. Feb. bei bestimmten Wetterlagen (→ Wetter) (Windgeschwindigkeit, Zugrichtung, Ausdehnung des Sturmtiefs) auf.

Schon in frühen Chroniken des Mittelalters werden S. erwähnt. Eine der ältesten Mitteilungen über eine „Ungeheure S." in der Ostsee stammt aus dem Jahre 1044. In den folgenden Jh. suchten weitere schwere S. (1304, 1320, 1449) Rostock u. Warnemünde heim.

Am 10.2.1625 ließ ein Orkan den Wasserpegel in Rostock auf 2,93 m über Normal steigen. Am → Hafen unterspülte die Flut die Stadtmauer. Ca. 100 m brachen ein. Der Sturm warf etwa 70 Schiffe von der → Warnow auf das Land. Am → Mönchentor weist eine Inschrift auf die S. hin. Ca. 3100 Menschen fanden dabei in der Stadt u. in der Umgebung den Tod. Die → Kirche Warnemünde u. die → Vogtei standen ca. einen Meter unter Wasser.

Vom 27.2. bis 2.3.1747 verheerte eine fünf Tage anhaltende S. die meckl. Küste. Die schwerste S. seit Beginn der Aufzeichnungen ereilte Warnemünde am 12./13.11.1872. Das Wasser stieg auf den höchsten jemals gemessenen Rekordstand von 2,70 über Normal. Die Ostsee war links u. rechts des Badeortes durchgebrochen (→ Küsten- u. Hochwasserschutz) u. ergoss sich westl. von Warnemünde zwischen Lichtenhagen u. Groß Klein in den → Breitling. Warnemünde war komplett von der Außenwelt abgetrennt u. zur Insel geworden. In Rostock standen die Häuser der Strandstr., der Faulen Grube, des Fischer- u. des Gerberbruchs usw. unter Wasser. Die Bewohner mussten mit Booten vor dem Ertrinken gerettet werden.

Die S. vom 30.12.1913 durchbrach die Dünen in Warnemünde an mehreren Stellen. Die Steinmauer an der Westmole wurde zerschlagen, die Promenade auf über 300 m weggespült. 1954 suchte eine weitere S. Rostock heim. Am 3./4.11.1995, 1.11.2006 u. 4./5.1.2017 setzten erneut S. Teile Warnemündes u. der Rostocker Altstadt unter Wasser.

Lit.: *O. Kolp: Sturmflutgefährdung der deutschen Ostseeküste zwischen Trave und Swine, Stralsund 1955; H. Cordshagen: Der Küstenschutz in Mecklenburg. Seine Geschichte von den Anfängen bis zum Jahr*

Hochwasser in Warnemünde (1954)

1945, Schwerin 1964; W. Schumacher: Flutkatastrophen an der deutschen Ostseeküste. Vergangenheit, Gegenwart, Zukunft, 2. Aufl., Rostock 2008. WS

STUTHOF. Ortsteil am Rande der → Rostocker Heide; im späten Mittelalter vermutl. Standort einer fürstl. Wildstuterei u. Wasserburg. 1531 von der Stadt Rostock erworben u. seit 1599 als Pachtgut betrieben; nach Rövershagen eingepfarrt; 1914 Bau einer festen Straße nach Dierkow; 1950 → Eingemeindung nach Rostock; 67 Einwohner (Stand 2015); heute beliebter Ausflugsort u. Standort eines Reiterhofes.

Lit.: *Geschichtswerkstatt Toitenwinkel (Hg.): Der Toitenwinkel. Ein Adelssitz bei Rostock und seine Dörfer, Rostock 1996.* WS

SÜDSTADT. Erster vollständig industriell gefertigter Stadtteil Rostocks südl. des → Hauptbahnhofes mit 14873 Einwohnern (2016), errichtet 1960–68. Die 115 ha große Fläche war durch mehrere Niederungsgebiete (sog. Pfeifenteiche) – die jetzigen Grünzonen – durchzogen. Der Baugrund war schlecht. Von Vorteil war die Nähe zum Stadtzentrum u. zu den vorhandenen bzw. vorgesehenen Arbeitsstätten der zukünftigen Bewohner (→ Dieselmotorenwerk, Rechenzentrum, → Universität Rostock, Krankenhaus, Reichsbahn). Das Gebiet wurde zuvor nur kleingärtner. u. landwirtschaftl. genutzt. Ledigl. die Uni ließ an der Satower Str. u. südl. Bei der Tweel seit 1954 mehrere Instituts- u.

Wohnungsbau (1962)

Lehrgebäude für die Landwirtschaftl. u. Schiffbautechn. Fakultät errichten.

Die S. entstand unter Leitung der Architekten Konrad Brauns, Rudolf → Lasch u. Kurt Tauscher für etwa 21500 Einwohner inkl. 2000 Studentenwohnheimplätzen in der Max-Planck-Str. Durch die Anordnung der Verkehrsadern (Südring, Nobelstr.) gliedert sich die S. in drei Teile. Die Wohnblöcke der S. wurden als vier- u. fünfgeschossige Zeilen errichtet. Die vorgefertigten Wände des ersten gänzl. in Plattenbauweise errichteten Rostocker Stadtteils kamen per Schmalspurbahn aus dem Werk Reutershagen, seit 1963 auch aus Marienehe.

Die Versorgung der Bevölkerung mit Waren des tägl. Bedarfs erfolgte zunächst in Garagen u. Baracken. Die erste Kaufhalle entstand 1962. Für den Personenverkehr standen anfangs nur zwei Busse bereit. Die Gastronomie erfolgte in Baracken, z.B. dem „Berghotel". Alle ca. 5500 Wohnungen besaßen ein Bad/Dusche u. Innen-WC. Die Wärmeversorgung erfolgte durch sechs Inselkraftwerke. Jede Teilstadt verfügte über Gemeinschaftseinrichtungen wie Schulen mit Hort, Kaufhallen, Kinderkrippen u. -gärten.

Parallel dazu entstanden vier Punkthochhäuser in traditioneller Ziegelbauweise (1963/64) u. ein Bezirkskrankenhaus (heute S.-klinikum) mit einer Kapazität von 600 Betten (1961–68). Die Studenten- → Mensa mit 1100 Plätzen in der Albert-Einstein-Str. war 1970 fertig (Abriss 1998).

Verkehrstechn. Rückgrat der S. wurde der Otto-Grotewohl-Ring (heute Südring), eine vierspurige Ringstr. mit angelegter Straßenbahntrasse vom Goetheplatz bis zum → Barnstorfer Wald. Dem Primat des Wohnungs- u. Grundversorgungsbaus fielen Bauten wie ein S.-zentrum, Warenhaus, Kino, Hochgarage u. drei Klubgaststätten sowie ein am Südausgang des Hauptbahnhofes geplantes Empfangsgebäude mit Bahnhofspostamt zum Opfer. Anstelle des S.-zentrums erfolgte die Errichtung des in monolith. Schalenbauweise gefertigten Gaststätten- u. Bibliothekskomplexes Kosmos (1968–70). Ein Postamt u. eine → Sparkasse kamen 1976 hinzu.

Seit den 1970er-Jahren wurde die S. durch zahlreiche Lückenbauten verdichtet. Dazu zählen zwei

Südstadtklinikum (um 1970)

elfgeschossige Hochhäuser für je 800 Studenten in der Erich-Schlesinger-Str. (1972) u. die beiden Studentenwohnheimblöcke in der Albert-Einstein-Str. (1975). Die Sport- u. Kongresshalle (heute → Stadthalle) konnte 1979 übergeben werden, die Feuerwehrwache in der Erich-Schlesinger-Str. im Jahr 1983. 1983–85 entstanden am Platz der Freundschaft vorrangig für die Chemiearbeiter des Düngemittelwerkes Rostock-Poppendorf (heute Yara AG) 420 Wohnungen in Terrassenhochhäusern sowie das sog. Klubhaus der Chemiearbeiter.

In den 1990er-Jahren kamen weitere Bauten hinzu: Einkaufszentrum S.-Center (1993), → Rostocker Innovations- u. Gründerzentrum (1993), Wohnheim der Agrarwissenschaften am Justus-v.-Liebig-Weg (1994), Gewerbe- u. Wohngebiet an der Nobelstr. Im Jahre 2003 erfolgte der Straßenbahnanschluss. Im Zuge des Ausbaus des → Campus S. folgten weitere Unibauten: Mensa (1999), → Bibliothek (2004), Rechenzentrum (2011), Instituts- u. Lehrgebäude für die Biologie u. Chemie (2002) sowie die Physik (2015).

Lit.: *K. Berdermann: Planung und Bau der Südstadt in Rostock 1960–1968, in: Zeitgeschichte regional. Mitteilungen aus Mecklenburg-Vorpommern, 10. Jg., H. 2, Rostock 2006, S. 59–77.* RS

SUPPENKÜCHE. 1803–06 betrieb das Armenkollegium (→ Armenwesen) eine Suppenanstalt, in der die obligate „Rumfordsche Suppe" ausgegeben wurde. 1855 erneut Eröffnung einer Suppenanstalt für Bedürftige; ab 1881 sind immer wieder Volksküchen zu finden, in denen man zu Notzeiten, wie z. B. in strengen Wintern, preiswerte Essen ausgab; im I. → Weltkrieg entstanden als dauerhafte Einrichtung drei Volksküchen, daneben gab es S. u. Kriegsküchen; während der Inflation von 1922/23 Gründung der Notgemeinschaft u. Eröffnung von Notstandsküchen in Rostock, Gehlsdorf u. Warnemünde; von Bestand blieb die Notstandsküche in der Augustenschule, die 1937 durch die NS-Volkswohlfahrt übernommen wurde; 1942 Einrichtung einer Speisehalle für Bombengeschädigte; im Winter 1945 Einrichtung von Gemeinschaftsküchen; 1994 eröffnete der Verein Wohltat e. V. die erste S. der Nachwendezeit. BK

Ruine der Synagoge (1938)

SWIENSKUHLEN. Bezeichnung für eines der wenigen noch erhaltenen Waldgebiete (weitere: Heidenholz, Süden- u. Ostenholz, Oldendorfer Tannen) im Bereich des ehem. adligen Herrschaftskomplexes → Toitenwinkel; gelegen zwischen Krummendorf, Hinrichsdorf u. Peez; ehedem reich an Wildschweinen (daher der Name); Schädigung des Baumbestandes im → Dreißigjährigen Krieg; nach 1990 erneute erhebl. Verkleinerung durch den Bau des → Steinkohlekraftwerkes. EM

SYNAGOGE. Vor 1897 besaß die Israelit. Gemeinde (→ Judentum) nicht die finanziellen Mittel zum Bau einer S. u. musste zuerst Gottesdienste in Privatwohnungen, später in angemieteten Räumen halten. Der 1897 gestorbene jüd. Produktenhändler Meyer Gimpel hinterließ der Gemeinde sein Vermögen für wohltätige Zwecke u. bestimmte davon 80 000 M für den Bau einer S. u. den erforderl. Grundstückskauf. Außerdem stiftete er seine wertvollen Thorarollen u. silbernes Kultgerät. Auf dem Grundstück Augustenstr. 101 entstand unter der Bauleitung der Firma Krause & Korff aus Laage die vom Architekten Prof. Ludwig Levy aus Karlsruhe projektierte S. Am 14. 9. 1902 wurde sie in Anwesenheit zahlreicher aus Meckl. angereister Juden u. Ehrengäste geweiht. Sie war der größte u. schönste jüd. Kultbau in Meckl. Das Gebäude hatte Rundbogenfenster u. -türen, Ziegelfliesen in hellen Putzfassaden, mehrere Ziertürmchen u. ein großes Maßwerk in der Westfassade. Das Innere bot 350 Personen Platz. In den frühen Morgenstunden der Pogromnacht vom 9./10. 11. 1938 setzten Nationalsozialisten die S. in Brand. Das Gebäude wurde danach durch einer Speditionsfirma genutzt u. 1944 durch Bombenangriffe vollständig zerstört. Seit dem 11. 11. 1988 erinnert unweit des histor. Standortes in der Augustenstr. eine Stele mit einem Menoramotiv (Lebensbaum) u. einer Inschrift an die am 10. 11. 1938 ausgebrannte S. Heute befindet sich der S.-raum in der Augustenstr. 20.

Lit.: *J. Diekmann (Hg.): Wegweiser durch das jüdische Mecklenburg-Vorpommern, Potsdam 1998, S. 199; F. Schröder, I. Ehlers: Zwischen Emanzipation und Vernichtung. Zur Geschichte der Juden in Rostock, Rostock 1988.* IE

T

TARNOWPLAN. Rostocker Stadtkarte (3,65 × 1,90 m) des Meisters des → Heilig-Geist-Hospitals Julius Michael Tarnow (1725–1815) aus den Jahren 1780/90 im Maßstab 1:480; aufbewahrt in der Universitätsbibliothek Rostock; erste exakte Vermessung u. Aufnahme (nur der straßenseitigen Breite) der insgesamt 1872 Rostocker Innenstadtgrundstücke (einschließlich Fischer-, Gerber- u. Küterbruch) in Ruten (1 Rute = 4,656 m); neben der Grundstücksnummer u. -breite Angaben zur → Fahnen-Zugehörigkeit u. der Familiennamen der Grundstücksbesitzer; Grundlage für die Katasterkarten des 20. Jh.
Lit.: *G. Kohfeldt (Hg.): Rostock im Jahrzehnt 1780/90. Die Stadtkarte des Hospitalmeisters J. M. Tarnow mit Grundstückseinteilung und Hausbesitzerverzeichnis, Rostock 1919.* EM

TECHNOLOGIEZENTRUM WARNEMÜNDE (TZW). 1990 in der Warnemünder Friedrich-Barnewitz-Str. gegründet; stellt jungen High-Tech-Unternehmen gemeinsame Infrastruktur zur Verfügung; zählte 2011 ca. 80 Firmen u. Dienstleistungsbetriebe mit 770 Mitarbeitern; bis dahin erfolgreiche Aussiedlung von 125 Unternehmen, die z. T. in den Technologiepark Warnemünde (TPW) in der Nachbarschaft zogen. KM

TEEPOTT. Ursprüngl. umgangssprachl. für Teepavillon; 1925/26 nach Plänen des Architekten Walter → Butzek in den Dünen Warnemündes nahe dem Leuchtturm errichteter Rundbau für gastronom. Zwecke. Im II. Weltkrieg als Wohnstätte für Arbeiter der → Ernst Heinkel Flugzeugwerke genutzt, brannte das Gebäude am 7.5.1945 nieder. In der ersten Jahreshälfte 1968 wurde an histor. Stelle ein von Ulrich Müther entworfener markanter Hyperschalenbau errichtet u. am 7.7.1968 unter dem Namen Teepott eröffnet. RL

Selbstbedienungsgaststätte Teepott (1963)

Blick auf die zwei Wahrzeichen Warnemündes: Teepott und Leuchtturm (2009)

TEICH. Flächenstillgewässer; v. a. im Mittelalter auch (eine eigentl. unkorrekte) Bezeichnung für Gewässer mit Zu- u. Abläufen, wie sie im Gegensatz zu T. Seen aufweisen. Die T. waren ein ursprüngl. aus dem Kritzmower Moor gespeistes System von miteinander verbundenen Flächengewässern, dessen

Ausläufe in die Unterwarnow führten. Dazu gehörten südl. der histor. Stadtanlage die Pfeifen- od. auch Born-T., die im Mittelalter in einem weitläufigen Areal fast bis zum Dorf Biestow reichten u. um 1850 nur noch südl. des heutigen Hauptbahnhofs im Bereich des Platzes der Freundschaft zu lokalisieren waren. Die histor. Namensvarianten dieser T. verweisen darauf, dass sie der Versorgung der Rostocker mit Trink- u. Brauchwasser (→ Wasserversorgung) dienten, das seit dem ausgehenden Mittelalter durch sog. Pipen (engl.: pipeline, hochdt.: Pfeifen) in Borne (innerstädt. Wasserbecken bzw. Brunnen) geleitet wurde. Im Zuge der um die Wende vom 18. zum 19. Jh. forcierten Trockenlegung der Moore um Kritzmow gingen die Wasserflächen aller T., so auch der Pfeifen-T., stark zurück. Letztere wurden schließlich ab 1869 im Auftrag des Rates vollständig trockengelegt, das so gewonnene Terrain nutzte man zunächst als Gartenland. Wegen seiner Stadtnähe besonders begehrt, entstanden dort einige der ersten Schrebergartenkolonien Rostocks (→ Kleingarten). Im Westen, vor dem Kröpeliner Tor, erstreckten sich bis in die Barnstorfer Waldungen hinein weitere T., von denen der Vögen- u. der Kupfer-T. sowie der Poggenpool im Gebiet um die heutigen Straßenzüge Am Vögenteich, Stampfmüllerstr., Doberaner Platz, Neue Werder- u. Haedgestr. die größten waren. An den T. vor dem Kröpeliner Tor gab es bereits in den ersten Jahrzehnten nach der Stadtgründung Wasser- → Mühlen, deren älteste die 1280 erstmals erwähnte „Pepermole" am Kupfer-T. gewesen sein dürfte. Sie sowie eine am benachbarten, wesentl. größeren, später Vögen-T. genannten Gewässer liegende Oelgards- od. auch Stampfmühle (heute Stampfmüllerstr.) erwarben 1301 Johann u. Gerhard Vöge. Auch diese beiden T. verloren im 19. Jh. an Wasserfläche. Zunächst wurde durch die Anlage des gleichnamigen Grabens der sich zur → Warnow erstreckende Kupfer-T. trockengelegt, in der 2. Hälfte des 19. Jh. dann auch der Vögen-T. Der zwischen beiden T. liegende, wesentl. kleinere Poggenpool war schon 1795 nahezu ausgetrocknet. Da man auf dem immer noch feuchten, teils morastigen Gebiet des Vögen-T. keine Straßen anlegen konnte, führte man diese im 19. Jh. an seinen einstigen Ufern vorbei, wodurch der heutige Doberaner Platz entstand. Mit der Bebauung der Fläche des Kupfer-T. wurde noch Ende des 19. Jh. begonnen, wohingegen die Fläche des ehem. Vögen-T. teilweise bis ins erste Jahrzehnt des 21. Jh. hinein unbebaut blieb. Vor allem in der 1. Hälfte des 20. Jh. diente der Südteil des Geländes als Naherholungsgebiet u. Sportanlage sowie als Veranstaltungs- u. Festplatz, bspw. für Wanderzirkusse od. den → Pfingstmarkt.

Lit.: *F. K. Raif: Die Borngesellschaften in Rostock vom 15. bis 19. Jahrhundert, in: Beiträge zur Geschichte der Stadt Rostock, N. F., H. 4, Rostock 1984, S. 21–37; J. Rabbel: Wassermühlen vor dem Kröpeliner Tor. Zur Geschichte des Rostocker Vögenteichplatzes, Rostock 2010.* RL

TEUCHERT, HERMANN. Germanist (3.3.1880 Loppow bei Landsberg/Polen–13.1.1972 Heidelberg); 1901–07 Studium der Philologie u. Germanistik in Straßburg u. Berlin, Promotion in Berlin 1907; 1910–20 Oberlehrer in Berlin; 1914–18 Kriegsdienst; 1920–54 Prof. für niederdt. u. niederländ. Sprache u. Literatur, ab 1934 auch für Altdt. Sprache u. Literatur in Rostock; 1925–56 Erarbeitung des 15. Bd. des „Grimmschen Wörterbuchs"; 1926 Gründung des Wörterbucharchivs mit dem Volkskundler Richard

Hermann Teuchert (um 1930)

Wossidlo u. Beginn der Erarbeitung eines siebenbändigen „Meckl. Wörterbuchs"; 1954-65 Leiter der Arbeitsstelle „Meckl. Wörterbuch" (Akademie der Wissenschaften Berlin) in Rostock; Brüder-Grimm-Preis der Uni Marburg (1954), Nationalpreis der DDR (1961), Ehrendoktorwürde der Uni Rostock (1970); Übersiedlung nach Heidelberg (1971).
Lit.: *H. J. Gernentz: Teuchert, Hermann, in: Biographisches Lexikon für Mecklenburg, Bd. 1, Rostock 1995, S. 205-208.* AH

TEUFELSKUHLE. Bezeichnung einer unterird. durch Quellen gespeisten tiefen, sagenumwobenen Senke in den vor dem → Kröpeliner Tor gelegenen Wallanlagen. Die Bemühungen, für Rostock eine zeitgemäße → Stadtbefestigung zu schaffen, führten um 1622 zur Beauftragung des niederländ. Festungsbaumeisters Johan van → Valckenburgh (1575-1625). Er legte 1624 Planungen zu einer bastionsverstärkten Wallanlage vor. Von dieser wurde nur die große Dreiwallbastion (Hauptbastion mit zwei Vorwällen) an der Westseite nahe dem Kröpeliner Tor gebaut. In ihrem Inneren wurde eine Zisterne angelegt, die sich erhalten hat u. die heutige T. darstellt. KJLS

Teufelskuhle, im Hintergrund das Kröpeliner Tor (um 1900)

THALIA. In der griech. Mythologie die Muse der komischen Dichtung u. der Unterhaltung; im 19. Jh. begannen v.a. Gastwirtschaften unter diesem Namen, volkstüml. Sommertheater u. Varietés einzurichten; in Rostock existierte seit 1871 ein T.-Theater im Garten der Societät (August-Bebel-Str.), es wurde in leichter Holzbauweise mit ca. 600-700

Thalia-Theater (um 1890)

Plätzen u. kleiner Bühne errichtet; nach 1880 Ausweichspielstätte des abgebrannten Stadttheaters; 1886 Einbau einer Heizung, Vergrößerung der Bühne u. massive Umfassung des Zuschauerraums, dadurch wurde auch eine Winterspielzeit möglich; 1896 abgerissen. BK

THEATER. In Rostock ist seit dem frühen 16. Jh. T.-leben nachweisbar. Der älteste gedruckte → Theaterzettel des dt.-sprachigen Raumes von 1520 stammt aus Rostock. Vornehmlich wandernde Schauspielergruppen sorgten bis in das 19. Jh. hi-

Das sogenannte Ballhaus in der Steinstraße 1 (um 1880)

nein für die theatral. Erbauung der Rostocker Bürger. Wie die Protagonisten wechselten die Spielorte, vom mittelalterl. Marktplatz über den Hornschen Hof u. das → Ballhaus im 17. Jh. zum Comödienhaus im 18. Jh., ehe 1786 das alte Stadt-T. entstand. Dieses wurde ab 1833 längerfristig verpachtet.

Durch einen Brand wurde es am 20.2.1880 zerstört. Vorstellungen fanden daraufhin im → Tivoli u. im → Thalia statt. Im Jahre 1886 wurde Letzteres mit Heizungen ausgestattet, sodass es auch in der Wintersaison genutzt werden konnte. 1894/95 wurde nach Plänen des Architekten Heinrich Seeling das neue Stadt-T. am Steintor gebaut. Die Eröffnung erfolgte am 5.10.1895. Das Gebäude bot in Parkett u. drei Rängen 949 Sitzplätze. 1925 wurden die Mitarbeiter städt. Angestellte. Das Stadt-T. wurde am 24./25.4.1942 bei einem → Bombenangriff zerstört. Aufführungen erfolgten nun im Fürstensaal des Rathauses, ehe am 13.3.1943 die Ersatzspielstätte eröffnet wurde: der zum T. umgebaute Tanz- u. Konzertsaal der sog. → Philharmonie. Dieses Gebäude dient – mehrfach verändert bzw. baul. ergänzt – bis heute als Großes Haus dem Spielbetrieb. 1952 wurde das T. vom Bezirk Rostock übernommen.

Stadttheater (um 1930)

Verschiedene Neubauprojekte in den 1950er- u. 1960er-Jahren kamen nicht zustande. In 18-monatiger Bauzeit wurde 1975–77 der histor. Gebäudekomplex rekonstruiert u. um Anbauten entlang der Doberaner Str. erweitert (Einweihung: 14.1.1977).

Seit den 1920er-Jahren stand auch eine zweite, kleinere Bühne zur Verfügung, die Kammerspiele im Hotel Fürst Blücher. In der DDR kamen 1954 das Kleine Haus (193 Plätze) in der Eselföterstr., 1960 das Intime T. (67 Plätze) in der Buchbinderstr. (heute Volksbank), 1965 das T. für Prozesse im Haus der Armee (→ Ständehaus), 1968 die Kleine Komödie in Warnemünde u. in der → Kunsthalle das Studio 74 hinzu.

Seit 1990 ist das T. wieder eine städt. Einrichtung. 2009 wurde es in eine GmbH überführt. Bis auf das Warnemünder T. wurden alle kleinen Rostocker T.-stätten in den 1990er-Jahren geschlossen. Darunter befand sich auch das T. im Stadthafen, das erst in den 1990er-Jahren etabliert worden war, aber bereits 2014 aufgegeben wurde. Die Zahl der Mitarbeiter des Rostocker T. sank von ca. 700 (1989) auf gegenwärtig unter 300.

Über die Qualität der Aufführungen, anfängl. meist geistl. Mysterien-, Fastnachtsspiele u. Schulkomödien, gibt es ledigl. lückenhafte Auskünfte. Von T.-kunst darf wohl erst seit 1751 gesprochen werden, als die Schönemannsche Schauspieltruppe, darunter Conrad Ekhof, in Rostock gastierte. Höhen u. Tiefen folgten, ehe man in den ersten Jahrzehnten des 20. Jh. vom „Norddt. Bayreuth“ u. den Richard-Wagner-Inszenierungen sprach. In den 1960er- u. 1970er-Jahren entstanden Schauspielaufführungen (Peter Weiss, Rolf Hochhuth), die selbst außerhalb der DDR für Aufsehen sorgten. Persönlichkeiten wie Johann Friedrich Schönemann, Richard → Hagen, Ludwig Neubeck od. Hanns Anselm → Perten schrieben Rostocker T.-geschichte.

Seit den 1990er-Jahren stellten Haushaltskürzungen, Intendantenwechsel u. Besucherzahlenrückgänge das Viersparten-T. immer wieder infrage. Am 20.6.2012 beschloss die Rostocker Bürgerschaft ein Neubaukonzept, das bisher noch nicht umgesetzt wurde.

Lit.: *G. Puls, H. Thieme: Theater! Aus der Geschichte der Rostocker Bühnen, Rostock 1995; R. Meyer-Braun: Löcher im Eisernen Vorhang. Theateraustausch zwischen Bremen und Rostock während des Kalten Krieges (1956–1961), Berlin 2007.* HM/SP

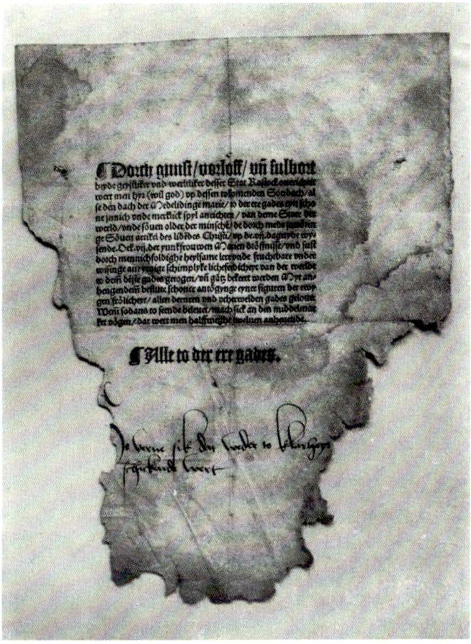

Dorch gunst/vorlöff/vñ fulbort
beyde geystliker vnd werltliker desser Stat Rostock overicheit
wert men hyr (wil god) vp dessen tokomenden Sondach/al
se dē dach der Medelidinge marie/ to der ere gades eyn schö
ne jnnich vnde merklick spyl anrichten/ van deme State der
werld/vnde söuen older der minschē/ de dorch mede [illegible]
ge Söuen artikel des lidendes Christi/ vp de.vij.dagetyde wy
sende.Ock.vij.der junkfrouwen Marien dröffnisse/vnd furst
dorch mennichfoldighe heylsame lere vnde fruchtbare vnder
wisinge [illegible] schimplyke lichtferdicheyt van der werlde
to dem dēste gades getogen/vñ gātz bekeert werden Myt an
hengendem besluter schöner antögynge eyner figuren der ewi
gen frölicheyt/ allen deneren vnd vtherwelden gades gelouet
Wenn sodans to seende beleuet/mach sick an den middelmar
ket vögen/dar wert men halffweghe [illegible] anheuende.

Alle to der ere gades.

Rostocker Theaterzettel (1520)

THEATERZETTEL. Im 18. Jh. breit aufkommende gedruckte Aufführungsankündigung mit Besetzungsliste von → Theatern bzw. wandernden Theatergruppen, die die heutigen Funktionen von Plakat u. Programmheft in sich vereinte. Die Hansestadt Rostock besitzt eine im Stadtarchiv verwahrte, mehr als 9500 Stücke umfassende Sammlung, die das reiche Theaterleben Rostocks zwischen 1800 u. der Gegenwart abbildet. Zu ihr gehört der älteste gedruckte T. im dt.-sprachigen Raum, der für das Jahr 1520 die Aufführung eines geistl. Stückes auf dem Neuen Markt ankündigt. RL

THIERFELDER, BENJAMIN THEODOR. Mediziner (10.12.1824 Meißen–7.3.1904 Rostock); 1841–46 Studium in Leipzig, Promotionen (1846: Dr. phil., 1848: Dr. med.) in Leipzig; ab 1851 Assistent an der Medizin. Klinik Leipzig; 1855 Prof. in Rostock; 1855–1901 Chef der Inneren Medizin u. stellv. ärztl. Direktor des Städt. Krankenhauses, Rektor der Uni Rostock; während des Dt.-Frz. Krieges 1870/71 Arzt im Rostocker Reservelazarett; 1898 Ernennung zum → Ehrenbürger der Stadt; 1919 Benennung einer Straße im Hansaviertel nach ihm.

Lit.: *W. Teichmann: Thierfelder, Benjamin Theodor, in: Biographisches Lexikon für Mecklenburg, Bd. 1, Rostock 1995, S. 209–213.* AH

THINGSTÄTTE. Nach dem Vorbild der Thingplätze der Germanen unter der Ägide des Reichsbundes der dt. Freilicht- u. Volksschauspiele e.V. geplanter Festspielplatz v.a. für die Aufführung eigens dafür geschaffener, inhaltl. an den ideolog. Vorgaben des → Nationalsozialismus ausgerichteter Singspiele (sog. Thingspiele). In Dtl. war die Errichtung von 400 T. geplant, von denen ca. 60 fertiggestellt wurden. Die einzige T. in Meckl. entstand 1934/35 auf einem 11000 m² großen Gelände im Nordosten der → Barnstorfer Anlagen. Bestehend aus höhengestaffelten Traversen in einer Gesamtlänge von 3500 m, einem Feuer- u. Tanzkreis, der Bühne u. zwei mächtigen Beleuchtungstürmen wurde die T. in Anwe-

Platz der Jugend (1960)

senheit von 16000 Besuchern am 12.5.1935 ihrer Bestimmung übergeben. An der folgenden Aufführung des Thingspiels „Neurode. Ein Spiel von dt. Arbeit" wirkten 2000 Einzeldarsteller u. Ensemblemitglieder mit. 1937 noch Veranstaltungsort des meckl. Gautages verlor die T. v.a. während des Krieges zunehmend an Bedeutung. 1956 zu einer Freilichtbühne mit 8000 Sitzplätzen umgebaut, zählte sie fortan unter dem Namen Platz der Jugend zu den bevorzugten Veranstaltungsplätzen für Freiluftkonzerte u. Filmvorführungen. Als techn. unzulängl. u. lärmschutzrechtl. bedenklich eingestuft, wurden 1996 sämtl. Bauten abgebrochen u. das Gelände renaturiert.

Lit.: *K. Schröder: Die Thingstätte in den Barnstorfer Anlagen, in: Mecklenburg Magazin, Nr. 20, 30.9.1994, S. 9.* RL

THÜNEN, JOHANN HEINRICH VON. Landwirt, Agrar- u. Wirtschaftswissenschaftler (24.6.1783 Canarienhausen/Wilhelmshaven-22.9.1850 Tellow bei Laage); nach landwirtschaftl. Lehre Studium in Göttingen (1804); 1809 Kauf des Rittergutes Tellow (465 ha) u. Anlegung eines Mustergutes; Veröffentlichung seines zweibändigen Hauptwerkes „Der isolierte Staat" (1826, 1850), bis heute weltweit anerkanntes Standardwerk der bürgerl. Nationalökonomie; 1830 Ehrendoktorwürde der Uni Rostock; Nachlass T. im Archiv der Uni Rostock; Benennung einer Straße (1921) u. eines Instituts (→ Thünen-Institut für Ostseefischerei) nach ihm.

Lit.: *I. Buchsteiner, G. Viereck: Johann Heinrich von Thünen. „...das ernste praktische Leben fordert die Tätigkeit des Mannes..." Chronik eines Lebensweges, Friedland 2004.* GH

Johann Heinrich von Thünen (1840)

THÜNEN-INSTITUT FÜR OSTSEEFISCHEREI. Der Hauptsitz des Thünen-Instituts, benannt nach dem Agrar- u- Wirtschaftswissenschaftler Johann Heinrich v. → Thünen, befindet sich in Braunschweig. Es entstand 2008 durch die Neustrukturierung der Forschungsanstalten des Bundesministeriums für Landwirtschaft u. Ernährung. Das T., das seinen Sitz im ehem. Fischereihafen hat, besteht in Rostock seit 1992. Es erarbeitet die wissenschaftl. Grundlagen für eine nachhaltige Nutzung der Fischereiressourcen der Ostsee. Neben der Beobachtung der wichtigsten genutzten Arten werden die Beziehungen dieser Fischarten zu den Umweltbedingungen u. zueinander untersucht. Das T. ist zudem Forschungseinrichtung in den Bereichen Fischereitechnik, maritime Freizeitfischerei u. Nachhaltigkeitszertifizierung. 1955-91 gab es in Marienehe bereits das Institut für Hochseefischerei u. Fischverarbeitung. Dessen Forschung war stark von der industriemäßigen Hochseefischerei geprägt. BK

TIEDEMANN, JOHANN GOTTFRIED. Kaufmann, Verleger (26.9.1803 Hundehagen/Kröpelin-10.8.1850 Rostock); handelte zunächst v.a. mit Baumaterialen; übernahm 1829 die Steindruckerei von August → Achilles als Keimzelle für seine „Lithographische Anstalt"; 1837 Erweiterung um eine Spielkartenfabrik; 1839 Hof-Steindrucker; hinterließ mit dem „Mecklenburgischen Wappenbuch" (1837), „Mecklenburg in Bildern" (1844) sowie zahlreichen Einzelblattlithografien Meisterwerke norddt. Steindruckerkunst.

Lit.: *Johann Gottfried Tiedemann 1803-1850, in: Jahresköste der Kaufmannschaft zu Rostock, Bd. 2, Rostock 1999, S. 20-25.* RL

TIERGARTEN → ZOO

TIERKLINIK. Auf Beschluss der meckl. Landesregierung 1950–52 am Rande der → Barnstorfer Anlagen errichtete Einrichtung zur überregionalen, stationären medizin. Versorgung von Tieren. Zur T., der ersten staatl. u. zudem größten Einrichtung ihrer Art in der DDR, gehörten neben Stallungen auch Operationsräume, eine Apotheke u. ein Röntgensaal. Im Jahre 1993 privatisiert, wird die T. seitdem von der T.-Tierheim GmbH Rostock betrieben.
Lit.: *Tierisch gut! 50 Jahre Tierklinik Rostock, Rostock* 2002. RL

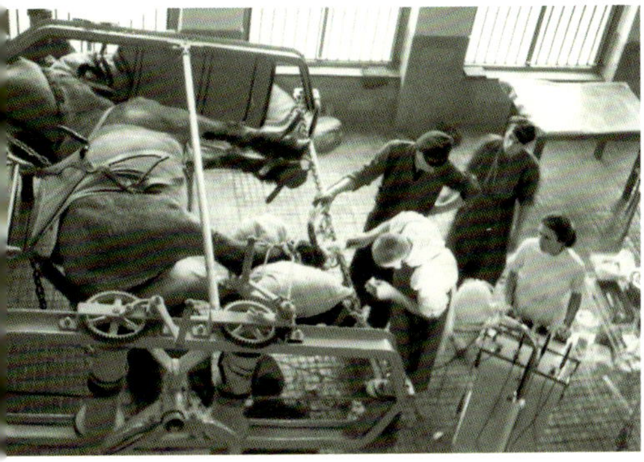

Veterinär bei der Arbeit in der Tierklinik (1960)

TISCHBEIN, JOHANN HEINRICH ALBRECHT. Maschinenbauer (15.11.1803 Sternberg–22.3.1881 Rostock); 1821 Mechanikstudium in Rotterdam, anschließend in Magdeburg; konstruierte u.a. eiserne Schiffe, Schiffsdampfmaschinen u. Dampfpumpen; gründete 1850 mit Wilhelm → Zeltz eine Schiffswerft u. Maschinenfabrik, den Vorläufer der → Neptunwerft. Hier wurde 1851 der erste eiserne, hochseefähige Schraubendampfer Deutschlands, die ERBGROẞHERZOG FRIEDRICH FRANZ, fertiggestellt. Nach dem Weggang von Zeltz firmierte die Werft unter dem Namen Maschinenbauanstalt u. Schiffswerft A. Tischbein, Rostock. T. war bis 1876 als Werftdirektor tätig.
Lit.: *J. Stahl: Albrecht Tischbein und der erste seegehende eiserne Schraubendampfer Deutschlands, in: Erfunden – vergessen – bewahrt? Bedeutende Erfindungen aus Mecklenburg und Vorpommern, Rostock 2000, S. 16–21.* KM

Tivoli in der damaligen Alexandrinenstraße (1904)

TIVOLI. Die Bezeichnung für viele Vergnügungsstätten geht auf die italien. Stadt T. zurück, die in der Antike Sommerfrische der Römer war; im 19. Jh. begannen v.a. Gastwirtschaften unter diesem Namen, volkstüml. Sommertheater u. Varietés einzurichten; in Rostock 1849 Eröffnung eines ersten T.- → Theaters durch das Bellevue (→ M.A.U.), seit 1852 veranstaltete auch die Gastwirtschaft vor dem Steintor solche Sommertheater; der Name T. ging gänzl. auf das Etablissement in der heutigen Lindenstr. über, im Garten entstand ein separater Bau für die Veranstaltungen; seit 1880 Ersatzspielstätte für das abgebrannte Stadttheater; nach dem Umbau fasste der große Saal ca. 800 Besucher; 1890 fanden hier die ersten Maifeiern der Arbeiter statt; 1911 Abbruch des Theatersaals, 1915 der Gastwirtschaft. BK

TOITENWINKEL. Stadtteil mit 13 875 Einwohnern (2016); das Dorf wurde 1950 nach Rostock eingemeindet u. bildete vom 13. bis zum 18. Jh. das Zentrum eines der ältesten u. größten adligen Grund- u. später Gutsherrschaftskomplexe in Meckl. Zwar stellt seine angebl. urkundl. Ersterwähnung für das Jahr 1262 formal eine Fälschung des Rostocker Notars Wilhelm → Ulenoge aus dem 16. Jh. zugunsten der altadligen meckl. Familie Moltke dar, jedoch ist an der seit jenem Zeitraum dort bestehenden Moltke'schen Herrschaft nicht zu zweifeln. Ihr gehörte auch das Patronat der seit 1300

Wappen derer von Moltke

urkundl. bezeugten Toitenwinkler Kirche (→ Toitenwinkel (Kirche)) im Hauptdorf, das bis ins 16. Jh. noch Toitendorf hieß. Falls das Bestimmungswort des Ortsnamens slaw. Herkunft sein sollte, könnte es Stutenort bedeuten. T., mitunter auch Moltkewinkel, hieß damals der gesamte adlige Besitzkomplex, der ein Dutzend Orte einschloss (Toitendorf, Alt u. Neu Krummendorf, Petersdorf, Gehlsdorf mit Fähre, halb Dierkow, Goorstorf, Häschendorf, Lübberstorf, Hinrichsdorf, Nienhagen u. Peez). Rostocker Bestrebungen, sich den empfindl. störenden adligen Besitzkomplex zwischen der Stadt u. der Rostocker Heide einzuverleiben, gingen erst sehr spät in Erfüllung. Nach den Moltkes u. den mit ihnen verwandten Mandelslohs gelangte das mit starken Schulden kämpfende Adelsgut 1781 zunächst an das herzogl. Domanium bzw. an den meckl. Staat. Seit Ende der 1950er-Jahre dauert bis heute die tiefgreifende Umgestaltung des ehem. durch Land- u. Forstwirtschaft geprägten T. in Gestalt des Überseehafens, der Hafenbahn u. Autobahn, des Steinkohlekraftwerkes sowie mehrerer Gewerbe- u. Neubaugebiete sowie Einkaufszentren an. Das baufällige Gutshaus wurde 1973 gesprengt u. abgerissen. 1985/86 begannen die Planung u. Errichtung des letzten der in DDR-Zeiten entstandenen Neubaugebiete Rostocks in T.

Lit.: *E. Münch: Toitenwinkel und Rostock. Zur Geschichte einer Haßliebe, Schwerin 2002; R. Piechulek:*

Blick auf das Dorf Toitenwinkel (1996)

Chronik des Neubaugebietes Rostock-Toitenwinkel 1985–1996, Rostock 1997. EM

TOITENWINKEL (KIRCHE). Die zu Beginn des 14. Jh. erbaute Kirche (Backstein auf Feldsteinfundament) war den Heiligen Katharina u. Laurentius geweiht; Patronat seit 1262 in den Händen derer von Moltke; umfangreiche Wand- u. Gewölbemalereien im Chor (2. Hälfte des 14. Jh.); Inneneinrichtung: Altar (um 1480), Kanzel (1601), Patronatsgestühl (um 1610); Gruftsteine (16./17. Jh.), Epitaphien (17. Jh.); 1889 grundlegend erneuert, dabei auch Errichtung des neugot. Backsteinturms; heute zum ev.-luth. Kirchenkreis Rostock gehörig.
Lit.: F. Schlie: Die Kunst- und Geschichts-Denkmäler des Grossherzogtums Mecklenburg-Schwerin, Bd. 1, Schwerin 1896. KJLS

TONHALLE. Gesellschaftshaus mit Gaststätte, Kegelbahn, Garten u. Sälen in der Brandesstr., 1868 an Stelle der vielbesuchten Gastwirtschaft Brandeshof errichtet; die Säle boten Raum für öffentl. Versammlungen, Tagungen, Ausstellungen, Feiern, Tanzvergnügen, Varieté- u. Musikveranstaltungen; hier fand 1925 die erste öffentl. Versammlung der NSDAP (→ Nationalsozialismus) in Rostock statt, 1926 Kundgebung mit Adolf Hitler im Landtagswahlkampf; schon vor dem I. Weltkrieg genügten die Säle nicht mehr den Ansprüchen, nach Fertigstellung des → Sportpalastes 1926 verlor die T. weiter an Bedeutung; im Apr. 1942 während der → Bombenangriffe zerstört. Die Warnemünder T. in der Mühlenstr. besteht seit 1872. BK

Gastwirtschaft und Gesellschaftshaus Tonhalle in der Brandesstraße 11 (um 1890)

TORFBRÜCKE. Nordöstl. in der → Rostocker Heide gelegener Ortsteil der Stadt Rostock; 1696 Brückenübergang über den Stromgraben nachweisbar; 1788 Bau eines Jägerhauses u. dreier Forstkaten; 1905 Errichtung einer festen Straße Graal-Müritz–Hinrichshagen über T.; 1924 Eingemeindung nach Rostock; seit 1925 Haltepunkt der Bahnstrecke Rostock-Graal-Müritz; 1961 Beginn des Baus eines Küstenkanals zwischen → Breitling u. Ribnitzer Bodden bei T., 1962 eingestellt; eingepfarrt nach Graal-Müritz; 52 Einwohner (2015).
Lit.: W. Steinmüller: Heidegeschichten zwischen Rostock und Ribnitz, Rostock 2001. WS

TOURISMUS. Forstinspektor Hermann Friedrich → Becker (Rövershagen) weilte 1817 erstmals mit Familie mehrere Wochen in Warnemünde zum Baden (→ Badewesen); 1822 über 100 Gäste; erstmals Erwähnung als Seebad 1821; 1828 Einrichtung eines Damenbades; 1834 Eröffnung einer Warmbadeanstalt mit Meerwasser u. der Dampferlinie Rostock-Warnemünde; 1854 Besuch von 1500 Gästen, darunter etwa 500 Rostocker; 1879 Einrichtung der Badeverwaltung Warnemünde; durch → Eisenbahn-Anschluss 1886 stiegen die Gästezahlen von 4000 auf 10000 (1900); Erhaltung der alten Ortsstruktur u. Bau von „Glaskästen“ vor den Fischerhäusern; 1892 wurde die Badedirektion Warnemünde Gründungsmitglied des Allgemeinen Dt. Bäderverbandes; 1900 Definition von Warnemünde als Badeort; 1904 Eröffnung des Familienbades; 1910 20000 Gäste u. Gründung des Verkehrsvereins Rostock, um den Fremdenverkehr, die Geschäftslage der Stadt Rostock u. des Badeortes Warnemünde zu heben u. den Aufenthalt der Gäste zu verbessern; 1911 Gründung des Meckl. Verkehrsverbandes mit Sitz in Rostock; 1914–28 Bau des → Kurhauses Warnemünde. 1920 stimmten der Lokalverein der Warnemünder Gast- u. Schankwirte u. die Ortsgruppe Warnemünde des Verbandes Dt. Fremden-Heime gegen Lungenheilstätten vor Ort. 1926 Einführung der Kurtaxe; Hans Curschmann gründete 1930 die Heilklimat. Forschungsstation (1939 geschlossen); Gästezahl 1934–39 etwa 33 000, Steigerung durch sog. Kraft-durch-Freude-Reisen (KdF); nach Kriegsbeginn Rückgang des T. u. Nutzung zahlreicher Heime als Lazarette u. Flüchtlingsunterkünfte. Warnemünde entwickelte sich zum reinen Badeort.

1947 bildete der Freie Dt. Gewerkschaftsbund (FDGB) einen Feriendienst. Nach der Enteignung privater Pensionen u. Hotels 1953 (→ Aktion Rose) übernahm er 1958 in Warnemünde drei Ferienheime, in denen bisher Arbeiter der → Warnowwerft lebten. Aus dem Badeort wurde mehr u. mehr ein Touristenort. Der erhöhte Urlauberverkehr machte es erforderl., 1956 in Warnemünde eine Kurverwaltung zu gründen. Ihr oblagen die polizeil. Anmeldung u. die Kassierung der Kurtaxe. Die Vermittlung von Privatquartieren erfolgte über das Dt. Reisebüro. Den Badegästen standen 1800 → Strandkörbe zur Verfügung.

1956 entstand in Markgrafenheide ein Zeltplatz, den 1960 bereits 8700 Camper besuchten. Bis 1990 entwickelte er sich zur größten Anlage an der dt. Ostseeküste.

Mit dem Einsatz der Passagierschiffe VÖLKERFREUNDSCHAFT (1960) u. FRITZ HECKERT (1961) als Urlauberschiffe des FDGB (→ Kreuzfahrt) erfuhr der T. der DDR eine neue Qualität. Der Heimathafen der Schiffe war Rostock. Die Zahl der Passagiere belief sich pro Jahr auf 16 000 Gäste.

Die FRITZ HECKERT am Kai in Warnemünde (um 1965)

Essenssaal des FDGB-Heimes Meer des Friedens in Warnemünde (um 1960)

1966 zählte Warnemünde 49 178 Urlauber u. ca. 800 000 Tagesgäste. Ihnen standen drei FDGB-Ferienheime, vier → Hotels u. zahlreiche Privatquartiere zur Verfügung.

Der T. wurde in der DDR zu einem großen Teil staatl. organisiert. Wichtige nationale Reiseanbieter waren dabei der Feriendienst des FDGB, das Reisebüro der DDR u. das Jugendreisebüro Jugendtourist. In der städt. Verwaltung Rostocks unterstand das Kur- u. Erholungswesen 1953–90 dem Stadtrat.

1970 wurde die Institution Kur- u. Erholungswesen Warnemünde gegründet. 1972 erholten sich im Ort 97 115 Urlauber u. 19 235 Camper. Die Zahl der Strandkörbe war auf ca. 4700 gestiegen.

1988 standen dem FDGB die Heime Am alten Strom, Klaus Störtebeker u. (seit 1971) das → Hotel Neptun zur Verfügung. Das Gästehaus des FDGB-Bundesvorstandes Meer des Friedens wurde dem Feriendienst im Dez. 1989 übergeben.

Nach dem Zusammenbruch der DDR 1989/90 kam es im Juli 1990 zur Gründung eines → Ver-

Am Warnemünder Ostseestrand (um 1970)

kehrsvereins, der die Aufgabe hatte, den T. in der Hansestadt Rostock zu fördern. Ein Amt für T. u. Kongresswesen entstand. Aus der Einrichtung Kur- u. Erholungswesen entstand 1990 das Kuramt Warnemünde. 1953 enteignete Pensionen u. Hotels wurden reprivatisiert. Städt. Tourist-Informationen etablierten sich in Rostock u. Warnemünde, aus denen später die T.-zentrale Rostock & Warnemünde hervorging.

1996 verzeichneten Rostock u. Warnemünde 731 223 Übernachtungen in 74 Hotels u. Pensionen mit 6641 Betten. 2014 waren es bereits 1,9 Mio. Gäste (davon 8,5% Ausländer) u. ca. 14000 Betten, davon allein in Warnemünde 10000. Seitdem wurde ein „Bettenstopp" gefordert. 2010 entstand die Rostocker Gesellschaft für T. u. Marketing mbH, eine 100-prozentige Tochter der Stadt, die in Kooperation mit der T.-zentrale tätig ist.

Seit den 1990er-Jahren entwickelte sich Rostock-Warnemünde zum größten dt. Kreuzfahrthafen.

Lit.: *W. Karge: Ostseebäder in Mecklenburg und Vorpommern vor dem Ersten Weltkrieg, in: Ein Jahrtausend Mecklenburg und Vorpommern, Rostock 1995, S. 287–292; R. Piechulek: Die Entwicklung Warnemündes zum Badeort, in: Mecklenburg, Jg. 38, H. 8, S. 9f., H. 9, S. 7–9, Schwerin 1996; S. Prignitz: Warnemünde – eine maritime Geschichte, Rostock 2010.* WK

TRADITIONSSCHIFF
→ **SCHIFFBAU- UND SCHIFFFAHRTSMUSEUM**

TROTZENBURG. Ursprung der Bezeichnung ungeklärt, möglicherweise vorgelagerte Befestigungsanlage der Stadt (Landwehr); Holzwärter-, dann Stadtjägergehöft im → Barnstorfer Wald; Eröffnung einer Schankwirtschaft durch den Holzwärter Friedrich Moll (1839); Anschluss an die Rostocker Pferdebahn (1881); baul. Erweiterungen der T. (im Volksmund: de Jäger) unter Holzwärter u. Stadtjäger Robert Schramm (1882–1913); 1904 Bau der Straßenbahn; Richard Okrent übernahm 1913 die T., erneuter Umbau; Eröffnung als Konditorei u. Café (1945); Einrichtung einer → Tuberkulose-Heilstätte (1951); Eröffnung einer HO-Gaststätte (1954);

Gaststätte Trotzenburg (1913)

Schließung (1990) u. Zerfall bis 1999; Neueröffnung als Brauhaus T. (2001).
Lit.: J. Andrasch: Die Trotzenburg – vom Forsthaus zum Brauhaus, Rostock 2009. RS

TSCHIRCH, EGON. Maler, Grafiker, Dichter (22.6. 1889 Rostock–5.2.1948 Rostock); ab 1906 Berufsausbildung als Modellierer; 1907 Ausbildung an der Unterrichtsanstalt des Kunstgewerbemuseums Berlin; 1908–10 Zeichenlehrerausbildung an der Königl. Kunstschule Berlin; 1911/12 Studium an der dortigen Kunstakademie; freischaffend ab 1913 in Rostock; 1914–18 Militärdienst (u.a. Kriegspresseamt); 1919 Mitbegründer der → Vereinigung Rostocker Künstler, deren Mitglied T. bis 1925 war. 1921–23 Entwürfe für Notgeld; gebrauchsgraf. Arbeiten; seit Ende der 1920er-Jahre schrieb er Gedichte, Lieder sowie Bühnenstücke; 1933 Mitglied der NSDAP, Auftragsarbeiten für die Nationalsozialisten; nach 1945 malte er Porträts für sowjet. Besatzungsoffiziere. Zahlreiche Werke u. Dokumente im → Kulturhistor. Museum Rostock, Dokumente im Dt. Kunstarchiv Nürnberg.
Lit.: N. Klüßendorf: Tschirch, Egon, in: Biographisches Lexikon für Mecklenburg, Bd. 6, Rostock 2011, S. 271–275. HL

Egon Tschirch (um 1930)

TUBERKULOSE. Bakterielle Infektionskrankheit, die beim Menschen am häufigsten die Lunge befällt. Noch lange nach der Entdeckung des Tuberkelbazillus 1882 blieb die Bezeichnung Schwindsucht üblich. Durch die Industrielle Revolution u. die dadurch verursachte Zunahme der Bevölkerungsdichte in den Städten entwickelte sich die T. im 19. Jh. zu einer Volkskrankheit. 1890 fanden in Rostock erstmals Impfversuche statt. Sämtl. Prof. u. Studenten der Medizin. Fakultät waren zugegen, als man ausgesuchten Patienten das von Robert Koch entwickelte Heilmittel injizierte. Die Bestrebungen von Stadt u. Uni führten 1900 zur Konstituierung eines Landesvereins zur Gründung von Lungenheilanstalten. 1911 konnte das Genesungsheim bei Schwaan eröffnet werden. Mit finanzieller Unterstützung des Landes baute der Verein die Lungenfürsorge auf. Es entstanden Fürsorgestellen für die Erkrankten; Kinder wurden zur Kur nach Müritz, Sülze u. Warnemünde geschickt. Nach dem I. Weltkrieg musste auch in Rostock infolge der Wohnungsnot ein dramat. Anstieg der T.-erkrankungen registriert werden. Bereits 1920 entstanden daher in den → Barnstorfer Anlagen Liegehallen zu Kurzwecken. Die im selben Jahr eröffnete Waldschule war geeignet, den Ausbruch der Krankheit bei gefährdeten Kindern zu verhindern. Das Landesgesetz zur Bekämpfung der T. von 1924 gab den Polizei- u. Gesundheitsbehörden eine Handhabe zur strengen Überwachung der ansteckenden Krankheit. Die Lungenfürsorge wurde den Städten übertragen. In Rostock gründete sich daraufhin ein Verein zur Bekämpfung der T., der wesentl. zum Erhalt der geschaffenen Einrichtungen beitrug. Mit einer 1925 durchgeführten Wohlfahrtswoche ging man in die Öffentlichkeit u. warb um Spenden. Die Fortschritte im Wohnungsbau in den Folgejahren u. die Eröffnung der neuen → Universitätsklinik 1930 waren wichtige Voraussetzungen zur Eindämmung der Krankheit. Entscheidend geprägt wurde der Kampf gegen die T. durch die Entwicklung des Schirmbildverfahrens. Es eröffnete die Möglichkeit, die gesamte Bevölkerung vorsorgl. zu untersuchen. 1939 fand in Rostock erstmals eine Röntgenreihenuntersuchung statt. Nach dem II. Weltkrieg kam es zu einem erneuten drast. Anstieg der Erkrankungen, verursacht durch die erneute Wohnungsnot u. das Flüchtlingselend. 1946 begann der Wiederaufbau der Fürsorgestellen u. Heilstätten; 1947 verabschiedete der Landtag ein Gesetz zur Bekämpfung der T. In Groß Klein entstand ein Tbc-Heim, die → Trotzenburg im Barnstorfer Wald diente seit 1951 als Tagesliegestätte, Kinder fuhren wieder auf Kur. Die Schutzimpfung der Kinder seit 1951 u. die obligator. Volksröntgenaktionen seit 1956 führten in der DDR zu einem weitgehenden Rückgang der Erkrankungen. 1975 übernahm die Poliklinik, Abteilung für Lungenkrankheiten u. T. (PALT), die Früherkennung u. -behandlung. Die Einrichtung in der Paulstr. wurde 1991 mit dem Medizin. Zentrum Mitte geschlossen. BK

Carl Türk (um 1835)

TÜRK, CARL. Jurist, Historiker, Politiker (12.3.1800 Muchow/Grabow – 27.2.1887 Lübeck); 1818–22 Jurastudium in Breslau, Bonn u. Rostock, 1822 Promotion Dr. phil. u. 1823 Promotion Dr. jur. in Rostock; 1823 Gründung einer Lesegesellschaft; 1824 Habilitation u. Privatdozent in Rostock; 1826 Prof. der Rechte; 1836 Prof. der Geschichtswis-

senschaft an der Uni Rostock; 1838/39 u. 1848/49 Dekan der Philosoph. Fakultät; seit 1847 Hg. der liberalen Zeitung Meckl. Blätter; Mitglied des ersten demokrat. gewählten Parlaments in Schwerin (1848, 1850); führender Liberaler der bürgerl.-demokrat. → Revolution 1848/49; Amtsenthebung u. Inhaftierung 1852 in Bützow, Begnadigung u. Umzug nach Lübeck (1857); journalist. Tätigkeit.
Lit.: *H. Bei der Wieden: Türk, Immanuel Karl Friedrich, in: Biographisches Lexikon für Mecklenburg, Bd. 1, Rostock 1995, S. 225–230.* AH

TÜRMCHENSCHULE. Eröffnung der zweizügigen Schule (Klasse 1–8) in der Reutershägener John-Schehr-Str. am 1.9.1956; aufgrund hohen Schüleraufkommens Einführung des Schichtbetriebes; 1958 Ausbau einer Baubaracke zum Hort; als 25. POS erhielt die T. 1965 den Namen John Schehr; Wechsel von Schülern zur 27. POS in der Mathias-Thesen-Str. (1960); Ausbau der Hortbaracke zur 4. Sonderschule (1963); Umwandlung der T. in eine Realschule mit Haupt- u. Grundschulteil (1990); Türmchen des Turnhallen- u. Aulagebäudes war Namensgeber; 2001/02 Sanierung. RS

TÜSCHE. Mit Holztür verschlossener schmaler Durchgang von der Straße in den Hof. Oft nur 70 cm breit, diente als sog. Brandgang zwischen zwei Häusern. In Warnemünde vielfach noch vorhanden, jedoch einst auch in einer Reihe meckl. Kleinstädte u. in Rostocks Innenstadt weit verbreitet. Bezeichnung kommt von niederdt. „tüschen“ od. „twischen“ für „zwischen“.
Lit.: *D. Benke: Von Klöndör und Raadmaker. Mecklenburger Lebenswelten, Erfurt 2011.* RP

TV ROSTOCK → FERNSEHEN

Tüsche in der Warnemünder Alexandrinenstraße 63

TYCHSEN, OLUF GERHARD. Orientalist, Bibliothekar (14.12.1734 Tondern/Dänemark–30.12.1815 Rostock); 1756 Orientalistikstudium in Halle; 1760 Privatdozent; 1763 Prof. für oriental. Sprachen u. 1770 Bibliothekar der Uni Bützow; 1774/75 Dekan der Philosoph. Fakultät u. mehrfach Rektor; 1789 Prof. der Orientalistik u. Direktor der Bibliothek der Uni Rostock; mehrfach Dekan der Rostocker Philosoph. Fakultät; Forschungen zur jüd. u. arab. Geschichte, Numismatik; Begründer der arab. Handschriftenkunde u. der babylon. Keilschriftentzifferung in Dtl.; 1813 Verleihung der Ehrendoktorwürde der Uni Rostock; 1991 Benennung einer Straße in der Südstadt nach ihm.
Lit.: *N. Klüßendorf: Tychsen, Oluf Gerhard, in: Biographisches Lexikon für Mecklenburg, Bd. 6, Rostock 2011, S. 276–280.* AH

U

ÜBERSEEHAFEN → HAFEN

UFFELMANN, JULIUS. Arzt (31.1.1837 Zeven/Bremen–17.2.1894 Rostock); Medizinstudium u. Promotion in Göttingen bis 1861; 1862/63 Assistenzarzt in der Chirurgie der → Universitätsklinik Rostock, danach prakt. Arzt in Neustadt u. in Hameln; 1876 Habilitation an der Uni Rostock; Privatdozent für Pädiatrie u. Hygiene; 1879 Ernennung zum außerordentl. Prof., ab 1893 ordentl. Prof. für Hygiene an der Uni Rostock; ab 1890 Mitglied der Meckl. Medizinalkommission; ab 1893 Direktor des Instituts für Hygiene der Uni Rostock, machte sich durch seine Tätigkeit u. a. um die Gesundheit der Rostocker Bevölkerung verdient; zahlreiche Veröffentlichungen, z. B. „Handbuch der Hygiene" u. „Hygienische Topographie der Stadt Rostock" (1889).

Julius Uffelmann (um 1890)

Lit.: *J. Külz: Professor Dr. Julius Uffelmann – ein bedeutender norddeutscher Kinderarzt sowie Kinder- und Allgemeinhygieniker, in: Rostocker medizinische Beiträge, H. 2, Rostock 1994, S. 6–17.* MR

Haus Uhlenflucht (1927)

UHLENFLUCHT (niederdt., Eulenschneise). Flurname; Bezeichnung eines bei Markgrafenheide am Nordende der → Rostocker Heide gelegenen Campingplatzes; ursprüngl. Name der 1921 hier durch den SPD-nahen Touristenverein Die Naturfreunde, Ortsgruppe Rostock, errichteten Jugendherberge (Hus U.); 1933 von den Nationalsozialisten enteignet, 1934 abgerissen.
Lit.: *W. Steinmüller: Rostocker Heide mit Jagdschloss Gelbensande. Geschichte – Landschaft – Tipps – Wanderungen, Ilmenau 2008.* WS

ULENOGE, WILHELM. Notar (unbekannt, Westfalen–28.3.1572 Güstrow); spätestens seit 1554 Tätigkeit als Notar in Rostock, um 1560 kurzzeitig auch Ökonom der Uni Rostock; seit Mitte der 1560er-Jahre systemat. Anfertigung zahlreicher Urkun-

denfälschungen zugunsten meckl. Adelsfamilien, hauptsächlich für Elisabeth Halberstadt (Witwe des 1564 von seinem Müller erschlagenen Carin Moltke auf Toitenwinkel). 1569 Entdeckung der kriminellen Tätigkeit, misslungener Fluchtversuch u. Inhaftierung, Hinrichtung nach Folter u. Geständnis.
Lit.: *E. Münch: Ulenoge, Wilhelm, in: Biographisches Lexikon für Mecklenburg, Bd. 4, Rostock 2004, S. 298–301.* EM

ULRICH III. Herzog v. Meckl. (5.3.1527 Schwerin–14.3.1603 Güstrow); 1550 Administrator des Bistums Schwerin; 1552/55 erstritt U. gegen seinen älteren Bruder → Johann Albrecht I. eine fakt. Landesteilung, seine Residenz wurde Güstrow; 1566 u. 1573 rang er gemeinsam mit Johann Albrecht den Widerstand der Stadt Rostock nieder; 1584 gelang ihm dies nochmals in einem → Erbvertrag mit Hilfe seines Schwiegersohnes, König Friedrich II. v. Dänemark; zweimalige Vormundschaftsregierung für seinen Neffen (1576–85) u. seine Großneffen (1592–1603). Der kunstsinnige u. hoch gebildete Nestor der dt. Reichsfürsten war maßgeblich an der Erneuerung der Uni Rostock beteiligt.
Lit.: *L. Sellmer: Ulrich III., in: Biographisches Lexikon für Mecklenburg, Bd. 1, Rostock 1995, S. 231–235.* EM

Bildnis Herzog Ulrich III. im Doberaner Münster (1587)

UMWELTPREIS JOE DUTY. Auszeichnung der Hansestadt Rostock für besondere Leistungen im → Umweltschutz. Der Preis wird seit 1993 am Weltumwelttag (5. Juni) vergeben, seit 2004 alle zwei Jahre. Er ist mit 3500 € dotiert.

Umweltpreisträger sind:

1993: Rolf Rehbein; Jugendfachgruppe Ornithologie & Vogelschutz Rostock

1994: Hans Zöllick; Ökologie-Kurs-Projekte Bioindikation u. Swinskuhlen des Innerstädt. Gymnasiums

1995: IG Stadtökologie im Naturschutzbund Rostock; Ehepaar Bärbel u. Peter Brehm

1996: Fachgruppe Fledermausschutz im NABU Rostock; Projekt Ökolog. Schulumfeld des Vereins Arche e.V. (nicht verliehen), das Preisgeld wurde 1997 der Fachgruppe Feldherpetologie u. Inchthyofaunistik im NABU Rostock zugesprochen

1998: Ökohaus e.V. Rostock

1999: Fachgruppe Mykologie Rostocker Pilzfreunde; DRK-Kindertagesstätte Reutershagen

2000: Landespflegehof Dishley

2001: Aktionsgruppe der Naturschutzjugend vom Museumshof Steffenshagen; Schülerinnen Janine Dunker, Ulrike Behrns u. Susann Timm vom Innerstädt. Gymnasium

2002: DRK-Kindertagesstätte Reutershagen

2003: Dr. Claus-Dieter Gabriel

2004: Ingelore Nerge, Heidi French

2006: AWO-Kindertagesstätte Rappelkiste; Dr. Rolf Kuhn

2008: Inge Duty; Allgemeiner Dt. Fahrrad-Club (ADFC) Regionalgruppe Rostock

2010: ASB-Freizeitpark IN NATURA in Lichtenhagen

2012: Umweltbibliothek des NABU mittleres Meckl. e.V.; Umweltredaktion des Lokalsenders Radio LOHRO

2014: Umweltredaktion Radio LOHRO; Umweltbibliothek des NABU

2016: Luise Pevestorff, Edgar Zander

UMWELTSCHUTZ. Als 1856 in der Bleicherstr. die Gasanstalt (→ Gaswerk) errichtet wurde, gab es von Seiten der Bürger ernsthafte Bedenken über die erwarteten schädl. Auswirkungen der Dämpfe. Mit gegenteiligen Gutachten versuchte die Stadt, diese Befürchtungen zu zerstreuen. Erstmalig trat in Rostock das Problem großflächiger Umweltverschmutzung deutlich hervor. Die Industrielle Revolution (→ Industrialisierung) hatte die Stadt erfasst. 1839 war die erste Dampfmaschine in einer Ölmühle zum Einsatz gekommen. Auf lange Sicht waren die Auswirkungen des techn. Fortschritts auf die Naturverhältnisse u. die Umweltbedingungen gravierend. Die in den Fabrikanlagen verbrannten fossilen Brennstoffe führten zu einer zunehmenden Luftverschmutzung. In der wachsenden Stadt musste eine geordnete → Abwasser-Entsorgung mit umfangreicher Kanalisation errichtet werden (1867 Wasserwerk). Die steigende Einwohnerzahl machte den Bau neuer Stadtteile (→ Steintor-Vorstadt, → Kröpeliner-Tor-Vorstadt) notwendig, sodass zunehmend natürl. Lebensräume für urbane Zwecke in Anspruch genommen wurden. Die Lage der Stadt an der → Warnow bedingte, dass Industrie- u. Versorgungsbetriebe häufig ihren Standort in unmittelbarer Nähe zum Fluss fanden (→ Riedelsche Dachpappenfabrik, Stadthafen, → Neptunwerft, → Elektrizitätswerk, Grenz- → Schlachthof, → Ernst Heinkel Flugzeugwerke, → Arado Flugzeugwerke). Nur langsam entstand ein Bewusstsein für die Schutzwürdigkeit der Natur. 1935 trat ein Naturschutzgesetz für das gesamte Dt. Reich in Kraft, auf dessen Grundlage Naturdenkmale erfasst u. das erste Naturschutzgebiet bei → Stolteraa ausgewiesen wurde.

Nach Gründung der DDR beeinträchtigte die extensive wirtschaftl. u. baul. Entwicklung der Stadt die Umwelt in noch stärkerem Maße. Die Belastungen durch neue Großbetriebe, wie die → Warnowwerft, das Fischkombinat (→Fischerei), das Betonwerk, das Tanklager od. den Übersee- → Hafen, waren erheblich. Landwirtschaftl. genutzte Flächen u. schützenswerte Biotope gingen mit dem Bau neuer Wohngebiete immer weiter verloren. Das Landeskulturgesetz der DDR aus dem Jahr 1970 verpflichtete die Stadt u. die Betriebe

„Stadtradeln" des Rostocker Klimabündnisses (2012)

schließlich, die Bemühungen um den U. wesentl. zu verstärken. Bis zum Ende der DDR konnten in wichtigen Bereichen Verbesserungen erzielt werden, diese allerdings in Abhängigkeit von den wirtschaftl. Zwängen u. den polit. Zielen der Gesellschaft. Konsequenter als bisher fanden Belange des U. in den Bebauungskonzeptionen u. Standortgenehmigungen Berücksichtigung. Das wohl wichtigste Handlungsfeld in Rostock war die Sicherung der → Wasserversorgung. Im Vordergrund standen die Sanierung des Trinkwasserschutzgebietes Warnow, die Verbesserung der Trinkwasserqualität u. die Senkung der Abwasserlast. Die Luftverunreinigung u. die Kohlendioxid-Emission lagen infolge der Fern- → Wärmeversorgung der Neubaugebiete unter dem DDR-Durchschnitt, erreichten aber durch den Einsatz von Braunkohle in den Heizhäusern der Innenstadt, der Südstadt u. Reutershagens, den Umschlag von staubenden Gütern im Überseehafen (v.a. Apatit) u. den zunehmenden Kraftfahrzeugverkehr auch in Rostock gebietsweise krit. Werte. Weitere umweltpolit. Schwerpunkte waren die Begrünung der Neubaugebiete, der Schutz von Landschaft u. Natur, die Pflege der Naherholungsgebiete, die Reinhaltung der Ostsee, die Beseitigung von Siedlungs- u. Industrieabfällen, die Erfassung von Sekundärrohstoffen u. der Bau von Lärmschutzwällen. Ein Anzeichen für das wachsende Umweltbewusstsein der Bevölkerung, v.a. auch für deren Besorgnis, war die Bildung von Interessengruppen, etwa im Rahmen des Kulturbundes (Gesellschaft für Natur u. Umwelt, IG Stadtökologie) od. unter dem Dach der ev. Kirche (Gruppe Umwelt an der Petrikirche, Grüne Brücke) in den 1980er-Jahren. Der U. wurde zu einem wichtigen Thema der Oppositionsbewegung in der DDR.

Nach der dt. Wiedervereinigung gelang es trotz starker Proteste nicht, den Bau des umstrittenen Steinkohlekraftwerkes (1991–94) durch die Kraftwerks- u. Netzgesellschaft mbH zu verhindern. Zu diesem Zeitpunkt waren bereits rasante Veränderungen beim Energiebedarf u. bei den Energieträgern erkennbar. Der Abbau der Industrie, der Bevölkerungsrückgang sowie Wärmedämmung u. Heizungsmodernisierung ließen den Energiebedarf insgesamt sinken. 1992 setzte die Stadt eine Wärmesatzung in Kraft, die durch ihren Anschluss- u. Benutzungszwang für Fernwärme u. Erdgas auf eine Minimierung der Emissionen zielte. Die technolog. Erneuerung der Energieerzeugung begann mit der Umstellung von Stadtgas auf Erdgas bis 1994. Der entscheidende Schritt wurde durch die → Stadtwerke Rostock AG 1996 mit der Inbetriebnahme des Gas- u. Dampfturbinen-Heizkraftwerkes vollzogen. Das Prinzip der Kraft-Wärme-Koppelung ermöglichte es, die Fernwärmeversorgung der Stadt im hohen Maße aus der Abwärme der Stromerzeugung sicherzustellen. Diese Entwicklung trug wesentlich dazu bei, die Kohlendioxid-Emissionen zu verringern. Als Mitglied des Klimabündnisses europ. Städte hatte sich Rostock 1992 verpflichtet, die einwohnerbezogene Emission des Klimaschadstoffes Kohlendioxid bis zum Jahre 2010 zu halbieren. Gegenwärtig unternehmen die Versorgungsbetriebe u. Wohnungsgesellschaften verstärkte Anstrengungen, durch den Einsatz von Windkraft- u. Solaranlagen, die Nutzung von Umweltwärme, Klär- u. Deponiegas ihren Beitrag zur Energiewende zu leisten u. zum Klimaschutz beizutragen. Gegenläufig wirkte sich seit 1990 die steigende Autozahl aus, die die Bilanz des Schadstoffausstoßes negativ beeinflusste. Entlastungen brachten in diesem Bereich v.a. der Ausbau des Straßenbahnnetzes, die Anschaffung moderner Busse für den öffentl. Nahverkehr u. die Umsetzung neuer Verkehrskonzepte (A20, → Warnowtunnel).

Da die naturräuml. Bedingungen der Stadt stark vom Wasser geprägt sind, kommt dem Schutz der Warnow u. der → Ostsee vor Verschmutzung eine besondere Bedeutung zu. Die Trinkwasserversorgung u. Abwasserbehandlung übernahm 1992 auf Grundlage eines Betreibervertrages für 25 Jahre die → Eurawasser Nord GmbH. 1996 konnte durch die Inbetriebnahme der erweiterten u. rekonstruierten Kläranlage ein wichtiger Beitrag zur Reinhaltung der Gewässer geleistet werden. Da sich viele industrielle Altlasten wie das Gaswerk, der Chemiehandel od. die Dachpappenfabrik/Bitumenverarbeitung im Bereich der Warnow konzentrieren, musste deren Sicherung u. Sanierung in Angriff genommen werden.

Auch in der Abfallwirtschaft (→ Stadtreinigung) kam es nach 1990 zu wesentl. Veränderungen. Die Deponien in Dierkow u. Diedrichshagen wurden unmittelbar geschlossen, die Deponie Parkentin 1999. Die Vermeidung u. Verwertung von Abfällen rückten als vorrangige Ziele in den Fokus der Entsorgungsträger. Die Restabfallbehandlung wird seit 2005 von der Entsorgungs- u. Verwertungsgesellschaft mbH in einer mechan.-biolog. Anlage im Überseehafen vorgenommen. Ein Ersatzbrennstoff-Heizkraftwerk (Müllverbrennungsanlage) der Firma Vattenfall nahm in unmittelbarer Nachbarschaft 2010 den Betrieb auf.

Seit der Rückübertragung der → Rostocker Heide an die Stadt im Jahr 1992 wurden große Anstrengungen unternommen, um das bis dahin hauptsächl. militär. genutzte Gebiet nachhaltig als Wirtschafts- u. Erholungswald nutzbar zu machen. Die Gestaltung des Stadtgrüns in den Wohngebieten, die Pflege der Parkanlagen u. Friedhöfe sowie der Lärmschutz blieben weiterhin wichtige Aufgaben bei der Entwicklung der Lebensräume für Mensch, Tier u. Pflanze. Mit der → Internationalen Gartenbauausstellung 2003 war ein wichtiger Landschaftsteil nachhaltig gestaltet worden. Der Landschafts- u. Naturschutz konnte durch die Ausweisung neuer Flächen weiter gestärkt werden. 2004 lagen im Stadtgebiet fünf Naturschutzgebiete, acht Landschaftsschutzgebiete, drei Fauna-Flora-Habitat-Gebiete, zwei Flächennaturdenkmale u. 25 geschützte Landschaftsbestandteile. Insgesamt gewann die Umweltplanung als Grundlage für eine nachhaltige u. umweltschonende Stadtentwicklung an strateg. Bedeutung. Die Umweltverträglichkeitsprüfung ist innerhalb eines Genehmigungsverfahrens seit 1991 ein wirksames Instrument, um die Auswirkungen eines großen Bauvorhabens auf die Umwelt bewerten zu können. Die hohen Umweltstandards garantieren Rostock, das angestrebte Leitbild „Grüne Stadt am Meer" mit hoher Lebens- u. Freizeitqualität auf Dauer zu halten.

Lit.: Umweltberichte der Hansestadt für die Jahre 1997, 2000 und 2005. BK

UNIVERSITÄT. In Rostock entstand 1419 die erste U. Norddtl. u. des gesamten Ostseeraumes. Ihr kam daher eine besondere Bedeutung nicht nur für Meckl., sondern lange Zeit auch für die → Hanse zu. Der relativ kurze Entstehungsprozess seit 1418 war vom Zusammenwirken von Landesherrschaft, Stadt u. Geistlichkeit geprägt, nachdem 1417 mehrjährige innerstädt. Unruhen geendet hatten. Nominell erwirkten die meckl. Herzöge beim Papst das Privileg zur Gründung der Einrichtung, der zunächst ohne die Theologie nur drei der vier klass. Fakultäten (Jura, Medizin, Philosophie: damals Artistenfakultät) zugestanden wurden. Die materielle Ausstattung hingegen übernahm die Stadt Rostock in Gestalt von Gebäuden u. Geldleistungen. Hinsichtl. der Ordnung u. der Rekrutierung der ersten Lehrkräfte spielte die U. Erfurt eine Rolle. Die Immatrikulationszahlen erreichten rasch eine beträchtl. Höhe. Der Einzugsbereich der Alma Mater erstreckte sich nicht nur auf Norddtl., sondern auch auf die Ostseeanrainer insgesamt. Als 1433 die Theolog. Fakultät ihre päpstl. Genehmigung erhielt, waren in der Stadt wiederum langwierige innerstädt. Kämpfe ausgebrochen, die 1437 zum Auszug der U. nach Greifswald führten. Erst geraume Zeit nach Beilegung der Unruhen gestattete Rostock 1443 die Rückkehr der U., reduzierte jedoch gleichzeitig deren städt. Zuwendungen. Einige in Greifswald verbliebene Professoren bildeten eine der Wurzeln der dort 1456 entstandenen U. Dennoch entwickelte sich die Rostocker U. – ungeachtet der Gründungen in Uppsala 1477 u. Kopenhagen 1478 – zur eigentl. U. der Hanse u. namentl. ihres Kernes in Gestalt der wend. Städte. Um 1500 war sie eine Heimstatt des Humanismus in Norddtl. (Albert → Krantz, Konrad Celtis, Nikolaus → Marschalk, kurzzeitiger Aufenthalt Ulrich v. → Huttens). Daran änderte auch der kurze, zweite Auszug 1487/88 nach Wismar u. Lübeck, verursacht durch die Unruhe der Rostocker → Domfehde, nichts. Erst mit den Anfängen der luth. → Reformation begann ein Zeitraum des Niedergangs der U. Neben der Anziehungskraft Wittenbergs u. den Auswirkungen der Pest (→ Epidemie) beeinträchtigten zunehmende Spannungen zwischen der Landesherrschaft u. der Stadt auch wegen der Befugnisse über die U. deren Wirksamkeit u. Ausstrahlung. Gebäude der U. verfielen, so auch die ehedem als Unterkunft insbesondere von Skandinaviern gerühmte Olafs-Burse in der Kröpeliner Straße.

Siegel der Universität Rostock (15. Jh.)

Der doppelten Frontstellung gegenüber den Herzögen u. der antirätl. Opposition in Gestalt des Bürgerausschusses der Sechziger (u. dem → Hundertmänner-Kollegium als Nachfolger) gab der Rostocker Rat erst nach jahrzehntelangen Auseinandersetzungen nach: 1563 begründete die „Formula concordiae" einen ungeachtet aller weiteren Konflikte insgesamt doch für lange Zeit tragfähigen Kompromiss, in dem die Landesherren der Stadt ein Kompatronat bezügl. der U. zubilligten. Herzöge u. Stadt teilten sich den Unterhalt der einesteils herzögl., anderenteils rätl. Prof. Die grundsätzl. Regelung trug alsbald Früchte. Ein Symbol des erneuten Aufschwungs der U. wurde der Neubau des Großen Kollegiums am Hopfenmarkt im Jahre

Rostocker Hopfenmarkt, mehrere Gebäude der Universität (Rekonstruktion des Zustandes von 1583, um 1840)

1567, in dem 1569 auch die U.- → Bibliothek ihre Anfänge nahm. Es begann das „Goldene Zeitalter" der Rostocker U.-geschichte. Die nunmehr dezidiert luth. Hochschule erwarb insbesondere durch den weit über Meckl. hinaus tätigen u. wirksamen Theologen David → Chytraeus einen Ruf als „Wittenberg des Nordens". Chytraeus standen in den anderen Fakultäten international bekannte Gelehrte zur Seite, die den Rostocker Ratsherrensohn Peter → Linde(n)berg am Ende des 16. Jh. dazu bewogen,

Tycho Brahe, Plastik in der Garbräterstraße (1996)

seine Heimatstadt als „Leuchte des Nordens" (lumen vandaliae) zu preisen. Später berühmte Wissenschaftler u. Politiker verweilten hier, so etwa der dän. Astronom Tycho → Brahe od. der nachmalige schwed. Reichskanzler Axel Oxenstierna.

Wie Rostocks späthans. Handel, so vermochte auch die U. ihre beträchtl. Ausstrahlung bis in die Anfänge des → Dreißigjährigen Krieges hinein zu bewahren. Nach dem Wirken des Naturwissenschaftlers Joachim → Jungius verhinderte nur der Tod die Berufung des Astronomen Johannes Kepler 1630 nach Rostock unter der Herrschaft des neuen Herzogs Albrecht v. → Wallenstein.

Die 2. Hälfte des 17. u. 18. Jh. bedeuteten einen Niedergang sowohl der U. als auch der Stadt. Mit dem Ende des hans. Zeitalters schränkte sich die Ausstrahlung Rostocks erheblich ein. Spielten Gelehrtenfamilien, wie Chytraeus, → Bacmeister, Bording od. → Pauli, im 16. u. zu Beginn des 17. Jh. noch eine positive Rolle für das Niveau an der Hochschule, so mutierten sie insbesondere im Verlaufe des 18. Jh. zu eher negativen, provinziellen Erscheinungen einer „Familien-U.". Erneut verfielen U.-gebäude, wichen dem Bau des herzogl. → Palais am Hopfenmarkt od. wurden von der herzogl. Regierung zeitweise zweckentfremdet. Tiefpunkt dieser Entwicklung war die Gründung einer herzogl. Gegen-U., der Fridericiana in Bützow, 1760 durch Herzog Friedrich den Frommen, begleitet von der preuß. Besetzung Rostocks 1758–62 während des → Siebenjährigen Krieges. Erst der Tod des Herzogs 1785 ermöglichte eine Beseitigung dieser, beide U. gefährdenden Zustände. Der → Erbvergleich zwischen dem neuen Herzog → Friedrich Franz I. u. der Stadt Rostock von 1788 sah die Auflösung der Bützower U. vor, die 1789 umgesetzt wurde. Ungeachtet der ständigen, nicht zuletzt auch materiellen Schwierigkeiten der U. wirkten auch damals an ihr einige bedeutende Gelehrte, deren Ruhm weit über die Grenzen Rostocks u. Meckl. ausstrahlte. Der Mediziner Samuel Gottlieb → Vogel begründete 1793 das erste Seebad auf dem europ. Kontinent in Heiligendamm bei Doberan, das als Sommerresidenz des Herzogs alljährl. Größen aus Politik, Wirtschaft u. Kultur anzulocken begann. In jenen Jahren baute der Ökonom Franz Christian Lorenz → Karsten auf seinem Besitz Neuenwerder unmittelbar vor den Westtoren Rostocks die erste landwirtschaftl. Versuchsanstalt an einer dt. U. auf. Und der Name des Rostocker Orientalistikprof. Oluf Gerhard → Tychsen, der sich zugleich um die Bibliothek u. die Münzsammlung der U. sehr verdient machte, war selbst Admiral Horatio Nelson u. Napoleon I. geläufig, die ihm ihre Ehrerbietung erwiesen bzw. Vergünstigungen zuteil werden ließen. Die U. ihrerseits versuchte, Erleichterungen in der → Franzosenzeit seit Ende 1806 zu erreichen, indem sie 1807 den frz. Intendanten des Landes, Joseph F. D. Bremont, zu einem der ersten Ehrendoktoren in ihrer Geschichte machte. Der damalige Zeitgeist zeigte auch darin seine Wirkung auf die Hochschule, dass viele Prof. nicht nur den beiden 1799 u. 1800 entstandenen Rostocker Logen der → Freimaurer angehörten, sondern häufig zu deren führenden Kräften zählten.

Dennoch bedrohte das im ganzen Alten Reich verbreitete U.-sterben auch die Rostocker Alma Mater, die im Gegensatz zu ihren qualitativen u. quantitativen Höhepunkten in der Frühen Neuzeit inzwischen am Beginn des 19. Jh. zu einer der kleinsten dt. U. geworden war. Konnte man 1790 noch den Neubau des Anatomiegebäudes anstelle des seit Langem verfallenen Juristenkollegiums am Alten Markt positiv vermerken, so standen nach 1800 die Zeichen zunächst erneut auf Verfall. Im Jahr der 400. Wiederkehr der Gründung wurde 1819 sogar das altehrwürdige, aber völlig desolate Auditorium od. Lectorium mitten auf dem Hopfenmarkt endgültig abgerissen. Auch die häufig deutl. weniger als insgesamt 100 Studenten fühlten sich mitunter unbehaglich. So organisierten sie 1794 u. nochmals 1823 den vierten u. fünften Auszug, allerdings in beiden Fällen nur der Studierenden, aus der Stadt nach Biestow bzw. Bützow. Vier Jahre später wurde das Verhältnis von Landesherrschaft u. Stadt bezüglich der U. neu geregelt: Die Stadt verzichtete auf das Kompatronat, die U. wurde eine landesherrl. Einrichtung. Die damit verbundene Ausrichtung auf den Großherzog v. Meckl.-Schwerin u. dessen Regierung prägte nunmehr den Geist der meckl. Landes-U. bis weit über das Ende der Monarchie hinaus in die Zeit der Weimarer Republik. Das hinderte jedoch einen kleinen, aber zeitweise einflussreichen Kreis der Prof.-schaft nicht, in der → Revolution 1848/49 polit. so aktiv zu werden, dass einige von ihnen das Scheitern der Revolution mit dem Verlust ihres Lehramtes u. längerer Haft büßen mussten (der Historiker Carl → Türk, der Philologe Christian → Wilbrandt u. der Theologe Julius → Wiggers).

Von 1844 bis 1878 befand sich ein Teil des Anatomischen Instituts auf dem Hof des Weißen Kollegs.

Wissenschaftl. u. strukturell bedeutete erst die 2. Hälfte des 19. Jh. einen erneuten Aufschwung. Symbolisiert wurde er durch den Abbruch des Weißen Kollegiums (ehemals Großes bzw. Philosoph. Kollegium) 1866 an der Westseite des Hopfenmarktes u. den Bau des → Universitätshauptgebäudes an seiner Stelle, dessen Einweihung 1870 erfolgte. Jedoch reichte dieses rasch nicht mehr aus, um der Ausdifferenzierung u. Institutionalisierung der Wissenschaftsdisziplinen, insbesondere auch der Naturwissenschaften, gerecht zu werden. In einem, allerdings erhebl. durch die zwei → Weltkriege u. ihre Auswirkungen unterbroche-

Weißes Kolleg (1865)

nen, bis heute andauernden Prozess dehnte sich die U. mit neuen Gebäuden über große Teile der Stadt aus, die ihrerseits seit dem 19. Jh. den mittelalterl.-frühneuzeitl. Mauer- u. Befestigungsring endgültig u. weiträumig überschritten hatte. Die neuen universitären Einrichtungen spielten in einigen Bereichen eine Pionierrolle selbst auf nationaler Ebene, so bereits 1858 das Germanist. Seminar, 1899 die Fachklinik für Hals-, Nasen- u. Ohrenkrankheiten, die Chirurg. Klinik ab 1914, 1919 der Lehrstuhl für Zahnmedizin (→ Universitätsklinik) od. 1951 die Schiffbautechn. Fakultät. Auch in ihren Ehrenpromotionen bewies die U. oftmals Weitblick, so etwa 1830 für den Nationalökonomen u. Musterlandwirt Johann Heinrich v. → Thünen, 1849 für den Maschinenbauer Ernst Alban, 1863 für den bedeutendsten niederdt. Dichter Fritz → Reuter, 1869 für den berühmten „Wiederentdecker" von Troja Heinrich → Schliemann u. 1919 für die Physiker Max Planck u. Albert Einstein – die einzige Ehrendoktorwürde, die Letzterem von einer dt. U. zuteil wurde. Dennoch war u. blieb die U. Rostock angesichts der Gesamtrahmenbedingungen eher ein Sprungbrett für die Anfänge der Laufbahn bedeutender Wissenschaftler, wie etwa die Nobelpreisträger der Jahre 1910 (der Mediziner u. Physiologe Albrecht → Kossel), 1935 (der Biologe Hans Spemann) u. 1973 (der Zoologe Karl v. Frisch).

Das Ende der Monarchie 1918 bescherte der U. zwar die Nutzung einiger ehem. großherzogl. Gebäude, bedeutete jedoch keine Abkehr von eher konservativen Positionen sowohl des Lehrkörpers als auch der Studierenden, zu denen seitdem auch zunehmend Frauen zählten. Im Nationalsozialismus, der in Meckl. früh an die Macht gelangt war, verstärkte sich der polit. Einfluss auf die U. deutlich, die ebenso früh nach dem Führerprinzip umgestaltet wurde. Erste Tiefpunkte der Entwicklung waren die → Bücherverbrennung u. der Bücherschandpfahl (→ Kaak) sowie der Freitod des jüd. Zahnmediziners Hans → Moral im Jahre 1933. U. a. durch die Verknüpfung universitärer Lehre u. Forschung mit dem in Rostock konzentrierten → Flugzeugbau verstrickte sich die U. direkt in die forcierte Kriegsvorbereitung. Die massiven → Bombenangriffe 1942–44 drohten Stadt u. U. gleichermaßen das Ende an.

Der Neubeginn 1945/46 war mühselig. Mit erhebl. reduziertem, von Nationalsozialisten „gereinigtem" Lehrkörper wurde die U. am 25.2.1946 wiedereröffnet. Die Hoffnungen auf Demokratisierung, auf Freiheit für Lehre u. Forschung sowie Autonomie in der Selbstverwaltung wurden in den nachfolgenden Jahrzehnten im Zuge von drei Hochschulreformen mit der Zielstellung einer sozialist. U. mehr u. mehr enttäuscht. Die sowjet. Besatzungsmacht in Verbindung mit der SED- u. Staatsführung schreckte hierbei nicht vor drast. Maßnahmen zurück. Opfer war u. a. der 1951 in Moskau hingerichtete Jurastudent u. LDPD-Funktionär Arno → Esch. Zu den positiven Entwicklungen an der von 1976 bis 1990 den Namen Wilhelm Piecks tragenden U. in DDR-Zeiten zählten ihre Öffnung für Schichten, denen bis dahin ein Hochschulstudium schwer möglich war (u. a. zeitweilige Einrichtung einer → Arbeiter- u. Bauernfakultät als Vorstudienanstalt), der Neubau mehrerer Studentenwohnheime, der eigentl. Aufbau der 1942 eher nur formal gegründeten Landwirtschaftl. Fa-

Studentenwohnheime in der Max-Planck-Straße (um 1970)

kultät u. die Einrichtung einer Schiffbautechn. Fakultät 1951, der ersten Techn. Fakultät an einer dt. U.

Seit 1990 erlebte die U. ihre demokrat. Erneuerung sowie die Wiederherstellung weitgehender Autonomie. In einem dreifach gestuften Vorgang der polit.-moral. u. fachl. Überprüfung wurde das Personal in erhebl. Maße ausgetauscht. Räuml. konzentrierte sich die U., verstärkt durch zahlreiche Neubauten, auf vier Hauptstandorte: Innenstadt, die Ulmenstr.,

Sporthalle der Universität am Justus-von-Liebig-Weg (2008)

die Klinikkomplexe in der Kröpeliner-Tor-Vorstadt u. im Hansaviertel sowie die techn. u. mathemat.-naturwissenschaftl. Institute in der Südstadt. Inhaltl. erweiterte sich das Spektrum der neun Fakultäten im Jahre 2007 durch eine Interdisziplinäre Fakultät. Um 2010 erreichte die Studierendenzahl mit mehr als 15 000 einen vorläufigen Höhepunkt.

Lit.: *G. Boeck u. a.: Vom Collegium zum Campus. Orte Rostocker Universitäts- und Wissenschaftsgeschichte, 2. Aufl., Rostock 2010; A. Hartwig, E. Münch: Die Universität Rostock. Geschichte der „Leuchte des Nordens" in Bildern, Erfurt 2008; Mögen viele Lehrmeinungen um die eine Wahrheit ringen. 575 Jahre Universität Rostock, Rostock 1994; Geschichte der Universität Rostock 1419–1969. Festschrift zur Fünfhundertfünfzig-Jahr-Feier der Universität, 2 Bde., Berlin 1969.* EM

UNIVERSITÄTSBIBLIOTHEK → BIBLIOTHEK

UNIVERSITÄTSHAUPTGEBÄUDE. Das U. am → Universitätsplatz gilt als erster bedeutender staatl. Bau nach den umfangreichen Umbaumaßnahmen am Schweriner Schloss im Großherzogtum Meckl.-Schwerin. Es besteht heute aus drei Teilen: Hauptgebäude, Neues Museum (errichtet 1844) u. Hofanbau (ehem. Bibliotheksflügel, errichtet 1827). Die schlechte Bausubstanz sowie der Innenaufbau, der den Erfordernissen als Bibliotheks-, Verwaltungs- u. Lehrgebäude nicht mehr standhalten konnte, hatten 1866 zum Abriss des Vorgängerbaus, des Weißen Kollegs, geführt. 1867–70 wurde der Bau nach Plänen des Hofbaurats Hermann Willebrand im Stil der Neorenaissance verwirklicht. Großherzog Friedrich Franz II. unterstützte das Projekt mit einer großzügigen finanziellen Schenkung u. gilt daher als Stifter des U., wenngleich die → Universität über ein Drittel der Baukosten selbst trug. Primär als Verwaltungs- u. Lehrgebäude konzipiert, verfügte das repräsentative Haus als erster Bau deutschlandweit über eine Trennung von Magazinen u. Lesesälen. Das neben dem Neuen Museum 1870 fertiggestellte Gebäude erhielt einen extra für Bibliothekräume ertüchtigten Teil durch entsprechend eingezogene Stahlbetondecken. Dieser Bereich wird heute teilweise durch das Universitäts- → Archiv genutzt. Neben Verwaltungsräumen u. Auditorien für die Lehre entstand eine große Aula. Die Fassade ist im Johann-Albrecht-Stil, einer meckl. Sonderform der Neorenaissance, u.a. mit einer reichen Terrakotta-Ausschmückung, gehalten. Eine Reihe von Teilskulpturen u. Standbildern verweist auf Stifter u. Unterstützer der Uni;

Universitätshauptgebäude am Universitätsplatz (2006)

Allegorien deuten auf die vier ursprüngl. Fakultäten u. bedeutende Vertreter verschiedener Fachrichtungen, die hier wirkten, sowie weitere, eng mit der Uni verbundene Persönlichkeiten hin. Im Laufe der Jh. erfuhr das U. mehrere umfangreiche Sanierungen und veränderte Nutzungen.

Lit.: *E. Münch: Der Stadt zur Zierde und dem Landesherrn zur Ehre. Zur Entstehung des Hauptgebäudes und zum Beziehungsgeflecht der Universität Rostock im 19. Jahrhundert, in: Auf dem Weg zum Doppeljubiläum, Petersberg 2013, S. 29–59; P. Palme: Das Rostocker Universitätshauptgebäude und seine Vorgeschichte im 19. Jahrhundert. Betrachtungen zur Bau- und Kunstgeschichte, in: Beiträge zur Geschichte der Wilhelm-Pieck-Universität Rostock, H. 3, Rostock 1983, S. 4–49.* AS

UNIVERSITÄTSKIRCHE. Das → Kloster zum Heiligen Kreuz wurde angebl. durch die dän. Königswitwe → Margarethe Sambiria 1270 gestiftet u. vor den Mauern der Stadt aufgebaut. Der der Zisterzienserregel verpflichtete Konvent errichtete auch eine (zisterziens.) turmlose, nur mit einem Dachreiter versehene Kirche, bei der es sich um eine got., dreischiffige Stufenhalle mit polygonalem Chor handelt. Sie war um 1360 fertiggestellt. Die Kirchenschiffe werden von Kreuzrippengewölben überspannt. Die Weihe dürfte 1360 erfolgt sein. In der → Reformation wurde dem Konvent ein ev. gesinnter Vikar der St.-Petri-Kirche als Prediger u. Seelsorger aufgenötigt. Auch nach der Annahme der luth. Lehre durch den Konvent 1562 u. die Umwandlung in ein ev. Damenstift 1584 blieb die Kirche in Funktion u. wurde von den Stiftsdamen, aber auch anderen Gläubigen aus der Stadt genutzt. Sie konnte allerdings baul. nur unzureichend unterhalten werden. 1866 entfernte man die sog. Nonnenempore – sie war den Stiftsdamen vorbehalten –, um die Bestände der Universitätsbibliothek einzulagern. Bis 1898 nutzte der Rostocker → Kunstverein die U. für Ausstellungen. 1898/99 wurde das Gotteshaus unter Leitung von Gotthilf Ludwig Möckel umfassend renoviert, erhielt dadurch seine heutige moderat neogot. Innengestaltung u. dient seither als U.; als solche steht sie in der Zuständigkeit der Theolog. Fakultät. Die U. wurde 1997–2002 außen u. anschließend innen umfassend renoviert. Von der mittelalterl. Ausstattung sind erhalten geblieben: der Hochaltar u. ein → Altar vom ehem. Nonnenchor, ein prächtiges Sakramentshaus im Chor u. im Spitzbogen zum Chorraum die Triumphkreuzgruppe auf einem Zugbalken (alle 2. Hälfte des 15. Jh.). 50 überwiegend mittelalterl. Grabplatten finden sich hier.

Lit.: *W.E. Wagner: Kloster zum Heiligen Kreuz Rostock, in: W. Huschner u. a. (Hg.): Mecklenburgisches Klosterbuch, Bd. 2, Rostock 2016, S. 925–961.* KJLS

UNIVERSITÄTSKLINIK. Die zunehmende Ausdifferenzierung des → Gesundheitswesens u. der medizin. Fachrichtungen machte in der Folge weitere Neubauten notwendig. So entstanden 1885–99 an der Doberaner Str. drei neue Fachkliniken für Gynäkologie, Augen- u. Hals-Nasen-Ohren-Erkrankungen. 1896 wurde in Gehlsdorf die großherzogl. Heil- u. Pflegeanstalt → Gehlsheim eröffnet. Seit 1946 hat die ehem. Anstalt den Status einer U. inne, inzwischen entstand dort das Zentrum für Nervenheilkunde (1995). Die sog. Landeskrüppelanstalt → Elisabethheim wurde 1900 eingerichtet u. fand 1907 ihr Domizil in der Ulmenstraße. Seit 1947 hat sie den Status einer orthopäd. U. u. residiert inzwischen im ehem. Gebäude der Universitätsfrauenklinik in der Doberaner Str., die im Herbst 2005 mit der Frauenklinik des Klinikums Südstadt fusioniert war u. sich seit 2006 dort befindet. Der heutige medizin. Campus wurde etappenweise - beginnend in den 1910er-Jahren - am damaligen westl. Stadtrand errichtet. Hier entstand 1914-18 u. 1926-30 die Chirurg. Klinik, die 1994 durch das Perioperative Zentrum erweitert wurde u. deren umfassende Sanierung 2013 abgeschlossen werden konnte. In diesem Gebäudekomplex haben inzwischen auch andere Fachrichtungen wie Radiologie u. Anästhesie eine Bleibe gefunden. Das Institut für Pathologie wurde 1915-18 u. 1928-30 errichtet; 1938 wurde die Zahnklinik eröffnet, in deren erweitertem Gebäude auch die Dermatologie, welche ehem. in der Augustenstr. residierte, zu finden

Gebäude der Medizinischen Fakultät in der Schillingallee (2009)

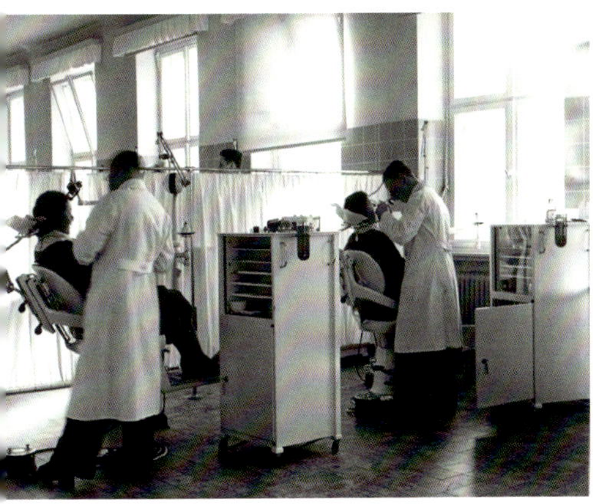

Universitätszahnklinik in der Strempelstraße (um 1960)

ist. 1938 begann zudem der Bau der Kinderklinik, der kriegsbedingt jedoch erst 1953 abgeschlossen werden konnte. 1952-62 erfolgte der Bau der Medizin. Klinik an der heutigen Schillingallee. Diese beherbergt nun neben der Inneren Medizin u.a. die Urologie u. die Klinische Chemie. 1953-59 wurde zudem das Gebäude Schillingallee 70 errichtet, in dem heute die Mikrobiologie, Biochemie u. Pharmakologie ansässig sind. Nach den polit. Veränderungen der 1990er-Jahre kam es an der Schillingallee zu weiterer Bautätigkeit. Es entstanden z.B. das Biomedizin. Forschungszentrum u. das Institut für experimentelle Chirurgie. 2013 begannen auch Vorarbeiten für die Errichtung eines neuen Zentralgebäudes auf dem Gelände an der Schillingallee, in dem u.a. die zentrale Notaufnahme der U. angesiedelt werden soll. Die Fertigstellung ist für Ende 2019 geplant. Die U. Rostock ist heute mit etwa 1100 Betten u. mehr als 4000 Angestellten das größte Krankenhaus u. einer der größten Arbeitgeber der Region.

Lit.: *Geschichte der Universität Rostock 1419-1969. Festschrift zur Fünfhundertfünfzig-Jahr-Feier der Universität, 2 Bde., Berlin 1969; H. Wilken, H.-W. Kollhoff: 150 Jahre klinische Geburtshilfe in Rostock. 100 Jahre Klinik für Gynäkologie und Geburtshilfe der Wilhelm-Pieck-Universität Rostock, Rostock 1987; J. Külz, T. Ziegler, M. Bolz: Die Geschichte der Kinderheilkunde und der Kinderklinik an der Universität*

Rostock, Rostock 1993; B. Kramp (Hg.): 100 Jahre Universitäts-HNO-Klinik und Poliklinik Rostock. Die erste HNO-Fachklinik im gesamtdeutschen und nordeuropäischen Raum, Roggentin 1999; 100 Jahre Universitäts-Hautklinik und Poliklinik Rostock (1902–2002), Rostock 2002. MR

UNIVERSITÄTSPLATZ. Westl. Teil des ursprüngl. → Hopfenmarktes; von diesem 1819 als Blücherplatz abgetrennt, erfolgte seine Benennung 1947 (1950–61: Stalinplatz). Anlass seines Entstehens war die Errichtung eines Denkmals für den in Rostock geborenen preuß. Generalfeldmarschall Gebhard Leberecht v. → Blücher. Daraufhin wurde der Platz in der 1. Hälfte des 19. Jh. in eine zeitweise sogar umzäunte Parkanlage umgestaltet, die heute von architekton. repräsentativen wie z.T. geschichtsträchtigen Gebäuden, so u.a. vom → Palais u. Barocksaal, dem → Universitätshauptgebäude u. → Fünfgiebelhaus, gesäumt wird. Während das → Blücherdenkmal 1938 aus dem Zentrum des U. in dessen Südwestecke umgesetzt wurde, bestimmt heute der 1980 geschaffene → „Brunnen der Lebensfreude" von Jo → Jastram u. Reinhard Dietrich das Antlitz des Platzes, der gern als das „Herz" Rostocks bezeichnet wird u. Einheimischen wie Gästen der Stadt ein beliebter Treffpunkt ist.

Lit.: E. Münch, R. Mulsow: Das alte Rostock und seine Straßen, 2. Aufl., Rostock 2010, S. 29–32; Lexikon Rostocker Straßennamen, Rostock 1995, S. 76. RL

Blick von Nordwest auf den Rostcoker Hof und den Barocksaal (2009)

UTERHART, KARL EDUARD SAMUEL. Arzt (16.5.1835 Parchim–18.3.1895 Warnemünde); Kindheit u. Schule in Rostock, Studium der Medizin in Rostock, Berlin, Jena; 1861 Promotion in Rostock; Arzt in Warnemünde; 1863–65 Militärarzt im Amerikan. Bürgerkrieg; 1866 Oberstabsarzt in einem meckl. Regiment u. Einsatz im Preuß.-Österreich. Krieg, danach Chirurg am Stadtkrankenhaus in Rostock; 1870/71 Arzt des Stifts Bethlehem in Ludwigslust u. Einsatz im Dt.-Frz. Krieg; nach 1871 Arzt auf Auswandererschiffen, u.a. nach Südamerika u. Australien; 1878 Praxiseröffnung in Warnemünde; Erfinder einer nach ihm benannten Heringsreuse (Doctor-Reuse). RS

UTLUCHT (niederdt., Aussicht). Bezeichnung eines erkerartigen u. ebenerdigen Vorbaus an einem Gebäude neben dem Hauseingang; kann über mehrere Geschosse reichen. Gilt als Sonderform des Erkers, der auskragend, i.d.R. ab dem zweiten Geschoss, angesetzt ist. U. wurden in späterer Zeit häufig auch an got. Giebelhäusern angebaut, bei späteren Sanierungen jedoch vielfach wieder entfernt. Bsp.: Renaissancebau um 1600 mit zwei U. in der Lagerstr. 26 u. in der Großen Wasserstr. 30, hier seit 1930. AL

V

VALCKENBURGH, JOHAN VAN. Festungsbaumeister (um 1575–Mai/Juni 1625 Voorburg bei Den Haag/Niederlande); 1606 Ingenieur; Übernahme von Neu- u. Umbauten städt. Festungsanlagen in Norddtl., so in Lüneburg, Hamburg, Bremen u. Lübeck; 1613 erste Vorschläge zum Ausbau der Rostocker → Stadtbefestigung, die nicht verwirklicht wurden; nach Ausbruch des → Dreißigjährigen Krieges erneute Planungen für eine Bastionsanlage (1624), davon umgesetzt 1626/27 die Dreiwallbastion vor dem → Kröpeliner Tor.
Lit.: *K.-K. Weber: Johan van Valckenburgh. Das Wirken des niederländischen Festungsbaumeisters in Deutschland 1609–1625, Köln u.a. 1995.* BK

VEREIN FÜR ROSTOCKS ALTERTÜMER → GESCHICHTSVEREIN

VEREINIGUNG ROSTOCKER KÜNSTLER. Gründung 1919 durch Künstler zur Organisation eigener Ausstellungen in verschiedenen Orten Meckl.; erster Vorsitzender war Thuro → Balzer, dann Bruno Wagner; ab 1926 Jahresausstellungen in den Räumen des mäzenatisch tätigen → Kunstvereins; nach 1935 Ausschluss des jüd. Malers Bruno → Gimpel u. Organisation nach dem „Führerprinzip", um 1939 Anschluss an den Meckl. Künstlerbund; nach 1945 keine Wiederbelebung.
Lit.: *W. Karge: Lobby u. Selbstschutz – Künstlervereinigungen 1900–1933, in: H. Lorenzen, V. Probst (Hg.), Bildende Kunst in Mecklenburg 1900–1945. Zwischen Regionalität und Internationalität, Rostock 2010, S. 75–90.* WK

VERKEHRSVEREIN. 1910 auf Initiative der Gemeinnützigen Gesellschaft gegründet; Förderung des Fremdenverkehrs (→ Tourismus) in Rostock u. Warnemünde durch Herausgabe von Informations- u. Werbematerial, Einrichtung einer Auskunftsstelle, Verbesserung der Fahrpläne, Markierung der Wanderwege in der → Rostocker Heide; 1911 u. 1926 Durchführung von Fotowettbewerben; 1930 Reise- u. Verkehrsbüro am Steintor eröffnet; 1931 Organisation der dt. Dahlienschau im Tiergarten; der 1927 in Warnemünde gegründete V. musste sich 1934 auflösen; 1990 Neugründung des V. Rostock, 2011 Umbenennung in Tourismus-Verein Rostock u. Warnemünde. BK

VERSCHÖNERUNGSVEREIN. Mit der beginnenden Entfestigung kam es 1836 zur Gründung eines Vereins zur Verschönerung der Stadt Rostock u. ihrer Umgebung durch den Rostocker Distrikt des → Meckl. Patriot. Vereins. Ziel waren die Anlage u. Gestaltung von Grünanlagen auf dem ehem. Befestigungsring u. an der Stadtmauer (→ Stadtbefestigung) sowie die Schaffung von Alleen auf den Ausfallstraßen. 36 Jahre hat der V. für die Befestigung von Wegen u. die Anlage von Promenaden u. Parkanlagen (→ Rosengarten, Wallanlagen, → Barnstorfer Wald usw.) gesorgt, bevor er sich 1872 auflöste. 2009 wurde

Blick auf den Unterwall (um 1920)

erneut ein V. ins Leben gerufen. Er widmet sich der prakt. Unterstützung des Grünamtes bei der Pflege von Parks, insbesondere des Lindenparks. KJLS

VICKE-SCHORLER-ROLLE (eigentlich: „Warhaftige Abcontrafactur der hochloblichen und weitberumten alten See und Hensestadt Rostock, Heuptstadt im Lande zu Meckelnburgk"). Zwischen dem 24.6.1578 u. dem 24.6.1586 vom Krämer Vicke → Schorler geschaffenes späthans. Stadtbild Rostocks. Schorler zeichnete nach einer vorher festgelegten Abfolge auf 127 Blättern (63 Folio- u. 64 Halbfoliobögen) zunächst mit Tinte u. Feder sowie mit Lineal u. Zirkel Ortschaften des Umlandes aus der Vogelschau u. eine Abfolge von Gebäuden Rostocks innerhalb der Stadtmauern in Form von einfachen, äußerst detailreichen Abrissen. Schließlich wurden die Blätter koloriert, zu einem fast 19 m langen u. mehr als 60 cm hohen Kunstwerk zusammengefügt u. zu einem Leporello gefaltet. Die Klammer der Bildkomposition bildet die Darstellung des Flusssystems Warnow-Nebel zwischen seiner Mündung in die Ostsee im Norden u. seinem Herkunftsgebiet südl. von Rostocks als blaues Band am unteren Bildrand. Im etwa 14 m langen Hauptteil des Bildwerkes gibt es dazu zwei weitere Ebenen, einerseits in der Mitte die wasserseitige Stadtmauer u. die an sie gebauten Häuser (allerdings mit der stadtseitigen Fassade dem Betrachter zugewandt) sowie andererseits – in einer relativ willkürl. Abfolge – die repräsentativsten Straßenzüge u. Gebäude Rostocks in der oberen Bildhälfte. Das Kunstwerk befand sich zunächst mehr als 200 Jahre in Familienbesitz. Erst 1792 konnte es der Rostocker Rat erwerben, der es seitdem im Stadt- → Archiv verwahren lässt. Im 19. Jh. wurde es auf einen Pappträger geklebt. Fortan musste das Bild gerollt aufbewahrt werden, was zur Entstehung des bis heute gebräuchl. Namens Anlass gab. Im 20. Jh. wurde die V. zweimal (1939, 1989) beim Rostocker → Hinstorff Verlag jeweils mit einer wissenschaftl. Einführung ediert. Unter der Ägide von Hugo Ibscher erfolgte 1937/38 in Berlin eine erste Restaurierung, die ledigl. den Zweck verfolgte, die V. für eine anstehende Reproduktion im Vierfarbkupfertiefdruckverfahren vorzubereiten. Letztmalig wurden 2011 u. 2017 durch Boguslaw Radis (Lübeck) umfassende Erhaltungsmaßnahmen, finanziert vom Freundes-

Vicke-Schorler-Rolle (Ausschnitt)

kreis der Kulturstiftung der Länder (Berlin) u. der → Jahresköste der Kaufmannschaft zu Rostock e.V., an der V. durchgeführt.
Lit.: *Vicke Schorler: „Warhaftige Abcontrafactur der hochloblichen und weitberumten alten See und Hensestadt Rostock Heuptstadt im Lande zu Meckelnburgk" 1578–1586, Rostock 1939; Die wahrhaftige „Abcontrafactur" der See- und Hansestadt Rostock des Krämers Vicke Schorler, Rostock 1989.* RL

VIER GEWERKE (auch Große Gewerke). Bezeichnung seit dem 16. bis Ende des 18. Jh. für die Zünfte (in Rostock wie in Norddtl. Ämter genannt) der Bäcker, Schmiede, Schuster u. Wollenweber (→ Handwerk); traditionell wegen ihrer Quantität u. ihres Einflusses wichtige Repräsentanten der nichtkaufmänn. Bürger gegenüber dem Rat; bestätigten wichtige städt. Dokumente mit eigenem Siegel; seit 1584 Hauptvertreter der Handwerker im → Hundertmänner-Kollegium; seit 1921 Viergewerkerstr. EM

VIERTAGEBOMBARDEMENT. In vier aufeinanderfolgenden Nächten zwischen dem 24. u. dem 27.4. 1942 von Bomberkräften der brit. Royal Air Force (RAF) gegen Rostock geflogenes Flächenbombardement. Dabei war Rostock Übungsziel für den von der RAF-Führung am 30./31.5.1942 durchgeführten Großangriff auf Köln (sog. Tausend-Bomber-Angriff). In Rostock wurden von 351 Flugzeugen (110 weitere flogen ledigl. Angriffe gegen die → Ernst Heinkel Flugzeugwerke) in jenen vier Nächten 414,7 t Sprengbomben u. Luftminen (1045 Stück) sowie 320,8 t Brandbomben (112760 Stück) abgeworfen. In der Folge brannten v.a. die mittelalterl. Innenstadt u. zentrumsnahe Teile der → Steintor-Vorstadt nahezu vollständig nieder. Über 200 Menschen starben, etwa 700 wurden verletzt u. Zehntausende obdachlos. Zudem wurden 6153 Wohnungen zerstört, weitere 19994 galten als unbewohnbar. Die Versorgungswerke für Strom, Gas u. Wasser wurden schwer beschädigt, der → Hafen u. große Teile der Nahverkehrseinrichtungen zerstört. Vernichtet wurden weiter der → Friedrich-Franz-Bahnhof, die Hauptpost am → Rosengarten, mehrere Schulen, die Hälfte aller Verkaufseinrichtungen der Stadt, alle → Banken, 60 → Gaststätten u. → Hotels sowie die → Kirchen St. Jakobi, St. Petri, St. Nikolai, das → Theater u. zahlreiche Kleinodien mittelalterl. Baukunst.
Lit.: *H.-W. Bohl, B. Keipke, K. Schröder (Hg.): Bomben auf Rostock. Krieg und Kriegsende in Berichten, Dokumenten, Erinnerungen und Fotos 1940–1945, Rostock 1995; A. Schade, M. Redieck (Hg.): Rostock im Feuersturm. Das Vier-Tage-Bombardement vom 24.4. bis 27.4.1942, Rostock 2012.* RL

Erich Möller: „Brand der Petrikirche nach dem Bombenangriff auf Rostock am 27. April 1942" (1942)

VÖLKERFREUNDSCHAFT. Passagierschiff, 1948 in Schweden als STOCKHOLM in Dienst gestellt; 25.7. 1956 Kollision mit dem italien. Passagierschiff ANDREA DORIA vor New York, repariert; am 3.1.1960 vom FDGB-Bundesvorstand als Urlauberschiff V. gekauft (→ Kreuzfahrt), Reeder: VEB → Deutsche Seereederei Rostock; Reisen für den FDGB-Feriendienst, für das Reisebüro der DDR (→ Tourismus) u. in internationaler Charter; wiederholte Generalreparaturen zur Einsatzverlängerung; Apr. 1985 außer Dienst gestellt, verkauft u. nach Umbauten seit 2016 als ASTORIA im Einsatz; durch das Passagierschiff ARKONA ersetzt.

Die Völkerfreundschaft (1967)

Lit.: E. Buttkus, G. U. Detlefsen, W. Kramer: Deutsche Reedereien, Bad Segeberg 2004. RK

VOGEL, SAMUEL GOTTLIEB (VON). Arzt (14.3.1750 Erfurt - 18.1.1837 Rostock); 1764 - 71 Studium der Medizin, 1771 Promotion, 1776 Habilitation in Göttingen; 1771 - 89 prakt. Arzt in verschiedenen norddt. Städten; 1789 zum ordentl. Prof. an der Uni Rostock u. zum Hofrat ernannt. Auf seine Anregung hin wurde im Sep. 1793 am Heiligen Damm bei Doberan das erste dt. Seebad eingerichtet; 1799 - 1814 Veröffentlichung der „Annalen" bzw. ab 1804 „Neuen Annalen des Seebades zu Doberan"; zahlreiche Ehrungen, u. a. 1832 Erhebung in den Adelsstand; Rektor u. vielfach Dekan der Medizin. Fakultät der Uni Rostock; aktiver → Freimaurer, zeitweise Meister vom Stuhl der Rostocker Loge Tempel der Wahrheit.

Lit.: W. Teichmann: Vogel, Samuel, in: Biographisches Lexikon für Mecklenburg, Bd. 2, Rostock 1999, S. 251 - 255. MR

Samuel Gottlieb Vogel (um 1820)

Richard Valentin Beselin, Warnemünder Vogt 1906–1914 (um 1920)

VOGT. Die Veränderung u. Ausdifferenzierung der Stellung u. Funktion des V. (von lat. advocatus abgeleitet) als Person der mittelalterl.-frühneuzeitl. Gerichtsherrschaft zeigten den Aufstieg Rostocks zur Stadt mit sehr weitgehender Autonomie. Der landesherrl. V. verlor daher sukzessive an Bedeutung, als die Stadt bis 1358 die volle Gerichtsbarkeit erwarb. Seitdem wurden als Beauftragte des Rates u. als Inhaber der Nieder- u. Hochgerichtsbarkeit städt. V. in unterschiedl. Bereichen des städt. Lebens sowohl innerhalb als auch außerhalb der Stadtmauern wirksam. Innerhalb der Stadt wirkten insbesondere Markt-, Strand- u. Pracher- bzw. Armen-V. Sie überwachten die Ordnung auf den städt. Märkten, am „Strande", d.h. im Bereich des städt. Hafens an der Unterwarnow, sowie im → Armenwesen. Außerhalb der Stadtmauern waren der V. auf Falsterbo, in Warnemünde sowie die Heide-V. tätig. Das angesehenste Amt hatte hierbei der V. im dän. Falsterbo, der während der Rostocker → Hanse-Zeit in der dortigen Niederlassung der Stadt die Heringssaison an der Küste Schonens überwachte. In dieser Funktion war jeweils einer der jüngsten Ratsherren tätig. Der Rostocker V. in Warnemünde, dessen Haus heute dort das älteste Gebäude ist, trug die städt. Verantwortung in jenem für die Rostocker → Schifffahrt so lebenswichtigen Ort. Die Heide-V. taten dies im großen Waldgebiet der → Rostocker Heide. EM

VOGTEI. Ältestes erhalten gebliebenes Haus in → Warnemünde; denkmalgeschützt; Amtssitz des Rostocker → Vogtes; vor 1323 Ausübung der Landesherrschaft durch einen fürstl. Vogt; nach Kauf Warnemündes durch die Stadt Rostock saß ein städt. Vogt bis ca. 1473 in der „Alten V."; Bau eines neuen V.-gebäude u. eines Herrenhauses Ende des 15. Jh.; Umbau des Letzteren 1605 u. Bezeichnung als V.-gebäude; einziges Dwarshaus (Querhaus) in Warnemünde; 30.9.1919 Ende der Amtszeit des letzten Vogts; heute Sitz der Tourismus-Zentrale Rostock u. Warnemünde.

Lit.: *D. Eints: Warnemünder Vögte, Warnemünde 2005.* KM

VOLGMANN, WALTER. → Oberbürgermeister (OB), NSDAP-Kreisleiter (16.4.1893 Jarmen – 1.5.1945 Rostock); ab 1925 Ortsgruppen- u. ab 1929 Bezirksleiter der NSDAP (→ Nationalsozialismus), 1932 NSDAP-Kreisleiter Rostock-Stadt u. (zunächst auch) Rostock-Land; ab 1930 Stadtverordneter in Rostock, ab 1932 Abgeordneter des Landtages von Meckl.-Schwerin, ab Feb. 1932 unbesoldeter u. ab Nov. 1933 besoldeter Stadtrat in Rostock; Berufung zum OB der Seestadt Rostock am 17.4.1935 (seitdem Kreisleiter zur besonderen Verfügung). V. gehörte in Rostock zu den maßgebl. Exponenten der NS-Machtübernahme auf kommunalpolit. Gebiet, förderte den Ausbau der Rostocker Wirtschaft zum Zwecke der dt. Aufrüstung nach Kräften u. setzte Akzente in der Stadtentwicklung (v.a. Wohnungsbau). Nachdem Rostock im Apr. 1942 Ziel zerstörerischer Flächenbombardements brit. Fliegerkräfte geworden war (→ Viertagebombardement), gelang

Vogteigebäude (links) in Warnemünde (1891)

es V. auch unter den Bedingungen einer restriktiven Kriegswirtschaft u. schließlich des „Totalen Krieges“ das öffentl. u. wirtschaftl. Leben in der Stadt aufrecht zu erhalten. Bei Einmarsch sowjet. Truppen nahm er sich gemeinsam mit seiner Frau u. seiner Tochter das Leben.

Lit.: *K. Schröder: Volgmann, Walter, in: Biographisches Lexikon für Mecklenburg, Bd. 6, Rostock 2011, S. 287–289.* RL

VOLKSHOCHSCHULE. Die Einrichtung wurde am 1.9.1919 mit dem Ziel gegründet, „Wissen u. Bildung zum Gemeingut der gesamten Bevölkerung zu machen“. Unter den Nationalsozialisten (→ Nationalsozialismus) erfolgte 1937 die Auflösung der V. Ihre Aufgabe, jetzt als „Willensbildung des dt. Volkes“ deklariert, übernahm das Dt. Volksbildungswerk. Nach dem Ende des II. Weltkrieges befahl die Sowjet. Militäradministration am 22.1.1946 die Neugründung der V., die in Rostock am 26.5.1946 in einem Festakt im Stadttheater erfolgte. Erster Leiter der Einrichtung war der Altphilologe Dr. Erich → Fabian. Neben der V.-zentrale am Schillerplatz wurden Zweigstellen in Warnemünde, Gehlsdorf, Brinckmansdorf, Groß Klein u. Lütten Klein errichtet. Mit berufl. Fortbildungen u. Marxismus/Leninismus war die V. auch in den Betrieben. Wissen in Fremdsprachen, Buchhaltung, Naturkunde und anderem konnte erworben werden. Stark nachgefragt war der Erwerb des Abiturs, was nur genehmigt wurde, wenn eine Delegierung durch einen Betrieb od. eine Massenorganisation vorlag. Aus den Jahren der Weimarer Republik stammende Ideale wie die Lehrplanfreiheit, die Distanz zum Staat, zum Schulsystem u. zu polit. Parteien wurden übergangen, nach dem Zusammenbruch der DDR 1989/90 aber wieder aufgenommen. Bis 1992 lag der Arbeitsschwerpunkt der V. darin, das Nachholen des Abiturs im zweiten Bildungsweg zu ermöglichen. Bis Ende 1992 wurden pro Jahr bis zu sieben Abiturklassen aufgenommen, in denen bis zu 40 hauptamtl. Lehrkräfte unterrichteten. 1992 übernahmen staatl. Abendgymnasien diese Aufgabe u. die V. verlor 86 % ihres Personals. Die V. ging in die alleinige Verantwortung der Stadt über, die seit 1994 durch das Weiterbildungsgesetz Meckl.-Vorpommerns verpflichtet ist, die V. zu unterhalten. 2015 zählte die V. 309 Kursleiter/innen. Sie bot 887 Kurse u. Einzelveranstaltungen sowie 29977 Unterrichtsstunden für 9515 Teilnehmende an. HG

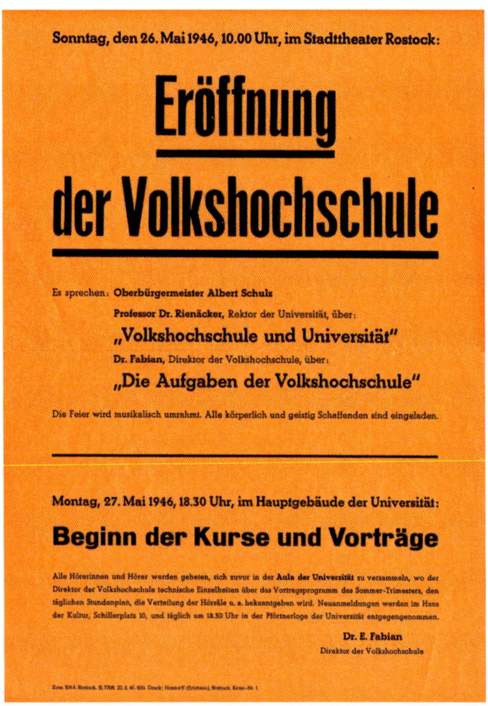

Plakat zur Wiedereröffnung der Volkshochschule 1946

VOLKSMARINE. Nach entsprechenden Beschlüssen im Jan. 1956 übernahm die Nationale Volksarmee (NVA) der DDR mit Wirkung vom 1.3.1956 die etwa 10000 Mann starke Volkspolizei See u. entwickelte sie zur regulären Seestreitkraft. Das Stabsquartier, das Kommando u. die in mehreren Ausbaustufen bis 1989 errichtete Ingenieur-Offiziers-lehranstalt nahmen Sitz in Gehlsdorf. Im Jahre 1956 erfolgte die Aufstellung der 1. u. 4. Flottille. Entsprechende Stützpunkte entstanden in Peenemünde auf der Insel Usedom u. in Warnemünde-Hohe Düne. Auf Beschluss des Nationalen Verteidigungsrates vom Okt. 1960 erhielten die Seestreitkräfte im Gedenken an die während der → Novemberrevolution 1918 in Berlin aufgestellte V.-division den Namen V. Der symbolträch-

Flottenbesuch in Rostock (um 1970)

tige Festakt fand während einer Flaggenparade am 3.11.1960 in Rostock statt. Hier wurden die neue Dienstflagge u. die neuen Mützenbänder mit der Aufschrift V. feierlich übergeben. Im Nov. 1961 unterstellte man die 6. → Grenzbrigade Küste dem Kommando der V. Die Aufstellung eines sog. Stoß-Verbandes der V., der 6. Flottille, erfolgte 1963. Ihre Basis lag auf der Halbinsel Bug (Dranske) auf der Insel Rügen. Nach einem längeren Aufbauprozess fand 1965 eine erste Strukturreform der V. statt. In den 1970er-Jahren hatten die Seestreitkräfte eine Mannschaftsstärke (Soldatendienstgrade) von ca. 18 000 Mann. Das Marinefliegergeschwader (MFG-28, als Truppenteil der Luftstreitkräfte der DDR) wurde in den 1980er-Jahren der V. operativ unterstellt, sodass diese von nun an erstmals selbst in der Lage war, für Seeoperationen militär. Luftunterstützung zu planen u. zu befehlen. Die V. verfügte u.a. über raketen-, torpedo- u. artillerietragende Schiffe u. Boote, über Landungsschiffe, U-Jagdschiffe, Minenlege- u. -räumschiffe, Küstenschutzschiffe, eine Küstenraketeneinheit, ein Kampfschwimmerkommando (KSK-18) sowie ein Hubschraubergeschwader (MHG-18). Sie war Bestandteil der Vereinten Ostseeflotten des Warschauer Vertrages. Das Militärbündnis der sozialist. Staaten Osteuropas unter Führung der Sowjetunion stand der NATO gegenüber. Die V. sollte im Falle eines Krieges in der → Ostsee eingesetzt werden u. v.a. die Meerengen zwischen Ost- u. Nordsee in dän. Hoheitsgewässern sichern.

Am 2.10.1990 wurde die Dienstflagge in Vorbereitung der tags darauf erfolgenden Wiedervereinigung der beiden dt. Staaten beim Kommando der V. in Rostock-Gehlsdorf eingeholt. Danach wurde die V. abgewickelt. Nur wenige Truppenteile, Verbände u. Einrichtungen, die im Vereinigungsprozess erhalten bleiben sollten, fasste man schließlich im Marinekommando Ost Rostock zusammen, das im Jahre 1994 in der heutigen Dt. Marine aufging.

Lit.: *D. Flohr: Volksmarine. Betrachtungen einer deutschen Marine 1950–1990, Rostock 2005; F. Elchlepp, W. Jablonsky, F. Minow, M. Röseberg: Volksmarine der DDR. Deutsche Seestreitkräfte im Kalten Krieg, Bonn 2000.* RK

Einladung der Volkssolidarität (1959)

VOLKSSOLIDARITÄT. Seit Okt. 1945 in der sowjet. Besatzungszone aufgebauter Dachverband der freien Wohlfahrtspflege; in Rostock war nach Kriegsende in Anknüpfung an frühere Gegebenheiten die Notgemeinschaft entstanden, die Flüchtlinge, Kriegsheimkehrer, Waisenkinder u. Alte unterstützte; im Sommer 1946 Überführung in die V.; in der DDR Wandel zu einer Massenorganisation, die mit staatl. Förderung die Betreuung der älteren Menschen übernahm; 1960 Eröffnung des ersten Veteranentreffs in der Goethestr.; 1985 waren 2240 Volkshelfer u. 280 Hauswirtschaftspflegerinnen aktiv; 1991 Kreisverband als Verein eingetragen, Sitz in der Reutershägener Etkar-André-Str.; zum Bestand gehören ein Pflegeheim, fünf Wohnanlagen für Senioren u. neun Kindertagesstätten (2012). BK

VOLKSSTADION. Von Gewerkschaftsmitgliedern u. Angehörigen von acht Sportvereinen unter dem Dach des Kartells für Arbeiterbildung, Sport u. Körperpflege Rostock zwischen Dez. 1923 u. Sommer 1928 in freiwilliger Arbeitsleistung erbaute Sportstätte am Rande der → Barnstorfer Anlagen. Auf dem ca. 38000 m² großen Gelände, das bis zu 20000 Zuschauer fassen konnte, befanden sich Sportanlagen für nahezu alle Freiluftsportarten sowie ein Sportlerheim mit Restauration. Das den Kern des am 29.7.1928 eröffneten Areals ausmachende Stadion mit Laufbahn war bis zur Eröffnung des → Ostseestadions im Jahre 1954 die größte Wettkampfstätte Rostocks u. dient heute dem

Feierlichkeiten anlässlich der Eröffnung des Volksstadions im Juli 1928

→ FC Hansa Rostock als Trainings- u. Wettkampfplatz für seine Mannschaften. RL

VOLKSTHEATER → THEATER

VOLKSTRACHT. In Warnemünde u. in westlich der Stadt Rostock gelegenen Dörfern (z. B. Biestow) trugen Männer u. Frauen bis ca. Ende des 19. Jh. eine typ. regionale Tracht. Einige Frauen bewahrten die Tradition bis in die 1. Hälfte des 20. Jh. hinein.

Die Tracht der Warnemünder Frauen bestand aus einem wollenen schwarzen, blauen od. braunen Rock. Darüber trugen sie eine Schürze ohne

Warnemünder Tracht (1933)

Latz. Die Tracht wurde durch eine kurze Jacke mit langen Ärmeln, das Kamisol, ergänzt. Über die Schultern legten die Frauen ein Brusttuch. Auf dem Kopf wurde eine Hülle (niederdt.: Hill – eine steife schwarze Kappe) getragen, die nur den Hinterkopf bedeckte. Der Koppstick, der mit Blumenmustern bestickte Einsatz für den Hinterkopf der Hülle, gab jeder Kopfbedeckung eine individuelle Note. Am Vorderrand wurde z. T. auch eine gehäkelte od. geklöppelte Rüsche getragen. Die Hüllen wurden im Ort gefertigt. Die Männer trugen Hosen aus schwarzem od. dunkelblauem Tuch. Die wollenen Strümpfe darunter waren grau od. schwarz u. schlossen eng anliegend. Dazu trug man meistens graue Westen. Das Hemd wurde am Hals mit daumendicken Knöpfen aus Silber od. Bernstein geschlossen. Der Gehrock aus dunklem Tuch, hohe Stiefel, teils auch Schuhe u. schließlich der schwarze Zylinder ergänzten das Ensemble. Noch Mitte des 19. Jh. waren Halstuch (Slippen) u. Ohrringe verbreitet.

Die Biestower Tracht war überwiegend schwarz u. zwischen Schwaan, Rostock u. Doberan verbreitet. Die Männer trugen kurze weite Hosen, deren Enden unterhalb des Knies lederne Riemen zuschnürten. Dazu wurden an Sonn- u. Feiertagen Stiefel mit weißen Strümpfen getragen. Die Oberbekleidung bestand aus einem langen schwarzen Mantel u. einer schwarzen Weste, die man über der Brust mit großen metallenen Knöpfen verschloss. Über die Weste kam eine weit geschnittene schwarze Jacke. Mancherorts bevorzugten vor allem jüngere Männer eine kurze, dunkelgrüne Jacke. Um den Hals trug man ein buntes Baumwolltuch. Den Kopf bedeckte ein runder Hut, den bei Verheirateten eine schwarze u. bei Unverheirateten eine weiße Schnur umkränzte. Frauen trugen ein schwarzes Mieder od. Leibchen. Auf einem Wulst über den Hüften hingen mehrere Röcke. Der oberste, der Alltagsrock, war zumeist dunkelrot. Eine Schürze schützte vor Verschmutzung. Sonn-

Biestower Tracht (um 1840)

tags war der oberste Rock schwarz, dicht gefaltet u. mit bunten Säumen besetzt – die Schürze hingegen weiß. Rote Strümpfe u. hochhackige, mit großen Schnallen verzierte Schuhe vervollständigten die Festbekleidung. Die Oberbekleidung bestand aus einer schwarzen Jacke. Um den Hals wurden mehrere bunte, seidene Tücher getragen. Das Haar bedeckte eine kleine schwarze Scheitelmütze, auf die ein flacher Strohhut folgte, der mit einem breiten schwarzen Band unter dem Kinn befestigt wurde.
Lit: *G. C. F. Lisch: Mecklenburg in Bildern (Reprint), Bremen 1994; C. Nieske: Trachten in Mecklenburg, Husum 1991.* KM

VORDERREIHE (niederdt.: Vörreeg). Frühere Bezeichnung für Am Strom in Warnemünde; Name seit dem 16. Jh. schriftl. nachweisbar; Häuser in Warnemünde verliefen parallel zum (Alten) Strom vom Dünenfuß an in zwei Reihen, der Vörreeg u. der Achterreeg (→ Achterreihe); Ausbreitung des Ortes im 19. Jh. nach Westen; die V. wurde aufgeteilt in die Quartiere I u. IV; für die Häuser im Norden der V. kurzzeitig auch Bezeichnung Im Sande; für den hoch gelegenen Bereich in der V. auch Bezeichnung Die Schanze; der südl. Bereich der V. auch Rostocker Ende; seit 1886 Bezeichnung Am Strom.
Lit.: *W. Eschenburg, H. D. Schulz: Straßen in Warnemünde, Rostock 2012.* KM

VORPOMMERNBRÜCKE → BRÜCKE

VORSTADT. Die Auflösung des einheitl. mittelalterl. Stadtgebildes begann Mitte des 19. Jh. Im Zusammenhang mit der einsetzenden → Industrialisierung überschritt die Stadt mit dem Bau von V. die alten Mauergrenzen (→ Stadtbefestigung). Bis zu dieser Zeit waren die Flächen vor den Stadttoren geprägt durch → Gartenanlagen, Wind- → Mühlen, Wiesen u. Felder. Seit der Mitte des 19. Jh. waren → Ausflugslokale, Parkanlagen sowie exklusive Villenanlagen als erste Zeugnisse bürgerl. Wohlstands entstanden.

Um 1850 entwickelten sich neben dem alten Stadtkern, den nur noch zum Teil die Stadtmauer umgab, vier Vorstädte: die → Kröpeliner-Tor-, die → Steintor-, die Mühlentor- u. die Petritor-V. Die Bautätigkeit in den sich entwickelnden V. verlief zunächst recht planlos. Das Gelände vor dem Steintor entwickelte sich zu einem Villenvorort, an dessen Peripherie aber auch verschiedene moderne Versorgungseinrichtungen (Bahnhof, → Gas-, Wasser- u. → Elektrizitätswerk) entstanden. Dagegen gaben die relativ billigen Grundstücke westl. der Stadt vor dem Kröpeliner Tor in der Nähe der Industriestandorte aufgrund des steigenden Bedarfs an Wohnraum Anlass zu Spekulationen mit einträgl. Mietshäusern. Hier entwickelte sich innerhalb weniger Jahrzehnte ein Arbeiterviertel. UJ

VORSTÄDTISCHE KNABENSCHULE. Eröffnung 1878 als Neue Knabenschule am Friedhofsweg; später Namensänderung in V.; dreigeschossiger Backsteinbau mit je vier Klassenräumen pro Etage; 1895 als Volksschule eingestuft; in den Jahren der DDR 14. POS Karl Liebknecht; in den 1990er-Jahren Umbau zum Büro- u. Geschäftshaus; Baudenkmal. RS

Blick vom Friedhofsweg auf die Knabenschule (1928)

W

WÄRMEVERSORGUNG. Bis ins 20. Jh. hinein erfolgte die Erzeugung von Wärme vor allem durch die Verbrennung von festen Brennstoffen (Holz, Braun- u. Steinkohle). Beheizt wurden i. d. R. nur die Küche u. an besonderen Tagen die „Gute Stube". Private Haushalte heizten mit Kohle. 1960–68 Bau der → Südstadt u. W. durch zehn ölgefeuerte Heizhäuser; Umbau des Kraftwerkes Bramow zum Heizkraftwerk als zentralen Fernwärmeversorger (1960–65) für Lütten Klein; Bau eines zweiten Heizkraftwerkes in Marienehe als Versorger für Lichtenhagen, Evershagen, Schmarl, Groß Klein (1966–70); darüber hinaus existierten weitere 35 dezentrale Wärmeerzeugeranlagen; Ablösung des bisherigen wichtigen Energieträgers Erdöl aufgrund steigender Weltmarktpreise durch Erdgas u. Braunkohle (ab 1973); Bau eines Heizwerkes in Dierkow (1984), Stilllegung 1988; Versorgung der Neubaugebiete Dierkow u. Toitenwinkel über eine Fernwärmedruckleitung (Düker) durch die Warnow vom Heizkraftwerk Marienehe u. Heizkraftwerk Bramow (1985); W. erfolgt heute durch das Gas- u. Dampfturbinen-Kraftwerk Marienehe, durch ein → Steinkohlekraftwerk u. durch eine östl. von Rostock gelegene Müllverbrennungsanlage des Vattenfall-Konzerns.

Lit.: *W. Ahrens, P. Frahm, W. Gurowski: Rostocker Gas-, Strom- und Wärmeversorgung. Aus der Vorgeschichte der Stadtwerke Rostock AG, Rostock 2000.* RS

Heizkraftwerk Marienehe (1976)

Rudolf Wagner-Régeny (um 1960)

WAGNER-RÉGENY, RUDOLF. Komponist, Pianist, Musikschriftsteller (28.8.1903 Szászrégen/Siebenbürgen, heute Rumänien – 18.9.1969 Berlin); fügte 1923 seinem Namen die ungar. Bezeichnung seines Geburtsortes hinzu; zur Zeit des Nationalsozialismus mit seinen Opern „Der Günstling" (Dresden 1935), „Die Bürger von Calais" (Berlin 1939) u. „Johanna Balk" (Wien 1941) in der vordersten Reihe der zeitgenöss. Opernkomponisten, 1947 von der sowjet. Besatzungsmacht aufgrund seiner Parteilosigkeit zur

Zeit des Nationalsozialismus zum Direktor u. Leiter der Meisterklasse für Komposition der neugegründeten Rostocker Musikhochschule berufen; 1950 Wechsel an die neugegründete Dt. Hochschule für Musik in Berlin (DDR); deren Gründung führte zur Umwandlung der Rostocker Ausbildungsstätte in das Konservatorium (Fachschule für Musik) Rostock, das seit 1978 R. Namen trägt. Auch nach seinem Weggang hatte W. enge Kontakte zu Rostock, u. a. wurde hier seine Oper „Persische Episode" uraufgeführt.

Lit.: T. Medek: Rudolf Wagner-Régeny, in: Musikgeschichtliche Studien, Bd. 4b, Kludenbach 1999, S. 177–191; K. Teutsch: Wagner-Régeny, in: Musik in Geschichte und Gegenwart, 2. Aufl., Personenteil Bd. 17, Kassel 2007, Sp. 382–385. HM

WAHL. Die W. repräsentativer Personen zwecks Abordnung in entscheidungs- u. herrschaftsausübende Institutionen lässt sich bis in das 13. Jh. zurückverfolgen. Am 24.6.1218 bestätigte Fürst → Heinrich Borwin I. den Bürgern Rostocks das Lübische → Stadtrecht. Dieses enthielt eine sog. Ratswahlordnung, wonach der → Rat der Stadt aus der Mitte seiner Einwohner zu wählen sei. Das W.-gremium entschied über alle die städt. Gemeinde u. ihre Bürger betreffenden Fragen. W.-berechtigt waren nur frei geborene Rostocker, die über eine Immobilie in der Stadt verfügten. Lehnsabhängige, Adelige, aber auch Handwerker durften weder wählen noch waren sie wählbar. Dieses Grundrecht wurde in den nachfolgenden Jahrzehnten eingeschränkt. Die Ratsherren, zumeist aus wohlhabenden u. alten Familien stammend, begriffen die ihr von der Gemeinde übertragenen Befugnisse als einen festen, vererbbaren Rechtsbesitz. Während der kommunalpolit. Einfluss der Gemeinde sank, stieg der der Rostocker Ratsherren. Spannungen u. gewaltsame Konflikte (→ Domfehde, → Bürgerausschuss, → Hundermänner) waren die Folge.

In der 1. Hälfte des 19. Jh. erfuhr Dtl. tiefgreifende polit., wirtschaftl. u. soziale Veränderungen. Liberale u. bürgerl.-demokrat. Auffassungen breiteten sich rasch aus. In Rostock hingegen existierten mit dem Hundermännerkollegium, den Kompanien u. Handwerksämtern feudale Verwaltungsinstitutionen, die Neuerungen ablehnten. Die bürgerl.-demokrat. → Revolution 1848/49 führte auch in Rostock zu grundlegenden Veränderungen, u. a. zur Einführung des W.-rechts. Alle Einwohner der Stadt, die das → Bürgerrecht besaßen, hatten fortan das Recht zu wählen od. gewählt zu werden.

Am 18.3.1848 wurde in der Stadt ein Reformkomitee gegründet, in das 16 Volksvertreter durch W.-entscheid zu entsenden waren. Diese wiederum sollten die Stadt auf dem am 2.4. in Güstrow stattfindenden Kongress aller meckl. Reformvereine vertreten. Im Okt. 1848 standen W. zur Ständeversammlung in Schwerin an. 14 Rostocker zogen in den Landtag, das neue demokrat. gewählte Parlament, ein. Auf der konstituierenden Sitzung wählten die Delegierten die Rostocker Moritz → Wiggers zum Präsidenten u. Christian → Wilbrandt zum Vizepräsidenten. Ein Jahr später, am 29.1.1849, standen W. zur → Stadtverordnetenversammlung an. Unter den gewählten 48 Männern befanden sich erstmals in der Geschichte der Stadt drei Handwerksgesellen u. zwei Arbeiter. 1851 endete diese kurze Phase freier W. allerdings wieder.

Moritz Wiggers (um 1850)

Mit dem Beitritt Meckl. zum Norddt. Bund (1867) u. der Eingliederung in das Dt. Reich (1871) erhielten die Bürger der Stadt das Recht, Abgeordnete für das in Berlin tagende dt. Parlament, den Reichstag, zu entsenden. Als Bestandteil des W.-kreises 5 (Rostock-Doberan) konnten sie fortan zwischen verschiedenen polit. Parteien wählen. W.-berechtigt waren nur erwachsene Männer. Nur sie besaßen das allgemeine u. gleiche Reichstags-W.-recht. Seit 1887 wählten die Rostocker die 60 Sitze umfassende → Bürgerschaft. Das W.-recht war allerdings an das Einkommen gekoppelt. Entsprechend dessen Höhe wurden die Wähler in drei Klassen eingeteilt. Jede Gruppe hatte das Recht, 20 Abgeordnete zu entsenden. 1900 besaß Rostock ca. 54 000 Einwohner, von denen aber ledigl. 1632 wahlberechtigt u. wählbar waren. Frauen, aber auch den Bewohnern des benachbarten Warnemünde blieb der Gang an die W.-urne verwehrt. Letztere durften erst ab 1909 sechs Abgeordnete wählen.

Erst die → Novemberrevolution brachte auch allen erwachsenen Frauen das allgemeine, gleiche, geheime u. direkte W.-recht. Seither wählten die Rostocker ihren Abgeordneten bzw. ihre Partei für den Reichstag u. für den Schweriner Landtag. Das zur Anwendung kommende Verhältnis-W.-recht galt als sehr gerecht, begünstigte aber kleine Parteien. Standen W. an, galt es, sich zwischen sieben u. neun Parteien zu entscheiden. In der Gunst der Wähler standen vor allem Vertreter der Sozialdemokratie (→ Arbeiterbewegung) u. der Liberalen (→Liberalismus).

Ende der 1920er-Jahre gewannen die Nationalsozialisten (→ Nationalsozialismus) an Gewicht. Im Juli 1932 errang die Nationalsozialist. Dt. Arbeiterpartei (NSDAP) bei den meckl.-schwerinschen Landtagswahlen die absolute Mehrheit. 40,33 % der Rostocker hatten sich für sie entschieden. Am 5.3.1933, wenige Wochen nach der Machtübernahme Adolf Hitlers, fanden W. zum Reichstag statt. Obwohl noch alle Parteien, auch die Arbeiterparteien, antreten durften, terrorisierten die Nationalsozialisten durch Presseverbote, Hausdurchsuchungen usw. bereits die polit. Gegner. Anfang März wurden u.a. in Rostock 21 kommunist. Funktionäre in sog. Schutzhaft genommen. Die NSDAP erzielte in Rostock nur noch 35,5 % u. konnte ledigl. im Verbund mit der Dt.-nationalen Kampffront „Schwarz-Weiß-Rot“, die 20,3 % der Stimmen erhielt, die absolute Mehrheit erreichen.

Die Vergabe der Sitze in der Stadtverordnetenversammlung erfolgte auf der Grundlage der Ergebnisse der Reichstagswahl. Die Stimmen der inzwischen verbotenen Kommunisten wurden der NSDAP zugeschlagen. Die Dt. Volkspartei (DVP) u. der Christl. Soziale Volksdienst übertrugen ihren allerdings kleinen Stimmanteil der NSDAP. Im Ergebnis dessen erhielt diese am 22.4.1933 im Rostocker Stadtparlament 15, die SPD zwölf u. die Dt.-nationale Kampffront acht Sitze. Am 10.5.1933 wurde die SPD ausgeschlossen u. nach ihrem landesweiten Verbot gingen die Mandate am 22.6. an nationalsozialist. u. dt.-nationale Kandidaten.

Per Volksabstimmung ließ sich Adolf Hitler am 19.8.1934 als Führer u. Reichskanzler bestätigen. Weitere Reichstags-W. fanden 1936 u. 1938 statt. Sie dienten ledigl. der Legitimierung bestehender Machtverhältnisse u. hatten ihren Charakter – frei, geheim usw. – verloren.

Die ersten geheimen u. freien W. nach der Beendigung des II. → Weltkrieges wurden in Rostock am 15.9.1946 durchgeführt. Die W. zur Stadtverordnetenversammlung gewannen die Kandidaten der SED (48,9 % = 30 Sitze) vor denen der LDP (27,7 % = 17 Sitze), der CDU (20,5 % = 12 Sitze) u. des Frauenausschusses (1,98 % = ein Sitz). Letzterer sicherte der SED die Mehrheit.

Blick in ein Wahllokal (1946)

Wenige Wochen später mussten die Rostocker erneut an die Urnen. Die W.-ordnung orientierte sich am W.-recht der Weimarer Republik. Ein gewichtiger Unterschied bestand aber darin, dass neben Parteien auch gesellschaftl. Organisationen wie die Vereinigung der gegenseitigen Bauernhilfe (VdgB), der Kulturbund (KB) u. die Frauenausschüsse (FA) daran teilnehmen durften. Die Landtags-W. am 20.10.1946 sah erneut die SED mit 49,5 % an der Spitze, die vor allem durch ihr → Bodenreform-Programm Stimmen unter den Flüchtlingen gewinnen konnte.

Mit der Gründung der DDR wurden alle Parteien bei Volkskammer- u. Landtags-W. auf eine sog. Einheitsliste der Nationalen Front gesetzt. So erhielt die SED bei den 1950 durchgeführten Volkskammer-, Landtags- u. Stadtverordnetenversammlungs-W. aufgrund eines bestimmten Schlüssels 15, die CDU u. die LDPD bekamen neun, die NDPD fünf, die DBD vier u. die ebenfalls zugelassenen Massenorganisationen (FDJ, DFD usw.) 18 Sitze. Letztere wurden ebenfalls von Mitgliedern der SED bestimmt. Die W.-beteiligung betrug 98,8 %. Auch spätere W. dienten vordergründig der Legitimierung der DDR-Regierung. Protest konnte ledigl. durch ungültige Stimmen od. durch W.-verweigerung zum Ausdruck gebracht werden. Wer nicht zur W. ging, unterlag der Beobachtung u. musste unter Umständen mit Repressionen rechnen.

Die Kommunalwahl am 7.5.1989 spiegelte bereits die angespannte polit. Situation in der DDR wider. Mit 98,85 % wies Rostock die niedrigste W.-beteiligung aller Städte des Ostseebezirkes auf. 2209 Bürger nahmen nicht an der W. teil. Hinzu kamen 1148 Gegenstimmen. Erstmals seit den 1950er-Jahren sank die Wahlbeteiligung damit unter 99 %.

Erst die W. zur Volkskammer der DDR am 18.3. 1990 ermöglichte eine freie u. geheime W. In den folgenden Jahren führte auch unter den Rostockern eine zunehmende Politikverdrossenheit zu einer geringen Beteiligung bei Europa-, Bundestags-, Landtags- u. Kommunal-W. Das W.-verhalten in der Stadt ist durch die spezif. soziale Zusammensetzung geprägt. Der Charakter als Industrie- u. Dienstleistungsstandort, als Universitätsstadt u. als ehem. DDR-Bezirksstadt begünsti-

Wahlkampfveranstaltung der SPD mit Bundeskanzler Gerhard Schröder und Ministerpräsident Harald Ringstorff auf dem Neuen Markt (2005)

gen vor allem die SPD, Bündnis 90/Die Grünen u. Die LINKE, die in Rostock deutl. überdurchschnittl. W.-ergebnisse erzielen. Hochburgen der SPD u. der Partei Die LINKE innerhalb Rostocks sind vor allem die Neubaugebiete im Nordwesten u. Nordosten sowie die Südstadt. Bündnis 90/Die Grünen haben ihren Schwerpunkt in Stadtmitte u. der Kröpeliner-Tor-Vorstadt. Dagegen befindet sich die CDU traditionell in einer eher schwierigen Lage, denn Rostock ist zumeist das schwächste christdemokrat. W.-gebiet in Meckl.-Vorpommern. Ihre besten Ergebnisse erzielt die CDU regelmäßig in Warnemünde. Die Abschaffung der Fünfprozenthürde bei Kommunal-W. im Jahr 2004 hat zu einer polit. Zersplitterung geführt, weil einige Wählergemeinschaften, die zum Teil aus Abspaltungen von den etablierten Parteien entstanden sind, sowie Kleinparteien mit relativ wenigen Stimmen in die Bürgerschaft einziehen konnten.

Seit 2002 wird in Rostock der → Oberbürgermeister direkt durch die Bürger gewählt, zuvor war dies Aufgabe der Bürgerschaft. Der damalige Amtsinhaber Arno Pöker (SPD) gewann diese erste Direkt-W. Nach dessen Rücktritt wählten die Rostocker 2005 Roland Methling (parteilos) zum Stadtoberhaupt u. bestätigten ihn 2012 im Amt.

Lit.: *I. Ehlers, B. Keipke: Rostocks Bürger auf dem Weg zur Demokratie. Von der mittelalterlichen Stadtverfassung zur kommunalen Selbstverwaltung, Rostock 1999; B. Kasten: Herren und Knechte. Gesellschaftlicher und politischer Wandel in Mecklenburg-Schwerin 1867–1945, Bremen 2011; K. Schröder (Hg.): Rostocks Stadtgeschichte von den Anfängen bis in die Gegenwart, Rostock 2013; S. Schoon: Wählerverhalten und politische Traditionen in Mecklenburg und Vorpommern (1871–2002). Eine Untersuchung zur Stabilität und strukturellen Verankerung des Parteiensystems zwischen Elbe und Ostsee, Düsseldorf 2007; R. Schulz, S. Klüsener, S. Schoon: Die Bürgerschaftswahl in der Hansestadt Rostock, in: Die Kommunalwahlen 2004 in Mecklenburg-Vorpommern, Rostock 2004, S. 21–32.* RS/SS

WAISENHAUS → KATHARINENSTIFT

WALDEMAR. Herr v. Rostock (gest. 9./10.11.1282 Rostock); seit 1262 Mitregent; folgte 1277 seinem Vater Heinrich Borwin III. in der Herrschaft über Rostock; begünstigte die Förderung des → Klosters zum Heiligen Kreuz durch seine Verwandte, Königin → Margarethe Sambiria v. Dänemark; Schwächung seiner Position durch Übertragung der → Hundsburg 1278 an die aufstrebende Kommune; sein früher Tod verstärkte die Probleme für die Herren v. Rostock durch die Minderjährigkeit seines Sohnes → Nikolaus (des Kindes); 1890 nach ihm Benennung einer Str. in der → Kröpeliner-Tor-Vorstadt. EM

WALLANLAGEN → STADTBEFESTIGUNG

WALLAT, PAUL. Maler, Bildhauer (1.6.1879 Rostock – 24.11.1966 Sønderborg/Dänemark); Malerlehre in Rostock, Studium der Malerei in Hamburg (1899–1902) u. Berlin (1902–09). 1905/06 Weltreise auf einem Schulschiff der Kaiserl. Marine, bis 1912 längere Aufenthalte in Holland u. Belgien. 1914 Fertigung des Reliefs am Rostocker → Brinckmanbrunnen. 1918 Übersiedlung von Berlin nach Rostock-Gehlsdorf, 1949 Umzug nach Dänemark; malte vor allem Marinebilder u. Stadtansichten, schuf zahlreiche Reliefs für Rostocker Straßen sowie für Ehrenmale in Rostock, Güstrow, Bützow

Paul Wallat: „Torpedierung eines Schiffes" (um 1916)

u. Stavenhagen; Namensgeber einer Rostocker Straße. RS

WALLENSTEIN, ALBRECHT VON (eigentl. Waldstein). Feldherr, Kriegsunternehmer, Herzog v. Meckl. (24.9.1583 Hermanitz–25.2.1634 Eger); Anlehnung an das Haus Habsburg, Konversion zum Katholizismus u. reiche Heirat bildeten die Grundlage für den raschen Aufstieg des böhm. Adligen. Nutznießer der Niederlage der aufständ. böhm. Stände zu Beginn des → Dreißigjährigen Krieges; 1628 für die Aufstellung, Finanzierung u. Führung eines zunächst siegreichen Heeres vom Kaiser durch die Belehnung mit dem von ihm eroberten Herzogtum Meckl. belohnt; Besetzung Rostocks am 18.10.1628; Ausbau Güstrows als Residenz; vielfältige Reformansätze in allen gesellschaftl. Bereichen; Förderung der Uni Rostock, u.a. durch Bemühung um Anstellung Johannes Keplers; Scheitern seiner Vorhaben durch kaiserl. Entlassung 1630, Einfall der Schweden, Rückkehr des vertriebenen meckl. Herzogs 1631 (Kapitulation Rostocks am 16.10.1631) u. Ermordung des in kaiserl. Ungnade Gefallenen; 1919 Benennung einer Straße vor den Toren Rostocks, das er nie selbst betreten hat. Lit.: *Terra felix Mecklenburg – Wallenstein in Nordeuropa, Greifswald 2010.* EM

Albrecht von Wallenstein (um 1630)

WALLENSTEINS LAGER. Flurname in der → Rostocker Heide (Revier Wiethagen) nahe der Straße Hinrichshagen–Graal-Müritz; ca. 2 ha große Fläche mit Hügelkette, wo sich laut einer Sage die Reste eines befestigten Lagers des kaiserl. Feldherrn Albrecht v. → Wallenstein aus dem Jahre 1628 befinden sollen; Standort eines nahegelegenen Jagdhauses gleichen Namens; Nutzung von Jägern, die die Jagd von der Stadt Rostock pachteten; 2014 abgerissen. Lit.: *L. Krause: Die Rostocker Heide im Spiegel ihrer Orts-, Forst- und Flurnamen, in: Beiträge zur Geschichte der Stadt Rostock, Bd. 14, Rostock 1926, S. 1–86.* WS

WARDENBERG, BERND. Baumeister (gest. 9.4.1491 Rostock); errichtete in den 1480er-Jahren das Gebäude der Michaelisbrüder (→ Fraterhaus St. Michael), ebenfalls beteiligt an dem Bau des → Lagebuschturms; in der → Domfehde 1487–91 neben Hans → Runge einer der Anführer der Aufständischen; nach dem Scheitern eines letzten Aufstandsversuches der radikalen Kräfte zu Beginn des Jahres 1491 Verhaftung u. Hinrichtung. EM

WARMBAD. Überdachte Badeanstalt mit Warmwasserbecken bzw. -wannen, deren erste am 23.7.1811 in → Warnemünde auf Befehl u. zur Nutzung der napoleon. Besatzungstruppen (→ Franzosenzeit) eingerichtet wurde. Im Zuge der Entwicklung Warnemündes zu einem anerkannten Kur- u. Badeort (→ Tourismus) entstanden dort v.a. in der 2. Hälfte des 19. Jh. weitere derartige Einrichtungen. In Rostock war W. die volkstüml. Bezeichnung für die nach Plänen von Hugo Heinig gebaute u. im Dez. 1925 eingeweihte Kur- u. Warmbadeanstalt → Greifenbad der → AOK Rostock in der Feldstraße. Lit.: *H. Sieber: Das Rostocker Greifenbad, in: Denkmale und Erbe der Technikgeschichte in Mecklenburg-Vorpommern, Rostock 1997, S. 144f.* RL

WARNEMÜNDE. Ortsteil an der Mündung der → Warnow in die → Ostsee (daher der Name). 1252 zum

Warnemünde (um 1840)

ersten Mal urkundl. erwähnt; 1323 kaufte Rostock W. von Fürst → Heinrich II.; 7861 Einwohner (2016).

W. bestand bis ins frühe 19. Jh. aus ledigl. zwei Straßen parallel zur Warnow (→ Vorderreihe, → Achterreihe). Erst durch die zunehmende Bedeutung des Fremdenverkehrs (→ Tourismus) dehnte sich W. aus. Voraussetzung dafür war ein verbesserter Küstenschutz durch Anlegung von Palisaden u. Dünenbepflanzungen ab dem späten 18. Jh. unter der Leitung von Franz Christian Lorenz → Karsten. So konnte W. zunächst nach Norden, dann entlang der Ostsee nach Westen erweitert werden. Schließlich wurde – aufgrund der industriellen Entwicklung W. – der Raum südwestl. des Kirchenplatzes (→ Warnemünde Kirche) bebaut. So erreichte Warnemünde vor dem II. Weltkrieg seine größtmögl. Ausdehnung zwischen Diedrichshagen, Ostsee, Warnow u. südl. gelegener Moorlandschaft.

Bis 1819 schwankten die Einwohnerzahlen zwischen 500 und 750. Danach gestalteten sie sich folgendermaßen: 929 (1819), 1432 (1850), 1766 (1875), 3554 (1900), 7674 (1916), 8162 (1933), 16651 (1944), 17691 (1.4.1945), 10577 (1.10.1945), 16280 (1960), 19750 (1964), 5844 (2013).

Die Gegend um W. erlangte in den Auseinandersetzungen zwischen Dänemark u. den in Norddtl. siedelnden Slawen erste Bekanntheit. Um 1160 kam es zu einem Seegefecht im → Breitling, das durch eine Beschreibung von Saxo Grammaticus in seinen „Gesta Danorum“ belegt ist. Da in frühen Chroniken der Ort W. nicht erwähnt wird, dürfte die Besiedlung um 1200 erfolgt sein. Ein weiteres Seegefecht vor W. (zwischen Lübeck u. Dänemark) ist für das Jahr 1234 belegt. W. war aufgrund der strateg. Lage häufig Schauplatz u. Spielball der Geschichte. Vor allem in Auseinandersetzungen im Ostseeraum geriet W. in das Blickfeld der Konfliktparteien, so z. B. 1311/12, als Dänemark u. Meckl. sich gegen Rostock verbündeten u. die Warnowmündung blockierten; erneute Blockaden gab es 1487 durch Meckl. u. 1573, 1584 u. 1628 durch Dänemark. Im → Dreißigjährigen Krieg bauten die kaiserl. Truppen eine Schanze, die die Schweden 1631/32 übernahmen. Bis 1748 wurde der → Warnemünder Zoll erhoben. Erst 1803 verzichtete Schweden endgültig auf seine Rechte in W. Zu großen Einschränkungen des öffentl. Lebens kam es durch die frz. Besetzung (→ Franzosenzeit) bzw. die → Kontinentalsperre 1806–13. Zeitweise war die → Fischerei komplett verboten, in mehreren Razzien wurden Schiffe u. Boote beschlagnahmt bzw. zerstört. Nach einer allmähl. Normali-

Hotel Hübner mit Pension (um 1890)

sierung wurde W. 1848 erneut blockiert, u. zwar im I. Schleswig-Holstein-Krieg durch Dänemark. Während des II. Schleswig-Holstein-Krieges 1864 hingegen wurde über W. die durch Kampfhandlungen blockierte Telegrafenverbindung zwischen Mittel- u. Nordeuropa aufrechterhalten: Mit Schiffen wurden die Telegramme nach Ystad transportiert u. von dort weitergeleitet. Durch einen Vertrag mit dem Landesherrn Heinrich v. Meckl. hatte die Stadt Rostock am 11.3.1323 W. gekauft. Seitdem wurden dessen Angelegenheiten von einem → Vogt überwacht, der dem Rostocker → Gewett unterstellt war. Veränderungen brachte erst das 20. Jh.: 1909 durften die Bürger sich erstmals an der → Wahl der Repräsentierenden → Bürgerschaft Rostocks beteiligen; 1919 verließ der letzte Rostocker Vogt W. Von nun an war W. ein Stadtteil Rostocks.

Die Wirtschaft in W. ist maritim geprägt. Ein entscheidender Einschnitt für die Geschichte W. war das in der 2. Hälfte des 16. Jh. durchgesetzte Verbot, Seefahrt u. Seehandel zu betreiben. Auf Drängen der Rostocker Seefahrerkompagnien wurde die Bevölkerung W. durch Ordnungen der Stadt Rostock auf Fähr- u. Lotsendienste (→ Fähre, → Lotsenwesen) u. auf Fischerei festgelegt. Andere Gewerke durften sich in W. nicht niederlassen. Schiffer mussten ihre Schiffe abgeben od. nach Rostock ziehen. Die Gewerbestruktur W. veränderte sich erst in der 1. Hälfte des 19. Jh. durch den aufkommenden Fremdenverkehr u. das → Badewesen. Die steigende Gästezahl machte es unvermeidbar, die Gewerbebeschränkungen zu lockern. So konnten zunächst Ärzte, um 1860 auch Gewerbetreibende aus dem Lebensmittelbereich in W. arbeiten. Mit der Bundesgewerbeordnung von 1868 war die Gewerbefreiheit in W. vollständig hergestellt. Die Versorgung erfolgte bis weit ins 19. Jh. auf einer holprigen „Straße", die, die südl. von W. gelegenen Moore umgehend, nach Diedrichshagen führte. Ab dem 29.6.1834 bestand zwischen W. u. Rostock eine Dampferlinie, die Fahrt dauerte ca. 1,5 h. Um 1860 wurde die Linienverbindung von drei Dampfern befahren, die tägl. sieben Abfahrten unternahmen. Mitte 1860 wurde eine neue Chaussee für den Verkehr freigegeben; 15 Jahre hatte man um sie, die Streckenführung u. ihre Finanzierung gerungen. Entgegen den ursprüngl. Planungen u. anders als die alte Straße führte die neue von Groß Klein direkt nach W. Es folgten: 1863 Telegrafenanschluss, 1865 Straßenlaternen, 1888 Telegrafenverbindung nach Dänemark, 1889 Telefonnetz, 1895 Stromanschluss u. 1925 Anschluss an die städt. Gasleitung. 1845 wurden Strohdächer u. hölzerne Giebel in W. verboten, 1866 mussten Aborte u. Dunggruben eingerichtet werden u. 1894 wurde während der Badesaison die Viehhaltung im Ort verboten. Der Anstieg der Gästezahlen des Fremdenverkehrs wurde auch an den → Hotel-Bauten des 19./20. Jh. deutl., z.B. 1831 Burmeister (jetzt Hotel am Alten Strom), 1877 Hosmanns Hotel (1911 Neubau durch Paul → Korff, 1920 umbenannt in Hotel Reichshof), Hotel Hübner (Seestr., 1853/58, Neubau 1995/96), Hotel Stralendorf (um 1850, Seestr., in DDR-Zeiten Promenadenhotel), Hotel Pavillon (jetzt Hotel Am Leuchtturm, um 1850), Hotel Berringer (Am Leuchtturm, 1886) u. → Hotel Neptun (1969/71). Die neue Gewerbefreiheit traf in den 1870er-Jahren auf die sich anbahnende Krise der Segelschifffahrt. Schifffahrt u. Fischerei verloren in der Folgezeit immer mehr an Bedeutung für W. Dafür wuchs der tourismusorientierte Dienstleistungssektor. Weiteren Aufschwung nahm er durch die Einrichtung der Bahnverbindung nach Berlin (→ Eisenbahn) u. der weiterführenden Fährverbindung nach Gedser (Dänemark) am 1.7.1886. Sechs Jahre später wurde dieses Angebot durch eine Nachtfähre ergänzt. Seit 1900 wurde die Personen- u. Güterfähre zu einer Eisenbahnfährverbindung ausgebaut, wozu ein neuer Fährhafen

u. ein neuer → Seekanal, der Neue Strom, angelegt wurden. Die Eisenbahnfährverbindung, die von der meckl. u. der dän. Bahngesellschaft betrieben wurde, eröffnete man am 30.9.1903. Die Einrichtung eines → Flugplatzes W. kurz vor dem I. → Weltkrieg läutete dann den Aufbau des Industriestandortes W. ein. Auf der → Hohen Düne u. auf dem Neuen Land (Aufschüttungen des westl. Breitlings) entstanden Flugzeugwerke (→ Ernst Heinkel Flugzeugwerke bis 1935, → Arado Flugzeugwerke) u. Schiffswerften (→ Krögerwerft), die im II. Weltkrieg vor allem Rüstungsgüter herstellten. Ihnen galten 1940–44 Luftangriffe der Alliierten, wodurch aber auch vereinzelt Wohnhäuser u. Personenzüge zerstört sowie Menschen verletzt u. getötet wurden. Auch die Hafenanlagen W. u. die West- → Mole wurden stark beschädigt. Nach dem Krieg u. der Besetzung durch die Rote Armee wurde das Arado Flugzeugwerk demontiert. Auf dem Gelände baute man in den Folgejahren die → Warnowwerft auf, die zu DDR-Zeiten größter Betrieb W. u. zweitgrößter Betrieb Rostocks mit zeitweise über 10 000 Mitarbeitern war. Die Frühzeit der Werft (u. der örtl. Fischerei) war von Reparationsleistungen an die Sowjetunion geprägt: Es entstanden Binnenfahrgastschiffe u. Fischereifahrzeuge; gehobene Schiffswracks wurden in Stand gesetzt. Erst ab 1954 entwickelte sich die Werft zur Neubauwerft für Hochseefrachter mit der damals größten Schiffbauhalle Europas u. einer Kabelkrananlage, die die Ortsansicht prägte; 1956 erfolgte der Stapellauf des ersten 10 000-t-Schiffes, der FRIEDEN. 1957–2002 wurden 405 Frachtschiffe fertiggestellt. Die Fährverbindung nach Dänemark entwickelte sich nach 1945 schleppend. Erst 1963 gelang es der Dt. Reichsbahn, wieder ein Fährschiff in Dienst zu stellen, die WARNEMÜNDE. Bis dahin hatten Schiffe der Dän. Staatsbahn (DSB) allein die Aufgaben des Fährverkehrs zu bewältigen. Den größten Ansturm erlebte die Fährlinie, als nach dem Zusammenbruch der DDR 1989/90 deren Bürger Reisefreiheit erlangten. Die Passagierzahlen stiegen von 275394 (1988) auf über eine Mio. (1990). Zu einem Ausbau des Fährhafens kam es aber nicht mehr. Die Relation wechselte von W. in den Überseehafen, da dort die Infrastruktur, vor allem die Straßenanbindung, deutl. besser war. Im Sep. 1995 wurde der Fährhafen W. nach 92 Dienstjahren geschlossen. 1946–60 war auch W. Hafenstandort. Am Neuen Strom konnten drei Schiffe

Blick auf die Warnowwerft in Warnemünde (um 1960)

gleichzeitig abgefertigt werden. In den darauf folgenden Jahren war ein Ausbau des Hafens geplant. Letztendlich wurde im Sep. 1960 der Umschlagsbetrieb eingestellt u. in den neu gebauten Rostocker Überseehafen verlagert.

Blick über die Dächer Warnemündes auf das Kreuzfahrtterminal (2010)

Seit den 1990er-Jahren nutzen → Kreuzfahrt-Schiffe W. als Hafen, wofür verschiedene Umbauten u. Erweiterungen (Zeltdachkonstruktion am Wendebassin 2002, Kreuzfahrtterminal 2005) notwendig wurden. Seither entwickelte sich W. zum größten dt. Kreuzfahrthafen.
Lit.: *F. Barnewitz: Geschichte des Hafenortes Warnemünde unter besonderer Berücksichtigung der Volks- und Bodenkunde, 2. Aufl., Rostock 1925; V. Koos: Luftfahrt zwischen Ostsee und Breitling. Der See- und Landflugplatz Warnemünde 1914–1945, Berlin 1990; K. Möller: Wunder an der Warnow? Zum Aufbau der Warnowwerft und ihrer Belegschaft in Rostock-Warnemünde (1945–1961), Bremen 1998; S. Prignitz: Warnemünde. Eine maritime Geschichte, Rostock 2010; R.-G. Zingler: Zur siedlungsgeographischen Entwicklung des Rostocker Stadtteils Warnemünde, in: Der Rostocker Raum, die Stadt Rostock und ihr Hafen, Bd. 1, Leipzig 1966, S. 283–320.* SP

WARNEMÜNDE (KIRCHE). Urkundl. Ersterwähnung 1312 im Zuge ihrer Zerstörung durch krieger. Auseinandersetzungen; 1872 Abbruch der im 15. Jh. errichteten Kirche (nördl. der → Vogtei gelegen); Errichtung eines Neubaus 1866–71 nach Plänen des Schweriner Baurats Theodor Krüger u. des Rostocker Architekten Friedrich Wilhelm Wachenhusen am heutigen Standort als neugot. Backsteinbau; Inneneinrichtung: Danziger Schnitzaltar (1475), hölzerne Christophorus-Figur (Ende 15. Jh.), Renaissancekanzel des Rostockers Hans Wegener (1591)–1874 dem Rostocker Museum übergeben u. seit 1965 wieder zurück; 1825 u. 1887 Anbringung von Schiffsmodellen (Votivschiffe) als Dank für die Errettung auf hoher See sowie einer Schauwand mit Warnemünder Hausmarken (Eigentums- u. Familienzeichen); heute zum ev.-luth. Kirchenkreis Rostock gehörig.
Lit.: *F. Schlie: Die Kunst- und Geschichts-Denkmäler des Grossherzogthums Mecklenburg-Schwerin, Bd. 1, Schwerin 1896.* KJLS

Südwestblick auf die Warnemünder Kirche (um 2010)

WARNEMÜNDER SV → SPORTVEREIN WARNEMÜNDE

WARNEMÜNDER UMGANG (niederdt.: Warneminner Ümgang). Volksfest mit einem Umzug durch den Ort, mit Spielszenen. Ersonnen durch den Kulturbeauftragten der → Warnowwerft Klaus Martens

Warnemünder Umgang (1979)

u. am 16.7.1977 aus der Taufe gehoben. Der „Ümgang" fußt auf histor. Bräuchen u. Begebenheiten aus dem alten Warnemünde (14. Jh.). Wurde in den Anfangsjahren mit dem sog. Schott – einem Festmahl – beendet. Findet heute als „Nieger Ümgang" (Neuer Umgang) zu Beginn der → Warnemünder Woche am ersten Sonnabend im Juli statt. Der „Warneminner Ümgangsbrunnen" in der Alexandrinenstr. wurde 2004 durch den Warnemünder Künstler Wolfgang Friedrich geschaffen.
Lit.: *K. F. H. Martens: Warneminner Ümgang: een Heimatspill in den' ollen Seehaben- un Badeuurt Warnemünde, Rostock-Warnemünde 2000.* RP

WARNEMÜNDER WOCHE. Internationale Segelsportveranstaltung im Ostseebad → Warnemünde in der ersten Juliwoche. Erstmals als Meckl. Bäderwettfahrt am 14.7.1926 mit Teilnahme von 47 Jachten. Danach bis 1939 als W. Im II. → Weltkrieg Auslaufverbot für Jachten. 1951 Wiedereinrichtung, später Bestandteil der → Ostseewoche u. der Internationalen Ostsee-Regatta; seit 1990 Wiederbelebung u. Durchführung von nationalen u. europ. Meisterschaften, Hauptveranstalter: Warnemünder Segel-Club e. V. (WSC); heute gilt die W. als drittgrößte Segelsportveranstaltung Deutschlands.
Lit.: *WSC e. V. (Hg.): Der Warnemünder Segel-Club, Hamburg 2010.* RP

WARNEMÜNDER ZOLL. Aufgrund eines zwischen dem Herzogtum Meckl. u. dem Königreich Schweden während des → Dreißigjährigen Krieges geschlossenen Bündnisvertrages vereinbarte Gebühr in Höhe von 4,5 % des transportierten Warenwertes, die alle ein- u. ausfahrenden Schiffe betraf (1 % für die herzogl.-meckl., 3,5 % für die königl.-schwed. Kasse); schwere Belastung für den Rostocker Handel; 1714 Verpfändung des W. durch Schweden an Herzog → Carl Leopold v. Meckl.; Aufhebung des W. 1748 durch Herzog Christian Ludwig II. v. Meckl.; 1903 endgültiger schwed. Verzicht auf das Einlösungsrecht.
Lit.: *R. Rehberg: Rostock und der Warnemünder Zoll im System der schwedischen Ostseepolitik des 17. Jahrhunderts, in: Rostock im Ostseeraum in Mittelalter und früher Neuzeit, Rostock 1994, S. 69–75.* RS

WARNOW. Die Bedeutung der W. als Hauptlebensader Rostocks klingt bereits im ursprüngl. slaw. Ortsnamen an, der sich auf die Verbreiterung des Flusses vor der Einmündung in die Ostsee bezieht. Die Stadt entwickelte sich im Schutze u. unter Nutzung jenes entscheidenden Flussabschnittes, an dem die bei Grebbin in der Nähe von Parchim entspringende, relativ schmale Ober-W. in die wesentl. breitere Unter-W. übergeht. Damit ergaben sich schon früh, spätestens seit slaw. Zeit genutzte günstige Möglichkeiten für Schiffbarkeit u. Hafenanlagen (Handelsemporium am Primelberg). Allerdings beeinträchtigten der bogenartige Verlauf der Unter-W. sowie die ständig versandende Mündung in die → Ostsee bei → Warnemünde diese Vorzüge. Eine völlig neue Qualität erlangte die Schiffbarkeit des Flusses durch die Errichtung des Übersee-

Ziegelkahn an der Mühlendamm-Schleuse (1929)

u. Ölhafens am → Breitling seit 1957. Von großer Bedeutung für die Sicherheit der Schifffahrt war die Beherrschung der Uferbereiche der Unter-W. durch die Stadt. Entscheidend wirkte hierbei die Erwerbung Warnemündes durch Rostock im Jahre 1323. Danach gab es bis zum Ende der Frühen Neuzeit nur noch, allerdings ständig wiederkehrende, Probleme mit der adligen Herrschaft in → Toitenwinkel, die mit Rostock jahrhundertelang über die Grenzziehung an bzw. auf der Unter-W. stritt. Das bekamen nicht nur schiffbrüchige Seefahrer zu spüren, gegen die die Toitenwinkler Herrschaft u. ihre Untertanen auf ihr Strandrecht, zumindest jedoch auf ein Bergungsgeld pochten, sondern auch die Rostocker → Fischerei. Denn die W. galt den Rostockern nicht nur als entscheidender Transportweg, sondern wegen ihres Fischreichtums auch als Kleinod. Gleich drei Gruppen von Fischern Rostocks fanden hier ihre Arbeitsgrundlage: die → Bruch-Fischer aus dem Fischerbruch auf der Ober-W., die Straßen- bzw. Strandfischer aus der Fischerstr. auf der Unter-W. sowie die Warnemünder Fischer als Seefischer an der Ostseemündung der W. Noch ein anderer Rostocker Berufszweig war untrennbar mit der W. verbunden: die Wassermüller mit ihren mehr als ein Dutzend Wasser- → Mühlen (Getreide-, Malz- u. Walkmühlen) auf dem → Mühlendamm. Ihr zeitweise starkes Aufstauen der Ober-W. führte nicht selten zu Beeinträchtigungen (Überschwemmungen) der Siedlungen an der Ober-W. bis nach Schwaan. Auch die Anwohner der Rostocker Bruchstr., die Lohgerber u. Küter, waren für ihre Tätigkeiten auf die Wassernähe der W. angewiesen.

Doch erwies sich das Wasser der W. nicht nur als Segen, sondern auch als Fluch für die Rostocker. Immer wieder ereigneten sich kleinere od. größere Überschwemmungen in den hochwassergefährdeten Stadtabschnitten, bis hin zu den säkularen → Sturmfluten im 17. u. 19. Jh. Auch die aus der Stadt führenden Straßen u. → Brücken (Petridamm u. Petribrücke, Mühlendamm u. Mühlenbrücke) befanden sich traditionell in schlechtem Zustand.

Den wichtigsten Eingriff in Zustand bzw. Verlauf der W. neben dem Bau der → Hafen-Becken am Breitling u. der wiederholten Verlegung u. Vertiefung des Tiefs, d.h. des → Seekanals bei Warnemünde, bildete 1911 die Verlegung des Übergangs von der Ober- in die Unter-W. aus der unmittelbaren Nähe des Petritores in Richtung Osthafen. 1923 ging der Fluss als Reichswasserstraße in die nationale Verwaltung über.

Lit.: *F. Ruchhöft: Von Grebbin bis Warnemünde. Eine kulturgeschichtliche Wanderung entlang der Warnow, Schwerin 2011.* EM

WARNOWRANDE. Rostocker Ortsteil am Ostufer der → Warnow zwischen Krummendorf, Oldendorf u. Langenort; Namensgebung 1852 entsprechend der Lage an der Warnow durch den Rostocker Ökonomieprof. Eduard Becker, Sohn des berühmten Forstinspektors Hermann Friedrich → Becker; zeitweilige Nutzung durch Becker als landwirtschaftl. Versuchsgut ohne größere Erfolge; im 20. Jh. geringfügige Erweiterung durch zusätzl. Hausbauten.

Lit.: *W. Steinmüller (Hg.): „Menschenverstand, mehr ist im Wald nicht nötig..." Die Familienchronik des Rostocker Forstmannes und Ökonomen Hermann Friedrich Becker (1766–1852), Rostock 2016, S. 167.* EM

WARNOWTUNNEL. Im Auftrage der Hansestadt Rostock von der frz. Firma Bouygues Travaux Publics S. A. 1999–2003 (Eröffnung: 12. 9. 2003) gebauter Verkehrsweg unter der → Warnow. Der W. ist ein 790 m langes, aus zwei Doppelröhren bestehendes Bauwerk zwischen den Stadtteilen Schmarl u. Krummendorf u. ist die erste privat betriebene u. mautpflichtige Kraftfahrzeugfahrbahn in Dtl. RL

WARNOWWERFT. 1928 gründeten die Brüder Kröger eine Jacht- u. Bootswerft (→ Krögerwerft) in Warnemünde. Im Okt. 1945 nach der Enteignung übernahm die Stadt Rostock die Werft als Reparaturbetrieb für Fischereifahrzeuge. Am 16. 8. 1946 wurde die Bootswerft Warnemünde ins Rostocker Handelsregister eingetragen. In den ersten Nachkriegsjahren wurden vor allem 17-m-Kutter gebaut. Per Befehl änderte sich das Bauprogramm. 1947–53 reparierte die Warnemünder Werft Schiffe als Reparationsleistung für die Sowjetunion. 1948 erhielt die Werft den Namen W. Die W. erbrachte bis 1953 349 Mio. M (Preisbasis 1944) Wiedergutmachungs-

Bau des Segelschulschiffes WILHELM PIECK (1951)

Kabelkrananlage der Warnowwerft (um 1970)

Auf der Helling (um 1970)

leistung. Der erste Schiffsneubau war das DDR-Segelschulschiff WILHELM PIECK, heute GREIF, konstruiert von Wilhelm Schröder. Ab 1952 erfolgte der Serienbau von Binnenfahrgastschiffen. Ende 1953 arbeiteten 10 000 Beschäftigte auf der W. Mehrere Hallen u. die Helling mit Kabelkrananlage entstanden. 1954 startete der Bau der 10 000-t-Hochseefrachter, der Typ IV-Schiffe. Mit diesen Schiffen begann auch die industrielle Fließfertigung. Nach dem 17. 6. 1953, an dem es auch in der W. umfangreiche Protestaktionen gab, wurden Maßnahmen zur Verbesserung der sozialen Lage der Werftarbeiter beschlossen. Im Apr. 1954 gründeten daraufhin 74 Werftangehörige die Arbeiter-Wohnungsbau-Genossenschaft (AWG) W., die erste AWG in der DDR. Dem Engagement des verantwortl. Schweiß-Ingenieurs der Werft, Ulrich Plötz, war 1967 der weltweit erste Einsatz eines Schweißautomaten zu verdanken. In den 1960er-Jahren gelang der Schiffsexport auch in westl. Staaten, so z. B. die Lieferung von 19 Frachtschiffen an Frankreich. 1990 hatte die W. 5700 Mitarbeiter. Zu diesem Zeitpunkt wandelte die Treuhand die W. in eine Kapitalgesellschaft um u. verband sie bis 1992 mit der → Neptunwerft. 1992 übernahm der brit.-norweg. Kvaerner-Konzern die W. Neben Containerschiffen bauten die Warnemünder im Jahr 2000 auch eine Ölbohrplattform. Ab 2002 kooperierten die W. u. die Aker MTW Werft unter dem Namen Aker Ostsee. Unter diesem Dach firmierte die W. nun als Aker Warnow Werft GmbH. 2008 verkaufte Aker Yards die W. an den russ. Investor FLC West. Ab Sep. 2008 firmierte die W. als Wadan Yards. Am 5. 6. 2009 stellte die Wadan Yards Warnow GmbH Insolvenzanträge. Der Leiter des Moskauer Nordstream-Büros Witali Jussufow erwarb im Aug. 2009 für ca. 40,5 Mio. € die W. u. die Wismarer Werft vom Insolvenzverwalter. Die Nordic Yards Warnemünde GmbH (Warnowwerft) wurde 2012 eine Schiffswerft der Unternehmensgruppe Nordic Yards u. gehört seit 2016 zur malays. Genting Group. Bis zu diesem Zeitpunkt entstanden mehr als 450 Schiffe.

Lit.: *D. Strobel: Die Warnemünder Werft, Wolgast 2002; K. Möller: Wunder an der Warnow. Zum Aufbau der Warnowwerft und ihrer Belegschaft in Rostock-Warnemünde (1945 bis 1961), Bremen 1998.* KM

Wasserturm (2015)

WASSERTURM. 1903 auf dem sog. Galgenberg in der Alexandrinenstr. (heute Blücherstr.) als Ersatz für den Alten W. auf der Wallbastion gebaut; Architekt war Stadtbaudirektor Gustav → Dehn (in Anlehnung an die Architektur des → Ständehauses); techn. Ausrüstung: Hafenbaudirektor Karl Friedrich → Kerner; Wasserbassin 40 m über NN; Füllmenge 800 m^3; Durchmesser des Turmfußes 18 m; Bekrönung besteht aus sieben Türmen; 1959 stillgelegt; Sanierung 1991–93; seither Depot des → Kulturhistor. Museums Rostock.

Lit.: G. Lau: Der Wasserturm, in: Verschwunden – Vergessen – Bewahrt? Denkmale und Erbe der Rostocker Technikgeschichte, Rostock 1995, S. 76ff. RS

WASSERVERSORGUNG. Im 12./13. Jh. versorgten die östl. der Stadt entlangfließende Ober- → Warnow u. zahlreiche ihrer Nebenarme die Bewohner der Alt- u. Mittelstadt mit Trink- u. Brauchwasser. In der 2. Hälfte des 13. Jh. kam die sog. → Grube, ein künstl. angelegter Kanal, hinzu. Mittels Eimern u. Fässern gelangte das Wasser in die Häuser u. zu den Handwerksstätten. Zahlreiche Gewerke, wie die Bierbrauer u. Gerber, benötigten große Mengen sauberen Wassers. Da Abfälle aus Haushalten u. Handwerksbetrieben ebenso wie menschl. Exkremente regelmäßig in Fließgewässern entsorgt wurden, musste das Trink- u. Brauwasser andernorts entnommen werden. Zum einen versorgten Wasserfuhrleute, die seit den 1260er-Jahren schriftl. belegt sind, mittels Pferdefuhrwerken die Einwohner u. zum anderen wurden in der Stadt Zisternen angelegt, wie Ausgrabungen auf dem → Alten Markt zeigten. Aufgrund der Höhe der Altstadt (ca. 13 m über NN) konnten hier keine Brunnen gegraben werden. I.d.R. handelte es sich um in den Boden eingelassene etwa 1,80 m hohe u. 0,95 m breite Regentonnen. Besseres Wasser lieferten 1,40–1,70 m breite u. bis zu zwölf Meter tiefe Kastenbrunnen. Diese wurden vor allem in der Mittel- u. Neustadt angelegt. Die Konstruktion bestand aus vier eichenen Eckpfählen, die ein Rechteck bildeten. Die Wände waren mit Bohlen verkleidet. Einige Schachtwandungen bestanden aber auch aus ungemauerten Feldsteinen, wie der 14 m tiefe Brunnen im Hof des → Hausbaumhauses in der Wokrenterstr. zeigt. Gebaut wurde er um 1400 u. war ca. 100 Jahre in Benutzung. Die ältesten Brunnen datieren aus den 1230er-Jahren.

Seit der Mitte des 15. Jh. versorgten drei Borngesellschaften (Neustädter, Mittelstädter, Altstädter)

Wasserbassin auf der Heubastion in den Wallanlagen (1865)

Brunnenbau auf dem Gelände der Gehlsdorfer Nervenklinik (1911)

ihre Mitglieder über Rohrleitungssysteme mit Wasser. Vor allem Bierbrauer waren an weichem, sauberem Oberflächenwasser interessiert. Deshalb wurden in den höher gelegenen Feldmarken Biestow u. Kritzmow Bäche gestaut u. Quellen angezapft. Durch das natürl. Gefälle floss das Wasser über hölzerne Pipen in Sammelbehälter (Borne), die auf dem → Hopfenmarkt, dem → Neuen Markt u. bei der → Kirche St. Nikolai standen. Ein Born-Nachbau steht heute an der Originalstelle neben der Nikolaikirche.

Abnehmer waren Privatkunden, Brauhäuser u. sieben öffentl. Pumpen. Die aufgebohrten Holzstämme waren etwa sechs Meter lang u. besaßen einen Durchmesser von neun bis zehn Zentimeter. Die ältesten nachweisbar gebohrten Röhren datieren aus dem Jahr 1537. Das hölzerne Leitungssystem blieb bis zum Bau eines industriellen Wasserwerkes bestehen. Um 1800 hatte das Wasser der öffentl. Brunnen eine, den damaligen hygien. Verhältnissen entsprechend, angemessene Qualität. Die Brunnen wurden aus zwei südl. der Stadt gelegenen → Teichen, den sog. Pfeifenteichen, gespeist.

1866/67 entstand das erste städt. Wasserwerk in der Nähe der Warnow auf dem Gelände der Bleicherstr. Pumpen drückten das über Sandfilter gereinigte Warnowwasser in ein 1866 auf der Wallanlage (Heubastion) eingebautes, 1000 m^3 großes Bassin. Von dort aus wurde es über gusseiserne Röhren weitergeleitet. Der Verbrauch pro Kopf u. Tag der Bevölkerung lag bei rund 40 l. Die Länge des Trinkwassernetzes belief sich auf 20,5 km.

Der wachsende Bedarf an Trinkwasser u. eine schwere Typhus- → Epidemie veranlassten die Stadt, 1890–94 an der Talstr. ein neues Wasserwerk zu bauen. Seither wurden die Rostocker überwiegend mit filtriertem Flusswasser versorgt. Parallel dazu existierten 1893/94 in der Stadt aber noch ca. 90 öffentl. u. private Brunnen. Der Wasserverbrauch war trotz allgemein fehlender Spültoiletten sehr hoch. Er belief sich um 1900 auf tägl. 120 l pro Kopf. Im Sommer stieg er bis auf 135–140 l an. Die Länge des Rohrsystems betrug 85 km (1905).

Die Versorgung Warnemündes erfolgte bis 1898 durch Brunnen. Einige spendeten nur gelbgefärbtes Wasser, da dies von Humussäuren durchsetzt war. Neben dem üblen Geruch verursachte es insbesondere bei Kindern unangenehme Verdauungsstörungen, die sog. Warnemünder Krankheit. Seit 1898 bot in den Sommermonaten ein Wasserwagen der Witwe Hedwig Riege frisches Wasser zum Verkauf an. Dieses wurde mittels „Wasserboot", einem umgebauten Kahn, den ein Schiff der Fährlinie Rostock-Warnemünde in Schlepptau nahm, in den Badeort gebracht. Umfangreiche Bohrungen nach Wasser blieben 1902 erfolglos.

1903 entstand der → Wasserturm auf dem Galgenberg (heute Blücherstr.). Eine 1902–03 errichtete Fernleitung, die vom Wasserwerk in der Talstr. über Bramow, Marienehe u. Lütten Klein führte, versorgte den Badeort Warnemünde. Zwei Hydranten in der Rostocker Chaussee u. in der Poststr. versorgten seit dem 17.6.1903 die Warnemünder u. ihre Badegäste mit hygien. einwandfreiem Wasser. 1926 erfolgte der Bau einer zweiten Leitung. Diese führte zunächst nur bis Schutow. 1932 wurde sie dann entlang der Chaussee weiter nach Warnemünde gezogen. Das Leitungsnetz war inzwischen auf 119 km (1928) ausgebaut worden.

Der Ausbau der Werften machte 1956 die Verlegung eines weiteren Versorgungsstranges vom Wasserwerk notwendig. Die 17 km lange Leitung führte über die Gartenstadt u. Reutershagen nach Warnemünde. Im selben Jahr wurde auch der Wasserturm in der Blücherstr. außer Betrieb genommen.

Der Ausbau Rostocks zur Industrie- u. Hafenstadt sowie das stete Wachsen der Bevölkerung von 92068 (1945) auf 252956 (1989) ließen den Wasserverbrauch steigen. Insbesondere die Versorgung mit Trinkwasser bereitete den Stadtwerken Rostock (ab 1954 VEB (K) Wasserwirtschaft Rostock, ab 1964 VEB Wasserversorgung u. Abwasserbehandlung Rostock) große Sorgen. Obwohl die Wasserförderung von jährl. ca. 11 Mio. m^3 (1947) auf 37,5 Mio. m^3 (1989) stieg, konnte der Bedarf kaum gedeckt werden, da der Verbrauch pro Einwohner u. Tag von 261 l (1947) auf 383 l (1989) wuchs. 1986 lag er sogar bei 401 l. Parallel dazu erfuhr das Trinkwassernetz eine ständige Erweiterung. Belief es sich 1947 noch auf 210 km, waren es 1989 bereits 574 km.

2002 freigelegte Wasserleitungen des Altstädter Borns Am Wendländer Schilde (um 1840/50 verlegt)

Die Erschließung neuer Wohn- u. Industriegebiete beförderte den Anschluss nahegelegener dörfl. Gemeinden. So wurden Kassebohm 1959, Toitenwinkel 1960, Krummendorf 1961, Oldendorf u. Alt Bartelsdorf 1962 sowie Hinrichsdorf u. Biestow 1963 an das zentrale Rostocker Trinkwassernetz angeschlossen.

Die Wasserversorgung Rostocks basiert seit jeher auf der Warnow. Um den 155 km langen Fluss vor Einträgen durch nahegelegene Gemeinden u. durch die Landwirtschaft zu schützen, wurde dieser 1967 zur Trinkwasserschutzzone erklärt. Dennoch bereitete die Qualität des Oberflächenwassers große Probleme, insbesondere in den 1980er-Jahren. Mittels erhöhter Chlorzufuhr od. Aufrufen an die Bevölkerung, Leitungswasser abzukochen, versuchte man, diese in den Griff zu bekommen.

1993 übernahm die → Eurawasser GmbH als erstes privates Unternehmen in Dtl. die W. u. die → Abwasser-Beseitigung einer Stadt. Sie beschäftigte alle 426 Mitarbeiter der damaligen Nordwasser GmbH weiter. Seither beliefert sie zusammen mit dem Warnow-Wasser- u. Abwasserverband in Rostock

Ausschachtung eines Brunnens an der Steinstraße (2011)

u. in der Umgebung ca. 280 000 Abnehmer mit Wasser u. sorgt für die umweltgerechte Entsorgung der Abwässer. In die Modernisierung u. Erweiterung der Netze investierte das Unternehmen mehr als 500 Mio. €. Alle bestehenden Wasserwerke wurden saniert. Die Qualität des Trinkwassers konnte durch den Einsatz von Ozon spürbar verbessert werden. Der Konzessionsvertrag läuft im Jahr 2018 aus.

Bis heute beziehen die Bewohner der Stadt ihr Wasser über ein Oberflächenwasserwerk aus der Warnow. Das Trinkwasserrohrnetz ist 2376 km lang (2011). Der Wasserverbrauch sank bis 2010 auf 121 l pro Tag u. Kopf der Rostocker Bevölkerung. Die Wasserpreise zählen zu den höchsten in Dtl.
Lit.: *F. K. Raif: Die Borngesellschaften in Rostock vom 15. bis 19. Jahrhundert, in: Beiträge zur Geschichte der Stadt Rostock, N. F., H. 4, Rostock 1984, S. 21–37; R. Mulsow: Die Wasserversorgung im mittelalterlichen Rostock, in: Verschwunden – Vergessen – Bewahrt? Denkmale und Erbe der Rostocker Technikgeschichte, Rostock 1995, S. 73–76; K. E. Bastian: Von „Sod- un Schietwater", in: Tidingsbringer. Ein Warnemünder Bäderjournal, Jg. 5, Rostock-Warnemünde 2001, S. 24ff.; K. E. Bastian: Alles fließt ... Vom Rostocker Bornwasser bis EURAWASSER, Rostock 2003.* RS

WEIDT, OTTO. Tapezierer, Bürstenfabrikant (2.5.1883 Rostock – 22.12.1947 Berlin); nach seiner Kindheit in der Wollenweberstr. 12 (Gedenktafel angebracht im Juni 2014) siedelte W. Familie 1888 nach Berlin über, wo W. u. a. wegen zunehmender Erblindung seinen Beruf nicht mehr ausüben konnte u. eine Bürsten- u. Besenfabrikation eröffnete. Dort arbeiteten v. a. blinde Menschen, in der Zeit der NS-Herrschaft ausschließl. jüd. Bürger, die W. erfolgreich vor Deportation u. Vernichtung durch die Nazis schützen konnte. In den letzten Kriegsmonaten gelang es W., zur Flucht einer Frau aus einem KZ-Außenlager beizutragen u. sie bis zum Ende der NS-Herrschaft in Berlin zu verstecken. Der Staat Israel erhob W. im Jahre 1971 zu einem „Gerechten unter den Völkern". 2003 erfolgten zahlreiche Ehrungen in Berlin (Einrichtung eines Museums, Gedenktafel, Ehrengrab). 2013 produzierte die ARD den Dokumentar- u. Spielfilm „Ein blinder Held – die Liebe des Otto Weidt". RL

WEIHNACHTSMARKT. Im Dez. 1949 von der Stadtverwaltung Rostocks ins Leben gerufener, hauptsächl. auf dem → Neuen Markt veranstalteter, einwöchiger Versorgungs- u. Vergnügungsmarkt mit Verkaufsständen u. Fahrgeschäften. Der unter der Ägide der Großmarkt Rostock GmbH v. a. seit 1990 weiterentwickelte W. wird derzeit über vier Wochen in weiten Teilen der histor. Innenstadt veranstaltet u. gilt als der größte seiner Art in Norddtl.
Lit.: *T. Steinau: „Alle Jahre wieder..." Von den Anfängen des Rostocker Weihnachtsmarktes in den 1940er und 1950er Jahren, in: Rostocker Zorenappels, Jg. 3, Rostock 2009, S. 44–47.* RL

Weihnachtsmarkt 2009

WEIß, JOHN (eigentl. Johann Jacob Daniel Weiß). Unternehmer (16.5.1773 Rostock–25.12.1843 Brighton, England); Sohn eines Messerschmieds, erhielt ebensolche Ausbildung; zwischen 1795 u. 1800 Auswanderung nach London (England), baute dort das noch heute bestehende Unternehmen John Weiss & Son Ltd. auf, welches chirurg. u. medizin. Geräte produziert (z.B. eine um die Mitte des 19. Jh. weltweit verbreitete Magenpumpe); 1826 Verleihung der Rostocker → Ehrenbürger-Würde; im selben Jahr brit. Bürgerrecht durch König George IV.

Lit.: *W. Teichmann: Weiss, John, in: Biographisches Lexikon für Mecklenburg, Bd. 1, Rostock 1995, S. 245–249.* MR

Gasthof Zum Weißen Kreuz (1906)

WEIßES KREUZ. Im Volksmund Bezeichnung des Stadtgebietes um die Kreuzung von → Mühlendamm, Neubrandenburger u. Tessiner Str. im Stadtteil Brinckmansdorf. Namensgeber war der dort im 17. Jh. nachweisbare u. nach einem Brand 1750 im Jahr darauf neu errichtete Gasthof Zum W., dessen Name von einem weißen Kreuz auf dem roten Ziegeldach des Altgebäudes herrühren soll. Am 1.5.1945 bei Kampfhandlungen um den Stadtzugang über den Mühlendamm durch die Rote Armee schwer beschädigt, wurde der Gasthof später abgerissen. Im April 2015 begann auf dem Areal die Errichtung einer exklusiven Wohnanlage. RL

WELTKRIEG. (1) Erster W. Mit der Kriegserklärung Dtl. an Russland am 1.8.1914 u. dem ersten Mobilmachungstag am 2.8. trat das Dt. Reich in den W. ein. Für die Rostocker Bevölkerung wurde der Kriegsausbruch in sämtl. Lebensbereichen deutl.: Patriot. Lieder singend, zogen zumeist junge Leute durch die Stadt. Neben der Euphorie machten sich indessen auch Unsicherheit u. Sorge breit, die sich in Hamsterkäufen u. Geldabhebungen von den Banken zeigten. In Ermangelung ausreichender militär. Einrichtungen zur Unterbringung im Kriegsdienst stehender Männer mussten die Rostocker privaten Wohnraum für Einquartierungen, zwischen Sep. 1914 u. Frühjahr 1915 auch für ostpreuß. Flüchtlinge, zur Verfügung stellen. Mehrere Schulen wurden zu → Lazaretten umfunktioniert. Hilfsorganisationen wie das → Deutsche Rote Kreuz od. der Marienfrauenverein führten in regelmäßigen Abständen Hilfsaktionen, vor allem für Kriegerfamilien sowie Witwen u. Waisen gefallener Soldaten, durch. Insbesondere die öffentl. Nagelung eines hölzernen Greifs zwischen Sep. 1915 u. Frühjahr 1916 sorgte für Aufmerksamkeit unter den

Gutschein zum Kauf eines Spendennagels (1915)

Ausstellung mit erbeuteten Waffen in der Helenenstraße (1915)

Rostocker Bürgern. Über 70000 M konnten durch den Verkauf der Nägel eingenommen werden.

Das Stadttheater wurde im Sep. 1914 geschlossen u. nahm erst im Winter 1915 auf Wunsch der Öffentlichkeit den Spielbetrieb wieder auf. Ausstellungen widmeten sich verstärkt Kriegsthemen. So präsentierte die → Feuerwehr 1915 in ihrem Depot am Vögenteich Geschütze. Ein Jahr später zeigte das Rote Kreuz eine große Schau erbeuteter Waffen. In den → Barnstorfer Anlagen entstand ein Frontgrabensystem, das Ziel sonntägl. Spaziergänger war u. Kindern als Spielplatz diente.

Die Einberufung von Tausenden männl. Rostockern änderte die Rolle der Frau in der Stadt radikal. Mit Zeitungsannoncen warben Unternehmen für Arbeitsplätze, die bisher Männern vorbehalten waren. Die Rostocker Straßenbahngesellschaft stellte im Mai 1915 erstmals Straßenbahnschaffnerinnen ein. 1918 war jeder dritte Arbeiter weiblich. Viele Frauen arbeiteten in der Rüstungsindustrie, so z. B. bei Rudolf → Dolberg, wo u. a. Granaten u. Lafetten für Geschütze hergestellt wurden.

Während erste Lebensmittelengpässe in Industriegebieten u. Großstädten bereits im ersten Kriegsjahr spürbar wurden, profitierte Meckl. zunächst von seinem hohen Grad an landwirtschaftl. Produktion. Einzig die Stadt Rostock stellte im Herbst 1915 eine Ausnahme dar, indem es hier zu einer Butternot kam, die ihren Ursprung in langfristigen Lieferverträgen mit Dänemark hatte. Während des Krieges unterstand der Import ausländ. Waren einzig der Zentral-Einkaufsgesellschaft, sodass Rostock keine Butter mehr importieren konnte. Neben der Rationierung von Butter durch die Einführung einer Kaufberechtigungskarte wurden nach u. nach sämtl. Hauptnahrungsmittel mit Bezugskarten belegt.

Die Nahrungsmittelknappheit erreichte ihren Höhepunkt im Hungerwinter 1916/17, als in Rostock vor allem Kartoffeln knapp wurden. Die Stadt reagierte auf den Notstand, der vor allem Kriegerfamilien mit kleinen Kindern traf, indem sie bis Okt. 1918 fünf öffentl. Kriegsküchen einrichtete. Darüber hinaus unterhielten die Firma Rudolf Dolberg u. die → Neptunwerft für ihre Arbeiter u. Angestellten Betriebsküchen, in denen, wie in den Kriegsküchen, tägl. ein warmes Essen kostengünstig ausgegeben wurde. Neben der Lebensmittelknappheit herrschte auch ein erhebl. Mangel an Feuerungsmaterial, sodass zahlreiche öffentl. Gebäude, Schulen u. die Uni zunächst begrenzt geöffnet u. im Feb. 1917 zwei Wochen lang komplett geschlossen wurden.

Als ab 1916 im Zuge des Hindenburgprogramms eine enorme Mobilisierung der wirtschaftl. Ressourcen zur Steigerung der Rüstungsproduktion einsetzte, profitierten insbesondere Großunternehmen wie die Neptunwerft oder die R. Dolberg Maschinen- u. Feldbahnfabrik, während kleinere Handwerksbetriebe zunehmend stillgelegt wurden, um Rohstoffe u. Arbeitskräfte für Rüstungsunternehmen frei zu machen. Von ihrer Größe u. dem umfangreichen Kundenstamm profitierte auch die Rostocker Brauerei → Mahn & Ohlerich, die zu denjenigen Brauereien gehörte, die während des Krieges nicht stillgelegt wurden.

1916 verloren die Rostocker → Rathaus-Türme u. das → Steintor ihre kupferne Bedachung. Die Beschlagnahme von Fahrradreifen erfolgte ab Sep. 1916. Ein Jahr später wurden zahlreiche Kirchenglocken abgenommen u. zum Einschmelzen abtransportiert. Die → Straßenbeleuchtung wurde eingestellt. Strom- u. Gassperren waren an der Tagesordnung. In Erwartung eines Energiespareffektes führte man 1916 auch in Rostock die Sommerzeit ein. Die andauernde u. sich im Frühjahr sogar ausweitende Rationierung der Lebensmittel führte am 1./2.7.1917 zu Hungerkrawallen, die durch aufgebrachte Frauen ausgelöst wurden. Da Bäcker den Verkauf von Broten ohne Berechtigungskarte ablehnten, kam es schließlich zu Plünderungen, die sich auf insgesamt 75 Bäckereien u. Butterhandlungen ausweiteten. Die Hungerunruhen in Rostock bildeten den Auftakt weiterer Ausschreitungen in anderen meckl. Städten während der folgenden zwei Wochen. Hauptbeteiligte waren zumeist Frauen der Arbeiterschicht, die bei einer Ergreifung u. Verurteilung mit bis zu eineinhalb Jahren Gefängnis bestraft wurden.

Infolge einer Verschärfung der Arbeitsbedingungen kam es erstmals am 21.9.1917 zu einem Streik auf der Neptunwerft, durch den höhere Löhne u. Zuzahlungen zum Kauf von Kartoffeln durchgesetzt wurden. Die in Großstädten reichsweit stattgefundenen Januarstreiks 1918, auf denen neben wirtschaftl. auch polit. Forderungen wie die Beendigung des Krieges laut wurden, sind für Rostock nicht belegt. Ledigl. am 30.1.1918 fand eine Frauenkundgebung für den Frieden vor dem Gewerkschaftshaus → Philharmonie statt. Die Gründung von Ortsgruppen neuer → Parteien zeigte das gewachsene polit. Selbstbewusstsein in der Bevölkerung, vor allem unter den Arbeitern. Die Entwaffnung ihrer Offiziere durch Marinesoldaten in Kiel als Protest gegen die in Wilhelmshaven festgenommenen Matrosen am 3.11.1918 eröffnete die → Novemberrevolution in Dtl. Rostock erreichte sie am 6.11. in Form einlaufender Kieler Torpedoboote, die in Warnemünde festmachten u. in den dort statio-

Schiff der Kaiserlichen Marine am Alten Strom (um 1915)

nierten Mannschaften Gesinnungsgenossen fanden. Noch am selben Tag wurde ein Soldatenrat gebildet. Fünf Tage darauf, am 11.11.1918, unterzeichnete Matthias Erzberger (Zentrum) die Waffenstillstandsvereinbarungen, womit der I. W. endete.

Der W. kostete 1758 Rostocker Männern (144 Offiziere, 360 Unteroffiziere, 1254 Soldaten) das Leben. Davon fielen 1282 an der Front. 155 erlagen später ihren schweren Verletzungen. 247 starben an Krankheiten u. Seuchen. Neun erlitten tödl. Giftgasverletzungen.

(2) Zweiter W. Global geführter Krieg der Großmächte des 20. Jh. u. deren Verbündeter, der am 1.9.1939 mit dem Überfall Dtl. auf Polen begann u. in Europa am 8.5.1945 durch die bedingungslose Kapitulation der dt. Wehrmacht endete.

Rostock hatte sich seit 1933 im Zuge der Kriegsvorbereitung zu einem Zentrum der dt. Rüstungsindustrie entwickelt. Zu den Unternehmen, die die Stadt nachhaltig prägten, gehörten die → Ernst Heinkel Flugzeugwerke in Marienehe u. die Arado Flugzeugwerke in Warnemünde. Von Rüstungsaufträgen profitierten ferner die → Neptunwerft u. eine Reihe mittelständ. Unternehmen wie die Drahtwarenfabrik Ferdinand Schultz od. die Maschinen- u. Feldbahnfabrik Konrad Jürges. Daneben entstanden mehrere Militärbauten wie die Putlitz- → Kaserne in der heutigen Tschaikowskistraße.

Um den im Sommer 1939 eintretenden u. sich im Verlauf des Krieges weiter verstärkenden Arbeitskräftemangel auszugleichen, setzte die Rüstungsindustrie zunehmend → Zwangsarbeiter, → Kriegsgefangene u. KZ-Häftlinge ein. Diese waren in Lagern in Rostock u. Umgebung untergebracht. Als kriegswirtschaftl. Zentrum wurde die Stadt bereits im Juni 1940 zum Ziel von Luftangriffen der Royal Air Force (RAF). Im Sep. 1941 erlebte Rostock einen ersten flächendeckenden → Bombenangriff mit Brandbomben. Zwischen dem 23./24. u. 26./27.4.1942 flog die RAF weitere schwere Angriffe (→ Viertagebombardement), bei denen insgesamt 221 Menschen starben. 30000–40000 Einwohner wurden obdachlos. Etwa 18% aller Wohnungen waren total zerstört, viele kulturhistor. Bauten wie das Stadttheater, die St.-Jakobi-, die St.-Nikolai- u. die St.-Petri-Kirche stark beschädigt. Zeitweise

Splittergraben am Warnemünder Georginenplatz (1946)

brach die Wasser- u. Gasversorgung zusammen. Aus Furcht vor weiteren Bombardements wurde mit der Evakuierung von Kindern, Frauen u. Alten sowie der Auslagerung einzelner Abteilungen der Rüstungsindustrie begonnen. Die Arado Flugzeugwerke etwa errichteten Zweigstellen in Malchin u. Stavenhagen. Gleichzeitig bemühten sich die Nationalsozialisten, den Eindruck einer raschen Normalisierung zu vermitteln u. kulturelle Angebote aufrechtzuerhalten. So fand trotz aller Schwierigkeiten Ende Juni 1942 die ursprüngl. für den Mai geplante Musikwoche statt. Der Theaterbetrieb wurde im extra dafür umgebauten Gewerkschaftshaus fortgesetzt. Diese Maßnahmen konnten die kriegsbedingten Einschränkungen vor allem bei der Versorgung mit Dingen des tägl. Bedarfs – bereits wenige Tage nach Kriegsbeginn wurden erste Bezugsscheine ausgestellt – nicht aufwiegen. Auf den sich vor allem durch regimekrit. Äußerungen bemerkbar machenden Stimmungswandel in der Bevölkerung reagierten die Behörden mit verstärkter Repression. 1942 wurden insgesamt 78 Sondergerichtsverfahren durchgeführt, in 19 Fällen endeten sie mit einen Todesurteil. Im Feb. u. Apr. 1944 erlebte Rostock erneut mehrere schwere Bombenangriffe. Ende März 1945 bereitete sich die Stadt auf den Angriff der Roten Armee vor. Während die Bevölkerung Gräben ausheben u. Panzersperren errichten musste, bereiteten Pioniertrupps

Commerzbankgebäude am Universitätsplatz/Ecke Breite Straße (1942)

die Warnowbrücken am Mühlen- u. Petridamm zur Sprengung vor. Am 30.4. stürmten viele Einwohner die Lebensmittellager u. Geschäfte, um sich mit Vorräten zu versehen. Bereits am nächsten Tag rückten Panzer der 65. u. 70. Armee der 2. Weißruss. Front in die Stadt ein. Als sie die Mühlendammbrücke erreichten, wurde die Sprengladung gezündet u. der vorausfahrende Panzer zerstört. Mehrere Soldaten kamen ums Leben. Ihre 2011 bei Bauarbeiten gefundenen Überreste wurden am 1.5.2012 im Beisein von Angehörigen u. Staatsvertretern auf dem Soldatenfriedhof am Puschkinplatz beigesetzt. Die Rote Armee gelangte über die Brücke am Petridamm, die vor einer Sprengung bewahrt werden konnte, in die Stadt. Die Kriegshandlungen endeten in Rostock mit einem Angriff dt. Flugzeuge, die am Nachmittag des 1.5.1945 die Ernst Heinkel Flugzeugwerke bombardierten.

Lit.: A. Strahl: *Rostock im Ersten Weltkrieg. Bildung, Kultur und Alltag in einer Seestadt zwischen 1914 und 1918, Berlin 2007; Für den Kaiser an die Front. Rostocker und Mecklenburger im Ersten Weltkrieg, Rostock 2014; Mit Hurra in die Schlacht. Rostock(er) im I. Weltkrieg, Rostock 2014; H.-W. Bohl u.a. (Hg.): Bomben auf Rostock. Krieg und Kriegsende in Berichten, Dokumenten, Erinnerungen und Fotos 1940–1945, Rostock 1995; K. Schröder (Hg.): Rostocks Stadtgeschichte von den Anfängen bis in die Gegenwart, Rostock 2013; B. Keipke: Das lange Kriegsende. Rostock von August 1944 bis Mai 1945, in: Rostock: Ende des Krieges – Zeit des Werdens 1944 bis 1949, Rostock 2015, S. 7–28.* AS/MB

WENDE → **FRIEDLICHE REVOLUTION**

WENDISCHES QUARTIER. Kerngebiet der → Hanse in ihrer Blüte- u. Spätzeit (13.–17. Jh.) an der Südwestküste der → Ostsee; benannt nach der vorhergehenden wend./slaw. Besiedlung des Raumes (6./7.–12./13. Jh.); Hauptstützen bildeten die sechs Städte Lübeck, Rostock, Stralsund, Wismar, Hamburg u. Lüneburg; Rostock rang lange Zeit mit Stralsund um den zweiten Platz hinter Lübeck als Hauptort (auch für die sächs., pommerschen u. brandenburg. Städte); seit dem 14. Jh. Organisation in Dritteln (mit Köln u. Visby bzw. Riga als weiteren Hauptorten), seit dem 16. Jh. als Quartiere bezeichnet; nach dem Ende der Hanse im 17. Jh. Fortleben ihrer Tradition in Lübeck u. Hamburg samt Bremen als hanseat. Städten.

Lit.: *H. Wernicke: Wendisches Quartier, in: Landeskundlich-historisches Lexikon Mecklenburg-Vorpommern, Rostock 2007, S. 720f.* EM

WENZEL, HARRY. Direktor der → Deutschen Seereederei (DSR), Geschäftsführer (10.12.1928 Wismar – 19.2.2013 Rostock); Lehre beim Rat der Stadt Wismar (1946–48), dann Verwaltungsangestellter (1948–49); Mitarbeiter im Finanzministerium des Landes Meckl. (1949–52); Fernstudium u. Abschluss als Diplomwirtschafter (1952–57); seit 1957 Leiter der kaufmänn. Verwaltung der DSR; später Verkehrs- u. Flottenbereichsdirektor sowie kaufmänn. Direktor (bis 1982); Versetzung ins Wissenschaftl.-Techn. Zentrum (1982–90); stellv. Generaldirektor (1990); Hauptgeschäftsführer (1990–1993); im Auftrage der Treuhand Abbau von 4600 Arbeitsplätzen u. Verkauf von ca. 100 Schiffen. RS

WERTHEIM. Kaufhaus für Konfektionswaren, 1884 von der Stralsunder Kaufmannsfamilie W. als Rostocker Filiale in der Kröpeliner Str. eröffnet. Der nach Plänen Paul → Korffs im Okt. 1903 eingeweihte Neubau (1911 entlang der Apostelstr. erweitert) war Rostocks erstes modernes Warenhaus. Nach Enteignung der jüd. Familie betrieb die Allgemeine Warenhaus AG (AWAG) das Kaufhaus, das nach → Bombenangriffen im Apr. 1942 ausbrannte. In Teilen wieder hergerichtet, nutzte es 1955–90 die Handelsorganisation (HO) der DDR als Kaufhaus unter dem Namen „korrekt" für Konfektionswaren. 1990 an den Hertie-Konzern rückübertragen u. von diesem für zehn Jahre genutzt, wurde das Kaufhaus 2000 verkauft u. abgerissen. Das zur histor. Ausstattung der Fassade des Gebäudes gehörende Familienwappen der W. blieb erhalten u. wurde im Garten des Max-Samuel-Hauses am Schillerplatz aufgestellt.

Lit.: *S. Ladwig-Winters: Wertheim. Geschichte eines Warenhauses, Berlin 1997.* RL

WETTER. Rostock liegt in einer ausgewogenen klimat. Übergangszone, die durch den nordatlant. Westen u. den kontinentalen Osten geprägt wird. Die durchschnittl. Lufttemperatur beträgt 8,4° C. Im Jahresmittel fallen 591 mm Niederschlag.

Kaufhaus Wertheim in der Kröpeliner Straße 34 (um 1900)

Bestimmendes Erscheinungsbild des Küstenklimas sind die ganzjährig von West nach Ost wandernden Tiefdruckgebiete mit ihren maritimen Luftmassen, die zu ca. 70 % das W. bestimmen. Einen großen Einfluss auf die Witterung hat die → Ostsee. Im Frühjahr u. Sommer nimmt sie die Sonnenwärme nur langsam an, im Herbst u. Winter gibt sie sie nur schwer wieder ab. Die Temperaturschwankungen zwischen Nacht u. Tag sowie zwischen den einzelnen Jahreszeiten werden dadurch gemildert. An heißen Sommertagen sorgt die Ostsee für Kühle u. im Winter für weniger Frosttage. Winde, die zu ca. 50 % aus westl. Richtung wehen, machen Hitzewellen erträglich. Die jährl. mittlere Windgeschwindigkeit beläuft sich in Rostock auf ca. 4–5 m/s. In Warnemünde herrschten seit 1947 mind. zwei Orkan-, 15 Sturm- u. 102 Starkwindtage. Die stärksten Orkane u. → Sturmfluten treten im Jan. u. Nov. auf.

1703 tobte ein schwerer Orkan über Rostock, der zum Einsturz des Turmes der → Kirche St. Nikolai führte. Drei Häuser wurden zertrümmert. Zwei Frauen u. fünf Kinder konnten nur noch tot geborgen werden. Im Dez. 1863 warf ein schwerer Nordoststurm etwa 30 000 starke Kiefern um. Heftige Stürme suchten aber auch 1872, 1904, 1913, 1949, 1954 u. 2007 die Stadt heim. Der stärkste Orkan tobte über Warnemünde am 13.11.1972 mit ca. 150 km/h hinweg. Der Orkan vom 11./12.11.1992 brachte es auf 140 km/h. Zu den sturmreichsten Jahren zählten das Jahr 1958 mit 28 u. 1973 mit 27 Sturmtagen.

Das Küstenklima erfährt in Warnemünde durch seine unmittelbare Lage an der Ostsee eine spezielle Ausprägung – das Strandklima. Winde wehen häufig u. kräftig. Der Jahresdurchschnitt der Windgeschwindigkeit beträgt ca. 5–6 m/s. Infolge des langsamen Steigens u. Fallens der Ostseewärme tritt die Belaubung der Bäume später ein (durchschnittl. nach dem 7.5.). Dafür zeichnet sich der Sep. u. Okt. durch zahlreiche warme u. wolkenlose Tage aus. Aufgrund der Nähe zum Meer hat Warnemünde nur sieben windstille Tage (Schwerin 41). Gegenüber Rostock u. dem Binnenland fällt ca. ein Drittel weniger Regen. Dafür liegt die Zahl der Nebeltage um etwa die Hälfte höher.

Immer wieder wurden Rostock u. Warnemünde von W.-extremen heimgesucht. Neben Sturmfluten machten Kälte- u. Hitzewellen, aber auch schwere Gewitter u. Stürme den Bewohnern schwer zu schaffen.

In den Wintern 1305, 1320, 1323 u. 1399 fror die Ostsee zu, sodass man zu Fuß nach Dänemark gelangt sein soll. Hütten wurden auf dem Eis errichtet, in denen Reisende übernachten konnten. Gleiches geschah 1423, 1458, 1546 u. 1599, als Rostocker Kaufleute mit Pferd u. Wagen auf der Ostsee nach Danzig u. nach Lübeck gefahren sein sollen. 1709 hatten Schnee u. Eis das Land vom 25.11. bis Ende Apr. 1710 fest im Griff. Noch kälter war der Winter 1740/41. Bis Ende März herrschte strenger Frost um –22° C. Zahlreiche Menschen erfroren. Allein im Amt Doberan gingen ca. 10 000 Stück Vieh (vor allem Rinder u. Schafe) zugrunde. Die Bäume bekamen erst im Juni Blätter u. die Aussaat verzögerte sich. Roggen konnte erst im Sep. – sonst um den 23.7. – geerntet werden. Strenge Winter um -24° C herrschten aber auch 1788 u. 1823. Doch auch im 20. Jh. kam es mehrfach zu vollständigen Vereisungen: 1928/29, 1939/40, 1941/42, 1946/47 u. 1962/63. Im Feb. 1929 operierten bei mehr als -20° C die Schlachtschiffe SCHLESWIG-HOLSTEIN u. ELSASS in der Meckl. Bucht u. befreiten 65 vom Eis eingeschlossene Schiffe. Die sowjet.-russ. Regierung schickte die Eisbrecher JERMAK u. TRUVOR. Sie retteten ca. 120 Schiffe aus dem Packeis. Unter ihnen befanden sich auch die Fährschiffe SCHWERIN u. MECKLENBURG, die nach Warnemünde geleitet wurden. Hier lagen allein im Neuen Strom 26 Dampfer fest. Vor der Hafeneinfahrt türmte sich eine fünf bis acht Meter hohe Packeisbarriere. Erst am 24.3.1929 war die Fahrrinne zum Rostocker Hafen wieder frei.

Nicht wenige strenge Winter gingen mit starken Schneefällen einher, so 1968/69, 1978/79, 1987/88 und 2009/10. Sie führten zu Verwehungen von bis zu 1,5 m in der Stadt u. bis zu drei Metern außerhalb. Neben harten Wintern gab es aber auch sehr milde, wie die von 1530 u. 1585, als das Gras grünte u. bereits im Jan. die Bäume Knospen trugen.

Extreme W.-unbilden stellen aber auch Gewitter dar, wie es z. B. am 12.7.1605 Warnemünde traf. Nach einem Blitzeinschlag gingen allein in dem

Eispressung an der Warnemünder Mole (1963)

kleinen Fischerort 22 Häuser in Flammen auf. Durchschnittl. gibt es pro Jahr etwa 20 Gewitter in Rostock u. Warnemünde. 1895 war allerdings mit 32 Gewittern ein besonders intensives Jahr. Allein im Monat Juli trat das Naturphänomen zehn Mal auf. Gewitterjahre waren aber auch 1968 mit 32 und 2006 mit 31 Gewittern.

Vereinzelt wurde das W. auch durch Vulkanausbrüche beeinflusst. So verbreitete sich zwischen dem 15.6. u. 18.7.1783 ein ungewöhnl. Nebel, eine Art dünner Rauch, der den Himmel grau erscheinen ließ. Verursacht wurde diese W.-anomalie durch einen Vulkanausbruch auf Island. 1815 brach in Indonesien der Vulkan Tambora aus u. führte ein Jahr später zu einer erhebl. Abkühlung. Missernten waren die Folge. 1816 ging als „Jahr ohne Sommer" in die Geschichte ein. Eine ähnl. Erscheinung trat auch 1831 auf. Ende Juli/Anfang Aug. war der Himmel über Warnemünde mit einem Flor überzogen, der die Sonne blutrot erscheinen ließ.

Zu den wärmsten Sommern des 20. Jh. zählten die des Jahres 1992 u. 1997, während der Sommer des Jahres 1962 zu den kältesten gehörte. Im 21. Jh. waren bisher die Sommer der Jahre 2003, 2006, 2010 u. 2015 ungewöhnlich heiß.

Lit.: *Kalte und gelinde Winter, theure und wohlfeile Zeiten seit 700 Jahren, in: Freimüthiges Abendblatt, 5.5.1848, Sp. 356ff.; P. Busch, J. Stahl, H.-G. Wentzel: SOS ... erbitten Eisbrecherhilfe. Eiswinter 1928/29 auf der Ostsee, in: Mecklenburg-Magazin, Nr. 4, Schwerin 1999, S. 7f.* RS

WIEKFAHRER (auch Wik- od. Oslofahrer, später Wieker → Gelag); → Hanse-Kaufleute mit Handelsinteresse in der Wik (Oslofjord). Erstmalig 1368 erwähnt. Faktoreien in Tönsberg u. Oslo. Rostocker W. dominierten im Seehandel im Oslofjord in der 2. Hälfte des 15. Jh. vor allen anderen Hansestädten; 1508–37 Aufhebung der Privilegien, danach wieder ein Aufschwung des Seehandels. Bis ins 17. Jh. nachgewiesen: Gelagsheime befanden sich in der Koßfelderstr. u. am Wendländer Schilde.

Lit.: *T. Brück: Korporationen der Schiffer und Bootsleute, Weimar 1994.* RP

Forst- und Köhlerhof Wiethagen (2008)

WIETHAGEN. In der → Rostocker Heide gelegener Ortsteil Rostocks; Ersterwähnung 1769 als Wilthagen; Sitz des städt. Forstamtes; 1825 Bau eines Holzmagazins (ältestes erhalten gebliebenes Gebäude in W.); 1835 wohnten dort ein Sägemeister, ein Baumwärter, ein Jäger, fünf Tischler; 1837 Gründung einer Teerschwelerei; 1924 nach Rostock eingemeindet; 1984–89 Rekonstruktion des techn. Denkmals, Ausbau zum Forst- u. Köhlerhof (Museumsanlage); 1991 Abwicklung des Staatl. Forstbetriebes durch die Treuhand; 1992 Übernahme des Forst- u. Köhlerhofes durch die Stadt; 2009 Gastgeber des 7. Europ. Köhlertreffens; 69 Einwohner (2015).
Lit.: G. Heil: Die Geschichte der Köhler und Teerbrenner in der Rostocker Heide, Rostock 2001. WS

WIGGERS (GEBRÜDER). (1) Julius. Theologe, Politiker, Schriftsteller (17.12.1811 Rostock – 7.3.1901 Rostock), Bruder v. (2); Gymnasium in Rostock u. Schulpforta/Naumburg; 1831 Theologie- u. Philosophiestudium in Rostock, Berlin u. Bonn; 1834 Dr. phil.; 1837 Habilitation in Rostock; 1840 Prof. der Theologie; liberaler Wortführer (→ Liberalismus) in der → Revolution 1848/49; Leutnant der Rostocker Bürgerwehr; Mitglied des Rostocker Reformvereins u. der Konstituierenden Versammlung des meckl. Landesparlaments (1848–50); 1852 aus polit. Gründen seines akadem. Lehramtes enthoben, 1853–57 Inhaftierung wegen Hochverrats im Gefängnis Bützow; Arbeit als Schriftsteller; seit 1859 Mitglied des Dt. National-Vereins; 1867–70 Mitglied des Reichstages (Norddt. Bund) u. 1877–81 des Dt. Reichstages als Vertreter der Dt. Fortschrittspartei; verfasste 1901 die Autobiografie „Aus meinem Leben".

Julius Wiggers (um 1870)

(2) Moritz. Jurist, Historiker, Politiker (17.10.1816 Rostock – 30.7.1894 Rostock), Bruder v. (1); Gymnasium in Rostock; 1835 Jurastudium in Rostock, Heidelberg u. Göttingen; seit 1843 Advokat u. Notar in Rostock; Mitglied des Rostocker Reformvereins; führender Kopf der Liberalen (→ Liberalismus); 1848–50 Präsident der Konstituierenden Versammlung des meckl. Landesparlaments; 1853–57 aus polit. Gründen Inhaftierung u. Verurteilung im Rostocker Hochverratsprozess; Begnadigung, aber Berufsverbot u. Ausweisung aus Meckl.; Aufenthalt in Berlin; 1857 Rückkehr nach Rostock; seit 1859 Mitglied des Dt. National-Vereins; 1867–70 Mitglied des Reichstages (Norddt. Bund) u. 1871–81 des Dt. Reichstages als Abgeordneter der Dt. Fortschrittspartei; Beförderer der meckl. Binnenschifffahrt u. des meckl. Kanalbaus; 1921 Benennung einer Straße nach den Brüdern.

Lit.: *W. Karge: Die Brüder Wiggers – Märtyrer und Oppositionelle, in: Demokraten und ihre Gegenspieler. Norddeutsche in der Revolution von 1848/49, Rostock 2000, S. 146–153.* AH

WILBRANDT (FAMILIE). **(1) Christian.** Germanist, Politiker (15.3.1801 Neuenkirchen/Wittenburg – 25.6.1867 Doberan); nach dem Studium der Philologie u. Philosophie als Lehrer u.a. an der → Großen Stadtschule in Rostock tätig; seit 1837 Prof. der Ästhetik u. Neueren Literatur u. 1846–48 Rektor an der Uni Rostock; während der → Revolution 1848/49 Beteiligung an der Reformbewegung, 1852 wegen polit. Betätigung aus dem Universitätsdienst entlassen, 1853 im Rostocker Hochverratsprozess angeklagt u. bis 1855 inhaftiert.

Christian Wilbrandt mit seiner Ehefrau Charlotte, geb. Wendhausen (um 1860)

(2) Adolf. Dichter, Schriftsteller (24.8.1837 Rostock – 10.6.1911 Rostock), Sohn v. (1); Studium der Rechtswissenschaft, Geschichte u. Philologie; 1859–61 Redakteur bei den Münchner Neuesten Nachrichten; 1881–87 Direktor des Wiener Burgtheaters, anschließend Rückkehr nach Rostock; verfasste zeitkrit. Romane, histor. Tragödien u. Gedichte; seinerzeit einer der bekanntesten Dramatiker; Träger des Schiller- u. des Grillparzerpreises; Grabmal auf dem Alten Friedhof (Lindenpark).

Lit.: *L. Kalbe: Rostocker Wilbrandts, in: Stier und Greif. Blätter zur Kultur- und Landesgeschichte in Mecklenburg-Vorpommern, H. 8, Schwerin 1998, S. 10–17; N. Werz: Wilbrandt, Adolf, in: Biographisches Lexikon für Mecklenburg, Bd. 6, Rostock 2011, S. 295–298.* GF

Wilhelmshöhe (1891)

WILHELMSHÖHE. → Ausflugslokal westl. von Warnemünde auf einem Steilufervorsprung der → Stolteraa nahe der sog. Wolfsschlucht; Eröffnung in leichter Holzbauweise durch Paul Holtz (1890); Nachfolger wurde P. Holtfreter; 1959 Übernahme durch die Konsumgenossenschaft, 1987 Schließung; 1995 Abriss des alten Gebäudes; 1996 Neubau u. Neueröffnung des gleichnamigen Hotel-Cafés. RS

WILKEN, JOACHIM CHRISTOPH NICOLAUS. Stadtgärtner (9.12.1794 Rostock – 30.5.1875 Rostock); seit 1838 auf Honorarbasis für die Stadt Rostock u. im Auftrag des → Verschönerungsvereins tätig; wichtige Arbeiten: 1838 Grünanlagen vor dem Kröpeliner Tor (später Schrödersruh); 1844 Steintorvorplatz; 1847 Wallanlagen, Verschönerung der → Fischerbastion; 1848/49 Dreiwallbastion; 1867 weitere Ausführungsplanungen zur Verschönerung der Wallanlagen.

Lit.: *G. Kohfeldt: Aus der Geschichte älterer Rostocker Vereine und Gesellschaften. Der Verschönerungsverein von 1836 und die städtischen Anlagen, in: Beiträge zur Geschichte der Stadt Rostock, Bd. 10, Rostock 1917, S. 105–119.* UJ

WINDKRAFT. W. wird in Meckl. spätestens seit dem 13. Jh. genutzt. Zunächst entstanden Bockwind- → Mühlen, ab Mitte des 18. Jh. Holländerwindmühlen, die Korn mahlten. Von Windmühlen in Rostock erfährt man 1564 durch einen Windmüller-Eid. Um 1800 arbeiteten vier Windmühlen in Rostock. Später kamen weitere hinzu. Als techn. Denkmale sind die Küstenmühle in Neu-Hinrichsdorf, die Dierkower Mühle u. Meyers Mühle in Warnemünde erhalten. In schlechtem Zustand befinden sich die Sievershägener Mühle bei Evershagen u. als Mühlenstumpf die Klostermühle in der Kröpeliner-Tor-Vorstadt. Der Vormarsch der Dampfmaschine, später des Elektromotors im 19. Jh. beendete die dominante Rolle der Windmühlen. Für das 20. Jh. sind Windräder zur Energieerzeugung u. Windschöpfwerke typisch. Zu diesen Themen entstanden viele neue Ideen. So meldete Otto Nitschke aus Rostock 1938 eine Windturbine zur Stromerzeugung als Patent an. Nach dem II. Weltkrieg konstruierten u. bauten die Rostocker Industriewerke (RIW) u. die W.-werke u. Maschinenbau (WIMA) W.-anlagen (WKA). Mit der Gründung des → Dieselmotorenwerks (DMR) 1948, in dem beide Betriebe aufgingen, pausierte das Thema. Erst mit der Ölkrise in den 1970er-Jahren wurden Windenergieanlagen (WEA) wieder aktuell. Der Ingenieur Joachim Pätz stellte 1989 z.B. eine WEA in Dierkow auf. Die Anlage war aus Hubschrauberrotorblättern gefertigt u. erzeugte bis zu ihrer Demontage 1991 30 kW Strom. Seit Mitte der 1990er-Jahre boomt die W. Entwickler u. Hersteller von WKA ist die → Nordex SE, deren zentrale Verwaltung u. Produktion in Rostock zu Hause sind. Im Nov. 1999 startete die Produktion von WKA in den Hallen des ehem. DMR in der Erich-Schlesinger-Str. An der Uni Rostock ist 2011 mit Unterstützung der Nordex SE eine Stiftungsprofessur Windenergietechnik eingerichtet worden. In Rostock zu Hause ist seit 2007 außerdem die Entwicklungsfirma Wind to Energy GmbH. 2003 eröffnete die Suzlon Energy GmbH einen Standort zur Entwicklung elektrotechn. Komponenten der WEA. Seit 2008 produziert die in Rerik beheimatete e.n.o. energy windpower GmbH in Rostock WEA. Mit der Erschließung der Offshore-Windenergie wächst die Branche. 2006 entstand die Erprobungsanlage BREITLING im Seehafen u. 2007 die Forschungs- u. Messplattform FINO 2 in der westl. → Ostsee. Speziell für die Offshore-Projekte wurde 2007 eine Fertigungshalle der EEW Special Constructions GmbH im Seehafen gebaut. Rostocker Firmen sind an Aufbau u. Nutzung verschiedener Offshore-Projekte in der Ostsee beteiligt.

Konzeptstudie Windpark-Service-Schiff BLUE ACHAT (2017)

Lit.: *K. Möller: Ein windiges Thema. Patentierte Ideen zur Nutzung von Windkraft, in: Mecklenburg-Magazin, Nr. 16, Schwerin 1999, S. 25; A. Jesse: 25 Jahre Windenergie in Mecklenburg-Vorpommern. Menschen, Technik, Fortschritt, Sternberg 2014.* KM

WIRO (eigentl. Wohnen in Rostock Wohnungsgesellschaft mbH). Am 1.7.1990 gegründetes, stadteigenes Unternehmen für die Verwaltung u. Bewirtschaftung des kommunalen Haus- u. Wohnungsbestandes. Der Rechtsnachfolger des VEB Gebäudewirtschaft Rostock verfügt über 36 000 Wohnungen im gesamten Stadtgebiet u. ist somit größter Vermieter der Hansestadt Rostock. Außerdem bewirtschaftet die W. 620 Gewerbeflächen, 8 200 Parkplätze, drei Marinas mit 500 Liegeplätzen sowie zahlreiche Sozialimmobilien für Sport, Bildung u. Kultur (Wohnheime, Turnhallen, Schwimmhallen, Sport- u. Tennisplätze). RL

WITTE (FAMILIE). **(1) Friedrich.** Unternehmer, Politiker (19.2.1829 Rostock-31.7.1893 Warnemünde); nach Apothekerausbildung u. Studium der Pharmazie 1856 Übernahme der → Apotheke des Vaters in Rostock; 1862 Begründung einer chem.-pharmazeut. Fabrik mit internationalen Handelsbeziehungen (→ Chem. Fabrik Witte); 1863-85 kaufmänn. Senator; seit 1887 nationalliberaler Abgeordneter des Reichstags; langjährige Freundschaft mit Theodor Fontane; Grabmal auf dem Alten Friedhof (Lindenpark).

Friedrich Witte, Gemälde von Fedor Encke (1887)

(2) Friedrich Carl. Chemiker, Fabrikbesitzer, Politiker (6.7.1864 Rostock-24.5.1938 Fürstenberg), Sohn von (1); 1883-89 Studium der Chemie in Rostock, Zürich u. Genf; 1890 Eintritt in die väterl. Fabrik (→ Chem. Fabrik Witte), 1893 kaufmänn. Leiter; 1919 Verleihung der Ehrendoktorwürde durch die Uni Rostock; 1919 Mitbegründer u. meckl. Landesvorsitzender der Dt. Demokrat. Partei (DDP); Grabmal auf dem Alten Friedhof (Lindenpark). **(3) Laura**, geb. Roth. (16.4.1869 Brooklyn/USA-15.11.1939 Rostock), Ehefrau v. (2); engagierte sich in der liberalen → Frauenbewegung Meckl. u. in karitativen Vereinen, u.a. 1916-29 Vorsitzende des Vereins für die Rostocker Krippe; 1919 Eintritt in die DDP u. Vorsitzende der

Friedrich Carl Witte (um 1900)

Laura Witte (um 1910)

Siegfried Witte (um 1930)

dortigen Frauengruppe. **(4) Siegfried.** Fabrikbesitzer, Politiker (9.2.1897 Rostock – 19.11.1961 Frankfurt a.M.), Sohn v. (2) u. (3); 1920 Examen zum Diplomkaufmann; seit 1938 Leitung der → Chem. Fabrik Witte mit Bruder Carl August; 1931 span. Vizekonsul für Meckl.; 1945 Begründung des CDU-Ortsvereins in Rostock, 1946 stellv. Vorsitzender der CDU-Landtagsfraktion; 1946 – 50 Wirtschaftsminister von Meckl.; 1950 Flucht nach Westberlin wegen polit. Verfolgung; seit 1952 Fortführung der Firma in Frankfurt a.M.

Lit.: *Witte (Familie), in: Biographisches Lexikon für Mecklenburg, Bd. 3, S. 304 – 324.* GF

WOHNUNGSBAUKOMBINAT (WBK) ROSTOCK. Gründung am 1.1.1964; Zusammenschluss von Baubetrieben (u.a. VEB Bau-Union Rostock, VEB Wohnungsbau Rostock) u. Betonwerken (u.a. Plattenwerke Reutershagen, Marienehe u. Betonwerk Dierkow) zum Zwecke des industriellen Wohnungsbaus (Großblock- u. Großplattenbauweise); Generalauftragnehmer für den Wohnungsbau in Rostock; in den 1980er-Jahren umfangreiche Bauaktivitäten in Berlin (Jugendtaktstraße Fritz Heckert); 1990/91 Überführung des Projektierungsbüros des W. in das Architektur- u. Ingenieurbüro Nord GmbH Rostock (aib) u. in die Elbo Bau AG (Firmensitz: Carl-Hopp-Str.); nach Insolvenz 2002 Auflösung der Elbo Bau AG u. Entlassung der 110 Beschäftigten.

Lit.: *H.-J. Buchmann u.a.: Chronik 1945 – 1963. Zur Geschichte des VEB Wohnungsbaukombinat Rostock, Rostock 1988; H.-J. Hänsel u.a.: Architektur und Bauplanung. Eine Firmenchronik, Rostock 1996.* RS

WOHNUNGSGENOSSENSCHAFT. Schon vor dem I. Weltkrieg war die Wohnungsfrage in Rostock zum sozialen Problem geworden. Genossenschaften versuchten, die Wohnverhältnisse durch den Bau von günstigen Mietwohnungen u. bezahlbaren Eigenheimen zu verbessern. 1915 entstand die Gemeinnützige Baugenossenschaft Gartenstadt, die kriegsbedingt aber erst 1920 mit dem Siedlungsbau in Barnstorf beginnen konnte. Die instabile wirtschaftl. Lage verzögerte weitere genossenschaftl. Aktivitäten. Schließlich entstanden 1924 die Gemeinnützige Baugenossenschaft der Kriegsbeschädigten, 1925 die Gemeinnützige Meckl. Baubank, 1926 die Gemeinnützige Meckl. W. Die Genossenschaften konnten auf staatl. u. städt. Zuschüsse u. Vergünstigungen zurückgreifen. Baublöcke mit Mehrfamilienhäusern entstanden so um die Laurembergstr., die Liskowstr. u. die Clementstr. Der genossenschaftl. Wohnungsbau blieb jedoch auch in den Jahren der Konjunktur deutl. hinter der privatwirtschaftl. Bautätigkeit zurück. Auf Dauer konnte sich nur die Baubank halten, die seit 1935 als Gemeinnützige Meckl. Baugenossenschaft firmierte. Mit der Gründung der DDR u. der Entwicklung Rostocks zum Standort der Werftindustrie gewann der genossenschaftl. Wohnungsbau an neuer Bedeutung. Da zahlreiche Arbeitskräfte zugezogen waren, hatte sich der Wohnungsmangel erhebl. verschärft. Der Aufstand vom 17.6.1953 erzwang einen Kurswechsel in der offiziellen Baupolitik. Ausdruck dafür war die Gründung einer Baugenossenschaft auf der → Warnowwerft im Okt. 1953, der ersten Arbeiter-W. (AWG) in der DDR. Die Arbeiter sollten mit genossenschaftl. Mitteln selbst an der Lösung der Wohnungsprobleme mitwirken können. Das im Dez. 1953 von der Regierung verabschiedete Maßnahmenpaket zur Verbesserung der Arbeits- u. Lebensbedingungen übernahm dieses Anliegen. Im März 1954 wurden das AWG-Musterstatut vorgelegt u. die Finanzierung des genossenschaftl. Wohnungsbaus geregelt. Erst jetzt konnte sich die AWG Warnowwerft amtl. registrieren lassen. In den Schwerpunktbetrieben Fischkombinat, → Neptunwerft u. Bau-Union entstanden 1954 drei weitere AWG. Als erste Vorhaben verwirklichte die AWG Warnowwerft Zwei-Familien-Häuser auf Hohe Düne, die AWG Neptunwerft übernahm Lückenbebauungen, die AWG Fischkombinat u. die AWG Bau-Union schufen Wohnhäuser im Neubaugebiet Reutershagen. An verschiedenen Einzelstandorten bauten die Genossenschaften bis zu Beginn der 1960er-Jahre neue Wohnblöcke. Das Bauland wurde durch die Stadt unentgeltl. u. unbefristet zur Verfügung gestellt, 85 % der Baukosten wurden vom Staat durch zinslose Darlehen gefördert. Die Genossenschaftsmitglieder hatten Anteile zu erwerben u. Eigenleistungen zu erbringen. Die Zahl der AWG erhöhte sich bis 1958 auf 13. Im Jahr 1961 zählten sie 11584 Mitglieder, allerdings konnten zu diesem Zeitpunkt nur 3553 Mitglieder mit einer Wohnung versorgt werden. Die langen Wartezeiten wurden erst mit dem Übergang zum industriellen Bauen u. der Entstehung neuer Wohngebiete verkürzt. 1964 verhängte die Stadt zudem einen weitgehenden Aufnahmestopp, der erst 1972 wieder aufgehoben wurde. Die komplexen Anforderungen des industriellen Wohnungsbaus führten dazu, dass die Genossenschaften ihre eigenen Bauleitungen aufgaben u. die kleinen sich zusammenschließen mussten. Ab 1977 gab es nach mehreren Umstrukturierungen sieben AWG. Vom jährl. Neubauaufkommen wurden nach 1972 etwa 45 % den AWG zur Verfügung gestellt, bis 1990 entstanden für sie ca. 34000 Wohnungen. Etwa 36 % des Wohnungsbestandes lag in genossenschaftl. Hand. Die AWG Union war mit 12241 Wohneinheiten (WE) die größte. Die AWG Schiffahrt-Hafen hatte 8104 WE im Bestand, die AWG Warnowwerft 3372 WE, die AWG Fischkombinat 3042 WE, die AWG Neptun 2774 WE, die AWG Klaus Störtebeker 2237 WE u. die AWG der bewaffneten Organe Hans Kahle 2211 WE (alle Zahlen 1988). Für die Sanierungs- u. Reparaturmaßnahmen an den älteren Häusern bekamen die Genossenschaften nur unzureichend Kapazitäten zugewiesen. Da die Mieten aufgrund der staatl. Vorgaben niedrig gehalten wurden, mussten die Mehraufwendungen aus dem Staatshaushalt kompensiert werden. Nach dem Zusammenbruch der

Entwurf der Wohnungsgenossenschaft Schiffahrt-Hafen Rostock für den Stadtteil Schmarl (2017)

DDR hatten sich die W. der Marktwirtschaft anzupassen. 1990 wurden die Satzungen neu gefasst. 1992 konnte man den Grund u. Boden von der Stadt zum Vorzugspreis erwerben. 1993 sicherte das Altschuldenhilfe-Gesetz des Bundes die wirtschaftl. Existenz.

Gegenwärtig agieren auf dem Rostocker Wohnungsmarkt die W. Schiffahrt-Hafen mit 9802 WE, die W. Union mit 9604 WE, die W. Warnow mit 3429 WE, die W. Marienehe mit 2978 WE, die W. Neptun mit ca. 2600 WE, die W. Rostock-Süd mit 2146 WE u. die Neue Rostocker Wohngenossenschaft mit 1632 WE (alle Zahlen 2015). Der Übergang zu kostendeckenden Mieten u. die Erhebung der Betriebskosten bildeten die Grundlage für die wirtschaftl. Selbstständigkeit. Der Wohnungsbestand wurde schrittweise saniert u. frei finanzierte Neubauvorhaben konnten in Angriff genommen werden. So schuf die W. Marienehe ab 1999 Stadtvillen in Alt-Reutershagen. Die W. Union verwirklichte ab 2002 größere Bauvorhaben in der Karlstr., in Alt-Bartelsdorf, in der Pümperstr. u. am Friedhofsweg. Die W. Schiffahrt-Hafen errichtete im Jahre 2007 Wohnungen am Krischanweg, die BG Neptun bebaute seit 2007 auf dem ehem. Werftgelände die Neptunallee, die W. Warnow engagierte sich seit 2010 maßgebl. für das Petriviertel.

Lit.: *WG Union Rostock eG (Hg.): 50 Jahre WG UNION 1954–2004, Rostock 2004; H. Sasnowski u. a.: ... mehr als nur wohnen: Aus der Geschichte der Rostocker Wohnungsgenossenschaft Marienehe e. G., Rostock 2009; Wohnungsgenossenschaft Schiffahrt-Hafen Rostock: 42 Jahre Wohnungsgenossenschaft Schiffahrt-Hafen Rostock e. G., in: Wohnungswirtschaft in Mecklenburg-Vorpommern, Merseburg 1997, S. 210–226.* BK

WOSSIDLO-ARCHIV. 1954 in Rostock als Außenstelle der Dt. Akademie der Wissenschaften zu Berlin (Wossidlo-Forschungsstelle) gegründet. Erster Leiter war der Rostocker Lehrer Paul Beckmann. Das W. hatte die Aufgabe, die Sammlungen des berühmten meckl. Volkskundlers Richard Wossidlo (1859–1939) zur histor. Volkskultur u. Mundart Meckl. zu erschließen. Auf dem Terrain der Bezirke Rostock, Schwerin u. Neubrandenburg entstanden großflächige Inventarisationen zur Erzähl- u. Brauchforschung, zur Hausforschung sowie zur maritimen u. agraren Ethnografie. Die Mitarbeiter des W. kooperierten international wie regional, so mit der in Rostock u. später in Warnemünde ansässigen Arbeitsstelle für das „Meckl. Wörterbuch". 1959 übernahm der Hausforscher Karl → Baumgarten u. 1975 der Agrarethnograf Ulrich Bentzien (1934–87) das W. Nach 1990 wurde die Forschungsstelle als Institut für Volkskunde in die Uni Rostock integriert u. in die Lehre verankert. 2014 wurde ein Teil des umfangreichen Wossidlo-Nachlasses – der Zettelkasten Richard Wossidlos umfasst ca. zwei Mio. Zettel – als digitales Archiv WossiDiA ins Internet gestellt.

Richard Wossidlo vor seiner „Karteikastenwand" (1933)

Lit.: *S. Neumann: Richard Wossidlo und das Wossidlo-Archiv in Rostock, Rostock 1994; C. Schmitt: Universitätseinrichtung mit Landesstellenfunktion. Das Institut für Volkskunde (Wossidlo-Archiv) in Rostock, in: Volkskundliche Forschung und Praxis im regionalen Kontext, Dresden 2005, S. 111–124.* CS

Y

YACHTHAFEN. In Rostock u. Warnemünde gibt es zehn Marinas mit Liegeplätzen (Stand: 2015). Davon sind in Warnemünde der Y. Warnemünde u. der → Hafen Alter Strom auf der Westseite u. der Y. Hohe Düne auf der Ostseite der → Warnow zu finden. Im Alten Strom liegen die Boote des Akadem. Segelvereins zu Warnemünde (ASVW) u. des Warnemünder Segelclubs (→ Segeln). Entlang der Warnow existieren Anlegemöglichkeiten u.a. in Schmarl u. in Bramow. In Gehlsdorf befinden sich drei Häfen, wobei der Y. Gehlsdorf Süd fünf Seglervereinen ein Zuhause bietet, darunter den Traditionsvereinen Akadem. Seglerverein zu Rostock (ASVzR), Rostocker Yachtclub (ROYC, gegründet 1905) u. Meckl. Yachtclub Rostock (MYCR, gegründet 1884). Auf der Rostocker Seite der Warnow befinden sich drei Häfen im Stadthafen.

Die Y. in Rostock u. Warnemünde entwickelten sich mit den Segelklubs u. dem zunehmenden Fremdenverkehr (→ Tourismus). Erste Segelsportaktivitäten gab es Mitte des 19. Jh. vor Warnemünde. Zur Unterhaltung der Urlauber fanden Bootsregatten vom Ostmolenkopf bis → Stolteraa statt. Schiedsrichter war der Lotsenkapitän (→ Lotsenwesen). Unter dem Namen Rostocker Segelclub Greif begann 1884 die Geschichte des ersten Segelklubs, der später in Meckl. Yacht-Club (MYC) umgetauft wurde. 1885 organisierte der

Yachthafen Warnemünde (um 1970)

Vereinsheim des Rostocker Yachtclubs in Gehlsdorf (2015)

Klub die erste Segelregatta auf dem → Breitling, die Stephan → Jantzen mit dem Kielboot MARIE gewann. Die Segelklubs u. Yachtvereine führten ab 1931 die → Warnemünder Woche durch. Nach 1945 organisierten sich einige Segelklubs in den Betriebssportgruppen.

Mit den Aktivitäten wuchs die Infrastruktur. Am Gehlsdorfer Ufer entstand 1903 das Klubhaus des Meckl. Yachtclubs, ein Jugendstilhaus, gebaut nach Entwürfen des Architekten Paul → Korff. Vor dem Yachtclub stellten Vereinsmitglieder nach 1918 einen Gedenkstein für die im I. → Weltkrieg gefallenen Segelsportfreunde auf. Auch der ROYC verfügt über ein Vereinsgebäude. Zur Infrastruktur gehören neben dem Vereinshaus die Steganlagen. In Vorbereitung auf die Europameisterschaften der Finn-Dinghi-Segler wurde 1961 in Warnemünde unter Leitung des Rostocker Architekten Erich Kaufmann ein neuer Y. errichtet.

Nach 1989 wurden die Häfen bzw. Marinas ausgebaut. Zusätzl. Steganlagen für Sportboote entstanden. 2002 begann der Bau des Y. Hohe Düne, der 2005 eingeweiht wurde. Der Y. Warnemünde verfügt über eine breite Jollen-Slippanlage, die im Rahmen von Groß- u. Segelveranstaltungen genutzt wird.

Lit.: E. Swensson: Rostocker Yachtclub 1905–2005. Geschichte und Geschichten aus 100 Jahren, Rostock 2005. KM

Z

ZEECK. 1896 vom Stralsunder Kaufmann Gustav Z. als Kurz- u. Konfektionswarengeschäft in der Kröpeliner Str. gegründet; nach Neu-, Um- u. Erweiterungsbauten nach Plänen Paul → Korffs 1901–11 schließl. größtes u. modernstes → Kaufhaus in Meckl. mit Filialen u.a. in Warnemünde u. zahlreichen Städten Pommerns; seit 1906 auch Versandhandel über Katalog. Das Rostocker Gebäude wurde im Apr. 1942 bei einem → Bombenangriff zerstört, die Firma selbst nach dem II. Weltkrieg enteignet u. schließlich 1950 aus dem Rostocker Handelsregister gelöscht. Die ehem. Villa der Familie Z. befindet sich in der heutigen August-Bebel-Str.
Lit.: *Gustav Zeeck 1868-1921, in: Jahresköste der Kaufmannschaft zu Rostock, Bd.2, Rostock 1999, S. 58–61.* RL

Manufakturwaren-Geschäft Gustav Zeeck in der Kröpeliner Straße (1898)

ZELTZ, WILHELM HERMANN. Schiffszimmermeister (8.2.1819 Stralsund–1879 Rostock); erwarb 1842 das Rostocker → Bürgerrecht, im selben Jahr Aufnahme in das Amt der Schiffszimmerleute (→ Schiffbau); gründete 1850 mit Albrecht → Tischbein eine Schiffswerft u. Maschinenfabrik, den Vorläufer der späteren → Neptunwerft. Hier wurde 1851 der erste eiserne hochseefähige Schraubendampfer Deutschlands fertiggestellt. Z. verließ 1853 die Werft, baute danach wieder Holzschiffe, darunter 14 Barken u. zwei Vollschiffe.
Lit.: *H. Karting: Wilhelm Zeltz, Rostock, in: Der Bau hölzerner Schoner 1870 an der deutschen Ostseeküste von Nordschleswig bis nach Mecklenburg, Bremen 2003, S. 155f.* KM

ZIEGENMARKT. Spätestens ab 1678 so bezeichneter kleiner Platz westl. der → Kirche St. Marien. Ein 1979 errichteter Brunnen, den die 1959 von Gerhard Rommel geschaffene Skulptur „Afrikanische Bergziege“ krönt, verweist auf eine Namensherkunft, die bis heute nicht belegt werden konnte.
Lit.: *E. Münch, R. Mulsow: Das alte Rostock und seine Straßen, 2. Aufl., Rostock 2010, S. 38–42.* RL

ZINGEL. Teil der → Stadtbefestigung; aus dem Lat. kommende Bezeichnung für die Umschließung von Teilen der → Stadtfeldmark; im Unterschied zur Stadtmauer weniger stark befestigt; in Rostock kaum Landwehren wie in anderen Städten (Wismar, Plau) mit Erdwällen u. „Burgen“, jedoch Schlagbäume u. Gräben; heute nur noch an Flur- bzw. Straßennamen erkennbar (Z.-wiese, Z.-graben). EM

ZOO. 1899 eröffnete der Rostocker Stadtjäger u. Förster Robert Schramm unweit des Ausflugslokals „de Jäger“ auf dem Gelände des Trotzenburger Forstgehöfts (→ Trotzenburg) einen kleinen sog. Hirschgarten. Die heim. Tiere – ein Hirsch u. ein Rehpaar – wurden vom ersten Tierwärter Carl Lange betreut. Das erste Tierhaus war ein Schuppen. Die Seitenwände bestanden aus Latten, das Dach war mit Moos bedeckt. Die Attraktion des Z. war ein kapitaler Hirsch namens Jochen. 1902 kamen ein Seeadlerpaar, Enten, Schwäne u. mehrere Wildschweine hinzu. In den Folgejahren wurde der Hirschgarten um zwei Angorakatzen, einen Schakal u. zwei russ. Braunbären, ein Geschenk der Reederei Zelck, erweitert. 1907–10 erfolgte der Ausbau des Hirschgartens zu einem Wild- u. Dendrolog. Garten. Unter Leitung des Stadtgärtners Wilhelm → Schomburg u. des Baudirektors Hermann Tessendorf wurden verschiedene Tierhäuser u. Gehege, ein Kassenhäuschen, ein Café, eine zentrale Wasserversorgungsanlage sowie Zäune u. Sitzgruppen errichtet. Die Ställe entstanden in Fachwerkbauweise u. waren mit Strohdächern bedeckt. An Rostocker u. Mecklenburger im Ausland erging ein Aufruf, durch Zusendung von Tieren u. Pflanzen zu

Bärenzwinger (1910)

helfen. Am 4.7.1910 eröffnete der Wild- u. Dendrolog. Garten. Am Mittwoch, Sonnabend u. Sonntag war der Eintritt frei. Kinder unter sechs Jahren hatten tägl. kostenlosen Zugang. Eine Erwachsenenkarte kostete zehn, eine Kinderkarte fünf Pfennige. Der Bestand des Tiergartens wurde ständig erweitert. Für exot. Tiere fehlten allerdings Warmhäuser, sodass eine Löwin 1915 an Lähmungen u. Tuberkulose verstarb. Während des I. → Weltkrieges erlitt der Tiergarten aufgrund von Futter- u. Brennstoffmangel erhebl. Einbußen.

Durch den Verkauf eines Braunbär-Wurfes an den Hamburger Hagenbeck-Z. konnten 1922 vier Rhesusaffen angekauft werden. 1931 fand im Tiergarten eine deutschlandweit beachtete Dahlienschau statt. Während am Eröffnungstag bereits 4000 Besucher gezählt wurden, waren es einen Tag später bereits 10000.

Im II. Weltkrieg wurde der Tiergarten völlig zerstört. Schützengräben durchzogen das Gelände. Der Wasserturm u. die Zäune waren abgebaut. Viele Tiere wurden gestohlen od. geschlachtet. Manchen gelang die Flucht. Entlaufene Affen suchten im Sommer 1945 das Gebiet zwischen der Augusten- u. der Lindenstr. heim u. wurden erschossen. Auf den Freiflächen des Tiergartens entstanden Kleingärten. Bäume wurden abgesägt u. verheizt.

Der Neubeginn des Tiergartens 1950 ist mit den Namen des Gartenbauarchitekten Arno Lehmann u. des Gärtners Paul Stabel verbunden. Zügig konnte das völlig verwüstete, sieben Hektar große Gelände dank einer Vielzahl freiwilliger Helfer eingezäunt werden. Erste Käfige, Volieren u. Parkflächen entstanden. Für den Ankauf von Tieren gab es keine Investitionsmittel. Die ersten Tiere, wie ein Hirsch u. ein Wildschwein, waren daher Geschenke. Am 7.9.1952 öffnete der Tierpark seine Pforten. Drei Jahre später beschloss der Rat der Stadt Rostock, den Tierpark zu einem Zoolog. Garten auszubauen. Am 16.1.1956 begann unter dem neuen Direktor Siegfried → Seifert die Erweiterung des Z. auf 16 ha. Im Rahmen des Nationalen Aufbauwerks (NAW) wurden von Rostocker Betrieben kostenlos zahlreiche Tierhäuser u. Gehege, darunter ein Löwenhaus u. eine Eisbärenanlage, gebaut. Die Zahl der Besucher stieg von 450000 (1956) auf

Eisbärenanlage (1961)

600 000 (1959). Bis 1966 leisteten die Rostocker für ihren Z. 602 328 freiwillige Aufbaustunden u. sammelten Spenden in Höhe von knapp 2,9 Mio. M. Die Besatzung des Fischereischiffes ROS 115 schenkte dem Z. 1956 eine Robbe namens Robbi. Im selben Jahr kamen zwei Löwen u. zwei Eisbären hinzu. 1959 wurde das Elefantenhaus eröffnet, in das am 7.10.1960 die ind. Elefantenkuh Hati zog. Zwei Jahre später folgten fünf weitere Elefanten, unter ihnen Punschi. Sie verstarb im Sep. 1965, nachdem eine Besucherin ihr einen Papierblumenstrauß zum Fressen gegeben hatte. Der Bestand des Z. stieg von 126 Arten u. 551 Tieren im Jahre 1956 auf 272 Arten u. 1181 Tiere im Jahre 1968.

1965 wurde Dr. Dieter Schwarz zum neuen Direktor berufen. In seiner Amtszeit bis 1991 wurde der Z. auf 56 ha erweitert. Es war vorgesehen, bis zum Jahre 2000 den Besuchern einen geograf. Streifzug durch die Tierwelt zu ermöglichen. Ein erster Schritt war das 1973 eingeweihte Streichelgehege für Ziegen, die erste begehbare Tieranlage. Der Bau einer Kamel- u. Einhuferanlage (Pferd, Esel, Zebra usw.) erfolgte unter Leitung des Z.-architekten Gerd Vogt. Der Z. spezialisierte sich auf die Haltung von Tieren der polaren Region.

1963 begründete die Geburt der Eisbärin Katja die Rostocker Zucht. Weltweite Anerkennung erfuhr der Z. 1980 durch die Beauftragung, das internationale Zuchtbuch für Eisbären zu führen – diese wurden das Wappentier. 2016 musste das Eisbärengehege geschlossen werden. Bis 2018 werden die Bären in andere Z. gegeben, um dann in das neu errichtete Polarium zurückzukehren.

Im neu erschlossenen Teil des Z. erfolgte 1998 die Einweihung einer Voliere für Küstenvögel. 2013 musste die Elefantenkuh Sara krankheitsbedingt eingeschläfert werden. Damit endete die 1959 eingeführte Haltung von Elefanten.

Unter Leitung von Udo Nagel, der 1992 den Z. als Hauptgeschäftsführer übernahm, wurden bis 1999 acht Mio. DM investiert. 1998 öffnete das Südamerika-Haus. 2000 kam eine Großkatzenanlage hinzu. Seit 1999 findet alljährl. eine Klassik-Nacht statt. 2007 besuchten ca. 550 000 Menschen den Z.

Blick ins Darwineum (2015)

Mit einem Investitionsvolumen von rund 28 Mio. € wurde 2012 das Darwineum, ein Menschenaffenhaus u. Aquarium, eingeweiht. Es ist das größte Bauprojekt in der Geschichte des Z.

2014 kamen ca. 632300 Besucher in den Z. Hier leben ca. 4500 Tiere (2013). Der Z. gehört zu den 50 besten dt. Ausflugszielen (2013) u. nimmt im europ. Z.-Ranking Platz 4 unter den mittelgroßen Z. ein. 2015 wurde der Rostocker Z. in der Kategorie II (500000–1 Mio. Besucher) zum besten Europas gewählt.
Lit.: *Zoologischer Garten Rostock (Hg.): Vom Hirschgarten zum Erlebniszoo. 100 Jahre Tiergarten Rostock, Rostock 1999.* RS

ZUCHT- UND WERKHAUS → KATHARINENSTIFT

ZUCKERFABRIK. 1884 begann der Bau der Rostocker Aktien-Z. auf dem „Cassebohmer Felde" an der Oberwarnow (heute: Kessiner Str.) unter Leitung des Direktors Otto Schulze. Die erste Kampagne wurde 1884/85 durchgeführt. Die Verarbeitungskapazität der Z. belief sich auf 6000 Zentner pro Saison. Die Belieferung erfolgte durch die Aktionäre der Z., deren Mitgliedschaft an den Anbau von Zuckerrüben gebunden war. Ein Großteil der Zuckerrüben kam über den Zingelgraben, einen Zufluss zur → Warnow. Den großen Bedarf an Spül- u. Waschwasser stillte die Warnow. Eine Kläranlage sorgte für die Reinigung der Abwässer. Hauptabnehmer des Zuckers war Großbritannien. Nach 1945 wurden auf dem Gelände der Z. Kunsthonig u. Hefe hergestellt. Ab 1954 diente die Z. der Dt. Handelszentrale als Lager für pharmazeut. Erzeugnisse u. Materialien des Krankenhausbedarfs. 1992 begann der Abriss des ca. 25 Häuser umfassenden Gebäudeensembles. Zwei Gebäude blieben stehen, die eine Nutzung als Lager, Fitness-Studio u. Autowerkstatt erfuhren. Seit 2006 befinden sich in der Z. Musikprobe- u. Projekträume. Im Juli 2009 eröffneten ein Kulturcafé u. eine Kleinkunstbühne; der Ausbau zum Konzert- u. Diskothekstandort Alte Z. begann.
Lit.: *W. Scheel: Gründung die Rostocker Aktien-Zuckerfabrik betreffend, Rostock 1905.* RS

Aktie der Rostocker Zuckerfabrik (1922)

ZUNFT → HANDWERK

ZUR, YAAKOV (eigentl. Alfred Zuckermann). Lehrer, Historiker (21.4.1924 Rostock–29.11.2013 Kibbuz Ein HaNatziv/Israel); emigrierte als Sohn einer jüd. Rostocker Kaufmannsfamilie 1939 nach Palästina; nach landwirtschaftl. Ausbildung 1946 Mitbegründer eines Kibbuz; Studium der Geschichte u. Pädagogik (1961–64); danach Tätigkeit als Lehrer u. Universitätsdozent; 1987 erstmaliger Besuch Rostocks; 1991 Mitbegründer der Stiftung Begegnungsstätte für jüd. Geschichte u. Kultur/Max-Samuel-Haus in Rostock, Vorstandsmitglied; vielfältig engagiert für Völkerverständigung u. Aussöhnung; 1993 → Ehrenbürger der Hansestadt Rostock, 1998 Ehrenpromotion der Uni Rostock.
Lit.: *C. Gundlach (Hg.): Die Welt ist eine schmale Brücke. Yaakov Zur – ein Israeli aus Rostock. Erinnerungen und Begegnungen, Schwerin 2003.* RL

ZWANGSARBEITER. Seit dem Beginn des II. → Weltkrieges am 1.9.1939 arbeiteten neben → Kriegsgefangenen Tausende ausländ. Z. in Rostock. In der Mehrzahl stammten sie aus der Sowjetunion u.

Französische Kriegsgefangene im Rosengarten vor dem zerstörten Hauptpostamt in der Wallstraße (1942)

aus Polen. Eingesetzt wurden die Z. in den Rüstungsbetrieben wie den → Ernst Heinkel Flugzeugwerken – allein hier waren 1942 Arbeiter aus 14 Nationen im Einsatz –, den → Arado Flugzeugwerken u. der → Neptunwerft, aber auch in anderen kriegswichtigen Betrieben wie dem Reichsbahnausbesserungswerk od. bei Baufirmen. Die wöchentl. Arbeitszeit betrug bis zu 72 h. Ende 1943 waren ca. 20 000 Ausländer in Rostock tätig, davon mehr als 8300 bei Heinkel u. 1300 auf der Neptunwerft. Untergebracht waren die Z. in umgenutzten Beherbergungsbetrieben, in Gebäuden (häufig Baracken) nahe dem Einsatzort u. in Barackenlagern am Stadtrand. Die größten Lager befanden sich in Dierkow, Biestow, Brinckmansdorf, Evershagen, auf der Stadtweide u. an der Thierfelderstr. Die Lebensbedingungen der Arbeiter wurden durch zahlreiche Restriktionen eingeschränkt. So war den Arbeitern der Zutritt zu bombensicheren Schutzräumen in den Betrieben oft verwehrt. Ab 1943 galt für sowjet. Z. ein Aufenthaltszwang am Arbeits- od. Unterbringungsort. Die beiden größten Probleme waren aber unzureichende Hygiene u. der Nahrungsmangel.

Lit.: *M. Buddrus: Ausländische Arbeitskräfte in Mecklenburg 1943/1944. Zahlen, Orte, Firmen. Eine kommentierte Dokumentation, in: Zeitgeschichte regional. Mitteilungen aus Mecklenburg-Vorpommern, Jg. 10, H. 1, Rostock 2006, S. 86–99; F. Stamp: Zwangsarbeit in der Metallindustrie 1939–1945. Das Beispiel Mecklenburg-Vorpommern, Berlin 2001.* TW

ZWANGSSTERILISATION. Am 1.1.1934 trat das Gesetz zur Verhütung erbkranken Nachwuchses (GzVeN) in Kraft. Damit wurde die lang diskutierte, schon vor 1933 immer wieder angestoßene Frage der eugenischen Sterilisation zum gesetzl. verordneten Zwang. Allein im ersten Jahr nach Inkrafttreten des Gesetzes wurden in Meckl. 1846 Sterilisationsanträge gestellt. Dabei hatten die Heil- u. Pflegeanstalt → Gehlsheim u. die angeschlossene Poliklinik pro Jahr etwa 1000 Fälle zu untersuchen. Der an der Klinik tätige Arzt Dr. Wolf Skalweit wurde 1934 vom Meckl. Staatsministerium ermächtigt, die Amtsärzte bei der Bearbeitung der Anträge zu unterstützen. Skalweit fungierte auch als Berater für das in Rostock ansässige Erbgesundheitsgericht bzw. für das -obergericht. War ein Antrag positiv entschieden, musste innerhalb von zwei Wochen die Z. durchgeführt werden. Bei Männern erfolgte der Eingriff in der chirurg. → Universitätsklinik, bei Frauen in der Universitäts-Frauenklinik. Derzeitige Schätzungen schwanken zwischen 5000 u. 9000 Menschen, die in Meckl. Opfer von Z. wurden.

Lit.: *I. Miesch: Zwangssterilisation in Mecklenburg während der Zeit des Nationalsozialismus, in: Zeitgeschichte regional. Mitteilungen aus Mecklenburg-Vorpommern, Jg. 2, H. 2, Rostock 1998, S. 4–9.* EK/KH

ZWINGER. Verteidigungsbauwerk in der → Stadtbefestigung vor dem → Steintor. Der Rundbau mit einem Durchmesser von 22 m wurde 1526–32 unter Leitung des Baumeisters Hans Percham aus Wittstock errichtet. Über drei mit Kanonen bestückten Kasemattenetagen mit ca. sechs Meter starken Außenwänden lagen zwei wesentl. weniger geschützte Obergeschosse. Mauern mit Wehrgängen verbanden das Bauwerk mit dem Steintor. Seine Funktion bestand zunächst ausschließlich in der Verteidigung des südl. Stadtzuganges. Um 1700 konnte der Z. jedoch der modernen Waffentechnik nicht mehr standhalten. Fortan diente er zeitweise als Pulverdepot, als Arsenal u. als → Gefängnis. Als solchem setzte John → Brinckman ihm in „Kasper Ohm un ick" ein literar. Denkmal. Anfang des 19. Jh. avancierte der nun unzeitgemäße Wehrbau zunehmend zum Verkehrshindernis u. wurde schließlich im Jahre 1849 mit Hilfe preuß. Pioniere gesprengt u. abgetragen.

Lit.: *A. F. Lorenz: Der Zwinger und Wall, in: Mecklenburgische Monatshefte, Jg. 12, Rostock 1936, S. 467–470.* RL

Blick auf den Zwinger und das Steintor von Süden (um 1840)

ABKÜRZUNGEN

AG	Aktiengesellschaft
Apr.	April
ASK	Armeesportklub
Aufl.	Auflage
Aug.	August
Bd.	Band
bspw.	beispielsweise
bzw.	beziehungsweise
ca.	circa
cm	Zentimeter
DDR	Deutsche Demokratische Republik
Dez.	Dezember
Diss	Dissertation
dt.	deutsch
Dtl.	Deutschland
e.V.	eingetragener Verein
ebd.	ebenda
ehem.	ehemalig, ehemals
ev.	evangelisch
Feb.	Februar
FC	Fussballclub
FDGB	Freier Deutscher Gewerkschaftsbund
FDP	Freie Demokratische Partei
GmbH	Gesellschaft mit beschränkter Haftung
ha	Hektar
H.	Heft
Hg.	Herausgeber
hl	Hektoliter
HNO	Hals-Nasen-Ohren
i.d.R.	in der Regel
incl.	inklusive
Jan.	Januar
Jh.	Jahrhundert
kath.	katholisch
km	Kilometer
KPD	Kommunist. Partei Deutschlands
KPdSU	Kommunist. Partei der Sowjetunion
KZ	Konzentrationslager
l	Liter
LPG	Landwirtschaftl. Produktionsgenossenschaft
luth.	lutherisch
m	Meter
max.	maximal
Meckl.	Mecklenburg
meckl.	mecklenburgisch
mind.	mindestens
Mio.	Million
MS	Manuskript
NDPD	Nationaldemokratische Partei Deutschlands
NF	Neue Folge
niederdt.	niederdeutsch
NN	Normalnull
Nov.	November
NSDAP	Nationalsozialistische Deutsche Arbeiterpartei
NVA	National Volksarmee
od.	oder
Okt.	Oktober
Prof.	Professor
S.	Seite
SBZ	Sowjet. Besatzungszone
SED	Sozialist. Einheitspartei Deutschlands
Sep.	September
sm	Seemeile
SMAD	Sowjetische Militäradministration
sog.	sogenannte
Sp.	Spalte
SPD	Sozialdemokrat. Partei Deutschlands
St.	Sankt
Str.	Straße
t	Tonne
u.	und
u.a.	unter anderen
Uni	Universität
usw.	und so weiter
v.	von
v.a.	vor allem
VEB	Volkseigener Betrieb
vorm.	vormals
z.B.	zum Beispiel
z.T.	zum Teil
ZK	Zentralkomitee

KURZBIOGRAFIEN

AB – **Andreas Bieberstedt**, geb. 1969, Dr. phil. habil., Prof. für Niederdt. Sprache u. Literatur am Institut für Germanistik der Uni Rostock. Veröffentlichungen u. a. zur mittelniederdt. Sprachgeschichte sowie zur hamburg. u. meckl. Regionalsprache.

AH – **Angela Hartwig**, geb. 1960, Dr. phil., Leiterin des Archivs u. der Kustodie der Uni Rostock, Veröffentlichungen zur Uni-Geschichte.

AK – **Annelen Karge**, geb. 1960, Dipl. Ethnologin, wissenschaftl. Mitarbeiterin/Kuratorin im Kulturhistor. Museum Rostock, Veröffentlichungen zur Stadt- u. Alltagsgeschichte.

AKr – **Antje Krause**, geb. 1948, Dr. phil., Historikerin, Lektorin, Veröffentlichungen zur meckl. Technik- u. Personengeschichte.

AL – **Andreas Lorenzen**, geb. 1948, gest. 2017, Dr. phil., Direktor des Büros für architekturbezogene Kunst Rostock (1981–1990), bis 2008 Gymnasiallehrer; Veröffentlichungen zur Kunst im öffentl. Raum u. zur meckl. Kunstgeschichte.

AS – **Antje Strahl**, geb. 1978, Dr. phil., wissenschaftl. Mitarbeiterin im Uni-Archiv Rostock, Veröffentlichungen zur meckl. Landesgeschichte u. Rostocker Stadtgeschichte mit den Schwerpunkten Weltkriegs- u. Provenienzforschung.

BK – **Bodo Keipke**, geb. 1962, Elektromaschinenbauer, Diplom-Archivar, wissenschaftl. Mitarbeiter am Stadtarchiv Rostock, Veröffentlichungen zur Rostocker Stadtgeschichte

BM – **Bärbel Mundt-König**, geb. 1948, Diplom-Germanistin/Romanistin, Lektorin, Veröffentlichungen zur Regional- u. Mundartliteratur im Hinstorff-Verlag Rostock.

CN – **Christian Nestler**, geb. 1984, M.A., Promovend am Institut für Politik- u. Verwaltungswissenschaften der Uni Rostock, Veröffentlichungen im Bereich Parteiengeschichte u. -forschung sowie zur Regionalgeschichte Meckl.-Vorpommerns.

CS – **Christoph Schmitt**, geb. 1956, Dr. phil., Leiter der Wossidlo-Forschungsstelle für Europ. Ethnologie/Volkskunde der Uni Rostock, Veröffentlichungen zur Regionalethnografie u. internationalen Erzählforschung.

EK – **Ekkehardt Kumbier**, geb. 1968, PD Dr. med. habil., Facharzt für Psychiatrie, Mitarbeiter der Klinik u. Poliklinik für Psychiatrie u. Psychotherapie der Uni-Medizin Rostock, Veröffentlichungen zur Geschichte der Psychiatrie in der Nachkriegszeit, insbesondere in der DDR, u. der Verbrechen an psychisch Kranken u. Behinderten während der NS-Zeit in Meckl.

EM – **Ernst Münch**, geb. 1952, Dr. phil. habil., Prof. für mittelalterl. Geschichte u. meckl. Landesgeschichte in Rostock (1998–2018), Veröffentlichungen zur meckl. Agrar- u. Landesgeschichte sowie zur Rostocker Stadt- u. Universitätsgeschichte.

FO – **Florian Ostrop**, geb. 1970, Dr. phil., Verlagskaufmann, Lektor, Historiker, wissenschaftl. Mitarbeiter u. stellv. Geschäftsführer der Stiftung Meckl. in Schwerin, Veröffentlichungen zur meckl. Landesgeschichte des 20. Jh.

GB – **Gisela Boeck**, geb. 1954, Dr. rer. nat., wissenschaftl. Mitarbeiterin am Institut für Chemie der Uni Rostock, Veröffentlichungen zur Geschichte der Chemie, insbesondere zum Periodensystem der Elemente, zu Frauen in den Naturwissenschaften u. zur Popularisierung der Chemie.

GF – **Gisa Franke**, geb. 1968, Diplom-Archivarin (FH), Mitarbeiterin am Stadtarchiv Rostock, Veröffentlichungen zur Rostocker Stadtgeschichte, Wissenschaftsgeschichte des 19. u. 20. Jh. sowie zur Archivpraxis.

GH – **Gerhard Heitz**, geb. 1925, Dr. phil. habil. Dr. h.c., emeritierter ordentl. Prof. an der Uni Rostock; Veröffentlichungen zur Agrargeschichte der Frühen Neuzeit (Agrardualismus, Gutsherrschaft, Bauernbewegungen) u. zur Geschichte Meckl. (Kleinstädte, Landstände).

GK – **Günter Kosche**, geb. 1940, Dr. phil., Oberstudienrat i.R., Didaktik der Geschichte an der Uni Rostock bis 2006, Veröffentlichungen zur Geschichtsdidaktik, meckl. Landesgeschichte u. Sportgeschichte Rostocks.

HB – **Holger Ernst Behm**, geb. 1958, Dr. agr. habil., Diplom-Meliorations-Ingenieur, Fachgebietsleiter sowie außerplanmäßiger Prof. für Landschaftsplanung u. Landschaftsgestaltung an der Uni Rostock, Veröffentlichungen u.a. zur internationalen Umweltforschung u. Umweltplanung.

HG – **Horst Geyer**, geb. 1949, Dr. rer. nat., Lehrer für Mathematik u. Chemie, von 1992 bis 2014 Leiter der Volkshochschule der Hansestadt Rostock.

HH – **Hanna Haack**, geb. 1941, Dr. phil. habil., Prof. an der Uni Rostock bis 1990, PD an der Uni Hamburg. Veröffentlichungen zur Agrar- u. Sozialgeschichte Meckl. sowie zur Rostocker Stadtgeschichte.

HL – **Heidrun Lorenzen**, geb. 1948, Dr. phil., Leiterin des Kulturhistor. Museums Rostock bis 2010, Ausstellungen u. Veröffentlichungen zur bildenden Kunst des 17.–21. Jh., vor allem zur meckl. Kunstgeschichte u. zur Kunst in der NS-Zeit.

HM – **Hartmut Möller,** geb. 1953, Dr. phil. habil., Prof. an der hmt Rostock für Musikwissenschaft, Veröffentlichungen zur mittelalterl. u. frühneuzeitl. Musikgeschichte, zu E- u. U-Musiken nach 1945 sowie Problemen der Musikhistoriografie u. psychoanalyt. Interpretation von Musik.

HS – **Horst Sieber**, geb. 1948, Dr. phil., Rentner, Veröffentlichungen zur Geschichte der dt. Jugendbewegung, der Stadt Rostock u. zur Sozialgeschichte.

IE – **Ingrid Ehlers**, geb. 1942, Diplom-Archivarin, Germanistin u. Historikerin, wissenschaftl. Mitarbeiterin im Stadtarchiv Rostock 1966–2005, Veröffentlichungen zur Stadt- u. Kulturgeschichte Rostocks.

JPS – **Jan-Peter Schulze**, geb. 1963, Dr. phil., Historiker, Veröffentlichungen zum Städtebau in Dtl. nach 1871, zur Stadtgeschichte Rostocks u. über den Schriftsteller Walter Kempowski.

KH – **Kathleen Haack**, geb. 1969, Dr. rer. hum., Mitarbeiterin AG Geschichte u. Philosophie an der Klinik u. Poliklinik für Psychiatrie u. Psychotherapie, Uni-Medizin Rostock, Veröffentlichungen zur Geschichte der Psychiatrie in der NS-Zeit u. in der DDR, Kinderpsychiatrie sowie forens. Psychiatrie.

HUW – **Hans-Uwe Lammel**, geb. 1952, Dr. med. habil., Prof. für Geschichte der Medizin u. Leiter des gleichnamigen Arbeitsbereiches der Uni Rostock. Forschungsschwerpunkte: Frühneuzeitl. Gelehrsamkeit, Uni-Geschichte u. Hofmedizin.

KJLS – **Klaus-Joachim Lorenzen-Schmidt**, geb. 1948, gest. 2015; Dr. phil., Oberarchivrat am Staatsarchiv Hamburg, Lehrbeauftragter am Histor. Seminar der Uni Hamburg; Veröffentlichungen zur Wirtschafts-, Sozial-, Stadt- u. Agrargeschichte des Mittelalters u. der Frühen Neuzeit in Norddtl.

KM – **Kathrin Möller**, geb. 1966, Dr. phil., Mitarbeiterin der IGA Rostock 2003 GmbH, Schiffbau- u. Schifffahrtsmuseum; Veröffentlichungen u. Ausstellungen zur Sozial-, Technik- u. Wirtschaftsgeschichte Meckl.-Vorpommerns.

LS – **Lothar Schultz,** geb. 1943, Diplom-Ing. (FH) Eisenbahnbetriebs-Ing. 1967; HS für Ökonomie 1982, Mitarbeiter der Reichsbahndirektion, regionaler Planungsverbände u. Wirtschaftsstrukturen; ehrenamtl. Vorsitzender u. Vereinstätigkeiten 1973–2013, Rentner seit 2005; Veröffentlichungen zur Eisenbahngeschichte Meckl. 1978–2014.

MB – **Martin Buchsteiner**, geb. 1983, Dr. phil., wissenschaftl. Mitarbeiter am Arbeitsbereich Fachdidaktik des Histor. Instituts der Uni Greifswald, Veröffentlichungen zur Geschichte Meckl.

MKr. – **Manfred Kramer**, geb. 1931, Diplom-Ingenieur oec., Ehrenvorsitzender des Sammlervereins HANSEPHIL e.V., Mitglied des Vereins zur Förderung der Postgeschichte u. Philatelie in Meckl.-Vorpommern e.V., Veröffentlichungen zu maritimen Themen der Philatelie.

MK – **Michael Kunzel**, geb. 1954, Dr. phil., Numismatiker an der Stiftung Dt. Histor. Museum Berlin, Veröffentlichungen zur Numismatik Meckl., Rostocks, Wismars u. zur meckl. Handwerksgeschichte.

MM – **Matthias Manke**, geb. 1968, Dr. phil., Historiker u. Archivar, stellv. Leiter des Landeshauptarchivs Schwerin, Veröffentlichungen zur neueren meckl. u.pommerschen Landes- u. Archivgeschichte.

MR – **Marcus Rudolph**, geb. 1980, M.A., Arzt u. Historiker, Veröffentlichungen zur Geschichte der NSDAP u. zur meckl. Medizingeschichte.

MZ – **Matthias Zielasko**, geb. 1960, Volljurist, Rechtsanwalt mit Schwerpunkt u.a. Miet- u. WEG-Recht, Vorsitzender des Rostocker Haus- u. Grundeigentümervereins e.V.

NE – **Norbert Enenkel**, geb. 1952, Dr. rer. nat., Mitarbeiter am Institut für Physik der Uni Rostock (bis 2017), Veröffentlichungen zur Geschichte der Rostocker Straßenbahn u. der elektr. Kleinbahn Warnemünde – Markgrafenheide (Strandbahn).

NW – **Nikolaus Werz**, geb. 1952, Dr. phil. habil., Prof. an der Uni Rostock für Politikwissenschaft, Veröffentlichungen zu Politik u. Wahlen in Meckl.-Vorpommern u. der Bundesrepublik Dtl.

RK – **Reinhard Kramer,** geb. 1954, Diplom-Ingenieur oec./Seeverkehr, betreibt das „VG-Ostseeschiffahrtsarchiv“ mit Forschungen zur dt. Schifffahrts- u. Marinegeschichte; Beiträge zur Fährschifffahrt von Warnemünde u. Sassnitz.

RM – **Ralf Mulsow**, geb. 1963, Diplom-Prähistoriker, Stadtarchäologe beim Amt für Kultur, Denkmalpflege u. Museen in Rostock, Veröffentlichungen zur Stadtarchäologie in Rostock.

RMH – **Robert Martin Hackbarth**

RP – **Ronald Piechulek**, geb. 1961, Diplom-Museologe (FH), Mitarbeiter des Schiffbau- u. Schifffahrtsmuseums Rostock, Veröffentlichungen zur Rostocker Stadtgeschichte.

RS – **Reno Stutz**, geb. 1962, Dr. phil., Historiker u. freiberufl. Autor, Veröffentlichungen zur Regional- u. Technikgeschichte Meckl.-Vorpommerns.

SP – **Steffen Prignitz**, geb. 1972, Dr. phil., Leiter der Geschäftsstelle des Verwertungsverbundes Meckl.-Vorpommern, Veröffentlichungen zur Geschichte Warnemündes, zur Geschichte der Uni Rostock u. zu Richard Wagner.

SS – **Steffen Schoon**, geb. 1974, Dr. rer. pol., Referent in der Landeszentrale für polit. Bildung Meckl.-Vorpommern, Veröffentlichungen zu Wahlen u. Parteien sowie zur polit. Kultur, insbesondere zu Meckl.-Vorpommern.

TL – **Tina Lewerenz**, geb. 1985, Ärztin für Kinderchirurgie u. -urologie am Dietrich-Bonhoeffer-Klinikum Neubrandenburg, Veröffentlichungen zur Geschichte der Uni-Kinderklinik Rostock u. zu Prof. Dr. Hermann Brüning.

TW – **Thomas Werner**, geb. 1966, Bereichsleiter Kulturförderung bei der Hanse- u. Universitätsstadt Rostock, Veröffentlichungen zur regionalen Fotografiegeschichte.

UJ – **Uta Jahnke**, geb. 1966, Diplom-Historikerin, Stadtkonservatorin im Amt für Kultur, Denkmalpflege u. Museen der Hansestadt Rostock, Veröffentlichungen zur Stadtbaugeschichte.

VK – **Volker Koos**, geb. 1947, Dr. rer. nat., Veröffentlichungen zur Luftfahrtgeschichte, insbesondere zum Flugzeugbau im Gebiet des heutigen Meckl.-Vorpommerns.

WEW – **Wolfgang Eric Wagner**, geb. 1966, Dr. phil. habil., Prof. für Geschichte des Mittelalters an der Uni Münster, Veröffentlichungen zur mittelalterl. u. frühneuzeitl. Geschichte der Uni Rostock sowie zur Rostocker Kirchengeschichte.

WGV – **Wolf-Günter Völker**, geb. 1948, Prof. Dr. an der Uni Rostock, Institut für Allgemeine Pädagogik u. Sozialpädagogik, Veröffentlichungen zur Bildungsgeschichte Meckl.-Vorpommerns.

WK – **Wolf Karge**, geb. 1951, Dr. phil., Kurator u. Berater für Museen, Veröffentlichungen zur Wirtschafts-, Kultur- u. Kunstgeschichte Meckl., Vorpommerns u. des Ostseeraums.

WS – **Wilfried Steinmüller**, geb. 1957, Tourismusfachwirt, Historiker u. freiberufl. Autor, Veröffentlichungen zur meckl. Jagd-, Forst- u. Regionalgeschichte. Freier Mitarbeiter an der Richard-Wossidlo-Forschungsstelle Rostock.

BILDNACHWEIS

AIDA Cruises
S. 293

Altonaer Museum (Hamburg)
S. 15, 67, 76, 80, 81, 149 (r.), 173 (r.), 191, 221 (l.), 222 (r.), 225, 234 (u.), 239, 268 (o. l.), 268 (r.), 315, 343, 350, 373, 417 (r.), 429, 431 (l.), 463 (o.), 505 (r. o.), 505 (r. u.), 507 (l.), 509 (r.), 511, 514 (o.), 556 (l.), 573, 574

Archiv der Hansestadt Rostock
S. 9, 12, 35, 42, 57, 58, 69, 71, 86 (l.), 87, 90, 95, 99, 104 (r.), 112 (o.), 115, 116, 119 (r.), 120, 122, 131 (l.), 133 (r.), 141 (l.), 151 (l.), 159 (l.), 168, 170, 177, 187, 195, 203 (l.), 233 (l.), 235 (r.), 245 (l.), 250 (r.), 252 (l.), 254 (o.), 277, 279 (o.), 279 (u.), 287 (o.), 287 (u.), 292 (o.), 292 (u.), 292, 309 (o.), 318, 320, 323 (o.), 325 (o.), 330, 335, 337, 339 (u.), 357, 359, 360, 369, 375, 378 (r.), 381 (r.), 389, 390, 399 (l., o.), 413, 416 (r.), 427 (r.), 428 (r.), 430 (r.), 431 (r.), 433, 434, 439 (l.), 440, 441 (u.), 443, 445 (u.), 447, 454, 462, 467, 468, 471, 477, 479, 480, 481, 483 (r.), 484 (o.), 484 (u.), 490, 497, 514 (u.), 515, 519, 530, 534, 538, 539 (l.), 539 (r.), 542, 567 (l. o.), 567 (r. o.), 567 (r. u.), 568

Archiv der Universität Rostock
S. 36, 54 (l.), 54 (r.), 60, 61, 73, 83 (l.), 92, 93 (l.), 93 (r.), 97, 98, 100, 105, 109, 164, 181, 182, 193, 196 (r.), 228, 229, 230, 247, 253, 255, 256, 257, 285, 290, 296, 303 (l.), 303 (r.), 310, 311, 312 (l.), 313, 317 (o.), 319 (r.), 329 (o.), 333 (r. o.), 336, 338, 345 (r.), 348 (r.), 351, 372, 377, 378 (l.), 387 (o.), 387 (u.), 391, 394, 397 (l.), 397 (r.), 400, 402 (l.), 402 (r.), 403 (l.), 403 (r.), 407, 408 (l.), 409, 418, 425, 427 (l.), 430 (l.), 475, 476 (l.), 486 (l.), 498 (l.), 501, 504, 508, 513, 517 (l.), 521, 522 (u.), 523 (l.), 523 (r.), 525, 527 (l.), 527 (r.), 547, 552 (r.), 553, 565 (l.)

Becker, Kristina (Rostock)
S. 3

Bundeswehr/PIZ Marine (Rostock)
S. 335 (o.)

Diakonie Stadtmission Elisabeth-Stift
S. 112 (u.)

Ehlert-Pohl, Christiane (Rostock)
S. 86 (r.)

Eisert, Enrico (Rostock)
S. 325 (u.)

Eschenburg, Karl (Warnemünde)
Cover (Zeile 2, r.), S. 44, 49, 96, 138 (l.), 154, 155 (l.), 237, 268 (u. l.), 271 (r.), 306, 380 (l.), 448 (l.), 464, 465, 487, 488, 494 (l.), 494 (r), 506

Eurawasser Nord GmbH
S. 139

Fotolia, Francesca Marvulli
S. 19

Freilichtmuseum für Volkskunde Schwerin-Mueß
S. 544

Gatz, Prof. Dr. Dagmar (Rostock)
S. 101

Geschonneck, Christian (Rostock)
S. 411

Gidom, Henry (Warnemünde)
S. 204

Gohlke, Danny (Rostock)
Cover (Zeile 4, r.), S. 28, 29, 63, 66 (r.), 68 (r.), 144 (r.) 206 (u.), 240 (l.), 354, 466, 503 (r. u.), 528, 548 (l.)

Grundner, Thomas (Heiligendamm)
Cover (o.), Cover (Zeile 2, l.), Cover (u. m.), Cover (u. r.) S. 6/7, 10, 16 (r.), 34, 39, 46, 47, 64, 72 (u.), 83 (r.), 223 (u.), 269, 282, 370, 393, 526

Häntzschel, Thomas (Rostock)
Cover (Zeile 3, r.), S. 11, 208, 424 (u.), 442 (l.)

Heimatmuseum Warnemünde
S. 41 (r.), 48, 82 (r.), 84, 85, 94, 107, 110 (l.), 110 (r.), 127 (m.), 128, 141 (r.), 142 (o.), 143 (r.), 153, 155 (r.), 156 (r.), 158, 216, 223 (o.), 265, 272, 289, 296 (r. o.), 296 (r. u.), 317 (r. u.), 327 (u.), 345 (l.), 347 (r.), 348 (l.), 406, 469, 500 (o.), 512 (l.), 516, 524, 532 (r.), 535, 537 (l.), 548 (r.), 549 (l.), 551 (o.), 551 (u.), 559, 563, 570, 571

Hinstorff Verlag (Rostock)
S. 136, 172 (l.), 227, 396, 398

Hormann, Frank (Rostock)
S. 89

IGA Rostock 2003 GmbH
S. 242 (r.)

Keipke, Bodo (Rostock)
S. 263 (o.)

Kempowski Archiv Rostock
S. 261

Kiesendahl, Gudrun (Rostock)
S. 498, 499

Koss, Dr. Volker (Rostock)
S. 20, 159 (r.), 160, 161, 224, 368 (r.)

Kramer, Manfred (Rostock)
S. 78–79 (l.)

Kramer, Reinhard (Rostock)
S. 41 (l.), 111, 143 (l.), 170 (u.), 198 (r.), 442 (r.)

Kulturhistorisches Museum Rostock
Cover (Zeile 3, l.), Cover (Zeile 4, m.), S. 13, 16, 17, 21, 22, 23, 24, 38, 43 (l.), 43 (r.), 50 (r.), 51, 52, 62, 65 (o.), 65 (u.), 66 (l.), 68 (l.), 70 (o.), 70 (u.), 72 (o.), 75, 79 (r.), 82 (l.), 91 (l.), 91 (r.), 103, 113, 114 (o.), 114 (u.), 119 (l.), 125, 126, 127 (u.), 130, 131 (r.), 133 (l.), 140, 147, 148, 149 (l.), 151 (r.), 156 (l.), 162 (l.), 163, 165, 166, 170 (o. l.), 171, 174, 175 (u.), 178 (r.), 185 (r. o.), 185 (r. u.), 192 (o.), 194, 196 (l.), 198 (l.), 205, 206 (o.), 207 (o. l.), 207 (o. r.), 207 (u.), 209, 212, 214 (o.), 214 (u.), 217, 220 (o.), 222 (l.), 232, 235 (r.), 241, 244 (l.), 244 (r.), 248, 249, 250 (l.), 251, 252 (r.), 254 (o.), 257 (l.), 259, 260 (l.), 264, 271 (l.), 275, 278 (l.), 283 (r.), 298, 301 (o.), 302, 305, 307, 312 (r.), 316, 321, 322, 328, 329 (u.), 331, 333 (l.), 333 (r. u.), 339 (o.), 349, 363, 365 (l.), 367, 371, 374, 376, 379, 381 (l.), 382, 383, 385, 386, 388, 395, 399 (l.), 399 (r.), 404, 405, 408 (r. o.), 410 (o.), 410 (u.), 412, 417 (l.), 420 (l.), 420 (r.), 426 (l.), 426 (r.), 435 (o.), 435 (m.), 435 (u.), 436, 437, 440 (l.), 444, 451 (u.), 453 (l.), 453 (r.), 458, 461, 463 (u.), 472/473, 474, 483 (l.), 486 (r.), 491, 493, 495, 500 (u.), 503 (r. o.) , 505 (l.), 507 (r.), 509 (l.), 512 (r.), 529, 531, 532 (l. o.), 532 (l. u.), 533, 536 (o.), 536 (u.), 541, 546, 549 (r.), 556 (r.) 557, 558, 560, 561, 565 (r.), 567 (l.), 575, 577, 578

Leibniz-Institut für Ostseeforschung Warnemünde
S. 242 (l.)

Liebherr-MCCtec Rostock GmbH
S. 323 (u.), 324

LOHRO (Rostock)
S. 414

Loeper, Ulrich (Celle)
S. 162 (r.), 167 (l.), 167 (r.), 172 (r.), 197, 200, 202, 221 (r.), 240 (r.), 245 (r.), 262, 267, 270, 278 (r.), 283 (l.), 284 (l.), 288, 297 (l.), 297 (r.), 301 (u.), 304, 346, 356, 380 (r.), 408 (r. u.), 416 (l.), 485, 522 (u.), 552 (r.), 572

Moennich, Werner (Hamburg)
S. 347 (l.)

Möller, Dr. Kathrin (Rostock)
S. 14, 145, 441 (o.)

Münch, Prof. Dr. Ernst (Rostock)
S. 510 (o.)

Mulsow, Ralf (Rostock)
S. 26, 27, 449, 450 (l.), 450 (r.), 554, 555 (l.)

Neller, Hans (Rostock)
S. 502

Neptun Ship Design GmbH (Rostock)
S. 566

Neptun Werft Rostock GmbH & Co. KG
S. 361

Nordex Energy GmbH (Hamburg)
S. 365

Pahl, Marco (Rostock)
S. 476 (r.)

Paschen, Anne (Rostock)
S. 192 (u.), 438, 496

Petzold, Rolf-Jürgen (Rostock)
S. 157

Piechulek, Ronald (Rostock)
S. 421

Römer, Dr. Günther (Rostock)
Cover (Zeile 4, l.), S. 31, 32, 150, 173, 180

Schäfer, Erhard (Warnemünde)
S. 127 (o.), 234 (o.), 258, 423, 445 (o.), 551 (m.)

Schiffbau- und Schifffahrtsmuseum Rostock
S. 238, 314, 327 (o.), 419, 424 (o.), 543

Schulz, Lothar (Rostock)
S. 50 (l.), 210 (o.), 210 (l. u.), 210 (r. u.), 211 (o.), 211 (u.), 220 (u.), 415

Sieber, Dr. Horst (Rostock)
S. 135, 341

Stadtforstamt Rostock
S. 243

Steinmüller, Wilfried (Tessin)
S. 55, 56, 74, 227 (o.), 340, 428 (l.), 517 (r.), 564 (l.)

Stiftung Deutsches Historisches Museum (Berlin)
S. 183, 352, 353

Stutz, Dr. Reno (Rostock)
S. 77, 183, 189, 218, 254 (u.), 294, 295 (l.), 295 (r.), 510 (u.)

Universität Rostock, Patent- und Normenzentrum
S. 260 (r.)

Universitätsbibliothek Rostock
Cover (u. l.) S. 45, 104 (l.), 117, 129, 138 (r.), 175 (o.), 182 (l.), 236, 263 (u.), 280, 284 (r.), 308, 309 (u.), 326, 332, 342, 361 (l.), 368 (l.), 422, 451 (o.), 456, 457 (o.), 458, 460, 489, 492, 518, 537 (r.), 540, 545, 564 (r.), 579

Wagner, Prof. Dr. Wolfgang Eric (Rostock)
S. 401

Werner, Thomas (Rostock)
S. 219

Wohnungsgenossenschaft Schiffahrt-Hafen Rostock eG
S. 569

Wüstneck, Bernd
(wikimedia commons, Lizenz CC BY 3.0)
S. 142

DANKSAGUNG

Die Herausgeber danken der Hanse- und Universitätsstadt Rostock für die finanzielle Unterstützung des Lexikonprojektes.

Zu besonderem Dank sind wir den Autorinnen und Autoren verpflichtet, die unentgeltlich die Artikel erarbeiteten und mit großer Geduld die Wünsche der Redaktion ertrugen.

Ebenfalls danken möchten wir den Museen und Archiven der Stadt Rostock sowie den Fotografen und Privatpersonen, die uns Bildmaterial zur Verfügung stellten: AIDA Cruises, Altonaer Museum (Hamburg), Amt für Kultur, Denkmalpflege und Museen Rostock (Ralf Mulsow, Uta Jahnke), Anne Paschen (Rostock), Archiv der Hansestadt Rostock (Bodo Keipke), Bernd Wüstneck, Christian Geschonneck (Rostock), Christiane Ehlert-Pohl (Rostock), Diakonie Stadtmission e.V. Elisabeth-Stift, Danny Gohlke (Rostock), Dr. Antje Strahl (Rostock), Dr. Günther Römer (Rostock), Dr. Horst Sieber (Rostock), Dr. Norbert Enenkel (Rostock), Dr. Reno Stutz (Rostock), Dr. Volker Koos (Rostock), Enrico Eisert (Rostock), Erhard Schäfer (Warnemünde), Eurawasser Nord GmbH, Freilichtmuseum für Volkskundemuseum Schwerin-Mueß, Gudrun Kiesendahl (Rostock), Heimatmuseum Warnemünde (Christoph Wegner), Henry Gidom (Warnemünde), Hinstorff Verlag Rostock, IGA Rostock 2003 GmbH, Kempowski Archiv Rostock, Kristina Becker (Rostock), Kulturhistorisches Museum der Hansestadt Rostock (Annelen Karge), Leibniz-Institut für Ostseeforschung Warnemünde, Liebherr-MCCtec Rostock GmbH, LOHRO (Rostock), Lothar Schultz (Rostock), Manfred Kramer (Rostock), Marco Pahl (Rostock), Marinekommando Rostock, Neptun Ship Design GmbH (Rostock), Neptun Werft Rostock GmbH & Co. KG, Presse- und Kommunikationsstelle der Universität Rostock, Prof. Dr. Dagmar Gatz (Rostock), Prof. Dr. Ernst Münch (Rostock), Prof. Dr. Hartmut Möller (Rostock), Prof. Dr. Wolfgang-Eric Wagner (Rostock), Manfred Kramer (Rostock), Nordex Energy GmbH (Hamburg), Reinhardt Kramer (Rostock), Rolf-Jürgen Petzold (Rostock), ROSTOCK PORT GmbH, Schiffbau- und Schifffahrtsmuseum Rostock (Dr. Kathrin Möller), Staatliches Museum Schwerin (Dr. Torsten Fried), Stadtforstamt Rostock, Stiftung Deutsches Historisches Museum (Berlin, Dr. Michael Kunzel), Thomas Grundner (Heiligendamm), Thomas Häntzschel (Rostock), Thomas Werner (Rostock), Ulrich Loeper (Celle), Universitätsarchiv Rostock (Dr. Angela Hartwig), Universitätsbibliothek Rostock, Universität Rostock, Patent- und Normenzentrum, Werner Moennich (Hamburg), Wilfried Steinmüller (Tessin), Wohnungsgenossenschaft Schifffahrt-Hafen Rostock e.G. und Wolfhard Eschenburg (Warnemünde).

Liebe Leserin, lieber Leser, wir freuen uns
über Ihre Bewertung im Internet!

Die Deutsche Nationalbibliothek verzeichnet diese Publikation in der Deutschen Nationalbibliografie; detaillierte bibliografische Daten sind im Internet über http://dnb.de abrufbar.

18055 Rostock, Lagerstraße 7
www.hinstorff.de

1. Auflage 2018

Herstellung: Hinstorff Verlag GmbH
Lektorat: Henry Gidom, Angrit Lorenzen-Schmidt, Dr. Florian Ostrop
Bildredaktion: Dr. Reno Stutz
Druck und Bindung: Grafisches Centrum Cuno
Printed in Germany
ISBN 978-3-356-02151-6